U0137639

浦东历史文化系列丛书之八

本书由上海文化发展基金会图书出版专项基金资助出版

【晚清以来人物年谱长编系列】

穆藕初年谱长编

浦东新区文物保护管理所

上海市浦东新区文史学会 编

穆家修 柳和城 穆伟杰 ◎ 编著

上卷

上海交通大学出版社
SHANGHAI JIAO TONG UNIVERSITY PRESS

内容提要

穆藕初（1976—1943）是民国时期著名的爱国实业家。早年留学美国，习植棉、纺织和企业科学管理。先后创办德大、厚生、豫丰三家纱厂及华商纱布交易所、中华劝工银行等企业，被誉称为"棉纱大王"。难能可贵的是，穆氏成为巨富后，并未花天酒地，先后捐巨资选派北大罗家伦等学生赴美留学，参与发起成立中华职业教育社、东南大学、上海商科学校，创办昆剧传习所、位育小学等。1928年，出任工商部常务次长。"七七事变"后，支持抗战，出任农产促进委员会主任委员、农本局总经理等职。发明"七七纺棉机"，为大后方经济建设做出了很大贡献。1943年在重庆病逝。著译有《工厂适用学理的管理法》《植棉改良浅说》《藕初五十自述》等。董必武曾撰挽联云："才是万人英，在抗战困难中，多所发明，自出机杼；功宜百代祀，于举世混浊日，独留清白，堪作楷模。"

本书按年谱长编体例客观、完整和系统地记录谱主各个时期的社会政治经济活动、学术思想发展、个人情操、友朋交谊等，书后附谱后、参考文献及人名索引。全书取材宏富，考订细密，品评公允，收录珍贵图片一百余幅，是迄今研究穆藕初生平最翔实的资料荟萃，对于现代政治史、经济史、教育史、文化史，均有重要的学术价值。

图书在版编目（CIP）数据

穆藕初年谱长编/穆家修，柳和城，穆伟杰编著.—上海：

上海交通大学出版社，2015

ISBN 978 - 7 - 313 - 12707 - 5

Ⅰ.①穆… Ⅱ.①穆…②柳…③穆… Ⅲ.①穆藕初

（1876～1943）一年谱 Ⅳ.①K825.38

中国版本图书馆 CIP 数据核字（2015）第 041549 号

穆藕初年谱长编（上、下卷）

编　　著：穆家修　柳和城　穆伟杰

出版发行：上海交通大学出版社　　　　　　　　地　　址：上海市番禺路 951 号

邮政编码：200030　　　　　　　　　　　　　　电　　话：021 - 64071208

出 版 人：韩建民

印　　制：山东鸿君杰文化发展有限公司　　　　经　　销：全国新华书店

开　　本：787mm×960mm　1/16　　　　　　　总 印 张：91.75　总 插 页：16

总 字 数：1711 千字

版　　次：2015 年 3 月第 1 版　　　　　　　　印　　次：2015 年 3 月第 1 次印刷

书　　号：ISBN 978 - 7 - 313 - 12707 - 5/K

总 定 价：350.00 元

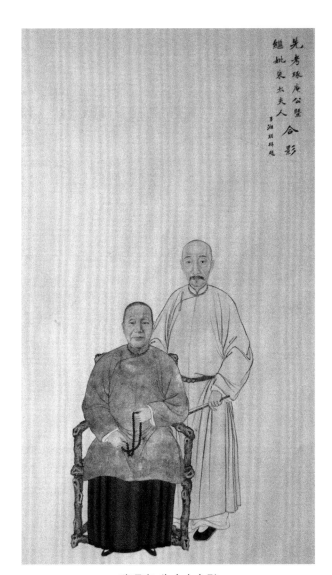

先考琢庵公暨繼姚朱太夫人合影

穆琢庵、朱夫人合影

穆藕初像

SM

College Station, Texas,
April 23, 1914.

Dr. F. W. Taylor,
Highland Station, Philadelphia, Pa.
Dear sir:—

When I read through your "Principles of Scientific Management", I was so deeply impressed upon the fact that this is the book which increases the human efficiency, promotes the welfare of the people, and enhances the wealth of a nation. These sound, scientific principles are not only good in the factories, but also in any big organizations, governmental, social, and educational.

You are fully aware that the Chinese people at large again need of being trained scientifically and the old-fashioned factories and many industrial plants should be readjusted or remodelled into up-to-date method, especially at the time in which the industrial revolution is being taken place in China.

I am naturally interested in any sort of management and, during my four years' stay in the Agricultural College of the University of Illinois, I paid much attention to this line. I believe that I am the man who is able to translate your "Principles of Scientific Management" into Chinese—a language is so different from yours. For this reason I would ask a favor from you in allowing me to translate the above-mentioned book into Chinese; a courtesy of this kind will not only be appreciated by me, but also by whole China at large.

I am sure that the man whose aim is to do something good to his country will be welcomed and helped out by such a person like you who is of noble character, generous, and devoted whole life in the task that uplifts the welfare of the human beings. Furthermore, that the translation of the book in question will not affect your copyright, but will permanently keep you in the memory of the 400 million people who are longing for the development of industry at home.

Your favorable answer is earnestly expected. Allowing me to thank you in anticipation.

Yours respectfully,
H. Y. Moh

1914 年 4 月 23 日穆藕初致戴乐尔英文信函

SM

College Station, Texas,
May 15, 1914,

Dr. F. W. Taylor,
Highland Station, Philadelphia,
Dear Sir,

Your letter of May 4, kindly allowing me to translate your "Principles of Scientific Management" into Chinese and each copy of Principles of Scientific Management, Shop Management, On the art of Cutting Metals, and Japanese translation were received with many thanks. I certainly appreciate your courtesy and kindness shown to me and I will be very glad to call on you and visit your scientific managed shops when I come to this country again. I am now planning to sail for China by way of Pacific ocean on the 30th of this month.

Under separate cover I send you my photo which indicates my indebtedness to you for your kind feeling toward myself and our beloved motherland. I will send you few copies of Chinese translation as soon as I get it done. With much obliged and best regards.

I remain, dear sir,
Yours respectfully,
H. Y. Moh

1914 年 5 月 15 日穆藕初致戴乐尔英文信函

美國　戴樂爾原著
上海　穆湘玥譯述　穆公正

工廠適用學理的管理法

上海中華書局印行

藕初贈本

美國克賴克著
上海穆湘玥譯

中國花紗布業指南

厚生紗廠印行

德大紗廠批發所發行

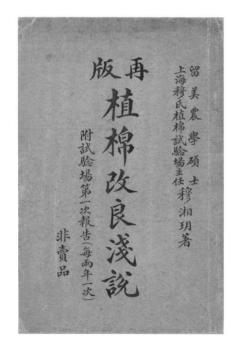

留美農學碩士
上海穆氏植棉試驗場主任穆湘玥著

再版植棉改良淺說

附試驗場第一次報告（每兩年一次）

非賣品

藕初五十自述

黃炎培題

穆藕初译著封面四种

德大纱厂大门

厚生纱厂大门

豫丰纱厂大门

华商纱布交易所大楼

1918 年 5 月 5 日中华职业教育社第一届年会合影（第一排右四为穆藕初）

迎郊外镇耆绅镇底文

1920 年 10 月 13 日穆藕初查勘豫西灾况时，与文底镇乡绅合影（前排右二为穆藕初）

1922 年 10 月 20 日太平洋商务会议中国代表团与夏威夷总督法灵顿合影（左一为穆藕初）

1922 年 10 月 26 日穆藕初出席太平洋商务会议开幕式时，与各国代表合影（前排左七为穆藕初）

吴昌硕刻

陈巨来刻

费砚刻

周希丁刻

穆藕初所用印章

俞粟庐赠穆藕初书法扇面

冯超然赠穆藕初山水扇面

序 一

沈祖炜

　　穆藕初先生是中国近现代史上一位作出过杰出贡献,因而留下浓重印迹的重要人物。但凡研究中国近现代历史,特别是经济史,都不能不关注他的业绩。自改革开放以来,研究穆藕初的论著不断问世,有关穆藕初的研讨会、纪念会也多次召开。这不仅是因为穆藕初先生的历史地位和历史贡献,更是因为穆藕初先生的思想、行为对当下的社会进步仍然具有积极的借鉴意义。

　　穆藕初出生贫寒,从社会底层起步,他当过花行学徒、小职员,当过海关职员,师范学校教员、学监,铁路公司警务长,然而依靠自己的不懈努力,终于事业兴旺,成就卓著,在社会上占位显贵,影响巨大。他的一生具有传奇色彩。

　　他留过洋,学成归来即投身企业实践,成功地创办了德大纱厂、厚生纱厂、豫丰纱厂等企业,还参与创办上海中华劝工银行和纱布交易所等机构。对民族工业的发展作出了巨大贡献。

　　他是实业家,却又学问精深,尤其在管理学上堪称中国科学管理思想的奠基者,不仅翻译出版美国企业管理理论的鼻祖泰罗的《科学管理原理》,而且不断著书立说,传播科学管理思想。他的作品有《植棉改良浅说》、《工厂适用学理的管理法》、《中国花纱布业指南》等等。他是一位知行合一,既有理论又有实践的专家型企业管理者。

　　他长期受上海十里洋场欧风美雨的熏染,又留学美国多年,系统地接受过西方的大学教育,属于当时中国受西学影响较多的"新人类"。但是他又深谙中国传统文化的真谛,自7岁入私塾,接受了将近7年的中式教育,13岁被迫辍学后又多年自学和研习中国国学经典。他一生践行"修身齐家治国平天下"的理想,被人们尊为"儒商"。

除了办企业,他还热衷于各种社会公益事业。在教育方面,1917年他参与创办中华职业教育社,为中华职业学校提供经费;1920年设立奖学金,资助优秀青年出国深造,受惠者中,方显廷、罗家伦等都成了著名的社会精英;30年代他创办穆氏文社、位育小学和位育中学。他还特别关心昆剧的传承,他出资创办昆曲保存社、昆剧传习所,抢救了一个中国传统戏剧的优秀剧种,一批优秀的昆剧演员得益于当年的培养。1922年穆藕初还受政府委派,以民营企业家的身份率团赴美国檀香山,出席太平洋商务会议,他折冲樽俎,维护国誉,被称为取得了"国民外交的胜利"。

穆藕初更是一位积极的进步人士和坚定的爱国者。1904年他与马相伯、黄炎培等结交,发起"沪学会",传播新思想,1905年投入抵制美货运动。"九一八"以后他参加抗日救亡运动,"一·二八"淞沪抗战期间,他是上海市民地方维持会的骨干,"八一三"后他供职于上海救济委员会,为抗战做了大量的工作。1938年,他辗转抵达重庆,出任国民政府经济部农产促进委员会主任委员、农本局总经理等职,在政府官员的位置上服务后方经济建设,服务抗战大业。特别是对中国共产党领导的抗日根据地也给予很多物质上和纺织技术方面的支持,受到中共领导的高度评价。

穆藕初志存高远,办办企业为的是实业救国,办社会公益事业想的是扶贫助学和弘扬传统文化,从政为官也是参与国家的经济发展事业和支持抗战大业。他一生清廉,但是只要有益于公众的事情,他总会慷慨解囊,因为造福桑梓乃是他的最大意愿。

穆藕初的一生坦荡无私,后人因为他在各个领域的成就而尊敬他,赞扬他。但是穆藕初先生从未把自己束缚在某个狭小的工作领域,他的人生丰富多彩,他的事业范围广大。研究穆藕初,有许多课题可以展开,有不少领域有待深化。而彰显他的功绩,进而弘扬他的精神,更是当代史学工作者的职责。

令人倍感欣慰的是,穆藕初的哲嗣穆家修、穆伟杰,联合文史专家柳和城,在以往编撰《穆藕初先生年谱》的基础上,进一步扩充资料,形成了一部130万字的《穆藕初年谱长编》,交付上海交通大学出版社出版。这无疑是对穆藕初研究的一大贡献。我们相信,资料准备往往是进一步深入研究的重要基础,所以这本书的出版确实可喜可贺。

　　穆家修先生已经80多岁的高龄,以前他学的是理工科,是一位气象学家,自他退休以后,就投身于对其父亲穆藕初的研究。20多年来,成果迭出。按照他的说法,起初是为了纪念亲人,后来越研究越了解父亲的生平事迹,越感到父亲的精神伟大,进而把穆藕初研究当成了自己不能舍弃的事业,因为这个事业有利于国家和民族。穆家修对其父亲的态度着实令人感佩。我觉得,对于穆藕初这样的民族精英、中华先贤,我们应该敬仰,永远纪念。他是我们民族精神的体现!

　　在《穆藕初年谱长编》出版之际,写上一些感想,权充序言。

2014 年 5 月

序　二

熊月之

　　鸦片战争以后，中国被强行卷入全球化浪潮，面临旷古未有的变局，也开始了全面、持久、深刻的转型，从晚清到民国，中国经济结构、社会结构、教育体系、政治制度都在转型，从闭关锁国到门户开放，从君主专制到民主共和，从以农立国到奖励工商，从科举考试到新式学堂、出国留学、职业教育，从子曰诗云到声光化电。面对如此天崩地坼的变局，中国有识之士开始思考中国文化何去何从的问题，开始了中国文化自为的艰苦努力。所谓文化自为，指文化主体对于世界文化的态势，对于中外文化的特点，对于中国文化在世界文化中的位置，对于中国文化的未来发展，有比较清楚的认识、设想或规划，处于理性阶段，不同于浑浑噩噩、浑然未觉的文化自在状态。这方面人物，可分两类，一类是思想型，如康有为、严复、胡适等；一类是践行型，如蔡元培、黄炎培、张元济等。当然，前类也有践行，后类也有思想，但各有侧重。穆藕初就是后类人物中的佼佼者。

　　穆藕初在近代中国文化中的作为，主要有以下四个方面。

一、壮岁留学，资助留学，寻求强国之道

　　近代中国留学西方的很多，有的出自公费官派，如严复、胡适，有的源于教会支持，如容闳、颜永京。出国留学时的年龄，多为少年、青年。穆藕初在上海当学徒时，白天劳动，晚上进夜校学习英文，34 岁时在家人支持、友人资助下留学美国，五年中相继获得学士、硕士学位。壮岁留学，并能圆满完成学业获得学位的，在改革开放以后的中国并不少见，但在清末相当稀罕，非目光远大、意志强毅者不能为。

　　出国之前，穆藕初在海关工作已有六年之久。海关工作在近代中国素有"金饭

碗"之称,薪金高,福利好,终身制,令无数年轻人艳羡不已,百求而难得。他却弃若敝屣。壮岁留学,家庭负担多比较重。穆留学前已经结婚,且有两子。舍此而他求,足见其心志之高远。

壮岁留学与青年留学多有不同。壮岁留学,学习精力多不如青年,要取得成功,必须付出比年轻人更多的努力。穆的英文在国内没有经过正规训练,没有上过正规学校,基础不能算很厚实。他在回忆录中屡屡述及自己在美国如何迎难而上,制订适合自己特点的学习计划,合理安排时间,读书、实习、考察,这才以优异成绩完成学业。

青年留学,可变性较大,如胡适初修农学,后改修哲学,这说明其留学之初并没有确定的目标。壮岁留学,多在出国前就有比较明确的目标,且坚定不移。穆藕初专修农学,就是出于以农救国的大志。他说:

> 我国以农立国,必须首先改良农作,跻国家与富庶地位,然后可以图强;国力充实,而后可以图存,可以御侮,可以雪耻。故昔日研究经济、收回利权之志愿,一变而定研究农业之趋向,深愿投身于农业。①

穆藕初在甲午战争以后已生国耻之念,历经义和团运动、拒俄运动、抵制美货运动之刺激,加之物竞天择、适者生存的天演论影响,遂将改良农作与国家富庶、图强、图存、御侮、雪耻紧密联系在一起,将个人"小我"之留学,与国家"大我"之命运联系在一起。这是清末民初众多以实业救国、教育救国的爱国者的共同思想理路。

清末壮岁留学,著名者三人:一是蔡元培,1907 年留学德国,时已 39 岁;二是吴稚晖,1901 年留学日本,时年 36 岁,后被日本驱逐回国,以后再留学欧洲。第三位便是穆藕初。三人共同特点,就是有确定的留学目的,远大的爱国志向,顽强的学习毅力。穆藕初在美国,先后入惠尔拨沙大学、威士康辛大学、伊利诺大学、芝加哥埃茂专门学校、得克萨斯农工专修学校,每一次换校,都有其学科上的缘由,所读

---

① 穆藕初:《藕初五十自述》,穆家修等编《穆藕初文集(增订本)》,上海古籍出版社 2011 年版,第 8 页。

均围绕他既定的农学。诚如他日后所说："夫求学贵有目的,随性之所近,择定一科,竭四五年之精力,以求其融会贯通,归而贡诸祖国。"①

穆藕初学成归来,事业有成。他回顾自己走过的道路,深切地感受到中国需要有更多的学生出国留学,但很多学生徒有留学之梦而因经费困窘很难圆梦。他决定尽己所能,资助留学。1920 年,他捐赠白银五万两,资助北京大学罗家伦等 5 名学生出国留学,后又资助张纯明、方显廷等二十多人出国深造。这些人学成回国后多成为某一方面的领军人才,罗家伦为教育家,段锡朋为内阁大臣,康白情为著名诗人,汪敬熙为心理学家,周炳林为法学家,方显廷为经济学家,张纯明为政治学家。罗家伦、方显廷等人学成归国后,饮水思源,又集资设立穆藕初先生奖学金,成为穆氏助学引起的连锁效应。

民国时期资助留学者,穆藕初并非唯一。简照南、简玉阶兄弟开办的南洋兄弟烟草公司,在 1920 年至 1922 年便资助了潘序伦等 37 名学生留学美国与英国。稍有不同的是,穆藕初为国家培育英才的意识更为强烈。这从资助方式上颇能反映出来。简照南的资助,是委托江苏省教育会通过考试的方式遴选受资助人,主要看考试成绩。受资助人出国后所修,全为工、商、农等科,属于实用型的。穆藕初是委托蔡元培为主,胡适、陶孟和、蒋梦麟等人为辅,从能力、道德与学术的角度综合考虑,没有经过考试。第一批选定的罗家伦等五人,都是蒋梦麟所赏识的北京大学五四运动的领袖,都是某一方面的精英,学科分布比较宽泛,涉及政治、经济、心理学、文学等方面。这一方式,穆藕初是经过慎重考虑的。他"深觉中国历年派赴各国之留学生虽多,而成效实鲜,有年送数十人,而回国后绝无表现者,是虽半由于所洽之学生无学术上之自觉,且不能了解中国社会之情形,以作比较之研究,亦半由于考试方法,不足以得真正人才之所致"。②

对于资助留学的爱国情怀,穆氏曾有清楚的表述,他说:"从前自己赴美,好容

---

① 穆藕初:《中国实业失败之原因及补救方法》,《穆藕初文集(增订本)》,第 77 页。

② 《实业家提倡科学之创举》,《北京晨报》,1920 年 6 月 28 日。穆家修等编:《穆藕初先生年谱》,上海古籍出版社 2006 年版,第 180 页。

易得到官费，极知求学之难。今幸年来经营实业，稍有盈余，故愿意派人求学，惟不望人报酬，盖此为个人对于社会应尽之责任。"[1]

二、引进科学管理方法，提高企业管理水平

留美期间，穆藕初结识有"科学管理理论之父"之称的泰罗博士及其弟子，与他们讨论现代化大生产的科学管理问题。回国以后，他将泰罗的名著《科学管理原理》译为中文，书名《工厂适用学理的管理法》，大加推广。

科学管理的实质，是将管理从企业主那里剥离出来，使得管理专门化、精细化、协同化。这是现代化大生产发展到一定阶段的产物。诚如泰勒所说：

> 科学管理的实质是企业各方需要进行的一次完全的思想革命。这种思想上的革命将告诉工人们如何对待他们的责任、他们的同事和他们的雇主，也会告诉作为管理方的工长、厂长、雇主、董事会应该如何对待他们的同事、他们的工人和所有日常的工作。没有这些思想上的革命，科学管理就不会存在。[2]

科学管理法体现的分工、精细、敬业、相互协同的精神，恰恰是中国农耕社会所缺乏的。穆藕初引进这一方法，与他对中国社会中缺少这种精神的深切感受密不可分。

1913 年暑假，他在美国德州塔虎脱农场就企业管理体制作专题调查。他将该农场的兴旺发达，归纳为九个原因，即计谋深远、用人得当、勤职守、和衷共济、簿记清晰、连带贸易、助长周备、学识充足与坚忍不挠。所谓调查，其实是中美农业对照，所说九个原因，也都是中国农业所缺或所弱之处。

所谓管理，涉及两方面的人，即管理者与被管理者。穆藕初尽管也重视被管理者一面，但更重视管理者素质。1918 年，他以中日两国工商业家之程度及学识相

---

① 柳和城：《蔡元培亲手制成的纪念册》，《档案春秋》2006 年第 6 期。
② 刘洋：《重读泰勒》，《环球财经》，2012 年第 7 期。

比较,认为中国实业家之所以失败的四大原因,即傲慢、疏忽、舞弊与苛求。他认为:"惟此四种劣根性,不识何日方能拔除净尽,有一于此,即足以招失败,兼而有之,更不堪矣。"①他曾总结中国实业失败的原因,认为:"吾国普通之人具管理之才者最为缺乏,盖管理法即治人之法也,吾国人素乏自治能力,自治尚不暇,焉能治人。"②他批评中国企业三大弊端:一是经理选拔不凭学识,不讲经验,往往使用稍有时望之人;二是企业讲排场,重情面,冠冕堂皇,与衙署相伯仲;三是克扣工人工资,但求有形之减省,罔知无形之消耗,导致工人消极怠工而成本加重。③ 所说都是管理者的问题。

近代中国,译介西书,引进西学者,在穆藕初之前,有徐寿、华蘅芳、严复、梁启超、王国维等诸多名人,与他们相比,就引进西学内容丰富性而言,穆藕初并没有什么突出之处。但是,将所译介的西学落实到实践层面,并且取得了非凡的业绩,则穆藕初独具特色。他将科学管理方法贯彻到自己的企业之中,包括弃用一般华商工厂中通用的工头制,改用工程师治厂,自兼经理兼总工程师;启用学有专长、富有经验的人管理生产;制订"工人约则"、"厂间约则"等厂规,注意对工人进行技术培训;编制生产统计表、原料消耗、成品及成本等统计表,加强企业成本核算;注意研发新的产品。结果,企业效率大增,活力大增,出品之佳远胜同畴。1916 年在北京商品陈列所举办的产品质量比赛会上,他名下的德大纱厂所产宝塔牌棉纱名登榜首。穆藕初从此名誉大著,成为国内外公认的"棉纱大王"。

作为一个企业家,他将科学管理学应用到企业管理中;作为一个政府官员,他将西方许多管理制度移植到中国。在担任南京国民政府工商部次长期间,他主持制订了许出多现代工商法规,包括《工厂法》、《工会法》、《劳资争议处理法》、《商会法》、《工商同业公会法》、《公司法》、《特种工业奖励法》、《票据法》、《保险法》、《违禁罚法》等多种法规,还有各种章程、细则、条文、条例、办法、须知、程序、通例、解释、

---

① 穆藕初:《对于中国实业破产之感言》,《申报》1918 年 9 月 27 日。
② 穆藕初:《中国实业失败之原因及补救方法》,《穆藕初文集(增订本)》,第 78 页。
③ 穆藕初:《中国实业失败之原因及补救方法》,《穆藕初文集(增订本)》,第 78 页。

标准等四十余份,为中国工商业发展的制度建设做出了重要贡献。

尤其值得指出的是,抗日战争期间,穆藕初在重庆担任农产促进委员会主任,主持后方农业、手工业技术推广。鉴于当时民生凋敝,民族纺织业衰微,他以自己专业特长,组织专家设计、制造了著名的七七手工棉纺织机,推广后大获成功,为科技兴国做出了表率。

三、资助昆曲,重视传统文化,为保存国粹尽力

昆曲是中华民族文化的瑰宝,继承了唐诗、宋词、元曲的诗学传统,文词华丽典雅,唱腔婉转流丽,表演含蓄优美。由于种种原因,昆曲到清末走向衰落,濒临灭绝。为了保存昆曲,振衰救弊,穆藕初出资成立昆曲保存社,创立昆剧传习所,培养了许多著名昆曲演员。传习所办了三年,他包下了全部办学费用,共计出资五万元。他还出资为昆曲大师俞粟庐灌制唱片,使得昆曲艺术一缕不绝,薪尽火传。他收藏了很多昆曲书籍,组织专人整理并誊写昆曲曲谱。昆曲现已被列入联合国非物质文化保护名单,穆藕初厥功甚伟。

穆藕初是昆曲超级票友,曾随俞振飞习唱,偶尔也会登台表演。据俞振飞记载:"先生时以综理三大纱厂,事务已甚繁剧,但日必以曲为课,于中午饭罢小憩后,与余度曲一小时许。其时不治事,不款客,数年如一日,从无间断。"[1]1922 年 11 月 14 日,在自檀香山归国途中,船上举行音乐会,穆藕初"干唱昆曲,以英语说明之。听者颇赞美吾国之文学的描写"。他亦颇自得,谓此举"前无古人"。[2] 但是,他为保存昆曲尽心尽力,绝非仅仅出于个人兴趣,而是源于他对中华传统文化的深深热爱与眷恋。清末以来,许多旧学功底深厚的人,都喜欢昆曲,蔡元培、刘半农、郑振铎、吴梅、余上沅、俞平伯、浦江清、朱自清、陈岱孙、胡适、张元济、何炳松、沈有鼎、陈从周、谭其骧等,都是昆曲迷。陈从周说:"在园林里喝喝美酒,听听昆曲,乃人生

---

① 俞振飞:《穆藕初先生与昆曲》,赵靖主编,叶世昌、穆家修副主编《穆藕初文集》,第 627 页。北京大学出版社 1995 年 9 月。

② 毕云程:《参与太平洋商务会议日记》,《穆藕初先生年谱》,第 282 页。

一大清福也!"1933 年,清华大学教授浦江清游学英国,有一次在公共汽车中忽然唱起昆曲来,惹得同车的英国人侧目而视,以为他是一个疯子。那么多文人雅士酷爱昆曲,绝非偶然,因为中国文化传统原本是个整体,昆曲是其有机组成部分,能看、能听、能唱,还可回味无穷。音调委婉抑扬,文辞典雅华美,听者与其往昔所记诵之诗云子曰、唐诗宋词元曲、书法绘画融为一体,与身处其间的园林小筑适为动静虚实。昆曲代表了中国戏曲的最高美学成就,被视为中国传统文化活化石,穆藕初等人眷恋昆曲的实质,就是眷恋中国文化传统。

穆藕初是一名"海归",但他心灵深处,所受中国传统文化影响根深蒂固。他自称,六岁入学受课,至十三岁出校。"在此八年中,仅读《四书》、《诗经》、《礼记》、《古文观止》,诗习两韵,文仅起讲而已。"① 这样的国学基础,比起进士蔡元培、举人黄炎培等人,自然不能算厚实,但是,观其所写《藕初五十自述》等文字,叙事要言不烦而曲尽其致,议论入情入理而收放自如,属于文质彬彬的大好文章,所写《哀法兰西》等诗作,无不起承合矩,涵义隽永,有老杜之风。1940 年,他与老友黄炎培谈诗,出所作古诗,颇获黄的好评。自然,个人为人处世,受家庭、社会影响更甚于学校所受教育。穆的父母,都是勤劳、善良、坚强之人。他的父亲,乐善好施,曾将一位朋友遗孀遗孤,接到家里赡养多年,关心备至,直至将遗孤培养成才。他们的言传身教,对穆藕初的成长影响很大。

传统文化方面,有一点特别值得一说,就是穆藕初对于宗教与命理文化,持比较敬畏的心理。中国传统道德教化系统,原本是儒、释、道并行不悖的。佛教之轮回说、道教之报应说,在今日之唯物论看来,自是无根之说,但在警诫作恶、劝人行善方面,却有难以估量的影响。道教的《文昌帝君阴骘文》等书,所说各种善恶因果报应,所劝人守的各种美德,劝人行的各种善事,对他人、对社会都有益无害。少年时代的穆藕初,就读过不少善书,诸如《感应篇》、《阴骘文》、《几希录》等,"挖破纸窗容易补,损人阴骘最难修","纵对如花如玉之貌,常存若姊若妹之心"等警句,烂熟于胸。留学归来的穆藕初,满脑子现代科学知识,但是,他并没有摈弃宗教与命理

---

① 穆藕初:《藕初五十自述》,穆家修等编《穆藕初文集(增订本)》,第 4 页。

文化。

这方面有两个生动的例子，一是抽签，二是看风水。

先说抽签。1920 年 5 月，穆藕初与蒋梦麟、庄达卿同游北京喇嘛庙，三人都是留美背景。一喇嘛僧招呼他们求签。庄不信神道设教这一套，未允。穆、蒋二人在关帝神前各求一签。其时北大正闹学潮，蒋梦麟代理校长。因此，蒋欲询大学之前途，穆则询一生休咎。二人至诚膜拜，穆求得七十八签，中吉；蒋求得六十一签，中平。所求之签是否灵验呢？穆藕初记载：

迫检阅签书，余等不觉毛骨悚然。余所得之第七十八签云："家道丰腴自饱温，也须肚里立乾坤；财多害己君当省，福有胚胎祸有门。"蒋君所得之第六十一签云："啸聚山林凶恶侪，善良无事苦煎忧；主人大笑出门去，不用干戈盗贼休。"此二签书上所云，余与蒋君所遇，确有此情。一若默知余之捐资助学，并使余坚决为此；一则指示北大风潮，不难解决。不及两月，某系失势，轩然大波竟指日荡平。甚矣，冥冥昭昭之毫发无间也有如此。[①]

穆藕初用"毛骨悚然"四个字来表达当时的感受，足见刺激之强烈！拜神求签，在历史唯物主义者看来，要么是骗人钱财，要么是心理安慰，全不靠谱。但是，那个时代很多人不这么看，那个时代以前和以后的很多人也不这么看。穆藕初也不这么看。他说：

宇宙之间一切住所，不为万灵所寄托。人秉此灵机以生，其实息息与万灵相感通。其卒至隔阂而不相感通者，徒以七情六欲为遮障。故感而莫应，窒而难通耳。人心犹水，静止不扰则彻底澄清，万有毕现；摇动生波则光力涣散，无物能鉴，此昏暗之征也。《易》曰："至诚之道，可以前知。"国谚亦言："诚则灵。"灵知云云，本来充满世人心量中。万灵通感，正如无线电机传达无线电信与吸

① 穆藕初：《藕初五十自述》，穆家修等编《穆藕初文集（增订本）》，第 27 页。

收无线电浪然。彼肉眼凡情，以为太虚之中霄无所有，执著断见，自障障人，但诏以义谛格不相入者，征之事相可以力破疑团矣。喇嘛庙中两纸签书之灵应，实从肃然起敬之一真心中来，及各各胸中怀抱唯一之待决疑窦，而并无第二、三歧念之一心中来。有此真心，方不涉儿戏；有此一心，方不涉游移。故所叩者如镜取影，无稍差忒。此明明导人研求唯心之学一大路径也，故详记之。世有以留学界不应提倡迷信之说进者，夫亦太轻视自家本具之灵知甚矣。①

写这段话的时间，求签之事已经过去整整五年，他还能记得这么清楚，可见得此事在他心目中的份量。他相信心诚则灵。

再说看风水。《穆藕初文集》中，有两篇与风水有关的文字，都是为谈养吾所写玄空学著作写的序言。玄空学即风水学。谈养吾（1890—?），常州武进人，19岁开始研习风水学，1919年到上海电报局任职。1922年在上海成立三元奇术研究社，致力于玄空风水学理研究，此后三年连续出版《大玄空路透》、《大玄空实验》与《地理辩证谈氏新解》三书。他是上海风水界的拿摩温，有堪舆大师之称。在给谈氏书所作序言中，穆藕初指出，天下学问，分两类，一曰科学，一曰心灵学。科学为形而下学，"心灵学为形而上学，由精神方面，以探物之微，吉、凶、祸、福系焉"。科学之可贵，毋庸赘言，但是，如果"以心灵学为虚无缥缈之谈，不加深究，未可也"。②他认为，人之行为，行善作恶，是否会有报应，乃一无法证明之问题。但是，社会流行风水之说，宣传善有善报，恶有恶报，还是有价值的。穆藕初说：

祸福之来，由于人之为善为恶所致，因果关系未可勉强。余也投身社会事业已久，阅人多矣，深慨心术之坏，至此而极，苟不得一潜势力以矫正之、惊醒之，正不知伊于胡底！③

① 穆藕初：《藕初五十自述》，穆家修等编《穆藕初文集（增订本）》，第27页。
② 穆藕初：《谈氏三元地理〈大玄空实验〉序》，《穆藕初文集（增订本）》，第115页。
③ 穆藕初：《谈氏三元地理〈大玄空实验〉序》，《穆藕初文集（增订本）》，第115页。

穆藕初相当辩证地指出，堪舆书上所说的那些具体风水规则，诸如择地严、趋避慎、定方位、辨生克等，世人不必过于拘泥，但是，书中宣传的扬善惩恶的宗旨倒是应该牢记在心：

> 语云"祸福无门，惟人自召"。但求广种福田，善根深植，则冲和之气感应天心，不必寻龙认脉，而灵气自然发露。所谓吉人自有天相者，非欤？若平日间不思种德，惟向堪舆家求全责备，虽郭璞再世亦无法以处此。然则天果无知乎，地果无灵乎？当还叩诸人人之心田。①

穆藕初为谈书作序的缘由，是其企业在 1923 年运营极为糟糕，银行切断贷款，河南豫丰纱厂濒临破产，穆氏只好变卖家产，勉强维持。正当焦头烂额、一筹莫展之际，好友尤惜阴介绍谈养吾到穆藕初寓所察看风水。谈氏察看后谓："园内行汽车之路，须移南一百多尺，内园墙铁门亦随之南移，原来铁门处，砌墙堵塞，如此卦得动气，合乎本运生旺方位。"病急乱投医。人处于困境，急于改变现状，既然风水大师这么说了，姑妄信之。穆藕初遂即电话通知南洋建筑公司修筑，要求务必在旧历年内完工。② 尤惜阴（1873—1957），江苏无锡人，曾在圣约翰大学担任国文教习，后在穆氏经营的植棉农场及纺织厂工作，与穆为多年朋友。他是佛教居士，亦为著名风水师。他介绍谈养吾来为穆家看风水，想必认为谈的水平胜己一筹。穆藕初此后每月给谈养吾津贴 50 元。

从序言内容来看，穆藕初对于风水之说，并非笃信不疑，而是介于信与不信之间。在那个时代，这种态度可以说是大多数人的风水观。但是，穆藕初认为对于风水说可以加以利用，引导人去恶向善、广种福田，既为深植民间、广有影响的风水说留下生存空间，又可以让其为社会改良、心理建设服务，则是很有新意的。

清末民初，对于命理学说有浓厚兴趣的人，穆藕初并非特例。留英归来的严

---

① 穆藕初：《〈地理辩证谈氏新解〉》，《穆藕初文集（增订本）》，第 116 页。
② 穆伯华：《先德追怀录》，《穆藕初先生年谱》，第 318 页。

复、伍廷芳，留美归来的吴宓、沈有鼎，对命理文化都很入迷，严、伍都相信灵魂不灭，吴、沈都是占卜高手。那个时代，相信占卜、星相学的，欧洲、美国、日本都有大批极端聪明的读书人。相信占卜、风水，在那个时代，往往是对于未知世界的一种开明态度。

四、批评国民素质负面因素，思考中国善良政治蓝图

近代留学欧美归来的学者，对于中国落后现状及国民性中的负面因素，多有批评。最有名的是胡适的"五鬼乱中华"说，所谓"五鬼"指曰贫穷、疾病、愚昧、贪污和扰乱。穆藕初在这方面也有一些批评，主要集中在肮脏、逢迎、内斗三个方面。

关于肮脏，他对于海外唐人街之肮脏、腐败、械斗等恶习，深恶痛绝，五十岁时写回忆录，仍然批评不遗余力：

> 中国镇广约一方里，聚居此镇者，除极少数之无赖西人外，皆中国人。街道甚秽，铺户之整理精洁者不多见。镇上住民之形态，垂辫者、赤膊者、赤脚者，几于触目皆是；"请进发财"之赌室、"楼上灯吃"之烟馆等，种种诱人堕落之字样，亦几于触目皆是。其地方虽等于蜗牛之一角，而械斗之风亦所时有。秽德腥闻迄今从脑海回溯，犹令人作呕。后更往其他各大洲之中国镇游览，亦伯仲间耳。呜呼！人必先自侮而后人侮之。①

关于内斗，他发现，美国中上阶层人士，类皆隐恶而扬善，即使嬉笑，亦仅诙谐而已，并不讦人之阴私。他认为，这种奖善之作用，存心之忠厚，至足钦佩。"实为教育上、宗教上互相会通，最易收效之一方法。对己制止刻薄之恶意，对人拓开成美之善量。完全出于至诚、恭敬、仁厚、博爱之一团纯洁精神中。以此律己，不道之行为可以潜消；以之淑群，羞恶之天良赖以激发。"他发现华人社会正好相反，隐善扬恶，内斗不已。他举例说：

---

① 穆藕初：《藕初五十自述》，穆家修等编《穆藕初文集（增订本）》，第9—10页。

迨余回国过横滨时,上等华客较多,余即向某客攀话,后谈及个人事,余就报中所知,称诵某人某某人之美处,若人即抗辩曰:其人虽好,无如其才具之不开展何。后谈及某同学,彼亦相识,彼即扬扬然告以某同学之失意时如何招股失败、如何受人侮辱、如何营业失败,种种诋毁,令余不快。及回国后,余随时注意此点,觉隐善而扬恶,几成国人之通性。世界有一丑谚,谓吾华三人以上无团体,甚至于仅二三人之小团结,亦每每有凶终隙末、割席相拒之一日,所以国谚有"人无千日好,花无百日红"之说。噫!借问何缘而至此,岂非误用其隐善扬恶之刻薄意思,而缺乏隐恶扬善之奖善作用,有以致此欤!余尝有一比方,谓国家社会间,隐善扬恶之风盛,其气阴险,无殊暴风骤雨之摧毁一切,使天地万物顿呈惨象;隐恶扬善之风盛,其气发扬,宛如化日光天,生成一切,天地万物都含喜气。人孰能无过,唯在过之大小,及有意无意而已。而我国人之谈论人家短长者,不论是非曲直,亲昵者是之,疏远者非之,权利上接触者攻击之、挤轧之、破坏之。随时、随处、随事,无往不发现此恶境界,以致百业难以发皇,群情因之涣散,政治不克清明。国人相与自杀之一点在此,外力乘机侵入之一点亦在此。呜呼!此韩愈《原毁》篇之所由作也。不识吾教育当局,其将何以挽救之![①]

关于逢迎,有一件发生在身边的事给他留下深刻的印象。穆藕初从美国返回上海以后,发现两个儿子的教育有些问题,课程太繁杂,学制不实用,校风也不好。于是,他决定延师在家课子。效果开头一年尚可,至第二年则无甚进步。穆藕初颇为惊讶。他说:

稍事调查,始知邻家儿以小总办目之,奉承之唯恐不暇,无形中竟受损。儿童心志,不免趋于放逸之一途,学业遂因此而荒芜也。盖余家住在甲厂对面之弄内,环周为厂中员司及工人之宿舍。群儿游戏时,大有唯菁、骥二儿马首

---

① 穆藕初:《藕初五十自述》,穆家修等编《穆藕初文集(增订本)》,第14页。

是瞻之概。放纸鸢则群儿效奔驰以协助之,捕蟋蟀则群儿争挑选以贡献之,种种特殊待遇,适足长其傲慢之气,阻其进取之心。①

有鉴于此,穆藕初只得将两个儿子再送入学校,以避却社会之熏染。他由此联系到社会上在下则迎上、在上则欺下的种种恶习,不禁感慨系之:

　　吾人入世,地位稍高或资产稍丰,面谀者、乞怜者,随时曲尽其能以献其殷勤,习非成是。受者竟居之不疑,互相慕效,遂养成一种恶趋势。年来军阀正坐此弊,入伍以后自伍长、什长乃至连、营、团、旅长,各各受其部下之逢迎阿谀,遂以养成一种傲睨自大,恣我所欲,任我所为,纵横自便,不可一世之概。再进一步而至督办,握综理全省军民事务之大权,生杀予夺,威权无限,遇见之人,无不望颜色而定从违。夫一省之政治、法律、警务、教育、交通、水利、农、工、商业等等,种别既多,事情极繁,虽以专门学者当此,亦不能博洽融通而因应付裕如。一军人耳,知识能有几何,而乃刚愎自用,处理万几,其结果不至自害害人、流毒国家不止。然此尚为自好者言之,其不肖者,竟视各本省为征服地,贩土也、特税也,滥发纸币吸收民膏也,豫征钱漕重叠至数年也,强行苛派置商困于不计也,把持货车借商运以图自肥也,霸占民产为所欲为而莫之奈何也。其种种暴戾举动,均受人蒙蔽、怂恿、诱惑之所致也。就其致病之点言,无非奉承上发生之恶果耳。②

他极为赞成古人所说:“人之有德于我也。不可忘也;我之有德于人也,不可不忘也。”③这也是他一生遵循的准则,对上不逢迎,对下不欺压,施恩于人,包括资助留学、资助昆曲,从不求回报。有一次,一位熟人辗转托人送来门生帖子,要拜他为

① 穆藕初:《藕初五十自述》,穆家修等编《穆藕初文集(增订本)》,第14页。
② 穆藕初:《藕初五十自述》,穆家修等编《穆藕初文集(增订本)》,第21—22页。
③ 穆藕初:《藕初五十自述》,穆家修等编《穆藕初文集(增订本)》,第36页。

师,意图巴结。穆藕初对此极为反感,奉还帖子,严词拒绝,表示自己企业用人,"一以本人之品性行为合否及办事能力足否而定之,并无丝毫私情搀入其间"。[①] 不过,他在处理这件事时,仍然秉持恕道,明确告诉当事人既往不咎,事过即了,不会因此而将他打入另册。

由于对中国社会有深切了解,所以,穆藕初生当革故鼎新之际,对于中国民主建设的问题,也有深刻的思考。辛亥革命推翻帝制以后,大洋彼岸的留美学生欢欣鼓舞,莫可名言。对清朝统治的不满,是穆藕初与他的兄长穆湘瑶,以及与他们同时代的上海许多有志青年的共同心声。但是,革命成功了,他却高兴不起来,原因是他想得更深、更远。他说:

> 余独不敢欣然喜、色然惊者,盖以吾人所负之责任,更觉重大耳。共和国之主权在民,固也,而中国蚩蚩群氓,号称四百兆,试问有知识者几何? 即使有知识,而醉心于自利者占去几何人? 即不自私自利,而昧于国情、暗于时势、短于判决力者,又占去几何人? 则主权在民云云者,不过在少数有组织力并有操纵能力者之手中,于人民无与也。故欲实行共和,非普及真正之国民教育不为功。而设施此项普及教育,须根据我国历史及国民性之所适宜,除去我国之弱点,采取他国之长处,无党无私,一以造成高尚之人格为目的,庶能内定国是,外睦强邻,造成人类之幸福。[②]

他对中国的历史与当下社会事情看得很透彻,认为共和政治的实现,必须基于受过良好教育的国民基础之上,如无此基础,"一旦解放,昌言平权,无异野马之奔腾,怒涛之横溢",势必不可收拾。因此,从帝制推翻,到共和建成,必有一过渡时期。这一时期之长短,视各界中坚人物之道德识见能力而定之,如果处理不好,反而会导致暴民专制。他说:

① 穆藕初:《复某君》,穆家修等编《穆藕初文集(增订本)》,第141页。
② 穆藕初:《藕初五十自述》,穆家修等编《穆藕初文集(增订本)》,第18页。

　　兹就余若干年来之观察,约举而类别之。似乎不外下列之六种:一、懦弱者多守默。二、强暴者多嚣张。三、有知识者方能思精而虑密。四、愚昧者易动感情而受人煽惑。五、稍有恒产者类多持重。六、无恒产者往往为生计所迫易趋极端。由是观之,若主权在民而漫无限制,适成其为暴民专制而已。细绎政治学中主权在民之精义,其实在于人民之有知识、有恒产者之手中。试观各国之选举法,便可了然矣。①

　　这种对于民主实质的理解,对于不同阶层的不同政治表现的洞悉,对于知识、财产与政治态度之间关联度的分析,都鞭辟入里。没有稳定的中产阶级与受过良好教育的民众,推翻专制以后,民主很可能导致暴民专制,走向民主的反面。在这个意义上,民主的最大敌人恰恰就是民主本身。这看上去是悖论,但却是屡获验证的历史事实,也是近现代许多政治思想家的共识。托克维尔、穆勒都认为民主可能导致暴政,因为任何民主制度都会导致中央集权,进而导致某种专制制度,甚至蜕化为个人专制。任何民主制度假设前提都是,多数派总是对的,少数派因而无法保证自己的自由不被多数派所剥夺。法国 1848 年革命的结局证实了这一点。翻译过拿破仑传记的穆藕初,对法国的历史谙熟于胸,对拿破仑如何经过选举而当上皇帝的闹剧太熟悉不过。所以,当清朝帝制被推翻、一般狂热青年欢呼雀跃时,穆藕初能够表现出少有的冷静与深刻。

　　民国初年的政治演变,每每被穆藕初不幸而言中。1925 年,他就政治最核心的部分,即主权在谁手中的问题,进行了深入的分析:

　　　　民国成立以来,忽忽已阅十四寒暑。问国家主权究属谁手? 恐无人能置答之。在军阀乎? 则自相残杀,所存者仅硕果耳;在政客乎? 则前仆后继,坐视人才之消乏而已;在事业界之知识阶级手中乎? 则教育堕落,事业凋敝,求生不得,诉苦无门,坐视百业之萧条,国力之耗损而已。故余尝谓民国成立以

① 穆藕初:《藕初五十自述》,穆家修等编《穆藕初文集(增订本)》,第 18 页。

来，所宣布之主义也，方针也，乃至策略也，斗争也，纷纷扰扰，无非自相残杀而已，无所谓主权也。夫国之有主权，无异航行之有舵。把舵者偶一疏忽，其舟便有颠覆之忧。国家主权而无所属，其危险不千万倍于颠覆之舟乎？①

他说这番话的时候，脑海里一定有三幅图景交替出现：一幅是中国当下军阀当政的乱景，一幅是他曾经生活的、为他称道不已的美国的治景，还有一幅是他曾经研究的法国由乱而治的变景。那么，中国应当怎么办？他认为国家应发展生产，发展教育，将权力交给那些有知识、有事业的人，交给那些"有生产能力之国民手中"：

然则国家之主权果谁属，无论古今中外，如同一辙，其权应属于事业界中之有知识者。苟不欲立国于地球上之上则已，如欲立国于地球之上，非如此，则不可得也。此非余之私言也，实政治学中之精义耳。试举一浅例以证之，家有多子，贤否各别，苟以家务而付之克家令子之手，家道未有不昌盛者；反是，鲜有不失败者。聚家而成国，国事亦犹是耳。国中之有知识而有事业者，或从事于教育，或从事于农工商矿等凡百实业，则国家之富力赖以增进，人民之供求赖以调剂，官吏之俸给赖以支应，人类之幸福赖以保全。故事业界中人，简言之即生产者，国民而有生产能力，实立国之命脉，争存之要素也。国家主权而不在此种有生产能力之国民手中，而国能富强者，吾未之前闻也。余深愿读是编者之三致意也。②

穆藕初的见解，用今天的语言，就是发展教育，发展实业，培育中产阶级，为民主政治夯实社会基础。穆藕初说那番话的时间，到现在已近九十年；他说的那些问题，到现在依然没有完全解决。在穆藕初已经作古七十多年以后的今天，重读老先生对中国问题的分析，不能不叹服他的深刻与远见！

① 穆藕初：《藕初五十自述》，穆家修等编《穆藕初文集（增订本）》，第18页。
② 穆藕初：《藕初五十自述》，穆家修等编《穆藕初文集（增订本）》，第18—19页。

以上四个方面，涉及壮岁留学、资助留学、发展教育、引进西学、科学管理、保存国粹、振兴实业、批评国民性中的负面因素、讨论善良政治蓝图等众多内容，还有那反映其心灵世界的命理问题。

从为人处世、安身立命角度来看，穆藕初可以归结这样一个人：勇于进取，善于学习；①亦中亦西，亦商亦儒；敏于发现机遇，善于捕捉机遇；敢于实践，②富有情趣。③

他在三十多岁时，丢下好好一份工作，丢下妻小，自筹经费，留学美国。这在一般人眼里，是非正常选择。他资助罗家伦等留学，不为捐官，不图回报，这在一般人眼里，是非正常花钱。他对国民性负面因素的批评，对善良政治蓝图的思考，没有呈现出学理论证过程，这在一般人眼里，是非正规学者意见。他对抽签、风水之类怪力乱神的认可或理解，在有些人眼里，是非理性态度。但是，正是这些非正常选择、非正常花钱、非正规意见与非理性态度，构成了穆藕初在近代文化中特有的地位，特别的意义。

他饱读有字之书，也熟谙无字之书，知识广博，洞明事理。他亦中亦西，在中国文化浸润中成长，又受过西方文化系统教育，对中西社会都有比较真切的了解。所以，他对国民性负面因素的批评，一针见血；对善良政治蓝图的思考，见深识远。他亦商亦儒，企业扩张不是韦伯所说的基督教清教徒式的为发展而发展，而是怀抱为国兴业、为民办事的理想。他自奉俭约，但为了保存国粹，培育人才，不惜千金。这种行事风格，闪烁的是传统士大夫达济穷善的不朽光辉。黄炎培称赞他学为国用、

---

① 没有进过什么正规学校，而能成功留学，关键在于他善于学习。他自述，1903 年冬，"余暂时调往镇江关，行箧中携有新书数百种，就附近山麓开办阅书报社，同志云集，颇极一时之盛。"《藕初五十自述》那个时候，就能有新书数百种，可以想见他求知欲之强与知识面之广。

② "敢于实践"是穆藕初成功的关键。但是，过分"敢于实践"，又成为穆藕初实业受挫的一大因素。1922 至 1923 年，他主办的德大纱厂、豫丰纱厂与棉花交易所，总共亏空一百多万元，超过了德大纱厂的资本总额，最后不得不宣布德大破产，将其卖了出去。虽说是由于军阀混战，影响实业，江浙是齐燮元、卢永祥之战，河南是冯玉祥、赵倜之战，但是，扩张太快，内涵不足，不能不说是受挫的内在因素。

③ 除了酷爱昆曲，他还爱好锻炼身体，好养鸟，好养金鱼，鱼缸以百数计，名贵金鱼有十七八种。晚年爱好学诗、写诗，很得黄炎培好评。见黄炎培《追忆穆藕初先生》。穆藕初是一位很有生活情趣的人，很会享受生活的人，一点不呆板、枯燥、僵化。

义薄云天;有功在民、有策在朝;颂言满堂、黄金满筐;恣出其财、以成人才,都是实事求是的中肯评价。

亦中亦西,近代所在多有;亦商亦儒,也不稀见。但是,合亦中亦西、亦商亦儒为一身的,却不多见。从这个意义上,穆藕初是万不一得的奇才。穆藕初不是专门从事知识生产与流通的书斋型知识分子,他在近代文化转型中所做出的成就,也不是一般专门从事知识生产与流通的书斋型知识分子所能达到的。1922 年,《密勒氏评论报》通过读者投票的方式,选举中国最有影响的大人物。工商界入选者凡13 人,聂云台第一,252 票;穆藕初第二,123 票,跟在他后面的是:陈嘉庚 67 票,宋汉章 58 票,简照南 54 票,陈光甫 35 票,钱新之、范旭东均为 8 票。在所有被选举的 171 人中,穆藕初排名第 28。[①] 穆藕初何许人? 二十年前上海滩一位海关小职员,十年前美利坚一名普通留学生,家无父祖余荫,朝无显贵奥援,名亦不见经传,回国后不到十年,忽然跃登全中国大人物之榜,名列工商界领袖前茅。套用一句古语,呜呼! 穆藕初可不谓人杰矣哉!

能聚财,是其经济能力的体现;善散财,是其崇高道德的闪光;善于为国散财,则是其高出同侪的世界眼光与爱国情操的表现! 如果单能聚财,穆藕初也就是一个普通的大富翁而已。集能聚财与善散财于一身,特别是勇于为国散财,将个人能力与造就他人,将个人能力与国家命运联系在一起,穆藕初就显出了与一般大富翁的不同,显出了他的高明与伟大。这是他能荣登全中国大人物之榜的根本原因。

改革开放以来,中国对于历史人物的研究蔚然成风,成果极其繁富。考其推动力,不外以下六端:一是道统与政统,对于支持、丰富、解释主流意识形态有所裨益,无论是关于孔、孟、程、朱的研究,还是关于毛、刘、周、朱的研究,大体属于此类。二是业统与学统。各业宣传其祖师、传人、名人,各学会研究其学术领域先贤,各校弘扬其名师、校友,弟子研究老师、太老师,均属此类。学统也是一种业统,但学校、学会较其他单位、行业似乎更加重视其历史传统。三是血统与地统。后人重视对于先祖的研究,由来已久,方兴未艾的各姓宗亲会,加大了这种研究力度。地统是血

---

① 参见杨天宏《密勒氏报"中国当今十二位大人物"问卷调查分析》,《历史研究》2002 年第 3 期。

统的扩展。中国本有重视地籍名望的传统，各地无不重视其地历史名人，日益繁盛的旅游热，更推动了地域名人研究热。有些学者对于某些历史人物的研究，完全出于学术兴趣，并无其他特别动力与世俗目的，仍可归于广义的学统。当然，这六个方面往往不是孤立发生作用，而是相互影响，相互联系，相互交叉。穆藕初研究在这些年发展很快，文集、年谱、传记都有出版，论文很多，讨论会也开过不止一次，其背后的推动力，与这六个方面均有关联。他爱国，提倡实业救国，反对外国侵略，政治正确。共产党领导人高度评价他："才是万人英，在抗战困难中，多所发明，自出机杼；功宜百代祀，于举世混浊日，独留清白，堪作楷模。"他是"海归"翘楚，棉纺业大王，留学界与纺织行业人士推崇他。他是上海名人，治地方史、地方志的学者重视他。他的子孙后代，事业有成，崇敬祖先。这几方面的合力，共同推动了穆藕初研究的发展与繁荣。

这里特别要指出的是，穆藕初后人高度重视对他们先人的研究，穆藕初长子穆伯华晚年对穆藕初研究念兹在兹，努力推动。穆藕初幼子家修先生，穆藕初曾孙伟杰先生，会同近代人物研究专家柳和城先生，协力同心，多年来从事穆藕初史料的搜集整理，北上京师，西走重庆，联络海外，走访故旧，翻阅报纸，查阅档案，先前已编辑出版《穆藕初文集》与《穆藕初年谱》，现在又成此年谱长编。这部长编，较之以往的年谱，资料大为扩充，增加了许多以往文集与年谱所没有的内容。编者的工作，相当尽心与内行。他们的努力，对于穆藕初研究的发展、繁荣，具有奠基与"加速器"的双重意义。可以毫不夸张地说，没有他们的推动与努力，穆藕初研究就没有今天这么兴旺的气象。我，作为从事上海史研究的一名历史学从业人员，多年来一直分享着他们的研究成果，也推动过《穆藕初文集（增订版）》的出版与相关讨论会的举行，先后为穆藕初年谱、穆藕初传记写过序言，对穆藕初在近代史上的地位做过一点研究。值此《穆藕初年谱长编》出版之际，兹对已发表的《论穆藕初在近代中国的文化意义》略加修改，权作序言，以表示对穆藕初这位历史伟人的敬意，并作为对这部书的推介。

2014 年 7 月 9 日

凡　　例

一、本《长编》以《穆藕初先生年谱》(上海古籍出版社 2006 年 5 月第一版)为基础,增补扩编而成。除增补《年谱》出版后新发现的谱主著译、友朋日记、报刊记载以及相关档案史料外,我们按年谱长编的体例要求,增补引文,或全文,或摘录,以期更完整、更详实地展现谱主的思想观点、社会活动和生活轨迹。

二、本《长编》内容采集自谱主著述、档案文献及当时报刊图书等记述谱主的生平、事迹和思想。内容主要采集自谱主本人著述、档案史料、当时报刊图书等第一手材料;缺乏第一手书面文献的重要事迹,酌情选录经考证属实的当事人回忆,或以当事人记述作注释。

三、谱主本事按公元纪年年月日顺序编列,少数则按纪事本末综合叙述。民国元年(1912)以前附列农历日期。

四、引文力求采用原件、原书或报刊最初文本为准。原件无标点者,按照常用标点符号用法标点。少量引文译自英文原件(书刊)。有些引文内容、观点与现今主流看法并不相同,也不代表编写出版者的认知,为尊重历史原状,我们仅加技术标识,未予更改。

五、所引资料无确定日期者,或系于月末(本月),或系于年末(本年),或加"约"字系于相应位置。

六、本《长编》各条纪事均标明来源。已刊谱主著述一般先注明第一发表处。已收入《穆藕初文集》增订本(上海古籍出版社 2011 年 11 月第一版,简称《文集》)的谱主著述,再注明该页码。

七、每年谱主本事前列有"本年大事"若干则,采录与谱主活动相关的国内外政治、经济、外交等大事。

八、一些需要说明的人物、事件或补充材料,略作注释,用小字列于本条之下,便于参考。

九、引文内日期及其他数字,按原件汉字书写,叙文、本年大事、注释中有关日期、数字,一般用阿拉伯字记述。外国人或外文书名,尽量附列原文。对原文难以辨认文字,用□代替。

十、本书所附照片、手迹、书影若干幅,一部分置于书前,一部分配于正文相应位置,编有"图片目录"。另附有"主要引用及参考文献"和"人名索引"。

编著者

目　　录

图片目录

下卷

书前

书内插图

1876年(光绪二年,丙子) 一岁

7月 淞沪铁路上海至江湾段竣工。同年12月延长至吴淞。翌年为清政府购下并拆毁。

9月 英借口马嘉理案,逼迫清政府签订《烟台条约》。

6月20日(五月二十七日) 本日诞生。① 穆藕初先生,讳湘玥,号恕园,江苏省上海县人(今上海市)。

穆族世居苏州洞庭东山。曾祖云江公因避世乱,迁居浦东务农。(穆伯华《先德追怀录》)《自述》云:"本族之迁居于上海,不知始自何年,幼时闻吾父琢庵公蓄志修家谱,曾赴洞庭东山探询氏族,迄无闻见,怅然而返。阙疑从略,国史昉自陶唐;数典能详,家乘本之先祖。至于末世多灾,因避乱播迁,而失传家之宝;孤宗易奋,爰争存自助,而植开族之基。阅此编者,均可于言外见之。"(《藕初五十自述》,商务印书馆1926年版,附《藕初文录》上下卷,以下简称《自述》、《文录》;《穆藕初文集》(增订本)第3页,以下简称《文集》)

祖子荶(芝香)公始营棉业,居上海大南门外。(《上海穆氏植棉试验场第一次报告》,《植棉改良浅说》再版附录,1917年1月自印本)父琢庵公于南市开设穆公正花行。《自述》云:"祖子荶公操棉业,伯叔成家者五,吾父行二,与诸伯叔均从事于棉业,而吾父更扩大之,开设穆公正花行,垂四十年。名闻久著,克绍箕裘,垂范后起,深愿后人谨志无忘焉。父初娶蒋氏,生子二女一;复续娶倪氏,仅一女,适云溪陈氏,又续娶朱氏,即生胞兄恕再②及余。又妹一,幼殇。吾母出自南汇新场镇之旧

穆杼斋

---

① 穆伯华《先德追怀录》云:"闻先祖母说,在先伯父(穆湘瑶——编者注)及我父出生之前一日,坐客堂中做针黹,忽闻梁上吱吱有声。仰视之,见二大白鼠嬉戏于正梁之中,忽尔见其各奔东西而散。闻之者咸谓穆氏将出二个秀士云。数十年后,一中北闱,一得农学硕士学位,共同携手办纱厂,但结果分道扬镳,各走各路。"(手稿)

② 穆恕再(1874—1937),名湘瑶,字杼斋。1903年中举。任江苏咨议局议员,辛亥革命时任上海县城警务长,参加上海起义。民国初任上海市议员等职。曾创办中华砖窑厂、德大纱厂、恒大纱厂等。晚年号恕再。

家,性慈祥,能书算,善治家政。光绪初年,吾父事业正盛,赖吾母之襄赞,无内顾忧。"(《文集》第3页)

先生诞生前三十六年(1840年),鸦片张爆发。此后,清政府被迫与英国等列强签订了一系列不平等条约,使中国社会性质发生了根本性的变化:政治上,清政府开始一步步成为列强统治中国的工具,中国的领土、领海、司法、关税和贸易主权开始遭到严重破坏,中国逐渐由一个独立自主的国家沦为半殖民地半封建国家。经济上,随着列强向中国倾销产品和对中国丝、茶等农副产品的收购,逐渐把中国卷入世界市场;原本占主导地位的自给自足的自然经济受到强烈冲击,中国日益成为世界资本主义市场的一部分。在客观上促进了中国商品经济的发展,有利于中国民族资本主义的兴起。但外国资本主义进一步激化了阶级矛盾,一定程度上致使了太平天国运动的爆发。思想文化上,鸦片战争后有一部分知识分子开始抛弃陈腐观念,注目世界,探求新知,寻求强国御侮之道,萌发了一股向西方学习的新思潮,对封建思想起到了一定的冲击作用。随着社会性质的变化,中国社会的主要矛盾也由地主阶级和农民阶级的矛盾,变成外国资本主义与中华民族的矛盾、封建主义与人民大众的矛盾。

先生诞生前三十二年(1842年),英舰进攻吴淞,上海失陷。清政府被迫与英国签订《南京条约》,规定上海为五口通商口岸之一。

先生诞生前三十三年(1843年),上海开埠,外国资本纷纷涌入上海。英、法等国在沪建立租界。小刀会和太平天国战争后,上海成为中国对外贸易中心,洋行、轮船公司、银行、外商码头栈业等外国资本迅速发展。

先生诞生前二十六年(1850年),上海绅董郑锦云于大东门外开设第一家洋布专售商铺"同春洋货号";此后十六年(1866年),孙英德、方举赞创办发昌机器厂。由二者为标志,民族商业、民族工业在沪崛起。江南制造局(1865年)、上海轮船招商局(1873年)等洋务企业之创办,又推动上海近代化进程发展。

1878年（光绪四年，戊寅） 三岁

10月　前四川候补道彭启智呈禀南北洋大臣，请准设立上海机器织布局。

本年　得大病，几不救，幸得存活。《自述》云："余体质素弱，三岁时大病多月，几不救，幸得存活。然自幼至壮，精神颓唐，绝少活泼气象。胆小如鼷，闻雷声辄掩耳欲泣，偶有谈及妖狐鬼怪等事，辄惊骇至不能成寐。事后亦自知虚惊之无谓，然临境终不能自主也。余成童时犹怕见生客，宾朋宴会，常寂坐一隅，默不发言；偶与余语，辄面赪不能答，若不胜其腼腆者。余行五，故族人戏呼余为五小姐，余赧颜忍受，雅非所愿。顾在当时，欲拒绝此种谐谑名称，亦实无能力。"（《文集》第4页）

1880 年（光绪六年，庚辰）　五岁

2 月　上海沪西圣约翰书院首批二十名习西学者肄业。

5 月　上海圣教书会编印《图画新报》创刊。除刊登基督教义外，兼刊评论、故事、诗词、格致浅说及五洲新闻等。

9 月　清廷允李鸿章奏，决定架设天津、上海间电线，并于天津创办电报学堂。

本年　江南制造局翻译出版《东方交涉史》、《电学》、《水雷秘要》等西书。

李鸿章筹办上海第一家棉纺织厂——上海机器织布局，光绪十五年（1889 年）底建成投产，光绪十九年（1893 年）毁于火灾，重建后改为华盛纺织总局。

本年　患眼疾，后治愈。穆伯华《先德追怀录》云："府君五岁时患目疾颇剧，屡医未愈。父执高丈见之力劝速续医，毋为终生累。及治愈，一目视力已稍逊。及长，感高丈之德，常怀有以报之之心。待创办华商纱布交易所时，聘高丈哲嗣砚耘先生为该所总务科长。未几，又改选为常务理事。至是而报德之心于以稍慰。"（手稿）

1881 年(光绪七年,辛巳)　六岁

2 月　中俄签订《伊犁条约》和《陆路通商章程》。

3 月　上海公共租界纳税外人会议正式通过土地章程修改草案。

7 月　津沪电报线路开工。

本年　华商资本开办公和永梁缫丝厂,以后陆续开办面粉、火柴、印刷、机器等工厂。

本年　入学受课。《自述》云:"余六岁,入学受课,至十三岁出校。在此八年中,仅读《四书》、《诗经》、《礼记》、《古文观止》,诗习两韵,文仅起讲而已。出校后,报纸上之新闻尚未能了解,质地之愚鲁莫过于余矣。"(《文集》第 4 页)

1882 年(光绪八年,壬午)　七岁

1 月　中西书院举行入学考试,报名者四百余人。

3 月　《万国公报》发表《整饬关税》一文,主张关税应以"入口为重,出口为轻"。

《申报》发表《论学徒苦况》一文,指责赴美留学生回国后多用违所长。

7 月　上海县连日大风,海潮溢出。

8 月　上海机器织布局在美定制的纺织机陆续运抵上海。

本年　在校读书。(《文集》第 4 页)

1883 年(光绪九年,癸未) 八岁

2月 上海发生金融风潮,二十余家商号倒闭,以及十余家棉布行、坑砂栈、铁号等。倒欠款项共约一百五六十万两。南市棉花行照常开市者仅程大隆、沈恒泰、荣广大森三家。

秋 上海县棉花歉收,生意清淡,捐款又重,南市十四家棉花行全部停业。

本年 在校读书。(《文集》第 4 页)

1884 年(光绪十年,甲申) 九岁

2月 上海中西书院昆山路校舍竣工。内设电学馆、西学馆、算学馆、贸易馆与格致馆五馆。

8月 中法战争爆发。

本年 洋轧花车传入青浦县东北乡,日出花衣一担有余。

杨树浦纱厂女工罢工,抗议工头克扣工资。

本年 家道中落。《自述》云:"光绪十年后,因大兄、二兄不甚得力,食用浩繁,入不敷出,族中剥削亦殊甚,家道遂中落,赖吾母之劝慰,父心稍安,然已不胜支持之苦矣。"(《文集》第4页)

1885 年(光绪十一年,乙酉) 十岁

11 月 《申报》发表《宜招考素习西学之人以佐理海部说》,指出"中国虽通商已久,然其积习尚存"、"今若习西学者亦可显荣"、"则专读诗书者反而无用矣",故"可使中国人乐究于西学也"。

上海华商联名致函工部局,要求准许华人进入公家花园。

12 月 格致书院设私塾教习英文。

本年 中法签订《中法新约》。

三井洋行创设于上海。

本年 在校读书。(《文集》第 4 页)

1886 年(光绪十二年,丙戌) 十一岁

2 月　林乐知在《申报》刊登启事称,拟将中西书院招生分作二等,上等专图远大,次等权作浅近之计。

5 月　上海公家花园开始对华人开放。

本年　在校读书。(《文集》第 4 页)

1887 年(光绪十三年,丙戌)　十二岁

2 月　光绪帝亲政,但仍由慈禧太后"训政"。

本年　顾松泉创办中西大药房。

本年　在校读书。(《文集》第 4 页)

1888 年(光绪十四年,戊子) 十三岁

4 月 上海小车工人举行抗捐斗争。

5 月 日本驻华公使盐田三郎要求大阪纺织会社速在上海安装机器,着手制造。

7 月 上海机器轧花局在浦东建厂。该局由日商三井洋行主持,英、美、德、日、法商人共同投资。次年开工。

本年 受父责,因起发愤图自立之愿。《自述》云:"吾父垂暮之年,家境虽迥不如前,顾性好施舍,于穷而无告之鳏寡孤独,尤所怜惜。时时就力之所及以周济之。有父执袁姓者,操航业,寄居上海,素无戚族,不幸奄然物化,遗下一妻一子,孤苦无依,吾父接之来家,住西客堂左侧而赡养之。袁氏子名才麟,长于余约六七岁,人颇温雅,虽数数会面,而年龄稍殊,余亦面重,故不相交谈,而不知渠之研究写生也。一夕,吾父示余画稿数帧,问余曰:'汝知何人所画?'余答不知。盖余是时十三,尚在校读书,画稿从未涉猎,何由辨别其佳否。吾父慨然曰:'嘻!竖子,汝年已长大,尚昏蒙若此!幼年不知自立,日后何以为人?'复自语曰:'袁氏何福,有此佳子弟,真令人羡煞。'余闻父言,面赤耳热,汗流浃背,咋舌者逾时。退后羞愤至泣,因发愤图自立,冀餍老父深切之期望。然是时百思而不能得一自立之道,以慰我垂暮之严父。夫父母之爱其子也,不但抚育之、饮食之而已,须教诲之、陶熔之,而至于自立。小之兴一家,树一业,大之效忠于国家,服务于社会。庶几父道无亏,而克家有子。为人子者亦应善体亲心,勤修苦读,蔚为大器,舒展长才,显亲扬名,创立基业。夫如是,则人才辈出,国以富强矣。处今日之中国,而为今日之中国青年,其刻苦磨励,应什伯倍于欧美、日本各国之青年。譬如一家,苟家道富饶,其子弟即不出类拔萃,尚可自给;而贫家子弟,非力役则无以为生,况百孔千疮如今日之吾国者乎?余性迟钝,当时不解吾父之期望。卒至青年失学,老大鲜成,迄今犹引为大憾。但愿青年之读是书者,毋蹈余之覆辙也可。"(《文集》第 4 页)

1889 年(光绪十五年，戊子) 十四岁

3 月　慈禧太后"归政"，光绪帝"亲政"。

9 月　上海南汇乡民近千人相聚抗粮。

12 月　上海机器织布局首次试车成功，年产布 18 万匹。

本年　上海各县秋歉。

　　秋　由堂兄襄煌介绍入某花行习业。入花行后，对花行老板往棉花中搀水等恶习深恶痛绝，希望改良政府，大修政教，提高商人道德。《自述》云："是秋由堂兄襄煌介绍入某花行习业，适本年秋雨连绵至四十余日，棉花收获仅一二成。价昂甚，而花中所含潮分竟达十成之二三，若将棉朵用力掷于壁，竟能粘着不下坠，其潮度之重可想而知矣。是时闻长者言，道、咸间外人通商未久，于吾国商情不甚熟谙，西人性又率直，易受欺蒙。当时售于西商之花名曰夷花，其潮分亦特别加重，而交通不便，一往还间，动需半载，运棉到彼往往霉烂。时有某奸商搀水入棉尚不满意，另加砖块于包内以充重量。不料此项棉花运往外国，花中潮分被砖块吸收殆尽，故棉花并不霉烂，而花质亦独优，该外商因此而获利。翌年，该外商又来华，找寻搀加砖块之奸商，拟再与作交易。该奸商受良心之责备，未悉来者真意所在，误以为寻仇而至。早已杳如黄鹤矣。棉花搀水恶习，沿行至今已五六十年矣。此五六十年间，不但无革除希望，且有每况愈下之势。年来政争不息，祸乱相寻；教化不修，商业道德日见堕落。掺水之外更有杂入敲扁棉子，以便至轧车上随花混过，借以增加重量；黄花僵块，都不剔除，苟有净花，亦且故意搀入，希图厚获。多秋雨之年此弊尤甚。身受其害者虽迭次请求当局严行禁止，终无效果。充类言之，不但棉花如此，如食盐中搀陈石灰，米麦中加小石屑，豆菽中和粗泥粒，几乎无业不有弊，无货不作伪，信用扫地，未易挽救。余甚希望今后有良政府出，大修政教，商人道德因以提高，庶使群商贸易齐上轨道。"(《文集》第 5 页)

1890 年(光绪十六年, 己丑) 十五岁

4 月　新申电气公司开始供电。

9 月　日人在上海设立"日清贸易研究所"。

本年　工部局开始对租界内华人之私有土地征收地价税。

5 月 18 日(三月三十日)　穆杼斋参加上海县县试初复案, 列第二名。5 月 20 日, 参加二复案列第十一名。(《申报》1890 年 5 月 22 日)5 月 26 日上海县试取文童三百五十名送至县学悬贴, 穆杼斋列第十二名。(《申报》1890 年 5 月 27 日)

本年　在花行习业。(《文集》第 5 页)

1891 年(光绪十七年,辛卯)　十六岁

11月　工部局动工修筑杨树浦滩路。该处农民群起反对,工部局置之不理。次月,双方引发冲突,上海道聂缉椝向领袖领事、法总领事华格臬提出抗议。

本年　伦章纸厂、华新纺织新局于杨树浦建厂。

本年　在花行内任发款之职。《自述》云:"花行中之发给银钱者,照例每担棉花可扣一二十文。盖洋钱间有发差,借资抵补,其实发差者万中不及一,不过予发款者克扣之权利耳。此种悖入之利益,能用以仰事俯蓄者百不得一二,实借此造恶孽、损精神,堕人格而已,族人之因此而堕落者已数见。故余自十六岁司发款之职,余母即申诫之曰:'乡人系食力者流,赚钱不易,汝不应克扣他人血汗之资以肥己。多赚不如少用,俾得身心安泰。'并随时训余以少年持身之道,俾不致被恶俗所潜移而默化。"(《文集》第6页)

1892 年（光绪十八年，壬辰） 十七岁

3 月　康有为著《新学伪经考》在上海同文书局出售。

11 月　湖北纺织官局开工。

3 月（二月）　父琢庵公病逝，与兄杼斋共同奉养母亲。《自述》云："此时老父已年逾六旬，精力日衰，加之儿女成行，食指浩繁。正如谚语所云坐吃山空，支撑非易，大有床头金尽之慨，值钱衣物典质殆尽。不意于二月间，吾父以忧愁成疾，竟至不起。使余等报恩无地，抱恨终天。时胞兄恕再方应童子试，屡列前茅，不幸丁父忧，应试之事遂中止。五七开丧之前一夕，亲长毕集，处理家事，均谓愚兄弟二人尚未成立，势难奉养老母，颇有令大兄、二兄奉养老母之意思。大兄、二兄相顾默然。当时，余即起言而曰：'父亲失业已多年，赖以支持偌大门户者，唯恃典质耳。今诸亲长目睹此如许之典券，则老母手中已无余蓄可知。恕哥与余，年虽幼稚，然自问无论如何，必能尽力治生，奉养老母。愚意不必使大兄、二兄为难也。'恕哥亦深然其说。诸亲长闻而壮之，欣然称叹。丧事既毕，予兄弟朝夕谋所以自立之道。不数年家计因之而舒泰。盖恕哥与余兄弟二人合力同心，进款虽无几，然量入为出，渐进佳境。"（《文集》第 5 页）

本年　屡思改业，苦无机会。《自述》云："岁壬辰，余年十七，仍托迹在花业。惟操花业者每到冬令，忙碌殊甚，一至春夏毫无所事，虚掷光阴，在青年求进时代更属可惜。余屡思改业，苦无机会。"（同上，第 6 页）

1893 年(光绪十九年,癸巳) 十八岁

11月　报载上海新工业创办,估计有一万五千名或两万名中国妇女被雇用,从事刷理禽毛、清检棉花与丝,制造火柴与卷烟等工作。

公共租界举行"上海开埠五十周年纪念"。

本年　在花行内任发款之职。(《文集》第 6 页)

1894 年(光绪二十年,甲午)　十九岁

2 月　江海关新海署启用。

3 月　江海关道聂辑椝就英商怡和洋行向外国订购纺纱机器事,函复沪关税务司,以为纱机进口,有碍民生生计。

7 月　中日甲午战争爆发。次年 4 月以中国战败结束。

8 月　上海发生反日事件。

11 月　孙中山在美国檀香山创立"兴中会"。

本年　华商开设裕源纱厂。

本年　在花行内任发款之职。(《文集》第 6 页)

1895 年(光绪二十一年,乙未) 二十岁

1 月　日军海陆两路夹击威海卫。2 月刘公岛陷落,北洋舰队全军覆没。

4 月　清政府派李鸿章赴日签订《马关条约》。次年又订立《通商行船条约》。

5 月　康有为等在北京发起"公车上书",拒约自强。

本年　华商开设裕源纱厂。

4 月(三月)　得知清政府与日本签订《马关条约》后,心中痛苦难以言语形容,于是有求西学之志。《自述》云:"岁甲午,余年十九,是年中日战役起。时报纸寥寥,传闻又多失实,连篇累牍,无非铺张扬厉之辞。嗣后得知我国大败,接受城下之盟,而心中之痛苦,大有难以言语形容者。是时年事尚稚,不知我国之所以弱,他国之所以强,求学心日益切。盖不学则无知识,无知识则不知彼我之短长,无从与他国竞争,求西学之决心于是时始。"(《文集》第 5 页)

本年　穆杼斋与沈宗约、朱董、丁春山等创办同愿留心社,捐资专办赊棺检埋孩尸遗骸等善事。(《上海县续志》卷二)

1896年(光绪二十二年,丙申)　二十一岁

1月　上海强学会机关报《强学报》创刊。

3月　盛宣怀奏准在沪开办南洋公学。

8月　梁启超等在上海创刊《时务报》。

11月　清政府批准兴筑淞沪铁路。

本年　严信厚在宁波创办通久源纱厂。

　　　美商鸿在沪源纱厂开工,资本100万两,纱锭4万枚。

春　随友人赴无锡,经历人生志行上第一次考验。《自述》云:"是年春曾随同友人,赴无锡、江阴、武进等处境内收买春茧。诱引青年之境界突如其来,为余志行上开第一次试验焉。按收茧事向例由华人向洋商包办,运款至产区各大镇,分设收茧各庄于无锡、武进等处。多者二三十庄,少亦七八庄,为时仅月余,而在事诸人所得酬劳比较为丰,以故人争觅就。大都无常业者充之,苟有奥援,得以一人管领数庄,则收入益丰,不免有悖入悖出之虞。余适遇一友,即为兼管数庄而约予收茧之人。迨茧事告终,回申之日,邀余作北里游,余以情面难却,姑从之。至清和坊某家,见粲者数人,年均二旬左右,酬应之工,见所未见。余虽非富家子,而衣服整洁,面貌楚楚,顾羞涩如女子,益觉动人怜爱。各友均作叶子戏,余独旁坐无聊,后在隔室观书画,忽有一姝蹑踪而至,固闭其门,牵余并坐,询余姓氏家世年龄,曲意殷勤,极狐媚之能事,又诱劝余常往来该处。时余面赤耳热,虽漫与寒暄,而此心忐忑,几难自持,卒托故脱离还家。后竟夜不成寐,心神交战者数日,而不幸之友又时来招余往游,余不愿再往,到底坚拒之。"(《文集》第5页)

本年　立志从事西学。《自述》云:"岁丙申,时余年二十一,在花业虽历任要职,而旋作旋缀,苦无自立之机会。时上海广方言馆甫设立,西学渐见萌芽。恕哥自己致力于中学,又深劝予从事西学。是以服阕之日遂为余兄弟二人志学之年,以为一中一西,或可分道扬镳效力于社会国家也。然彼时风气未开,与今日大异。忽忽一年,竟未觅得一可学西文之学校,无可如何,即先研究国文。迄今回溯往事,知当日之光阴并非虚掷,且以见遗憾中饶有无边之作用。"(《文集》第5页)先生又云:"玥于成童时,肄业于某花行。越六载,凡花行中各项职务皆曾亲历之。时默察花

市情形大有江河日下之势。盖业此者，大都以潮分为事业之伸缩，搀水积习视为当然，主顾之受亏与否、信用之能持久与否，皆所不计。玥愆焉忧之，顾以人微言轻，虽有建白而听者藐如。时沪上商竞益亟，苟暗于外情，且无从为吾国固有实业挽救扩展地也。遂于是年始研究英文。"（《穆氏植棉试验场第一次报告》，《植棉改良浅说》再版附录，1917 年 1 月自印本）

1897 年(光绪二十三年,丁酉) 二十二岁

4月 因上海公共租解纳税人年会通过小车增捐案,数千名小车工聚集在外滩示威游行,遭到镇压。

5月 中国第一家商办金融企业通商银行在沪开业。

本年 美商鸿源纱厂、德商瑞记纱厂、英商老公茂纱厂、英商怡和纱厂、英商协隆纱厂先后在沪开工。中日龙云轧花厂在沪创办。无锡业勤纱厂、杭州通益公纱厂亦相继创办。

本年 开始在夜馆学习英文。《自述》云:"岁丁酉,余年二十二,始就夜馆习英文。是时洋行习气颇重,洋行中人气焰亦极炽,余颇思有以矫正之。故立誓不沾染彼等之习气。余虽年齿较长,而英文进步则甚速,为时仅两年,而普通文理已清顺,能浏览西报。"(《文集》第6页)

1898 年(光绪二十四年,戊戌) 二十三岁

7 月 法租界当局强征四明公所土地,引起惨案。

11 月 上海华纶纱厂二百多名工人为反对无理降低工资举行罢工。

本年 光绪皇帝下诏变法。慈禧太后发动政变。

浙江候补道朱幼鸿在沪设立裕通纱厂,置纱锭 18 200 枚。

本年 继续在夜馆学习英文。(《文集》第 6 页)

1899 年(光绪二十五年,己亥) 二十四岁

3 月　　山东义和团朱红灯起义。

6 月　　沪上大米匮乏,米价上涨,市郊各地发生抢米事件。

7 月　　杨树浦协隆纱厂罢工,要求厂方增加工资。

9 月　　美国提出对华"门户开放"政策。

本年　随英人勃朗习英文。《自述》云:"岁己亥,余年二十四,从勃朗君习英文。以晚间南北往还不便,遂寓于二马路九江里勃朗君处。勃朗君之父为英人,母华人。勃朗曾毕业于西童书院,西学甚深邃。父故后,受损友之诱惑,沾染恶习,因而落魄;厥后考入海关,始能自立。唯以经济未裕,居处甚窄,只有两开间一厢房之楼房一幢而已。余住客堂楼面,隔壁之一楼一厢,乃一卖俏妇所居。同一楼梯,极感不便。是时,九江路一带系中等冶游之地,每至夕阳将下,临风招展者,大都随波逐浪者流。余屡拟迁避,奈北市并无相知,此愿未遂。余寓此几及一年,在余之志行上为第二次强度之试验。余在此日间自修,晚间受课并兼帮教。于此一年中而余能屹然自立,不为所吸引而堕落者,皆由慈母之教诲,善书之启发,以及自尊之意志所致也。""余自成童时即喜读《感应篇》、《阴骘文》、《几希录》等诸善书。如:'挖破纸窗容易补,损人阴骘最难修'。'纵对如花如玉之貌,常存若姊若妹之心'。'风清月白夜窗虚,有女来窥笑读书。欲把琴心通一语,十年前已薄相如'。此种警句,常烂熟于胸中。故余于当时,目中有妓而心中无妓者,实得力于此也。"(《文集》第6 页)先生又云:""我念一岁时想读英文。可是找了一年,没有人可以教我英文。到了念二岁给我找到了一位教英文的先生。他是一个外国人,他的母亲是中国人,所以他中国话也说得很好。我供给他两块钱一月,读了两年,我一共化了四十八块钱。"(《服务的要素》,1937 年 4 月 30 日)

1900 年（光绪二十六年，庚子）　二十五岁

6 月　八国联军进攻北京。清政府向各国使馆下达宣战书。盛宣怀、刘坤一、张之洞等发动"东南互保"。

8 月　慈禧太后挟光绪帝西逃。

10 月　兴中会惠州起义失败。

春　考入江海关，任办事员。《自述》云："岁庚子春，考入海关办事。时余年二十五。""在关办事达六载，黾勉从公，于职分内事悉心为之，精神亦非常旺盛。久之渐觉自己学问不敷用，乃于晚间从西人处读书，研习历史、算术等。此后新知识逐渐加增，知海关主权完全为外人所把持，且华洋人员所得薪水之高低相差太远，而西人之供职于海关，阘茸者居多数，一切事务皆由华员办理，西人不过签字画诺而已。余为羞恶之心所激，屡思告退关职，欲出洋研究经济学，为他日收回关税主权之预备。第苦乏游学经费，郁郁长年，有志未克早遂。"（《文集》第 6 页）先生又云：入江海关，"自是厥后，注意海关入口状况，见棉铁两项大足制我死命。而棉产上漏

江海关大楼

金夫人

厄为数尤令人惊怖不已。"(《穆氏植棉试验场第一次报告》再版,《植棉改良浅说》附录,1917年1月自印本)"念五岁我考进海关办事,由念五两而三十两,而四十两而六十两,而七十两而九十两。做了六年,我做的这笔生意,可说是一本万利的生意了。"(《服务的要素》,1933年4月30日)

入江海关后第一月薪金为母亲购买洋灯。穆伯华《先德追怀录》云:"先君入江海关,第一个月领得薪金,买一只保险灯,俗名洋灯,以代替灯草油盏之用。入夜室内大放光明,先祖母大悦。"(手稿)

冬 娶金氏。① (《文集》第6页)

本年 入沪南体育会,习体操,任队长。黄炎培《追忆穆藕初先生》云:"其后考入海关,同时入沪南体育会,为队长。"(重庆《新华日报》1943年10月6日)

---

① 金氏(1880—1959),名雅娟,苏州人。父金树田。婚后掌理家政,助先生入函授学校,支持先生出国留学,亲友皆称为"贤妇"。生子女八人,存子家菁、家骥,女怡如、恂如四人。

1901 年(光绪二十七年,辛丑) 二十六岁

3月　上海各界绅商学生连续于张园集会,"力拒俄约,以保危局"。

9月　清政府与十一国签订《辛丑条约》。

本年　美商慎昌洋行在沪成立。

年末　追随新党人物举办各种演说会。《自述》云:"辛丑、壬寅间,对外事件接踵而起,新党人物在沪上大见活动,对俄、对日同志会等风起云涌,而演说之风遂大盛。余追随其间,觉事事不如人,因此益自发愤,遂联络同志者数十人,每星期学习演说。为时一年,向之讷讷不出诸口者一变而为畅所欲言矣。余之畏葸羞缩之气质,因之而生一大变化。"(《文集》第7页)

本年　结识黄炎培。《自述·黄序》云:"余之识穆君恕再,实先于识藕初。当清光绪辛丑、壬寅之际,恕再共余读书南洋公学,日常称道弟藕初不去口。某日,一白皙少年入恕再室,就而询之,恕再扬其手以答曰:'此即余弟也。'余之识藕初自此始。"(《文集》第1页)

1902 年（光绪二十八年，壬寅） 二十七岁

4 月　蔡元培等在上海发起成立中国教育会。

8 月　中国教育会在张园集会，讨论对日交涉办法。

11 月　南洋公学发生退学风潮，旋得中国教育会之助，成立爱国学社。

12 月　日商上海纺织株式会社收买华商兴泰纱厂。

本年　日俄战争在中国东北爆发。

　　　日商三井物产会社上海支店收买华资兴泰纱厂，改组为上海纺织有限公司，此为日资首次进入中国纺织业。

8 月 5 日（七月初二日）　与穆杼斋控告叔父穆廷玉阻碍出售房屋一案升堂。穆杼斋到堂供称："家住大南门外，父亲在日以伯叔共有五人，本宅不敷居住，于同治初年出资购得附近杨姓空地启建新宅。旋因适有急需，将新宅单契向潘姓抵银六百两，迄今时阅三十年，积欠利息甚多。潘屡来催赎，爰禀商母亲会同胞弟将屋出售以偿。不意叔父廷玉串同堂弟湘璜出为霸阻，为此扭案控陈，求恩公断。"次穆廷玉供称："父亲子香曾开公正花行，购得杨姓地起造房屋，一切费用均由行中开支。今者弟兄五人虽已分居，而此产尚未立据剖析。胞侄湘瑶擅敢出售，因之同族起与力争。潘姓一款曾闻湘瑶言已向商，安如能归还洋银六百元即可了事。故愿先由五房分筹赎回单契，然后连本宅售去得价公分，尚求核断。"穆湘瑶复云："新宅确系父亲独造，何得作为公产？"大令云："既系兄弟同住，其非私产可知。"令原被告"邀集五房公同商议，或专售新宅，或与本宅并售，照股公分。俟议妥后禀复"。（《申报》1902 年 8 月 7 日）

本年　吸收新知最得力之一年。《自述》云："岁壬寅，余年二十七，是岁为余吸收新知最得力之一年。因讲究赫胥黎天演学等新学说，知淘汰之可畏，争存之必要，从自强不息中锻炼出新吾来。"（《文集》第 7 页）

1903年(光绪二十九年,癸卯) 二十八岁

1月　兴中会与洪全福等组织广州起义失败。

3月　中国教育会在张园集会,就日本大阪博览会上歧视华人事件,进行抗议演说。

5月　《苏报》发表邹容《革命军自序》。

6月　《苏报》案发生。

5月27日(五月初一日)　译著《近世之怪杰》由"通社"发行。原著英国约翰拉耨,"穆湘玥述意,穆湘瑶修辞。"广告语云:"据欧洲中原而力启十九世纪文明之幕者,孰不曰拿翁? 其人谥以怪杰宜也。劣笔绘之殊失本色,今以生龙活虎之文字,写震天动地之英雄,原本既奇,译笔尤妙,项羽本记遂为《史记》百三十篇之冠,持此较之,其事其文,均莫谓古今人不相及也。每章附有译者按语,卷末附有地名、人名、中西合璧表,详于考证,尤为近时译界所罕见焉。"全书分七章,"第一章 拿破仑之幼时"、"第二章 拿破仑之将军时代"、"第三章 拿破仑之主政时代"、"第四章 拿破仑之为王时代"、"第五章 拿破仑之被放时代"、"第六章 拿破仑之百日时代"、"第七章 拿破仑之末路时代"。书末译者余论云:"呜呼! 拿破仑真近世之怪杰哉! 夫哥西嘎一地中海之小岛耳,地势不足为全叹(欧)之轻重,而拿破仑竟生于是,且竟生于是岛之干戈戎马谋独立倡自由之时。一若拿破仑生平,与革命相终始也者。此一怪也。在昔强权之伯王,若亚历山大,若该撒,若沙厘曼,若亚勒腓,若得胜伟良,若沙力,若少言伟良,语其事业莫不轹古震今,留光副墨。然其凭藉之始,或起于皇统,或起于世家,未有如拿破仑以小岛一律师子,猎取法兰西皇位而据之,如所固有者。此一怪也。当拿破仑崭然见头角之时,欲法兰西轰然糜血

《近世之怪杰》封面

肉之日,邱民一怒,矢集独夫。党派分张,举棋不定,而拿破仑若与此时会相契约者,外捍强敌,内弭大乱,遍国欢呼,遂跻主政。设使当时无拿破仑,吾不知法兰西之命运果何若乎? 此一怪也。一将功成,枯者万骨,亦帝国主义之不得已耳。拿破仑不惜举数百万勇壮活泼之法兰西少年,投之于枪林炮雨之中,以重法兰西之荣誉。论者或以为罪,然其治国也,求平等,许自由,举数百年来专制之余毒,一扫而空之。其编纂之法典,多合于公理之范围,绝不类好大喜功,不惜民命之枭雄之所为者。此一怪也。拿破仑之权力功名,虽磋于末路,而困苦无聊以死,然其扩旧日之成势,开民智之先路,使全欧人民心目中,知有自由,知有平等,因果递嬗,以造成第二之革命、第三之革命,驯至各国俱为立宪国而止,穷源竟委,不得不归功于拿破仑也。此一怪也。设使当时无拿破仑,吾知今日各国文明之程度,万不能发达至此。吾非无所见而臆断也。观夫拿破仑既败,法兰西之民政既旋仆,各国之民罹专制之毒者,又三十余年。夫经拿破仑民政之鼓荡,承其后者,死灰尚足以复燃。无拿破仑,则亦长此昏昏世界而已矣。吾于以知专制之毒之未易去也。然欧洲之六次合从也,亦惧自由平等之说,渐输于国民之脑中而生抵抗力也。故不惜出全力以搏之,非恶拿破仑也,恶民权也。幸而获胜,欣然高枕,积薪厝火,而卧其上,庸有幸乎? 又以知民权之说之终必胜也。吾愿阅是书者,勿以相斫书为诮,熟察夫当时之大势,而知拿破仑为革命之功臣也。是则予之微意也。"(原书)

同日 穆杼斋译著《苏格兰独立志》由"通社"发行。广告语云:"中国数千年来以相忍为国,夷狄盗贼尽吾君也,其无独立思想久矣。昔苏格兰勃垦司,闻英人自啜其血之消,归唱独立,卒成其志,世移事变而颂声不衰。此书原系英文纪苏事始末甚详。译者感激昂淋漓,动人心魄,足以考西欧民气之刚,果足以药我国人心之委靡,乃刊而布之。今者中国向啜其血以媚外人者甚多,亮节之士罔不慨焉? 试读此书当浮大白。"(原书)

10月(九月) 兄穆杼斋中举人。《自述》云:"翌年癸卯,恕哥中北闱,家境因之稍裕。"《恩科顺天府试题名录》记,共六十名上榜,穆杼斋列第八。同科沈钧儒列第十九。(《申报》1903年10月31日)此次"乡试共作文六篇,题为《宽,则得众;信,则民任焉;敏,则有功;公则说义》《日省月试,既禀称事,所以劝白工也义》《汉初弛商贾之律论》《龚遂治渤海、虞诩朝歌论》《学堂宜设国文专科策》《泰西诸国最重专门实学策》。"(《沈钧儒年谱》第14页)穆伯华云:"时伯父(指穆杼斋)甫举于乡,锐志进取,期有以自效于国家社会,未暇事生产。吾父供职海关,以月薪支门户。吾母秉承先祖母掌理家政,巨细靡遗,妯娌间怡怡如也。"(穆家菁《母夫人金夫人五十双庆征诗文启》、《穆嫂金夫人五十寿言汇录》,1930年6月自印本)

秋 与黄炎培朝夕过从,探讨国家昌明之道。《自述·黄序》云:"厥后余被革命嫌,亡走日本。既而潜归,就沪南赁斗室以居。时恕再已以办学往中州,独藕初朝夕过从,相与话食贫况味。一日,藕初喟然谓:'以余辈之不学,苟国家昌明,人才辈出,行且受淘汰耳!'余性甚顽,笑而言曰:'果余辈受淘汰,吾国其兴矣夫! 复奚憾?'"(《文集》第1页)

　　冬　暂调往镇江海关,翌年春回沪关。《自述》云:"是年冬,余暂时调往镇江关,行箧中携有新书数百种,就附近山麓开办阅书报社,同志云集,颇极一时之盛。当道者轻听忌者言,误以为革命运动,暗中访查,同志陆续星散,而余亦于翌年春调回至沪关。"(《文集》第7页)

1904 年(光绪三十年,甲辰)　二十九岁

2 月　日俄战争爆发。

11 月　光复会在上海成立,蔡元培为会长。

12 月　对俄同志会成立,宗旨为号召人民"抵御强俄"。

中美《限制来美华工,保护寓美华人条约》期满。旅美华裔联合各地华侨,致电清政府,要求废除苛约。檀香山《新中国报》正式提出抵制美货办法。

5 月 15 日(四月初一日)　长子家菁①出生。穆伯华《先德追怀录》云:"一九零四年,余出生时,先君方读《史记菁华录》,因命余名菁,字以华。"(手稿)

8 月(七月)　加入沪学会。联络同志在会内设体育会,习体操,任副团长。兼办义务小学、音乐会,并开演文明新剧。《自述》云:"海上青年学子,愤国势之不振,学问之欠缺者,不乏其人,遂于甲辰夏有沪学会之组织。会内除定期集会,敦请名流演说各种致富图强之要旨,期增进群众知识外,余更力倡武学,举办兵式体操,为自强之起点。体育会既成立,广招同志,延聘教习,请领枪械,募集经费。中间历遇诸般困难,皆历任不辞,竭诚尽智以应之,卒之一切困难迎刃而解。自是以后,南北商团接踵而起,市民起任保卫地方之风气由此而大开。又以城厢内外住民中贫苦之家占大多数,子弟失学,无以自存,饥寒交迫,为害地方,有不堪设想者。东城一隅,虽已设有义务小学便益贫民,但经费无多,学额有限,难期普及。故会内兼办义务小学,由李君叔同主持之。又以人间万事胥由心造,平日苟无陶冶,则偏激之气日久郁积,一旦爆发,小之足以为害地方,大之足以遗祸国内。求其调和心气,感人入深者,莫善于讲求音乐矣,于是更附设一音乐会。继又熟审中年之人不识一丁无力求学者,当占在居住民中半数以上,一旦欲均齐开发,涤其旧染,启厥新机,以图社会捷收改良之伟效,舍不用文字之表演教化外无以奏功,于是更召集有志研究新剧之同志若干人,并敦请专家,方便指导,著手开演文明新剧,俾一切见者闻者,于娱乐中无意中得受绝大之感化。一小小沪学会,苟充量做去,其于社会国家间将发

---

① 穆家菁(1904—1985),字伯华。交通部南洋大学毕业。任华商纱布交易所经纪人、豫丰纱厂董事、位育小学代理校长及位育中小学校董等职。

生无量关系,可以断言。唯当时诸会员,以地方远隔,事业变化之关系,不克一堂长聚,宏收攻玉他山之效。乃散归各地,类能尽其国民天职,组织各种新社团,一致作救时之运动。种一因而获多果,是又着手组织沪学会时所意想不到之盛况也。"

(《文集》第 7 页)

1905 年(光绪三十一年,己巳)　三十岁

5 月　上海人民发动抵制美约运动,抗议美国迫害华工,各地响应。

7 月　上海商务总会集会,鉴押不定美货,不进美货,不买美货。

8 月　同盟会在日本东京成立,举孙中山为总理。

10 月　上海城厢内外总工程局成立,李平书任领袖总董,穆湘瑶当选议董。

本年　浦东同人会成立,李平书任董事长。日商上海纺织株式会社租办(次年收买)华商纯大纱厂。

6 月 3 日(五月初二日)　下午二时,出席沪学会五月份会,到者有马相伯、李平书、袁观澜、吴怀疚、龚子英等,商办对付美约之策。① "先唱《祝自由神歌》,次提议会中事件,次唱《行路难古乐府》。"严又陵演说,"大旨谓国民谊尚武,及感动政府速变法,委婉详审,娓娓动听。"继马相伯演说,"痛陈白种人之欺凌华人,及华人藉白势以自害同胞,悲壮慷慨,声泪俱下,四座为之挥涕。"末"提议英华宏成积聚银行有华商某总理其事于力拒美约之策大有妨碍,当即有各学堂代表人商学会王行是、商会学堂吴公之、义务小学堂尤惜阴、沪学会龚子英、二十三七浦小学堂穆藕初、务本女塾吴畹九、人镜学社何剑华、沪学会附属义务小学堂李叔同、时习学堂吴隽季、文明小学堂董懋堂、利济学堂祁季英、普通小学堂祁季英、民立上海小学校赵子衢、广方言馆混邹清、民立南洋中学堂徐凤石、教育普及会私塾改良社沈戢仪、中英学社戈鹏云、嘉定学会及南翔学会许稚梅、教育研究会袁观澜、工艺学堂吕小珊、宝山县学堂袁观澜、敬业学堂姚孟埙、民立上海中学堂龚子英、梅溪学堂徐跂洲、养正学堂姚孟埙、太仓普通学堂管封千、师范研究会闻冠丞、正谊学堂陆古君、速成师范讲习所项莲生、法文书馆苏汝钦,议定签名致公函于某,劝其不预闻此事。"(《时报》1905 年 6 月 4 日)

6 月 21 日(五月二十日)　召集江海新关内书吏、翻译及当差各华人,相约演

---

① 1894 年,清政府与美国签订《华工条约》,限禁十年。1904 年末,清政府要求给予废除,另订新约,1905 年 4 月 27 日,美国国会通过新的排华法案,无限期排拒华工进入美国本土及其属地。于是爆发了抵制美货的拒约爱国运动。

说,声援抵制美货运动,将所议各节电知各埠海关。"又将美人虐待华人之情状,印成图画,四处分送,俾各华人见之,得以触目惊心。所议办法,大都以不用美货为宗旨。又另刊有禁购各货之名目若干种,一同传送。"(《申报》1905 年 6 月 28 日)《自述》云:"时因美国虐待华工,此种消息由报纸传出后,海味业领袖曾君少卿首先发动,开会演说,唤起国人一致御侮,昌言抵制。余于是时担任海关总会董事之职,邀集海关、邮政员司一切人众,开全体大会,合力抵制。从国民良心上施行坚壁清野之策画,盖熟知吾国人口占全球三分之一以上,即此最文明、最有效之经济绝交一举,足以制强邻之死命。虽曰消极抵抗,他方面并能唤起国民自求多福之觉悟,开改良国货、仿造外货之动机,于消极的主张中实含有无限积极的作用也。"(《文集》第 7 页)

7 月 19 日(六月十七日) 沪学会及上海学界、商界等代表一千四百余人假西门外务本女塾大讲堂召开特别大会,公议实行不用美货办法。[①] 先由杨君月如宣布会场规则,次由吴君畹九宣布开会宗旨。马相伯演说,"言中国数千年未结团体,今日因外患,学界、商界遂能联络一气,尚为中国不幸中之幸。""其实不用美货系我人自主权利,无论美人不能干预,政府亦不能禁止,故此为最容易之事,无须商量者。又痛言天下只有自立,决无依赖他人之道。有人以为不用美货有大不便,于我国者谰语耳。是故我人如能协力实行,则日本尚可胜俄安知,我国不能挽回美约云云。"穆杼斋演说,"大旨谓不用美货一事,须坚持到底。"议毕,"在座一律举手决议即日不用美货,并助各商业共筹处置现存美货善后办法,并拟稿送由商务总会,电致外部、商部及各埠。末由马君相伯三呼万岁而散。"(《申报》1905 年 7 月 20 日)

7 月 30 日(六月二十八日) 出席花业公所南北花业抵制禁约大会。董事程凝园述开会宗旨。次穆杼斋演说,"言南北花业初次合并,固结团体之时,为花业贺,次言美禁华工,吾国民人人有抵制之责任。惟事须坚持到底,万不可有首无尾。"先生演说,"言伸民气,可以强中国。"胡益甫、马景眉、袁观澜等相继发言。"是日到会者二百余人,均签字誓不用美货。遂鼓掌而散,时已五下钟矣。"(《申报》1905 年 7 月 31 日)

7 月(六月) 于沪南商学会演讲国民经济。先生云:"回忆前清光绪三十一年夏季,予应沪南商学会之招演讲国民经济。是时予适执业海关,调查卷烟进口数,觉星星之火在当日已大有燎原之势,遂研究卷烟与我国国民经济关系。其时多所痛陈,在座赞成者为数甚多,于是陆续有劝戒卷烟之印刷物出刊,而不吸卷烟会之

---

① 《申报》报道未提及先生,但先生作为沪学会会员,应该列会,特列备考。

雏形略具。"(引自《追悼王君志公演说辞》,《文集》第 108 页)

8 月 6 日（七月初六日） 沪学会假务本女塾开大会,续议抵制美约办法,到者约二千人。[1] 马相伯、张謇、曾少卿等相继演说。穆杼斋演说,云"抵制所以伸民气,奸商论定实非人类。"末由马相伯决议办法:"前所定美货一律以七月初十划清界限。凡初十以前未经美国报关出口者一律退去。然后由商会及各帮商量调查。美货存货作为国人公认之货,监贴印花销售,并请商会实力办理。"众人一致赞成。（《申报》1905 年 8 月 7 日）

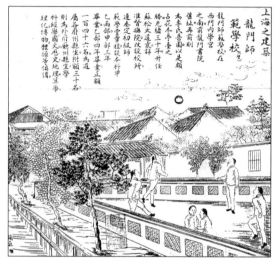

清末的龙门师范学校

8 月（七月） 遭江海关副税务司之忌,先生辞江海关职,任龙门师范学校[2]英文教员,兼学监。《自述》云:"时副税务司系美国人,大干其忌。余虽激于义愤,无所顾虑,唯默念立脚点既不利于所抱主义之进展,发在机先,庶无遗憾,遂毅然舍此,就龙门师范学校之聘,担任英文,兼任学监。余早蓄志出洋,但以经济未着,迟迟未发。是时学风甚美,少年学子求学之心亦切。余应此潮流,虽出洋求学之机运未熟,而效力地方之时会甚佳,退一步想,颇愿竭我愚诚在教育界效力。"（《文集》第 7 页）穆伯华《先德追怀录》云:"凡江海关职员,服务满二十五年,不问年龄立即退休,可得一笔巨额退休金,一次付讫。……一九零五年时,闻美国人虐待华工消息,从心底里发出谋声援之计,邀集江海关邮政员工抵制,触副税务司美国人之忌。先君激于义愤,无所顾虑,毅然舍此优缺。有远亲吴锡成者,二十岁时与先君同期考入江海关,四十五岁领得关银七万两退休,曾来商请先君,谋所以生计之道。"（手稿）

10 月 16 日（九月十八日） 上海城厢内外总工程局选举总董、议董,穆杼斋第

---

① 《申报》报道未提及先生,但先生作为沪学会会员,应该列会,特列备考。

② 龙门师范学校为晚清上海著名的师范学校,前身龙门书院。创办于 1865 年。1904 年改为道立师范学校,增建校舍,以李平书等为校董,沈信卿为代理监督,袁希涛为庶务长,选派沈信卿、袁希涛赴日本考察师范制度。1905 年 5 月正式开学,先后设有简易科、本科、手工专修科等,有附属小学一所。后改为上海中学。

当选为议董。(《上海旧政权大事记》征求意见稿第 64 页)

年末　得金夫人资助,遂入万国函授学校学习,为出洋求学准备。《自述》云:当己巳、丙午间,余于函授学校作出洋之预备时,苦于学资无从出,室人质饰物得一二百金,助缴学费,入万国函授学校习英文、算学,以备一旦出洋时即可直入大学肄业。"(《文集》第 8 页)

1906 年(光绪三十二年,丙午) 三十一岁

3月 上海公共租界纳税外人举行特别会议,通过地皮章程修改新章。

5月 江苏铁路公司成立。

9月 清廷颁诏预备立宪。

12月 江浙绅商在上海组织预备立宪公会,举郑孝胥为会长,张謇、汤寿潜为副会长。

5月(四月) 沪学会体育部(先生为体育部会员之一)聘邵馥初为教练。《沪学会体育部课程》一文云:"上海学界在沪学会创设体育部以来,甚为发达。兹因沪军营教练官胡宝华不遑兼顾,爰于四月间改聘南洋将备学堂一等毕业生仁和贡生邵君馥初教授。邵君以原定章程一年卒业,本届五月已经期满,所有行军战术等课程,如小队教练、中队教练、射击学、枪炮理学、火药、历史、基本战术、应用战术、图上战术、测绘行军、略图、步兵工作、教范行军、布设防御工程、剑术、宿营及筑城诸法,断非暑假所能毕授。爰与各会员公同商议展延半年,并自闰四月起按课程预立一表,扣算至本年十二月,一律速成。又体育部章程以重名誉、守公约两项为第一要义。故开办后有因本会禁例太严而自行告退者,亦有屡请假致程度不合而去请其辞退者。现同志四十余人,均遵守约章,毫无嗜好。自邵君教练后,尚武精神尤为一振云。"(《北洋公报》第一零五六号,1906 年)

本年 辞龙门师范学校教职。《自述》云:"阅一年,因出洋留学之机会渐渐成熟,遂辞去教务,整备出发。不意事与愿违,出洋之举又须待时。"(《文集》第 8 页)

本年 外出游历,深感振兴实业之重要。先生云:"岁丙午,游京津,过武汉,默察平民生计,其凋疲情形已有不可终日之势,计非振兴实业不足以解斯困状。"(《上海穆氏植棉试验场第一次报告》,《植棉改良浅说》再版附录,1917 年 1 月)

1907 年(光绪三十三年,丁未) 三十二岁

1 月　江苏铁路公司举行沪嘉铁路开工典礼。

本年　中日合办九成纱厂在沪创办,有纺锭 9 424 枚,旋归日商,后又改为华人自办,易名恒昌源纱厂。

　　　中英合资振华纱厂开工,有纺锭 11 648 枚,开业不久由华资接办。

　　　张謇等在崇明创设大生二厂,资本 80 万两,纺锭 2.6 万枚。

1 月 20 日(十二月初七日)　上午,参加沪学会体育部毕业式。毕业式原拟借沪军营操场,因天雨泥滑,不能操演,故改在南市商团操场举行。由教习邵馥初带领全队操演中队之各阵式。来宾有南市商团等约六百余人。沪道瑞观察因事未至,委县尊王大令给凭。由工程局董莫子经代瑞观察致诵词,南区区长穆杼斋代表全体答颂词。毕即摄影收队。吴书之、穆藕初、王行是、梁丽乎、姚速照、朱友山六人获优等。晚,假邑后萃秀堂公宴邵教习。(《申报》1907 年 1 月 21 日)

3 月 25 日(二月十四日)　上海县举行咨议局议员出选,穆杼斋等二十二人当选。(《上海旧政权大事记》征求意见稿第 68 页)

8 月 5 日(六月廿七日)　子家骥①出生。

夏　受江苏省铁路公司协理张謇委派,赴北方调查路警。返沪后,张謇任命先生为苏路警察长。《自述》云:"丁未春,苏省铁路公司拟组织路警,特委余北行,调查路警事宜。……当余在海关时,极愿赴英研究经济及关于税则之专门学问。丁未夏季,赴北方调查路警,曾至南口,时京张路线仅筑至南口(即居庸关)。始知我国西北一带地广人稀,只因开发较迟,而民间生活程度甚低。交通不便,货弃于地,触目皆激起余振兴实业之观念。并觉在诸般实业中,占中心地势者莫如农。我国以农立国,必须首先改良农作,跻国家于富庶地位,然后可以图强;国力充实,而后可以图存,可以御辱,可以雪耻。故昔日研究经济收回税权之志愿,一变而定为研究农业之趋向,深愿投身于农业。""调查事竣,苏路总、协理委余为苏路警察长。余

---

① 穆家骥(1907—1980),字健叔。排行第三。曾赴欧美留学。美国哈佛大学、英国剑桥大学毕业。归国后在中央银行任职。

以毫无警察知识力辞,并谓路警隶属于车务处,由车务处兼管,不必另设警务处。乃固辞不获,协理张季直先生语余云:'此时而欲专门人才,则予等读书人亦不能担任铁路总、协理之职务矣。'嘱勿固辞,勉力为本省办事,且曰:'君之胞兄在本地办市警,成绩斐然,不妨随时致询。不数月后,得若干经验,定能胜任愉快也。'余于是乎衣制服,佩指挥刀,往来松沪间指挥路警。"(《文集》第8页)

1908 年(光绪三十四年,戊申) 三十三岁

8 月　清廷宣布自本年起第九年召开国会,实行宪政。次月,颁布《钦定宪法大纲》。

11 月　光绪、慈禧先后去世。次月溥仪即帝位,改元宣统。

本年　山东发生抵制德货运动,广东、广西掀起抵制日货运动。

春　江苏省铁路公司"路款日绌,支持为难"。先生向董事部提议节省经费,"坚请将路警酌裁,归并于车务处"。(《自述》,《文集》第 8 页)

12 月 5 日(十一月初五)　苏省铁路董事部集议路警裁撤事。议决"裁撤选留十六人,归弹压处管辖"。(《时报》1909 年 1 月 15 日)

12 月 13 日(十一月十六日)　赴苏省铁路总公司谒协理,陈明"以选留者亦皆不愿"。协理"以既不愿留,毋庸勉强,一律给俸遣散"。(同上)

12 月 17 日(十一月二十日)　辞苏省警务长。筹措留学美国经费,作赴美准备。先生云:"余由此得解除此身羁缚,从容负笈游美矣。"(《文集》第 8 页)

1909年(宣统元年,己酉) 三十四岁

1月　预备立宪公会、江苏省教育总会、上海市商务总会等团体联合致电清廷,请求设立预备宪政编查馆。

3月　上海县举行咨议局议员初选,二千人参加。姚文楠、秦锡田、朱志尧、穆湘瑶等当选。11月,江苏省咨议局于南京成立。

本年　朱志尧、沈仰高合资创办同昌纱厂,有纺锭11 592枚。

1月15日(十二月初五日)　于《时报》发表《穆藕初告白》,陈述苏省铁路警务处裁撤经过。云:"玥不才,谬承苏路公司招任警务,自去年十月开办迄今岁十二月止,凡十五个月。其中开办训练所各站房租、置备器具以及巡警警装、越饷等项,计共支银一万四千两有奇,并无五六万金之巨。玥以铁路经营性质,另立警务专部,似非所宜,遂有裁并之请。本月初五日,董事局决议选留十六人以弹压委员兼巡官督率之,并受站长之命令。而玥之任事期限以二十日为止。玥即于十六日将裁撤之六十名一律停差,在上海发饷。而还留之十六人金谓'弹压所向有护勇,八人间或在站上照料。今既将巡警并入,则性质更变于彼彼等之初。'志有违,故纷纷求退工日。玥至总公司谒协理,陈明彼等不愿留之。故协理以既不愿留,毋庸勉强,一律给俸遣散可也,玥立即回站发饷遣散。此当日裁撤之实情,而外间同盟罢工之说之所由来也。玥恐各股东及外人未知底细,特此告白。"(同日《时报》)

3月28日(闰二月初七日)　上海县举行咨议局议员补选,穆杼斋等二十二人当选。后于松江复选,穆杼斋等上海籍五人当选。(《上海旧政权大事记》征求意见稿第68页)

6月23日(五月初六日)　得亲友朱志尧、王宝仑、顾馨一、陈伯寅资助,先生乘天洋丸赴美留学。《自述》云:"余自奉俭约,月俸百元有三四年之久,无如家累日增,毫无积蓄。因之,久有壮游之志,而未能早日如愿,终日旁皇,计无所出,书空咄咄,良用自伤。朱君志尧颇器重余,复得挚友王宝伦君奔走其间,慨然允助二千元;而顾君馨一及余之姊丈陈君伯寅,均量力资助,始得成行。""是年五月六日,拜别慈母及诸亲故,独自乘天洋丸二等舱西渡赴美。登轮之前,照例须由美国医生检验身体,而于目疾更加注意。余适患赤目,医治数月未愈,故屡至美医生处请验,均遭拒

绝。厥后遇一女西医名濮克司者,给余药片一打,药片甚细,装于鹅毛管中,取一片和水数滴,擦眼上不数分钟而黑白分明。余喜出望外,心感不置。该女士叮咛嘱咐曰:'汝恃此药,定可入美而达汝之希望。在申检验时用一片,船至横滨医生检查时用一片,抵美登陆之前检验更严,可临时用之。如法使用,定无若何阻碍。'余乃称谢而退。"(《文集》第8页)

留学时期的穆藕初

在美留学五年间,克服种种困难,先后入威士康辛大学、伊利诺大学(谱主又写作伊立诺大学、益力诺大学。——编著注)农学院、塔克塞斯农工专修学校,学习农科、植棉与纺织。并与戴乐尔(即泰罗)、吉培尔探讨工厂管理法。(参见以下相关各条)穆伯华云:"吾父留美六年间,吾母艰苦备尝,无几微怨色;中婴笃疾经年,赖外祖母朝夕护视,幸保平安。"(穆家菁辑《穆嫂金夫人五十寿言录》,1930年自印本)

7月9日(五月二十二日)　抵火奴鲁鲁(檀香山)。先生云:"越九日夜始抵火奴鲁鲁(即檀岛)。此处待华人甚苛,非得在该岛之亲友具五百美金之保结或现款,即不得登岸浏览。"(《致沪上诸亲友》1909年7月31日,《文集》第122页)

7月17日(六月初一日)　午十一时,抵旧金山。因患眼疾,登岸遭拒,心中郁闷异常。《自述》云:"天洋丸抵美之前一日,余取用此药,不料所存之眼药九片,黏连成杆,摘用少许,毫无效验,而眼赤如故,迨悉数用完仍不济事。因余坐二等舱,而舱位贴近锅炉间,时当夏令,热度甚高,安放箱笼中之药片,著湿受热而失效力。此时余心中惶急不可言喻,终夜不寐。翌晨取镜自照,双目都赤。七八年来赴美求学之希望,已到绝地。及舟抵旧金山,医生登船检验,余于彼时如待决之囚,止得听其自然。除华人及少数日本人之患眼疾者外,均一齐登陆,船中警察密布,不准上岸之搭客早晚均须点名一次,防范之严无异监狱。临窗纵览,但见岸上车水马龙,非常热闹,而余竟不准越雷池一步。连发两函至领事馆,竟无人过问。在船中三日夜,心中之郁闷忧煎难以文字言语形容,真可谓备极人间之苦事矣。"(《文集》第8页)先生又云:"七月十七日上午十一时抵旧金山。船才停轮,即有医生上船验病,关役验照,头等并不盘问,唯略一注望而已。二等尚可,三等则挑剔殊甚。下午搭客均纷纷登岸,惟日人之患目疾者四人,及中国人七人,不准上岸。玥系华人,且微有目疾,故亦不得登岸。关役四面持守,日夜巡查。华人早晚点名一次,日人则否。登轮之前,曾由家兄杼斋致函于金山领事,而船到时,并无一人至码头询问。诸旧友之在金山肄业者,适在暑假期内,均已他往。软禁三日夜,彳亍船面,殊形焦灼。玥十年来世界况味,亦已备尝,至于身陷困境,无法可施者,唯此次而已。"(《文集》

第122页)

7月20日（六月初四日） 经日本医生和美国医生多次复验，下午四时允许登岸。《自述》云："当余之被医生拒绝登岸也，船中之日本管事人即故意恐吓，谓非将余送回上海不可，折回时船资八十金元，必须照付。时余身畔存有现洋百余元，余既经至美，而新大陆之极乐土已实现于余之眼帘前，仅可望而不可即，安肯听其支配而不加以奋斗乎！是时，日本人之患目疾而未登岸者有七八人之多，余即大声对之曰：'余赴美求学安有即时回国之理。况余身畔并无现金，因余之学费早已汇至旧金山，既不准余上岸则金钱无从支取。为今之计唯有望君代为设法，助余上岸，则余心感谢不浅也。'又曰：'日人亦患目疾，日人可上岸，余亦可上岸。'该管事因余之态度强硬，吐辞爽直，莫奈余何。故旋谓余曰：'后日星期，旧金山日人公会有医生来船医治目疾，汝亦可就医。'至星期一，果有日人雇用之美国医生上船检验，及至检验日人毕，余即先赠以十金元，而后发恳切之言谓之曰：'余系中国学生，素无目疾，一时受热过甚故患目赤，务祈悉心调治，深为感盼。'医生点首，遂启药笼，检取药水一小瓶，郑重给余。并谓余曰：'医生上船复验三小时之前，不准用此药水。'余笑应之，及回舱试用，其效力与濮克司女医生之药片正复相等，余乃快慰甚。翌晨，美国医生上船复验，余不能遵日人雇用医生之嘱，尽量使用，复验结果，竟准余上岸矣。余既得医生登岸之准许，即手提皮包，欣然登岸。"（《文集》第9页）

同日 宿金门旅馆，先生对美国科技感触颇深。《自述》云："然环顾无一相识之人，彷徨船埠，莫知适从。逾时，有一西人来叩余曰：'君欲何往？'余答曰：'往金门旅馆。'盖余在船上闻悉此旅馆价值低廉，故余愿暂留之。其人曰：'金门旅馆离此甚远，且君有行李，雇马车往较为便利。'余即请其代雇，须臾见一双马车，车上坐御者二人，戴高黑帽，得得而来。余时衣黑呢衣裤，日久未熨贴，颇多皱痕，深滋惭愧。御者高声问曰：'谁雇马车？'问数次，余不敢答。该西人趋而前曰：'此君之车也。'纳余于车中。此时黑帽车夫，与古昔晏平仲御者之态度相仿佛，扬鞭策马，昂昂然向金门旅馆而去。既至，下车入旅馆，定房位。有一仆者引余登电梯，余不知其为何所，逡巡不敢入。仆人牵余登其上，电机一动、蓦然腾空而上，余不禁异之。入房见窗帘下垂，稍一行动，帘忽卷上，仔细视察，方知究竟。不禁佩服西人研究精深，制造日用百物巧夺天工，俾大众现成享物质文明之福一至于此。回思我国人，灵机锢蔽，制造简陋。数千年来绝无进步，不胜愧沮矣。余赴美之前，时用西膳，普通系一汤一鱼，肉类或蛋类两三碟，及点心咖啡等，以为美洲亦如是也。是晚入膳室，余点汤一鱼一，牛排等肉类二及点心。迨侍者将汤及鱼先后携上，汤为一小碗，鱼两尾，各长尺许，余不禁骇然，即此二味已绰乎有余，即呼侍者告之曰：'余菜不需矣。'侍者曰：'余菜已做，且其味甚美，即多用些亦无妨。'余意一餐费美金两元有

奇，约当国内一月之饭金，可谓豪侈极矣。菜既点就，不用亦须纳资，放量徐进，因
之饱腹。膳毕出外散步，助消胃纳。但初到其地，不辨东西，无人导引，唯恐失路，
故径直前行，不敢轻易转弯。此种景况，孤行万里之新客或所恒有。"（《文集》第 9
页）

7 月 21 日至 23 日（六月初五日至六月初七日） 在旧金山游览三日，对"中国
镇"华人街脏乱感触深刻。旋赴芝加哥。《自述》云："余未登岸前，早闻有所谓中国
镇者，久被外人所讥辱。当乙巳年抵制美约时，见报载美人虐待华人惨状，恨不得
亲历其地，一探所由召侮之究竟。今既到此，必须前去考察，以偿夙愿。遂于登陆
之翌晨，专程雇车至中国镇游览。中国镇广约一方里，聚居此镇者，除极少数之无
赖西人外，皆中国人。街道甚秽，铺户之整理精洁者不多见。镇上住民之形态，垂
辫者、赤膊者、赤脚者，几于触目皆是；'请进发财'之赌室、'楼上灯吃'之烟馆等，种
种诱人堕落之字样，亦几于触目皆是；其地方虽等于蜗牛之一角，而械斗之风亦所
时有。秽德腥闻迄今从脑海回溯，犹令人作呕。后更往其他各大洲之中国镇游览，
亦伯仲间耳。呜呼！人必先自侮，而后人侮之。……余在旧金山坐风景车及各路
电车，遨游三日，入学期近，未敢稽延，即趁车至美中部之芝加哥。"（同上）

7 月 31 日（六月十五日） 致沪上诸亲友函，阐述将来抱负，决计学农，以求实
业上之进步。函云：

> 玥年逾而立，毫无建树，学力未裕，所谋辄左，故决计游学藉广闻见。荷蒙
> 诸亲友厚爱，资助之、馈赠之，灯前把盏，江口送行，抽百一之时光，作叮咛之别
> 话。玥之此行，竟为诸亲友之累。虽然，诸亲友而仅为一私人计也，则谢之可
> 矣，铭感之可矣，然玥知其必不然也。是则安敢不殚精竭虑，日夜孜孜研求有
> 用之学，贡诸社会以副诸亲友之属望耶。玥本拟习理财，注重税务，继以玥素
> 性耿介，三数年后，仍恐不堪供政界之用，即用矣，亦恐不能达注重税务之目
> 的，故决计学农，以求实业上之进步。他日归国，能集亿万金，圈千顷地，烈烈
> 轰轰，为实业界生色，此固留学生之天职，无敢谦让者也。否则三间茅舍，数亩
> 荒田，汲而饮，耕而食，集数十农家子，复村学究之本相，庶不致千辛万苦得来
> 之皮毛学问，等诸流水行云。至于青云得路，一特夤夜之乞怜，白手作官，全赖
> 权门之培植，此系智者之事。如玥愚昧，乌足语此，知邀垂注，特抒鄙见以闻，
> 临楮不胜神往。宣统元年己酉阳历七月三十一号寓旧金山。

> （《文录》下卷，《文集》第 122 页）

8 月（六至七月） 入芝加哥附近惠尔拨沙大学补习。《自述》云："至芝城之翌
日，即赴离芝城六七十英里惠尔拨沙小镇。此小镇上设有大学校一所，校名即以镇
名名之。该大学学费、膳费于全美为最低廉，当余昔年受函授教育时，因有志求学

于新大陆,而苦于资力不足,故询之函校教员,函校教员介绍此校与余。余到校之第一晚,即住于是校之寄宿舍。陈设之简陋,器具之窳败,可称无出其右者。每日三餐,每星期膳金仅美金一元七角五分,抵不到旧金山金门旅馆一餐之用费。但省则省矣,赖以生活之食品上滋养料既不足,生理上欲避免不良之影响实有所不能。一星期后,甚感不适。方窃怪供给食料者之太不注意,偶于便中探之同学,方知膳事亦由校主所承办。是校原系一私家学校,经费上无甚援助,除百方撙节以求延长学校生命外,实无他道,不满之初意转而为曲谅,余遂忘却生理上不适之状况,而安之若素矣。每晨七时即上课,晚十时始停课,中间除用膳一小时外,研究不论何种学问,凡为各级所需之课,均得随时选择之。费用甚低廉,学生贫苦者居多。人数既极繁,班次又甚杂,课程紊乱,即有良教习亦无从施其循循善诱之技能。此非求学善地,又何为而滞迹此间?但余之所以且住为佳者,别有原因。盖余自丁未、戊申间办苏路警务时,各方奔走,事务甚繁,故西学之抛荒已久,利用暑期补习,在余实为急务,故姑留之。"(《文集》第 10 页)

秋 入威士康辛大学,并在校外补习英语,受益匪浅。《自述》云:"旋入威士康辛大学。其学堂之精神,房屋之庄严,课程之完备,校风之良善,与向者较,不可同日语矣。至是时,方知美国教育事业之一斑。时遇海关旧友蔡君,天涯故人,忽焉相遇,何快如之。君留学此邦已三年矣,余即由君介绍入校。因余并未有中学文凭,故暂作特科生。而特科生与本科生,受课之权利同,所不同者特科生无文凭耳。余当时求学心切,以为苟有实学,何用文凭,苟无实学,即有文凭亦无所用,故欣然就之。管理员闻余言,甚异之。后管理员在蔡君处得悉余之历史及办事之成绩,颇奇余之为人。故该管理员谓余曰:'如一年内之课程,平均能至八十分以上,而于各教员处能得入大学所需之中学学分,第二年即准汝转入正科。'后竟转入正科为正科生,皇皇学士头衔,忝然有资格取得矣。然余回国办事,对于此种头衔无何等借光处,盖实务上所重者,固不在乎此也。入校后,余所最注意者厥唯英文。盖英语不流利,落笔不透达,则求得之学亦无几,又何能遍应不穷。故商请英文教习孟吉斯脱,介绍一位校外教授之师。孟君旋介绍弗林女士,为助余补习英文之校外教习。校外教习,在欧洲所恒有,在美国实不多见,而余却因之受益不浅也。"(同上)

开学后,先生对校内"海寻"认识有变化,深有感触。《自述》云:"开课后,最足使余永志不忘者,即'海寻'是也。'海寻'者,彼邦一种习语之译音,含有侮弄新生意。第一年级生,每年入校者达千余人,而第二年级生有特权指挥第一年级生,使服诸般之劳役,如擦皮鞋、扫积雪、取邮件及宿舍中种种杂务,或竟加之谑浪笑傲,或则饰以怪服异装,作种种不可方物之形态。命之奔跑,不敢不奔跑;命之角力,不敢不角力。开课一二月中,每日每班聚散时,在学校之四周,无非第二年级生故意侮弄第一年级生，作诸陶情取乐之事情。而为新生者不论清晨傍晚，男生女生，各各耐性忍辱，以力行其'海寻'之职责，相与认为分所应尽而甘之。余以中国学生，幸而获免。余在英文班中，曾著论痛诋此举之不是。后留学日久，方知此种'海寻'，推行于最高学府，实有美意存焉。此举实于校风上及学生之品性陶冶上，有密切关系在，转觉余向者所见之浅也。'海寻'之妙用，以余之拙见衡之，有可取处三：（一）借以去傲气。中学毕业生大半来自乡间，一旦升入大学，其傲睨一切之气概不可言喻。故屈抑之以启其入道之机。（二）借以施约束。新生年龄既长，人事周知，欲情冲动，易开逾闲荡检之渐。苟一任自由，漫无监视，易受外界诱惑而致堕德败行，既误学业，又损校誉。是以新生入校之初，即由校医用影片演讲花柳之害，令此辈血气未定之青年，早有戒心。但暂时切诫，收效能有几何，唯一入'海寻'制度之下，若木从绳，无患不正矣。（三）借以维法规。美国中学，程度颇不齐，往往有中学毕业而不能追随大学校之课程，一年内新生之学分成绩不及格而被淘汰者，常占三四分之一。开除学生如是之多，并未闻有新生强项不服，与教员发生冲突之事。学校秩序之维持，得力于'海寻'制度者，殊为不可掩之事实。环顾我国之学校则何如？当二十五年前，谭、梁诸辈开讲学之风，莘莘学子，以研究实学为救国之基础，其心志甚热烈，不十年而全国风从，人才辈出，民气借之以伸张，清廷因之而推倒。自民国成立十余年来，学潮之鼓荡几于报不绝书。向日学界中之潜势力，以改良政治，致国富强为目标，志士仁人不惜蠲弃生命，为国家谋幸福。而近年来学潮之膨胀，已达极点，虽间有旗帜鲜明不为他人所利用者，然每每有仅为一党一系之拘牵而奋斗，或止为三数私人之地盘而助力，或则竟因日常微物细故，积不相能，一旦暴发而掀翻盛大之波澜者，亦不在少数。呜呼学子！中国前途之命脉系于汝身，一生成败之关头决于当念，乌可不审慎周详而谨于应付哉！世有不知自拔者流，误行其拜金主义，暗中收受大野心家一月若干之津贴，饮鸩而甘，为之大张赤帜，号召奔竞，不惜破坏一切，煽动群众之狂心，蹂躏萌芽之实业，在合力御侮唯恐不逮之时，竟公然排斥国货，作反戈自杀之行为，若人殆别有肺肠焉。然颇有好奇之辈，不知分量，人云亦云，盲从附和，误认投时。议者苛刻，概以同化于某种主义斥之，余不禁为此辈盲从附和之青年呼冤，余并不禁向教育当局默祝学风之严加整顿，以清其源也。"（《文集》第 11 页）

开学初，先生因学习用力过度，身心疲惫，后注意劳逸结合，注意运动，学习渐入佳境。《自述》云："余久未读书，自上课后努力研究学术，动觉趣味醋浓。每每着手不忍释，初不料用力过猛，骤生障碍，上课仅一月而病状骤显。头目昏花，胃纳较前锐减，精神日趋于疲惫。周君季梅自东美某大学毕业后，来威士康辛研求高深之学问。朝夕过从，甚相契合。余以日来精神疲惫之情状告之，深恐难乎为继而有中止学业回国之虞,十年壮志容或难遂,余述此语时,余之心中忧危万状。周君力劝余勿忧虑,并谓此事易解决,止须随时注意在智力并进上,读书时间不宜过长,凡瀹智之余,并宜注力体育,血气以之调和,精神借此回复,慎勿令其偏重一部趋于极端,如此调节方克持久。斯意也,余早知之,一经提醒,顿使余方寸中愁云尽散,性月重朗。贤友益我一至于此。周君并每日邀余同赴练身房,除一切普通运动外,如游泳、技击之类,皆一一随喜。若干日后便收伟效。余于周君处所受切磋琢磨之功,于此可以概见矣。余自知年齿稍长,记忆力较逊,苟不用上述身心调摄之方法,苦志求学定难持久。故余每学期仅读十六七学分。无论何种趣味浓厚之学问,决不接连研究两小时以上。每日限定上课自修时间,决不空耗光阴。每星期内各教习指定之书,或在寄宿舍或在藏书楼自修。至每星期六下午四时前一律毕事。然后于星期六晚及星期日作诸消遣,习以为常。在勿忘勿助中,觅得循序以进之途径。余求学至五年之久,尚能粗知大概,回国后薄有贡献者,幸赖读书与消遣有定时,而不虚掷光阴于有损无益之地所致也。我国自五十年前即派年幼学生出洋游学。根本之学未储,磨炼之功为下,易受外砾,流弊滋多。厥后渐渐觉悟而图挽救,十余年来,学生之赴东西洋求学者亦日众,其程度亦较高于曩昔。迨余身入其境,始知现实所派之学生,耗费大而成就少,尚属不经济。故鄙见除少数学生有特殊情形外,应选派曾在本国大学毕业之学生出外实习,或作诸种专门之研究,则学业可以精进,庶于我国人之国民性有所改善,而不致消失本有之美点矣。余自知年齿稍长,记忆力较逊,苟不用上述身心调摄之方法,苦志求学定难持久。故余每学期仅读十六七学分。无论何种趣味浓厚之学问,决不接连研究两小时以上。每日限定上课自修时间,决不空耗光阴。每星期内各教习指定之书,或在寄宿舍或在藏书楼自修。至每星期六下午四时前一律毕事。然后于星期六晚及星期日作诸消遣,习以为常。在勿忘勿助中,觅得循序以进之途径。余求学至五年之久,尚能粗知大概,回国后薄有贡献者,幸赖读书与消遣有定时,而不虚掷光阴于有损无益之地所致也。"(同上)

12月24日(十一月十二日) 圣诞夜,与同学十六七人聚餐,先生述留学前经历,同学送以"穆老爷"之雅号。《自述》云:"是年圣诞夕,同学十六七人,聚餐于粤人所设之某杂水馆。逢佳节而餐会,聚国彦于一堂,豪情畅叙,雅兴遄飞,其乐如何。席上仅余与吴君觉生系第一年新生,余均高级生,自持才高,睥睨一切。忽一生戏谓余曰:'君系新生,而时时违抗高级同学之命令,不愿尽职服务,且星期日僭用头佩(头佩乃黑色硬礼帽之译音,照例为第一年级生所不能用者),且与女生相往还,时常跳舞听剧。凡高级生应享之权利,君竟无一不享受。今郑重告君,明日圣诞节,邮信停送,请君将各同学之信件代劳一取;门前积雪,亦应扫除。如是,则我

辈尚可容忍，否则当有以对待君也。'言已，询之诸同学，君等赞成否？众皆拍手称
善。余知其戏也，然诸同学年少气盛，未经世故，思有以折服之，并乘机讽刺之，遂
起而言曰：'适才某君言，余甚佩。余甚愿尽职，对诸君子少尽微劳。今夕系圣诞，
余愿赠诸君子以圣诞礼，用特敢进忠告，以表敬意。君等侥幸生长富家，获有良好
机缘派遣来学，年才二十，学位头衔不日可得。余不幸十余年来效力社会。迄今偌
大年纪，始戴一小绿帽（第一年生应戴绿色瓦片帽，红色扁顶间有两飘带，其色各科
各样，借作标记）。然诸君毕业后回国办事，尚须学习数年方能立足，苟余学成归
国，即可投身社会，创办事业'言未竟，一生大呼曰：'汝何人斯？敢发此言！'和之者
颇众。余徐徐言曰：余自十四岁习业至履美时止（始终未以岁数告彼等，直至余于
归国时方实告之），中间历办某事、某某事，而丁未、戊申间曾充苏省铁路警务长。
众始相顾愕然。忽一生曰：'君竟曾作老爷乎？'余对曰：'岂敢。'是时，同学诸人遂
送余以'穆老爷'之雅号。"（《文集》第 12 页）

  冬 在威士康辛大学第一学期结束。先生所学课程成绩（括号内为学分，下
同）：农业经济(2.5)75 分，动物饲养(2.5)70 分，化学(5)78 分，英文(3)80 分，德文
(4)82 分，操练(免除)。（**成绩单英文原件，美国威士康辛大学藏**）

1910 年(宣统二年,庚戌) 三十五岁

6 月　南洋劝业会于南京成立。

7 月　上海自治筹备会成立,选李平书为会长。

11 月　清廷将九年预备立宪期限缩减为五年。

本年　祝大椿创办公益纱厂,有纺锭 25 676 枚,织机 300 台。民国后并归英商。

春　继续在美国威士康辛大学自费求学,经济颇形竭蹶,时常以清水面包度日。《自述》云:"翌年初春,余仍自费求学。经济颇形竭蹶,然场面又不能不支持。时偕一女同学赴跳舞会,除付会费两元半外,仅剩一角五分。默念若乘电车回去,明日即将断炊,故竭力敷衍,直至十二时后方始出场,而是时电车已停驶,余二人遂步行而归。女生于途次问余曰:'君年若干?'余笑问曰:'请汝猜之,一试汝之眼力。'女生曰:'君年约二十。'余即笑应之曰:'仅十九耳。'盖余是时已三十有五岁。翌晨,同学知之,莫不掩口而笑"。"余于昨晚跳舞后,床头金尽。告贷朋辈,轻口求人之事,雅不愿为。余心中以为,三数天后倘有汇款到,即可解此眉急。故晨起购面包一,持会寓所和冷水食之,其味亦殊甘。中膳、夜膳均如之。明日又购面包一,如前服食。而女主人甚细心,见余两日早晚如是,均不外出,疑余有病,叩门问故。余告以日来读书过多,胃纳不佳,故用膳不能准时耳。是晚临膳时,女主人邀余用茶点,余以连日食面包稍觉枯淡,宜另换口味以果腹,即欣然受之,食至饱。夜卧甚舒适,一枕黄粱,睡醒时不觉红日上升矣。第三日身畔仅剩洋五分,仍购面包一,服食如前。至晚膳时,闻叩门声甚急。因余吃面包时恐被人目睹,故闭门下锁。时余急将面包收藏好始开门,而不速之客系何君林一也。因余与诸同学不面者已三日,故特地来探视。何君入门即问余为何三日足不履膳室,余答以易他处。何君不信,又问何故锁门,余答偶适安寝。而是时何君翻余抽屉,见面包,始大哗。余不能隐,具以实告。何君一笑而去。不一时,何君林一等特来探望,掷以支票,或五元,或十元,余以情不可却,笑受之。一二星期后,汇款到,一一清还讫。"(《文集》第 13 页)

春末　受邀在校农学会上第一次用英语演说,对美国社会"隐恶而扬善"感触

深刻，认为此种"奖善作用"可以团结人心，"万般零落之事业不难立使再兴"。《自述》云："美国各大学各科均有专门学会，请各科中之翘然杰出者，研究学术。入会之前例须演说，俾大众审量，经大众赞成后方始通过。余于第一年将毕时，本校农学会邀余演说，余勉从之。余在国时，自问毫无学术，虽演说一项向曾涉猎，唯英文演说此为首次，演辞无论如何新颖，而英语尚欠圆转如意，故虽莅会演说，觉至不满意。自演说后，同学中无论相识与不相识，交相赞美。余初以为此面谀耳，不甚注意之。嗣后，见者辄道及此事，并历述余演说时若干之长处，余所自知之短处竟无人为之揭破，故姑听之。及留美日久，始知美国中、上等人，类皆隐恶而扬善，即使嬉笑，亦仅诙谐而已，并不讦人之阴私。其一种奖善之作用，存心之忠厚，至足钦佩。余自此次演说后，曾勉力于此，日后得有寸进者，皆此奖善之道有以成之也。此奖善作用，实为教育上、宗教上互相会通，最易收效之一方法。对己制止刻薄之恶意，对人拓开成美之善量。完全出于至诚、恭敬、仁厚、博爱之一团纯洁精神中。以此律己，不道之行为可以潜消；以之淑群，羞恶之天良赖以激发。昔人有阿伽陀药善治万病之说，此奖善之作用，苟充类至义以行之，则如许散沙之人心不难打成一片；万般零落之事业不难立使再兴。愿当世通人达士，各各起而研究之、实施之。"（同上，第 13 页）

夏　在威士康辛大学第一年第二学期结束。成绩：化学(5)70 分，农业工程(2.5)70 分，乳牛饲养(2.5)80 分，英文(3)80 分，德文(4)84 分。（**成绩单英文原件，美国威士康辛大学藏**）

暑假前　赴魔鬼山调查地质，由饮水而联想到商业上供求关系，认为"此商战中最重要之一点"。《自述》云："在威士康辛第二年第二学期，曾研究地质学。暑假之前，实地调查。时当中夏，清晨八时教习领男女学生七八十人，赴魔鬼山。山势险恶，无路可寻，满山荆棘，人迹所不易到。教习导引诸生，攀荆附棘，奋勇而上，时当早晨八点钟。无几何，回首向山麓一望，觉山麓之下人已难见。山势非常险峻，诸生甚疲惫。只能上进，不能后退，均继续奋勇直上。每逢可以止足稍休之时，教习辄口讲指画，启迪诸生。直至逾中午十二时数分许，方始环游此山而下平地。同行诸人，间有身被毒虫所，痛痒难当者。全部分游山之学生，莫不汗流不止，口渴异常。忽然行到平地上一小村落中，见自来水发水机关，各生争先恐后急欲取水饮之。而教习高声大呼曰：'来待斯否司脱。'译义为'妇女先饮。'口渴诸生一律遵示退后，挨次取饮。其一种服从精神，尊敬妇女精神，一时表现出来。余于此外又得一种感想。因饮第一杯水时，觉需要甚急；续饮第二杯水时，尚还合用；进第三杯水知，虽大汗奇渴之余，已觉不需要；过此以往，即使有人施以威力，或进以甘言，强之使饮而不欲接受矣。同一人，同一时，同一物，而需要之程度竟大相悬殊如此。夫商业之道,不外乎供求之相济。供求适合,则物价斯平,不致求过于供,供过于求,继长增高,日趋极端,而来社会经济破裂之险象。商业之能否发展,全视乎各业当局者,有无健全之脑力、敏锐之眼光,与灵活之手腕、坚固之信用、雄厚之力量而已。以上数者俱完备无缺矣,然后更进一步,在商业策画之实施上,问当局者能否妙应时机,发在机先,投人所好,所出物品,为大众所需要。能若是,则销路自畅,门市无罗雀之讥,虽仅取薄利,而能日进纷纷,多量卖出,利润之来,不求自至,此商战中最要之一点也。因饮水问题而联想及此,在商言商,倘亦阅者诸彦所默许者乎。"(《文集》,第 16 页)

暑假　外出避暑,藉广闻见,对于乡间淳朴风俗深有感触。《自述》云:"庚戌暑假时,余独自出外避暑,藉广闻见。威士康辛州避暑处甚多,间有胜迹,足资谈助。余栖止于乡间避暑处,同寓者约二十余人,非但其地山明水秀,足以悦目怡情,而终日与彼都人士相接近,一器众楚,得益殊不浅。一日余与同寓者数人乘马车回,遗失一小包件,储物无几,不甚值钱,故置之不措意。越数日,再至彼处,甫下车,即有人持包询问,此物当为君等所遗,因已向当日到是地人中遍询之,均非彼物。数年后,中美留学生在密歇根首府开年会,有同学失去一皮夹,内储洋百元及名片若干张,而拾得此物者向同学中遍询,始得失主,原璧奉还,失主欲酬谢之,其人坚不肯受而去。上古善政'夜不闭户,路不拾遗',已渺不可见,不谓于新大陆目睹之。风俗之厚,人心之纯,国本之固,于此可见。虽然,此特在乡间耳,若在通都大邑,五方杂处,人类不齐,恐未必然矣。"(同上,第 15 页)

暑假后　在农家实习,深入了解美国农业生产,对美国开荒制度、农家互助精神深有感触。《自述》云:"是年暑假后,余即在农家实习。余与田主约定,每日午前做七小时工作,午后须自修,以工资抵膳宿,两不给值。该田主有地二百英亩(合华田十二顷即一千二百亩),内有农田、果园、菜园、牧场,牧场内有乳牛数十头,此外鸡豕亦甚多。余每晨四时半起身,五时即上工操作,凡挤牛乳、采鲜果、耕田土、喂牲畜,以及收拾粪秽等种种工作,均随同众人不辞辛苦以为之。午后天气甚热,故中睡休息。三时以后,浏览书籍三四小时。晚间与农家有经验谈论一切,颇多兴味。初到时觉每日七小时工作甚为困惫,旬日以后不觉其困但觉其乐,而精神转旺盛,食量骤增加。美国农户,皆系大农制。普通有地一二百英亩。因美系新造国,五六十年前人口尚稀少,故美政府采取招徕农家开辟荒土之制度,每一欧人入境,报告法庭,愿入籍美国者即能得二百英亩,代价甚廉,故人口激增,农产日旺。迨横亘东西美之铁路造成后,各地支路接踵而成,运输便利,工商业骤然发达,而农业益繁盛。余在美时,调查此项制度,仍未取消,但先到先收,优良农地早已有人承领,除沙漠带不得耕种乏人占领者外,不复有整片膏腴之可得矣。美国普通人民之富饶,实基于此。耕种器具悉用机械,而机件之较大不能家家置备者,合若干户推举资力最厚者备置,各家出资贷用之,打麦机即贷用机件之一也。当麦子成熟将刘时,一范围中之农户议定轮流打麦次序,按预定日期挨户轮打,天雨顺延。甲家打麦时,其余各家均前往协助工作,凡收麦者、驾车者、使用打麦机者、管理原动力者,预为派定,各尽所长,和同操作。若网在纲,有条不紊,主家仅须供给优良之食品。其余乙、丙、丁、戊轮值各家亦如之。田亩较多之农户,行轮流工作时亦不给资,量人工之多寡,而以工作抵还之。农家有互助精神,无争论机会。每家田亩较多,住址隔离较远,各家各尽其心力,利用地利、劳力、学力,发达天产,厚培国力。熙来攘往,但觉城市以外皆乐土,不知宇宙之中有愁城。"(同上,第 17 页)

秋 由穆杼斋向江苏省当局设法,先生获准转为正科生。前后领得官费八千余元,于是起报效社会公益事业之心。《自述》云:"当余之冒昧赴美求学也,以为农学范围甚狭窄,研究二三年即可回国。故向各亲友借贷者仅三千元。即不敷,可半工半读以度日。抵美后知此意实大谬。农学范围甚广,苦读十年尚难毕事。余年龄较大,记忆力亦弱,半工半读决难学成,不得已具函告急。是时,苏省方派遣留学生,凡习农、工、医、矿等各实科生,入校一年后成绩较佳者可请求官费。而余之第一年平均分数在八十分以上,管理员准余作为第二年正科生。呈请官费确系合格,遂由恕再家兄向苏当局竭力设法。庚戌年秋,始得官费,而余之求学经费一问题,由此而解决。由是年领得官费起,迄民国三年夏返国,为时几及四载,开支款项至八千余元。余常默念以余一人耗费本省金钱如此之巨,本省子弟众多,苟均如余,本省能有几何财力足以供给? 于是乎报效之念起,时思为有益于本省或有益于本国之事,以尽我心。以为能若是,公款庶不致于虚縻。"(同上,第 13 页)

冬某日 与一扫雪老者谈,对中西遗产继承问题有感受,认为两者皆"未尽适当"。《自述》云:"威士康辛州天气严寒,十月间(约当中国寒露、霜降时)下雪后,雪见日光融化成冰,连续下雪,途不见土。载重之马车卸去四轮,而用铁皮在冰地上滑流而过。至翌年春暮,冰始融尽,复见土色。冬季下学一二尺,为其地所常见。一日余出自化学室,天将暝,大雪纷飞,不辨路迹。出化学室门,见一长髯老者,须发几尽白,状亦不甚健旺,再门外铲雪,时作时息,状颇不支,余甚哀怜之。俟其稍休时叩其年龄,答曰六十五岁矣。余问其有子否? 答有三子,均毕业于大学校,现在两子在某大学作教习,一子在政界,个人地位颇高,俸给亦不薄。余怪而问之曰:'君既有令子,今年老若此而仍执贱役以自活,何也?'老者喘息而笑答之,曰:'予借此活动予之筋络,藉保康强,予又何乐而不为耶?'老者虽如是说,然余终不直其子之为人也。我国重家族制,苟有资产即传之子孙。子孙而贤,长其依赖之性,不克尽力发皇事业;子孙而不贤,藉遗产以造孽;间有中材,因遗产而废弃者,不知凡几。

故祖父之遗产,适足以促日后家庭之堕落而已。积金以遗子孙,子孙未必能守,洵至言也,因家庭制,老父不能不依儿子为生活,故'老父奔驰无好子'之俗谚,深印吾人之脑中。而西俗则不然,祖父遗产通例可以任便给与何人,或补助社会上一切公益事业,唯以遗嘱为重,故子之对于父母之责任亦较淡,父年虽老,犹操劳役,虽不能堪不顾也。余以为二者皆非也。子若贤,应给予一部分遗产,勖其上进,助其业务之发展,而养成一服务社会国家之人才;苟不贤也,可靳而不与,用资磨练。如是则贤者不致堕落,不贤者亦可愧奋交作,勉求自立之道矣。社会之公共事业,故不可不奖励,而又不能不甄别,俾实心为善者知所警勉,而借名弋利者亦不得谬受惠施而空耗社会之富力也。世人咸知获利难,不知有钱而能施用于正当之途为更难。各夜苟有机会即可获利,唯用之于不偏不倚之途,而适应社会之需要为可贵耳。故余因上述老人扫雪事,痛论中西遗产制之未尽适当。不禁馨香祷祝,自今以往,吾邦人士支配遗产,庶有标准焉。"(同上,第 17 页)

本年 在威士康辛大学第二年第一学期结束。成绩:动物饲养(2.5)80 分,细菌学(3)80 分,化学(4)77 分,园艺(2.5)79 分,家禽饲养(2)78 分,家禽饲养(2)70 分,家禽饲养(2)87 分。(成绩单英文原件,美国威士康辛大学藏)

本年 住在木工福赍家中,对美国工人家庭勤劳、和睦有更深刻了解。《自述》云:"时余寓在英人福赍赐君处。福君系木工,其妻正在妙龄,貌殊娟秀,品性甚高洁,生子女各一。福君早出夜归,勤于工务,唯工人团体有事集议时偶然一赴会,此外则每日自家至工场,自工场至家,不至他处。其妻起身甚早以备早餐,俟其夫食毕,即预备午餐,置一小筐中,交福君携往工场用之。同寓生四、五人,女主人躬操劳役,收拾各学生房屋,如拖洗地板等,故房屋甚清洁。且其处理家事,抚育子女,井井有条。自早至晚,无时不辛勤工作。余见其非常劳苦,辄慰藉之。女主人笑应之曰:'余非耽于劳作,不过借此运动,助进健康而已。'每至傍暮,福君将归,而女主人料理一切家政既毕事,始整装待夫归用晚餐。余始颇异之,及留美较久,始知欧美家庭如是者居多。家齐为国治之始基,观此益信。而我国家庭则异是。方其夫之不得志也,尚有夫妇盘桓之乐境;夫得志后,早出暮归,夫妇间叙首时少,间有放浪形骸,而不以发妻为念者,对此良好家庭,不觉有惭色矣。然此种不幸事状之构成,不能独责男子,而主妇亦有应负之责任焉。如何治理家务之方法,如何待遇其夫之方法,亦有必须研究之处在。"(《文集》第 13 页)

1911 年(宣统三年,辛亥)   三十六岁

4 月   广州黄花岗起义爆发。

6 月   日商内外棉株式会社在沪开办第一家棉纺厂—内外棉第三厂开工,设纺锭 21 500 枚。为日商在沪建设新厂之始。

10 月   武昌起义爆发。次月上海光复,成立沪军都督府。

11 月   上海城自治公所改为市政厅。

春   在威士康辛大学第二年第二学期结束。成绩:农业细菌学(4)85 分,农业化学(5)86 分,家禽(2)78 分,家禽饲养(1)82 分,土壤(5)70 分。(成绩单英文原件,美国威士康辛大学藏)

7 月 26 日(七月一日)   《时报》发表《穆藕初万里投书》新闻,内引先生《致商团公会函》,"痛言英占片马,俄逼满蒙,大局垂危,千钧一发。而一般志士奔走呼号,立义勇队、敢死团等,提倡尚武精神,为救亡之唯一主义。而商团公会,亦大加扩充招收新班,数日间报名者几四千人,蓬蓬勃勃,大有气吞胡虏之概。中间条陈宜当尚实力,整顿内部,继续办去,为全国作模范,为不可不持久之一。又谓帮教不可不添聘,打靶不可不练习。此外又当练习拳棒、平台、木马、竞走、脚球等激烈运动,务使精神充足,肌肉坚实,耐劳忍苦,以具完全军人之资格。"(同日《时报》)

9 月 18 日(七月二十六日)   入伊利诺大学农学院。先生对副校长铿来勉励中国学生印象深刻。《自述》云:"辛亥夏,余转入伊利诺大学校。该大学之教授及精神,不亚于威士康辛,而该大学之农科各教授,尤为著名。学问淹博,启发后进,成效卓著,名震遐迩者尤以土壤学主任教员霍泼根斯为最,副校长铿来君,对于我国学生尤为关切。此时中国学生之留学是校者,约计三十人。同学会组织后,屡请铿来君到会演说,其一种希望我国改善之精神,勉励训诲,殷勤肫挚,无异严父之训子弟然,令余至今谨记不忘。"(《文集》第 18 页)

11 月 2 日(九月十二日)   陈其美等策划上海光复起义,本日夜,李平书与"警务长穆杼斋君商议保卫地方事宜"。(《且顽七十自述》,引自《李平书七十自叙》第 58 页)

11 月 6 日(九月十六日)   上海光复,沪军都督府成立。11 月 7 日,城自治公

所改为市政厅,李平书任命穆杼斋为上海警务长。(《上海旧政权大事记》征求意见稿第 73 页)

11 月(九月至十月) 得知国内辛亥革命消息后,先生并未"欣然喜",认为共和政治实现必须基于受过良好教育的国民基础之上,"吾人之所负责任,更觉重大耳。"《自述》云:"是年秋,革命告成,留学生之欢欣鼓舞莫可名言,而余独不敢欣然喜、色然惊者,盖以吾人所负之责任,更觉重大耳。共和国之主权在民,固也,而中国蚩蚩群氓,号称四百兆,试问有知识者几何? 即使有知识,而醉心于自利者占去几何人? 即不自私自利,而昧于国情、暗于时势、短于判决力者,又占去几何人? 则主权在民云云者,不过在少数有组织力并有操纵能力者之手中,于人民无与也。故欲实行共和,非普及真正之国民教育不为功。而设施此项普及教育,须根据我国历史及国民性之所适宜,除去我国之弱点,采取他国之长处,无党无私,一以造成高尚之人格为目的,庶能内定国是,外睦强邻,造成人类之幸福。虽然,此岂易言哉! 国人受暴政专制,数千年于兹矣。一旦解放,昌言平权,无异野马之奔腾,怒涛之横溢。于国民教育未曾普及时,狂妄者流,相与倒行逆施,为所欲为,各个性之劣点,不到于尽情暴露不止。故于此时名之曰过渡时期。而过独时期之长短,视各界中坚人物之道德识见能力而定之。中外历史,昭然若揭,不难复按而知也。夫共和国之主权在民,固也。然而全部分人民之知识,万有不齐。兹就余若干年来之观察,约举而类别之。似乎不外下列之六种:一、懦弱者多守默。二、强暴者多嚣张。三、有知识者方能思精而虑密。四、愚昧者易动感情而受人煽惑。五、稍有恒产者类多持重。六、无恒产着往往为生计所迫易趋极端。由是观之,若主权在民而漫无限制,适成其为暴民专制而已。细绎政治学中主权在民之精义,其实在于人民之有知识、有恒产者之手中。试观各国之选举法,便可了然矣。"(《文集》第 18 页)

秋 参加留美学生会中美分会中国学生集会并合影。陆宝淦《益利诺大学》云:"庚戌之秋,同人等见祖国人士来者渐众,于是有设立会所之举,赁屋一区,为会集同志、酬应外人之所。经营缔造,竭三十余人之力而成。至是吾人始得一从容议论之所。不则以三十余人之众,麇集而谈时事,加以吾国方言既分畛域,势不能不操英语,外人或属耳垣墙,势又不能不稍存顾忌。吾人不得畅所欲言矣。去岁武汉起义,同人等得朝夕商议军事捐赈捐,所以能踊跃输将者,何莫非藉团体之力,同流共济,事贵合群。会所细事耳,然识者可于此觇团体力之坚否也。今岁之夏(指 1912 年——编者注),同人等更觅得新屋一椽,逼近校址,房舍精洁,而益广大,现以拟定将迁会所于是。吾于是知兹会之方兴未艾也。"留美学生会分东、中、西分会,会长郭秉文,副会长李耀邦、程景恩。中美分会会长裘昌运,副会长严家驹,中文书记徐承宗,英文书记何锦棠。(《留美学生年报》1913 年 1 月)

留美中国学生大会合影(第三排左一为先生)

本年 在伊利诺大学农学院第一年第一学期结束。成绩:工科入门(4)75 分,羊肉与羊毛(2.5)84 分,羊的种类(2.5)85 分,基础家畜繁殖(1)80 分,基础家畜繁殖(1.5)87 分,市场分类与肉牛等级(2.5)87 分,园艺(3)76 分。从威士康辛大学转来 13 门课,67.5 学分。(成绩单英文原件,美国伊利诺大学藏)

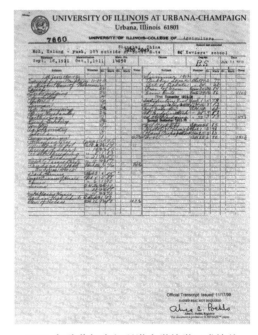

1911 年穆藕初在伊利诺大学的学习成绩单

1912 年(民国元年,壬子) 三十七岁

1月 孙中山在南京就任中华民国临时大总统。

2月 清帝退位。

3月 袁世凯在北京就任临时大总统。

7月 上海县城拆城填壕工程开始。

8月 中国国民党在京召开成立大会,举孙中山为理事长。

12月 黄炎培被任命为江苏省教育司司长。上任后,拟定有"江苏省五年教育计划",各地设立农业学校。

夏 在伊利诺大学农学院第一年第二学期结束。成绩:每日作文(3)85分,马的解剖与疾病(5)88分,诊所学习(1)90分,猪(2.5)70分,猪(2.5)88分,市场分类与等级(2.5)70分,高中农业课程(1)87分,马的照顾(1.5)80分。暑假期间:公开演说(2)77分,辩论艺术(不计分),经济学概论(2.5)84分,经济昆虫学(2.5)86分。(成绩单英文原件,美国伊利诺大学藏)

冬 在伊利诺大学农学院第二年第一学期结束。成绩:动物学入门(5)73分,乳牛饲养(3)82分,牛肉生产(不计分),高级家畜繁殖(3)80分,高级家畜鉴定(3)83分。(同上)

1913 年(民国二年,癸丑) 三十八岁

3月 宋教仁在沪遇刺身亡。

4月 日商华丰纺织四厂在上海开设。本年,日本内外棉株式会社在沪设立第四厂。

7月 李烈钧在湖口宣布江西独立,通电讨袁。"二次革命"爆发。上海讨袁军分路进攻制造局。

本年 日本内外棉株式会社在上海设立第三厂。

上海共有纺锭 480 880 枚。由于《马关条约》签订,外商纷纷进入,英、日、美、德企业纺锭占 70.5%,华资仅占 29.5%。

3月4日 于《申报》发表《美国益力诺大学中国学生农学会述略》一文,全文如下:

去紫加角城百有六十英里,有益力诺大学者,中美著名大学之一也。教科严密而周详,仪器精良而完备。经费充足,岁有羡余。执事热心,职无旁贷。故其名誉之优隆,成绩之完美,虽东美最著名之大学相与并衡,亦未当稍让者也。大学分科,各别为校,校各有特点,而以农科、机械科两分校为尤着,大学之成实基乎是。农科之卓有声誉者,曰土质学,曰畜牧学,盖主要之科目也。施教于是校者,理想与实验并重;毕业于是校者,学问与应用皆优。然则农科分校之有功于世亦大矣,益力诺大学之名亦盛矣。而丁未之前,我国人未闻大学之名,有志之士尝未得修业之地者果何哉?盖由学界诸君未尽知农学之益,局步面墙,无以介绍于国人耳。自丁迄辛,我华之留学于是者骤增数倍,今年且达四十八人,中有女生二人焉,自檀岛至。吾道不孤,有朋远来,洵至乐也。顾农学浩如烟海,教科奚止百数,尝谓侨美十年断难卒读。欲达融会贯通之境,必先集思广益之功。况乃祖国山河荒芜不治,愚民偏野游惰无方。以自古重农之国,而农业之窳腐也如此;以沃野千里之国,而农业之凋零也如此。即斯一端已难与齐而并驾,奚言商战兵战也哉!同人等识惭子产,志切樊迟,爰于庚戌之季由蒋君守柏、张君镜人等发起农学会于益力诺大学。月凡两聚,以促进行。教员或会员登坛演讲,必从实理;国人及他界问讯,答复尤不厌求详。

前以资造就,后以分担负。国之热心君子,其亦不我遐弃欤! 兹将本会会员姓字籍贯,表列左方,以便考察。

益力诺大学中国学生农学会会员表

姓名	籍贯	学科	年级
蒋柯亭(守柏)(已回国)	宁波	普通农学、植棉学	农学硕士
欧毅峰(华清)(会长)	广东	土质学	农学硕士
张文廷(镜人)(英文书记)	无锡	土质学	农科学士
邹应宪(树文)(会计)	苏州	昆虫学	同上
吴维勋(秋孙)	广东	畜牧学	四年生
陆宝淦(次兰)	常熟	土化学	同上
杨永言(季荦)	嘉定	普通农学	同上
沈文郁(景周)	山东	同上	同上
杨伯罗(权绪)	广东	同上	同上
竺可桢(藕舫)	绍兴	森林学	同上
穆湘玥(藕初)(中文书记)	上海	畜牧学	同上
钱崇澍(雨农)	海宁	普通农学	三年生
虞振铺(谨庸)	慈溪	农机学	二年生
梁杜衡	广东	普通农科	同上
赵士坤	广东	同上	同上
汪德章(启愚)	苏州	同上	一年生

(同日《申报》;《湖南教育杂志》第七期附录,1913 年 4 月;《文集》第 153 页)

6 月 11 日 在伊利诺大学第二年第二学期结束。成绩:土壤生产力(5)85 分,组织学与生理学(5)78 分,植物繁殖(5)83 分,羊毛(2)85 分。至此,累计学分达 141.5 分。(成绩单英文原件,美国伊利诺大学藏)

6 月 得伊利诺大学农科学士学位。《自述》云:"癸丑夏,毕业与伊立诺大学农科,得学士学位。"(《文集》第 19 页)

夏 赴美东旅行,以广眼界。后回芝加哥。入挨茂专门学校,研究肥皂业与纺织业。《自述》云:"我国以农立国,地大物博,发展较易。无如政局未靖,苟回国后而投入政界，余无媚骨，自问难以立足。即以所得粗浅之农业知识，施之实地乎？而大规模之农场，恐非短时期所能组织。果能组织与否，尚属另一问题。而个人投身于田间，恐不能与乡人竞争。此种感想于毕业前往来于胸中者，几及一载。佶决计研究社会间用途甚繁，而于农产品及副产品上有密切关系之肥皂业及纺织业。"

"回至芝加哥，与张君镜人等，在挨茂专门学校研究肥皂制造。是时值国内二次革命，外报又张大其辞。张君居无锡，兵车络绎，鸡犬不宁；余之旧宅，离制造局不远，战耗传来，另人失色。除课程外，与张君唯有饮酒及看电影，以资排遣。有时相对泫然，而不知涕之所从来也。追忆当年，犹令人心悸不置。"（同上）

秋末 赴塔克塞斯州塔虎脱农场生活三周，研究植棉及及纱厂管理法，"深佩彼邦人士于管理上种种方法推究入微，凡有所利，无不力图，凡有所病，无不力除。"（《译者序》，《工厂适用学理的管理法》，戴乐尔著《科学管理原理》中译本，中华书局 1916 年 11 月；《文录》上卷，《文集》第 110 页）

对塔虎脱农场调查涉及计划、人事、领导、财务、控制、福利等方面，先生云："本是一片荒地，如今却做了世界上最著名的农场了，我要问：'中国人羡慕不羡慕'？"并撰《游美国塔虎脱农场记》一文，将该农场兴旺发达归纳为九点：计谋深远、用人得当、勤职守、和衷共济、簿记清晰、连带贸易、助长周备、学识充足与坚忍不挠。指出中国实业数年以来仍无进步者，在于管理不善。全文如下：

《中华实业界》刊登《游美国塔虎脱农场记》一文影印件

北美洲南部塔克衰司市府之极南，离墨西哥海湾约二十里之遥，有塔虎脱农场焉。以科学之学识，策农事之进行，以故声名藉甚，而获利亦厚。余于去夏毕业后，往南部研究花果。闻其名，心窃羡之，遂登车而往。凡寝食于是场者，越三星期。自总理葛林君、植棉部长爱尔槐君（即前塔克衰司农工学校教授）、牧牛部长汤林孙君，及各部长司事，暨机匠佣工，无不详加询问，考其究竟。自问有所得，不敢自秘，归而记之，以飨吾国人，且以资吾国大实业家之借镜焉。当一八七零年间，有企业家三人自中美而至南部，抵墨西哥海湾间而止。当时平沙无垠，人迹罕见，遂向美政府领得田三百四十八万亩，运牛数千头而牧养于其间，名曰"哥尔门福尔登牧场"。惟交通不便，且诸企业家志虽有余，而才力、财力，均不足以济之，又无科学之农业知识，及整理法，忽忽二十年间，未能大展厥志。是时有秦登君者银行，大家也，雄于资，亦拟谋实业于南部，遂共其婿塔虎脱君（即前美总统之介弟），及律师葛林君，合资购哥尔门福尔登牧场，而仍从事于牧牛。是时虽交通已便，而三君皆远在东方经营木业，且采用随垦随卖主义，虽获利颇丰，而于农业物质之改良，尚未暇顾及焉。自秦登君物故后，其遗产均传授于其独养女任受，当一九零零年之间，约计股分，塔虎脱及其夫人占七十四分，葛林君占二十分，余六分，皆属之零星附股，而牧场之区域，仅存十万英亩而已。塔、葛二君，以随垦随卖主义，不足以言振兴实业也，遂定植棉及工商业发展之政策。于是塔君在东方任经济，葛君弃律师业，亲驻牧场，总理其事。聘牧牛专家汤林孙君，掌理牧牛部，内分二小部：一为传种牛，一为肉牛。其牛种有二：一为短角牛，一为欧福种，兼用土著牛，逐渐改良其肉质。牧猪部亦暂由汤林孙君兼理。嗣逐渐扩充，遂聘勃朗君为牧猪部长，密勒君为乳酪部长，治田学家爱尔槐君为植棉部长，棉花出数较旺，籽花转运，甚不合算，于是自设轧花厂，由劳伯次君主任之，兼收轧邻近农家之籽花。工人居民渐夥，而附近墨西哥海湾之地方，名曰考伯克力司梯，作为避暑地位，往来者亦众。于是设电灯厂以宏其作用，设自来水厂以济其灌溉。市口繁盛，肉食昂贵，于是设宰牲场。又以储藏肉料，不可无冰也，设制冰厂。又花核数千吨，转运费巨也，设榨油厂、炼油厂。运油又嫌费昂也，于是以牛油及花核油，制成一种参杂物如日用之白他油，装贮锡罐，销售全国。当余调查时，正农事极忙之际。其农场面积十万英亩，内分植棉一万四百亩，植玉蜀黍及御粟等约三千六百亩，牛一万五千头、羊五千头、马驴猪各千头、乳牛三百头，雇工五千人。其场绵长二十六英里，分四车站：曰秦登、曰塔虎脱、曰葛来各来、曰抛脱伦。当八九月间，自秦登至抛脱伦站，第见雪白之棉花，及蠕蠕之牲畜而已，此皆十年以来，塔葛二君，及诸部长所苦心经营之成绩也。自葛君总理以来，并未提息，历年所得盈余，均充扩张营业资本。余约略计算之，不动产每亩平均六十元，则田价得六百万元；厂屋栈房、汽机市房、电线、自来水管及牲畜等，约得四百万元；总共约得千万左右。近更逐渐推广，植棉场拟展至五万亩而止，并筹划纺织、染布等厂，大约明岁起，可从事展拓，惟此场地点，位于极南，美邦人士，以前鲜有知之者，自三四年前，美总统塔虎脱氏莅临后，名始大著。近年又频受实业界巨子之研求，靡不赞扬其发达之神速，且有采取其整理法，而作实业学校教科资料者。然美国农场牧场，大此十倍者尚多，今舍彼而述此者，何哉？余详加究察，得其致富之道九焉。爰缕述如下，以供吾国人之参考：

一、计谋深远也。当葛君任事之始，以扩充植棉场为起点，其后各场厂，因时制宜，次第建设。往往一场厂之设置，必计划于数年之前，而每期复会议数次，研求发展事业之方法，整顿各部之程序，谋定后举，故其建设也无虚耗，而获利也愈丰厚。

二、用人得当也。各场厂主任部长，皆系毕业专门人才，出其所学，各司其事，为事择人，无覆尸位之讥，有措置咸宜之象，故成效速。

三、勤职守也。每晨八时至下午五时，各场厂长往来巡视，遇办事之勤奋者奖之，怠忽者戒之，戒之而不悛者退之。赏罚严明，无敢或懈。即作全夜工者，按时更替，亦莫敢或迟。其工作也，进退有定时。工人咸以嬉戏旷职为大戒。

四、和衷共济也。各司其事，则事权专而不相侵越，同事和爱如兄弟。即各部长密商时，亦推诚布公，各抒所见。平时交相推许，交相勉励，无倾轧虚诈之习。

五、簿记清晰也。各部收支，均以部长签字为凭，各部簿记，分门别类，不容紊杂。即植棉部，或八百亩为一段，或一千二百亩为一段之账籍，亦由各段长主管，一律条分缕晰。故至年终结账，不惟全部之盈绌，一望而知，即分部分段之盈绌，亦一目了然也。

六、连带贸易也。各部办事之联络，固无待言，而各部所出之货，设互相消纳之法，不仅不假手于人，耗回扣及转运之资，且无废弃之物，是为该场一大特色。譬如植棉部售花于轧厂；轧厂以花衣售于纱厂，花核售于油厂；油厂除运销出口，或制造参杂物外，以花子壳售于植棉部，花子饼售于牧牛部；宰牲场，收买本场之猪牛羊，除牛羊皮及蹄他售外，其血骨及脏腑等均制成肥料，售之植棉部；他部大都类此。其交易均依市价计算，既无低昂争论之弊，复无外溢之利。废弃之物，竹头木屑，悉皆有用。此吾国人所最宜注意者也。

七、助长周备也。该场助长事业，除电灯及自来水外，有医院以治疗疾病，有学堂以启迪愚蒙，有教堂以维系道德，有银行以周转金融，有邮电局以便利交通。余如客栈、杂货店等，有裨日用者无不毕备，皆由农场派人主持。故二十六英里之农场，俨若一小国焉。农产物岁有羡余，不依人以生活。居家佣工,咸有乐不思蜀之概。

八、学识充足也。各部厂均由专门人才主任,故其布置均臻完善,各种机器,亦均系最新而最精良。以科学的知识、机警的脑力、敏捷的手段整理全场事务,宜其勃焉而兴也。

九、坚忍不挠也。以上八者,虽为该场致富之根本法,然苟乏坚忍不挠之气,亦安克臻此。溯其创办之始,挫折颇巨,乃葛君等以为办大事者,挫折事所恒有,是以专心致志,一意进行,不为所屈。凡遇挫折,必研究其致挫之由,去其不善以至于善,始克转危为安,转败为胜,以有今日。人第知其获利,而不知其绞脑汁、耗心血、惨淡经营、孜孜不倦者,盖已十余年矣。

余述竟,于是知皮相的振兴实业,不足与有为也。塔虎脱农场获利之原因,除农学的知识固无可勉强外,余皆吾国人所素知且曾昌言者也。而吾国之实业数年以来仍无进步者何耶? 盖仅言之而未尝施之于实行,或行之不力之故也。以人例我,空言无补,瞻念吾国,能无慨然? 余自离祖国,倏已六年,自国体经此大改革后,社会经济必起绝大之恐慌,此余所敢断言者。欲回复国民之生活力,舍振兴实业,其道末由。而外人成绩昭著,良足为吾国之导师者,尤彰彰如是。吾实业家,其亦可以兴矣。

(《申报》1914年4月21日;《中华实业界》第一卷第六期,1914年6月10日;《文集》第37页)

9月26日　入塔克塞斯农工专修学校农业系研究生部,学习植棉及纺织,并研究科学管理。是先生留美时"最俯仰自得之一时期。"《自述》云:"是年秋,张君返国。余即赴美南方塔克塞斯州之塔克塞斯农工专修学校,全力注意于植棉及纺织,理想与实验同时并进,并研习科学的管理法。""美国南方之大学校及专门学校,其发达程度较中美、东美各学校为迟,其学生人数亦较少。威士康辛与伊立诺两大学校中,男女学生各六千人,而塔克塞斯农工专修学校中,仅有男生千人。但该校所特殊之点,非常注意于兵式操,全校学生由政府特派武员训练之。故欧战起时,该校毕业生之充作将校而效命于疆场者不在少数。该校名誉,遂因此而益著。余系中国学生入该校毕业之第一人。校长恐学生与余有所误会,且余来研究高等学问时者,故嘱余寓校外之客栈内。校址面积甚广,其地除校用屋舍外,只有此一客栈,独身之教习,类皆下榻于此。余在此虽仅一年,而与各教习晨夕盘桓,与各同学往来甚密。因仅余一华人,故日常均操英语,是时余英语之流利,可以不加思索随口应付,竟与操华语同。此时余宛然寄身于世外桃源,为留学期内最俯仰自得之一时期。"(《文集》第19页)

11月9日、10日　于《申报》发表《上教育司长(黄炎培)书》,就所学心得,提出

改良农业三点建议:①多设农事试验场,②沟通农夫,③开设农夫学堂。全文如下:

　　前奉手示,饬抒所见,以作农业进行之筹划。玥正拟略贡所知,以备采纳,旋以祖国乱耗,传布全球,玥为之忡忡者累月,致稽裁答。今事虽略定,而元气大伤,商业凋散,失业既多,道德遂益以堕落。故欲恢复人民之道德,开辟人民之生计,非竭力振兴实业不为功。玥农科生也,逆料吾国社会情形,及农夫之状况,斟酌入手办法以图农业之改良。至于五年来所得农学上之心得,非短幅所能宣畅,明春归国后当造谒罄谈也。

　　一、多设农事试验场。天时气候不同,土地肥瘠有别,且物性各异,寒暖干燥,得其所宜,则孳植繁生,农夫获利。否则终年仆仆,日处于贫苦交迫之中,而无从振拔。加以江南幅员辽阔,大江南北农业情形迥然不同,似宜多设农事试验场,得农学专家悉心主持之,研究天时土地物性之所宜,滋养而栽培之,为农夫作模范,冀其效法而实受其益。以本省现时之情形测之,倡设试验场,其要点有三:(甲)宜专不宜博。虽农产物无一不可试验其优劣而培植之,然倡办伊始,且困于经济,故宜择本省出产最富之农业品若干种,酌量培植,藉得最大之净利,以资提倡。若贪多务得,并蓄兼收,变试验场为花果菜蔬园,耗费多而获效少,殊无谓也。(乙)宜切实而明晰欧美日本之耕种法,与吾国之法有出入,故试验耕种法须取吾国旧法而损益之,使农夫易于取法。即演讲及刊报亦不宜用磷钾窒素及基罗格兰姆等名词。所需肥料若干磅内,应含有磷钾窒素若干分,宜先取吾国惯用之豆饼菜饼灰粪之数,逐一分析之,得磷钾窒素等平均之成分,直捷痛快说明须用豆饼菜饼若干斤,灰粪若干担,基罗格兰姆亦宜折成斤两,使农夫一望而知较为便利。总之求农事之改良不在美观,而在切实,此种名词采用与否,本无关系,而吾国现时之农夫,毫无新知识,宜去其难而诱掖之,不宜重其困,而使之却步也。(丙)宜久远农产恒产也。治恒产而无恒心,乌乎可。且试验天时气候物产之所宜,决非于短促时间内能得良结果。欧美人试验一物之微,动需数十年,竟有终其身尚不足,而继以他人者。若试验仅一二周,竟贸然号于众曰:“良结果,良结果。”呜呼! 是儿戏耳! 非试验也。故不欲从事于试验则已,苟欲试验之,非旷日持久不为功。

　　二、沟通农夫。吾国提倡农事改良,为时已久,札饬也、集会也、调查也,聚讼纷纷,而尚未得效果者,何耶? 盖虚声及隔阂之病也。夫振兴农业头绪纷繁,决非札饬、集会、演讲所能奏效,必也得富于农学智识及农事经验之人,竭其毕生之精力脑力,以从事于斯,庶几或有裨益。不但此也,即虽有富于农事智识及经验之人,竭其能力以研究之,尚不可谓已达改良农业之目的。盖研究自研究,农夫不之知,而未受其影响也。夫改良云者,合全国或全省大多数农夫之耕种法之改良与否而定之，非仅设试验场及农业学堂而可谓改良之终点也。盖农夫居主位，余皆居于客位者也，设试验场及学堂，不过借此以资导引已耳。且农夫生长乡间，少交际之远虑，虽朴直性成而顽固亦性成，欲去其父老所口传之旧法，而尽效我之新法，大非易事。是则不可不与农夫声气相通，呼吸相应，逐渐去其旧而染其新，不知不觉之间，使彼等受改良之实惠。然沟通农夫虽不止一道，而开设农夫学堂，其最善者也。

三、开设农夫学堂。农夫学堂之章程、经济、课本及手续，视当局者之措施与地方情形而定之，兹不具论。第就其成效一方面而言之。假如有农学专家一二人，倡办农夫学堂，附属田三四百亩，招农夫二百人，以半年为期，半日工作，半日读书，以辛工抵饭资，略筹常款，以供月费。用简单法教授粗浅之农学及修身、国文、国语、算法、历史、地理、体操等科目，并演讲本身对于社会及国家之关系，按时督课之，使于短促时间内，薰陶而诱掖之，以增进其常识开豁其胸襟，而逐渐升迁其文化程度，以为归宿。则一学堂每年可造就四百人，设有一二百农业专家，从事于斯，于五年内，可造就农夫二十万人。以江苏六十三州县平均分之，每县可得约三千人，即除去不堪造就者半数，尚可得一千五百人。而此一千五百人，散布于县之四乡，其于社会影响为何如耶。不但此也，曾经训练之农夫而潜移默化，势力所至，则未经训练者亦间接受其赐矣。如是而言农事改良，则稍有实际矣，以言社会改良，则已经有进步矣，以言农团，则暗行结合矣。试验场之良结果，农夫能取法矣。设农学堂，则农夫肯送其子弟而肄业矣，人固何惮而不为哉。

以上诸端，择焉为精，语焉不详，唯取其切近易行者言之。至全国根本上之计划，非调查全国之土地气候而详明之，未易言也。

（同日《申报》;《文录》下卷,《文集》第123页）

本年　与塔克赛斯农工专修学校鲍尔博士畅谈庚子年义和团事。先生认为庚子之役系由在华不良教士所引起，分析教民性质，指出"各教教规虽殊，而勖人进德，造福人类之宗旨则无异。""深愿主持教务者善于自处也。"《自述》云:"化学教习嘉伦波君，系德产而入籍于美国者。在德国得化学博士学位。年近六旬，而精神尚矍铄。听讲者及千人，嘉君口讲指画，孜孜不倦，而目光炯炯如流电，不住遍照四座，遇有精神涣散、听讲厌倦之学生，或发现睡眠状态者，每每立被其察知而予以警诫，无异青天之霹雳。嘉氏出其严厉之辞，告诫若辈曰:'汝等勿失去求学之机会，苟于今日忽忽错过，将来一事无成，又必来予前哀告曰:'予无一事可为，不得不为教士矣。'至时虽欲追悔，其何能及。'余颇讶其言，以为教士岂一事无成之人所能为者?嗣余于癸丑年赴美南部塔克赛斯农工专修学校，与鲍尔博士畅论庚子年拳匪事。是时鲍君适在欧洲，各报纸曾开会研究拳匪因何仇洋之理由。其研究结果，始知教士与有责焉。彼时欧洲各教会中派遣来华之教士，虽深明教务，才识优长者居多，而滥竽充数者实不乏其人。查有剃头司二人，无恒业者五六人，滥充教士云云。余乃更信在华教士除含有政治意味者不计外，不但不足以启人之信仰，实由一部分不相当之教士手中，无端横添出许多纠纷而已。闻者疑吾言乎？请言教案。当清季同、光之间，来华传教者渐盛，华人之进教者亦渐众，于是教案亦日繁。其教士之气焰声势，虽督、抚亦不敢撄其锋。教民之牵连讼词者，难保无冤抑，而教民自受洗礼后，决不能以承受上帝之默化而尽属善良。教民之善良者固多，而不善良之教民亦不在少数。凡有讼事而教民之因事到堂者，无论被告、原告，均立而不跪。倘事情严重，教民而被拘留，西教士必出面保释之；万一地方官不徇其请，彼即直达督、抚，有所要求。督、抚而非阘茸无用之流，遇事敢为，或能据理力争，不徇所请，间有一线公平之希望；藉非然者，西教士一出面，不但案无曲直之可言，且累地方官长立刻受有处分。设其事曲在教民，地方长官为难益甚。故一遇教案发生，而知县之前程即动摇。余幼时曾见之报章，闻之实事，谈虎色变，至今犹觉凛然，当局者更无论矣。北方开通较晚，民气却强，小民积愤而生怨毒。怨毒既久，遂一泄而不可遏止。庚子之役，其过确在我国乎？而庚子赔款甚巨，迄今尚未拨清。几辈恃势蔑理之教士播其恶因，一旦暴发，不加醒悟，更借最大之力量施行其高压手段，使我国横增四百五十兆两之负担。我全国无辜之国民，无形中受此重大之负担者，已二十有五年于兹，睡狮岂永无醒觉之年？公理岂竟无大白之日？西方美人，首先见及，毅然决然悉数退还，作为教育用途。美人善于种福，早博吾国人之好感。其他各国，因贪忘害，靳而不与，延而不决，尚在反复磋商，如何筹还而使各本国直接受其利益。呜呼！吾不暇咎人，徒自伤悲而已。余也研究教民之性质，及普通沿用之名词，分为三类：其一道德高尚，深明教理，时时本此教旨，服务社会，造福大群，循循然导人入于正轨者，此信教也。其二，地痞流氓，借教帜作护符，遂益肆行其鱼肉乡愚之手段，事发而逍遥法外者，此进教也。其三，生活竞争激烈，资生无术，觅就无方，不得不借教友名义，以图糊口而苟延残喘者，此吃教也。就教民总数中分析之，其三当占十之七，其二当占十之二以上，其一则不足十之一。此教务之所由衰替，而排斥事情之所构成也。虽然，各教教规虽殊，而勖人进德，造福于人类之宗旨则无异。况各教流传至今，已数千年，若无颠仆无破之至义，又焉能持久若此。故上述之所谓进教、吃教者，于教无尤，仅扼腕于教中之容纳教友，取多不取精，故有此流弊耳。往者已矣，挫折所以促开悟，忧危所以启圣明，深愿主持教务者之善于自处也。"

（《文集》第 14 页）

戴乐尔

本年 与戴乐尔(即泰罗)、吉培尔①探讨工厂管理法,获益甚多。《自述》云:"癸丑、甲寅间,余在南美研究戴乐尔君之科学的管理法。戴君者,提倡科学的管理法之鼻祖也。戴君所著《科学的管理法》一书,出版仅二三年,已译成英、法、日、德、俄、荷兰、西班牙等国文字者,达十余国。余研究此项新管理法时,各国采用此方式实施于工厂管理上者,尚不多见。戴君之高足弟子吉尔培来君,出身于圬业,以其心得著成《标准动作》一书,亦风行全球。余曾与戴、吉二君反复讨论,获益甚多。"(《文集》第 21 页)

---

① 戴乐尔(Frederick W. Taylor)(1856—1915),现通译为泰罗,美国人,近代企业科学管理奠基人。科学管理之父。戴乐尔根据当时工厂厂主不懂得工作程序,劳动节奏和疲劳因素对生产的影响;而工人则缺乏训练,影响劳动生产率提高,故于 1880 年在米德维尔钢铁公司进行试验,系统地研究和分析工人的操作方法和劳动时间。并又从改革工资制度开始,进而研究作业分析、工时测定、生产进度、单间组织、人员选择和训练等一系列有关管理的基本问题。1906 年当选为美国机械工程学会主席。主要著作有《科学管理原理》、《计件工资制》、《车间管理》等。吉尔培来(Frank B. Gilberth 1826—1924),出身于美国缅因州费尔菲德城。一生坚持不懈地从事"时间和劳作研究"。著有《标准动作》一书。

1914 年(民国三年,甲寅) 三十九岁

2 月 袁世凯接受法公使扩大上海租界要求,以换取法租界对革命党人之驱逐和引渡。次月,《上海法租界推广条约》签字,法租界扩大近二十倍。

3 月 全国商会联合会在沪召开成立大会。周晋镳任会长,向瑞琨、贝润生任副会长。

5 月 袁世凯公布《中华民国约法》,改责任内阁制为总统制。

8 月 第一次世界大战爆发。北京政府发表中立宣言。

9 月 日军在山东黄县龙口登陆,到 10 月占领胶济路全域。11 月占领青岛。

本年 日商在沪设立内外棉第五厂、纺织第二厂。

英商香港染织厂迁上海,易名杨树浦纱厂,纱锭 55 600 多枚。

1 月 1 日 穆杼斋辞淞沪警察厅长。(《上海旧政权大事记》征求意见稿第 87 页)

4 月 23 日 致函戴乐尔,提出欲翻译《Principles of Scientific Management》(中文名《科学管理原理》)一书。云:拜读大作《科学管理原理》,此书对提高人类工作效率,促进人民福利,增进国家财富作用,给我留下深刻的印象。这些深透的科学原理不仅对工厂有益,且对任何大型组织,不论是政府、社会或教育性质机构,都有珍贵价值。您完全了解中国人民是多么需要接受科学培训,大量传统作业之厂房与工业,必须进行调整或改造,才能采用现代化方法,尤其中国现正处于工业革命开展时期。我对各种管理方法感兴趣,在伊利诺大学农学院攻读的四年期间,就非常重视这类知识。我确信我能将您的《科学管理原理》翻译成中文,一种和您使用的完全不同的语言。为此,我想请求您允准我翻译此书:这不仅是我,而且整个中国都将感激不尽。我相信,那些愿意为自己国家做贡献的人,会受益于像您这样品格高尚、慷慨,并致力于造福人类的人所提供的帮助。此外,该书的翻译,不仅不会影响您的版权,而且将被四万万渴望发展民族工业的中国人民永远铭记。殷切期待您的回复。(罗久芳译)原函如下:

College Station,Texas,

April 23，1914.

Dr. F. W. Taylor，

Highland Station，Philadelphia, Pa.

Dear Sir：

When I read through your "Principles of Scientific Management", I was so deeply impressed upon the fact that this is the book which increases the human efficiency，promotes the welfare of the people，and enhances the wealth of a nation. These sound, scientific principles are not only good in the factories，but also in any big organizations，governmental，social，and educational.

You are fully aware that the Chinese people at large are in need of being trained scientifically and the old fashioned factories and many industrial plants should be readjusted or remodelled into up to date method，especially at the time in which industrial revolution is being taken place in China.

I am naturally interested in any sort of management and，during my four years stay in the Agricultural College of the University of Illinois，I paid much attention to this line. I believe that I am the man who is able to translate your "Principles of Scientific Management" into Chinese a language is so different from yours. For this reason I would ask a favor from you in allowing me to translate the above mentioned book into Chinese：a courtesy of this kind will not only be appreciated by me，but also by whole China at large.

I am sure that the man whose aim is to do something good to his country will be welcomed and helped out by such a person like you who is noble character，generous，and devoted whole life in the task that uplifts the welfare of the human beings. Furthermore，that the translation of the book in question will permanently keep you in the memory of the 400 million people who are longing for the development of industry at home.

Your favorable answer is earnestly expected. Allowing me to thank you in anticipation.

Yours respectfully

H. Y. Moh

（原件，美国 Stevens Institute of Technology 档案室所藏；《文集》第 154 页）

5 月 4 日　戴乐尔复函云："穆先生如握：顷接奉四月二十三号大札，敬悉先生拟将拙著《学理管理法》一书译成华文，深为欣喜。兹附奉他项拙著数种及日本文《学理的事业管理法》①一本，请即检入，想该书等亦能助先生之兴趣。鄙人亦愿闻尊处译务之发达也。设或先生公便一道经斐城，务请惠临舍间一叙，鄙人当指引先生参观在斐城之实施学理管理法之各工厂，藉供同志之研究。再者，拙著《学理管理法》一书已译成意、法、德、俄、勒（巴尔干岛之一小国）、荷兰、西班牙及日文矣。此复。顺颂履祉。戴乐尔谨复。一九一四年五月四号。"（原函，引自《工厂适用学理的管理法》，中华书局 1916 年 11 月）原函如下：

May 4th 1914.

    Mr. H. Y. Moh

    College Station，Texas

    My Dear Sir：

Answering your letter of April 23rd，it will give me the very greatest pleasure to have you translate my book-The Principles of Scientific Management-into Chinese.

I am sending you，under separate cover copy of each of my books and also copy of the translation of the Principles of Scientific Management into Japanese，with may interest you.

Will be very greatly interested to hear of the success of your translation into-Chinese.

If you happen to near Philadelphia it will give me great pleasure to see you at my house and also to show you the application of the Principles of Scientific Management in some of the shops in Philadelphia.

I might add that this book has been translated into the following language:-Italian、French、German、Russian、 Lettish、Dutch、Spanish and Japanes.

        Yours sincerely

        Fred. W. Taylor.

        （同上）

---

① 戴乐尔原著日文版由日本可岛银行星野行则翻译。许康、莫再树《试析穆氏的译才与译文对节约型社会的理解》一文云："穆氏具有现代版权意识，及时取得原作者的首肯，从而获得适当的指导和帮助，也体现着合法合情带来了合作。星野先斩后奏，作者虽不计较，终有亏欠。"（引自唐国良主编《穆藕初——中国现代企业管理的先驱》，上海社会科学院出版社 2006 年 6 月版，第 266 页）

5 月 15 日   致函戴乐尔,云:非常感谢您在 5 月 4 日复函惠允我将大作《学理的管理法》一书翻译成中文,也收到了《学理管理原理》、《工厂管理》、《切割金属的艺术》等大作及其日文译本。您对我的礼遇和盛情,令我铭感在心。我下次访问贵国时,必定前来拜访并参观您用科学方法管理的工厂。目前我正计划于本月 30 日经太平洋航行回国。另外寄奉一张我的照片,藉此感谢您对我个人和我亲爱祖国的好意。我的中文译本完成后将会尽快给您寄去样本。此致衷心的谢忱与至诚的问候。(罗久芳译)原函如下:

> May 15,1914.
>
> Dr. F. W. Taylor,
>
> Highland Station,Philadelphia,
>
> Dear Sir,
>
> Your letter of May 4, kindly allowing me to translate your "Principles of Scientific Management" into Chinese and each copy of Principles of Scientific Management, Shop Management, On the Art of Cutting Metals, and Japanese translation of them were received with many thanks. I certainly appreciate your courtesy and kindness shown to me and I will be very glad to call on you and visit your scientifically managed shops when I come to this country again. I am also planning to sail for China by way of Pacific Ocean on the 30th of this month.
>
> Under separate cover I send you my photo which indicates my indebtedness to you for your kind feeling(s) toward myself and our beloved motherland. I will send you (a) few copies of Chinese translation as soon as I get it done. With much oblige and best regards.
>
> I remain,dear Sir, Yours respectfully,
>
> H. Y. Moh

(原件,美国 Stevens Institute of Technology 档案室所藏;《文集》第 156 页)

5 月 20 日   戴乐尔复函,感谢先生惠赠照片,并祝事业成功。原函底稿如下:

May 20th ,1914.

Mr. H. Y. Moh,

College Station,Texas.

My dear Mr. Moh:

> Please accept my warmest thanks for your photograph , which arrived this morning . I appreciate your thoughtfulness in sending me this.

Wishing you every success，believe me，

Yours sincerely.

（美国 Stevens Institute of Technology 档案室所藏;《文集》第 156 页）

5 月 30 日 乘大英公司轮船启程回国。（《致戴乐尔》,1914 年 5 月 5 日）

5 月 获塔克塞斯农工专修学校农学硕士学位。（《文集》第 19 页）在塔克塞斯农工专修学校第一、二学期的生物学、昆虫学、农业经济成绩均为"(a)"。①（成绩单英文原件,美国塔克塞斯农工专修学校藏）

6 月 途径横滨时,在船上与某华人谈,先生对国人"隐善而扬恶"之通病感触深刻,并联想到国人无时无地无事不内斗,外力因此而侵入。《自述》云:"余未出洋时,虽曾涉足社会,但范围究不广大,见闻亦殊有限。而民国以来,风俗人心改善到何种程度,余当时寄身海外,非常隔膜。迨余回国过横滨时,上等华客较多,余即向某客攀话,后谈及个人事,余就报中所知,称颂某人、某某人之美处,若人即抗辩曰:其人

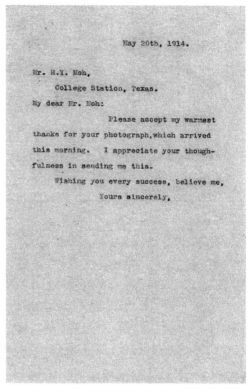

1914 年 5 月 20 日戴乐尔复穆藕初英文信函底稿

虽好,无如其才具之不开展何。后谈及某同学,彼亦相识,彼即扬扬然告以某同学之失意时如何招股失败、如何受人侮弄、如何营业失败、种种诋毁,令余不快。"（《文集》第 14 页）

7 月 2 日 抵沪。穆杼斋率伯华、家骥到码头迎接。穆伯华《先德追怀录》云:"先伯父(指穆杼斋——编者注)探悉邮船抵达上海江海关码头之时间,雇一辆马车

---

① 成绩 90 分至 100 分为"a"。黄万里《回忆藕初老伯》一文云:穆先生"从棉花怎样生产,到棉花怎样纺成纱,到怎样来办工厂,怎样管理工厂。他是有目的出去学习,整套的有计划的学习,回来时已经是一个成熟的人才,和普通留学生大不一样,是满载而归。这在我国留学史上是一个特点,也许是第一人。"(1993 年 9 月 4 日纪念我国著名民族工业改革先行者穆藕初逝世五十周年座谈会发言)

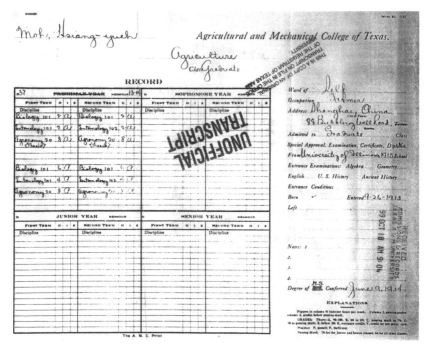

1914 年穆藕初在塔克塞斯农工专修学校学习成绩单

带领我及家骥弟到码头候接。渡轮抵埠,父亲登岸,老兄弟相见甚是欢悦,引我小兄弟于我父侧。于是登原马车回家。其时家住静安寺路跑马厅北面一所双铁门花园洋房内。(静安寺路八十八号——编者注)装有电灯、煤气灯及煤气取暖炉等,即今之国际饭店原址之后半部也。在马车上老兄弟坐向前之正位,我小兄弟背向前坐,于老兄弟对面之小座位中。我父对我小兄弟注视一会,似有所思。抵家,四人先后下车,步入客厅,其时先祖母率领我母,及诸叔伯、妯娌等相迎,咸道阔别问好。"(手稿)

7 月 3 日 《申报》刊登《穆湘玥学成返国》消息云:"美国农科博士穆湘玥游学美国已历五年。现乘大英公司轮船回国,已于昨日抵沪。穆君在美考察农业,富有经验,此次回国必能以邻国之成规,裨利本国。故商业中人拟开会欢迎云。"(同日《申报》)

7 月 12 日 上午八时,出席于江苏省教育会举行的暑期演讲会。到者百余人。沈信卿主席。黄炎培报告考察赣、皖、浙三省教育状况。德文学校教员格勒尔演讲《德国小学之教授法及其关系》。继由先生演讲《美国农业状况及留学中之心得》,"述留美时所受之教育及其研究所得之意见",并声明"此次归国后不入政界",当尽力以本省为起点从事农校及试验场。"演讲时,会场秩序整然不紊,虽际暑天,

听讲者毫无倦色,迨散会时已钟鸣十二下。"（《申报》1914 年 7 月 13 日）先生演说全文如下:

　　鄙人自惭不学,于教育一道素未研究。今承教育会之请莅会演讲,无可发表于诸君之前。仅以鄙人所受之教育,为诸君一道之。惟鄙人不讲华语已五年矣,倘措词有失当处,尚希原宥。鄙人于宣统元年六月自备资斧赴美留学,中间屡受困难。初入威士康新大学,生徒约四千五百人,男女同校,教师之精勤,器械之完备,自不待言。嗣以鄙人拟注重畜牧学,故第三学年转入益历诺大学。是校暨威士康新大学,并芝加哥大学,为中美最著名之三大学校,男女生徒约五千人。鄙人于去年六月毕学士业于益历诺大学农科分校。鄙族世业棉花,而中国花市凋敝已极,操纵权属外人,遂决计往南方入塔克塞司农工专修学校,研究植棉改良之法。盖中国棉花细短而粗,不能纺十六支以上之细纱,欲纺细纱,非从事于植棉改良不为功。故悉心研究植棉纺纱,务达改良之目的而后已。遂毕硕士业于该校。当鄙人研究农场管理法时,觉声入心通,快愉万分。遂进而至于事业管理法,穷思竭虑,探索中国不能振兴实业之故,昧于管理法亦一大原因也。夫实业之三大要点,即天然原料、制成品及市场是也。乃以昧于事业管理法之故,使绝大之纱厂,损失巨资,辗转抵押于外人。间有能自立者,亦难与外人争胜,而外人将吾国原料运至彼国,出高工价,做成制造品,转输入中国。而此四百兆芸芸众生,衣食用均仰给于外人,国之不日即于贫者几希矣!夫事业管理法之两大要点,即工价昂、出品贱而已,工价昂使工人不偷懒,尽其能力以勤职务;出品贱则成本轻而销售易。此说似乎矛盾,实有至理存焉。试举一事以证之:美国工学博士戴乐尔君,著名之管理学专家也。曾研究搬运铁块之法,雇工数十人,每人日饷两金元,从某处搬运铁块至火车,每人每日仅搬十二吨半。戴君以搬运不合法,且共同工作,勤惰无从稽核,故赏罚不明。爰于群中选择一人,倍以工资,行动休息,一如命令。第一日竟搬四十七吨。越日亦如之,数星期数月亦如之。而该工人之精神,竟较前为佳。再择一人试之,收效亦同。半年后,全班工人除懒惰者及不称职者淘汰外,每人每日均能搬四十余吨之多。因工资倍于昔日,故工人之家境日裕,勤务心日以发达,精神日以健全,而厂业亦随之隆盛,此岂仅搬运铁块而已。充其量也,小至一工厂,大之一国家,均可以此法绳之。用此法以整理工厂国家,而工业不发达、国事不转机者,吾不信也。此即鄙人旅美五年所研究之大概情形也。

　　当十七世纪时,欧人咸集于美洲东部,务农者占最多数。自独立后元气大损,幸幅员辽阔,土质膏腴,遂竭力注重农务。故历代英主贤相,大都起自田间。一千八百六十二年由国会议决,每州应设一农工专修学校,拨若干万亩田,以充常年经费。美国大学之多实基于是。即以农科论,各大学各有优长。如该州最宜畜牧,则该州大学之畜牧科定优美,棉花、果蔬等亦然,此盖因地制宜之善法也。农学生有四种。四年生者,学理与实验并重,各学科照章读毕后,即给以学士学位。二年生年齿较长,大都农家子,仅授学理而少实验。短期生于冬季农隙时,仅授以数星期极浅近之学说。函授生则并此而无之,仅用函件教授农学之一小部分,如养猪或植棉是也。一千八百七十七年,国会议决每州至少应设立一试验场,其经费由国会及州议会公共担任。以试验各州物产之所宜,得其成绩而传布之,俾农人效法而获厚利。美国科学上的农业发达,实基于此。而传布法不但用文字的,且兼用具体的。每州每年一次或两次,将猪、羊、牛、马、机器、谷类、果蔬等装入火车,游行各乡村至数月之久,集邻人而演讲其成绩,娓娓不倦,务受其折服仿效而后已。并在各乡镇纠合村童女,组织种植会及罐头食品会等,争奇斗胜,尽其所能而激发其爱乡心。全美国几于无地无会,无时不会,加以农报之多甲于全球,故美国农业之发达,不全恃少数农学家之学识,实群策群力有以致之耳。

美国农业可约分为大农、小农两种,自三四百英亩(每英亩合华六亩)以上者为大农,三四百英亩以下者为小农。当三十年前,北美地广人稀,田价极贱。除东部外,数十万英亩之牧场,随处皆是。近顷以来,生齿日繁,田价遂昂,地亦垦熟,种植较为得利,故大农逐渐化于作小农,此亦进化之公例,非人力所能转移者也(参看《惜阴周刊》第三年《美国塔虎脱农场记》)。

除三四英亩至二三十英亩之菜蔬园不计外,美国之所谓小农者,大约一百六十英亩左右,此盖宅地律所制定,向政府所领取者也。近年以来,美国农学家颇倡缩小田亩之说,而潮流所趋,早晚定能达此目的。此即美国农业概况之崖略也。

至于中国农务情况,与美国迥然不同,往往使农科生束手无策,其理由甚复杂。兹就其最普通者言之,不外乎设农学校及农事试验场而已。夫教员学力如何,教课如何,试验物产如何,姑置勿论。今试问农学校学生是否多数来自乡间? 毕业后多数学生是否肯劳其筋骨,以从事于耕种? 试验得良结果后,是否能使农夫效法以获厚利? 吾恐其未必尽然也! 故设农学校及试验场,似乎根本救治法,而实则非也。鄙人并非谓农学校及试验场不应设,觉尚有更要于此者在,即农夫学校是也(已详呈教育司报告中,曾刊登日报,兹不赘)。总之,农业学生与农夫须沟通,方可交换智识。新学说与旧经验须融会贯通,方能收振兴农业之效。

政务倥偬,席不暇暖。财政艰窘,挹注为难。当斯时也,振兴农业难矣!盖振兴农业,非财不可,且非才不办。使欲财才两足,而朝迁此官,夕升彼职,纷纭不定,布置且不暇,遑论成绩。虽然,此谓居官者耳。如鄙人者,布衣蔬食,习之有素,处之泰然,静待时机,以求实地试验,尚非难事。且鄙人虽不学,而数年来领苏省之官费约七千元。而此七千元之巨款,乃我苏省父老兄弟之膏血,私心怦怦,何日去怀。希冀稍尽义务,俾不致掷黄金于虚牝。此虽井蛙之见,亦即匹夫之志也! 此鄙小对于振兴中国农业之管见也。

诸君皆学界巨子,值此学务衰退之际,殚精竭虑,仍以积极的维持本省学务为己任,不禁额手为吾苏省教育前途贺。然吾苏省之学务,不可谓无进步,特不如外人在中国学务上进步之速耳。至于派遣留学,原属治标之法,长久派遣,实非上策。盖费用浩繁,一也;言语互异,二也;教授间有不适用于中国,三也。有此三者而派留学生出洋,竟事倍功半。且吾国中学程度已高,似宜挹注财源,延聘通人,倡设一苏省官立大学,以养成人材。然鄙人所谓大学,非大学其名,乃大学其实也。即不然所派学生之程度宜较高,能入外国大学第三、四年级者为尤妙,此属望于诸君者一也。

际此弱肉强食之时,无论何种民族,有组织力者存,无组织力者亡。天演公理,无能幸免。盖有组织始有团结力,物质亦然,民族亦未尝不然。有组织力之人,不肯轻易动破坏心。乃明知组织之不易,不肯贸然以破坏之耳。无组织力者反是。而组织力之养成,全在受业时代。抑鄙人所谓组织力,非结党营私攻讦教员之谓,乃堂堂正正,研究学问,交换智识之谓。养成此组织力,则他日入于社会政界中,无不堂堂正正,创立基业,福国利民,胥在于此。此属望于诸君者二也。

然尚有要者焉,即毅力是也。哥伦布若无毅力,则美洲焉能寻得。爱狄生若无毅力,则电灯不能照耀全球。诚哉! 毅力之可宝贵也如彼。而吾华人之缺乏此宝贵精神也如此。中国无大政治家、大科学家、大实业家、大资本家,皆乏之毅力故也。而养成毅力,断难一时收效,要在平时不知不觉之间,随时随事,启迪而光大之,且亦教育家之天职,而实为民族强弱之所系。此属望于诸君者三也。

鄙人素不文。自研究农学后,更无暇从事于美术的文学,然对于诸君,情切意诚,故不觉其言之冗长,漫无结束。但通其意于愿足矣! 诸君其宥之!

(《教育研究》第十四期,1914 年 7 月;《文集》157 页)

7 月 张謇致函沈信卿,拟请先生赴南通任教。云:"穆君以硕士而不求得官,有学识而不思厚值,目为难遘,诚然诚然。穆君所注重者为棉与纱。棉属农之范围,纱则工业也。不知抑曾涉猎否? 通沪只半日程,如穆君有兴游通,可与家叔兄狭洽。纺织校方须教员,不知彼此合宜否也? 若彼此适合,则学生得师,穆君亦可借此以增阅历"。(《致沈信卿函》,《张謇全集》第四卷)

7月 王宝仑劝先生从政,未允。穆伯华《先德追怀录》云:"我父留学前得王宝仑奔走资助颇多。回国之初,王某力劝我父从政。其实我父已有振兴实业救国之志,而拒之。后来我父创立五大事业一帆风顺之时,我父谓我曰:'若从政,惟有以官为家'云。""至于王某其人,我未见过,且亦从未听到我父第二次提起王某之名,亦从未见过与王某通信。有德必报,且报之唯恐不尽。如我父者必有以报之,决不遗漏。"(手稿)

7月 聘尤惜阴①为家菁、家骥二儿课读。《自述》云:"余于民三回国时,菁、骥二儿一年十二,一甫九岁。余意小学课程太繁杂,废除经书,专重课本,学制不甚适用,校风亦渐坏。故延师在家课读,余随时温课。始则颇见进步。"(《文集》第21页)穆伯华《先德追怀录》云:"我父对于教育后辈极为注重,希望后辈品学兼优。初回国,延尤惜阴老夫子课读我兄弟二人。"(手稿)

8月5日 出席环球中国学生会欢送北京清华学校留美学生。到者有道伊杨小川,知事洪伯炎及美总领事塞门史等三百余人。先生代表唐文治演讲《中国之文学》,述文化与国家兴亡之关系。云:"吾国今日大局,风俗浇薄,人心茫昧,诸事棘手,其故安在? 皆因吾国学生倾向西学,曾未窥其精萃,先弃吾国固有之美,以致人心世道,风俗学术无不江河日下。何谓固有之美? 国学是也! 何谓国学? 吾国之国文是也! 凡文化盛者,其人种必强;文化衰者,其人种必弱。未有提倡国学而国不兴者;未有自戕国学而国不亡者。所望诸君输文明以开显蒙,而通闭塞,更当不忘国粹。期日后回国能行其所学于国家社会,非徒袭文明之外观而实有根本之裨益。"随后宣布己意云:"游学诸君须认定求学之本意,以达到日后行其所学之目的。万勿游移改变实为至要之图。"周诒春代表全体学生答辞道谢。奏军乐散会。(《时报》1914年8月7日)

9月 经调查,知纺织业大有发展希望,遂与穆杼斋等集资收购一搁浅纱厂,定名德大。《自述》云:"从事于纺织业或肥皂业一时未能确定。初以肥皂厂成本较轻,而全厂规画亦早筹定,故从事调查,拟从轻而易举之肥皂厂为入世津梁。殊不知制造肥皂重要原料之碱类,早被某某洋碱公司所操纵,而舶来品之肥皂,亦不易

---

① 尤惜阴(1873—1957),无锡人,名雪行。1903年任上海圣约翰大学国文教授。辛亥革命之初,兼任《民立报》编辑。1917年在穆氏植棉试验场及穆公正花行担任中文书记,同时在沪主编《世界佛教居士林林刊》。1932年在新加坡剃度出家,法号演本。著有《东方之科学宅运案》上下卷四册和《宅运图解全案》等。

与之竞争。遂转换方针，调查纺织事业。于是始知我国纺织业前途，大有发展之希望。遂决计向纺织业中开辟争存之壁垒。是时，恕再家兄已辞去警长之职，亦有志于实业，拟共同组织一纱厂。是年八月间，欧战发生，集股良不易。适有一厂因经济告竭，忽焉停顿。厂房仅筑至二三尺，而停工已半年余矣，机器虽定，因款项无着而交货无着期。余得悉备细，与家兄商妥后，于中秋节前收买之。鸠工葺庀材，定机筹款，竭力进行。以二十万两之资本，及八个月之精神，方始就绪。创办实业之艰难，于此可见。"（《文集》第 19 页）穆伯华《先德追怀录》云："一九一四年民国三年甲寅，我父三十九岁留美归国，以才学兼优而无资财之人，与先伯父杼斋公（后改名恕再）筹集银二十万两（一两约合银元一元四角），创办一万纱锭之纺织厂，定名德大。我父向人借银一万两投入作为股本（我父曾对我说过此事）。用空义袋下锅之方法开办纱厂，谁肯附股？因之花费八个月精神与时间方始就绪。如此微细资金不够购基地建厂房，及购买机器之用，势必仰仗友人之助，介绍银行与钱庄筹商抵押借款，甘冒负担重大欠息之风险于不顾。所幸正值欧战开始，国内纺织厂事业发展颇有前途。"（手稿）

9 月 叶鸿英、穆杼斋以及先生等德大纱厂发起人联名发表《上海德大纱厂有限公司招股章程》，并附收支预算。其"本公司之特色"中，特别提到"发起人中穆藕初先生留学美国大学六年，得有硕士文凭，于棉植、棉织极有心得，经验既富，年力方强。"全文如下：

棉花为世界上经济的物质中最重要者之一，其生产品及其加工品关于一国经济之消长极为重大。然以吾国棉业之盛，而依据李君文权所著《最近四十年中国入口花纱布表》，近十年来之棉纱输入价额每年平均计五千八百余万两，利权外溢，殊可骇怪。比来人士知棉纱为吾国固有之利权，于是急起直追，多设纱厂。凡业此者莫不利市三倍。政府又亟亟然公布公司保息条例，以奖励之，棉业又为第二条甲种之地一项，凡投资入股

《上海德大纱厂有限公司招股章程》封面

之股东,其利息之稳妥可靠,又规定于国家银行担保之中。目今欧战纷纭,瞬将结束,外人方恢复本国商业之不遑,何暇为海外竞争之贸易。战局一定,土货有突飞之机会,则本纱销路之畅旺可知。爰集同志,纠合公司,酌拟章程十五条,并预计逐日进出款项,录呈公鉴。发起人:叶鸿英、穆杼斋、顾馨一、金镛和、钱选青、周兰亭、曹豫材、闻兰亭、孙询刍、沈润挹、苏筠尚、刘汉卿、许春松、王宝仑、穆藕初。

第一条:本公司遵守公司条列,定名为德大纱厂有限公司,其组织权义悉依法律之所定。

第二条:本公司股份总额定为九八规银三拾万两,分作三千股,每股一百两,一次缴足。以三个月为限,自旧历九月初一起至十一月底止。

第三条:本公司购买机器拾六万五千两,购买地亩贰万五千两,建造厂屋六万三千两,购置马达、莲篷头、水管、摇纱机、蓄水池、生财及装机工、杂费等三万九百两。机器先付半价,余款分六期,三年付还。开机时实需银贰拾壹千四百两,余银约十万两,备本厂进花之用。

第四条:本公司厂屋建设于公共租界兰路高郎桥块,即前招股未成建造未竣之华新纱厂地址,水路交通女工便利。

第五条:本公司股份三千股业由发起人认定贰千三百股,尚有七百股另招,满数即行登报截至。

第六条:本公司股本官利以长年八厘计息,另立息单,其息单自交款之日起算。

第七条:本公司特备红股一百五十股,凡代招至三十股者酬红股一股。惟红股只派余利,不给官利。

第八条:凡得本公司股份满五十股者,有总协理被选举权,满念股者有董事及监察人被选举权。

第九条:经收股银由经收人先给本公司收照,俟股单印好,总协理、董事举定后登报声请换给股票。

第十条:股票填明股东姓名,由总协理及任何董事一人签字为凭。

第十一条:本公司俟股份全数招足实取股本过半数以上,遵照注册章程向农商部注册。

第十二条:招股截止后即开股东会,选举董事、监察人,股东会未成立以前筹集股份及一切筹备,均由发起人负其责任。前项发起人得举定干事员设立事务所,分任进行之事。

第十三条:本公司营业所得利益除酌提公积发给官利外,分作十四份,以十份归股东公派,以一份归发起人,以三份作为董事、监察人、经理人、办事人酬劳。

第十四条:本公司之特色。

甲:发起人中穆藕初先生留学美国大学六年,得有硕士文凭,于棉植、棉织极有心得,经验既富,年力方强。

乙:本公司所定机器为英国著名赫直林敦厂承造,系于德国赛会时获有金牌奖赏最新式之机器。

丙:纱机轮轴用最新法之电气运动,可引擎、锅炉及烟囱、堆煤、堆灰之地。较用煤可省费用十分之三四,而且出纱匀净,房屋洁净,不独引弭火患,抑且适宜卫生。

丁:本公司所定机器已令日夜加工制造,于合同内订定末批机器,尽阳历年底于利物浦东装船,约于阴历年底到申,正月底装齐。自集股至开厂不过五个月,可以少受空息之害。

戊:厂屋设备用最新式之灭火莲篷头,经火热至一百五十五度,此机即能自行喷水灭除火患。

第十五条:本公司暂以南市万聚码头华成保险公司楼上为事务所,一切交付股款等项悉由该处接洽。

收支预算

厂地拾四亩叁分(又未买地六亩计算在内),计元贰万伍千两;厂屋建筑费(砌路及明暗沟费均在内),计元陆万叁千两;纱机(壹万零叁百六十只锭子,附属品均在内),计元拾陆万五千两(先付半价捌万贰千伍百两,余款分六期三年付清);摇纱机(八十部,每部叁拾两),计元贰千肆百两;莲篷头(连水管),计元捌千两;马达(大小七只),计元柒千两;蓄水池(壹只),计元伍百两;装机工,计元叁千两;生财及杂费,计元壹万两。以上共计元贰拾万壹千肆百。

花价二十两,每包纱用花三百四

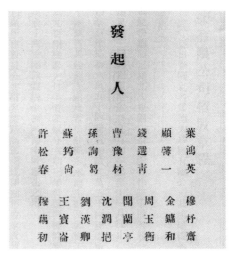

《上海德大纱厂有限公司招股章程》所载发起人名单

十斤,计银六十九两。工缴银拾两,官利三两,内除废花银一两五钱,每包纱实际工本银八十两另五钱。以恒丰"云鹤牌"十四支同日市价九十一两,实得余利拾两另五钱。每日至少出纱二十六包,每年三百三十五天计算(用阳历每逢一停日工),共出纱八千七百拾包,每年净余银九万两零。以三十万股本平均核算,除官利外,尚有极厚之利息。

(原书,上海图书馆藏)

10月1日 于环球上海中国学生会上演讲《农业谈》。比较中美两国农业差距,指出我国"只有农业无农学",呼吁破除"社会重虚荣而薄实业"习俗。云:"农学一科与天时、地理、动植等均有密切之关系。今就普通方面而言,中国夙称务农国。数千年来进步如何,姑且不论。惟忆余在美时,曾闻彼国人谓:'我国农事,半得之贵国,但贵国六千年来之经历,我国仅考察一年而已,尽其术云云。'余闻之而感质言之:'吾国只有农业无农学'。余返国后曾往无锡等处乡间,时值久旱,泥土悉成裂缝,乡人谓无术以治。但美国有一处每年不过十五寸之雨量,不足以成一熟之麦。美人以机力开垦其地之浮土约寸许,使土中之水蓄而不溢。盖坚土易收水而化为汽,故欲保存其水于土中,必以垦松浮土为良法。又西人于畜牧,所喂食料亦加选择,以预定畜之肥瘦,可见其法之善。余又乡间偶见桃树叶上多生黑点,知为微菌之发露,约有六种之多,必致结果虫蛀。余即询乡人以桃蛀之故,彼谓十桃九蛀尽人皆知,余叹其不求种植之改良往往如此。今之人谓中国之贫,皆由工商不兴之故,余则谓由于无农学。试思中国人数日增而农业生产如故,生之者寡,食之者众,关系至大,思之可危。吾国农科学生卒业回国者甚多,但未闻有实验农学之举,其原因由于社会重虚荣而薄实业,故学成者亦不屑置身于农业之中,良可浩叹。故欲兴农学尤必先破除习俗之见,而后可。"末由杨心一致答词云:"穆君所说中国六千年农学仅足以资美国一年之考察,实令吾人惶愧交并。穆君就农业以针砭社会,实吾人有益非浅。"满座鼓掌,十时而散。(《申报》1914年10月3日)

10月10日 出席南京路惜阴公会国庆纪念大会。毕云程报告全体会员、来宾。先生、贾季英、杨伯芳、周剑秋、邵廷玉等相继演说,听者均极欢迎。散会后,"开新戏《人禽界》以为余兴。并益以趣剧。闭会时已十时半矣。"是日会场人数众多,秩序整齐,散发《民德报》共千数份。(《申报》1914年10月13日)

10月29日 晚,于环球中国学生会上演讲《纱厂之利弊》,指出国内纱厂弊端丛生之原因及兴利除弊之途径。云:"余自海外归来,调查本国人所办纱厂,寥寥数家,且系少数人合资创办,出货不如舶来品之佳,价亦较低,所获之利既不及,而弊反丛生者,何也?盖由其机器来自外洋,皆廿余年前之旧式,无怪纱之出品远不如人。至若厂与码头之距离，栈与花间之位置，虽较远而不计，及运输之力既费所耗之金，又大凡若此类，皆未尝注意。非特此也，厂屋潮湿且多黑暗，各事委诸司事，总理从不顾问。至于工人与工头之关系，机件之孰优孰劣，用煤之可俭可费，在所不较。工作之疾弊百出，进货之弊尤大，因是办实业者，每多失败，视为畏途。必根究其弊所，自出详加改良，庶几弊害除而利益愈增，实为当今实业之要图。且创办一厂，大至数千人，少则数百人，关于贫民生计甚大。愿诸君亟起而提倡改良，以济民困，实为至幸。"末杨仲馨致答词道谢而散。（《申报》、《时报》1914 年 10 月 31 日；《文集》第 160 页）

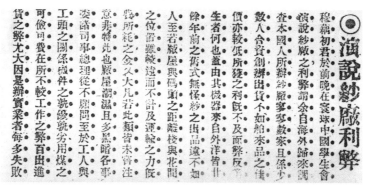

《时报》刊登《纱厂之利弊》一文影印件

10 月 30 日 发表《复山西徐沟姚启寿君函》，答所问麦穗黄枯原因。云："接奉九月一日来函谓'吾国北方农产麦为大宗，而麦于将熟之际往往秀而不实，由穗先呈黄枯之象，渐及根部而死，且传染极速，于数点钟之时可延及千百里，北方人俗呼为黄疸病……而无法以挽回并嘱仆将复函登诸报端，普告国人'云云。适仆于节边组织纱厂，卒卒无须臾之暇，致稽裁答，良用歉然。原函又据老农言或因北方多疾风，麦苗被风吹折，或气候之热度忽低，亦有是灾，惟天气渐暖，黄者或可还一为青。仆以为北方虽多疾风而山谷间避风处当不致受损，且麦种能耐寒冷，因寒而黄，因暖而青，恐未必然。按原函所述病况，仆决其为传染病无疑，而尤以麦禾菌为较近，惟麦禾菌呈黑灰色，仅伤穗而不及于根部且传染不必来函所述之速，则此病果为麦禾菌与否，诚难悬揣。夫科学上之问题非亲知灼见实地试验不能解决。至于救济之法，挽回之方，凭空虚拟实无价值，莫若仍由先生函知北京农事试验场，商请派员就近研究，以除以害。事关农业大体，谅该场亦必乐从也。未识先生以为然否？此复。顺颂日祈。"（同日《申报》）

10 月 开始翻译戴乐尔《学理的管理法》，并实施于德大纱厂筹建。《自述》

云："创办大规模之工厂，管理法为最要之一点。……余研究此项新管理法时，各国采用此方式实施于工厂管理者，尚不多见。""回国组织甲厂时，即于百忙中抽出一部分时间，译成华文。名曰：《工厂适用学理的管理法》，由中华书局出版印行。十余年来，全球各工厂几无一不采用此最新进步之管理法。各国出版之管理学一类书籍，虽汗牛充栋，一言以蔽之，即节省时间、精神、物质而已。余本此三大纲，即从事于甲厂（指德大纱厂——编者注）。以二十万两之资本，组织一纱厂。筑建厂房、安排机件、规划督策，一一亲任其劳。是时纱厂之工作，均托之于工头。厂内各部，并无稽核调查及各种报告。纱质之良否、出数之多寡，悉听之于工头。所谓经理者，仅管钱财及营业而已。虽间有内容尚为整齐者，亦属至少之数。余于甲厂开机前后约计半年，日间督策工作，夜间创制各种报告表格，每日操劳达十四五小时。是时年富力强，且当创造时期，不能不勤奋从事，故乐此不疲也。"①（《文集》第21页）

11月2日　《时报》刊登《创办德大纱厂之预算》消息。云："留美学生穆藕初君在沪购地创办德大纱厂等情形已纪本报，兹悉此事已积极进行，明年即可开机。"并载有德大纱厂收支预算。（同日《时报》）

11月16日　德大纱厂在万家春开发起人第二次会。穆杼斋（主任干事）"报告公司进行状况：从阴历九月初一招股之日起至昨日止，实收股本银八万余两，其有已认附股而未缴之款又四万余两，可于十月内缴到。公司购地、定机、营造厂屋等实用银十一万两零，除股本外余款均由发起人垫付。先生（工程干事）报告云："（一）大厂房屋工程日内已可盖顶；（一）清花厂房屋约于两星期内盖顶；（一）清花厂内之地弄之设置，业已筹备妥贴，开始工作，并详述此地弄之攸关本厂全局及其利弊；（一）马达已向慎昌洋行购定，计共大小八只，计价英金七百七十磅零；（一）租用工部局电气之价目现正在协商中；（一）莲蓬头及水池正在开账选购；（一）摇纱车俟丝厂机车到沪后再行开账选购。""发起人均言市上金融甚滞，兼之九底更形紧迫，而公司自分发章程以及招股，为时不过一月，已实收四分之一有余，连认缴之款计算在内，将达半数，足见纱厂之利尽人皆知也。"（《申报》1914年11月18日）

---

① 先生在创办德大纱厂过程中所采取主要措施有：第一，未采用传统的工头制。先生以经理及总工程师的身份总管厂务，录用和解雇工人必须按厂规办事，工头不能任意解雇工人。第二，采用新式复式记账方法，建立统计监督制度。编制了各车间生产统计表、技术设备运行、维修状况报表，以及各部门原料消耗、成品及成本统计表，设计了适用于纱厂生产流程的簿记规格。这一切在国内均属首创，后来为各华商纱厂所采用。（参见毕云程《穆藕初先生传略》，重庆《新华日报》1943年10月6日；陈正书《注重实干实学的穆藕初》；《穆藕初章》，赵靖主编《中国经济管理思想史教程》等）

11 月 21 日 出席群学会①十周年纪念大会。上海知县沈宝昌、先生及会员贾季英相继演说，大意为"集会之事自民国肇建，极为发达，而能历久不衰实不多见，独群学会有欣欣向荣之势，此由各会员之热心会务，此后仍望各会员实力进行，期为全国团体之模范。"纪念会共三天，有提灯会、前附属小学校友会、昆曲组合、游艺会、西洋幻术、书画陈列及美食展销等。(《申报》1914 年 11 月 20 日、22 日)

11 月 28 日 于闸北务商中学演说《微生学之历史》，介绍种类状况等。"洋洋千言，听者色舞。"末吴之路致谢词。该校自本学期起，每期请人演说，"以增进学生之智，并砥尔道德云"。(《申报》1914 年 11 月 29 日)

12 月 9 日 与伍廷芳、王文典、李佳白、曹锡赓、王一亭、沈敦和、虞洽卿、丁福保等六十七人联名发表《不吸卷烟联合会通告》，呼吁扫除卷烟毒害"。通告云："本会鉴于时艰，暂停开会。近以劝导人少吸者渐多，为此通告公举正副会长二人，重行整顿办理。务望我在会诸同志，协力同心，广为劝戒，再接再厉，务期国家社会扫除毒害后已。奉上公选票人名单各一张，请即举定按期投箱，以便公布。兹定于阳历十二月七号起投票六日，至十三号星期日午后二时开箱揭晓。凡投票者如有要事不能亲来，或请代表或写信来皆可。"(同日《申报》)

12 月 10 日 晚八时，出席环球中国学生会游艺会。有竞胜网球比赛、汽枪击靶、管飞球、追击巨浪、接续驴尾、人面投环、盲人吹烛、圈中锦标、木踢球、五子游、三色棋等种种游戏。李登辉、杨心一、朱成章、先生、史文钦、孙卿云等逐次说明。会毕款以茶点，至十时散会。(《申报》1914 年 12 月 12 日)

本年 演说《责任心》，强调责任心关乎事业成败。附编者识云："硕士归国后创德大纱厂，是篇为其第一次演讲也。编者不以其明日黄花之演讲，重行刊录。盖是篇既切合救现时工商之腐败，且其立意又有永久的、普遍的价值。因刊之于第一期，读者诸君注意之，以无负硕士演讲之深意。"全文如下：

责任心是什么？责任心是我们不论居哪一种地位，我们就所居的地位负完全的责任。譬如新闻记者失了责任心，把早几天已登过的电报和新闻，过复登出来，请问读报的应该发生一种怎么感想？又譬如一爿厂里的厨房，因为不顾及他的责任，到了午时还没有预备我们的饭菜，我们到了那时便发生些怎样感想？这两件是很普通、很平常的事，我们便觉得不快感。所以我想倘使大一

---

① 群学会由张栋云、郁屏周、高砚耘、王慕喆等发起，于光绪三十年成立。初设小南门外仓桥浜罗宅，旋迁至谈家弄王宅，三迁至郁氏宣园。据《申报》记载："发起之时仅有会员数十人，聚同志研究学术，为一时学界之翘楚，率能积以毅力恒心，进行不懈，募集捐款，建筑会所，创办藏书室，开办音乐、英文、象数、体操等，专修科附设义务小学各项补习科、研究会、讲演会，至俱乐部方面如聚餐会、昆曲组、书画会、网球会、围棋会等。成立十载，现在会员至五百余人之多，近复扩充会所。"

些,或者是复杂一些,也像如此的不负责任,那么,我们或是社会所受着的痛苦,当然要深刻难受了。但是工商业中的人,不论上自经理下至工人,各人有各人的责任,就是各人有各人的责任心。责任心并不是一件怎么实质的东西,可以给大家看得明白的。不过我们虽则看不到责任心的实质,然而也可以看到责任心的成绩。社会上失败的人,我们眼看他们失败了,非常可怜,然而在他们未失败之前,往往任所欲为,对于所应该负的责任,放弃不顾,以为他们是已经成功了,这种人不必可怜他,他们是自取其咎。还有一种做伙友的、学徒的,他们对于自己依附的店,一点没有关心,以为有经理负责任,不知道他伙友和学徒的地位,自有伙友和学徒的责任,因为他们不明白自己的地位,因此一生没有出人头地。我们尽了责任心以后,虽不敢说这件事完全成功,然而也决不至于腐败。即使有一二不周处,也可以改革,可以补救。我不是说失败的人,个个没有责任心。失败也有失败的特殊原因,天灾人祸是不及预料的。成功的人并不是个个都有责任心的,有时因为机会的趋势,偶而成功的。但是失败的人,他的责任心永远负定,终有成功的一日。成功的人因为成功了,把责任心抛弃了,并且永远抛弃了责任心,他终有一日失败的日子。

(《工商学报》创刊号,1924 年 1 月;《文集》第 157 页)

1915 年(民国四年,乙卯) 四十岁

1 月　日本政府向袁世凯提出"二十一条"要求,企图独占中国。2 月始,全国各界一致抗议承认该条约。3 月,上海国民对日同志会等团体于张园集会,抵制"二十一条"。

5 月　日本向北京政府外交部递交最后通牒,限四十八小时内完全接受"二十一条"。9 日,袁世凯宣布承认"二十一条"。上海各界召开国民大会抗议。

6 月　穆杼斋、穆藕初创办德大纱厂开工。

9 月　《青年杂志》在上海创刊。提倡民主、科学,反对尊孔思想;提倡新文学,反对旧文学。次年9月改名《新青年》。

10 月　上海总商会改选朱葆三、沈联芳为正副会长。

11 月　荣宗敬、荣德生创办上海申新纺织第一厂开工投产,设纺锭 12 960 枚。

12 月　中华革命党在沪举行反袁起义失败。袁世凯恢复帝制。蔡锷等通电讨袁,并宣布云南独立。孙中山发表《讨袁宣言》。

1月9日　复函戴乐尔,告译著出版时将戴乐尔来函及玉照置放首页。原函如下:

Jan. 9，1915，

84 Bubbing well road，Shanghai，China.

Mr. Fred. W. Taylor，Highlandstation，Chestnuthill，Philadelphie，Pa.

Dear Sir:-

I am with great pleasure to receive your note of Dec2，1914，and your photo，the letter will be served as a front piece in my book translated into Chinese from your invaluable work. The Principles of Scientific Management. Your photo gives me so much joy that I seem to meet your goodself in person. I heartily thank you for your service to me.

Best compliments from，Yours respectfully，

H. Y. Moh.

（原件,美国 Stevens Institute of Technology 档案室所藏）

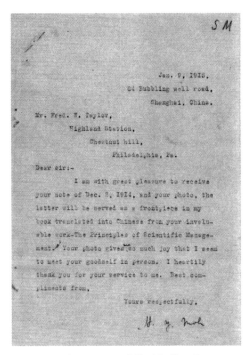

Jan. 9, 1915.
6d Bubbling well road,
Shanghai, China.

Mr. Fred. W. Taylor,
Highland Station,
Chestnut hill,
Philadelphia, Pa.

Dear sir:-

I am with great pleasure to receive your note of Dec. 2, 1914, and your photo, the latter will be served as a frontispiece in my book translated into Chinese from your invaluable work-The Principles of Scientific Management. Your photo gives me so much joy that I seem to meet your goodself in person. I heartily thank you for your service to me. Best compliments from,

Yours respectfully,

H. y. moh

1915 年 1 月 9 日致戴乐尔英文信函

1 月 10 日 于《中华实业界》杂志发表《中国实业失败之原因及补救方法》一文。对照中美实业状况,归纳我国实业失败有八点,指出"实业家所最应该注意者,则管理法是也。"呼吁政府改订税则,而实业学生应除去官吏思想。全文如下:

仆不敏,近十年来亦颇注意于实业,抵美后东奔西驰于各方面,细探新大陆致富之源,并默察吾国社会之状况,恍然见吾国实业失败之理由凡八。是否确当,不敢自断,倘亦足供吾国人之研究者乎。

人苟有志于实业,皆可从事,要须得富有科学智识及经验者主持之,庶办理较有把握,则实业学生尚矣。比年以来,欧美日本及本国之实业学生亦实繁有徒,顾与实业无丝毫之影响者,何哉?是其中得归咎于学生者半,而半由于社会无远识,政府无宗旨有以致之耳。夫求学贵有目的,随性之所近,择定一科,竭四五年之精力,以求其融会贯通,归而贡诸祖国,方收派遣学生之效。留学生中注全力以研究专科而学问深造者固多,然忽而工,忽而农,忽而又改他科,但求一纸文凭夸耀乡里,不从他日办事上着想者亦颇不少。甚有因乱事、因政党而改学科者矣。此学生之目的不定,一也。

欧美日本大学之实业科,往往学理与实验并重,故农、工、医、矿及各学科之学生费极多之时间于试验室,然此实验不过一小模型耳,于场厂之管理用人行政仍觉纸上谈兵。设有一应用化学家,于造纸、制肥皂等法,靡不心领神会,叩其所学,则津津而乐道之。倘一旦授以全权,布置一纸厂或肥皂厂,恐不免张皇失色,手足无措矣。且吾国人自幼养成懒惰恶习,故实业学生中,颇有不愿在场厂练习者。如此之人,回国办事,眼高手生,焉得不生阻力此学生缺乏实习工夫,二也。

学生在家,平时受父兄师长之约束,于他种社会少接触,迨远游五六年,遄返祖国,而社会竟忘其为何许人,虽具大学问、大志愿,而社会上之信用毫无所见，加之商业凋零，银根奇紧，商人自顾尚不暇，安能及于实业，而集股难矣。此学生缺乏社会信用，三也。

实业家所最应注意者，则管理法是也。而管理法之要旨，则场厂总理应熟谙全部分之手续，庶几有利则兴、有弊则革，用人行政，均得其宜。历观吾国实业之失败，关于管理法者，其故有三：

大抵总理一缺，往往属于稍有时望之人，至于此人之于此事，有何学说，有何经验，不计也。即无学识经验，而此人之能否专心致志以办此事亦不问也。总理与事隔膜，而使事业失败者，一也。

吾国人爱排场、重情面，一厂之设，尚未开张交易，而某部若干人，某科若干人，冠冕堂皇，与衙署相伯仲，一若喋饭之人不多，事业不能振兴者。此失于过宽者，二也。

间有苛刻之辈，以扣减辛工为能事，但求有形之减省，罔知无形之消耗。盖刻减辛工，大非工人之所乐，工人而不能乐其业，则惰心生，惰则出货迟而成本遂加重。此失之于过严者，三也。

且吾国普通之人具管理之才者为最缺乏，盖管理法即治人之法也，吾国人素乏自治能力，自治尚不暇，焉能治人。即实业学生何独不然，受学时期，往往不注意于此，迨回国办事，觉左支右绌，处置为难。此实业学生昧于管理法者，四也。

贪逸恶劳，人之常情，而实业学生甘心操作于场厂者恐不及半数。迨回国徒受社会上种种之感触，于社会之感情渐相冷淡，或且趋重仕途，为其薪俸优厚，不负责任。倘于社会上办一实业，幸而告成，心血已耗去大半，且薪水亦薄，每月百两以上者殆不多见。故不惜抛荒宝贵之光阴，作行政界之点缀品，用非所学，比比皆是。有工业家入银行者矣，有农业家而办铁路者矣，欲其收效也，不过影响谈耳。此实业学生贪于逸乐，致使实业失败者，五也。

之五者，有一于此，足阻实业进行，而况不止于一乎。然亦不能全归咎于学生也，盖所谓人才者，除农学生尚能自用其才外，余则非政府用，即社会用。今政府遭此多事之秋，何暇顾及实业，用当其材，尚非其时，而学生又与社会少接触，且地方不靖，号令纷更，商业停顿，金融阻滞，资本家虽注意于实业，亦有志未伸。盖吾国实业失败之原因，关于社会者亦有误点在焉，当十年以前，社会之崇拜留学生，竟不可思议，以为救中国之贫弱惟留学生是赖，不问其道德学问能力如何，及素所研究者何种学问，但愿藉此得一进身之阶，为亲戚交游光宠，至于民生大计，实非社会中人梦想所及。嗣后留学者日夥，人品遂杂，而留学生之手段能力，间有更劣于旧官僚派者，于是向之崇拜者，今则鄙弃之、轻视之，几疑留学生中无一完人。殊不知留学生不过多读数年外国书，仅得科学之皮毛耳，苟能用其所学，竭毕生精力以研究之，或可成一专家。假使用非所习，与常人等，安用此留学生为。凡期望过奢，则失望更易，因失望而致灰心，而实业界竟暗中遭一打击。此失于社会期望过奢者，六也。

假使有学生于此改良工艺，试验农产品，行之数年而未见效果，且间有失败者，于是社会中人大肆其簧鼓之舌，诋毁不遗余力。殊不知改良工艺及农产品，其难等于改良政治与改良社会习惯。夫改良政治及社会习惯动需数十年或百年，改良物质何独不然。盖破坏易而建设难，破坏由于自然，如水之就下，其性然也；建设全在人为，如水之受激而向上也。物质改良即建设之谓，非历年久远安可以收改良之效。今不期其久远而但求其速效，稍有挫折即大肆讥评，务使任事者灰心夺气，而实业前途愈不可问矣。此失于社会求效过速者，七也。

至于吾国实业之失败关于政府一方面者，则奖励是也。今不行保护政策，惟奖励之是务，欲全国之实业振兴，是南辕而北辙也。盖奖励者，虚荣也；保护者，实益也。争名者于朝，争利者于市，而实业家乃争利者，非如热中之官僚派徒尚虚荣者可比也。更进一层而言之，目今吾国人之衣食用三品来自外洋者甚多，振兴本国实业即抵制外货，而财源不致外溢。夫倡办实业，其艰难困苦自不待言，而横征暴敛，罔恤民艰，土货之税，重于洋货，甚至局员多方挑剔，关卡节节留难，侥幸成立而持久者能有几家。果能支持较久，出货尚优，政府从而赏一章、赐一牌，未尝不足以彰政府提倡实业之盛德。然出货既优，市场上已占得立足地，政府即不奖之亦复何损，反是虽奖之亦复何益。此不过一种愚民之政策耳，于实业前途，无丝毫之补救。此政府不采保护政策而使实业失败者，八也。

至于补救之法，千条万绪，非短篇所能了。简言之，则吾国理财家应以远大之眼光厘订税则，其收效当在五六年后。竭泽而渔之政策，自杀政策耳。社会中人须知社会与身家有密切之关系，而社会健康与否应视有无实业为准。有实业之社会，则人民生计裕如，道德因之而高尚，熙来攘往，得人生之乐趣。然尤必毋求速成，毋具奢愿。即有倡实业而遭失败者，苟非主任者放浪淫佚所致，尚当尽力维持，以求最后之胜利。盖失败者，成功之前驱也。而实业学生所最注意者，即除去数千年遗传之官吏思想是也。无论居官者如何锦衣玉食，如何坐拥万金，实业学生，断不可为所诱惑，变吾素志。世有訾吾说者乎？愿各自努力进行，以达振兴实业之目的，则吾国前途，庶有豸乎！

（《中华实业界》第二卷第一期；《文录》上卷，《文集》第77页）

1月17日 上午九时,出席贫民学校第四届毕业式。由主任教员袁颂丰引导来宾参观学生成绩展览后,校长穆杼斋发毕业证书并致词。先生与黄襄相继演说。(《申报》1915 年 1 月 19 日)此届毕业生十二人,因家境贫苦,无力再求学。为练习商业起见,由先生将毕业生一律面试后全数送入德大纱厂习业。(《申报》1914 年 2 月 4 日)

1月 于德大纱厂附近创设穆氏植棉试验场,从事棉质改良。《自述》云:"组织纱厂确系要事,唯棉质不改良,纺织事业亦难求充分之发展。故就甲厂附近,向郁君屏翰①租地六十亩,从事于改良棉质之研究,时阅五载。中国之移植美棉,虽不自余所设之棉场始,唯上海为全国耳目所属之地,其提倡之影响神速而广及,较胜于他处。地利之关系重要,于此可见。"(《文集》第 20 页)《上海穆氏植棉试验场第一次报告》(每两年一次)"本场之缘起"云:"江苏为我国著名产棉区域。上海又为江苏著名产棉区域,以故上海农产棉为大宗,上海市场棉业独占重要地位。玥世居上海大南门外,先祖芝艼公,先考琢庵公,向设花行。其中数十年间,以先考所设之'穆公正花行'为最久而最著名。玥于成童时肄业于某花行,越六载,凡花行中各项职务,皆曾亲历之。时默察花市情形,大有江河日下之势。盖业此者,大都以潮分为事业之伸缩,挽水积习,视为当然,主顾之受亏与否,信用之能持久与否,皆所不计,玥怒焉忧之。顾以人微言轻,虽有建白,而听者藐如。时沪上商竞益亟,苟暗于外情,且无从为吾国固有实业挽救扩展地也,遂于是年始研究英文。自是厥后,逐渐注意海关入口状况,见棉铁两项大足制我死命。而棉产上漏卮,为数尤令人恐怖不已。岁丙午,游京津,过武汉,默察平民生计,其凋疲情形已有不可终日之势。计非振兴实业,不足以解斯困状。继念我国天气之温和,地土之肥泽,在在宜农。农业又为实业根源,由庶而富,则振兴农业,尤属要图,盖工商业虽同时勇进,而于原料品无从取给,仍不免得半失半之忧是。发达农产,当然为振兴实业中最重要之计画也。爰于宣统元年已酉贷资出洋,赴美游学。研究农学一年后,得补官费,益得矢志习农。至民国二年癸丑毕业于伊立诺大学之农科,计肄业于是校者凡四阅年。继以研究植棉,非再至美国南方棉产最发达区域实地研究不可。且玥素性耿介,于政界上无周旋之能力,所习之农学,若欲有所设施,不能不依赖中央,或地方政府。盖农学无论如何精深,而于个人生计恐难顾及,欲谋个人生计于社会上能翘然树立一帜者,非工业不可。复默念中国各实业中,无事不可为。若纺织,若炼糖,若制盐,若制革,若肥皂,若玻

---

① 郁屏翰,名怀智,号素痴。老公茂洋行买办。1905 年经营洋布业。1906 年任商会学会会长。曾任总工程局总董、城自治公所议员、市政厅名誉董事等职。

璃,若电镀,若造纸,若冶金,再次者若钉针,若人造丝绢、人造象牙等,形形色色,无一不可以发皇内国天产,挽回外溢利源。然实业之径途至多,一人之智力有限。爰自毕业后,至芝加哥挨茂实业专修学校,研究制造肥皂方法。盖农业与制造肥皂及纺织事业,有密切之关系,故研究及之。越三月,赴美国南方塔克塞斯,肄业于该省农工专修学校,研究植棉及纺织要旨,并操作于植棉试验场。次再专力考求纱厂管理法。至民国三年甲寅六月回国,即组织德大纱厂,同时创设本农场。""本农场之历史"云:"本农场创设于民国四年正月间。坐落上海引翔乡之二十三保八图,旧名蔡家楼房下,为邑绅郁屏翰先生世产。先生提倡蚕业,先于徐汇附近之法华地方,载桑育蚕,办有成效,遂将是地作为第二桑园,以故附近乡人,呼是地曰大桑园。第是地土质系埴土,走马塘干,水前后两方,及右侧支流,均年久未濬,水道甚淤浅。且前此开挖河道时,河间挖出泥土,高积四边,未经移平,是以每当夏季雨量多时,田间水积,未易排泄。桑性恶湿,栽植其间,不能发育,旋以蚕业无所希望,悉行拔除,招佃载种棉麦。又以是地距杨树浦工厂林立之地仅四五里许,附近居民趋工舍农,承种乏人,以故通海客民,相率来此,领田种作。该客民等类皆缺乏资本,故施肥无力。且又吝于劳力,致莠草繁生,地力枯甚后继为难,此本场未开办前之大略也。本场地主郁屏翰先生,对于振兴棉产,主张最力。年来曾刊行《棉树栽培新法》一书,以饷农界。且时搜罗美国佳种,就隙地试植。闻玥有植棉试验之举,以是地六十余亩及农宅一所,慨然借与作植棉试验之用。且岁捐是地田租六分之五,使本场减轻担负,自乙卯年始。"(《植棉改良浅说》再版附录,1917年1月)

1月 《植棉改良浅说》初刊发行。全书分"棉种"、"气候"、"土质"、"治田"、"播种"、"选种"、"肥料"、"御旱"等节,用最通俗易懂的文字向棉农解释改进植棉方法。该书后又连载于同年6月天津《大公报》、《中国农业杂志》第六期及《中华实业界》第二卷第八

天津《大公报》刊登《植棉改良浅说》影印件

期。全书如下：

叙

中国土地肥美、天气温暖之区，皆宜栽植棉花。南部诸省如云南、贵州、广东、广西、福建，气候暖热，移植棉花定能非常发达。惜乎尚少提倡。中部诸省如江苏、浙江、安徽、湖南、湖北、陕西、四川，所承之天气，虽比南部诸省热度略减，然天气温和，夏令雨量及太阳所发之光力、热力，发荣棉产，绰乎有余。然中部惟两江、两湖产棉较盛，陕西次之。以上诸省境内尚有多大宜棉之地，未曾推广。此外如四川、安徽两省于棉市之中，颇觉寂寞。留心农产及有力开辟荒土者，急宜提倡者也。北部各省亦未尝不可载棉，苟得农学家讲究种作方法，并于选种培肥非常经心，务使土质物性，各尽所长，尚能以人工之巧，补天事之穷。然究竟不能及中部、南部之气候较优也。湘玥今有一言敬告吾邦人君子曰：吾中国中部、南部诸省气候温暖，土质肥美，均属极美之植棉地方。查美国最近出版之农业报告，谓全世界产棉之额，美国占百分之六十七，而中国仅占百分之五。吾中国拥有百数十万万方里宜棉之地，而仅仅焉占此至微之数，已大可愧歉矣。且同一棉花，以吾华产与美产较，则相对失色甚。美产细长而韧，华产丝短而粗；华棉仅能纺二十四支以下之纱，美棉能纺极细之纱。自学理上推算之，与吾华纱支数相比伦，不啻十与一之相差也。此何故哉？吾华气候，地力之不若人，实智力之不若人，地力与人工多有所未尽也。夫芸芸之众，衣布者占大多数，一年以内，衣服料适用之时又占大部分，以故每岁洋布、洋纱之进口，恒在一万万以上。循此以往而不思补救，即此一项已足使我陷于破产之地位，其余姑不备论。爰作《植棉改良浅说》，以资有志振兴内国农产诸君子之借镜，努力进行，正在吾辈，阅者幸勿以浅近而忽之。

棉种

棉种分长短两种，以纤维（即花丝）之长短而定。

甲，长丝棉种。

一、海岛长丝棉。

二、埃及棉。

三、高原长丝棉。

乙，短丝棉种。

一、高原短丝棉。

二、印度棉。

海岛长丝棉，系美国之特产，仅限于南大西洋，及沿海湾三省之间，地位窄小,出产遂微,美人屡迁种而终未获有良果,大有迁地勿良之憾,此花丝长一寸有半至二寸,细而韧,光亮如蚕丝,恒用以制邮袋,及和入丝织物中,价极昂贵,每磅自美金四角半至六角。

埃及棉较海岛长丝棉,丝略短。自一寸三至一寸六。花色颇滞,丝细而有光泽,用制丝光纱为最宜,价亦昂贵。

高原长丝棉之花丝,与埃及棉相仿佛,细韧而光泽,其与高原短丝棉不同处,即在花丝长短上别之,盖短丝棉仅自七分半至寸一分也。此两种棉,系美国特产,每岁产额约一千五百万包。"每包约重五百磅"价值约九百兆金元,亦云钜矣。

印度棉与华棉等,丝短而色白,约自六分至九分,印度时发飓风,沙地多而农人怠惰性成,不从事于改良,故花质亦劣,且花内含有百分之二三之沙分。

气候

棉性宜温暖,其生养时间,自六阅月至七阅月,热度在弗氏寒暑表六十度时,即可播种,弗氏寒暑表六十度至九十度,皆植棉生长非常适宜之时,棉子播种后,更宜雨旸时若,凡生长时间宜多雨水,成熟时间宜多阳光,棉之知觉力颇大,在花蕊怒放时,数小时不正当之气候,足使当年之收成大减缩,一般植棉家当十分注意之。

空气中湿气成分,颇关紧要,而于长丝种为尤要,空气中含湿气甚足者,棉本吸之大助生长,致花丝长细而有光泽,空气中含湿气过少者,棉本失其滋养之力,遂致花丝粗而且短,并少韧力,故长丝棉培植于逼近河海之区,而高出于水平线五百尺左右者,往往得良结果,即短丝棉亦宜种植于空气较湿之处。

土质

倘土内含有十分充足之温度,且含质肥饶,则自埴土"泥地"至松土"砂地"无论何种土性,均宜植棉,由是言之。土质一项,似于植棉无甚大关系,然栽种海岛长丝棉,则去取不得不严矣。土性太肥则叶盛而花反少,田中缺乏营养料,则姿态柔弱而有不胜垂垂结实之虞,故海岛长丝棉,最宜于砂土及壤土,"泥分与沙分相等之土"若高原长丝棉,则异于是,美国密西雪比河左近,膏腴千里,皆高原长丝棉出产地,土性愈肥,则丝愈细而愈长,施肥料合度之田,亦可以得同等之良结果。

治田

用犁耕田,亦属农业上一大问题,然无一定准绳,大都因便利及土性为转移,农家惯例,以土性较厚腐化物较多,则耕田较早,然砂土则不宜于播种之一个月以前耕田,因耕田过早,恐地中滋养料流去故也,即土性较厚之区,冬季耕田后，无植物掩护之，亦非所宜也，倘遇害虫滋殖繁多，扫除非易，则掀其巢穴而暴露之，或深埋入泥土中，使其入春后无从上升，则冬季耕田亦无不可。

耕田忌太深或太浅，酌中之数，以耕至五六寸深为最适宜，如是则使棉容易吸收田中滋养料，以助生长，且遇天旱时吸收之地位较广，则无枯槁之虞，凡播种之前，治理田土务求精到，谚云治田好，种子好，则收成亦必好，非虚语也。

植棉有脊种平种两法。脊种系将泥土推起，约尺许，每横距离丈余，即成一槽，棉均植于脊上，水由槽内流去。美国大都采用脊种法，此法适用于埴土，因埴土含湿气过多，则泥泞无用之水，难于泄出故也。然天时亢旱，则花根受损，易致枯萎。平种宜于砂土，若天时过旱，则此法较脊种为合宜。

播种

播种时若发芽之热度未到"地中热度通常比地面上高五度许，地中热度达六十度，地面上热度达五十五度，此即为一切种子生根发芽之时期至。"种子入土过早，每致霉烂，若播种太迟，则收花期内，恐受严霜之侵害，故播种期，须由当地气候酌定之。

吾国人习惯撒种，美国人则均用条种，撒种以手握子，挨次抛撒，老农从事于斯，可免过疏过密之虞，然此中实有大弊在焉。一因每株所占地位过少，以致阳光不能吸足，夫阳光乃植物使命所系，今因地位逼窄致枝叶不能向四面发展，而四面发展之能力，既受限制，遂不得不向上发生，久而久之，遂养成第二天性，华棉有干而无枝，即有枝而枝上结花朵者实鲜，职是故也，吾国人以为一亩田中能多种几株，或能多收若干，不知少种几株，仅少几株之根耳。若播种稍疏，则枝叶更茂盛而花朵反多结矣。一因挤轧太甚，则耘土去草大不易。"上海土语谓耘土为脱花"工价遂昂，且插脚田间，拣选好种亦万难办到。故吾国农家不欲发达棉产则已，苟求发达，不可不急速改良，苟实行改良，非改用条种法，则断然无良结果，夫华棉四面发展之能力，久已渐灭，若改用条种法而不设法限制其抽心之姿势，则轰然直立，花朵仍难望多结，故既经讲究条种法，兼须摘头，以阻其上升，则历数年后，自能恢复其四面发展之能力也。

条种之稀密，应以种类为定，有每株须八方尺者，有三四方尺者，假如条与条距离两尺，枝与枝距离一尺，则每株占三方尺地位，若条与条距离三尺，枝与枝距离两尺，则每株占五方尺地位，而普通规画法，总以条距离比枝距离较宽宜，若用条种法，不但易于耘田去草，且亦易于采摘"上海土语谓摘花为捉花"也。

条种法，田耕毕后，田面泥土松而且平，然后行画格法，取木格子"木格子阔二尺或三尺、视条距离之阔狭而定格之后端木条透出少许作垂头之状，以便画地得直线痕,可授意木匠为之",系牛后,使拖行,拖时宜直不宜曲,田面线痕画好时,然后取打穴铁钻一钻穴,每穴纳花子五六粒,随将穴边浮土掩穴,拍使结实,每穴距离约尺许,于第一次耘田时,遇瘦弱之株悉锄而去之。第二三次耘田亦如是,入后每穴仅留一强壮之株,其下种时每穴五六粒花子者,因花子不能粒粒发芽,故须多备数粒,以免穴空之患,且核芽初生时,嫩芽数枚,能互相补助,透出地面较易故也。

选种

选种一道。中国素所讲求,惟乡人愚昧,且狃于习惯,故不甚注意之耳,兹先论其习惯,次述正当选择法。俾务农者慎取舍焉,乡人于摘花时,亲至田间,选其良花朵而留种者,竟百不得一,然自吾人视之,此法尚非至完美之选种法也。而乡人且并此而失之。乡人颇拘拘于换种之法,浦东农家向浦西收买种子,而浦西农家反转身向浦东求种,数年间换种一次,视为当然而莫名其故,自洋轧车通行后,本轧车既绝迹,于是乡人售子花于轧厂,至播种时,田家纷纷向轧花厂收买种子,种子之如何夹杂,如何恶劣不问也。即以此售花购子而论,于选种上有丝毫关系否。坏种不淘汰而欲求良结果,人非下愚,当不作如是之梦想也。

选种不可不严,不严则虽选而仍无良结果,然欲望不可太奢,太奢则失望随之矣,例如选择花种有四要。(一)求衣厚;(二)求丝长;(三)求丝细;(四)求韧力大。而奢望之人,务求此四要质会集于一株,以便传播希有之佳种,不知此项完美花株,求诸万亩之中竟不可得,即偶得之,而明年此株传下之种子,必定变改其本质,数年而后,此四要质竟将完全消灭。则改良植棉之热力,势必因此打消,而于改良事业上,起一大障碍矣。然则一般植棉写与植棉改良家,须知四要质不可以同时兼得,并不可以全得,故必须决取一要质,着手进行。假如注重在长丝,则逐年所选之种子,惟长丝是求,迨四五年后,长丝成为该种之第二本性。确定不变,成效大见,然后及于细丝或韧力,虽然无论经历若干年月,欲聚集此四要质于一种中,决不能办到,此系有志改良家,历年试验之事,不能以人意强求也。盖各种有各种之特长,亦即有各种之特性,改良云者,恒使其种恢复其本善之性,不致变坏已耳。

选种宜久不且暂,宜决定改良何种之要质,逐年做去,务求达此目的而后已,改良种子,实非易事,欲培成一佳种,动需一二十年,倘乏实验工夫,与学理上植棉之知识,虽旷日持久,仍恐劳而无功,然则试验时间稍短而能获良结果者,其惟独子留种法处,请述其方法如下。

第一年种花数亩,或数十亩,当摘花以前,亲自至田中,遂株仔细检查,择其花朵最多，株身最强者百株，插竿作标记，后用稀布小袋百只，采其株之花朵装入袋中，袋上标明号数，某号袋纳入某号花种，不使混杂，农暇时逐袋考验，若目的在于长丝，则花丝较短之花朵，全行淘汰，约留二十株之花种，剥去花衣时，将子装入原袋妥行贮藏。

第二年将上年保存之花子一袋，种在一排，不相混乱，假如三十株，则种三十排，待花开足后，仔细审察，拣选花朵最盛，株身最强，姿势最均称之一排（如一排中遇有过高过低过肥过瘦之花，即谓之不匀称，此层极关紧要，切勿疏漏，误行选入。）余二十九排，全行淘汰，即所选之排，中间有数侏不十分合格者，亦废弃之，于是将一排入选择之花种，妥行收藏。

第三年将第二年所藏之子播种，约可种十亩，于摘花以前，再行检查，间有不佳者，锄而去之，收成后，仍妥行藏好，一如前例。

第四年将第三年所存之播种，可得二百亩，倘再存贮一年，则至第五年，可得四千亩之良种，此即四年前一粒种子所传下者也。逐年依法选择，切勿间断，则获效定速，骤视之此法似烦琐，其实在剔选佳种各法中，惟此法最简便，然历年选种工夫不完密，致所选种子不尽精良，则后来所收效果亦决难良善。

上法止能行之于试验场，或大田户而心思较为细密者，然寻常植棉之家，能就近购买可靠之佳种，未始非棉产进步之徵，否则亦宜采用下法，稍求增益。

法用布袋一只，于摘花时，亲自至田间采花朵之最大者，放入袋中，携回家后，去其花衣，剔去细核，仅留丰大者，作为明年之种子。

此法虽不甚妥当，然较之购自他处，或来自轧厂之种子为可靠耳。

肥料

肥料之种类及其滋养成分，与何等地质每亩需用何种肥料若干，俟此间植棉试验场里，实地试验比较过，再行报知，其详细当记入他日之试验场报告中，其关于肥料学上深奥学理，奇异名目，姑不具论，请先试就内地施肥实况一时论之。吾国农人于施肥一层工夫上尚多缺憾，推原其故，一因农人度日维艰，出重利以购肥料，殊不合算，一因水旱时侵，倘施肥料，恐受亏折，然平心思之，其第一因系确实情，所望海内讲求农学之诸先进，群策群力，讲求施肥新法，投低廉之值，收倍蓰之效，促农艺之进化，苏田家之积困，转移风气，责在吾辈，其第二因，实误于无思想无见识，不知水旱之能否为害，视花株之强弱为断，植物之生息与人类等，苟有人焉体魄强固，虽疫病流行，亦无从侵犯之，是故施肥之棉，虽水旱交侵，其所受之损害，当较未施肥之棉为轻减，此乃无形之利，特农人不之觉耳，凡一般农植之家，应知地中滋养料有限，与吾人存银于银行相同，例如有人存银千元于银行，月支百元而不复有款继续存入，则第十阅月之末日,即此千元存款告终之日,地中滋养料亦然,须知枝杆花叶无一不需养料而长成者,棉惟花丝不含养料,其余花子与花萁,均含多量滋养料而均于成熟后售去,若一任其有出而无入,不数年后,有不变肥地而为瘠土者乎,此理易明,愿吾国农人勿复坚持成见,坐观豆饼等佳肥廉值出口,而不思所以利用之也。

御旱法

棉性耐旱,其因天旱而致棉荒者,全由于人事之未尽故也,夫地中容积之水量,虽因土质之松粘而分多寡,然苟非沙漠之区,每年雨量恒得三十寸以上者,即无水分不足之虞,特须讲求保存地中水量之方法耳,地中水量恒视地面之干湿冷热为转移,假使大雨后,地面光滑如镜,待旭日上升时,热度骤增,水蒸汽速率亦顿然加大,于是地中水量,不禁徐徐上升,变成水汽而散去矣,保存之法当如何,凡雨后约一日夜,待泥土稍干,将细齿钯向地面钯松,使泥不成块,愈细愈佳,此钯松之土约厚寸许,松土之内,空气流通,虽烈日当空,地中热度及水分不受逼吸,则地中所含之水,遂不能化汽上腾,虽经几何日,而地中水分永无枯竭之患,此法仿佛借地以作贮水之宝库也,此水量保存法,极简易而有奇效,除密齿钯及人工外,更无他物,人亦何惮而不为哉。"阅者可于土场上试验之,设有土场一方,雨后一昼夜,如上载方法钯松土面,仅钯其半,以待比较,设经多日或逾月不下雨,其不钯之场面已龟裂,锄而验之,其下面之土已坚结而干甚,及验松土下面之土,则湿润异常也。"然此法但能行于疏栽之地,其密种之区,则钯土不易,未能同享此厚益耳,若推而广之,一切高地易至旱荒之区,参用此法,自能处处得穰穰满家之庆,幸同志多方提倡之。

更有两种成见,大能障碍改良植棉之进步,请备述如左。

吾国风传美国所产之棉为木本,皆因美棉杆粗而枝多,叶盛而朵大如拳,颇与木本相类,岂知美棉亦系逐年刈割之草本,其国农夫每至冬季枝叶经霜之后,大都将花杆埋入泥内,作为壅料,明春再播新子,实与华棉无异,但以其选种疏栽培肥诸方法之精进,而呈此特殊之状,其棉之真可称为木本者,惟檀香岛等地方,位于热带之上,所产之棉枝叶婆娑,高八九尺,望之如大伞,历三四年不毙,因天气甚暖,放花之期亦长,虽当春季,尚且陆续开放新花,其得于天者独厚,故躯干独强,历如许年月而不彫,此真可称之为木本,其热度不相若之地,固无此异种也,吾国欲移植世界佳棉,其惟美国种子乎,湘玥自学理上观之,即不得美国种子,亦可以求棉产之进化,苟吾华棉花选种合法,播种得宜,而加以适当之肥料,下几多年逐步求进之工夫,亦能如美国佳棉之姿态一般,除海岛长丝棉外,其他美棉所有之特长,逐步进化之华棉,当不难媲美之。

至移植美棉于中国,苟以现时普通耕种法培植之,不数年间其不与华棉相伯仲者几希矣，夫植棉改良，确系难事，第一须得必不可少之学识，第二须经必须经过之时期，第三须有坚定不变之宗旨，凡粗有农业知识之人，即可求之于书报，以补学力之不逮，至改进种性而为若干岁月之经过，亦非大难事，所难能而可贵者，其惟坚定之宗旨乎，盖宗旨不确定则稍经挫折，即行中止，间有今年试甲种明年试乙种杂乱纷更，其无所结果也必矣。

观历年棉产物项输出额之巨而惊怖甚，观美国棉产物项收入额之巨而羡佩甚，观选种疏栽培土诸法之简易而慰快甚，世惟操百折不回之志愿，下弗得措之工夫者地，无所往而不遂故，湘玥以植棉改良及扩张植棉事业为海内同志劝，有鉴于下手之易而大成功之日之不可幸致也，故终以坚定宗旨之说进。

（原书，1915 年 1 月自印本）

2 月 2 日 《申报》刊登《沪江两大实业之进行》消息，报道德大纱厂筹备进展情况。云："德大纱厂由穆杼斋君与其弟穆藕初君发起，刻下股本已招至三分之二。在虹口购地建造厂房六十余间，业已落成，预备阴历明年正、二月招工开机，用军火引擎纺纱。现正设栈，派人往浦东等处收买棉花。其头批机器共计二百六十箱，已于上月二十八日由老太古吉利康轮船装运到申；其第二批计二百五十二箱亦由老太古末乃劳轮船于昨日抵埠。业经该厂机器工程师分别装备矣。"报道称此"足鼓我企业家骁勇之志而开先声，是诚中国实业界之一线光明也。"（同日《申报》）《参观德大纱厂记》一文云："基地十四亩，厂屋工程高敞适用合于办事，绝无徒取美观之物。工作经理（即先生——编者注）自装机之日始，昼夜驻厂，以勤率先众人，故办事极为敏疾。上年阴历八月十八日始开发起人会，继而招股，继而料理，收买厂基、催钻完工、配定机器，不及半年已将厂屋完成，机器运到。机式为最新，上俱刻一千九百十五年字样，共一万零四百锭，而厂之设备为足敷一万七千锭之用，留待扩充。机器既到，藕初君与英厂机师会同装置，语言既便，技术上之知识亦充，故办事踊跃。"（《中华国货月报》第一卷第一期）

3 月 6 日 出席环球上海中国学生会第十次年会，到者百余人。康有为演说云："学生为一国之精华，亦即该国之生命也。然中国之进步甚迟，推其故实由游学之士既得东西精华之学，罕有着书译述，以启后学，而牖民智。惟趋于利禄之途，不啻从前科举之望秀士举人。如学成卒业诸君各详书一册，十数年来以数万学生之即有数万册新书，学而不传，学亦无益。"词毕由李登辉代表举康有为为名誉会长，先生与王正廷等十五人被选为会董。（《申报》1915 年 3 月 8 日）

4 月初 赴苏州，应江苏省第二农校校长王企华之邀请于该校演讲《一切理论与实验并重》。王校长于春假期内，召集本省各县小学教员开讲演会，以农学上新知识灌输于全省教育界。听讲员共七十余人，有远自淮、徐来者。除校长及该校主任教员外,复敦请穆藕初先生及第一农校教员于蕴生演讲,"能使听者忘倦,他日以此种知识转输于学童脑际,吾苏农业之振兴可拭目而俟也。"(《申报》1915 年 4 月 13 日)

4 月 15 日　环球中国学生会请凌道扬演讲《森林学》。先生致介绍辞。凌"历述森林之利益,条分缕析,网举目张,并佐以各种表解,闻者益形鼓舞。"演讲后并"出影片数十张,大抵皆携自欧美各国,风味盎然,令人瞪目。"末先生代表全体致谢辞。(《申报》1915 年 4 月 17 日)

4 月 29 日　无锡实业家周学熙、杨翰西参观德大纱厂。先生陪同"遍观全厂",并详述布置事宜。杨深赞厂之机件精良,设备周密。嗣由先生介绍所有广勤纱厂应用之机件约二万余锭子,均归某洋行承办。(《申报》1915 年 4 月 30 日)

5 月 12 日　中国银行收到先生救国储金十元。(《申报》1915 年 5 月 31 日)

5 月 15 日　致全国教育联合会会议全体代表电,呼吁国民勿忘"五七"国耻。云:"交涉蒙耻,过去。国民教育方亟,请各代表通告各本省大中小各校员,研究此次交涉理由,充史舆资料,唤起国民自觉为救亡图存整(准)备。愿大家毋忘五月七日之国耻。穆湘玥。寒。"(《申报》1915 年 5 月 16 日)

5 月 21 日　天津教育联合会复先生电,云:"本会已议决每年五月九日开会为国耻纪念,并经通电全国教育界唤起自觉心,特复。"(《申报》1915 年 5 月 22 日)

5 月 23 日　下午,贫民学校第四届毕业生至德大纱厂实习,主任教员袁颂丰偕各生家长入厂。先生"面致训词"后,由厂职员陪同参观厂中一切布置,各家长无不喜形于色。(《申报》1915 年 5 月 27 日)

6 月 21 日　德大纱厂行开幕礼。中西人士莅厂参观者达五六百人,到者有莫子经、吴怀疚、王一亭、叶鸿英、赫直林敦厂代表西尔爱琴凯卫、备装机工程师劳司、三新纱厂工程师黎佛科、发药房主任旭鲁特、西门子电器工程师高翕,工部局电气处戴乐尔、威廉等。穆杼斋演说云:"本厂自去年阴历中秋节发起,至今年端午节出纱,为时八个半月,此皆由办事诸君日夜从事得以至此,以后本厂出货当精益求精,以供社会之需求,并望诸君子随时指教,以匡不逮"。先生演说,先报告经办本厂情形,"又言中国人口比日本人多八分之七,中国纱锭比日本少三分之二,照中国现时需用之纱,再添一二百万锭亦不为多,末言中国棉花搀水之弊不除,十年之后中棉将不可用,亟宜力戒。"继由吴怀疚演说,"(一)感谢来宾参观之盛意;(二)感谢穆氏昆仲办事之迅速周到;(三)感谢赫直林敦厂机器之精美;(四)勉励本厂宜精益求精。"次来宾黎佛致颂词,末由先生宣布赫直林敦厂函。毕时已钟鸣五下,遂聚来宾及股东各撮一影,以志纪念。张欣源陪同来宾至厂内,参观一周而散。(《申报》1915 年 6 月 22 日)

《申报》刊登《德大纱厂开幕志盛》报道

德大纱厂"位于公共租界杨树浦高郎桥堍，基地十四亩有奇。筑成厂屋一百二十间。应用机皆购自赫直林敦厂，计纱锭一万支。预计每日可出十六支，粗纱三十大包。将来尚可出三十二支细纱。双股线机器现正装配。雇用男工一百人，女工四百人，厂内办事员共二十人。总经理为穆杼斋君，厂经理为穆藕初君，并以张荪渊君为助理。"（同上）

《参观德大纱厂记》一文云："德大纱厂厂址在杨树浦，离浦江江岸约二里，而有支河直达厂旁，厂栈房既有水码头，起卸货物甚便。……每日平均出货一万磅，有多无少，计纱二十五包，每包盈余照现所进花价合算在七八两之间，是即每日可余约二百两之谱也。规模紧凑，精神振作，颇有可观。运动机件纯用电力，故工作匀，而锭数可多可少。又无购煤之事、堆煤之用地、出灰之费事等等。每逢星期日停开日工，为整刷扫除之暇，用电故照表计算，无锅炉之虚费。盖锅炉停工而不能停火，此皆用电之优胜也。工业界新学说以后工厂愈繁，而烟囱必愈少，电厂有一大烟囱，他厂即多不必有烟囱矣。然用电亦有困难。据穆君言，所用管马达之二人，始仅得其一，百计不能得二人。后与工部局电厂商荐，始得之。此种人才甚少，故内地虽有电灯厂，一则恐电力不敷厂用，二则管理电机者或至乏材，盖非普通电灯厂中工匠所能胜任也。全厂男女工五百五十人，厂址近引翔镇，工人多居于是，就地做工，较为便利。故招工易于他厂，可以多加挑选。司事约四十人，中以总账房为最要，旁分四柱，一监工、二看花、三物料、四过磅。据穆君言，他厂恒以过磅一职与他职相并，而本厂则否，其中殊有分任之深意。总账之下，又分工账，工账又分男工账、女工账，又有各间之账，如清花间、粗纱间、细纱间、摇纱间、打包间之类是也。仆役则二十余人。电器马达间所加热度甚微，不似锅炉引擎间之酷热，加以厂屋高敞通风,据穆君言,厂屋较之他厂高出七尺左右,楼下较高二尺,上层约高至五尺,空气流通,于夏季卫生有益。即于工作进行大有裨补。又言观人办厂有一最要之关键,如纱厂但观其随处清洁便知其管理之得法,如废花狼藉、践踏牵带、不问其有无他种漏卮,即此暴殄一端,已轻轻将数十两之花衣变成数两之废花,暗中亏耗已不在少,此厂经理之所以必躬亲其事,目注必营勤劳在各职之上也。穆君又言,据其所尝试厂经理竭一人之力,似止可照顾二万锭,倘再加多,必另有专责之人,庶无疏忽之患。又初办最好从万锭起。又言吾国人办理纱厂往往自认不如外国人,外国人在中国管理手续自有历练之,次第有专门之学问,但此亦非中国人所必不能有。至对待工人,则语言习而情谊,迪性情品质,皆可互相体贴,有家人妇子之道焉,此决非外人所能及。倘勉企外人之长,更去外人之短,何必自谓不及耶? 要其最重要之根本问题,惟在'勤'之一字,以若深居高拱之总办,综理厂务,其下层履阶级酷肖官场,惟最下级之人,亲最琐屑之务,而工之勤惰、料之省费,无一不在最琐屑之中,则是弃股东之血本,公司之命脉于最下级之人之手夫。人本无阶级自有此。官派之办法,而所谓最下级之执事乃以月薪最少之故,而以下级名之,月薪既少,则身家常苦不足,阶级又低,名誉又无,甚可忧以此辈操血本命脉。而总办、会办、总理、协理以及各大首领、各大有给之辈之董事、监查员,层层坐耗,虽有铜山金穴,尤有涸竭之虞,办厂乌得而不失败焉。"(《中华国货月报》第一卷第二期)

德大纱厂开工后,先生极力从事改良产品质量,所产"宝塔"纱,脍炙人口。《自述》云:"是时,市上棉纱舶来品尚多,其纱质之精良,售价之高昂,以日本纱为最。余搜集市上最佳之纱若干种,逐一检验其优点所在,并将各纱优点汇集于甲厂所出之纱。不数月而所出之□□(即'宝塔'——编者注)商标,竟脍炙人口,翌年,北京赛会得列第一。"(《文集》第21页)穆伯华《先德追怀录》云:"德大开工后,我父亲勤劳我所亲见之。盖其时我已十一岁,在家延师课读,家住德大纱厂斜对面里弄内,相距不过一千步之遥。我父一早到厂,进各车间督理工程,抱定只许成功不可失败之坚决情绪,辛劳中含无穷乐趣于此。同时翻译美国人泰勒所著之《科学管理法》一书,为科学管理工厂之先锋。又晚间亲授艺徒十余人之英文,培养后进,深夜方克回家。"(手稿)

先生在德大纱厂推行科学管理,并制订《德大纱厂服务约则》。先生云:"我于回国后即着手创办纱厂,那时我就抓住这个机会来实践科学管理的学理。现在我且举一二个例子来说明我的经验。那时在我的厂里所设的纺纱机,每一条细纱'弄堂'里(弄堂是纱厂里的术语)装着四百枚锭子,依照习惯是由两个女工管理着,但我依据自己在美国一人可管一千锭子的经验来判断,我认为管理四百个锭子所需两个工人的劳力是可以节减的,就开始试验用一个女工来管理一条'弄堂',也就是以一人来管理四百个锭子。我并于试验之时，亲自到工厂去观察，结果不仅认为可能而绰绰有余，可是那一个女工却来告诉我，说是工作太吃力，做不下去。于是我就换了另一个女工来试验，但不久又遭到了同样的答复，一连换了好几个女工，结果都相同。当时我颇不解，何以自己视察的结果明明是可能的，而他们却都说不可能，便找了工头到我家里来谈谈，经我仔细询问之后，他的答复是'就事实论一个人管理四百个锭子，原是没有问题的，不过这样一来，就要使许多女工因而失业了，自然工人中间富具同情心，即使能力强的亦不肯且不敢做较多的工作了'。我明白了这情形以后，觉得失业的问题也不得不加以顾虑，于是就在减少废花上想法。结果我定出一个办法，按废花的减少程度来酌加工资，藉以奖励工作的勤慎。这一措施是成功了，虽然工人数量没有减少，可是棉花浪费的程度却减低了。这不过是我办纱厂时施行科学管理的一个例子。其他各方面我都尽量秉着同一原则去改良，去管理。所以从民国四年开始办纱厂以后，但凡遇到业务繁荣的年度，我的厂总比别家的工厂盈利多些，如遇到不景气的年度，即使亏本，也总比别人的厂亏得少些。这不能不说是实行科学管理的结果。"（《科学管理》，《农本月刊》第五十八期至六十一期，1942 年 3 月）由先生主持制定《德大纱厂服务约则》，全文如下：

厂则

一、本约则凡隶属本厂之人员均应服从之。

一、本约则如有未妥尽处得随时条陈经理察核修改之。

厂约

一、同事宜友爱。

一、办公宜勤慎。

一、交际宜谦和。

一、治躬宜俭朴。

一、宜力戒吃烟、酗酒、赌博、冶游及一切不名誉之事。

厂员约则

一、厂员除星期例假外，以午前八时起至午后五时止为服务时间。工账及派入机间不在此例。

一、派入机间各员应于各班上工前五分钟先到厂，以便与交班人接洽一切，散工时随班退出。

一、派司清花、废花等各厂员之服务时间以上工钟点为度。

一、厂员在服务时间不得擅离职守。

一、厂员各司其事，不得侵权干预。

一、服务时间先将自己名筹翻正，各守各部份分则办事。

一、如有亲友因要事探访,不得逾十五分钟。

一、无事不得任意离厂,如有事故应遵守告假约则办理。

一、厂员在服务时间有亲友电话,无关紧要者概不通知。

一、洋风炉以及引火物品概不得携置舍内,以防火患。

一、厂员一概不准留宿亲友在厂。

一、阅报处所备各种报纸不得任意携至别处,以便他人暇中取阅。

一、本厂所备图书如须借阅可向职掌员注册,言明交还时日,不得污损以重公物。

一、应行力戒之要点有四:

甲、吸烟(如不能戒净者可于阅报室游息处内吸之,厂间内则绝对禁止);

乙、酗酒;

丙、赌博;

丁、调谑女工

一、应注意之要点有七:

甲、公处公物均宜爱护;

乙、自有物件宜自整洁;

丙、晚十时除临班者外宜熄灯就卧,切勿高声谈笑妨碍他人之安眠;

丁、门窗启闭、上下扶梯宜从轻缓;

戊、不得任意涕吐及随处狼藉茶水;

己、暑天不得袒裼露身;

庚、半夜晚膳如非临班不得附膳;

一、告退时间各将自己筹翻转。

告假公约

一、服务时间不得擅自请假,如万不得已必须填写假单,得经理之许可,如经理公出时即向协理请假。至回厂时间亦应须先在假单上注明。

一、出厂时须将自己名筹携置告假项下。

一、在服务时间不告事假或病假者分四种奖励:一,满全年不告假者,一,满九月不告假者,一,满六个月不告假者,一,满三个月不告假者。

一、在服务时间告事假年计逾一百小时者扣半薪,逾一百五十小时者扣全薪。扣半薪者除去一百小时计算,扣全薪者除去一百五十小时计算。但婚丧大事请假者不在此例。

一、病假在一月以外者扣半薪,两月以外者扣全薪。

一、扣半薪者除去一月计算,扣全薪者除去两月计算。

一、如有续断病假两月，服务时间不及半数者仍照前条办理。

一、逢星期日休息时，各部分须轮推同事一人在厂承值，俾得有事接洽。

一、如在服务时间未经请假而迟到十分钟以外者，由经理告诫之。迟到三十分钟以外者，由经理申斥之。受三次申斥而不改者停止其职务。

一、职员亲属不在上海者，非得经理之特许不得住宿在外。有亲属者每月回家至多不得过六次。

一、回厂时概须亲赴经理处销假，并将自己名簿翻正。

一、厂门于夜间十一时落锁后非有紧要公事，经经理、协理允许者不得私自进出。

一、总账、总栈房暨验花物料、庶务等职均有对外交接，故服务时间往往有因公外出者须将自己名牌移挂于因公外出之处。其事假、病假仍照本则办理。

一、夜班不得请假，如有疾病亦须经理察看之。

账房约则

一、专管本厂大小出入款项。

一、保存本厂所立账务簿记。

一、入款以颁给之领条为凭，惟须得经理签字作用。出款以各处所送到之发单为凭。零星款项不在此例。

一、发给工账按期凭工账房底册为准，惟须核对清楚然后交给。

一、物料所置办用品由该所主任将发单签字作用，如果查点无误照账算给。

一、庶务处所办物品无论经常特别，均由庶务处将发单签字作用，如果核算无误照账交付。

一、本厂员役薪水按月馈给，即挂宕不得逾月。

一、日流簿须按日滚存，以清现款。

一、每逢月杪应将日流出入款项分类过账，转入总清造具表格报告，经理查阅盖印。每半年并须分别列表以结束之。

栈房约则

一、栈房重地随时落锁，无事不得擅开。

一、对于栈司暨常班人等有完全督饬之责。

一、栈账无论花纱布，每日收付随手登记结出存数，日报经理查核。

一、收进花纱布按件发筹，点明件数分类堆装，不得混误。

一、发出棉花凭清花间配花据，暨收条为准。

一、发出纱布凭栈单或经理之条件为准。

一、货件出门应报由经理处填写门票,俾给门房查验放行。

一、所进花纱布宜随时翻装,以透空气。

一、各项棉花如有着潮宜即翻晒,以免因潮发热。

一、货件设有短少当须查核,不得有误。

验花兼花账之约则

一、各种样花验过后凭单送经理定夺。

一、各花如有潮分凭经理烘见咨照单除扣斤两。

一、收花回单俟过磅后连同解花单送请经理过目,签字为凭。

一、收到解花各单应一律保存以备查阅。

一、存到花袋另给凭单注明若干,俾缓日收去有所依据。

一、发出棉花以付至清花间磅见担数为准,惟仍须除扣烘水以昭核实。

一、收付各花立簿登记,按日滚存以清现货。

一、上下水贴力暨理包等费另订规例分别照收,不得延误。

一、上下水贴力应于花到之日按件照收,惟理包费用可还袋时结取。

一、收到贴力暨理包等费另立回单簿送归总账房存储。

一、每逢盘见之日应将花账结出存货,会同栈房点见盈亏单报经理存记。

一、收付设有差误无论棉花费用当须轧准,不得隐匿。

上力过磅规例

洋架子六百磅至五百磅	每件洋一角二分
洋架子四百磅至三百磅	每件洋一角
一百八十砠至一百四十砠	每件洋六分
一百三十砠至一百砠	每件洋四分
八十砠至五十砠	每件洋二分

复磅规例

洋架子六百磅至五百磅	每件洋六分
洋架子四百磅至三百磅	每件洋五分
一百八十砠至一百四十砠	每件洋三分
一百三十砠至一百砠	每件洋二分
八十砠至五十砠	每件洋一分五厘

理袋规例

一百八十砠至一百四十砠	每只洋二分

一百三十砠至一百砠	每只洋一分
八十砠至五十砠	每只洋五厘
	均作大洋概算

过磅约则

一、磅具宜随时校准,方可应用。

一、进花出花分别过磅,摘记磅码。

一、记出磅码随时结楚通知花账。

一、进出分量不得过重过轻,以规一律。

一、磅过棉花无论收付,一律回皮除扣应得磅数

一、分量如有差误即须轧准。

一、过磅而关于进花宜注意常班等有无作弊情事。

一、磅过后当令常班将所用磅具一律平放稳妥,并令收拾洁净。

物料约则

一、置办物料分经常、特别两种,概须得经理之核准,惟置办后须一一收入簿记,并咨照总账房查验。

一、经常物料随时留意,置备特别之急需物品倘经理外出时得商诸助理从权赶办,不得延误。

一、如有发单者无论其价值有折无折均须于单上核实签字,归入账房以便结算。

一、办货而未经有摺者可向账房预支款项,惟置办后即须报明入账。

一、如无发票者由该经办人开明物品价目签字为凭,规入账房。

一、发给物料无论何人领取均以本厂颁发之取件证为凭,如取证而经理未曾签字者概不凭信。

一、收到取件各证均须随时簿记,月结存数分类填报经理鉴核。

一、藤竹篮罗暨扫帚等项如损坏而尤可用者立令修理。

一、绳索蒲包新者应置有一定处所,旧者亦随时收拾清楚。

一、上两项之无用者及遗下之木箱等可商诸助理会同变价,款送总账房存储。

一、物件出门均应报由经理处填写门票。

庶务约则

一、对于巡丁、厨司、仆役人等有完全监督之责。

一、各间所置物件暨玻璃窗等须时常整理清洁。

一、厂用等处如有损坏漏水等情,应令匠工赶速修整。

一、倘遇机间失慎,立即协同施救。

一、置办物料分经常、特别两种,随时留意,置办特别物品价值较巨者须得经理之许可,惟置办后均须收入簿记。

一、如有发票者无论其价值有折无折,均须核实签字为凭,归入账房保存。

一、办货人可向账房预支款项,惟置办后即须报明入账。

一、如无发票者由经办人开明物品价目,签字为凭归入账房。

一、发给物品以本厂颁发之取件证为凭,惟须择要请经理核准。

一、收到取件各证须随时簿记,月结存数。

一、在庶务范围以内无论何种物件须出门者均应报由经理处填写门票。

一、领物料据、门票及罚款联单等,其骑缝处均应编填号数,盖用钤记然后发出应用。

庶务之应行随时注意者

一、厂外地上之筒管暨铁管弯头宜责任扫地者随处收拾,分别送各间收存。

一、垃圾中之废花及旧铁等亦宜令留意拾出,分别另置。

一、零星机件物件随时注意,俾免走漏。

一、灶间、浴间暨坑厕、门房等处宜随时督令清洁。

一、消防皮带宜在一处,如嫌短少应即添补。

一、如有人索取木花柴,虽可允许,亦宜注意抽查并令门房注意。

一、垃圾及粪秽等应令由厨房南首之门出去,此门应随时注意落锁,不准擅开。

一、巡丁月假不得过二日,并不准两人同时请假。

一、工人在大便处吃香烟虽经默许,然亦须令巡丁注意星火。

一、半夜前如有电话,责任值夜茶房注意分别通报。

一、天将结冰时须预将自来水龙头用稻草包裹。

车务稽查约则

一、对于各车间机工头目等有完全督察之责。

一、对于各车间司事宜随时补助稽核,以求进步。

一、日夜开机之钟点与出纱之几何应详细核算,如有不符者即咨照车间司事共同研究。

一、天时有寒暖阴晴之不同,工作亦因之有快慢之别,增减机器速力应当注意。

一、每日出纱之重量及纱质优劣与否应行注意。

一、车部倘有损坏等情，应即咨照总工头饬匠修理。

一、各车间纱箩及筒管数目倘有缺少，亦得咨照物料所预为添备，以防急需。

一、各车间所填报告及各种表格倘有差误应核准之。

工账房约则

一、服务时间不论日夜须比工人上工时刻早三十分钟，倘筹未发毕，不得擅离职守。

一、男工女工按其工价填给名摺各一扣。

一、工摺概送总账房盖章为凭。

一、上工时凭摺发筹，散工前凭筹给摺，无论筹摺给发时不得差误。

一、男女工人每名叠工洋两星期，如犯跳厂偷窃等情事或不到工至两星期久者，将叠工悉数充公归总账房存储。

一、工资每按两星期一发，如女工于日夜班两星期内并未告假停工者加给工资一工。

一、两星期内如本人不到而唤替工者不赏不罚。

一、一年内如能勤恳守规并未罚扣工资者，报承经理特别加奖。

一、工账结楚即送总账房核对领款。

一、如应罚扣工资者即凭各间报单分别除扣不得贻误，所扣工洋悉归总账房存储。

一、如有半工停歇者一经车间通知即须分别登记。

一、领取工洋无论男女均须本人亲到。

一、遇有工人期内停歇，如因特别事故可向总账房凭摺预支工款，惟以填写规定之凭条为证，倘系自行告退应令于发工日凭摺补领。

一、发工日如有不到，发剩工洋即归总账房存储。

一、发剩工洋准该男女工于星期二、五两日凭摺补领。

一、调用新摺或犯规停歇须将旧给凭摺收回，交总账房销毁。

一、工摺如有擅改名字应即扣留彻查。

一、上工已逾十分钟工人不能直接调换工摺。

一、摇纱车数归摇纱间登记，惟工洋仍归工账结楚，以一事权。

一、粗纱间、细纱间所用饭单应向该工人收回小洋二角，摇纱间所用剪刀应向该工人收回小洋一角，收回之款每日终结，归总账房。

一、所备纸伞如逢上工后天忽下雨者准该女人凭摺抵借。

一、借去雨伞于下次上工时无论天气是否仍雨均令交还。

一、上工前即下雨或连日下雨者概不借给。

一、雨伞收回应即令管伞人吹燥收藏,以免潮烂。

一、各车间除以月计工之男工头等外,其以日计工者因事请假概不给工资。

一、星期休假凡以日计工之男女工均停给工资,但有揩车扫地等职务者给以二分之一工资,如做二五工则给七五工资。

一、应给二五分之一工资之各工人如下:

甲、清花间各工统给。

乙、粗纱间:摩钢丝、加油、钢丝车下小工、扫地、捐花卷、捐纱、童工。

丙、细纱间:摇车头、加油兼生线、扫地、揩车、童工、(此项童工每星期指定若干人为限)

丁、布厂:加油兼揩车、扫地。

厂间约则

一、每班上工后应于半小时内将工人号数填报经理鉴核。

一、上工后应按照各间注意之点办事,并将收付花纱布立簿登载,每按一星期报告厂经理存记。

一、接班后如因停工遗有空车,责任各该头目出厂叫齐。

一、工人在上工时间不准擅离工场,宜随时查察,时加约束。

一、男女工人如有不能称职者应报明经理以定去留,不得有误。

一、填报罚单倘同时有两名被罚者勿合并填注。

一、工人如有急事出厂,由各间填写门票送经理处签字,如在深夜可由该司事盖章作用。

一、如有半工停歇者除填给门票外,应通知工账房登记。

一、女工任意不到罚洋三分,归赏女工头目,惟人数不齐应责令工头唤足。

一、各间工人无论开除抵补须先单报经理听候查核。

一、车间罚工不宜过多,不得已可择其重要者惩之。

一、工人中如有勤者,报告酌赏,惰者酌罚以儆。

一、对于女工近则不逊,远则生怨,故管理以不接不离为要。

一、对于工人勿呼叱以伤其体面。

一、各间取用临时物件,如用过后应交原处保存。

一、工人领取物件各该间执事应审核是否应领,可省则省之,幸勿随便应允,以致浪费为要。

一、修机间不准闲人入内，俾免损坏物件。

一、牙齿轮盘宜随时注意收拾置，有一定处所。

一、领用茶叶当有限制，不准任令浪费。

一、饮茶处所已置茶盘宜时令小工将茶脚出净。

一、所装洋铁漏筒如有壅塞即着小工出清冲洗。

一、废花应置在竹篮，不准置在藤罗，并任小工在石子路上拖走。

一、遇有工人带进之训练女工须防冒领顶替。

一、各间回丝当送废花间收存。

一、各工匠应用回丝可向物料所凭条领取。

一、升降机无事不准任令工人上下。

一、如有工人打破玻璃会污坏墙壁，应查明酌罚或令赔偿。

一、上工散工交替时间须令小工收拾清楚打扫洁净，俾免推委。

一、逢到大风吹碰门窗应令小工关好，以免损坏。

一、夜工工摺准工账房将工摺盖印，交由该间执事于半夜给发。

一、散工时凭回声为号，不得任意迟早。

一、交班时须注意所装之电灯泡有无缺少，玻璃窗有无打破，俾免各班推委。

一、星期日揩机应由执事监察，倘工人均已出厂应将厂门落锁。

一、每逢星期各间执事应轮值一人以备接洽。

一、来宾持通行证到各间，参观者应即招待，依次指领。

一、粗细纱间之女工头如有事请假得以宕管，代兼之工资仍照宕管计算，并通知工账房登记。

清花间约则

一、拆取花袋不得擅行拆坏，即封头布亦不准由小工任意取去。

一、出袋后须将棉花检理清楚，勿使袋布杂物等混入车内。

一、拼花时不可缠误。

一、三号花卷分量不得过重过轻，如轻重过半磅上下者须令重做。

一、袋布不准私行割取。

一、花卷如有余剩，取用时宜将置在内面者先行用去以免潮湿。

一、地衖脚花每星期至少须清理二次。

一、地衖如有积水须令小工打出，井盖亦随时盖好。

一、各车停轮务令收拾清楚。

一、拆下包绳不准割断，应理归一处。

粗纱间约则

一、每部钢丝车须预备花卷足敷应用，不可间断。

一、花卷不宜经风着湿，以免经过钢丝车时有断头。

一、钢丝车所出回花不准工人私入花卷再制棉条。

一、钢丝车肚下脚花每日出扫至少两次。

一、各号条子头须令见断即接。

一、所出回花暨斩刀花等须令分别置入竹箩，并不准将油花任意并合。

一、每日磨擦钢丝至少六次。

一、棉条筒不得随地拖走及用力在地上碰撞。

一、粗纱不准任纺单头。

一、纺出各号粗纱不准毛头毛脚。

一、纺出头二三号粗纱须分别记明号数，不可缠误。

一、余剩筒脚须要出清。

一、不准抽坏好纱。

一、不准将筒管丢在地上。

一、绒棍花暨粗纱头等不准狼藉满地，应令随时置入布袋。

一、绒板及皮棍如损坏随令修正。

一、给发粉笔不得任令工人浪费。

一、各号粗纱安置洁净，不得任令污秽。

一、如有烂纱当令女工拉去，不得藏匿，彼此推委。

一、棉条不准剩有余脚。

一、如非揩油时间不准女工擅自停车。

一、升降机无事不准任人上下。

一、如逢停工须与清花间预先咨照，以免多积花卷。

细纱间约则

一、各项支纱不可缠误。

一、筒管须令插足俾免毛脚。

一、落纱不得过迟俾免毛头。

一、锭子线须随断随接，不准糟蹋。

一、不准拣取粗纱。

一、不准再生头。

一、不准私绕双线。

一、粗纱有坏须令抽去，不准刀割，如抽之不下并不准将该筒管向墙壁乱捣。

一、纱头如绕拦路，应令用摘纱均除，不准将铁棍敲去。

一、三号纱与回丝级皮棍花等不准并和置在竹笋，筒管亦不准混入。

一、如有断头不准将抽下纱头丢在地下，应令随时置入布袋。

一、倘遇轻纱多而重纱少，宜令将牙齿加重，重纱多而轻纱少，宜令将牙齿减轻。

一、双线车不准戏开水龙头，致被漏及粗纱。

一、置纱厨不准乱放杂件。

一、童工不准在修机台上用锉刀等锉坏筒管。

一、童工不准任出车间游戏。

一、工匠报领物料如钢丝圈等应注意其用度之浪费与否，如不合度须查其浪费之原因而惩戒之。

一、地上筒管须令童工随时拾起。

一、交替时应令工人将皮棍花如数交出，须防其私藏匿于车下。

摇纱间约则

一、摇出车数归主管者点收给发筹号，分别筹数填给凭摺。

一、车间账房应按两星期一结束，惟工洋仍归工账结算。

一、分派支纱宜一人派摇一种，俾免缠误。

一、派纱时或有多少，不准抢夺暨互相口角。

一、不准丢头。

一、不准搭头。

一、不准接双头。

一、小绞务须摇足。

一、计绞不可脱结。

一、绞数须令分清不准乱绞。

一、不准擅打大结，须遵用织布结。

一、不准空锭不换尚在动摇。

一、不准调误扎绞线。

一、筒脚须要摇清即剩数转应令抽去，不准刀割。

一、落纱时纱绞不准断坏并染车脚污渍。

一、筒管如有余脚大则送打包间，小则令随手拉清，不得过多。

一、落纱车数不得以少报多。

一、不准女工擅自加油致纱被污油渍。

一、送打包间之纱线不准并和。

一、所领剪刀如有遗失当令再领，价照缴。

一、交班前须令女工用钢丝刷将毛刷清，且挡车并不得后于扫地。

一、女工出厂准较粗细纱间提前三十分钟，不得过早。

一、润水小工不准后于女工到厂。

一、各纱润水其落手之迟早视天气之潮湿为标准。

一、工人所摇之纱应各归各算，须防其假借车数凑满大洋。

打包间约则

一、收到摇纱间各号支纱须分别过过磅，随手登记。

一、每日收数付数暨成包存纱各项数目应照规定表格填报经理查核。

一、打包计包不计工，故每日打成若干除通告工账房外并须单报总账房存计，以备核对工款。

一、各号支纱不准缠误，仓间成包时更宜注意。

一、收到支纱不准小工连竹箩倒入仓间，以免仓板受损。

一、秤纱分量不得过重过轻，以归一律。

一、如有重纱轻纱宜令秤准搭配均匀。

一、纱绞封头须在羊角加工，拉得光顺。

一、各号支纱先有样包，成包不得远过样包。

一、打成包纱概于未曾纸包之前先行验过，始准成包。

一、成包时无论小包、草包均宜包得方正，不得草率。

一、打成草包日送栈房以盖印回单为凭。

一、如仓间置纱过多应于星期日加做日工或间连做夜工，以免堆积。

废花约则（栈房附）

一、各间送到花纱无论筒花、废花、油纱等项均须过磅，分别簿记，每一星期单报经理存记，以凭比较出数之多寡。

一、各种废花应由女工按日择清不准堆积，油花更宜捡尽。

一、捡花工价以捡见磅数为准，如未捡净不准磅收。

一、捡见磅数每按一星期分类填报经理查核。

一、捡出废花分类打包送存栈房转清簿记，其有回至清花间者亦应分别记出，不得遗误。

一、栈房当随时落锁，不得擅开。

一、栈货出门概凭栈单并向经理处填写门票，俾得查验放行。

一、存栈货件如堆置日久宜随时翻装，以免潮湿。

一、每月应将各项存货数目开报经理，以凭转令批发处招人竞卖。

工人约则

一、男女工人日夜上工应遵规定时间早到一刻钟。

一、工人已进厂门除放工外，非得司事之许可给予出厂证者一概不准擅出大门。

一、有事不到须先一日向该班司事请假。

一、不准任意停工。

一、工摺不准擅改名字。

一、工人到厂不得吃烟、饮酒，并不得携带火柴暨引火物品，违者立即开除。

一、不准携带小孩暨闲人入内。

一、上工时缴揭领筹，散工前缴筹领揭，无论筹揭各宜慎重不准遗失。

一、无论男女工人不准争殴暨互相调谑。

一、上工后吃饭须互相轮流照顾其职务。

一、散工时间未到不准擅离车部，先行洗面梳头。

一、工人在本厂工作规定每名叠工洋两星期。

一、工资每按两星期一发，如女工于日夜班两星期内并未告假停工者加给工资一工。

一、发工资日如有不到，发剩工资准星期二五两日凭揭补领。

一、工人受伤如查得确系因公所致者立送医院酌贴医费。

一、如遇失慎，各间小工即须互相施救，惟女工不得擅离车部紊乱秩序。

一、如犯跳厂偷窃等情事，所留工洋悉数充公，并干究办。

一、放工时照例抄纱，不准一拥而出并故意作剧，如逢天雨准凭名揭抵借雨伞，惟连雨而不自备者不借。

一、一年内如能勤务守规者并无罚扣工资，特别加奖。

一、有意犯规者轻则酌罚，重则开除究办。

一、暑天不得袒荡露身，并在楼梯等处任意乘凉。

工人在厂约则

一、布厂下层非有加油、接皮带等必要之事，不准私自启门擅入。

一、大厂屋顶不准上去。

一、不准无故入皮辊间、牙齿间等处偷懒。

一、机器发动处所宜各格外注意。以避危险。

一、在厂间服务时间勿吃烟酒、勿带引火物品。

一、各号花纱不得调误。

一、各车加油不得偷懒。

一、不准损坏物件。

一、不准有意糟蹋厂物。

一、无论何种零件不得抛入车内。

一、不准自由改动车件。

一、不准污损皮带图开慢车,并取巧作弊。

一、无故不准擅离车部。

一、不准将筒管丢在地上。

一、不准私做生活。

一、不准卧入纱箩。

一、藤竹篮箩不准有意折坏。

一、不准将竹箩反转作凳坐。

一、不准剥去窗上所嵌油灰。

一、不准将花纱带入厕所并垫在脚底。

一、不准楼窗内倾倒水浆。

一、花纱不准落地,如有落地须由女工随时拾起捡清。

一、不准断头不接。

一、不准余剩筒脚。

一、不准将篮箩自上丢下。

一、不准将废花丢在外面。

一、不准抽坏好纱。

一、不准擅开水龙头。

一、余剩饭食不准倒入漏筒以免壅塞,并不准随地倾倒。

一、非大小便处不准任意大小便。

一、机器损坏立即报明修正不得延误,惟领取物件并须报明所坏情形以便察核。

巡丁约则

一、巡丁六名分为两班,以站立六小时为度。

一、站守钟点自十二时至六时,六时至十二时,十二时至六时依次轮流,不得延误。

一、巡更钟自每日下午六时起至明晨六时止,不论何班应于一小时内遍巡一次。

一、日间对于人员物件之出入,夜间对于栈房及四周围篱等处均应格外注意。

一、服务时须振作精神留心巡察,夜间尤不准互相偷宿。

一、无事不得擅行出入车间。

一、日夜上工时间抄纱不得徇情。

一、工人出厂无论何时均应检查,如非放工时而无通行证者概不准放行。

一、抄得花纱布等即以应罚之款如数给赏。

一、车间内如有工人将花纱布等丢在厂外者立即检出,一面报告以凭查究。

一、工人如有在厂间外闲荡者应即干涉。

一、工人如有随处大小便者应即询明厂间,分别拘送。

一、如有闲人入厂概行阻止,即送饭食者亦当令在指定处所等候。

一、每班以一人站守大门,两人梭询各处。

一、站守大门者对于门房之职务应附助之。

一、站守大门者须留心大门门联等被人污损。

女抄纱约则

一、每日须分驻厂间不得脱离职务。

一、上工散工时间按名抄纱,不得徇情,冬则更宜严密。

一、抄得花纱布即将该工人应罚之款如数给赏。

一、上工后会同女工头给发粗纸,不得浪费。

一、工人如带小孩阻入厂间。

一、厕所宜时时查察,不准女工入内休息或梳头谈话。

一、如有将花纱布等带入厕所者报情酌办。

一、厕所内应随时收拾清楚并洒臭药水,以除秽气。

茶房约则

一、晨起不得后于厂员。

一、不得擅离职守,即有事请假月以两日为限。

一、奉命干事不得延误。

一、伺值粥饭供应茶汤彼此不得推诿,用过饭筷均应洗净揩干。

一、领用手巾须时常洗净,置于一定处所。

一、如有客至分别通报,惟服务车间内者不得即行擅入,宜通知庶务转行答照。

一、每日应任职务,如扫除各室、洗涤痰盂、揩拭桌椅,以及门窗、地板等项总以洁净为要。

一、轮流分任值夜，凡轮到值夜者不得早卧，以十二时开半夜饭为度。

一、凡轮值夜者应于十点钟时将各处电灯关闭，但上下走廊、南北须各留一盏。

一、值夜者于九点钟时见窗户应关者统应留心关闭之。

一、如逢天雨，洋台等处地板应于雨过后揩干。

膳夫约则

一、膳夫专供饭食，无论日夜，每膳勿过所定时刻。

一、治膳宜洁净，一切有碍卫生之物不宜置办。

一、有事请假必须觅人替代。

一、灶下柴火宜格外谨慎并不准用红头洋火。

一、伙食领款另给手摺，十日一取月终一结。

门房约则

一、门房原为慎重门禁而设，非有要事不得擅离职守。

一、大门每日晨五钟启锁，晚十一钟上锁，不得无故擅开。

一、靠南侧门随时落锁，不得无故擅开。

一、货物出门全凭门票，否则无论何物不准擅自放行。

一、男工女工已经到厂、日工夜工除放工外，非有出厂门票或通行证不准放出大门。

一、遇有客至呈簿签名延入应接室，知照茶房转行通报。

一、如有无关于厂务厂员之人概勿放入。

茶房、门房、膳夫、巡丁等注意

一、勿吃烟。

一、勿酗酒。

一、勿赌博。

一、勿调谑女工。

一、勿无事擅离。

一、勿高声谈笑。

一、勿遇事推诿并不得有怠慢之辞色。

参观约则

一、来宾至本厂参观时间规定每星期二五两日之下午。

一、来宾参观须由本厂股东函介绍，于三日前通知并注明姓名、国籍、人数，可否以经理复函为凭。

一、来宾到厂当由本厂派执事引导开入各机间参观。

一、勿携童仆偕入工场。

一、机器发动处幸格外注意，以防危险。

一、非研究厂务请勿拖延时刻。

一、勿吸烟、勿带引火物品。

一、有与工场服务人员熟识者幸勿任意交谈。

一、团体参观进工场时应询各件请举代表交接。

男女工罚例
厂间普通罚例

一、迟到五分钟　　　　　　三分

一、迟到十分钟　　　　　　五分

一、连日迟到十分钟　　　　一角

一、假冒补印　　　　　　　一角

一、私相顶替　　　　　　　叠工充公

一、工摺擅改名字　　　　　三角

一、迟到不换筹　　　　　　一工

一、失去工摺　　　　　　　三分

一、遗失名筹　　　　　　　三分

一、损坏工摺　　　　　　　五分

一、偷窃花纱　　　　　　　酌办

一、花纱垫在脚底　　　　　五分

一、花纱带入厕所　　　　　酌罚

一、偷窃灯泡　　　　　　　两工

一、收拾物件私行藏匿　　　酌罚

一、辱骂司事　　　　　　　开除

一、谩骂工头　　　　　　　酌量事由

一、彼此蛮骂　　　　　　　各罚一工

一、不服抄纱故意作剧　　　开除，将工资悉数充公

一、私吸香烟　　　　　　　酌量数工

一、吸烟失慎　　　　　　　究办

一、私带引火物件　　　　　两工

一、调戏女工　　　　　　　酌罚

一、互相调谑　　　　　　　各罚一工

一、藉端凶殴	酌罚或开除
一、帮助争殴	量情酌罚
一、互相争殴	量情酌罚
一、私聚饮酒	五角
一、酗酒滋事	酌罚或开除
一、私玩赌具	酌罚或开除
一、无理瞎闹	五分
一、彼此争闹	量情酌罚
一、屡不到厂	满一星期者开除
一、私行跳厂	开除,将工资悉数充公,充公未满酌罚
一、私行出厂	一工
一、钟点未到先行出厂	量时酌罚
一、收拾不清即行出厂	半工
一、任意停工	五分
一、作事冒险	量情酌罚
一、贻误工作	酌罚
一、有意偷懒	重则开除,轻则酌罚
一、不听指挥	重责开除,轻则酌罚
一、出言不逊	重责半工,轻则酌罚
一、工作不慎	重责除名,轻则酌罚
一、私做生活	一角
一、私洗衣服	一角
一、托故戏玩	一角
一、擅离车部	量情酌罚
一、断头不接	量情酌罚
一、抽坏好纱	一角
一、余剩筒脚	五分
一、不换空纱筒管	量情酌罚
一、筒管丢在地上	量情酌罚
一、瞌睡	量情酌罚
一、卧入篮箩	一工
一、零件抛入车内	五角
一、自由改动车件	五角

一、污损皮带取巧作弊　　　　　五角

一、糟蹋花纱　　　　　　　　　视其多少酌罚

一、废花丢在外面　　　　　　　同上

一、污坏处纱　　　　　　　　　同上

一、调误支纱　　　　　　　　　量情酌罚

一、花纱落地屡次不拾　　　　　五分

一、糟蹋车油　　　　　　　　　酌罚

一、加油偷懒　　　　　　　　　重则开除，轻则酌罚

一、打碎玻璃　　　　　　　　　赔偿

一、碰破玻璃　　　　　　　　　酌罚

一、乱涂墙壁　　　　　　　　　五分

一、损坏机件　　　　　　　　　酌办

一、玩弄车件　　　　　　　　　一角

一、损坏绒棍　　　　　　　　　酌罚

一、丢去应用物件　　　　　　　酌罚

一、弄坏换纱牌号　　　　　　　酌罚

一、剥去窗上所嵌油灰　　　　　酌罚

一、损坏篮箩　　　　　　　　　酌罚

一、将篮箩自上丢下　　　　　　五分

一、篮箩在石子路拖走　　　　　五分

一、楼窗倾倒水浆　　　　　　　五分

一、随意倒水　　　　　　　　　三分

一、余剩饭食倒入漏筒　　　　　三分

一、余剩饭食狼藉满地　　　　　三分

一、在厕所梳头　　　　　　　　一工

一、在工作时间洗净衣服　　　　一工

一、站立窗口私窥野景　　　　　五分

一、擅坐升降机　　　　　　　　五分

一、取开太平水桶　　　　　　　一角

一、擅开水龙头　　　　　　　　一角

一、随意小便　　　　　　　　　半工

一、随意大便　　　　　　　　　一工

一、梯上小便　　　　　　　　　一工

清花间罚例

一、拆坏花袋	五分
一、私取封头布	三分
一、私行割取袋布	一角

粗细纱间通行罚例

一、毛头毛脚	酌罚
一、花纱并和	三分
一、刀割筒脚	三分
一、抽下纱头丢在地下	三分

粗纱间罚例

一、纺出单头	五分
一、纺出三头	五分
一、并和油花	三分
一、不出扫钢丝车肚下脚花	五分

细纱间罚例

一、私绕双线	一角
一、拣取粗纱	一角
一、擅接生头	重责一工,轻则一角
一、置纱厨乱放杂件	酌罚
一、窃取锭子线	酌罚或开除

摇纱间罚例

一、摇纱车数以少报多	三分
一、女工加油纱污油渍	五分
一、抢纱	五分
一、搭头	重责开除,轻则一角
一、接双头	五分
一、调误扎绞	三分
一、计绞脱结	五分
一、小绞不补	五分
一、扎绞不清	五分
一、擅打大结	五分
一、私自取纱合成棉线	酌罚
一、落纱不慎断坏纱绞	五分

布厂罚例

一、纱未织尽即行换去者　　　　　五分

一、粗细纱脚不分清楚者　　　　　五分

一、墨印将到贪懒不接头者　　　　五分

一、吃饭时将菜碗摆布上者　　　　一角，如已污损

一、无故离车与人闲谈者　　　　　五分

以上由厂间司事罚

一、一个月平均每日不能出码者　　开除或酌罚

一、布上有稀衖者　　　　　　　　一角五分

一、布上有方眼者　　　　　　　　一角五分

一、布上有小衖者　　　　　　　　一角

一、布上有蜘巢者　　　　　　　　五分

一、跳纱　　　　　　　　　　　　五分

一、断头　　　　　　　　　　　　五分

一、夹纱　　　　　　　　　　　　五分

以上由看布房罚

按：以上所列罚例系由各间发生后而分别摘定者，其有偷窃花纱暨糟蹋、污损各种物件即可酌其所偷所坏物品之价值约略加倍，由各间执事随时定之，故数目不复规定。

（《江苏省纺织业状况》附录）

在德大纱厂月薪仅八十元，有老友代不平，先生以西谚自慰。《自述》云："余未出洋以前四年间，在海关、龙门师范及苏省铁路，月薪均百元。办甲厂后，薪水仅八十元。间有老友代余不平者，余笑应之曰：'人生处世，唯当自问能力、精神、才识如何，及任事之勤奋如何，薪水可不计。果有用也，日后定能出类拔萃，实至名归，而利亦随之；果闒茸无能也，一时虽幸得高薪，亦难乎为继也。'故不患人之不能用我，特患己之无才能以供世用也耳。西人有恒言曰：'世界不问汝为何人，只问汝能作何事。'审乎此，大可以严于责己，而不暇责人矣。"（《文集》第 21 页）

6 月 28 日 郑孝胥赴德大纱厂参观。郑孝胥记云："与赓吴、莼孙、杼斋同坐摩托车至杨树浦德大纱厂，杼斋之弟藕初为经理，机器乃英厂最新之式，用电购于电气公司，凡一万零四百锭，可增至一万七千锭。厂中工人约六百人，每日夜出纱一万磅，现市纱价十六支者每包九十两。皆上海人资本，其制为无限公司。藕初任工作，杼斋自任贸易及购料，有发行所在抛球场。"（《郑孝胥日记》第三册第 1567 页）

李叔同书赠穆藕初书法对联

6月 先生四十正寿,李叔同书赠贺联:"金石大寿,欢乐永年。藕初先生正,息翁乙卯。"(原件)

7月3日 出席南洋中学第十一次毕业式。由周寄梅给凭,沈信卿与先生演说。此次计毕业二十人。(《申报》1915年7月4日)

同日 晚,德大纱厂于华庆园设宴三十余席,邀请本埠花、纱、钱各业,以及当地绅商各界三百余人,联络情谊。"将所出宝塔牌十六支纱每包减定价银八十八两五钱,凡本埠纱业各号,不论生意大小,一概售给五包,以为该厂新开之纪念。"(《申报》1915年7月5日)

7月7日 上海县署接江苏巡按使公署公函,因德大纱厂系无限公司,饬令将董事会改为"股东代表会议",以符定章。函云:"'商人穆杼斋等集合资本银二十万两在上海公共租界创办德大纱厂,缮具概算合同等件,附缴注册银三十元,请转恳注册。据情咨请核办注册费,俟按季汇解'等因。前来查该商所具概算大致无误。惟德大纱厂禀请农商部注册一事,业已奉到批示。惟合同第六条规定,代表公司股东七人呈式内,未将股东姓名、住址开列,无从填写执照,应饬补报。又无限公司之组织,并无董事、董事会等名目。应饬将合同内所有董事字样改为代表股东,董事会改为股东代表会议,以符定章咨行。"(《申报》1915年7月8日)

7月10日 以城东女学校协进员身份出席该校第十次毕业式。先由留美女学生胡彬夏女士授凭,并致训辞。先生演说云:"学识有新旧,道德无新旧,仍以勤俭为女学之本,以补助家庭为民富国强之根本。"该校开办迄今已十三年。下学期起开设文艺专修科,注重音乐、图画、国文,以增女学之程度。(《申报》1915年7月14日)

7月15日 《申报》刊登《德大纱厂运到股线机》消息,报道该厂将新增锭子三千五百锭。文云:"本埠杨树浦德大纱厂,前定股线机十三部,昨已运到四部,现正日夜装配。定于本月底即可出线。原有纱机不敷应用,前日已电赫厂添办锭子三千五百只,限阴历八月底到沪装配。厂开办迄今只两月余,其出货精良已受各商号一致赞美。连日前往定货者络绎不绝,将来营业发达可操左券也。"(同日《申报》)

8月4日 下午五时,出席环球中国学生会欢送北京清华学校学生赴美留学,男女来宾二百余人到会。钟紫垣主席，致欢送辞。朱少屏、李佳白、伍廷芳相继演说。先生演说云："中国社会日形堕落，并非幼稚，而实属暮气。良由学者不能用所学以兴社会。今观诸君赴美，各习实艺，洵属美事。诸君既抱此宗旨，必须实地练习有裨实用。并须研究其确实条理，幸勿徒事课读，忽略实验之功。勉之，勉之。"末由清华学校副校长赵国材代表学生道谢。（《申报》1915 年 8 月 6 日）

8 月 8 日　赴浦东三林塘三珠堂演讲《农作改良问题》。"听讲者虽值天雨，亦颇拥挤。可见浦东乡间风气渐开，农民已知所竞进矣。"（《申报》1915 年 8 月 11 日）

8 月 9 日　晚，应浦东杨思桥恒源轧花厂主任陈悦舟、陈子馨父子之请，于该厂内讲演农产改良问题。"子目凡四：（一）选种子法；（二）治田亩法；（三）施肥料法；（四）除害虫法。听者甚众。恒源厂二千三百余尺面积之晒场，几无余隙。一般农民闻之，颇觉亲切有味。讲罢复演幻灯影戏，专取害虫散播虫子之各种蝴蝶，随演随讲，说明害处，使人栗栗危惧。美国盛产苹果内有一种蝴蝶，专育驻食苹果之害虫，美农业界设法灭此蝴蝶，岁掷百万金元。盖因任其生存，农园损失必不止什伯倍于百万金元也。"（同上）

同日　女怡如[①]出生。

8 月 27 日　在南京于第二次江苏省教育行政会议上演讲《实业与教育之关系》。指出实业关系国家兴亡，"实业种因于教育"重要观点。将我国实业人才缺乏，"归咎于教育之不修"。而教育分道德教育，科学教育两种，道德教育：一、责任心之养成；二、公共心之养成；三、机械心之拔除；科学教育：一、观察力之养成；二、推论力之养成；三、判断之养成。只有"完全受此两种教育，实业界中坚人物遂由此产出。"摘录如下：

实业与国家之关系

　　立国于地球之上崭然见头角于昔日于今兹者，若英、若德、若美、若法、若俄、若日本等国，或精于工艺，或长于商战，或富于农产，或豪于矿藏，或厚于水利，或则单独制胜，或则以次毕举，刻苦经营，并致富强。他如埃及、波斯、印度、高丽等国，无企图实业之计划，无发展实业之能力，而今皆受强邻之支解、之吞没矣。然则实业关系国家之兴替、之存亡，顾不重且大哉。

实业与社会之关系

　　今日湘玥赴此盛会，由沪至宁，在汽车中纵目观之，默自忖量，起无限之忧思，今请为诸君子略述之：

[①] 穆怡如（1915—1976），排行第五。中学教员。夫郝履端（1907—1968），农业专家。河南豫丰纱厂协理郝通伯之子。曾留学美国。先后在农产促进委员会及农本局任职。

由沪至宁,自上海县境经过苏州、无锡、常州诸名城之数境者,水陆之交通利便实相齐等,天气之温和,物产之丰盛亦无偏枯,然则人事之修,实业之兴,宜其相若而不相悬矣。岂知有大不然者,夫上海商业虽大半入于洋人之手,而华人工厂亦颇不少,赖以生活者以十数万计。或谓上海为中外互市之要港,富商巨贾荟萃于此,集资兴业,较便内地。或者此说言之成理,姑舍上海而以苏、锡、常相比较。苏州为人文杰出之区,自沪宁铁轨通行以来,商市菁华几几乎一萎而不能复盛。自辛亥清政推翻以后,公馆锁闭,几几乎一蹶而不克再兴,加之以风尚趋于空文,人情安于小就,其上焉者依旧宦情浓厚,其下焉者始终门户争持。分利之人,举目皆是;生利之业,罕乎有闻。而彼投我苏人嗜好之玩物商,窥我苏人罅隙之药物贩,则已据我苏人之堂奥也。不禁为苏人士一忧念、一汗下焉。自苏以西,若无锡、若常州则大不然。无锡境内,各项实业之发达之竞进有殊足令人称羡者。若面粉厂、若丝厂、若纱厂、若布厂、若电灯厂、若榨油厂,区区一县境耳,大小厂场著名者已得二十余家,其结合团力,乘时而起,企图诸般新事业者正未有艾。试问以何因缘而结此果,曰:无锡教育之革新先于诸邑,学生界教育界人才之盛甲于他处,锡邑人民中有一大部分勤朴耐劳,工筹画,善经营,且富于冒险性质,易受外界刺戟,而有一往直前之概。其因以集事者,殆得力于此多血质与胆汁质之混合体乎?境以内机声隆隆,百业繁昌,人民生计因之而裕。武阳境内实业亦在活动,比之苏州则略胜,比之无锡则不如远甚。由镇而宁,实业雏形尚未备具,他无论矣。由是以观,实业关系于社会之盛衰为何如,岂地位使然欤,抑人力有所未尽耶?以诸君子之高明,不难探索其究竟而得相当之救药方术矣。

要而言之,同是国家,同是社会,有实业则盛而强,无实业则衰而亡。天演公理,无从幸免者也。

生产力低落之三大原因

因实业之不振兴,而国民之生产力遂低落。生产力低落,而国民之道德心遂梏亡。循此以往,不急急焉补救之,其不沦而为原民者几希矣(原民系未受教化之野蛮,如世俗所谓生番之类)。在闭关时代,原民或能生存,当此群雄角逐之秋,有不俯首哀鸣于强有力者之前,降而为奴隶为牛马哉?按生产力低落之原因约有三大端:

一、无国民教育。无国民教育,故无国家之经济观念与国防之捍卫观念,致精神萎缩,气力微弱,脑筋迟钝,在此委靡不振之团体中,虽集千百人众,而遴选一二适合于高等事业之人才亦大不易。无真正国民教育之害有如是。

二、无时间研究。其所谓安分之人民,大抵饱食终日,无所用心,终其身无尺寸建树者，往往有之。其所谓机智而又薄有才能、薄有资力之人民，无男女无老少，相率围坐，从事赌博，无昼无夜。究其流弊，废时失业者其害犹有限，名节扫地，盗贼窝藏者其害伊胡底。且空掷大好时光之事，正不止此。如自号达人之辈，不惜以社会高级之人，相率冶游，景况稍宽之家，醉心戏剧，推而至于杯中醇酒，口里卷烟，何莫非剥夺社会金源，戕害国家元气之事。呜呼国民！以无时间研究，故竟浪废千金一刻之时光，曾泥土之不若。民德堕落，一至于此，能勿痛欤。

三、无管理方术。出资者役人，劳力者受役于人，出资者与劳力者地位虽异，求其生产力增进而丰于所获者，实彼此有同一之希望。苟管理得诀，彼此自能各偿所愿。乃一般主持之人，怕用始终不懈之精力，不能处处用精密之检查，大抵不失之于操切，或失之于放任，不失之于尖刻，或失之于混同。操切则易于激变，放任则养成偷惰，尖刻则大失人心，混同则惰工无所警。良工无所劝，不久同化为工场之蠹物。工徒无可用之才，工事又乌有振作之望。出品之不良，产额之不旺，推本穷源，乌得不归咎于管理之乏术。……

实业种因于教育

实业足以救时，此种口头禅几乎尽人能言之。然而实业重知识，彼卤莽从事者，偏不能为广储实业知识之预备，卒败所事。彼因噎废食者流，辄以办实业易招失败以相惕，相率而为独善一身一家计，甘心为与国家休戚不相关之人。前者后者均甚谬误，是皆实业知识不储备不普及有以致之也。详考我国二十年来累办新业，而累招失败之最大原因，莫不以缺乏实业人才故，致得不良之结果。更进而究之，他国实业人才之隆盛，赖平素之发育与储备，吾国实业人才之缺乏，因平素不知所以发育而储备之。穷原竟委，当归咎于教育之不修，不播佳谷，不费耕耘之劳，而望此后之丰收，世界宁有此幸致之福哉。

三种实业人才

实业人才之盛否，关系于教育之兴替，既如上所述，今请进论实业人才之派别。夫实业人才用概括法区别之，大约可分为三种：其一为无藉乎教育之天才，如钢铁王、银行王等是。其二为富有组织实业能力之中坚人才。其三为实业界各部分克尽厥职之辅佐人才。此第二、三两种人才，恒可由人力培养成之，实为实业界之主要，人物。国家之康强，社会之富裕，胥出此辈人才之手。由是言之，教育其亟亟矣。

教育果以何者为主旨乎

教育最重要之点，可分之为甲、乙两种。甲为道德教育，乙为科学教育。完全受此两种教育，实业界中坚人物遂由此产出，其两种教育之纲要，得列表如下：

教育

甲、道德教育

一、责任心之养成

二、公共心之养成

三、机械心之拔除

乙、科学教育

一、秩序规定力之养成

二、观察力之养成

三、推论力之养成

四、判断力之养成

任务时不可缺少之两特质

既受上项所述教育中完全之培养，而拥有办理实业之才略，至于出而任务之时，更有两特质不可少，请备言之。任务时不可缺少之两特质，一为能力，一为毅力。能力与毅力之范围至广大，例如熟悉机械之原理，于机械之构造、之拆卸、之装置、之修理、之使用、之保护无不了了，使不肖工徒，不能掣肘，后至工徒能自训练，而管理机械管理工徒之困难，胥得以自家能力战胜之。推而至于进货出货之事，以迄补助物料之采入及应用，一切利病，无不了了。而在我之精神，更足以贯彻之，而后进出货物使用货物之困难，亦一律以自己之能力战胜之。此外如上下人等之遴选或委任与黜陟，以及风纪之整饬、弊害之防止，主张则划一，应付则多方，使贤能者处处得自效之机，奸险者在在无生存之地，于是乎用人行政上之困难，亦无往而不以自家能力战胜之。虽然，犹有虑，事业之范围既扩大，事情之接触至烦杂，事机之变幻至无定，意外之不幸，百虑所不及，细小之罅漏，大患所隐伏，一波未平，一波又起，在教育不普、人类不齐等之秋，而欲收如愿以偿之良果，大非易事。苟主持者有所疑虑，有所摇惑，有所惊怖，有所顾忌，有所松懈，有所退悔，而经若干年月孕育之花，无难受挫于一旦寒威之下，则毅力尚已。能力从学养中来，毅力从审决中来，具此两伟力，出而任事，其成功也，犹反掌耳。

（《申报》1915 年 8 月 30 日；《中华实业界》第二卷第十期，1915 年 10 月；《文录》上卷，《文集》第 79 页）

《申报》报道盛赞先生讲演，"推阐尽致，发挥透切，而针砭时弊，尤有弦外余音。其演讲语句，间有谐妙，听众肃寂无声。盖穆君于国中社会情弊，知之甚详，故所言皆足令人醰醰有味。"（《申报》1915 年 8 月 30 日）

8月29日 在南京，又于江苏省教育会第十一次常年大会上演讲《劝办高等化验分析所》。指出提倡国货及振兴实业必须要有"主干学术者，即高等化验分析所"，阐述组织高等化验分析所对工业、社会、教育各界之作用。云："近自中日交涉发生以后，全国震悚，提倡国货，振兴实业之声，日唱日高，唯在在缺乏一种最紧要之主干学术家，为之左右补助，孰为任之，唯有吾会。所谓主干学术者，即高等化验分析所是。玥去年由美回沪之始，已略献言。化验分析，为今日万急之务，惜未得时机，迄未见之施行，今者此事，益应时势需求。日前会场提议诸要端，兼提议及此事，竟邀吾教育界领袖诸君子一致之赞同，此诚救时事业，最大希望诞生之日也。"次阐述社会各界与高等化验分析所关系，并建议省教育会组织高等化验分析所。云："一农业界之属望于高等化验分析所至切也。……今日一般识时俊彦，陆续投身农场，已不乏人，而农产物上，迄未见有特异之进步者，坐以缺乏高等化验分析所故。夫农业经济，迥非他项实业比，即欲力求完备，自设化验分析部，究竟无此余力。然而土质之偏枯，肥料之配合，植物含质之成分，农产制造之发展，无在不仰首于高等化验分析所切要之指导。千日之讲演，不及一事之实行，苟得吾会起承斯乏，则农业之勃兴，可以立致，较之仅仅注力于农业教育者，收效当百倍焉。一工业界之属望于高等化验分析所至切也。……譬如一纱厂成立，机械则动占二三十万金不等，杂用物料又岁掷一二万金不等计一工厂之所需用者，或为制革工业物，或为造纸工业物，各厂有各种特异之需要品，种种色色不胜枚举之无数工业用品，在在与化验分析上生巨大之关系。物质之美恶，用途之广狭，销路之通塞，无往不以化工之适否为生死命脉。化验分析之要政，置而不举，工业虽大兴，犹之乎未兴耳。且比年以来，各强权国力行掠夺主义，攫我矿藏，内地远识之士着手开采虽不乏人，然以于化验分析之事，辇乌金而充黑土，以至低之价求售于外人者，有之矣。苟此化验分析之事，吾教育界起而图之，知吾国工业界一日千里之程，其必自此始矣。一社会上之属望于高等化验分析所至切也。……查各国行政公署，于取缔种种饮食物品，至为严厉，稽查纠察之事，责成化验机关，其未曾化验分析而未得许可证者，不得发行；既许可矣，又必随时检查，以防流弊。人家私井，亦且受化验师之检查，苟不适于养生，必封闭之，禁不得用。……以视吾国对于饮食物，药饵物，一取放任主义，戕贼人命之事，漫不骇怪，一般无知商民，对于戕贼人命之物，非唯不知所以限制之，且竟有扫地斯文，代撰证书之事，力助推行者。多数愚民，以不明利害之故，相率轻身尝试，死且不悟；少数识者，以未得化验报告之故，相与箝口结舌，爱莫能施。其列强之托足吾境内者，以吾无化验分析机关，人民昧于卫生要道，故藉口防疫，推广租界，以谋厚获，实行其蚕食主义。呜呼！吾国竟以缺乏高等化验分析所故，而遗社会以无穷之痛苦，竟有如此。……一教育界之属望于高等化验分析所至切也。吾国今日，百业待兴，需才孔亟，其最应时势需求者，唯实业教育。今日教育界领袖，以实业教育猝难普及，谋于普通教育中，稍稍趋重此点，提倡实用主义，与夫劳作主义，骎骎乎趋向实利主义之一方面，此诚生活教育，大进展之机会至也。夫四乡学校，趋重于农桑业知识之输入；城市学校，趋重于工商业知识之输入；滨海学校，趋重于渔盐业知识之输入；其一切生活教育方面，有待乎化验分析所阐发之处；至为繁赜。虽初高小学学生程度至浅，未能骤语高深，然而此最大多数学力较浅之学生，皆他日在国家社会、凡百事业中为主要人物，凡生活上必需之化学知识，将来可以实收效益者，固宜及早扼要指授之。此外，中学以上诸学校，皆当注重理化，以补实业教育之不足。唯各校化验分析之事，至为简单，不限于经费，或限于人才，缺焉不备，语焉不详，此中缺憾，知各校有同慨矣。吾省教育会组织此项高等化验分析机关，以辅佐之，有裨于教育事业者至广大，仅就补助教育事业言之，此高等化验分析所之设备，亦未可一日缓矣。"（《申报》1915 年 8 月 30 日；《致江苏省教育会》，《文录》上卷，《文集》128 页）

9 月 8 日　晨四时，德大纱厂栈房失火，"经救火会赶速往救，至七时许火即熄灭。据该厂中人云，计共焚毁花衣一千数百包，又十六支、十四支宝塔牌纱一百余包，余未殃及。""惟焚去之花衣皆系拣选备纺四十二支、三十二支双股线所用者，一时尚难补进。"（《申报》1915 年 9 月 9 日）《自述》云："德大出开工时，骤遭风灾，厂方内省费之一部分白铁屋顶，被劲风揭去，冬季，栈房内又遭火灾，时纺织业隆运尚未来；唯因管理合法，出数可观，虽损失较巨，年底结账，尚有盈余。"（《文集》第 31 页）

9 月 9 日　德大纱厂对栈房失火事发表《启示》，称纱厂并未停工。文云："昨夜四句钟时，本厂栈房突遭回禄，计被焚毁栈房一所，并花纱等件，余未波及。是以今日并未停工，尤恐外间不知底细，传闻异词，为特专函奉布。"（同日《申报》）

9 月 22 日　《申报》刊登《环球中国学生会第五次征求会员》消息，征求团分六队，从九月十五日起至十一月十五日止，以各队所得新会员之多寡定胜负。先生为己队队员。（同日《申报》）

9 月 26 日　下午二时，出席杨永言（美国伊利诺大学文学士、农科硕士）追悼会，先生与朱少屏代表来宾演说。末家族杨卫玉答谢。校友来宾到者约百人，"素车白马，颇极一时之盛。"（《申报》1915 年 9 月 27 日）

10 月 1 日　全国国货展览会于北京农商部商品陈列所开幕，会期二十天。德大纱厂所产"宝塔"牌纱线参展，并于次年 6 月被评为特等奖。[①] 此次展览会以参考

[①] 参见 1916 年 6 月条。

实业,品评国货,研究销路,企划改良,俾此后全国工商界得资借镜而获进步为宗旨。并成立物产品评会,内政部长朱启钤为会长,京师商务总会总理冯霖霈等二十三人为评议员。全国共有十八省二特别行政区域赛品件数总计达共一万四千余件出品。(参见马敏、洪振强《民国时期国货展览会研究 1910—1939》,《华中师范大学学报》第 48 卷第 4 期)

10 月 15 日 撰《学理管理法自序》,阐明翻译此书旨在提倡科学管理,振兴实业。按此新管理法,"引伸触类变通,化裁而妙用之,无论个人与家庭,社会与国家,种种事业……无不立收奇效"。全文如下:

> 振兴实业之要点有三:一曰原料,二曰制造,三曰市场,三者缺一即无以跻国运于隆盛。吾国位在北温带上,气候适,土质肥,农产矿藏甲于全球。以言原料既无缺乏之虞,吾国人口超出四百兆以上,日常消耗额至巨,偌大市场又为他国所无。然环顾国境以内,实业界之凄凉情状实足令人骇心,果以何因缘而遭此颠踬欤?岂邦人士之智慧不若人,抑缺乏制造能力乎?曰:否、否,不然。中国实业未进陆续振兴之轨道者,质言之,实缺乏实业界适用之人才而已。夫实业界适用人才,约可分为甲、乙两种。甲为科学人才,乙为管理人才。科学人才为技术家,占制造上重要地位,凡原料之配合、出品之快速与优良,皆彼之所有事。一厂中至少得此项人才一二人,多至七八人不等。管理人才在事业管理上所占地位尤为重要,凡增进精良之产额,节省无谓之消费,直接发展工场之隆运,间接开拓国家之富源,皆此项人才之所有事。自经理以下,如经济部、货物部、机械部、储藏部、劳作部、杂役部,以迄稽查、督率、装潢、输送等各部分,在在须得相当之人。设或一部分弛其职守,而全局蒙其痛苦者有之,是管理人才所负责任为至重也。仅仅有科学人才而缺乏管理人才,其失败仍不免;得管理人才,即使科学人才一时未得相当之人为之辅助,事业上固属缺憾,然以管理得人故,竟能措施合宜,立足于不败之地,管理人才之需要也有如是。吾国工业不兴,实以缺乏管理人才故。此言非予之所武断,予在八、九年前厕身地方诸要政中,默察各事张弛之由,胥属于管理其事之得人与否。故予之留美学农,于农场管理法尤所注意。卒业后,至美国南方塔克塞斯境研究植棉及纱厂管理法,深佩彼邦人士于管理上种种方法推究入微,凡有所利,无不力图,凡有所病,无不力除。予在此数年研究期中,更得戴乐尔先生新著之《学理管理法》一卷,一再披览,于以恍焉悟美国实业界管理方法之精进,实此辈先觉左右指导之功居多。此书系新管理法之鼻祖,出版未几,风行全球,各国均有译本刊行于世,惟吾中国尚未有人为我一般实业家介绍焉。回国以后,即于百忙中译之,译未及半,即组织甲纱厂,种种工程,计划督策,荷之一肩,独

译此稿多费时日,恐违希望百业早日振兴之初心,以故请求董东苏君分劳合译,以毕斯事,此书之成,董君之力居多。此书所载事实虽借钢铁业发端,用其道以施之各业,无不推行尽利。虽然,此《学理管理法》岂第适用于改进凡百实业而已,诚得一般有志改进家,熟按此书所载方法,引伸触类变通,化裁而妙用之,无论个人与家庭,社会与国家,种种事业,参用此项新管理法,无不立收奇效,是又私衷所馨香祷祝者矣。译者不文,仅粗举其大意如此,谨记之以弁卷首。

(原书《译者序》,中华书局 1916 年 11 月;《文录》上卷,《文集》第 110 页)

10 月 译著《学理管理法》于《中华实业界》分六期连载,至 1916 年 3 月止。每期刊登均以活页装订,自成编页序列,可自行装订成册。(《中华实业界》1915 年第十期至 1916 年第三期)

11 月 4 日 晚,出席环球上海中国学生会交谊大会,男女来宾到者三百余人。朱少屏主席,报告开会宗旨。次邱女士洋琴独奏,次陈己生滑稽谈话,先生"以影灯演讲美国巴拿马运河情形,及设闸收放水流以过渡行船种种布置,随演随讲,观者不啻亲历其境。会毕又款以西点,至十时散会。"(《申报》1915 年 11 月 6 日)

12 月 14 日 天津裕亨纺织公司与英国赫直林敦厂代表驻华总理上海凯卫伦洋行在沪签订订购纺织机器合同,先生担任见证并于合同上签字。该合同第十五条"双方保证"规定:"公司仍照订立草合同,原有裕庆公银号担保担负一切,洋行仍请德大纱厂经理穆藕初君保证此项机器坚固合用及附件精良,以及合同上华英文翻译文意无差之责任。而洋行更请上海恒丰纱厂聂云台君担保银款之责,此项合同遵照英国驻沪领事所宣布之通告,须经英领事及两造签字认可而生效力。"(《天津商会档案汇编(1912—1928)》第 3 分册)

本年 张謇为先生译著《学理管理法》撰《序》,强调工厂管理之重要,希望管理者"手此一编,使劳力者得尽其长而全其誉"。文云:

> 企业者之要素二,资本与劳力而已。资本有率者也,有时而无率,则金融之消息是。劳力无率者也,有时而有率,则管理之操纵是。泰西各国,当十八九世纪之顷,固以商战称于世,今且以工战矣。工战之动力,机械与劳力而已,机械尚已。机械之变而益进,视劳力工作之贵贱迟速为张弛,而机械断不能尽脱乎劳力。夫劳力者,佣其力得值,天职也。惰以其工以图逸,劣性也。而时虑佣主之驱逼迫压,于是乎有工党以固其势,而同盟罢工之举动,且为惟一无二要挟之资料。佣主之所业,以资本、原料为营业之母,而所以成者,则劳力也。佣主日逼劳力之加工,以增进产额,而权其赢羡。于是乎有工场之管理。二者盖普通之惯例。而佣工与佣主之所需,必欲其趋于同等之轨实难。盖劳力者之肉体,其动作之度,亦必如机械马力之有定率。过其量以要求,其不出

于反抗之一途,则亦必有不能继续之时。于是乎管理者之必有法,法之必依学理也,明甚。盖亦善用其力而已。吾友穆君藕初游泰西而习工者,归译其所习《学理管理法》行于世,而问序于予。夫予营工厂二十年矣,指臂之助,职在有司。而间亦研极其理,乃有时知其弊之所至与所生,而处之穷于法,则于科学固未之学焉耳。革新以来,吾国之工,日有进行之势。而劳力者动作能苦之富量,则且冠誉全球。窃愿有管理之责者,能手此一编,使劳力者得尽其长而全其誉,是所深望者也。

(原书)

本年　全家迁入华德路(今长阳路)德大里。[①]穆伯华《先德追怀录》云:"我家初住华德路之德大里,是德大纱厂所建。沿马路五开间店面市房,二间为德大开设之'和大'烟纸店,供应日用品,夏令兼售汽水。其楼上为俱乐部,供两厂职员休息之所。日夜聚麻将,挖花数桌,人丁兴旺。中间两间为两厂合设之'厚德堂中药铺'。东首一间是汽车间,;楼上住司机员之一家人。里内则单开间二层楼石库门职员住宅十余幢。我家住三开间二层楼一宅。此时人口虽不多,觉得颇是紧凑,管理方便。"(手稿)

本年　送家菁、家骥二儿入校,以避却社会之熏染。先生由此联想到社会上在下则迎上、在上则欺下的种种恶习,感慨颇深。《自述》云:"至第二年无甚进步,颇惊讶之。稍事调查,始知邻家儿以小总办目之,奉承之唯恐不暇,无形中竟受损。儿童心志,不免趋于放逸之一途,学业遂因此而荒芜也。盖余家住在甲厂对面之弄内,环周为厂中员司及工人之宿舍。群儿游戏时,大有唯菁、骥二儿马首是瞻之概。放纸鸢则群儿效奔驰以协助之;捕蟋蟀则群儿争挑选以贡献之,种种特殊待遇,适足长其傲慢之气,阻其进取之心。故余即将二儿送入学校,以避却社会之熏染。"穆伯华《先德追怀录》云:"进校后,家中先后请秦女士西席及七十岁老秀才松江人顾某。"(顾得云,字子明——编者注)"顾某在我家坐西席三四年,一旦自知年迈,辞馆还乡,不久谢世。我父命我备奠幛去松江代吊。我当日返沪,他家邀我游方塔名胜。顾某曾谓我十六岁中秀才,家道不丰,设馆营生。十九岁考举人落第。三年一科,连考几科亦名落孙山,而门生有中举业者,乃日夜攻读日益,博览群书,又考几科,皆未中式。而年逾半百矣。秀才仍是老秀才,方信子平之言'书诗有缘,科第难许'。于是弃儒出外谋生。一世与命争衡,徒劳无益。我父称顾某为'两脚书架,万宝全

---

① 尤惜阴《宅运新案》云:"上海提篮桥桃源坊后带,穆君藕初,初创德大纱厂时暂居之发宅。三运丁卯年迁入,宅坐乾向巽,兼亥巳三度。后路吸收四绿生气。总门在右,承受流白吉气。活动之方得到四吉,八六一是也。辗转资生。流年又八六一到,宜于事业勃兴,名震一时也!"

书'。"（手稿）

本年　杨习贤①入德大纱厂学徒。《成功人物评述——杨习贤先生自述》云："我从民国四年到德大纱厂做学徒,至民国十八年三十岁做隆茂纱厂的经理。我在做学徒时代,曾经对业师穆藕初先生说,我将来要做纱厂经理,现在侥幸地做了这个地位,有人对我说,你是成功了。我只是暗地里说声惭愧。……我自己明白我的特长在欢喜做事,欢喜做一般人所顾忌不敢做的事。我在德大纱厂做学徒,以至升做小职员,什么事都喜欢去做。我对于业师及上级职员都能绝对服从,所以颇蒙业师青眼相加。后来穆师初办厚生纱厂及豫丰沙纱厂,筹备计划一切,我也奉命奔走。成立之后,我任厚生纱厂跑街及豫丰纱厂驻沪营业主任。民国十一年穆师出任太平洋商务会议专使,我便代理主持厚生纱厂批发所事务。这是我从前所学习的老式纱厂业务的经过。"（《兴华周刊》,1934 年 3 月）

---

① 杨习贤(1900—?),先生远亲,华商纱布交易所经纪人。1929 年任隆茂纱厂经理。受先生影响爱好昆曲。约 1926 年前后,曾出资资助昆剧传习所经费。

1916 年(民国五年,丙辰)　四十一岁

3 月　袁世凯被迫取消帝制,仍称大总统。

5 月　孙中山发表第二次讨袁宣言。

6 月　袁世凯病死。黎元洪就任大总统。

　　　穆藕初、薛宝润在上海创办厚生纱厂开工。资本 120 万两,纱锭 16 000 枚。

8 月　荣宗敬在上海创办申新纺织有限公司,是月开工。规定资本 30 万元,纱锭 12 240 枚。次年改称申新一厂。

10 月　中国棉业联合会在沪成立,沈润挹任会长。

创办厚生纱厂时期的穆藕初

1 月 5 日　《申报》刊登《青年会第八次征求会员之结束》消息,云:"截止于前晚八时(一月三日),此征求结果共得会员三千人,募集会费一万二千余元,不可谓非极一时之盛也。"此次征求会员分组十队,先生为第六气球队队员。(同日《申报》)

1 月　应贝润生、薛宝润、吴善庆、凌焕曾之邀组建厚生纱厂。《自述》云:"乙卯冬,因余办甲厂粗有成绩,而邀余另组纱厂者凡有数起。余初意与其另组小厂,不如联络一气,而组织一规模稍大之工厂。盖范围较大则实力自厚,既省耗费,又利竞争,欧、美、日本诸先进国,事业之能发皇者,赖有大组织耳。殊不知按之我国情势,则大谬不然,何则? 以经理问题、经济问题、用人问题,股东中无时不发生冲突。而甲厂董事明知余之所入不敷所出,势难羁缚,故议决增加余之薪水,并允余另行组织,兼顾两厂。好在甲、乙(指厚生纱厂——*编者注*)两厂近在咫尺,容易照顾。"(《文集》第 22 页)穆伯华《先德追怀录》云:"一九一六年民国五年丙辰,我父四十一岁,上海颜料巨商薛宝润、贝润生等慕我父办理纱厂颇著成效,商请代为筹设一纱厂,定名厚生。资金纹银一百二十万两,纱锭一万六千枚。其后扩大至三万锭。我父并无资本投入,实际上并无自己资金在手,所以完全东伙关系。创办之初,购地有烦恼,旷费时日,不比德大盘进现成厂基之容易,两厂一左一右毗邻相处。""德大之股东大都是上海南市绅董,家住南市,设厂前后往来于股东之间。而

我家住在华德路(今改名长阳路)高郎桥之东,若到南市欲穿过十里洋场,交通用自备人力车。若在晚间,人力车行在四华里长之华德路上,通行两旁一片荒凉,颇不安全。厚生之股东皆住沪西,来往路途亦甚遥远。所以厚生成立后,我父不得不自备汽车一辆,费用全由自己支付之。"(手稿)

2月17日 《申报》刊登《全国纱厂之调查》报告。云:"我国之有纱厂,至今不过三四十年。调查全境已设有三十七家","上海计有二十一家"。"外人经营者占其多数(计外商十二家)"。下列全国纱厂名单及经理人,本埠部分有"华德路华商德大纱厂,锭子一万三千支,经理穆藕初"。(同日《申报》)

2月27日 《申报》刊登《实业界教育》报道,介绍德大纱厂注重培育青年职工。云:"华德路高廊桥德大纱厂之经理穆君藕初,本系沪教育界先进,……创办德大纱厂开业以来于培养实业人才,非常注重工务。余时讲究培育,不遗余力,华文与英文双方并授,德行与科学同时奖进。所最难得者,穆君在公务万忙之中,亲任教授,共一般实习生中,又多学有根底,务励行孜孜不息。现厂中各部分中,主干人物属诸此辈青年,绝无半点暮气。近有杨君从陕省来沪考查工艺,预备回里时振兴纺纱事业,现亦留厂历练云。"(同日《申报》)

同日 《申报》刊登《纺织纱厂之发达》一文,内载德大纱厂出品及扩厂事宜。云:"本外埠纺织纱厂共有三十七八家之多。各厂所纺之纱,以十六、十四、十二、十支等纱占十之八九,而二十支、三十二支细纱及四十二支双股线,只有三新、德大、瑞记等厂纺之。近因我国所出之丝光布、爱国布等,原料非三十二、四十二支纱线不可。是以三新、德大等厂所出之纱线又供不敷求,仍用外货。惟目今外货来源日稀,每包之价已涨至一百九十余两,故今正通州之大生纱厂,又在常乐镇建筑细纱厂,计设锭子二万只。本埠三新厂亦添双股线机三套,细纱锭子二万只,布机五百架,宁波通久源亦添粗细纱锭子一万只,已向外洋定购,机锭大约今秋均可竣工开车。至杨树浦之德大纱厂,亦添细纱机锭八千只,刻正装配迟至夏初当可开车。"(同日《申报》)

3月14日 签署上海凯卫伦洋行致天津裕亨纺织公司总经理王祝三"缓期凭信"。裕亨公司来信磋商将去年12月14日所订合同内之机件展期交货,凯卫伦洋行复信同意。先生作为见证署名。(《天津商会档案汇编(1912—1928)》第3分册)

3月24日 于《申报》发表《派遣女留学生出洋游学意见书》一文,针对留学生学非所用,徒耗国家社会金钱现象,指出女子出洋游学并非急务。并以我国自有雅乐,国画术为例,认为"大足供吾人之研求",强调"吸收他国精华"更要有思想及国学根柢。建议"节省此项金钱多设若干女学校,使国家社会实际受益。"摘录如下:

虽然,社会新潮流方层出而不已,出洋游学亦新潮流之一种。前此之新潮流为派遣男学生，后此之新潮流为派遣女学生。有此潮流，既经造就之人才，如其尽为国家社会效用，则此新潮流大足以福国利民。如其不能尽为国家社会效用，则此新潮流徒足以消耗国家社会无数之金钱，实际不能收几何之效果，是空增国家社会之负担而已，于福国利民乎何有。

今请就派遣女学生言之，彼提倡女子游学者，以为女子天性与教育事业有巨大关系，女子苟无高等学问，将来办学不免起几何窒碍之处。

然则竟言派遣女学生矣，而其未尝出洋以前，如何坚立根柢，如何十分预备，则罕有计及者。以故被派遣之人，西文程度，到彼能即入大学与否，不问也；国文之程度更不问也。中西文学程度既不甚关心，更降一步，叩其所习科学之目的，若西文也，若美术、若家政、若医学也，是为最普通之目的，故占数为最多。其他有裨于自立立群之新学术，男学生有视为畏途者，固不得苛求吾女学生。

玥不敢谓女学生不应派遣留学，惟以中国金源窘迫，上下交困之现状言之，觉此举大可从缓耳。请进言可以从缓之理由：

女子读西文非急务，即西洋音乐、图画等美术亦非甚急之务。夫音乐，舍学校与会场调节心神外，不过求家庭间之欢感而已。然中国自有雅乐，如古琴等，精其艺者，可以惊风雨、泣鬼神。此项国有绝艺反弁髦弃之，偏让日本音乐专家锐心研求，起承斯乏。

西画长于写生，与我国画术之重意匠、略天然者相比较，固大足供吾人之研求。得其神致者，于家庭之布置，儿女之训育，以及凡百工业之助进，于女子独立自助事业上，有无限之作用。然掷国家巨万金钱，而仅易得此戋戋之美术，似已得不偿失，况学焉未必果尽，尽焉未必果用，则不值益甚矣。

若家政、烹调、裁缝各学术，国习既不同，施行即不适。假令为自己家庭作欧化计，种种设备，耗费多金，生利之程度未尝增高，用财之数目邻于豪奢，是自趋窘境而已，夫何苦而出此。至于医学，为进化国重要学科，人民之程度既高，生命之防卫益急，邦人士苟由是竭力注重家庭卫生、公众卫生，自治事业则必随与俱进，则他人虽挟蚕食野心以来，而藉口以蚀我国权之事可以敛戢。是医学之研求固宜急急。然而女子学此须得终身守不嫁主义方克鞠躬尽瘁，造福人间，否则所结之果，能有几何。

更进一步言，有高等学术之女子，方于社会有关系，然在社会上作事，非有思想不可。欲有思想，非有国学根柢不可。国学根柢既深，方能吸收他国精华，以补养内国之不足。欲吸收他国精华，仅有国学根柢亦有所未能，必也兼有极高深之西文程度，始能进彼大学。然而求之现在，欲觅若干中西兼长之女界人才,恐不多得。

即万一得此中西兼长之人才,游学耗金,即以留美论,岁必每人掷金二千元,卒业以五年计,是一人学费,须备金钱万元。藉令中西兼长之女学界人才既得,每人万金之学费既备,学业既告大成,一旦回国,必在国家社会担任义务始有裨益。然献身国家社会,担任义务云云,求之男学生中尚不多得,而况女学生乎?

由是观之,浪掷内国多金,仅弋获一女学士头衔而已,虽得与外国女子相媲美,而实际则无补。

然则女学可不必急急提倡乎?曰:否、否! 不然。女学之提倡实不可一日缓。惟拙见之所谓不可一日缓者,属之女学界之普通教育。因普通教育最适用于现社会,最为社会所需求,若以岁派女学生十人出洋游学,投金钱二万元于不必收获效果之乡,诚远不如节省此项金钱多设若干女学校,使一般女界俊秀共增知识,使我中国国家社会实际受益之为得也。

玥并非反对派遣女学生,如能在派遣女学生出洋游学时,第一,中西学问程度充足;第二,经济力充足。有一不足,即以从缓为宜。玥未出洋以前涉足社会多年,确见国家社会所需要、所缺乏之学术有若干种,及到美后,见一般学子所学者,大半非国家社会所需用之学。回国后,已一年有半,益痛心于干济之才之缺乏,培育之力之不足。照现今大势论,派遣女学生一事诚非当务之急,故发表拙见,求教育界相与研究而讨论之,知我罪我,举不计也。

（同日《申报》;《文录》上卷,《文集》第 69 页）

4月14日 《申报》刊登《近日棉纱市面细纱线畅销缺货,粗纱销滞货积》一文,报道德大纱厂细纱"销路甚旺"。云:"本埠各纺纱厂出品多系十支至十六支之粗纱,其兼纺二十支之细纱及三十二支、四十二支双股线者为数甚少。惟德大纱厂上年创办时本兼做细纱线,现所出之货颇受商界欢迎,以致销路甚为畅旺。当此纱市萧索之时,各厂家多停止夜工。而该厂反连星期日夜工亦不照规停止,该厂细纱线生意之发达概可知矣。"(同日《申报》)

6月 德大纱厂"宝塔"牌棉纱获全国国货展览会特等奖,得"上海各纱厂之冠"美誉。《农商部示第一号为示知事案》云:"查上年本部办理国货展览会,所有各省区出品业经组织物品评会分类审查,兹准该会函送审查得奖清册前来,计分特等、一等、二等、三等及褒状,共五种,自应分别给奖,藉资鼓励。"后列得奖名单。特等奖共一百七十三名,上海德大纱厂穆湘瑶所送纱线样本列各纱厂之首。(《中华国货月报》1916 年 6 月)先生云:"不幸而个人不虞之誉,随之俱至。名者,不祥之物也,因此而堕落者、毁坏者,不知凡几。三代以下唯恐不好名,余是时年少气盛,

尚未觉悟名之为害，虽不求名而名自至，居之不疑。迄今回溯，令余心惴惴不安，有余歉焉。"（《文集》第 21 页）

7 月 5 日、6 日 于《申报》发表译作《日本纱厂家拼合棉花之一斑》一文，弁言指出日本棉业发达原因在政府免除进出口税，介绍该国纱厂棉花拼合方法，"为吾国人师资"。弁言云："闻美国商部最近调查日本棉业报告书，知棉纱及一切棉织物为日本主要之工业出产品。自一八八五年始采用印棉，及一八八七年始采用美棉后，纺织事业逐年开拓。日本政府竟能出其远大眼光，牺牲棉花棉纱出入口之巨大税额，极力奖进，使一般棉业家立脚于便宜稳健之地，得从容吸收海外金源，间接以厚植国力，遂远于一八九四年七月一号免除于出口棉纱税。一八九六年更将值百抽五之入口棉花税亦免除。日本棉业商遂得与世界有数之棉产国，驰逐激战于大竞争场上。其棉业之发达大有一日千里之概，欧美棉业界骎骎乎认为畏友。其国棉产发展敏捷之原因，虽未必尽于该报告所述，然十之凡九已搜罗入内。内中所述各节，其足为吾华棉业界针砭，且足为吾人师资者，正复不少。谨当扼要，遥译以饷我有志振兴自国棉花之棉业家。今先将其国纱厂家棉花拼合方法，介绍于我棉业家及有志创办纱厂，期不落日人之后尘者。玥不文，容或有转译失禀之处，博雅君子匡不逮，进而教之，至欣盼焉。"（同日《申报》）

7 月 9 日 《申报》刊登《德大纱厂之新出品》消息，报道该厂宝塔牌等纱线"足与外货争衡"。云："杨树浦德大纱厂，所出十六支、十四支宝塔牌纱及三十二支文明美人牌双股线，销路颇为发达。迩又拣选头号花衣，制出黑宝塔牌二十支、十六支、十四支小包纱，专销内地各乡。其价格较逐日售开之红，宝塔牌加银一两。而三十二支之细纱，现暂停纺。盖缘此项纱线需用甚广，向皆仰给于舶来品。今该厂所出已足与外货争衡，故专心致力，以挽利权"。（同日《申报》）

7 月 20 日 于《申报》发表译著《日本政府提倡棉业之远识》一文，以日本之成功经验为例，呼吁当局重视棉业，少发空言，多做实事。按语云："日本三十五年前，土产不振，金货外溢，人民困苦，不堪言状，较之今日之中国，曾不少异。且日系岛国，棉产甚少，而执政诸贤，目光远大，逆料棉业将来必甚发达，实足操富国裕民之券，于是由政府悉力提倡，无少疑虑。今日彼邦纱业发皇气象，几几乎与英美纱业相颉颃。夷吾氏《牧民篇》有云：'措国于不倾之地，积于不涸之仓，藏于不竭之府，下令于流水之源者。'日本当年执政诸公，对此名言，可无愧色矣。中国系产棉国，自有纱厂以来，已及三十年。我政府前此之空言提倡，收效几何？中国纺织业家，对于本业之竞争进取上，作若何计画？对于本业之用人行政上，得若何经验？玥乃纱业界后进，何敢妄下评判。万一我政府前此提倡棉业政策或觉不甚收效，我国民之业此者，或觉无甚进步欤！当此欧战行将结束，内国政治气象一新，内外国百业群谋进展之秋,不知吾政府与吾纱业中,人亦思改弦易辙,作根本上救济之图否?我政府前此之提倡,特一纸空文之提倡耳。空文何足以课实效哉?我国人无使用机器知识,政府曾派遣纺织专家,以教导我民欤?洋纱洋布进口,得享优遇之权利,我本纱本布能照世界各国税法通例,较外货享更优之权利欤?即不然,或尚克与外货享同等之权利欤?华棉粗劣,不能纺二十支以上之纱。我国棉产曾否多方筹改进之策,促各省县产棉区一致进行欤?国民需要二十支以上之纱甚热,欲纺此纱,不能不参用印棉及美棉。吾政府于印棉美棉之进口税,其能仿照日本提倡棉业办法,而亦毅然豁免,使内国纱业,减轻成本,为本纱本布留立脚余地欤?抑曾有振兴内国实业之财政机关,俾实业界得所挹注,促新事业家陆续奋起欤?设犹未也。吾今日众望所归,众矢集的之一辈新旧政客,或真正相与蠲除个人之权利,而首先注意及此,为我国家社会谋远大之利益,出我大多数人民于水火而登诸衽席欤?吾纱业界同人,曾亦自问本厂所出之纱,较之东西洋输入之货,优劣如何?设使觉有逊色处,能急起直追,谋所以媲美之否?本纱在纱业上所占之势力,能不低首于日纱印纱下风否?本国所出之棉纱股线等货,能投合内国远近主顾之好尚与否?设独未也。如何研究?如何改良?刻不容缓已。或者曰:酬应乃商场之要务,吾辈终日碌碌酬应,尚多遗憾,更有何余力及此烦恼琐屑之事乎吁?如或者说,未免陷于自惑惑人之地矣。请以苦口逆耳之说进曰:游乐场中,无真主顾,无大事业,何不节省嫖赌逍遥毫无代价之岁月,用以整理本业之为得计乎?万一疏慵成性,不复能收敛精神,珍惜时光,以从事于纱业之整顿,则何不离却此竞争剧烈之场,求身心上不复负责之更为愉快乎?彼少数之或者,不能痛自针砭,吾等对彼亦何敢有所苛求?惟对于多数有志振兴纱业之诸君子,责望深长。诸君子对此竞争方亟之时势,希望无量之事业,又将如何整顿,使他国纱业中人,因畏生敬,不复白眼相视,訾议鄙弃于吾人之后乎?对于我方来之纱业诸君子,玥更有所勖者三事。凡购买纺织机件,一不要因承办者为外国人,而特别迁就;二不要因朋友情分,而不能不迁就;三不要因个人回扣,而不肯不迁就。现在机价已比前昂贵,欧战终结以后,机价当有涨无跌。苟能将上三项障碍打破,则机价虽贵,尚能减少损失,留如许与人角逐余地。否则中国纱业前途,不堪设想矣。质诸海内甘苦中人,以为何如?更有陈者,吾华人购机,止问机器价值之贵贱,不问机件配置之若何。细纱锭子,每枚代价,原有定数可约。若粗纱锭子,系由我主张出纱之支数而定,其代价略有出入也。假如甲乙两家同为装置一万锭子之厂,甲家全纺十四支纱,则机价约银二十二万两;乙方纺三十二支纱,则机价约需银二十万两。苟购机者昧于此中底蕴,以为某行机价廉,某行机价贵,岂知机器之配置,贵者适贱,贱者反贵乎?虽年来纺纱机件上,无甚大改革,然出纱之快速与否,匀称与否,此中大有研究之余地。购机者又乌可以忽诸?贤者当国,大业将昌,敢贡刍荛,以资采取。邦人君子,幸各负责,岂第纱业之幸,抑亦国家之福也。"
(同日《申报》)

夏 着手购地,组建厚生纱厂。期间,受到乡董与地贩加价等刁难,后经诉讼完成购地手续。[①] 先生对此阻碍实业发展之现象感慨颇深。《自述》云:"民五夏,始着手购地,建造乙厂。夫欧美各国之建设工厂也,于原料、人工、市场相宜之地点,其地人士对于有志创办实业者非常欢迎之,甚至于由当地有力团体如商会等,出资购备厂址举以奉赠焉。盖深知设厂以后,该厂所在地之居民胥受其利,而其地商业之发展、经济之富裕,凡百事业直接间接俱利赖之。为地方上公共利益计,所以不惜牺牲竭诚罗致也。而我国人昧于此义,且惑于小己之私利,往往百计阻挠,出其鬼蜮伎俩,求饱私囊,大有不达其目的不休之概。在上海市外接近新辟马路处所,欲购一数十亩整块之田地,不能不借重地贩。迨购地成交,又不能不借重乡董与地保。于是地贩、乡董、地保闻有人欲购置厂基者,莫不如蚁之附膻,如蝇之逐臭,群相勾结,群相把持,群相欺蒙,经年累月,卒不能定。余深知其弊,故密托一地贩购置厂基四十亩。阅二月可确知余意悉数成交,间有他地贩询余是否购地,余均否认之。然事实终不可掩,一日忽有旧友某君来访,某君乃余所购地处之乡董也。询余究竟,并竭诚献殷勤。余知不可瞒,且所购各地业将告竣,故直告之,并许以酬报。不谓某君数日后复来,谓余所购之地,中有一块约二亩许,须高价出售。余询其每亩何价? 答云约需万金。而余与某地贩所订购地限价,每亩仅一千二百两也。时余姑忍之,而询其如余不出此价将若何。彼即开出四条件:一、延期购地,太急恐难成事;二、划减滨河之地,而多购距水较远之地;三、加价;四、调换地段。余笑谓之曰:'余与君系故友,不便唐突君。余并非托君购地,何条件之有?'某君语塞,临行时谓余曰:'君所托之地贩不堪讼累,将远遁矣。'余曰:'听之可也。'余即招余向者所托之地贩来余处密谈,询其如何应付若辈,是否听余调度而对付彼方,或听彼方之唆使而逃遁。该地贩愿听余之调度。余即将彼方所抽去二亩之事实详加研究,悉该地贩已付定洋二百元,交于有地二亩之业主,而彼方将业主六十余岁之老母藏匿他处,并诱其母于彼方另立契约,借洋商出面以为依靠,而主其事者实一某买办,亦余之旧友也。余即向各方疏解曰,彼此同系交情,息兹争执。然余坚执不允加价收买,而长此阻挠实业利己损人之恶习。阅一星期,毫无效果。盖此种人但知私利,不知交情,更不知何为实业及实业与地方民生之关系。交情既穷,不得不用理,先将洋商屏之事外。于是由公堂出传票,将主持其事之某买办提究。不到再

---

① 参见 1917 年 12 月 29 日、1918 年 3 月 11 日条。

传，又不到，牌票拘拿。彼方知此事已失败，转托股东向余疏通，略为加价收买，以顾全面子。余坚拘之，不愿增加分文，且谓彼辈若有面子，亦不致作此种行为矣。后竟不加分文，而完成购地手续。考古时设置乡董地保之意未尝不善，而风俗日非，人心不古，至于今日乡董、地保竟享有鱼肉乡愚之特权。上海花洋杂处，地产买卖，其事甚多，而若辈敛钱之机会亦甚多。噫！余因此而不能不有所感叹也。虽然，生计日迫，法律荡然，细察多数国人之行为，其不类于乡董、地保者几何？吾与乡董、地保何责焉！"（《文集》第 22 页）

9 月 10 日 致农商总长书，指出增植棉产，改良棉质，推广纱业刻不容缓。改良棉质"非举办植棉试验场不可"。强调"农场除得人外"，要"务专一"、"宜持久"。全文如下：

> 农商总长钧鉴：敬启者，接奉第三号训令，垂询华棉种类及纤维优劣等情，具见贵部对于棉业改良已着手进行，无任钦佩。其棉业大概前已奉复外，尚有未尽之处再约略陈之。我国幅员辽阔，宜棉区域中部如江苏、陕西、浙江、两湖、河南、安徽等处，南部如福建、两广、云贵等处，气候温和，栽种棉花定能发达。年来国人鉴于洋纱进口额之巨大、内国纱业之幼稚，纷纷开设纱厂，以期杜塞漏卮，而华棉销路亦较前骤增。查全中国现有纺纱锭子一百十三万二千三百十六枚，内英商在我境内设厂制纱者占去锭数三十一万零零七十二枚，日商之在我境内设厂制纱者占去锭数十四万六千三百七十二枚，其完全为我华人所有之纺纱锭子仅六十七万五千八百七十二枚。合我国境内华商及英商、日商所有锭子总数言之，亦仅占日本国境内锭子数三分之一。盖日本在一九一四年底已有锭子三百万零零零五千九百四十枚，我国纺纱锭数既较日本少三分之二，而我国人口反较日本多八分之七。是增植棉产，改良棉质，推广纱业，衣被吾民，诚属刻不容缓之举。欲改良棉质，非举办植棉试验场不可。总场之设置于棉业有绝大关系。我国所产棉花以陕西洋种及江苏之通花为最优。然陕省僻在西陲，通州亦背负江干，彼陆此水，交通均不甚利便。总场之设不宜于陕与通也。可知求其水陆交通而为全国中心点，又为中国第一等流域扬子江中心点，其惟汉口乎。故植棉总场以设于汉口为最相宜。侧闻政府已聘请美国植棉专家乔勃生君，似应将乔君派在总场主任其事，并招致留学生中农学毕业者若干人，拨入总场实地练习一二年后，可调至分场主任其事。其植棉分场应设置地点，如江苏之通州、陕西之同朝、河南之彰德、湖南之长沙，以及扬子江下流各口岸等，挑选干练朴勤之农业生，孜孜讲求农场管理，并处处顾惜农业经济，庶不致以益国之事转而病国。设立农场除得人外，尚有二大要项不可或缺者，附陈如下：（甲）务专一。现吾国已有试验场若干处，惟种类

繁多,好奇务博。如菜圃,如花园,求其真正裨益大局,尚未之前闻。若植棉试验关系国家荣瘁者,至大且远,亦至切近,尤不可以寻常种植等量齐观。况乎仅仅棉作试验其范围已广甚,按科学上程序求之,此中径途至繁,趣味亦复深长,专力壹志以求究竟犹恐不逮,何得旁骛以阻进取。(乙)宜持久。改良棉质比之教育家改变后生性习为难,非经过多年准确试验不为功。农场主任不入政界旋涡,方能久于其位而收实效。否则此迁彼继,如弈棋然,昨就今离,如逆旅然。后日棉产改良之希望,今兹当道提倡之盛心,不将悉付东流哉?且我国言振兴实业已逾二十年矣,然迄今尚未具雏形,虽曰税则不良,及一般人民短少实业知识有以致之。夫实业不进步之大原因,在乎但有理想、但有言论、但有迟疑观望,独少一力行工夫。自今以往,苟能从专精恒久,实心实力做去,实业前途必有可观。我公海内人望,具振兴实业之大愿,握左右实业之大权,提纲挈领,首在纱业棉业中积极进行,以慰吾民云霓之望。河海之广不摈细流,敢供刍言,以尘清听,沥诚驰奉。

　　留美农学硕士私立上海第一第二植棉试验场主任德大纱厂经理穆湘玥谨上。
(《申报》1916 年 9 月 29 日;《植棉改良浅说》再版附录,1917 年 1 月;《文集》第160 页)

9 月 21 日　　江苏省教育会为推选评议员,致函先生等会员云:"接奉江苏省教育会函开,本会于八月二十七日举行第十二次常年大会,改选职员。查会章第十一条评议员每县二人,第十二条评议员由会员于本县会员中公推。贵县评议员现在尚未推定,用即寄奉会员录册,即希转知。籍隶于贵县之本会会员请其从速推定,报告本会等因,用特转达,并录会员姓名,敬请台端按照姓名推定评议员二人于九月二十三日以前开送敝会。"附会员名录中有李平书、姚子让、王维祺、苏本炎、吴馨、穆湘瑶、杨白民及先生等数十人。(《申报》1916 年 9 月 23 日)

9 月 29 日　　农商部棉业处复函,称赞先生"洪纤靡遗,具见热心农事",又云:"我国棉产遍诸行省,除中南两部外,其北部地方如鲁之夏津、临清、武城,直之南宫、清河、正定,豫之彰德、洛阳、安阳等,出产亦皆不少,查宣统二年由天津出口之棉已达十八万担,其在各地方所消费者为数当逾于此。现在北部产棉年有增加,惟本国棉花纤维短、少弹力、脆弱,制出成品远逊外洋,以致进口棉货充斥市场。本部前为改良棉种起见,于民国三年呈请筹办棉场,先设三处,一在湖北之武昌,一在江苏之南通,一在直隶之正定,统归本部管辖,并无总场、支场之分,开办以来渐次就绪,惟试验需时,非短期间所能收效,诚如尊论允宜持久。总之纺织为一种重要工业,棉质影响及于棉纱,提倡改良固首赖政府设法劝诱,经营整顿尤赖各实业家互相研求执事,经理之厂前据呈复,关于各种棉花利弊晓然,本部拟将各厂所用花样

汇集,比观判其优劣,尚祈饬厂酌选各种棉花及纺成棉纱样本送本部为盼。"(《植棉改良浅说》再版附录,1917年1月)

10月5日 寄遥撰《德大纱厂参观记》一文。云:"民国三年夏,余曾往豫广益,鄂楚兴,南通大生,沪上三新、瑞记、振华等诸纱厂先后调查,尔时旁询默识,尝略笔日录。年来南北奔走,所记散遗殆尽。兼之余素健忘,襄时脑际印象,今亦茫然矣。迨因穆君藕初,赴德大纱厂参观,穆君乃留美毕业农学硕士,经理该厂条理井然,所出成品,且为沪市各纱厂冠。沪上纱日商内外棉厂之'水月'牌为最,德大系'宝塔'牌,近日开盘与'水月'牌相埒,时或过之。余因事未克详细观察,谨撮举所见闻聊记如后。"全文分绪言、松花、清花、梳花、抽花、粗纱、细纱、摇纱八部分,并附松花机、弹废纱机、清花机、梳花机、抽花机、纺粗纱机、细纱机、纺纱顺序等图,介绍"棉花每经过一机后,变为何种形状,且同时该机器之内容与作用"。绪言云:"吾国近年注意棉业者渐多,然就最近调查通国已成之厂,仅三十八,如海门之大生第三,山东之鲁丰、天津之裕元、裕亨诸厂,正在筹办均不在此内,而上海一埠则有二十,已占全数之泰半,特上海纱厂,多属英德日等外商经营,华商自办者,今始较多,德大厂即华商最近自办之一也,厂址在上海杨树浦,近傍华德路之高郎桥,厂地十四亩,近又购地,大加扩张。工厂用最新式之电动机,由工部局供给电气,且有自动消火器之设备,该厂由民国三年组织,四年六月即完全开工,资本三十万两,分三千股,每股百两。股东全属华商,股东代表为穆杼斋、刘汉卿等七人,经理则穆君藕初也。余初次赴厂,经理穆君导余行,甫入场,机声隆隆,几聋耳鼓,对谈竟若罔闻。由松花间而清花间、粗纱间、细纱间、摇纱间,最后至打包间,由花包而变成纱包,其间所经之种种手续,已观其大凡。穆君并付余该厂各种约则一册,及各工间关于稽查报告诸规单数十纸,其管理方法、工场配置等已略著于此。"(《公民杂志》第一期)

10月8日 《申报》刊登《厚生纱厂之发轫》报道,介绍厚生纱厂筹备情况。云:"本埠各纱厂所出之货,以粗纱居多。其三十二支、四十二支之双股线,市上所销均为舶来货。近有贝润生氏以棉线销场日广,利源外溢,无所底止。爱商之德大纱厂经理穆杼斋各出资本,拟在沪组一纱厂,命名厚生。设锭一千五百支,专纺三十二支、四十二支之双股线,其应需机件已向凯汇伦洋行订购。至建厂地点,因德大厂对面(在杨树浦华德路)有地一方可以敷用,现正与地主商购,一俟购定即须兴工。"(同日《申报》)

10月9日 穆杼斋发表《启示》,澄清本人未出资组织厚生纱厂。云:"今日《申》《新》两报载有穆杼斋组织厚生纱厂一事。德大纱厂营业虽称发达,尚无组织新厂之时机,即仆亦并无在华德路购买地亩之事。"(同日《申报》)

10月24日 于《申报》发表《致各乡董及各警区区长书》,呼吁扫除"捉落花"

陋习,树立新风。云:"查上、南、川三县,以棉产为大宗。农民辛勤半载,全年赖以生活者,厥惟棉产。旧俗每于阴历九月底以后,乡间有捉落花(剥取人家棉株瑚方开及未曾开足之花)之陋习。无业游民倡于前,间有无知乡人及妇孺等,盲从于后,成群结队闯入棉田,任意搜刮一空,其害等于蝗祸,查十月初旬晚,花正在收捉之时,竟被人抢取,无一幸免。良民之受损失者,苦于诉告无门,若不设法禁阻,则此项恶俗伊胡底止。闻有数乡乡董及警务人员,协同设法劝阻,收效甚大,则此事之不难革除可以断言。玥与农民接触较多,日来疾首蹙额相告者纷纷而至,故特恳请贵乡董及警务人员,大发宏愿,为民除害,即劝谕或出示通告,务使此项陋习扫除净尽,则农民受赐多福矣。"(同日《申报》)

11 月 3 日　女恂如①出生。

11 月　译著《工厂适用学理的管理法》(戴乐尔原著)由上海中华书局初版发行。书前附有 1914 年 5 月 4 日戴乐尔致译者复信原文及中译,张謇撰序。原著分"引言"和"科学管理基本原理"、"管理的原则"三章,先生译本分绪论、学理管理法之根源、学理管理法之原则、学理管理法之实例、余义五章。② 书中加按语两则。该书 1925 年 1 月第二版。1928 年 4 月第四版时改名《工厂适用学理管理法》。1934 年 11 月六版。先生云:"我回国来一方面翻译此书,一方面又要办纱厂,事情很繁剧,仅译了三分之二,已经费了三四个月之久,后来请一个同事相帮才译完。译好后,全部译稿仅售了一百元,而且在这本书出版后的十年之中,只售出八百本,其中有一百本是我自己买来送人的。及至我在工商部做次长时候,这本书忽然走运,因此中华书局在短时间内卖去了三四千本,从此科学管理法为各方面注意起来。"(《科学的管理法》,《国讯》第二百十二期至二百十四期)兹摘录部分内容如下:

---

① 穆恂如(1916—2010),排行第六。北京大学(函授)毕业。南京工学院图书馆任职。夫吴大榕(1912—1979),江苏苏州人。画家冯超然外甥。著名电机学家、教授。由先生资助赴美留学,获硕士学位。后任南京工学院副院长等职。

② 关于译著特点,许康、莫再树《试析穆氏的译才与译文对节约型社会的理解》一文云:"一是添小标题,即宏观之下化整为零。各个击破。原书仅分三章,下面设有'节''目'的划分,卒读难以抓住要领。穆氏自出心裁,如庖丁解牛,顺着脉络,将整体划分为各个子系统(器官,组织),概括原意,贴上小标签。……二是择善而从……书名将 Scientific(科学的)译为'学理'的。……因为加两字即成为'学术'加'理论'之义。……三是生动活泼。泰罗原本本来是为在国会作听证报告,及应机械工程师的协会同仁(这些人既司技术又须管理职工)而写,勿须文采,且处于答辩地位,不敢放肆,讲话(文字)较低调、平实。译者是在几年后才看到了科学管理法在社会上的正面效应,胸有成竹,所以语气较为积极。……四是不拘泥于'直译'。一段文字的先后顺序可适当调换,一句话也可倒装,只要整段不损原意。……五是文白互补。文章全用白话是五四新文化运动的成果,1915 年还没到那个阶段。文言的好处是文字简省,译文详略得当,适合当年文化人的口吻。"(唐国良主编《穆藕初——中国现代企业管理的先驱》,上海社会科学院出版社 2006 年 6 月版)

第一章　绪论

第一节　前美总统罗斯福之警告

前总统罗斯福君在白宫演说时,语各省巡抚曰:保存国家富源之道,惟在于增加国民作业力之前驱而已。国民之作业力,乃国家至重大问题也。今举国之中,咸以保存富源为亟,莫不一致进行,求达此期望。而于增加国民作业力之重大问题,有尚未注意者。

不见夫一望葱郁之森林,经斧斤斫伐而凋零;万顷膏腴之田土,为潮流冲激而沉沦;天赐煤铁之富源,历数世消耗而渐罄。举凡关心世局之变迁者,鲜不引为杞忧焉! 若夫至贵至重之人力,消费于怠惰错误及种种之积弊者,影响至大,何以置若罔闻,任其自然不图改进乎? 此罗斯福君所以对于增加国民作业力大声疾唤也。

第二节　物质消耗及人力空费之重大问题

设使吾人确见乎物质消耗之状,鲜有不动色而惊心者。而人类之愚钝、怠缓、错误等弊,因迹象不能如物质之显著,故未尝引起吾人之注意。若欲审察之,惟凭记忆力及想象力之作用而已。试思物质消耗,犹足以引起未来之观念,而况国民作业力之逐日消磨,更大于物质损失万亿兆倍多至不可数计者。以彼例此,其当感动于人心为何如乎? 国民作业力之增加,虽未经大众研究提倡,然从社会各方面观之,则作业力必当增加,固已显然。

玥按:作业力之消耗,莫如吾国。如官吏纷更,势同弈棋,交替需时,官无久任。抑且用人不择所长,任意迁调,习非所用,用非所习。即有欲临时研究,以尽其职任所当为,辄席不暇暖而去,且并其所共事之友同时去职。时光耗费,孰有甚于斯者。至于社会所嗜烟酒嫖赌之类,虚掷无量数光阴于无谓之地,消耗作业力至不可纪极。昔仅下流社会染此毒害,今则上流士夫随俗波靡,沉溺其中,习非成是。彼固视为应酬之常,岂知废时失职,足以致国家于危亡之境。凡国民作业力有增而无减,其国未有不富强;作业力有缩而无伸,其国未有不贫弱者。当此二十世纪生存竞争时代,断不容骄奢淫佚之人有立脚地,愿我邦人士一猛省之。

第三节　增加作业力系国民之天职

公司之中,上而总理,下至仆役,其勤能称职者,恒得社会之信用。顾此项人才,往往求过于供,亦若有才难之叹者。实以现今所求之称职人才,皆由他人熏陶培养而成。但吾人之天职与地位,固当通力合作,循循然以养成称职勤能之人才,不当专求于人所养成者。果若是,则国民作业力之增加,庶几近之矣!

第五节 本书之三大主脑

兹有简单切要之言,释明三大主脑如下:第一,以简单之辞,解释全国之作业力,半消耗于日常行为之中而不觉。第二,使读是书者,确知作业力之消耗,有补救之道。其方法在乎有秩序之管理,而不在乎搜求特别人才以主持之。第三,证明凡一切完善之管理法,确系一种科学,以简明清晰之条理为基础。

至于显明其科学上事业管理法,可施用于人类日常之行动,自简单之个人行为,以及巨大工厂之繁复组织,无往不宜。简言之,即以明白晓畅之辞,解释管理法之原则,使阅者一览了然,因而用得其当,则作业力之增进可操左券也。

本书系美国机械工业会研究学术而作,引证事实,均取之于机器厂,冀工学家及机械工场之管理员与劳动者,咸资借镜,以求进步。所望于善读书者,融会贯通推进于家事、经济、农牧管理,以迄商店之经营,教会之整理,教育、政治等种种事业之振作,无往而不适用。盖事业虽各异,而理则无不同也。

第二章 学理管理法之根源

第六节 管理法之两大要旨在乎使佣主佣工均获厚利

管理法之两大要旨,为佣主、佣工均得最大之利益,其道在乎雇佣者与受佣者水乳交融,使之并力合作,而事无不举。

所谓最大之利益者,以广义言之,非但厂主获厚利,又能使厂中各部分发展推广,臻于优美完善之境,如是,则利益宏大,可操券以待,并可以垂久远而不敝。

佣工得厚利之理由,与厂主同。不仅所得工值较之寻常佣工为优厚,而其最要者,为个人之作业力发育至于极点,工程进化继长增高,尽发其天赋之才能。盖工价增高,非徒厚其工资,实作业力增加所致也。

佣主、佣工,各得最大利益之理由,因管理法之两大要旨造成,无待赘言。然实业界往往不明斯义,动辄误会,彼此结合团体,藉谋抵制。而事端缘之以起,半由工党多数之人,不明厂主与佣工之共同关系,及其两利之道,实为唇齿相依,不容矛盾,然必须有法以维持之耳。

第七节 佣主佣工之利益相成而不相背

多数之人,以为佣主、佣工之利益,绝对相反。故雇佣者克减工资,务使出品优廉,易于脱售;为佣工者,辄集众抵制,希冀减少工作时间,且增佣值。此两失之道也。学理管理法则异是,且能证明两方面之利害关系,实同一而非绝对。若佣主偏得厚利,而不有佣工利益以相维持,则理无久享,易地以观,何独不然?佣工惟求厚给工值,佣主惟求佣值较廉,出品易售,意虽相反而实宜统筹兼顾者也。

今之实业家,虽未能见及此义,不能不望其日后因事改图。为佣主者,翻然回想平日对于工人之态度,务以最廉之佣值,求最多之工作时间,为计甚左。一经觉悟而必改公平宽大之方法,则所得工人之利益较优于前,何可胜数。为佣工者,翻然自悟其平昔竞争高值,不顾佣主血本,尽属误会,而亦一变旧习,则其得佣主之益为何如?

第八节　发育天赋能力及训练之必要

个人所得利益最大者。由于作业力远胜于人,重言以申明之,即其人有逐日增大之工作,为其获利之根本。

斯其理可设譬以明之。例如有某甲与所雇之佣日能制两履,而其他之同业某乙,亦与其佣共事,每日仅制成其一。则甲所给工价,自必较优于乙,而所得盈余,亦必倍大于同业。此无他故,由于作业力之增长也。

极繁复之厂场,亦犹乎是。厂场工作所需之资本、机器、建筑物,均减至极小之率,则佣工得常保其大利,而佣主之最大利益,亦可操左券矣。质言之,最大利益必得于人工、机器最大生产额中。是即每工人每机器逐日增加作业力之明效大验也。否则高工价之厂场,断不能与低工价之厂场竞争。盖工价高而出产不盛,必不能维持久远。职是之故。两厂竞争高其工价之理由,按之国际商业竞争亦无异点。可见最大生产力之效果,即为大利之所在。是书后页说明厂家近年获利甚厚,虽同时工价增加,由百分之三十至百分之百,而较之他厂,仍获优胜。其所说明,包含各种工作,自简单以至繁复,皆无遗漏。

以上所论,皆极确切。其管理者与佣工者之惟一要旨,在发育训练其天赋之才能。夫然后可以至大至速之作业力,克成其最高级之工作。

凡若此类易知之原理,反复推明,或将疑为赘言。试举英美等国普通事业以证明之。此二国之人民,夙有环球运动家之称。当其赛球之时,各竭心力以求最大之胜利,如有人不尽力以角胜者,则全场皆目为反间,其人从此受社会之轻侮焉。

第九节　佣工有意偷惰使作业力低下之弊

多数之佣工,每不用全力以成最大量之工作,故意延缓,仅作其三分之一,或二分之一,甚至愈减愈少。设或其时有工人,日常恪尽厥职,以成全工,则同时工作之俦辈,辄横加訾议,目为反间。试思运动家因不尽力而受恶名,较之佣工因尽职而受恶名,其相去为何如?吾人可引以为鉴矣。

偷惰工作,即故意延缓。不足一日之工程,观其外状,似作非作,徒掷光阴,此弊盛行于各工厂,而亦影响于建筑界。著者断言之曰,此为实业界之大恶习,英美两国之资本家、劳动家皆蒙其损害者也。

玥按：偷惰之弊，英美且然，吾国则更甚，非特工人而已。试观商界之情状为何如，其夙夜兢兢业业尽力于职务者几人？更进而言士大夫，此固国民中之秀杰者也。学术闻望卓著者，往往出而为社会之表率，作国民之模范。试问其能小心翼翼，克尽天职为平民谋生计，为社会谋进化乎？斯则无待问矣。谚有之曰：'人一日不做事，则一日不得食'。说者谓此语就贫民言之。殊不知此语实含有计学之至理。盖计学家所主张者，工食必相当，一日不作工，即一日不应享禄食境。无论贫富，位不问高卑，享用一日之禄食者，即当尽其一日工作之天职。夫然后不为人蠹，不负孔氏'生之者众，食之者寡'之训，尽人了解斯意而国斯富矣。非特此也，鸡犬微物苟一旦失其司晨守夜之职，且为人所憎恶。惟羊豕别无用处，而生殖繁孳以供人食，牧者因以获利，遂不以其才不才较。若人则俨然居百物之上，每日分食世界菁华，而竟怠忽其作业力，能无对物类而滋惭乎？试思天产玉粒为生民养命之资，盖以人为万物之灵，有区处事物裨益生计之能，宜其得此优遇设有人焉。惟日耗天产之力，而无效用以益社会，则当其日常进膳之时，对于农人汗血辛劳所培成之粒食，能无汗颜？西人戴乐尔博士曰："工人偷懒之习，当人人引为大戒。"吾国之不偷懒者能有几何？甚且饱食终日不治生业。呜呼！奚怪社会生计之日趋于萧索乎。深愿吾国民互相警惕，设法增进其作业力也。

本书将于后段详论划除工人偷懒习惯，及作业迟缓之弊。设使扫除恶习，整顿管理者与劳作者种种之关系，由是管理改良，佣工奋勉，一般工人得尽其勤能迅速之力，则每人每机器之所产，必然倍增。今英美两国于劳工问题，凡关于增进利益，减少贫困，免除劳楚之方法，必以铲除偷惰为先。其最足资研究者，如关税问题、社会问题，英美国人莫不动色相商，而独于最重要之工人偷惰问题，未闻有注意者。且直接有关于全国实业之命脉，及劳工生计之前途者，惟此一问题而已。

既剔除工人偷惰作业迟缓之弊，则出品价廉，贸易扩张，国际上市场之范围愈拓，商战上胜利之地位已占，且足以杜市面恐慌之风潮，及工人失业之困状。此固较别种方法为优，且于补救之中，兼收永久发达之效。如是则工作价值可增加，作业时间可缩短，一切情状皆因之而改进。

夫最大之利益，必得之于人人尽力所事，每日成最大量之工作。此理固尽人皆知，彼工人亦岂不知之？而何以多数工人，辄故意为相反之行为？且其中不乏勤作之人，而仍无救于积弊者，何也？

第十节　佣工故意使作业力低下之三大原因

深究以上所言之偷惰情形，其原因凡三。兹简言之如下。

一、为似是而非之谬见,普及于佣工之脑中,由来已久,牢不可拔。盖以为机器之生产力增加,则多数佣工势将因之失业而受损害。

一、为现行管理法之不完善,使佣工不得不偷惰,及作工迟缓,以保固一己之利益。

一、由于作业法之简陋草率,各项工业莫不皆然,以致佣工多虚耗而鲜实效。

本书详论以科学之作业法,改良草率简陋之作业法,因此而得利益之大凡。故必先论作业力低下之原因,以释读者之疑。

多数工人之谬见,谓工作增速,则佣工恒致失业,产业界将蒙损害。然稽之实业历史之成迹,则知此说为大谬。盖自各种新机械之发明,及作业法之改善,均足增进人类之生产力,而使出品价格低廉,受社会之欢迎。非特不令佣工失业,而且需用工倍多于昔,试以制鞋业证之。自制鞋机器发明以来,出品价廉,工界中男女老幼,得常年购用一二具,以视昔年手制鞋,价贵罕购,每五年仅用一具者,大不相侔。然则机器制鞋,出品多而销路愈畅,鞋厂之需用工人亦愈增,其明效可见一斑。

产业界无论何项均有以上所云之成效,足资研究。所患工作者,昧于本业发达之历史,谬见相沿,不利于增加工作。因此谬见,而英美两国多数工人,故意迟缓工作,以减少出品,各工党且公定条规,以把持工作,限制产额。其素有势力于工界之人及工党领袖,以迄表面之慈善家,复推波助澜,大放厥辞,传播种种谬见于工业中,且谓工人操劳太过,宜减轻其作业云。

汗里工作,及其困苦状况,引起社会之议论,纷纷未已。著者固以工作过度为可矜怜,然著者更矜怜低俸之工人。夫过度工作者一人,而怠缓工作者实有百人。因循敷衍,长此不改,恶习相传。至于佣值低落,此中积弊,曾未闻有人倡议救正,殊足叹也!

此种事实,惟机师与事业管理家知之更稔。当竭力设法,先揭破以上所述之谬解,非特教育工人,并当提醒全国人民,使咸悟习俗谬误之见,实阻碍事业进行。而吾人对此问题,尚未有所发表,一任煽动感情者之驱使,遂致佣主、佣工之间,特生误会。盖由作业状况之真际,未有能洞解精微者耳。

至论偷惰之第二原因,在普通管理法之下,佣主、佣工之关系,其理至为繁琐,难以简浅之言,使人了解此项问题。由于佣主之愚暗,遂致佣工于适当作业时,辄形种种偷惰。

以故著者引证一九零三年六月,在美国机械工学会所读之文,题曰《工场管理法》，今将以偷惰之原因，尽情披露而无余蕴。

偷惰及闲荡之弊，有两大原因。一、发于天性倾向于佚乐，是为自然之偷惰；一、由于旁人接触乃发生复杂思想及推理，是为习成之偷惰。

通常人之倾向，辄于作业时间，迟缓偷安，成为习惯。而其努力从事者，常在慎思默记之余，或一时须为模范而发现良知，或偶为压力所加而顿改旧习。自非有此原因，固未见有勤勉奋力之人。

然亦有具异常之精神志力，勤于作业，天然敏捷，能胜繁重之作业，足为工界之仪型，虽一己之利益，蒙其损害而不恤。然此类实为罕见，仅足以反映普通人之倾向。

集多数工人为同等之生活，给同等之价值，则必增散漫之习惯。处此布置方法之下，优美工人逐渐染于迟缓趋向，渐至作业力极微而后止。盖天然勤奋之人，与惰者共同工作，则未几而勤者将自谓曰：彼懒者所得工价与吾侪同，而工作仅及余之半耳！此问题岂能以伦理学而解答之。

若是之作业状况，以时间研究法，详细计算，则所发现之事迹，实令人怜而叹之！

今举一事以证之。著者常用时间研究法，以计算工人之时光。设如工人精力强壮，平时早晚往返工场，一小时可行三四英里；而作工后，徒步往返，速力即缓，每小时仅行一英里。又如拉载重车以登山，其初欲速释重负，故行步甚速；迨释重而返，则迟迟其行，每小时仅行一里。其所以故意缓行者，盖不愿较之惰工更多作而已。

以上所云工人情状，乃由一著名工师，素受厂主信任者监视之，及厂主告以此种作业情形，令其注意。彼即答曰：予必能监视彼等不得自由休息，若既作工而欲使之快捷，则非吾力之所及也。

凡人类怠惰之恒性，其损害事业者不少，尤其甚者，为组织的偷懒。凡属场厂之中，无不皆然。盖由工人图增个人之利益，详究之而成为习尚者也。

著者近闻一儿童之言，颇有感焉。是童素为击球人持棒，年仅十二龄，谓新来之持棒儿曰：汝何故勤奋敏捷若此乎？祇宜缓缓尾行于击球人之后。盖吾等工资按时付给，吾人行步愈速，则击球之人分胜负愈速，而工资亦愈少给，汝若不改故态，吾将令群儿殴汝云。厂工为按日给值之故，其作业之状况岂有异于此耶？

此乃组织的偷懒之最小者，可比例以见场厂之状况矣。若佣主觉察其弊而除之，庶几事业不阴受损害。

要之组织的惰性所由成，在于欺朦佣主，务令其不明作业之速度为何如。

凡为主事者,不可不加察焉。

以上所述之偷惰情弊,传染甚广,凡场厂无论计日论工,计物论工(即件头工),或包工及他种方法,皆不能无此弊。故各厂中几无有称职之佣工,而彼等百计以图迟缓工作,反能使佣主深信其作工之敏捷。诚可慨也!

因此之故,各佣主特定最大之佣值,以为各级工人每日所应得者,或计日论工,或计物论工,按其作业力而给之,欲藉此以除怠缓之习惯,其法诚不可谓不善。

然而作工者,旋觉所给之值异乎常例,因此而知佣主必深悉工人咸有余力可以增加工作,势将设法以迫之加工,或稍增工价,或竟不增值,未可知也。

各项工作之日程(谓某项工作每日可做若干),佣主应知其详细,或得之于阅历,或得之于偶然觉察。最善之法,莫如记录每项工作最速需时之确数,存之以备参考。由此而知某项工作之有余力,某项工作之宜增速。然不得急迫从事,必俟有确实凭证,以知若何增速,方可竣事,然后设法。盖不可稍形操切也。

此事最易明了,最足使吾人注意者。观现在之工作,比之往昔,并未加速。年少无阅历之人,每被年长工人所诱导,或受工业社会之压迫,使能尽力工作之人不能多工作,使后来者工作虽多,其工资仍与寻常工人等。有此两种原因,故今日所有工作,不能加多。

最善之计日论工方法,将每人逐日作工及作业力,详细记载,以备查考。察其有进步者奖之,增其佣值,无进步而工作不及格者退之,更选良工,庶几可渐除闲荡偷惰之习惯。顾行此法,必使佣工深信厂主决无改行计物论工之意(即件头),虽久而不变更。否则或奖或退之法,不尽合宜。设使采用计物论工之法,则此法难以实行;或用记录以作计物论工发给佣值之基本,则愈滋工人疑惑而反增偷懒矣。

组织的惰性,每滋生于计物论工之中。盖因计物论工之制,工作较重,出品可增二三倍,工人不顾佣主利益,善于偷惰,务其不减佣值,且故意欺诳佣主习非成是。遂致一二诚笃之工人,亦复渐染恶习,其视佣主虽非仇敌,而不啻与之反对。于是佣主与佣工间之信用与感情,欲求同一之方针者,皆渐灭而无存。

而亦滋若辈之疑,遂不惜耗费精力,以限制机器之出产额。虽出品较多,而工作实未稍增也。

佣主、佣工间之大利,在乎变简陋之方法,而为学理之管理。大旨在乎节省时间,捐除无用之行动,变迟缓、怠惰之举动,而为奋迅、振作之工程。此为增进出产额之惟一方法也。至论工作迟缓之第三原因，将于本书后页申明之。

佣主、佣工之良果，当以学理方法，改良不规则之旧法。凡一切工作，虽至微细者，皆可以良法改进之。

欲节省时间，而增广产额，必除去不切要之行动，易为速而有效之行动，其关系全在乎时间研究与行动研究之二者。

简言之，凡作工者种种心得，皆由考察四周，自出心裁。往往通常一法，变化多方。假令制一器而有种种不同之形，立一艺而有种种不同之术，然比类观之，则其中必有最优之器，最良之术。此必从所习之旧品旧法，加以科学剖解之功，注力于时间及行动之研究。斯所谓以科学方法改良不规则之旧法也。

由是观之，可以见种种旧管理，皆由工作之人，从阅历经验而得之，非由于教成之。又可见旧时代工作之人，不获指导之助，故所作之工，皆不合科学之规则。

第十一节　机械事业之于学理原则

著者可断言之曰：普通方法一切机械工作，各以科学理想为基础，工人之能合法者，咸莫知其所以然。盖由缺乏指导，而又无良智识也。今欲工作之善，皆合于学理规则，必使管理者与工作者平匀负其责任焉。

管理之人，贵乎发明学理。如管理而合于学理之方法，所负责任更大于寻常管理也。

是书所发明之理，在工作之合于学理方法，且管理者宜精心经理躬任工作，又令人领导工人使之无废时而增速率。

第十二节　学理管理之要诀

各工人宜按时施教，使之互相友善，不令领工者驱迫太甚，亦勿任工人自由无度。故密切管理之人及共同组织，实为学理管理法最重之原素。

共同作业之效验，可从实验而见之，即平均担负是也。凡有阻碍出产之事情，皆可扫除。从三十分至百分，所加工值，即在乎学理管理，足以绝一切偷惰之弊。

在此方法之中，工作加增，出产益富，则所需工人日渐增加，而不至有工人失业之患。昔人每谓出产增而有一部分之工作缺乏者，非也。

故著者决意谓此书或写或画，非惟以教工人，亦可以教社会。凡机器制造，欲得最大之出产额，必采用最新之学理方法。由此以推，而亦可以解决他种重大问题矣。

或者谓此方法仅属于理想。然此学理管理法，尚在初发明之时期，而普通管理法发明以来，已及三十余年。此三十年之中，凡一切工作范围之中，皆由普通管理法而渐成为学理管理法。

今美国有五十万人，在学理管理之中，佣值比通常增多三十分至一百分。工厂事业益盛，其每一机器之出产额倍于通常，且绝无同盟罢工之发生。由此可以见学理管理方法之合宜，工人无不乐从。

佣主、佣工互相猜疑抵制之常情，一切以开诚布公融化之，尽除其弊。

此书之中，已说明各种便利方法，从平常管理以臻于学理方法。惟读此书者，往往误以机械方法为根本，而不知此种管理方法，包含学理甚广。而所以用此方法者，有种种手法，皆非同式，故不可误认为根本，而拘执不化。犹之医者治病，非可以一种药饵而治愈各种病症也。

人有生而残暴者，有生而懒惰者。良莠善恶，在乎人性之不同，与吾人所遇境界之不同相似。世无有一种管理便利方法，可用之于一人或一群之中，而能永保一家一厂之兴盛。

兴盛之道，赖乎种种方面，无论一人一地及一国，皆不能必有其境，要必经过一级，两方皆有小损害（即喻佣主佣工），而在此学理管理之中，可使工作者愈形鼓舞，无不和不睦之弊。虽或微有损害，而时间亦减少，此为真确理由。无论何地何省，皆可以学理方法代普通之用，此种方法将来必通行文明诸国，利于民者甚大，可以豫决之也。

第五章　余义
第五十三节　产额增高与报酬

事固无疑乎？工人之有偏心者，将作不平之鸣。盖以学理管理法之中，不倍给工价。而欲责令作两倍之工，诚属拂人之情。且其别一派，则惟希冀股东红利，而不顾大局，尤足以致工人作不平之鸣。

所谓不平也者，譬如胜任搬运生铁之人，一受训练，即能搬运生铁较多三倍又五分之三，何以所收工资仅增百分之六十。凡若此类，苟非详究本末，则不能得最后之判断。骤观之，似惟有厂主与佣工之两派，而吾人更当知有第三派，即系购用出产品之人。盖所以偿厂主及工人之利益者也。

购用出产品之人，所的权利，较厂主与工人为尤巨。盖第三派之人，固应有一分利益。且由实业之历史观之，惟多数人民能享实业之大利。试观最近之一百年来，欲求增多出产之故，全以机器代人工，而大启世界之文明。

经过短时间适当机器专利之时，引用新器，获益甚大。佣工者得高价而成功愈速，出产益良，但其最大之利益，则及于全部人民。

兹事之明效大验，则佣工、佣主及用货者之获利，随乎学理管理法之后，一如前此之利益普及。试仍以搬运生铁之事论之。吾人所谓产额增多，利归人民者,因生铁块之价渐减也。然吾人又必思如何而可分其利于佣工厂主,得公平之道,固当周详审慎,非特在两方面,而必顾及用货之人民。

一、吾人曾言搬运生铁之人,不求他长,不过其体魄强健,能任劳动。

二、此种人每日所为工作,务求合宜,非欲其所搬运较多于人。假令作工太过,乃系配置不合,有违于学理管工法。

三、此种人工作之多,非由彼之自动,及其心得之发明,乃他人先发明搬运方法教成之。

四、凡普通之佣工,尽其能力以作工,只须给以同等之价。譬如以三倍之五分之二工价给于此种工人,远过于普通佣工,则必引起不平之感情,而对付为难。

予曾说明工价增多百分之六十者,非由工头或稽查者强迫成之,实由管理者详细研究之效验。盖研究所得之法,不偏不倚,工人操作合宜,一无违误,必给以相当之报酬。可见各方面皆虑之周密。

由此以见搬运生铁之人,加以工价百分之六十,非属有损之事,而实有利益。

可见凡事关于事实所发现,必较之理想为确切而可信。彼作工者于此三十年间,增加工价以来,莫不感悦,而佣主则有红利增多之实益,诚两利之事也。

著者所尤深信者,第三派之人(即人民),亦渐渐要求利益普及。然后从佣主、佣工之两方面观之,必须得最大之生产力,断不能再容专顾红利,不惠众工及苛待工人如牛马之佣主,亦不能容生产不增,但求加价之佣工。

第五十五节　主张学理管理法之基础

或有问于予者曰:君之所言,何以一无新发明乎? 予应之曰:学理管工者,固无关于新发明,然其法乃由种种要素所并合研究而成。盖搜集旧学识而分析之,予合之乃分类以发为学理,加以众工人及管理者推想研究,及个人互相观察之所得,佣主佣工对于责任之体验,又为之分析原理,然后互相关联之至理,显豁呈露,而协同工作之事成。以上种种皆旧法所不能为者,且须由逐渐发明之理以组织之,而未可一蹴以几也。

此非单独之要素,乃种种并合以成学理管理法,其原理有数端。

学理非草率方法,乃详细集合而成。

和衷尽力于工作,而无异同之意见。

共同工作,而非单独行动。

最多出产数目,非为制限之出产定额。

发育各工人之最大生产力,至于富足。

著者重言以申明之曰:凡单独工作,不需旁助者,虽往昔亦见小效,而已成过去事实,今则一切重大之事,皆公共操作,工事适宜,且咸能保守美质,用于工作职任,极为得当,同时亦不失其自动之能力,互成其和衷工作之习惯。

本书一切引证,关于学理管工法之出产增多,足为公共利益之代表,确系实效,非公共利益以外,仅为种种说明中,偶然发生效力者也。

予曾考察各处采用新法之效验,知新法之利,普及全球,非仅奏功于一隅之地者。

最大利益之在本世纪者,突过于前,平均耗精力以成事功,增多至两三倍及四倍,其原因多在乎技巧之外。盖属于汽机、电气之发明,机器之利用,科学与教育之进步,以及种种事物之发明。遂致生产顿增,个人咸获富足,而全国亦由以兴盛。或虑机器新法盛行,个人生产力益增,而众人必多失业。彼之意见,固甚信一国之贫富强弱,与人民程度之文野,由个人平均出产力而异。彼富强国人民之生产力,比之贫弱国人,必增五六倍之多,是亦可以事实言之。最大原因,在英国无业者之成分。或在世界最强健之国中,英国作工之人,比其他文明国,更有意限制出产额。因有一种似是而非之议论,谓不可尽力工作,务宜保守权利。

第五十六节　生产力之倍加

盖凡采用学理管理法以后,各人在实业界之生产力,必然增多。思之,此于全国之关系何如乎?需用品与消耗品如此增多,工作时间复能减少,及文化与教育之增进游戏练身之日盛。再观于世界出产增多之后,制造者与工作者更乐于从事作业,人民普沾大利。种种进化,何一非学理管理之实验。假使此法行之愈早,则佣主、佣工之不平,悉已蠲除;日常作工,悉就平均偷惰之弊,完全改革;工价增多,而不起纷争;共同工作,而悉免冲突。盖事实既臻于尽善,更无有偷惰之风、争竞之弊,稍或发生矣。

第五十七节　生产费之减少

学理管理法,果能从早采行,出产顿增,消费渐减,然后公司事业足以竞胜于人。扩充营业虽在市情低落之时,亦得保全其应有之利。

论其明效所在,为增多富庶,减少贫困,非特工界获益无穷,而人民亦普沾乐利。其莫大之原素为出产增多之余,工人皆养成秩序,达于生产极高之度。且其对于佣主及同人愈征友爱,非如从前之互相防范,有相持不下之状。此即学理管理法之实验,亦即完全问题中之最要原素。

此岂非吾人所知之学理管工法之效果乎?推此效果之所及,岂不可以解决别种问题,如鼓动英美诸国工人之更属重要者乎?然则吾人所谓事实者,当尽力以从事改良,使社会确见其大利所在。斯则关系至重者也!

(原书)

12 月 2 日 《申报》刊登《工厂适用学理的管理法》一书广告,云:"吾国工业不兴,由于缺乏管理人才,此书为美人戴乐尔原著,于管理上种种方法,推究入物,出版未几,风行全球。兹经穆君湘玥译出刊行,凡百实业家,能按此书推行尽利,定收奇效。"(同日《申报》)

12 月 撰《中国花纱布业指南自序》。该书美国克赖克著,原书名《日本纱布业》。《自述》云:"美国农部调查专员克雷克君著《日本纱布业》一书,详述日本棉业发达史,调查精确,深中窍要,余于百忙中抽暇译出,以饷国人之有志经营纺织事业者。此篇关系我国纺织业,有特殊要点。附加按语,针砭我国棉业之腐败,及种种应行第一步改良方法,俾我国纺织界有所取法。名之曰:《中国花纱布业指南》。凡一巨帙,迻译工竣达十阅月,由余印行。(《文集》第 23 页)《自序》阐述我国实业未见长足进步原因是"不知自己者所短与绝不考察他国之所长有以致之。"呼吁农家改良棉质,厂家改良工作方法,政府实行奖励政策。指出此书为我国"纱布业振奋之警钟","利病之明镜","当引以为振兴本业之师资,无论何业皆可取法。"全文如下:

> 年来实业足以救亡之说愈唱愈高,专门家与资本家日益接近,以故新事业产出于我泱泱大陆者日益繁多。多数事业中,希望较长,效益较速者以棉业为首屈一指,但内部组织大都未入完善之轨道。外界竞争多半昧制胜之方略。开纺织新事业风气者已阅二三十寒暑,乃蹉跎岁月迄未见长足之进步。夷考其故,盖不知自己者所短与绝不考察他国之所长有以致之。孙子不云呼:"知彼知己,百战不殆。不知彼,不知己,每战必败。"立足于工战商战场中,相率而犯兵家之忌,宜乎前此若干年间实业界之无几何生色也。今就纱布业言,外货之逐鹿于我中国市场上者,印度棉纱、美国棉布而外更有日本纱布,试一检我国近年海关报告,便晓然于外来棉产最为巨大漏卮,已占入口货全额四分之一以上,骎骎乎达三分之一。查进口棉纱、棉布之来路及销数,尤以由日本运来之粗纱布占数为最巨。日本纱布在日本为出口货第二大宗,在中国进口货则为第一大宗,日本纱布业为中国纱布之劲敌固无待言矣。虽然,日本一区区岛国耳,纵不过三千余里,横不过六百余里,境内多瘠土,不产棉,其所纺粗纱取材于印度棉,细纱取材于美棉、埃及棉,因政府提倡于上,商民团结于下,纱业公会督促翼扶于其前后左右,三十年来,日本纱厂用花之数竟为全球棉业国冠,其国人民赖以生活者数十万户。事在人为,地理固不足囿之。我国土地所

在宜棉,乃不加研究,致出货日趋于恶劣。自洋纱布入口以后,手纺土纱及手织土布相形见绌,利尽被攫。比年以来,内国纱厂、布厂陆续添设,然吾国人民总数多于日本八分之七,出纱锭数仅抵日本三分之一,以此例彼,知我国纱业前途正多发展余地。布业前途亦复类此。资本家与有志振兴实业者,对此有望事业当出其锐利之眼光,灵敏之手腕,撄此时机。夫今日欲发达内国纱布业,根本计划固在乎农家改良棉质,而尤在乎厂家改良工作方法与政府采用奖励保育政策焉。出口纱捐之免除,进口纱捐之加增,出统计报告以促竞进,备巨款挹注以维市况,此政府所有事也。研究工厂管理法,如何得人之心、如何尽人之长、如何减轻制造费、如何减少耗废料、如何集思广益以谋事业发展、如何患难相扶以免公共不幸,此厂所有事也。木朽而蠹生,穴空则风至,内力伸展若干度数,外力退缩若干度数,吾人不善自谋,而后机警之外人代为谋,于是有设彩诱引推广销路于我腹地,就近供给创设厂场于我境内之举。且不仅此,我不自拔而有利用外资之痴愿,人得所乘而起吞并吾厂之欲望。呜呼! 不听警钟,不足以破妖梦;不临明镜,不足以照妍媸。此日本纱布业一书,殆促吾纱布业振奋之警钟乎? 抑示我纱布业利病之明镜乎? 以玥观之,是书固不仅为纱布业中之警钟之明镜也,扩卖买于万里而遥,有航线始有自由,阅此书而知海权在握之必欲;定生死于条件以内,有契约即当确守,阅此书而知合同订立之宜慎;去土货之束缚,拒客货之侵略,阅此书而知苛税不可一日不除,外货不可一日轻纵;经一番之痛苦,振十倍之精神,阅此书而知贷借金钱之权宜接济,不若公积折旧之坚筑根基;一度凯奏,必得如许新市场,阅此书而知国民宜勇于公战,乐于输饷;投机事业原不出诸大商行,阅此书而知居易者克守恒业,行险者每至破家。他如大阪纱业公会,固结厂家感情,防止劣工发难;摈弃挽水棉花,改进全国纱质;求减成本,达到内国免税目的;期畅行销,阻止人国加税计划;遇市面萧条时,限止工作,减轻经济上担负;奖励出口,吸收大陆金钱;遇母财竭蹶时,选举代表,迫求日政府维持;妥订条规,力请银行家接济;扩张航权,岁收巨额回扣;为坚结人心发展纱布业之用,精密调查,月刊详细报告,为考察商况、改良工事之需。此书详载此类事实,本本源源,纤屑不漏,非但吾国纱布业中人当引为振兴本业之师资,无论何业皆可取法。如改良出品、抵制外货、选购原料、开辟航路、设立公会、维持督策、赠送彩票、期广行销,此种智识,为中国办实业者所最不可缺。谨本诸希望我国百业竞进之微意,遂定名为《中国花纱布业指南》,见仁见智,一在阅者。

(原书,1917 年 3 月自印本;《文录》上卷,《文集》第 111 页)

12 月 贝润生为先生译著《中国花纱布业指南》作序。云:"立国之命脉以实业为要素。实业发展，则国富而民裕。实业凋敝，则国病而民困。此其理，一国然，列国皆然。吾国地居温带，土壤沃衍，物产富饶，一天然实业区域也。占优胜之地位无良好之结果，论者谓外货侵蚀有以致之。岂其然哉！夫木必先腐而后虫生，川必先溃而后水溢。吾实业之不振，徒以重狃积习鄙薄工商。上托为抑末而不加保卫，反苛税以摧残之，下安于苟且而不知改良，更挟私以倾轧之，遂令外人得乘其隙，夺吾之权，掠吾之利。且骎骎而靡有已，良可慨也。比自工商竞争，潮流愈剧，生计问题，困难益甚。朝野上下，憬然觉悟。实业救亡之政策，众口金同。因而有厘定实业奖励者，有提议实业教育者，有组织联合公司联合团体者，规划详尽，气象万千。惜乎科学幼稚，资本杂投，为抽象的比拟，固犹如盲者之暗中摸索，跛者之道左彷徨也。欲握一决胜之方针，则茫乎其未有。吾友穆君藕初，游学美洲，究心工业，睹此情状，怒焉忧之。因本其所习，从事于工场。曩者尝译《工业管理法》矣，一册流传，风行海内。今又译《日本棉业调查书》，条分缕析，详加按语，以见吾实业界受病之由。虽然实业界受病岂从棉业为然哉！借此镜彼，若合符节，诚可谓仁者见仁，知者见知也。译成定名曰《中国花纱布业指南》，问序于予。予何人，斯滥竽商界，学识简陋，又何能赘一辞？惟撮举大要，粗观大义，觉其中抉摘利害，指陈得失，皆能洞见症结，纤悉靡遗。世负提倡实业之责，具振兴实业之志者，各手一编，会其通而究其变。因其利而祛其弊，行见如遵大道，盲者皆所适从，跛者皆得所趋向。他日排斥外货，畅销国货，胥于是编操其券也。爰不自揣，略缀数言为实业前途贺。至弁诸简端，则吾岂敢。"（原书）

本年 德大纱厂获利。《自述》云："民五春，袁氏称帝，国事蜩螗，全国纱厂同受绝大之损失，而余所经理之甲厂，仍有盈余。盖是时内部组织完密，故营业得进顺境。"（《文集》第 31 页）

本年 于不吸卷烟会驻办员王志公追悼会上致辞，称王志公至诚、刻苦、无私之品德，"吾人不但佩服王君之不为私而追悼之，还当善学其不为私。"并痛陈吸烟对社会危害，指出"教育未普及，而卷烟已普及"，呼吁国民革除烟害。摘录如下：

就吾上海论，上海人口几乎达百万，即以上海住民作百万计，而计有十分之一为吸烟者，此十分之一吸烟者平均每人每日消费银一角，则上海一隅，每日伫看有一万银元化作烟尘。每日消费一万元，每两月即消费六十万元。若以此六十万元开办一锭子万枚之纱厂，其在此纱厂账房直接领取工资以生活者至少有六百户，此厂每岁可做买卖百万元，间接而获利者尚不在内。以上海吸卷烟消费数统年计之，为数凡三百六十万元，每年省下可办六十万元资本之纱厂六家。呜呼！我上海人力所能办每年之六大纱厂，因无知无识故，于冥冥中呼吸去矣。设使我上海人咸能立志戒吸，以一年内省下之三百六十万元创办六纱厂,仅仅此一年以内之撙节,已得使失业人民赖工作以存活者骤然有三千六百户。盗贼氓丐可以悉化为良民,捕房监狱概可空闲,地方新闻不复污浊,岂不甚善。仅上海一隅人民,立志自觉,旧染污俗,咸与洗刷,其于实业前途、社会影响,已如此其大。合各埠及全国计之,一旦人人醒觉,努力撙节,痛除烟习,以此血本创办一切生利事业,其影响于国民经济,造福于国家社会前途为何如哉!予自前年回国后,闻于光复一二月前,沪上会员敦请伍公秩庸提倡不吸卷烟,不浃旬而上海大收效验,各省亦大受影响。烟行大起恐慌,而某行大班语人云:苟香烟、雪茄抛掷地上,人人视同粪土,无人拾取,则吾心方死。今默察华人立志未坚,正好极力运动。于是到处赠送,光复之日,辇送香烟、雪茄若干箱进某都督府中,于是军警政治界大吸特吸,饮鸩而甘。伟人等提倡之,而无知小民亦模仿伟人之为人尤而效之,至今日虽妇女孺子亦不以呼吸卷烟为羞耻。妇女而亦吸卷烟,游行无忌,为东西洋各国所无,其一种丑现状,实在不堪目睹。教育未普及,而卷烟已普及,岂不大可痛心,大可惊惧哉。故予亦立志有某大班之决心曰:如我国国民戒烟不尽绝,则吾心不死也。想诸君定表同情,均以此害不除,此心不死。今王君鞠躬尽瘁死矣!我辈人人皆应继续王君之志,扫除烟患,死而后已。否则烟患绝而后已,此即我辈对于社会教育之天职也,愿各自勉之。

（《追悼王君志公演说辞》,《文录》下卷,《文集》第 215 页)

1917 年(民国六年,丁巳) 四十二岁

1 月　卢永祥任松沪护军使。

胡适发表《文学改良刍议》,提出文学改良主张,提倡白话文代替文言文,以白话文学代替古文学。

2 月　陈独秀发表《文学革命论》,提出推倒贵族文学、古典文学、山林文学"三大主意"。

3 月　北洋政府免国务总理段祺瑞职务。

5 月　中华职业教育社召开成立大会,通过章程,推定王正廷、黄炎培等九人为临时干事。

7 月　张勋复辟。孙中山等率海琛号军舰由沪赴粤。

8 月　北京政府宣告加入协约国,对德、奥宣战。

11 月　俄国十月社会主义革命取得胜利。

12 月　华商纱厂联合会成立。

1 月 3 日　《申报》刊登《组织厚生纺织公司近闻》。云:"商董贝某于秋间纠集巨资,拟在杨树浦德大纱厂左近购地数十亩,组织厚生纺织有限公司,已志前报。兹厂基现已购成,约地四十亩,厂屋刻正绘图投标。该厂拟设机锭一万七千只,花旗布机三百架,不用炉子用电汽马达。一初应用擎,全付机器,均系承办。该厂之总经理由美国实业毕业某君承乏。"(同日《申报》)

厚生纱厂所用机器设备均委托慎昌洋行订购。先生对佣金制度危害有感触。《自述》云:"于时乎机制物品势若排山倒海而来我中国,佣金厚则趋之者众,其买办能力之良否,视推销力之强弱而判之。但销数之畅否,在在与其人收入上有密切之关系,则吸收主顾、广辟出路之努力,自无待言。昔之充军装买办者,例须捐一府道衔,翎顶辉煌,方得奔竞于督、抚之门。即普通机件,洋人所给之佣金亦较昂,不惜运用全力以求得主顾。于是请托也,钻营也,纳贿也,乃至嫖赌逍遥,以结买方之欢心。于是,我国有心人向所不屑为之请托、钻营、纳贿、嫖赌、逍遥等等不名誉行为,一变而为社会上普通之习惯。迨买办既售其技,攫有巨资,鲜有不趾高气扬,挥金如土,无所不为者。此种不幸之事,适发现于水陆交通之上海,继复浸淫而及于全

国。有识者虽欲矫正之,卒苦于莫可如何。余非谓买办之异于常人,亦非有所不满于心而发此言也。买办亦不过行业中之一耳,在身当其冲者,为业务所累,大势所趋,而有不得不然之苦。久而久之,不觉其非,亦属至堪悯惜之一事。"(《文集》第20页)穆伯华《先德追怀录》云:"先君筹备厚生纺织之时,其机器皆直接向上海慎昌洋行定购,不从中扣取佣金。因为先君一生反对掮客从中取利之行为也。有谢绳祖者,留学美国,习化学。回国后进慎昌洋行,月薪仅八十元的低层职员,与行中之高中生学历者同薪。谢君郁郁不得志,悉先君与慎昌外籍经理交谊甚喜,乞一言希望提升。先君为之语,且盛赞谢君之才能。洋经理问先君:'月薪应给几何'?先君随口答曰:'应为四百元'。洋行下月起即以月薪四百元付谢君,谢君喜出望外。先君以一言助谢,为表明推荐之不谬,凡国人兴办纺织工业者,于一九一七年,一九一八年中请先君代为定购美国纺织机达七十五万锭之多,先君全部介绍谢君。毕云程先生所写《传略》中'定购美国纺织机达七十五万锭'即指此也。老友周让卿说:'各洋行规定有一笔酬金送给介绍人,而穆先生自己不取,悉数让谢君取去'云。解放后,谢君已迁苏州作寓公,余往访,自先君逝世后第一次见面亦末一次也。谢君含泪而语余曰:'藕初先生是我之第一知己也。'"(手稿)

1 月 《植棉改良浅说》一书再版发行。正文在初刊基础上,有若干修改补充。全书分棉种、气候、土质、治田、播种、选种概论、选种方法、肥料、御旱法等节。书后附《上海穆氏植棉试验场第一次报告》、《为植棉试验场事上农商总长书》、《农商部棉业处复书》及《系说》(摘录《中国花纱布业指南》总按语之一)等。《上海穆氏植棉试验场第一次报告》(每二年一次)包括本场之缘起、本场之历史、本场之目的、本场农作大概、本场之搜捕害虫情形、扫除害虫平议及简法、改良棉产之经验谈、农场感言、试验场之成绩、推广改良棉种之良法等节。《上海穆氏植棉试验场第一次报告》如下:("本场之缘起"、"本场之历史"参见 1915 年 1 月条)

本场之目的

本国棉花以南通产及陕西产为最良。然竭其能力,亦不过能纺二十四支以下之纱。但社会需用细纱,其趋势甚亟,纱厂需用外国原料,其为数绝大。欲弥此原料上大缺憾,必须改良内国棉产。欲改良内国棉产,必须移植世界佳种。本场本此主义,移植美棉。惟试验上事,手续至繁。如种类试验,肥料试验,距离摘蕊及播种迟早等试验,科学上诸般之研究,非预备多数场地,牺牲绝大经济、绝大工夫不办。玗于第一年开办本农场时,正经营德大纱厂,第二年内又组织厚生纱厂。因厂事忙迫,不能每日到场亲自督率。况雇工劳作、购备农具肥料,以及开河筑路等特别工程与地租等项,在在需钱。虽开办费千余金,由杼斋家兄独力担任,更得郁君屏翰每年捐助百元,以轻负担(即本场历史中所述岁捐田租六分之五是）。然各种试验需款孔多，自问于精力、财力两者，俱患其不足。求其至简单而收效又极宏大者，则惟有选种试验之一事。以故本场移植美棉，仅集力于种类试验中选种之一部分。

本场农作大概

本场农作方法，主张乡民易于适从，庶于将来普及棉种改良上，收效广而且速，故一采平常主义。所用农器，十之八九与乡间习用者同，新式农器暂不置备。一以节省本场之经费，一以免彼乡人之疑难。其治田、施肥、剃草等到大概情形，亦无不从同。所微异者，播种时取疏栽不取密播，至棉株发育合度时，本国种概行摘蕊，即摘头（凡实心植物概得行摘头，试验培养横枝丛生之姿势），期其横枝怒生。不复作单干直抽之状。且横枝上所结果实，从根须吸收养分，较为容易。与单干上所结之果实，吸收地中养分，艰而且薄者，得失判然矣！（乡人亦有株梢棉果不能留种之说，亦与此意两相符。特粗知大概，不知进求之而改良之耳）至美棉则横枝丛生，成为天性，可以无须摘蕊。（本场虽视美棉无摘蕊之必要，然仍画分若干作摘蕊试验，以观其效。惟美棉摘蕊与不摘蕊准确之比较，须日后报告）惟美棉每株所占地位，总须在四方尺以上。又美棉果壳厚实，开裂较缓，其播种为不得不视本棉提早若干日。美棉播种提早，俾花朵开放于霜降以前，庶花丝不致受损耳。此本场农作，与乡间普通农作比较上微有异同之点也。盖其所以从同者，有不必矫然立异之处。其所以微异者，有不得苟焉从同之势。此本场开业迄今，为农作上惟一之主张。在第一年试验期内，乡人颇有以本场农作微有不同之点而持异议者。至第二年试验期内，向持反对说最力之农夫亦表同情矣！

本场之搜捕害虫情形

第一年内下种七日后，棉放乳叶。再经十三四日，即发现乳叶剥蚀状，三日之培育，不敌一夕之消损，穷搜之下，见蜗牛（即负壳蜓蚰）蛰伏棉穴中，及田塍背阴处，与地面隙缝内。凡棉花穴中，每穴有嫩棉五六株，一蜗牛钻入穴中，则全穴乳叶悉被卷食尽。遂决计勤捕，期绝斯害。每晨五时，率艺徒全班至场搜捕。八时日高，蜗牛潜伏，不易寻觅，始归。如是者凡两星期，计共捕获蜗牛百三十六斤有奇，每斤平均三百六十枚，计共捕杀五万余枚，杀之以灰，不死。继杀之以盐，盐值昂贵。遂改用洗擦机器所废之绿色煤油，蜗牛遇此油，死甚速，各区嫩棉，经此多虫剥蚀后，非常憔悴，剩余青色，仿佛从虫口中夺回矣。

第二年播种以后，未放芽以前，即赶紧搜捕。至乳叶开放时，虽仍未免虫耗，然较之上年，已幸保安全，经五六回循环搜捕后，蜗牛踪迹已将垂绝。惟邻近田亩间，蜗牛一任生育，不知搜捕，时有游行入本场棉区，潜伏遗害者。然则民智不开,各农家若不协同搜捕,则虫害扫除之望,恐终难达到也。第二年捕杀蜗牛,计达六万枚以上,随捕随用木锤击死,用灰拌之,储藏缸内,以作肥料。试用于瓜田,颇呈繁殖之观。按蜗牛恶旱而又恶湿,每当雨下时,不复蛰居低处,必相率奔忙,移徙植物杆上,或高爽不积水之处。若淫雨连绵,则蜗牛经此多日潮湿之气之侵袭,必相率犯病,而以较大者为尤甚。蜗牛病时,不复思食,行动亦艰。经若干日后,其头紧缩,外结白膜一层,如入睡乡,乡人名之曰"蜗牛封口",以此时不复能剥蚀田间植物故也。蚕豆根下,蜗牛最喜聚族居此。闻土人云,是地向无蜗牛,有之自近四五年始,或谓蜗牛种子,随桑秧带来。姑附志之,以备研究。

蜗牛为害之外,更有不易目睹之霉菌虫,寄生于棉叶上。第一年发现此霉菌虫于交大暑以后,叶上呈点点焦斑,蔓延甚速,决计剪除,以绝祸根。每晨率干练勤勉之艺徒四人,厉行剪除。凡三日,计仅辛区九亩,美棉共剪下病叶三百余斤。

此项病叶,本国棉株亦有之,惟不多见,乡人称之曰铁锈斑。彼等以为此项焦点棉叶,无甚关系,转以吾人厉行剪除为多事。第二年此项病叶,亦偶发现,然属至少之数,不若上年辛区之盛。

收拾霉菌病叶,实属一种重要事件。其收拾方法,亦极简单,止消率同勤敏之童子若干人,每人各持一竹篮,各人各向一畦从头至尾剪除去。另于田角相宜处,置大蒲包或大扛篮,以便各童倾病叶于其中。某区挨次剪除既毕事,更及其余。此项霉菌病叶,收拾到场,不能倾入肥料坑内,须平铺场上,于烈日下曝干,立时点火烧除,方绝后患。凡有病菌之植物枝叶,付之一炬,实为除害最良方法。此外如稻田之白灰穗,麦田之黑灰穗,皆宜采集一处,行此烈火烧除法。

此外更有一种最厉之虫,大足惹人注意者,为卷叶虫。卷叶虫即花球虫之一种,卷叶虫之初祖为蚜虫。第一年处暑后第三日,发现蚜虫于辛区,美棉嫩叶之背,及叶柄与枝头,散满青色虫子。其颗粒细于蚕子。此虫子之胞膜亦甚薄,盖系飞虫所遗下之子,始仅少数,继则渐盛,且大都散子于嫩叶之上,至孵化时,即食此嫩叶以成长。其成长甚速,经若干日间,化而为蛹,由蛹而蛾,再散子于其它嫩叶之上。每经一次雨过后,烈日烘之,则嫩叶怒抽,青虫繁生,即成卷叶虫。始仅卷一角,继及全叶,终则全株为枯。如经野火然,随见随收捕,将此病叶摘下,入火焚烧。收拾之劳,不敌飞虫散播种子之速,计第一年摘去卷叶五万叶以上。惟病叶未克扫数除净,偶有少数未经铲除,少数之蛹,及他处棉田之蛹,再孵化而卷食尽。美棉区残存之叶,叶尽而钻入花球中,食棉子仁。棉子仁中含蛋白质甚富，此虫竟据为巢穴，而棉田损失巨矣。

第二年始发现卷叶虫，努力铲除，循环搜捕，计共捕杀卷叶虫二十万头以上，此虫系青色，状如蚕而瘦长。

尚有灰色带刺之花球虫，头尾微尖，腹部阔而且扁。其攻入花球之力尤猛大，都从花球柄边之托底叶中攻入，盖花球罕经风日之处必较嫩，故害虫多由此攻入。但灰色带刺之花球虫，身短嘴锐，攻力独健，不问棉果尖端及其四周，皆容易为彼虫钻入。查此虫亦系飞蛾所散之子，其长不及英寸四分之一时，已有攻入棉果能力。盖此虫为花球虫中最猛厉之害虫，而搜捕为最不易焉。

扫除害虫平义……及简法

欧美各国均有昆虫学专家，研究各项害虫，广谋补救之法。故配合各种药水，以除虫害。然各种药水，仅能用之于果园，及菜圃等范围较小之地，而用于棉场者，尚未之前闻。盖棉株枝叶繁茂，苟浇洒不透彻，则效力甚少。若必浇至透彻，不但势所不能，即从经济上言之，以所用之药水，与所得之花衣相比较，得失之数，不能相抵。故美国自墨西哥棉蕾虫（即俗名花球虫）于一八九二年传入后，迄今几遍美国全部产棉区域，全国昆虫学家竟无良法以扑灭之，实势所不能也。自害虫发现后，始施用药水，乃消极的抵制法。防备于未然，乃积极的抵制法也。兹将扫除害虫简法，约述如下，以供研究。

一、整理田亩。各种害虫，往往于隆冬时，蛰伏于树根下，田塍中，腐草败叶中，宅边枳杨篱中，荒冢草根中，浜边芦荪根中，至明春天暖即出现。然其藏身不甚深，约一二寸。苟于冬季将此项害虫巢穴扫除净尽，则虫害可逐步减少。故各地农夫应于冬季农暇时，将田间腐草等物概行收拾，聚而歼之，举火焚烧，定收大效。苟各处一致搜捕，通力合作，同时铲除，则地方获益甚巨矣。然此项害虫蛰居之地，以枳杨篱根下，及荒冢边草根下为最不易收拾。但地方人民，果能咸知虫害之烈，有力者提倡于上，农民附从于后，即稍有困难，均能胜过矣。

一、勤犁田土。因害虫穴居田土甚浅之处，以避寒威，寒时类皆蜷伏不能行动。苟于冬季农暇时，将田土使犁一次或数次，则害虫巢穴尽行捣毁，或则被野鸟啄食，或则自行冻毙。国谚有"雪飞六出豫兆年丰"之说，此何意欤？盖严冬降雪时，雪花满播地上，几于无地不到，待一旦日出雪化，雪水渗入土中，随化随冻，此时田面寒度，较诸他处为更冷。故田中蛰藏之害虫，虽未掀动其巢穴，而冷气侵入，非冻裂即僵毙矣。若曾犁过田土，其害虫余孽之杀戮为尤烈。至翌年田中植物，因为虫害稀少，而发荣滋长，不受剥蚀之害，遂致丰收耳。

虽然,扫除虫害非一家之力所能及,必赖全乡或全境之力,乃见大效。然玥并不谓一家不应如是搜捕也。苟一家或少数人家力行此法,而邻近不知通力合作,此少数人家田亩中,亦自有效验。世有握振兴实业之政权,而热心为吾民吾国谋公福者乎?此项抽象的兴利除害方法,急宜加之间意焉。

改良棉产之经验谈

改良棉产中最亲切有味之事二。一曰学理,一曰经验。学理系根本于事实上一种之理想。经验系从事实上经过种种境界所发现之实理。有与学理上吻合无间者,有不必从学理上体验而出者,经验有深浅之分,今兹之所谓经验,特亦从二年间,实地试验所得少数之见解而已。此少数见解中,有可以作为农作上不易之定理者,亦有不能即作为农作上不易之定理者,是是非非,尚待继续研究,穷其究竟,欲以此初步之经验,与今后之所得相比较,是不可以不记。

一曰棉性恶湿地面宜高燥。盖棉株根须生殖为最不易,惟地内热度在八十度以上,则生机畅达,高燥之地,能常常保持此高温度,而遂其生活机能。若地中含湿过度,土中温度低降,则生机不足。凡棉田接近水稻田之一边,其棉株必多不长进。若低洼积水不易排泄之处,所种之棉,即呈萎黄病状矣。于此可见,棉花田排水之事为至要也。

一曰沟浍配置浅深宜合度。棉田排水为最重要之事,即如上所述,故以次论沟浍水道之配置。凡田间排水工程,沟浍二者宜特别注意。浍宜阔宜深,其接近河边出水之口,宜尤深。沟道可较浍为浅,其接近浍之一端,宜渐深。最好每四畦开一沟,畦长者宜开横沟一二,俾梅雨下时,排泄迅速,保存土中温度。且泄水既速,削草翻土,工作可以赶早,而棉株发育必加速,吸收养分及阳光必多,可以多得实益。

一曰播种时间美棉宜稍提早。本国棉花,上海普通播种时期,早花在乎交谷雨以后约十日内播种之。苟其天气回暖期早,则不妨分出种子若干,再提早若干日种之,亦未为不可。遇回暖较迟之岁,则宁迟待若干日,以迎天和。美棉株种期固腚提早,而要必以天气回暖之迟早定之。

一曰棉花无论何种均宜酌量疏栽。华棉每株距离,是不宜过疏,然不宜密播。(大约华棉每畦分四排,美棉每畦则种三排)每株所占地位,自三方尺至八方尺,以花之种类而定。(疏栽式分纵横整对之四方形,或斜三角形,三角形省占隙地)

一曰削草最宜时间。乡人仅知棉田之草,能拔去田中肥料。雨后青草怒长,故良农必勤削之,务使田间不留一茎。且竟有加工翻出草根,俾于烈日中曝而枯之,以绝后患者。不知削草翻土,更有别种主要之作用在。盖田面翻松，一则保持地中潮分，使久旱亦不易走失。一则田面松翻后，空气流通，蛰居土中之制造适宜肥料之微生虫，容易发育。盖地中肥质，有经甲种微虫一度消化而成功者，亦有经乙种微虫吸食甲种弃余残料，经两三度消化而成功至佳之肥料者。乡人止知施下肥料，棉根将直接吸受，乌知其实间接吸受。且赖翻土之适宜，而助成此间接吸受之功也。第翻土适好时间，视所下雨量之多寡，及田土吸收潮分如何饱足而定。简言之，则田畦上面踏脚不陷，施用削刀，觉十分松快，为削草最适之期。若太早与过迟，则两失之。即耗经济，又减效益。主任农夫之脑里，不可一日失此计划也。

一曰摘蕊最宜时间。大暑以后，立秋以前，为本国棉花摘蕊适好时间。然棉株生活状态，首宜注意。大约本国棉花高一尺七八寸至二尺，及生活力充足，色气精强者摘之尤得益。美国棉花，立秋以后，处暑以前，为美国棉花摘蕊适好时间。若美棉摘蕊较早，近地横枝，垂垂果实，易陷泥土之中，不若摘蕊较晚之为得也。

一曰辟两种间种之谬说。说者曰：欲望甲种棉花特长传播至乙种棉花中，法须将甲种棉子与乙种棉子相间种之，俾于黄花开放时，待其雌雄蕊花粉，自然妪合，则此后可得良果云。辟之曰：持此说者似颇奇妙，然实似是而非，不足以为训。盖试验事项，重事实不重空想。美国曾有许多植棉专家，发生异想，施用人工交合法，往往经若干年长久岁月，或竟不生效力者有之。以此人工交合法，与彼异种间种天然妪合之说相比较，则人工交合之较有希望为何如？然尚且多数失败，而彼天然妪合求得佳种之策之谬误，可了然矣。

如本农场附近若干里间，无有果林，亦无有饲养蜜蜂之家。故于放黄花时，不见一搬乱花粉之蜜蜂，惟偶见少数蝴蝶而已。此少数之蝴蝶，固无若何妪合异种花粉之能力，或谓风力具有妪合异种花粉之能力，故植物学家有风媒名目。但据植棉专家之实验，以为风力之媒合棉种花粉，不及百分之一。即使偶有借风力混合者，其成效实在渺茫之间。故玥惟主张从纯粹之一种中着手，挑选最好种棉，若干亩内完全播一种之棉，周围无一杂种为最相宜。

一曰美国种棉果不易开袋之原因。美国棉种，其棉果之壳异常厚实，不易开裂，为移植美棉一大疑难之事。玥曾究厥原因，凡有四端：一、美国棉种，自极热处来，一旦移种温度较低之地，生长上不无起何障碍；二、移植美棉者往往犯密栽之病，致令吸收阳光，不能饱足；三、播种过晚，至棉果开裂时，开气已冷，四地质枯瘦，且含湿过重，地下寒气相袭，生活力因而减缩。以此四大原因，遂致不易开裂，使移植家失望。

农场感言

北风起兮想豹裘,国步艰兮思良士。吾人办理农场,日夕欲谋农作事业之发展,思得良农,然良农颇难于一般劳动界中物色之而得其人也。兹将农人性习,附录如下,倘亦可为当世办理农务者一种之研究资料乎。

一、农民之迷信。桀骜不驯之徒,于教化及法律能力所不到之处。幸有迷信神权之一念,悚惕而束缚之。若农业求进步,则迷信之一念,实足阻碍农事之进化。而此间农夫十之八九,皆深中此迷信神权之一种疯病。如某棉株叶面发生白斑,此实变种之现状,植物学中所恒见者也。乃农夫哗然曰:此土地花也,土地公公到此家田中,今年必发财,当备香烛齐之。如见摘蕊,则吐舌相告曰:吾乡无此打头风气。吾祖若父相传谓,若打去棉株嫩头,恐惹天怒,而遭天打之灾。此等邪说不一而足,仅举一二,已足令人喷饭。呜呼!此类邪说,固彼辈所受之特种教育也。有此谬解横亘胸中,一旦偶闻真正之新农学家言,宜掩耳而疾走也。

一、农民之懒惰。农夫受雇于农场,无论常工短工,均必以懒惰为能事。甫下手时,即念苦经于督工者之前曰:此田土质甚劣,远不若吾家吾乡土质之松美而称手。手提小小田刀,其力若不胜其重者然,其偷力取巧者,往往翻此方之土。盖于彼方未翻之土面上,敷衍了事。故一度工作后,越若干日而草又丛生,又将招彼给工值矣。治本农场田亩,如治自家田亩之人,亦时有之,而惰农必诋排而讥刺之曰:某人独巴结主人,必多给工值与彼矣,必逼其同化,或翌日其人不复来工作而后已。彼雇定之常工,则又两面人性,在督工者面前诉短工之懒惰,背督工者之后,结好于短工,谓此项田亩之不良,工作之烦难,其常工之稍本色者,则又动招短工之攻讦。但各农夫治自家之田,则上工独早,歇工独迟,畦面之高,沟道之深,剔草之干净,田土之翻透,色色精到,令人生爱。独至于代人工作,则在在相反,嗟乎!农人此种之心理,实不良之甚矣。而其所以致病之主因,则在乎无良教育。无良教育,故无责任心,无自动力,一至于此。

一、农民之贪鄙。农夫短于知识固已。然其敛集金钱之知识,则又未尝落人后。吾人向谓士农工商四民中,惟农夫最本色。意者农夫天真未凿,略为训练,即大足与有为。而抑知竟有出于吾人预料外者。田野之夫之机械心,亦不亚于市井。而究其所以蝇营狗苟,无有乎不到者,皆其自私自利之一念有以驱之。嘻!贪鄙行为,末世之士大夫亦尚不免,于农人固未遑苛责焉。

一、农民缺乏公德心。美棉第一年将成熟之时,垂垂硕果,大如水白桃,乡人见所未见,背人采摘,私相馈赠,竟渡入纱厂工人之手中,其为吾人耳目所不到之处之飞散,亦可想而知矣。故某日在田间巡视,见某畦某株若干硕大之棉果,越四五日再至其处巡视,不复见焉。此外如选种所立竹标,按号登册,而距农舍稍远之辛区,则一拔,再拔,三次拔,至换用暗记而后已。此外偷瓜偷菜之事,亦几几乎习以为常。然此地接近多数工厂,早已成为工业社会,地方上生计,尚称宽裕,而此等不光明之举动,尚不能免,则生计较困之地,复何言哉。

试验场之成绩

第一年乙卯因遭两次特异风潮,再经白露后淫雨,远近棉产同蒙极大损失。本场又因以前佃户出让稍迟,播种失时,更遇恶风淫雨为灾,实验完全失败,仅得少数之棉种。第二年丙辰因美国棉种甚少,故播种甚稀,每亩扯得子花六十斤。第二年收获之美棉,其性质并未变劣,苟于第三四年能保存固有特质,不稍变性,即可谓已达本场第一步之目的。

推广改良棉种之良法

本场种子至第四年后,能保存固有特质,并不变劣,则可定其为合于一般农家之种植。第农家扭于积习,不肯播植新种。其推广之法,宜先自农场附近着手,就在农场中附设秤收美花处,高价收买。一则以试种之家离场较近,场中之种植方法及美棉状况素所深悉,容易诱启,使试播新种。一则美花质美而价昂,如近处不设收买美花机关,则农家不敢冒险播此新种。今由本场为彼设法流通,则附近农家决然乐于从事。故玥深信我国不欲改良棉种则已,苟欲望大众从事改良,而不从农家之经济上着想,断无效力。且试验植棉原求推广,若试验仅及一场,即成绩无论十分优美,于农业上不生若何影响也。农业上既不生若何影响,而于改良全国棉产之希望,乌能有达到之一日哉? 故就近推广良种,及收买良种之花,为植棉试验场最要之着。由此乡而及彼乡,由此省而及彼省,诚能遵是道以行之,不出十年,中国之棉质大可有改进之望矣! 世有注意于改良内国棉产者乎,不可不于此举三致意焉。

(原书)

3月初 荣宗敬、祝兰舫、刘柏森就政府修正关税,改裁厘加税事联名致函上海、浙江、江苏二十三家纱厂(德大、厚生在内),倡议发起华商纱厂联合会。云:"政府为加入协约国,修正关税,改为裁厘加税一节,此事极为有益。惟闻日本国有交换条件三种,一棉花,二羊毛,三钢铁出口免税。查棉花出口免税,关系中国纱厂甚巨,弟等拟发起一华商纱厂联合会,借上海商务总会内为事务所,研究花纱税事。特订期于阳历三月十五号下午四点钟在上海商务总会会所内集议,届时务请贵厂派代表早临勿迟为荷"。(华商纱厂联合会档案)

3月9日 《申报》刊登《杨树浦又将增设一纱厂》一文,报道厚生纱厂筹建进展。云："我国纱厂近数年来虽次第增，然统计全国仅有九十万锭。（新式纱锭每万枝每日可出纱三十包每包重四百磅）内以洋商所办者居半数，较之日本不及四分之一，是以每年外纱进口为数颇巨。有本埠某某等数巨商，为杜塞漏卮挽回利权起见，担任筹垫资本，在沪北杨树浦购地二十余亩，创办新厂，名曰厚生。总经理为美国农林硕士穆藕初，设有纱锭二万五千枝，织机亦已完备，定于下月初旬鸠工建筑厂房、栈房、公事房等，所需材料工资约须三十五万两云。"（同日《申报》）

3月15日 代表厚生纱厂出席华商纱厂联合会第一次筹备会，共有十八家纱厂二十二位代表莅会。上海有恒昌源、厚生、恒丰、振华、德大、鸿裕、裕通、申新、同昌等九家；江苏有无锡广勤、业勤、振新，太仓济泰，苏州苏纶通记等五家；浙江有杭州鼎新、宁波和丰、萧山通惠公等三家。另有湖北武昌纱布局楚兴公司也派代表参加。祝兰舫被推为临时议长。决议：①成立华商纱厂联合会，会址暂设在上海如意三弄宝兴长号内。②公举代表进京与当局商议解决办法，并拟定代表为张謇、刘厚生、穆杼斋等八人，俟函征本人同意后，即准备起程。③致电政府院、部，呼吁坚拒日本提出的棉花免税条件，电稿由刘柏森、戴笙甫、穆杼斋三人负责起草。（华商纱厂联合会档案）

3月19日 与聂其杰、荣宗敬等以华商纱厂联合会名义致电总统、总理及各部，要求政府拒绝日本提出棉花出口、棉纱进口免税条件。电文如下：

> 北京大总统、国务院总理、各部（外交、内务、财政、农商）总长、税务处临时国际评议会钧鉴：政府为修正关税与各国商议加增关税，商等无任钦仰欢忭。惟报载日本有交换条件，要求棉花出口、棉纱进口概行免税，此乃全国生死问题，亦即国家命脉关系。查各国税则，生货出口不能免税，熟货进口应予重征，此为保护国民生计之公例，果如报纸所载，我国纺织业立有停闭之虞。兹有全国华商纱厂代表在申集议数次，先举代表聂其炜、刘恒、穆湘瑶、杨寿楣君等入都向政府详陈花纱免税利害，吁恳政府熟思审处，严行拒绝，并恳关于花纱进出口税厘事得准代表参预共议，以重实业而固国本。无任迫切待命之至。华商纱厂联合会。恒丰纺织新局代表聂其杰，德大纱厂代表穆湘瑶，广勤纱厂代表杨寿楣、戴钧，苏纶通记纱厂代表刘树森，恒昌源纱厂代表祝大椿、张乃熔，裕通纱厂代表朱荣光、宋肇熊，申新纱厂代表荣宗锦，振新纱厂代表施肇英、倪熠，振华纱厂代表薛文泰，厚生纱厂代表穆湘玥，和丰纱厂代表屠传芳，济泰公纱厂代表于名恒，鼎新纱厂代表张权翊，鸿裕纱厂代表郑崇基，裕泰纱厂代表洪明度，通惠公纱厂代表王孝赉，同昌纱厂代表何生云谨叩。效。（同上）

3月30日 应上海公共体育场主任吴馨之约，出席该场开幕典礼并演说。指出体育除能强健身体外，特别强调有锻炼精神之作用。云：

一、进取心可藉以养成也。即以赛跑论，与赛者勇往直前，不稍退却，于此得渐渐养成进取之心，于他日任事时间，遇若何难境，则昔日竞走场中所得勇猛进取之潜在精神，一时涌现，胜过艰难。旁人觉其甚难者，当局竟不知其为难焉。

二、团结力可藉以坚结，责任心可藉以振起也。球队以十一人组织之，而此十一人中，进则俱进，退则俱退，与军队同一性质。而十一分中之一，无论何一分子怠不尽责，则全队必蒙其影响。于此一若隐示吾人团结力之必要，而各分子责任之不可疏忽也。

三、修养工夫赖以策励也。即以游泳言，游泳一道，我人素不讲求。然游泳不但在游戏场中能博人兴采，即临危急时间，得保人生命。使游泳者而气分不足，水即由鼻灌入，而危险随之。于此而悟我人在社会上办事，须求内力充实，方能抵御外力。求内力之充实，则不得不从修养上下工夫矣。

四、服从规则之美德赖以培育也。凡学校中之运动队员，受运动教习之训练，起居饮食，监视谨严。而赳赳之青年，不能不低首下心，服从教师之命令，无敢稍越范围。服从规则之教训，已深入少年之脑筋矣。

虽然，体育岂易事哉，而体育中无论何项，求其入彀，非下数年苦工不为功。有志青年，于下此苦工时，其一种毅力，有足令人钦佩者，故体育并非游戏性质。盖球之大小重量，场之广阔，池之深浅，以及他项之运动器械，全球一致，初无异同，是则体育一道，实渐渐范围吾人入于轨道而已。故体育养成吾人进取心、团结力、责任心以迄修养工夫、服从规则、处事毅力等种种良好性质。苟青年学生，受三五年之校内、校外教育，体力虽改良，而性质则未改良，其谁之过欤？

夫入于轨道云云，有广狭二义：日出而作，日入而息，无废时，无废财，日夜孳孳，以尽个人之天职，则个人之入于轨道。一人如是，一国皆然，则国之入于轨道也。诸君其试细思之，现今教育界之入于轨道者有若干分，而我实业界之入于轨道者有若干分，以及他界之入于轨道者有若干分。苟吾中国各界中人尽入于轨道也，则我辈惟有萧规曹随。循轨道而行之，毋使逾越。苟其未也，则教导后起，使入轨道者，其谁之责欤？是则不可不研究者也。故湘玥深愿本场办事人、运动员，及扶持本场之诸君子，互相砥砺，而入于轨道，则本场前途，岂有涯哉。

(《申报》1917年4月5日；《在体育场之演说辞》，《文录》上卷，《文集》第43页)

3月　译著《中国花纱布业指南》出版。美国克赖克著，原书名《日本纱布业》。上海穆湘玥译，无锡尤惜阴校，上海厚生纱厂印行，上海自来水桥南块三和里德大纱厂批发所发行,上海新申报馆代印,民国六年三月初版。贝润生撰序,译者自序。该书广告云:"看看看,中国花纱布业中人本不可不看;热心提倡国货之士万不可不看;已进实业界者亦不能不看;未入实业界者更不可不看;有志振兴工商业者愈不可不看;与外人有交接者也不可不看;曾入政界而筹划国计民生者决不可不看。总而言之凡中国人能读数行者皆不可不看,看看自然看出说不尽的妙处来。"(原书广告)书中按语三十五则如下:(译者三十五则按语原置相关章节译文中,无编号。现编号为编者所加)

《中国花纱布业指南》广告

一

玥按:日本纱业界得此生熟货出口入口免税之异典,原非幸致。盖日本列席议会之一般代议士,及秉国钧者,多半系实业界甘苦中人。即由他途拔擢之士,亦莫不粹于经世之学,于国民痛痒,非常详悉。而实业界中人,亦罔不以国家痛痒,与切肤等视,身负重税,均能踊跃输将,无分毫异意。此外遇有国际上重要事情,尤能举国一心,为政府后援,不达其公共企图之希望不止。由是以观,日本棉花、棉纱巨税之蠲免,固非幸致之事。我实业界孰不希望苛税之蠲除,于革除苛税,苦乏建言之权;欲得此建言之权,是不可以吝惜此项换得建言权之代价。至其为人民喉舌及南面而理政务者,亦当于人民国家经济上相互之关系中着眼,无徒谓人民各私其私,于国家痛痒,漠不关怀。诚能恶人民之所恶,好人民之所好,一旦缓急,虽不忍累我人民,我人民自有赴汤蹈火,而不愿惜者矣。今者我国政局,渐进平和之轨道,凡百生业,莫不昂首图进,观日本纱业所以异常发展之原因,举国上下,其亦于国家人民相互之痛痒,加之意欤!

二

玥按:人工地力,均与国家经济有密切关系。日本人士,精于计学,善于比较。故一样有用之农产品,苟所植甲种物,所得利益,不如乙种物所得利益之厚且普,宁舍甲而取乙。此种敏决之作为,虽曰迫于地土之窄小,实亦经济知识,普及社会,有以致之。

国民生殖力,迅速膨大,在本国境内,既以需用食料品至急,转以衣着物原料品之播种为不急之务。次则求诸国境以外之殖民地,如朝鲜,如台湾。顾朝鲜天寒土燥,于棉花之发育,不甚适宜。台湾地属热带,天暖土润,于棉花发育上,非常适用。然又以台湾境内制糖原料之甘蔗,及其地价值独高之果品皆盛植,而获利独丰之故,植棉彼处之计画,亦终打消,甚矣! 日本用棉甚繁,而限于天事如此。

若我国侥天之惠,得偌大宜棉之地。天气温和,土质肥美,面积广袤,人工低廉,生殖繁庶,需用棉货,为数甚巨。顾不知善自经画,地多弃利,人多闲旷,岁掷巨万金钱,仰人供给。致令工业发达之国,视为尾闾;拓殖野心之家,视为荒岛。丧权利,招外侮,启杀机,遗种祸,孰有甚于此者?

比年以来,一般忧国之士,莫不有鉴于此,昌言垦殖,讲求农学,提倡植棉意固甚盛。惜乎言者不行,行者不力;倡办者无厚效,继起者怀顾虑。坐使此项重要事业,若存若亡,如堕入五里雾中,良可慨已!

我国在此大球之上,所占地位,实与新大陆北美洲著名之棉产国相等。何以同此地位,美国棉产,竟占全世界棉产额百分之六十七,而在我国仅占全世界棉产额百分之五? 然则辜负天惠,委弃地方之罪,实我全国人士共尸之。

至于振兴棉产,尤不可不于改良棉种首先着手。拙著(《植棉改良浅说》德大纱厂内有赠送,可以函索)已详哉言之,不复赘。今所不能已于言者,为地方补充问题。欲振兴农产,莫先于检查土质物性,此化验分析之事,异常重要,京师当设中央化验分析所,各省会当设中央化验分析分所。(玥曾于上年向江苏省教育会上意见书及试办此项化验分析所岁费预算。请求就我上海首先提倡,并招致内地有志教授化验分析学术,广储此项人才,以供内地推广之用。时江苏省教育会,曾经提议,业已通过,其迟滞未即举办者,徒以受政府纷扰影响之故)凡各地方土质之偏枯,滋养成分之充否,每区所含各种地质,照百分表分析揭示,(化验分析所,不第关于农业而已,举凡矿业、工业等均赖此推进)使农业界施用适宜之肥料。

三

玥按:新棉采摘之初,天然含有水分。惟新棉涌市,棉价必松跌,农户欲储待善价,须将新棉向烈日下曝干,然后收藏。苟其带湿收藏,则易致霉腐,农户莫不具此经验上之常识。惟多数农户,每在陆续出售之日,陆续喷水,期补干亏。为此利己损人之事,早已成为普通习惯。殊不计搀水过度,历时稍久,每致霉烂。其搀水略轻者,在天暖湿重时,易使棉花变色,拉力减少,不合制纱之用。此项搀水棉花,不特卖给外商,损我公共名誉,即由国内纱厂,含糊收用,致出纱低劣,信用扫地,为害亦非浅鲜! 所以不论对内对外,此项弊窦,概宜扫除。

四

玥按:中国纱厂最漫不经意者,即拼花一层工夫。不问甲种棉花与乙种棉花纤维之长短,及花身之优劣,拉力之强弱,光泽之充否,贸然拼合,毫无准则。以故所出之纱,参差不一,致货誉不起,市价跌落,在中外纱业竞争场中,竟无几何立脚之地。言之能勿痛心!

且厂家通病,主持厂务之人,每日驻厂,不过一瞬间,或多至数小时。工战中坚之地,往往阒其无人,顾客之失招待,要信之久压搁。重大事件发生时,不克临机应付;各部执事相率溺职时,不敢稍加整顿。全厂事业,损失于无形者,已不胜枚举。而损失之尤大者,则又在乎自收买棉花。至出纱成包,一切重要职务,付诸不负责任之司事,或委诸无意识之小工,耗费之多,出货之劣,无有过于中国今日之纱厂者。

论者每以纱厂出货之低劣,归罪于机器之陈旧。当事者既不能负罪引疚,复何有分毫竞争进取之望。殊不知近十余年内,纺纱机器并无甚特异之改革。苟主持者能贯注全神以处事,即使多年之老厂,亦能与一般后起者竞胜,何至一蹶不振,而受天然淘汰乎?

亦有粗知机件作用,贸然品评,以资谈助,藉弋识者之名。时闻若辈信口雌黄,谓某厂机器优,某家机器劣。岂知欧美制造纺织机器厂,皆按照一定不变之机器工程,分工制造。虽范围至小之厂,联络工作者,亦不下数千人。其一处处制造纺织机器团体,能使其生息地位,屹立不动,不为大世界竞争潮流所卷去者,各有一种特出可取处在。否则如何能支持滔滔之岁月而不败乎?据玥实地经验,可以确然判定。出纱之优劣,三分在机器,七分在人为。苟使用陈旧机器,而得精心研究家善为处理,断不致无甚希望。若主持全厂事务之人，无学识，无精神，无毅力，及缺乏种种用人方法，即使偏向欧美名厂，选得最特色之机械，恐依旧未能在纱业中崭然现头角。吾人何敢表暴吾华纱业中人之欠缺，以长他人锐气哉！惟渴望吾纱业中多数贤达，了然于吾纱厂家弱点之所在，竭力补救，从此振奋精神，力图改善，一步不让日本纱业中人之独擅其美，以副一般志士提倡国货之盛心，而杜前此无限之漏卮。则岂第投资人与一般执事人身受其益，即在国家社会，亦间接以蒙其福焉。玥既译述日本拼花法于右，更约举自己拼花之实地经验，以供海内留心纱业诸君子之研究。

第一，所拼合之棉纤维，务取长短相等。其分寸参差，不得过十分之一。

第二，花丝之拉力，务求其强大者用之。则纱之拉力，亦随之而强。

第三，棉花色泽，须配合匀称。花虽同一白色，而白色之中，可分出六七等级。每厂中所出之纱，其光泽须有一定标准，凡花色次者，须取洁白者拼合之，庶纱色不致十分呆滞。

第四，棉花纤维，天然生成之精细，须剔选相等者用之。假使以细软之花丝，与粗硬之花丝混合，不但纱身松而且蓬，即拉力亦因之大减，致不适于用。

第五，棉花市价，时有涨落，成本之出入，为数甚巨。诚能于拼花时顾及此点，成本既得以减轻，出货亦自然使人满意。

第六，出纱之迟速，虽与空气之升降燥湿，有密切关系。然在拼花时，能斟酌合度，所获利益，亦属不小。苟同一价值之花，不善配合，致出纱稍逊，出数较迟，则暗亏随之而增。

以上数则，简明切要，苟主持厂务者，有意采用此项方法，期多收实利，主持人精密之督察，各部分核要之报告，二者缺一不可。苟各部分于每日夜出纱确数，无核要之报告，而欲率然施行以上各方法，仍不免起有何种之窒凝。或既有具体之核要报告，而采办棉花，由别人经理，以及清花厂中，自己不能常到，则虽有良法，不能切实执行，所得益处，能有几何？质言之，天下并无侥幸苟且可以获利之事。出一分精神，得一分事业，费百分心力，结百分良果。岂但吾纱业为然，而纱业尤当注意于此。纱厂出品，衣被天下，维持国家财力，关系独巨。际此海外精良廉价之纱布，如涛涌来，社会顾念国货之动机，如揿始拨。如何慰我国民？如何纾我国难？不使日本纱业商独步于前，我纱业领袖诸君，幸急起力图之。

五

玥按：华棉除乡间自行纺纱用却外，尚有许多出口。其出口数目之增减，自统计家比较的眼光观之，不免抱一种之忧虑。自玥平情的审度言之，不必怀十分之悲观。因年来内国纱厂，陆续增设，本地消场至大，业棉者不必仰人鼻息，外商采办之多少，固可以不必鳃鳃过虑。惟进一步计，农家能改良种作，商家能保持信用，以此多数改良天产，供给本厂之用。万一自用尚有裕余，供给邻国需求，不让印棉称霸东方，岂非盛事！

虽然，玥为此说，未免奢于希望，过于宽假，盖年来出口棉减少原因，并非本国销路异常扩大之故，其大原因，实在乎一般见闻狭窄之商家，沿用挽水恶习，有以致之。故输出数减缩，并非内国工业发达之休征，实系我国商誉跌落之奇丑！欲扫除此弊，多方防止，垂二十年矣。至今寸效未收者，罪不专在无识之乡人，而在不道德之奸商，鱼肉苞苴于其中，致令此洁白无瑕之天产，化为污积腐秽之证物！吾人不欲扩清此污点则已，如欲实心铲除之，亦非难事。据玥拙见，止须纱厂主持人，与收买棉花握有全权者，能清白乃心，不受丝毫之运动。则挽水之弊，或可不禁自绝。障百川而东之，挽狂澜于既倒，吾纱业同人，有扑灭此流弊之天职在焉。

六

玥译述至此节，不禁起两种感情。一、纱业开诚相见，固结团力，而成纱业公会；一、纱业中人，精神固结后，魄力亦雄厚，遂谋另辟航路，破坏外人之垄断，外人以其无隙可乘，相与默焉让步。呜呼！大竞争场里，终局之胜利，恒为勇进不懈之团力所占有。吾人观此，可以兴矣！

据最近调查，全中国锭子，有六十余万。以每万锭子占股本三十万计算，六十万锭子股本，约合一千八百万。而每年营业，除布机不算外，其营业总额，约三千万。资本不可为不巨，营业不可谓不盛。而环顾国中，能有如日本之纱业公会否？贱业如剔发匠，尚有公会以维持该行之营业。而纱业中济济多才，反未筹及于此。岂纱业中竟无公共研究之余地乎？抑或尽力于扩充事业上，日夕辛劳，无暇注意及此乎？同行相忌，两败俱伤，此我国旧工业之所以倾覆也；同舟共济，排难出险，此各国新工业之所以光昌也。舍粗取精，国民方严其鉴别；投间抵隙，外货正乘我空虚。如何修我屏藩？如何固我地位？如何去挽水之积弊？如何求苛税之改良？凡此种种，非个人所能措办者，有待乎群力；非寻常所能见及者，端藉乎集思。然则，纱业公会之组织诚不可一日缓已。

我国之振兴航业，在去今四十年前，较日本为早。而日本之航海事业，与日俱进，其乘长风，破万里浪，挟汽机以自由往来海洋面上者，几几乎无远弗届，无国无地，不有彼邦人士足迹焉。还以问诸我国，前此曾有通行欧美日本之汽船与否？国以外无论已，即就我扬子江流域观之，其于船尾飘扬五色旗之商船，能有几何？在公司船团体中，吾人容足之地能有几何？航路开通已四十余年，不可谓不久，而本国轮船公司，各船之船主、大副、二副中，曾有一中国人否？中国人不能膺此责任，以无航海学识故。然我国航业团体中，消磨此四十余年宽闲之岁月，曾不于其中建一议，设一校，培养此项专门人才，以资任用，诚百思不得其解者也。际人才消乏之时代，借用客卿，原无不可。然聘用客卿，以暂解目前之急，其理与雇乳佣等。航海事业已诞育四十余年，迄今尚托付乳佣之手，不能自行一步，岂非遗天下后世以笑柄哉！

大船无论已，即内河航轮，其开行于腹地各埠，而在我国人自己手中者，能有几何里？实业之不兴，交通之不便，文化之不进，其殆吾航业不求进取者尸之咎也。幸今后主持航业之君子，交相勉策之。

七

玥译述至此，不禁叹日人思深虑远，出其锋利之眼光，鼓其勇猛之精神，争向工商场里，扩展其领域。视各工团、各商贩团为各师团，视纱业公会为大本营，视公会会议处为参谋部，刻刻进取，步步为营，遂占有今日之地位。仅仅持此坚固之团结力，勇猛之进取心，知己知彼之精密工夫，已足以展骥足于世界市场上攫取胜利。何况贤明之政府豁免进口花税、出口纱捐，实力提倡于上。而纱厂家以能组织坚固团体故。第一步减轻运花水脚；第二步即以所得回扣，奖励出口事业。熟悉我无识华人性习，以彩票作钩饵，以贪小营私，目光如豆之华人为鱼为饵，日本纱布遂不翼而飞，不胫而走于我腹地一切市场之上，涸我民间之富源焉。呜呼！彼国贤明之政府，一奖励其商工业，便于作战之主师也。减轻运费，即以所得回扣为扩张销路之用，是因粮于敌之妙策也。至于希望努力助彼外货之销行，是特倒戈自攻之罪徒耳。我商家之爱护商国民资格者，可以知所自惕，并为大众警矣。日本言论界尝谓我日本不论何行业，类能飞腾于大陆上或海面上，联络一气，共策胜利，如一联队然。然则玥羡佩彼邦工商业之孜孜勇进，以军队方之，岂过语哉！日本有此政府，有此国民。国运之隆盛，固非幸致也。

我国政府勿以空言奖励，为已尽提倡实业之责任。我纱业同人，欲在此工商业剧战场里，求雍容坐镇，进取固守，饶有余地者，非固结团力，组织纱业公会不为功。日本纱业如何至有今日，前轸非远盍兴乎来！

八

玥按：日本纱厂，起手止有二三千锭子。然厂场虽小，规模必求完备，与大厂等。以故厂场愈小，人工及诸般费用愈大。虽渐次扩充，以后每厂扯到二万四千锭子，比较当年创业维艰情形，固已大慰。然前此无形之损失，已不赀矣。查日本纱厂中锭子最多之家，首推蓝鱼纱厂。该厂系十六家纱厂所并合而成，计有四十二万九千七百三十六枚锭子。最小如岛田纱厂,止有一千七百三十六枚锭子。据拙见观之,嗣后此等小企业家,当陆续归并于势力雄厚之厂,而公司之数,亦将逐渐减少。此系纱厂营业关系上所不能免之阶级。返观我国纱业情势,凡一纱厂至多自一万锭子开业,推广至三万锭子为止。因组织一厂,锭数太多,恐主事者或因阅历未到,致创办之初,虚费时日,受无形之亏损。盖一二十万锭子之厂,其管理人才,与二三万锭子之厂特异,即有大才者主其事,恐各部分一时未尽得相当之熟手,以为臂指之助,则于事业上,不免起若何之窒碍。然则与其一举手即措办十万锭子之厂,不如分之为三四,而以一人董其成,于实际上较为合算也。

九

玥按:日本三十五年前,土产不振,金货外溢,人民困苦,不堪言状,较之今日之中国,曾不少异。且日系岛国,棉产甚少,而执政诸贤,目光远大,逆料棉业将来必甚发达,实足操富国裕民之券,于是由政府悉力提倡,无少疑虑。今日彼邦纱业发皇气象,几几乎与英美纱业相颉颃。夷吾氏《牧民篇》有云:"措国于不倾之地,积于不涸之仓,藏于不竭之府,下令于流水之源者。"日本当年执政诸公,对此名言,可无愧色矣。

中国系产棉国,自有纱厂以来,已及三十年。我政府前此之空言提倡,收效几何?中国纺织业家,对于本业之竞争进取上,作若何计画?对于本业之用人行政上,得若何经验?玥乃纱业界后进,何敢妄下评判。万一我政府前此提倡棉业政策或觉不甚收效,我国民之业此者,或觉无甚进步欤!当此欧战行将结束,内国政治气象一新,内外国百业群谋进展之秋,不知吾政府与吾纱业中,人亦思改弦易辙,作根本上救济之图否?

我政府前此之提倡,特一纸空文之提倡耳。空文何足以课实效哉?我国人无使用机器知识,政府曾派遣纺织专家,以教导我民欤?洋纱洋布进口,得享优遇之权利,我本纱本布能照世界各国税法通例,较外货享更优之权利欤?即不然,或尚克与外货享同等之权利欤?华棉粗劣,不能纺二十支以上之纱。我国棉产曾否多方筹改进之策,促各省县产棉区一致进行欤?国民需要二十支以上之纱甚热,欲纺此纱,不能不参用印棉及美棉。吾政府于印棉美棉之进口税,其能仿照日本提倡棉业办法,而亦毅然豁免,使内国纱业,减轻成本,为本纱本布留立脚余地欤?抑曾有振兴内国实业之财政机关,俾实业界得所挹注,促新事业家陆续奋起欤?设犹未也。吾今日众望所归,众矢集的之一辈新旧政客,或真正相与蠲除个人之权利,而首先注意及此,为我国家社会谋远大之利益,出我大多数人民于水火而登诸衽席欤?

吾纱业界同人，曾亦自问本厂所出之纱，较之东西洋输入之货，优劣如何？设使觉有逊色处，能急起直追，谋所以媲美之否？本纱在纱业上所占之势力，能不低首于日纱印纱下风否？本国所出之棉纱股线等货，能投合内国远近主顾之好尚与否？设独未也。如何研究？如何改良？刻不容缓已。

或者曰：酬应乃商场之要务，吾辈终日碌碌酬应，尚多遗憾，更有何余力及此烦恼琐屑之事乎吁？如或者说，未免陷于自惑惑人之地矣。请以苦口逆耳之说进曰：游乐场中，无真主顾，无大事业，何不节省嫖赌逍遥毫无代价之岁月，用以整理本业之为得计乎？万一疏慵成性，不复能收敛精神，珍惜时光，以从事于纱业之整顿，则何不离却此竞争剧烈之场，求身心上不复负责之更为愉快乎？彼少数之或者，不能痛自针砭，吾等对彼亦何敢有所苛求？惟对于多数有志振兴纱业之诸君子，责望深长。诸君子对此竞争方亟之时势，希望无量之事业，又将如何整顿，使他国纱业中人，因畏生敬，不复白眼相视，訾议鄙弃于吾人之后乎？

对于我方来之纱业诸君子，玥更有所勖者三事。凡购买纺织机件，一不要因承办者为外国人，而特别迁就；二不要因朋友情分，而不能不迁就；三不要因个人回扣，而不肯不迁就。现在机价已比前昂贵，欧战终结以后，机价当有涨无跌。苟能将上三项障碍打破，则机价虽贵，尚能减少损失，留如许与人角逐余地。否则中国纱业前途，不堪设想矣。质诸海内甘苦中人，以为何如？

更有陈者，吾华人购机，止问机器价值之贵贱，不问机件配置之若何。细纱锭子，每枚代价，原有定数可约。若粗纱锭子，系由我主张出纱之支数而定，其代价略有出入也。假如甲乙两家同为装置一万锭子之厂，甲家全纺十四支纱，则机价约银二十二万两；乙方纺三十二支纱，则机价约需银二十万两。苟购机者昧于此中底蕴，以为某行机价廉，某行机价贵，岂知机器之配置，贵者适贱，贱者反贵乎？虽年来纺纱机件上，无甚大改革，然出纱之快速与否，匀称与否，此中大有研究之余地。购机者又乌可以忽诸？

贤者当国，大业将昌，敢贡刍荛，以资采取。邦人君子，幸各负责，岂第纱业之幸，抑亦国家之福也。

十

玥按：日人不怕印纱美布与彼竞争于我国市场，而独怕我国自己设厂制造，其理甚明。因美国工价昂贵，输运来华，耗费亦巨，故美布决不能与日布抗。印度纱厂大半在英人手中，英人性质，每务其落落大者，以轻巧敏捷论，当让步日人。且印棉色次，输运费时，亦未易与日纱角逐。华人自设纱厂布厂，以供给自国人民之需求，中国多若干分出数，即日人失若干分希望。中国市场之利益,中国人所有之利益也。因我中国人此前不知自图之,而人始代为谋。今我中国人渐渐觉悟,渐知自图,且渐进扩展地位,可以不劳他人之代谋,而他人所得之利益,自然锐减矣。日人所日夜警惧者,固在此点。我国实业界所当日夜勉策者,亦在此点。爱国云乎哉?爱用国货,使国家赖以存活之母金,不流入他人手中而已。同盟不买他人货物云乎哉?自己日常必需之物,速起经营,以满足国人之欲望,适应多数之需求而已。

今日我国纱布业主持人,立脚于生存竞争场里,三面攻围,身当其冲,在出品上、营业上,以迄种种防备救济计划上,如何绝人觊觎?如何保我疆界?工商业乃二十世纪绝大用武地。一日不争存即一日自灭,一刻不精进,即一刻自杀。吾纱布业中人,非但本业之兴衰系乎此身,即本国之荣悴亦未始不系乎此身。愿大家对于本业之振兴及改革事项,急起直追,毋放弃吾人应尽之天职,庶几乎使日本纱布业中人,因利生惧,转惧为敬欤!

日人近年来,逐渐设厂于我中国境内,与我华工商界起剧烈竞争。如上海内外棉纱厂之第三、四、五厂,及上海纱厂等,且继起者方兴未艾。穴空则风至,木朽而蛀生。中国境内之实业,让人企图,诚我中国人实业思想薄弱之奇耻也。

日本纱商在我国境内,推广棉业,除尽力添设新厂外,尚虎视眈眈,不时乘机吸收我国之老厂。夫创办一纱厂,谈何容易?如集款也,购地也,建筑厂屋也,置备机件也,一旦开业,已不知耗费创办人几多之心血。苟当事之人,不忘创业之艰难,开业以后,依然勤慎将事,凡原料之采办、花品之拼合、出货之销行,以及用人行政种种方面,胥能措施咸宜,自无患倾轧之横生,亏折之突至。反是以言之,吾国纱厂不能自立而蒙被吸之辱者,其最大原因可想而知矣!

一因办事人之疏忽而溺职。举凡进花时、制造时、售货时,漫不经意,原料次,出货劣,货价贬,耗费巨,积月经年,亏损浩大,根基摇动,力不能支,遂至于拱手而让与他人之地步。

一因当事者之私心以用事。因私心而分党派,因党派而起风波。办事人互相倾轧,股东亦互相倾轧,驯至于股东与办事人间,无往而不互相倾轧,其结果终至于决裂,而不可收拾。盖权利愈切者,彼我间之崖岸愈高;倾轧愈力者,其最后之境界必愈恶劣。玥从事于纱业,至今不过两阅星霜耳。在此至短时期中,耳闻我纱业中人,由倾轧而至于决裂者,已数起矣。嗟乎!阋墙之戈矛,尚未肯罢休;攻城之毒弹,已相逼而至。盖一念来日之大难,怯于私斗而勇于公战乎?

十一

玥按:日本纱业在一九一四年底,纱锭与线锭共有三百万五千九百四十枚,布机二万五千四百四十三具。出口纱数,有五十六万九千九百九十包,每包计重四百磅,则以每包约九八规元百两,共计银五千六百九十九万九千两,大多数销行于我国。其由纱成布,运布至吾华销售者,尚不在此数。今仅以棉纱一项,论其每年吸收我国膏血者,为数之巨已如此。

又调查我国纱业现况,以民国五年(即一九一六年)六月底计之,我国境内共有纱线锭子一百十三万二千三百十六枚(上海之鸿裕、普益、中新及无锡之广勤,正在建筑中之诸新厂锭数,业已算入)。此渺乎其小之锭子数目内,计英商占去三十一万零零七十二枚,日商之在我国境内企图者,占去十四万六千三百七十二枚,而完全华股者,仅有六十七万五千八百七十二枚,较之日本小小三岛中,纺纱锭数,但占得百分之二十二分。我国仅有布机四千八百八十二具。此细微之数目内,尚被我国境内英商占去一千四百八十具,日商占去八百八十六具,我华人手中,仅有布机二千五百十六具而已,约抵日本国内布机十分之一。以我国人口如是之繁庶,而纱布业如此之幼稚,我国人衣被身体之物,竟不能自为供给,可怜亦可耻矣! 然则我国纱布业前途大有希望,在有志振兴实业,及坐拥厚赀者,合力图之尚未晚也。

十二

玥按:日本纱业,已到极盛地位,虽出口纱进口花免税,然尚惧中国纱厂之勃兴,难以竞争者,因尚有输运及其他种不便利地方。设中国骤添百万锭子,则日本纱业必受大击打,日人亦深知中国人颇有意振兴纱业,故设纱厂于中国境内,就近销售,以便竞争,实我纱业界巨患,当局者安得不十分注意之!

商业竞争,势所不免。苟吾纱业中人,讲究工作,改革积弊,剔选原料,扩张出路,步步踏于安全稳固地位,万不至受人之挤迫。望我纱布业同人,淬励精神,扩充愿力,以固根基,藉厚国力,为内国工商界开竞争进取之先声。

十三

玥按:三品贸易所之设,为便利花纱布三业计。惟是历年既久,宗旨遂变。现在此三品贸易所,在日本实业界处何地位,不得而知。但我中国纱业中人,及性喜赌博者流,买卖三品,趋之若鹜,罄其所有,陷身穷境,亦所勿恤。而机智之日商,安坐而网罗厚利。愚哉! 我国之做三品纱买卖者也!

阅者其疑吾言乎? 请进言购买三品之损失。

一、购进卖出,每包需金一元,假使购纱一百包,每包价一百五十元日金,则购纱者已亏折每包一元,一百包计亏折一百元日金。此卖买三品空盘纱者,每纱百包百元日金之亏耗,全数由经手之日人安坐而得之。

二、购纱以六个月为期,每包须预纳银五两,现已涨至十两,六个月内此预纳银两之利息,业已暗亏。

三、日人购进卖出,均有细账可以按图索骥。如多数华人做多头(即买进之谓),则日人故贬其价以倾陷之;如多数华人做空头(即抛出之谓),则日本故抬其价以惑乱之。三品纱市面,名为随先令以定涨落,实则自由涨落。何所根据?所根据者,日人及华人之多头及空头而已。

四、欲取三品纱之现货,止有二十支之杂牌纱。十余年前,上海某君购买三品纱一千余包,因不愿贬价,故取现货,而来者系黄财神牌。此项日纱,沪市向未销行,无有出路,故又装运至香港,两月后方始售去,计每包约亏银二十八两左右。观此可知购买三品,实无现货可得,即使强致之,其所来牌号,不合销路,又属意计中事。然则购此空盘者,其受亏也必矣!

五、电报均用暗码,大涨大落之时,常有差误。有意与否,姑不计及,而此一差误间,孰得孰失?明眼人当自知之。

上年阳历十一月一号,三品骤涨至一百九十元零九角。上海某日商两家误译为二百元零零九角,华人之因抛空而纷纷补进者,不知凡几,越日始悉昨电之误,然已晚矣!

总之,卖买空盘如三品纱者,智者不为,愚者亦不为。其于此中寻生活者,大都系似智非智,似愚非愚之流耳。虽然,吾中国无论政府与社会,一切事业均被似智非智、似愚非愚之流,操纵于其间,国事之失望,社会之退化,职是故也。呜呼!此种似智非智、似愚非愚之人,滔滔者几乎胥天下而皆是。吾于购买三品纱者之如鱼上钩,如鸟投网,相与若醉若狂,倾其身家性命而不悔悟者,何责已!

十四

玥按:制造费一支扯日金一元,较诸我国之制造费为省。兹将日本及中国之特点及缺点,略述如下,以供同志研究改良之助。

日厂之特点,一、利率轻,普通约五六厘;二、购买印花,由政府担保六个月后,方始交款;三、厂员及工人均能尽职,致出货速而且优;四、日本纱厂组织之时,机价甚廉,成本遂轻。

日厂之缺点:一日本非产棉国,购花不甚便利。

中国纱厂之特点:一土产土销。

中国纱厂之缺点:一、官利重。二、机件上亏耗巨。我国所有老厂,厂屋建筑,不尽合式,机器不善保存,时开时停,易致锈损,新开之厂,机价较昂,成本遂重。三、迁延开业时期之亏耗。我国开厂时，往往无专家为之主持，旷日持久，暗亏不知凡几。四、缺陷及积习之未能扫除。凡纱厂开业后，当局者无精确之研究，缺细密之管理，且大都好讲排场，因情面而执事繁多，开销遂大，间有营私自利之辈，虮附其间，不顾股东之血本，但求私囊之充裕。苟有微隙可乘，几乎无所不为，职分上事，反不顾问。此暗中亏蚀之所由巨，制造费所占之地位，所由扩大也。

据玥所得之实验，我国纱厂中管理法最讲究之家，每支纱之制造费，"男女工资以及物料、汽力、司事、薪水、官利、保险等各项费用一概在内"，需银九钱。即十四支纱需制造费十二两六钱，十六支纱需制造费十四两四钱。虽此项计算，依出货迟速而定，然一支需制造费一两，大约系普通之数。但一两与日金一元较，相差已多矣！然而制造费一支需银一两之纱厂，且不多得。呜呼！纱业之现象如是，其将挟何道以与人竞争，于万死一生中寻一立脚地哉！

十五

玥按：吾人观日本纱业抵制印度棉纱，如此之猛烈，大足以促吾人之觉悟。日本不但逐出印纱于自国境内，且到我中国市场上排挤印纱。无他，但尽力求纱质之佳美而已。回顾我国纱业中与日纱能竞争者有几家？非果真不能竞争也，特于拼花制纱之事，未曾悉心研究耳。

勿谓亏本与否，悉由本厂担当，与局外人无涉。殊不知一部分所受之痛苦，直影响及全局。盖随在与国家经济上，及社会经济上起至大之关系。愿吾同类诸君子三注意焉！

十六

玥按：际此商业竞争时代，个人经营往往不能与团体竞争。夫商战二字，恐我国商人知者尚鲜。即知矣，又恐不能熟筹商战方法，如何方收实效。然商战无他，其外面则为最进步之交易手段，其里面实与争战时秉同一之性质，即进退有序，动变有方，在在受主任者之指挥，万不得自由行动，以破坏团结上应分确守之范围。不观日本纱业公会之推广日纱销路乎？减价脱售，宁受亏折，忍痛苦守，期以五年，酌定包数，以三万计。心计何其工，眼光何其远！得余利则尽出口，厂家分受余润；遇亏折即不出口，厂家亦应摊派。奖励出口事业何其认真！不出口之厂家，分承亏折之数，毫无难色。其顾念大局之决心何其雄烈！派员收集棉纱，打包，装船，运往他处销售，条理井如。其筹画及执行何其周至！此即商战之不二法门，亦即吾涉足商战场里有志研究商战方略者，指路之南针也。善哉！有如是程度之纱业家，纱业焉得不振兴！以如是精锐坚固之国民兴办百业，百业焉得不发达哉！

环顾我国商家，多数昧于世界大势，各守门面，互相猜忌，未来之利害，不暇远瞩，即目前之利害，亦不审从违。求其识微见远，积极进行，结集团体，弥补吾市场之缺憾，推广此土货之行销，抱此宏愿及决心者，实占至少数。即受外来刺激后，发生消极的抵制团体，以其外受时势潮流之冲激，表示趋向其方寸地，实乏彻始彻终之自主方针。故倏起倏灭五分钟热度，诚于大局上丝毫无裨益。其故无他，实被自私自利心、偷安苟且心腐蚀其一念之善，而致于此萎靡不振之境界。故我国欲得强有力之团体，非先斩除自私自利心及偷安苟且心不为功。邦人君子，既公认振兴实业足以救亡，其于此最大病根上，安得不首先注意，竭力扑灭此害根，以示奋励进取之的欤！

十七

玥按：看上列在我国东三省境内，日本纱销数猛进之情状，知日商在我东三省势力之膨大，足大促我国纱布业同人之猛省。当日人初至东三省经营之时，妇孺见而却走，而日人机智百出，出其玩具糖果等物，诱致无知使变畏避而为欢迎。逐得深入我东三省腹地，出其各种花样新颖、工精尺宽之布匹，任人翻看，到处赊与人家使用，越若干日而索回布值。此等用布主顾，原为我苏沪布商旧有之主顾，乃自日商深入其地，多方诱引，日货行销，一日千里，而吾本布在东三省行销之地位，遂一落千丈，至今日而几几乎绝迹矣。呜呼！商战之勤惰巧拙，工品之美恶优劣，两相接战，得失遂判。吾于是乎大惧，吾于是乎遂研究本布在我东三省所以失败之原因，厥有二端。

一、因布商扭于旧习，不图改良其布匹，尺寸短而门面狭。有布一匹，不能制一完全之衣，于是所废者多，而主顾不欢迎。现欲挽救之，必须力劝机户，加阔门面，放长尺寸。例如联合同业，凡遇短而且狭布匹，一概不收，并劝勉制布机工人，仿造新式布机，平价出售，以促织布之家之改良。如是则本布销路，尚可乘此提倡国货声中，恢复旧业，若不急从实际上协同改进，则深恐长此见摈耳！

二、由于交通事业之放弃，自南满铁道入于日人手中，转运迟速，权在日人手中。同一货物，凡我华商由此路输运者，恒有不能赶应良机之苦，或竟惹彼邦商人之忌，不乐输运者有之。由此以观，交通事业之与商界关系，至多且大，乌可漫不经心，一任他人之侵蚀。夫铁道航路，关系甚显，世不乏痛痒关切之人，姑不具论。即小而至于电话局，全市之商业交通权，即系乎此线与彼线接触之端。假使内地电话局，不善自经理，拱手让人，或贷款作抵，轻易送入卑鄙险诈之外人手中，吾华人之商业，受害为何如乎！吾衮衮诸公，乃虑不及此，而以能致我全市华商死命之物，拟作一种特别之赠品，何其谬哉！一断不可以再续，一失不易以复得。吾举国人士，处此生存恶战场里，视若无物，然一观东三省今日之苦况，可以猛省矣！

十八

玥按：人生三大要素，为衣、食、住。而制衣之品，为纱、丝、麻、革、毛羽数者，而以纱之销路为尤广。无富贵贫贱、男女老幼皆需用之，而四万万蚩蚩之群氓，尚仰赖印纱、日纱以为布，可耻孰甚焉！是则纱业之应行推广，即贱如奴隶，蠢如鹿豕者，亦知其为刻不容缓之举，有识者无论已。然人民知识渐进，世界交通益便，所用之布，当然由粗而及精。今遍中国所产之棉，仅能纺二十支以下之纱，欲与日纱、印纱竞争，须纺二十支以上之纱。此项次粗纱之原料，必产于自国，始足以言竞争，则棉产之宜改良，植棉方法之宜讲究也，刻不容缓已！然改良棉质，自南通州张氏提倡棉业主义以来，几十年矣！而环顾国中求一少有秩序之试验场，竟不可得，悲夫悲夫！岂中国人仅有理想而无事业耶？抑改良之而未得其道也？玥不敏，于植棉事业上知识尚浅陋，姑就管见所及，以研究我国植棉改良不生效力之大原因，约述如下。

一、无系统。夫改良棉业，必先多设植棉试验场。农场既多，不能不有一总机关以统率之，俾改良棉质之目的，不致杂乱纷更，漫无条理。我国农商部设有棉业处，而植棉场为农部所创设者，如湖北之武昌、江苏之南通、直隶之正定三处，而此三处者，皆隶属于农部之棉业处。即主持棉业处之人，富于棉业学识，恐不易遥制；而植棉场之因本地情形，种种不同之点，致生异趋，更难于一致规画，以合地宜。

二、少棉业经验。留学欧美、日本之农学毕业生，除曾在棉场实地研究者外，恐于植棉一项，尚多隔膜。且棉花纤维之培育，与培育他种植物不同，改良之法，因之而异。固不能仅恃耳食目耕，而膺此重任，致误进取。故拙见以为先设总场于汉口，由政府所延聘之美国植棉专家主任之，酌派农科毕业生若干人，实地练习一二年，散而至于各分场，以求植棉改良之普及。再由各分场劝导农夫播种良种子。盖一亩之改良花子，明年可种十亩至数十亩，仅恃总场分场所得之良子，尚不能普及。故植棉改良，最要之一点，在乎培养良子，散给农家，再由农家如法播种，遍传各处，则事半功倍矣！拙见以为苟照此法行之，则十年以内定有大效，未审吾国朝野间提倡改进棉业者，所持方针为何如耳。

三、改良棉业家，须脱离政海之关系。改良棉业，至少须五年至十年，而此期间内，万不能遽易生手。苟主持者不脱离政治关系，则前此主持农务之人，针响未定，对于所事，既乏振作之诚意，后此继续办理之人，主张各殊，谁为循序之研究？如此纷更不已，弃前功而不惜，课后效而无期，虽迟之又久，期以百年,亦难收实效也!

次论中国纱布业进步迟滞之原因,我国纺织业尚在幼稚时代,在此时间,最适用者,其惟保护政策乎!保护政策如何,既减轻纺织家之负担,加增进口纱布之税率,减少外力之相竞。此事关系百业兴衰者至巨,惟望政府中实心提倡者善筹之。

十九

玥按:中国自制棉纱,一九〇六年至一九一二年,越七周年遥遥之岁月,仅仅增多出数十万包,其进步亦迟钝极矣!而日人忌我太甚,竟皇皇然号于众曰:华棉之竞争,华棉之竞争。阅本书第二十三表。一九〇六年日本锭子,仅有一百四十四万一千九百三十四枚,至一九一四年底,有锭子三百万零零五千九百四十枚,而此八年间,日本锭子加增之确数,竟骤添一倍以上。吾华仅不过加增出纱数四分之一,而已大惹起日人之妒意。一若日人之推广纱布于我国分所应为,而华人自为计,则彼邦人士意有所不甘。呜呼!日人其天之骄子乎!然而天运循环,无往不复,满者覆之始,剥者复之始,日人其可以少已。吾人其急宜自奋矣!

二十

玥尝闻某总税务司之言曰:"灭人国无须枪炮,吸收人国之膏血为上策。"斯言也,予颇疑之。及默察近二十年各国之对华政策,方信斯言之不谬。不观东三省及高丽之棉布市场乎?办中国布之牛庄帮,向为各口采办土布商之冠。而近十年来,运往牛庄之布,逐步减缩,几乎绝迹焉!牛庄仅在南满路线经过之地,一入他人势力范围,偌大利源即为所吸收,更无余沥沾及旧主人。而高丽全国之划入他人版图者,更无论矣!皮相者流,以为仅仅攫去一商埠之棉布销场而已,抑思牛庄用布之仰给地,如上海、莘庄等处,因土布销场被人侵蚀之后,失业之人不知凡几,旧机尘封,相率槁饿以死。一业一口岸之丧失已如是,由是推之别种行业,与关系全国实业命脉者,又将若何?涓涓不塞,将成江海。寝食于斯土者,乌得效彼怡堂燕雀嬉然,酣然而忘大厦之将倾,不急图补救之乎?

二十一

玥尝闻美国某富豪之言曰:"致富有三大秘诀,一静待机会;二机会来时出敏捷之手腕,迅速擒获之,毋使复失;三立刻利用此机会,以推广事业。"旨哉斯言!日人推广东三省布业,庶几近之矣!目光敏锐,觉察此机会,智也;通力合作,集本国之小团体而与外人竞争,勇也;三井起而扶助之推广本国之销路,牺牲一年巨大之运费,不少吝惜,毅也,亦仁也。日本实业界具此三美质,宜其无往不利也。

返顾我国商家则何如？苟觉察此机会，思秘密之，以图个人之利益。设有数人同为一事业，必设法挤轧之，务使颠覆而后已。其次焉者，或漠然置之，不肯成人之美，听其自生自灭，而任外人之挤排。若斯人者，比比皆是也！

玥尝深思默察我国商人之缺点，一言以蔽之，乏教育而已。有教育，则知虑周密，社会国家之情况，以及世界之趋势，皆了然于胸中。知个人之不能独立也，则思合群力以谋之；知小群之不能与大群竞争也，则思集大群以与他人竞争之，集大群不能不牺牲一个人或一小群之权利，于是毅然牺牲之，以图大群之获益。夫如是，而后可言商战也！呜呼教育！我愿良教育之普及我国商人及其子弟，以至于世世子孙，传之无穷，则我国之富强，庶几可翘足以待欤！

二十二

玥按：日本布商运往各国之布匹，非全由外国人采购，实日侨富于爱国心，输运出口，以作章身之具耳！日人无论老幼男女，侨居或游历外国，一伞一履一线一纸之微，皆不屑购用外国货，且能迎人嗜好描摹仿制，吸收人国金钱。又因政府提倡出口，遂至于日本布匹，畅行全球，致使日人所到之处，即日货所到之处。可畏哉日本也！然平心论之，若非航路之开拓，及政府对于殖民事业之奖进，则日人虽有此等爱国心，亦恐未能发展至此极点也！

我国华侨欢迎国货之热诚，不亚于日人，而国货之销行于国外者，为数甚微！如丝绸、陶瓷之属，商贩于海外者，莫不网罗厚利，以快私图。乃侨民爱顾国货之热诚，不为若辈罔利之徒所打消者，殊足令人倾倒已。虽然多数国货不克应彼晨夕之求，少数国货无从破此垄断之谋。推原其故，实本国无国外航海事业，有以致之。且不第此，夫国货不能随我国民足迹所经之地，源源以去者，一由我政府未曾有实际的奖进法，一因我内国实业界未有海外贸易之计画。其咎固不仅某某一方面独尸之。自今以后愿我政府我国人，大家注意此点，力图补救，尚未为晚也！

二十三

玥按：我国近十年来，抵制外货之声，愈唤愈起。然多数愚民尚未确知抵制外货之必要。即知之，而不知提纲挈领之抵制方法，则其抵制能生几何效力？夫亦徒托空言耳！提纲挈领抵制之方奈何？即取其落落大者数种，合群策群力以赴此一主义，不言抵制。而内力日膨大，外力日收缩，岂不较枝枝节节，以言抵制者之为愈乎？棉铁两大事业，为杜塞漏卮之最大事件。振兴此两大事业，实为万急之务，而棉业尤为重要。玥于棉业系属后进，然由既往以测将来，其抵抗外货，力最大，效最速者，惟棉业乎！纱业前已详述，兹不备论，姑就布业言之。日本出口布，五分之四运入中国，值价在三千万两以外。固我藩篱，杜人觊觎，则布业前途大有发展之余地。苟我国人通力合作，推广棉业，塞此漏卮，其获益岂浅鲜哉！愿我国人好自为之。

二十四

玥按：同一布匹，日本布含浆头百分之十七，而美国布仅含有浆头百分之五分半。则日本布之浆头多十一分半，亦须照布价售出。世人不察，以为某货贵，某货贱，而不知贵与贱之究竟。为善使浆头者朦混过。彼多着浆头之布匹，落水以后，则百分之十一分半浆头，随水流去，而布身之瘦弱，因以大著。故贪便宜者，适买入吃亏货。然则价廉而物果美者，世所罕有之事也！

二十五

玥按：日人岂不乐用外来奢侈品者乎？以有学识，有志气，且有统计，使人民晓然于进出口之盈绌，特强制其欲念，以至于此耳。返观吾中国则何如？吾国人一饮一食，一物之微，苟有来自外洋者，即昂然号于众曰："是洋货也。味甚美，价甚贵。"一若非此不足以自豪。近日沪上发现一种橡皮热水瓶之新流行物，每枚需价五六元，而冬日无论男女，皆必捧此御寒，以自表其豪华。然实际上毫无用途，而一唱百和，相率盲从，用者既繁，耗损母财，为数不赀。呜呼！以我国人民缺乏学识，遂无国家经济观念，一任国力之日就枯竭，不稍痛惜！市上每来一奢侈品，不论其为何物，不问其物之需要与否，而靡然风从。富有力者之任情挥霍，其心已可诛，乃并非富有力者，亦不惜倾囊，或贷资以效之，其愚妄愈令人不解矣！哀莫大于心死。当此经济杀人时代，而吾国偏多此不惜持膏血赠人以自速其死亡之国民，岂不大可哀哉！

二十六

玥按：工价之涨落，以实业之盛衰及工人之多寡为比例。假使实业发达，人工缺少，如欧美各国等，则工价未有不贵者；假使实业不振，人口繁多，如中国今日之现象，则工价未有不贱者。盖工价之涨落权，不能操之于个人，并且不能操之于一社会。故观国运者，观实业之兴替可矣。欲考究其国实业之现状，访其国工价之贵贱可矣。如人工少而工价贵，则新奇之机器为最适用。用新奇之机器，人工省而出货多，故欧美各国之机器，莫不争奇而斗巧，日新月异。若中国之景况，则与各不相同。中国人多而事少，失业之人，举目皆是，以言救济，莫急于使人人有托业之地，在在开方便之门。如是则蚩蚩群氓，各得其所，社会之平和可保，国家之隆运自致。故我国今日振兴实业之道，其最要点，在乎广设工厂，以消纳此辈无告之穷民。若采用巧机以缩小小民生活之途，一任嗷嗷哀雁，漂泊风尘，而不早为之所，顾一己而忘全局，争眼前而忽将来，又何贵乎有此实业家！

二十七

玥按：中国纺纱情形，与日本略同。中国之细纱车，每部锭子三百六十枚至四百二十枚，每班须用女工二人，则每人约照顾锭子二百枚左右。若在美国，每工人至少管锭子六百枚至一千二百枚，其原因以美国工价昂贵，不能多雇工人。故所用原料较上，纱支较细，容易工作，容易照顾多锭。此外更有一紧要原因，以美国工人都有知识，认厂事为己事，非常经心。至于日本工人之情形，玥并不深悉。而我国之工人，则皆未入学校，毫无知识，故工作时一味贪懒，致管理厂务，颇多棘手之处。凡主持厂务者，不能不设法使一切工人，知自己与厂务有密切关系，激发其天良，使其对于工作上，自然克负其责任。苟此事办到，决然于工业前途，结良好之硕果焉！

二十八

玥因之有感曰：呜呼！利率之重，无有过于今日之中国者矣！自袁氏预备帝制，中交两行，除上海主持得人外，同时陷于窘境，约计亏倒之数，在一万万两左右。而此一万万两，由各市场中吸集而入于少数官吏之手。于是各埠银根异常奇紧，周转顿觉不灵。盖银线直筹码耳。经此短促时间，一部分之筹码入于官吏之手，非存储外国银行，即窖藏在家，而于商业上无纤屑相通。且欧战期内，现转运往外洋者，为数甚巨。加之进口货异常昂贵，出口货物大为萧索，而上海于去年十一月间，银拆竟至七钱，则每月利息，须银二十五六两左右，是即每月二分五六厘之利率也。即使平时，每月亦须一分一二厘。以此利率而欲求振兴实业，发达商务，以及各项事业之进行，其可得乎？然而他埠银根更有紧于上海者。间有不肖之徒组织银行后，即滥发纸币，政府不加限制。亏倒动需数千万，经年累月，政府亦不加彻究，而无辜小民因此殒命者，不知凡几！故资本家宁取薄利于外国银行，而不肯振兴社会上凡百事业。致游民充斥，盗贼横行。而在上者，反孳孳以搜括为能事，且竭其技能；以敲骨吸髓之手段，而饱其私囊。民不聊生，国谁与立？呜呼！吾安忍言哉！吾又安忍不言哉！

二十九

玥按：本国铁道被外人所建设者，全地球上仅一中国。夫铁道与国家之关系，犹脉络之于身体也。脉络闭塞，则血液不流通，则其人生活机能，可想而知矣。国家之于铁道，亦犹是也。夫铁道愈多，交通愈便利，商业愈兴盛，而文化亦愈进步。平时输运货物，挹彼注兹，以发展内国工商业。一朝有变，运兵输饷，随在系铁道之势力。今东三省之铁道，南属于日，由日而至奉；北属于俄，由西比利亚而至宽城子,一旦失欢,虎狼之兵朝发夕至。不但此也,且奉至京师竟日可达,实逼处此可为甚矣!夫我国人普通心理,以东三省远在关外,与我漠不相关,且系满洲区域,如秦越人之视肥瘠然。不知共和民国已五族一家,满洲土地即中国土地。满州而可任人宰割,则中国各行省,如直隶、山东、山西、江苏、浙江、广东、广西、福建、安徽、云南、贵州、湖南、湖北、江西、四川、陕西、甘肃、河南、蒙古、新疆、青海、西藏,我黄农华胄生息歌哭于斯者,何地不可以任人之宰割!今日视人受苦,漠不关怀,他时祸到临头,虽悔何及!他姑不论,即以目今满洲之商务论,我本国货及外洋之货,均不得入满洲,苟欲入之,必受种种不便利,务使不入而后已。而满洲内地货物,除某国外不得出满州,苟欲出之,多方留难,务使其不出而后已。商务尚如此,他无论矣!呜呼!路权让渡。呜呼!仰债为生。是谁之罪?是皆吾民不能人人有与国同休戚之意,尸其咎也!

虽然,吾国人自办之路政则何如?其始也,购地筑路,以及种种事能通盘筹画,毫无耗费否?其继也,能便利行旅推广客货,以与人竞争否?其终也,自总办以至司员,能实心行事,涓滴归公而为大局计否?如其否也,则此后如何整顿,如何督策,此中大有研究之余地。议者多集矢于交通部,平心论之,交部实未能辞其责。深望主事者慎选贤能,严除弊窦,息谤与争存,胥于是乎在。

三十

玥按:呜呼!读者诸君,曾阅过印度灭亡史否?印度之亡,固亡于外来之一银公司。然未始不自印人轻视国家权利,不知爱惜与不知保护其国家权利所致。今不幸而印度覆辙,见之于我中国。呜呼!吾黄农华胄,岂将沉沦于万劫中,不能再有恢复我固有权利之一日乎!虽然,人之亡我实不足惧,所惧者实我国民麻木不仁、自召灭亡之根性耳!夫人必自侮,而后人侮。我国上下,苟竭其智能,蠲其私利,鼓其精神,励其气节,而与他国人周旋于弱肉强食之秋,人虽欲灭亡我、颠覆我,其乌乎可?故吾常曰:人贵自立。

三十一

玥按:此书著于一九一四年春,而自一九一五年迄今,南满铁道公司之进步,大有震惊全球之气概,此书尚未及搜罗。要而言之,该公司实系拓殖性质,非寻常营业性质。在满州无论何项事业。无一不在其势力范围以内。其手段之敏捷,魅力之雄健,资本之宏大,实远出印度银公司之上。而其团力之坚固,布置之周密,思虑之精明,玥爱之敬之,崇拜之,畏惮之,实不能不为我麻不无知之民族,散沙一般之国情之前途,放声一哭也!我政府及我全国人民,自今以往,能有如彼之朝野一心,具此魄力、能力、学力、精力,组织此巨大公司,振兴实业,挽回利权,以苏我民困,纾我国难者乎? 不禁引领以望之,馨香以祝之!

三十二

玥按:币制之坏,无有坏于今日之中国者也。各省无论矣,而各埠之银洋、铜钱及纸币等,无一不参差,而无从依据。狡黠者流,利用币制之不划一,而从中渔利,各小钱庄,亦从而侵蚀之。故正常营业,因各埠银价涨落不一,而货物流通,往往受其暗亏,以致商业不振。整顿币制虽极难,然万不可容缓,万不能畏难而因循苟且。失今不图,将来愈不可以收拾,当局者其加之意乎?

三十三

玥按:营口滨临渤海,地当辽河东岸,十年前为满州出入货物之咽喉。其旧有市场,则在营口以北之牛庄。牛庄东路接近海城柞蚕盛产之区,营口则向属荒凉,古老相传,境内设有防营,故本口以营得名。去今六十年前,英法两军进逼北京,清政府慑于外力,忍辱为城下盟,将牛庄作开放地,载在一八五八年《天津条约》内。嗣以英人虑牛庄离海湾过远,大货船不克直泊其地,故将原定牛庄互市场移至营口,以故营口亦有时以牛庄呼之。开埠而后,至光绪十年以后,该处商业始进最盛时期。近十年间,日人在大连市施用各种特别手段,营埠精华被吸殆尽。如营埠之若干大油坊,若干驻营之采办南货豪商,相率舍此趋彼,致营口商况,竟沦于一蹶不能复振之悲境。议者多痛诋日本之垄断。第自吾人平情论之,营口市场所以失败原因,尚别有两大端在:一、地利上之逊色。营口为冰港,大连为不冻港。营口铁道输运,仅有无关从要之京奉线,且沟帮子支线终点,与营口尚有辽河一线之隔,河港冰封时,此路亦断绝交通。大连市则水运既不忧冻结,陆运又有南满铁道干线,得节节输出入满州腹地。营口冰期输送货物至满州腹地,则仅恃笨而且迟之七马大车,耗资费时,故内地商家宁去此而就彼。此即营口商况不振之一端。二、人事上之不竞。营口市街,沿辽河东岸,长约二里许,分东西两部。西部为中国街,颇繁盛;东部为日本人居留地,接近南满线大石桥支路之终点。华人街道路不甚整洁,宅内光气亦多不足。新造之合式店屋,近渐增多,然终属少数,较之日本居留地,未免相形减色。年来有资本家多人,过营口分行侦察营商行为,颇抱悲感。莫不异口同声谓,一般营商十之六七沉溺于花天酒地中,抛荒职分以内之事,视行东血本几无若何之痛痒。呜呼! 以营口商竞如此剧烈,正吾华商卧薪尝胆、力求振作之日,何来余钱以供豪掷? 吾甚望口传此说者之不确也。即间或有之,吾又望在营华商,无论为身负完全责任之经理人,或负一部分责任之店友,急宜互相告诫,力图振刷,共爱护此商业神圣之令誉,则今后营口之华人商况,不久当有出死入生之希望欤!

三十四

　　玥按:大连原名青泥洼,在大连湾之西岸,西南负岗陵,东北对阔漾,与柳树屯隔水相望。其南老虎滩、星革浦诸胜地,滨临大海,气候绝佳,虽逼近寒带,然冬春间除暴风发作外,温度独高,仿佛沪上。地势高爽,海风送润,燥而不枯,寒而不冽,为满州唯一健康地。港面宽阔,而波动力大,终年无冰封之患。水行西至渤海边诸名埠,南至上海、香港,东至朝鲜、日本,均甚便捷。即航行太平洋、大西洋吨位最大之商船,港内尽能容纳,而恢恢乎有余地。陆行北至长春、哈尔滨,直达欧洲;至营口或奉天换乘京奉车,直达京津,输出入货物,异常灵便,为满州唯一贸易港。查二十年前,是地不过一渔村。自一八九六年时,俄野心家南下,来窥斯土,无知乡民贪取小利,为之响导摄图以去。至一八九八年三月十五号,因运动清政府成熟,订立关东州二十五年期租借条约。吾青泥洼境内居民,歌哭卧钓之地,遂拱手让人,俾得随意规画。俄人欲发达贯通欧亚之西比利亚铁道事业,投壹千九百万资金,挖港开埠,筑道通车。认为极东吸集世界金钱之策源地,画新市区,造诸官署,置发电所,备自来水,设非常广大之娱乐院,大兴土木工程,为悠久占据之大计画。一九零三年二月,日俄战挑衅开,其战争结果,自长春以南铁道割让日本,关东州租借地遂为日人所管理。十余年来,日人悉力经营,陆运、海运逐步扩展,警务、税务一致协助,遂将满洲第一贸易港营口之精华,吸集此市中来。凡各国游历之士之过此市场者,莫不惊叹大连市况之繁盛。虽然,大连市上之当权悉操诸日人之手,于吾华商无豫焉。其日商与华商胜败得失之异点,玥得概括以言之:日商以善群胜,华商以孤立败;日商以机智胜,华商又愚暗败。盖日商团力坚结,一行业之彼此相顾,如一联队,而更得日政府与地方政府之扶持,更得诸大银行之接济,是日商之立脚地至坚实也。华商各立门户,心若散沙,彼此相忌,国家银行不能起予扶助,即其自身地位亦觉四面楚歌,未进畅所欲为之境。华商虽通用中国小银元,而恒为日人虚金位之币制所蹂躏。是华商之立脚地至危困也。且连埠之中国豪商,首为榨油业,次为代理业,此外则等诸自桧以下。但此两项有数之商业家,类多暗于大势之观察,作一攫千金之痴梦。近三五年来,因油、豆、饼三项空盘而破产倾家者,不可以指计。前此大多数财力雄厚之油坊,至今仅有至少数仅存之硕果,然力不能日夜开车,往往有预先抛卖未做之豆饼,以求手边之活动者,闻油、豆、饼卖买取引所中,欲挂一牌号,须预存多大之保证金,行员之出入其中者,又必时纳捐款,领取标记,其所做空盘卖买也。每次买入或卖出若干货,除纳若干保押现金外,随时加纳若干之佣金。而此项空盘贸易之华商，类多盲从。某日见日商抛出若干货，即相率贬价抛出；某日见日商吸进若干货，即相率昂值买进。其买卖情形之纷扰，恒视火车到货之迟速多寡而起因，华商之愚为不可及。日商虽不欲暴富，而华商甘心馈与之，且不惟大连一隅之华商相率陷于破产之穷境也。间有代理店及油坊之兼营代理业者，自己卖买失利，而起挹彼注兹之巧思，函电纷驰，诱致别埠喜欢豪赌之商人，来此作孤注一掷之举，藉谋百一之余润。故年来上海及扬子江流域有名市场中，因大连埠油、豆、饼空盘卖买而破产而致命者，又不知凡几也。呜呼！以彼日商精明干练、胸怀机智一方面观之，大连不啻为无上金窟；以我华商之糊涂昏聩，胸无成竹一方面观之，大连又何异为最大陷阱。呜呼！金窟云乎哉！陷阱云乎哉！悉由乎人之自为耳。

三十五　总按语

花

改良棉质，吾国已有多数人士，视为重要问题。然改良棉质，并非易事，必须学识、经验、愿力三者备，然后能着手，期收实效。苟政府而知改良棉质之必要，循序渐进，逐年改良去，自然收效宏大，比个人从事改良者胜多矣。若仅仅创设植棉试验场数处，以图棉花产之改良，而不兼从收买改良棉花上着想，其效仍微细。现在中西人士热心改良棉业者，颇不乏其人。然社会中普通心理上，有一层之谬解，以为改良棉质能使农家收入，比之寻常本国棉多二三倍。以本国棉每株仅结四五棉果，而美棉每株能结二三十棉果。以结实多少论，其数固不差。然本国棉花一株大概占面积约半方尺，而美国棉花一株，须占面积四五方尺，故美棉与本棉所占之面积，直一与八之比例。虽美棉花朵较大，无论如何，能与本棉得同一之收数，已不能视为不满意之事。夫吾等力求棉产改良之目的，在于花丝之细长，及韧力强大而已，收数而果能增多，固为希望中应有之事，然要未可苛求也。如所种改良之棉，与进口美棉质地相等，以今日市价言之，"民国六年五月十八号"美棉（指花衣言），每担值银四十二两，上海棉三十两。如美棉与本棉，仅得同一之收数，农家之获利已较多四分之一。此四分之一额外利益，实属净利。盖种美棉与种本棉，其地租、肥料、种子、人工种种耗费，实相等也，改良棉花之收成，设使比本棉减收十分之一，尚属合算之事。是以创办植棉试验场，提倡改进棉质，实为要着。然但设场播种，而不设置收买美棉处，于无形中奖进民间之播种，则农场之影响于社会者，能有几何？故玥甚望海内有志改良棉质者，研究疏通改良新棉出路之重要问题，以求其普及。（玥所设之植棉试验场已三年矣。如今岁丰收，而棉质仍未变劣，则明春拟将改良种子散布乡间。明年秋，即得设置收花处，出善价购买附近改良之

子,花轧后就于本厂内纺三十二至四二十二支纱)

棉花自播种至成熟期,至少须六阅月。而花丝之软硬,大半关系天气之燥湿。种植棉花,砂地更宜于泥地。故沿江滨海所产之花,因空气中水分较足,地面上沙质较多,故花丝较软,如在北纬线三十二度内之南通是也。此外如陕西之同州、朝邑,沿渭河一带,与山西之蒲州府属,及河南之洛阳等处,均在北纬线三十五度,产棉尚多。如再往北至长城以北,亦未始不可栽棉。然愈北而雨量愈少,空气愈燥,虽能产棉,而收数必少,棉质必劣,以农业经济论,不如种麦之较宜,因麦性喜燥而耐冷,故宜于北;棉性喜暖,故宜于南。而在美国,所以有棉带(指产棉区域言)及麦带(指产麦区域言)之区分也。物产各有适好之种作地,未可依人意以相强。北方非不能产棉,乃不宜产棉耳。鄙见以为北纬三十六度以北,决非适好之产棉区域;而三十六度以南,苟非天气极燥,土性极黏之地,皆能产棉。故扬子江流域,吾人可确认为中国绝好之产棉区域,苟其选择佳种,广为传播,则所收之效果,大而且速。

然除改良棉质之外,尚有数种极大流弊,亟应设法革除者。

一、挽次货。通州花内,奸商往往挽入上海花,而上海花内,则挽余姚花或青岛花。此外如外商由汉口运来之陕西花,十之六七皆汉口近处所产之棉,而美其名曰陕西花。鱼目混珠,专顾目前之小利,不计纺织事业上所受之痛苦。严剔选而示限制,其责固在各厂收花之人矣。乃厂家不察,贸然收受,助成若辈奸商之作伪,则其罪固不惟贩户尸之,其操采购之权者,亦无所逃罪焉!

二、挽水。现在棉花挽水之弊,几于通国皆是。棉内本含有潮气,约百分之八九,而乡人挽水,间或增至百分之二十。十斤花衣内挽水一斤,购者偶不经意,含混买收,货栈中堆存此项挽水棉花,不数星期,花色变黄,春夏易致生霉,不堪入用,暗亏之来为数大矣。

三、挽棉核。乡人轧花之前,先将棉核敲扁,然后轧之,故花内带有棉核甚多,至多一担内有十五斤。此种流弊以湖北樊城为最著。

四、挽黄花。乡人往往以上等黄花,挽入白花内,希图蒙混。

五、挽废花。间有劣商,间接向纱厂家购买钢丝车上刷下色白而丝短之废花挽入花衣内,弋取额外利益。

六、挽石膏粉。石膏粉色白而性重,奸商取巧,往往挽入大包花衣中,以相欺蒙。

七、挽黄沙。间有以黄砂挽入花衣中者。玥曾由日本转运来之美国花衣内寻获此种黄砂,重量约百分之三。

改良棉产,诚为当务之急。然而此等诈取幸获之流弊,一日不革除,则一日不能入于文明之区域,致障碍花纱布业前途之发展。欲革除此等流弊者,厥惟贤明长官是赖。虽然,纱厂收花之人,亦宜同负此扫除积弊之责也,苟全国纱厂中购收棉花之人,均清白乃心,实力办事,而更得行政长官之扶助,凡此种种流弊,不难立即扑灭耳。

纱

纱厂中之应注意者,厥惟改良纱质。虽机器之良否,于纱质上不无关系,然苟纱业中人,而能随在顾念股东之血本,则于用花上,出纱上,及管理方法上,细加研究,孜孜不倦而行之,虽数十年老厂,亦不难改善其纱质,与后起者争胜也。若坐以待毙,一任昔年辛苦经营之伟业退处于天然淘汰之列,一似无复有挽救之余地,岂非谬误甚!进步事业家,当不以斯言为河汉也。

布

布之精粗,关系人民之文化程度,故将来民间所用布匹,必由粗而及细。然除布身精粗之关系外,如布之阔狭长短,合宜于主顾之需要与否,以及销路之滞畅,与其他种情形之研究,布业中人不可不十分注力者也。

提要

振兴实业之大根源,首在乎有统计。有统计,而后有比较,有比较而后见盈朒。酌盈剂虚,人民之天职,而使人民晓然于市况之盈虚消息,则行政长官及商会之天职也。盖无统计,犹之冥行索途,而主旨无由定,临事无主旨,犹网之无纲,衣之无领。若是,则百业之振作,将靡所适从。而我国所仅有之统计,但海关报告。然此海关报告者,经过海关之货物则有之,不经过海关者,则概付阙如矣。其至纷至繁之物产额,姑不论,即以至重要亦至简单之国民确数言之,试问我中国现有人口,其确数几何?则不知也。即就本书主脑言之,我中国实在产棉几何?亦不知也。就此种种,无一不在混沌之中,以故吾国工商百业,无一不在暗中捉摸间。以此模糊失据之商工百业中人,当此门户洞辟,工战商战剧烈之冲,几何其不失败也。呜呼!可哀亦可怜已。

统计岂易言哉。若不从各方面注力,而仅从一方面进行,以造成一统计书,往往须如许这光阴,掷几多之耗费,或以某部分深闭固拒,故而竟不克为精密之调查者有之矣。是故统计事业之发轫,不得不属望于当道之知其重要,急起直追以图之。虽然,当道者而欲履行此统计事业,不得不渴望各部之有秩序,各部有秩序而后能安心任事,以从事于调查报告编辑等事。溯自民国成立以来,已六年矣。自一邑至政府秩序无存,无秩序,安能有统计事业之产出?呜呼统计!难哉其言之矣。

我国政界之纷扰,递衍递进,而无已时者,其理由安在?曰政客太多之故耳! 政客者,世俗所谓民间之优秀分子也。善动笔,善鼓舌,而又善于结合。有结合斯有派别,有派别斯有倾轧,有倾轧斯有激战,结合既众,势力遂大,而倾轧与激战之波浪愈恶而愈不可收拾。此不祥之势力,福民则不足,病国则有余。且举世溷溷,不辨贤否。故政客中虽有贤者,抱通时达变之才,怀翼世扶民之策,亦大都不善于逢迎,未能使之有何展布而即去。工商百业界至当富极贵之途盈千万,此多数优秀分子,何不移其才智为振兴百业之计,求自立于社会间,以脱离此水深火热之政海乎! 政客减少而后澄清有望。政客愈多,公是非愈少,公是非愈少,则政客之活动亦愈甚,而秩序愈不堪设想矣! 偶因统计问题而生感触,故推本穷源连类及之。

尝观各国之注力于统计事业矣。各业各货物出纳之数,不问巨细得失,皆有记载。有日刊,有年刊,有历年比较之特刊,不但实业界事有然,即凡百人事,凡百科学上绝特之研究,莫不年年月月,出其详密之记载,以策人事之进化。而各国人民公认此各项之记载之报告,为分所应为之事,而无庸隐秘。其操政权者,自中央行政机关,以迄各地方行政机关,与各业中团体机关,莫不刻刻注意于此种种记载之事。调查报告,分类列表,而为有系统之计核。盖得此一小册统计报告者,即能了然于人事之兴衰,国运之隆替。有志之士,亦即于此而得定其救济之方略焉。

夫百业之统计,大者远者之言也。即浅言之,而以吾国今日之个人生计论,盖无一日不在凄风苦雨中。今日起一波,市面因之骤跌,商业已受亏矣! 明日起一浪,市面又一变,而商家又受亏矣! 哀哉! 小民不知何日能安居乐业也! 国步之稳固,惟民业之兴替是视。民不足,国孰与足? 借政治以攘夺权利者,其亦知所本夫。

(原书)

3月 发表《玥对于华商纱厂联合会之推测及希望》一文,指出我国企业家无经验、无计划、无热心、不顾全大局,呼吁以团体之力抵御"某国"纺织托赖斯之计划,争取生存和发展。全文如下:

近因消极的抵制,临时华商纱厂联合会,业已成立。曾开会数次,并公举代表赴京申诉。虽请求之如愿与否,现时尚难逆料,然联合会雏形业已粗具。将来编订会章,公举执事等,妥行组织,则此会可以永久成立。玥对于此会之成立,绝端赞成,且玥系新进,学识经验两者俱浅,对于本会前途,何敢妄参末议。第因盼望者切,顾虑乃厚,顾虑既厚,不能不有所推测,一抉而出之,期消除此等障碍,以助会务进行。请先将组织华商纱厂联合会之难点,约列于后,以供吾同业之研究而悉力补救之,玥实有厚望焉。

华商纱厂之股东，大半于纺织事业无甚经验。故对于纱业前途之若何措施，恐不免有扞格之虞。此组织上难点一。

纱厂经理，往往有不能始终其事者，且对于股东及厂务，所负责任上间有缺憾之处。则改良管理方法，与制造事项，以迄纱业前途上种种之筹画，恐未能实心做去，以致不热心于会务。此组织上难点二。

各厂地位不同，则得益之多寡亦不同，得益之多寡既不同，则对于联合会恐感情之厚薄亦不同。此组织上难点三。

股东代表及办事人，间有因权利而起倾轧，因厂内起纷争，势不能热心于联合会而顾全大局。此组织上难点四。

我国人性喜闲散，且权顾目前，雅不欲仆仆道途，谋群益而作远虑，恐视联合会为不急之务者有之矣。此组织上难点五。

虽然联合会之组织，岂能因诸难点而作缓图哉！盖纱业为内国实业中最大事业，资本金亦最巨，佣工亦最多，况外人之压迫内国纱业于今为烈，恐日后更有甚于今日者在。读他国棉业发达史，可以恍然矣！他国既以联合同业发展其势力，吾国纱业中人，诚欲亦步亦趋，亦非始不可以跻异常发皇之一境界。兹特将不能不急速组织华商纱厂联合会之理由约述如左：

一、现时纱业竞争，非对于本国各厂之竞争。乃本国各纱厂联络一气，厚集团力，对于他棉业国纺织事业之竞争，是即纱业团体之战斗也。苟当此他国纱业团体锐师直入之时代，而内国纱业昧乎令原急难之古训，依然各自为谋，但顾目前之小利，而不知组织团体，固我屏藩之必要，以力谋对外，恐作垒自卫之大好时机一旦逸去，致同归于尽耳！

二、花纱布种种市况之调查报告，及其他一切商业上之活动，前后推挽，左右指导，必须有一总机关担任之，方克有济。譬之行军然，有参谋部，而后胜算可操。华商纱厂之有联合会，其即纱业战争之有参谋部，亦即纱业前途制胜之方略所从出也。

三、欲抵制进口纱布，非先从改良内国纱布着手不为功。欲改良出品，须交换知识，互相讨论管理制造、佣工问题，以迄买卖方法，俾各纱厂胥立于稳固之地位，不致受人之蹂躏。

呜呼！吾同业中人，其勉之哉！寒威紧逼，则流水变而为坚冰，外力横摧，则阋墙转而为御侮，勿因意见，勿因小利，勿因虚名，勿因客气而阻碍此华商纱厂联合会之进行。某国一千万元纺织托赖斯之计画，玥实亲闻之。苟我纱业中人，狃于目前之安逸，不思振作乎，则此项一千万元纺织托赖斯之大计画，尚未成熟时，已受外货侵掠之痛苦，故本厂纱布价值，较为低落。苟此项大计画而见之事实,设厂于各口岸,则华商现时勉力支撑之诸纱厂,势将一扫而尽之。他日欲图振作,则更难矣!愿吾纱业中人,交相勉之,急起直追,成立斯会,则纱业幸甚!中国幸甚!

(《中国花纱布业指南》附录;《文集》第 161 页)

4月12日 于《申报》发表《致中华工商研究会函》,对该会"拟上全国工商大计条陈"内称"日本所用之棉,大半购自我国,何以彼能纺出一百数十支之纱,此非关于原料之优劣明矣"一节,"未敢赞同"。云:"查全中国最细之纱仅达四十二支,唯南通大生纱厂,及敝厂内,间或纺出至于四十八支之纱,市上无此销路,有人纺制与否,玥实未之前闻。……以日本三十余年之纺织事业,所纺一百二十支之细纱,于一九零二年内,仅有九包,现在能有几包,不得而知,故日本所纺之纱,尚在百支以内。玥创设植棉试验场,已三年矣,希冀改良棉质,以抵制舶来品,苟其原料之优劣,而于纱支之粗细无关也,则又何必绞脑汁,费金线,日夜孜孜从事于此哉。虽然,振兴实业,殊非易事,一业有一业之学识,一人有一人之经验,苟有学识经验,而乏实行以行之,犹恐无良好结果;无学识经验实力,而欲从事于振兴实业,此前清实业家所以覆败也。殷鉴不远,吾辈又安能循前人之覆辙而蹈之。若筹划全国实业,更不能不出以详密之考核。本会同人以振兴工商为职志,所建议者而非常妥善也,则国家社会蒙其福;所建议者而未尽妥洽也,则吾会且将为众矢之集的。玥系本会一分子,故不嫌辞费,发表意见,以与诸同人仔细商榷之,知我罪我,不暇计也。"(同日《申报》;该文收入《文录》下卷时改题为《致某某研究会论棉质原料之关系》,《文集》第 131 页)

4月16日 与聂云台、刘柏森、祝兰舫、吴寄尘、荣宗锦等于总商会开会,由自京返沪代表刘厚生、穆杼斋"告入都与政府接洽情形"。(华商纱厂联合会档案)

4月19日 于《申报》发表《复总商会述美棉消毒之方法》函。云:"查美棉种内,往往粘附害虫之子,而害虫中之以墨西哥之花蕾虫为害最烈。……美国每年费数百万金元,合全国昆虫学专家,尽力设法剿灭,但获效甚微。""采购美国棉种时,若不预先用法防备,深恐一经传播,中国棉产不堪设想矣。"建议用碳硫二灭棉种内之害虫,并详述使用方法和注意事项。(同日《申报》;《文录》下卷,《文集》第 124 页)

4月20日 与聂云台、张秋园、吴寄尘、刘柏森等开会,审定华商纱厂联合会章程。(华商纱厂联合会档案)

4月21日 沈方涵、张柏延发表《致穆藕初君函》。云:"前阅某报,见载有浦君为人造棉花事,请求先生发抒意见一则。现时阅多日,未见先生答复,想因先生职务烦劳,未暇及兹琐事。但迩来社会上注意此事者甚多,即学校中于农业一科,

198

亦未尝不研究及此。务望先生拨冗将此项棉花之价值,与其效用详细指示,以释群疑。"(同日《申报》)

4月26日　下午一时,出席于小南门救火联合会举行浦东同人会春季大会。倪菊裳报告会务经过情形,先生演说《改良农业为救国之根本》,尤惜阴演说《浦东实业之希望》,"穆、尤二君演词甚长"。许庸谨主席续议棉花验水问题。末由傅佐衡报告浦东公所进行状况略。(《申报》1917 年 4 月 27 日)

4月29日　出席在一品香召开的中华职业教育社预备会,到者有萨上将、朱交涉使、王道尹孟纳拉总领事施绍常、商会总理朱葆三、王一亭、顾馨一、张让三、陆费伯鸿、张公权、刘厚生、钱家治、周仲容、史量才、龚子英、杨翼之、张之铭、朱叔源、贾季英、袁督畲、蒋季和、蒋竹庄、沈信卿、朱少屏等二十余人。黄炎培"报告菲律宾职业教育之状况及侨商捐款情形,及报告四月十九偕王君正廷谒黎大总统,面呈印刷品,黎公深以为然,允留览。并谓今之学生竞思作官,殊非是。又于二十二日晚,由王正廷君与炎培会食于长安饭店,到者蔡子民、春景阳、蒋竹庄、雍剑秋、裘昌运、龚翰青、李组绅、钱新之、陈小庄、周寄梅等皆签名入社,为特别社员。议定由在京诸君每人各募集特别社员十人,普通社员百人,于大会时提议删去章程内入社费。在京收费由王正廷君担任,由李君组绅、雍君剑秋各出银五千元,在京设一学校工艺品发卖所,京中各界均非常赞成,今请在座诸公发表意见。"次由萨上将、朱交涉员、王道尹等演说,表示"非常赞成愿入社为社员,并介绍亲友入社。散会时已鸣钟十下矣。"(《申报》1917 年 4 月 30 日)

4月下旬　复《浦、沈、张三君论人造棉花》函,对人造棉花是否具有棉花"四要质"提出质疑。函云:"玥对于棉产虽素所研究,第纺纱植棉,双方实验,于今仅及三载,经验尚浅,心得无几,乃过承推爱,质疑于玥,玥有所闻知,敢不掬诚相告。……夫棉花之所贵者,在乎具有足以纺纱之性能,而世界更无他类纤维,足以代之,故棉花之可贵,为泰东西纺织业家所公认耳。凡纤维之优劣,恒视纺质之充否定之。就普通纺质言,其必须精究之点有四,(一)纤维之长短。……(二)纤维之粗细。……(三)纤维之旋绕。……(四)纤维之软硬。……以上四要质,仅就棉质之大概言之,此中分际人人知之,亦人人能察看之,其于科学上所研究之性质,尚不在内。苟四要质而失其一,则棉花之价值大贬矣。而人造棉花之具有此四要质与否,玥实未敢决也。……玥所目见人造棉花小样,仅如凤毛之一撮,至人造棉花之能合于纺织与否,及此物之制造;能合于工业经济之原理与否,玥实谫陋,无从揣测,还请人造棉花专家一宣布之。"(《文录》下卷,《文集》第 129 页)

5月6日　中华职业教育社于上海成立。伍廷芳、梁启超、张謇、蔡元培、严修、唐绍仪、范源濂、汤化龙、王正廷、袁观澜、张元济、江谦、陈宝泉、宋汉章、陈光甫、陆费奎、张嘉璈、穆杼斋、张伯苓、周治春、杨廷栋、史量才、刘垣、穆藕初、蒋维乔、龚杰、刘以钟、邓萃英、于定一、朱友渔、庄俞、刁信德、朱庭祺、朱胡彬夏、贾丰臻、朱叔源、聂云台、陈容、蒋梦麟、顾树森、沈信卿、余日章、郭秉文、黄炎培、张渲、汤松、韩振华、朱少屏等四十八人在《中华职业教育社宣言书》上签字。《宣言书》缕述中国教育最大危机在于毕业者失业;就业者所学亦不能适于用。章程揭示中华职业教育社之目的在于(甲)推广职业教育;(乙)改良职业教育;(丙)改良普通教育,俾为适于生活之准备。(《申报》1917 年 5 月 7 日、5 月 8 日)职教社分普通社员与永久社员两种,穆杼斋、先生为永久社员,并请母朱太夫人为该社特别捐,成为永久特别社员。《中华职业教育社组织大纲》第七条规定:"凡一次纳特别捐费贰百元以上并担任岁纳如数者,与一次特别捐费贰千元以上者为永久社员,并免其前条规定之岁纳之社费。"(《教育与职业》第一期,1917 年 10 月,引自《中华职业教育社志》第 52 页、64 页)

5 月 14 日 代表厚生纱厂致函华商纱厂联合会,"嘱将设会理由及改组选举个问题通告全国同业,厚生厂会员俟本会正式成立后照章认缴。"(华商纱厂联合会档案)

5 月 18 日 西门外西区高等小学主任顾天放率领三年级学生二十人参观德大纱厂。先生演讲二十分钟,说明各部组织情形及经营实业之要旨。又"亲自引导至各部参观,遇机器之较为复杂者",先生"必拆开机关说明作用,计自松花部至打包部,参观至二时之久。"(《申报》1917 年 5 月 20 日)

6 月 17 日 上海总商会为劝令各纱厂用天一造棉厂人造棉事,致函振华、恒昌源、裕源、德大等纱厂,云:"敝会据本埠西门外大吉路庆字六号天一造棉厂函送所造麻棉请为提倡等情,查该厂所造麻棉是否合用于纺织之用,必须经纺织厂之试验方有把握,昨日敝会常会讨论先将样棉分送各厂研究。兹送上棉样一纸若干(来样无多,各厂分开),请为察验。据该厂云,每担成本计元二十六两五钱。是否合式,祈见复为荷。"(《上海总商会议事录》)

6 月 24 日 在引翔乡太平寺第一次演讲会上演说《改良社会习尚》。《申报》报道云:"本埠杨树浦工厂林立,地方居民男女老幼,十之八九恃工作为生活,完全成为一种工业社会,惟尚乏一种补助教育。现由德大纱厂及厚生纱厂经理穆藕初,致书引翔乡乡经董周采臣,就杨树浦桥以北之太平寺内设立宣讲场。每月第一星期日下午一句钟,开讲立身处世之道,期增进地方人民程度,并由穆君躬任宣讲。今日为第一次宣讲,附近居民不论农、工、商各界前往听讲者,一致欢迎。"(同日《申报》)演说指出人不分阶级,强调所作之事只要有益于地方,有益于国家者,即为上等人。全文如下:

予今日请将改良社会习尚为听者诸君畅论之。请先述社会之起源：譬如高廊桥，二年前非常冷落，桥下止有一来爀茶馆，来爀云者。顾客无多，须客至，然后催炉应客，其冷落可知，此时固不成为社会也。迨德大纱厂开业后，如粮食业、薪炭业、南北货业、鱼肉业、糟纺业、杂货业，砖瓦业、小菜市及其他一切小贸易，与小车夫、人力车夫、运货脚夫等，先后来集于此，相利相赖，而社会成矣。社会内容，又有种种区分：如纱厂工人与纱厂工人遇，相谈纺纱事业，觉甚有味，较之接近他业，感情不同。于是乎有士农工商，各分其类者。亦有纤微工业与金石工业，竹木油漆工业又划分崖岸者，等是工业中而分各种阶级，其势殆出于天然。但开明人则殊不然，以其胸襟扩大，不存阶级观念，对于各界，皆善于交接，悉皆融洽。最阻碍进化之事，在乎各挟私见，各不相能，不善处群，即其人之不善自处。予甚望地方上，人人能与各方面相融洽人人能勉为有益于社会之人。今日社会精神之不振，类皆中毒于前人所分阶级之谬误而致。自旧见解观去，以富贵者为上等，力食之人与一切劳动家为下等，介乎其中者为中等，此实谬解。以予之眼光观之，不必有何钱财，有何势力，有何高深之学业，止须其人所作之事有益于地方，或有益于国家者，即可为上等人。例如拔除碍道荆棒，劝阻阋墙矛戟，凡种种惠群息事之美德，俯拾皆是，不费囊底分文，止须一举手一启齿之劳，而地方上受福多矣。如此寺中所供之神像，其生平大都口有益人世之事，或赤心爱国，或仗义救群，生前力行有益于世之事，死后方克受人馨香跪拜。予为此言，并非导人迷信，予实望大众起自敬之心，放下屠刀，立地成佛，人人以菩萨自勉。即降一步言，人人当勉为良善之人。人能束身自爱，且能推诚处群，无论何等不名誉事，立誓不为，即其处境何等穷苦，已无愧乎为上等之人。予甚敬之重之，认之为友。然则人欲为上等人，亦至易耳，止争在一善念之发动间。次则勤恳为事，安守本分，不肯为作恶犯罪之事，惟止顾一身一家，于有益地方、有益国家之事，则寂寂无闻，此为中等人。吾愿吾地方、吾国家，宁减少此中等人，而增多予所主张之上等人。予所云下等人者，无论其富有千万，贵至极品，其所作所为，有害于地方，或有害于国家，故即得决言其为下等人。世界上若多此等人，世界将成为兽世界。试问其人何不幸而至此，曰：声色货利，骄奢淫佚，有以陷之耳。予甚望大众操练此特异之眼光，视人作为之有益社会与否，而定其人之贤不肖。欲防止不肖之流毒于社会，止须大众注意在此一点，既人人持此特异之眼光，以定人贤否，社会程度，自然增高，社会群众，自然进步。自是而后，大众互相警惕，互相勉励，惴惴焉惟恐一言一行之失当，遭大众之不齿，不齿于大众，为人生最痛苦之事。与人家聚处之乐，尚非真乐，能与各方面人相接近，而得大众之尊视，即至乐。请大众仔细审量，看破此关，勉为好人,增高社会程度,当以培养此判别人类贤否特异之眼光,为先决问题。中国社会程度何以甚低?因百分之九十九重视有权势及有钱财人,不恤自家身分,甘心媚之。为问贡媚之人,果能得彼分毫之余润,或得其一力之拔擢否乎?不能也。然则媚术之无济,可早看破矣。然则何不舍此趋附工夫,转以自策?人若自贱而为媚人之人,留此丑状供其他无志者之观摩,最足阻碍社会之进步。多人如此,则地方不堪;各地方如此,则全国不堪。予深望大众对于自己务刻励、务自敬,对于大群务推诚、务相爱。地方百业,蒸蒸日上,地方秩序,井井有条。殴斗狱讼之事不复生,盗窃诈欺之事不复作,凡此种种皆发轫于努力向上之一念。此予改良社会习尚之主张,至平易,亦至紧要,人人可以力行者也。

(《在引翔乡太平寺内之宣讲辞》,《文录》上卷,《文集》第 44 页)

6 月 29 日 《申报》刊登《介绍新著》,推荐先生译著《中国花纱布业之南》。云:"近有新出版《花纱布业指南》一书。著者为美国商务特派员克赖克氏,译者为上海德大、厚生两纱厂经理穆藕初氏。发售处为上海自来水桥南堍三和里德大纱厂。洋装一厚册,售洋八角,邮票通用,特志之,以为绍介。"(同日《申报》)

6 月 译《日本纺织托赖斯之大计划》一文,呼吁我国纺织业界同人奋起抵抗日货压迫。按语云:"此项纺织托赖斯之大计划,名为欧战平复后与英、美、德三国竞争于东亚市场上(东亚市场谓谁?质言之,即吾中国市场也),实则厚其势力,以与吾中国纱布业相决斗也。吾中国纱布业中人,其有所悚惕否?苟有所悚惕,急急焉从事于物质之改良,以求本国纱布之畅销于本国市场上,更厚集团结力防备外货之压迫,有备斯无患,及今图之,尚未为晚。此项惊心动魄之消息,凡有国家观念及国民经济观念之爱国志士,皆当注意起图自卫方法。要不仅内国纱布业所当戒惧振奋,而内国纱布业,实首当其冲,不得不急为坚我脚跟固我屏藩计也。失此不图,则我内国纱布业行将无有几何立脚地。果尔,将来操衣被吾苍生之主权者,其惟吾最近之东邻乎?张皇四顾,而不知涕之所从来也。"(《文录》上卷,《文集》第 42 页)

7 月 4 日 出席南洋路矿学校举行第五届预科毕业式。由校长朱贡三报告本学期学务情形,并述下半年添办矿科,以造就矿务人才。先生以校董代表演说,"多勖励语"。是日虽天气酷热,中西来宾到者甚众。(《申报》1917 年 7 月 5 日)

7 月 21 日 《申报》刊登中华职业教育社选举评议员结果,黄炎培、沈信卿、郭秉文、张元济、贾丰臻、史量才、杨廷栋、袁观澜、穆藕初、朱少屏、王正廷、吴怀疚等十二人当选,任期至 1920 年 4 月。(同日《申报》)

7 月 29 日 出席中华职业教育社第一次议事员会议。先由临时干事报告:①"本社经费结至七月二十八日止,共收银二千五百五十七元八角九分,共支银七百零六元五角"。②"本社社员现共有五百零六人,计永久特别二十三人,特别一百九十五人，普通二百八十八人。"③"本社社员已缴年费者计特别八十五人，普通一百零八人，议即函催未缴者从速补缴"……议决：①"议决办事部主任与基金管理员均三年一任，连举者连任。"②"议事部议事细则，公推沈信卿、吴怀疚、贾季英三君担任起草。"（《申报》1917 年 7 月 31 日）

6 月至 7 月 方显廷入厚生纱厂学徒。《方显廷回忆录》云："我于 1917 年夏天到达上海之后，便成为坐落在杨树浦棉纺厂区一所棉厂 70 个学徒工中的一员。""穆湘玥（藕初）是我工作的那家厚生纱厂的经理，同时也是我们这些学徒工的师傅。""在生活中经历过许多艰难困苦的穆湘玥（藕初）先生，是一位十分慷慨、仁慈而又通晓中国古典文学的人。像旧式的手工艺人师傅一样，他与我们这些学徒之间的关系，也通过他个人的人格魅力，对我们施加影响：希望把我们这些年轻人培养成有益于国家民族的可用之才，而不仅仅是头脑简单、四肢发达的平庸之辈。他曾亲笔书写条幅一帧，是我们得以朝夕相对，以为鞭策。内容大意为：秉烛中夜宜勤读，闻鸡起舞锤筋骨；冀尔青年当自勉，势成大器为民族。这帧条幅就贴在我们宿舍的墙壁上，作为我们的座右铭。在他忙于处理业务和进行社会活动的间隙，他还不时地将我们召集到一起，进行鼓励士气的讲话。""在他归来时，带回了受到第一手培训的棉花种植技术和棉纺织机械。我仍十分清楚地记得他怎样送我到他自己在上海郊区建立的棉花试验田里学习种植美国长纤维棉花的情形。那时，我们的指导者是一位信奉佛教的学者。（即尤惜阴——编者注）我在明媚的阳光下，在棉花试验田里学习种植棉花，学会了吃素，和用中国文学语言朗诵佛经里的教导。少年人没有形成固定的人生观，对一切充满着幼稚的幻想。当时我想将来有一天，我会成为一个佛教徒。然而由于穆先生的经济上对我的慷慨援助，先供我在上海读书，继而又送我到美国深造，中断了我年轻的幻想和梦境。"（方显廷著，方露茜译《方显廷回忆录》，商务印书馆 2006 年 9 月版）

8 月 11 日 于《申报》发表《予之木机布业观》一文，分析花价昂贵原因，呼吁地方政府"提倡植棉改良"、商家"祛除积弊，整理查厂务"。全文如下：

迩来花价昂贵，几及一倍，致本机布销路顿行停滞，闭门歇业者十居八九。贫民生计，大受障碍，良堪浩叹。

查此次棉花昂贵原因，美国花、印度花运至日本及中国者，因潜艇为害，运费奇昂，致吨位减少。而来源不足，一也；印度卢比不易购买，中印间汇兑顿生障碍，致印花难以收买，二也；各交战国，截留棉花作火药之用，三也。以此三因而中国花之运往日本者，骤然激增，欧美粗布进口甚少，而日本又尽力供给布匹于俄国，以致中日两国存布甚少。布少则布价昂，纱花价亦随之而昂，此经济学中不可逃之公理也，买空卖空不与焉。

稍留原料以维持棉织事业,此类乎一种慈善家之主张,不合乎商业通例,言之非艰,行之维艰,身入其中者,自能喻于此旨。因丝茧出洋过多,恐碍本国绸业,而设法限制丝茧出洋,玥尝以为一大憾事。盖出口货金额逾于入口货金额,其国未有不兴盛者,反是未有不衰败者。限制丝茧出洋之消极抵制,不如提倡蚕桑之积极进行为愈也。丝业如此,棉业亦何独不然乎。尽力提倡植棉改良,并请求地方或中央政府扶助之,此其时焉。

更有进者,商业以信用为根本,苟布业制造家力顾大局,保守信用,应用双线者勿以单纱代之;应用三二线者勿以四二线代之,尺寸、门面、分量皆有准则,不以价贱而参差之,且尽其学力、精力、能力以祛除积弊,整理厂务,务使人无废时,工无废料,日夜孜孜以从事于斯,虽当此风雨飘摇之时,或无难树立赤帜也。维持云乎哉,维持之声不绝于耳鼓,此国货之所以迟迟不振乎。

(同日《申报》;《文录》上卷,《文集》第 73 页)

8 月 12 日、13 日　《申报》连载中华职业教育社通讯《德大纱厂调查记略》报道。云:"德大纱厂在上海华德路高郎桥,厂地面积占十三亩,固定资本三十万。总理为穆杼斋君,经理为穆藕初君。藕初毕业于美国农科大学棉科,本其所学以经营斯厂,此所以能于中国之棉纱业中,翘然独树一帜也。厂中工作分清花间、粗纱间、细纱间、摇纱间、打包间。而其内部办事则分总账栈房、物料、庶务各勤,其事部分井然。现有男工二百人,女工六百人,分日夜工作。日工自早六时至晚六时,每人可得工资二角七分,夜工自晚六时至早六时,每人可得工资二角九分。男女工头工资较大,女工头有每日五角者,男工头有每月四十元者,二十元者,视其职务而分等级也。厂中有练习生十余人,高等小学毕业者居多。专司监工烘花,以及协助物料庶务等事。全厂锭子总数有二万枚,每日出货平均可得三十包,每包四百二十磅,核其重量即每日可得一万二千六百磅,最细之纱能出至四十二支,此亦中国纱业进步之征也。兹将其由棉成纱之手续分部纪其大要如左:(一)清花间中有松花机两部,弹花机四部。清花间之第一部即拼花,以中国花颜色虽白,纤维短少,弹力脆薄,只能纺十六支纱。至纺二十支以上之纱,必须将印度花、美国花拼合而成。南通所产之花最上者,虽亦可纺三十二支纱,以供不应求不得不购用印美之花也。印度花花丝虽辰屑子较多,终不若美棉之适用,此所以纺四十二支细纱非美棉不能用也。先以拼花入松花机,使成花衣,次入头二号弹花机使成花卷,至入三号弹花机又将四个花卷合为一卷,清花间之工作至此止矣。(二)粗纱间中有钢丝车四十二部,棉条车十八部,粗纱车三十一部。钢丝车每人主管六部,棉条车每人主管一部,头二号粗纱车每部用二人管之。三号粗纱车每部用一人管之,司其事者均女工也。先以花卷入钢丝车,俟其流出即成棉条,再上头二三号。(三)条车经过一车即细一次，愈卷愈细。至过三号车而粗纱成矣。棉细纱间中有细纱车四十一部，筒子车一部，纺线车六部，油线车一部。细纱车每部有锭子四百二十枚，用二女工经理之，对面分立年龄较小之女子则两人合作，一工更有名童工者，专司调换筒管，每日亦可得工资一角六分。由粗纱间而至细纱间则有升降机，在厂工作之女子当以此部为最多也。（四）摇纱间中有摇纱车九十三部，均用手摇。以摇时有断者即可停，便于接线。也以七小支合成一支十支为一绞，所谓十六支纱者即十六绞也。每摇一车得工资银一分，计长有三万二千六百码，此部工资不以日计，以成绞之多寡为计。以摇时纱易断，接线甚费时光也。（五）打包间打包时必先过磅，每一小包重量以十磅半为准。无论其为十六支、四十二支。包之容积虽不同，而其重量则一也。包又分草包、大包两种，十小包为一草包，四十小包为一大包。草包外用蒲包，专销本埠。大包则用机器包扎，运销外埠。打包即竣即储于栈房中也。该厂出品以十六支纱为最多，销路亦以十六支纱为最大。以本埠各布厂各袜厂均需购用此纱，而尤以汉口为销路最畅。至其工场管理，每部除监工员、练习生终日监视外，更有工头及巡回管理督率之，此所以工人虽多无一怠忽者。厂中又甚清洁，虽有飞花即由作工者随时扫除。非主持其事之精神贯彻，奚能至此耶？ 各部主任对于经理每日均有报告，此所以一日间之用棉若干，成纱若干，以及工人到者若干，均能一览了然。穆君并于上海引翔港设立植棉试验场，然则将来之改良棉质，推广纱业当惟穆氏是赖焉。"（同日《申报》）

8月21日 于《申报》发表《穆藕初广赠〈植棉改良浅说〉通告》，指出提高植棉品质，对内可塞漏卮，对外可吸金源，呼吁推广植棉改良，振兴棉产。全文如下：

世界产棉国凡四，若北美、若印度、若埃及、若我国。他产棉国，自给既无虑不足，且类能出其所余，以应世界需求。我国则拥有绝大宜棉之地，如中部南部诸省，在北纬线三十六度以南者，皆宜广植佳棉，乃空留如许隙地，一任荒废，不知利用。年来生齿日繁，用棉之数，方且岁有加增，试一览海关历年入口棉货贸易报告，鲜有不骇然者。盖入口棉货，已占漏卮总数四分之一以上，骎骎乎达三分之一，苟长此仰给，而不早为之计，即此入口棉货一项，已足制我全国之死命。今也以欧战影响，美印棉之到日本者大减，日人遂至我国广收棉花，以供粗纱制造之用。日本粗布畅销俄境，故日本纱之来华者甚少，又因潜艇为害，吨位缺乏，印纱之来华者，亦大为减少，因此诸故，致令仰赖外货之国，一变而为自行供给，兼供不时之需于日本。底货搜刮殆尽，新货又未上市，来源虚而销路畅，于是乎花价暴腾，纱布价随以继长增高，视平日市面，已增一倍。本机布厂之歇业者，十殆八九，向之生活于各布厂者，今则相率而为嗷嗷待哺之哀鸿。大势所趋，至堪惊怖。海内外不乏持远大眼光，作根本计划之人,利用时会,开辟荒原,增植棉产,改良种性,加高品质,对内则可以塞无限之漏卮,对外则可以吸巨大之金源。此次骤受最大之痛感,实予吾人以最大之觉悟,邦人君子,盍兴乎来。振兴棉产,非甚难事,欲知梗概,请读拙著《植棉改良浅说》。玥以时势需要,特复印万册广赠海内外有心人,欲得此书者,欲得此书者,请向上海自来水桥三和里德大纱厂批发所函索可也。

(同日《申报》;《文录》下卷,《文集》第 152 页)

8月29日 于《教育与职业》杂志发表《选择职业之三大要点意见书》一文,提出职业须符合个人性情、个人及家族程度、社会需要。摘录如下:

夫职业之范围至广大,径途至纷杂,仓猝投效至易含混,未来变化至难预料,故选择职业,至不易而亦至无把握。玥以今日奔驰宦海,明日浪迹商场,若是者不得谓之为职业之人。曩时以土产立脚,现时藉外货营生,若是者亦不得谓之为有职业之人。职业也者,必须劳其心智,竭其知能,日夜孜孜,以从事于业务,终身由之,设非有万不获已之大变更起,则断乎未可改弦易辙也。各个人之对于职业,其关系既如是之大且重,故选择职业,允宜审慎于初步。玥于职业关系,素所关怀,谨将拙见所及选择职业之三大要点,略述如下:

一、职业须合于个人之性情。人心之不同如其面,性情亦然,顺其性而利导之、诱掖之,不但事半功倍,并能使其人安于其位,历久不变。苟返乎其人之性情,则其所得之结果,当然与以上所云者适成一反比例。

二、职业须合于个人及家族之程度。职业分上、中、下数等,同此职业,有久于斯业,乐而忘倦者;有一刻不能暂留,去之唯恐不速者。同一业而去就之不同竟有如此,盖人之程度,及其所处境地之不同,希望遂因之不同耳。可知各人各家庭之程度,影响于职业前途者,至大亦至显明,固不得扭于一方面,而不顾其他诸方面也。

三、职业须合于社会之需要。吾人生存于社会,须确知社会之现状,社会中所最缺乏而所最渴盼者为何种事,社会中所最拥挤而最厌弃者为何种人,凡此中若隐若现之种种关系,择业者与育材者,万不可不熟思而审处,然后能深悉何种人才为社会所需要,而不得不戮力一心,应时而培养之,则社会与人才,庶有相利相赖种种相互之关系,而社会受其利益矣。苟不问社会实况,而贸贸然早献一计划,夕贡一方略,非但当事者限于资力,不足以备举,即举焉而不切于实用。泛言职业教育,其结果或未免此,闭门造车,吾未见其有济也。

以上三者,浅而易明,人人所了解,并非玥一人之见解。第恐择业者与育才者,被热血所鼓荡,客气所使役,一意孤行,毫无瞻顾,卒至与职业场里,不相接近。故玥以为职业教育不实心提倡则已,苟实心提创之,则审察宜周,立说宜简，邻障宜去，主张宜一，取应用不取铺张，务扼要不务泛应。

（《教育与职业》第一期；《申报》1917 年 9 月 10 日；该文收入《文录》下卷时改名为《致职业教育社》，《文集》第 137 页）

9 月 3 日　于德大纱厂第一班实习生毕业式上致词，向失学童子"谆谆训勉"。次由教员干君及机工领袖钟君等相继"作恳切之训话"。《童工教育之实现》一文云："杨树浦北首德大纱厂素于工业场中广行职业教育，第一班实习生曾由厂经理穆藕初君亲自讲授棉业中全部要道，期此辈青年人人储备组织全厂之能力，为他日推广棉业之中坚人物。此外更有艺徒教育，该项艺徒大半系南市贫民学校毕业学生，每当机工余时，教授生活上必需之知识，艺能亦已三年。于兹自今秋始，又举办童工教育，分班授课，期增高粗工程度，增进社会幸福。""诸生虽学无根柢，但大都生长苦社会中，不乏头脑清醒之人。一经训练，于生活上人格上其获益当不浅也。"（《申报》1917 年 9 月 5 日）

同日　北京政府所聘之美国棉业专家乔勃生致函先生，函云："予在中国愈久，愈确知美国棉种能合于中国天时，而有效验。农商部内，在北京万牲园有地数亩种美国长丝棉，每株结果有二十五至三十枚，虽北京天气较冷，然可以完全开足。如移植短丝棉早结实之一种，则其收效之良，不更愈于此乎。"（引自《致大陆报社论中国移植美棉》，《文集》第 136 页）

9 月 9 日　中华工商研究会召开第二届选举职员大会，先生当选会员。选举结果：郭建侯六十五票、沈卓吾六十三票、王汉强五十八票……二十票内者有洪善长、周浩及先生等。（《申报》1917 年 9 月 11 日）

9 月 18 日　出席中华职业教育社第二次议事员会议。到者有沈信卿、黄炎培、史量才、张元济等议案：①提议通过《议事员会议事细则》，原案修正后通过。②议事员蒋竹庄因供职京师请辞，以得票同数之庄俞递补。③讨论办事部提出本年社务进行概要，第一条甲、乙、丙、丁，照原案通过。戊项举办职业学校，决定从工业方面规划补习夜学校，从商业方面规划经费另立预算。第二、三条均照原案通过。④办事部提出本年预算案，通过。办事部主任薪金额暂定每月一百二十元。⑤核定本社呈请教育部、江苏省公署立案文，通过。由黄炎培、沈信卿具名缮发。⑥推定沈信卿、吴怀疢、贾季英为基金管理之规则起草员。⑦报告海外薛敏洛、陈迎来、施光铭、杨嘉种、蔡膺成等捐款情况。（《申报》1917 年 9 月 20 日）

9 月 21 日　于《申报》发表《致大陆报社论中国移植美棉》一文，云："玥曾于此三年实验棉作状况之经过间，研究移植美棉失败之由，约有六端：一、进口棉种之产地，比移植此项棉种之区域，气候之冷热相去过远者。二、棉种之成熟时期太晚者。三、播种太迟，失去恰好时期者。四、播种太紧密，窒碍其发展性能者。五、棉田不甚肥,致棉株黄瘦者。六、沟道淤塞,棉田中有积水之患者。之六者中,有犯其一二者,已足使改良棉产家失望矣。……农商部内,在北京万牲园有地数亩美国长丝棉,每株结果有二十五至三十枚,虽北京天气较冷,然可以完全开足。如移植短丝棉早结实之一种,则其收效之良,不更愈于此乎”。“故玥深信移植美棉,苟种植之人,不犯以上六大端之一,则美棉大可移植于中国。然深望多数有志改良棉产之士,出大愿力,运精密心,更持之以永年,征服彼偶然之不幸,慎勿以偶遭挫折,而遽灰其心,并灰吾全国人之心也。”(同日《申报》;《文录》下卷,《文集》第136页)

10月1日 华商纱厂联合会致函先生、穆杼斋、吴寄尘、张謇等,云:“据九月十五日议案,敝会应即维持成立,积极进行。惟正式成立之先,种种筹备不容再候,兹谨将敝会改组缘起及暂定简章拟就草稿,缮呈左右,其中应否增益删改之处,务希逐一审核,便希于十月二十七日午后一时辱临敝会,公同讨论,并筹议进行事宜,实深盼祷。”(华商纱厂联合会档案)

10月4日 华商纱厂联合会接先生来函,“谓既有积极进行之办法,当有共同进行之顺序,会费当然赞成。”(同上)

10月5日 与黄炎培等集议,职教社拟办职业学校及商业补习夜学校。拟定职业学校开办费一万九千七百五十元,经常费一万一千七百二十八元。商业补习夜等校开办费二百元,经常费一千二百六十元。(《申报》1917年11月29日)

10月6日 出席中华职业教育设议事员会,沈信卿主席,报告贾季英介绍新加坡侨商陈嘉庚认捐助银一万元,自民国七年起至十一年止。每年交银二千元,业由本社照章推为永久特别社员。并邮赠金质徽章一枚。通过基金管理规则,及职业学校及商业补习夜学校计划及预算。(《申报》1917年10月14日)

10月8日 与郁屏翰、聂云台、吴善庆、尤惜阴、黄首民等联名发表《中华植棉改良社缘起》及《中华植棉改良社简章》。《自述》云:“是时,本国纱厂仅纺二十支以下之粗纱,所用之花其纤维长度仅需一英寸以内,长丝棉实不适用也。余虽稍曾研究植棉,然必试验场与纱厂同时进行,且是时留美学生之归自南美而研究植棉者竟不得其人,故余只能从商业的眼光着想,仅稍求改良及推广而已。民六间,即约同聂君云台、吴君善卿、黄君首民等组织植棉改良社。郁君屏翰德高望重,提倡植棉为最早,遂推举郁君为名誉社长。刊印《植棉浅说》及各种印刷品;并购备大批美国种子,分布各省。余又购置美国锯齿式轧花机,建设轧花厂,优价采收各地之改良新棉,以助发展,藉资提倡。”(《文集》第25页)全文如下:

中华植棉改良社缘起

我国人口之众多,为全球各国冠;棉产之稀少,殿产棉诸国后。世界产棉国凡四:首推北美,次为印度,又次为埃及,最次为我国。据最近调查,美国产棉额占全世界百分之六十五，我国产棉额仅占百分之五。以我与美较，仅得其十三分之一。是何故哉？以天惠论，我与美皆拥有最大宜棉地，在美有宜棉之棉带，而我国扬子江流域大宜棉作，仿佛美之有宜棉带。然则，就棉产言，我与美当相为伯仲矣，又何至相去如是其远哉？且不但产棉之数不足而已，而棉质且甚劣，竭其能力，但能纺二十支以下之粗纱，至欲纺三十二支、四十二支之细纱，则必仰给于印、美、埃及棉。有此绝大膏腴，有此绝好气候，更有代价低廉之工人，起任劳作，而顾一任土产之不竟，外棉之横溢，彼蚩蚩者氓，吾无责焉。将谓设法提倡，责在政府软？政局纷更，一时尚无暇注意及此；抑将开姑缓须臾，俟之后人软？然而欧战终结，为期不远，见损于彼，势必取偿于我。自今以往，我泱泱大陆，其将为诸工业国众矢之的乎？失今不图，悔且无及；机会难得，稍纵即逝。悉力提倡，我农工商学各界开明之士，胥有责焉。我托业于棉产之诸君子，尤责无旁贷焉。当仁不让，盍兴乎来。谨本斯意，以作本社之缘起。

中华植棉改良社简章

一、命名。本社以联络振兴内国棉产之同志，交换知识以求棉业改良之普及为主旨，故命名中华植棉改良社。

一、宗旨。本社不涉政治，专以研究棉产为范围，冀以天然之地利，施以人力之改良，庶将来东亚棉产成为商战健将，用兴实业而挽利权惟，不设分社藉免歧趋。

一、入社。凡各界有志提倡棉产之士均欢迎入社，以广联络而策进行。

一、经费。社员不缴入社费及年费，其乐于慨助者□。现在一切用费由郁屏翰、聂云台、吴善庆、穆藕初四君担任之。

一、义务。社员均有发展本社事业之义务：（甲）各就力之所能及，或独力举办植棉场，或合力举办植棉场；（乙）名人就近提倡植棉改良，以图善及。

一、权利。社员并有应享诸种之权利：（甲）得向本社订购良种子，纳低廉之代价，其种法大要随种子附奉；（乙）改良新棉收获后得请由本社指引可靠之采购植棉处，以免农家受亏；（丙）本社设有植棉试验场场中所出报告，及一切印刷品一致散给，以便研究，无须纳费；（丁）遇有疑难处得通信质问。

一、职员。举定郁屏翰君为社长，穆藕初君为书记，尤惜阴君为会计。

一、棉场。本社棉场设在浦东杨思桥镇。

一、社址。本社设于上海杨树浦华德路高廊桥东德大里八百零六号内。

一、修正本简章有未尽事宜随时修正之。

（同日《申报》）

10月20日　于《申报》发表《检查湿花之意见》一文,云:"查棉花搀水恶习,相沿至今,已三四十年矣,堕落出口信用,损失金钱不可以数计。……近年以来,花行及各纱厂收花处逐渐增多,商场竞争于今为烈,因此获利倍难于往日,是以花商等,因难取巧,稍贬其价,而以潮分为抵注,价愈贬,而潮分则愈高,信用则愈失矣。……拙见以为整顿湿花方法,必须自整顿秤手始。今验水局既设立多年矣,而乡人之搀水如故,湿花之充塞于市上也如故,剔除此弊将奈何? 曰:除花业董事随时监察外,应由同业另举公正人若干名,优其薪水,重其职权,派定地段,每晨至各花行,或其他收花处,得自由入花仓间,择其潮分最重之花样几个,每个约重一磅,装入不通空气之铅皮罐内,注明行名月日,后即携至验花局,将各家所来之样,编成号码,按日逐一用电气烘见,准确核算,当即填成一表,汇存备查。并须严定行规,花衣百分中含水分若干分以外者,不准收买,违者处罚,各行皆应恪守。如秤手收湿花若干次,屡戒而不改者,或罚洋,或罚停秤若干日,如遇不可教诲之人,则虽削夺其秤花资格,亦未为过也。苟照此办法,由地方长官,督察于前,由规矩行家,力行于后,坚结团体,不贱售,不徇私,尽力做去,不患无拔除搀水积弊之一日。今不揣其本而齐其末,何其计之左也。"(同日《申报》;该文收入《文录》下卷时改题为《检查棉花之意见一》,《文集》第130页)

同日　华商纱厂联合会筹备会致函先生,商请修改联合会简章等文件。函云:"据九月十五日议案,敝会应即维持成立,积极进行,惟正式成立之先,种种筹备不容再缓,兹谨将敝会改组缘起及暂定简章拟就草稿,缮呈左右,其中应否增益删改之处,务希逐一审核,便希于十月二十七日午后一时屏临敝会,公同讨论并筹议进行事宜,实深盼祷。"附拟《华商纱厂联合会缘起》云:"衣食大源,立国之本。人不可一日无衣,国不可一日无制衣之品质。故国力之盛衰,恒系乎棉业之隆替。自我国海禁初开,迄于今兹,漏巵不塞,财殚民匮,膏血沃枯,危亡何待? 晚近忧时之士,恒持棉业救国之议。夫经国裕民,盍棉一端,特棉其著者耳。蕞尔东邻,近十年间,几执吾国纱业牛耳。其勃焉凌我,得之政府奖励者固多,而其发达之迅速、根蒂之强固,得之纱业公会指导翼助者尤多。回顾我国纱厂,兴办已三四十载,其间之兴没存亡,殆难屈指。求其主因,非昧于外界之潮流,即骛于一时之近利。无事之际,则各自为谋,艰阻当前,则束手待毙,瞻顾前途,杞忧何极。况商业竞争,于今为烈,欧战告终,其势无甚。纱为棉业主品,更属万矢之的,倾荡摇撼之举,势将层出无穷。于此谋所以扶翼之方,兼为扩拓之计,非有统一机关,难收折冲明效。东邻成法,是我良师。今年春,××等以棉花出口,某国有要求免税之说,曾集全国纱厂,临时设一纱厂联合会,惟事成仓卒,规章未具,羁延三月,成绩毫无,识者憾焉。××等爰复再四复议,广罗众见,金谓联合会临时机关,莫若定为永固团体,俾收众擎之力,

藉脱波涛之险。公共利益，惟公共协力图之。暂定简章，附陈于后，纱业同人，永锡箴规。幸甚，幸甚。"（华商纱厂联合会档案）

10 月 27 日 与聂云台、张秋园、吴寄尘、刘柏森五人出席华商纱厂联合会会议，讨论会章。会场气氛低沉。刘柏森主张暂不成立永久性组织，先立一小团体。先生云："联合会本余兄弟所极端主张，近见大众不甚踊跃，异常心灰，莫若暂将此会停搁，俟大众知此会设立之必要时再说"。聂云台认为入会者少，经费无多，应力从减省。吴寄尘发言说，南通张謇兄弟还未来信，想不会不赞成，外埠各厂也已来信赞成，不可由我们发起人将其取消。于是情绪略有好转，开始讨论会章草案，由聂云台和刘柏森核议，提出修改意见，主要对第四条会员和第七条职员作修改。（华商纱厂联合会档案）

10 月 29 日 刘柏森致函穆杼斋与先生，再次请求核定纱厂联合会会章等文件。函云："昨聆藕公伟论，钦仰无极。公共事业之难于此可见。当兹国事倥偬之际，商业凋敝之秋，联合会现象如此，诚无足怪。日本之纱业公会最初入会者仅十四家，何况我国之斤斤。是举亦冀略树规模，世人必有知其重要而兴起者。况创立之始，更不必从事炫耀，反蹈名不副实之弊。事之济否，视我辈毅力如何耳。消极之念，实在二公之先，共不欲中止者，不得已也。兹再将昨晚核定草章并初拟缘起录呈大鉴，务乞审核寄回，以便分布。"（底稿，华商纱厂联合会档案）

11 月 3 日 上海总商会开第二十二期常会，讨论"英商公会函请添举委员，商榷改良出口货物案"，先生被添举为"出口货物改良委员会"棉业代表。上海总商会致各委员函云："本埠英商公会为改良出口货物事，请推举委员前往接洽。五月十六号已经推举丝绸业杨信之、茶叶金乔堂、程锦章，纱业祝兰舫，出口杂货业严如龄，五金矿业谢衡牕诸君，函致英商公会互相接洽在案。兹又准该公会函送会长，会董全体名单，另列改良出口委员会名单到会，并请本会于各业再添举委员两位，俾便共同商榷，以收实效，而竟全攻等语。本日常会公议将本会会长，会董全体名单录送外，再将添举改良出口货物委员开附名单一并函送。○业项下添举执事与○○○君为委员。事关商业紧要，务乞拨冗担任。所有先后推举之委员名单开送察阅，即祈查照。"（《上海总商会议事录》；《申报》1917 年 11 月 7 日）

11 月 4 日 华商纱厂联合会接穆杼斋、先生来函，称德大、厚生"拟暂不入会，盖于章程及缘起未置一词。"[①]（华商纱厂联合会档案）

11 月 15 日 美国棉业专家乔勃生应棉花验水局之邀于怡和洋行演讲《植棉

---

① 德大纱厂、厚生纱厂于次年加入华商纱厂联合会。

改良》。"各西报撮其大意,故所载不同,致有改良棉花华棉比移植美棉较为容易之一说。"先生读报后"颇疑之,故致函质问"。(引自《改良棉质之两大主意》,《植棉改良浅说》六版,1921年12月)

11月16日 穆氏植棉试验场遭劫。《申报》刊登《农村发生劫案》云:"引翔乡蔡家楼房后穆氏植棉试验场,系穆藕初君出资兴办业已三载。据前日即十五号夜十二句半钟,忽来匪徒七八人撞门而入,面涂淡红、灰青诸色,口操崇明、山东语,并夹杂上海口音,当将驻场员庄、卞二人辱逼,并将童工二人绑缚,威禁声张,倾箱倒箧,劫掠一空。现该区警局正在追查,并照会租界捕房协同侦缉,务期破获。"(《申报》1917年11月18日)

11月27日 乔勃生复函先生,云:"君所询问鄙人前曾对于植棉改良上所发议论之真意。'改良华棉较移种美棉为容易'一说,实属解释差误,深为惋惜。鄙意以为华棉已到恶劣之极点,稍经改良虽得微细之效果。然欲改良到如美棉之品质,约需二十五年也。即如美国棉业改良家,历时甚久,方能培出良种子。故鄙见以为已经变壤之极点之华棉,而逐年改良之,比较移植已经改良圆满之美国种子,逐年播种,使其合于中国之天气及地质,更为难事矣。"(引自《植棉改良浅说》四版附录,1919年3月)

12月1日 华商纱厂联合会召开成立会,先生未出席,但仍被选为议董。书记员报告:应到有二十二家,今天到会有十五家,超过半数。刘柏森当即请到会代表签名,结果全体赞成入会。次讨论章程草案。继选议董,聂云台发言云:"穆藕初先生现未入会,有无被选举权?因穆先生学识优长,会中非此人不可"。经大众公决,暂选穆君为议董,如不允就职,以多数升任。选举结果,聂云台、刘柏森、薛文泰、穆藕初、吴寄尘当选。(华商纱厂联合会档案)

12月4日 华商纱厂联合会开第一次议董会。聂云台转达先生意见,一是本人不愿任议董,二是会长必推张謇,三是会所必须迁移。(华商纱厂联合会档案)会议采纳先生意见。1918年2月12日华商纱厂联合会开会决议:①定期阴历二月二日召集选举会。②举张謇为名誉会长。③会址迁至申报馆二楼。④推聂云台为总董。⑤创办《纱业杂志》月刊。(同上)

12月5日 上海总商会收到先生"为承领美棉时未注名称,均未悉原名"函,总商会批注"汇齐复部"。(《上海总商会议事录》)

12月15日 出席中华职业教育社议事员会议。沈信卿主席,报告"教育部及江苏省公署批准立案"等,继商提议:①"立约租地事,议俟商定后即行立约"。②"建筑校舍事,议定七年阴历正月中开工"。③"各地设通讯处简章",通过。(《申报》1917年12月21日)

12 月 29 日 出席上海总商会开第二十六期常会，讨论公立商科大学组织案。此前，驻沪美总事曾致函总商会云："有汤姆生君建议在沪组织商科大学，俾中国青年得成商业人材，为绝无仅有之机会。"总商会开会，推举朱葆三、宋汉章、陈光甫、穆藕初、聂云台为董事，提倡组织。先生"详报当时会议情形，及组织为难之理由。"公决："兹事体大，非商界所能率尔担承，应呈请教育、农商两部，实力筹备。即备函答复美领事。"（《上海总商会议事录》）

同日 厚生纱厂购地一案开庭。《申报》刊登《地产纠葛案须再具禀》云："爱理思帮办、海司律师在公共会审公廨控陆裕舟地皮纠葛等情，由廨讯判被告交保候讯在案。前日午后，由李萼仙襄谳会同英卓副领事升座提讯。先据原告海司律师上堂陈述案情，并称此案系穆藕初与被告陆裕舟地皮纠葛，因穆之田地买卖进出，均由爱理思一手经理，是以由敝律师代表控告。被告陆裕舟亦延马斯德律师到堂辩称，此案系华人控告华人之案，不应由洋商出面起诉，应请堂上谕令原告律师详细具禀声明。即经中西官会商之下，判曰：'原告爱理思与穆藕初控告陆裕舟一案，应准被告律师所请，由原告律师详细具禀，再行讯核。'"（《申报》1917 年 12 月 31 日）

12 月 厚生纱厂建筑厂屋本年底竣工，并安装机器。《参观厚生纱厂记》一文云："民国六年春，始从事于建筑，至六年底房屋竣工，机器亦同时到申。万六千枚锭子之纺纱机、二百座织布机于九十五天内装齐，建筑与装机工程之敏速，为我国有工厂以来所仅见。"（《银行周报》第七期，1919 年 3 月）

12 月 调方显廷到厚生纱厂批发所。《方显廷回忆录》云："厚生纱厂设在市内的办公室位于江西路 114 号。计有一位经理、一位助理会计、一位推销员和一位学徒，再加上一名厨师和一名黄包车夫。厚生那位学徒工杨习贤是我师傅很欣赏的人。当他被晋升为纱厂的棉纱和棉布推销员之后，便需要再找一个学徒工来代替他。由于我的师傅经常要同美国方面长纤维及棉纺机的经销商进行商业信件往来，他通常是亲自用英文起草信件，再由那位学徒工用打字机把信打出来。而事实上考虑新的学徒工人选，首先至关重要的是：这个人必须懂一点英语。这一条件对于我极为合适。因为自我于 1913 年进入宁波斐迪小学以后，就开始学习英语。当时的想法是将来可以找到一家外国公司去当一名英文职员。当我在棉纱厂经历了半年左右的学徒生涯之后，大约在 1917 年底来到市中心的办公室工作。这一半年学习种植棉花的短短的经历，对于日后我撰写第一篇棉纺工业与贸易的综合发展史来说，被证明是极为有价值的。该篇文章分别用中、英文撰写并于 1932 年出版。"（第 23 页）

本年 德大纱厂获大利。《自述》云："民六纱业转机，获利骤丰。"（《自述》第31 页）

本年 重开穆公正花行。先生云："因改良棉质,非设立花行,特出善价收买改良棉花,是农民无以为劝,于是有公正花行之组织,得德大、厚生董事会之许可,始行开业。行中所收之花,与厂中不相交易,杜诽谤而清界限,藉以尊重商业上之道德"。(《复上海学生联合会》,《申报》1919 年 12 月 14 日)

1918 年(民国七年,戊午)　四十三岁

1 月　修改现行税则委员会在上海成立。

4 月　虞洽卿等发起组织上海交易所,发表意见书。

　　　徐静仁等创办上海溥益纺织厂开业,资本为 70 万两,纺锭 24 000 枚。

5 月　《中日共同防敌军事协定》签订,激起全国反对浪潮。

6 月　上海日商取引所(即交易所)成立。12 月开始营业。

7 月　中华民国军政府在广州成立,岑春煊任主席总裁。上海银行公会成立,宋汉章任会长。

10 月　徐世昌就任总统。

11 月　日商上海取引所成立,经营棉纱棉花及各种有价证券。

　　　第一次世界大战结束。

本年　美商鸿源纱厂被日华纺织株式会社收购,成为日华第一厂。此前,德商瑞记纱厂已售予英国商人,从此,德、美资本退出上海纺织业。

1 月 6 日　与黄炎培看地,选中华职业学校校址。(《黄炎培日记》)

1 月 18 日　《申报》刊登《沪东公社之内容》赞成员名单,先生名列其内。报道云:"沪江大学葛学溥君等为普及贫民教育起见,特于该校附设沪东公社一所,以为实施教育之机。""开办以来,积极进行,不遗余力。"设有运动部,有秋千架、足球、手球各种,平时每日到场平均约五十人,有教习莅场监督。暑假补习学校期限为六礼拜,到者三百五十人。有时假用斯场,并拟组织体育会,购置活动影戏,以娱来宾。游艺部有奏乐、唱歌及中西艺术成绩之陈列。并有沪江大学学生之新剧,及音乐会。"正月中拟开展览会,陈列各种美术品。如雕刻、图画、花边等,盖为组织妇女俱乐部之先导。藉以提倡奖励国货,及家庭自制品,如刺绣、缝纫等物也。通俗演讲团演讲卫生、政治、风俗等事。曾经德大纱厂经理穆君在乡间古庙中演说,并用照片及图画,以启发乡民之知识。凡男女老幼,均可往听,或即在工厂内于饭后及休息时间开会演说。"(同日《申报》)

1 月 20 日　出席沪东公社公民大会。发起人葛学溥致欢迎词,先生演说《杨树浦之计划》。次讨论公民会组织法,选定临时职员五人。(《申报》1918 年 1 月

22 日）

　　同日　德大纱厂藏书处举办赠书活动。《申报》刊登《德大纱厂藏书处通告》消息云："丙辰年夏初,《申报》'来件栏'刊有穆藕初硕士《对于派遣女学生出洋之意见书》一首,有能将此全文抄出,或将此全文剪下,寄本埠杨树浦兰路高郎桥德大纱厂藏书处者,敬赠《机会杂志》一、二、三、四册全份,以见报之日发信为有效。"（同日《申报》）

　　1 月 25 日　德大纱厂赠书活动揭晓。《申报》刊登《德大纱厂藏书处征求揭晓》消息云："第一号应征者为松江杨漱川君,系端书抄下,奉赠一、二、三、四期《机会杂志》,并加赠《商战术》、《市情之变化》各一册。第二号应征者为无锡玉祁李芷园君剪报,奉赠《机会杂志》四册。又平湖某君误将日前通告剪下,不合本处征求本旨,故无赠件。但诸君子留心报纸记载,至佩。若杨、李二君珍藏全年《申报》,不使一份遗失,充此恒心,将来所得机会乌有限量。"（同日《申报》）

　　1 月 30 日　与黄炎培为中华职业学校选址事,访丁庚尧,"商租地"。（《黄炎培日记》）后校址选定陆家浜南放生局隔壁。（《申报》1918 年 9 月 10 日）

　　1 月　发表《青年声》创刊贺词。云："青年时代,得先之春。童稚老朽,谁与展尘。起衰捍患,责系一身。双肩任重,乌得因循。嗟出版界,鲜播良因。多少学子,误入迷津。别有怀抱,竞志诸君。狂澜力挽,奋勇当仁。青年声起,与岁俱新。风行海内,每月上旬。言文一致,庄谐杂陈。针砭末俗,策国精神。惊心怵目,俊逸无论。海内志士,昂首沪滨。手造时势,当让天民,到底不懈。馨香佩纫。"（《青年声》第一期,1918 年 1 月;《文集》第 162 页）

　　2 月 16 日　《申报》刊登《分期演讲植棉方法》一文,报道先生赴浦东等地演讲植棉方法消息。云："中华改良植棉社留美农学硕士穆藕初君,办有穆氏农事试验场。两年来对于改良植棉一意,经营不遗余力。现拟遍历浦东各地演讲植棉方法,兹将日期、地点列左:阴历正月初十日,上午在川沙县教育会。十一日午后,在南汇县教育会。十二日午后,在大团镇第六校。十三日午后,在新场镇第四校。十四日上午在周浦镇图书馆。"（同日《申报》）

　　2 月 19 日　应川沙、南汇两邑教育会之请,是日赴浦东,准备次日起到各处演讲植棉改良方法。（《申报》1918 年 2 月 25 日）事前两邑教育会刊登《分期演讲植棉方法》消息云："中华改良植棉社留美农学硕士穆藕初君,办有穆氏农事试验场。两年来对于改良植棉一意,经营不遗余力。现拟遍历浦东各地演讲植棉方法"。并通告阴历正月初十至十四日（2 月 20 日至 2 月 24 日）演讲时间、地点。（《申报》1918 年 2 月 16 日）

　　2 月 20 日　上午,于川沙县教育会演讲植棉改良。（同上）

2 月 21 日 下午,于南汇县教育会演讲植棉改良。（同上）

2 月 22 日 下午,于大团镇县立第六高等小学校演讲植棉改良。男女来宾到者三百余人。由校长马荻生报告开会宗旨,先生云:"浦东工业界近来渐见发展,如毛巾、织袜、花边三种,颇见发达,惟实权操诸外人,操纵不能自由,甚为可虑。苟欲实力进行各业,须在沪地组织总公司,厚集势力,以便推广,余极愿担任招股,尽力提倡"。次讲改良植棉方法云:"新法种棉,株间宜疏不宜密为最要关键。惟农民墨守旧章,不知改变,故每过疾风暴雨易兆灾荒"。有老农起立讨论,先生一一解释,听者鼓掌。先生继云:"德大纱厂所纺四十二支细纱,每年须用美棉需二千余包（每包重三担）,合中国各纱厂计之,诚一绝大漏卮,是以余已在上海创设试验场,试种美棉数十亩。"又当即取出所携棉样给众人传观,"咸称较诸本棉丝长,而丝质地甚佳"。末云:"此项棉种已在美国订购,不日将有大批到沪,大众可即试购栽植,以期普及"。是日到会者有三百余人,及散会时已傍晚。（《申报》1918 年 2 月 25 日）

2 月 23 日 下午,于新场镇第四学校演讲植棉改良。（《申报》1918 年 2 月 16 日）

同日 上海总商会举行第四期会董常会。通过先生以厚生纱厂代表加入总商会,介绍人孙衡甫、郁屏翰。（《上海总商会议事录》）

2 月 24 日 上午,于周浦镇图书馆演讲植棉改良。（《申报》1918 年 2 月 16 日）

3 月 6 日 黄炎培寄中华职业学校租地合同于先生。（《黄炎培日记》）

3 月 9 日 聂云台、唐露园、余日章、邝富灼、朱成章、朱少屏及美国驻京公使馆商务参赞安立德等发起成立建设会所,于东亚旅馆开第一次大会。宣布职员名录,先生为招待股职员。该会以"提倡一切建设事宜,并鼓励人民热心建树,俾异日各极所能,得以立于生存竞争之世界"为宗旨。（《申报》1918 年 3 月 11 日）

3 月 11 日 厚生纱厂购地一案注销。《申报》刊登《系铃解铃》报道云:"穆藕初延请律师,在公共公廨控告陆裕舟售地不交方单一案,前日午后经关谳员与英卓副领事提讯原告代表律师上堂,辩称'被告陆裕舟已邀中证向原告理明,应请销案'等语,问官准如所请,遂判将案注销。"（《申报》1918 年 3 月 13 日）

3 月 20 日 下午七时半,出席于东亚旅社召开的留美学生会成立会。到者有王正廷,地方检查厅陆守经,沪宁、沪杭、沪甬铁路局任筱由,改订税则委员会朱神恩,圣约翰大学朱友渔,商务印书馆邝富灼及商学两界人士、女学生等,共计八十余人。制订章程如下:①凡中国人（女学生亦在内）在美国高等学校毕业者及大学一年以上者,均得为会员。②每年开会至少在四次以上。③会员每年交会费二元。④会长一人,副会长一人。章程通过后公举职员,先生被选为会长,陆守经为副会长。又公举蒋梦麟为通信员。时有某君计算,此八十人所费教育费,每人平均一万余元,总计将在百万元以上。(《申报》1918 年 3 月 23 日)

3 月 26 日 中午,出席上海总商会、建设会、江苏省教育会、青年会等七团体假座青年会举行美公使芮恩斯博士莅沪欢迎会。到会者有美国领事萨门士、王正廷、驻美顾公使夫人及唐绍仪之女二等百余人。聂云台代表各团体致欢迎词,芮恩斯演说云:"中国之强首赖教育。教育尤宜普及,中国如能将教育问题解决,则社会自能因此发达。"次朱葆三、蒋梦麟演说。(《申报》1918 年 3 月 27 日)

3 月 30 日 出席中华职业教育社议事员临时会。讨论中华职业学校校舍建造情况,决议由先生督理学校工程事务。(《教育与职业》第六期)

3 月 与王文典、朱庆澜、凌焕等二十人向吴善庆在绍兴州山所创办善庆小学捐资,以"饷乡之贫不能就学者"。该校"以留意儿童身心之教育,培养国民道德之基础,授以生活上必需之知识技能,并实施改良农事,指导农民,以冀农业教育之普及"为宗旨。(《山阴州山吴氏支谱》,1921 年自印本)

3 月 受欧战影响,厚生纱厂向美国订购设备延期,先生设法就近搜集旧锭壳。《自述》云:"民七戊午春(当西历一九一八年),乙厂(指厚生纱厂——编者注)纺织机器均购自美国,交货尚不致愆期。后得悉,粗纱上之锭壳三种,由美厂购自英国,共计六箱,适欧战剧烈,潜艇为害,装运锭壳之船中途遭鱼雷袭击,或云沉没,或云搁浅,莫知究竟。若再由美厂另行制造运沪应用,时美国制造业应时势需要,非常发展,续订之件至少须费半年光阴方能运到。苟无此种锭壳,全厂不能开工,坐待半年,损失何可计数。故百方策画,函电交驰,达两阅月,方始查到共计锭壳六箱,头二三号各装二箱,幸获三箱,三种俱全。有是,则全厂半数可以开出。自得悉此种锭壳之半数遭劫消息后,余即函电津、汉各处,及就近向申地设法罗致旧锭壳。虽出数上不能不受暗亏,然较之停工坐待便宜实多。唯此种旧锭壳,仅觅到全厂需要十分之三四,迫半数照给之粗纱锭壳到时,竭力设法,始将全厂开齐。然而应付各事,疲精瘁神者达半年之久。役脑过度,不知大病之侵袭于后也。"(《文集》第 23 页)

4 月 9 日 《申报》刊登农商部提倡实业报道,拟向德大纱厂等厂颁奖。云:"农商部前派佥事李澄、俞镔来沪参观各实业公司,丝、纱、面粉各机器厂。曾于回京后呈请奖给各该主办人奖章。兹悉尚有德大纱厂、溥益布厂、福新面厂亦均奉颁匾额大字,已由各该厂赶制悬挂。"(同日《申报》)

4 月 10 日 于《申报》发表《改良进口税则之诘问及期望》一文,阐述我国工商业深受不平等税则"绝大之痛苦",忠告日本勿干涉我国和平请求改良税则。云:"吾国进口税则自光绪二十八年修改后,定期每十年修改一次,订在各国通商条约中。民国元年实为修改之期，徒以政局纷扰，迁延至去年冬间方始进行。本年元月五日，集十五国四十一税则专员在上海开第一次会议，吾国工商业界大多数人，深盼此事及早圆满解决。乃欲决而未果者，迄今已三阅月矣，究竟此事进行至若何程度，局外人无从知悉，惟闻各国主张以棉货、五金照现行税率统加四成，杂货统加三成。各国税则委员金谓此项办法简明而易行，故多赞成之，惟日本则否。……嗣因日本独持异议，遂将此案移至北京解决。夫海关估价册所列之价，是否能作为应征物价之标准。欧战终结后，工少而税重，将来来货，是否比去年物价为更廉，此吾人所急欲诘问者也。……查各国抽税，有自由权，华茶至英，征税百分之五十，华丝至美，征税百分之三十五至百分之六十。据一九一四年调查，法兰西全国平均抽进口税百分之二十，英国百分之二十二，美国百分之三十九，德国百分之四十五，为发展本国工商业计，固应尔尔。而我国仅抽百分之五尚难如登天，何征收进口税率之不平允一至于此？进口税不得增加，即内国工商业永受钳制而无立足之余地，吾民直接受此绝大之痛苦，则安能禁其不动色相告而力求挽救也耶。日本自现内阁秉政以来，大倡中日亲善之说，无几何时，日本朝野间悉力鼓吹亲善主义，大有举国一致之概。我邦人士，下风逖听，莫不欢欣鼓舞。即如此次商榷进口税则酌量增加一事，亦未始非与日本以实行亲善主义之机会，况乎进口税稍有增加，亦并非加增日本商人之负担，间接仍由我国人所负担，藉以加增国家岁入而维持国家现状者也。乃日本独反对而不肯周旋之，致使我国每日受五万五千五百五十五两之损失（见本年三月十六日《密勒氏评论报》第七十五页）。恐非倡言亲善之本旨也。工商业之四大要素，一曰原料、一曰资本、一曰佣工、一曰市场。日本除资本佣工外，原料半赖于我国，而我国生齿众多，实为日本销行百货之最大市场。予敢忠告亲善之日本曰：市场系客体，而主顾为主体，苟其失去主顾之感情，则虽有绝大市场，恐无复有盘旋之余地矣。日本一般贤达，谅必有见及此，或能勉力履行此中日亲善之主义，而勿任我国和平请求改良进口税则之加成办法有所中梗，而大伤我国人民之感情也。予所以馨香祷祝此加增进口税一事早日结束，以慰我全国人士喁喁之期望，并盼望中日亲善主义于兹事上发其始声，故不觉其言之率直。并愿我邦人君子，注意此事之进行，发表意见，造成舆论，以为后盾，无使我国改良税则，当局独任其难也。"（同日《申报》；《文录》上卷，《文集》第 58 页）

4 月 24 日　出席上海总商会全体会员特会。议案：①苏省改厘为税案。②处置敌侨案。③中日同盟案。④报告入会。（《上海总商会议事录》）

4 月 25 日　与朱葆三、沈联芳、虞洽卿等出席驻沪美总领事萨门斯宴请中西人士会。（《申报》1918 年 4 月 27 日）

4 月 27 日　于《申报》发表《检查棉花之第二意见》一文，针对上海县商会等呈文上海县知事检查棉花甲、乙、丙三项办法,先生认为"事实上所难办到者,亦复不少"。呼吁花商树立信用,并建议设立棉花检查局,专验出口棉花。摘录如下:

> 按甲说主张,从根本解决,先从农产物着手,设立农事试验场,以杜棉花挽水之弊。夫农事试验场之目的,在于研究种法,改良物质,但于物品收获后,天职已尽,检查棉花挽水等弊实非试验场所有之责任。盖改良物质,系农业上之精神事业,检查棉花挽水,系行政上之防止方法,二者性质相反,万无两事合举之理。玥留美六年,调查实业,足迹遍二十余州。每州农事试验场,少则三四处,多则二十余处,从未闻有检查机关附设于试验场者,考之东西各国亦何独不然,此中误会不能不纠正者也。乙说主张,除设立办事试验场外,再设立检查分所;而丙说主张,专从乡公所,设立棉花检查机关,以救棉花挽水之弊。是二说也,除试验场附设检查所不成问题外,其不同之点,一则专设检查分所于各乡,一则将检查所隶属于乡公所内,手续虽不同,而在乡间检查棉花之办法则一也。试问各乡乡公所设立以来,曾办若干公共事业?各乡乡董,能否贤于现办棉花检查局之各董事?各乡所检查之棉花,是否须责令各乡户挑至乡公所受验,或由乡公所派人至各家检查。苟其送至乡公所而受验也,则一乡周围至少须四五里。能否使各乡民仆仆道途而受验乎?倘使派人至各乡户检查,检查人之资格如何,姑不具论,而检查之后,是否能保各乡户不再挽水?且检查之人,是否能各处一律实力奉行?即使实力奉行,是否能保各乡户不群起而反抗?吾恐闹局风潮,又将一变而为闹乡公所之风潮矣。局止一所,而乡公所则有多所,苟举乙丙两说而实行之,恐各乡从此纷扰无宁日矣。夫挽水者,系乡贩非行商,此说也,吾亦韪之。但检查机关,只宜设于聚处,不宜设于散处,故检查棉花之举,非病商也,实欲恢复棉商之信用耳。花商不自谋,政府不得已而代谋之。无论政府处理各事不惬民意,而此事实未可厚非也。玥曾建议棉花检查之举,应责成于各秤手,防止流弊事,固无有便捷于此举者。然以现在商情衡之,尚觉情隔势禁,虽有善法,未由执行;无已,再退一步设想,年来棉花出口数目,日益增多,而外商之收花,不若厂家及本国厂家之精密,为恢复对外信用起见,除殷实公正花商各树信用外,再设立一棉花检查局,专验出口棉花。自验之后,关卡不得留难,将外人所组织之棉花验水会,设法取消。官办商办,原无出入,但求公正而已,此系治标之法,或能有效。至于根本解决,于此时也,玥实未敢梦想及之。

(同日《申报》;收入《文录》下卷时改题为《检查棉花意见二》,《文集》第 131 页)

4 月 28 日　出席中华职业教育社议事员常会。通过民国七年预算,讨论学校建筑筹款等事。(《申报》1918 年 4 月 30 日)

4 月　中华植棉改良社向美国订购美棉种子运到。《申报》刊登《美国棉种业已到沪》消息，通告棉农赴德大纱厂领取美棉棉种办法云："中华植棉改良社向美国订购之种子业已运到。兹据该社报告谓，订购美棉种子各户，请速至上海江西路三和里德大纱厂批发所向穆藕初处领取。每斤售洋一角，其款尽可于接洽后交纳。其未曾订购之家，欲乘此种棉适好时期采购试种者，亦得至穆君处接洽领取播种云。兹将该社通告《本外埠提倡棉产家通告书》附录如左：某某先生大鉴：谨启者，顷接美国书信馆来函，知本社前向美国订购之棉花种子业已到沪，刻下尚在相宜播种之时。尊处接信后速即预备种切，于棉子到日即行播种，并如法施用追肥，或不嫌过迟也。"（《申报》1918 年 5 月 5 日）

5 月 4 日　与黄炎培等联名发表《浦东实业公司筹资通告》。该公司以推动浦东手工业发展、帮助妇女就业为宗旨。文云："同人等因见浦东各种工业，如线袜，毛巾，花边等日渐发达，而无联络机关为作出纳之众枢，于改良原料、研究技能，推广销路，殊多妨碍。爰拟筹集资本，设一浦东实业公司，在内补所不足，在外效其前驱。在技术督促其精进；在生计保持其永固。非敢因人之利以为利，将以合群策群力以求其发展耳。且是项工业或系关于国外贸易，或系社会日常用品，其重要固不待言。再以妇女工值论，花边因受人操纵，毛巾因货物陋劣，然比来工作者日获犹可一、二百文。织袜则日获工资三百至五百文，其关系于生计又匪鲜也。再论乎营业，则资本雄厚，转运灵捷，其获利必丰。浦东各厂之袜较粤之出品人，则价贵，而交易必须现银，我则反是。非物之见绌，力有不敌也。再论乎浦东各公司之资金额，花边少以五十家，计家均一千金，总为五万金。线袜少以三十家，计家均二千金，总为六万金。毛巾虽散处各地，若细加调查，必堪颉颃于二者。则此数年间，浦东之实业诚不可谓无进步矣。然以今日现象言，散而不聚，人自为战，无辗转以相成，惟竞逐以自伐，此吾人当郑重视之者一。不比较优劣而争胜于货物，复无积备之资金，运用新商业策略，则必有被迫无立足之一日，则吾人当郑重视之者二。缘是同人等有浦东实业公司之发起。兹定五月八日（即三月二十八日）午后二时，特假上海西门外林荫路江苏省教育会集议组织方法。"（同日《申报》）6 月 3 日，黄炎培发表《为实业公司事告我浦东父老兄弟》云："穆君以专门家手创纱厂布厂三四所，其学识经验，才具信用，在今日上海工商界允推为最新出色人物"，以"穆君百忙之身，决不能亲自经理，而我浦东人对于此事所赖者，惟穆君。故炎培之意将来公司成立，用人之责虽公司条例自有一定办法，然总望穆君多尽几分义务，吾知穆君用人之经验最多，必能使公司庆得人也。"（同日《申报》）

5 月 5 日　下午一时半，出席中华职业教育社第一届周年纪念大会。黄炎培报告一年来之成就及今后愿望。马相伯演说《教育与实业联络为救国根本》。牛厚泽演说《甘肃省对于职业教育之希望》。先生演说《实业上之职业教育观》。此次年会提出了职业教育之目的四项：①谋个性之发展。②为个人谋生之准备。③为个人服务社会之准备。④为国家和世界增进生产力之准备。（《申报》1918年5月6日）先生演说指出，真正职业教育之精神，除灌输学生职业技能外，更应育成其"耐劳习惯、持久性质、克己复礼工夫、斩除一切巧取幸获之观念，夫然后职业教育，始进于完美无疵之地步。"全文如下：

我职业教育社举行第一届周年纪念大会，承黄任之、沈信卿两先生推重，嘱备演词，固辞不获，勉将鄙见所及者为诸君子扬榷陈之。

夫职业之解释有二：一就人事上言之，凡社会中人，各出其本能以就多方面谋生之途，统谓之职业。如农人之务力田，工人之务劳作，商人之务贸易等皆是。一就天良上言之，世界上无论何种微细事业，业之者皆得提起其精神，发挥其能力，扩大自家之责任，增高所业之地位。此盖不以泛泛之职司视之，而确认自己对于所事有绝大天职在。此"天职"二字并非新名词，即孟子所谓"古之人修其天爵"者是。人不论托业何途，对于所立地位，皆有发达其业务之天职，必如是方可以无愧乎为职业家。世人不察，以致无专业，常迁转在事业场里，随意变动，视自身如旅客，对职守如传舍，不负其应负之责任，不尽其当尽之心力，我国百业之衰败，胥由乎此。凡若此者，乌足以职业家之徽号字之。其人对于所业既如去来无定之行客，则吾人于其所业之业，当以行业名之。职业与行业之异点容易区别，一则久于其业，始终不迁；一则徒为糊口计，惟利禄之是求，此外概置不顾。其居心之不良固无待言，且以其时常变动，故不暇研究本业盛衰得失之原因。无研究，故无进步，其能力之薄弱，如出一辙。呜呼！以为谋不忠、无甚进步之行业家，尸位于百业中，陷百业于颓败，处此生存竞争之时代，尚何有保留残喘之余地乎？

振兴实业、救济现社会困状之呼声日高，振兴职业教育，力谋实业发展之主张一致，风声远播，响应甚捷。吾人提倡此职业教育说仅及一载，而职业教育之声已洋洋乎盈耳，几几乎合全国各学校共入于职业教育之一途矣。何君子豹变之神速也？虽然，名者实之宾，窃愿教育界之提倡职业教育者从实之一方面进行，勿从名之一方面进行也。从实之一方面进行奈何？即无论举何事业，行实地之研究是也。

仆纱业中人也，请以纱业论。欲求纱业之逐步发达，得永立于不败之地，必须行精密之调查，取最善之处置。举凡原料出数之多寡，品质之优劣，以及社会需求之状况，酌盈剂虚，固商工业家应尽之天职。而改良物质，振兴农产，亦属纱业中人所应注意之一要事。此外如工厂之管理方法亦非常重要，全厂工人至少有千人以上，如何而使各工人不空费时间、不耗费材料、且能爱护机件、尊重厂规，惟日孜孜，尽心工作，彼微物细故间，往往发生至大之关系。凡处理其事者，又乌得一日疏忽之。

至于制造方面，如何使造费节减以增进事业之繁昌，如何使出品精美以投合主顾之需要，必一一无憾，然后销路日畅，而信用日厚。苟其一厂如是，各厂皆然，则文明之竞争斯起，而棉业之发展随之矣。互相竞争，互相进步，循环精进，靡有已时，夫然后我国纱业立足于颠扑不破之地。振兴纱业之道如是，振兴他业之道亦何独不然。如凡百农工商矿各业，在在准此手法以行之，实业救时之主张始克遂。然而此种种大问题，岂彼游移不定，视职业如传舍，视自身如行旅而不知责任者所能为力欤？

至于教育事业亦何莫不然。夫"教育"二字含义甚广，须将教育二字分别言之。教为一事，育又为一事。育成之一事，比之教授事项尤为重要。鄙见以为教授尚非甚难之事，至育成之事，谈何容易。然惟其不容易，愈不可以不讲求。小学重育，高小以上诸学校亦未尝不重育。育之为业，不尚口而尚躬行，不限之于讲堂以内，而讲堂以外至广至繁之地方在在皆为育之事业活动之范围。西谚谓"世界为大学校"，不其然欤？乃世多忽忽，教育界中人往往除课堂外，误以为责任已尽，无所事事，去育之本旨远矣，宜乎各学校所产出之新人物，不能见容于实业界，所如辄左，而绝其生活之途也。智慧学术，固不可少，然立身处世之大道理，又焉得而忽诸。但欲求脚跟未定之教员，培成实业界需要之人才，乌可哉？职业教育确为今日要务，然教育界中人往往轻视职守，虽认教育事业为一种职业，而见异思迁，致无何成效之可言。鄙见以为不应泛视教育事业为一种职业，当以一校中事，为自己确定之职业，既身任之矣，则必苦心从事，坚持到底，勿起迁动之念，并宜随时保存稳重严肃气象，为诸生表率，随时温习研究，毋抛荒旧学业，更吸收新智识。如是以言教育，庶乎近矣。有此笃志教育家，庶可以言职业教育。然尚有一层之误会，足为职业前途障碍者，即狭视职业教育范围是。盖彼辈但知教导诸生能制出诸种物件，窃自欣慰，以为已尽职业教育之能事。岂知制造物品非但仅求其能模仿物品之形式而已，更须精密思考如何方能使出品精美，如何方合用户心理，如何可以不浪掷工作时间、如何可以不耗费各种原料，必于此数者一一进求，无复遗憾，然后可以与人角胜于市场。否则人巧我拙，人贱我贵，吾未见其有济也。虽然，果使如上所云，一一办到，尚属职业教育上表面工夫，而真正职业教育之精神，尚在其里面。里面云何？即除上项所云各要点一一办到外，而对于灌输此职业知职能力之诸少年，更努力育成其耐劳习惯、持久性质、克己复礼工夫、斩除一切巧取幸获之观念，夫然后职业教育，始进于完美无疵之地步。吾知诸大教育家，当确认斯言为职业教育上急须注重之一事，而确立斯业之根基也。社会生计日益迫促，世人每以生活途穷，时势逼人，入于莫可奈何之穷境。吾则以为不尽然，凡真有学识经验者，社会之中正多斯人盘旋之余地，人日求事，事日求人，在失业者，方嗟叹活计之难寻，在事业界，方忧虑需要人才之无多也。人亦求自奋而已，孔氏有云："不患人之不己知，患己之无以见知于人也。"西谚云："世界不问汝为谁，但问汝能作何事。"窃谓此语非常适用于吾国职业界，吾国各业之不振，皆由于缺少适用人才，并缺少独树一帜之人才耳。教育界诸君子实负斫削人才之重任，操左右国运之大权，现时之纷纷扰扰，皆前此旧教育之遗孽也。由是以观，则今后之人才，能否适用于实业界，能否挽救今日社会生计之困状，则叩诸今日教育界造因之如何而可知。诸君子多贤明，职业教育采何方针，当胸有成竹，无待鄙人之喋喋矣。

（《职业与教育》第七期；《申报》1918年6月13日、14日；《文录》上卷，《文集》第71页）

5月8日 赴江苏省教育会出席浦东实业公司发起讨论会，黄炎培主席。先生演说《浦东实业公司设置之三要素》，指出浦东实业无团结、无研究、被人排挤，分析毛巾、花边、织袜三业失败原因，提出组织浦东实业公司主要目的是趸买、趸卖、挑选、漂染、集合大团体。云："今再言毛巾、花边、织袜三业失败之理由，及其补救方法，与诸君子一研究之：(一)毛巾机户购纱后，将纱一小绞(每小绞计纱八百四十根。)入缸浆之，浆后晾干，未干前须将纱一一分开，不知纱身已于此时微受损伤。干后摇上筒管，套在经纱架上穿扣后，即从事织造。因纱已受损，故织时常断，而使巾质不良。织后再行漂白，如漂粉过多，则巾质益伤损，使用便不能耐久。漂后即托乡人向四方兜售，其脱售之困难情形，概可想见，往往以销路不畅而致亏本。无识之机户，不得不减少分量，缩小尺寸以图补益，岂知信用扫地，营业益复无望矣。(二)花边每方寸眼数，自七眼至十一眼不等，而花样亦层出不穷。织户往往向洋商兜售花边，并未订立合同，率然向洋商取得花样后，即按图结就。他日洋商之购买与否，一任自便，洋行家每每藉辞推托，以便贬价买收。以此因缘，花边业中人，因出货不易脱手，蒙大损失而闭歇者往往有之，且为数已不少。即如去年上半年，川沙销售花边多至五十余万元，下半年销数不但锐减，且多折本售去者。前途之险恶，可想而知矣。(三)织袜各色线袜，皆由色线织成，以日光空气之侵蚀，手渍尘垢之浸加，故织工告成后，颜色光泽业已减少，于销行上不无几何之阻力。又所出之货，因人自为谋，无一定之准则，故宽密不能一律，难得顾主坚固之信用。且织就后止二三大厂于申地有批发所从容脱售外，余均各逃生命，零星兜售。冬季线袜销路不畅时，小本营生者，不能不减价售现。且零碎购线，代价较昂，人自为谋之小工业，能有几何立足余地。虽袜业之活动，地盘较之花边业略胜，然而除二三大厂外，余恐不免在淘汰之列耳。补救方法：联络川南及申地热心实业之人，集资组织一川南实业总公司于上海，设分公司于川沙、南汇、新场等处。各分公司内派有看货人，限定毛巾之尺寸分量，花边每方寸之眼数，线袜之针数，取其优者，去其劣者，由总公司与纱厂接洽。用稍次之花，纺成合用支纱，再由纱厂代经代浆，做成纱塌饼，售于织户。织成毛巾后，将原色毛巾售入分行，剔选后运至总行漂白装匣，盏数售出。其花边事业，由总行向洋商直接定货，订立合同，载明每方寸眼数、式样、码数、交货日期后，盏数购进蜡线，连样分发于各女工。结就后，亦由分行员司剔选运至总行，然后交与洋商。其织袜事业，由总公司盏购四十二支原色双股线，平价分售于各织户，限定针数，由分行员司剔选后，运至总行漂白染色装匣，盏数销售。其组织此项总公司之概要，凡有数端：（一）盏买。以便零星小户。（二）盏卖。货价不至任人贬抑。（三）挑选。出货方能精美，此方面促工业进步，他方面使顾主乐用。（四）漂染。色泽力求鲜明，既易引起买客采用兴致，更能帮助贩户流通无滞。（五）集合大团体。则资力雄厚，进可以得时机，退可以坚壁垒，与人竞利，方可独操胜算。以上五种利益，为工商业家必争之要点。然惟有大团结，始克享受，苟一仍旧贯，因循敷衍，此三业之失败，可以立致。故仆深望川南有志振兴实业之士，急起直追，合力图之，凡仆力所能及之处，愿助一臂，期诸君子造福家乡之主义，早日贯彻也。"（《申报》1918 年 5 月 9 日；收入《文录》上卷时，改题为《对于浦东实业之主张》，《文集》第51 页）

5 月 16 日　中午，出席于卡尔登西餐馆举行的美国公使参赞安德利设宴邀请红十字会征求队。到者有王正廷、曹锡赓、钱新之、朱少屏、蒋梦麟及西人数人。中美国修改税则委员西固演说红十字会之要义，云："美国全国现在所最注意者为二事，一曰战，二曰红十字会，于国民之心目中两者并重。盖红会救伤拯灾减少痛苦，无此则战事区域受苦将更甚也。中国人民现亦尽力帮忙，我美必不忘贵国人民厚谊，使中美两国益形亲密，更使世界咸知中国对于世界大事亦热心参与也。"次安立德云："美国国民对于红会如第二生命，中国若助之，必感中国深养成一般好舆论，则欧战后和平会中美国必为中国助也。助己助人一举两得。"公决设立演讲团至各戏园讲演，公推王正廷、穆藕初、曹锡赓、朱少屏、郭秉文为讲员，从事进行。（《申报》1918 年 5 月 18 日）

5 月 17 日　与朱葆三、顾馨一、沈联芳、虞洽卿等发起赞助美国红十字会，联名发表《介绍美国红十字会赞成员启》，呼吁仁人君子"共襄是举"。文云："欧战蔓延，生灵涂炭。美国红十字会以人道为主义，视万民若同胞，无论何国一有灾难，急赴拯救。……其对我中华也,前岁皖省饥荒,捐银十五万元。淮水氾滥,为江淮诸地祸,捐银十万元。测量河道,为导淮工程之先驱。去岁天津水灾,又捐银二十五万元,拯我灾黎,谋我幸福,乐善好施,不分畛域。……现其会员之数已达二千二百万人,而幼年入会者,亦二千二百万人。会员国籍有四十国之多,是其名虽曰美国红十字会,实则万国红十字会也。且其所集之款百分之九十,皆用于美国国境之外,四海兄弟一视同仁,良足多焉。该会在战地所办种种事业,成效卓著,万国共钦。吾人相约为赞成员,使欧美各国知我国民对于友邦所受之苦痛,急急然欲有所为,以拯救之人道邦交,并获其美誉。愿仁人君子互相劝导,共襄是举。"征求赞成员共分八队,先生为第七队队长。(同日《申报》)

同日 《申报》刊登《第一校试种美棉》消息,介绍先生分发美棉种子及播种说明书后情况。文云:"本邑县农会近由上海植棉改良会穆藕初寄来美棉种子及播种法说明书若干份,嘱令在该会农场当地试种,当为县立第一高等小学校校长钱鲁詹所知,即商请县农会长吴步蟾分得种子若干斤,携至该校校园,依法播种,一切垦地下种,均由钱校长亲自动手。一面并令各级学生轮流参观,俾得了解植棉方法。"(同日《申报》)

5月18日 赴江苏省教育会出席浦东实业公司第二次讨论会。黄炎培主席,互相讨论进行办法,拟定招股简章。由发起人黄炎培、先生"认股万余金"。公决阴历五月底为收股截止期。(《申报》1918年5月19日)

同日 下午六时半,出席留美学生会演说会。美领事萨门司、使署参赞安立德演说。(同日《申报》)

5月21日 《申报》刊登《华人赞助美国红会之踊跃》消息,公布征求赞成员结果,先生为赞成员之一。文云:"第一名朱少屏队,二千人。第二名钱新之队一千五百人。第三名穆藕初队一千五百人。第四名袁履登队一千五百人。第五名蒋梦麟队一千人。第六名唐露园队一千人。第七名曹雷赓队一千人。第八名聂云台队五百人。"此次共征得赞成员总数一万三千一百九十二人,募款总数一万七千九百十八元五角。德大、厚生纱厂均列赞成员团体内。先生缴费七十五元,为永久会员。(《申报》1918年5月21日、24日)

5月25日 是日始,赴无锡、江阴、青阳等处,征求美国红十字会赞成员。下午二时,在无锡县教育会"演讲欧战详情"。到者甚众,戴鹿岑、杨翰西等四人即入会,为永久会员。(《申报》1918年5月27日、28日)

6月15日 下午五时,出席中华职业学校奠基式。由黄炎培报告学校设立缘由及筹备经费情形。次行立础典礼,朱庆澜、爪哇侨商陈金山署名础石。朱庆澜演说云:"中国近十年来所办之学校,施普通教育者仅有小学校、中学校等。施高等教育者,仅有各专门学校,以及大学校等,至于职业学校则未之前闻也。然一般子弟仅受此普通教育,恐尚不足,以致用欲进而求高等教育,恐又限于经济,未必皆能升学。职业学校所以使不能升学之子弟,亦得习应用之知,能以为生活之准备。故无论东西各国,现均注重之。"次上海县知事沈宝昌、教育部金事沈彭年等演说,江苏齐省长派沈知事为代表宣读祝词。(《申报》1918 年 6 月 17 日)中华职业教育学校于 8 月开学。(《申报》1918 年 9 月 10 日)

6 月 19 日 出席上海青年会建筑新会所报告会,报告"本日捐得慎昌洋行洋八百元",上海青年会会所募捐共分十二队,先生为第七队队长,各队长"每日十二时一刻定在南京路申春楼会议一切及报告按日之进行。"(《申报》1918 年 6 月 19 日、6 月 20 日)至七月初止,先生共募得二千一百五十元。(《申报》1918 年 6 月 22 日,22 日,23 日,25 日,27 日,28 日,7 月 2 日,4 日,6 日)

6 月 27 日 下午一时半,出席上海青年会新会所募捐特请活动。请影戏技师于"募捐事务所摄制戏片"。(同日《申报》)

同日 厚生纱厂开工。当晚,先生因劳累过度病倒。《自述》云:"六月二十七号,乙厂所有机件悉数排妥,电力一发,全厂机轴转动,余心始安。回家一睡,经四十八小时,家人惶惧,莫知所措。余头脑尚清,唯疲惫不堪,不能支持起床耳。当即延请德国名医福医生诊治。福医生谓余曰:"君用脑过度,宜请假出外静养,方能收效。否则,一二年后即将成为废人矣。"余颇然之。第乙厂

厚生纱厂公事房

方始开业,甲厂内部确已整理妥帖,然营业及制造方面苟一懈怠,损失随之,而挽回亦良不易。余虽甚感谢福医生之忠告,然雅不愿请假外出也。福医生时来诊视,见余病势稍转机,乃为逗机之谈话,殆深于医道,于一切手法之外,行使其慰情散郁之心法者也。当时与余作一度之回答,迄今回溯,其口气及神致萦绕于余之脑际,无少遗忘,盖病中事息心清,所得影响倍觉清楚耳。试述如次:福医生出其诚恳和爱之精神询余曰:'君回国几年矣?'答曰:'足四年。'问:'曾设几厂?'答:'已设甲乙两纱厂。'问:'月薪共若干?'答:'约四百元。'问:'房金若干?'答:'二十四元。'问:'君每月需膳费几何?'答:'约六元。'福医生笑谓余曰:'君自视太轻矣,自奉亦太薄矣,

君月俸四百元不为少,而君自奉之费仅十分之一。君勿误会欧人之自奉奢侈也,入其门有亭园花木,入其室有琴书古玩(琴指钢琴),陈设精美,起居舒适。此皆服役后用以怡情养性,恢复脑力之必需品也。君回国才四年,组织两厂已先后开工。君之建设能力不为小,而君之社会信用亦独厚,留学生如君者有几人? 余愿君爱惜精神,为国家社会效力也。'余应之曰:'先生良言甚感。余月薪固不薄,然仰事俯蓄与儿女教育费,以及其他种种不能避免之用途,为数亦不小。余正当盛年,即有余裕,亦宜以血汗所得之财,供社会正当之用。余安敢以一人之怡情养性,消耗有用之财力也。'福医生曰:'君言甚是。余唯君精神之健全是祝。浩大之事业,由健全精神所产出,苟君之精神不继,一二年后,其尚能服务于社会耶? 君其勉之。'是时余虽甚佩福医生之殷勤垂爱,恳切劝告,然不信一二年后余将成为废人。盖年少气盛。迷信于自衣衣人、自饱饱人之宗旨,专注意于建设。直至四十六岁,又得大病,危险万状,静养四阅月,使余有机会苦思冥索,从见地上豁然转变,另辟一新境界。并于静中检点,而悟精神之不能不节用,处世之不能太猛进。虽然,此种情况余以为此年龄之关系。盖方当盛年,所向无阻,决不能有此种觉悟也。"(《文集》第23页)

厚生纱厂开工后,制定《厚生纱厂服务规约》,除保留《德大纱厂服务规约》总则、厂约、厂员约则、告假约则、账房约则、栈房约则、验花兼花账之约则、物料约则、庶务约则、工栈房约则、厂间约则、清花间约则、粗纱间约则、细纱间约则、摇纱间约则、打包间约则、废花间约则、工人约则、工人在厂间约则、巡丁约则、女摇纱约则、茶房约则、膳夫约则、门房约则、附则等外(《德大纱厂服务规约》中车务稽查规约一项未列入——编者注),增加布厂约则、布房约则及附则中抚恤约则三项。厚生纱厂购置美国新式机器,管理日益完善。毕云程《穆藕初先生传略》云:"该厂完全购置美国萨柯劳惠尔厂之纺织机器,办理益见完善,因而国人欲办新厂者,皆自参观厚生厂为入手,且派员入厂实习,无形中成为在华美国纺织机器之成绩展览会及实习工厂"。(引自重庆《新华日报》1943年10月6日)厚生纱厂新增布厂约则、布房约则、抚恤约则三项如下:

布厂约则

一、纱与筒管不准落地。

一、各项纱锭不准缠误。

一、不准擅离车位。

一、派定布车不准擅自调换。

一、须留心梭子跳纱断头。

一、须留心大结头蜘巢稀弄方眼夹纱。

布房约则

一、布厂送到布疋须逐件过磅分别另置,随手登记。

一、每日收数付数暨成包存布各项数目应照规定表格填报经理查核。

一、布须令逐疋休整揭叠后加牌号,布上如有稀弄者极方眼等弊,查照罚则将该工人计罚。

一、每包计二十布匹不得差误,成包后应复磅一次计核其磅数是否相符。

一、打包计件不计工,故每日打成若干除通告工账房外并须单报总账房存记,以便核对工费。

一、打成之包日送栈房以盖印回单为凭。

抚恤约则

一、因公身死者给予薪水六个月再酌量情形而抚恤之。

一、因公残废者给予薪工三个月再酌量情形而抚恤之。

一、上两项之医药费可由本厂负担。

一、因公受伤者在受伤期内给予全薪,医药费可由本厂负担。

一、因病身死者给予薪工三个月。

一、此约则对于以月计薪之巡丁、工役及女抄纱等均适用之,其以日计之工役不得受同等之待遇。

附则

一、凡以日计工之男女工、夫役,如有因公受伤、残废或死亡者,得酌量给予抚恤。

一、凡以日计工之男女工、夫役如有因公受伤而至医院医治者,其医药费可由本厂酌量津贴。

(《江苏省纺织业状况》附录)

6 月 28 日　《申报》刊登《厚生纱厂开幕纪闻》消息。云:"华德路、兰路交点处之厚生纺织股份有限公司,系贝润生、薛宝润、吴善庆、凌焕曾合资创办。基金百二十万两,先交足四分之三,聘穆藕初为经理。机件由本埠慎昌洋行向美国订购,构造非常新颖。现有纺纱锭子万八千枚,布机四百部,全部机件自本年正月始陆续运到,日夜督工,装配业已完竣。在本星期内可以开车。闻该厂地基于前年冬季购就,去年三月间始着手建筑,为时仅十四阅月已可开工,亦可见其办事之认真矣。"(同日《申报》)

7 月 16 日　出席华商棉业交易所第二次认股大会。沈润挹主席,"报告开会宗旨,并询向各帮招股情形"。次先生演说,"词极诚恳,在座均为心动",并"当场自认一百股,以表赞成之意"。(《申报》1918 年 7 月 18 日)先生演说指出我国商人昧

于商情,政府不加保护,针对日人在沪设立花纱布取引所事,呼吁各业认股。全文如下:

今日中华棉业联合会为组织上海交易所事,约仆莅会,共同研究。仆系棉业后起,对于组织上海棉业交易所而抵制日人拟设在上海之三品花纱布取引所,此事为同业生死问题,不敢不言。仆纱业中人,与棉业有密切关系,更不能不言。然有两事不能不预先声明者,仆今日所发之言论,并非攻击何人,亦并非阿谀何人,但尽我良知,发挥本问题中应发之言论。而仆发挥此言论,并非欲插身其中,藉谋位置。此两层意思,应请诸君子先行注意者也。

中华棉业联合会合轧花厂、花行、通、崇、海、余姚、太仓七部分而成,棉花捐客,亦附属此中,会员三数百人,团体不可谓微小。每年交易为数至五六千万两,营业亦不可谓不大。问各码头、棉市消息有传达机关否?无有也。问印度、美国、日本逐日通电报告花市否?无有也。问每年各产地出数若干,吾同业确有所见否?无有也。问出口货有统计表否?无有也。问每岁新花上市以前曾派干员至各乡调查实况否?亦尚未办也。问何不逐项筹备?金曰:"乏经济故也。"所办者,官厅之文牍耳,所备者,寻常酬应之烟茶耳,而数百花商日日至洋行内,探听印美花涨落如何,三品价格涨落如何,东洋汇水如何?由外人处一得涨起信,则欣欣然有喜色,走相告曰:"市面涨矣。"得一市面衰落之信息,则戚戚然忧曰:"噫!市面衰落矣。"市面之涨落情形,由外人之口述而定。呜呼!商情如此,商战云乎哉。政府不加保护,更困之以重税,加之以如上所述商人不知自奋之情态,宜乎商业一蹶不振矣。虽然,及今图之,亡羊补牢,尚未为晚。苟能推诚相与,坚结团力,共谋挽救,亦未始不能自卫于万一也。

今者日人拟在上海设立花纱布取引所,于是纷纷设法藉图抵制。虞君洽卿,热心毅力,数月以来,奔走京沪间,农商部当局,亦以交易所不能不自行组织,遂即批准,饬商赶办。各业现已招股,业将次第举行,吾棉业中应招五千股,现在仅招得三千余股,而吾人对于购买三品取引所股票之踊跃,则相去不可以道里计也。当数日前三品取引所宣布招股时,其章程如何,办理如何,无人知悉。彼认股者,争先恐后,未几已数及百万以上。在日人方面,以为只能以十分之一之股份售与华人,故愿购千股者,仅得一二百股,一种觖望情形,常接触吾人耳目间,可怜亦可叹也。闻日人设在上海之三品取引所,内部组织,一切职务均由日人主持,无我人插足之余地。将来贸易情形,因细章未见,无从揣测。惟大权操诸外人手中,我国商人,但受其垄断,仰其鼻息,如大连之豆市而已。苟此取引所而成立之,不识此后再有机缘能与诸君子在此聚谈否。吾心甚忧,不识诸君子有何种感情乎?

夫交易所之性质，虽不过一种法定机关，但其任务，关系商况者甚大，举凡卖买成交，由彼保证；何方愆约，由彼理处；货品优劣，由彼定断；盈虚消息，由彼传布。此外凡关于本业之种种事件，如促物质之进步、助市况之发展、固贸易之信用，完全责任均由其担负。证诸文明各国商场中，不论何业，皆有此一种团体，树交易上鲜明之旗帜，坚固之壁垒者也。

夫我棉业中所受之痛苦亦已深矣，乡贩纷争，无岁无之，而无法以善其后。此仅对内之事，姑不具论。而吾华人所出口之棉花，须受外人创设之棉花验水所检查之。数年前，商人亦曾反对此所之设置，彼时政府与商人无何经验，未能洞悉其利弊，今日已明验矣，利耶？否耶？现在日人将设立三品取引所于我上海，亦以我商人之不自为谋，而后他人起而代谋之。诸君子其试思之，我国商人急起直追，自行设立交易所，能否已乎？决定方针，次第举办，上也；受外界之刺激，而设法抵制之，次也；至于受刺激而仍空言无补，观望不前，斯为下矣。诸君子纵不为自身计，独不为子孙计乎？诸君子其细思之，履霜即见坚冰之肇端，势有必至，并非仆言之过激也，诸君子其交勉之。

近日报载日本将退还赔款，要求在各大埠建设纱厂铁厂以为酬报。设取引所于上海，垄断花纱布业之第一步也；设纱厂于各商埠，倾轧我国纱布厂之第二步也。花纱布业如此，他业亦何独不然，茫茫大陆上之实业权，能握在吾本国人手中者能有几何？呜呼痛哉！

仆仔细研究花业中人认股不甚踊跃之原因，约有数端，请分别，言之：（甲）上海交易所股份有限公司详细章程尚未刊行，而各方面接洽者，尚未能将此事原委恳切述明，故各业商人，未知此事关系之重大。（乙）我国商人对于股份公司，鉴于前车，意存观望。（丙）七大行业资本五百万元，事业浩大，以一人独当繁剧，恐未能胜此重任。

据仆看来，此三项疑问皆不足虑也：（甲）请原发起人，协同各业重要人物，厘订各业细章，并分头详细演讲各本业生死关系，使各业咸知本业交易所成立之必要。（乙）即就棉业而论，由七团体中各举一人担任收款，汇存银行，非各团体代表如数签字，不得动用，俟交易所正式成立后，再行定夺。（丙）照原订章程，七种行业连仓库业仅受成于一理事长，此事恐难办到。盖万无此全知全能之人足以独当八面，胜任而愉快，况欲以七大行业贸易机关聚于一处，环球各国，无此办法。故鄙见以为各业交易所当由各业自行组织之，苟其于事实上容有阻隔，一时未能办到，则各该业不妨公请一理事长名誉职，设一承上启下之空机关，亦未为不可。

仆于此事呈文及部批尚未曾仔细研究，然有一事请诸君子切勿误会，此次农商部批准由虞君洽卿组织交易所云云。虞君系原发起人，资望、才力、信用、道德为沪商冠，而虞君以此项交易所大可以抵制外人垄断，故不惜牺牲其宝贵精神组织斯举，实为大局计耳，并非有私于己也。苟各业知自谋，虞君又焉能越俎代谋？故此事之主体在于各业，虞君特发其端耳。幸诸君子量力认股，成此伟业，不独本业之幸，抑亦我中国之幸也。

（《对于华商创办交易所在棉业联合会演讲辞》，《文录》下卷，《文集》第 62 页）

《自述》云："民国五六年间，有某男爵等来沪演讲取引所（即交易所）之利益。未几遂有某取引所之组织；阅半年许，又有某交易所组织成立，余以事关重大，故亦列名发起。只以缴股不甚踊跃，主其事者杂乱无章，且多业外人，不识此中利害，而暗于外人结合，余遂宣告脱离。"（《文集》第 29 页）

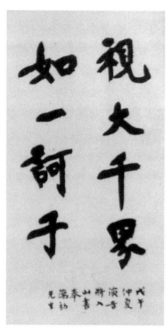

李叔同书赠穆藕初书法条幅

7 月 18 日 出席中华职业教育社议事员常会。沈信卿主席。①提出职业学校详细预算，议既照原拟预算减少，通过。②报告职业学校增设钮扣科情形。③报告职业学校商设上海县市公共手工教室情形。④报告职业学校收到捐款情形。（《申报》1918 年 7 月 22 日）

7 月 李叔同赠书法立轴："视大千界如一诃子。戊午仲夏演音将入山书奉藕初先生。"（原件）

8 月 7 日 出席环球中国学生会、江苏省教育会等六团体举行的欢送出洋学生会，中西宾客不下五百人。美国公使馆商务参赞安立德君主席，次交涉使陈安生、驻湘美领事约翰生、修改关税委员会主任蔡廷干相继演说。沈信卿演说云："今日送诸君去，不日又迎诸君来。我国政体改革伊始，诸待建设。美为共和先进国，其最可效法者：（一）自动之能力；（一）服务社会之习惯；（一）男女精神上平等及女子注重家事。"北京高等师范学校教员邓萃英君代表出洋学生致答词。（《申报》1918 年 8 月 8 日）

8 月 15 日 穆氏植棉场捕虫队发表《敬告种植美棉之家》报告。云："大暑立秋之间，为美棉盛放鲜花随结棉果之候。凡在谷雨前播种者，组织花蕊独早，日内已呈果实繁多之状。谷雨后立夏前种者，花蕊稍迟，日内亦正在竞放，鲜花随结嫩果。若播种太迟，在大暑期内，未甚发育者，其秋收之无何希望，可以预必。今岁交大暑后天气干旱，且连日夜多风，太嫌凉爽，殊阻棉果发育。且风多土燥，养分散失，棉株生机因之锐减。议者谓今年棉产已暗损失十分之三。幸交秋以来，天气转热，日间风息，夜间得露，能连热多天，棉果盛结，则失之东隅，尚得收之桑榆。若更于立秋处间下三两次，时雨至适量即止，则棉业家受天惠不小也。又今年害虫发生较上年为早，宜勤捕之，勿留少数遗孽，遗害将来，将来秋收之有望与否，大半取决于害虫之能搜捕净尽与否。……勿谓厉行搜捕一两三次后可以安心，当日挨次搜查，随见随捕杀，至棉花完全采收而后已。"（同日《申报》）

8月17日 《申报》刊登《职业界造就人才之消息》一文，报道穆氏植棉试验场内添设第二、第三、第四农场，招聘实习生消息。云："上海引翔乡穆氏棉作试验场为职业界陶铸人才之地也。凡在场实习若干时期，养成朴俭耐劳沉毅勇进之良习惯，而具有社会非常需要之人格。振兴农产物，视乎此陶铸国民性，亦视乎海内志士，闻风向慕者苦无余额，不得来此习劳。近闻该场主任穆君藕初因纺织界对于美棉之需要，并确认该场朴俭耐劳之风纪殊有养成职业界合用之人才之趋势，为特慨投巨资，从事推广，添设第二、三、四农场，盛植美棉，广储干才，现正在寻觅相当地点。以为事业之收放，全在于人才问题，拟添招农场实习生若干人。凡笃志之士，年在二十左右，有高小毕业程度或高小以上程度，对于植棉事业自告奋勇者，请速向上海自来水桥南块三和里德大纱厂批发所，与穆藕初君接洽。接见时刻以上午十一时至十二时为限。其身体脆弱者、意志不定者，贪求安乐者，粗鲁苟且者，不能下田工作者，曾染奢侈习气及喜用烟酒与零食等嗜好者，概不必来。即勉强请用，亦恐不久，彼此均无益处，膳宿由场主供给。惟只有精励，禁止携带奢侈实用物品。来者概行试用三月，不给薪水，试用期后略给微酬，以供□头，万不可省之零用。以三年为期。各立愿书其有中途变更方针，欲别就者，则到场以后膳费及所给微酬概向保人处追回。"（同日《申报》）

8月27日 《申报》刊登《松江试种美棉之成绩》报道。云："本年春间，金山植棉专家张寄畦君，向沪上创办植棉场之穆藕初君处分得美棉种子若干，归而试种。辟地数亩，以其所余分给乡人。讵乡人富于保守性，无改良之心，恐受异种不合土性之损失，均不敢轻于尝试，故仅张君一人试种。现此棉非常发达，身长干粗，平均有花四十五朵，结实二十余枚，大似鸡子叶，如桐叶，预计获利必多，向之目笑腹诽者，至此无不称美，参观者日必数起。昨有同志张尧松、徐仲虎、俞笏堂、黄兰台等多人，于赞美之余，拟假座黄公祠设席贺其成绩，张君概行谢却。一俟秋凉后，尚须到申，将此项美棉经过成绩——报告于穆君之前。说者谓本邑当此连年螟患后，若将一般田禾改种美棉，定可得桑榆之助。"（同日《申报》）

8月 中华职业学校开学。该校设机械、家具、钮扣、珐琅四科。以"劳工神

中华职业学校校办工厂大门

圣、做学并进、半工半读、工读结合"为办学宗旨。先生捐款二千六百五十元,职业学校授予先生金色三等褒章、匾额。(《中国教育年鉴(第一次)》戊编,教育杂录,第六,捐资兴学一览)潘文安《余所知之藕初先生》一文云:"余任职职业学校时,时以学校款不给,乞灵于校董,而校董中最热心之一人为藕初先生。某次每董认捐四百元,藕公签支票八百元一纸授余,谓家兄恕再之一份,请并纳之,不必向之取,亦不必使之知,其笃于友于之谊,尤不可及也。送及门,语余曰:'苟免费生多,而费不足,仍可来商于余,余希望君等体任公(黄炎培先生)创办之苦心,无使精神受物质之影响稍有减色。'此则先生之用意深,用心苦,尤为我人所不能忘怀者也。"(手稿,今藏苏州中国昆曲博物馆)

9月8日 中华职业学校开校后因常年经费尚未筹得,特邀上海绅商各界巨子宴会于大东旅社,筹议募金办法。出席者有聂云台、史量才、穆杼斋、沈信卿等。议定设二十五个分队,集募资金五万元。(《申报》1918年9月10日)9月16日《申报》刊登中华职业教育社创设职业学校募金团队长名单,朱子桥为总队长,聂云台为副总队长。穆杼斋、穆藕初兄弟分任第十六、十七队队长。朱庆澜、聂其杰发表《通告社员》云:"募金团现届开始筹募之期,依前日公定办法,应按队长姓之笔画繁简,为队次之先后。兹拟编列尊从为第几队,敬请从速进行。鹄候佳音,实所企幸。"至10月21日止,共计募集资金六万六千七百八十五元,又俄币尔二万二千元。先生一队募得五千零五十五元,为最高额。后中华职业学校赠与先生大银杯一座。(《申报》1918年10月22日;《教育与职业》第十四期,1917年7月)

9月5日 《申报》刊登《徐蔚伯来函》,述其父光绪年间试种美棉出现棉铃枯萎之原因,"不知藕初先生暨松江小学堂,及浦南某君有无此弊,务祈登入贵报,请海内种植专家互相研究,必如何培壅,使全株花铃一律结棉,无萎枯之患,登入贵报,以告同胞,实中国前途之福也。"(同日《申报》)

9月8日 发表《中华植棉改良社书记穆藕初复徐蔚伯函》,答所问试种美棉出现枯萎原因。云:"移植美棉,于发展国内工商业有至大之关系。得先生起任提倡作进一步之探讨，共策进行，俾益棉业至为庆幸。尊处所植美棉结铃八九排，而上层之三四排均皆枯萎，但来函并未述明是否全地棉株之末梢尽数枯萎；现状发现于何时候。因此两要点未经指出，致无从□揣为戚。但欲求于棉产额增加与减少耗折，其种植上诸重要事项请约述如下，棉田宜高，开沟宜深。棉性恶湿恶寒，开沟深则出水爽，寒湿之弊去而棉之生机遂畅旺。播种宜早。大约最宜在谷雨前后数日间。锄地宜深，施肥宜多。我国田亩往往枯瘠不肥，加之以种植较迟，到大暑时棉株尚未十分发育。补救之道，当施追肥，以人粪为最宜。至阴历九月中旬，天气渐寒，既嫌地力之不足，更加以播种太密，阳光不透，则田土中营养力不能上达，往往有枝头萎黄之病，然同一田亩间，每有因地中营养力多寡不同，间有并不枯萎，翘然秀出者。鄙见如此，未识尊见以为然否？施用肥料一节，敝场正在研究中，他日方能报告。美棉木本云云，实属社会传误。可参照拙著《植棉改良浅说》当了然于草本、木本之不能等视也。……持以恒心，继以毅力，弗得弗措，振兴棉产。然处理各事亦无不皆然。深愿先生勿以小挫而灰初心。"（同日《申报》）

9 月 10 日　中华植棉改良社尤惜阴发表《静坐三年》再版消息。此书曾于穆氏植棉场及德大、厚生纱厂极力推广之。文云："我国人民以缺乏生存竞争之主力，故在在放弃，致国纷扰之祸机，事事因循，坐失振兴之机会。同人等研究国民病根在一馁字上，力倡养气工夫，采用商务印书馆出版之《静坐三年》一书中所主张之行住坐卧，活用静坐法，刻刻集力，下腹大收，却病强身，勇于赴事之实效。团体研求本社倡于先，穆氏棉场全体继于后。实业界首先赞同，一致推行者为德大纱厂、厚生纱厂、三友实业社，工场全体。本外埠实业界闻风兴起者踊跃异常，近复联系教育界。社会教育界著述家南洋华侨并及劳动社会刊布组织。复银行之必要说莫不群相赞同。初版已罄，再版又出，为特请求大报稍让余白，将此函及此项复银行通告登入来件栏，以便阅报诸君共相研究。海内外索阅此项印刷物者函到即邮，无须纳费，并不收受捐款，国民应尽天职。"（同日《申报》）

9 月 11 日　《申报》刊登朱家角钱寿椿来函，述其试种美棉遭虫害、烂铃等问题。"尝函询穆君，虽得中华植棉改良社赐复，惜略而不详。因再恳登入大报，愿海内种植专家切实指教，实为农实二业前途幸也。"（同日《申报》）

9 月 12 日　与郭秉文、张元济、贾丰臻、史量才、黄炎培、蒋梦麟等联名发表《创设中华职业学校募金启》。文云："诸君欲救国贫乎？欲救民贫乎？速赞助职业教育。欲求教育有善果乎？欲求社会百业改良与进步乎？速赞助职业教育。职业学校是教育事业，亦是慈善事业，惟仁人君子玉成之。中华职业教育社成立以来，社员最近统计达一千二百余人，用种种方法，竭笔与舌之力，提倡职业教育，唤起各界注意。今又在上海办一职业学校，先设铁工、木工、钮扣工三科，半日读书半日作工,不收学费。已在西区陆家浜放生局东建筑校舍,计可容三百二十人就学,兼可容一百二十人寄宿。若收夜课生及其他补习科生,更无限额。办中央木工教室一所,便上海县立市立小学分班往习,此校舍已落成。各项机器已安设,学生已上课,同人对于此职业学校之希望有种种:(一)职业学校之学生一经毕业即可谋生,计此校成立五年之内直接受益者至少必有五百人,十年之内必有数千人。(二)上海为全国交通中心,各省来此参观者月必数十起。自此校成立,各地学校之办法必从而仿效改良。(三)因上条之关系,自此校成立,全国数年之内必有百十职业学校继起,而风气为之一变。(四)从前学校往往教子弟死读书,毕业后无所事。高等游民日多,而民愈贫,而国愈贫。今立此等学校实为挽救之起点。(五)制造不改良,百业不进步,不能与外人竞争,而利权外溢。何以?故曰:工商不学,故今即学。即工商百业之改良与进步,将以是为基础。"(同日《申报》)

9月13日 发表《复钱寿椿函》,答其所试种美棉遭虫害、烂铃等问题。云:"试种美棉,不能以一两年间所遭之失败,而下定评。失败即成功之警报,能逐步考求,逐步防止,成功之期,当必不远。夫移植美棉失败之原因凡八……着手试种,既遭失败,当寻其缺点之所在,再接再厉,以补救之,舍短取长,以力赴之,不能因小受挫折,而遽灰心。如改良棉种而容易,前人已先吾人而成功矣,唯其难,唯其不易得良好之结果,故直至今日,移植良棉,方在萌芽时代,或作或辍,垂诚先贤,弗得弗休,终偿初愿。如改良植棉而容易,前人已先吾人而成功矣,唯其难,唯其不易得良好之结果,故直至今日,移植良棉,方在萌芽时代,或作或辍,垂诚先贤,弗得弗休,终偿初愿。愿与海内有心人,平情以求之,悉力以为之。精诚所至,金石为开,有志者,事竟成,古人不我欺也。"(同日《申报》;《文录》下卷,《文集》第135页)

9月19日 向中华职业学校募金团捐款五百元。(《申报》1918年9月20日)

9月21日 发表《致本埠戈登路邢孤舟书》,[①]对其所称磷肥有助植棉提出质疑。云:"欣悉足下得此奇异之成绩,故特派敝场实习生黄本操、卢公勉两君前来参观,未识何意,竟推委到底,未能一睹盛况。当时黄、卢两君殷殷叩问足下果种美棉几何,答仅种五十株,并云此棉并非手植,托乡人曹阿庆代种。又问种棉之地系在何处,答在本埠胶州路某某化学工业社附设之糖萝卜试植场内。黄、卢两君请足下伴往,否则请派人伴往,均未允许。问该处附近有何著名宅舍,得以问路前去,答云地殊荒僻,自己亦踪迹罕至,忘其所在云云。黄、卢二君,当即至胶州路一路探问,未得其他。乡人等佥云该处,未闻有曹阿庆其人,几类世外桃源,无从问津。足下

---

① 1918年9月15日《申报》刊登邢孤舟来函,称自己移植美棉,施用一种磷酸肥料,"棉极硕大而茂盛",平均每株得二十六枚棉铃云云。

果有意促进棉业，姑作此满意之谈，诱导社会乎？抑仅为某某工业社出品之销路起见，而谎报乎？""足下于本年一月十八日投函敝社，谓足下所办之某某工业社有磷肥及杀虫药出售，嘱为介绍。敝社当即劝足下自己先行试用，并嘱寄样少许，由此间试用，如果有效，自应力助推行。当时足下交由德大纱厂批发所，转下淡灰色灰状物一包，业已施用，由今日验之，并无如何异征。今足下报告呈此盛况，几等逾淮之橘。足下出品成分如何，亩施若干，需资几何，能否使农业界便于采用？且此项肥料，是否自制？在在皆须质问，非仅参观成绩特异之棉产，证实足下报告之盛况及足下鼓吹之苦心已也。……足下而果实心提倡欤，知必有以慰吾人之期望者在也。"（同日《申报》；收入《文录》下卷时改题《致某君》，《文集》第137页）

9月26日 出席环球中国学生会举行第八次征求会员大会。蔡廷干主席，略云"凡欲国家强盛，不可无思想，尤不可不注重学术。今学生会有第八次征求会员之举，吾人欲得学术上之良友与进步，不可不扶助学生会。想诸君皆明达之士，必然玉成斯举也。"朱少屏总干事演说后，分赠《环球会报》等印刷品。（《申报》1918年9月27日）

9月27日 于《申报》发表《对于中国实业破产之感言》一文，有感沪上各报报载某纱厂主"谓其受内讧外患之影响，不得已治愈破产，将二十余年之老厂出售于日商"一事，以中日两国工商业家之程度及学识相比较，指出我国工商业家"言进取，则缺乏迈往之精神；言保守，则并无坚实之壁垒，争出其不谋而合之自杀政策，日日言维持，日日言售卖"。分析我国实业失败之原因除内讧之为害之外，厥有四大端：

（甲）以实业界老辈自居，一意孤行，习非成是，虽有忠言不能纳，虽受挫折不能悟，视司事如奴隶，待工人如驴马。此失之于傲慢者，一也。（乙）购货不问其优劣，只求其低廉；出品不究其良窳，但望其脱手。事前无预算，临事无研究，事后无觉察。对于事物，可以谓之为无管理；叩其身心，可以谓之为无精神。此失之于疏忽者，二也。（丙）或则以侵蚀为能事，或则以豪奢为阔手，既大局之不顾，惟私便之是图。股东血本，视若粪土；自家责任，弃如弁髦。买卖出入，惟意所为；结党营私，毫无顾忌。此失之于舞弊者，三也。（丁）不从实际上立脚，专向幻空中捉摸，望盈余之数于气运，托去取之权于神鬼，视贸易如赌博，作孤注之一掷，信用未立，不知抱惭，挪移术穷，终至歇业。此失之于幸求者，四也。欧战之于我工商业，为祸为福，言人人殊，无须赘述。然此项厄运，终有尽期。内讧因外资之接济而烈，一旦押无可押，借无可借，阋墙羞剧，闭幕有时。惟此四种劣根性，不识何日方能拔除净尽，有一于此，即足以召失败，兼而有之，更不堪矣。迨欧战已终，内讧已息，各国工商业家且将重振旗鼓，逐鹿中原，苟我国实业界中，于以上所指出之四种劣根性尚未拔除，则我国如许有望之实业，仍恐辗转入于外人之手而无所底止。惟恐若干年后，茫茫大陆上尚能飘扬我五色国旗否？予念及此，不知予涕之何从来也，不知我国实业家能否有动于中，鉴彼前车，而力求自拔之道也耶？

（同日《申报》；《文录》上卷，《文集》第 74 页）

9 月 28 日　留美学生会开秋季常会。"通过议案，赞成与他机关联合反对通销鸦片事。并举定蒋梦麟、穆藕初二君为代表，与他机关共谋进行方法。"（《申报》1918 年 10 月 1 日）

10 月 5 日　出席上海总商会全体会员特会。议案：①编辑本会会员华洋合璧同人录。②本会收支款项自丙辰、戊午两年账目已经会计会董查核无讹，刷印本分送会员查照。③商品陈列所急于建筑，因造价太巨经济为难，尚未核定。俟核定后再开特会，请会员担任筹款。④农商部令，颁华义两国进出货物表，为欧战和平后商事发展之筹备，刷印分送会员注意。（《上海总商会议事录》）

同日　应招股不足，于《申报》发表《缓办浦东实业公司之函稿》一文，并述已发起毛巾传习所，继续从事浦东实业进行。文云：

近阅浦报知先生等于浦东实业非常注意，咸以实业公司不能进行为憾。有谓宜先办织袜者，有谓宜先办贩卖事业者，有谓冬季垫付资本者。办法虽不同，振兴浦东实业之主意则一也。湘玥等苟能为力，自应积极进行。既已发起于前，岂愿中辍于后。无如创办实业尚实力，不尚空谈。实力惟何？资本是也。热心提倡特不过一种发轫作用耳。回顾实业公司集议时，原定股本十万元，优先股三万元以五月底为截止期。及期不足数更展限至六月底，仅收得一万五千八百五十元。内玥名下四千元，又由玥代招四千元。杨思桥三千元如数交足。黄君名下五百元，又由川沙方面来一千数百元。此外寥寥。核其总额定三万之数，仅仅过半，此虽仆等信用薄弱使然，亦未始非各方面对于实业兴味之冷淡，与从前公司信用未著所致实力不充，与其颠覆于后，莫若谨慎于前。实业公司之宜缓办者一也。欧战方酣，为吾国发展实业之大机会，斯言也，人皆韪之。然而欲采办袜线也，则必仰首舶来品。欲漂白，而采办漂粉也亦必仰首舶来品。欲得工业上各种应用机件，也亦无一不仰首舶来品。黑铁赤血相搏战，而铁值昂，洋面潜艇行而输运艰。此种艰难情形为平时所不有，而战时所恒有。实业之宜缓办者又一也。苟其股本招足，虽艰必举，集不成数宣告退股，公司法具在，并非创例。虽然，仆等岂遂忘情于浦东实业哉！故浦东实业公司倡议缓办之日，湘玥即同杨思乡陈悦周君等，发起毛巾传习所。业已着手进行，大约一年以内能推广至二百余人，藉此得新生计。苟浦东各地方留心实业之士起而仿效，则浦东实业公司之名虽不在，而实际则仍在也。夫各地方之能否仿效，全视各地方人士对于实业之兴味何。如果一旦多数人士兴味浓厚，各愿以实力相扶助，则湘玥之志愿具在，始终不渝。此时之不克徇所请，幸亮察焉。

附《黄炎培启事》云

今穆君提出种种缓办原因，如上函所述。缓办非不办，且所谓缓办者，仅缓办全部之计划，而仍着手于一隅之进行。苟以众擎之效，正不难由一隅而推及全部。穆君又言，果一旦多数人士愿以实力相扶助，则志愿具在云云。此为穆君始终热心吾浦东实业之表示，其意至为可感。抑炎培又有言者，吾辈须知从前办实业者之失败，究其原因，除道德堕落者不论外，大抵不出两句病根，曰热心有余，实力不足。试为屈指，上海最近十年来失败之大实业，若某银行，若某公司，何莫非凭一时之热心，缺相当之实力所致。故对于穆君之提议缓办，认为近顷实业家思想与办事之进步。孟子曰：人有不为，而后可以为。穆君之稳慎，其穆君年来事之成功之秘诀呼。至炎培自问，兴实业之热心不敢后于诸君，而对于兴实业之实力与知识则万不能与穆君同日语。则吾辈惟有依穆君所指示，就个人能力所及，勉从其后而已。有志者事竟成，此言吾所始终笃信也。

（同日《申报》）

10 月 7 日　《申报》刊登《中美棉花之移植》，报道先生试种美棉成功。文云："美国农部俟其特派员斯温格尔氏，由远东回华盛顿后，即将详察中国棉种可否移植于美国。……现已议定办法，年内装运中国棉种前往美国。上海试种美棉已有成绩，穆藕初君在杨树浦所办之棉花试验场内，种美棉若干，今已结铃。上海农民见此效果，已请穆君供以美棉种子。斯氏曾考察穆君试验场，将与上海棉业家提倡在中国种植美棉。美国农部将以棉种寄至上海，如有成效，则中国各处皆将种植美棉。"（同日《申报》）

10 月 13 日　上海总商会全体会员选举会董，先生得八十四票当选。会董计三十人，任期为民国七年 11 月至民国九年 8 月。（《上海总商会议事录》）

10 月 20 日　由先生（上海精武会副会长）介绍，全国教育联合会黑龙江教育界代表刘薇伯到上海精武体育会参观，卢炜昌招待。刘薇伯演说云："我国现在学校风气，偏重西式礼操。如棍棒、哑铃之类，不知国技之更有益于卫生而提倡之。""近数十年来，国技之渐就泯没之途者，其故一由于学习之人程度低下，但知好勇斗狠，凭空滋事，国技之为人厌弃者在此。而好勇斗狠之徒，则又目无法纪，虽以师长之尊严，亦且任情侵犯，故为教师者不得不因之稍留余地。精妙之拳术秘而不宣，致国技之有退无进者在此。故予等提倡国技，以武德为根，研究为干，悉力提倡为枝叶,枝叶荣盛荫及总干。故提倡殊不可缓也。"次胡炜昌"述本会历史,及十年来经过种种之困难。"先生向众宣布云:"研究国技,融洽派别起见,拟于年假时由沪上各团体发起,敦请陈纪平君来沪共同研究。"众大鼓掌。后会员姚蟾伯、卢炜昌等演各种拳术,各尽所长。(《申报》1918年10月23日)

10月27日　出席上海总商会全体特会。议定:①沈副会长意见。②通和洋行开送商品陈列所建筑概略,附送投标函件。③陆费伯鸿君请改良会报。④报告丝茧公所因同业营业困难,拟减缴会费。⑤报告农业公所请将朱、李二君注销代表名义。⑥介绍入会。⑦报告入会。(《上海总商会议事录》)

11月2日　出席上海总商会第二十二期会董常会。议定:①建筑商品陈列所开标事。②投子表决入会。(《上海总商会议事录》)

11月4日　上海总商会分定会董办事科目人数,计交际科会董九位,内务科会董七位,调查科会董七位,陈列所会董四位,书记科会董二位,收证科会董二位。先生列名陈列所会董之一。(《上海总商会议事录》)

11月5日　于南京暨南学校演讲,从留美时经历谈起,说人生交际,说社会信用,突出"隐恶扬善"主题。全文如下:

> 鄙人久耳贵校声誉,况校长赵厚生先生,又为鄙人素识,屡欲登堂一赏,奈事与愿违,辄不能如志。甚者如前次身在南京,以迫于事,竟不克趋临,失之交臂,怅何如之!此次又应棉花社之召,束装来宁,今日事毕,因专意来贵校以偿素愿,及睹诸君子办事之热心,诸同学向学之殷情,中心至为愉快,私谓此行不虚。(中略)抑黄先生(指黄炎培——编者注)适为许多誉辞,言鄙人经理事业,如何优美,鄙人交际,如何可法,其实非鄙人所事之优美,实黄先生辞令之优美也!夫秘诀云者,秘而非尽人能知者也。然鄙人所欲讲者,适与此反,故又不能如黄先生之言,真以法术秘诀贡之诸君,但为几句之老生常谈,以敷衍一刻光阴而已。谚云:上有天堂,下有地狱。鄙人以为此皆虚牝也!我欲居天堂,斯天堂矣,地狱亦然。何以言之?设有一人,学问道德,均至高深,加以善交际,为一般人所赞扬崇敬,有仰之弥高之概。斯不亦如处天堂乎?反之学问平庸,而交际不善,于是众恶所归,毁谤丛集,其苦诚有如世之所谓地狱者矣!由是可以知交际之要焉!夫交际之道,有若吸铁石。然试以商业譬之,南京之商家,其酬应尚不大坏,在上海则多数商家之视主顾,有如乞丐,其诋诋之色,可以拒人于数步之外,何可以冀所业之发达?在美邦则不然。商家接客之道,至为谦和,其第一吸力在使其知所讲者皆诚语;第二使其知此货为不可少者;第三当令其即刻出金购之去。如是犹未足也,必思所以使其购归之后,觉便宜而生喜悦之情,而下次之交易,乃得继此而生。美国之商人,讲求交际之吸力,如

彼其精，亦商业发达、蒸蒸日上之原因也！交际之于学生，亦有道焉，惟不能于教室中求之。当求于见一新友之三分或五分钟之间，得其欢情，数面之后，便可有鱼水之乐，斯为善矣！更如日常闲话，涉及朋友之品性者，最宜隐恶而扬善，否则某也诋某人之短处，某也谤某人之舛误，而恶言之传递，尤如不翼而飞，至为迅速。故一校之中，有少数人之好议论人长短者，不数日，此种声气，将传遍于全校矣！然此实人类相离之道，而非交际之利也。西人有言曰：扬善之言，犹白日清明，令人爽发；讦恶之语，犹风雨瀸礴，令人闷瞀。信不诬也！鄙人忆忆留美时，有一感触。当鄙人第一次往某会演说，中心忐忑，颇怀畏葸，然此次之得机会，又至可贵，盖吾校八千人中，只有四十人之会员额，每三年而有缺额，方得递补他人，鄙人既已获选，岂可轻轻错过？于是一登坛焉！明日闻同学相语于途，皆以鄙人所说者为佳，我窃感焉！下次开会，为某某演说，则众议其非矣！略加省察，乃恍然知我国大圣之言：隐恶而扬善，为接人处世最要之道也。盖某君之演说，有若指摘他人者，故舆论非之，我同学可以鉴矣。鄙人敬望诸君，自今日起，即力行此大圣之语，庶几于适间所说之个人吸力，在交际上生莫大之利焉。抑欲得社会之信仰，黄先生谓若有秘诀存其间，此实不然。闲谈之际，既能隐人之恶，更常能以忠恕二字，自讼其躬，则尚有不信我者乎？又世界上逞一己之私意以图事者，无有不败。德人康德有言曰：凡人于社会有所成就者，其任性之处，为忠恕所抑制者也！故吾人不克有所建设于社会者，大抵由于任性，盖猛逞一己之性，无所顾忌，则虽牛马，犹有抗命之时，况同群之人类乎！抑我国人每以孔道为迂旧而轻视之，然道德岂有陈旧者哉？夫子之道，忠恕而已矣。能致乎忠恕，则所事无虑其不成，此尤当为诸君劝者也。更有进者，我辈新学界人，出而问世，举此行动，必当契合社会心理，不可过于标新立异。故西洋诸国，少年夫妇，携手同行，不以为怪，若仿而行之于中国，则将贻笑于路人矣。其他类是者，不一而足。诸君异日任事于社会，皆不可不知者也。方今之世，有知识者，竟言中国不振，然予言中国必兴，何也？有我等在也！特现时暂为青黄不接之时，稍呈恐慌之象耳。大凡秉国钧谋国是者，其年岁当在四五十之间，一般冬烘头脑，故步自封者，在昔时固未尝不以道学见尚，然其思想过旧，已不适于今日之世界。而我辈新学界人，又均未达肩大任之年，故曰我国此时为青黄不接之时也。惟大丈夫宜有天下待予而治之责任心，我少年皆当尚志焉！志既定，尤当时抱乐观，不可常怀悲观。缘一起悲观，则万事皆灰心，无积极进行之决意，而一生之事业，遂不可问矣！况我国现状，非绝对无生望者也。社会上信用二字，实较东西洋各国为优。我国商家之成交易，或出货，或定货，往往以一言为定，苟有食言者，社会上无彼啖饭地矣！

欧洲各国皆有形式上限制，签券立约是也。日本盗西洋之文化，不得其真诠，而将我国传与之旧道德，捐弃无遗，其国民之人格，已至低坏，故我国终有一日以报之。国人亦何必戚戚抱悲观于国势乎？况乐观者胸襟宽拓，心意活泼，极合于卫生，诸君又何乐而不为？其次当言操纵事业之道，一言以蔽之曰：减少消费可矣。消费为失败之动机，无问其时间之消费或金钱之消费也。即如鄙人所办之纱厂，消费虽不能使之绝无，然已减至百分之九。视西土各国之消费，大都百分之十二者，略为进步，而此纱厂之所以得赢余者，其故即在此。而其所以能致此者，又都恃工人之精敏也。鄙人于未开工以前集工人于一堂，多方晓谕之，使皆知如何可以省费之法，工人听命乃有今日之成绩。而鄙人之视众工人皆至尊重，以工人之精神为我业之资本，以待兄弟之心待工人，故幸不至于失工人心。犹忆春间，德大厂之二工人斗，爱召询之，咸汹汹然各是其是，继问其来此何为者，则皆曰我等固非为争斗而来，亦迫于愤而出此耳。予乃谓之曰：请汝二人皆视余之情面，勿再声可乎？二人者退。阅数月，又有斗者至，余仍以前法和之。以此鄙人之工厂，无争吵之事焉。此鄙人之用心处，固非所谓秘诀也。更有言者，凡执一业当尽力为之，不可徒为空议。谚云：言之非艰，行之维艰。然实行之际，倘以毅力主之，即经如干之失败，犹可底于成，不然遇难而止，中道而尽，乌可哉？且我国人多善言，听其言也，虽富国强兵可立致，然能力行之者，百不得二三，此不知沉毅故也。苟知持以毅力焉，虽贫必富，虽弱必强，所谓有志者事竟成也！如吾人日常饮食之事，设非由孩童时日日以操练之者，何能下箸如意也！字学亦然，若此二位先生之记录，下笔如飞，其克臻此者，吾知其亦费偌大之苦功焉。故愿诸君于日后经营事业之际，慎毋忽于毅力焉，可矣。

（第二部师范生吴邦杰、夏应伟合记）（《中国与南洋》第五期；《文集》第163页）

11月6日 上午，于德大纱厂批发所与来访日本临时产业调查事务官某侯爵谈话。"寒暄既毕，某侯爵问曰：'闻君设立植棉试验场已有年矣，其成绩若何？'答曰：'今已四阅年。去年收获之花衣，曾纺三十二支及四十二支之细纱。今岁棉质亦已检查过，棉质佳良，其纤维亦并未变劣，拟将本届收获之棉纺成细纱后，将样纱分赠有志改良棉产之诸君子，以供研究。'某侯爵又问：'君之棉场在何处，亩数若干，能一去瞻览否？'答曰：'场地在上海之引翔乡，共有田六十亩，惜日内为时已晚，农事将次告竣矣。'某侯爵又问：'君试验美棉之目的何在？'答：'剔选优良种子，善为培育，逐年将良种子供给农家，以图普及。此即为本场一大目的。'继而转问某侯爵曰：'先生来华之目的何在？'某侯爵答曰：'考察华棉状况，藉图改良。'又问曰：'据先生高见，改良华棉应从何处入手？'某侯爵答曰：'汉口扬子江一带极宜植棉，此外如河南、陕西等处土质亦好，宜设总场于此数处，以图普及。'余曰：'敝国政府曾在直隶之正定、江苏之南通、湖北之武昌三处设立植棉试验场，惜年来政局扰攘，未能注力于此。但设置总场于汉口，设分场于其他各宜棉区域，仆曾于五年九月十日呈农商部文中详言之，此种主张实与先生所言者相符合。'又问某侯爵曰：'顷者先生言来华目的，有改良华棉语。设使此计实行，则用何种方法？'某侯爵答曰：'大约出于贷资贵国政府之一途。'又问曰：'贵国借款于敝国政府谋改良棉产，出于贵国政府中人之意思欤？抑出自贵国之民意欤？'某侯爵答曰：'此事大约或能得政府之同意，然决非民意。'更续言曰：'仆个人不赞成此说，因恐贵国误会有外交意味故也。'予曰：'先生所言甚是，敝国年来内乱频仍，向贵国贷款为数已不赀，而在敝国有识者之舆论绝端反对此举。至于借资而改良农产更属荒谬，盖筑路开矿动须数百万，藉口于一时不能凑集而借外资，苟借外资而无伤主权本无不可，惟改良农产而设试验场，为数无几，乃亦须借用外资，得毋太不近情理乎？况改良农产而图普及诚为吾邦人士应尽之天职，若以外人代谋改良，则于普及上恐不免反生障碍。'某侯爵称是者再，遂进而问曰：'除君所设之试验场外，曾有其他改良棉质之机会乎？'应之曰：'有，去年仆曾偕同郁君屏翰、聂君云台等创设中华植棉改良社，社内亦设一试验场于上海之杨思乡。其入会者皆花纱布业重要人物、东西洋已回国之农学生及各地方热心改良棉产之士。不设分会以免纷歧，不收会费以谋广及，会员已达八百人，设试验场者数近百户。况各省省议会中亦以改良棉质为当务之急，一二年内各省宜棉区域内当必有具体之规划出现。仆不能确定何年内能大加改良及改良至何程度，但改良之期当必不远。敝国人民深谢贵国人士希望华棉发达之美意，但不出数年，贵国或能在敝国市场上购买改良棉花也。'畅谈至十二时，始握手而别。"

（《申报》1918 年 11 月 13 日；《文集》第 90 页）

11 月 16 日 出席上海总商会第二十三期会董常会。议案：①中央召集各埠总商会暨各实业家在京开会案。②推补会董案。③旅沪商帮以日人在沪创立取引所请电京交涉案。④本会公断会员张处长辞谢夫马银两案。⑤报告入会。⑥报告补具介绍书。⑦报告李合顺承造商品陈列所已正式立约案。⑧会审公廨函请选派代表证明商业代表案。（《上海总商会议事录》）

11 月 26 日 与荣宗敬乘津浦车赴北京，出席农商部实业会议。（《申报》1918 年11 月 27 日）

11 月 28 日 在京应徐世昌总统之邀，出席欧洲战胜纪念阅兵式，先生于庆典上所见丑态感触深刻。《自述》云："一九一九年冬（原版误排，应为一九一八年冬——编者注），欧战告终。余时在京，适逢欧洲战胜纪念，蒙邀入府，躬与盛典。各国联军齐集于太和殿前，由徐大总统行大阅式，武士趄趄，尽属干城之选，威仪煊赫,气象庄严。诸国联欢,得未曾有。中西来宾,跄跄济济,穆穆雍雍,使此礼场倍形庄重,诚空前之盛典也。斯时,有职人员均穿礼服。就中威武之气腾于行列、溢于眉宇者,厥唯陆军,身穿制服,腰悬宝刀,肩佩金章,帽戴白缨,豪阔哉! 革新时代之骄子也。今仅民国十四年,与彼时相隔才六年耳,不知是时之几辈高级军官,其孑然存在者尚有几人? 读石达开'我志未酬人已苦,东南到处有啼痕'之句,余无暇为若辈惜,而唯深痛中华民国国民之生不逢辰也。其躬与此次大典之一般文官,披燕尾服、戴高黑帽,穿白手套,儒酸亦几乎脱尽,服装竞取其入时;虽间有伛偻者、蹒跚者、摇摆不稳者、欲前且却者,然皆温文尔雅,亦趋亦步,雍容揖让于其间。其宅心公正,而实能为国为民者固不乏其人;然因个人权位计,而竭知尽能,导兄弟于阋墙,斗蛮触于蜗角,卒之身败名裂,为国人所共弃,曾不转瞬死无葬身之地者,亦大有其人。呜呼! 余不知此辈怀着何种肺肠。曩者朱叔元与彭宠书有云:'与吏民语,何以为颜;行步起拜,何以为容;坐卧念之,何以为心;引镜窥形,何以施眉目。'之数语者,仿佛为若辈摄影而写真! 诛心而剖胆。吁嗟乎! 斯人也而欲其保全面子,得毋太重视其人乎! 原定觐见礼节,首各公使及男女西宾,次文武特、简任官及荐、委任官,又次各省代表。而大阅后,虽有大礼官导行,但人数众多、秩序紊乱。各部发给观礼券时,固甚谨慎而郑重,然当时有若干童妇仆役,为有力者所汲引,为此次国际间庆祝大典中之点缀品。此辈未受教育之童妇仆役,其不知自重也,固无足怪,以致谑浪笑傲之声哗然杂作,使维持秩序者制止无方,有玷斯会之庄严,损伤国家之荣誉,殊为有心人所同慨。尤足令人吐弃者,如太和殿内陈设西点以款嘉宾,而彼辈无知无识之童妇仆役者流,任意取食,间有出其所携之巾,囊括以去者,一刹那间,罄其所有。首善之区演此丑剧,外交大典闹此笑柄,谁为家主而平日不知约束其家人? 谁为达官而当时相与铸成此大错? 不啻自暴其误国之罪于各国人士心目间。慎勿谓小德可逾闲,先圣所特许,须知闭关时代融通迁就之一家言,不适用于新时代,不得率意引证以自掩其丑也。"(《文集》第25页)

11月30日 在京出席徐世昌接见中外记者及上海实业界代表会。先生在接见之列。(《申报》1918年12月1日)

10月至11月 吴昌硕为先生刻自用印(对章)及闲章一方。对章:"穆湘玥",边款"缶道人";"藕初",边款"藕初先生属刻,戊午九月安吉吴昌硕"。闲章:"游于艺",边款"七十五叟吴昌硕刻于海上寓所,戊午展重阳"。① (原件)

---

① "游于艺"出自孔子《论语》,指礼、乐、书、射、御、数。现尚存周希丁、陈巨来刻先生自用印对章,(参见1924年本年、1930年5月28日条)及碪下黄山水浮雕闲章一方,印文:"大处箸眼,小处入手,群居守口,独居防心。"(原件)

12 月 8 日 植棉改良社社长郁屏翰病逝。发起人公推先生继任社长，聂云台仍为副社长。"吴善庆、黄首民提议今后更当方求扩展，以谋改良棉产之普及。"（《申报》1919 年 1 月 19 日）

12 月 21 日 与蔡元培、陈宝集、吴家嗣、金邦正、黄炎培、沈信卿、郭秉文、赵正平等联名发表《拟联合同志陈请各国退还庚子赔款专供吾国推广教育事业意见书》。云："欧战告，世界和平会议不日举行，对于世界重要问题皆将有一适当之处置。以中国土地之大，人口之众，物产之饶，可以贡献于世界者何限。徒以新教育尚未发达，全国人民即欢于常识，而指导提挈之才又尚居少数。""赔款果承各国退还，作为总数而统盘筹划，以用诸教育事业，则各款之需要略如左：（一）最高研究学术机关之基金。（二）国立北京大学及国立各专门学校之扩充费，及南京、四川、广东三大学之创办费。（三）国立四大学之基金。（四）派遣留学费。（五）北京、南京、四川、广东四处之图书馆、博物院等费。（六）收入较少省份普通教育开办之补助费。（七）同上省份社会教育建设之补助费。（八）各国境内之华工教育费。""组织退款兴学董事会议，定办法以请于教育部而执行之，而董事会仍负稽核之责任。如是始足以得中外之信用，而有裨于实际焉。至于促成此事之方法，则当先集同志，向各方面着手进行。（一）上书总统、总理及教育总长等，请其提倡赞助，由吾国政府正式提出于和平会议，请求各国之核议。（二）致吾国派往和平会之代表，请其提出于将来之和平会。（三）致书及电请美国总统，及他国中有力人员或团体，请其提倡赞助。（四）在本国及外国报章中设法鼓吹，以提起吾国及彼国中人民之注意，而造成主持公道之舆论。此皆吾教育界所不可不致力者也。"（同日《申报》）

12 月 22 日 下午二时，主持江苏省教育会演说竞进会决赛，黄炎培、蒋梦麟、沈信卿为评判。演说员为各校学生，先中等组次高等组，每人十分钟（满九分钟按铃知照一次预备结束满十分钟再按铃一次即终止），演说范围为毕业后前途之预计。演说毕，由余日章演说《演说时关于态度、音调种种必须注意之点》。末由沈商耆君颁奖，第一名红色优胜旗，第二名黄色优胜旗，第三名蓝色优胜旗，均留存本校纪念。另有大银盾一枚，每年镌优胜员姓名及校名，留存本会纪念。（《申报》1918 年 12 月 21 日，12 月 23 日）

12 月 25 日 与荣德生联名于《申报》发表《改良国际税法之舆论》一文，指出中国深受不平等税则待遇痛苦，要求改良国际税法，并提出"科学的制税法"概念及内容。云："国际税法不改良，恐中国永无安宁之日，中国不安宁，则万国商业万不能有充分之发展。故国际税法平等，直接之利在中国，而间接之利仍属各友邦也。我国与各国通商条约之误点，实由于当事者不明税法原理所致""数十年来，吾全国人民所受敲骨吸髓之痛苦实自此类条约始。今为正义人道大昌时代，应完全扫除国际间不平等之待遇,以扩大世界和平之主旨。盖前此之不和平,实起因于国际间待遇之不公允。现在我中国不平等之国际税法,实足引起各方面无谓之竞争,故改良中国国际税法问题,为力谋世界和平之一重大问题。美国大总统光明磊落,发表保障世界和平之精义:国无论大小,民无论贫富,宜一体待遇之。停战条约签字后,敌国乏粮,法首相宣言欲拯救敌国人民,毋使冻饿,各协约国为人道正义而战,非反对人道正义而战也。呜呼!此二伟人者,诚无愧乎为和平之天使矣。我国忝居参战国之一,以我酷爱和平善耐劳苦之民族,且拥有极大之沃壤,不竭之宝藏,正可追随诸先进国,竭诚尽智,谋公共幸福,发挥和平之真谛,乃竟以不平等之国际税法束缚之而压迫之,无时无处无人不在水深火热之中,致使我国民不克多尽良心上之责任,其谁之过欤? 故此种不平等之税法,不但我中国人民力求铲除,度保障世界和平之各友邦,亦必乐于铲除,以求全世界各国自由之发展。铲除之法奈何? 即允许我国制定与各国平等之税法而已。制定平等税法,与各国仍无损也。我国得此允许,即应明白宣言,依据科学的制税法制定之。查科学的制税法:(甲)免税。如本国不能自制之机件等类。(乙)普通税。人生日用之物,值百抽五。(丙)特别税。如外货之与国货剧烈竞争者,抽百分之十二五。(丁)奢侈税。随时酌定之。除奢侈税外,至多不过百分之二十。苟本此意,实行裁厘加税之约,废去十年重修先行知照之限制,利己利人,事无有善于此者。予等甚愿各友邦之鉴及于此,而善意玉成之,是则吾全国国民所一致厚望者也。"(同日《申报》);收入《文录》上卷时,改题为《改良国际税法之平议》,《文集》第 40 页)

同日 出席主张国际税法平等会成立大会。到者张謇、朱葆三、沈联芳、刘柏森、闻兰亭等约二百余人。会长张謇主席,宣布意见云:"以前在京与陆子欣等发起国际学会,本为讨论国际之利害,税则即其一端。现因美总统之主张公道,吾国人民当参战之后幸获和平,希望公道之得,伸吾人有控诉之余地。惟鄙人主张希望不可太奢,要知吾国自处之地位,此次据个人意见提出四条,请众公决:(一)物价当依近日委员会所定为目前之根据;(二)税率当依已定之商约实行,值百抽十二五,而国内亦照约裁厘;(三)修改方法不与条约为同物,且除去条约拘束性质;(四)但求国内国外平等,决不采保护税方针。且不取极端国定,但求与各国自由对等协议。"刘柏生报告云:"按中国之协定税,实系他定税。……我国所受条约上缚束之税,则当然同时解除要求,但能合理,不必虑外人之不赞成也。此事周缉之等皆谓宜南北一致进行。至发电一层,须对各国打公电,另打美总统一电,发电须直接打,不必由政府转。闻汉口拟举一代表,京津亦举一代表,上海应举代表二人协同进行。后"报告表决事件:(一)打电;(二)举代表。全体举手赞成"。(《申报》1926 年 12 月 26 日)

12 月 28 日 出席上海建设会、上海总商会、江苏省教育会等十一团体欢送美国驻京公使馆商务参赞安立德。聂云台主席致词云："安君在申，除修改税则外，复竭力赞助建设会建设会所作之事。如拒土，禁止不良小说，征求美国红十字会会员等。安君实与有力焉。安立德演说，"谓中国近年来进步之速，大有一日千里之概。如改科举为学校，革帝制为民主，他如报界之进步。最近如禁烟一事，尤足以见中国进化之速。"末由各团体公赠纪念锦屏，上书"永以为好"。（《申报》1918 年 12 月 29 日）

同日 出席总商会第二十六期会董常会。议案：①本会建筑商品陈列所基址济生会误为余地呈请官厅拨给案。②振余物产公司唐祥寿以本会登报有损名誉向廨控诉要求赔偿案。③主张国际税法平等会请本会选派代表赴欧美各国参与和议案。④报告入会。⑤报告补具介绍书及另举代表，穆藕初君原介绍人郁屏翰君缺席，现邀苏筠尚君为介绍补具介绍书送会。（《上海总商会议事录》）

12 月 29 日 与聂云台、钱新之、蒋梦麟、朱少屏等到火车站送别安立德返京。（《申报》1918 年 12 月 30 日）

12 月 赴郑州购地，组建豫丰纱厂。《自述》云："自办甲乙两厂后，调查全国棉业状况，知外力逐渐侵入。为我国棉业争存计，非先将个人事业底定不为功，欲求事业之固定，必先调查原料、人工、市场，务求来源出路节节灵通，更益之以充分之劳力，施之以精密之管理，方能有伟效之可收。上海各厂所用较良之原料，惟通、崇、海三属产品是赖。何年歉收，纺织界不免蒙甚大之影响。郑州地当中枢，陕西、山西两省所产棉花之由彼东下者，为数甚巨；且其地介于京汉、陇海两路线之间，东西南北四路畅运，交通便利，销场甚广；煤斤、劳力、色色较廉，苟于此设厂制造，不但能就近供给，诸多便益，且申，郑二厂联为一气，原料金融互相调剂，利赖孔多。遂有由乙厂添设支厂于郑州之建议。乙厂者，苏、江、邵、曾（指贝润生、薛宝润、吴善庆、凌焕曾——编者注）四君之所组织也，邵君与

1918 年 12 月穆藕初于河南郑州火车站前留影

余交谊独厚,爱国心切,深赞成余之建议;苏君亦赞成之;江君尚在犹豫;曾君颇谨饬,而股份仅及十分之一。邵君知机不可失,民七腊底嘱余赴郑购地,明正商订机器。嗣江、邵二君谈及此事,邵君出言素诚实,忽诡谓江君曰:'渠对于郑州设厂事,亦不甚赞成。'江君信之,后闻机器已订购,江君因此发生误会,故支厂之计划未售,而不能不另组丙厂(指豫丰纱厂——编者注)。时纱业正盛,招股亦易。一万锭订购后,续订第二、三万。机未到,又讨论添机事。邵君及某君等以丙厂资本小,锭数多,期期以为不可,而江君固情,谓:'机价甚便宜,市面亦好,机会勿失之交臂,日后倘需款项,予尽可筹填。'盖江君家产甚股富,宜乎发此大言。余依违两可,对于加机不甚反对,后卒通过。"(《文集》第 26 页)《从原料中心迁出的豫丰纱厂》引先生创办豫丰纱厂动机云:"我是不赞成把纱厂多设在沿江沿海的,为什么不能设在原料的中心地带呢?我想来想去便决心作一个试验,在平汉、陇海两大铁道的交点,陕豫棉区的东端,建立一个纱厂,作为纺织业走向原料中心的初步,拿这里作为基点,一步一步的向内地拓展。"(《新世界月刊》1944 年 6 月号)穆伯华《记河南省郑县设立豫丰纱厂之起因及其十七年之经过》云:"《申报》新闻报道我父向我国内地河南郑县创办纱厂之消息后,上海有志于工业之士要求投资合作者,人数之多,出于意料之外,办事处电话铃声终日不断。我父以私人名义向慎昌洋行订购纺纱锭三万余枚之定单,当时有人愿出美金三十万元买此定单,我父不允。一九二零年前后,此项纱锭运到上海,我父以一万锭转让于王正廷氏开设天津裕大纱厂,该厂交来股票一宗。抗战初期,裕大纱厂被日本人占用,到抗战中期,日本人收买该厂,通知余以伪币来换还股票。其余二万多枚纱锭,当时我父无条件让给予豫丰纱厂。此乃豫丰在未获利润之前,由原定纱锭三万枚骤增至五万六千枚纱锭的大厂之由来。"(手稿)

本年 于青年会演说《今日青年之任务》一文。云:"欲问过往,今日之所受者是;欲问将来,今日之所为者是。……以终身言,则青年时代之光阴,为最有价值之光阴也。但同为青年,或有放辟邪侈而为罪徒,或有孤陋寡闻而为蠢汉,或有体质亏弱而为病夫,其何故邪?盖凡在青年之时,苟研丧其道德学问及体魄者,断乎不能崭然露头角于社会中也。夫青年之所贵乎为青年者,因有纯粹之学问道德耳。……盖青年会,乃陶铸青年之机关也。青年会之有益于社会国家以及世界者,成效昭昭。……盱衡全球,其谁能出最大之贡献,补人间缺憾者,非我中国乎?宝藏无量,为全球视线所集注,大势所趋,非深闭固拒可了事。我不自为,人始代谋,贬主为奴,咎由自取。湔涤数十年之积耻,发挥无限量之光荣,撷拿千年一瞬之时机,创造历劫不磨之大业,前不见古人,后不见来者,如此责任,均在吾千亿青年之双肩。指出青年任务,摘录如下:

一、须陶熔超越群众之德性

欲筑庄严宏大之住宅，必先奠定至坚实稳固之根基。德性者，乃人生坚实稳固之根基也。奢侈乃自灭之媒，吾其救之以朴俭；蹉跎乃自戕之刃，吾其救之以精勤；诈欺乃取亡之途，吾其救之以诚实；傲慢乃集矢之的，吾其救之以谦恭；暴戾乃孤立之阶，吾其救之以和蔼；贪鄙乃杀身之渐，吾其救之以清廉；卤莽乃偾事之由，吾其救之以慎密；厌弃乃无成之证，吾其救之以贞恒；纷歧乃致败之门，吾其救之以专一；轻浮乃必倾之兆，吾其救之以深沉；刻薄乃召祸之机，吾其救之以仁恕。具此人格，无论入何方面，皆可以水乳交融，任殊职司，皆可以俯仰无憾。青年人欲为今日任务之准备，不可不首在此煅炼德性上下至大之工夫。

一、须储蓄建设事业之能力

一切事业皆须得富有办事能力之事业家为之主干，而后一切事业赖之以举。此主干人物办事能力之所由出，凡有两途：一为适用各该业之专门学识，一为处理各该业之实在经验。仅有实在经验，而无专门学识，可小就而不可大授；仅有专门学识，而无实在经验，能拟议而不能建设。有学识，有经验，苟不为各方面所取信，断乎不能据有活动地位。则欲集事者，除学识经验外，信用问题尚矣。虽然，信用非凭空可猎取，亦非旦暮可幸致。故笃志之事业家，初入世时，类皆不惮艰难，不避劳苦，不辞地位之卑陋，不求酬报之丰厚，竭智尽能与艰难战。战胜若干层艰难，即增长若干分阅历，造出若干分成绩，信用即因之而逐步扩大，地位即因之而逐步加高，此古今中外事业家成就大业之不二法门也。审乎此，然后可与言办事之要旨。世界可图之事业无限量，未下手前，宜先熟审何者为社会最需要，何者之前途最寥廓，何者与吾性习才能最相近，何者于吾声应气求中最适合，即从此精密考虑中，觅出根据地。择业既定，而后可以言进取。进取之途亦有二：一为佐理，一为建设。佐理之事简，凡具有前述各种之德性以及上述造成信用之诸定例，即得步步成功而为卓然杰出之事业家。建设之事繁，扼要言之，可分为四时期：若调查、若组织、若开业、若拓展，均为事业建设家必不可缺之程序。……

其一，调查上所有之事：如原料之产区、出数之多寡、物质之改进、输运之利病、全世界产出额与消费数之比较以及欧美各纺织厂之优点、内国各纺织厂之弱点，凡此种种，皆实地考求，至了然于胸中，确有把握而后已。

其次，组织上所有之事：如地盘之规定、经济之概算、建筑工程之主张、机械能力之研究、社会需要之种别、劳力供给之状况、工场气温之调剂、发动原力之取舍、保持拓展之预计、意外不测之防备，凡此种种，皆精密筹措，至毫发无憾而后已。

又其次，开业后所有之事：如处事处群方面，定权限则部分清划，俾各知职责之当专；对多众则待遇以诚，收臂指相联之实益；受时事影响，措施不乱；出百折不回之精神，任局外试探；坦白无私，无内部纠纷之现象；觇准出路来源，买卖自有权衡；总持稳健不摇之态度，看破人情物理，是非岂容混视；一取当机立断之施为，勿谓言之匪艰，行之实难。凡此种种，皆予承受资本家付托以来，夙夜非懈，以自勉策而行之有效者也。……最后则为拓展上所有之事，不进取则退休，不扩大则收敛。盖人间吸收力，原有一定之限度，吾不善供给，人必代为供给之，吾国工商家不能满足吾国人民之欲望，他国人必代为满足之。穴空则风至，必然之势也。故言保守而不求奋进者，乃实业界之自杀政策耳。……办实业然，办其他各事亦何独不然。引伸触类，变化无方，胥在乎建设家之活用其心才而已矣。他如材各有短长，不持成见，各称其材以用之，则俯仰无可弃之材。人各有习性，不忍苛求，各如其性以谅之，则左右无难处之人。人有善，可扬则扬之，不失直道于斯民；人有过，当争则争之，不使遗误于大局。联恩义，则不立屏藩，虽机匠木工可共席；定处分，则不徇情面，虽良朋至戚必开除。不纳浸润谮言，攻讦之风不启；不受苞苴请托，钻营之辈不来。片语立谈，真才不失于交臂；迩言好察，下问不弃夫刍荛。事前必预算，不致竭蹶于临时；事后必忖量，不遗过误于再四。事机已至，不观望以因循；意向宜专，不兼营而并骛。不置身于投机之险地，不涉足于政治之旋涡。尊重公财，不苟焉以挪用；爱惜零物，不一任其消耗。有客就商，则不惮烦劳，必开诚以相告；任谁投信，则不惜纸墨，必随答而勿稽。凡此种种，皆吾人应事接物间真肝胆所由表见，大功业所由成就之惟一径途也。我青年诸君，人人欲有所建设于今日世界中乎，是又乌可以忽诸。

青年乎！天不生吾人于百年前关山锁闭之时代，天又不生吾人于百年后政教修明之时代，乃偏生吾人于廿世纪初叶，生活竞争非常酷烈之时代。天不生吾人于连年血飞肉搏之欧罗巴，天又不生吾人于主张正义人道之美利坚，乃竟生吾人于共和草创后，生灵涂炭，非常纷扰之中国。虽然，困厄者，幸运所从生；忧危者，圣明所由出。吾青年而果不自菲薄乎。浩浩前途，造诣有谁敢汝限；冥冥属意，使命已畀于汝身。今日青年之任务，关系至重大，吾甚望吾全国青年，各就所有之地位，尽汝天职。吾尤望各地青年会青年，各就所有之地位，所操之业务、发挥之、光大之、尽汝应尽之天职，为举世青年立青年人格之标准。去其倚赖他人之谬见，而拿定希望自己之决心；更去其坐待将来之迂计，而实施利用现在之敏腕。千载难逢之机会已至汝跟前，百年不朽之事功即在汝掌里。今日何日？万金一刻。青年为谁？中坚人物。福国益群，系汝责任；

振颓起衰，系汝本务。愿与吾举国青年交相勉之。

（《文录》上卷；《文集》第 66 页）

本年 发表《增进商人智识以期发展商业》一文。云："万国通商，优胜劣败，商业竞争之烈未有如今日之甚者。凡我商人，不可不应社会之需要而为种种之进取。"强调增进商人智识不能缓，云："五洲互市以来，国际贸易日盛一日，外人操其奇赢，多有专门智识，而我则左支右绌，绝少制胜人才。此对外之宜讲求智识者，一也。国内水陆交通利于往昔，兼程并进，朝发夕至，故步自封，易落人后。此对内之宜讲求智识者，二也。商业各有精粹，商人各有专长，竞争于普通商场容或得之于侥幸，竞争于多数同业必以智识之优劣为判。此对于本身业务之宜讲求智识者，三也。凡事愈竞争者，愈有进步，在昔已然，于今为甚。商业内容原极繁复，欲谋事业之发展，宜先求智识之增进。智识无穷尽，事业亦无穷尽，积多数人之学识经验，为各本业兴利除弊，使能永久而不磨灭，则各本业始可占商场之一席地。此对于商业之发展宜讲求智识者，四也。人心不古，莫辨瑕瑜，假名图进，事所难免。法律既有所不及，道德更无以防闲，奸诈流行，商人之蠹，狡者为之伥，弱者受其欺。设各个人以智识为行事之准则，各商家以智识为同业之保障，虽有害马，难施其技。此对于商业之安全宜讲求智识者，五也。"先生指出"讲求智识，其道维何，一语破的，学而已矣。顾旧式商人有经验而无学问，新式商人有学问而无经验，比比皆是，毋庸讳言。今欲熔经验学问于一炉，惟有已成商人之辈加以学问的指导，似有事半功倍之效。启迪之法，约有三端：

一曰宣讲。目今国内不乏商业通才，似应广为罗致，由政府聘用，担任宣讲之职。首自都会，渐及通商各埠，使服务于公私商业机关者，莫不知商人之道德之责任之义务。行之期年，虽不敢必其大成，然日进有功，未始非增长智识之一道。

二曰教授。商人身为职羁，教授适用于夜校，顾何以夜校林立而商业智识迄无进步，是非夜校之不良，实校内之学科与商业上之应用者每南辕而北辙耳。是宜将普通学科减少，切于实用之学科增加，人材辈出，敢为预卜。

三曰联络。各业既有夜校，或因时制宜，或因事迁善，徒言学科，恐犹未达融合贯通之境，则有商会为之媒介。商业之因何而盛衰，如何而发展商会与学校互相提携，研究因果，编为教科，当时已得彻底之办法，后来且足引为借镜矣。

湘玥托足商场，时虞陨越，在沪言沪，尤有隐忧，增进商人智识，认为当务之急。但兹事体大，匪有群策群力，莫资挽救，倘承政府提倡，不特于商业前途足以发挥光大，即于世道人心似亦稍有涓埃之补。

（《文录》上卷；《文集》第 106 页）

　　本年　荣宗敬向先生订购美机运到。《乐农自订行年纪事》云："申一扩充地皮,加添布机,以作袋部。欲添纱机,无处买。后穆藕初添得美机,亦订二万五,滞滞方到。"(《荣德生文集》)毕云程《穆藕初先生传略》云："自民国六年至七年之短期间内,国内定购美国纺纱机达七十五万锭。均由先生直接间接介绍向美商慎昌洋行定购。"(重庆《新华日报》1943 年 10 月 6 日)

　　本年　偶识程景康,后资助其出国留学。陆偶斋《一个纺织专家》云："绞脑汁冒艰苦,不假借幸运之程景康君,在二十年前,位不过一绸缎店学徒。经济、学力哪里够得上留学的资格呢? 况且那个时候学校缺少,遑论纺织。就是有读书场所也无读书机会。后来进了一家所谓万国函授学校,但是只备丝织的科目,他便得空参观纱厂,以补不足。那时穆藕初先生刚从美国学成归来,当时程君也从函授学校毕了业。然而往往在书本上,发现只有理论而无实验的问题。很想有人为之解答,还愿意听些外国纺织情形,于是时常请教穆先生,穆先生也认为他是未出国的好学之士,便留他在某厂帮忙。一留数年,由翻译而至工程师,首开华人纱厂雇佣工程师的纪录。但是他仍以未足,更凑集费用而留学。昔时成为问题之经济、学力两者,今则件件解决了。可知'有志竟成'的古训,并非欺人。""总之,程君由学徒地位而至专家,阶级相悬甚殊。中间虽有穆先生的热烈援手,但如果是平凡之辈,亦难得任何人之情来呢! 现在程君名闻全国丝绸界了,但是经过奋斗,绞过脑汁,自有真才实学作后盾,绝不是幸运所能做到的。"(《机联会刊》第三十六期,1931 年 6 月)穆伯华《先德追怀录》云："有一件助学中稀有之事。我父一日到南京路某绸缎店买衣料,招待之店员温文尔雅。交谈之下得悉此素昧平生之人在丝绸学校攻读,但未卒业之大学生。我父露出可以资助深造之意,此人乘机进而求之,遂约其到厚生批发所。立谈之下,赠以出洋资金。此人姓程名景康。其后,吾家凡有喜庆事,此人必到,我见过多次。"(手稿)

　　本年　欲聘上海纱业公所书记毕云程担任厚生纱厂书记,未果。毕云程[①]《回味》一文云："一九一八年,吾国实业界承欧战影响,发展甚速,各实业家延揽人才,不以余为不才,屡加延致。惟余自知根基浅薄,一无专长,屡矢不就,其中最可佩之一人,实为穆藕初先生。穆先生自新大陆归来,三五年间手创大纱厂三,声名甚盛,国内人士都望风采,尊之为棉纱大王,乃亦不弃葑菲,延揽及余,余对于诸先生之奖掖后进,提携青年,无不深致感谢,惟仍以慎重考虑为辞。"(引自《韬奋挚友毕云程》

[①] 毕云程(1891—1971),浙江海盐澉浦镇人。早年创办惜阴公会。1924 年起担任郑州豫丰纱厂协理。1935 年任生活书店总经理。1941 年任农本局总经理办公室主任。1949 年后,任华东财政经济委员会专员、韬奋纪念馆馆长等职。

第 104 页）

本年 于德大、厚生两厂附近杨树浦路（七百二十四号）购地，建造西式住宅。（穆伯华《先德追怀录》）

本年 德大、厚生纱厂经营一帆风顺。"七、八、九、十诸年，更觉一帆风顺。"（《文集》第 31 页）《参观厚生纱厂记》一文云："因受欧战影响，马达等机件运到迟延，至去年六月底（即 1917 年 6 月——**编者注**）方开始开工，然内中有纺粗纱所用之锭壳由英国厂家承造，中途毁于潜艇，，致机件未能悉数齐开，故粗纱机至去年九月底始开齐。四十二支细纱机至去年底开齐，虽受世界战事影响，机件未克同时开齐，致受暗亏不少，但去年底结账，除开销外，尚有盈余。"（《银行周报》第七期，1919年 3 月）

本年 三子（小名七官）出生。次年夭折。[①] 穆伯华《先德追怀录》云："我父四十一岁时已是两家纱厂经理兼厂长，拥有男女工人五六千，男科室人员二三百。我父整天在厂处理事务，督促生产。家中则有女佣及乳娘等四五人。我父回国生一男孩，排行第八，未周岁夭折。我母未即辞退乳娘，不料引起两厂员工猜疑，皆谓太太身体虚弱，特留此乳娘作偏房，无稽之谈日甚一日，已历一个月。我之堂叔供职厂中，一日他以兄弟名分戏以外面流言试探我父，我父闻之不发一言，立刻起身步行回家，歇退此乳娘，流言始息。"（手稿）

[①] 无相行人著，忏悔学人集《三元大玄空地理二宅实验》（1927 年版）一书"水命儿七个月死因"一节云："上海华德路德大里穆宅于民国七年戊午年添一男丁，名七官。是年一白值年，以故此儿为一白水命。儿极清秀聪慧，人咸爱之。但该宅坐山飞星一白到坤，受向星八白土克制。此儿本不宜居于此宅，且偏偏随着乳姆住于右边一间，一白受克之方。民国八年己未，九紫入中，五黄到内路行动之坎宫，十月五黄入中，二黑病符到小儿卧室一方，于是得重病，殁于初九日卯时。初九丙戌日，日白二黑入中宫，八土又到坤方。时白卯时九入中，五黄又到内路活动之方，遂致不起。"

1919 年(民国八年,己未)　四十四岁

1 月　巴黎和会开幕。日本代表无理要求德国在山东权利无条件让与日本。中国代表予以驳斥,要求德国在山东权利直接归还中国。

2 月　南北议和会在沪开幕,旋告中止。4 月,双方代表恢复谈话会。时停时谈,直至 1920 年北方爆发直皖战争,南方爆发粤桂战争,南北议和无形消失。

3 月　日商丰田纺织株式会社设立丰田纱厂,有纺锭 25 000 枚。

4 月　巴黎和会美英法三国委员会议决定,将德国在山东权利无条件让与日本。

5 月　"五四运动"爆发。

上海总商会"佳电"、"元电"引起公愤。

上海学生联合会成立。

6 月　"六三"北京军警大肆拘捕演讲学生。5 日,上海三罢声援爱国学生运动。

10 月　孙中山改组中华革命党为中国国民党,设本部于上海。南京路等 20 条马路商界联合会组成上海马路商界总联合会。

12 月　中华全国学生联合会在沪成立。

本年　张謇创办我国第一所以京剧为主的戏剧学校南通伶工学校。

1 月 2 日　与黄炎培、童世亨、钱新之、叶惠钧、朱叔源等开会讨论发起组织浦东电气股份公司,①决定筹集资金十万元,拟定在张家浜购地二亩兴建火力发电厂,联名呈请江苏省长转咨交通部先行立案,以便开办。(童世亨《企业回忆录》)

1 月 4 日　下午五时,出席中华民国建设会、江苏省教育会、上海总商会、万国禁烟会等二十团体举行的欢迎焚土委员会议。到者有大总统特派委员张一鹏、江

---

① 裴杰明《童世亨:开发浦东的先驱》一文记:由童世亨为总经理兼技术主任(总工程师)的浦东电气公司,1920 年 12 月 1 日正式开始送电。起初范围仅限于开平局、其昌栈、烂泥渡、杨家渡、老白渡、董家渡一带,次年线路延伸至洋泾镇。第三年线路又有较大延伸,东至泥墙圈,南至周家渡。30 年代以后,"浦电"不仅在上海把所属的浦东六区(高桥、高行、陈行、洋泾、塘桥、杨思)全部纳入自己的营业范围,而且还把线路延伸至当时属于江苏省的上海(浦东部分)、川沙、南汇、奉贤四县。(《上海滩》1994 年第 11 期)

苏交涉员陈安生等。聂云台发言云："今日之欢迎会，质言之，即在中国为毒害之物不日将铲除罄尽。各团体对于此事夙所注意，故闻有收受存土之说。曾经开会、发电反对，但用力甚微。而政府今竟毅然焚毁，非特沪人欢欣鼓舞，即外人亦莫不同此心理。"末云："存土一千二百箱在上海，而各处吸烟之人甚多，是禁运、禁种、禁吸诸端。张先生虽为焚土而来，度亦必注意及此。"次张云溥云："欢迎不敢当，且此事须得大众之赞助也。鄙人此次敢负此重任而来，实抱有两种之感想：（一）烟土与专制政体相终始。自道光十七年允许入口，当时实为专制最盛之时。中历数朝，日见推广。清末虽有禁烟之文，而吸烟之人亦最多。民国成立，始见效果。不意袁大总统醉心帝制，丙辰年又有禁烟特派员蔡乃煌之设，遂使死灰复燃，而大部分则为军费也。（二）烟土不但害个人，且害国家。今之理财者莫不注意于烟土，用兵之费盖占十之三也。今政府所以毅然焚土者，实为表示和平，不复用兵之意。而鄙人之所以南下亦为此也。""现订本月八号九时，在怡和栈开始查验，届时请江苏省教育会、上海南北商会、青年会共同派员监视，知土之真伪，鄙人实门外汉，但携有一最亲近可靠之人能鉴别。"继由先生发言云："团体二字，甚难解释。监视之人可不拘定团体及国界，必须热心而能胜任者。"众决"于今日三时仍在青年会，建议组织监视团办法。"（《申报》1919年1月5日）

　　同日　就改良棉种、振兴棉产等问题致农商总长书，并附《振兴棉业说帖》，分"全世界棉花产额"、"全世界纺织业概况"、"广设植棉试验场"、"试验场必不可少之三特点"、"设立收买改良棉花机关之必要"各节。全文如下：

　　　　农商总长钧鉴：谨启者，人生衣、食、住，三者缺一不可，唯衣料有四，曰棉、曰毛、曰麻、曰丝。毛织品，欧美各国用之最多，麻织品，易散体温，但宜于夏，而丝织品，属于奢侈品之一，亦非人生所必需，故四者中，以棉织品为最要。而棉纺织品之在中国为更要。人口众多需棉极繁，国内棉花产额应较各国为丰，然一查全世界产棉状况，然后知中国不但不能胜人，且与人比较反觉瞠乎其后矣。兹将棉花产额，纺织概况，列表说明，并附陈数事，另折录奉，或亦愚者一得之见也。我公轸念民生，盱衡时势，植振兴棉产之宏愿，行左右实业之大权，挈领提纲，以蕲实效，虚怀侧席不弃刍言，敢贡所知以尘清听。沥诚上达，祗颂德安。中华民国八年一月四日，穆湘玥谨上。

附《振兴棉业说帖》
全世界棉花产额

　　　　世界最著名之产棉国凡四，照现在产棉数量言之，首美国，次印度，三我中国，四埃及。据一九一七年调查美、印、华、埃四国棉花产额之报告，列表如下：

　　　　美国　　一二，八〇〇，〇〇〇包（每包计重五百磅）

印度　　三，四〇〇，〇〇〇
中国　　二，五〇〇，〇〇〇
埃及　　一，〇〇〇，〇〇〇

我国面积广大，土质肥美，气候宜棉，除江苏、浙江、湖南、湖北、河南、四川、直隶、山东、陕西、已开植棉风气之九省外，如安徽、江西、福建、广东、广西、云南、贵州，以迄西部高原，河川下流，广漠无垠之地域，大都宜于植棉。我这宜棉区域，如此广袤，几与美国相埒，而现时产棉仅及美国五分之一，岂不愧甚。苟自今以往，举国一致，利用荒弃之田亩，低廉之人工，提倡植棉五年十年后，产额之增多必大有可观也。

全世界纺织业概况

纺织业为全世界最重要之一大工业，因其能衣被天下，无一国无一人，不需求供给也。欲考察全世界纺织业之概况，观各国所有之纺纱锭数，已可见矣。据一九一七年调查世界各国纺纱锭数之报告，列表如下。（表略）观上表，可想见各国棉业发展之大概矣，其纺织业最发达者，当推英、美、日三国为巨擘。吾国人口占全世界四分之一，而纺纱锭数，尚未及全世界锭数百分之一，而此不及百分之一纺纱锭数，完全为我华商所有者，仅及其半，余皆为外商所经营者也。

我国纺织业之急待振兴，可参观一九一七年驻美国总领事最近出刊之商务报告，由日本进口之棉纱布而恍然矣。谨列如下：棉纱占全世界之百分之五十，值二五，三六六，一〇〇金元（每一金元折合华银一点三两）；粗斜纹占全世界之百分之八十八，值二，六四八，三〇〇金元；细斜纹占全世界之百分之八十六，值三，三四四，九〇〇金元；粗布占全世界之百分之七十六，值五，三七九，七〇〇金元；细布占全世界之百分之三十，值一，九一〇，七〇〇金元；漂白布占全世界之百分之八，值九七七，一〇〇金元。共计值三九，六二六，八〇〇金元。

日本输入我国之棉纱布，既占如此之巨额，而我国出口运往日本之棉花，值价一〇，四五三，五〇〇金元，出入相抵，是年吃亏二九，一七三，三〇〇金元。据上表看来即使日本一国，棉货一项，每年输出银达三千八百万两，长此以往即此棉货一项，以足制我人之死命，况不止棉货一项，及不止日本队一国已哉。由此观之我国纺织之事业，太觉落人后尘，苟不急起直追，自为之而自给之，则棉货进口，恐无已时，而平民生计，恐愈穷蹙。提倡而奖进之，实刻不容缓，已欲提倡而奖进之，岂空言所能为力者哉，必也举国一致，上下一心，实力奉行，方能有济，则亡羊补牢仍未为晚也。

虽然，欲图棉业之发展，其要点有三。甲、制造纺织机器；乙、培养专门人才；丙、推广棉产。请分别言之。

一、制造纺织机器。工欲善其事，必先利其器，则机器尚矣。我国机械制造，尚在幼稚时代，而纺织机器中，精密之部分，制造较难，且机体种别甚繁，分工精制，需资亦巨。今纺织事业渴待振兴，只得暂向欧美购买，以应急需，但长此仰给，终非善策，且纺织机器之改良进步，关系出品者甚大，为棉业前途计，则此事殊不能视作缓图，允宜相机提倡者也。

二、培育专门人才。我国纺织学校，已设有数处，但工厂与学校，素相隔膜，怀才者苦无效用地方，工业界不得录用真才，为两相裨益计，此后各厂，应选用毕业生，藉图工作之改良；而纺织学校，亦应于教授适用学识外，更宜注重品性发展、办事能力，俾得于出校入厂后对各方面无格不相入之虞。训育既无憾矣，更非广储纺织专门人才，以应时势之需求不可。

三、推广棉产。推广棉产，有二要事，一为推广产区；一为改良棉质。夫棉花在人生必需品中，所占之势力，不亚于粮食。需要之概况，业已详述，兹仅就推广产区言之。盖棉产之推广，有出自天然者，有出于人为者。年来棉花昂贵，面米麦低廉，故产棉地方，农家于不知不觉间将种棉地亩逐年增加，出数遂盛，然此项天然增加之棉产究属有限，未若尽人力以图之更有把握也。例如各宜棉省，分官荒民荒，闲弃殊多，苟能设法开垦广栽棉花，则出数之丰可以力致。利用闲地增植棉产，较之减少产粮地亩改种棉花者，其得失之相去，不可以道里计也。其改粮棉质事项中含有两主义，一为改良华棉，采用选种，治地疏、栽培肥、排水摘芯、扫除虫害等方法，逐年求进，不厌不倦以改良之；一为移植美棉，选取合于我国天气地质之美国棉种，注意严格选择种，以及治地疏、栽培肥、排水摘芯、扫除虫害等方法，逐步培育以发达之，此两者宜分途并进，多尽若干分心力，自能多收若干分实效。改良华棉，收效虽迟，但欲求全国皆种美棉，一时实未易办到，且粗纱布用途亦复不少，为目前增多棉花产额计，改良华棉，亦属要图。至移植美棉，则能于较短之时间中，得较良之效果，然必须种法合宜，方免失败。又移植美棉，最好一省中纯粹选用一种种了，庶于开花结实之际，免花粉杂乱之弊，而保全固有之美质。扼要言之，无论改良华棉，移植美棉，果能逐年慎选良种，教导农夫精细培育，即为最易下手，最易收效之良法。

广设植棉试验场

夫改良棉产，不能仅恃少数学者之研究，必期多数农家之注意，更不能不为多数农家，在研究种植上，广开方便之门。俾能仿效而期普及，故必须设立棉作试验场，首先研究附近气候、地质种种之关系，为多数农民立植棉之标准。

今欲求棉产迅速发展,在宜棉区域内,至少每省设一总场,以东、西洋农学毕业生之有植棉知识者主持之。场地百亩,年费约一万元,并由各农校选派朴朴俭耐劳之毕业生,在场实习一二年,预备派往各分场。其总场之职务,注力于科学上之研究,培育良种子,散给各分场,并统辖各分场,力谋一致之进行。其已经设置了植棉试验场子,办有成效者,应采用此方法,向各农校选择相当之毕业生,在场实习,以便各分场任用。其分场设置之作用,在乎力谋植棉事业之普及。凡在宜棉区域内,至少每县设一分场,其主任员以曾在总场实地练习一二年者为合格,由总场择优委任之,月俸自十余元至三十元,场地约六十亩,每年费用约五六百元,以营业的方法组织之。

试验场必不可少之三特点

三特点云何,宜专、宜久、宜普及是也。棉作试验,范围甚广,按科学上程序求之,径途至繁,趣味深厚,专力壹志以求究竟,犹恐不逮,故一曰宜专改良棉质,非经多年准确之试验不为功。主持场务之人当悉心坚志,赴此一主义,自有贯彻期望之一日。如或稍有游移,不克始终其事,求他就则毁厥前功,觅后继则滞其进步,于己于场双方损失,故二曰宜久。既专且久,场务克举,于振兴棉业之天职,犹未可谓已尽也。地方人情,不能膜视,诚能从舆情融洽之中,予一般田夫振作之机会,从场地丰收之后,增四方农户效法之兴味,更进一步以谋广及,则每县每乡,各设一场以便观摩,则风气之开,可计日以待之。

设立收买改良棉花机关之必要

即使每县每乡已设场,且专且久,以从事于力谋植棉之普及,可谓仁至义尽矣乎? 曰:犹有憾。盖各乡户起而小试,如法播种改良棉花后,苟无收买改良棉花机关出较高之代价,就近收买以奖励而便利之,一任地方商贩,操纵而贬抑,则乡民对于移植良棉定多顾虑,非但不肯积极进行,且恐随作随辍,宁守故步,不愿再图者。故棉作试验场,于种子散给四乡播种以后,即应附设收买改良棉花处,以便乡民,更须出以善价,使既种之家坚心进取,未种之家效法恐后。寓推广方法于便民之中,棉产之发达,可操券以待。苟本此意以行之,则所费有限,而收效无穷矣。

(《申报》1919 年 1 月 7 日、1 月 8 日;《植棉改良浅说》六版附录,1921 年 11 月;《文录》下卷,《文集》第 125 页)

1 月 5 日 下午三时,赴上海青年会出席焚土监视团会。"议决举五人组织临时委员会,监视人由各团体推举代表报告于委员会,将来轮流监视,其办法由委员会定之。委员会会集时间为每日下午三时,会集所仍假青年会。"先生被推为五委员之一。(《申报》1919 年 1 月 6 日)

同日　下午四时半，出席华商纱厂联合会特别大会，讨论植棉改良事宜。聂云台主席，"报告开会理由，次述植棉改良会议发起之历史，请到会诸君表示意见。以穆藕初先生曾有植棉改良之组织，特请穆先生发表意见。"先生发言，"称外人欲协同华人从事改良植棉，情殊可感。继述历办改良社之经验，谓与外人合办颇有窒碍，至于植棉改良经费，本会津贴三千元未为不可，惟与外人合办终恐用费太多，应请诸君详细斟酌，并请于外人方面格外注意云云。"聂云台"言穆君所云对于外人方面应加注意颇有研究之价值，惟此事殊可放心，盖将来办法必严定章程，当无流弊。对扣福君人极足恃，至金陵大学美人当亦无虑横暴，植棉试验场将来应设之处甚多，并须延聘美国植棉专家来华协查，故经费须洋一万元。穆先生言请外人改良植棉，殊与国体有关，且将来历史上关系亦非一人，倘中国果不能自行规定，则亦无可如何。"决议广设植棉场及纺织机工专校。同年 2 月，华商纱厂联合会组织植棉委员会，推聂云台、穆藕初、荣宗敬、刘柏森、徐静仁等为委员。（华商纱厂联合会档案）

1 月 6 日　下午三时，赴上海青年会出席焚土监视团临时委员会会议。到会有委员聂云台、梅益盛、王夏斯、皮皮及来宾罗师、无锡拒土会代表顾和笙等。聂云台云："今日应推定中、西书记各一人，以便专司答复。"公推先生为中文书记，梅益盛为西文书记。先生建议"由书记函致各团体，请各派代表二人以便届时到场监视。"（《申报》1919 年 1 月 7 日）

1 月 7 日　广西督军谭浩明为植棉事致函先生，并委托代购棉花良种。函云："敝省素称瘠区。军兴以来。民生益困。现拟兴办棉产。稍事补救。要非首先创举。仍难收效。兹特组织棉场数十亩。以为民倡。惟均边僻之处。采选种子不易。素仰先生为棉业专家。办有棉场。敢乞指导。并恳惠寄各省棉子。每一二斤。在场地试验。以资提倡。将来桂省棉产有成，皆出自先生所赐。前托尊处代购良种已否起运，见示为感。"（《中国实业新报》第一期）

1 月 8 日　上午九时，赴四川路怡和新栈查验存土。"参观者入场须持有张专员所发之入场券方可进内。闻共发入场券八十二张。"到场有专员张一鹏、部派委员邵福瀛、汪振家、江海关监督冯国勋、交涉员陈贻范、道尹王赓廷、警察厅长徐国梁代表颜玉琛、会审公廨代表周琦、县知事沈宝昌、地方审判厅长陆达权、检察厅长林炳勋、技术司邵仲鼎及各界代表等五十余人。黄炎培"要求公推代表五人，于大宗存土中任择几箱当众开示验后，仍用原箱钉好置于室之对隅。"由黄炎培等"询问经过情形，及查验办法"，由张专员、冯监督答复。先生问："社会上盛传以真土抽去，灌以糖质，设照此言，应以何种方法验其真伪？"化验师答云："土中含吗啡甚多，与糖及杂质绝对不同。如有此等事实发生，当详细化验也。邵仲辉云："查验手续

似嫌太简,以后须变换方法,多经化验师验看。须每箱中多剖几枚以昭大信。"(《申报》1919 年 1 月 9 日)

《申报》报道云:"栈门前有英美总巡派,有西捕头守卫。上午起验大土,剖验每箱无多,致团体方面要求逐一剖验。午后剖验,每箱约十余只,其验法先以手术检验,稍有疑义即用刀劈开。再有疑义,乃用药水、火、酒化验。验毕仍装原箱,黏贴江海关税务司封条,由部派员盖章并编列洋文号码,更于箱口上洞穿铅丝,两面对穿中间,铅丝头上用锡制成之烙印二个。""又闻因日验四十余箱,统计一千二百余箱,至少须验一月,为时过长。故各方赞成添人速验,俾早焚毁。"(《申报》1919 年 1 月 7 日)

同日 出席职教社议事员临时会会。沈信卿主席,报告社务近况、募金现况、学校近况,以及学校扩充计划。提议添购校旁空地约十三亩,议决:"除前条支出外,如尚有盈余得由办事部酌量办理。"(《申报》1919 年 1 月 10 日)

同日 复广西督军谭浩明函,建议广西省专植一优良种子,常阴棉种"诚能善为培育,将来定获良果。"全文如下:

> 联帅钧鉴:顷由沪局转到尊电一通,译诵之余,敬悉种切。国内分争,为时已久,惶惶万众,无日不在水深火热之中。今南北两相让步。和议告成,在旦暮间,欣幸何极。大帅轸念民生,提倡棉产,积极进行,登高一呼,万山响应,收效宏远,可以预期。下风逖听,无任神驰,玥当谓人生在世,本无所争,惟在所必争者,生存问题耳。生存惟何,衣食是也。故今日欲苏民困,莫急于注重人民生计。苏子有云:饥而死,不如盗而死,治乱之源,存亡之键。即此片言,已可立决。惟筹划平民生计,莫如振兴实业。而我国现时至重要而又至有希望之实业,以棉业为最。振兴棉产,尤属发展棉业之根本要图。玥棉业后起,经验肤浅,辱承下问,敢不竭诚奉告。贵省虽稍偏僻。大约栽棉,尚属相宜。前曾由彭君筱峰电委托办常阴棉种,已于上星期运港转到南宁,大约阴历年内。定可送达,发属播种,不致愆期。苟能播种得法,定能收效。惟夏秋之交,棉花结实期内,怕多雨水,多雨之年,收数乃减。拙著植棉改良浅说,闻已复印数千分,颁发各处,藉资考镜。日内正在预备敝场第二期报告,一俟出刊,即当邮呈,藉请教正。至征求各省棉种一节,拙见不如专植一种优良种子,缘种类多,当开花结实期间,雌雄花蕊,因之杂乱,致有良种变劣之虞。近时欧美植棉名家,经多年苦心考验,持此主张甚力。常阴棉种为我国著名棉种,诚能善为培育,将来定获良果也。敬此奉复。尚望随时惠教,以匡不逮,而励进行。此上。祇颂崇安。
>
> 　　　　　　　　　　中华民国八年一月八日穆湘玥谨上。

(《中国实业新报》第一期;《文录》下卷,《文集》第 143 页)

1月11日 出席上海总商会第一期会董常会。议案：①上海地审厅准山东高审厅请复滚利习惯案。②会审公廨函请复庄票习惯案。③农商部训令上海交易所是否合办为宜仰即召集讨论案。④推补会董。⑤驻沪英商公会请推补委员讨论出口案。⑥报告入会。⑦报告补具介绍书及另举代表：张兰坪君原介绍人贝润生君现非会员，另邀穆藕初君为介绍，补具介绍书送会。（《上海总商会议事录》）

1月12日 下午二时，出席浦东公所预备成立会，到者有三百余人。首由傅佐衡报告历年筹备情形及收支账略，并将来慈善事业之设施。次临时主席上海医院院长王彰孚演说，"以商人经商之事比喻公益团体之组织及进行方法。"次张伯初演说《团体之效果》。经讨论决定再定期开职员会，并临时推定穆藕初、叶惠钧、曹廉逊等为董事，李平书、黄炎培、穆杼斋等为名誉董事。（《申报》1919 年 1 月 13 日）

1月14日 与穆杼斋、黄炎培等二十余人到场监督查验存土。"全日统验小土。其查验手续先将土箱劈开，去其泥尘，用磅秤称过，然后剖开验视。上午验五十箱，计四千七百七十六斤四两，下午验四十五箱，计四千三百四十四斤，共九十五箱计九千一百二十斤零四两。"。（《申报》1919 年 1 月 15 日）

同日 以中国回国留学生会长名义，就召开国民拒土会事与焚土特派员张一鹏、海关监督冯国勋、中国传教会会长丹文邵、中国美人总会会长弗来明、环球中国学生会会长李登辉等联名致函南北商会及各团体。函云："今订于正月十七号即星期五下午五点一刻，在四川路一百二十号中国青年会开一国民拒土会。用必要之方法，限制鸦片及吗啡。除医药用途外，不得种销。特请以下诸人会议。各领事代表、工部局代表、国民代表、各官员代表，学界团体及商民等务望届期准到，匡助一臂之力。"（《申报》1919 年 1 月 15 日）

1月16日 《申报》刊登万国禁烟会捐款名单，穆杼斋与先生各十元。（同日《申报》）

1月17日 上午，赴浦东某窑场监督焚毁存土。到者有张一鹏、冯国勋、杨筱堂、徐国梁及各界代表、普通观众、中外报馆记者三百余人。"经张专员及税司逐箱检验箱上铅络、锡印，将箱劈开，由张专员会同税务司将土投入窑内焚毁。"徐国梁厅长、沈宝昌知事发言云，"此次焚土为绝大问题，吾等地方官应有监视之责，况焚烧尽可大众详看，何得禁止。言毕即步上平台，详为察阅。"（《申报》1919 年 1 月 18 日）

同日 下午五时，出席万国禁烟会成立大会。到者有张一鹏、伍连德、聂云台、唐露园、朱葆三、黄炎培、李登辉、萨门斯、罗宾杰等中西来宾约三百余人。大总统代表陈贻范主席，宣读大总统来电。张一鹏演说云："本会成立宗旨约言之，即对于焚土后之善后办法。今日开此大会，中外知名人士咸惠然莅临，称之世界大会亦无不可。世界各国莫不以人道主义为重，我国徐大总统亦维持人道主义。故牺牲无数金钱以焚此存土，故鄙人对于焚土事，虽无经验自问，甚抱热心，愿以所知以贡献于本会。"税务司报告历年烟土进口之情形，西人伦敦教会教主司柏汉、黄任之、梅华铨、萨门斯等相继演说。拟定万国禁烟会决定办法，先生为董事之一。(《申报》1919 年 1 月 18 日)

1 月 18 日　出席职业教育社议事员临时会议。讨论组织阳伞厂事，先生提议先研究，调查详细情况。(《职业与教育》第十二期)

1 月 22 日　农商部农林司复函云："奉发交来书，并《振兴棉业说帖》，列举全世界棉花产额、纺织概况，于棉业情形了如指掌。所拟制造纺织机器，培养专门人才，推广棉产各节，尤属扼要，具见热忱毅力，佩慰良深。迩来世界各国纺织事业日有进步，我国于此项工业虽粗具规模，但以生产数量未见增加，几有供不给求之势。本部前为改良棉业推广棉产起见，曾于民国三年在直、鄂、苏等省筹设棉场三处。复于民国七年在本京西直门外蓝靛厂筹设棉场一处，并经拟定推广美棉办法，向美订购大宗棉种，业于上年通令各省实业厅，暨部辖各棉场办理分给美棉种子，及收买改良棉花等事，藉资扩广。惟制造纺织机器、培养专门人才，事关重要，头绪纷繁，现正由部切实筹画，以期逐渐设施。惟以区域綦广，成功容有为难。所冀上下一心，宏兹乐利，庶足挽回利权于万一耳。"(《植棉改良浅说》六版附录，1921 年 6 月)

2 月 7 日　北京大学高师及各专门学校、南京高师、江苏省教育会等联合发起中国教育扩张研究会开会，讨论进行办法及先生等人捐款情形。郭秉文、蒋梦麟报告在京接洽情形。公推郭秉文、陶履恭、李石曾赴欧美调查战后教育状况，以备借镜。"赴欧经费已由各方面筹集，并由荣德生君个人慨助二千元，穆藕初君个人慨助一千元。二君对于教育事业可谓热心矣。"(《申报》1919 年 2 月 8 日)

2 月 8 日　出席总商会第三期会董常会。议案：①呈请政府整理新币案。②本会拟设调查部案。③商会联合会苏省事务所开第二次大会，请举代表赴会案。④报告联华总会议定章程举定会长。⑤报告入会。(《上海总商会议事录》)

2 月 12 日　中午，赴卡尔登西饭店出席万国禁烟会职员会，并欢迎天津孙仲瑛及刘君等。唐露园致词，"欢迎孙、刘二君。"书记宣读南京、天津、江阴、烟台、陕西、云南、及本埠各处来信。天津章元善之信系报告在天津组织分会情形。议决：①组织万国禁烟会于上海，凡本届集会签到诸人均加入为会员。②要求中国政府厉行禁止各省私种罂粟、私运烟土、吗啡与其他相似毒药入境之政策。③为扩张人道主义与实力援助中国政府起见，恳求各国政府之前未承认一千九百十二年海牙鸦片会议者，取一致之行动。④将本议决案一面抄呈中国大总统、国务院、与驻京各国公使，一面电达欧洲和平大会，请其讨论推行此举适当之办法。⑤请求司法部转咨法制委员会修订关于禁烟法令，仍用徒刑废止罚金。并增入凡华人私运烟土者一律处以无期徒刑一条。⑥请求中国政府商准有条约各国，凡遇各该国人民有将烟土与其含有烟土之药品秘密运入中国境内者，侦获以后应分别惩治。（《申报》1919 年 2 月 13 日）

2 月 15 日 于《申报》发表《致三井洋行买办程锦章》函，问其集资设立华商电气公司洋商是否在内，及认股者情形。云："阅日报，①悉阁下有浦东华商电车公司之组织，集资一千万元，订立章程……该公司资本洋一千万元，现议在资本额内，让出二百万元归当地绅商购股，以示利益均沾云云，更觉阁下廓大为怀，让出五分之一与当地绅商，藉免反对，思想之绵密，尤足令人钦佩。夫既云华商电车公司，则洋商之不在内可知；既云让出二百万元，则其余八百万元，业已凑集可知；既禀请交通部立案，则公司章程，早已订定可知。电车货车，由求新厂承造，铁轨由汉阳兵工厂制造，已先付材料定洋一百万元，则此事之正在积极进行更可知。玥亦当地一分子，极愿附沾二百万内若干分之利益，尚望将禀请交通部立案之公司章程，及八百万元认股者之姓字职业住址，登报宣示大众，以释群疑。"（同日《申报》；该文收入《文录》下卷时改题为《致某君为浦东设电车公司》，《文集》第 142 页）

2 月 16 日 与童世亨、吴大廷、张蟾芬、叶惠钧、朱叔源、钱新之、吴蕴斋、周志文、张叔良等发起成立浦东电气公司，于一家春宴请浦东当地绅商及警界要人，商议进行方法。临时主席童世亨报告立案经过情形云："此次争办浦东电灯事业者，共有四家之多。今敝公司已奉交通部核准立案，则其余数家自在取消之列。""惟有积极进行，从速开工，杜人觊觎。并报告总额十万元，已由原发起人认定半数。尚有半数留备诸君分认，以示利益均沾之意。"并通过招股章程，"当场签字加入发起人者，到会者均各踊跃认股。"（《申报》1919 年 2 月 17 日）

2 月 17 日 程锦章发表《致〈申报〉函》，对先生质询辩白，并述发起浦东电车公司之事"旋即废然"。函云："本月十三日贵报新闻栏登载三井洋行茶楼买办程锦章有浦东华商电车公司之组织集资一千万元，订立章程，禀请交通部立案之。公司章程及认股者之姓名、职业、住址登报宣示，以□□□□。第此风影之谈，缘于上年有人邀锦章发起仿照沪南华商电车公司办法试办浦东电车，其时曾为一度之考察，姑拟一种计划以作事前之商榷而已。顾兹事体大筹备良难，知非锦章材力所可逮，旋即废然自止。嗣后有无他人发起，并未过问。然当时并未定有何种公司名目，亦

---

① 《申报》1919 年 2 月 13 日报道称程某拟集资一千万元，设立浦东电车公司，已订立章程，禀请交通部立案，电车、铁机等已定制并已先付材料定洋一百万云云。又称拟让出五分之一股份与本地绅商。

未向任何方商筹集股款,更何有订立章程、禀部备案给照等事。此则当日之经过实在情形也。兹承穆君抵书质询真相,不容不明白辩正以免传疑。除函复穆君外,希贵报赐登来函一门更正,以蕲容鉴。"(同日《申报》)

2月18日 下午六时,出席华商纱厂联合会聚餐会,到者聂云台、薛文泰、刘柏森、郑培之、顾荣寿、张秋筠等。由刘柏森介绍农商部工商司科长施伯安到会聚餐。(华商纱厂联合会档案)

2月20日 发表《再致三井洋行买办程锦章》函,因事关主权,再次要求其公开浦东电车公司详细计划。函云:"读二月十八日各报所登尊函,则云上年有人邀先生发起此项公司。唯先生自行发起,系自动的,有人邀请发起,系被动的,未识此两种发起,孰先孰后。盖一千万元之资本,决非一二人所能担任,且曾经一度之考察,则其事之着手进行可知。先生所拟共同发起者为何许人?而邀请先生发起者又为何许人?事关主权,迹涉暧昧,为特再请拨冗,将前两项原发起人姓名、职业、住址宣布,以释群疑。时隔无几,当不致遗忘也。况当地绅商,甚愿开拓浦东之实业,故对于先生等热心提倡实业之人,极愿识荆,俾资联络而便进行,敢请详细示复为荷。"(同日《申报》;该文收入《文录》下卷时改题为《致某君为浦东设电车公司其二》,《文集》第143页)

同日 华商纱厂联合会召开董事常会,议定先生等为植棉委员会委员。因植棉事宜急待进行,"议决组一植棉委员会。推穆藕初、荣宗敬、徐静仁、刘柏森诸先生为委员,聂云台先生以副会长资格加。(《植棉委员会议事录》,华商纱厂联合会档案)

2月21日 出席华商纱厂联合会植棉委员会第一次会议。议决:①推先生为委员会会长。②湖北棉场托楚兴徐荣廷、天津棉场托华新周缃之、余姚棉场托和丰顾元琛,代租交通便利产棉之地三十亩。无锡、上海等处就近择地试办。通州因大生已设试验场,拟移设在江阴,由先生与利用接洽后再决。(同上)

2月22日 华商纱厂联合会植棉委员会为"颁示验棉严章,取缔棉种输入,酌拨经费"等事上农商部文。云:"窃查我国棉花掺水,并其他各项伪质,久为中外所诟病。沪、汉等埠虽均设有验棉专局,无如积弊太深,终将难革除。百斤之棉浸以五斤之水,不数旬而全棉尽废。其中阻碍华棉之销路关系实非浅鲜。查天津验棉局成效最著,遇有掺水之花一律火焚,售者受者均处重罚,就表面观之,似觉办法过严。然不如此实无以绝奸商及愚农尝试之心。拟恳仿照天津章程由官商合办验棉局,严订惩罚,以收正本清源之效。此请颁示验棉严章者一也。年来国人渐知移植美棉之利,纷纷购种试验,诚我国棉业发达之基。窃查美国新近最重要之发明,一区之内种不可杂,则异种交接虽最良之种,不久即形成退化。华棉之日形成窳败或受此影响，所幸华美两种据经验所及尚无异种交接之患。故美棉尚可移植于我国产棉之区。第听私人自由购买，不先研究植棉之宜与不宜，一经杂乱，不独难收成效，亦且整理愈难。拟请钧部或棉业总司或可委托本会设立购种机关，照本发给，凡宜棉之区购入棉种一律禁止输入，如有违禁经过中国邮局、海关，一律没收，酌量给还种价。取缔虽严，收效较易。此请取缔棉种输入者二也。本会前者为改良植棉起见，拟聘请美国植棉专家来华视察各省棉区，设立全国改良植棉总会。虽奉一二六一号钧批'酌发一千元补助旅费'在案，嗣本会召集大会，一再讨论，公决设场地点如南京、上海、通州、无锡、余姚、汉口、天津、湖南等处，聘请美国植棉专家试植美棉，并改良华棉，办各省之士宜定适当之种子。种子定后，再设立造子农场，以冀普散乡农。所有经费由本会各厂用花一担自抽银一分充美人薪金及试验场经费，核计每年收入仅一万余金。除由钧部拨助之旅费一千元外，不敷甚巨，拟恳酌拨常年经费若干，以示提倡。至聘用植棉家一层，前有美农部特派调查棉业专员史咏葛君声称，美农部植棉改良专家名可克者，经验最富，成绩最佳，若由我政府商请必可暂时借用。至所需副手亦可由可君代觅。史君现已回国，代达本会借材之意，美使署商务参赞安利德君亦允为赞助。惟非得钧部向美使借用专门名家者三也。所有以上各缘由，理合各文，呈请总长署核批示施行。再，植棉事宜已议定由本会兴办，不再设立全国改良植棉委员会，以节经费。"（《申报》1919 年 2 月 23 日、24 日）

2 月 25 日 与姚文枬、穆杼斋、吴馨等为浦东华商电车公司事，联名发表致北京国务院、农商部、交通部电，云："有人发起浦东华商电车公司，当地人全未与闻，哗传为外人利用，巧立华商名目，此事关系主权甚大。如向部立案，请勿批准。"（同日《申报》）

3 月 4 日 主持华商纱厂联合会植棉委员会第二次会议。议定：①各分场主任包办，每年净贴三百元，房租、地租各费在内，本场棉花收成亦归主任。三百元分配法则：薪金一百八十元，房租、零用三十元，地租九十元。分场主任需有农学校毕业资格，合同五年。遇有重大天灾等事，由本会酌予津贴。②总场取津贴办法，俾作科学上之试验。置场长一人，月薪五十元，旅费临时实开。回国学生及外国棉家暂时不用。总场附设分场一处，加地二十亩，经费照加。每一总场管理分场三处，连同本场四处，由总场长随时周游考察。分场加多，总场得随时增设。③植棉主旨：暂于三年之内选种美种，成效大著后再拼造新种，以能纺三十二支为主。（《植棉委员会议事录》，华商纱厂联合会档案）

3 月 5 日 厚生纱厂举行开幕礼。《申报》刊登《厚生纱厂开幕纪》云："该厂在杨树浦桥之北约二里，面临小港，可通舟楫，全厂面积六十余亩。大门西向，入门为花圃，右为办事室。屋顶则钟楼巍然，室中布置井然。出品之顺序及成绩均分别陈列,供人浏览。左为花衣栈房,栈房之北为电气间、废花间。越花围经栅栏而东,则为布厂。布厂之南为纱布栈房,北为清花厂及纱厂。屋皆一层,且均水门汀建筑,壮丽而坚固,此其外观之大概也。兹再将其内容分志如下:(资本)共一百二十万两,先收四分之三,计九十万两。资本家为贝润生、薛宝润、吴善庆、凌焕曾四君,均颜料业。(机器)现有纺纱锭子一万六千枚,布机三百座,系美国赛可劳惠尔厂所制造,上海慎昌洋行所承办。(略史)民国六年春始从事于建筑,至六年底房屋竣工,机器亦同时到申。万六千枚锭子,纺纱机三百座,织布机于九十五天内装齐。惟因受欧战影响,马达等机件运到迟延,至去年六月底方始开工。然内中尚有纺粗纱所用之锭壳,由英国厂家承造。中途毁于潜艇,致机件未能悉数齐开,故粗纱机至去年九月底始开齐。四十二支细纱机至去年底开齐,虽受世界战事影响,机件未克同时开齐,致受暗亏不小。但去年底结账,除开消外尚有盈余。厂内所纺十支粗纱每

厚生纱厂车间

日夜每锭可出纱一磅又十分之九,现又向慎昌洋行陆续添购机器,以谋扩展。(出品)所出之'双喜'牌纱及'飞艇'、'双喜团鹤'等牌之粗布,业已畅销全国。(执事人工人)执事三十余人,实习生二十余人,日夜班工人现有九百余人。(经理)此厂亦穆藕初君所组织,现由穆君经理。"(《申报》1919年3月6日)

3月7日 下午三时,赴江苏省教育会出席赴欧调查教育专员南京高师校长郭秉文和北大教授陶履慕欢送会。会上,沈信卿、贾季英、余日章与先生等发言,"各抒所见",先生又与郭、陶磋商良久,"其要旨为欧洲战后列强教育设施将见别开生面,我国急应取法他邦,归谋扩张国内教育等。"后至三马路跑马厅外一品香,公饯郭、陶,"列席共八人,主宾尽欢而散。"(《申报》1919年3月8日)

3月8日 出席上海总商会第五期会董常会。议案:①部令筹议欧战后对外贸易案。②海关拟改假期征求同意案。③海关拟将夏秋两季办公及休息时间提早一时,华商有无不便案。④报告入会。(《上海总商会议事录》)

3月15日 豫源钱庄职员应修人致函先生,索取美棉种子等。函云:"设棉场,办纱厂,衣被众生,天下欢腾,先生真实业家也。今舍亲陈君拟欲乡试种美棉,嘱代办。闻惜阴先生言,尊处'恒心'棉以服土性,送上三角,祈付来人三斤。"并索

《植棉改良浅说》。两天后，应修人收到中华植棉改良社送来棉子三斤和《植棉改良浅说》一册。（《应修人日记》）

3 月 16 日　出席华商纱厂联合会聚餐会，到者有聂云台、徐静仁、薛文泰、陈莘田、李希明、顾桂生、郑培之。（华商纱厂联合会档案）

3 月 18 日　华商纱厂联合会收到先生转来利用纱厂钱以湘函，云"用花抽费一节待该厂年会取决。"（同上）

3 月 23 日　下午四时，出席华商纱厂联合成立二周年大会。本埠纱厂经理及外埠通州大生等代表到会。书记报告上年度经过情形。通过决算。改选职员，会长张謇，副会长聂云台及董事五人皆连任。（《申报》1919 年 3 月 24 日）

3 月 28 日　下午八时，留美同学会于东亚西餐馆开年宴大会，会员到者五十余人，女宾有朱胡彬夏、李耀邦夫人等。先生主席并报告会务。书记兼会计李耀邦博士报告一年来经过情况。随后改选陆达权为新会长。继由科学社代表任鸿隽演说《科学之重要》及募捐事，众皆推举先生及朱胡彬夏等五人襄助进行。（《申报》1919 年 3 月 30 日）

3 月　《植棉改良浅说》四版出版。非卖品。上海中华书局代印，德大纱厂批发所（北京路清远里一号）发行。书后附《上海穆氏植棉试验场第二次报告》、《为植棉试验场事再上农商总长书》（附说帖）、《农商部复书》及译文《棉业专家乔勃生君对于中国移植美棉之意见书》（原载 1917 年 12 月 29 日《密勒士评论报》）等。《上海穆氏植棉试验场第二次报告之撮要》云：

> 本场开办迄今已阅四年。此四年中均研究选种方法，使合于上海一带之天气（本场在上海故云）。去年本场所收获之美棉，用厚生纱厂机器亲自试纺，计已纺成四十二支细纱。其详细报告已详'本场棉质之试验'，兹不赘。就此试验成绩观之，可确定美棉合于江苏之天气，及类江苏之天气者。此项试验，已可认为确有把握之事。但研究不厌精详，自本年己未起，行肥料试验。嗣后仍每两年报告一次，以图国内棉产之发展。惟玥于民国七年秋往北省考察实业状况，藉谋棉业之进步，遂有就河南郑州设立第三纱厂之计划。至岁暮，此项计划大定，即积极进行。第身兼两厂，职务殷繁，而近又兼任第三厂之组织，事益繁冗，故一切场务规定大纲后，由旧友尤君惜阴分任奔走督策之劳。近年又得南通农校学生黄君本操热心相助，又场中实习诸生卢君介农、张君照庭、季君福保等勤勉从事，不遗余力，即新近雇用之农夫亦非常勤恳，本场能有斯成绩，皆在场诸人竭诚从事所致。惟欲求改良棉产，苟不知全国产棉状况及各国棉花来源、全国纺纱锭数，则于国民需要之实情，漏卮之大概，不甚了了。即未能作精确之比较，而定悉力提倡策进之方针，亦属大憾事。为特请河南郑州

豫丰纱厂代理经理,前卞、洛铁路副工程师吴君文卿制图立表,并提出全国税关及各税关进出口棉花数目,藉资考镜。海内有志改良棉业之诸君子庶几一卷了然于全国棉产之现状,而益知棉主义普及之万不容缓。幸赖尤、黄、吴君等协力助我,在厂务百忙中成此记载,贡献社会,用广研究。

(原书)

3月 发起组织中华劝工银行,集股二百万。本月某日,"邀同各界在一品香讨论银行《章程》及进行事宜,到者三十余人,尽欢而散。"(《银行周报》1919年3月)《自述》云:"实业虽为社会所需要,然在在赖金融之调剂。纵览各国历史,农工商百业发展之主因,无不以金融机关为入手先著。金融与百业发生之关系,无异乎血脉与人体。血脉旺,则人体健;金融流通无滞,而后百业始有发挥之余地。余因之而有组织银行(即中华劝工银行——编者注)之计划。至民国十年,机会成熟,此项计划即竭力进行,越半载始就绪。此银行范围虽较小而成功颇不易,于是益悟个人创业之艰难。幸得某君(即楼恂如——编者注)为银行经理,某君(即刘聘三——编者注)系钱业老手,信用卓著,自允许担任该行经理之消息传出后,舆论翕如,交股颇踊跃。由是积极进行,购地建屋,从事经营。余以非金融界中人,此行成立后,即将全权付之正副行长,以专责成。"(《文集》第30页)

4月5日 出席上海总商会第七期会董常会。议案:①地方审判厅咨询习惯案。②续募未收公债备付陈列所建筑经费案。③江海光税务司请将假期呈请政府改定案。④王世征、金绍城、吴德润三君请搜集团国际商业材料案。⑤议董谢纶辉先生缺席次多数,应以田时霖先生推补。⑥议董闻兰亭先生请假一月,请取消和联合会代表名义另推贤能。⑦泸浦局来函日本商会提议扩充上海商港计划,询问本会会董是否同意。⑧四月二十五号新华储蓄票开签,请派员监视。⑨会员张兰坪、项如松二君介绍赵竹林君入会,请投子表决。⑩爱惜日光拨早钟点案。(《上海总商会议事录》)

4月9日 主持华商纱厂联合会植棉委员会第三次会议。议决:①凡在国内已经产棉之区,专事改良棉种。不产棉之区推广植棉。②上海棉场请云台先生在杨树浦租地数十亩,不成则设蕴草浜湖南棉场,由聂云台担认,常州棉场由刘柏森担认,无锡棉场由荣宗敬担认,天津、汉口棉场由本会派员兴办。③美棉种子如不克如期寄到,则用常、阴或太仓棉种。④天津、汉口棉场路途较远,经费宜宽,所有地租及出发旅费均由本会支付。(《植棉委员会议事录》,华商纱厂联合会档案)

同日 《申报》刊登《汴陕创设纱厂之计划》,报道先生兄弟拟在郑州新设纱厂消息。云:"本埠德大纱厂主任穆杼斋、穆藕初兄弟,以陕西植棉日盛,产花亦佳,河南郑州为陕棉经过之要道,均堪发展。特就该地创建纱厂一处,牌号取名润丰,酌定锭子一万二千个，现已向上海美商某洋行订购机器、锭子等件。四个月可以到货。闻此项机器与德大所用同一厂家，所制造为最新发明之机器，现正物色人材前往布置一切。"（同日《申报》）

4月10日 下午二时，赴黄家阙路江阴公所出席奚萼铭追悼会，到者甚众。毛耕园主席，冯懋岑宣读奚君行状，李迪先代表公所致悼辞，陆慎夫代表旅沪同乡致悼辞。先生述奚萼铭生平，称赞其"脱尽富家习气"，而"力行节俭"、"施惠族人"、"热心桑梓"、"为社会谋公福"、"振兴实业"等，并强调钱财应用于有益于社会。云：

> 玥尝以为人生在世，任至何地，任取何物，无往而非现成享用。以文明先进国互助主义言之，在我亦当尽我之所能为力以报之，或牺牲所有贡献斯世，况乎人为万物之灵，人之惟一责任即为事当有益于人，有益于社会，终而至于国家，如是方无愧乎此生耳。但社会上许多有益之事非金钱不办，因有益于社会之一念，蕴藏于心，而努力于生利事业，及既得财，即用之于社会。因他人所有之钱财，自己无权行使，不能如意支配，除非自有，故名分上正当之收入，应提出若干分为社会上有益事业之输助。如祖父遗下之财，或自力生出之财，不能用于社会有益事上，但传诸子孙，子孙而贤，何必需此？子孙而不贤，无福享受，任意挥霍，转眼落魄穷途。试看古来多少豪富，曾有几人能使子孙保其世产，垂之永久。生于忧患，死于安乐，言念及此，大可寒心。故玥尝谓手有余钱，能用之于社会有益事上，此真不失富家翁态度。国家社会间而多此等富家翁，即国家社会之大幸。玥蓄此志久矣，方在开始预备中，欲逐渐达到贯彻此主张之地步，不意奚公竟先我为之，玥之倾心于奚公之所为，为何如也。今者奚公往矣，然而奚公所手创之事业，如义庄与学校及便利地方之道路桥梁等等，均在吾人纪念中，虽谓奚公仍旧在世，亦无不可。世界自有人道以来，其瞑目长逝者等于恒河沙数，然大都未作何事而默默无闻以去，则对于奚公之虽死犹生，其贤不肖之相去为何如欤？虽然，奚公固虽死犹生，而奚公所办诸种之公益事业，深望诸亲友按一定之程序继续做去，发挥之、光大之，使奚公已往之成绩，永久存在，不致有人亡政息之慨。果若是，则于奚公之素心乃大慰，而今日之追悼纪念亦于是乎不朽矣！

（《申报》1919 年 4 月 11 日；《追悼奚君萼铭演说辞》，《文录》上卷，《文集》第 109 页）

4月14日 《申报》刊登《沪商赴汴创设纱厂续纪》，报道先生兄弟郑州新厂"业已动工"。云："上海德大纱厂主任穆抒斋、穆藕初兄弟以河南郑府地当冲要，该处为陕花荟萃之处，特向美商慎昌洋行订购机器前往该埠创设纱厂，牌号'润云'等情已志前报。次悉该现有沪上某巨商加入股本，牌号定为'豫云'，一切进行甚速。昨已招订工头前往建造厂屋一面先将地土翻填，业已动工矣。"（同日《申报》）

4月18日　出席职业教育社议事员常会。到者有沈信卿、贾季英、蒋梦麟等。沈信卿主席,报告事项:①八年四月止,有特别社员二百五十七人,普通社员一千零四十一人,内未缴岁费者特别一百五十六人,普通四百五十八人。②募金收到五万四千二百二十六元二角,又俄币二万二千七百元,京钞、港钞、日钞等七百九十七元,募金赠品已一律制就,待职业学校正式开学时举行赠与式。③办事员王志莘请辞,俞抗澜担任讲演、调查诸务,并兼职业学校职务。④杂志第一卷十二期已出全,第三卷版式等仍旧为每期一周,专载同性质之材料。如现在印刷中之第十三期专载补习教育。⑤八年一月至三月经费共收一千零六十六元六角三分,支二千三百三十三元九角。临时报告:"学校主任报告校旁有地十三亩为将来扩充计,此时如须购置约计万元,可否暂借预定之经费先行购置。议决"从速购置,地价较为合算。"(《教育与职业》第十四期)

4月30日　《申报》刊登《纱厂联合会振兴棉业计划》,报道植棉委员会工作进展。云:"华商纱厂联合会以棉产隆替,与国计民生莫大之关系。送经开会讨论,决定大纲两端:(一)在产棉之区专事改良棉种;(二)在不产棉之地专事推广产额,前已购运棉种数百石,携往淮、徐、海、扬、镇、宁、常等属,及天津、汉口、宁波等处,分散乡农。另又组一植棉委员会,公推穆藕初为委员长。并聘金陵大兴农科毕业生叶元鼎为委员干事,所有植棉事宜,悉由该委员会主持。除南京棉场委托金陵大学农校办理外,其余如上海、常州、无锡、杭州、天津、武昌、湖南等处棉场,均已由该会遴派专员前往兴办。所需经费则由全国各厂用花一担,抽费一分充之。今年开始创办棉场,尚未能遍设,将来逐渐推广。凡全国产棉及可以植棉之区,尚须增设棉场若干所,此后经验既富成效,必有可观。中国棉业之前途正未可限量也。"(同日《申报》)

4月　发表《迎神赛会之心理平议》一文,对4月10日"报载时评刊布某君迎赛神会之心理,谓愚民平时畏官如虎,一旦聚众,则气焰愈盛,不惜牺牲其财力、心力、体力出而反抗,以傲睨官厅"一说,剖析乡民敬神之心缘由,呼吁政府实行惠民政策。云:

　　按农业通例,收成之丰歉,视乎乡民之智识程度而定。故善谋国是者,使教育普及,科学昌明,交通便利,息率减轻,更求产额增多,物品进步,农人直接受其益,国家亦间接受其利。而乡人之对于善谋国是者敬之若帝天,奉之若神明,而无谓之崇祀,亦不禁而自绝矣。我国自改政以来,因私人权利起见,争执迄今,尚未解决。同一国也,无分南北,然而国内纷争,愈演愈烈,而政府应办之惠民事业,愈迁延而愈绝望。至使国本动摇,国威堕地,国权旁落,国命将终,无教育实业之可言,无道德廉耻之足恃,举国皇皇,祸至无日。人之共和也,伸民权;我之共和也,绝民命。呜呼!乡民之所欲者无他,即安居乐业而已矣。能福我者则崇祀之,虽土木偶像,亦所不计。不知我国谋国是之衮衮诸公,亦思实行惠民政策,而使乡民之崇祀否乎?此虽乡人之心理,实即我全国大多数人民之心理也,不识衮衮诸公,其亦加之意否?

(《文录》上卷,《文集》第 86 页)

4 月 为广西寄来样棉鉴定。广西督军谭、李省长、彭实业科长会同地方士绅尽力提倡植棉事业,四年来"其植棉计划对于上海穆氏推广植棉计划多所折衷。"本年春,"将各属所呈样棉一包邮寄本埠华德路中华植棉改良社考验,考验结果以古化、离宁、苍梧、凌云、奉议、柳州、融县等棉质为最良。大致能纺二十四支纱。余如隆安、柳城、隆山、岑溪、凭祥、西林、龙州、思乐、那马、养利、上林等处所种之棉因土质瘠薄故,棉质稍逊,只能纺十六支以下之纱。"(《申报》1920 年 4 月 14 日)

5 月 4 日 北京学生集会游行,反对签订《巴黎和约》。遭军警镇压,"五四运动"爆发。全国各地学生纷纷游行示威,罢课抗议,声援北京学生。6 月 3 日,北京政府两天内逮捕学生近千人,激起全国人民更大愤怒。上海等重要城市举行三罢。6 月 10 日,政府被迫释放被捕学生,撤去曹汝霖、陆宗舆、章宗祥职务,28 日拒绝在《和约》上签字。

"五四运动"后,先生积极投入处理所引发的一系列事件,主要有:①组织德大纱厂救国十人团,研究改良国货,抵制日货。②与各团体致电美英发领袖,呼吁支持公道。③与各界开会商讨应对"三罢"办法。④撰文肯定"五四运动"意义,希望今后各界各尽责任,力谋发展。⑤就上海总商会"佳电"事件撰文指出改革总商会必要。(参见下文相关条目)

5 月 6 日 于《申报》发表《试验移植美棉纺纱能力之报告》,分析我国棉纱业严峻形势,"年来纱厂勃兴,日本吸收华棉,亦逐渐增加。苟我政府及棉业中人不尽力设法,恐不十年后,吾民生活大源胥落人手矣。况乎印度、日本棉纱接踵而至,日资本家鉴于该国情势,大有迁地为良之意,争向吾国境内,扩展其工战商战之范围。不但出口华

《中国实业新报》刊登《试验移植美棉纺纱能力之报告》书影

棉,权操彼手,而我国纺织业前途,亦骎骎乎有受彼支配之趋势。"指出振兴棉产两大主义,"即推广棉产,及改良棉质"。以四年来试验移植美棉成功之经验,指出"植棉家移植美棉后,须尽力注意于严格选种及治田、疏栽、培肥、捕虫之种种方法。"《报告》列举移植美棉失败之因有十:"(一)耕地太浅。(二)沟浅畦平,出水不爽。(三)种子不严于剔选,及来处热度,远在移植处热度之上。(四)播种太迟。(五)播种太密。(六)缺少相当之肥料。(七)工作失去相宜之时。(八)不注意害虫之防止。(九)工作苟且。(十)执事人意志不专及希望不远大、精神不统一。"并公布(甲)本场天然开裂之美棉、(乙)本场人工干燥之美棉、(丙)美国乌克来化迈之棉于去秋在厚生纱厂内试验数据,"中国移植四年之美棉,并未较劣于进口之美棉耳。此项试验,自花至纱,逐步工作及重量,甲、乙、丙三种一律相同。而又在同日中所试验,故所受热度及湿度亦复相等。由此可晓然于人工干燥法大足以补天事之穷,于移植美棉之障碍可力除也。苟移植美棉家仿此法行之,则晚收之损失可无复过虑矣。"(同日《申报》;《中国实业新报》第二期;该文收入《文录》上卷时改题为《报告美棉迁地之效验》,《文集》第 54 页)

5 月 8 日 赴黄炎培家聚餐。《黄炎培日记》云:"夜,邀薛敏老、胡适之、藕初、无量、丘心荣、肃文、梦麟、信卿、张东生会餐于家。"(手稿)

5 月 14 日 赴也是园出席南北商会等团体举行之杨可川重任江苏省交涉员欢迎会。莅会者有江海关姚监督、淞沪警察厅徐厅长、地方审判厅张厅长、上海县沈知事等。午餐席间,莫子经、总商会、县商会、劝学所、内地自来水公司、华商电气公司等团发表颂词,杨交涉员起立答谢,并摄影留纪念。(《申报》1919 年 5 月 15 日)

同日 出席上海总商会会董特会,讨论正副会长辞职事。[①] 书记长报告"本会正副会长均来函提出辞职",公推虞洽卿临时主席,宣读正副会长辞职书,并会董聂云台君意见书。公决:"准照聂云台君意见书,向两会长挽留,并将辞职书却还。"聂云台致各会董意见书云:"对日交涉事致正副会长提出辞职书,鄙人以为我正副主

---

① 1919 年 5 月 9 日上海总商会发出致北京政府通电(佳电)。主张青岛问题"迳与日廷磋商交还手续,和平解决"。《民国日报》1919 年 5 月 10 日)、佳电发表后,引起各界强烈不满。11 日,上海商业公团联合会以 56 个公团名义发表致上海总商会公开信,指责总商会"违反民意,适合敌国(日本)之愿";同时致电北京政府,否认"佳电"。总商会会员赵晋卿、周佩箴等亦致函总商会会长或发表告上海各界书,强烈谴责"佳电"。许多社团责难上海总商会的信函亦似雪片而至,从否认"佳电"进而追究"佳电"来源。(《申报》1919 年 5 月 11、13 日;《民国时报》1919 年 5 月 15 日)5 月 13 日,上海总商会分致北京政府及巴黎和会中国专使"元电",表示取消"佳电"主张。(《申报》1919 年 5 月 13 日)该日《上海总商会议事录》无出席者名单。但此次会董特会甚为重要,先生应该与会,特列备考。

持会事，众望允孚，即山东交涉主张向日索还亦无不合之处。外间有反对之说，由于办法主张各殊，用心则一。所有正副会长辞职书，鄙人以为应行却还，并共相挽留。"(《上海总商会议事录》)

5 月 15 日　上海总商会开会董特会，讨论挽留正副会长辞职案。① 公推周金箴主席，宣读朱会长第二次辞职书。并卢护军使来函，不赞成两会长辞职，请各会董细加讨论，应如何办理？"经会董各抒意见，切实讨论，公决：会长仍来函坚辞，会董挽留无效，既有护军使来函不赞成会长辞职，应由会董列名，函复护军使，并恳设法劝令会长办理。一面仍将会长辞职书缴还。"(《上海总商会议事录》)

同日　厚生纱厂部分工人要求增加工资，发生罢工。次日《申报》刊登《厚生纱厂工人罢工记》云："杨树浦厚生纱厂各工人，昨因要求加增工资一律罢工，所以是日男女工匠人等均聚集于该厂门口，纷扰不休。旋为该管捕房所闻，恐肇事端，立派中西探捕至该厂前后弹压。"(《申报》1919 年 5 月 16 日)

5 月 17 日　发表《致申报》函，澄清报道厚生纱厂罢工事有失实。云："本星期二，本厂细纱房纺十支纱一部分之女工二十余人，藉口工作难做，要求增加工资。玥即邀集该女工等善言开导，夜班上工时，亦如之，其事已寝。不料内有狡黠者五六人于星期三清晨，候在厂门外阻止工人入厂工作，并恫愒各工人全体罢工，不听者则谩骂之。迫上工钟点已到，大半工人已入厂工作，间有少数年幼工人被渠等阻止在外。后由玥将为首滋事之女工六名立即开除，故被阻在外之女工均一律准时上工，而厂中秩序亦已安静如常。此事发生时，本厂并未知照捕房，而捕房实未派人弹压。昨贵报载本厂男女工匠人等一律罢工及由中西探捕弹压一节，系传闻之误，为特具函述明此事始末，以昭实在。"(同日《申报》)

5 月 18 日　华商纱厂联合会开董事会常会，因先生有事报告故列席会议。聂云台主席。议决：一、"杨树浦各纱厂近来时有罢工风潮，厚生、振华两厂业经波及，公议先由各该厂共同解决，再报告本会公决办法，以免影响本埠各厂。"一、"植棉委员会穆藕初报告今年棉场之成立者，除南京托金陵大学兴办外，共有唐山、唐坊、湖南、常州、无锡、上海六处，其余因不及租地未能开办，统候明年设法推广。"一、先生"报告英商会西人对于本会不与外人合办植棉，颇滋误会，已详为解释。惟外人协助之五千元本会究可否收用，请公决。副会长提议西人捐款如不干预内政，可收用。藕初先生提议俟植棉专家聘定，大举植棉之后，倘西人乐助经费可受之。柏森先生提议现高桥地方濬浦局滩地八百亩，莫若租为总试验场，聘美国棉业专家一

---

① 该日《上海总商会议事录》无出席者名单。但此次会董特会甚为重要，先生应该与会，特列备考。

人,又学生十人支持其事,此处费用由本会与西人各认其半,众一致赞成。"一,先生"提议本埠各报纸登载花纱市情,每混合英日及中国各纱厂均为一事,局外人颇不易辨别,拟将本会之花纱报告逐日送登各报,俾克实力提倡。一致赞成。议决先函询各报馆,一经许为照登,以前收费办法即行停止。"又讨论组织油花厂计划。(华商纱厂联合会档案;《华商纱厂联合会季刊》第一卷第一期)

5月24日 赴华商纱厂联合会,"称江苏省教育会、南商会、青年会、欧美学生会等将于国民外交有所尽力,如发布传单向欧美各国分途演说等。转述杼斋先生之意,邀本会亦加入此项举动。"(华商纱厂联合会档案)

同日 朱叔源发表《致穆藕初函》,认为先生所经营纱厂出品用于织袜"不无小疵"。云:"棉纱一项,织袜厂中咸待舶来之品,而购日货为尤多,以其品尚堪合用而运输便利也。以浦东一隅计,每日需纱五包,若合沪上及他埠计之,其额当越出十余倍不止。试思一日之间售额如是之多,合一年计之,漏卮之外,溢不可胜数矣。据业此者云,棉花原料产自秦省,近以干戈扰攘,盗贼蠭起,国人往该省贸易,动遭劫掠,无从声诉,遂视为畏途,若日商以一电致诸督署,督军如奉大诏,代购货物,遣师护送惟谨。不逾月至汉,不旬日至沪,不敷日成纱矣。以我国之特产,吸吾国之金钱,上无保商之方,官多媚外之举,乃致如是利权坐丧,思之痛心。□弟所希望者,乘今全国一致大呼御侮之时,极当购添机械为扩充营业之整备。闻贵厂出品已有可为织袜用者,惟每日所出无多,即悉数销诸浦东,尚虞需过于供,况沪上乎? 况他埠乎? 又闻纱缕粗细微有不匀,以之织爱国布则良佳,作袜材则不无小疵耳,弟本无实业知识,安敢妄有雌黄而晓晓若此者,确得诸老于袜业者之口,偶有所闻,不敢不告,惟知者谅之耳。"(同日《申报》)

5月25日 于《申报》发表《复朱叔源函》,述德大、厚生两厂所纺用于织袜所用之纱,棉花均由美国运来。强调"税则问题不改良,或内国棉质不改良,我国永无发达细纱之日"。云:"袜厂及布厂所用者,大抵三十二支与四十二支双股线,此种股线均系舶来品,并非陕西之洋种花所造也。华商纱厂中,仅弟所经理之德大、厚生两厂,纺三十二支及四二十支线,每天出数二千磅,其棉花均由美国运来,于此可知原料不改良制造品断难精细。故弟于民国三年回国后,投身于棉业界,第一件事,即着手改良棉质,迄今已五年矣。虽薄有效果,但正在开始推行,尚未收何大效,于此可见改良棉质之不甚容易,因难故迟迟至今。待吾辈起而任之,今日争存要着,在乎各方面实力奋图,进而不已,慰心之日会当不远。至敝厂所出之线比日本蓝鱼牌之线,确有逊色处,但最大原因,敝厂用数无多,不能向产地直接选购,势不能不从驻沪外国棉花商手中买进,其吃亏处概可想见。具以我国纱业,与日本纱业较,日本进口棉花、出口纱线皆无税,而到中国境内,约纳百分之二之税,则已能畅行无阻。而华商进口之棉花及出口之纱线,均须完纳正税,负担重则工竟难,原料次则工竟又难,故税则问题不改良,或内国棉质不改良,我国永无发达细纱之日,可以断言。虽然,敝业中人,对于推广厂务,无日不竭尽心力,相机进图。本年内聂君云台、荣君宗敬、刘君柏生及弟等,陆续向美商慎昌洋行订购美国纺织机器,已达十四万枚锭子,而新厂之陆续添出者,方兴未艾,谅先生所乐闻也。弟等厂务倥偬,出货上倘有缺点,深赖用户随时知照。先生热心棉业,对于用户多接近机缘,旁咨博询,得有缺点,即请拨冗惠教,俾图改良以谋永久之抵制,不胜馨香祷盼之至。"（同日《申报》;《文录》下卷,《文集》第 142 页）

5 月 28 日　出席职教社议事员临时会议。沈信卿主席,报告吴怀久逝世,偕各团体开追悼会事,提议袁希澜递补。又报告征求南洋永久特别社员、学校购地、学校添设珐琅科开办费约一千五百元,以及筹备年会等情形。通过重编民国八年度预算。提议下年度办事方针:①设职业指导部。②职业学校进行计划:(甲)添建宿舍及教室;(乙)添办职业教员养成所。(《申报》1919 年 5 月 31 日)

5 月 29 日　出席上海总商会会董特会。① 公推虞洽卿先生主席。①报告今日开会为会长辞职辞职事,但会长辞职第二次挽留信去未复,应认为未却责任。护军使致洽卿函,请转致各会董挽留,似未接洽,已往之手续,今既有农商部及护军使函电,应公请会长即日到会主持会务。公决:推举虞洽卿、祝兰舫、周金箴、顾馨一到朱会长处欢迎到会,其余会董约定五月三十号午后旧钟三时齐集会中恭候。沈会长在无锡,向无锡电请,即日回沪到会。②会员徐菊如等六十四人公函,商请开会员会。公决:徐会员等因会长未到会,会务无人主持,商请开会。应俟公请会长到会后再复。(《上海总商会议事录》)

5 月　德大纱厂凌霄、沈家浚、王天囚、顾仁善等十人就青岛问题组织救国十人团,呼吁民众抵制日货,改良国货。《缘起》云:"呜呼,痛哉! 我中华四千余年之古国,空有四万万灵秀之人种,二百万方里之沃野,不克自保,而竟受辱于木履几几手,反主而为客,而为奴,天下羞愧事,再无有大于此者。虽然,风穴空至木朽蛀生,以我国国民前此放弃吾本有之权利,授人以可乘之隙耳。试观甲午以来,至于今兹,国权之丧失,土地之侵削,凡于史不绝书。穷原竟委,无非我国民之不自为谋,不顾大局,苟且偷生,有以致之。今者青岛问题发生后,北京学生首先发义,全国响应,此即人心未死之征,国运将与之兆吾同胞,急起直追,此其时矣。然不有团体,

---

① 该日《上海总商会议事录》无出席者名单。但此次会董特会甚为重要,先生应该与会,特列备考。

何以生抵御之力;不有章法,何以齐众志而持久。同人等以厕身实业界,虽日夜劳劳,余力无几,然救之救危急于救火,凡有血气凡属国民乌可自外而不达国民应尽之义务乎? 爰组织救国十人团,每人每月捐小洋二角,力能多捐者听随时汇存本团团长处,以作将来助进国货之用。十人中互相监视,严绝日货,更分头向各家庭各亲友作恳切之劝告,并于抵制日货之外,研究改良国货及发明新出品,应社会需求以永远屏除日货于我国境内为主旨,万众一心,何事不成。大家坚持到底,当视为切身痛苦,既下手当彻头彻尾做去,以五分钟热度为警戒,以五年十年百折不问之决心,贯彻吾人抵制日货之主张,存之呼吸,争此一举。凡我同胞曷兴乎来!"(《时报》1919 年 5 月 24 日)

6月2日 中午,赴青年会出席上海各著名团体举办之青岛问题讨论会。到者有黄炎培、沈信卿、蒋梦麟(江苏省教育会)、朱少屏(环球中国学生会)等数十人。议决致电美总统威尔逊、美国国会、英法首相及英法国会,呼吁主持公道,抵制日本侵占我山东之举动。电文云:"巴黎美国大总统、英法首相、法国国会诸君、华盛顿国会诸君、伦敦国会诸君钧鉴:巴黎和会议决,将德国在山东所享之权利交与日本,致中国全国失望,人心愤激,故抵制日货风潮甚烈。全国学生亦因之一致罢课,中国已入危险之地位。若非得山东问题满意解决,中国及亚东和平前途,甚为危险。日本宣言交还胶州不足据,为信约。同人请求阁下鼎力对于中国合理的要求,力主公道,于相当期内,实有效力之保障。江苏省教育会、上海南商会、环球中国学生会、中国青年会、留美学生会、华侨联合会、学校联合会上海学生联合会、全国和平联合会、全国平和期成联合会、上海基督教联合会同叩"(《申报》1919 年 6 月 3 日)

同日 下午六时,出席华商纱厂联合会为英商怡和纱厂总经理扣福举行欢送宴会。到者有恒丰、德大、厚生、鸿裕、申新等十余厂经理及代表,"颇极一时之盛"。扣福演说,"其中要义则称棉业三大要素:(一)改良植棉;(二)由该会自营煤矿;(三)由该会设立纺织机工专校,并为普通工人兴社会上及教育上各种业务,劝与西人各纱厂联合进行。"末述及政府不良应由商人设法改革,并列举英国各大公司所创设各种伟业之前例,殷殷劝告。先生答辞云:"兹闻扣福君名言伟论,莫名感佩。敝会始于去年成立,尚属幼稚,致未能与西人纱厂联合,极为歉仄,将来必取一致。至敝会应办之事业极多,目前仅办植棉一方,推广棉产一方,改良棉质并已设有植棉委员会。将来敝会岁月既久,势力日张,必遵扣君之良言,力图进行。"词毕,"在座诸君复与扣福君作详切之讨论,至夜十一时始兴辞而散。"(《申报》1919 年 6 月 4 日)

6月3日 出席上海总商会会董特会。讨论正副会长辞职案,"公议奉农商部感电,饬令两会长顾全大局,从速到会。两会长辞意仍坚,应按照商会法第十八条、

第二十三条电请农商部核示。"致农商部电云:"本会朱、沈两会长辞职,先经会董等迭次开会挽留无效,又蒙大部感电,饬令顾全大局,从速到会,而辞意仍坚。本日会董等又开会议,金谓商会法第十八条:会董由会员选举,会长由会董互选。第二十三条:会长、副会长、会董,均以二年为一任期。其中途补充者,需按前任者之任期按算,等因。如大部不允朱、沈两会长辞职,仍当一致挽留,倘始终坚辞,惟有按法互选二人,补充会长之职,以维大局。事关商务紧要,伏乞大部即日电示为盼。"末署先生在内全体会董名。(《上海总商会议事录》)

同日 "六三运动"爆发,上海各界举行三罢。聂云台、黄炎培、先生等每晚与上海学生联合会学生研商办法。李玉阶《上海学生响应五四爱国运动的经过》一文云:"在上海学生罢课,商人罢市,工人罢工的紧张压力下,北京政府颟顸无能尚不肯俯顺舆情,消息传到上海,群情更为愤激,全市商店在紧闭着铁门的店门上,均贴出'不除国贼,誓不开门'的标语。在这种气氛紧张复杂的情况下,有一天上午,学联会接到确实报告:'公共租界、法租界和南市闸北所有的电厂、水厂全体工人继司机工会之后将于明天罢工。'果然如此,则全市治安将不堪设想。学联会立即召集紧急会议,决定立刻劝导全市水电工厂工人,顾全大局停止罢工。本人身为总务部部长,责无旁贷,惟当时最感困难者为交通工具,而全市出差汽车(等于台北的计程车)司机均遵公会决议全体罢工,迫不得已,乃向同乡逊清邮传部尚书盛宣怀先生的四公子恩颐借得私人汽车一辆,于晚饭后由中国公学萧志驾车,赶往杨树浦电厂和水厂,与两厂工会代表恳谈,告以爱国固然重要,但须顾到全市市民生活的需要,几经努力,终于说服。继而又分赴法租界和南市、闸北三处电厂、水厂工会苦口劝告,并以公共租界电厂、水厂工会均已同意打消罢工相告,舌敝唇焦,直到天明,总算达成任务,三处工会亦均同意作罢,因而满天风云,顿告消散。第二天消息传来,公共租界当局和北京政府的上海最高治安当局方面——淞沪护军使——都认为学联会这批青年深明大义,处置得当,否则全市电厂、水厂工人一经罢工,上海陷于瘫痪,治安将不堪设想。原来同情和支持我们的英国和美国总领事与公共租界治安当局面临影响他们自身的安危,势必改变对我们的态度,采取强硬干涉措施,其后果必然是学联会被迫解散,使我们这场爱国运动前功尽弃。老实说:我们这群天真无邪的青年负责学生,除潘公展为市北公学教员年纪有 27 岁外,年龄最大者不过 25 岁,都是初出茅庐,未见世面,经验有限,安能担当中国历史上这样空前的救国运动的重任! 我们当时深恐走错一步影响全局;幸承各方响应爱国运动的《申报》社长史量才,上海市商会会长聂云台,广东商会会长汤节之,江苏省教育会会长黄炎培,士绅贾季英、沈信卿、穆藕初及《大晚报》社长沈卓吾诸先生从旁协助,共商大计。当学生罢课,商人罢市最紧张的时候开始,每天晚间上述各位先生均都能抽出时间,和我们学联会负责人在《申报》社长办公室或在聂家或在黄家一起会谈研商应变办法,及今思之,当时苟无这许多位老成持重的爱国长者策划指导,其后果将不堪收拾。当时北京政府对上海学生罢课,商人罢市,工人罢工,压力越来越大,感到非常焦虑,束手无策。因为当时北京政府的外交部频频透过上海外交特派员,向英国与美国总领事提出严重抗议,要求他们责成公共租界巡捕房,封闭学联会,驱逐负责代表的釜底抽薪办法已告失败。由于英、美总领事认为学联会在公共租界,从事纯洁的爱国活动,并没有违反民主法治国家的常轨,不便加以干涉取缔;反而由上海领事团正式向北京公使团提出书面文件,请求北京政府俯顺舆情接纳学生、商民、工人等要求,早日平息风潮,安定人心。"(原件复印件)

6月5日　上海总商会开会董特会。① "公议会长辞职,适值多事之秋,会务无人主持,应于现任会董中公举主任一人,暂行主持。至会长决定到任之日为止。即发信请各会董举定,即日复会,再开会董会决定。"(《上海总商会议事录》)

6月6日　赴上海总商会出席上海商、学、工、报各界联合会议,就"六三"军警镇压"三罢"事件商讨应对办法。到者有一千四百余人。总商会会董谢衡牕临时主席,略述开会宗旨。邹静斋报告"日前南商会开会,军警干涉我辈自由,剥削殆尽。罢课、罢市、罢工即求自由。欲达自由目的,急宜惩办国贼。昨日去电,今日仍未复,应请讨论对付方法。非达到能惩办国贼时不止。"曹慕管代表绍兴同乡会云:"若干年前大闹公堂案,处专制政体之下,袁海观尚出而奔走调停。此次要求惩办卖国贼,反无着落,共和国家竟有此冥顽不灵之政府,殊为遗憾。现宜急发宣言,谓政府如三日内再无顺从民意之觉悟,惟有唤醒国民以停止纳税为最后之对付。"主席"报告南京方面闻我各界取一致行动,特由军民两长派实业厅长张轶欧君来申,与商界疏通。现在县署请同会诸君派代表二人前往。"俞希谡"力陈时间之重要",云:"罢课者今已有十六处,罢课区域今已延及七八行省,我商界何尝不可速得各埠、各省大多数之同意乎? 政府侦探甚多,电报本属空文,求与政府磋商,更不啻与虎谋皮。现在罢市已有两日,若复以三日限,期待政府回答,则前后共去五日,未免使我商界受更大之无名损失。我等第一须请全国各埠一致进行,若由政府限期亦觉愈短愈妙。"许德珩云:"不能坚持之害,足以覆亡国家。并请国民速随商学各界努力。卖国贼不除,国民可以死争。学界能令各方响应,因北京学生有牺牲之精神也。若商界亦能牺牲,则全国之大当群起,为诸君后盾。"沈卓吾报告"工部局劝开市","请即讨论维持办法,免酿意外。"会上,各界公推先生等二十五人为临时干事。

---

① 该日《上海总商会议事录》无出席者名单。但此次会董特会甚为重要,先生应该与会,特列备考。

复将拟就对内、对外宣言,及致北京与各省两电当众宣布,经众通过。末主席宣布切实办法,"仍以办了卖国贼,然后开市为目的。"(《申报》1919 年 6 月 7 日)

6 月 7 日 上午,出席淞沪护军使卢子嘉召开之各界代表紧急会议,商讨"三罢"应对办法。列席者沪海道尹沈韫石、淞沪警厅长徐辅洲、使署参谋长马懋勋、副官长孙梓琴、沪南工巡捐局长姚石荪、沪北工巡捐局长曹履冰、交涉公署代表陈震东、淞沪警察第一署长赵墨林等,商学两界之列席者,计有江苏省教育会代表沈信卿、县教育会代表贾季英等共七十余人。卢护军使主席,振铃开议。护军使云:"罢课为山东问题,情固可嘉。但抵制二字颇多窒碍,应改为提倡国货,想诸君明白,当能共谅斯旨。至云罢市所要求,无非为罢曹、章、陆,及挽救被捕学生两事,以鄙人所闻知被捕者业经省释,似可不成问题。惟曹、章、陆三人欲求中央先发明令,后开市,事实上颇做不到,小本营商损失上更受不了。若先开市而后由政府下令,尚不甚难。"次沈护道尹云:"诸君须知官商痛痒,相关休戚与共者也。现在罢市已经三日,若再旷日持久,深恐工界起而效尤,地痞乘间扰乱,实属危险非常。及今开市,并非五分钟热度可比。"曹慕管云:"兹有四要点请当局注意"(一)损失之大,偏在各店伙方面,乞加明察。(二)此次风潮倘再维持不成,影响恐极大,乞代达政府。(三)不除卖国贼不开门。现在所要求者只此区区八字,此八字尚办不到,大多数人何从疏通?(四)上海即使不罢市,但中国人富模仿性,他处亦是中国地方,万一滋生事端,上海仍受影响。"朱承洵代表学生全体云:"上海学生共有二万数千名之多,此次罢课系由北京学校风潮而起,现商界罢市虽止三天,而学界停课实已多日。学生等无形牺牲损失更大。若目的不能达,牺牲终不能免。虽以性命为孤注,亦所愿也。"先生云:"开市开课,截然两事。因罢课事原因复杂,纯出一种少年爱国之心,虽校长亦无如何也。至罢市事影响不免及于罢工,纱厂联合会曾开紧急会议,各工人现在厂未出者多至八万,若一旦尽行离去,势将不可收拾也。湘玥亦曾力劝彼辈,勿于抵制日货之际,自绝纱厂出货之路。但此等事纯然一种良心激发,欲挽回诚不易。今湘玥有一语乞诸公注意,即他日无论如何,上海百万人中更无一定限制,外间所发通告学生不能负责也。"贾季英云:"此次学生罢课不但教育会无法,即大总统亦无法也。观于北京事可知此事全仗官长设法,万一设法后得有良果,教育会决不敢居功。"末由南商会长顾馨一摇铃散会。(《申报》1919 年 6 月 8 日)

6 月 8 日 下午三时,代表厚生纱厂出席华商纱厂联合会召开本埠各纱厂紧急会议,讨论昨夜发生日本纱厂罢工工人阻止裕泰纱厂工人工作事。到者有郑培之(鸿裕)、穆杼斋(德大)、张秋园(恒昌源)、徐静仁(溥益)等。黄首民主席。"一、刊布告白并印发传单,劝导各厂工人对于日用必须之品及抵制日货各厂不可罢工。二、公推穆杼斋先生托江苏省教育会转托学生联合会派员往铜匠公所演说,劝其不

可罢工。(《华商纱厂联合会季刊》第一卷第一期)

同日 复苏州布业公所函，[1]澄清传闻德大、厚生两厂棉纱乘抵制日货之际抬高售价事。全函如下：

> 接读六月六日贵会赐书，知吾苏布业提倡国货，一致采用本厂棉纱股线，热忱公谊，深为钦佩。而贩户乘机居奇以致价值昂贵。凡属爱国之士靡不愤慨。既承垂询，敢不将敝厂对于时事稍效绵薄廉价出售之实情为贵公会陈之。敝厂因社会提倡国货，抵制日货，为特将纱价减让以谋顾主便益，十六支塔纱于两星期前售出大包批价一百五十五两至一百六十二两半，但现在市价则已达一百八十五两。敝厂并无乘机弋利之心。而居间人大有不能体恤用户之意，人心不古，殊胜浩叹。敝厂棉纱已售至阳历九月底，日夜赶制，恒苦供不逮应。又玥所经理之德大、厚生两厂日出股线五大包约二千磅，较之舶来品每包照市价便宜三两，凡上海纱业中人无不深悉。敝厂素注意于管理，故出品较为精良而受用户欢迎。若因抵制日货而乘机攫取不义之财，玥虽下愚，当不为此。现在市上出售之十支双喜牌纱、十六支宝塔牌纱、四十二支双喜牌及美人牌线皆敝厂以前售出之货，即使抬价过昂，玥实无权过问。此中苦衷，谅邀矜鉴，万祈转达贵公会诸同仁，俾咸知症结所在，另谋应付，以调剂工业为盼。

> （《申报》1919 年 6 月 11 日）

6 月 14 日 上海总商会开第十四期会董常会。[2] 公推祝兰舫为主席。议案：①本会政府会长辞职案。公决：请祝兰舫、闻兰亭、谢蘅牕、劳敬修四会董代表全体会董请朱、沈两会长到会办事。②本会会董虞洽卿辞职案。公决：备函挽留。③税务处批令议定海关休假日期案。公决：下期常会再议。④驻沪美商来函美货不装

---

[1] 1919 年 6 月 6 日，苏州布业公会致《申报》函云："据敝业震丰、公民、兴业、一新、慎昌、兄弟等布厂陆家函称，抵制日货经学界提倡以来渐及各界，已有一致之现象。所最困难者莫如我布厂所用之经线。查此项双股线，本国出品只有肆家，日夜赶做不及二十包之数，而各厂所用未及十分之一，已势不能全用国货。然爱国心人人皆有，自然先尽国货实在不敷，而又迫于工人之待米而炊，万不能停工以陷劳动家于困苦流离之地。始不免忍辱含垢，补用束货，然则制造纱线厂家亦宜体此艰难，竭力推广出数以救时局，此两利之道也。即各纱线号家、各纱线贩户掮客苟有天良亦当共体此心，集合团力，坚持平价，断不可使国货之价高出东货之上，□为东人解围。乃今日接到上海纱线报告，蓝鱼、双鹿向为东货之好牌子，市价售三百二十两，双喜、文明为国货牌子，向来价格在鱼鹿二牌之下约四五两左右，今竟售至三百二十八两，高出东货至八两之多。试思布厂家有此便宜谁复肯牺牲成本坚持抵制之初心，是为渊驱鱼，为丛驱爵，仍在吾中国同胞也。况近来花价已平，纱线厂已得从来未有之优利，即跟定东货售价决不致亏蚀血本，为特提出请愿书，吁请速即分函上海苏州两商会及纱业公会、国货维持会、上海德大线厂、南通大生线厂，竭力劝告，请其设法维持无为虎伥等因。敝会查各该布厂所陈各节委系实情，业已分函苏沪总商会、纱业公会、国货维持会、苏沪南通各线厂切实办理矣。"（《申报》1919 年 6 月 9 日）

[2] 该日《上海总商会议事录》无出席者名单。但此次会董特会甚为重要，先生应该与会，特列备考。

日船,取消吨位费用应由华商担负案。公决:分函振华堂洋布公所、洋货九业公会、五金公会、铁业公会议复。⑤汉冶萍煤铁厂与鄱乐公司订约购煤请会作证应纳证费案。公决:按照中证细则第七条第一款,关系利权巨者应酌缴证费银一百两。(《上海总商会议事录》)

6月16日 出席上海总商会会董特会。[①] 议案:①本会正副会长辞职案。公决:赞成闻兰亭意见,仍函邀两会长按照商会法第廿五条到会办事,暂负责任。请沈仲礼、张知笙两会董当面邀请,并将沈副会长原函缴还。②虞、胡两会董来函提出辞职案。公决:仍备函挽留,请秦润卿、席立功、施善畦、朱吟江四会董向虞、胡两会董当然邀请继续担任。(同上)

6月17日 发表《箴国民》一文,指出"国民为国家之主体,民德不竞,即国家危殆之祸所由起。国民而各私其私,置国事于不问,而后武人政客,得逞其争雄攘利之阴谋,辱国丧权,罔知羞丑。年来外交失败,陷我国于屈抑之地位者,实我国民前此不负其爱护国家之责任有以致之。今者我举国人民彻底觉悟,牺牲一切,置身家于不顾,以救国为前提。一方面厉行消极之抵制,予蹂躏人权者以一种有力之警告;一方面追源祸始,集矢于曹、陆、章辈,人民与政府徒手奋斗,爱国学子群起争持,商工各界咸表同情。罢课、罢市,几及罢工,全国响应,莫之能御。政府惕于民气之激昂,勉从国民请求,罢免曹、陆、章以平众怒,诚可谓国民与政府战争之胜利。"对于国民报国热情,先生提出忠告云:

> 然而国政腐败若此,除曹、陆、章三人外,尸其咎者正大有人在。自今以往,步曹、陆、章之后尘,依然祸国殃民而毫无顾忌者,未必遂无其人。则我国民,今后对于政府之措置,更宜注意,务使若辈不得稍逞其奸谋,则政海澄清,政治庶进于轨道。我中华民族之精神,经此番小小试验,以勇于赴义,敬以将事故,为举世所谅解,卒得初步之贯彻。然时事纠纷,待我国民起而处理者至繁,则今后应如何储养其学力、煅炼其志行、淬厉其精神,为国效用,以求富强。吾知多数国士,决能服膺《六韬》"尚义主敬"之教训,以发挥吾国民报国之任务。惟所患学养未到,及有所假借者流,怠气中之,欲念败之,相率而趋于自杀之一途,或牵连而遗误今后之大局。吾为此惧,用特引亚圣愿无伐善之名言,为吾国民勖。
>
> 回溯民国革新后,所谓大伟人、中伟人、小伟人者,几乎举国皆是。聆其言论,无非夸伐其功绩,某某之夕,如何遇险;某某之役,如何尽力。傲睨一世,一若成立民国之巨功非斯人其谁属。然吾人试平情思之,革政时丧失生命者不

① 该日《上海总商会议事录》无出席者名单。但此次会董特会甚为重要,先生应该与会,特列备考。

知凡几,此若存若亡之共和政体,不知牺牲无数真正爱国志士之颈血之心力而得之,彼纷纷扰扰者,徒促国家之命运,增进国民之痛苦。政局纷更,民生凋疲,皆发端于此伐善之一念。故予尝谓此种伟人,罪则有之,功则安在。国谚有之曰:"善捕鼠之猫不善鸣。"然则以有功于国自鸣者,其人格亦可概见矣。鉴前矜后,吾人又何敢已于一言哉。

此次抵抗政府,全国一致,无论男女老幼智愚贤否,皆有所牺牲。此不过聊尽国民应尽之天职,本无功绩之可言。惟吾民以习于宁静无扰,故在己,以安守本分自策;在政府,以柔愚可欺相待,在外人间,以无能力无团结相讥讽。此次群起力争,表示吾民族固有之精神,虽所得无几,而群力之活动,国誉之增高,实足令人钦敬。深愿我国民本此强毅不屈之精神,以救今后之难局。毋因循,毋骄纵,毋偏激,牺牲小己,顾全大局。不求名,不图利,不涉党派,不阿私所好,人人光明磊落,始终恪守尚义主敬之良训,以蕲达救国之目的。则我国前途,庶有豸乎!

（同日《申报》;《文录》上卷,《文集》第64页）

6月22日 上海总商会开会董特会。① 公推祝兰舫临时主席:①本会正副会长辞职案。"主席将排印两会长最后辞职书分送各会董阅看,互相讨论。"公决:再由会按照商会法责以大义,请两会长务必到会办事。现时未能卸责。②会员徐菊如等请开会员大会案。公决:如两会长到会,定期开会员大会。倘仍不到会,另于现任会董中选举会长副会长后再开大会。③虞、胡两会董辞职案。公决:仍备函挽留,责以大义。(《上海总商会议事录》)

6月28日 上海总商会开会董特会。② 公推张知笙主席。"主席请田、闻两会董报告接见会员代表徐菊如、汤节之二君到会面谈情形"。公决:准予新历七月内开会员大会。次讨论议案:①税务处批令议复海关休假起讫日期案。②驻纽约周领事来函,纽约开设亚洲各国出产陈列所罗致华产案。③驻沪美国商会来函,美国海外商业协会开周年大会请派代表参与会议案。(《上海总商会议事录》)

6月 《大陆报》刊登"陕督陈树藩以陕省棉花专利权抵借日债之消息"后,先生提议致电政府阻止。华商纱厂联合会"当即电询政府有无此事。本埠棉业联合会、总商会亦相继起。于是全国哗然,纷电政府责令陕督取消原约。"(《申报》1920年3月26日)

6月 作《永久抵制劣货之方法》一文,指出"今对于日货文明抵制,万众一心,举国一致,能坚持到底做去,并非出于偶然。盖年来国人所受抑郁不平之气,向苦无

---

① 该日《上海总商会议事录》无出席者名单。但此次会董特会甚为重要,先生应该与会,特列备考。

② 该日《上海总商会议事录》无出席者名单。但此次会董特会甚为重要,先生应该与会,特列备考。

从宣泄者，今以日人侵凌我国权，违背我民意，蹂躏人道，以致全国愤慨，忍无可忍，不约而同，起图自卫。其一往无前，进而不已之一种沉毅果敢之精神，实为前此所未有。则收回青岛之问题，或能因此精神而得良好之结果。"回顾以往抵制日货失败原因，先生认为："盖主持其事者仅空言抵制，而无实际之救济方法。且当时有一部分人，重私利而略公义，团结力遂因以薄弱，故卒招失败耳。况乎彼时更有多人，以为日本逞此霸图，必招各国之深忌，一旦欧战告终，和议席上重公道、抑强权，各国必仗义执言为我援助，取消此二十一条苛酷之条件。存此痴愿，故用力不专，五分钟热度，遂造成吾民之恶谥。"呼吁国民"应乘此大祸将临之日，力图自救。抵制日货虽属消极，然釜底抽薪，大可摧折强权，愈持久而效力愈显。持久之道，即此万众一心、全国一致之精神，予日本工商业界经济上巨大之痛苦，促彼政府之反省，舍此无他道也。"对于抵制日货办法，先生认为当首推商学两界，因从消极的与积极的两方面进行。云：

今日我国四百兆人民中，能代表全国、启迪全国以共御外侮者，当首推商学两界。仆姑采消纳法，将全国人民括之以商学两界，因农工各界，概得以商学两界救国之精神联络而结合之也。是故仆对于商学两界，作更进一步之请愿，商学两界实力抵制，应各从消极的与积极的两方面并进，请约述如下：

商界抵制日货之两方面事：甲、商界消极的抵制：（一）依照现在全国各商帮所定之方法，悉力进行，坚持到底。（二）不用日币，及断绝商业上经济关系。（三）破除日本吸收我国现金，制我国死命之毒计。（说明：日本历年所发之老头票，行使于中国境内，约有一万五千万日金。此种老头票，流行于东三省者几及八千万，流行于山东、福建者达三千万，流行于他省者约有四千万。日本政府发行此种不兑换券，吸取我国现金，用此现金振兴彼国之实业，排挤我国之实业，并贷债于我国政府，使我国自相残杀，同归于尽，彼则安坐而取渔人之利。计划之刻毒，无有过于此者，深愿我国人手中执有此项不兑换券者，逐渐设法使之流还日本，嗣后各本其爱国之天良，勿复收用此项祸国殃民之日本老头票。）乙、商界积极的抵制：组织一永久团体，定名"五九社"（民国四年五月七日，日政府致二十四小时之"哀的美敦书"于我国政府。至九日，我国政府被逼签字。故五月九日为我国屈服于彼势力下之一日，鄙意永宜以五月九日为国耻日，全国一致，以免歧异）。此项商界五九社宜各地方设立一所，由各地方商业团体，选举热心而公正者若干人作为会员。社中应为之事如下：

（一）会员随时监察各团体抵制状况，如有破坏抵制办法者，立即纠正之，或惩罚之。

（二）调查全国销行之日本货物，约可别之为三：（甲）可以完全勿用者。如太阳啤酒、味之素、化妆品、小儿玩具等奢侈品。（乙）有国货可以代用者，如毛巾、珐琅器,洋伞。(闻已有人纠集巨资,组织五九工业社,从事制造,不久即可大批供给。)(丙)工业用品之必不可少者,如漂白粉之类(闻上海炳新肥皂厂主任已在着手研究制造漂白粉及保险粉。)与硫、硝镪水等,以及股线之类。除甲项奢侈品不计外,乙、丙两项工业可以逐渐举办。

(三)组织一劝工银行,扶助各项工业之发展(闻此项银行已有人组织,不久可见之实行)。总之,此项组织须有系统,事业进行须有秩序,各会员须有清醒之头脑,切勿争意气、斗私见,乘机造谣及倾轧本业之鄙薄行为。愿与我爱国志士革面洗心以图之。

学界抵制日货之两方面事:甲、学界消极的抵制:(一)各学校将青岛历史及二十一条苛酷之条件,并此次失败原因,作为修身讲材,随时提及,常作警醒全国青年之暮鼓晨钟。(二)学生自己不用日货,并于星期日及暑假年假时,就力之所及,随处演说,以图普及,俾大众永远不忘此最大之耻辱。并恳请家长及力劝亲戚邻里,一律实行,俾大众以不用日货为应尽天职,误用日货为丢失体面。乙、学界积极的抵制:组织"学界五九社",每地方设一社,合当地各学校组成之。其应为之事如下:(一)协助商界调查日本进口货物,并随时悉心鉴别而严取舍,更劝告各用户勿误购。(二)利用余时,研究日货代用品制造法,以应社会需求而增进地方生产能力。(三)提倡节俭,以撙节所得之钱财,努力储蓄,遇有地方新工业发生时,踊跃投资,藉以贯彻永久抵制之目的。(四)团力较大之五九社发行星期刊,报告各地方抵制日货之方法及现状,并特辟国货绍介栏及新发明物介绍栏,以促内国工业之发展。(五)各地方学界五九社中,并须公同推定一五九社从事编辑一种励耻之书籍,名曰《五九》,此书分初小、高小、中学三种编法,供给三种学校之取用。发刊后,请各省教育会颁布全国各学校,用作教科书,启发全国青年之自觉力。并编白话体《励耻书》,俾粗识字义之人咸能寓目,以补普及教育之所不逮。

......

嗟我国民,清夜思之,亦曾有动于中否?仆溷迹商学界中,除离国之日不计外,已有二十五年矣,默察我国人之最大缺点,即无系统及无毅力。然此时千钧一发,关系重大,若再如前此之虎头蛇尾,国其不国矣。而敲骨吸髓之痛苦,高丽、台湾之惨剧,将遍演于我腹地,吾黄帝子孙其将从此无噍类矣。呜呼!此次抵制日货之伟举,实关系我中华民国之存亡绝续者至大,愿我全国人士,尽力做去。仆不惜牺牲所有之精力财力,暗随诸君子之后,愿我举国爱国人士交相勉策之。

(《文录》上卷,《文集》第 60 页)

7 月 5 日 出席中华职业教育社议事员临时会议。沈信卿主席，"提议关于设置珐琅、洋伞二工场之办法。"议决："洋伞尚待继续调查，珐琅科应由本社职员另行发起集股组织工厂，而以原有之设备作为学校股本。"另报告"本埠十二团体组织国民教育促进团，本社已承认加入，应推代表二人为该团董事"，推蒋梦麟、俞抗澜为本社代表。（《申报》1919 年 7 月 11 日）

7 月 6 日 华商纱厂联合会开董事会会议，因讨论美国棉业专家即将来华，特请先生出席。黄首民主席。"一、美棉专家由本会聘请，惟因需费太巨，应召集大会通过。一、美农部植棉大家古克君来华考察植棉情形，应请农部补助旅费一千元，应查询详明后再行呈领。"（《华商纱厂联合会季刊》第一卷第一期）

7 月 11 日 上海总商会会董特会并预行第十四期会董常会。[①] 议案：①假定海关休假起讫日期案。②开会员会案。决议定于七月二十六日召开会员大会；假定宋汉章为临时主席；公推田时霖、宋汉章、秦润卿、朱吟江、闻兰亭、钱达三、穆藕初七位会董筹备开会事宜。（《上海总商会议事录》）

7 月 13 日 《申报》刊登《河南女生来沪实习纺纱》消息，报道豫丰纱厂派员来沪实习。云："棉业家穆藕初等在河南郑州组织豫丰纱厂，建筑部署已将就绪。需用职工甚众，而豫地素重礼教，男女界限极严。纺纱工厂既非男工所宜，而女工熟悉纺纱工作者复无其人。若由男工教授管理，又多不便。兹由穆君就豫省物色有志棉纱工作之女学生十二人来沪入厂实习，以便归豫后分途管教女工，该女生等已于昨日乘船到沪。并闻该女生等在豫已联合同志，设立女子棉业救国团。其志愿不惟学习纺纱，且将投身棉场实习，改良种棉以开豫省前途大利。"（同日《申报》）穆伯华《先得追怀录》云："一九一九年民国八年己未，我父四十四岁，集资二百万元，自己投入十五万元创办厚生二工厂于郑县（即郑州），建立一拥有纱锭三万枚，布机二百三十台之纺织厂。后来纱锭增至五万六千枚，此乃吾国工业建设到内地之先声，颇非易易之事也。盖购置工地作厂基虽不困难，而建筑厂房欲上海之建筑公司承办。纺织女工则招当地人到上海实习，地点即厚生厂（《独秀文存》亦曾提及此事）。厂中除纺织车间外，还欲自建发电车间。此三项繁重事务，既操劳又费钱。其时有一厚生厂之大股东认为郑州远离上海，将来管理为难，资金太少，竟然不肯投资。但我父决意欲办，取消厚生二厂之名，而定名河南豫丰纱厂，百费周折，卒抵于成。如美国运来机器之外洋轮，停泊于陇海铁路东端海口连云港，卸货，转陇海铁路到郑州。徐州则设联络处，接应上海、郑州、连云港来往之厂中办事人员，供应豫丰所

[①] 该日《上海总商会议事录》无出席者名单。但此次会董特会甚为重要，先生应该与会，特列备考。

需零星物件。又分头向上海、天津、汉口各银钱业大量借款,一部分机器款项亦向慎昌商妥转为借款等。""此时也,正是我父所抱负之宏愿开始实践之第一步也,即设立工厂应在所需原料之产地也。自筹备创办豫丰之时起,我父每晨到德大、厚生两厂,坐不暖席,即往上海豫丰驻沪办事处,此亦我亲见之事也。"(手稿)

7月17日 《申报》刊登《华商纱厂联合会消息》,报道植棉委员会推广植棉场二十余处。云:"香港路华商纱厂联合会自各厂承认用花抽费之后,缴款者异常踊跃。该会以棉质不根本改良,纱业终难立足于竞争之场,曾组一植棉委员会,推穆藕初君为委员长。现在唐山、唐坊、沅江、常州、无锡、上海设立棉场多处,明年并预备大加推广,拟增设全国棉场二十余处。现并竭力罗致植棉专家来华主持其事。"(同日《申报》)

7月20日 下午三时,出席华商纱厂联合会特别大会。聂云台主席。"一、聘请美国棉业专家并增设棉场案。议美国棉业专家由本会聘请,另于交通便利地面广大之外,设总场一所,幅员由五百亩至一千亩,归专家管理。另招致农学生二十人随同专家实地练习;一面增设试验场至三十处,专注重于素不产棉之地,所需一切经费由各厂于用花项下加抽银二分,连前合共三分,自阴历七月一日实行。一、郑培之提议建设纺织机工学校案。议先推筹办委员四人,与江苏省教育会黄任之筹商进行计划,并预算开办费及常年经费,再交会议。计推定委员四人:郑培之、穆藕初、荣宗敬、薛文泰。将来该校办事人,俟工程局黄君朴奇赴美调查纺织机器后,请其担任。"会后,美国棉作专家古克博士应邀来华"扶持研究,试验之结果,决定脱字棉、爱字棉两种,最适于中国。次年,"华商纱厂联合会由美购脱字棉及爱字棉等十吨,运赴豫、陕分散"。(《华商纱厂联合会季刊》第一卷第一期;《农业周报》1931年10月16日;上海纱厂联合会主编《中国棉产改进统计会议专刊》)

7月24日 出席上海总商会会董特会,闻兰亭主席。议案:①"主席报告江苏实业厅公函,奉农商部训令:'据杨交涉员密电,本会入会者于缴纳年费外,须纳入会费,银领团颇不满意。除面商本会外,电请核示'云云。此事关系本会名誉,应请筹备对付。朱吟江会董主张:(一)质问交涉员何时与本会面商;(二)询问交涉员领团颇不满意完系何国领事;(三)询问交涉员本会于年费外再收入会费有何证据?穆藕初会董主张俟大会后再议。公决此案暂缓讨论,待大会后请交涉员来会逐项质问,以明是非。"②"田时霖会董提议,唐案已判决,容否上诉,应请讨论。朱吟江会董云:'照堂谕之意,未算败诉,现在上诉尚无机关,不如拟就一函请领事剖明。'穆藕初会董谓:'上诉无机关,本会为法团,明知无上诉机关而上诉之,无此办法。况堂谕极为明白,至一千元或拨慈善捐,抑直交律师,是另一问题。'公决:旧历六月底照送一千元,以了其事。"③"主席提议,大会时新闻记者容否发入场券,公决除

《亚西亚报》外，每家发入场券一张。"④"各会董提议，大会主席前经假定宋汉章君，现宋君不允担任。今日到会会董一致主张请闻兰亭先生勉为其难。"（《上海总商会议事录》）

7月25日 上海总商会召开董特会，①祝兰舫主席。①宣读会员陈炳谦等二百十五人公函，请求停止会员会，另订日期再行召集。公决：会员意见参差，只得另行定期开会，拟稿登报并发通告。一面定七月廿七日再召集会董会议。②秦润卿会董来函辞职。公决备函挽留，并将原函送还。（《上海总商会议事录》）

7月26日 下午一时，与闻兰亭共同接见总商会会员徐菊如、邹静斋、汤节之、沈九成等，"答以陈炳谦等一百十五人不赞成开会，会员意见既有参差，不得不开董事会。议决再行延期。"徐等索阅陈函后质问云："查总商会章程第五章十一条第三项内载，'会员于法定会期外遇有要事得商请开会，但须得会员全体十分之一以上之同意'。是我等会员六十五人请开大会，实为会章所许可。且经会董承认于数十日之前，通函广告，彰彰在人耳。目今忽有十分之四之会员于一日前遽出反对开会，贵会董遂取消法定之大会。请问贵会董根据何条会章？闻等答以明日会董开会，当有满意答复。"（《申报》1919 年 7 月 27 日）

7月27日 出席总商会会董特会兼补行第十五期会董常会。② 宋汉章主席。①改期开会员会事。公决：定八月四日午后三时开临时会员会。②报告农商部来电，准会长辞职。闻兰亭报告昨日电书，厅长到会仍主张挽留两会长。公决：仍挽留两会长。先将会董议决挽留情形电报农商部，一面由今日到会会董定明日午后四时半向朱会长当面挽留。沈副会长现往镇江，应代电敦请到会。临时提议，许州元丰蛋厂因警察以外取缔，停工日久，请本会协助电部维持，公决：电请农商部迅予维持，以维实业。（《上海总商会议事录》）

7月30日 于《申报》发表《上海总商会近事之谈片》一文，就"佳电"以来总商会所受各方指责，会员意见不合，先生认为是会长、会董缺少专门知识所致。指出改良会务当由"会员之态度决之。"云："辛亥以前，上海总商会除行使其职务外，对于各方面并无别种关系。……欧战告终，外人挟全力以经营远东商务，上海实首当其冲。而外人之在上海设有商会者凡有四五国，舣筹交错，联络友谊，于商务知识外，更须具有外交知识之专门人才。然则向之仅富于商业经验而未谙外交方略者，对兹不免有难色矣。……自辛亥迄今，上海总商会除依据商会法第十六条行使职务外，又增加国事、外交两项。国事日非，而商会之新职务亦日繁；外人日求扩张商

---

① 该日《上海总商会议事录》无出席者名单。但此次会董特会甚为重要，先生应该与会，特列备考。

② 该日《上海总商会议事录》无出席者名单。但此次会董特会甚为重要，先生应该与会，特列备考。

业,而商会之外交亦日剧。于是主持商会者左支右绌,应付一切即不能面面俱到矣。此皆会长与会董缺少专门学识有以致之。"对于 8 月 4 日召开临时会员大会,讨论重要会务,先生指出"此次召集大会实行改革,度必有一致主张。而变更会章,关系重大,照商会法第二十八条有会员三分之二以上到会,得到会者三分之二以上同意方得决议,是故各会员当认定宗旨,尽力会务,度能收效。设使到会者不足法定人数,或足法定人数而意见纷歧,则此会虽开,等于未开,则改良会务之期望仍归泡影。故玥敢谓此次大会乃试验会员是否真正热心改良会务,以到会之人数及会员之态度决之。言行并顾,古训昭然,愿我全体会员共勉之。"(同日《申报》,《文录》上卷,《文集》第 75 页)

7 月 31 日　下午三时半,出席华商纱厂联合会临时大会。聂云台主席,讨论江海关询各厂纳税意见,"其办法共分三种:(一)值百抽五,(二)按照出口税,(三)按照进口税。"议决"此次修改进口税则系对于外洋进口货物之办法,华商纱厂向来纳税,税则本与外洋进口税则不同,自与此次修改进口税则无关系,所有华商纱厂纺织出品,应仍函请税务司按照向章办理。公推徐静仁先生拟函稿;一面以议决情形通告津、汉各厂。(《华商纱厂联合会季刊》第一卷第一期)

7 月　穆杼斋等发起于浦东杨思镇建恒大纱厂。[1] 计划纱锭一万枚,额定资本五十万元,发起人认股二十五万元。机器向慎昌洋行定购,定明年阴历二月开工出纱。该厂发起人有穆杼斋、穆藕初、陈悦周(德大纱厂股东、恒源花厂股东)、汤蕴斋(德大股东、三林塘商会会长)、朱子灏(江苏省议会议员)、冯莲生(周浦商会会长)、董季纯(大成绸庄庄主)、储湘泉(储湘记纱号主任)、张峰冈(裕春祥纱号主)、杨文卿(萃丰洋行经理)。(《申报》1919 年 7 月 8 日)

8 月 1 日　上海总商会开会董特会。[2] 议案:①蜀商公益会添举代表案。②有会员问此次会员会倘有会员请会员代表,能否允许?公决:前经议决入场券以本人为限,不得托会员代表。③徐菊如、汤节之来函,以会员陈炳谦曾入葡籍,应请除名。(《上海总商会议事录》)

同日　出席中国红十字会新任副会长蔡廷干宴请会。沪上绅商到者有宋汉章、贝润生等数十人。沈敦和演说,介绍中国红十字会来由。(《申报》1919 年 8 月 2 日)

---

[1] 该厂 1928 年由陈子馨、何允梅、荣宗敬、李升伯等租办,改名恒大隆记,1930 年 9 月由陈等收买,另行改组,改名恒大新记。
[2] 该日《上海总商会议事录》无出席者名单。但此次会董特会甚为重要,先生应该与会,特列备考。

8 月 2 日　上海总商会开会董特会。① 议案：①陈炳谦入葡籍案。公决：电呈农商部核示。②会员会场秩序。公决：以简单为是。第一行振铃开会，第二行会董主席报告开会宗旨，第三行提议事件，第四行摇铃散会。③厉树雄意见书。④会员会开会主席，公推闻兰亭为主席。⑤关于会员会开会事宜。⑥英货受抵制影响案。（《上海总商会议事录》）

8 月 3 日　下午四时，华商纱厂联合会开董事会会议，特请先生列席。聂云台主席，议"十团体国民外交本会列名请追认案"、"海关在杨树浦增设分关征求意见案"、"审核《季刊》预算案"。（《华商纱厂联合会季刊》第一卷第二期）

8 月 4 日　出席上海总商会会员大会。三时十五分，会员仅到一百十五人，不足三分之二法定人数。延迟十五分钟，仍不足，汤节之坚决主张散会。先生云："今日开大会，诸君热心而来，颇非易事，且有紧要建议须通过，姑且缓至四时"（大众鼓掌）。赵晋卿、汤节之等坚决要求散会。"当时在座人众声嘈杂"。主席闻兰亭主张延至三时三刻，时到会人数增至一百七十六人，仍不足法定人数。沈敦和主张"通融办理"，将大会改为谈话会。先生认为"提议之事不必付表决，不妨讨论作研究之资料，以观本会会员之程度。"与会者等到四时缺二分，书记报告到会人数一百八十六人。汤节之等以仍不足法定人数而起立带头离开会场，闻兰亭阻止无效。部分留下的会员为自由之谈。（《上海总商会议事录》）

同日　出席上海总商会会董临时特会。讨论"会长问题延未解决，会务无人主持，本日会员大会因不足法定人数，开会未成。诸事停顿，于会务前途多有障碍。经会董公议，分函正副会长，务请于八月六日到会主持会务，即于是日召集全体会董，妥议解决办法。"（同上）

8 月 6 日　出席上海总商会会董特会。"朱、沈两会长到会入会董席，各会董请两会长各就本席，两会长坚辞不就。"闻兰亭报告本月四日开会员会未足法定人数，依法停会情形。沈副会长云："鄙人随朱会长辞职已经三月，承诸会董维持至今，甚为抱歉。诸会董苦心经营，无非为维护正当法团，此后能如何使得法团巩固，应请诸会董详加讨论。"闻兰亭云："两会长到会，风潮当然平定，应请两会长勉为其难。"沈会长说明"佳电毫无私意，同一索还青岛，不过于间接直接之间稍有不同。是否可行，自应由政府集合舆论择善而从，非本会一电即可定案。因此发生风潮，未免有所误会。再会长由会董举出，会董各有营业关系，当然不能终日到会办事，凡有急欲发行之件，向由会长主裁，所有责任各会董是否共同担任。"傅筱庵等云：

---

① 该日《上海总商会议事录》无出席者名单。但此次会董特会甚为重要，先生应该与会，特列备考。

"各会董当然共同担负。"姚紫若云:"无论官厅团体应有领袖方可办事。"朱吟江将会长辞职后,会董种种困难情形细述一番,并云:"为今之计,应请两会长仍旧担任会务,将来开会员会时提出质问,可以明白对付,俾外面误会之处亦可解释。"先生云:"鄙人极愿两会长到会,外面风潮虽未必就此平息,请两会长以会务为前提,即日回任。"傅筱庵"请各会董起立,要求两会长各就会长席。正副两会长勉徇各会董之请,各就席。"公决:"两会长既到会办事,应分电农商部、南京军民两长暨实业厅,并函卢护军使、沪海道伊、上海县知事。请书记科会董主稿。"电文云:"尊奉迭次劝令朱、沈两会长复任,并由督军、省长、护军使暨地方各官所及,各团体会员等函电敦促,业经两会长勉为担任。惟沈副会长尚有意见,请求钧示。另由快邮上呈,合函电闻。"末署上海总商会会董陈作霖等。(同上)

8月9日 《申报》刊登《中国棉与纱之调查》(中美新闻社译美盛公司稿),提及先生在沪试种美棉成功。文云:"至美棉之试种,以山、陕两省为最先。棉种由美国教士供给,试种之结果,色泽与纤维,不克与中等美棉颉颃。惟关于纺织之品,质则胜于良好之华棉。至中等美棉能否种于中国土壤一层,吾人深信中政府如锐意经营,必能办到。……上海德大纱厂经理穆湘玥君,前在美国学种棉方法,即受教于乔伯生君。现在杨树浦设种棉场五十亩,浦东四十亩,成效卓著。倘中政府能用乔君棉业之发达,不可限量。"(同日《申报》)

8月15日 以中华劝工银行发起人名义在华商纱厂联合会设宴,邀请工商界人士,并拟设筹备处于华商纱厂联合会内。(《华商纱厂联合会季刊》第一卷第一期)

8月19日 偕郑培之前往中华职业教育学校参观,与黄炎培商筹办纱厂联合会纺织技工学校事。(同上)

8月23日 上海总商会开第十七期会董常会。讨论美国海外商业协会开周年大会请派代表参与会议案。"公决:为联络中外商情考察一切商务,自应呈请政府派员赴会。并由会推举代表参与会议,以谋海外贸易之发达。公推聂元台、穆藕初两会董届时赴会。"九月四日,上海总商会开第十八期常会,讨论会董穆藕初函辞美国海外商业协会周年大会代表,公决:"原举聂云台、穆藕初两会董担任代表赴会。穆会董既来函告辞,确有营业关系,未便相强。"由聂云台再从会员中物色一人偕同前往(《上海总商会议事录》)

8月24日 《申报》刊登《中国棉业之发展》(中美新闻社译自《字林报》),报道先生等组织中国纱厂成功发展之情形。文云:"近年虽在战争时代,华人向英美商家定购机器。以制造其本国所产原料为物品者甚多,尤以纱厂机器为特甚。其目的在以本国原料造本国货,供给本国人之用。近数月来,华人向上海洋行所定纱厂机器甚多,总数虽不得而知。只以慎昌洋行一家而论,今年已接到定机器之合同二十件,值价数千万两。普通西人之见解,每以为华人进步极迟缓,即使实业发达,除非有西人扶助,或假以资本,决不能与欧美人争。今以近数月来之实业发展观之,可见西人之言并不尽然。因华人之活动,不论何项事业均有一定范围,经一部分人之从事,他部分人必互相效法,不肯落后。如棉业一项,中国商人非常注意极力提倡,一因比年来上海纱厂获利颇丰,将来之兴盛必无限量。二因中国人提倡国货之心极热,决定在中国自行制造,免向不表同情之外国购用其货也。目下统计,中国各纱厂所用锭子约一百五十万枚,若以每年所运入之外国棉纱、布匹等计之,中国应添锭子五百万始足补此大缺憾。最近六个月内,中国纺纱业不为不发达,然尚不足以供给全国之用。且中国纱厂多集于上海,而各厂所用之棉沿途缴纳厘金,及经厂纺成纱或织或布,仍运回产棉之区,沿途又有厘金须付。及他项捐税,反较舶来品税重。于是纱或布之成本亦加重,与其如此往返加税,不如直接在产棉地造厂纺纱,即在当地出卖,此乃西人之见解。华人初不以为然,今亦渐知此说有理。按设立纱厂本系大工程,第一、机器购买与装设,极宜慎重;第二、工人之招集亦不易。若在上海有工部局之电力可用,取价公道,故厂主多乐用,机器成本可以减少。且运动稳当,不致有中断之患。如厂在内地,厂主亦可购置适量之生力机器。机器所用之煤,若厂地近煤矿,煤价必廉,运费亦少。凡中国产煤之区煤价皆廉,而上海煤价则甚贵也。数年前论者恒谓中国棉业将全入日人之手,目前外人及日人所办棉厂固甚多,然六个月来之棉业发展,全系华人所为。如所定购之机器全部装成后,则华人在中国棉业上将大占优势。凡此皆穆湘玥、聂其杰及荣君某某之力。彼等以实业经验及远大目光处置此问题,唤起国民之注意。因而招股颇易,据吾人所知六个月内所定购之锭子不下四十万枚。其中一部分系添入旧有之厂,而一大部分则系新厂所用。闻有一厂将专纺多支之纱,又一厂则纺中国向未纺过之细纱。"(同日《申报》)

8 月 26 日 出席上海欧美同学会会议,讨论即将在沪召开全国欧美同学会成立大会筹备情况。李登辉主席,报告开会宗旨,代理总干事朱文金报告"全国大会秩序,及各地代表与会情形。大旨谓各处欧美同学会对于组织总会,咸非常赞成。北京、天津、汉口、杭州、苏州、广东等处均选举代表来申参与盛会。"李观森报告大会秩序。(《申报》1919 年 8 月 28 日)

8 月 28 日 下午三时,出席华商纱厂联合会召开特别会议。因日人 9 月 1 日起于沪设立取引所兼做棉花贸易,商讨应付办法。共六十家纱厂代表到会。议决:"取引所含有赌博性质,非真正营业机关。(一)各华厂一致不往取引所购花;(二)凡在取引所买卖花衣之花行、花号、掮客等,各华厂与之断绝往来。并将以上情形通知棉业联合会,遇有往取引所买卖花衣之花行、花号、掮客,以及各华厂执事,随时探明函告。"(《华商纱厂联合会季刊》第一卷第二期)

8月29日 聂云台、叶铸候等陪同美农部古克格利芬及助手罗密司等人参观穆氏植棉场。(华商纱厂联合会档案)

同日 下午五时,赴青年会出席欧美同学会欢迎各埠代表会议。到者有北京、唐山、湖南、江西、香港、福建、杭州、南京等各地代表,及上海同学会会员百十余人。上海同学会总干事曹云祥宣布宗旨,会长李登辉述欢迎词云:"吾人留学欧美时,感情联络,学术研究至亲极必。现既陆续毕业回国,估各方面服务,当益互相砥砺。此次组织全国欧美同学,便即根据此意。今幸各处欧美同学,惠然肯来,欢聚一堂,实非常荣幸。"鲍女士等奏钢琴、唱歌,以娱众。各校同学高唱校歌,遂于欢呼声中闭会。(《申报》1919年8月30日)

8月30日 下午八时,赴一品香出席中华欧美同学会成立会。到者有唐绍仪夫妇、孙中山夫妇、余日章、唐露园、周万鹏、宋汉章、吴稚晖等一百数十人,美国学生居十之八。入座后,依次各唱校歌后,全体起立齐呼"中华祖国"数声。餐毕由主席唐绍仪演说云:"希望欧美回国学生,不要专存做官发财思想。"孙中山演说云:"欧美留学生系学问最深,人格最高之人,应负维护国家之责。今日之政权已落于武人、政客、顽固党之手,国家已陷于极危险之地位。诸君宜有担负国家大事之觉悟。"曹云祥报告中华欧美同学会总章二十四条,已经多数人详加讨论,完全通过。中华欧美同学会会长已举定蔡元培,副会长为余日章、王宠惠,中文书记为朱文鑫,会计为陈光甫。末大家起立,三呼"中华民国万岁"即宣告散会。(《申报》1919年8月31日)

8月31日 下午三时,于群学会出席上海武术会大会,到者七百余人。会董苏筠凋报告开会宗旨。吴志青报告经过情形。沈信卿与先生、谢复初、刘灵华等相继演说。"会员表演武术,有寅拳术者、有演刀枪者,且有两人较武者。其中以六十岁之杨奉真,与八龄某童子所演最惹人目。"演毕,由会员演滑稽、口技等以助余兴。(《申报》1919年9月1日)

同日 欧美同学会大会临时评议部在青年会选举职员揭晓,"编辑主任汪精卫,编辑员张福连(北京)、朱进(上海)、汤松(南京)。月报总经理黄首民。经济部部长穆藕初(上海),部员蔡国藻(天津)。(同上)

8月 中华职业教育社致函各实业家,征求实业界对于雇佣学校毕业生服务上必要条件的意见。先生认为此举关系重大,复函就职业界需要人才,学生弱点及实业界所欢迎之点加以分析,以资研究。①学生服务上必备之性情:朴实、温和、耐劳、谨慎、勤俭、精细、尽心、惜物、睦群。②学生服务上必须具备之才能:通事理、有决断。③学生服务上必须具备之体力：无暗疾、无嗜好。④现在应用之学徒服务上种种缺点：浮滑、卤莽、虚假、苟且、懈怠、妒忌。（《教育与职业》第十五期）

夏 请毕云程帮忙筹备中华劳工银行。同年 10 月，聘毕云程为厚生纱厂书记。毕云程《回味》云："次年夏穆先生又创办某银行，嘱余帮忙筹备，相见既繁，情感益孚，遂于是年十月间向闻先生（即闻兰亭——编者注）面达前情，闻先生为余前途计，勉允之。余乃就穆先生经理之厚生纱厂书记职务。""余进厚生后，即实地研究纺织机械大意及工场管理法，同时并继续余前在纱业公所所做之棉业统计。不久余又奉命调任纱厂主任，实行管理工作方面之事务，此等职务颇有需于具有专门知识经验之纺织工程师，严格言之，余实远不够资格，乃其时留学纺织专门之士回国者甚少，虽已有大批青年应时势之需要，远渡重洋，为专门之研究，而尚在外研究之中，其中有一二回国者，则又偏重于理想方面，而不甚适合于实际，余乃不得不暂时承乏。余尝以为世界上最苦之事，无如轻船重载，余以轻才荷此重任，一方研究，一方实行，同时交际应酬亦逐渐增加，且有时尚须发表关于棉业问题之著述，困苦情形，日益增甚。"（引自《韬奋挚友毕云程》第 104 页）

9 月 8 日 因穆氏植棉场移植美棉成效大著，江苏省长公署发布训令推广。云："棉花为吾国农产大宗，迩来东西各国尤以此为需要注重之品，上海地居海滨，土性□□，俗称棉七稻三。棉业重要可想而知。惟农民于改良种子，及栽植等方法殊少研究，故棉品未能制胜，收获亦不见增。自农学专家穆藕初游学回沪，于引翔乡创设植棉试验场，移植美棉，迄今四年，成效大著，各处仿种者接踵而起。查该棉场七年收获量最优者每亩得二百斤以上，其次平均约得一百六十斤。究其效果所致，则在能改良土质，善用肥料，而尤勤于排水翻土，力作不怠，是为主要之良法。该县农民往往以力田收入无多，改营工业，利弃于地。近见播种美棉之利益，知识渐开，是宜因势利导广为劝告。前次农商部饬发美棉种子，曾通咨各省转饬试验有案，拟请令行，县知事明白布告。并令由各市乡农会切实劝导乡民采取美棉种子，按照改良方法广为试种，以裕农产而拓利源。各等情据此，合行令仰该县知事遵照办理，并将筹设农场一案赶紧呈报。此令。"（同日《申报》）

同日 于华商纱厂联合会宴请美国棉业专家古克格利芬等。（《华商纱厂联合会季刊》第一卷第二期）

9 月 12 日 下午三时，出席华商纱厂联合会特别会议。聂云台主席。讨论植棉计划案，议聘留美棉业学生主持植棉事宜，请植棉委员长延聘；在徐州一带租地二三百亩，设立总场，明年散布种子，请古克君代为计划。（《华商纱厂联合会季刊》第一卷第二期）

同日 就外人托名发起浦东电车公司事，与姚文枬、黄炎培、穆杼斋等联名再致北京国务院、农商部、南京省公署、实业厅电。云："文枅等前以有人发起浦东电车公司,闻系外人利用。事关主权,电请院部勿予批准立案。奉批饬查,并勒停进行在案。近各报载此事又在进行,资本一千五百万元,筑路二百六十里,建桥三十余座,业已绘定图样。中有某国人资本不日披露等。语言之凿凿,群情骇诧,应请迅饬彻查虚实。如果有人托名华商前来立案,务恳确切严查资本所从出,万勿遽予批准,以保主权而弭后患。"(《申报》1919 年 9 月 13 日)

9 月 18 日　出席职教社议事员临时会。沈信卿主席,讨论职业学校八年度预算,"议学生照原额增加一倍以外,而所增经费不及四分之一,是否敷用,应俟试办? 议决:学期后再定。"又报告上海留法勤工俭学会合组留法勤工俭学预备科事及社务近况。(《申报》1919 年 9 月 21 日)

9 月 20 日　出席华商纱厂联合会特常会,决定由先生聘过探先主持推广全国棉业事业。《自述》云："唯余身兼两厂,事务殷繁,且另有新组织,遂于是年九月二十日议决,由余代聘过君探先主持推广全国植棉事业。先就江、浙、直、鄂、豫、湘,设场十六处,年需经费万两,厥后场务日渐扩展,需才甚多亦甚亟,过君势难独任,爰于民国十年起,迄十三年止,每年由纱厂联合会捐洋二万元,津贴东南大学农科,担任植棉事业,由该科主任邹君秉文与过君探先主持之。余虽担任委员长,仅用其名而已。我国植棉事业,迄今尚有可观者,皆赖邹、过二君及东大各农学专家热诚任事之结果,与纱厂联合会诸会员热心赞助之赐也。留学生之回国者亦多矣,用其所学而能造福社会,衣被群生者殊不多见。此非一般留学生之不愿服务也,实国事蜩螗,百业俱废,展布无途,故致此耳。余不禁为东大农科各专家贺,并为我全国棉业庆焉。"(《自述》第 25 页)

9 月　广东地方农林试验场致函先生,询承领美棉种子方法。云："兹有恳者,倾闻海上有纱业联合会之设,意在传播种子改良纱业,甚休! 甚休! 惟未审承领种子须具若何条件,尚祈示我周行为荷。敝场对于此事深表同情,如须代为传播,尽可效劳,即希详示一切为盼。如有印好章程,并望惠寄。"10 月 4 日,华商纱厂联合会复广东地方农林试验场函云："昨日由藕初先生转下手书,敬悉一切。敝会散布美棉子种并无如何条件,贵场约需用若干,尚祈示知。一俟明春美种到时,当即寄上以备试验之用。至敝会传播之子种,系以推广产额为宗旨,故仅限于通州、常、阴等棉。惟贵处乡农对于改良土棉及试验美棉之信仰如何? 附近各邑有无未垦之荒地? 土壤性质如何? 如何领荒? 费用每亩若干? 本年夏秋雨量如何? 温度如何? 统请详细示及,以便斟酌进行,实深盼祷。"(《华商纱厂联合会季刊》第一卷第二期)

9 月　发表《纱厂组织法》,全文分弁言、资本、厂基、建筑、机械、棉花拼合法、用人、管理、贸易、培养人才、结论等节。摘录如下：

弁言

　　谚云："一夫不耕，必受之饥；一妇不织，必受之寒。"故历古以来，男耕妇织，定为人民生业之大经。由是以观，日用必需品中，棉织物所占之势力，不亚于食粮。是以手纺之机，各家咸备，章身之物，不待外求，立国四千有余年，国计固裕如也。乃海通以来，各国精良之纱布，输入吾国者，岁有加增。以我手制之土纱布，与彼机制之洋纱布，比类而观，相形见绌，销路遂被夺无余。甚至机辍其工，女失其业，变自给为仰给，此民生国计之所以日促也。近若干年来，忧时之士，后先奋起，创设纱厂，迄于今兹，虽规模粗具，而供求之数，相差远甚。故上年棉货之由日本输入者，其值价竟达一百七十四兆元有奇。何则！我中国有人口四百余兆，而今日所有纺纱锭数，止有一百五十万枚；日本有人口八十兆，而今日纺纱锭数，已有四百万枚，两相比较能勿愧惧。欧战终结以来，全球各国，缺乏棉货，而棉价日增，为向来所未有。去年我国棉花，产额尚旺，故花价低廉。纱贵花贱，纱厂遂大获其利。我国有志振兴棉业之士，鉴于棉业之不竞，及年来棉业获利之丰厚，争相投资，组织纱厂。故今年上半年内，陆续添购纺纱锭数逾五十万枚。本此精神，努力进取，以挽回利权，棉业大兴，期当不远。玥心窃喜之。虽然，我国前此之办纱厂者，组织一厂，动需三四年，间有筹办五六年而尚未成立者。玥恧焉忧之。盖邦人士苟不察迟滞不能开厂之特别原因，以为组织纱厂，动需五六年，耗资数十万，或数百万，以致动色相戒，阻碍棉业之进步，殊足慨叹也。其现时之踊跃投资，组织纱厂者，虽不乏富有经验之人，其仅为热心所驱使，盲于进行，而茫无把握者，为数亦不少。玥希望振兴棉业之心日切，渴盼海内健者，创办纱厂之心亦甚切。故不揣谫陋，草就此篇，以资有志创办纱厂诸公之研究。玥于纱业中经验殊浅，未能旁征博引，多所贡献。但玥于近五年中，手组三厂，所得实验及感触，有足资考镜者，则又未敢视为独得之秘，此即是篇分次历述之微意也。至于理想的学说，或有不合于我国国情者，概从略焉。

六、用人

　　办厂尚易，而位置多人则甚难。位置有势力、无思想人所介绍来之无用人为更难。因无思想，不问所荐之人能任事与否，尽力推荐，务为其人求一啖饭地，唯其有势力，经理人不能不敷衍之。苟此项难关不即打破，虽有雄大资本，精良机械，有学问、经验、能力、精力之经理以督率之，恐不免阻碍其大业之发展。因厂中各部分人，各有专责，苟有一部分人而溺职，一隙泄水，长堤为倾。其遗不良影响于出品上、厂务上者，为数不在小。譬之行军然，马步炮各队之兵士,而能各尽心力以效命疆场,则帷幄之中,已操胜算;苟老弱无能,滥竽充数,虽据有绝好之阵地,督以百战之健将,而阵脚一松,敌军即得捣我之虚,优势失,而最后胜利,将移转于他人手中矣。工战之得失,关系于人事之克尽与否,亦何独不然?然则用人失当,有良经理以驾御之,尚不免失败之来;苟其无良经理以驾御之,则前途之危险,更不堪设想矣!

对付工人,本非易事。能固结其信仰心,斯为上策。固结其信仰心之方法,凡有数端:第一,工人血汗所得之金钱,为其一家老少生活之所寄,切勿扣折。第二,待遇工人,在在出以至诚。勿偏袒,勿徇情,处理纠纷,则务求平允;发生困难,则妥行商榷。夫然后工人对于工厂之感情无伤损,而误会怨愤,亦自然消灭于无形。第三,工人偶有过失,勿大声呼斥,使其失体面于多众之前。苟管理人不能为工人设身处地想,而任情发作,非唯不能促彼工人之觉悟,且容易激起其反抗之心。然则处置之道将安出?必也处处为留余地,婉转开导,使彼胸中点头,明白所犯过误,勇于悛改而后已。第四,随时奖励勤能。使良善之工人,益知自勉,非但不受劣工之同化,而良善工人,因奖励得诀故,人争自勉,而成为善良之厂风。如是,则虽有少数劣工,亦将涵濡薰陶,而化为优秀分子矣。又奖励之类别,一为褒许,一为升拔,一为特与之奖励金。膏泽过浓,则生物受殃。世往往有奖给之余,阻碍无数有望之人之进程者。然则奖励之中,莫善于予以若干之限制。如予以褒许语,而尚含有几分不足意,使身受者感而且奋,不因我之一言而自划。如以其人才度出众,而行升拔,亦宜渐不宜骤,盖不次之升拔,易引起其人骄纵之心。骄纵斯懈忽,误公误己,皆起因于此。虽曰爱之,其实害之。造父御六辔之车于独木之桥而不倾者,磨练久而工夫到,故其步独稳,而能身涉险途,一若行所无事也。暴进之子,则不足以语此。观此则奖励金给予之道,可不待言而自见矣。第五,工人有何疾苦,固为工人自身之痛痒,厂家使用其劳力时,则牛马视之,工人遭遇夫不幸时,则秦越视之。呜呼!此岂振兴工业根本之策划哉!夫得人之心,而后能得人之力。工厂之生产力,大半属之于此辈劳动家之手,是不可不有以体恤而慰藉之。体恤慰藉之举之最显明、而最易使多数工人倾心者,莫如周济工人疾苦之一事。工人所入有限,力不能使其子女就学,则兴义务教育,工人子女来学者,概免费。学成,即予以厂中相宜之生涯。工人不幸病殁,无力买棺,则办理施棺。本厂工人病殁而领材者,概免费。此外种种慈善事业,由厂出资措办,使工人同受其赐者,可类推,不博举焉。

七、管理

管理学具有专书,其中蕴奥,非片言所能尽,但书籍中所记载之多种管理术,不过若干之陈法而已。管理家不能拘泥陈旧之方式,以遗削足就屦之讥。因管理上一种特到之学识,大半出于天然之经历,故昔人在管理工厂上觅出之心得,仅可认为管理方法之酵母,而变化动用,应付咸宜者,则在乎管理家心思之绵密,及脑力之灵敏上讨生活焉。此中妙谛,非笔墨所能罄,今仅就厂中形式上管理方法约述之。苟按此方法,提纲挈领以行之,未始非发达厂务之终南捷径也。(一)力求废花之减少。现市每担花衣值银三十两,而废花每担仅值银四五两。废花何自来?除各机应出之废花外,皆各部分不知爱护,将良好之花衣任意作践而成者。每出废花一担,则厂中损失银二十五六两。苟不设法取缔之,假使某厂每日仅多出废花一担,除星期休业及年头岁尾等休业期合计之,作算一年工作三百天,则一年内亦须损失银七千八百两。积小数而成巨额,办厂者,又乌可以忽视之!(二)力求在厂之人各尽其职守。厂中各部分执事人,各人皆有分所应为之职务,人人克尽其责任,厂务之勃兴可立致。偶有何部分之谁某,不尽其应尽之责任,厂务之受害可立见。譬之缝衣然,一针踏空,全衣破裂之因,即伏于此。是以各执事之考绩,以勤能称职为至要之事也。此外如工作间之各部分工人,亦以勤能称职为考工之紧要条件。优良者务奖进之;怠忽者警诫而策励之;警诫之策励之无效,而后淘汰之。无惰工而后无废事。管理家对于甄别贤否,奖励多众之种种有效方法,不可一日不精心研求者也。扼要言之,全厂各执事各工人之精神,为厂务发达之中心力,办厂者首当注意及之。(三)力求全厂收拾洁净。整齐清洁,为凡百事业振作精神之表示。整洁之举,各工厂均宜视为要图。而纺织工厂,尤宜视为要图。盖不整齐不清洁之影象,易令人精神上发生弛懈之习惯。精神之弛懈,即事业不振之伏线,此意在老练之事业家,固能理会及之,可以不必备论。而在纺织工场中,大小机件,日夕震动,空气纤微之飞散,尘屑之漫空,无有已时,即使派有专人,勤于扫除,尚难十分干净,若稍放任,则一转眼间,便有不易收拾之状。而况因循苟且,废花乱纱,一任壅积,机械因之而减少灵动之本能,出品因之而失去精洁之美观。且不但此,而意外之危险,往往暗伏于其中。观人国者,观田野之治否,而即可卜其政治之污隆;观纱厂者,观工场之洁否,而即可卜其前途之兴替。整理洁净之关系有如此,办厂者又焉得而忽之。(四)力求工人咸知爱护机件。机件虽系钢铁所制成,而求其经久不坏,则端赖使用此机件者具有爱护之至意。盖纺织机件构造精细,苟善使之,则历时可经久;不善使而浪用之,则损坏可立见。西国某厂有一女工,管理一机件,经四十余年之久者,一旦厂中欲改换新式机件,将此老式之机器拆卸之,管理此机之女工,对之潸然泪下。客见而问之曰,汝何为者?女工答曰,予恃此机得生计者已四十有余年,予抚之如抚爱子然,一旦长别,能勿悲从中来乎?由此观之,欲求机件之经久,须得良善之工人整理而保管之。且必须此良善之工人久于其职,此机件方不落彼卤莽之生手中,庶能历久而如新。

总之,管理方法,千头万绪,非片纸所能尽。唯在当事者全神贯注,不少松懈,果能遵斯道以行之,则纺织业中,虽一时未得专门人才,而与世界纺织业家相搏战,本此精心实力,以日求进步,未始不可以竞存于现时代,而卓然立一赤帜也!

八、贸易

纺织家诚能于制造上悉心研究,使出品日进于精良,遂足云已操胜算乎?曰未也。制胜之道将安出?曰属之来源与出路。然则贸易之得失,关系至为重大。贸易上事,如棉花之买进、纱布之售出,全持乎眼光远、消息灵,以及计划之精到,手段之敏活。此系另属一种专门学问,大半由历练中来,浅尝者断乎不能一蹴而几。请晰言之。购买棉花,第一,须能辨别花品。第二,须研究本厂纺若干支数之纱,应采用何种之花。如是,则不合用之棉花,不致屯积栈内。第三,须随时留意择市上价格较廉而合用之花收买之。第四,随时探询全地球花市情形及价格涨落之倾向,与其他种种关系使棉花价格所以涨落之原因。购花如此,售棉纱、棉布亦无不如此。夫棉花为全厂命脉所系,苟经济而充裕,总以多购为是;棉纱布系厂中制造品,即使经济充足,总以少积为是。存花较少,则有停工之虞。因停止而致工人涣散,为厂家最忌之事;积纱布较多,则有呆滞之患,因呆滞而致周转不灵,亦为厂家最忌之事。存棉花如存米,存米过多,苟不朽腐,自无妨碍,积纱布如积粪,积粪过多,有害卫生,人所共晓。治家然,办纺织业亦何独不然哉!

纱厂经理管理厂务,使用群才,以及时刻经心于贸易之事,除学识、经验、精神、能力外,尚有一要点,不能不备者,即脑筋清醒是。有此清醒之脑筋,方能应付咸宜,贸易不至于亏损。即使办一万锭子之小厂,工人约六七百,各方面交接者日必数十起。苟心有所恋,则神致纷乱,终日碌碌,不集力于厂务,而施之于无谓之酬应,即脑筋本清醒者,亦将随境变迁,妨害贸易,乌得不引以为炯戒!

九、培养人才

百年之计树人。人才为事业之骨干,得人则昌,古有明训。培养适用人才,实为发达本业之要图。虽现时我国纺织业家,止须制造粗纱布,纺织专门学识似乎不甚需要。然自拙见观之,即制粗纱布,亦须具有专门学识,则出数多而品质佳,行销畅而获利易。况乎人民生活程度,继长增高,舍粗取精,人情之常，安知三数年后，制造品不随社会需求之高度而大加改革乎。未雨绸缪，储才宜急，我国旧时事业家，大都习惯以一二人支持全局，一旦偶有变动，即有人存政举，人亡政息之慨。扭于老成练达少不经事之陈言，故对于培植后进，素不注重。然而现在工战方剧，非广植后起之英，以添生力，则生存竞争场中，能有几何立足地！吾纺织业为世界工商业竞争之焦点，新厂崛兴，长才难觅，小之为一厂计，大之为全国计，培养人才之举，又乌能视为缓图欤！

结论

我国于本年内，添购纺织机件甚盛，锭数达五十余万枚之多。估计明年六月底，全国纱厂锭数，连英日商在内，约二百万枚。虽然，有未可遽抱乐观者。新厂根基未固，老厂腐败不堪，半新不旧之厂，又大都以昧于近利故，致公积折旧等皆嫌不足，虽有根基，亦未稳定。彼惯施垄断手段之日人，方且处心积虑，日夜谋我，悍然行使其斩除我国棉业之计划，正如风驰电掣而来。设计把持我原料品来路，阻止我制造品去路，而棉业前途，危险殊甚。深愿我国热心棉业志士，一方面竭力进行，使国货足够应用；一方面固结团体，使他人无隙可乘。研究改良，不稍落人后步；推诚联络，以期共济时艰。果若是，则不特吾纺织业之幸，亦即我全中国之幸也！愿我同业诸君子，交相勉之！

（《华商纱厂联合会季刊》第二卷第一期；《文集》第 165 页）

9 月 发表《振兴棉业刍议》一文，全文分"棉业在人民日用百物间所占之地位"、"中外人口及急需棉约数之比例"、"中外人口及纺纱锭数之比例"、"原料与纺织前途之关系"、"振兴内国纺织业主要之研究"等节。摘录如下：

原料与纺织前途之关系

工业之命脉在原料，原料之足否，工业之隆替系之。苟国内原料充足，无须仰给外人，则成本轻，脱售易，营业因之而畅旺。反是未有不失败者。棉花为纺织业主要原料，如前此所述我国产棉额及全国人口需用量，两相比较，产额仅得三之一，不敷竟达三之二。棉荒若此，瞻顾前途，能勿震悚？今幸受欧战之影响，棉业获利较丰，新厂勃兴，宛若雨余之春笋。至九年六月底，我国纺锭新添九十二万七千零八十枚，日人在我境内新设者四十五万枚，共计新添一百三十七万七千零八十枚。仅就国内各纱厂消费计，需棉额比以往时须增一倍，苟产额不力求增殖，而纺纱锭数，激增不已，此危道也。即使所产棉花完全停止出口，产销相抵，已觉不敷甚巨，则花价当昂腾，而纱价成本遂加重。于斯时也，我国棉界其能效法日人，厚集资本，开拓航路，向印美各国直接采办原料耶？且文化日进，舍粗取精，人类通性，则精制品之销场当然与日俱进。苟我国不从事棉质之改良，将长此仰望美国、埃及长丝绒之供给耶？由此言之，推广产区,改良棉质,刻不容缓已。姑就管见所及,约述实行推广及改良棉产之两大主义凡五则,以迄关于棉花贸易者凡五则,愿与我棉业中人力图之。

(一)凡实行一种计划,须有系统,有系统而后主义可贯彻,进步可立致。是当设立植棉总场,以专门人才主持之,实行推广与改良之两大主义,并就宜棉区域,酌设分场,星罗棋布,以宏提倡。宜棉而向未植棉处固当悉力指导之,向来产棉而墨守旧习处更当协助改良之。各分场选用农科毕业生,受辖于总场,以收臂指相联,进行一致之实效。

(二)国内闲地,触目皆是即以我苏之江北论,荒芜满目,比年受水旱偏灾,农民不事耕作,故贫困殊甚。苟设法开浚水道,既免泛滥之祸,复收灌溉之利,且地面植物繁茂后,空气因而滋润,旱魃无从肆虐。滨海涨滩之未经垦种者,大可仿照张南通之植棉开垦法,着手种作,俾地无废利,人无废时,一举而两善备矣。

(三)国民能阅书报者,虽占至少数,然欲鼓动全国人民植棉兴味,应撰述或移译植棉事业之论著,唤起大众注意。此项植棉救时主义,首由城镇间树其风声,渐次传达于乡曲,则感动愈大,而普及自易。

(四)我国向不注重专门,故专门人才遂不多觏,殊不知学业之径途至繁赜,各种有各种之专门。植棉虽包括于农业之中,设以东西洋农学毕业生之向无植棉经验者,使之管理棉场,恐难收圆满之效果。是宜一面调查农学生中之有植棉经验者,择尤使用;一面应选拔能耐劳苦之农学毕业生,置之总场,训育之,以便任用。并宜于各分场中,就近训练农家子弟,谋植棉知识之普及。

(五)旧时农校大都徒读死书而少实验。凡农校以农场为主体,而学校不过搜集农场之成绩与种种失败之点及其补救方法,作学术上最新之研究。故无农场,即无新颖之讲材,无新颖之讲材,而农校遂虚设。今欲增殖棉产,应联络各农校,扩充农场面积,划出一部分作植棉之用,俾有志振兴棉产之学生,得随时实地练习,养成需要之人才。

(六)凡百事业之最大缺点,在乎无调查。无调查,则此盈彼绌,不相调剂。商业中人大都昧乎供求之比例,暗中摸索,类无把握,事业之盈亏,付之天命,良可慨也。棉业中类此者,为数亦不少。虽然,棉业而不求振兴则已,苟欲振兴之,各地方产额,自应详细调查,刊布报告,并研究其出路,及各地种植、贸易、关税、交通等种种情形,俾制造家得按图索骥,而入于商竞轨道中。

(七)推广改良棉产,决非口舌所能为力。农夫固陋,中外皆然,宜利导之。其利导方法,不外乎随增殖新棉各产地,遍设轧花厂,抬价收买改良新棉,则于提倡植棉,更进一步。设此收买机关,群情自然奋兴,不致观望不前矣。

但棉价低昂，随世界大市而活变，设厂收花，系商业性质，此种计划，不宜隶属于植棉场内，以免经济之牵动及精神之分散。故此项轧花厂当另行设置，由各地热心棉业家组织之。若就近纱厂，从事于收买改良新棉，则更为相宜。

（八）我华商向重信用，第自革政以来，商业道德，日就沦丧，其殆受恶政治之影响使然耶？抑社会多数自行堕落致此耶？前此有搀水、着沙砾、杂棉核等弊端，近今又发现以次货搀入较高之货中，鱼目混珠，不但陕通薄有令名之棉花因之低贬，即平常之本花火机亦以次搀入更劣之棉，亦无纯货。棉质关系纱厂出品甚巨，凡出货之迟速，纱质之美恶，全视购进棉花之优劣而判之。今市上花品低劣，虽受其蒙蔽者厥惟管理不良之纱厂，然而藉蒙蔽以射利者，破坏信用，奚啻花商之自杀？不过此辈无识，狃于目前小利，混杂低价次货，得不偿失，为可怜耳。彼等岂知货品低劣，则出口无望，出口无望，则花价低贬。苟不及早觉悟，革除此项积弊，棉花业一败涂地之日不远矣。

（九）厘税病商，怨声载道，此种恶税，实为束缚商业发展之一大原因。内地厘卡重重，捍手辈凶于狼虎，狡黠贪鄙，无所不为，而国民道德，亦多堕落。自上而下，几乎无一不受金钱之运动。花商之黠者便矣，愚者苦矣。故厘卡不废除，棉业永无发展之希望，棉业然，他业亦何独不然。棉业占全国工商业最大部分，愿我棉业中人，首先设法废除厘卡，以苏商困。

（十）日人与我国通商，当然享有采购土货之权利。惟日人思深虑远，茹苦耐劳，往往深入腹地，采购棉花，输运出口。夫采购棉花本无足怪，惟日人之采购方法独异于人，为可怪耳。日人在夏季往往深入腹地，直接贷资于农人，每亩自二三元至七八元不等农人受此定银，所产棉花，概须由日人收买，已完全失却自由脱售之权。因其曾受定洋，致受压迫，货主买客，何方得利，不烦言而自见。以故腹地棉业，往往受日人之控制，胶葛日多，人民不堪其扰，官吏绅士棉商均畏惧之，嗫不敢声。呜呼！此事而不立即阻止之，内地棉业采购权，不几为日人所囊括，而吾全国纺织业之生死命，岂不操之日人手中哉。

振兴内国纺织业主要之研究

植棉既推广矣，改良矣，棉花贸易商，亦知自救之道矣，而环顾内国之纱厂则何如？目今我国之纱厂，新者占多数，然考其内容，无所谓新旧。全厂工作权，完全操诸无意识、无责任之工人手中，此系目前缺乏专门人才，无法补救之实况，骤欲挽回，良非容易。纱厂之尚能持久者无他，不过占优胜之地位而已，否则久已倾轧殆尽。虽然，以盲人瞎马而言驰驱，即使不临险地，颠踬之祸，亦在在可虑。故玥常谓无论何项事业，苟无专门人才主持之，断乎不足与言进取，而收终局之胜利也。兹将我国纺织业之三可慰及八可危胪举如下，以作有心人研究之资料：

内国多数人民需用布匹品质较粗，故本国棉花现尚合用。如设厂于产棉区域内，原料便宜，成本遂轻，虽纱质欠精而价值低廉，故尚未被舶来品挤去。此关于原料取给便利之可慰者，一也。

人口繁盛，需用棉布为数绝巨，市场广而且多，虽精良外货盘据各市场，而本纱本布尚能溷迹其中，销行无滞，此关于市场广袤之可慰者，二也。

百业待兴，地方人民谋生无路，因人众而工价遂廉，虽工作未精美，而普通工值比之印日两国觉为低廉，此关于佣工易得工费较省之可慰者，三也。

揆之经济学原理，工业发达有四要端：一资本、二原料、三佣工、四销路。今我国具备此四要端，而工业尚未如何发展者，虽曰为国民富力及团结力薄弱所限，然其最大原因，在缺乏专门技术家，无从训练管理之，致工人不称职而工作不良也。仅仅希望工人之克尽厥职，河清无日。无已，惟有根本解决，努力培植专门人才，以收督察指导之功于方来。而我国纺织专门人才，甫在培植，此时止得将就支持，留心弱点，厂务遂无起色。此缺乏专门人才之可危者，一也。

纱厂工人众多，动以千计。虽工作部分在在有负专责者督察之，然范围较大，组织斯难，苟管理欠密，难收实效。且我国人短于自治，自治尚且未能，又安能管理工人。以自治工夫欠缺故，遂致秩序紊如，影响出数，亏损斯来。此管理不得其道之可危者，二也。

全厂工作无专门人才督察之、管理之，则出数少，出品劣。一任工人之任意妄为，漫无限制，工资虽廉，其如工作之不精良何？现时我国出数较少，尚能含混过去，将来工厂林立，竞争剧烈，苟内部长此不整顿，一转瞬间，已无斯人留残喘之余地。此工作不精良之可危者，三也。

国民富力未充，自私自利之心却反浓厚。万锭纱厂，动需资本金五十万两，投资一二万，俨然以大股东自命，攘夺权利，位置私人，驯至股东间自相倾轧，不辍业不甘休。授外人以隙，坐收渔利，此股东无公德心之可危者，四也。

全厂厂务、用人行政责任綦重，为经理者，宜如何尽心筹划，期无负股东之付托。乃购办机件，堕人术中，吞声饮恨者有之；假公济私，满载而归者有之；徜徉花天酒地间，携娇妾而去者亦有之。厂未开，基金百万已消蚀殆尽矣。或则位置私人，狼狈为奸，股东之血本虽亏耗，总协理之私囊已充满。此当事人无天良之可危者，五也。

股东狃于目前小利，偶有盈余，分散靡遗。公积一项，素未注意，一旦市况变动，以致周转不灵，不虞之亏损，遂至无从弥补而搁浅。或因信用扫地，竟致闭歇。此各厂缺少公积金之可危者,六也。

政争日起,政象日非,商业凋散,纸币充斥,现金缺乏,遂致息率日增,担负愈重,立业愈难。倘回复无期,殊难持久。此息率过重之可危者,七也。

振兴实业,须着眼于内地,而我国之实业,仅发达于上海、天津、汉口等各口岸者何也?以有外人之保护也。内国实业,国家不自保护之,而托庇于客籍法治机关之旗下,已甚痛心。乃加之以军队万能,蹂躏地方之军队,布满全国。军队愈多,不但内地实业不振兴,即各商埠甚愿振兴内地实业者,亦无从措手。况乎军队愈多,国事愈纷乱,货物愈窒滞,而不易流通。政府不但不加保护,且于不知不觉间阻挠之,而纱业遂无起色矣。此政府不知保护之可危者,八也。

以上八者,有一于此,即足以妨碍纱业之发展,况八者兼而有之乎?故我纱业中人,应彻底觉悟,一心一力,急起直追,扫除此八种可危之缺点,利用三种可慰之优点,坚结团体,确定目的,悉力做去。精诚所至,金石为裂,遵斯道以行之,纱业发达之期,当必不远。且不但此,更有两种猛进计划,约列如下:

(甲)我纱业中人,不乏眼光远大、统筹全局之人。首宜在各口岸调查舶来品,设法仿制,务求货品精良,代价较为相宜,以堵塞其销路。使舶来品步步减缩,卒至在我国市场上再无盘旋之余地。

(乙)宜结合大团体,用步步为营之方法,由口岸而及内地,由内地更进而及僻远之腹地,凡水陆交通之产棉区域,或棉花集中地点,添设纱厂,大小可不计,以供给附近用户之需要,无待外求为惟一之目的。

我棉业中人,诚能本此计划,开诚相见,合力进图,则我国棉业之振兴,可翘足而待矣。世有抱棉主义救时之宏大主张,为国家谋公福,不为个人营私利者,玥虽鲁愚,深愿执鞭担镫,追随左右,向工战商战场里,作冲锋陷阵之一战员也。

(《文录》上卷,《文集》第 46 页)

10 月 3 日、4 日 于《申报》公布《中华劝工银行有限公司章程》与《中华劝工银行招股简章》。《章程》规定"本银行以辅助工业之发达或改良为目的";"本银行资本总额定为一百万元,计分五万股"以及职员、董事会组成形式、营业、债券等。发起人为先生、聂云台、黄炎培、沈信卿、经子渊等五十五人,赞成人为宋汉章、陈光甫、钱新之等十五人。

10 月 15 日 与余日章、陈辉德、穆杼斋、宋汉章等在一品香旅社宴请菲律宾议会议长奥斯梅那氏。"本埠重要人物均莅会,列席者共约百余人。"余日章主席,述欢迎诚意。"奥氏起而演说,斐律滨与中国之关系演,辞甚长。继孙中山演说,词亦甚长。至十一时,宾主始尽欢散。(《申报》1919 年 10 月 16 日)

10月18日　出席职教社议事员常会。袁傲斋主席,报告学校各工场出品售数,金工科七年十二月至八年九月共出一千六百十九件,除成本外,出售盈余三百八十八元三角八分九厘;木工科七年十一月至八年九月共出六百七十五件,除成本外,出售盈余一百五十七元七角九分四厘;钮扣科七年十一月至八年九月共出军衣钮二万九千二百十五粒,揿钮四百零八,笭贝钮一百九十八笭,除成本外,出售盈余一百三十九元五角八分四厘;珐琅科八年五月至九月共出一千四百十四件,除成本外,出售盈余二百零八元五角九分三厘。(《申报》1919年10月22日)

10月21日　下午六时,出席华商纱厂联合会董事会常会,讨论植棉事宜。议聘用过探先主持本会总场,"宜月薪一百六十元,期限五年,每隔二年加二十元";总场地点定南京;豫丰、恒丰、宝成、厚生各捐特别捐一千元,购买美棉种子,呈请江苏省实业厅悬赏奖励准、徐、海人民植棉。(《华商纱厂联合会季刊》第一卷第二期)推定刘柏森、穆藕初为筹设棉铁工艺学校章程起草员。"此校之开办费未免稍巨,然一经创立之后,足为各厂所利赖者将复无穷。况其办法系生利而非分利者。"(《申报》1920年3月15日)

10月26日　出席上海各马路商界总联合会成立大会。戴季陶、黄炎培、聂云台等一千多各界人士出席。潘励绅主席,并向当选总董、副总董颁发证书。总董陈则民发表就职演说后,戴季陶、聂云台、黄炎培、俞希稷、杨筱堂和穆藕初等来宾相继演说。先生演说《请大家研究三端》云:"前届罢市,纯是自动,我辈均有身家,前事为曹、章、陆,岂得以恶名相诬,诸君试思彼我双方究系谁是乱徒。凡人做事惟积极方有功,人有责任心方能言平等,设偷惰不事事抗命者,亦可以平等二字塞责乎?动言革人之命,似终不如革人之心有益。凡具两眼者,宜能辨是非,不盲从也。"(《申报》1919年10月27日)

10月27日　下午三时十五分,赴昆山路女青年会,于社会服务研究会第一研究班上演讲《棉花与棉花之种植》。昆山路女青年会协助国民教育促进团从10月24日起至11月2日止,在该会开社会服务研究会。邀请青年会韩镜湖、女青年会奚伯绥夫人、张东荪、戴季陶等演讲。(《申报》1919年10月28日)

同日　下午四时,出席江苏省教育会、上海总商会等十八团体集会欢送美领事萨门斯。李登辉主席,"述萨君在沪六年主张公道,笃厚友谊,令人念念不忘。"先生演说云:"兄弟今日能在此大会躬亲欢送萨门斯君,及欢迎克银汉君,实为欣幸。惟兄弟所发之言,想亦在座诸君之所欲言。吾人对于萨君去沪颇生感想,因其主持之公理与正义,常在吾人脑海中,甚为感谢。君为我国之挚友,但其爱助我国之好意决不因地而异。今君赴澳,谨祝健康。至克君来华已久,吾国长江一带尤为熟悉。此次来沪,中美国民商业上、友谊上互助提携,实多希望于克君。吾人敢决中美商业友谊，此后必日增发达。"黄炎培"读所赠萨君镌制纪念大杯上刊之文字，及团体名称，为"驻上海美总领事萨门司君在职六年，和平公正，便两国国民交谊日亲。于其去也，赠此为念。中华民国八年十月"。次克银汉致辞，"极为恳挚，并谓萨君公道友爱之主张，彼当效法以敦中美邦交之友好，中美商业互相提携是其素愿。"（《申报》1919 年 10 月 28 日）

10 月 28 日　下午三时十五分，于社会服务研究会第一研究班上演讲《入厂后之棉花》。"陈列纱样及各各种参考书籍，加以说明。"并预定次日组织参观厚生纱厂及杨树浦之沪东工社。（《申报》1919 年 10 月 28 日、10 月 29 日）

11 月 1 日　于《申报》发表《劝工银行与各小工业之关系》一文，指出经济与实业关系，云："人之生也，必须有旺盛之血液营养全体，然后五官四肢方克各尽其天职。内国实业之发展也，全赖雄厚之经济，左右调护，然后地方百业自然日跻于隆盛。经济之于实业，犹血液之于人身，关系之大可不言而喻矣。今者内国经济万分竭蹶，息率骤增，汇兑不通，此时而欲希望实业之发达，岂不戛戛乎其难哉？"强调组织劝工银行目的是"作各小工业之补助机关"，并阐述劝工银行除普通营业外，还肩负振兴我国实业之六项任务。云：

> 年来我国银行事业发展颇速，固我国经济界之好现象。第前此举办之各银行，商业性质者居多，间有以实业之名义立业者，然与工业界不相接近，故工业界之获益者良鲜，而小工业则更无论矣，此则劝工银行之设立，有未可一日缓者。

> 间尝研究东西各国工业发达之原因，莫不仰赖银行之把注。此类银行，大都由政府组织之以宏提倡者，而在我国，则政争纷扰，一般野心家日夕孳孳以个人权利为急务，安暇为国人筹划积极进行之方策，而谋国家之富强。虽然，共和国国民，凡事须有自动之精神，苟政府能援助之，固属佳事。如其不能援助，则合力自谋，以求发达内国之富源，为共和国国民应尽之天职。由是言之，劝工银行之组织，亦共和国国民分内事也。

> 自五四运动以来，民气日盛，抵制劣货，全国响应。乃为时无几，锐气骤减。呜呼！岂我国民缺乏决心与毅力有以致之乎？夫亦以家常日用品中国货稀少，故不能不仰给于人，而作此饮鸩止渴之举耳。世不乏热心远识之士，持百年久长之计，以求国内各小工业之发达，而后外来之劣货无可乘之隙矣。其计维何，即尽力促成此劝工银行，作各小工业之补助机关，维持之而发达之，起点虽小，收效自宏焉。

> 客曰：子与诸同志组织之劝工银行，虽集资百万，为数究属无几，安能以发展全国实业为任务哉？应之曰：君言良是。然百万资本，特始基耳。按之盈科

而进之公理,正可逐步扩张,以应时势需求也。况乎此劝工银行成立后,其同类银行之接踵而起者,固属意计中事。请进一步与客言之,劝工银行除普通营业外,更有关系于振兴内国实业之要计数则,属于调查者四,属于建设及促进者二,请约述如下:

(甲)调查欧美日本及本国学堂之工科毕业生,并曾办各项实业失败而有经验者,详记各人之专门学识与所得阅历,通信联络,遇有机会,即介绍而聘用之,使专门人才不致学非所用而长此湮没。

(乙)请各地方热心家,调查各当地各种特产品之足供工业原料用者,藉以推广各工业,俾地无弃材,以达利用厚生之目的。

(丙)调查海关进口货物,俾国人晓然于金源外溢之巨大,而图补救。

(丁)调查全国已设立之各工厂各项工业,每年出数若干,并对照每年进口之制造品若干,择其最急者,设法提倡以图抵制。

(戊)邀请专门人才担任顾问工程师,各厂如有组织或改良等事,可向劝工银行延请,藉免耗费。

(己)编辑《劝工月报》,将调查所得之资料及全国工业进行状况,随时报告国人,藉作兴业南针。

以上所拟办之调查事项及出版事业,所费无几,而于工业上则有大关系。盖我国工商业前此类皆暗中摸索,事业之成败素无规划,一一委之于命运,千车一辙,故失败多而成功少。有调查报告,则作事有根据,补救有径途,其失败当然可减少。劝工银行关系工业前途之远大有如此。虽然,劝工银行此日之成立,来日之发展,全赖各方面热心爱国志士之赞助,此系提倡国货,杜塞漏卮,造福社会,巩固国力之积极的事业,出各自积极之眼光,积极之愿力以促进之,不禁馨香祷祝以观厥成也。

(《文录》上卷,《文集》第 87 页)

同日 上海英文《密勒氏评论报》"Who's Who in China"专栏刊登先生英文小传一篇,并配有照片一幅。先生小传如下:

Mr. H. Y. Moh, manager of the Hou Sun Cotton Mill and the Teh Dah Cotton Mill who left here recently for Chengohow, Honan, to organize his third mill, has had a moat versatile career and varied experience. Born in Shanghai in 1877, Mr. Moh was brought up in the family of a cotton merchant and worked in a cotton store owned by his father between the age of fourteen and twenty. He did not begin to study English until twenty two years old, yet he has an excellent command of the language.

From 1900 to 1905, Mr. Moh served as a clerk in the Shanghai Maritime Customs. In 1906 he was appointed supervisor as well as English instructor at the Loong Meng Normal School. Early in 1907, he was sent by the directors of the Kiangsu Railway Company to investigate the railway police system in Northern and Central China. In the year he was made chief of the police department of the company. This position he held till the end of 1908.

In 1909 Mr. Moh sailed for the United States and entered the University of Wisconsin, where he stayed till 1911. Then he transferred his studies to the University of Illonois, where he completed his course in agrioulture and took the degree of B. S. in 1911. During the summer of that year, he took a special course in silk making in Armour Institute, Chicago; thence he went to the Agricultural and Mechanical College of Texas , College Station, Texas, Where he studied cotton planting and manufacturing. The degree of M. S. was conferred on him by the college in 1914.

Immediately following his return to China, Mr. Moh conducted a campaign for the establishment of a cotton mill. Assistad by hisbrother, Mr. Moh Su-chai, a well known cotton expert, Mr. Moh succeeded in raising $200,000 and put his first mill in operation in June 1915. Before the establishment of Teh Dah, Mr. Moh's first mill, the general belief among the Chinese was that China could never compete with Japan in the cotton industry and any effort to promote the industry was futile. The splendid management of the Teh Dah Mr. Moh as its executive head dispelled absolutely the former unfavourable conolusion. Teh Dah has now grown to a $1,000,000 concern.

In 1914 Mr. Moh inaugurated a cotton experiment station named after him, where American seeds were acclimated and freely distributed among the farmers. Mr. Moh's station was the first one that introduced American varieties with satisfactory results. To encourage the farmers to plant American seeds, he established at his own expense in 1918 on Lay Road, Shanghai, a cotton ginnery with American saw gins.

In 1916 Mr. Moh was asked by several wealthy Chinese to organize a huge cotton mill. At first, he attempted to bring this new investment together with the directors of the Teh Dah with a view to enlarging the old mil, but this failed and was allowed, by the directors of the Teh Dah, to organize a separate mill. In June 1918, his second mill, Hou Sung, capitalized at $1,200,000 began its operations.

Teh Dah was the first Chinese cotton mill to spin fine yarns, such as 42 counts; and Hou Sung was the first Chinese mill to manufacture shirtings and jeans. The introduction of bleaching and dying is now under plan. Hou Sung is also the second mill in China and the first in Shanghai to be equipped with American machinery of the Saoo-Lowell Shops and Crompton knowles's looms.

From Hou Sung, a third cotton mill has sprung up with a capital of Tls. 1,000,000. This is calied Yu Foong and is being erected in Chengohow, Honan, and will be ready for operation before the end of this year.

If all the machinery ordered for the new mill arrives in China before this year, Mr. Moh will be in charge of three cotton mills, respresenting 100,000 spindles, 11,000 twisters and 600 looms. The fact that Mr. Moh has succeeded in organizing three mills with five year speaks for itself.

Mr. Moh wrote in 1914 a book entitled "Simple Remarks on Cotton Improvement", over 30,000 copies of which have been distributed throughout China. He also translated Dr. F. W. Taylor's "The Principles of Scientific Management" in 1915 and Mrs. W. A. Graham Clark's "Cotton Goods in Japan" in the following year.

Mr. Moh is 44 yearrs old. Besides his many duties in the cotton mills, Mr. Moh is interested in many social aervice movements. He isone the directors of the General Chamber of Commerce, is chairman of the cotton extension and improvement committee or the Cotton mill Owners"Association and director of the Vocational School of China. Mr. Moh was the first President of the American Returned Students" club and director of several other cotton mills. He is a member of the recently inaugurated A. B. C club.

（原报）

11月4日 下午六时,出席华商纱厂联合会董事会常会。聂云台主席。"一、派本会植棉干事叶君元鼎赴美考察植棉情形及改良棉种方法,期限半年,费用及来去川资共美金三千元,请藕初先生暂垫国币一千四五百元,由会归还。叶君抵美后每月至少须报告两次。一、日人取引所兼做棉花贸易案,议决即开办棉花贸易时,应再通知。"(《华商纱厂联合会季刊》第一卷第二期)

同日 与朱葆三、宋汉章、聂云台等二十五人以中华实业大学上海筹备员名义联名发表《中华实业大学缘起》。云:"吾国言新教育、新实业者,近三十年于兹矣。不闻以新教育、新实业救敝起衰,惟闻以新教育、新实业为世诟病。推原其故,皆由于新旧学识之未能沟通。中国毕业于国内外大学者,率皆文理优长,研求有素。及其经办实业往往因经验未富,难收成效。盖明于世界大势,而味于社会习惯有以致之也。资本家坐拥巨资,置守旧法,创办伟大事业仅凭数十年经验而无新学识以济之,简单之理想断不足应世界潮流,于以见经验学识相济为用,非交互贯彻,则所谓新教育、新实业者不过徒托空言,而于社会实业无毫末之裨益也。夫外略之势力相逼,而来国家之运命朝不保夕,非以人才缺乏乎;社会之事业日益衰败,家庭之生计日益窘迫,非以经济困难乎。新教育者所以培养人才,新实业者所以扩充经济,而其效果乃竟若是同人等甚忧之,而外人之有同情者亦甚。忧之,忧之! 而谋所以解决之道,于是乎有筹办实业大学之说。美国吴伟夫博士者,曾任加尔佛尼亚大学农林科教授数十年矣,其于教育、实业之学理经验甚深且富。去岁来游吾国就教职于金陵大学。目睹乎吾国教育组织之未善,实业革进之无由,因有建设实业大学之意见书数万言若在,条分目击,并拟向美国募集款项充基金,聘美国热心吾国教育实业者充教授。校舍则位置于通商口岸邻近之地,范围由小而大,学级由少而多,合教育实业以一地汇人才,经济以一区所教之。学艺不一端,以切于今日吾人之需要为主;所营之事业不一端,以切于今日吾人之生活为归。学生研究之所得,即可以致其用;工作之所入,即可以供其需。学理则以经验之印证而愈明,经验亦以学理之参考而愈确,以一埠推至各埠,则全国有此种实业大学,即全国有实业教育之人才,于是一洗此数十年来空疏无用之弊病,而为今日提倡职业教育者之先声。同人等既感其博爱之热诚,而又觉其所述之意见与同人等所抱之志愿颇相吻合,于是乎有创设实业大学筹备会之议,顾同人等愿大力微汲,深缒短深,惧陨越贻,吾教育实业界羞语有之,集思广益,众擎易举,敢乞吾海内外诸同志签名入会,与以精神上之赞助,群策群力,以共谋进行之方针。则此庄严璀灿之实业大学行将发现于目前,是则同人等所梦寐祝祷者也。"(同日《申报》)

11 月 6 日 代表厚生、豫丰纱厂捐资二千元,另宝通、恒丰纱厂各捐款一千元,共四千元,向美国购买良种棉籽,分散各产棉区试种,以作改良植棉之用。(《华商纱厂联合会季刊》第一卷第二期)

11 月 22 日 厚生纱厂与辛韵兰签订租地合同。云:"辛韵兰因有余地一方,在防培路南,其地坐落上邑二拾三保拾叁图,体字圩第四佰零七号内,约地叁亩七分零。自愿央中王锦兰、顾茂孙,出租厚生宝厂处,创立建造工房正用。当时凭中三面议定,将时值租价每年租金洋叁百伍拾元正。三面言定租期拾柒年为限,期内双方不得更变。如有改变,应照顶期按年时值租价损失一并赔偿。当日立据,先收租金壹年,顶首壹年,共计洋柒佰元正。后租金按年收取,至期先收,顶首期满扣除。按期支取租金,另有祖折为凭。其地自出租之后,任凭认租户填泥,兴工建造房屋一切等情,认租人自便。期满之后,在地上房屋,内外装修,泥土一切均归地主管业。倘有接租人,或改造拆卸等情,与承租人毫无干涉。此系两相允协,各无异言反悔。恐口无凭,立此出租基地据存照。民国捌年旧历拾月初一日立允租基地据,辛韵兰。四址:东至小岸,西至大路全,南至夏姓地,北至马路。又批:议定租期拾七年为限,已未年起,民国念五年丙子九月为止。见中穆湘圭、王锦兰、顾茂孙、辛兰生。图:王锦兰。代笔沈松涛。"(原件)

11月 《植棉改良浅说》五版发行。(原刊未见,引自《植棉改良浅说》六版版权页,1921年12月)

11月 沧水发表《中华劝工银行之前途》一文,对该行营业方针、与普通银行之关系等发表意见。文云:观其发布《简章》,今有三事先以告之:一、工业金融之放款范围不可有地方限制。苟工业所在之繁盛区域必为其谋资金通融之便利,今既先设总行于上海,但工业银行不在吸收活期存款,故不必广设分行以为竞争。……二、吾国特种银行大概攘夺普通银行之交易,并不在其特殊营业上从事,此实违反设立之主旨。今劝工银行既以扶助工业之发达成改良为目的,其营业方针当采'人弃我取'之主义,其善之。倘营业上只求便利行事,凡普通银行所可从事之放款一概招徕之,则一旦遇有必要时,其资力将形薄弱,故借出资本时宜注重工业创设上及改良上必要的放款,方为正当。将来能否名实相符,或确能辅助工业界否,可于此点见之。三、收受各种储蓄存款系必要之举。工业银行之任务一面固在辅助工业之发达;一面必在奖励工人之储蓄。吾国储蓄机关不完备,工人方面之储蓄仅工厂中所特设之储蓄处得以吸收之。工人入染浪费之恶习,其于工厂管理上固有所不利,即自工业艺术上言之亦难望其技能之向上精力之专注,果能奖励其储蓄,广设机关,用巧妙之吸收方法,则所积聚之资金即可以供生产之用,间接足以助长其他商业之进步也。"(《银行周报》1919年11月)

12月4日 与穆杼斋等族人联名发表《宣告与穆再钰、曹氏脱离亲族关系并断绝往来》一文,全文如下:

再从堂弟穆再钰(即少芹)为穆子琴之遗腹子。其母姚氏抚孤守节,赖十指以糊口,不足则由亲族赡养之。湘瑶、湘玥之故父琢庵公,已故之湘璜,今之湘瑶及亲戚包惠卿,均先后扶持其成立之人也。不料娶妻曹氏之后,事事顺从,以致曹氏肆无忌惮,任意将姑虐待。近五年来其恶益甚,致其母姚氏常外居于湘瑶、湘玥及惠卿,或其过房亲顾氏处。偶欲回家检取破旧衣服,非同亲戚之婢媪同去，则拒不入门。在家时则令与女佣同食。家有仆媪各一，而令其七十四岁之龙钟老母自往街上倒取开水，其住在亲族人家之时，即仆媪亦未来过一次，亦并不给付一文。食则食亲族也，衣则衣亲族也，待遇之酷，言之发指。本年二月间，姚氏必欲回家，湘瑶劝之曰："汝之儿媳等于有两次无住在此间，均约七八个月之久，并无一人来过。冬间棉裤尚是我母做给与汝。回去恐须少活几年耳。"姚氏垂泪而言曰："我死在此，恐累汝等受气也。"自是之后，来则必对湘瑶、湘玥之母涕泪横流，惨不忍睹。阴历九月初七日三时，曹氏又向其姑姚氏吵骂，并云："你去死还是我去死。"（见邻居之证人）其姑即当天一拜（见穆曹氏之口供）回房自缢。女佣见之即呼曹氏救护，曹氏曰："随她去死罢。"即将门窗紧闭。（见邻居之证人）死后邻居群抱不平，皆欲拥进质问，而再钰已雇武力者多人把门不许放进。报告亲族诬为跌死。湘瑶适在杨思乡河工防次，回后由亲族群来赴告，即经湘瑶具禀检查厅告发，现请高检查厅再议。据穆再钰供称缢死，并称妻实不贤，请庭上原谅。（见穆再钰口供）据曹氏及其女佣诸朱氏，其女湘珍供称，跌死跌下时尚有气，手足尚能转动（见三人口供），何不于此时呼唤邻居，及路途较近之亲族急行救护，而必差遣女佣冒雨至双笠桥，呼一不相干涉之裁缝阿大来家，其意何居？据女佣诸朱氏对人曰：'奶奶早已预备好了，不过多用几个钱就是。'（见诸朱氏口供）以上所述，均皆实事可证。似此人伦奇变，国法难容，虽法院之侦查自待，而族亲之舆论，宜公为特，胪陈事实，即日宣告与穆再钰、穆曹氏脱离亲族关系，并断绝往来，以肃伦常，而端风化，诸维公鉴。族穆廷钰、湘瑚、湘瑶、湘珏、湘玥、湘琨、湘瑾、家樟、家樑、家梓，亲周子云、周桂生、陈伯寅、陈师修，宝惠卿、贾荫轩、陈悦周、陈子馨、陈子香、周耀生同启。

（同日《申报》）

12 月 5 日　上海学生联合会抵制日货委员会发表《致穆藕初先生函》，诘问先生经营纱号与日人交易事。云："数年前先生自英国回时，对于棉业鼓吹不遗余力，近且鼓吹趋于实行创办纱厂、纱号、花行多处，不啻为实业界泰斗，吾人对于先生亦敬之、信之。乃现有一事，由贵同业中传出消息，似乎先生近日之行径与平日之言论不能符合，有使吾人大惑不解者。其事云：何即自五四运动以来，山东问题尚未解决，举国人民咸愤日人之无理要求，正在积极抵制之中，而先生所经营之纱号，仍与日人交易不绝是也。夫自由通商，固系合法行为，而贪小利以忘大害，则明哲不为。若先生之学问渊博名闻远，近当不至视金钱如生命，而妄与日人交易也。世有较金钱重千万倍者，即爱国心是也。今与日人交易，是藉寇兵而资盗粮，国之危亡在于旦夕，与爱国心不几背道而驰耶？今者，日本侨民果任意杀戮学生、巡警于福州矣！日本战舰'嵯峨号'、'橘丸'、'樱丸'已来闽示威矣！日舰陆战队已登岸游行矣！国人将用全力以抵制之，断绝经济关系。先生所经营之纱号与日人交易事，吾人不知其详，不敢遽断其虚实。然假使真确，则往者不可谏来者，犹可追请立刻宣言不再与日人交易。若不真确，则请示吾人，以五四以后未与日人交易之明证，以释群疑。"（同日《申报》）

同日　赴郑州，视察豫丰纱厂建筑工程。约12月12日前返沪。（德大纱厂《复上海学生联合会函》,《申报》1919年12月6日）

12月6日　就无理质问先生与日人交易事，德大纱厂发表《复上海学生联合会函》。云："接《致穆藕初先生书》,主张正义，至为敬佩，但外间风说，容易传误，未能轻听。藕初先生经理德大、厚生、豫丰三厂，并办一公正花行，并未办何纱号，来书经营纱号之说并非事实。藕初先生昨晨赴郑州，视察第三新厂建筑工程。恐稽裁答，谨先慰复。"（同日《申报》）

12月10日　嘱商聂云台，拟于下次华商纱厂联合会常会上"出席报告植棉情形及改良，报告花纱市情之记载"。（华商纱厂联合会档案）

12月14日　发表《复上海学生联合会》，声明本人未开设纱号"与日人交易"，对学生抵制日货方法提出忠告。摘录如下：

仆曾留学美国，来函谓自英国回，英美语言虽同，然不能不辨明之以昭实在。仆回国迄今，屈指已五阅年，陆续倡办德大、厚生、豫丰三纱厂。回国之第一年，即组织植棉试验场，提倡推广植棉，并改良棉质，为振兴内国棉业根本之图。继因改良棉质，非设立花行，特出善价收买改良棉花，则农民无以为劝，于是有公正花行之组织，得德大、厚生董事会之许可，始行开业。行中所收之花，与厂中不相交易，杜诽谤而清界限，藉以尊重商业上之道德，与仆相识者，类皆知之。纱号向纱厂购纱有密切关系，故仆并未开设纱号。既无纱号开设，与日人交易事，当然不生问题。来函云由同业中传出，又曰不知其详，不敢遽断其虚实，但按诸事实，固非真消息也。第仆插足纺织业中，仅五年耳，已开工者有锭子六万枚，布机四百乘，定而未到者，纱锭尚有七万余，布机一千二百乘。一往直前之精神，难保不因此而遭忌。诸君子听忌者之言，不加细察，不事调查，贸贸然登诸报端，妄加月旦，诸君子心诚热矣，岂不使志士灰心，而与期望内国实业发展之本意相左乎。自五四以来，得此民气伸张之良好结果，诸君子之言论举动，愈为全国人所注视。仆敬之重之，因敬之重之，故不嫌唐突，愿进忠告，诸君子亦乐于采纳乎。自五四盛唱抵制以来，仆以厂务羁身，不获追随诸君子之后，然抚躬自问，所抱爱国热诚何敢稍让。五四至今，仅七阅月，因中国纱锭布机，为数太少，且股线皆系舶来品，故于此短时期中，已订购纱锭七万余枚，布机一千二百乘，各方奔走集股、定机、购地、建筑种种要事，兼程并进，日夜孜孜，责无旁贷。无他，唯力求实际的增加出数，以抵需要上之缺乏耳。而诸君子罢课、演讲、游行、发电、焚货之外，实行抵制者有几何。前此报章披露吾亦爱国者之永久抵制□□之方法，君等亦曾研究及之否？但诸君子在求学时代，实行抵制确非其时。然试问诸君子屈指全国中振兴实业，如仆进行之速者，能有几人？不但此也，仆深虑日用百货之缺乏，由于各小工业之不发达；各小工业所以不发达，由于缺少金融机关之把注，故有劝工银行之组织，诸君子曾知之否？劝工银行与各小工业关系之论文一篇，曾由各报刊布，诸君子亦曾寓目之否？现时我国人之最大缺点，即不明事理是也。今诸君子号召全国，曰抵制，曰焚货，曰绝交等，种种名词，然抵制自抵制，焚货自焚货，绝交自绝交，中间良心上、经济上、国际上之关系，种种不同，宜分析之，宜举其利害，解释明白，使全国有所遵循，不可谓非今日之急务也。尚有要者数事，敬为诸君子陈之：第一，除热心外，须刻苦勤奋，培养毅力，以求有用之学问，而立他日建设根基；第二，千万勿谓除诸君子之外，全国无一热心者；第三，宜多发表积极的奖劝的文字，勿发表消极的攻讦的文字，而轻易侵犯他人之地位。仆甚爱诸君子，因爱之深，故言之切，而不觉其辞之率直也。

（同日《申报》；该文收入《文录》下卷时改题为《复上海某某联合会》，《文集》第 144 页）

12 月 23 日 上海中国义赈会刊登启事，对穆杼斋、穆藕初捐款致谢。云："顷接本会董事沈韫先生交回十三号捐册一本，募得桐荫堂室洋五百元、德大纱厂二百元、厚生纱厂洋二百元、穆杼斋君洋五十元、穆藕初君洋五十元。祇领之余，除制奉正式收据外，合行登报，以扬仁风。"（同日《申报》）

12 月 26 日 下午五时，与余日章、聂云台、黄炎培等商学界邀美国资本团代表施栋等在一品香召开茶话会。到会者有美领事克银汉、美国务院秘书骆吟德、孙中山及其夫人、南洋荷属华侨代表韩希济、山西孔祥熙，及姚子让、王一亭、薛文泰、劳敬修、穆抒斋等。余日章致欢迎词云："人言中国南北不统一，实则南北人民本来一致，所不统一者，军阀与人民交哄而已。论中美邦交之厚，非仅政府之意，实全国人民公意。"施栋答词云："此行自京南下，觉北京政府固有可令人注意之处。要不若南方社会之发展能力，与其充满之精神，尤足令人了解人民之真意等。"（《申报》1919 年 12 月 27 日）

12 月 27 日 应厚生纱厂湘籍职员黄本操恳商，委派黄赴长沙通过当地绅商、自治女校为厚生招募湖南女工五十名。由先生署名、盖章之招工简章云："（一）主义。念湘省叠经兵事，生计艰难，妇女尤甚，然让出一部分工额，招募湘省女工一批来申试用,以开内地女界力食之风,并培养纺织熟手,预为湘省振兴纺织工业地步。(二)工作。每日工作十二小时。(三)工食。每月工食约八元,视各人工作能力而增减之。"(引自陈独秀《上海厚生纱厂湖南女工问题》,《新青年》第七卷第六号,1920年5月)

厚生纱厂招工引起当地广泛关注,当地舆论就人格、工作时间、工资等问题对先生提出严厉批评。长沙《大公报》柏荣君论《上海厚生纺纱厂试用湖南女工问题》云:"上海厚生纺纱厂自今日(二十七)起,在自治女校招收女工。我现在把他简章上面所载的主要点写在下面,并根据这些主要点发为问题,务请注意社会问题和女子问题的人在这解放潮中,大家来讨论讨论。他的简章上面说:'(1)主义。念湘省叠经兵事,生计艰难,妇女尤甚,故让出一部分工额,招募湘省女工一批来申试用,以开内地女界力食之风,并培养纺纱熟手,预为湘省振兴纺织工业地步。(2)工作。每日工作十二小时。(3)工食。每月工食约八元,视各人工作能力而增减之。'现在我要代表湖南人对于厚生纺纱厂致谢。致谢的是什么? 就是他'念湘省叠经兵事,生计艰难,妇女尤甚……'的一片慈悲心。但是我要问:(1)他这些话到底是不是'由衷之言'? 他为什么对于我们湖南的女同胞有这番美意? 他到湖南来招女工据他说是让出来的,到底骨子里含不含着有别的什么意思?(2)上海工厂的工人,受着世界潮流,已有对于工作时间和工资问题发生同盟罢工的事实,厚生纺纱厂此次招收湖南女工,到底是不是为免除这种困难事实起见? 对于工作时间问题'八小时'的劳动制,暂且搁置不说。但是我要问:(1)每日十二小时的工作如何支配?(2)每日二十四小时,除工作十二小时和睡眠八小时外,尚余几小时?(3)在这所余的四小时中,除三次饭食时间最少须一小时外,每日所余这二小时半,可做些什么事?(4)据他的传单上面说,除工作时间外,寄宿舍内还要做洒扫烹食洗涤诸琐事;在每日工作饭食睡眠余下来的二小时半,可以将就把他处理。但是我要再问他传单上所载的什么书算簿记等……游戏舞蹈等,有什么时间去分配?(5)作夜班的人,整整的要做一星期,于他们的身体没有什么妨害吗?(6)每日作十二小时的工,不要休息时间吗? 于他们的生理上没有什么关系吗? 现在说到工食问题来了:(1)上海伙食的价格怎样?(2)八元内除去伙食,尚余几元?(3)每月所余的钱,假若去的妇人,家里有人要供养,所余的钱寄回去供家人了,倘若发生什么不幸的事故又怎样? 即使不要寄钱归家,倘若有人发生什么重大事情,自己所储蓄的还不够用又怎样?(4)八元的工价(伙食在内)和十二小时的工作,工值是否相等? 厚生纺纱厂此次来湖南招募女工,是否'念湘省……',我不敢以小人之心度君子之腹。但是我总对于上列诸点有些怀疑,那是我不能不说的。我很希望注意这个问题的人快来讨论,'五十个人'的前途幸不幸,都在这三日内解决咧。"(同上)此后长沙各报刊登了樵仲论《上海厚生纺纱厂试用湖南女工问题》、负厂《研究厚生纺纱厂招募湖南女工问题》、长沙《大公报》亚文君《上海厚生纺纱厂在湖南招女工的章程的研究》等文。

12 月 28 日　中午，赴青年会出席纺织界俱乐部创立大会。到者有慎昌洋行及申新、宝成等厂代表。聂云台说明开会宗旨，次纺织机械工程师黄鸿钧说明发起宗旨及将来纺织之研究。先生"演说纺织学生对于纺织厂之观望。"末"推聂、黄、穆三君草定章程，俟开成立会时表决。"该俱乐部由聂云台、黄鸿钧发起，并得先生赞助。（《申报》1919 年 12 月 30 日）

冬　迁入兰路（今兰州路）新宅。范昌鼎赠先生董其昌《仿米芾杂录》书法手卷祝贺。该手卷为绢本，文云："右军快雪时晴帖，真字在苏志东房，今居吴郡。张颠书贺八，清鉴风流，千载人也。帖凡七纸，太简家物，液献章子厚也。赵子立收笔阵图，前有右军真并笔样手势图，后为章子厚取之，使吴匠制甚入用，今吴有其遗制，近知此书在章持房下，晋画古贤十人，失其名在苏，太简孙之颜在人间名画也。向与一相识，书横粘如是卷，如何？涟水陈生善作重山复领，古木瀑泉，近世趁及，皆若其山不以雕镂细巧为美，吾老年方得琅琊紫金石，与余家所收右军研，无异人间第一品也，端唐皆出其下。庚申秋日，仿米海岳杂录。董其昌。"钤印：太史氏（白）、董其昌（白）、玄赏斋（白），鉴藏印：穆藕初珍藏印（朱）。手卷收藏盒为红木制就，其上阴刻题记云："董文敏墨宝，附张温和临本（**清嘉庆年工部尚书——编者注**）。吾乡文敏公以书画名天下，其所用绢素皆侍姬手织，经纬细密，为古来所未有，故至今有董绢之称。藕初先生首先于扈江振兴棉业，所创德大、厚生两纱厂出品优长，为全球所景仰，将来名同董绢可操左券。兹值先生新厦落成，爰以旧藏是卷持赠，藉作轮奂之颂，惟先生弃之，是为幸。己未冬月范昌鼎谨识。"

范鼎昌赠穆藕初董其昌书法手卷之收藏盒

穆伯华《先德追怀录》云："民国六年丁巳一九一七年，我父四十二岁时，经医生忠告建一舒适之住宅于兰路（今名兰州路），购买基地五亩许，东西向长方形地，最西面造洋房一所，紧靠洋房则造平屋八间作下房。其中二间厨房，一间煤间，二间女仆卧房，三间私塾书房，聘秦姓老女教师课读二妹。东面沿马路造市房七间，其中五间重开穆公正花行，一间开设种德堂中药铺，即以前之厚德堂，请医生一名，遇贫病者施诊给药。春秋两季施种牛痘。最北一间是汽车间。基地之中部，我家与花行南北对分。北部花行之推栈,灶间,老司务卧房等。南部我家之外花园,我家与花行中间开一内部便门。进此门即我家之外花园,养鸡,饲养金鱼皆在于此。再向西走,即我家内花园住宅,及下房在矣。内外花园以水泥砖墙隔开,设有大铁门二扇,夜间更有走更表之男仆朱升祥,花行与住宅之四角都走到,每半小时巡视一周。(手稿)"穆恂如《记我家老宅杨树浦兰路住宅情况一瞥》云:"1920 年左右是父亲穆藕初事业的鼎盛时期,他花纹银一万两在上海杨树浦提篮桥置办住宅一所,地近德大、厚生两厂,作为家居之用。该住宅占地六亩,坐北朝南,其结构分内外两大部分,在住宅花园大路中段,有大铁门两扇,分隔内外。外部为金鱼池部分,其大路终端为两扇大木门,门外即为街道,大门内部则为包括住宅本身一座和一大花园。花园居房屋之南,中间砌有东南西北四条鹅蛋石路,汇合之处是一圆形小花园,种植山茶花一株,树比人高,四条石子路自然分割花园成为四块,每块中间种植月季花,花开时,灿烂缤纷。花圃的四周,为住宅的主要大路,大路通四方,最长一段通往住宅外半部,即金鱼池区部分,大路终端为大木门两扇,门外即为街道。花园内的柏油马路很宽,两部汽车可以对开。这花圃南面造有亭子一座,内设石凳、石桌,亭子两旁各造荷花池一个,盛夏之时,荷花盛开,红绿相间又清香扑鼻。住宅东边有大草坪一片,内种几棵梧桐树、枇杷树,一个葡萄架,还有几棵不知名的树。草地经园工整修,平整又无杂草,我们无事常在上面跳跃、打滚或卧倒在草坪上,仰望青天白云。住宅西边是一溜下房,包括厨房、杂物间、女佣人、盥洗室、洗衣间等。平房最南一端,则为大房间一间,其中堆有杂物:如冬天则把夏天竹椅、竹凳等放入;如夏天则把冬天的沙发等放入。该屋甚大,内有台球桌一个,球桌上方有军绿的大吊灯一只,大哥和三哥有时在此打球。我和姊姊在家读私塾时,书房即设在此屋的东边,放两副桌椅,老教师的大书桌在我们的背后。紧接着大房间的南端是一个小花房,冬天烧火炉,花在此过冬。花房南端有两棵高大的白桦树,每当夏季时,繁花满树。起初用手还可采得到花朵,后来越来越高,花匠索性搁一张梯子爬上去采,采下的白桦用铜丝拴着,两朵一对,上至母亲,下至女佣,十多个女眷都可带上。紧靠大铁门外面的墙脚,造有小屋一间,作为养鸡之用。喂养的鸡只有两只,有时会生蛋。鸡舍外有葡萄架,即可遮荫又结葡萄,但哪知无人会种,结的葡萄又酸又涩,无法实用。金鱼池旁有水井一口,装有水泵,井的上部有葡萄树一棵,在打水时可以遮荫。沿马路是一片草坪,种了几棵枇杷树,我家开了一间药铺,有时会看见小伙计在此采摘琵琶叶入药。草坪上还种有几棵玉芝花树,满树开花,像一只只玉盘托向天空。我们把玉芝花的花瓣扒下来,冲一冲,随即放入油锅中一炸,便是又香又脆的面玉芝片,洒些白糖在上,香、脆、甜,甚为可口,是良好的小食。住宅是一座三层楼的建筑(其实是假三层,惟面积甚大),三层楼有一个是我和姊姊的卧室,楼下第一层有五六间房,正中朝南一间称为穿堂间,主要的建筑是一座大扶梯,大扶梯从二楼转两个弯才到达楼下,这是一座既庄严又美观的扶梯,它处于穿堂间的北端,靠大扶梯的墙壁上有一扇极高的,上圆下方的玉色毛花玻璃的大窗子。我和弟弟们常常划扶梯,身子扑在扶梯上,两脚跨在扶手两边,一滑而下,比走还快。穿堂间的两边墙上装有壁炉一只,烧白煤块的,平时没有什么用,过年请客时,会把火烧起来,炉火融融。壁炉对面放放长沙发一只,必要时暂坐。有两个夏天暑假,这里放了一架钢琴,因为我和姊姊在启蒙读书时,又学了钢琴,父亲就为我们租了一架钢琴。这穿堂间有门九道,朝南正门一排四扇落地玻璃门,玻璃门远角放带镜子衣橱一只,可以放入大衣或鞋子类等。穿堂间正北面一小门通杂货间,门边装一电话。一扇门通向东边朝南的一间,是父亲的书房,书房内设有红木书桌一张,红木转椅一张,书橱几个,橱内放的是中英文书籍、字画,还有大英百科全书一部,它是连书橱为一套的。有一次,我看见父亲书桌上有一本杂志,它的封面是蒋介石和宋美龄的结婚照片。这张照片在目前杂志上还在刊登。有时候我们趴在地毯上翻看大英百科全书,看看里面的照片也够消磨时间的。穿堂间的东边北面一扇门是通向佛堂间的,佛堂间内供奉的是一尊瓷制观世音菩萨和一尊弥勒佛,两张方形红木桌拼成长方形,放菩萨和香炉、烛台等物,长桌两旁为一套雕花红木靠背椅和茶几,为三椅两几搭配而成,分别左右两旁。佛堂平时无多大用处,要逢过年时节才启用。穿堂间的西边两扇门,南面的一扇通向客厅,北面的一扇通向饭厅。客厅里的陈设最漂亮,桌椅也相当讲究,地上铺着厚厚的织花绒地毯,冬天挂绒窗帘,夏天挂

兰路住宅

淡黄色的帆布窗帘,墙上挂四幅用玻璃镶嵌的绣花条屏,室内的桌椅一律都是红木的,式样是当时最新颖的,桌椅的线条是弧形的不是直线条,靠椅的坐垫的料子是织花的,花纹细致,颜色柔和。中间放一只椭圆形的大理石面的茶几,两只屋角各放一只沙发,它们的料子花纹和靠椅一样,看上去柔和而舒适,整个室内的气氛给人一种和蔼、宁静的感觉。在小方桌的右手一角,竖立着那只从我懂事开始就存在的手摇留声机。穿堂间的第四扇门是通向饭厅,墙上装有壁橱一排,上部的壁橱是玻璃门,橱内放的全是高脚玻璃杯,大的,小的,有敞口,不同的酒用不同的酒杯盛装,颇为考究。这饭厅很大,逢年过节祭祖,这饭厅内可放四只圆桌和一张方桌,这饭厅用处很大,不但平时是我们用餐的地方,也是父亲请客宴会的地方。"(同上)

本年　毛泽东通过章士钊为赴欧洲勤工俭学筹款,先生联络各纱厂筹款一万元。梁漱溟云:"毛泽东他是湖南搞革命啊,搞'船山学社'。因为明朝末年、清朝初年有一位王船山先生,那是一个有大学问的人,湖南人都很佩服他。他们有船山学社,还有他们的一个出版物叫《湘江评论》,这都是毛主席他们搞的,这个都要用钱。特别是他们有一批人呢,要去欧洲留学,当时叫勤工俭学。勤工俭学本来到了那里就一面工作一面就有生活(费)了。为难的就是从中国去欧洲的这个路费,筹这个路费,筹路费呢,就是杨昌济(怀昌)先生啊,就写介绍信要毛泽东拿着这个介绍信去到上海找章行严,说是请他向当时的工商界筹一笔款,给出去勤工俭学的人做路费,买船票去欧洲。那么毛泽东就拿着这个杨老先生的信,到上海去找章行严。章行严跟上海的纱厂,大资本家,比如有个大资本家叫穆藕初,还有其他的人啦。当时纱厂就很发财啊,资本家很发财,向他们募款,说有一批学生去欧洲求学,你们有钱的人啊请你们帮助。穆藕初再联络其他的几家大纱厂主人,都是有钱的人,一下凑出一万块钱,交给章行严。章行严这手接过来,那手交给毛泽东,好了,你拿回去。毛泽东就拿了这一万块钱,十分之八是做了好多人去欧洲的路费啊,留下两千块来,他自己就搞他的刚才说的出版物《湘江评论》啊,办船山学社啊,搞一个小团体吧。"(艾恺《吾曹不出,如苍生何——梁漱溟晚年口述》第57、58页)

本年　聘严连生教授昆曲。俞振飞《穆藕初先生与昆曲》一文云:"先生初由笛师严连生拍习,殊未能领略曲中三昧"。(手稿,现藏苏州中国昆曲博物馆)

1920 年(民国九年,庚申) 四十五岁

1 月　上海提倡国货同志会成立。中华全国工商协会在沪成立。

4 月　工部局函上海总商会请发起华人选举华顾问。

5 月　上海工商学界首次庆祝五一国际劳动节。北京、广州、香港、汕头、九江等地亦举行五一庆祝活动。

6 月至 7 月　上海米价暴涨。浦东发生抢米风潮,各厂罢工事件迭起。

7 月　上海证券物品交易所开幕。

　　　　直皖战争爆发。

10 月　上海公共租界纳税华人会成立。

本年　南北水旱灾民多达二千余万,灾区达十余行省。

1 月 1 日　于江苏省教育会聚餐,"晤黄任之、沈信卿、蒋梦麟、郭鸿声、余日章诸先生。余询以钱财应如何使用,而于国家社会得最大之利益,金谓宜用之于教育,余颇然其说。"(《文集》第 27 页)

1 月上旬　应徐世昌总统电召赴北京。徐总统对先生"出其所学,创办实业迄今数年,成绩昭著","颇为嘉许"。(《申报》1920 年 1 月 31 日)

在京期间,与蔡元培谈提倡学术,决定捐资派遣北大学生赴美留学。返沪后致蔡元培函云:"先生掌大学三年,而全国人心为之大变,是征学术影响,如此深闳。吾深感文化之重要,复感先生之困难。谨捐款万金,完全付托先生个人,为先生选派在学术上、社会上有贡献有希望之青年学生,赴国外留学之用。这不过是小小的帮助先生一点。"(北京《晨报》1920 年 6 月 28 日)

1 月 10 日　在北京与蒋梦麟、胡适、任少山等聚餐。(《胡适日记全编》第 3 卷第 56 页)

1 月 14 日　先生指控陈子安等在 1 月 3 日假冒工厂名义登报招请职员,骗取保证金洋五元一案在上海开庭。"原告代表律师上

创办豫丰纱厂时期的穆藕初

堂译称,被告冒名登报骗取人财,违犯百八十二条刑律。尚有数人在逃,请为展期开审。"判陈还押候查。(《申报》1920年1月15日)1月21日,此案再次开庭,"英卓副领事以原告所控证据不足,判令将该案注销。"(《申报》1920年1月22日)

1月18日 出席职业教育社议事员常会。到者有黄炎培、贾季英、朱少屏等。沈信卿主席。议案:①提议照章改选议事员,并征求社员办法。议决照拟定办法略加修正通过。②提议募集职业学校基金办法。议决照拟定办法通过,推定黄炎培、郭秉文为筹募员。③提出职业学校法郎工场及纽扣工场预算。议决从经费存款下暂提五千两充两工场。(《申报》1920年1月22日)

1月27日 中午,出席江苏省教育会等十五团体于卡尔登饭店举行的欢宴巴黎和会专使王正廷。到者有沈信卿、聂云台、穆杼斋、朱葆三、章士钊、孔祥熙等百余人。黄炎培主席。王专使演说云:"和会代表皆能服从公意,如去年六月二十八日之中国代表一致拒签德约,此意非常坚决,始终坚持。今若直接与日本交涉,以前种种争执岂非无理取闹。外交事情千变万化,不可思议。今惟简要述之青岛自德人以威力迫取之后,约上订有德人所得之权利不可转让于人。此次和会中国虽不能完全胜利,将来公理得伸,强权自然消灭。但一面讲公理,一面须有实力。去年代表拒绝签字,各国并未有非难之言。所以然者,各国人民鉴于中国之厚爱,公理也。""余甚希望将家庭门户开放,社会门户开放,以便外人之易瞭我国内情。余在和会受有数重感触:(一)中国何以只有二个代表,英、美、法、意各有代表五,比利时、巴西有代表三,西班牙有代表二,其余诸国亦各有代表一。依四万万人口计之,须有代表十人。依方里计之,须有代表百人。何以与五强有别?所以然者,以出师之多寡定代表之多少耳。代表五人,譬如考试所分之甲乙丙等,中国虽在考取之列,惟在丙等,甚觉可惜。但此届不能列在甲等,下次万不可疏忽矣!(二)委员会中之委员,由各国代表投票选举之。中国于交通股、水利股各占一席,嗣后若不发愤图强,危险殊甚。前次巴西与中国同列在四等,巴西因海军之不良,就竭力整顿海军。当时有宣言云,且看下次开会议时巴西立于何等地位。此次和会因其保护地中海有功,故跃为二等国。而中国则尚在三等。试问下次开会时中国将列在何等?(三)西洋人能为主义牺牲,而不为个人牺牲,中国则少为主义牺牲之人。须知中国乃国民全体之中国,主权属于国民。我之主张如国民以为善者则行之,否则去之,可也。"继由聂云台、穆杼斋、沈信卿等演说,"语多策励国民奋争青岛。"(《申报》1920年1月28日)

1月30日 徐世昌大总统任命先生为总统府名誉实业顾问,并发任命状一份。(《申报》1920年1月31日)

1月31日 黄醒作《纱厂中女子作工的体育问题》一文,对厚生纱厂在湖南招收女工提出诘难。文云："厚生纱厂招女工，供给我们讨论社会问题的一个好资料。我本是个好事的人之一，天职上应该哼两声。我的朋友盛野人在两礼拜以前，就和我作过三小时的共同研究；结果是要向他的大本营作正式的总攻击。近几天柏荣、新城两位同志忍不住了，稍稍发表了一些意见，我还是装聋，不作一声。前天柏荣君单点我来研究这问题中的体育问题，我正写信给他，申述我的意见，恰好代厚生来湘招工的黄本操君来了，我告诉他正预备答复杨君，他要求我牺牲写信的时间，同到《大公报》去，邀集舒、杨作一个总解说，以图时间经济；装聋的我，当然赞成此举。不料经过解说之后，兼公定要我做一篇收束这问题的文章；我这聋还是装不成，只得说几句良心话，应个景儿。（1）工作时间长短与体育的关系。工作与体育中第一个问题，就是时间的长短。但是时间的可长不可长，是要看这种工作使用力气的多少，就是使用的是大肌肉还是小肌肉，以及疲劳的状态，更要看这工作者的身体元气，工作时的环境，工作中的休息，及使用元气的调和，食物中的养分种种方面，才能得实在的结果，才能下适当的批评。大概使用大肌肉的工作易感疲劳，须多得恢复疲劳的次数；使用小肌肉的工作难感疲劳，须有使用大肌肉的机会。据黄君所指定纱厂中女子的工作，是使用小肌肉又不变化的，是在屋子里不洁空气中的，是用脑力较用体力十与一之比的。这种工作，在常时——即三五年中——身体上决不致有显着的病态。资本家的发财欲和劳动家的生活欲两方造成一种最长时间的工作例，现在稍明事理的人，都知道他不卫生，我也不赘说。（2）日夜轮工是否合于卫生。日光中空气和人的关系，正同河海里的水和鱼一样。据黄君称工厂因成本和出品的关系，势不能停机，不停机当然作夜工，作夜工是人所不愿的，所以定作一礼拜日工一礼拜夜工的轮替制。每天在交替在第六时及第十八时的时候，请想第六时天才见光，第十八时天日要黑，作日工的这六天中每天不能和日光中的空气有十分钟的接触，等到下一礼拜轮着作晚工了，虽说可以接触日光，又不能不睡，请问社会的习惯，许不许女子睡在露天日光的地上？还有这轮替上有一个极大的问题，就是一个人在第一礼拜中是晚上睡，第二礼拜中是白天睡，能不能成习惯？资本家说，只要给他钱，没有不可能的事，似乎这种习惯不习惯，不成问题。但是一个人起居没有习惯，是卫生学上最忌的。（3）体格健强就不会弱吗？黄君说，这次招工极注意身体，但我要问黄君鉴定他们健强的标准如何。现在假定有极完善精密的检查，有一女子，其健强等于健强男子，我也有些疑问。假定有一夜很冷，这冷的一夜中有一个最强的女工，他身体上正营他那特殊工作，试问这工作受凉后在身体上的表现和健强上的关系如何？这要请资本家去问一问他家的太太。假定有一女工当工作时候忽然内急，在事务上万不能离身，势必忍着。这种忍着的事实发现得多，每每发生便秘的毛病，就是长时间的坐和站的人，也多有病患便秘的。便秘虽不是显著的大病，究竟和健康的关系也很大。这也要请资本家去问一问他家的太太。关于妇女生理病上的致病原因，我不是妇女，也数不出多少。资本家是靠劳动家吃饭的，工人不健康，间接就要损伤资本，资本家也知道要注意的。至于中国女子的体格素弱，更是要特别注意。然而我说这些，又近迂腐，我且和资本家算一个账。女子生理上，比男子多一件事。这件事在轻巧不使用大肌肉的工作虽说无碍，但是他总不能说不为这件事占去一些时间；工作的时间有规定，那么处理这事的时间一定是从睡眠或休息中匀出来的；如果是这样，他的睡眠或休息的时间内每月最少要比男子减去三点钟。现代的习惯，女子还不会剪发，为束发每天最少要比男子减少睡眠或休息的时间约二十分钟。有多数女子的脚，不会完完全全解放，就是最不爱清洁的女子，每个月也要洗两回脚，但洗脚的时间，比男子最少要多费半点钟；这时间也是从睡眠或休息中匀出来的。现在假定有一个女子，他的元气和强健男子一样，同在一个工厂里作同样的工作，照上面的计算，三年中要比那男子减少睡眠和休息的时间五百零九点钟，请问这多做的五百零九点钟的工，究竟耗不耗他的元气？此外的一切暂且不问，只请那靠着劳动家吃饭的企业家，解答这一个小节，何如？我写到这里，我自己的事已经耽搁了不少，我想再写也是白费纸笔，体育以外的问题，我也不懂。黄本操君昨日的答解如何，我不能抛却我忙不过来的时间精力，替他当记录。好在他现在还在长沙，要知他的内容的可去问他。"此后，长沙各报继续刊登兼公《厚生纱厂招工问题论辩的结果》等文，对厚生纱厂招收女工提出诘难。（引自陈独秀《上海厚生纱厂湖南女工问题》，《新青年》第七卷第六号）

1月 与穆杼斋、徐静仁、荣宗敬、刘柏生、聂潞生等发起组织华商纱布交易所，额定资本三百万元。先生任筹备组副主任。《自述》云："民国八年十一月中旬，纱价受人操纵，竟达二百三十余两。不两月竟跌去八十两，花价亦受其影响，涨落不定。花纱业中之倒闭或脱逃者踵相接，而纱厂家之原料贱价购进者，对方竟不交货。其出品之售与纱布号者，受方亦不出货，其时厂家受亏，为数甚巨。短时期内之被人操纵，已损失不赀。花纱贸易主权，与我国纺织界之关系重要，无待饶舌矣。于是我国厂家不得不研究自卫方法，必另组一交易所以维持之。遂于民九冬，集合同志六人，代表十一厂，派人赴京向当局陈述利害，即蒙批准着手组织。余于是时被推为副主任，适正主任因事久不在申，其组织及摊股等事宜，随时与同志接洽一切，均由余负责执行之。此所资本三百万元，每股五十元，共六万股，先收四分之一，至开业时再交四分之一。而认股者甚踊跃，竟达三千万元。不知者以为我国社会富有资金，而群众热心建设，殊不知由于投机心切，希望略一转手，稍获微利而已。是时十二元半之收条，竟可售四五十元，而购者尚踊跃。原发起之同志六人，事前商决不图全利，除所经办之各纱厂按照同业决议依锭数多寡摊派股份外，并未私留股份以图自肥。余当时以经手派股，故向余说情者、敷衍者、奉承者，几至户限为穿。余虽尽力应付之，而余心总觉不快。当即本之良心，秉公分配，致未满欲望者甚多，不免稍有后言。然办事岂能尽如人意耶，问心无愧斯可矣。"（《文集》第 30 页）

1 月 发表《论国民不当纯抱悲观》一文。云："我国政体革新以来……内乱未平，外侮叠至，帑藏若洗，仰债款以偷生；聚敛多方，认搜刮为能事。学校固植材重地，不惜摧残；路矿为立国要图，随便私赠。武人当路，货车之输运不灵；蠹吏殃民，厘卡之陋规层出。更加以外商之垄断，喧宾夺主，而视为故常；恶税之逆施，损我益人，而俨同化外。种种困迫情状，罄竹难书，以致内国工商百业生气索然。因工商百业不振，遂使多数平民，谋生无路。由是而强有力者激为巨匪，悍无归者变为剧盗，弱且黠者流为拐骗，祸机遍伏，举目四瞻，几无尺寸干净土。"对此"纷纷扰扰"之现象，先生指出在此过渡时代所不能免。云："我国积数千载专制之淫威，数百年相沿之秕政，一朝改为共和，全国人民，如驽马之脱去羁勒，鸷鸟之突出樊笼，各处冲突，不可阻扼。无非假借名义，误用精神，奔赴其自私自利之主意，曾几何时，而民德、民智、民力之堕落，一至于此。虽然，平心论之，此亦生存竞争之常态，不足以为怪也。试检点世界变政诸国之旧史，每当政体变易，全国鼎沸，新旧两派，互相水火，历若干年方始奠定。鉴于往事，知群情之不能翕然相容，而激起轩然之波澜者诚为不易避免之一事，此殆进化之公例也。盖国民程度，须经过几何时日，受四方情势之包围，自然而然每向愈上，久之终底于至善之地位。至善之地位未可以一蹴几也。是以政治上、社会上所发现之种种恶现象，在过渡时代所不能免，仆以为无足怪者正在乎此。"针对某要人"中国不亡，是无天理"之谬论，先生认为中国有广袤之地、众多人力，国运垂危，实因少数有权者操纵致此。呼吁国民"抱定乐观主义，悉力做去"。云：

中国拥绝大膏腴之地，物产丰饶，为全球各国所惊羡，苟治理有道，游食之民，使尽归农；生谷之地，以次垦植。即仅就地利言，我国人果能利用之，已足以致富强。中国有此天赐之地利，中国必不亡。

中国拥最大多数之人力，性甚驯良而善耐劳苦；生活简单而佣值低廉；天资又不弱，稍经训练即成良工，即使无他凭藉，仅此四万数千万人之腕力，善于使用之，可以创造新世界。即得恃此四万数千万人之腕力，造成坚固悠久之地盘。中国有此举世弗及之人力，中国必不亡。

然则中国前途其遂无所忧乎？曰："是又不然。"可忧者果安在？即国民对于国家不抱乐观是已。国积人而成，人无乐观，即有死气，国民而多数不作乐观，即为亡征，此仆之所以引为大忧者也。盖不乐观则处事无进取精神，不进则退,不取则舍,于是乎生灰心。以灰心故,于是乎达观自许者,消磨其志气于醇酒妇人;愤世过甚者,牺牲其素抱而投江自杀。或则入空门而深山匿迹,或则避祸机而披发佯狂。天生吾人于国家多难之秋,救援责任即在吾人之肩头,苟抱才者而飞遁鸣高,置理乱于不问,夫岂国家之福哉。

高丽被并仅九载耳,高丽人民饱受剥肤噬脐、敲骨吸髓之痛苦,徒手奋斗以谋独立,含笑就刑,骈死黑狱之间。天道茫茫,高丽民族有此舍身救国、举国一致之精神,一时竟未能贯彻其主张,读大易"先天而天弗违,后天而奉天时"之明训,深惜高丽人士之不能以今日乐观之精神,发挥光大于九年之前,靖国难,斥神奸,而拒绝外力之侵犯也。

吾中国今日国步之颠踬,国命之垂危,因前此一任少数有权力者之操纵而致此,及今营救,尚未为晚。苟失此不图,安知高丽之厄运,不移转于我中原大陆之上也。与其创巨痛深,越若干年后效法高丽人士之徒手奋斗以求自存,何如乘今兹大足有为之时,人人抱定乐观主义,各就所立地位,悉力做去之为愈也。民心不死,其国不亡。哀莫大于心死,不抱乐观,即其人心死之写真,民国前途之隐忧,其在斯欤?

（《文录》上卷,《文集》第 39 页）

2月9日　赴镇江参加琴团第二次会议。《黄炎培日记》云:"晨赴镇江,琴团第二次会议。到者:沈、穆、郑、荣鄂生、陈、胡伊皆、黄、刘、张、于小川。夜餐于岭南楼。"(手稿)

2月11日　周辑之致函聂云台、刘柏森、先生,云:"近年以来,吾国纱业日见发达,中外书报登志颇资提倡,贵会对于最近三年间纱业情形有无调查之统计及他项报告,拟恳惠赐一份,以资考镜,至为感盼。"(《华商纱厂联合会季刊》第一卷第四期)3月1日,聂、刘、穆复函云:"我国调查统计,素所不讲,尤以纱业为甚。联合会成立未久,亦尚无暇及此,重违台嘱,实用歉然。查逐年海关贸易册,于我国纱业盛衰,略具一二,其中或有足资考镜之处,合举以闻。"(《华商纱厂联合会季刊》第一卷第二期)

2月12日、13日　《申报》刊登《纱业发展之调查》一文,介绍各纱厂近况。"郑州豫丰纱厂"一节云:"该厂厂基在河南省郑州县,距该县之火车站约一里余。计地近百亩,申账房附设于厚生纱厂批发所内。该厂机锭计一万支,系美商慎昌洋行经手,向美国塞克鲁威而厂订购最新式纱线机,限阳历年内到齐,现已先到四百余箱。厂屋系一层平屋,亦由该洋行仿美国最新式打样营造,由顾惟精经理。目下建筑将竣,如机器到申不至愆期,则阴历年内可以动机试车。该厂现又添加资本五十万两,增购纱锭二万支,此项纱锭到申之期当在明春矣。"(同日《申报》)

2月13日　中华植棉改良社发表《振兴棉业之大规划》报告，介绍山西省推广棉业情况。文云："衣着原料在人民生活问题上所占之势力与食粮相颉颃。无如举国上下向鲜注意，致年在棉货上溢出金钱达百数十兆元之巨额，大可恐惊也。山西阎兼省长励精图治，政绩斐然，早为远近所公认。即仅就振兴棉产一项言之，比年以来提倡多力，年出奖金三千元以图民情之奋起。棉产之增殖，上年秋收后曾开棉产展览会，并请专家考验品质，严定分数，榜示甲乙。众情为之大奋。闻今岁棉区愈见推广，仅产棉成绩较胜之三十。县规定棉区已得棉田三万四千亩，其余着手考种，为数较小者尚不在内。晋省植棉事业大有一日千里之概。"（同日《申报》）

2月15日　下午七时半，出席青年会二十周纪念征求大会开幕礼。全体先唱爱国歌，次王正廷致欢迎词，罗办臣琴行主任罗斯福与美国波士顿音乐大学校毕业生王瑞娴胡琴、钢琴合奏，万国青年会总干事巴乐满博士演说及各队队长勖词。末由工业专门学校教员李松泉表演幻术。此次征求计分十队，王正廷为总司令，各队以海军军舰名之。先生为海圻队队长。（《申报》1920年2月14日）

2月19日　长沙自治女校原教员、被招湖南女工家长叶之乔赴厚生纱厂调查，与先生谈招募湖南女工事。次日，叶之乔致长沙各界函，提出不同看法。函云："前闻有黄本操君在我校为厚生纱厂招女工五十名赴沪工作，嗣见湖南《大公报》有怀疑之论文；因此女学生中函询沪上情形，各同乡处均有此事实。弟接家缄，小女云珊亦在考取之列，准阴历正月初四齐集首途，乃不能不为详密之调查，以为我女同胞告。厚生纱厂为江苏穆藕初君所办，此君经营实业历有年所，纱厂成绩至优；现又在河南郑县开办豫丰；盖本一留学美国生，对于中国实业前途，具有宏旨。昨特访此君询其于湖南招女工之意旨；渠谓各处女子生活都艰，贵省尤甚；且湖南纱厂问题亦有所闻，然将来开办，骤招五六百名之有经验女工，事有所难，渠实对于纱厂之营业，应尽互助之担；只于本厂（谓厚生）经济无所损失，未有不慨然为者。此可见穆君确有社会心理，实业眼光，不可以小人之腹度君子之心者也。至于工作诸问题，特请其介绍亲赴该厂参观。今日会同工场稍有经验之友人同往，察看该工场之建筑，俱照西式（厂在杨树浦兰路，距离上海繁盛市场二十余里），空气流通，宏厂阔大；所使用者均系电机，略分清棉、粗纺、细纺、织布四大部。其清棉各机，均用男工，使力较重，与我调查之旨无涉。其余三部，均系女工，略杂有十二岁以下之小童；其余则男女工头负管理之责者。每女工一名，照拂一百二十支纱锭，无非脱纱接纱，纱完换筒诸工作，手脚须轻且快。据云愈细纱手愈需灵，弟见各女工于其最粗摇纱工作时，需略用腕力外，绝无痛苦之运动，行坐自由。惟机声以外，不闻人语。织布机每女子一名，照拂两机，较之我校人力机，不惟事省功倍，其活动甚有兴味。工作十二时者以昼夜分为二班，其办事人云：渠等初来工厂，夜班亦有所苦，迨习久亦觉甚自然。且星期停工,原有休息之候。至于疾病,另有工场医院,惟上海女子多数不以西医为然,遇有疾病必请假归自医,亦无不准者。此次对于湖南之女工五十名,另于附近租有房屋,可省小车之往还。惟伙食一节,必须女工自为组织,厂中难负此责任。来往盘川,系为特别优待,而于工资中已扣除之(厂内女工本每日三角,以月计应得九元;招工章程订为八元。川资业已除去)。其来年已另筑房屋,将来女工概可住厂中寄宿舍(房屋建筑弟亦亲见,惟阴历二三月方可完工)。此调查该厂实在之情形也。就我湘女同胞言之,其在高小以上之学堂,有志向上,无须练习此项工作。如家庭经济不能再施教育,或为劳工神圣之学刺激刺脑筋,与其他之有志于工场作苦规模者,则此为极有秩序,极有计划与发展之工厂,可无疑虑,无负此次招工者之希望。再有一言为我同胞告,湘人数十年前兵幕官三项,寄食他省,动以万计,今则何如? 若不改变方针,从事工商,其以经济自杀,不待国亡种灭之日。此五十名女工须抱有绝大牺牲之愿望,为各省女工树其模范,庶湘人勤苦耐劳与自重人格之名誉,日驰千里;则不独穆君现在在河南仍招湘工之说,而各处之纱厂丝厂蚕业需用女工者甚多,无使过绝生机,此其大有望于诸姑姊妹者。若以到上海耍玩与学习时妆为目的,则为挡驾,必不能坚决久留,而为我女界留一污点,甚无谓也。至于我校染织班与缝纫科,报名考取者诸公可敦促上道,凡为弟负责之调查报告,应否登诸公报,诸公酌之。两日来调查该厂营业情形,极为欣慕;而该厂机器不过容得一万锭,回思湘人之纱厂能容四万锭,彼中人亦称道不置;而厂业何如,机锭安在,令人不禁潸然泪下耳! 黄本操君,穆公见我时,犹汲汲称道渠,谓为湘人之最可信任者,彼有令妹尚在纱厂工作,此次顾念桑梓,诚为道德。并闻何雨农君护送女工,甚善甚善。此请道安。惟照不具。"(引自陈独秀《上海厚生纱厂湖南女工问题》,《新青年》第七卷第六号)

2月23日 于长沙《大公报》、上海《申报》等报纸发表《答复讨论厚生纱厂招募湖南女工问题诸君》一文,答长沙各报提出的人格、工资、工作时间、卫生等问题,并"忠告一辈学者"要"脚踏实地,不向空际捉摸,力从实处研求,宁以行胜,勿以言胜,救国爱群之要道,固在此不在彼。"全文如下:

湖南女工问题诸君黄君本操与棉业接近之原由黄君本操,肄业上海清心实业学校时,闻予名,通信白所志,并得校长之介绍,晤谈后,觉黄君性情殊爽直,有风骨,无习气,故录用之,助予办理植棉事,已三阅年,终岁勤劳,毫无倦态,予颇信任之。盖黄君能自食其力,不务虚名,实现时青年中不可多得之士也。

纺织业与民生之关系予在上海创办厚生、德大两纱厂,现有工人二千七百名,年内又须添雇千余名;又在河南郑州开办豫丰纱厂,年内在该处又须陆续雇用工人约三千名。(顷接厂员来信,述及开招未及旬日,已得应募工人三千八百余名,已溢额。内地民生窘迫,工人无虑缺乏,于此可见一斑。)盖纱厂内每万锭子,需用工人六百余名,各工人为直接向厂中领工资以裕其家计者。(如本厂附近居民,一家数口,四分之二三,在厂工作。)而地方上间接因以裕其生计者,且倍蓗焉。故予深信欲救中国之贫弱,舍振兴各种主要实业外,无他道。盖平民生计不宽裕,即不能使地方进于治安之轨道中也。

纺织业扩张原因及招募湘省女工之动机自欧战迄今,我国民之受其影响,而蒙其损失者不知凡几。即以棉业论,美印日诸国,咸注力于供给欧洲之缺乏,致我国市场棉织品大为减少,每包十六支向售百两者今售二百两,而直接蒙其害者,我国民耳。于是纺织同业,急起直追,尽力推广,故予亦有添招女工之举。夫我国人口之众多,生计之奇窘,资本之难募集,工业之不发达,已成各地方通病。上海工厂林立,就浦滨一隅观之,今后新厂勃兴,或有工人缺乏之感,但距沪甚近之苏、松、常、太各属,人烟稠密招工至便易。而黄君本操,乡土情长,念兵燹之后,生活艰难,陈请试招湖南女工若干名。予亦以湖南第一纱厂,筹备迄今,已六七载,将来开工有日,而熟手工人不易招募,则所受困难当必不少。以此两种动念发生,委派黄君,就湘省招募女工之事。顷因招工问题,而某某诸君之发表意见,及某君之问答等记载,叠在长沙大公报、湖南日报阅悉。名言卓论,至为纫佩,唯间有误会处,予系当局者,请向诸君子总解释之可乎。

一、人格问题。按商业习惯,无论在何店、号、行、铺就事,总须有荐保,此次所招女工,更宜仔细,故请具志愿书,并请家长署名,及铺保,亦以杜流弊,而免招清议也。而某某君以为把五十女工做人的权利取消,予以为某某君确系书生,于职业界习惯法,未甚明了,故发此惯言耳。

二、工资问题。上海纱厂女工,十年前熟手工人,每日工资约一角七八分,五年前二角四五分,现时三角左右,膳宿自备。工值之级增,固因地方生活状况,而起变更,一视乎大势所趋,固不能以一部分之意思,故作低昂也。今本厂试招湖南女工,允给八元,并允以后酌量工作情形加增,此种待遇,并无故抑之处。西谚有云:世界不知汝为谁,但问汝能作何事。湖南女工,工作能力如何,责任心如何,其果能胜任愉快否,尚未可必,而诸君子先斤斤于工资之多寡,其毋乃太不近情理乎。予敢忠告提倡劳动问题诸君,务须先谋增加工人之工作能力及责任心,则工资之增加自然随之,若徒唱导多给工值,而不问其工作能力之大小与责任心之有无,此唱彼和,认其为新思想而相率提倡之,实业界中固直接蒙其害;因此而投资人,多所顾虑,工业振兴将无望,国货空虚,外货愈得安然占据我复地之市场,制我全国之死命,然则社会国家亦间接蒙其害焉。此岂非大背诸君子爱群爱国之初衷哉。

三、工作时间问题。工作十二小时,似乎太长,而某某君引证阿制伯氏工厂管理之研究,以为九小时之工作,不及八小时之多,此言也,予甚疑之。予前曾译述美国戴乐尔君所著《工厂适用之学理管理法》,于工厂各别之性质,以迄工人工作时间支配之异点,知未可混视也。设使某某君以文学家而组织工厂,实地研究,必恍然于阿制伯氏之所云,仅适用于剧烈之工作,及简单机械之工作,而不适用于纱机之工作。盖纱机开车后,除落纱外,日夜轮转不停,工人仅从旁监视,如有断纱即行接上,每经若干时间,略行车面整理而已。摇纱女工,虽工作十二小时,然此系按件给值,勤敏之人出数较多,则得工资亦较多,其中休息时间之多少,亦视其人工作勤敏之程度而分之。本厂纺而兼织,织厂内,可以适用八点钟之工作。然而我国各布厂女工,大都要求工作至十三四小时,盖工作时间愈长,而工人所得工资愈多故也。湖南巨绅聂君云台,为我国纱业巨子,经理上海恒丰纺织新局多年矣,纱厂内工作,亦十二小时。全国纱业工作时间,大都如是,间有更长于此者。不识研究厚生纱厂招工问题诸君子,亦曾将内国纺织业大概情形,一一研究否乎。某某君曾例举上海斜桥工作情形,以为该地纱厂工人,仅作十小时,岂知该处并无纱厂,某某君所见之女工,谅系丝厂,或肥皂厂工人。但丝厂当新茧上市,新丝销路畅旺之时,竟有延长工作至十五小时之多者,不识某某君曾确实调查及之否。按前年底,调查世界纱业状况之报告,英国有纺纱锭子,五千七百万枚;美国有四千二百万枚,英美固仅用日工者。日本人口,仅及我国人口八分之一,有纺纱锭子四百万枚,日夜开工;而我国今日,仅有锭子一百五十万枚,此一百五十万中,尚被日商英商,占去七十万枚,完全为我华人所有者,不及百万枚。予亦甚愿仿照英美成例,不开夜工,不识诸君子将以何术赞同之欤。研究全国人口,及纺纱锭数,不识诸君子有动于中否。予深愿湖南第一纱厂早日开幕,以便诸君子就近研究之。而某某君愤愤然谓厚生纱厂,以日本待高丽之手段待湖南女工。呜呼!何其言之沉痛,而有余恨,竟至于此,此种论调,设使聂君闻之,不识作若何之感想也。

四、卫生问题。予留美六载,曾工作于纱厂矣。机轮飞转,花丝腾布,而清花间为尤甚。(清花间工作,非女子能胜任,故均系男工。)然欧美先进国,不曾以不合卫生而停办纺织业;卫生机关亦未尝以此种职业有碍卫生而停止其营业。盖工厂中之卫生,与住宅中之卫生不同,工厂中之卫生但求厂屋高爽、光气充足,随时收拾洁净,毋使尘垢堆积,以及屋内温度依时调剂使之适宜而已；若住宅中之卫生，在力求阳光充足、空气鲜洁之外，更在怡情悦目上，有多种之布置。工厂卫生，固未能以住宅卫生相例也。如仅就工厂而言卫生，则本厂在构造上，已具充分之研究，任何工程家及工厂卫生研究家之曾来参观者，俱无异辞，故予甚望凭空立论者，作实地之研究也。且予曾游煤矿矣，入地数十丈，不见天日，空气阻塞，呼吸为窒，在矿穴工作之人，浑身污秽，几非人类，然素讲卫生之欧美各国，亦未曾芟除而封闭之。兵祸连年，内地人民之转辗沟壑者，饥不得食，寒不得衣，何以救之？在乎使有生业而已。工作即使不尽合卫生，不较诸穷无所归之为愈乎。拯斯民于衽席，固吾人之天职，然救之道至不一，有创办实业，以裕多众生计者；有振兴教育，增加各人生产能力者；有研求科学，增多国家富力者；有研究经济自卫，努力增进需要出品数，而力拒外货之侵掠者，殊途同归，慎勿谓纺织界拯救时艰之主义，偏落诸君子后也。

　　五、医药问题　本厂每年夏秋间，延医给药，非但在厂工人，受此权利，即附近居民，亦受此便益。且并联络同仁医院，如有疾病，随时送去诊治，医药费由厂供给，工人如有不测，并定有周恤办法。此外对于勤务工人，规定出数标准，随时奖给。又如工人储蓄之奖励，及工人子女之义务教育，无不推行有素，招工简章中，无一一详列之必要，其应募工人，亦断无歧视之理，此则可释诸君子疑虑者也。

　　对于有志研究工业诸君子之期望，某某君借旁人口气，以为书呆子发表意思，怕没甚相干。某某君亦一再谓书生文章，真不值价，书生文章，掉头不验，呜呼过矣。至理名言，值价自在，唯一涉揣摩，易失根据，其不发生真价值，或未可知。今日赖以救时艰，纾国难者，唯望一辈开明人，发挥有经验而公允之言论。予更望诸君子由言之时代，进于行之时代，盖力行后，而言论愈生真价值也。予虽与诸君子未曾晤面，然深信诸君子均一时名彦，对于国计民生上，将来必有绝大之设施。不识诸君子亦有志游历全国各大都会，悉心考求民生之现状，及工厂之真相否乎？古代名士，大都遍游名山大川，然后发舒其雄壮之言论，为多士所折服；今代名士除遍游名山大川，扩展其见地外，尚须对于所乐研究之事业，置身局内，实地考察，然后遇可改革者，设法改革之。不入虎穴，焉得虎子。古来大建设家，大改革家，泰半出自力行队里，一旦大功告成，述其经历，著为巨帙，海内外自然争先快睹。纸贵洛阳，言论之真价值，固有如是夫。我国人口如此其众多，工业如此其衰微，资本之结合，如此其艰难，国民生活常识及工作能力，如此其幼稚，而年来颇有一辈学者，撷拾泰西之糟粕，仅作片面之言论，劳动问题之精义如何，自有史以来，资本家压迫劳动家之手段如何；我国劳动家与各国劳动家，比较之下所处地位如何；知识程途如何，工作能力及其责任心如何;社会多数生活之现状如何;内国需要之度数及自给仰给之现况如何,概未加以详细之思考,而唯知趁快一时,发挥不负责任之论调,耸人听闻,以谬传谬,盛唱此自杀主义,予不禁为祖国实业前途悲也。予并非资本家,深慨乎我国实业之衰微,思所以补救之,故不惮烦劳,敢忠告一辈学者:自今以往,脚踏实地,不向空际捉摸,力从实处研求,宁以行胜,勿以言胜,救国爱群之要道,固在此不在彼。质诸诸君子,亦以为然否?

(长沙《大公报》1920年2月23日;《申报》、《时事新报》1920年2月24日;该文收入《文录》上卷时改题为《复讨论厚生纱厂招募》),《文集》第132页)

该文发表后,长沙《大公报》发表《复厚生纱厂穆藕初君书——招募湖南女工问题》(柏荣)、《读穆藕初君答复讨论招募湖南女工问题诸君书》(真心),上海《时事新报》发表《告穆藕初先生》(侯可九)等文,继续提出诘难。

同日 黄炎培发表《华商纱厂联合会棉铁工业学校计划书》,对创设职业学校应重视实习、为社会解决失学儿童等问题提出具体办法。该计划书根据聂云台、先生、刘柏森三人提案起草。《计划书》云:"我国之有纺织专门学校,首推南通,次则各省工校所设之纺织科,大都重学而轻实习。卒业者仍必就各厂实习若干年,始能担任职务。……此棉铁工业学校以工业为目的,以教育为方法,校内设一万锭纺纱厂一所,厂中工徒尽用十三岁以上男学生,每日分四班,每班作工六小时,以其余暑授课三小时,是为工徒科。以上设技手科、高等技手科、技师科,各科毕业后分别升级或送各厂任相当之职务。凡入木厂工徒科、技手科、高等技手科者均不收学费,由厂供其食宿,并酌给零用费,但入技师科者酌收学费。校内附设铁工厂及翻砂厂,专为本校有关系各厂翻造修理各项机件,以其余力兼事营业。翻砂一项为各厂不可缺之工业,纱厂尤甚。我国因无精良技师,各翻砂厂所出之品甚形简陋,其稍良者取价极昂,仍不是与舶来品抗。盖铁质之配合,热度之调节,砂质之选择,制模之改良,皆须有科学之知识为之支配,非置一炉一风箱取数斗砂即可。""(说明)工徒科:甲、收十三岁以上男儿童失学者,或国民学校未毕业者。每日六小时工作,三小时修学作工,为关于纺织之弹花、梳花、件条、粗纱、细纱、纺纱、打包等,关于织布之络纱、经纱、浆纱、织布、整理、打包等,轮流学习。学科为国民学校规定之必修科,而注意采用纺织有关系之材料。二年卒业,选入本厂技手科或分送各纺织厂为工徒。乙、收十五岁以上男儿童失学者或国民学校未毕业者。半日作工半日修学。作工为打铁工、翻砂工、精制工,次第学习。学科为国民学校规定之必修科,而注意采用铁工有关系之材料。二年毕业选入本厂或纺织。技手科:甲、选收工徒科毕业者或十五岁以上,国民学校毕业之男儿童,每日六小时工作,三小时修学作工。轮习纺织各部外,兼练习各部管理及修机等事,并于习修机之先,入铁工厂习铁工。

其学科为公民须知、纺织大意及与纺织学有关系各科，三年毕业，选升高等技手科或分送各纺织厂任相当之职务。乙、选收工徒科毕业者，或十五岁以上国民学校毕业之儿童。半日工作半日修学，作工轮习铁工厂各部学科，为公民须知、工作法及与工作法有关系各科。三年毕业，选升高等技手科或分送各铁工厂，任相当之职务。高等技手科：选收技手科毕业者，半日练习各部工作管理，并修机等事。半日课纺织学、机械学大意及管理法，俾悉□动机、传动法、装置法等。一年半毕业或留厂办事，或介绍入各厂任相当之职务，亦得以其志愿补习高等预备学科后升入技师科。技师科：三年毕业，授以高等纺织学、机械学及有关系学科，养成纺织工厂适当之专门人才，亦得择优资送外国各大学以期深造。凡入本校各厂者，无论年级，每学年均用能力试验法分别试验，使质禀优异者得相当超攫发展之机会，而中资之人亦得循级渐进。又无论何科，悉予以充分之职务训练与公民教育，发展其自治能力，俾养成工业界兴味的共同生活同时为共和国之优良国民，是为本校特别注意之两要点。吾国工业学校之□度皆先理论后实习，职业教育家近多主张理论与实习，并授欧美工商业，近来用此制者颇盛。盖同时并授，虚实互证，兴味自浓，既可药呆读死书之弊，又可发挥尊量劳动之精神，成材以后各厂需用之不暇自无仰求官厅给凭之必要，即无墨守部定章程之必要。为无生计以不幸失学之儿童，或国民学校之未毕业生，入校后不需一切资川，而可以得切要之技能与稳固之职业，其有优异之能力者随时得相当发展之地。同时又获受充分训练，则其所以养成人格者自可无虑。而关于工作之年龄与时间予以严格之限制，于体育上更无妨碍。校内附设整理部一所，以本校总技师辈，其事凡各新厂装置机件及各旧厂机器损坏，或其出品不良而须改革者，可由本校派清良之技师代为布置，或整理之，取其相当之酬报。惟对于本校有关系各厂不在此例。本校经费假定银二十万两，由各纱厂分任之，其纺织厂、铁工厂所用机器可分向英美制造厂商请赠送或减价让与，以营业所得抵教育费并公积之，以为扩充地步。"(同日《申报》)

2月25日 下午二时，出席中西女塾董事会为增建校舍募捐董事开欢迎会。到者有唐少川、沈仲礼、朱葆三、朱少屏、杨交涉员代表杨筱堂等数十人。奥耳都立华、的克生夫人、林美德夫人、潘玉梅女士相继奏琴唱歌，"以潘女士之钢琴独奏最为按节合拍，音韵悠扬。款客以西式茶点，殷勤招待，竭尽周旋之礼。""闻各募捐董事将订期再行讨论进行方法。"(《申报》1920 年 2 月 26 日)

2月28日 朱执信发表《实业是不是这样提倡?》一文，对《答复讨论厚生纱厂招募湖南女工问题诸君》一文提出尖锐批评。云："穆藕初君为招湖南女工的事，在《时事新报》发表一篇东西;我看他里头再三注意聂云台的恒丰纱织新局的工作时间，和'聂君的感想'，很像是专向聂氏辩护的样子。本来互相攻讦的事情，我们不愿意管的;但是我也不愿意过于立入他的心理内容,先就他表面上看来,可以算得一个代表的错误。他说:'人家徒倡道多给工值,而不问工作能力大小,责任心有无。……实业界中固直接蒙其害,因此而投资人多所顾虑,工业振兴将无望,国货空虚,外货愈得安然占据我腹地之市场,制我全国之死命,然则社会国家,亦间接蒙受其害焉。'这是向来做生意的人不敢讲的大帽子话。如果没有把"留美六载"的金字招牌,随时挂在嘴边笔上的大实业家,我们简直听不到如此妙论!从前将本求利的生意人家,自己看着比那上京求名的,还低了若干倍,这真可以不必。然而如果说刻薄求富,一定比钻营做官高许多,那更没有道理了。富贵本来相差不远,求富,求贵,一样是古来奴才的名称。但是从来做官的,总爱说忧国忧民,做生意的却老实不客气,说句'但觉眼前有生意,不知门外是何人'。如果要在求富求贵这一大堆号称为人的动物里头,勉强说出哪一个比较好,我也不能不推奖这个老实的。可怜这老实一层,都给近来的时髦企业家糟蹋了。'商战'、'抵制外货'、'振兴工业',这都是近来新出的好题目。讲起这个是提倡实业的人,就像已经有大功德于民,不肯同那一班做官发财的来相提并论。把做生意的话完全不提,似乎提倡实业,是牺牲了自己来利益社会的一样,不许人家问他一问。先假定了提倡实业是一个神圣不可侵犯的事情,一概反对,都拿实业蒙害的题目来压住。我试问一问,他们的提倡实业,是有利益于他没有呢?现在尽有办了没有利益的事业,他们并没提倡;提倡来提倡去,还是他自己有利的实业。老实说,还便是拣最做好的生意来做。既然做最好的生意,又要说是'救中国贫弱'、'使地方进于治安之轨道中',不许人反对,这样便宜的事情,恐怕没有罢!振兴工业,还是做生意;几个人做生意趱钱,中国就不穷了么?现在中国果然工艺没有发达,天然富源没有开发;但是如果照他这种办法得来的结果,中国可以算做富么?就算说是富,这种富于中国人民有何益处?本来讲国家富不富,不应该只看总额若干,还要看每人所能受的分配额若干。所以就有天然利源开发了,实业勃兴了,提倡实业的人,个个都在那里面团团得意;而一般工人,求荐觅保,仍旧是做每月八元的工,中国并不算是富了。况且物价跟着采矿冶金术的进步来腾贵,是现在货币制度里头免不了的趋向;将来这些工人恐怕实际上比现在更苦,就是中国一般国民比现在更穷。他不肯多出一点工钱的提倡实业者,能够救中国贫的地方在哪里?说到救中国弱,就更远了。如果他们纺纱织布等等一概有利的生意,都是养成良好军人的机关;只要由工厂拔进营盘,就立刻可以成一支劲旅;那就南北军阀,都免不了得三薰三沐,请他把留美六年的经验教给他。可惜从统计上来讲,农业劳动者变做工业劳动者之后,他的征兵成绩,实在坏了许多。如果像穆氏所说的'做工做到十五点,污秽几非人类'的工人,尤其不适合于兵役。所以要救中国弱,正要把他这种工业的组织来大改良。如果不许人主张改良,那完全是致中国弱的实业，不是救中国弱的。我们且把他这门面上说的话揭开，试看提倡实业有什么真正价值呢？我决不做无条件的反对提倡实业。却是我批评提倡实业，要注重在分配一层。从分配上来看，如果认外货占市场为比国货占市场更不好，自然要主张提倡，但是这要有比较的。为什么外货占市场有不好的结果呢？普通都叫他作漏卮，以为金钱因此漏出去了，这是大错的。因为金钱本是无用的东西，我们能够将他换有用的货物是毫无妨碍的；没有现钱，就用纸币也好，有什么不可以的。有些人觉得这个错误了，就改一句说，外国买我的生货，卖给我熟货，他攒了我的钱（这个实际是货物不是货币）；所以我们多做许多产出生货的工作，才能够换他用很少的工作做成的熟货。这个说话，精透得多，有点知识的人，听了都点头了。但是这层只把全国合在一起来说，全国是吃了亏了。如果改用国货，这个亏就不用吃了，岂不是应该提倡国货么？然而这后头却有一个误谬，看不见的，就是分配的问题。我们假想他全国出口的生货，是要一千万人，每人每天做十二个钟头的工夫，才做得成的，换来的东西，就是人家用八百万人，每人每天做八个钟头工夫做出来的？这是大吃亏了。如果我们提倡实业，外国八百万人所做的熟货不进来了，一千万人所做的生货也不出去了，立刻便有一千万人没有工做。如果实业家做国货的时候，仍旧招了一千万工人，叫他做每天六个半钟头的工夫，或者因为不熟练的缘故，做到八点钟，究竟还是一千万人，没有一个失业，工却做少了，工钱也不见少去，那是可以赞成的。如果提倡的人说，这些工人尽可以做十二点钟的工，所以只要招六百七十万人做工就够了，于是乎实业提倡起来，外货不进，生货不出，做生货的人少一千万，做熟货的人加六百七十万，两下对销，就逼出三百三十万个失业的人；平心想想，这个时候，社会上是有益还是有损呢？这六百七十万人，本来做生货的工，是在家乡的，有家族的乐趣的；现在因为提倡实业的缘故，他那老营生干不成了，离乡背井来做一工人。做工时间是一样的，工钱也还公道，没有比从前减少，他们还有歌颂实业家的恩泽。然而这三百三十万人无端失了生活，坐着等死么？不能够的呀！所以就成了流氓，成了土匪，成了兵队，成了督长的附属物，来敲诈这提倡实业的大财主分他的钱去用。虽然有些算做抢骗，有些算做保镖，究竟没有这一批失业的人，是不会有这些事的。他们虽然不晓得实业家的钱也是一千万个工人身上出的；他们总晓得你这种实业家，是可以出钱的。我们冷眼看他，这种国货占市场的情形，恐怕比外货占市场的时候，还是一样。有眼光的人，一定要痛恨这些令工人做十二点钟的工，来榨取余剩价值的人，既愚且妄，自贻伊戚。然而现在国际劳动会议，已经决采八点钟制，关于中国，也决定采十点钟工制的时候，中国的留美六年实业家，还要主张十五点钟的工，还说是使地方进于治安轨道！大概还嫌中国的流氓土匪兵队少，多制造他一点，要等他们做出一个治安轨道么？我们现在可以达到我们的主张了。就是提倡实业,能够令得工做的人比较失业的人更多,就应该赞成。如果能够令失业的人比新得工做的多,就应该反对。而失业的多少,就看要求工人工作的时间长短。像他这十二小时工作工厂,就不能说是有益的。最奇怪的,是穆氏说人反对招工的家长署名铺保,是未明职业界习惯法。如果说习惯有铺保,我们可以不管他,但是从来也没有由湖南招女工到上海的习惯。讲到法么,最少总要社会上承认他的强制力,可以适用来裁判才可以当得起。光是社会上所容许的,只可叫做习惯,不能叫做习惯法。美国也是有习惯法的国家,有人敢把普的习惯,当做习惯法么?留美六年的大实业家,连习惯和习惯法,都分不清,那'置身局内实地考察'的本领,只好对他的同业聂云台君互相标榜了。而且是真法律也有讨论改革的余地,是习惯法便怎样呢?野蛮的人生第一个儿子,要宰了来吃,叫做宜弟,这是他的习惯法。哥哥死了,要拿嫂嫂当老婆,也是犹太人的古代习惯法。不是不可以改革的。在穆氏的意思,以为人人都如此,你为什么不许我如此?我的意思,是人人没有知识,已经不应该如此,你既然稍有知识,何以还要如此?尤其不可恕的,就是篇中屡次用'欧、美先进国不曾以不合卫生停办纺织业','亦未曾芟除而封闭之'的话。人家不封闭,不是不理。要整理的时候,除了封闭以外,还有许多手段。第一就是工作和休息的时间。第二就是工场改良的强制。第三就是工人住宅问题。第四就是疾病保险废疾年金及其他等等。这几层藏起来不讲,似乎除了封闭之外,只可同厚生、恒丰一样,没有方法。你以为上海看报的人的了解力判断力,都是和你这留美六年的人一样么?或者你以为还有人再比你笨的呢?穆氏又举出河南招工溢额,工人无虑缺乏,较之穷无所归为愈,几乎要以万家生佛自任。但是我们所注意的,不止在受雇的几个人,要在失业者的全体。这种最长时间工作最低工银的结果,一定发生社会上的危险。危险在雇主自己终归是不能免的。他叫人'宁以行胜,勿以言胜'。大概所有改良的批评忠告,都是他所厌闻。如果他有力量,不难还要要求张敬尧命令报馆,不许再登出反对的议论;但是我替他想,还希望他的理论到底是一个空言。如果说对于这个'工银制度资本掠夺'来以行胜,那小的就是同盟罢工和怠业,利害一点就是俄国的榜样来了!宁以行胜,这句话是不容易讲的呀!"附记:"万国劳动会议的结果,或者穆氏可以说:我留美六年不曾有这事情,现在报纸上说的话,哪里可以相信。但是美国自一九零八年,阿力根州女子十时劳动法,被美国高等法院判决为不违宪法以后,大概的州,对于女工,都采用一礼拜六十时间以内的制限。并且有限定一天九时间或八时间的。穆君在美国工厂的时候,难道不晓得时间和法律么?或者他蒙厂主特别优待,叫女工多做两点钟来表示敬意吗?不然或者是买了一个特别走得快的时辰表,看见女子做十点钟,他掏出表一看,已经是走了十二点了;所以到现在不曾晓得,以为美国如果不叫做十二点钟，只有封闭工场一个方法。然而可惜这个表，没有放在厚生、德大厂里，做时间计算的标准！"(《星期评论》第三十九号)

3 月 4 日　《申报》刊登《筹设劝工银行之最近消息》。云："中华劝工银行系本埠纱业商人穆藕初、聂云台、荣宗敬、徐静仁等发起，以补助各工业，俾便于发达为主旨。去秋因洋厘步涨，银根奇紧，故暂缓进行。现旧历年关已过，上年各业无不获利，市面金融，骤焉活动，应募为便，故该行发起诸人正在悉力进行。闻发行团认定股银已足据定开办之数，以旧历本月底为交股期限。又闻我国巴黎专使王正廷君观察世界大势，确认振兴内国工业为立国要图。对于劝工银行非常赞成，亦正在各方面恳切介绍，俾爱国志士群起投资，表示以实力爱国之决心。"(同日《申报》)

3 月 7 日　下午三时，出席华商纱厂联合会第三届常年大会。全国各纱厂到会代表十七家。聂云台主席，致开会词。书记报告第二年度经过情形及决算案。先生报告植棉事宜，"略谓去年本会开办棉场，因种种困难，未能尽设，已设者仅有六处。现在新厂蜂起，将来需棉必多。去年值欧战及俄乱之际，纱厂始能获利。欲图将来立于不败之地，尤因于原料问题着想。本会毅然决然以全力注于植棉者，亦以此故。去年日本联合全国纱厂，组织托辣斯，以图侵轧吾国。本会尤宜有所预备。"继由南京植棉总场主任过探先报告本会棉场已有十六处，统计面积已达一千三百亩，本年植棉计划较原定已加扩大，所需费用约三万元左右。次聂云台提议筹办棉铁工业学校。经众详细讨论，决定由聂云台向英美各厂接洽，一面由各厂担任经费。全体通过。暂定经费三十万两向各厂募集公债，由到会各厂代表当场担认共十六万两。次讨论本年度预算案、修正章程，均全体通过。末改选董事，张謇、聂云台连任正副会长，徐静仁、刘柏森、荣宗敬、徐文泰、先生等九人当选。((《华商纱厂联合会季刊》第一卷第三期)；《申报》1920 年 3 月 9 日)

3 月 9 日　《申报》刊登《华商纱厂联合会第二年度经过情形报告书》，其中"(丁)举办事项(一)"介绍先生主持之植棉改良计划进展情形。云："植棉本会植棉计划第一年度报告中已略言之矣。本年仍系植棉委员长穆藕初先生主持，积极进行。惟中间以时间之关系，预定定各棉场多未能同时兴办。复以所聘之美棉专家改就金陵大学职务，又增一重波折。兹将关于植棉各事宜分述如下：(一)散布棉子。本会植棉主旨一在推广棉产，一则改良棉质，故就素不产棉之区散布棉种，期其推广。就棉产不良之处散布棉种，期其改良。最初因美棉子未到，各方请领者甚急，曾向恒丰购进通州种两担，嗣托南通农校代购。通州及常阴棉子一百担，又托宝通厂经理冯晓青先生代购。常阴及太仓棉子一百五十担，总共二百五十二担计，由粮食研究会调查员携往江苏之淮阳、徐海、宁、镇、常等属分散者一百十担；托和丰在宁波、余姚等处分散者三十担；由津场主任王君携往天津方面分散者四十担；

由湘场主任卞君携往湖北方面分散者三十担；由本会零星分散者二十一担；尚余十二担未曾散尽，已按市价售去。凡此皆关于中棉者也。至美棉种子八年二月间曾电请美农部寄赠若干，顾以到达太迟，仅敷本会棉场之用。方春末播种之时，各方需要极多，不得已向恒丰购买美棉子两袋，略事分散，此关于美棉者也。论散布棉子之成绩，虽以道途寥远，未及调查，但就徐海等处而论，似本会所散之棉子颇受欢迎，成绩亦尚不恶，是则本会此举未尝无细微影响也。（二）各植棉试验场概况。本年度各试验场以人才难得，兴辩稍迟，致未能开办之地段极多。例如杭州、宁波、武昌等处，或因时期太晚无从租地，或地已租定农民不肯迁让，皆未能成立。所已成立者。仅天津之唐山、唐坊，湖南之沅江，江苏之武进，上海五处而已。总论各处之成绩均不甚佳，诚属憾事。推厥原因约有数端：（一）兴办太迟，棉本未能十分生发。（二）风雨不调损失太重。如江苏苦于雨，直隶湖南苦于旱，兹尚能略有收获已属大幸。至其详细报告业在本期季刊中按期宣布，想已入览矣。至各场办法，大半取包办主义，每场三十亩，每年经费三百元。湘场以地积较小，所用无多。武进一场系由刘伯森先生代办。沪场系本会自办，故未用包办方法，所费较多。唐山、唐坊两场，除开办费、旅费及两场常年经费每场三百元外，又增该场主任之医药费一百四十余元，故尤觉其多。计主持唐山、唐坊两场者，为南通农校毕业生王君治平。主持湘场者为上海植棉改良社技士卞君乙庵。主持沪场者为金陵农科毕业本会干事员叶君元鼎。又曾托金陵大学代办一场，每年津贴六百元。但该校至今并无报告到会，故此款尚未交付。（三）聘用美棉家之变迁。本会曾于八年二月间，电托美国农部代聘植棉专家一人，主持植棉事宜。当发电时与金陵大学合办之议犹未辍也。继而事局改变，而美棉专家格利芬君又经美农部代为聘定。迨格氏抵华之后，以在金陵大学办事较在本会利便故，决舍此就彼。经九月二十日特会通过，改聘留美农业学生主持其事，当委托植棉委员长穆藕初先生代聘一人，继聘定前南京第一农校校长过探先君月薪一百六十元期，限五年。每隔二年加薪二十元，现过君已就职矣。（四）调查全国植棉情形。美农部植棉专家古克君，奉美政府之命来华调查植棉情形，于阳历八月下旬到沪。本会以此举于我国棉业前途关系重大，除由副会长聂云台先生陪同参观各处棉场，并偕往通州、京、津、汉等处调查外，并由本会特派干事员叶君元鼎偕同古君实地考验，计共历南京、常州、无锡、上海宝山、南通、杭州、滁县、南宿、天津、唐山、军粮城、北京、保定、彰德、郑州、汉口、武昌、岳州、长沙、九江、南昌、安庆二十三处。古君此行对于我国植棉利弊颇有所建议。"（同日《申报》）

3月12日　就张默君与记者谈德大纱厂与湖南女工所订工作条件不符事实一事，于《申报》发表《致张默君女士》函。全文如下：

　　阅三月十日时报新闻栏内，载女士对于《时报》记者云，此次德大纱厂与湖南女工所订工作之条件，据闻颇为苛刻一节。仆以为女士对于此事之真相，容有未尽明悉处，故特专函叙述，藉释疑虑。此次厚生纱厂招募湖南女工，一由黄君本操乡士情长，再三请允赴湘招募女工，一由仆概念湖南第一纱厂筹办五六年，尚未开工，倘开业有期，一时欲招募熟手工人，良非易事，故允黄君之请求，实行招募。而生手女工，每月工价八元，饭食自备，每日工作时间十二小时，请得暇实地调查，苛待与否，不难明晰。期订三年者，不过稍示限制，以坚应募工人之决心，否则来去随意反滋流弊，但女工等到厂之始仆曾声明，苟湖南第一纱厂开工有日，尽可随时回湘，则工作三年之约，早已取消。临募时必须如是者，系办事苦心，当蒙亮察。再此次所招仅定额五十名，黄君本操等一再发电请求加额五十名，仆坚未允许。而现时来申者六十四人，应募之踊跃可想而知。仆仅招工，而间有学生若干人，具自立之决心，坚请黄君收录来申，然非仆招工之本愿也。谓来沪之先，家属并未同意，又谓年龄幼稚，按其体力不能工作。但本厂招工简章，载明应募工人，须得家长允许，年龄自十四岁至三十岁，以体力强健者为合格。此两项究属如何，黄君现在申，可面询也。又长沙通俗报主任女子师范教员何君雨农，陪同女士来申，亦可就近详询也。此次仆赞成招募湘省女工，确系多事，湖南第一纱厂开业时之为难情形，与仆无涉，何必代人筹划，自寻烦恼，仆诚过矣。然此事真相，自应使大众知晓，为此不嫌冒昧，敦请女士驾临杨树浦华德路德大里内湘工寄宿舍，探明招工之究竟，及各工人之志愿。并本厂之待遇续行宣布，俾悠悠之口或可少息。呜呼！天下本无事，庸人自扰之，引仆之谓也。自今以往，仆因此次招募湘省女工，稍增阅历，则塞翁失马，安知非福，临颖不胜叹息之至。

　　　　　　　（该文收入《文录》下卷时改题为《致某女士》，《文集》第 138 页）

3 月 13 日　下午，出席交通部上海工业专门学校（原南洋公学）图书馆开幕礼。到者有程雪楼、沈宝昌、王清穆、黄炎培、周舜卿、姬佛陀、林康侯、朱少屏等。唐文治主席，致词云："民国五年冬始创斯议，六年三月筹备募捐事，宜深荷总统府交通部，及其他各界与本校同学会赞助，俾克有成斯馆，实为学校图书馆而兼有普通图书馆之性质。每星期土曜、日曜两日可任校外人士来馆浏览俟。"沈宝昌代表齐省长致贺云："士大夫之新思潮趋向社会方面，良以欧战为国家主义而败故。个人、家族、国家、社会四种主义均不可有所偏重，若不能平均，则易致乱，如大学所谓'修身齐家，治国平天下，'即上述四者之谓。然必以正心诚意为先，可见唐先生提倡读经一事实有至理，极表赞同。"筱珊君、余芷江、朱少屏君、穆杼斋相继演说后，唐文治等"邀各来宾登楼参观，各室布置井井。闻国文部系照四库书目分类，外国

文部则照美人杜威氏之小数分类。法国文计二万卷,外国文五千卷。"(《申报》1920年3月14日)

3月15日 《申报》刊登《青年会征求会第二次揭晓》消息,其中穆藕初海圻队七百七十五分,连上次二千四百五十分,列第三。

3月18日 下午四时,出席上海县商会全体大会。到者有莫子经、叶鸿英、朱吟江、叶惠钧、王一亭、沈润挹、闻兰亭等三十余人。会长顾馨一宣布并报告八年份该会收支账略,次云"县公署来函,奉省令四月一日开实业行政会议,征求意见。已由县公署委实业科长张惕民商会,已举穆藕初先生届期前往会议,并报告上海地审厅函。"复讨论今届选举手续,举行聚餐。至八点余钟散会。(《申报》1920年3月19日)

3月20日 《申报》刊登《青年会征求会之成绩》消息,此次征得会费三万元,其中先生为一百元。

3月22日 因事赴天津。3月25日返沪。(《致周学熙为风传棉业借款事函》,《申报》1920年3月31日)

3月25日 由津返沪车中读《天津益世报》,要闻刊登《周学熙大借日款,说收买中国棉纱厂》一文云:"据路透社北京二十二日电云:据闻(尚未证实,)某局长已与日人接洽妥协,设立一中日公司,资本二千万,专为在各省推广棉业之用。某氏自去岁被委此职以来,亟思借外人之力,成立一大公司,以为收买中国所有棉纱厂地步。如果上说确实,信如中国报纸所言,某氏如不以实权与利益落于日人之手,某氏将为棉业大王云。"先生"深为骇异"。3月29日,作《致周学熙为风传棉业借款事函》,摘录如下:

> 玥等方以先生整理棉业不遗余力,推广棉产,发达厂务,以本国之资本,拓将兴之棉业,伟大经营,几乎妇孺皆知,其造福于民国前途,至远且大。……年来吾国棉业受欧战之赐,发皇神速,震动全国。国人之稍有资力者,咸欲起图以争厚获,其组织完备,开机有日者,虽不少,而惕于四围情势,观望不前者,亦大有人在。盖创办棉业,需资较巨,规划之初,益宜审慎,虽相宜地点,所在都有,无如内乱频仍,兵匪堪虑,政府失保护之能力,官吏存染指之欲心,一也。当局者骤得巨资,任情挥霍,嫖赌逍遥,视为常事,股东之付托,厂务之经营反淡然忘之,于是乎曾受累者切齿,欲投资者寒心,二也。棉业之不兴由乎人才之缺乏,办棉业者,又大都狃于近利,昧于本图,罕以储才为急务,绝大事业,托之无道德无学问之司事工人手中,弊窦丛生,成效罕见,三也。三患未去,棉业虽暂时勃兴,恐三数年后,因办事腐败,而流入外人手中者,在所不免。先生负规划全国棉业之重任,师尹赫赫,民具尔瞻,贤明如先生,知必有以善其后矣。

我国达人向持开放主义，与外人共图振兴实业原无不可，然因我国人道德上、学问上、办事之能力上、精神上，有种种之缺点，既乏与人竞胜之天才，宜乎在在落人下风，试问前此与外人合资诸事业，其实权果谁属哉？……年来政府昌言实业借款，全国人士对于发展实业之热度达于沸点，乃不事研究，盲行附和，以为非此不足以救中国也。呜呼误矣！金贱银贵，此系还款之时，非借款之时。政府无保护，当局无信用，创办各项实业，而无专门人才，此实业停顿之恶现象也，非发展实业之好机会也。实业借款云者，不过三数政客，希图回扣，藉便私肥，蠹国病民，徒增加全国国民之负担而已，于振兴实业乎何有？政府而果真心提倡实业也，应先调查全国东西洋各专门学毕业人才，使之各行所学，各尽所长，集小资本，具小规模，锻炼其能力，发挥其经验，徐图扩张。俟确实收效后，信用既固，数百万资金咄嗟立集，无待外款之接济也。即使伟大工业，如矿产铁路等等，一时或不能不利用外资藉资入手，然亦须得专门学家以主持之，庶黄金不致亏耗，实权不致丧失。果尔，则实业方有振兴之望。然而于振兴棉业，国人自优为之，则又何必借外资也，更何引彼处心积虑，欲倾覆我国棉业之某国人共同发展我棉业耶。明哲如先生，吾知其决不出此也。玥尝谓无论何国何项事业，皆因有野心家及雄心家在内，而后能日进于发展之一途。野心家之求发展其业务也，往往出其不正当之手段，贿赂公行，饵取特别权利，日夕孳孳求填其无底之欲壑。而雄心家虽亦具发展其业务之目的，其手段则反是。夫商场者，商人公共之战场也，宜旗帜鲜明，队伍整饬，而后可以永远立足于不败之地。是以雄心家之发达其事业也，恒以整顿内部为前提，即以工业一端论，务使制造精良，成本轻减，力求满足社会之愿望。夫然后信用卓立，贸易日昌，其资力亦自然日进于雄厚，其事业亦自然日进于逐步扩大之一境界中。……某国则不然，即以棉业论，彰明较著，力图扑灭我国之棉业，求遂其垄断网罗之私意。大有此中无人，予取予求，任我欲为之气概。呜呼！可笑亦可怜矣。岂某国棉业野心家之能力脑力，果远胜吾人耶？岂我国工商界，亦如三数自私自利之官僚俯首听命于人耶？虽今日者鹿死谁手，尚难豫测，而先生对于某国棉业家之联合，玥固知其必非事实，故敢贡一得之愚，效刍荛之献：一面明白宣布，俾释群疑，无以诬先生者污我棉业；一面请先生尽力整理全国棉业以及制造品，务使外来之棉纱布匹，绝迹我国各市场而后已。玥虽下愚，愿执鞭以随先生后，贯彻吾人实业救国之主张，愿先生其有以教之。

（《申报》1920年3月31日；该文收入《文录》下卷时改题为《致某君为风传棉业借款事》，《文集》第139页）

同日　与张謇、蔡元培、江谦、王正廷、袁希涛、蒋梦麟、郭秉文、沈恩孚、黄炎培等联名发表《国立东南大学缘起》。云："教育重普及，学术贵大成。昔之言教育者，第即小学为普及之具，欧战以后，各国学者乃悟大学教育亦宜注意，凡欲为推广倡设者汲汲惟恐或后。盖今后之时代，一大学教育发达之时代也。吾国初设学校，囿于古者家塾党痒州序乡校国学之阶级，仅仅置一北京大学。若北洋大学，若山西大学，则以特别关系而立。而东南则仍然无一大学。民国初建，东南人士所兴学校，往往号称大学，未几而停辍者相望。近年教育部议设五大学，南京居其一，已草预算矣，迄未见诸实行。故自天津太原以南都官私立学校计之，舍今日甫经议立之厦门大学、南涌大学外，仍无一大学，有则外人所设立者也。东起河济，南迄海徼，其方里不下五百万，其人口不下二万万，其学者不下百万，而数十年来，数千里中，无一完备之大学。嗜学而期大成者，不入外人所立之大学，必裹粮贲装不远千里而之京津，京津之大学不足容，则必至走日本、美利坚，西诣俄英法德，以解其嗜学之渴。比学成而归，而桑梓钓游之地，复不能以最高学府罗致其人，俾之从容赓续，极深研几，萃世界之学术思想，铸造而树中国之徽识，此非吾东南人士之耻欤。美之人口百兆，大学五百余，吾东南各省倍之，当得大学千余。日之人口七十兆，大学三十余，吾东南各省六之，当得大学二百。区区议立一二校，其不足语于发达也审矣。然而教育部议立于南京之大学，时越数年，犹迟回审顾，而未能遽行其议。原其迟回审顾而未能遽行其议，殆以绌于经济为主，因今之国立学校，经常费犹时虞不给，矧有余力以创大学？此尽人所知也。然以大学之不容缓，而国家兴学之费，又未必计年可以骤增，吾东南人士，乃得一兼顾之法，曰按照部议立一大学于南京，而以南京高等师范学校之专修科并入，名之曰国立东南大学。在南京创办东南大学，其利有十：南京为东南各省水陆之要津，鲁豫皖赣浙闽诸省，轮轨四通，气候温和，无盛寒酷热之患，城北地广而静，山川风景之美，最适于学者之修养，此利在地理者一。吴晋以降，东南都会莫先于此，民国肇基，尤为有史以来惟一可以纪念之地，发挥平民之思想，他地万不能逮，即以文化论，数百年来东南魁宿，侨寓此都，其流风余韵，举足以振发学者之理想，此利在历史者二。城北南洋劝业会场，面积广阔，地主张君，凤愿以地权归之未来之大学，因其基础兴建校舍，足容学生万人，他处无此广厦，此利在校址者三。大学为最高学府，非仅办一二科。即可以餍学者之望，南高原有农工商教育体育诸专修科，其规模已近于各国之大学。以之并入东南大学，第须添招文理科则学科已称完备，即增立法科医科，亦复易于筹备，此利在设科者四。南高教员多积学之士，各科专门学者为数甚多。改办大学，其人才几不假外求，目前所教科目，已与各大学程度相等，驾轻就熟，视创立一校难易迥别，此利在师资者五。东南各省，中等学校毕业学生，年以千万计，志愿风尚，各有不同，仅有一高等师范，固虑供不给求，且为名额所限，每年招生时有遗珠之憾，增立一大学，则有志于著作发明，或服务于各种社会者，皆有所劝，而大学中之教育科，仍足以造就教育人才，此利在学生者六。特建一校，万事草创，购地造屋，厥费孔巨，图书仪器尤为不赀，创之于南京，则因劝业会场及南高所有陆续增拓，虽乏巨款，亦易着手，且南高声誉夙著，海内富豪已有捐资其中、奖励学术者，若增立大学，术业益进，则海内外热心教育之富豪，必尤乐出巨金以助斯校，政府社会合力并筹，此利在经济者七。吾国学术向多倡自东南，近年输入欧美文化，亦以东南为捷，发扬国粹固必有管握之枢，辟新机尤贵得折衷之所，近世各国社会风气，率视大学学者为转移，往往以一二巨子之学术思想，冀进国情，作新世运，各国鲜此学府，故新旧争讼，而群德坐是不昌，使东南有一完备之大学，为焕发国光、吐纳万有之地，匪独可以融贯群言，作吾国社会之准的，充其所得，且将贡输于各国，植吾国于世界大学之林，此利在学术者八。东南都会，外人顶踵相错，询吾教育学术界之尤最，恒苦无以举示，当此万国梿通之世，无论学术技艺之集会，十九皆大学学者，即政治交涉之类，号为万国大会者，亦多大学学者列席其间，独吾国以大学之少，逐致未由参与，若南京建设大学树之风声，则彼之来者，可审识吾之人物，吾之往者，亦多可与之抗衡，此利在国际者九。教育部范总长视事之始，首注重规划大学学区，盖外鉴于世界之潮流，内审于各省之需要，知大学之必应广立，始可渐期其发达，意至善也。夫以中国幅员之广，人口之众，一切行政固必赖中央政府之规划，然人民不自奋发，以应政府之规划，非所望于今之国民也。政府规划学区，吾民即应共图建设，以学者之责任，树民治之精神，东南倡之，各方继之，一区不必只有一大学，而一区断不可不先立一大学，积极进行，始不致蹈向日空言无补之弊，此利在民治者十。准此十利，故蹇等拟就南京高师地址及劝业会场建设东南大学，而以南高诸专修科并入其中，图之数月，既上言于教育部，部可其请，刻期筹备，且节南高之费为新建大学之资，吾东南人士，夙夜企梦之大学，行且涌现于目前，惟兹事体大，非资群力群策，不足以立丕基，而昌民治。谨述其缘起，敬告邦人君子诸姑姊妹，凡我同志，洞明世界之潮流，倡导国民之文化者，嘉许兹举乐助厥成，或诏以植学之规，或附以劝学之费，尤我东南诸省百十万亿父兄子弟无疆之休，非徒蹇等之庆幸已也。发起人张謇、蔡元培、江谦、王正廷、袁希涛、穆湘玥、蒋梦麟、郭秉文、沈恩孚、黄炎培等宣言。"（同日《申报》）

3月28日 与黄炎培、史量才、王正廷等十余人于青年会举行筹办上海商科大学会议。议定：①此项商科大学既以教育华侨子弟为主要之宗旨，又以广集内外人才为入手之方法则，中国与南洋间之同志不可无一共同之组织，以为大学中心，且兼谋其他教育、实业等一切事业之发展，遂公决联合同志共同发起一中国与南洋间之协会，当推赵厚生、郭鸿声、丘心荣等草拟协会大纲。据以广集发起人开第二次发起人会。②照商科大学筹备处大纲,应有筹备 主任一人,副主任一人干事一人,当推黄炎培为主任,丘心荣为副主任,赵厚生为干事。③筹备处所需款项,由黄、丘两人承认筹垫,又筹师董事钱新之提出意见主张,此项商科大学应注重义务方面之学科与技能,将来自第二年或第三年起,尽可采取一半学科一半实行服务之法,以成东方最新式之大学。(《申报》1920 年 3 月 31 日)

3 月 29 日　晚,青年会开褒荣会,出席者有王正廷、余日章等五百余人。王正廷主席,致欢迎词云:"今年征求会之成绩可谓空前矣。会员之多实出人意料,果青年会之进步,亦诸君之尽力所致也。惟青年会之事业无日可以终止,世界存在一日,青年会之事业即当进步一日。今日青年会事业方发轫之初,以后尚当日进一日,固无可限量也。故不可谓今日之征求会为止境,要知前途固无穷尽也。以后更望诸君努力前进,冀青年会事业之日见发达。"词毕遂各就餐。继由美人开斯基及各队长演讲。"李惕吾以周宪章为代表,穆藕初以王荣辉为代表,钱新之、朱葆三以朱树翘为代表,骆怀白、蒋文蔚等大致皆为勉励队员之词。"末由"主席请蓝总司令给奖,徐可升唱名成人部个人第一为飞鹰队之瞿鸿章,独得三千余分,得打字机一架,金牌一具。第二为钱新之,第三为穆藕初,第四为骆怀白,均得银杯、银盾等奖品。各队第一亦为飞鹰队,得六千余分。(《申报》1920 年 3 月 30 日)

3 月　与蒋梦麟谈捐资派遣留学生事。先生"深觉中国历年派赴各国之留学生虽多,而实效甚微。有年送数十人,而回国后绝无表现者,是虽半由于所洽之学生无学术上之自觉,且不能了解中国社会之情形,以作比较之研究,亦半由于考试方法,不足以得真正人才之所致。是以主张打破旧法,以此款纯粹托付蔡先生个人,并请胡适之、蒋梦麟、陶孟和三教授帮助蔡先生观察,并审查北大毕业生中能对学术社会确有贡献而负有希望者,不经考试,斟酌选派,以实行选派留学生之一种新实验。"(北京《晨报》1920 年 6 月 28 日)

3 月　由冯超然介绍,赴苏州请俞粟庐(名宗海)来沪教昆曲。俞因年事已高,让子振飞到上海教曲。俞振飞《一生爱好是昆曲》云:"我 19 岁那年(1920 年),离开父亲到上海,在郑州豫丰纱厂驻沪办事处当文书。事情经过是这样的,纱厂总经理穆藕初酷爱昆曲,他向曲友们打听,当今昆曲谁人唱得最好,众口一词说,苏州俞粟庐。于是他通过画家冯超然介绍,专程到苏州请我父亲到上海教他唱曲。当时我父亲已年逾古稀,不惯出门,就让我代他到穆处教曲,不过有个条件,一定要在纱厂里安排一个职务,业余教曲。穆藕初一口应允,给我在办事处安排一个清闲的文书工作,并在他家里腾出一房间,给我住宿(我父亲来沪时,也住在这里)。每日下午 1 时到 2 时,我教穆藕初唱曲。"(《20 世纪上海文史资料文库》第 7 册第 95 页,上海书店出版社 1999 年 9 月)俞振飞《穆藕初先生与昆曲》一文云:"余之识穆藕初先生，远在民国九年间。先生以嗜习昆曲，钦慕先君子粟庐公之名，下征余为其记室。先生初由笛师严连生拍习，殊未能领略曲中三昧，及识先君后，始憬悟昆曲有关于国粹文化之重要。而先君所传叶堂正宗唱法，夙位曲界所重。余谬为识途之马，于退之暇，悉心研讨，先生益觉兴味隽永，勤习之至，垂老而不倦焉。先生时以综理三大纱厂，事务已甚繁剧，但日必以曲为课，于中午饭罢小憩后，与余度曲一小时许。其时不治事，不款客，数年如一日，从无间断。复专延笛师金寿生于其家，藉备晨夕兴致，与家人度曲，为天伦之乐事。最初与余研习者，为《西楼记·玩笺》一折，每喜于当筵歌之。先生习曲已届不惑之年，口齿嗓音，难期圆转，尤以嗓嫌紧细，缺乏亮音。尝就牛惠生医师所治之，故于其引吭高歌前，必以喷雾器射治声带。又自病按板之艰于匀准，觅致西乐拍子机，置诸案头，以助按拍。盖先生初未谙曲中除长三眼需求平匀外，有视剧情之缓急，身段之转换，或应板之使徐，或应促之使疾，有三眼转一眼者，有散板换上板者，各极伸缩变化之能事，非可一概而论也。迨后深入堂奥，亦遂弃置矣。凡此均足征先生用心之专，致力之勤为常人所不可及者也。"（手稿，藏苏州中国昆曲博物馆）

3 月 冯玉祥（时任十六混成旅旅长兼湘西镇守使）致函上海华商纱厂联合会，请选派农业专家去常德帮助设立棉业改良分场。先生请南京棉业改良社过探先物色人选。过遂请北京农业专门学校毕业生沈宗瀚（后成为著名农业专家）去常德帮助冯植棉。（冯玉祥 1943 年 10 月 6 日在重庆穆藕初追悼会上致词，重庆《新华日报》1943 年 10 月 7 日；黄俊杰编著《沈宗瀚先生年谱》）

4 月 1 日 与张謇、韩国钧、张一麟、沈信卿、黄炎培、穆杼斋等联名发表《苏社缘起》。云："国是纷扰，隐忧四伏，以近所闻，惟山西一省民生无扰，自治渐即于理。江苏地位财力宁在江西下，而所谓自治者，此通彼塞，甲进乙退，未能一致进行。三数朋侪，私忧而窃计之久矣。时令所迫，同野有占，举莩告人，翕然大趋，是或剥而将复，贞下起元之兆兴，适会将扬，于是有苏社之组织。组织之意，自有地方而自治之，治之力无薄也，治之业无小也。量而后进，知而必为。社之范围，则不涉政党，不为私人利用，为官治之后，而不树敌，为社会之导，而不窃名，悬此为的，敬俟同志。"（同日《申报》）

4 月 2 日 在南京出席江苏省实业会议。张轶欧主席。报告金其照等提议《设立江苏省劝农委员会章程》，由金其照"说明省长此次召集实业行政会议，注重森林、植棉、蚕桑三种之意旨，在希望大家到会发挥意见，讨论利弊，以期顺序推行，全无障碍。"陈光甲主张与二、三、四案合并讨论，王鼎彝主张改劝农为劝业，先生云："县知事脑筋中何尝知道劝农二字，本席预料此案即成立，亦无实效。吴履刚亦云："无成立之必要"。金其照云："断不能因人的问题而反对机关。"先生云："每月六十元薪水，何能聘到农学专门人才。"主席以交审查付表决。多数起立。接议第二案张轶欧、金其照提议《增设江苏省立农事试验场案》，王舜成主付审查。张在新云："设在上海恐购地不易。"李永振云："并不限定在上海繁盛之地。如闵行、闸北等偏僻处购地，有何为难？"先生问："第一、第二农事试验场业办几年，成绩如何？"金其照答："第一场设在靖江，民国元年创办。初时场长用非其人，以致鲜有成效。前年省长改委他人接替，不毛之地现已逐渐肥沃。前年栽种花生、麦子、山芋，去年试种棉花已小有成绩。第二场设在铜山，系去年开办，据委员及视察员报告，均称成绩甚佳，可见费款不多收效甚速。"先生云："须要场长委用得人，但每月薪水一二百元，恐农学专门人材必不肯就。"主席又以交审查付表决。多数。次第三案张轶欧、金其照提议《江苏县立模范农场奖惩条例案》无讨论，表决付审查。第四案张轶欧、金其照提议《江苏省推广桑棉奖励条例案》，先生云："本席以为事贵实行，议案百余件，说得天花乱坠，实在好听。而实际上做不到，岂非徒耗宝贵光阴。实业厅与实业科均为振兴实业机关，惟限于经费不能进行，亦属实情。但所用各科人员并非专门人材，办事诸多缺点，亦无可讳言。本席主张应请省议会议拨十万元，兴办各种实业。"主席以交审查付表决，多数通过。(《申报》1920 年 4 月 4 日)

4 月 3 日　在南京出席江苏实业行政会议。张实业厅长主席，报告各案审查情形，又报告设置劝业所，及设置实业委员视察员、讲演员、劝业专员等各案，先生云："此种机关不过位置几位私人，与事殊无裨补，无设置必要。"王宝槐云："断不能因恐用人不妥而反对机关。主席以照审查报告付表决，多数起立。先生、张在新、陶镕、陶庆丰临时动议，提出《设立省道县农林总分支场案》，讨论结果"惟对于资格一项稍有争议，略加修改表决，多数通过。金其照自请将昨议交审查之《劝农委员会章程》一案删消。(《申报》1920 年 4 月 6 日)此案后在省议会审议时未能通过。先生云："本年四月间，省长召集实业行政会议，仆等曾有振兴本省农林之大计划，因地制宜，规划全省农场，采用科学方法增多产额，藉裕民生。此案曾经通过，曾经省长交省议会核议，不谓省议会衮衮诸公，竟将此案打消之。意者振兴农林之计划，其有害于本省耶？或议员诸公有比振兴农林更好之计划在耶？抑别有不能明言之苦衷耶？清夜思之，其能无动于中否？"(引自《米贵之原因及补救方法》，《申报》1920 年 7 月 1 日;《文集》第 85 页)《设立省道县农林总分支场案》全文如下：

昨日会议时，对于农林机关之组织，有主张设劝农委员会者，有主张推广或改组各道县农场者。讨论许久，尚未决定具体办法。兹本席等认为，办事机关宜有统系，拟就省城设立农林总场，五道属各分设农林分场，归总场管辖。改各县模范农场为农林支场，归各道农场管辖。总场重学识，支场重经验，分场学识经验并重，使农事智识渐及农民。总场以原拟劝农委员会经费抵支，金陵道分场由总场兼领，淮扬徐海两道以原有农事试验场改组，苏常道以育蚕试验所改组，沪海道以第十工场改组，"松府属已有第五工场，又此场虽已开办，科目尚未规定，场址又在城外田野之中，改为农场有种种便利"，且此办法，经费无甚加增，而办事机关从此有统一精神。谨拟大纲，候请公决：

一、经费。总场兼领分场，经常费二万四千元，开办费一万二千元，共三万六千元。余四分场经常费每场八千四百元，开办费统推三千六百元，每场共一万二千元，四场合四万八千元，总计总分各场经费八万四千元，由实业厅科酌编预算细册，呈请省长交省议会议决施行。各县支场以原有模范农场经费，由各知事再筹扩充，编制预算，呈请省公署实业厅核定施行。

二、组织。总场设场长一人，技术员四人，事务员四人，调查员五人。分场设场长一人，技术员二人，事务员三人，调查员二人。其职掌薪水细数，由实业厅科酌定列入预算。但场长及技术员，具有第三条资格者，薪给宜从优。

三、资格。总场场长，技术员及分场场长，须用高等农林学校毕业生。总分场调查员，及分场技术员须由本国甲种以上农林毕业生。各县支场场长趋重经验，暂不限于学校毕业。

四、委任。总分场场长由省长委任。支场由该管辖知事具保三人，呈由省长选定委任。

（《申报》1920 年 5 月 11 日；《文集》第 169 页）

在南京期间，参观南京高等师范学校农场。该校有欧美农具二十余种，暨中国农具十余种，"非有巨大之农具室不敷陈列庋藏之用"，"因经费限于预算未能即时兴筑。"先生"深知改良农具为振兴农业之先着"，慨允捐助四千余元为该校建筑农具室之用，并由李炳芬绘具图说，估价建筑。（《申报》1920 年 4 月 22 日）

同日 《申报》刊登《郑州豫丰纱厂之沪讯》，澄清不实谣传。云："沪商穆藕初、吴善卿集资，在河南郑州开设一豫丰纱厂。早经开始建筑，所有机件及头批纱锭一万枚，亦经运往。月前该省发生政潮，几致草木皆兵，沪上商界佥谓该厂必蒙不利。昨日该厂前在开封，与豫省长官商办纱税之代表马君树周旋沪。据云该厂大约迟一个月即可发机，郑州并无若何之扰乱。外间所传，殊非真相。厂中现有纱锭一万枚，将来将陆续增置至四万锭，所有纱税援例优待，亦经妥洽。豫省当道对于实业，尚能尽力维护，实属差强人意。马君并谓豫省各种农产原料极为丰富，甚愿有资者前往开发，其富源必可获厚利。"（同日《申报》）

4 月 5 日 下午，赴卡尔登饭店出席美国大学俱乐部与上海银行公会欢迎美国资本团代表拉门德宴会。唐少川致欢迎词，拉门德演说。（《申报》1920 年 4 月 6 日）

4 月 6 日 出席华商纱厂联合会第三届第二次常会。讨论徐静仁荐汪体仁充总场会计、付权聂云台向英美纺织机制造厂捐募本会棉铁工业学校机器、聘用《季刊》编译员等事。(《华商纱厂联合会季刊》第一卷第四期)

4月10日 职教社开评议员临时会,披露征求社员结果截止,计征到永久特别社员十四人,特别社员五十三人,普通社员九百九十四人。征求会员共分五十四队,"穆藕初君队一百九十八分",列第七。(《申报》1920年4月11日)

4月12日 下午四时,出席杨交涉员、何代护军欢迎英公使艾斯敦茶话会。到者有王正廷、蓝建枢、沈宝昌、唐露园、马寅初及西宾英按察使、英总领事暨工部局各董事等共一百余人。艾斯敦公使演说,杨交涉员答词云:"艾公使莅华既久,熟悉我邦风土人情,今擢升公使,将来于国际民生裨益无限。"(《申报》1920年4月13日)

同日 《申报》刊登《棉质考验科成立》一文,报道穆公正花行近新增"棉质考验科"。云:"本埠兰路穆公正花行,为留美农学硕士穆君藕初所设立。闻穆君因纺织业日就,发展花行营业亦有迎机拓展之希望。培育需要之人才,实为急务。遂在行设立学校,以国学、西学、武学三种定为必修科。各科均请绩学士担任教授,俾行中诸生及厚生、德大两厂实习生得修习各种学术之机会。近又设立棉质考验科,预定本年夏季考核各生鉴别棉质之程度。""因原料之优劣定纺力之强弱,作考验新棉之标准。此举于策进棉产改良,裨益纺织前途均有绝大关系。此种专门研究,诚工商界最有价值,亦最有趣味之事。凡百实业皆自然有各别之研究,苟各该业均能施行此类精密之研究,而后进取上庶有一定之步骤,今棉业已开其机,各业皆当奋起图之也。"(同日《申报》)

4月13日 各路商界总联合会增聘先生等为名誉董事。是日陈惠农主席会议,"第二议案为添聘名誉董事,扶助本会进行。"由主席提出陈独秀、王正廷、汪精卫、吴稚晖、宋汉章、许建屏、张东荪、温宗尧、邵仲辉、瞿宣颖、包世杰、穆藕初、薛宝润、欧彬、郭乐、诸青来十六人,并将各人历史逐一说明,经众一一通过。(《申报》1920年4月14日)

4月14日 《申报》刊登中华植棉改良社为扶植广西植棉消息,报道穆公正花行棉质考验科检验广西运到样棉等情形。文云:"今春又续运到七十五县一道样棉一百八十六号,由中华植棉改良社棉质考验主任偕穆公正花行棉质考验科详细考验,其考验结果能纺十支纱者四户,能纺十二支纱者七户,能纺十四支纱者十一户,能纺十六支纱者六十八户,能纺二十支纱者三十六户,能纺二十四支纱者四十四户,能纺三十二支至四十二支之股线者十六户。同时另有土棉、花衣一担运到,请厚生纱厂代纺十六支纱,成绩优良,纺成七小包,业已由自来水桥德丰润转运局运往桂省,以供研究。据植棉改良杜报告广西津乡蒋振彪,全县蒋春浦,罗城县李天培,左县农怀仁,思恩县韦自馨、覃毓芬,荔浦县农会,田南道苗圃,隆山县潘会星、陈干中、李盛蕃、罗城县公署、雒县县公署、永淳县县公署、怀集县苏荫贤、同正县黄佩琛、郑附珠、陆钟鸿、遇顺堂，又未报户名之信都县一户、岑溪县一户、百色县两户、武宣县一户、河池县一户、阳朔县一户，共二十八家种植均甚得诀收拾及管理，亦颇讲究。兼之棉田阳光充足，地力亦佳，均得圆满之结果，均考列最优等情，该省李省长分别传奖，以宏策励。另有桂省棉产成绩表一分致广西省公署实业科，发交该省公报刊布。"表式分十一项：一县分、二户名、三样棉重量、四成色、五衣分、六分寸、七能纺若干支数、八色泽、九核状、十考语、十一分数。"按桂省天气高温，肥料易得，人工低廉，宜棉旷地亦甚多，着手提倡为时无几，其所产棉花大致已能与通棉相媲美。自今岁始植棉地亩又大加推广，骤增棉田百倍。又向江苏聘请富有植棉经验之农学毕业生钮君青年，钮君海门人，毕业于省立第二农校，供职于太仓县立农场，管理总场。近又由桂省士绅组织棉业促进会，以推广棉产，举办纺织事业，以杜绝大漏卮委任务，并设立植棉讲习会，由各县保送农生到会研究，并在总场实地试验，以便卒业后各返本邑担任各分场管理，俾各地方农民有所取法，而图普及。桂省棉产前途大有一日千里之概，诚我东方棉业界之好消息也。"（同日《申报》）

4 月 15 日 于《申报》发表《今后东方纺织业竞争大势》一文。分析我国纺织业不振原因有无联络、无系统、产品劣、损耗多等弊端，而最大弊端是无团结。呼吁纺织家从速组织我国纺织业托赖斯。全文如下：

孟子有言："生于忧患，死于安乐。"斯言也，征诸立身而验，征诸立国而验，征之世界生存竞争之结果亦无往而不验。原其所以致此之主因，无在不起点于精神之团结与涣散上。一人之心力，以四周情势之压抑，而专用于向上奋进之一途，则斯人之不终于微弱也，有必然者。一国之地位，以天然形势之限制，而活动于向外奋斗之一事，则其国之称雄于世界也亦有必然者。以此理征诸今日产业界战斗之现状，其成败得失之数亦殊显明。如南满洲之油豆饼业、银行钱业、酱园烧酒业等等，我国人业此者，莫不人自为谋，各不相顾，而日人业此者，类皆联成一气，各业如各联队然，长驱猛进，所向无敌。以我国异常涣散之商情，直当其冲，无一不摧枯拉朽然。始则喧宾夺主，继则反主为客，曾不转瞬，胥入破产之穷境。呜呼！中日间商竞之剧烈，岂第南满洲，今则我内地各市场，皆授彼及锋而试之机会焉。岂第以上数业受彼摧残，今则凡百工商业，皆将受彼雄大势力之支配焉。玥托迹纺织业中，不暇泛论一切，仅就吾纺织业言之，"怡堂燕雀，不知厝火之将燃。"诵先哲明训，对我精神涣散之纺织业，不禁悬想来日之危机而惊惧不置也。

欧战告终，交战国之生产力顿形薄弱，恢复元气，除振兴内国实业无他策。发展内国实业，除恢复已失之市场及开拓新市场，未由见效。美国自加入战团以后,美国人士大放其世界之眼光,向之持门罗主义者,态度为之一变。以商业论,亦以开拓国外贸易为发皇内国实业之要着,于是欧美人士一致注意于东方之市场。我国偌大之市场,尤为东方商竞之中心,而棉货又为我国大宗入口货中主要之商品,虽谓各国纺织界出品以我国市场为东方最大之战斗地可也。回顾我国之纺织业则何如,老厂已陈旧不堪,新厂则根基未固,半新不旧之厂,又泰半缺乏专门人才为之整顿,而少日新之气象。况乎各厂各不相顾,谁家痛痒,无异秦越人之视肥瘠。无联络,斯无结合;无结合,斯无系统。言出品,则参差不齐,难博社会之欢迎;言制造,则耗损殊多,安望成本之轻减。际此竞争剧烈之时代,其不受淘汰者几希矣。然而在欧洲则战后疮痍未复,新税繁苛,在美国则生活程度较高,工价昂贵,且均离我国较远,而制造品类,又皆精致,故竞争虽烈,于我国纺织业上,现时尚不生若何重大之影响。而其为我国纺织界心腹大患者,其惟日本乎?日人在欧战时得千载一时之机会,百业朋兴,金融活动,如意指挥,业将我东方最大市场上欧美棉货挤轧殆尽。犹恐精神涣散之不足以决胜于千里之外也,急将其国内无数小厂,联合而成九大公司。处心积虑,希图扑灭我国纺织业而握东方纺织界霸权,并在我国境内,遍设纱厂,与我纺织界接触益近,而竞争愈烈。虽然,我国纺织业之不振,岂学识能力之不若人乎?抑精神涣散,团结未固,以致不能坚壁自守乎?玥以为我国人之学识能力,实不输于日人,且于管理上有种种便利处,为日人所艳羡而弗得,而所以走人下风者,其最大缺点,实在于无团结上。故我国纺织业家不图自卫则已,苟图自卫,须进一步储备与人奋斗之实力。欲储备此奋斗之实力,舍团结外,无他良法也。团结之法维何?即将各大埠纱厂联合成三数大公司,资力愈足,则抵抗力战斗力愈大。夫如是而后原料品不受把持,制造品不受倾轧,迎机进取,与人角逐,则今后之恐慌,不难悉数扫除之。按商学之原则,应世界之新运,非从速组织我国纺织业托赖斯不为功。不识我纺织界诸钜公,惕于危机之日近,亦思有以准备而补救之否耶?

（同日《申报》;《文录》上卷,《文集》第52页）

4月24日 与史量才、黄炎培、沈信卿等邀梅兰芳于申报馆俱乐部聚餐。席间提及为梅兰芳灌制唱片等事。"赵、黄与南洋人士皆颇拟央畹华之爪哇等处一行也。畹华初有设一模范剧场之议,筹股百万元,于北京、上海分设二剧场,互相调演,既可发扬美术,又操获利之券。前此许白明曾草一《计划书》,洋洋数万言。今南来会与诸大实业、教育家,往还偶谈此事,众人均以为此举实于通俗教育上有极大之关系,并谓如北京者一时不易着手,上海尽可先办。西洋人士建造剧场处处有科学之作用,如回声、发光是也。既而渐重美术,今则尤重精神,务使观剧者一入其内,精神既愉快非常,非若吾国之专以演剧,始使观者首肯也。如模范戏院之议成立,则建设上必首先注意矣。"又谈百代公司大班函托史君介绍梅兰芳录制唱片,"其一曲清歌亦足以清人烦闷也"。因梅兰芳"对于各项工厂机器靡不悉心研究,客年在南通时遍阅各厂喜形于色",餐毕,史量才"即导馆各部机器,自排版、制型、浇铅,至于印刷莫不周详"。先生与梅兰芳约定五日后参观厚生纱厂。(《申报》1920 年 4 月 27 日)

4 月 29 日　邀梅兰芳参观厚生纱厂,"自清棉花至成布为止,亘历二时许,孜孜不倦,婉华洵好学哉!"(《申报》1920 年 4 月 30 日)

4 月　与郭秉文商南京师范改东南大学事,先生表示愿捐银五万两,派遣该校毕业生赴海外留学。郭秉文云:"本学期开学之日,鄙人到上海与方面接洽,一星期内之结果,大家都极表赞同,并得九位先生为本校发起人。此九位即:张季直先生、蔡孑民先生、王儒堂先生、蒋梦麟先生、穆藕初先生、沈信卿先生、黄任之先生、江易园先生、袁观澜先生。此九位先生连同鄙人共十人,正式与教育当局为正式之表示。""今年开学日,鄙人曾言穆藕[初]先生愿捐银五万两,送本校毕[业]生往外国留学。现大学暨成立,穆藕初先生五万两{银}子不能不拿出来了。"(郭秉文报告,冯泽芳记录《筹备东南大学之经过》,1920 年 12 月 15 日,引自《南大百年实录——中央大学史料选》上卷第 109 页,南京大学出版社 2002 年 5 月版)

4 月　梁启超于北京成立共学社。以"培养新人才,宣传新文化,开拓新政治"为宗旨,成员有蒋百里、张君劢和张东荪、蔡元培、张謇、张元济、熊希龄、范源濂、张伯苓等。先生、聂云台等为募捐基金捐款。梁启超致蒋百里函云:"学社规约稍有修改,请集董事干事再开会一次,决定后印数百张,备向各处募集基金,别拟募捐启一纸,并希提出采用。""募捐启如可用,亦请印一二百张(纸须稍佳),分途往募(印成后请寄数十张来),各人有特别交谊者,除公启外,誉以私函,当更有力,如商务印书馆、南洋烟草、大生纱厂等处,仆当加函。如穆藕初、聂云台诸处,请蔡先生或梦麟加函。"(《梁启超致蒋百里书》,引自丁文江、赵丰田《梁启超年谱长编》第 906 页,上海人民出版社 1983 年 8 月版)

5 月 1 日　陈独秀发表《上海厚生纱厂湖南女工问题》长篇社会调查。文章辑录长沙《大公报》、《湖南日报》、上海《时事新报》、《星期评论》等报刊有关文章十五篇(包括先生《答复讨论厚生纱厂招募湖南女工问题诸君书》),并以《我的意见》总结,在肯定先生"企业的才能和他在社会事业上的功劳"之余,希望先生"更进一步,由个人的工业主义进步到社会的工业主义"。文云:

> 长沙新闻界诸君因为代湖南女工向厚生纱厂要求待遇改良,受了穆藕初先生一场奚落,实在是自寻侮辱呵!大家要晓得二十世纪的劳动运动,已经是要求管理权时代,不是要求待遇时代了。无论待遇如何改良,终不是自由的主

人地位,劳动者要求资本家待遇改良,和人民要求君主施行仁政是同样的劳而无功,徒然失了身分。温情主义,无论在政治上经济上都是主人待奴隶一种没有保障的恩惠,我们羞于去要求的;况且要求不着,白受奚落,真是侮辱上又加侮辱,前清末年要求立宪就是一个榜样,长沙新闻界现在又戳了一个同样的霉头! 有人说中国机械工业还不发达,劳动运动还没有萌芽,去劳动者要求管理权时代还远,眼前的待遇问题,还是不能放松的;况且穆藕初先生是一个很有学问见识的人,和一般专门牟利的商人不同,和他讨论讨论劳动问题也未尝不可。这话我却不反对。因为代劳动者向资本家要求固然是我们所不屑,但穆先生虽然站在资本家地位,实质上恐怕还不算是资本家;况且他若不拿资本家资格,来和我们平心静气的讨论劳动问题,我们也犯不着拒绝他。中国人向来相互不承认他人的人格,所以全体没有人格,这件事若责备穆先生独为其难,未免太看重他了。每月八元的工资,在长沙或者不算很少,在上海的生活程度,仅够做工的个人不至冻饿而死罢了。在穆先生底意思,中国人绝对没有衣食的人很多,现在只要有工做得免饿冻而死就算福气了,你们还要得寸思尺吗? 但是我们要知道得寸思尺是人类底天性,譬如穆先生办纱厂去年得利六十万,难道今年不想得利百二十万吗? 假定穆先生底工厂用一千工人,每人每月以八元计算,一年工资是九万六千元;倘若一年得净利二十万元,内中提出二万四千元分配给工人,每人每月就可以增加工资二元;资本家除官利外又得拿十七万六千元,总不算太吃亏罢。从前放债的利息过了二分,打官司还要受罚;开典当的,照法律只准按月二分息;安徽安福部的省议会通过了典当利息二分五厘的议案,社会上就说这是倪嗣冲祸害安徽的一种罪案,我们现在要请问上海纺纱厂底股东,去年得了几分息? 中国人说的什么红利,工人照例得不着分毫(马克思说这是剩余价值,都应该分配给工人的)。照穆先生说,十年前每日工资只一角七八分,五年前只二角四五分,现在有三角左右,表面上已经是递加的现象;照马克思底学说,工人每日劳力结果所生——即生产物——底价值,就算是五年前比十年前只加一倍,现在又比五年前只加一倍,而两次工资增加都不及一倍,实际上岂不是递减的现象吗? 这种递减去的不是都归到剩余价值里面,被资本家——股东——掠夺去了吗? 这且不谈,就以工人生活费而论,各项物价合计起来,比十年前增加不止一倍;而工资增加不及一倍,这也是减少不算是增加。穆先生要晓得这都是事实,常识,并不是"泰西之糟粕"! 工作时间,不单是工人个人问题,也还是社会问题。假定上海日作十二时工的有二十万人,若改为八时制,日夜三班机器并不停歇,而社会上可以减少十万个失业的人;资本家所损失的工资增加半倍,若照前例计算,一千人的工厂增加五百人，每年工资增加不过四万八千元，在净利中提出这点，还不及全额四分之一。穆先生如果不专为资本家——股东——牟利，如果明白"纺织业与民生之关系"，如果可怜"平民生计不宽裕"，如果要"使地方进于治安之轨道中"，如果提倡"纺织界拯救时艰之主义"，如果忧虑"社会国家亦间接蒙其害"，如果懂得"救国爱群之要道"，就应该主张减少工作时间，好叫做工的人多失业的人少才是！况且十二时制倘不改少，工人教育问题便绝对没有办法；照这样下去，工业越发达，人民底知识精力越退步，将造成人种衰微的现象，这种社会的损失，前几天我曾和聂云台先生谈过，他也觉得有这样的危险；聂先生也说要谋工人教育，非减少工作时间不可，他而且主张八时制。聂先生到底是基督教徒，是有点慈悲心肠，是比别的"想入天国较骆驼穿过针孔还难"的富人不同呀！我希望信仰"爱之宗教"的聂先生要学耶稣的牺牲精神，莫学耶稣所深恶痛绝的富人，赶快实行八时制，为穷苦的工人谋点教育，救救他们的苦恼。我并且希望别的资本家莫让聂先生独得贤者之名！工人教育问题，固然非工作时间减少无办法；工人卫生问题，也非减少时间无办法。至于工人储蓄问题，诚然要紧得很；但照现时的工资仅仅足以糊个人的口，养家还差得远，拿什么来储蓄？穆先生说："英国有纺纱锭子五千七百万枚，美国有四千二百万枚，……日本人口仅及我国人口八分之一，有纺纱锭子四百万枚……而我国今日仅有锭子一百五十万枚；此一百五十万枚中，尚被日商英商占去七十万枚，完全为我华人所有者不及百万枚。……研究全国人口及纺纱锭数，不识诸君子有动于中否？"又说："若徒唱道多给工值，而不问其工作能力之大小，与责任心之有无，此唱彼和，知其为新思想，而相率提倡之，实业界中固直接蒙其害；因此而投资人多所顾虑，工业振兴将无望，国货空虚，外货愈得安然占据我腹地之市场，制我全国之死命，然则社会国家亦间接蒙其害焉。"执信先生对穆先生这两段批评道："振兴工业，还是做生意，几个人做生意趱钱，中国就不穷了么？"又道："于是乎实业提倡起来，外货不进，生货不出；做生货的人少一千万，做熟货的人加六百七十万，两下对销，就逼出三百三十万个失业的人，平心想想，这个时候，社会上是有益还是有损呢？"执信先生这两段批评，可算是对于藉口什么振兴工业，什么抵制外货，什么谋社会国家底利益来牟个人私利的人一个顶门针。另外我还有几层意思也要请教穆先生：我们只主张把"工值"给工人，并不主张在"工资"以外要多给一点。"工值"是什么？是工人每日劳力结果的生产额在市面上的价值，不是资本家任意定的三角两角，三角两角以外的剩余工值，都被资本家——股东——用红利底名义抢夺去了，工人丝毫分不着；工值抢了去，反过脸来还要审问被抢者底工作能力之大小与责任心之有无，这实在是清平世界里不可赦的罪恶！工人若没有能力和责任心，股东底官利红利是从哪里来的？每日三角两角的工资还要减少几何，每日工作十二时以外还要增加几时，才算有能力有责任心呢？利息是社会上不劳而获的人底救星，利息制度一天不扫除，社会上不劳而获的人一天不能绝迹；不但放债，开典当是利息制度，凡是自己不劳动，用资本去生息像靠田租房租股票生活的一班人，都是利息制度之下底寄生废物。现时卑之无甚高论，我们暂且不去反对利息制度，不去把他根本取消，但是也得有点限制才好。穆先生恐怕"投资人多所顾虑，工业振兴将无望"，是以为必用重利引诱资本家，集合得资本雄厚起来，才可以振兴工业。近世机械工业固非资本集合不可，但是集合底方法，就是不废私有财产制，不废利息制，似乎不可而且不必拿七八分重利甚至于对本对利来引诱。田地房屋和存在银行底利息都只得几厘，尚且有人肯做；工业只要有信用，未见得拿一分利还招不着股。若嫌一分利不能引诱资本家，资本集合太微太缓，不能和外资竞争，这个问题却大了，决不是现时的招股集资方法可以救济的。照现时的经济组织，听凭穆先生聂先生等如何热心拿厚利来引诱资本家，充其量也不过招得二三千万元，不说欧、美底资本家了，只要周学煕勾一个日本资本家来就压倒了。我以为要想中国产业界资本雄厚可以同外国竞争，非由公共的力量强行把全国底资本都集合到社会的工业上不可。果然是社会的工业，他的发达，社会上人人底幸福都跟着平等的发展；工资少点，工作时间多点，都还没甚稀奇。像现在个人的工业，牺牲了无数的穷苦工人，利益都集中到少数的资本家个人手里；若用什么厚利去引诱资本家，免得多所顾虑，那么工业或者可以振兴，若说有利益于社会国家，除非是少数资本家独有的社会国家，除非是多数工人除外的社会国家。欧、美、日本底社会危机，就是这个人的工业主义造出来的，我希望想"使地方进于治安之轨道中"的穆先生及其他企业家，千万别跟欧、美、日本人走这条错路！穆先生或者可以说，我们中国纱业底势力，漫说英、美了，就是比日本还不及四分之一；现时纱业虽有点利益，正要少数的资本家垄断这种利益，才能够把资本聚住，才能够叫他们乐于投资而且便于投资，才能够使这资本有再生产的效力；若是分配给工人，这资本不但分散了，而已都用在消费上，失去了再生产的效力，因此营业不能够推广，岂不是社会的损失吗？穆先生倘若说出这个理由，恐怕有许多旧式的经济学者都要点头称是；就是我也以为这个理由含有一半真理，不能全然否认；但是我以为也有一种法子，可以免除这个人和社会问题底利害冲突。这法子是什么呢？就是采用 Co-operativeSociety 底一部分制度，一方面承认工人都有得红利底权利；一方面规定所有股东，经理，以下事务员，工人等应得的红利，一律作为股本，填给股票，以便推广营业；如此工人都可以渐渐变到资本家地位，个人方面比现在卖劳力而得不着全工值总好得多；资本都用在再生产上，社会方面工业也因此推广了；这法子似乎可以使个人社会间利益两全，不识穆先生有动于中否？还有一层因为近来工厂生意不差，什么周学熙，什么梁士诒，听说都红了眼睛，倘然大规模中、日棉业公司（听说日本三千万元）或是中日棉纱厂（听说日本七千万元）只要有一个实现，听凭穆先生用什么厚利去招股都不能和他们对敌。我想只有用 Co-operativeSociety 制度，或者可以抵制。他们要在中国设厂制造，最大部分是因为中国工价低廉，我们工业界若采用个制度，他们若不一致，招工便不容易，就是招到，和我们的厂里工人相形之下，也必然没有从前那样容易对付；若和我们一致，他们就来办一万个工厂，我们都一律欢迎。厚生厂在湖南招募女工无论办法好歹，都不但不单是湖南的女工的问题，也不单是上海男女工人问题，乃是全中国劳动问题。有人责备厚生厂苛待湖南女工，所以穆先生不服。我现在拉杂写了许多，都不专是讨论湖南女工问题，也并不把穆先生当做一个资本家来攻击他的厚生厂；乃是把穆先生当做一位关心社会问题的人，所以研究一下劳动问题来请教。穆先生企业的才能和他在社会事业上的功劳，我们当然要尊敬他；正因为尊敬他，所以才希望他百尺竿头更进一步，由个人的工业主义进步到社会的工业主义！中国底资本固然还没有集中到工业上，但是现在已经起首了；倘然仍旧走欧、美、日本人的错路，前途遍地荆棘，这是不可不预防的。穆先生很有预防的力量，或者不是我过于着重了他。我希望穆先生及其他企业家，都要有预防社会前途危险的大觉大悟，使我这篇拉杂乱谈中当心的地方将来不至成了预言，那才是社会的大幸呵！

（《新青年》第七卷第六号"劳动节专号"）

5 月 2 日 下午，出席恒大纱厂成立会。"（一）穆杼斋报告大厂三月底竣工，电气间四月底竣工，装机至速两个月，约七月初可以试车。（二）通过章程。朱叔源提议公积二成半中提出半成，作为工人养老恤丧教育之费，股东全体起立赞成。穆杼斋提议增加股本十万元，共计股本六十万元。尽一月内，旧股东照十分之二增加，其不满一股者准以一股照加，全体起立赞成。又表决全部章程，全体起立赞成通过。（三）票选董事监察人。穆杼斋得三千五百十一权，穆藕初得三千四百六十七权，朱子灏得三千三百四十六权，张峄冈得三千二百七十四权，陈子馨得三千二百二十二权……"（《申报》1920 年 5 月 3 日）

5 月 8 日 在北京，与卞白眉等聚餐。《卞白眉日记》云："晚间王晋生约赴明湖春。值穆藕初，其言论颇有价值。"（天津古籍出版社 2008 年 9 月，卷一第 76 页）

在京期间曾偕蒋梦麟、庄达卿游喇嘛庙求签，"询一生休咎"。《自述》云："是年五月间，余因事赴京。偕蒋君梦麟、庄君达卿游喇嘛庙，至某殿，有一喇嘛僧忽然向余等问曰：'君辈欲求签乎？'余问系何神？答曰：'关帝。'余等不觉肃然起敬。余顾谓庄君曰：'君欲求签乎？'庄君答曰：'否，吾不用此。'庄君在伊立诺与余同校，习建筑学，学术湛深，为人正直而强项，唯注重于科学之实验，于古人神道设教素不表同情，当时非故示异致而不肯低头下拜于举世崇奉之神前也。时北大正在鼎沸，蔡校长早已离京，由蒋君代理。蒋君欲询大学之前途，余则询一生休咎。至诚膜拜，余求得七十八签，中吉；蒋君求得六十一签，中平。迫检阅签书，余等不觉毛骨悚然。余所得之第七十八签云：'家道丰腴自饱温，也须肚里立乾坤；财多害己君当省，福有胚胎祸有门。'蒋所得之第六十一签云：'啸聚山林凶恶俦，善良无事苦煎忧；主人大笑出门去，不用干戈盗贼休。'此二签书上所云，余与蒋君所遇，确有此情。一若默知余之捐资助学，并使余坚决为此；一则指示北大风潮，不难解决。不及两月，某系失势，轩然大波竟指日荡平。甚矣，冥冥昭昭之毫发无间也有如此。宇宙之间一切处所，无往不为万灵所寄托。人秉此灵机以生，其实息息与万灵相感通。其卒至隔阂而不相感通者，徒以七情六欲为之遮障。故感而莫应，窒而难通耳。人心犹水，静止不扰则彻底澄清，万有毕现；摇动生波则光力涣散，无物能鉴，此昏暗之征也。《易》曰：'至诚之道，可以前知。'国谚亦言：'诚则灵。'灵知云云，本来充满世人心量中。万灵通感，正如无线电机传达无线电信与吸收无线电浪然。彼肉眼凡情，以为太虚之中虚无所有，执著断见，自障障人，但诏以义谛格不相入者，征之事相可以立破疑团矣。喇嘛庙中两纸签书之灵应，实从肃然起敬之一真心中来，及各各胸中怀抱唯一之待决疑窦，而并无第二、三歧念之一心中来。有此真心，方不涉儿戏；有此一心，方不涉游移。故所叩者如镜取影，无稍差忒。此明明导人研求唯心之学一大路径也，故详记之。世有以留学界不应提倡迷信之说进者，夫亦太轻视自家本具之灵知甚矣。"(《文集》第 37 页)

在京期间访吴梅，探讨保存昆曲之道。返沪后致函吴梅云："此次到京，期至匆促，乃天假之缘，得亲道貌，私衷庆幸，莫可名言。先生德学双粹，造诣深邃，于发扬国学，掖进后起之至意，至诚挚，至谦抑，至慷爽，风尘中所罕觏。昔贤相见恨晚之语，不啻为此次展拜我词学大家作也。当时时间虽至有限，而殷殷指示之雅意，是至无限，殊令人一返念间，觉此情景，宛焉历历当前。张君紫东之书，蒙先生及刘凤翁慨任校正，嘉惠来者，俾不绝如缕之韵学，光昌有日，当此新旧学问发挥光大，相互争存之日，得一代名贤起任提挈，欢慰正无限量。俞君粟庐因事过申，因同人坚请，暂留歇浦，遂下榻于弟处，晨夕盘桓，清兴秾郁，实为一时胜事。粟先生因二公慨任校正，大发佛学家见闻随喜意愿，分任其劳，俟与紫东先生接洽后，即当从速进行。昆曲收入留声唱片，以广流通一节，岁尾年头，当可实行也。"(《文录》下卷，《文集》第 141 页)

5月9日 穆公正花行组织小公司,传授实验小工艺生利法。5月31日发表《启示》云:"同人等自本年五九纪念之日组织小公司誓以职业余时实验小工艺生利法,研究成功即将实验所得者报告有志于振兴小工艺之人,稍尽互助天职。今研究成功者已得两种,一旧草帽漂新法,一洋浆糊仿造法,有一元以内之小资本即可从事。有志此项小工艺之人,如欲询问方法并实地练习者,只须费半日工夫来此学习。来学者须有本埠妥实商号具函介绍,待约定传授日期如期来此学习者,力克招待。因同人均有职务,只能于职务余时尽此互助义务,尚祈鉴谅为幸。上海兰路穆公正花行学生出品部。"(《申报》1920年5月31日)

5月10日 由京返沪。(5月11日致张謇等函)

5月11日 致南通张謇、朱德轩、黄炎培等苏社发起人电,并附"筹设农林总分支场案"。电云:"玥昨返沪,事冗不克与会领教,歉甚。本社宗旨在自治,衣食足则自治有速效。实业为足衣足食之根本,改良农产尤为振兴实业之先务。省长交议筹设农林总分支场案,此为发展本省农业之绝好机会,省议员多本社发起人,请悉心讨论,俾回宁后速予通过,达本社办法第一项发展实业之宗旨。"(《申报》1920年5月12日)5月12日,苏社成立大会于南通更俗剧场召开。先生因事未莅会,但苏社理事会决议将先生电请本社讨论省长交省议会议决之农林总分支场案,即转省议会议长钱强斋,请"加以讨论,设法使达本社发展实业之宗旨"。(《南通杂志》第一卷第一号)

5月16日 中国纺织工程学会举行成立大会,选举职员并议划进行事。举定会长黄鸿钧(慎昌洋行工程师兼统益厂经理,大丰宝成顾问),副会长杨锡仁(美兴公司机械工程)。推定聂云台、穆藕初为名誉会长。该学会由聂云台与黄鸿钧发起,宗旨以欧美棉业新智识改良中国厂家,兼求学理之管理、机械之研究。(《申报》1920年5月17日)

5月18日 与过探先联名于《申报》发表《植棉场计划》。云:"(一)输入佳良美棉种而试验之,并行研究栽培方法。(二)征集著名中棉种而试验之,并行研究栽培方法。(三)根本科学的方法为纯系的选择,以期质量之改良,产额之增加。(四)于宜棉之区劝导植棉尽力提倡,并行指示耕种栽培之方法。(五)于宜棉之区劝导农民利用荒地试植美棉。(六)于产棉之区劝导农民耕种佳良棉种,以应时势之需要。(七)供给棉种于农民。(八)奖励及补助种植美棉者。(九)调查各地棉产状况。(十)研究各地之棉质,为后日审定标准之预备。实行以上事业,除设立总分植棉场外,其他如棉产展览会、青年植棉团演讲队、调查队研究会等等,均极重要。该场拟视人才及经济之力量,逐渐组织。"(同日《申报》)

5月28日 万国拒土会在沪召开第一次年会,先生被推为会董。唐露园主席,英人梅生报告一年来之经过。王正廷演说,"详述鸦片之毒害,并报告一千九百十二年海牙禁烟条约仍然有效。希望大家努力扑灭斯害。复引国内南北兵士所在之地违法种烟,丧失关际信用,望大家奋进,毋使禁烟之事功败垂成。年来国人痛愤外交失败,奋图颇力,尤盼莫忽内政,鄙人力所能及,誓当随诸君后以赴之。"嗣后选举会董,公推先生等二十人为新任会董。(《申报》1920年5月29日)

5月30日　中华职业教育社第三届年会之第二日。由郭秉文。陆规亮报告第二届议事员开票结果,先生等二十五人当选为第二届议事员。任期至民国12年5月。(《申报》1920年5月31日)

同日　浦东同人会开会,推举名誉会董、调查员,以及《新浦东报》撰述员、代派员。先生与黄炎培、秦砚畦、穆杼斋、王一亭、张伯初、潘作臣、沈戟仪、张效良等当选名誉会董。(《申报》1920年6月1日)

5月　致函蔡元培,决定捐资五万两助学。穆伯华《先德追怀录》云:"民国九年庚申一九二零年,我父四十五岁之夏,距三十九岁冬借款一万元艰难创业仅四年半,才立稳脚头。其时我年十七,家骥弟年十四。一日,我兄弟二人在阳台上温读课文,忽然我父走至阳台向我兄弟二人说:'我要以金钱助人出洋读书,你们意下如何?'我兄弟不知如何作答。我父继续又道:'你们将来自己会赚钱。'言毕即离去。"(手稿)先生致蔡元培函如下:

> 孑民先生大鉴:自先生掌北大以来,改革制度,提创倡学术,为时还过三载,而全国从风,移风易俗,学术之力大矣。先生提倡苦心为全国人所共知。故玥自一月间与先生别后,日思有以为先生助者。窃思吾国学术尚在萌芽时代,欲求高深之学,非求自欧美不可。是以不揣绵薄,特先捐银一万两,由诸先生四人为选派留学之用。如荷赞同,请赐复为祷。专此函达。敬请道安。穆湘玥谨启。附拟就《简章》一通。

穆氏奖学贮金简章

(一)本贮金由穆君藕初第一次捐银一万两,以后每年续捐,并委黄任之、沈信卿、蒋梦麟三君为贮金管理人。

(二)贮金在上海劝工银行,由黄、沈、蒋三君共同管理之。

(三)本贮金为选派欧美留学之用,由穆君委托蔡孑民君以个人资格,于国立北京大学毕业生中择优派送之,并请胡适之、陶孟和、蒋梦麟三君为助理。

(四)选派学生不拘年岁、籍贯,除学术、体格之外,能力与道德兼全者,由蔡孑民、胡适之、陶孟和、蒋梦麟四君随时考察而定之。

中华民国九年五月订。

(北京《晨报》1920年7月1日;《文集》第169页)

5 月　发表《一年来学潮之回顾与希望：实业界对于学生之希望》一文。对一年前"五四"学生爱国热诚"钦感咸深"，"然外交情势，非但无有转机，而且势劫利诱，进迫不已，于是乎莘莘学子，继续抗争，苦乏良策，依旧以罢课为要挟之利器。罢课之外，继以演说，未曾唤起群众，已受军警之蹂躏。夫前此之稍有贯彻，不得视为胜利，今回之重受痛创，不得视为失败。"指出我国实业不振"在乎主干人才之缺乏"，鼓励学生本诸所学，力谋发展，则中国未来与学生事业前途俱无限量。云：

处事尚实力。学生徒抱赤诚，以罢课表示民意，然而藉兵力以固地盘，吸外资以肥私囊者，比比皆是，空言要挟，安能有效？况乎青年学子年少气盛，受爱国二字之激刺，一往直前，更无顾虑，疏于观己，更忽于观人，以为利刃在手，可无怯惧，不知宝此锋芒，以专用于批却导窍，遂致摧折，非不幸也，实处必然之势也。

玥尝综核时事，默察我邦人士，惟一之主张大都为消极的对待，而绝少积极的互助。夫人生在世，惟互助主义为最有裨益。互相助力，则人群进化愈速，而社会亦因之而日趋于善境。反是，未有不沦于危殆者也。八九年来，政府、政党，官吏、人民，无不纷纷然用对待法以相牵制，以致政象日非，国本益危，忍令全国人士有为之脑力，可宝之光阴，不知不觉竟消磨于对待之中，殊可痛也。对待则骨肉竟变为仇敌，互助则吴越亦化为弟兄，二者得失之相去既如是，学生中深明互助之有益者，已不乏人，惜尚未充分预备，广而善用之，进求更大之。玥甚望学生诸君，自今以往，益将互助精神，发挥而扩大之。然余所虑者，不但学生界内部微呈分裂之状足致危害，即全中国内部偶呈分裂之状，亦间接足以危害学生爱国之运动。此不可不彻底觉悟者，一也。

科学入门有三要点：一视察力、二推想力、三公平之判断力，各种学业无不由此三者而精进。世人但知科学系一种学问，而不知科学家出其科学方式，以处理一切人事，更有莫大之作用。故科学精深之国，其普通国民之视察力、推想力及公平之判断力亦较富。健全之舆论，于焉层出，魑魅魍魉之辈，自然绝迹，而政治社会，遂日趋于上进之轨道。我国国民之普通病根，在乎缺乏此三种真力量，故是非黑白无有定论，而中原鼎沸之祸患遂由此酿成矣。今日一般青年，即来日国家社会中心人物，国运之否泰，群治之升降，胥于此三种能力之足不足上判之。此不可不充分修养者，又一也。

救国之道不一，有政治、教育、实业及种种方法，并行不悖。当各界尽各界应尽之责任，薪万矢一鹄，达此救国之大目的。青年当求学时代，故青年最大之爱国表示尚在来日，而来日最大表示之预备，在乎专心向学，作他日献身社会之准备。玥并非谓学生研究学术外不应借他事以发泄爱国热诚，如前此之爱国运动,偶一为之,本无不可,然于国民方面种种之弱点,与各界周围之情势,不十分审量,仅凭一往直前之气概,屡演此一成不变之手法,挫折之来,其又奚免。虽然,亢进固为失策,受微挫而灰心,因外铄而变志,尤当力戒。青年奋斗之大成功期,固在他日,而不在目前。请君等所以终抵此大成功之境界者,全在乎各人意志之坚定,宗旨之不变。回忆十五年前,对俄对日等同志会发现时,热诚慷慨,不亚今日,而今何如乎? 由此可见我辈青年,淬厉自己志气,尤为前途成败生死关头。因此而玥更有忠告诸青年之前者,爱国热诚宜深蓄而不宜轻泄,俾日后蔚成大材,为国效用,将来任处何事不变初衷。此不可不夙夜自励者,又其一也。

诸君乎,国际竞争,于今为烈,经济之战,甚于铁血。东方大陆原料丰富,市场广袤,万国视线,群相集注,为主人者苟不善自谋,则巴尔干半岛之战祸或不免见诸东方。然则我国人而能努力振兴实业,非但足以图本国地位之安全,亦足以消弭他国之侵掠与冲突,而间接造世界之公福。虽然,振兴实业,谈何容易。今日我国实业之不昌,患不在乎资力之不足,而在乎主干人才之缺乏,主干人才既缺乏,即一切有望之新旧事业不足健进,而坐失此千载一时之机会。诸君乎,我中国实业前途未可限量,玥深愿我全国青年学子,以此次所受之挫折作良教训,益自奋励,力求实学,以养成有用之全才,并熟观世界大势,洞悉社会真相,扩充互助精神,发挥视察、推想、公平判断之诸能力,更济之以百折不回之节操,投身各界,本诸所学,力谋发展,则中国未来之新命运,与学生诸君事业前途俱无限量也。曷胜馨香以祷之。

（《新教育》第二期,1920 年 5 月;《文录》;《文集》第 153 页）

5 月　上海县第五农场从北桥乡迁至杨思乡。先生被推为主任。该农场占地三十亩,以试种美棉为主。(《杨思乡志》)

6 月 3 日　《申报》刊登《工商界演讲新学术预志》消息,报道德大、厚生纱厂等组织学术互助会、举行学术讲演消息。云:"本埠华德路德大纱厂,与兰路厚生纱厂及穆公正花行实习生,全体组织学术互助会。利用职业余时,分头研究各项专门学术,各将心得挨次演述,实行交换智识,节省光阴,而求深造。定夏历每月第三星期下午二时至四时,举行学术演讲。并请名人演讲专门学术,以宏策励。本月二十日(六月六号)举行第二次学术演讲,请中国电气公司工程师电学硕士胡粹士演讲《电学精经》。工商界青年利用职业余时研究专门学术,此为创举。该会址设于兰路穆公正花行内,凡附近工商界青年赴会听讲者,该会甚为欢迎。惟概须先一日知照,俾便预备坐位。"(同日《申报》)

6 月初　赴郑州,筹备豫丰纱厂开工事宜。(《豫丰纱厂行将开幕之消息》,6 月

7 日《申报》）

6月7日　《申报》刊登《豫丰纱厂行将开幕之消息》。云："沪商薛醴泉、吴善庆、穆藕初等联合同志，集资百万，在河南郑州创办纱厂，定名豫丰。购机筑厂一年于兹，延聘留美学生顾惟精为总工程师，吴文钦为协理，内部布置，现已完备。昨该厂沪上股东接穆君由郑州来函云，该厂已于前日试机，开工订于本月二十七日行开幕礼，闻已柬请上海各界前往参观。据熟悉汴省商务人云，郑州居京汉铁路之中心，四通八达，运输极便。购取邻近出产之棉花，运费至省，其价亦廉。织成之布与纺成之纱就地销售，获利尤丰。该厂现已装成纱锭一万余，先行开车。其余二万余锭，则陆续装设。若以郑州附近棉花出产之限量，及当地销售纱布之需款，即有十万锭亦属不敷，则该厂来日之发达，实有不可限量也。"（同日《申报》）

6月12日　出席豫丰纱厂开幕式上海商界代表团吴善卿、陆葆润、楼耿如、楼恂如、陈青来、何升如、张则民、黄定斋等启程赴郑州。闸北救火会及济生医院主席徐芹香等数十人，于车站备茶点欢送。豫丰纱厂"预向路局购定团体票，特派范柏生、吴鹤琴、林味三招待一切。"代表团"除参观豫丰纱厂外，并实地调查一切，以冀将来之实施。"（《申报》1920 年 6 月 13 日）

6月13日　于郑州主持豫丰纱厂开幕礼。是日，厂大门前悬挂五色国旗及该厂"宝塔"、"双喜"商标旗帜，并将松柏扎成"宝塔"、"双喜"分挂两旁。公事房、电机间、清花间、纺织间、礼室亦均扎松柏，用棉花、棉纱堆缀成字。第二纺织间、公事房、水池等处均分悬各国国旗。河南政军商界领袖人物均到场。上海方面到者有吴善卿、华霁光、陆伯润、楼耿如、楼恂如、陈青来、何升如、黄定斋、沈少村、黄莲如、纱厂联合会干事张则民、工商研究会及新闻记者俱乐部与上海杨交涉员代表马树周、棉业联合会叶泰峰、王清泉、吴乐生、潘玉龙、董骅卿、陈伯寅、方少云、陈子畲、林举北、杨习贤、陈厚载、穆嘉庄、中华基督教青年会全国协会代表顾子仁、汉口青年会干事谢德、开封农林学校教职员汪启愚等八百余人。吴佩孚演说云："中国

豫丰纱厂出品"飞艇"纱商标

自古重农，迨海通以来外货充斥，国人鉴于漏卮日甚，渐知重工实业为救国之本。工人在厂工作，当知非为个人工作，实为国家工作。现在中国之患在游民太多，其良善者当兵，而枭桀者为匪，兵匪日多，国日以乱。将来工厂发达，收纳游民日多，即兵匪日少而国家亦蒙其福。予之统兵，亦不得甚不愿我之兵以兵为业，将来予解甲归农，当使所部之兵各有正当执业。"继先生演说。次由省长、政务厅长、财政厅长、道尹各代及各界代表等分致祝词演说，"多鼓吹实业之语，是日与会人士莫不欣欣然，有喜色云。"末茶点而散。（《申报》1920 年 6 月 17 日、6 月 21 日）穆伯华《先德追怀录》云："一九二零年民国九年庚申，我父四十五岁，豫丰举行开厂典礼，请郑州政军商各界领袖观礼，内中有五位领袖登台，发表赞扬在郑州设厂之言辞。我父于每位演讲完毕下台后，即登台就其所讲之意更申说赞扬之。如是者五次，凡参加典礼者莫不钦佩，此乃郝通伯对我说者。"（手稿）先生演说全文如下：

敝厂今日开幕，辱承诸君不避炎暑，翩然莅止，不胜荣幸之至。鄙人谨代表全厂同人，先致感谢，并将敝厂经过情形及将来希望，为诸君告溯。敝厂自去年阳历三月底到郑，将基地购妥，四月兴工，建筑厂屋。原定装置纱锭五万枚，布机一千二百只，九月先到纱锭一万枚，本年正月发电机始到，节经敝厂总工程师先后督同工人，分别配置，迨阳历五月五日，高二百零五尺、直径五尺之烟囱已矗立厂中。黑烟缭绕云际，几似告我郑人，本厂已开工者。以一年之期间，而厂工告竣，在交通便利之通商口岸，原不足奇，惟敝厂僻处内地，交通艰阻，而获此速效，不得谓非快事。其所以能克奏肤功，早观厥成者，实赖京汉、陇海两路局互助之力居多。敝厂基址计地九十八亩，以低洼须填高六尺，合计须土九万法方，承陇海路局本互助之精神，慨让土方，俾资填用，并日拨列车百辆，为之运送。自去年六月三日起，至十月七日止，计一百零五天而土始运竣。又敝厂运卸机件物料，多感困难，并承允以火车输送至厂前卸载。故重至十吨之机件，亦能以顷刻卸运入厂。在京汉、汴洛两路几不啻为敝厂而设。盖由两路人员深知交通与实业有密切之关系，故能本互助之精神而惠及敝厂，实令人感佩不止。使人人能本互助之精神而办事，则我国不振兴者几希矣！敝厂建筑工程计费银二十五万两。现有之清花间、发电间已足敷五万枚纱锭、一千二百只布机之用。兹已将美国奇异厂所制之五百个基罗瓦特之发电机，及煞克劳而厂所造之一万枚纱锭，先行开工。尚有二万纱锭、二百布机，约本月可到，其余亦年底可来。设果能依期齐到，则明年今日当可一律开机。至现用之发电机，尚有凝汽机未备，幸我总工程师顾惟精君，系美国波士登学校电气专门毕业生，于电学富有经验，将该发电机设法配置，已能行动稳捷，毋虞停滞矣。敝厂所用电机、炉灶，每分钟须水在一百五十至二百加伦之多，惟厂地距黄河四十里,取水甚艰。而本地五万居民所用之水,皆取诸井。是井水尚堪资用,乃聘专师凿井七口,每深二百五十至三百尺不等,现井水已源源不绝,可无缺乏之虑矣!郑州为京汉、陇海两路之中心,又属棉花聚会之区。然其地银号如欲向支付或汇兑万元,非先日通知,不克应用。夫欲商业发达,端赖金融流通,今金融如是呆滞,深堪致慨!此或为郑人富于私蓄性之所致欤!鄙人于筹办厂事之初,因郑地无熟手工人,特资送豫省之男生六人,女生十八人,至上海鄙人所办之德大、厚生两厂先行练习,学成归来,现派令教导郑地生手工人,果获实效。惟郑地女工,虽多学成,究属生手,为迅速出厂计,特至上海调取熟手工人,到厂共同工作,至工人工资,视其工作之能力定之。女工资日自一百五十文至四百九十文,男工资日自二百八十文至七百文各不等。将来五万枚纱锭开齐,须用工人四千五百名,年需工资六十万元,加以员役,薪资十五万元,年共约七十五万元。三年后,工人工资之流通于郑地市面者,可二百万元。有此二百万元之巨款流通市面,诸君试思将来郑地之商务将如何发展,人民将如何充裕乎!然鄙人固深望我工人,能以所得工资流通市面,毋再储藏也。且人民果能充裕,则三年后,举凡改良社会、振兴教育、讲求卫生、克尽礼节之目的,均可达矣,即早婚、裹足、宴安、怠惰种种不能振兴实业之原因,亦可逐渐改革,不足为阻力矣!兹再将工厂之关于社会方面者言之。工厂本社会之一分子,工厂所在之地,即劳动家以劳力易金钱之地。工厂愈多,斯劳动家以劳力易金钱亦愈易。使人人能以劳力易金钱,则社会无惰民,而社会之状况,亦蒸蒸日上矣!资本家如无私心,于社会实有益而无损,且资本家愈多,则社会之进步亦愈速。此无私心之资本家,吾无以名之,名之为新式之资本家。新式之资本家其投资金之目的有二:(一)将本求适当之利;(二)促进社会公益。在新式之资本家,其散财之道,窥劳动者能力之强弱,给工资之多寡。其待劳动也,一律平等,无奴视之心。盖知无劳动家,无以兴实业,而劳力者,为劳动家无形之资本。彼此实相依为命,不可须臾距离,故其视劳动者之劳力,非常珍贵。于劳动家使劳力之程度,节劳力之方法,及其饮食起居与卫生,安心之术,无不三致意焉。吾人之能力,固愈用而愈宏。新式之资本家于劳动家,对于其职业所使之劳力,必施以良善之教导,俾明知其所以,而助长其能力。劳动家之能力增,斯劳动家之入息丰,而社会亦蒙其利矣!吾国之资本家,往往疏忽之,而无良善之教导,背道而驰,深可慨也!尚望吾资本家加之意焉。抑鄙人有堪为郑人告者,现拟于城市开凿井泉,供民吸用,以重卫生;设藏书楼,供众阅览,以增智识;设青年会,附办学校,以期普及儿童教育;并资送学生二人,赴沪职业学校肄业,俟毕业归来,设立职业学校,以培植贫苦子弟,使各有一技之长。鄙人固深愿与我郑人凡有利于郑者通力合作,共同经营。诸君须知,敝厂并非三数资本家之厂,实为在厂工作者公共之厂,即可谓为郑人之厂。深望地方人士,遇事辅助之,不加梗阻,似此逐渐而扩张之。庶国人咸知振兴实业,为救国之要图,人人奋发精神,急起直追,则我中国富强可企踵而待,而天赋之富源,亦可逐渐开辟矣!然鄙人与诸君更深望内乱早定,俾我人民得安居乐业,从事经营,则实业救国之目的,其庶可达乎!

(《华商纱厂联合会季刊》第一卷第四期;《文集》第 170 页)

豫丰纱厂位于郑州车站东南,京汉、陇海两交点线之中。(今河南省郑州市窦府寨——编者注)厂基面积为一百六十亩,有公事房、工房、栈房、修机间、物料间、摇纱间、清花间、布厂、植棉场、工人宿舍、青年会等。厂内有洋井七口,每日出水二十万加伦,并自建发电机。该厂资本金为二百万两,先生任董事长兼总经理。设备均通过上海慎昌洋行向美国订购,计有纱锭五万枚,布机一千二百台。开工之初,每日每锭约出十六支纱一磅零,所用之花,陕西约占七成,河南占三成,所出之纱,色泽甚佳,韧力尤高。因一部分机件未到,先开纱锭一万,一年后可全部开足。共有男工二百五十名,女工四百五十名,男工平均每日工资三百文,女工平均每日工资二百四十文。青年会由上海全国青年协会派人主持。(《华商纱厂联合会季刊》第一卷第四期)豫丰纱厂开工后,周边有了马路、街道,改变了穷乡僻壤面貌。《申报》刊登《京汉道上见闻录》报道云:"郑县为陇海、京汉两路线交贯点。近年以来,日就发达。栈房林立,旅客云集,入夜电灯照耀街市如画,商场、戏园、茶楼、浴所色色俱备。巨商如烟公司书局、银楼、药房、京货庄、广货庄、绸缎庄、洋布庄等门面,均巍峨壮丽,较之开封城市热闹百倍。但系新开市场,马路坎坷不平,尚待修筑。街市污秽,警政废弛,尚须整顿耳。车站迤南之铁机厂、车务管理局、豫丰纱厂等屋宇连云,林木丛茂,尤为他埠所无。现在筹备开辟商埠,数年后必可与津汉并称,为北方商业之中心也。又从前妓女多联袂串游客栈,与旅客相觍扰,刻经军警严禁指定新建之四十八间洋式楼房,为妓馆客舍,为之清肃,亦该埠进步之一征也。"(《申报》1921 年 3 月 22 日)

6 月 16 日 厚生纱厂与周芝良、奚建廷、王振祥签订租地合同:"周芝良、奚建廷、王振祥名下基地,坐落上邑二十三保拾壹图,壹字圩第柒佰拾柒号,又英册肆千捌佰玖拾柒号,两共计地丈见伍亩捌分肆厘玖毫,作算陆亩正。今央中立,据出租到厚生纱厂名下建造厂房。三面凭中,议定每年每亩租金洋陆佰元正,共结计洋陆佰元正。当收顶首壹年,计洋陆佰元正。现收壹年租金陆佰元正。此项顶首之洋,须俟期满之年除扣。及全地平房议定租期庚申正月初一起,至甲戌年拾贰月初一为满。事因地上填泥向地主情商,六月初一起租,租期限仍照原议共计拾伍年为限。期满之后,所有地上房屋一切等物,悉归出租人管业,或折卸改造,与承租人毫无干涉。此系系两相允洽,各无异言反悔。恐口无凭,立此出租基地房为证,计据。民国九年岁次庚申五月初一日立出租基地。据周芝良、奚建廷、王振祥,见议王锦兰、顾茂孙,捆保周伯余,代笔余玉。"(原件,上海市档案馆藏)

6 月 18 日 下午三时,出席上海职业教育社议事员会议。会议公推沈信卿主席,选举办事主任黄炎培、基金管理员沈信卿。推举职业学校主任顾荫亭,并报告职业学校经济情形。又讨论添设商科、设立教育博物院、各县设职业教育劝导员、组织职业教育参观团等案。穆杼斋以职业学校成绩甚好,当场担任扩充工场经费银一万元。(《申报》1920 年 6 月 19 日)

6 月中旬 经蔡元培等严格考核,选定罗家伦、段锡朋、汪敬熙、周炳琳、康白情五人赴美留学。"二三年后,再行分赴欧洲各处。计每君年支美金一千二百元.治装在外,按年付给,年限无定,由学者研究之志愿为转移。回国后并无他项拘束,仅为学术上之发展,谋社会之改良。""选派既定,始于六月中间在京发表,教育界咸称得人,而学生界希望于五氏者尤大。"(北京《晨报》1920 年 6 月 28 日)《自述》云:"决定捐资五万两,派遣学生赴欧、美求学。不限省份,不限科目,以男生而道德、能力与学问并佳,日后堪为各界之领袖者为合格。请北大校长蔡子民先生主其事,蒋梦麟、胡适之、马寅初诸先生辅助之。而所派学生,备极一时之选,其德性之坚定,教育巨子以曾经百炼之真金目之。余闻之为大慰快"。(《文集》第 27 页)

6 月 22 日 下午六时,出席华商纱厂联合会本届第七次董事常会,到者有聂潞生、刘柏森、薛文泰等。刘柏森主席。十时散。(《华商纱厂联合会季刊》第二卷第一期)

6 月 25 日 上海青年会为谋商业发展,增进沪上各工厂及社会上劳动人员事业智识起见,特添设职工一科,先生等被推为责任董事。该科由前法国华工干事陈维新主持,推定责任董事穆藕初、聂潞生、徐叔仁、王正廷等九人督促进行。本日下午一时,先生出席第一次董、干两部联席会议。王正廷主席,欢迎职工董事就职。主任陈维新报告"法美青年会对于工人之事业极为详挚"。华工干事陆士宾发表华工回国维持方法。次互选,推徐叔仁为会长,穆藕初副会长。"复对于此后上海工人应办之事项及进行程序有所讨论。"(《申报》1920 年 6 月 26 日)

同日 出席中南协会筹备会。到者有丘心荣、赵厚生、黄炎培、沈信卿、谢复初、陆规亮、朱叔源等。韩无阀主席,"宣布中南协会之必要,及组织之经过情形。并述我国人在南洋方面创业之艰,希望祖国人士对于南洋之教育、实业,用互助的精神,发展伟大之事业。"黄炎培等相继演说后,遂讨论章程,并推举理事。先生被选为理事。(《申报》1920 年 6 月 26 日)

6月28日 北京《晨报》发表《实业家提倡科学之创举》，盛赞先生"资送学生出洋"之美举。云："一年以来国内之思潮，已起一绝大变化，咸知静的生活不足以适应世界之潮流，是为国人第一重之觉悟。最近于大动之余，各方面始感受中国学术之缺乏，而解决现代各种问题，尤非有根本学术不为功。于是知识之饥荒大起，而文化之呼声日高，是为国人第一重之觉悟时期。今日者，正从第一重觉悟转入第二重觉悟之时期也。不特教育界学生界之倾向如此，即实业界亦有同等之感觉，是可一征之于陈嘉庚之毁家兴学，再征之于穆藕初之资送学生出洋。"（同日北京《晨报》）6月30日、7月1日《申报》以《北京通讯》形式转载。

6月 豫丰纱厂"一万锭业经开车，出货甚佳，销场极旺。商标系'双喜'、'宝塔'两牌。现有豫亭分销处四五家，花价已跌至二十五两，购户极少，因兵车颇多，货车不易运输。本星期成交纱千包，皆系鲁帮购进。惟津卞各帮仍在观望耳。"（《银行周报》第二十二期）

6月 资助方显廷考入南洋大学附属中学。《方显廷回忆录》云："到了1920年春天，我在纱厂的市中心办公室已经工作两年多。我开始为自己的前程做出规划。一天傍晚，在报纸社论的启发下，也在我的师傅事业心的激励下，我给师傅用中文写了一封长信，告诉他我苦难的生活，向他倾诉一个没有任何技能的学徒工甚至不能为自己创造一种过得去的生活，更不必说帮助他人去为生存而奋斗的苦衷。我请求他：考虑到他曾经读过农学和纺织工程，一定会拥有许多技术方面的书籍，他也许会不介意借给我一些专业书籍，使我能在业余时间自修，这样我也许可以具备一种谋生的技能，甚或可能以我学得的知识与技能帮助别人。一般在白天，我的师傅往往上午赶到办公室，摇铃叫我到办公室去做日常零活。当我走进他的办公室站在那里的时候，令我惊讶的是：他告诉我，我应该到一所好的学校进行系统知识学习，而不是在办公室继续我现在的工作。他吩咐我立即辞职，以便去准备暑期的中学入学考试。我简直不敢相信自己的耳朵。当我告诉他，正是由于贫困才迫使我到纱厂来做学徒工时，他立即解决了我的经济窘境，答应帮我支付一切所需费用。几天以后，我离开上海到达杭州那个以风景秀丽的西湖著称的城市，为参加上海首屈一指的中学——南洋公学（现交通大学）附属中学的入学考试做准备。当时是1920年，从6月到8月一共还剩3个月时间。在我来到上海之前，只在一所职业学校学习过一年，由于年龄的关系，现在必须两级报考南洋中学高中部。南洋是当时上海所有中学里第一流的学校，其教学以高水平的中国文学和写作著称，同时在理科学科中又包括数学、物理和化学。这三门功课都是我过去从未接触过的。我只得在这短短的3个月中通过毫无外援的自学，来掌握它们。在参加入学考试之前，我的师傅询问我要报考哪一所中学。当听到我的回答以后，他对于我为自己设立那样高的目标而感到惊讶。然而,在 60 名考生中,只有 10 名被录取,我是第二名。这一荣誉使我的师傅十分高兴,同时它也增强了我对于驾驭未来的自信心。"(第 25 页)

7 月 1 日 于《申报》发表《米贵之原因及其补救之方法》一文,分析米贵之原因,提出"积极"与"消极"两种补救办法,希望全国人士进行农业之改良。云:

积极与消极之救济方法

一、由官厅设法限制价格。(此事已由仁谷堂函请总商会登报以安民心。)

二、组织粮食调查会,调查存栈米粮数目,设法使其平价出售。(此事已由总商会议决进行。)

三、各处添设平粜局廉价出售。(此事已由各当地热心善士实行已两星期。)

然鄙意尚不止此也。按物价之低昂,实出于供求之定例,求过于供则价昂,供过于求则价廉,无古今中外,其理一也。湖南兵祸连年,交通阻塞,米粮陈朽,苦乏现金,闻每石仅三四元左右。江西产米亦多,闻南昌米价每石仅六七元,苟当局者以救济民生为念,集二三十万流动资本,运输来申,不但有益于上海,湘赣两省人民亦交受其利。移粟之古训,岂当局者竟未之前闻耶?及今急起图之,尚未为晚,此系积极的治标方法也。积极的治本将奈何?曰:惟务农而已。无农即无工商,无农工商即无生利之途,而国无与立。故立国之道,首在务农,衣食足而后可以言治安。本年四月间,省长召集实业行政会议,仆等曾有振兴本省农林之大计划,因地制宜,规划全省农场,采用科学方法增多产额,藉裕民生。此案曾经通过,曾经省长交省议会核议,不谓省议会衮衮诸公,竟将此案打消之。意者振兴农林之计划,其有害于本省耶?或议员诸公有比振兴农林更好之计划在耶?抑别有不能明言之苦衷耶?清夜思之,其能有动于中否?米贵之主因及人民之不富裕,均应归咎于农政之不修,仆借此机会,抉出究竟,希望全省人士及全国人士,咸着手于农业之改良,并注意于监督代议士之行为,指导之而纠正之,是乃救济民困之要着也。

(同日《申报》;《东方杂志》第十七卷第十五号,1920 年 8 月 10 日;《文录》上卷,《文集》第 85 页)

同日 《申报》刊登《浦东捕捉害虫之近讯》消息,报道先生兄弟联合南汇、奉贤两县士绅商讨捕杀害虫之法。云:"今岁入夏以来霉雨过多,本县东界南汇、奉贤两县境内花田中忽发生一种害虫(名曰驼桥虫),状似野蚕,侵食棉花之叶,现已蔓延八千余亩。此项驼桥虫初出时钻入泥土,变而成蛹。旋生翼变蛾,蛾生子遇太阳曝晒三天即出,天阴则须七八天而出,前后约百日长成,如冬日遇大雪则春夏即可不生。每一虫可生子一千数百枚。既成驼桥虫能吐丝,丝随风飘去,到处即缘丝而渡,彼端田中即被其害。现浦东棉业家穆杼斋、穆藕初兄弟日前偕同陈子馨,暨南奉两县绅士筹议扑灭之法,已商准南奉两县知事在积谷款项下借出一万元,并发布告谕令乡人捕捉送县公署验明,给价收买在泥土中挖掘虫子,每斤给钱六百文,虫身及蛹每斤六十至八十不等。闻近日已收得一万余元。惟虽买下毁灭之法异常困难,如用火焚,秽气有碍卫生。如用石灰掩埋,工程浩大,尚不能尽绝。闻去年仅数顷之田,今则已延至八千余亩,其害已可见矣。若今岁不即铲除净,尽恐后患更不堪设想。"(同日《申报》)

7月5日 下午三时,出席上海时疫医院西藏路新屋落成开幕礼。到者有海军司令蓝建枢、朱志尧、陆伯鸿、史量才等百余人。由朱葆三、窦耀庭分别招待。该院第一层为办事室、董事室、诊察室、男女普通病室。第二层为割症室、药室等。(《申报》1920年7月6日)

7月6日 出席中华职教社议事员常会。沈信卿主席,提出第三年度决算。议决通过设职业学校经济校董案,公推宋汉章、穆杼斋、先生等为学校经济校董。贾季英报告与上海劝学所接洽,设立教育博物院情形。又报告社务近况、校务近况。(《申报》1920年7月8日)

同日 《申报》刊登《我为中国之金钱呼冤》(署名"觉"),盛赞先生资助留学生出洋之创举。文云:"中国既乏数千万之资本家。而所谓富人者,非前清之旧官僚,即民国以来之军人而已。实业家尚居此少之数间,或有之,其金钱大都消耗于嫖、赌、娶妾。如穆藕初君之赀遣大学生出洋,则凤毛麟角矣。而政府之使用金钱,则自作俑者,行收买议员之政策。流风所被,几无所不用其收买。甚至政党亦收买敌党之党员,收买社会之有力分子。而被收买者,亦仍不过消费于嫖、赌、娶妾。因之戕贼其生命者,且时有所闻。而国家之元气,断丧不知凡几。此非金钱之毒,实中国人之不善使用金钱,致使金钱受不白之冤也。苟国民一旦觉悟,则如穆藕初君者可踵趾相接。凡金钱之使用,可无一不归于正当之途。而向之以金钱败坏人格者,此后即可以金钱增进公益,此其利害得失,相去几何?吾以为由剥而复,由否而泰,基于富人之一念。"(同日《申报》)

7月14日 下午五时,出席华商纱厂联合会特别董事会议。到者刘柏森、聂潞生、薛文泰、陈莘田。刘柏森主席。六时散。(《华商纱厂联合会季刊》第二卷第一期)

同日 晚八时,赴四川路青年会演讲《成功致富之秘诀》,指出"博爱"是"求富之本意",并强调珍惜时间与锻炼体魄之重要。云:"富之一字,人多误解,凡存所谓发财思想者,不得谓之求富,特造罪恶耳。必以多金斯可博爱为职志,是真明互助之理,用财之方,而得求富之本意矣。尝谓人人可以致富,特须逐渐以进,不可一蹴而几。渐进者多经验而根本坚,暴富者逢侥幸而倾覆易,诚屡试不爽者也。人生最忌荒废时间,至财力一切,如遗失一物,我失之,人得之,是其物仍存于世。不若荒废时间之一去,即归乌有也。余为此言,非以遗失物品为佳,不过藉作比较耳。是以无论青年与成人,每日均须自订治事游息等等之预计,庶无丝毫之荒废焉。且求功之成,当先寻机会,一旦觅得,则用全力之赴之。切勿频频中途改易其职业。尝谓各业不乏贤能之人,而有大建树者极少,此实不能慎其始而图其终之故也。至于治事之时,各人之能率不等,或迟或速,其所成就,亦因之而殊。故有志者当努力增进其治事之能率也。更有进者,身体为人之主干,若竟孱弱,虽贤能亦奚益,是以锻炼体魄,实进取之先务。矧篮球、台球等游戏运动,尚含竞争奋斗之旨趣,愿人人留意为之也。总之,吾国百业不振,既误于人人把发财之私念,复误于上述种种弱点,苟欲成功致富者,其可不审思猛进乎!"听者数百人皆鼓掌,由主席称谢而散。(《申报》1920 年 7 月 15 日;《文集》第 172 页)

7 月 17 日 下午一时,主持于香港路召开的劝工银行成立会。到者该行股东有王正廷、黄炎培、楼恂如、李咏裳等四十余人,共计一万一千三百九十八权。先生报告经过情形云:"本银行之发起在去年八月,所以发起组织劝工银行者,盖吾国中银行均偏重于商。殆去年五四运动以后,余个人由工业方面实地调查,确知吾国实业所以不发者,由于工业界经济之不足,是以特创设此银行。筹备至今,已招得股份三十万元,故特于今日开创立会。今日最紧要者,即通过章程,选举职员。"次先生宣读章程,请众讨论。次由楼恂如报告行址云:"本行行址已在南京路、山东路对过租定。该处有地八丈四尺,租金一千一百两。本行已由该处画出三丈,建设惟尚须一礼拜后始能议定。"次由李咏裳当众报告云:"已收股份为三十万三千九百八十元,共计一万九百九十九股。"先生云:"本行筹备至今,共用一千一百三十五元,均由鄙人处支取。此款如何处置,请公决。"议决由开办费内支还。至五时半,选举票算清结果,董事九人为楼恂如(一一三八七权)、王正廷(一一二一八权)、吴麟书(一一一七二权)、穆藕初(一〇九八五权)、张兰坪(一〇六一二权)、李咏裳(一〇六一二权)、黄炎培(一〇一一八权)、郑培之(九四九九权)、严裕堂(八一〇九权),监察人三人为席永星(九七一一权)、陈学坚(九六九二权)、刘星耀(七九三二权)。(《申报》1920 年 7 月 18)

7 月 23 日 《申报》刊登《工界公益事业之进行》一文,报道德大、厚生两纱厂设立义务小学及新设厚德堂药号等事。云:"本埠杨树浦桥口曲折北行二华里许,至兰路华德路之交点,五阅年来连续设立两纱厂,一为德大。开业于民国四年夏,一为厚生,开业于民国七年秋,纺织事业逐步扩大,现在雇用工人已达三千余名。闻两厂当事人年来逐步为工人公益计,首设童工学堂,次设立厚德义务小学,专收工人子弟,学费、书籍及纸墨笔等用费一概免收。已办三阅年,就学各生于应用学识上进步愿著。又举办厚德给材处,凡贫苦工人得免费领用,亦已实行两年余。此外更有养老金体恤工人,又联络医院,工人急切患病立即送医院医治,医药食用概由厂给。又每逢暑天赠送必需药物,工人社会多数乐用本国药品,该处僻在引翔乡,好医士既难遇,新鲜药物亦不易得。闻厚德两厂联络出资新办一厚德堂药号,聘请名医二人按期振诊,凡两厂工人就诊取药,概不收费。"(同日《申报》)

7月27日 出席中华劝工银行第一期第二届董事会。王正廷主席,"报告严董事裕裳来函辞职,曾经挽留,又复函坚辞应否敦劝请公决",先生云:"严董事因事不能分身,此次告退出于实情,似不必强留"。当由主席付表决,众无异问,遂决议照章以多数薛文泰递补,由董事会备函敦请。又议事二件:①修正本行英文名称案。②聘请本行副经理案。(《上海中华劝工银行议事录》)

7月 直皖战争中,直军"讨逆军"西路总指挥吴佩孚派第一混成旅驻郑州,豫丰纱厂遭受军阀部队骚扰。穆伯华《先德追怀录》云:"豫丰开工第二年(误,应为当年——编者注)发生皖直战争,以后内战无年无之,郑州成为政争冲要地点。军队过境必征慰劳费,临去又索开拔费。各军阀军队来来往往,每年许许多多。我父有一次对我说:'军队来厂,整队脱去军服,跳入大水池洗澡,他们抓住池上喷水铁管子,用作杠子练功夫。'此大水池在发电机车间外面,盛储发电间放出之温水使凉,重复打进发电机中使用。此项庞大成本费及平时维修费,为上海各厂所无有。"(手稿)

豫丰纱厂公事房侧面及水池

7 月 蔡元培收集北京各报关于先生捐资派送留学生报道,剪贴成《穆藕初先生派遣留学纪念册》赠先生。蔡元培题端。全册剪报六页,收 1920 年 6 月 28 日、29 日、7 月 1 日北京《晨报》,6 月 27 日《China Press》及另一英文剪报。(原件,苏州中国昆曲博物馆藏)

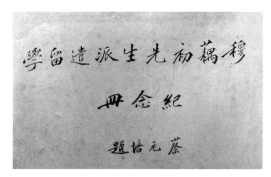

蔡元培题《穆藕初先生派遣留学纪念册》封面

8 月 1 日 下午,出席家庭日新会在公共体育场举行第二十七次常

北京英文报纸刊登穆藕初派遣北大学生赴美留学报道

会。到者有会员胡彬夏、沈信卿、黄炎培、王立才、顾荫亭等二十余家庭及赞助员等数人。由沈信卿主讲《改良婚嫁问题》后,由黄炎培提出三问题:①男女间。②未婚夫妇间。③夫妇间。宜定何方针以为交际之道?请众研究,俟得具体办法宣布提倡。并云:"世界进化史,即记万事、万物,由不平而归于平之历史也。我等今日讨论,所以谋男女间之平也。而究以如何为平之终极,则又不可知矣。"(《申报》1920 年 8 月 4 日)

8 月 3 日 下午五时,出席上海各团体联合欢迎美国议员团来华筹备会。到者有王正廷、余日章、黄炎培、史量才、陈惠农、朱少屏等。由余日章主席,报告与美商会会长接洽情形,并云美议员团定于五日晨四时可抵吴淞,六时抵沪。定在沪留两日闻。该团奉美政府命令,将于抵沪后必须有一部分议员乘原船回国。余人尚可游历宁、杭等处也。"遂共同讨论议决数事"。公推先生筹备汽车多辆,自明日午刻至后日午刻供给载用(每辆有一招待员、女招待员则公推朱胡彬夏女士担任)。(《申报》1920 年 8 月 4 日)

同日 《申报》刊登《棉花年岁可望丰稔》消息,报道先生颁发棉种之可喜成果。云:"今岁丰稔由于采用新法种植,由改良棉业会主任穆藕初颁发种子教以植棉之法,故有此效果。"(同日《申报》)

8月4日 下午五时,出席上海各团体欢迎美议员筹备会。余日章主席。先生云:"美国团体均于明晨六时在浦东美孚码头迎接,本团代表亦可于六时赴该处迎接。又迎接时放爆竹殊不妥,请取消。"均通过。先生继提议"原定六日上午十一时游行,应改至五日参观申报馆后举行。"通过。(《申报》1920年8月5日)

8月5日 美国议员团因船延误,于下午三时始进吴淞,午餐公宴不克举行。先生请各招待员至大东旅社午宴。晚,出席太平洋社欢迎美议员团宴会。唐绍仪主席致欢迎词云:"诸君联袂来华,足见重视我国,实深感佩。惟望有所提携,有所教导。"前美公使芮恩施演说云:"中国以农业著,故常称之曰农业国。物产之富甲于全球,鄙人旧地重游,更增我之欢感。"次美国上院议员卜德演说云:"鄙人来华,此为第一次,是诚憾事也。所幸者我不来于中国专制时代之时,而适来于共和成立之后。美国共和亦经几次血战,抛却许多头颅,方底于成。而中国亦然,此亦天演之公例也。中国人民诚而敏,是足钦佩。我当代表我全美人民祝中华进步。"王正廷报告二十一公团于六日欢迎之秩序。席间有中国音乐、口技等助兴。此次访华美议院团共九十六人,其中上议院议员二人,下议院议员十九人,非议员人士七十四人。(《申报》1920年8月6日)

8月6日 陪同美议院团参观厚生纱厂。议员团到后先参观厂中半部分,继赴茶会。先生致欢迎词,"并告以厚生机器来自美国。该厂于十五个月中建筑完竣,工程甚速,以及厂中将来发展之种种计划。"继由慎昌洋行机器工程师安耐尔详述厚生之发达。由议员团代表答辞。茶会毕,复参观其余部分。下午六时,出席上海二十一公团欢迎美议员团茶话会。到者有前美公使芮恩施及夫人、驻京美使馆商务参赞安立德、美议员团代表施德灵、美国驻沪总领事克银汉、王正廷、余日章、宋汉章、郭秉文、穆杼斋等四百余人。由余日章主席,致词云:"此次二十一团公宴,西俗二十一数为人所忌。鄙意二十一数于中国则大有裨益。盖日本提出二十一条件,遂促醒国民之觉悟也。吾人于此欢迎会,可见国民之进步者有三:(一)人恒谓中国行动迟缓,观于此次筹备欢迎会,以至短时间预备。甚完全足见中国人性格并非迟缓也。(二)人恒谓中国人集合性极形缺乏,不知中国团体集合之进步甚速。数月之前吾人曾欢送前美领事及欢迎克领事,当时仅十二团体,现在已有二十一团体之多,可为证已。(三)此次欢迎各团体纯系国民集合,既非政府团体,亦不带政治色彩。美议员来华亦与政府无涉,故此会纯为中美之国民交际,此可欣慰者也。"次王正廷演说云:"从前中国教育系贵族主义,仅少数人得享受,大部分国民均无受教育之机会。今日中国已觉悟及此,知教育须普及。国民全体无论男女贫富,皆须入学。盖非全国国民皆受教育,国家断无团结及进步之希望也。继云:"须知吾国工商业之机器,均赖美国接济。吾人以所得于美国之机器,发展中国之实业,俾财源日裕，以促进种种有益于社会、有益于世界之事业。吾国实业家如简照南君、穆藕初君均捐资巨万助学生出洋留学，造就人材为文化运动之奥援。盖国民渐知所以用财于正当之途也。"次美国议员团代表施德灵致答词。（《申报》1920 年 8 月 7 日）

8 月 8 日　下午七时半，与任筱珊、郝伯阳代表留美同学会在东亚酒楼公宴美议院团领袖、前驻京公使芮恩施博士等美国客人。"席中未有演说，但叙谈一切，并商及商业问题。"（《申报》1920 年 8 月 9 日）

同日　上海总商会选举第五期会董，先生得一百四十八票连任。任期为民国九年 9 月至民国十一年 6 月。（《上海总商会议事录》）此次改选，原有三十三名会董中仅穆藕初、钱贯三二人连任。上海总商会领导层新旧交替，引起社会舆论普遍关注。《申报》"专评"《总商会今后之希望》云："无论何种事业，皆当随世界新趋势而进，若不问世界之趋势若何，仍以数十年前之旧脑筋、旧眼光办理数十年后之新事业，未有能立足于世界者也。商业一事，息息与世界大势相关，又况乎上海之商业更与世界商业密接，故为商会领袖者，须有世界之新知识、新经验，又能有热心、毅力之作事，而后才能竞争于商战潮流之中，商业渐有起色之望。从前之上海总商会不能有所发展而为人诟病者无他，不过领袖之人学识稍旧，经验稍旧，不能顺应世界之趋势耳。故今日而欲希望商业之发展，须于选举总董时注意此点，以求适当之才，此则最为重要之关键，而不可忽视者也。"（《申报》1920 年 8 月 24 日）《民国日报》"时评"《今后之总商会》云："总商会向来被顽固者把持，最近几年，周金箴、朱葆三两人更把总商会弄得糟透了。去年曾有剧烈之反对，终未能摇动。而此届选举，竟能将向来把持的势力完全推翻，可见商会会员早有改革之决心。"（《民国时报》1920 年 8 月 9 日）英文《大陆报》把此次上海总商会选举结果看作是守旧派的失败和革新派的胜利。指出原来的上海总商会中，"非绝无热心改革之人，不过众醉独醒，革新之谋，终不能抵消多数守旧派之势力耳。"（转引自《申报》1920 年 8 月 24 日）

8 月 16 日、17 日、18 日　陕西义赈会刊登致谢启示，内载豫丰纱厂一百元，穆公正花行五十元，厚生纱厂五十元。（同日《申报》）

8 月 29 日　应吴善庆之邀，与吴昌硕、王震等共饮于藤园。王震《云树开朗图》款识云："庚申七月既望，善庆老兄邀吴缶翁、乔梓、石潜、橐驼、藕初诸君，共饮于藤园，酒酣与歌，云树开朗，余即为写斯图，并缀俚句，以记即时之快乐。白龙山人王震。"吴昌硕题云："庚申秋，一亭翁为善庆吾宗作画，涂二律请正。老缶时年七十有七。"（原件）

8 月　与周让卿等赴杭州韬光避暑，为韬光寺重修财神殿捐款二千元。并于韬光寺旁空地建造"韬盦"别墅。复作《代杭州韬光寺募捐启》一文如下：

西湖胜景，中外咸知。离杭城十里许，面临西湖，位于北高峰腰际者有韬光寺，亦西湖著名胜景之一也。唐高宗时，有梵僧韬光，凿壁结庐，修道于此，此地遂以人著。又故老相传吕祖在此炼丹，故韬光寺背后有所谓炼丹台者在焉。登台俯视，环湖诸名胜一览无遗，如三潭印月、雷峰塔及苏堤、钱塘江等历历在目，宛然入画。炼丹台有句云："楼观沧海月，门对浙江潮"。可谓确切不移矣。

清高宗南下，始建韬光寺，洪杨之乱，仅遗大殿，其余均遭劫火。嗣后逐渐修茸，致有今日，然规模窄小，年久失修，游人过此，咸深惜之。寺周围有山地数百亩，由灵隐迂缓而上，高仅四百余尺，而竹径潜通，清幽无匹，参天古木，苍劲可人。自韬光至北高峰顶约五百余尺，山水下注，其声潺潺，终年不断，听此天籁，足以洗心，且此涧水经过天然沙漏，质清而味甘，昔之醉心惠泉者到此，恍然于天惠之不囿于一隅矣。地刚脱尽俗尘而未受冷空气所侵逼，故冬温而夏凉，虽时当盛暑，蚊蝇绝迹，晚间凉爽，可用夹被，此游人最好休止息养处也。

自城站至灵隐，仅十余里，一车可通，且取值甚廉。由灵隐而上仅里许，可达此佳境。其道路以本山石片铺成，履道坦坦，幽人贞吉，不禁为小憩此山者欢诵也。有此胜迹胜地胜景，不思有以整理之，俾成人间之胜事，乌乎可。周君让卿，与予有同情，不揣绵薄，拟于是寺大殿之东侧改建新屋三幢，为游人公共休止之所，约需银四千元。大殿西侧尚有余地，可建房屋两幢，丹台之下有平地十片，广阔约三十余方，该寺住持一池和尚，拟建筑财神殿，为诸大檀越造福，同时装金佛像，修理房屋，布施功德，静待开愿。除东侧房屋三幢，由周君与玥各捐二千元外，若再集洋万元，则庄严寺屋，新建财殿，可以一气呵成。

沪上巨商，频年贸易，疲于奔命，不能不预备一清凉幽雅之所，为养息脑筋，藉资调摄计。我沪上人士，喜结善缘，每一胜举，稍稍提倡，莫不慷慨解囊，聚金成塔，况此系人我兼益之事，并非虚掷。再韬光名胜，较之庐山、鸡公山、莫干山为优，且并不入外人势力范围之内。交通亦较为便捷，由沪至彼，五六小时，即可抵寺。需费亦廉，挹山水秀气，而不涉挥霍，此等胜事，知玉成其美者，必争先而恐后。为作短启，用代陈白，愿我沪诸大善士，酌予赞助，广种善缘。

（《文录》上卷，《文集》第 120 页）

8 月 《时报图画周刊》刊登《资派学生游学之穆藕初》一文，云："德大、厚生、豫丰三纱厂经理穆湘玥近捐五万元请蔡元培、蒋梦麟、胡适与陶履恭选派优秀学生五人留学欧美，此项捐款乃资助贫寒子弟出洋，俾得高等教育，第一次已派定罗家伦、康白情、段世本、王清溪与周平陵五人，今秋出洋至美国读三年，再至欧洲读二年，此五人均学生运动之首领。今有穆氏提倡，他日资本家必有继而起者。（1920年第四期）

8 月 资助北大肄业学生江绍原赴美留学。江绍源研究印度哲学，月前曾著《大方广圆觉经》论文，蔡元培大为佳许，登诸大学月刊第九期。先生"闻江君好学，特于五万贮金以外，助美金二千五百元，为江君学费，以便与五君同时放洋。"（《申报》1920 年 9 月 20 日）

9 月 1 日 出席上海总商会会董特会。是日为新旧职员交替之期，由朱前会长将关防及案卷，并会计处簿据生财等移交新董事部接收。检查接收卷宗及财产，公举汤节之、楼恂如。会务未分科办事以前，公举汤节之、朱子谦、庄得之、袁履登、江湘浦、先生、方椒伯帮同秦副会长办理会务。方椒伯会董以此次公断处发出选举手续有不甚明了处，函请解释。经公举汤节之、楼恂如、方椒伯三位审查公断处卷宗，再行核议。（《上海总商会议事录》）

9 月 7 日 下午六时，出席华商纱厂联合会第十二次董事常会。到者聂潞生、荣宗敬、薛文泰等，因不足法定人数改为谈话会。（《华商纱厂联合会季刊》第二卷第一期）

9 月 8 日 浦东洋泾市等处农田发生食稻小虫，经市农会长沈杏苑呈报上海县公署后，本日上午，先生偕上海县知事沈宝昌委派科员赴该地查勘，由"沈绅接见，导往陇亩检看一周而回。闻尚须赴西乡一带察勘"。（《申报》1920 年 9 月 9 日）

9 月 10 日 下午六时，出席江苏省教育会、新教育共进社、中华职业教育社三团体请法前总理班乐卫演讲会。到者约三百余人。黄炎培主席，班乐卫演说云："吾法在百二十年以前，教育幼稚情形与中国相同。所以能逐渐发达，既受教育普及之赐。现在希望诸君致力于教育普及，又能同心协力促成国家统一，如是中国在国际上不患无相当的位置。不但为世界各国所重视，且全国国民均能享到巨大幸福。"并由在场全体听讲员起立，欢呼"中法两国万岁"而散。（《申报》1920 年 9 月 10 日）

同日 下午七时，出席上海总商会举行欢迎班乐卫会。秦润卿致欢迎辞，班乐卫致谢辞云："此次荷贵国政府邀请来华，在沪尤承各界殷殷款接，实为欣感。今夕复劳贵总商会开会欢迎，尤觉慰荷。窃思商业之发达甚赖铁路之便利，吾法人士现既拟力助贵国扩设铁路等，此实根本利益之计也。贵国人众而富工作力，在法华工之功绩，令人诚不能忘，故法政府尚拟为死于战事之华工立纪念碑也。贵国之工人如是，而商人方面，亦皆勤勤恳恳，策励进行。瞻念前途，深代欣慰。"（《申报》1920年 9 月 11 日）

9 月 12 日 当选上海总商会公断处评议员。（《申报》1920 年 9 月 13 日）

9月13日 慎昌洋行收到先生代厚生纱厂交入银二十万两花款。此款后与德大纱厂花款发生纠葛入讼。①（穆杼斋《德大讼案念万两之票根调查录》，1927年10月）

同日 沪南浦东公所开选举会，先生当选董事。董事共二十五人，其中南汇十人、川沙五人、奉贤五人、上海三人、宝山二人。（《申报》1920年9月15日）

9月14日 下午五时，出席华商纱厂联合会谈话会。到者徐静仁、聂潞生、荣宗敬、吴寄尘等，讨论北方旱灾。（《华商纱厂联合会季刊》第二卷第一期）

9月16日 赴荣宗敬宅出席华商纱厂联合会特别会议，并欢宴张謇、张詧。张謇主席，讨论北方旱灾赈灾办法。到者吴寄尘、聂潞生、聂慎馀、徐静仁、薛文泰、郑培之、荣德生、陈莘田等。（《华商纱厂联合会季刊》第二卷第一期）

9月18日 出席上海总商会第十九期会董常会。议案：①建立欧战纪念碑请认缴捐款，并宋汉章先生函辞代表案。公议：纪念碑捐款已由各会董各员分别认集，如能超过假定五千两以外，多多益善。以后关于此等与工部局有所接洽者。函请宋汉章先生继续代表，以资提倡而联外交。②上海公共租界纳税华人会筹备处函送调查表案。公议：调查表备函分送入会各会员，依表照填。一面由会照议案函复筹备处接洽。③洋文书记张蕴云函询职务是否蝉联。④入会。⑤租界贴用印花税案。公举汤节之、方椒伯、盛丕华、赵晋卿、沈九成五位审查卷宗再定办法。一面由会先将困难情形具函答复各公署查照。（《上海总商会议事录》）

9月21日 出席华商纱厂联合会第十三次董事常会。到者李旭堂、聂潞生、聂慎馀等，因不足法定人数改为谈话会。（《华商纱厂联合会季刊》第二卷第一期）

北大五学生合影

9月22日 下午三时，出席江苏省教育会欢送会，欢送罗家伦、段锡朋、康白情、汪敬熙、周炳琳、江绍源六人赴美留学，到者均为学商报界人士。黄炎培主席，说明欢送之意。蒋梦麟致词云："此次选送学生，完全注重品性、学问，不用考试方法。"并略述"各生历史，又代表北京大学感谢穆先生资送之盛意。"次赴美诸生"各述求学之旨趣。"先生云："从前自己赴美，好不容易得到官

① 参见1927年1月11日、10月各条。

费，极知求学之难。今幸年来经营实业稍有盈，余故愿意派人求学，惟不望人报酬，盖此为个人对于社会应尽之责任。所喜选送诸君，均北大杰出之材，且为五四运动后觉悟之人，并为觉悟后而知研究之人，颇为满意。"次沈信卿云："此次穆君赍送诸君出洋，在担任经费者，但知出钱不望报答，完全为国家社会造人材，极为可敬。并谓希望君等学成回国以后，为中国国家社会最需要之人，注重建设事业及尽指导社会之责任。"复由暹罗京城中华总商会秘书蔡忠杰表示欢送之意，望各为国珍重。（《申报》1920年9月23日）赴美学生定9月26日乘中国号赴美。（《申报》1920年9月25日）

9月24日　下午四时，出席北方工赈协会联席会议，讨论直、豫、鲁灾况及救济办法。到会有宋汉章、吴寄尘、叶扶霄、徐静仁等。徐静仁报告华商纱厂联合会、银行公会、钱业公会三团体组织本会缘起，公订名称为北方工赈协会，并决定设办事处于香港路银行公会内，由每团体推举三人为干事委员，以后加入团体再行续推，惟须经三团通过。吴寄尘发表张謇意见云："在中国办赈将无己时，惟以工代赈，始可为永远免灾之计。"次议纱厂联合会前经议决，以捐款二成办急赈，八成办工赈，众均赞同。办法："（一）本会因念北省灾情之重大，与近岁偏灾之迭见，愿竭绵力为根本之救济，急赈以外特重工赈，故名北方工振协会。（一）本会议定所有赈款以二成办急振治标，八成办工赈治本。（一）工赈从调查入手，其种类：（甲）开河；（乙）凿井建闸浚陂；（丙）种树；（丁）筑路。就本会所见所能者，指定区域斟酌进行。（一）捐款概不假手他人。其因办工赈所需种种耗费，务减至最低限度，在赈款正项外另筹。（一）本会除各团体自行集款外，如有赞成本会宗旨愿加入本会者，无论个人捐款或团体集款，皆所欢迎。但以不背上列各条所定范围为限。"（《申报》1920年9月26日）

9月25日　为暨南学校迁沪并改大学事，蔡元培、黄炎培、蒋梦麟、郭秉文与先生等共同起草《请草就南京建设国立大学理由书计划及预算书》。是日，由黄、蒋、郭三人入都面递教育总长范源濂。（《申报》1920年10月3日）

10月2日　出席总商会第二十期会董常会。议案：①推广租界贴用印花税案。方椒伯、汤节之报告，政府欲推广租界印花税，另订办法四条，引起人民抗议，又有外人检查一条，大失主权，提出处理办法数条，拟稿答复。②政府厉行所得税案。南京总商会来函，请联名反对政府新增所得税。叶惠钧云："现在政府不管人民痛苦，专事搜括。此案既见命令，定十年一月一日实行，本会宜预筹根本解决，自行电部反对。"先生云："此案既准宁会来函，征求意见，不妨由本会函请联衔电部。"汤节之提议设一研究会，公举几位，从详讨论。议决：举汤节之、盛丕华、先生、江湘浦、叶惠钧、方椒伯、钱新之等七位会董组成所得税研究会，"从根本上讨论"。后讨论入会申请事,对是否仍沿用投子表决办法出现分歧,"众议纠杂,莫衷一是"。先生云:"若取消投子,必须取消证书,惟取消证书,宜先与领事团通过。查此案经本会许多手续,未便一时推翻。就证书而言,譬如一人为控告,特于礼拜六上午用特别传单促赴公堂,则为被告者,照例赴讯为时甚促,无从补救。自给证书以来,入会商人受证书之维护,实属匪浅。今欲推翻华洋通过之前案,本席绝对否认。况秦会长勉从敦劝就职,本有宣言,亦难违约,如果取消投子,亦非会董所能解决,且俟正会长到任后,以此事作为提前议案如何?"众赞成。(《上海总商会议事录》)

同日 启程赴郑州查勘灾情。《自述》云:"民国成立以来频降天灾,人民苦状,报不绝书。然水旱风灾,大都所及之地不甚辽阔,量予救济较易为力。孰意民九一年以内,浙、湘、闽三省先后告荒,而直、鲁、秦、晋、豫北五省又相继闹荒。赤地千里,籽粒无收;鬻女抛儿,以求苟活;草根树皮,胡乱充饥;流离盈途,风餐露栖,强者流为匪人,弱者转乎沟壑。闻者伤心,见之惨目。唯是南省偏灾,仁人长者呼号奔走,义粟仁浆集散均易;北方灾情奇重,地面广大,施救较难。犹幸义赈之举,向有慈善机关专营其事。调查报告消息灵捷,其交通较便之地,受惠孔多。唯僻荒之区,殊多向隅。如豫省西部,弥望皆山,盗贼负隅,行人裹足,万山农户既受匪徒之蹂躏,复遭旱魃之肆虐,谁敢冒险以调查,咸苦呼吁之无门。犹幸内地客商,暗逗消息,未逾时日,喧传沪上。于是乎上海银行公会、钱业公会、纱厂联合会三会同人,悯念灾区之惨状,同怀宏济之深心,求施赈之中隐寓奖勤之义,组织北方工赈协会。时我国纱业方在全盛时代,于是纺织界巨子起负豫赈重大责任。咄嗟之间,集款五十万元,派人四出调查。此时余所办之丙厂,业已开工,厂址距豫西较近,考察豫西灾况亦较便,故余担任调查豫西灾情。十月间,偕同熟悉豫西情形之工程师二三人,轻装首途。"(《文集》第28页)

10月3日 《申报》刊登《桂省改种美棉之成绩》,报道先生倡导之种植美棉在广西成功。文云:"邕垣农民黄春森月前曾以所种获之美棉寄托上海德大纱厂经理穆藕初君,纺成十六支细纱后即提交。邕垣总商会邀集棉业促进会、农会纱业行织布厂诸领袖到会研究"。"如于邕垣自设纺纱厂可减去沪邕转运费,则每百斤美棉纺成布匹实获利三十元零四角四分,若专以纺纱计算,现时邕市每小包价银九元亦可得三十余元之利,故邕垣总商会竭力提倡劝各处农民改种美棉,并拟召集邕垣各商店集合资本五百万元开设纱厂一所。现已由发起人先认股本五十万,其余即俟后日续招。而一般商民亦均认此为莫大之利,纷纷向发起人预先认定,殊有争先恐后之概。据此形势观察,可知吾国改种美棉实有利于农工商业甚巨也。"(同日《申报》)

10月5日 在郑州与豫省灾区救济会西人干事司迈慈商议救灾事。《豫西灾况勘查日记》(以下简称《日记》)云:"灵宝、阌乡等县,仍属向隅。查豫西地多高原,平昔之润田,全恃雨水适宜。虽间有沟渠可通水流,但值天旱,多半干涸,即间有水流者,亦以低浅流窄,不能引水上溉高原。且此项沟渠,年湮时远,邻近之民,多视为私有。如欲开浚,阻力实多,即使实行,亦不能收普及之利。是欲为高原谋水利,当以开凿井泉为较善。惟是高原凿井,非深有六百尺之洋井,不能得滚滚泉源。如以土法,开掘浅井,恐一遇天旱,仍不免干涸。即如本厂所掘深二十尺之土井,今年旱时,已无滴水可汲,幸有深三百尺之洋井,发电机水源之供给,始免告竭。郑地平阳,已属如是,则高原之地,可以想见。每深六百尺之洋井一口,轮流以灌溉一千亩计,约须凿井千口,方能济事。此项井工,既非土法可以开掘,而开凿洋井,当然需用机器。每洋井一口,其工料以一千元计,所费实属不赀。且机器及材料之输运,以现时观音堂至潼关之大道,窄狭偏陂,转运维艰,仍须以兴修道路为先决办法。道路畅行,不但百货流通,商业兴盛,即将来凿井以防旱灾,亦易于着手。至兴修道路,现陇海路有修观音堂至陕县路线以工代赈之说。如能由陕县续修至潼关之大道,于豫西灾民,既获工赈之实惠,而西北交通亦收便利之功效。盖由观音堂至潼关之大道,实为秦、晋、陇、新及蜀北之通衢。数省交通,此路是赖,如果畅行,将来商业发达,岂仅豫西受惠,而西北各省亦共蒙其利矣!此路在陇海路洛潼段未成以前,固有待修之必要。即洛潼段告成,此观潼大道,即属将来之国道,亦当然不能废弃。此路修费,除工程师办事员尽义务外,每里约需洋千元,可以敷用。并据司迈慈君言:豫省现经设立灾区救济会,业将豫西灾况情形调查列表,惟尚未确定赈济办法。伊为该会办事员,当将该会赈荒议案取送备查,议毕,乃决定请司迈慈君即赴开封,向灾区救济会检取《灾况调查表》并《赈荒议案》,俟查阅后,定期亲往豫西,查勘灾况及道路情形,再行报告上海北方工赈协会核办。"(《豫西灾况勘查日记》,1920 年 12 月自印本)

10 月 6 日　在郑州致转北方工赈协会电,提出"以工代赈"办法。云:"豫西、陕州等处灾情亦重。现渑池至陕州,由陇海,即日开工代赈。陕州至潼关一百八十里,为陇、陕通豫要道,年久失修,行者苦之。拟以工代赈,约须修筑费二十万元。明晨亲往调查,详情再陈。穆藕初。鱼。"(《申报》1920 年 10 月 8 日)《日记》云:"司迈慈君由开封灾区救济会,取到《灾况调查表》及《赈荒议案回》。查阅所列灾情,与昨据厂中同人所报告者,大致相同。""又豫省赵督军周人、张省长鸣岐,因司迈慈君到开封取《灾况调查表》及《赈荒议案》,知予有协助北方工赈协会往豫西查勘灾况筹谋工赈之举,特于是日派开封总商会会长杜秀升君,代表到郑,会商赈济办法。经予将兴修道路以工代赈情形告之,极深赞成,于是决定明日先往洛阳,征求吴将军子玉意见,再赴豫西一带查勘,并决定偕厂中协理吴文钦与沈稚木、潘薇屏、张子屏及郑县青年会华干事陈巳生、西干事司迈慈、开封圣公会会长安福梁诸君,同道前往,一面派吴芹甫、王仲青两君,前赴荥阳、汜水、巩县、偃师等县,分别调查受灾状况。"

10月7日 由郑州抵洛阳,继续勘察河南灾情。《日记》云:"会办豫省赈务吴彭秋先生,因赴开封,与军民两长会商赈事,道经郑县,知予有豫西查勘灾赈之行,以急须就道,不克面晤,于晨七时派代表到。谈次,甚然予之计画。十时洛阳车开,即与吴文钦、沈稚木、潘薇屏、张子屏、陈巳生、司迈慈诸君同趁车赴洛阳。而开封圣公会会长安福梁君,已先由开封登车,即与同行。在车行时,目见附郑铁道桥下,均满住外县逃荒灾民,露宿风餐,情甚可悯。车过荥阳、汜水,见田中已播麦种,询诸车上职员,据称未播麦种前,遍地皆枯矮空瘪之蜀米、高粱、小黍。车上无可得食,于汜水站停车时,购熏鸡两只,每只一百三十文,馒头八个,每个二十文,分而食之,以当午餐。由汜水而西渐多高原,连行山洞八,至巩县站,遥见距站五六里,有地宛在水中,询知地名站街。该处为黄河、洛河两流交会之地,故水常盈溢。过巩县站,又行山洞三,连前共计山洞十一。其洞与沪宁路之宝盖山山洞相仿佛,惟车无电灯,只有煤油灯,灯光如豆,昏黑闷人。自入高原,民多穴居而处,其住穴之上,即为所耕之田。不藉砖瓦木石而得安身,俨有三代以上之遗风。间有屋住者,皆在原下沟边,屋式甚陋,且为数寥寥。距巩县站约十里,为石河,河涸无水,尽属石子。据吴、沈两君言,每逢山洪暴发,石随水流而下,洪止水干,石乃留积。再三里为巩县兵工厂,四面高原,中为平阳,厂居其间,实握形胜。又三里为洛河桥,即黑石关桥,桥工为中国铁道桥梁第一,以其桥脚少,桥孔长也。过桥即为黑石关站,站旁店铺住户,多属穴居。该处所产之石尽黑色,因以黑石名其地。既而至偃师,地稍平坦,再前过义井铺,而至洛阳。洛之北有山蜿蜒,询为北邙山,其南有水为洛水。洛地背邙面洛,风景甚佳,洵不愧为名胜地。既抵站,即下车,雇脚夫搬行囊至站门。有旅馆接客前来招待,随择大金台旅馆,暂为投止。馆址有屋四重,不能谓为狭小,惟房间污秽,光线黑暗,器具鄙陋,空气恶劣,住之殊难忍耐。在我辈视为不堪之旅邸,而洛地已为上等客舍矣!稍息征尘,旋雇肩舆偕同吴文钦、潘薇屏、陈巳生、司迈慈、安福梁诸君,往距洛城十里之西宫,谒直鲁豫巡阅副使吴将军子玉。道达来意,吴将军以豫西灾重,施赈无款,正深为念。当经讨论工赈办法,深以兴修豫西至潼关之大道为然。并以上海银行公会、钱业公会、纱厂联合会能俯念灾黎,慨捐巨款,办理工赈,极为嘉许。又以予亲往灾区查勘,途行不易,特为电致陕县豫西剿匪总司令毅军丁统领,派兵保护。当即兴辞而出。路过洛阳西北城之间,见吴将军所部兵士,荷锄持锸,肩篓担篮,正在分力合作,翻修道路。我国军队林立,平居类皆坐食饷糈,游荡不事,其能守军纪,不居民相扰者,已不多觏,求其忍辛耐苦,肯为地方谋公益服劳役者，实未前闻。倘我国军队，能尽以吴将军所部为模范，则我中华民国有不兴盛者，吾不信也！由西宫回旅馆，时已上灯，闲步街衢，询洛阳收成状况。据土人言，今年秋收尽失，乡民多菜色，熬饥忍饿，苦不堪言。惟城中则以交通便利，有钱尚可得食，但贫乏者仍不免受厄。故途中所见，褴褛寒瑟，面黄肌瘦者，实繁有徒。夜膳后，准备明晨前往观音堂，惟司迈慈及陈巳生两君，以郑县青年会开幕在即，诸待筹备，不克同往，乃决定司、陈两君明日先行回郑。"

同日 致北方工赈协会徐静仁等函，再次建议以工代赈修建陕州至潼关道路。云："昨发'豫西灾情亦重'之电，谅邀台察。在弟意，豫西赈济固以以工代赈为最善。现观音堂至陕州之路，已由陇海路即日开工，以工代赈。惟自陕州至潼关，为通陇、秦、晋、豫之大道。只以年久失修，行旅维艰，致于交通大受障碍。现若推广修筑之计，其利有八。此路左近，平时虽有盗匪出没为害，尚不甚大。自灾荒与兵事并乘，良民流为匪者日多，若能以工代赈而救济之，则盗风或可稍退，而良民亦得安枕，其利一。现拟修筑之路，本属原有大道，计长一百八十里。依原路而修理之，可免旷日持久从事测量之烦劳，亦可使灾民即获工赈之实益，其利二。此路既为陇、秦、晋、豫往来大道，一旦修整完善，商民咸均称便，四省商务当能日有起色，其利三。陇海东线现将动工。如西路能修整通行，则陇、秦、晋、豫之土货可以直达海口，其利四。数年前德大纱厂曾在陕西之同州、朝邑、河南之陕州等处购花，只以汇兑不通，旋即中止。苟此路一旦沟通之，于银行、钱业之营业，定多拓展，其利五。陕花质美甲于他省，此路修整后，陕花路运申较便，则其价定可较廉，实于纱业前途大有裨益，其利六。陕西受不良政治之结果，以致土产堆积，无可输运。甘肃素称富饶，亦因交通不便致商业停滞。现潼关至西安一路、平阳，计二百九十里。长途汽车已有不日开车消息，则自西安至兰州亦可互通声气。如陕州至潼关之大道修整完备，与之衔接，是陇、秦、晋、豫四省商务定必日见发达，其利七。上海银行公会、钱业公会及华商纱厂联合会，发慈悲大愿，提倡以工代赈，今若修筑此路，便益商民，不但副三会提倡之苦心，并可使全国人民留一模范，作真正福国利民之举，其利八。有此八利。弟因于今日由郑至洛阳，拟于明日亲赴潼关调查实况，并勘定应修道路，详报告该路修筑费，至少约须二十万元。弟所经理之郑州豫丰纱厂同事中，有曾在洛潼铁路为工程师者计四人。若修此路，尽可担任义务，务使灾民直接得沾实惠，不负诸公一片热忱。今日往晤吴子玉将军，谈及此事，渠亦深以为然。并许修筑时瞩嘱陕州之剿匪总司令妥任保护之责。又河南督军省长因弟来郑，驻派代表开封总商会会长杜秀升先生到谈赈济事，亦甚赞成此举。想诸公当亦必赞同也。"（《申报》1920 年 10 月 12 日）

10 月 8 日 由洛阳抵观音堂，访当地商会会长，谈救灾事。《日记》云："晨起，收拾行囊，同赴车站。司迈慈、陈己生两君，同趁东行车回郑。予与吴文钦、沈稚木、潘薇屏、张子屏、安福梁诸君，趁西行车往观音堂。惟西行车分早晚两班，晚班有头、二、三等客座，而早班只有四等。予以急于查勘灾区，乃趁早班车起程。四等系敞车，只有立地，并无坐位，且风沙飞扬，莫得隐避。幸吴文钦君与该路稽查盛君相熟，得商借首车，即公事车，席地而坐，且有门窗可避风沙。上车后已先有人在，询知为参议员张坤字子厚，豫西之陕县人，系随豫省赈务会办吴彭秋先生回豫办理赈务者。张言在京时，迭得故乡消息，知豫西今年旱灾之重，实为数十年所未有。仅属旱灾，已民不堪命。益之以某军从前本属陕匪，自受某旅长招抚，编制成军，驻于豫西后，扰民益甚。陕县、灵宝、阌乡等县之商民，日被藉口助饷勒洋三五百元不等，商民慑于威逼，莫敢拒抗，致一般商民，因不堪其扰，多有歇业迁避者。兹某旅长离豫，所招抚之某军，仍留豫西，幸豫赵督知之稔，特派毅军统领丁芳亭君，任豫西剿匪总司令，前往监视某军行动，一面将某军裁遣改编。惟某军原共九营，改编三分之一，其二则概行裁遣，以土匪之本性，既被裁遣，自必仍理其故业，实足为地方隐忧云。予等所趁之车，由洛阳开行，先过洛阳西站，是站为洛潼段起点之第一站。继至磁硐，有水流，浅甚，仅及足胫，询知为涧河。距河约二里，为磁硐镇，有行宫一座，远望巍然，乃庚子拳乱，清慈禧后与光绪帝蒙尘至秦，回銮时驻跸处也。至新安县境，有关隘一，亦名函谷，乃汉之函谷关旧址。关门已就倾圮，铁路轨道即在关侧，既而至新安县城。城依山建筑，轨道由城下凿山洞而过，不半里即为新安县站。再进则为铁门站，轨道依山坡形势为转移，曲折殊甚，且路线上坡道带斜势，故车行极慢。山坡过后，为义马站，有土法开掘之煤矿，矿质平常。再前经渑池县站而至观音堂，沿途所见田亩，有已种麦者，有菽黍、棉花仍旧在田尚未刈割者，自车上视之，则皆槁萎矣！车至站甫停，站长刘君逸民，即到车访寻。谓得三师吴将军电话，嘱请予在观音堂暂待，已派副官二人即晚趁车，前来接洽。予当择定大金台旅馆为休息所，并告刘站长，如三师副官来，即转请到旅馆面晤。当下车步行，约二里，到观音堂镇大金台旅馆，馆址虽不大，较洛阳之大金台旅馆，稍为洁净。午膳后，往访站长，及当地商会会长，询今年秋收情形。据答本年春季，虽尚有三数成可收，而秋熟则颗粒全无，民众减食捱饥，以延残喘。在商会时，某军之部下，正与该商会长谈论日供饷银数目，予未便插词，乃即辞出。闲步观音堂高原，俯视田园，只见一片荒凉景象。询问由观音堂西去路上情形，知若无军队护送，每遭匪劫，远处无论已，即距观音堂镇五六里之遥之硖石山坡，亦时有截抢案件发生。此项匪类，多半溃兵，亦有穷苦灾民参杂其间，所谓铤而走险也。是夜吴将军所派之副官汤启业、叶寿麟两君来，并交到吴将军致予一函，及致丁统领一信，知汤、叶两副官，系奉吴将军命，派来帮同调查豫西灾况情形者，且吴将军以予等西行，已承函电丁统领派兵护送。于是决定准明晨就道，同来之张子屏、安福梁两君，因各有职务，不克同行，定明日各先归去。予与汤、叶两副官，及吴文钦、沈稚木、潘薇屏三君共六人同去潼关，爰嘱旅馆代雇肩舆骡驼备用。嗣以刘站长及商会长情意殷勤，恐旅馆所雇轿骡不能周到，由商会长代雇肩舆三乘，骡驼两匹。惟肩舆以无能多雇，而骡驼两匹载负行囊，且可乘人，乃定六人轮流步行替坐。一面通知驻观音堂之河南第一混成旅第一团第三营，派兵护送。是夜天忽阴雨，幸即停止，得免阻碍行期。"

同日　致北方工赈协会电云："齐日到观音堂。明晨如天晴赴潼关，往返须十二日。详再报。修路费请速备。"（《申报》1920年10月10日）

10月9日　从观音堂出发经干濠、硖石、藩篱、庙沟、张茅镇，抵磁钟。沿途询问乡民当地灾情。《日记》云："安福梁、张子屏两君趁九时三十分钟车分回开封、郑州。予以久待肩舆、骡驼不到，嘱旅馆代为饬催，而竟置之不理。细探所以不理之故，乃缘未经手代雇，不获扣取佣金，以是怏怏，予闻之，不禁慨然！我国商人道德之堕落，一至于斯，无怪受人之轻视也！乃向该旅馆经理人明告以故，嘱再派人代催。八时半轿骡始到，即分装行囊起程。驻镇之豫军，已派程排长治邦，率兵十名前来护送。予与沈稚木、潘薇屏二君先乘轿，吴文钦与汤启业、叶寿麟三君分别骡骑步行。计由观音堂至干濠五里，系下坡路，尚不吃力，由干濠至硖石镇二十里，则山坡起落靡常，时上时下，夹道中土石相间，旅行苦甚。该山又名崤岭，即左氏所谓函崤之险之崤也。山道自经雨后，无可宣泄其湿者，则泥泞不能下足。而经风日吹晒者，则人纵马迹凹凸相间，坚如铁石，偶不经心，即刺痛足趾，途行之艰辛，实为生平所仅见。自古相传蜀道难，想此或亦差堪比拟。途中遇回教之俄人一，询知系往秦陇、新疆而归国者。将至硖石镇，其山坡峻峭异常，稍一不慎，即车翻人跌。山下有大渠一，水浅而流窄，几同住宅之阳沟。过渠即为硖石镇，有店数十间，均小本经纪，无大商业。予以荒象询之，乡民谓本年秋熟失收，南北两乡，因无食而饿毙者甚多，其得免就死者，亦无非苟延残喘。即如馒头一项，从前麦面每斤仅售五十文，现已涨至一百十文。有钱者尚可出重价购食，无钱者只有听饿，望救无人，待死而已。该镇有牲口税捐局，及陕、灵、阌，卢百货税捐局各一所，牲口税捐，其捐则每骡或马，凡载货一驼入内地者，征钱二百文，驴则减半，计收百文。淡征时每日仅收五六千文，如天雨或雪，甚至分文无收；旺征之月，可日征七八十千或百千以外不等。至百货税，则估价计征，其收入总数，较牲口税为多。由硖石西去，予与沈、潘二君，或骑或步，吴、叶、汤三君则替换乘轿。行约四里，有关隘，上颜藩篱二字。再里许，即为庙沟，市面萧条，无甚贸易。又五里，为五里河。四周多高原，中有水渠回绕，骡车骡驼之载负药材外出，布匹入内者，以该处地势陡巇，多绕由渠道而行。渠水浅水不没胫，而又窄狭，车行人走，均可无阻。路虽绕道，而由渠道斜上高原，较之原

穆藕初查勘豫西灾况时与同人在磁钟镇合影（右三者为穆藕初）

路山坡,尚省力也。再前五里为张茅镇。镇上街道,虽可容两车往来,以泥地凸凹不平,且雨后泥泞未干,步行苦甚。到镇时已过午,即在该镇三合骡马行打尖。行门南向,平屋三间,院落尚大,两旁为马房,中进敞房三间,为打尖、喂马、停车之所。再过小院落,即为客商驻足地,平屋五间,中为客座,两边皆住房,东首有面西住房二。乃缘高原凿穴为室,非用瓦木所盖之屋也。屋中虽陈有台椅,均油积沙堆,秽污不堪,且破败者居多,而马勃之气息,尤令人作呕。顾因饥肠辘辘,不得不购食馒头以充饥。观音堂豫军所派之护送兵士,至此交替,改由驻扎是镇之毅军第五营右队,派兵士十名继续护送。打尖即毕,予与沈、潘二君复乘轿,吴、汤、叶三君分别驼骑步行,再复前进。重上山坡,行十里,至位岭店,地处高原之上,四望平阳,尽属田亩。惟此乃高原顶上之田,而行道则又须趋赴坡下。由位岭店起,沈、潘、叶三君驼骑步行,予与吴汤两君则乘轿,一路下坡,至杨家窑,计十里,或上坡,或下坡,再行三里,而抵磁钟镇。为时已晏,不及趱至陕县,遂投磁钟之高三兴骡马行住宿。住房后面就高原为壁,其三面则皆土墙。房间异常窄狭,仅有土坑一,横睡可容五人,破旧之半桌一,并无坐凳,此外别无他物陈设。部署定,与同人合撮一影。夜膳则食馒头小米粥,至米饭,虽出重价亦不能得。所幸住处尚无马勃气息,差堪安梦。闲与镇人谈及荒灾情形,均与硖石乡民所言大略相同。并谓南山一带灾情最重,多食树叶以延生命。且复受土匪滋扰,其地人民,已多半逃亡。天灾人祸,恐郑侠流民图,亦不足以状其困苦也! 豫西道上宿店习惯,黎明即起,不盥不漱,不饮不食,即行就道,须至中站打尖,方盥洗饮食。此种习惯,非予辈所能耐,乃预嘱店夥,明日黎明备茶水早点,以待应用。此在客店为破例办法,而在交通便利之商埠,固为当尽之责任也。"

10 月 10 日　抵陕县。与豫西剿匪总司令丁芳亭、陕县知事冯祥斋谈灾况。《日记》云："黎明起身盥漱，饮食后即行动身，同人仍分班乘轿驼骑或步行。出磁钟，即下山坡，坡尽再上，沿途见田间已播麦种者约居半数，尚有半数则所种黍菽尽属槁瘪，棉花秆高仅六寸，花铃大如雀卵，不刈不摘，杂生田间。询知乃田主避荒他去，尚未归来刈种也。坡行十里，至图五汤店庙，遇有西来逃荒者两起，鸠形鹄面，携老挈幼，面呈菜色，状至堪怜。当分给银元，劝令归去候赈。由汤店庙下山坡，两山相间，长有五里，至坡下则为横渠村。再三里为小渠村，二里为施家渠，为吴、沈两君摄驼骑小影。又五里为五里铺，沿途乡民在田耘种者甚多。询其何以若是迟迟，则以秋熟全荒，外出就食，现图六因得雨赶回，播下麦种，期明年得获生机，不致食绝待毙对。聆其言，睹其状，不禁恻然心伤。由五里铺至陕县城，须过青龙涧，涧水流归黄河。青龙涧面积甚阔，中尽石卵，如值山洪暴发，水流湍急，则有似万马奔腾。现则水涸石出，仅有浅狭之水流二，并无桥梁可步。涧畔有贫民专事负人渡河，藉取资以谋生活。予等乘图七轿者，由负河之人，肩轿过河，步行者则背负而渡。潘薇屏君好奇，则赤足涉河。予见渡人者褴褛寒瑟，心甚怜之，乃厚给其资而遣之。既过涧河，即投上河渡恒泰丰过俄行栖止。该行为德大纱厂从前派友赴陕西朝邑收购棉花过俄之旧地，行经理杨泽亭君招待周至，良深感慰。膳后与汤启业、叶寿麟两副官同入陕城，往访豫西剿匪总司令毅军统领丁芳亭君，并将吴子玉将军之函投交。丁君知予等来，颇极欢迎，谈及兴修道路以工代赈，丁君尤盼早日举行。据丁君言，前因公至南山，目见秋荒无收，莫可得食，咸采取树叶，曝干磨粉，蒸食以果饥腹，间有树叶无几，不敷群食，则掘取山中白土，搀和树叶，食以疗饥，伊并曾亲自尝过。丁君言时，深致恻隐。归来以询杨泽亭君及当地诸人，所言陕县境内被灾情形，均多相同，且与沿途探询南山饥荒状况亦合符节。又闻外省遣回散兵，及前驻豫西哗变之西北军，现均流匿南山为匪，时出抢掠，为地方害。可痛孰甚！查陇海路虽有兴筑观陕段以工代赈之说，惟工程既需用时日，且拟修者系铁路轨道，而予计画拟修之路，则为平时往来通行大道。道既不同，用工亦异。在铁道工程，多用包工办法。包工之工头，如为他处人氏，则工头为便管理，必参用客工。多用一客工，是就地灾民即少获一工赈之益。且工既包做，则工资之支配，工人之管理，由工头操纵之。工头而有公益思想也，尚可稍获工赈之惠，如其否也，则仅有工赈之名耳。至工头而有公益思想，又能不顾一己利益而福及他人者，恐千百中难得一二。故于是晚，即修第二函，将丁统领所言南山灾困情形，寄由上海申报馆，转北方工赈协会诸君，并拟将兴修路线，改自观音堂至潼关，以期豫西一带灾民，均得沾工赈实惠。庶全路畅行无阻，于秦、晋、陇、新、蜀北数省交通，既大获利便，即陕县所产棉花、毛毡等物之输出，亦获灵便矣。惟路线加长百里，工费亦应增加,全路费用估计约须三十万元,当于函中请求会内诸君集议决定核示办理。傍晚丁统领香亭及陕县冯知事祥斋,先后来旅邸答访。是日为双十节国庆大纪念,通商大埠举行仪式庆贺者灿烂辉煌,颇极其盛,而此邦则寂寂寞寞,毫无举动,几不知此日为改造共和之大纪念日。虽半由于交通艰阻,民智闭塞,而灾匪交困,民不聊生,亦为其一大原因。明日赴阌乡,已由陕县冯知事代备乘骑,恒泰丰代雇骡驼,所有由观音堂雇来肩舆骡驼,均赍遣回观。"

同日 致函北方工赈协会徐静仁等,告由豫至陕沿途所见灾情及赈灾办法。云:"弟于今日到陕西,沿途调查本年秋成,丝毫无收。灾民因觅食无方,挈同子女往外逃荒者触目皆是。问知陕州南山一带灾民,均以树叶晒干磨粉作馒,以之充饥。甚至树叶不敷众食,有兼取白土和之成馒而食者。弟因不克亲往视察,至陕州晤毅军统领兼豫西剿匪总司令丁香玲君,谈及此事,渠谓确曾亲历其地,而尝食之,是南山灾民食树叶及白土之说可确信无讹。有心闻之,当无不惨伤也。弟虞函述修路之举,原拟自陕州而至潼关,惟查观音堂至陕州之路,即使陇海即日开工修筑,而沿途灾民甚众,恐不能悉敷容纳。陇海所筑之路,系属轨道,其间建桥梁、开山洞,种种大工程,计非三四年不克全路告竣。现待赈之灾民,既不能任听坐守以待毙,而将来陕州至潼关之大路工先毕事,如观音堂至陕州之轨道不能通行,是犹五脏病愈,而喉痰为梗,出纳不灵,经络阻塞,斯仍无补无事。若果并修观音堂至陕州之大路,既可以多纳沿途灾民,而将轨道告成,此项大路既各异,道仍不失其效用。是以弟现改变方针,拟自观音堂大路修通陕州而直达潼关,以期灾民得多容纳,而全路获早日畅行,实于工赈、交通两有补益。前次集议以工代赈之办法,弟过洛阳已将我同人之主旨,面为吴子玉将军陈述,极荷赞许。我同人之乐善不倦,其于工赈之举既极赞成,且深盼速即举行。此次弟沿途查勘,子玉将军特电军队保护,并派差遣二员帮同调查,允宜即速进行,以副子玉将军之热忱。现全路查勘过半,推算全路每里土方平均约须洋一千元,全路约须三十万元。前信二十万元,兹以路线加长,已不敷足,应请诸公府予怜悯,竭力筹备款项三十万元,将来工程开作,当复实从事,撙节支销。庶一钱得获一钱实用,如有款余,即备为日后养路之需。"(《申报》1920 年 10 月 16 日)

同日 《申报》刊登鲍惠尔《中国之将来与实业》一文,称赞先生资助留学生出洋事。云:"史之新纪元是也。其一则穆氏湘玥之资遣出洋留学生五人,任巨额之款而绝不计及个人之关系,专为中国培养杰出之人才。其选之也,委托其可信之友人;其遣之也,随本人求学之志愿,而绝无欲其毕业后为己效力之希望。决议于元旦之聚餐会,表示意见于九月之送别会,廓然大公之心,众皆爱之,重之。果踵而行之者多,我国何至有乏才之叹。"(同日《申报》)

同日 于《大陆报》双十增刊上发表《交通与商业之关系》一文。指出我国交通现状严重阻碍商业发展，先生云："等一货也，产地与商埠之代价每每相差一倍以上，或竟有相差至三四倍之多而尚不易沟通者。虽此代价相差之悬殊不必全属之转运上，而转输之不便，运费之多耗，则为不可掩之事实。且此尚系去通航通车之地不甚穷远之处然耳，至于偏僻省份，虽有绝好之食用产品，除当地人民消费外，莫之奈何而任其陈腐者有之；工业上需要之材料，除合于当地人民消费外，莫之奈何而视同废物者有之。合全国产额计，每岁因交通不便利，故不知无形中损失若干兆金钱也。此交通事业不发达，且足以致国家于贫困，受害者固不仅商人，而商业上所受之痛苦则尤显著焉。交通不便利有妨商业之发展已如上所述。而交通便利处，因路政之不修，航业不竞，于商业发展上仍多若干之阻碍。交通当局之不能体恤商艰，固属无所逃罪，而商家切身痛苦不知设法解救，相与隐忍不言，亦不能完全诿为无罪也。何以言之？现在路局之缺点，在乎车辆少而不敷应用，员役杂而需索无厌，货物到站多时，不为运送。路局主事，亦不以便利商家为急务，而深居简出，予员役以上下其手之机缘。黠者联络要人，便于运输，货物既不能挨次装车，而积压之流弊，久之且习非成是，视为当然矣。加之以军界要人及与有若何关系之辈，借威军符，滥行势力，攘夺车辆，车辆既不敷应用，货物益堆积如山，当事者大可乘机渔利，商人苟有不谙其隐情者，遂从此货滞于各站，而至霉烂者，触目皆是焉。此外如航业之不振，船只之稀少，吨位之缺乏，航海人才之不知及时储备，则又为可耻可悲之一事。……合全国航轮公司所有之吨位计之，仅得七万四千余吨。以生齿至繁，需货至巨之中国，而航轮吨位仅有此数，宜乎英、日两国航轮公司起承其乏，代我腹地，大效输运之劳矣。航运全权既不尽属国人手中，亦未始非发展商业上一大缺憾也。"对于挽救方法建议如下：

一则利用以工代赈之机会，从事各当地马路工程。例如此省与彼省毗连之处，至少筑三四丈阔之大干路若干条，各县至少须筑二三丈阔之支路一条，并同时振兴水利，开浚便于货物输运之河道。马路期与省会干路或车站相衔接，内地开浚河道期与轮埠或其他热闹商埠相贯通，以便货物之输送。一则利用闲逸无事之军士，从事各本省铁路工程，俾欲筑未筑之诸干线得以陆续兴工，节节告成。如是则今后之军饷不致虚糜，将来之路款，大可节省，使病民之军士，一变而为有用之工人。非但商业因之有勃兴之望，而饷源亦可渐免匮乏之忧。军界领袖不乏深明大体之人，诚能毅然举办，树之先声，吾知海内之闻风兴起者必大有人在也。又各地方人士，须了然于地方贫瘠原因第一在乎交通之不便。地方上要政，应由地方人士共图之。内地开浚河流，向有计田亩多寡匀派工作之办法，无财者出力，省力者出资。内地筑路亦采此法，则劳力问题无难解决。惟路边填去地亩,应由地方公款项内公平给值,以免争执,及愚民之误会。此造福地方、一劳永逸、有益无损之举,地方人士固有应尽天职在也。

其在交通当局,急宜确定便商方法,遴选公正勤慎之人管理路局要政。其贪鄙之徒,严行纠察,随时淘汰。并酌量商业发展情形,随时添备车辆,务使往来货物,不稍延搁。并对于大宗货物,减轻吨位运价,确定计算方法,公布国人,以促商业之发展。并厘订航行新章,扫除前此缺憾,另行组织航业公司。一面推广海外航线,以便国货之直接输出;一面改良内国航业,培养航业应用人才,力图航业之振作。而在内地僻远之区,则地方人士,应集资举办范围狭小之交通事业。如北方及一切平原之上,推行长途汽车;在南方及一切人烟稠密、河流若织之区,推行小火轮或小汽油船。诚能举国一致,万众一心从此便利交通上着手,则产区百物不致以无人过问而低贬,需货之处不致以来源告竭而暴涨。便商即所以便民,裕商即所以足国,况乎交通事业发皇之日,亦即其他凡百事业发达之日。固莫不因振兴商业之故,而共沐交通之赐也。振兴商业之要图非一端,便利交通则仿佛于发展商业上,抵得一半工程焉。故仅就拙见所及,一推论之。

普通人士之目光及心理,感其处境之艰困,生活之不易,变易倾向,属意商业,以为两相比较,犹觉彼善于此。于是百计营谋,有凭藉经济势力而至者,有凭藉文字运动而至者,如智人之不愿自媒,不轻启齿,不苟通问,以贬节求人为可耻之高风,殊难于今日见之矣。盖今日者失势之官僚、无聊之学者、读书不成之青年、辍耕而叹之农夫、手艺难活之工徒,莫不以商业为谋生之捷径而纷纷投效,以故谋就而不获者,恒十百千倍于可以消纳之数。呜呼! 谋生而失望,坐守以待毙,夫亦计之太左矣。即有幸而获就,亦大都为现成受享之人,徒岁耗商业中若干之菁华,而于增进商业之繁荣罕有计及者。苟大多数人深知商业之荣枯系于交通之便否,一般怀才莫展及谋就未获者,应及早觉悟,放开眼光,振起精神,舍此他图。如上文所述,浚河、筑路、长途汽车、内河小轮等助商务发展之新事业,及其他附属之新事业,方向一变,世界骤宽,希望无限。诵西先哲"吾无机会,吾可自造机会"之说,有志振兴商业之士、有志振兴交通事业之士可以兴矣。

（同日《大陆报》;《文录》上卷,《文集》第55页）

10月11日 自陕县乘骡车赴灵宝县,沿途访询灾况及物价。《日记》云:"晨,恒泰丰所雇骡驼二,陕县署所备乘骑四,均先后到齐。丁统领复将自用骡车一辆,送备乘坐,又派李先锋官良玉,率兵十名前来护送。八时起程策骑行,经陕县,附城沟道颇多，惟水浅甚，只能就溉滩地，不克上灌高原。盖水性流下，不易引向上流，且无如许长之车水具，取水至高原也。行十里至桥头镇，五里至营店，再五里至温泉镇。路畔有石碣，上书'汉光武沐浴严子陵约鱼处'。泉离镇里许，仅单身可行，不能乘骑前往。去温泉五里为大营，乃陕县最富庶之村，四周围以寨墙，俨同雉堞，询知该村亦以旱荒，积粮无多，饔飧不继，足见富有金钱，饥不得食，不若多余黍菽，可能自饱，且堪济人。再行二十五里，为曲沃镇，一般菜色灾民，正在就食，其状实堪怜悯。又二十里至灵宝县城，沿途大道，宽狭不一，虽非高大高原，然于狭处两车相遇，进行不得，殊费周章。沿途访询灾状，均以南山为最甚，多将树叶充饥；其次各处，尚可借卖度日，权顾目前。至将来借卖绝尽，何以生存，则已无暇顾及。予等一路行来，而灵宝县知事陈竹友君，已先得信，派役在南关鸿盛栈预备住所，为予等休憩地，情难固却，随居之。稍事休憩，陈知事及巡缉队领官马君，均先后到访，予即前往答谒。询知灵宝面价，从前每斤只四五十文，自灾成后，即涨至一百二十文，人心惶恐异常。嗣幸天雨，田可种麦，人心稍定，其略有蓄储者，亦肯取出放售，面价每斤因而减至八九十文。在贫乏者现虽能售物易食，但交腊底春初，青黄不接，则将不堪设想。灵宝县境，固属荒歉，而与该县相隔黄河一水之陕西境内，闻亦同受荒灾。至灵宝地本非瘠，其出产品之红枣，名著中州，肉厚核小，味甜而和，年产不赀，只以输运维艰，不克推销外省。即枣而推及其余产品，如杂粮、棉花等，在平昔丰收时代，货物堆积，不能运销，良堪深惜，将来如交通便，运输利，当不患地方不发达也。"

10 月 12 日　自灵宝骑马过函谷关，至阌乡。先生对交通之落后、道行之艰难，及当地受军匪危害感慨万分。《日记》云："晨光晞微，即收拾登程。金乌东出，遥射远山，作臙脂色。路畔枣林，远映朝阳，益青葱妩媚，临风招展，似极意慰解征人之岑寂。人行道上，几疑身入画中，不知风尘劳顿为何事。去灵宝三里，为函谷关，即秦之古函关也。关前有渠，石子星布，渠水浅窄，而支流四出，不归一源。予等乘马涉渠而过。函关两翼，众山罗列，绵亘甚长，山势陡峭，难以攀登，于中辟路，以通车马。关隘系新修，有望楼一所，屋瓦洞穿，乃光复时为民军夺守，官兵由对面枣林炮射之遗迹也。关门有石刻一联，为'不许田文轻策马，愿从老子学骑牛'。入关即为函谷，两山壁立，中道几同羊肠，仅容一车往来。约二三里，有半圆式之空地一，乃备两车相让处也。然此半圆式之地，亦只容一车。故每当连骑车绵，此往彼来，拥塞道中，互相争持，恒停顿终朝，难进寸步。必须情商，一方退让，始能前进。故有仅过一函关，而费时至终日之久者，人畜并困，深叹行路之难。此番予等经过有军队前方开道，尚遭拥塞，其他概可想见。昔人谓丸泥可以封函关，信不诬也。此种窄狭巉峭之山谷，实为征途所罕觏。计行二十里，始抵稠桑镇。询据镇人谓本年夏麦尚有三数成收，秋熟全荒，乡民贫乏不能得食者，十居八九，其有牲畜器具者，均变售购食。市上所售之黍菽，均系三数有蓄之家去年所积存者，惟价则较往年倍之。故赤贫之户，因饥馁而毙命者，所在多有。由稠桑行十八里，至葡萄营，路较谷略宽。再二里为大字营，日已过午，随在该处长兴店打尖。又行二十里至阌乡县城，地虽高原，路较平坦，护送马队前行，予等策骑后继。道经一村落，马队忽分道疾驰，予初习骑，不敢快驰，至此不得不随同进。一鞭加策，五里飞驰，收辔稍息，又复策进。行愈速而骑坐愈稳，于不知不觉中，竟得骑马之妙诀。谚谓'空言不如实习'，骑虽小道，尚尔如此，足见吾人处世行事，必须经验与学理并重，方克有济。若徒偏重理论，而不左支右绌者，吾不信也。行距阌乡约八里，阌乡之巡缉队马领官树林，派排长来迎。离城约三里，县知事海静波君，亦派弁前途迎接。行至阌乡县东郭，则巡缉队警察、毅军右哨，均排队相接。地方公款局、车马局、商会、高等小学校、劝学所、推收所诸君，均来郊迎，予即下骑分别致谢。海静波君并约赴县署驻足，遂与同人前往，少驻行踪。席间谈叙，知某旅长前招抚之陕匪某，自率其党，编成某军，一部分驻扎该县，饷糈无出，日勒当地官商供给之，其部下之向店铺兑钱或购物者，稍有违忤，即藉词闯入店内，破柜开箱，任意搜检，将钱货取得，扬长而去。又某军营中之一切动用，固全由地方公款局备办，甚至军官剃头之资，亦向公款局支付。有剃一头而随意书给二千文之凭条者。至人民之女媳，稍有姿色者，某军部下即强娶之以为室，并逼令公款局备办家具宴席。城门则由某军强行派兵把守，不许县署过问，遂致土匪出入城中，毫无顾忌。乡人如有获匪送县，某军则藉称为友，谓被诬指，强索释放。即县知事外出勘案，亦须步行，若乘骑荷枪，不旋踵，某军即来强取借用，永无还期。官斯土者，因处某军掌握之中，不得不惟命是听，莫敢或违。官厅既无能奈何，则小民之受骚扰，更可想见。以故良善及强壮，稍有身家者，均迁地为良，避而远去。留者多属贫苦衰弱之人，平时已困于兵匪，苦不胜言，益之以旱荒，更属死至无日。现某军奉调改编，去阌乡之日，天亦为之释愁，而大沛甘霖，迁避者始陆续归集，然已十室九空，无力谋活。若不亟予赈济，恐阌乡之民，终不能逃转填沟壑之厄运矣。据海君言，现伊虽谋休养生聚，然非一时所能奏效，如果将来兴修道路，以工代赈，斯诚阌乡地方人民之幸。又与谈及修路需用土地，据云阌乡田地之价值极贱，沿路用地不多，既系为公众谋公益，当可晓劝乡民，不必另行给值。是日途中所形槁神疲之灾民不少，见之不胜伤心，聆海君之言，益令愀然矣！"

10月13日　由阌乡县知事等陪同，赴文底镇调查灾情。是日，抵达潼关。《日记》云："晨起，整备行装，阌乡县知事海静波君，伴赴文底镇，顺道抚慰灾黎。八时就道，行十里，至高碑。又十里，至盘头镇，一路山谷窄狭偏陂，几与函谷无异。

再行二十里，至文底，路稍宽阔，镇中父老，已先得信，均出镇外郊迎。当一一致谢，即赴该镇一木行内稍憩。询据镇绅所言灾况，则四乡之民，因饥而死者，无处无之，其存者亦骨瘦面黄，坐待末日。参以途中所见乡村人民之苦状，实较陕县、灵宝，尤有甚焉。并据言文底原为阌乡首镇，本年六月间，某降匪军队，两次过境，计九营，约三千余人。第一次住镇四日，第二次住镇八日，逢居家或店铺，必入内搜括一空。见地面有新泥，承尘有新迹，即掘拆殆遍，以视有无坑藏。又串同土匪，绑票六人，因勒赎不遂，枪毙其一。镇人不堪其扰，惊惶失魄，多闭屋歇店，四散逃避，留者不过三数家。迨某军去后，适天降甘霖，至七月廿七日后，商民人等之流亡者，始逐渐来归，而店与住屋去时所留之物，已均荡然无存。在镇绅言之，固甚凄然，予等闻之，亦不胜欷嘘。始知入镇所见店铺之十九不开者，乃受土匪军队之扰害所致也。阌乡本瘠县，今叠遭兵匪旱灾之厄，民多不能生存，深堪浩叹！谈罢，别海静波君及镇绅，西赴潼关。海君添派兵士八名，护送至近潼关之七里铺，即遣令回去。由文底西来，路行较平，至豫秦交界处，豫境有界石，上书‘河南西界’。秦境则为关隘，其关之阳面书‘第一关’，阴面书‘金陡关’。入第一关，虽亦两面高原，而中路则三车可以并行，较之豫道真有霄壤之别。进第一关行里许，即为潼关县之东门。城垣嵌石，上书‘潼关’二字。进城寓万盛源号，为潼关商会长所开，系由丁统领香亭所介绍。是处出产杂粮、棉花，而核桃、糖酱、莴苣，尤为特品，核桃洁净无衣，味甜纯而不涩口；莴苣爽脆而味和，均糖食酱菜中之美品也。潼关以蕞尔之区，驻军有七司令之多，其兵士游行街市，漫无纪律。所着军衣，有单有棉，均油渍泥污，有敞胸不加钮，有斜头不载帽，有帽斜戴而不正冠，有脚拖鞋而不拔根；行路则肩耸颈缩，胸俯腰弯，坐息则跷脚搁手，口吹身摆，较前清绿营之形状，有过之无不及。军容既已腐败，其骚扰举动，亦不减新奉改编前受招抚驻扎豫西之某军。陕人咸敢怒而不敢言，只有腹诽而已。至鸦片为害之烈，人所尽知，故各省均申厉禁。而潼关则竟有公膏局，公然售卖烟膏，违禁令害万民而无少顾忌，可叹孰甚！陕西境内亦有荒灾，以时促不及往查，所有自观音堂至潼关之灾况，及拟兴修之大道，查勘毕事，即于是夕电致上海北方工赈协会，告以全路勘竣，即行返沪。一面预备明日作归计，惟查黄河水流久负盛名，此来既有可以舟行机会，正可藉此考察黄河水利。乃准定明日由潼关趁船下驶，至陕县登岸陆行。但潼关船只，无论隶秦隶晋，均为晋省阎督军饬蒲城县全数扣留。如秦省因公需用，或商民雇使，须由潼关县正式具文通知蒲城县核准照拨，方准船开。盖防秦省军队趁船往扰晋边也。于是托李良玉先锋官，请潼关县知事向蒲城县商拨船只两艘。旋据复称，已得允可，准明晨八时开过秦境，爰遣令陕县派来之四骑，恒秦丰代雇之二骡驼，均由陆路回陕。”《自述》云："自陕州经函谷关、阌乡、灵宝而达潼关，为时阅五日。一路闻闻见见，无非苦不胜言之概。田中所种粮食黍菽等等，多数枯槁；棉干不及六寸，花铃状如雀卵。野多饿毙遗骸，路多逃荒难民。所遇之人类皆鹄面鸠形，面黄于菜，骨瘦如柴，尤以曲沃附近南山一带饥民之困状为甚。盖其地人民久已粮尽资竭，乞贷无门，生机垂绝，唯赖树叶以充饥肠。其饥荒而兼受兵匪蹂躏，其地现状，为余等所目睹者，如阌乡县首镇之文底市，闻于是年六七月间，匪兵两次过境，计共九营，三千余人，第一次住镇四日，第二次住镇八日，不论居家铺户，一概入内搜刮，抢掠无遗。匪兵曾几次发土拆椽，得到藏金，因之大发狂热，拆掘几遍。余等过彼，尚见地面有新泥，承尘有新迹，闻当日并有地方无赖，为虎作伥，协助匪兵绑票四人，因勒赎不遂，枪毙其一。镇人不堪其扰，四散逃避，全市为空，所留存者仅家徒四壁之一二贫户而已。余等至时，见市内房屋十之八九闭门未启，阒无一人。呜呼！天灾人祸，相逼而至。斯民何辜，遭此浩劫。不禁为后之抚有兹土者，切望其关心民瘼，妥筹保障之方也。"（《文集》第 28 页）

同日 致北方工赈协会电，催索赈灾款。电云："本日安抵潼关，全路勘竣，灾情确重，工赈实不容缓，陕款三十万元详情已详灰函，请速议决。"（《申报》1920 年 10 月 15 日）

10 月 14 日 由潼关走水路返灵宝。《日记》云："上午八时，据船户到称，船已开泊东门河边，乃即收拾行囊下船。予与吴文钦、沈稚木、潘薇屏、汤启业、叶寿麟、李良玉诸君，同坐一船，护送之马队及马匹，共载一船。九时启锭，水顺风逆，不能挂帆，一篙离岸，顺流而下，水鸣溅溅，浪争推拥，带水分疆，左秦右晋。舟行或横或直，或尾前行，或首前驶，转旋不定。盖顺水流之性，行船者不能自主也。船并无柁，以梢当柁，梢力不足，则于船之两旁加桨以助之。黄河两岸或为山，或为高原，极少支流港汊，而中流沙滩，则继续不绝。滩旁之浪，势尤汹涌，所幸船身阔大，尚不觉颠簸。沿途见有船只六七，逆流上驶，而下驶者则未之见。询问予之船户，平时往来运装何物。据言上驶多载笨重杂货，下驶则棉花为多。予等下驶，如春水船行天上，安乐自在。而所见上驶之船，时或牵缆陆行，时或人手推挽，且一线不挂，寒冷堪怜。其困苦艰辛，较之长途驱车赶骡者为尤甚，令人不禁恻然。予舟原拟直放陕县，抵灵宝县城，已下午四时。计到陕县当在深夜，月黑滩多，恐有不测，因即停泊灵宝。是日船行七小时，计程一百二十里，水顺驶速，较陆行为捷。惟船上不能做食，殊为缺憾。船既泊岸，风大船敞，不能住宿，上陆投鸿盛栈。而灵宝知事陈君闻信，又派家丁前来伺应，巡缉队亦派兵守卫，辞之不获，心滋歉然！"

10 月 15 日 自灵宝走陆路抵陕县，丁统领等为先生设宴洗尘。《日记》云："是日东风大作，浪势益猛，风狂浪巨，船虽前驶，决定舍水就陆，即将船价开发。一面请灵宝县公署代雇肩舆二乘，骡车一辆，分别乘人载物，于八时半就道。行约五里，遇有军队，三五成群，聚散不一，名为查路。询知该军隶秦省郭某部下，其军容声誉亦甚平常。至十里铺，遇逃荒灾民一队，询系由西东去者，形容憔悴。据言日食一餐，尚难饱腹，不得不往外省投生，闻之实深悯恻。既而至陕县境，过大营，遇有乡人迎亲者。新郎乘马前导，花轿继之，轿前有凤冠霞帔策蹇而行之妇人二，询知名为迎亲客，当此任者，类皆年轻有姿，又善词令者，方能入选。花轿中有一年十四五之女郎，初疑为新嫁娘，继见其由轿窗探首外望，无羞涩态，问之舆人，乃知为乘空花轿往接新娘者。此邦风俗，花轿往来不空，故往迎时须先有女郎乘之也。行至桥头镇，陕县知事冯君已派兵士来迎，并称借得恒泰丰过饿行为旅舍。以恒泰丰为旧相识，随径往投止。未几冯知事祥斋、丁统领香亭，先后到访。冯君并设席为予等洗尘。席间丁统领复坚约明晨至伊司令部早膳，再行起程。辞不获命，只得允诺。丁统领派送之自用骡车一辆，是日送还，爰请县公署代添雇骡车一辆，备明日需用。陕县地境与晋之永乐县对峙，中以黄河为界。河有舟楫可渡，其舟形式与潼关之船相仿佛。平时往来潼关者居多，而下驶者极少。盖以陕县下游六十里，有石滩名三门，水势湍急，船过三门，即不复再能上驶，以水深势急，推挽末由也。《自述》云："余等素闻黄河潮流易于为患，欲亲往考察水势，故雇民船两艘乘流东下。自潼关至灵宝，水路约一百五六十里，顺流而下，故舟行甚速，河身因潮流冲激之趋势而时涨时陷，船之行动无一定标准，因顺流而下水势甚急，故有时船头向前，有时船尾向前，有时船身横转侧面向前，大有落花流水不克自主之状，遇搁浅时，舟子赤其下身下水肩船，助其活动，船身一动依然前行。北地河身当秋水发时，自高而下，其势甚猛，大有排山倒海之概。凡地势较低，大水经行之处，一望汪洋，故以河得名。一至旱季，累月无雨，即下微雨仅洒轻尘，土不透湿，此时诸河，十之七八水涸底现，石卵累累，弥望皆是，多数河身无异马路，亦颇有人驱车走马，偶然在彼冒险行走者。黄河为万流贯注之巨河，与他河不同，故终年无断水之时。唯黄河水浅处、近岸滩处，亦复如他河然。故忽狭如漕，忽分两歧，乃至三五；深则丈余，浅则无几，或者露底，白泥向天。以余度之，自中国有史以来，罕有注意及此，而出人力以整理者，故触目多呈此现状也。函谷关介乎灵宝、阌乡之间，绵延长十余里，中间仅一车道，阔约六七尺，止有一车可以通行。故一行入口彼此须照呼让候，在稍阔处交车而过狭窄之车道，有时入口行半里许即出口，有时入口行数百尺即出口，出口时即为一片宽敞之平地。泥性坚韧，故车道两旁狭窄处，土墙壁立，年久不泻，最高处约十丈许，低者亦有四五丈。鄙意数千年前，当为一极平常之通行车道，嗣后叠经山水冲激，雪融冻裂，递析成沙，劲风过时逐渐将浮泥刮去，遂致成此险状。此种境界完全出于天然，必非出于人力也。"（《文集》第 28 页）

10 月 16 日 在陕县与丁统领、冯知事等谈灾况及兴修观潼大道办法。当日离陕县赴观音堂。《日记》云："晨八时，与吴文钦、沈稚木、潘薇屏、汤启业、叶寿麟诸君，至丁统领处早膳，冯知事亦在坐。席间谈及灾状，及兴修观潼大道办法，丁君谓伊可任保护之责。至将来筑路需用土地，可以不必给价。以现时道路太狭，常有将附近田地践踏成路者，如修阔之，将来不致践田，于附路乡民，实多裨益，一经劝谕，当能晓然利害，不致滋生异议。濒行，丁统领并赠以劝世格言多种，于现在浮嚣潮流权利竞争之时代，阅之堪为针砭。丁君秉性英毅而慈祥，老于军务，自率队来驻后，匪多敛迹，避而他去。故以某军之骚扰，自受监视，经裁遣改编，不稍为地方害者，皆丁君之力也。席散已十时，即告辞就道。仍由丁统领派李良玉先锋官率兵护送出东门，而陕县绅耆已先在郭外守候主钱。予下轿致谢，作别登程，沿途趱路，予与吴文钦君及汤启业、叶寿麟两副官，李良玉先锋官，行程较快，于夜七时抵观音堂，仍寓大金台旅馆。沈稚木、潘薇屏两君则以车行迟缓，更兼途遇车辆拥塞，行至硖石已上更时分。沈君之车上硖石山时，以路陡巉骡倒退不前，沈君将车物移并潘君车上，不前之骡车折回硖石镇，沈、潘两君随与兵士，骡夫乘夜步行。山道崎岖，月落天黑，仅得灯火二，半明不减，不能远射，人车几扑者屡。直至夜十一时一刻，始抵旅馆。"

10月17日 返郑州。途径洛阳时晤吴佩孚。《日记》云："十月十七日，即阴历九月初六日。晨八时，收拾行李，至观音堂车站购买车票，予与吴文钦、沈稚木、潘薇屏、李良玉诸君赴郑州，汤启业、叶寿麟两副官回洛阳。九时二十分开车，行抵洛阳，汤、叶两副官下车。车开复停，站长及汤、叶两副官来，云奉吴将军电话，嘱予在洛阳暂留，有话面谈，将军今夕专车赴郑，可以同行。予乃与吴文钦、李良玉两君下车，沈稚木、潘薇屏两君则径回郑州。及夜吴将军专车开，予与吴文钦君随与同行，李良玉君留洛，准备明日回陕县。一路与吴将军谈豫西灾赈，及兴修观潼大道计画。吴将军极为注意，深盼早日举行，并云将来兴工时，尚可派工兵帮同照料，兼任保护。夜十二时，车抵郑州，即作别，返豫丰纱厂。"

同日 陕赈要人严庄、李协、吴聘儒发表《复穆藕初拟修陕州至潼关大道以工代赈书》，质疑先生修筑陕潼大道，"以工代赈"之办法。云："其所举八利之中，有与事实不符者，有窒碍难行者，且有鄙见所及，用以工代振之法而其利倍蓰，其益更无已时者，谨尘概略，聊资采择。（一）陕州至潼关路线名为一百八十里，其实约有三百余里。就原估修筑费二十万元加倍之，则非四十万不可。（二）陕县至潼关沿途，尽属土山路，多在沟中，深百尺至三百尺，工程实巨。且陕州至潼关仅此一路线，动工时断绝交通，尤属可虑。如重劈山垫沟，为工更巨。（三）陕西棉花完全由黄河运出，此路与运棉绝无关系。纵云此路修通，运棉较河道便利，而运价既较昂。洛潼铁路开工在即，一旦告竣，则此一段土路自无车尘马迹。以今日工程如是之浩大，需款如是之繁巨，而异日无丝毫效果之可获，此协等所踌躇显虑者也。"次云"陕西之所以频年旱荒者，由于水利不兴。……今若能以修筑陕潼土路之款，移而开办陕中水利，则陕民获以工代振之益当不止十世百世。"（同日《申报》）

10 月 18 日　在郑州决定次日返沪报告。《日记》云："前派赴荥阳、汜水、巩县、偃师等县调查灾况之吴琴甫、王仲青两君，已先予两日回郑。今日将调查情形报告，其灾情亦殊重，自应另行筹谋赈济方法。予以豫西灾况及观潼大道查勘毕事，即于次日回沪报告北方工赈协会，祗候集议公决。"

同日　致电北方工赈协会，告抵沪日期。电云："昨过洛阳，吴子帅邀谈，极赞成修路。抵郑。徐、刘两代表尚未到。准号（二十）晚到沪，面陈梗概。"（《申报》1920 年 10 月 19 日）

10 月 19 日　复严庄、李协、吴聘儒函，强调筑路有益于商业运营及民生改善。云："（一）查自陕县至灵宝计路六十里，灵宝至阌乡六十里，阌乡至潼关亦六十里，共计路程一百八十里。其路鄙人于查勘时，既曾挈同前洛潼铁路工程师亲历，且曾视时表出里数，每句钟约行十里，是与其他之道路计里相同，并无三百余里之多。大函谓为三百余里者，盖泥于土人□里之说，为之倍而计之耳。又此路经工程师沿途查勘，计自陕至潼关路一百八十里，约须费洋二十万元，已可敷用。惟鄙人现以自观音堂至陕县之□道，虽有即日兴工之议，但有建筑桥梁、开辟山洞之种种工程，难刻日所能观成。爰将修路计划改自观音堂至潼关为止，查观音堂至陕县，计路一百里，加以陕县至潼关路一百八十里，共计路二百八十里，路线虽加长，将来以一钱作一钱之实用，不事铺张，约计须费洋三十万元。大函谓自陕至潼关修路费非四十万元不可，此盖计里误会所致耳。（二）陕县至潼关尽属土山，路多在渭中，诚与大函所称相同，惟此项土山本系高原，自路面计至山巅其高至百尺者有之，若在二百尺者，则所经之路未之前见，自陕至潼，虽仅此一路，将来兴修时，自上而下，将土挑铺原上，即不致有断绝交通之虞，固无重行辟山也。原有之沟悉仍旧贯，将来并拟于路边添掘沟道，以资□洩，亦无事垫沟为也。（三）陕西棉花是否尽由黄河运出，姑不具论，惟入口货物是否亦尽由黄河上溯而至陕西，诸君陕人当能尽知，毋待赘述。鄙人此次途中所见输送药材布匹等货，均系载诸大车骡驼，遵陆往来，只以路窄陂偏，常受壅塞之苦，人畜并困，食用概然。无论洛潼铁路达至潼关，尚无时日，舍曰铁路通车，试问能尽舍大道而不行否？东西各国轨道纵横，几同蜘网，而国路犹不废弃。我国朝野现亦提倡修辟国路之议，是观潼大通不论在现时或将来，均有兴修之必要。无患乎铁路通行，不见车尘马迹也。（四）大函所计画之水利，仅陕之十县，而自观音堂至潼关之大道，则关系秦晋陇新及蜀北之交通。现既克以工赈豫西一带之灾民。且能谋数省商业之发达，其轻重大小，诸君子细思之，当亦善与人同，为公众谋利益也。（五）秦、晋、陇、新、蜀北、豫西出产之丰,不仅区区棉、麦两项,历来货物之滞积,良由于交通之艰阻隔,如能将自观音堂至潼关之大道修整畅行,则将来出入货物、自必益形发达,于商业之营运、民众之生活咸有蒸蒸日上之乐观。"(《申报》1920年10月23日)

10月20日 豫西考察灾情毕,是日晚返沪。(10月18日先生致北方工赈协会电)

10月21日 出席北方工赈协会第五次理事会。吴寄尘主席,先生报告考察灾情概况。云:"当鄙人未由沪启行之前,已派人出发调查。至抵郑州后,均觉急赈无从着手,诚以灾民太多,济不胜济势,非三十万不可,乃转讨论工赈办法。鄙处本有工程师数人,皆于豫西情形甚熟,伊等建议陕豫大道,关于新建等三五省之交通,原路太狭,交通困难,故决意亲往调查,然尚不敢决计进行。遂又乘会中原议,与吴子玉将军接洽,乃极荷赞同,并派副官两人同行。又电致丁统领沿路保护,而由观音堂出发。初拟修陕州至潼关间一百八十里间之大道,但至陕州后,觉观音堂至陕州之一百里仍非赶办不可,故有第二次之报告。至修此路与棉花运轮瘝无关系。至于陕西境内兵匪满地,赈务更无从着手。鄙人已与当道接洽。如果欲修路,决不购地。嗣又与吴子玉将军接洽,颇表同情,且允派工兵保护。惟修理水道,则与工赈有异,所谓八沟三十六渠者,系专指洛阳而言。凡此皆大概情形,容另缮详细报告送会,以便审查。"(《申报》1920年10月26日)

10月22日 上海公共租界纳税华人会选举理事开票,由许交涉员派朱律师斯芾到场监视。王正廷、包志拯、聂云台、陈则民、宋汉章、余日章与先生等二十七人当选。(《市民公报》第一期,1921年1月,上海公共租界纳税华人出版社)

10月29日 赴一品香酒家出席上海公共租界纳税华人理事会座谈会。决定11月4日召开第一次理事会。(《申报》1920年10月30日)

10月30日 出席上海总商会第二十二期会董常会。议案:①联华总会茶叙案。公议:今日到会各会董均愿前往茶叙会晤,以资交际而敦睦谊。一面将各董名单并通讯处答复英商公会查照。②第二届省议会初选手续委托调查案。③吕岳泉等入会申请等。(《上海总商会议事录》)

10月31日 上午,出席童子军联合会欢迎各省区教育会联合会代表。到者有黑龙江、北京、江苏、河南、安徽、山东等地代表。观看童子军表演后,由沈信卿致欢迎词,并简单说明童子军之宗旨及江苏创办童子军之历史,并请各代表回省后竭力提倡。(《申报》1920年11月1日)

10月 中华职业学校开办两年以来,附设之铁木、木工、珐琅等各工厂所出之产品,销路甚旺。为扩充规模,先生与宋汉章、穆杼斋、王一亭等经济校董商议发行债券五万元,并"著名盖章于券,而共同负责。"此项债券分五百元、二百元两种,年息八厘，五年还讫。"此种办法在西方颇为盛行，惟在中国则恐尚为第一次。"
（《申报》1920 年 10 月 26 日）

10 月 致函张一麟（仲仁），赞成张等组织江苏同乡会、推行地方自治，并捐款一千元。云："我国今日最大之安危问题，当首推地方自治，因前此地方不克竟行自治事业，故酿成今日如是之政局。教育实业，愈无发达之希望，礼义廉耻，防闲尽失，故相率夤缘奔竞，为丧失人格之事，无稍顾忌，无自治之遗害，一至于此。今日救济之方，当以正人心为先务，诚能使上中社会中人，咸能不求非分之财，不求幸获之名，而后一切人事，可以渐进于轨道。此种自尊行为，非发达教育实业，则无以助进之。欲发达教育实业，非推行地方自治，则无以实现之。况乎我国幅员至广，若不从地方自治入手，政治决无清明之望。政治不良人心益离，失道寡助，亲戚畔之，先哲名言，已历验不爽矣。比闻在京诸乡先生，有见及此，风发云起，力谋地方自治，为各省先。玥遽听下风，非常佩服，阅报章得同乡会成立消息，益深欢庆。以非常欢庆故，不可不有以表示此欢庆之微意，用特汇上银一千元，作为吾江苏同乡会沧海涓流之助。此钱系玥辛苦得来，并非有人从旁劝募，完全出自良心中恳切之期望。我苏人士之爱乡心，不后于各省，苟本会照此光明正大之宗旨积极进行，勿馁勿怯，百折不回，务求贯彻造福全省之主义，则擎众掌以谋全省公福者，当大有人在也。凡事之所由贯彻，必具有四种变化之时期：第一为见到时期，第二为发愿时期，第三为力行时期，第四为得果时期。而成功之元素，则纯在乎非常肫切之愿力上，种竹得笋，有必然者，质之任座以为何如？"（《文录》下卷，《文集》第 140 页）11 月 8 日，江苏同乡会开会，"报告穆湘玥捐款一千元，众决公函道谢。"（《申报》1920 年 11 月 10 日）

11 月 1 日 下午六时，赴一品香餐馆出席上海华商纱厂联合会、中华职业教育社、新教育共进社欢迎第六届全国教育会议各省区教育代表宴会。到者有刘静皆、朱书巢、郭秉文、陈嘉庚、余日章等四十余人。先生主席，致欢迎词。余日章代表三团体致辞。次黄炎培报告陈嘉庚历史云："陈先生之为人诚笃好义，毁家兴学，其独办之集美学校，位置之宏大，设备之完善，其中举凡教育机关，如中学、小学、通俗学校、夜学等等，无不应有尽有。再论其厦门大学之规划，益足惊人。窥陈先生之意几欲使此校为亚东之第一。统计陈君所捐助兴学之款，已达一千四百万元。"继由陈嘉庚作演说，大意分三段：①新加坡中国商会对于商业上之调查，及商业上之报告全不注意。所事者为交际官场，及排难解纷而已。新埠为英属南洋群岛之首都，中国商会所事如此，无怪华侨商业之不能发达。上海乃国内通商巨埠，实业教育俱极发，主持商会者又皆优秀分子，深愿上海商会有极良之组织，俾华侨诣商会有所模范。②欲发达实业，必先讲交通。交通之要着，惟在铁道。

顾闽粤两省之铁道成绩如何,盖非金钱之不足,实由于道德及知识之缺乏。但资本可以召集,而道德与智识则无从招集者也。欲弥此缺点,首在教育。故兴教育为万不可缓之举。③善用财者,天所必佑。华有对于所有金钱每不善于使用,故华人虽有富人,然与欧美富人较,则瞠乎莫及。欧美人善聚财,亦善散财。惟绝不以金钱贻子孙,故其富恒其财多。独我国则不然,专为子孙作牛马,而子孙之教育绝不顾及也。"末由先生作谢辞,并将纱厂联合会之出版物赠来宾一份。(《申报》1920 年 11 月 3 日)

11 月 4 日 出席纳税华人会理事部成立会。举定王正廷为主任,陈惠农为副主任;推定陈惠农、谢永森、包志拯起草理事部办事细则。(《市民公报》第一期)

11 月 6 日 出席南京高等师范学校农科农具院落成仪式,到者有荣宗敬、荣德生、尤怀皋、沈伯安等二百余人。刘伯明主席,致词云:"今日之会,一以致谢穆藕初先生捐助本院建筑费之盛意,二以使国人知农具改良实为中国农业上之主要问题。"次主任邹秉文报告农科一年来所进行之事业。先生致词云:"南高农科办理完善,人材众多,成立虽仅三年而成绩已远过国内各农业专门。鄙人此次所助之费甚微,将来犹当尽绵力继续捐助,并希各界热心实业诸君共襄此举。"农具院楼下为陈列中外各农具之所,农具之种类共数百种,每种均有说明。各种重要外国农具皆由农科三年级生六人在田中试演,与来宾观看。(《申报》1920 年 11 月 15 日)

11 月 9 日 出席纳税华人会开第二次理事会。通过理事部办事细则;选举出席工部局华顾问,①宋汉章、余日章、谢永森、穆藕初、陈光甫当选;议决暂借中国银行三楼为理事部办事处;按章抽签定各理事任期届别。(《市民公报》第一期)

11 月 13 日 出席上海总商会第二十三期会董常会。议案:①铸丰搪瓷公司说帖一件。公议:各会董集议再四,以此项规约须按照商业习惯方可起草。若拟一普通规则,使各业遵循按之。现在各工商业情形诸多未便,不如将今日所议各节请顾子槃会董转知铸丰为是。②财政部总长通启一件。通启大意"先行裁厘,后议加税","中间岁收悬款仍请商界弥补"。公议:通告入会各业征求意见,一面推举会董七位从事研究。推定穆藕初、田时霖、汤节之、盛丕华、方椒伯、朱子谦、陆维镛七会董从详计议,俟各业复到条议,下期常会公开审查。③商会联合会江苏省事务所函一件,海安等各商会电请修正商会法,实行裁厘加税,请缓刑所得税。公议:修正商

---

① 1919 年 8 月,上海总商会召集商界代表开会,提出华人纳税会的建议。经上海总商会和英国驻沪总领事的商讨,英方最终允许设立 5 位华人顾问作为华人参与市政的过渡手段。1920 年度纳税人会议召开,并通过了设立华人顾问委员会的议案,但否决了增加工部局华人董事案。上海商界对此表示暂时接受。11月 24 日,由华人会入秉上海总商会相关过程和代表名单,并由上海商会通知工部局。

会法等四大问题应先征集入会各业之意见。某会董以为此案与第二案同一宗旨，不妨以第二案推定之各董合并研究。（《上海总商会议事录》）

11 月 18 日 与穆杼斋、吴季农、陈子馨等联名发表呈北京农商部、江苏齐省长及实业厅电，报告上海华商棉业公会成立。电云："上海棉业火机部、通海部、崇海部、汉口部、姚花部、太仓部、本花部、号家部、经理部等九十六人，公同集会三次，遵照修正工商同业公会规则，发起组织上海华商棉业公会，业于本月六日通过章程，票选董事，所有正式公呈，自当依法核转，理合先行电陈。"（同日《申报》）

11 月 19 日 《申报》刊登英国季理斐博士《中国之伟人》一文，称赞先生等人捐资遣送留学生出洋。云："穆君藕初、简君照南、张君某捐助巨资遣送青年留学欧美，为国家造就人材，此皆爱国之志，见诸实行者也。苟四方闻风而起者更有其人，一切建设事业次第以举，则民国其庶几乎？数君子者殆真有功民国之伟人欤！"（同日《申报》）

11 月 23 日 下午八时，赴一品香出席北大同学会欢送蔡元培赴法等国考察。到者有吴稚晖、汪精卫、李阐初、沈信卿、胡敦复、贾季英及北大旅沪同人。蔡元培演说，"述此次赴欧美考察之旨趣，并希望北大同人力图补救弱点，而保存优点。其已出校者希望其能出精神与物质之力，谋辅助母校。语意态度均甚恳挚。"次陈独秀致欢送词云："国人对于北大之毁誉各别，予意北大之弱点在学术未进步。此亦吾人所承认者，但其有两种原因：（一）设备不完。（二）国事俱无进步。大学不能单独进步，不过吾人总当力图补救耳。至于北大之优点实有二种：（一）学术独立。（二）思想自由。吾人对于上述北大之弱点，尤有深重之感触。盖蔡君为校长时，日日为大学与一班所谓政党战，如从前之安福部等。蔡君非出其精神三分之二抵敌之不可，故仅能以三分之一之精神办学。迄于今日及未来何往非是，以致学术不能进步，此真可痛心之事也，嗣后尚望同人勉力补救弱点等。"（《申报》1920 年 11 月 24 日）

11 月 27 日 出席上海总商会第二十四期会董常会。议案：①公举会董代表本会赴江苏全省商会联合大会案。②裁厘加税案。公议：此案问题经前期常会公举穆、汤、方、朱、盛、陆、田七董研究，今由穆董主稿意见书一通，即请公开审查后以便誊清，委托代表赴宁提议。③取缔沪北万隆米行私运案。（《上海总商会议事录》）

先生主稿"裁厘加税案"一文指出，"我国工商业不振之最大原因在厘金，国民深受其累，妇孺皆知。但裁厘加税之说已十六七年，仍未见之实行。年来工商业不但不发达，且呈逐步衰微之现象，而人民负担，则年重一年，生活益陷于困境。"就"同人管见所及，拟定办法六则。"云：

（甲）办法

（一）应请政府与各国交涉，裁厘加税须同时并举。如各国坚持先裁厘再加税之议，应切实商定，一方面布告裁厘，一方面即布告加税。

（二）实行裁厘后，由政府查照最近一年全国厘金收入总额，发行裁厘抵补公债（一年或二年），年息若干厘，本息均以新增之关税为担保，由总税务司签字。此项公债，须得有加税之确定时期方能发行。

（三）裁厘加税后，如关税所加之数，已足抵最近一年全国厘金总数，尚有余款时，应尽先摊还此项抵补公债。

（四）此项公债，由各省商会查照本会最近一年之厘金收入总数，招集各业领袖，议定分别摊认之法，须认足原额。

（五）此项公债条例，由财政部派员与各省商会领袖协议，可定草案，交国会议决，公布施行。一面即公告各国，实行前清光绪二十八年至三十年各商约（英约第八款第二节、美约第四款、日约第一款、葡约第九款）。进口关税值百抽十二五之规定。

（六）此项公债，如新增之关税一年内已足抵前次全国厘金一年之总数，第二次不再发行。

（乙）理由

（一）加税之后，我国工商业可因此而发展，因进口税加重后，外货之压迫力减，国货骤进发展之轨道。

（二）革除中饱中间人藉以侵蚀之数，奚止超出政府实在收得之数二三倍，此项中饱之数，皆商民额外多纳之金钱，亦即政府代受无穷之怨谤。

（三）厘金裁后，运输上既无障碍，出产地至消费地非但输运灵捷，而良好时机亦鲜坐失，商家获益，不在少数。

（四）现在工商业之发达，大半属之各口岸货品，行销内地，久感困难。厘金裁后，各口岸商品输入内地无有滞阻，则制造家所出物品达畅销内地之希望，各用户日常所需，得物价低廉之利益。

（五）现在洋货进口，完正半税后，通行全国，而国货则重重敲吸，处处留难。厘金裁后，凡与外货竞争之物品自能立足于不败之地，事业遂因之而巩固。

（六）以上五者，因直接与工商界有大益，但政府所得之利益，亦复非细。进口税加增后，国内出品必日盛，工商业必乘时猛进，可以推广至内地，使全国各大都会得均等之开发，故最后结果，政府收入数必有盈而无绌。

扼要言之，照上列办法推行，政府不过认公债年息之若干厘，而关税得增至值百抽十二五，且可省去如许收税人员之俸给，各业摊认之公债，尚得收还本息，而各省实际上已剔除无数之中饱，故各业所摊之数，比原缴厘金减去何止数倍。且各业至多摊认公债一二次，而六十年来所受之痛苦，一旦连根铲除，政府果有除弊之决心，商人果有爱国之真意，无有不乐行者。惟一部分厘卡人员，于初裁时稍感不便，但各地方工商业，皆将乘时勃兴，其年富力强宅心公正之人，不患无立足地。去蠹国之恶谥，进而为生利之良民，事无有善于此者。是故裁厘加税，全国人民皆蒙其利，解百业之倒悬，慰兆民之渴望，是诚今日福国利民之万急急务也。

（《上海总商会研究裁厘办法及其理由之报告书》，《文录》上卷，《文集》第 57 页）

11 月　发表《中国劝工银行有限公司之露布》（附《章程》）一文，指出"欲提倡工业，俾制造者有活动之资本，莫如设立劝工银行"，并阐述设此银行有七利。全文如下：

窃以国家图存之根本，全恃民族自强之精神。我国户口之众甲全球，土地之广埒美国，农产丰富，工资低廉，前途希望，盖未可量。而以国民平日无企业远图之故，致工业衰微，商品缺乏，海关入口货价格，仅日本一国，已年达二百六十余兆，谓国民果穷乏乎？何能掷此巨资以易彼如许舶来品。其最大原因，则社会虽有经济潜力，而无人焉。特设金融机关为之吸收支配，俾工业家得资本之源泉也。同人默观夫西方所谓世界和平之日，实为我东西工商剧战之时。我国商业出入之数不可为不巨，然而输出者多天产品，输入者多人造品，甚至日用所需，仰给于他国者，几占十分之八九。失今不图，国将破产。夫图存之本，端赖实业。实业之兴，以农工为商业之源泉，而尤以工业为农商之枢纽，将欲提倡工业，俾制造者有活动之资本，莫如设立劝工银行。我国劝业银行、农工银行等条例，政府颁行久矣。而一纸空文，束之高阁，此非政府不为国民谋，国民不自谋也。有劝工银行出，约而计之，盖其七利：各地工业机关金融自此活泼，必将接踵而起，联络发展一银行，基金抵百厂家基金之功用，其利一；创办新工业，有所凭藉，得定分年进行之计划，贷款以底于成，其利二；已有成绩之工业，偶或不幸，中道蹉跌，有为之援助者可转败而为功，其利三；唤起国民注意工业制造国货之兴味，则工厂林立需人日多，职业增加游惰减少，其利四；专门学术家得工场之实验，经历既富，斯有发明，我文明古国，不复为列强所掷揄，其利五；地方公民，投若干股本，具备银行股东之资格，影响于选举自治、监政决事之实地练习者不少，其利六；工人辛苦所得之佣金，有正常储存之地，不至随手耗散，增国民生产之实力，保国民家无形之元气，其利七。同人再四筹商，为稳固投资拓展实业起见，发起中华劝工银行有限公司，订定章程，并附招股简章,分布同志,招集股本。一面呈报政府立案开办。同人等循名责实,集资不求过厚,满额尽可议增。惟望我热心社会,注重实业之工商学界群策群力,有以赞成之。根据此意,以为本银行缘起。(《章程》略)

(《中国实业新报》第十一期,1920 年 11 月)

11 月 与张謇、蔡元培、江谦、王正廷、袁希涛、蒋梦麟、郭秉文、沈恩孚、黄炎培等为南高师并入国立东南大学事联名致函北京政府教育部,建议"留南高师各本科,照旧赓续办理"。函云:"案奉大部函开,'接奉来函,关于南京添设大学一案暨计划书各件均悉。查建设南京大学本部早有此议,惟限于经费未克实行。今承荩筹拟就南京高等师范学校校址,及南洋劝业会旧址,建设南京大学,以宏造就,本部极表赞同。惟查所拟进行计划,自十年度起,南高即停止招生,俟旧有学生全体毕业后,即将南高名称取消。是目前虽大学与高师名目并存,而实际无异停办高师,专办大学。此与本部原定之学校系统不无出入。查南京高师原设有教育、农、工、商各专修科,程度较高,范围较大,如将以上各科改归大学,而留南高师各本科,照旧赓续办理,既可谋大学之速现,复与现行学校系统不相抵触,似较妥善。即希分别商订办法,再行送部酌夺'等因,奉此遵即将前次所拟东南大学各计划及办法,谨命改订,将高师原有之教育、农、工、商四科改归大学。并与高师会商,就九年度预算临时费项下,撙节指拨八万一千元,以充大学筹备开办经费,相应清缮一份,备函送呈台鉴。"随函附《改订南京建立国立大学计划书》,拟定大纲、进行顺序、名称、地址、组织、经费各项事宜。12 月 6 日,教育部部长范源廉委派郭秉文为国立东南大学筹备员。(引自《南大百年实录——中央大学史料选》上卷,第 102 页,南京大学出版社 2002 年 5 月版)

11 月 赴苏州,请俞粟庐到沪,由百代公司录制昆曲唱片。先生云:沪上百代公司"为推广流播起见,曾一再挽友敦请,而先生未允。后又经诸同志咸相劝驾,谓斯道宜显不宜晦,宜行不宜藏。虽曰音韵末艺,然而陶情淑性,亦足以挽颓风而励末俗也。于是先生颔之。去秋偕夋君九组同来沪上,至百代公司赋唱仅十余折。"

(《敬告提倡国粹之韵学家》,《申报》1921 年 3 月 23 日)

在苏州,吴郁生为先生书《南史·陶潜传》扇面云:"先是颜延之在浔阳与渊情款。后为始安郡经过浔阳,日造渊明饮。为每往必酣饮致醉。临去,留二万钱悉送酒家。稍就取酒。尝九月九日至宅边菊丛竹中坐,满手把菊。忽值宏送酒来,即便就酌,醉而归。不解音律,而蓄无弦琴一张。每酒适辄抚弄以寄其意。贵贱造之者有酒必设。若先醉便语客:'我醉欲眠,君且去。'其真率如此。酒熟取头上巾漉之,漉毕,还又著之。庚申十月,藕初五兄雅正,钝斋吴郁生。"背面为顾麟士设色山水。(原件)

吴郁生书赠穆藕初书法扇面

12 月 4 日 工部局警察署整理工部局华顾问宋汉章、余日章、谢永森、穆藕初、陈光甫报告资料，其关于先生报告收入 1919 年 11 月 1 日《密勒氏评论报》"Who's Who in China"专栏所载先生小传，其开头部分云："Moh Er-cho（穆藕初），managing Director of Hou Sung Cotton Mill Limited，is an old member of the committee of the Chamber of Commerce. He is a well known and reapected resident of the Settlement. He is Liberal in his ideas，and an advocate of reform. His brother was Chief of Shanghai-woosung Police. The following account of his career given in Millard's Review of November 1，1919 has been confirmed by enquiries. -"末有先生住址："Mr. Moh Er-cho resides at 727/31 Lay Road."（工部局档案）

12 月 11 日 下午四时，出席上海总商会欢迎新任会长聂云台就任仪式。聂云台立致词云："今日辱承宠会，感愧交并。对于会长职务，窃深思实不敢任受，谨布下忱，幸诸君教之。鄙人才干苦短，学术浅甚，交际未广，体魄不强，尤乏实力，难资号召。具此五因，深恐贸然任受此职，转误公事，兼负厚望也。况以此次漫游所得商会应办之事极多，兹略举数项如下：（一）商品陈列所不但陈列国产，且须收罗外国，与国产如丝、茶、磁器等相竞争者，以资比较。（二）印刷品或季刊，或周刊，日刊之属，亦应中英文同时分编发行，俾与世界各处印刷品交换。（三）图书馆关于商业之各种学术书卷、图表，无论中外古今均宜调查搜集，而庋藏之普通书籍等附陈其中，以供参考。（四）博览会为最有益之举，多多益善。尤以呈请政府举行万国博览会为妙。如上四项已非易易，用特先此商辞会长职务，务请诸君亮恕而许之。"在座全体致词推请聂云台就职，"均谓兹事关系重大，手续亦未便轻更，聂君虚衷谦抑，恳挚可念，惟本届一致推选，毫无疑义，用请即席就职，此后一切会务会中同人

均愿竭力襄办,共负重责。"(《申报》1920年12月12日)

12月18日 出席总商会第二十五期会董常会。议案:①江苏印花税分处转奉财政部核复本会所送租界贴用印花意见书请查照劝导案。②铁业公会函称本会研究裁厘加税殊多疑问案。"查报载本会研究裁厘加税办法以公债票摊认,抵补缺额,如政府以有限之税供无限之用"。先生云:"此项公债,须得有加税之确定时期,方能发行。如关税所加之数已足抵厘金收入总数尚有余额,俾先摊还此项抵补公债,如新增之关税一年内已抵全国厘金一年之总数,第二次不再发行此项公债,并未先许以有限之税入供无限之开支。可请该会将报告书再加细阅,如有高见,并请表示。本会惟根据联合会会议案办理。"③报告美国银行团代表毛根公司银行团于十月十五号开会议决借款事,非经切实计议认为裨益华人者决不贸然进行。先生云:"新银团条件应请注意,本国银行团与本会已各推六人接待史梯文司,即请先为研究,俾出席时不至各歧。本席即欲北行,俟回沪愿同研究,或请报界亦来发抒意见。"钱新之、聂云台、秦润卿等均对与史梯文司会见事有所意见。④报告袁履登会董请假赴汉请孙梅堂会董代表。⑤电政府取消加征振捐案。先生云:"当与第六条议案一并讨论。惟振捐一案,外人尚允加征,华人一意反对有自失体面,尚须斟酌。"⑥报告"蒸"电请收回货物附征振捐成命。⑦鸿裕纱厂添加股本重予注册案。……⑪拟聘杨补堂为坐办以维会务。先生报告杨简历云:"补堂先生籍隶无锡,先经留学日本,继又留学美国,均得法律学位。中西淹通,品学兼优。曾任北京高等检察厅长,现仍为律师,并兼上海银行及申报馆各席。惟不能永日在会,须预订办事时间。"公决:赞成延聘。(《上海总商会议事录》)

同日 下午五时,与王正廷、宋汉章等纳税华人会理事假大东旅社开会欢迎聂云台赴欧美考察归国。王正廷致欢迎词,聂元台述游欧美之感受。(《申报》1920年12月19日)

12月19日 上海华商棉业公会总董穆杼斋,副董吴季农及先生等全体董事联名发表致北京国务院农商部电,对实际已经不存在之"中国棉业联合会"欺官厅、欺社会之行径,提出质疑。电云:"报载中国棉业联合会为上海证券物品交易所辩护之电,查该会乃上海证券物品交易所理事沈君为会长。该会本通海、崇海、太仓、余姚、本花、火机、经理各部所组织。以各部为单位,会费每年一千两或五百两,均由各部驻沪公所支付,五年以来未有报告。太仓部早已正式退出,通海、崇海、经理等各部均于本年十一月间正式公函退出,由本会另行加入。汉口部、九江部及南北市,本花行号暨火机部均十之八九,余姚部驻沪行号十之六七。依据修正工商同业公会规则,以个人为单位组织上海华商棉业公会业于十一月十七日电呈,并依法呈转在案。该会于十一月间大会不成改开临时会,议决维持方法,签名者只有十三人。今如报载所云可以欺官厅不可以欺同业，可以欺社会不可以欺良心，商业凋敝已极，非良心曷以救国。本会对于该会本可两存，无庸指摘，惟真相不可不明，据实直陈，至希察鉴。倘蒙派员莅沪彻查，足以证本会之言为不谬。"(同日《申报》)

12 月 自刊本《豫西灾况勘查日记》出版，原书系日记体裁，自 1920 年 10 月 4 日至郑州之日起，至 10 月 18 日返沪前一日止。附照片十二幅。(原书)

《豫西灾况查勘日记》封面

本年 接纳天津商会送沪三十名灾童入厚生纱厂工作。"1920 年旱灾期间，天津商会将一部分灾童运到上海，由上海灾工收容所将 30 名灾童送到穆湘玥开办的厚生纱厂做工，暂时解决了他们的生活问题。两年以后，这批文字工艺均有长进的灾童重返天津时，又是天津商会出面协调天津纱厂联合会，希望各纱厂以慈善为怀，接纳这批灾童，后因纱厂不景气，没有安置这批灾童。"(《天津商会档案汇编(1912—1928)》，引自任兰云《民国灾荒与战乱期间天津城市的社会救助(1912—1936)》)

本年 致函弘一法师，索书，弘一法师拟为先生写经。弘一致杨白民函云："藕初君处，已致书达意。拟以写经，答其索书之谆意。音亦可藉兹种植善根，是自他俱利之道也。将来道场安定，息心用功，日定一小时为写经功课，以了此愿。"[1]（引自《弘一大师文集·书信卷》(一)《致杨白民》)

本年 复函某君云："昨午得信，悉欣老于即日下午，拟屈驾过舍面谈，弟以是时豫有他约，未克奉陪，殊深抱歉。晚间返舍，见案头有一具名□□之门生帖，甚为异之。继即询悉是贴系先生所投，遂恍然于欣老之来意，并因此知欣老之来，主动力固不在欣老。噫嘻误矣！日前谢君来所，道达此意，弟曾面拒之，以为此种旧习，实前代权要为树植私党，特辟此途，稽诸史册，比比皆是，弟何人斯，安敢出此，即使日后为国任事，而国事蜩沸，亦安忍出此。弟所经营之三厂，均有实习生若干人，陆续投效者已有九十余人之多。虽沿商业习惯，有师生名义，然物竞天择，适者生存，

---

① 参见 1921 年暮春条。

优者不次升拔,劣者随时淘汰,黜陟去留,一以本人之品性行为合否及办事能力足否而定之,并无丝毫私情搀入其间。西谚有云:世界不问汝为谁,只问汝能作何事。先生□□望族,年少才长,某事已代为报名,苟能任劳苦,将来自有立足地。少年贵自立,弟于今日益信其言之不谬,何必以前人恶习,阻碍自助之勇气也。留帖奉还,弟素性戆真,决不愿为良心上所不愿为之事,务请曲谅。先生前此未甚知弟,故有此举,弟一遵宣圣既往不咎之名训,事过即了,幸勿介介。唯望前途努力是幸。"(《文录》下卷,《文集》第 141 页)

本年 欲购地兴办一所小学,未果。穆伯华《先德追怀录》云:"我父一向重视教育,民国九年庚申一九二零年,我父四十五岁,事业开始顺利之初,即大力支持黄炎培所设之中华职业学校。又于华德路附近拟购买基地数亩,兴办一所小学校,但未如愿而罢。原因是地主与中人设一骗局,骗去一千多元。"(手稿)

本年 吴观岱赠先生《觚庐画萃》,题款云:"藕初先生鉴教,观岱持赠。"(原书)

本年 北京敷文社出版《最近官绅履历汇录》一书。内收先生在内政界、军界、学界及实业界共四千七百七十名人物生平。(原书)

1921 年(民国十年, 辛酉) 四十六岁

1 月　国民大会策进会第一届各省代表会在沪召开并发表宣言。

5 月　孙中山在广州就任中华民国非常大总统, 发表对内对外宣言。

上海工部局华人顾问委员会第一届委员就职。

靳云鹏出任北京政府总理。

6 月　孙中山下令讨伐桂系军阀陆荣廷。6 月 26 日, 粤军占领梧州。

7 月　中国共产党第一次代表大会在沪秘密召开。

8 月　北京农商部鉴于上海交易所多达百余所, 核准上海证券交易所、华商纱布交易所等六家给照为限。

上海发生交易所风潮, 一百余家交易所大部分破产。

11 月　华盛顿会议开幕。

中国劳动组合书记部干事李震瀛、北方支部罗章龙、长江支部包惠僧等先后到郑州了解陇海铁路罢工情况, 指导工人运动。

12 月　靳云鹏内阁倒台, 颜惠庆代理内阁总理。12 月 24 日, 梁士诒任内阁总理。

本年　上海华丰纱厂、振泰纱厂、伟通纺织公司及中华纺织厂先后开工。上海发生"信交风潮", 各交易所、信托公司纷纷倒闭。

穆杼斋集资发起上南长途汽车有限公司, 穆杼斋任董事长。

1 月 1 日　《市民公报》第一期刊登代表市民出席工部局五顾问肖像及简历。其介绍先生简历云:"穆湘瑶(误, 当为穆湘玥——编者注), 字藕初。四十四岁。江苏上海人。美国伊利诺大学农科学士, 塔克塞斯农工专修学校农学硕士。上海德大、厚生, 及河南郑州豫丰纱厂经理。华商纱厂联合会植棉委员会会长, 穆氏植棉试验场扎花厂经理, 中华劝工银行创办人, 并著译《植棉改良浅说》、《中国花纱布业指南》、《学理的工厂管理法》等书。"(原书)

同日　《申报》刊登徐忍寒《民国十年我之十大希望》一文, 希望"废督自治, 裁兵速练民团"、"南北速和, 早定宪法"、"取消国际不平等条约"等。其(四)以陈嘉庚、张謇与穆藕初为例, 文卫"开民智"、"利民生", "强权不足畏"。文云:"希望资本

家扶植社会,兴办事业,动需经费,故欲谋社会之发达,图事业之发展俱,惟资本家是赖。厦门大学之创立,实由陈嘉庚之毁家兴学。南通之得为模范县,全赖张季直一人之运筹擘画。北大寒俊之得出洋留学,胥藉穆藕初之慷慨助资。故我希望全国资本家,务本博爱互助之主义,以扶植社会。或捐资兴学以开民智,或集款设厂以利民生。十年教训,十年生产,强权不足畏矣。"(同日《申报》)

1月4日　出席华商纱厂联合会第三届第二十次董事常会。聂云台主席。(《华商纱厂联合会季刊》第二卷第三期)

1月5日　纳税华人会王廉方、余华龙、蒋梦芸等致先生等工部局五华顾问,诘问至今尚未正式就职之缘由。云:"自纳税华人会成立以来,瞬已三月。而诸公之被选,亦已多日。既未闻有所建议与设施,更未见诸公正式就职,殊深令人失望。岂有所隐情难宣欤? 否则何迟至今,犹未正式就职耶? 窃念华顾问之关系于租界、市民之利害极巨,诸公抛弃一己之权利事务尚小,有负吾数十万之市民之希望甚大。诸公名高望重,素为同人所钦仰者,应请俯念吾市民前途之利害,与夫是案之通过不易,不避艰难,从速正式就职以慰众望,而顺舆情。"(《申报》1921 年 1 月 6 日)

1月8日　出席总商会第一期会董常会。议案:①公共租界纳税华人会拟借房屋办公案。②委员会组织案。公举田时霖、盛丕华、穆藕初三人组成起草委员会,定一月十四日至十六日会同坐办集议。③辛酉二月召集全国商会临时大会案。④审印各国现行商标法及新发明专利法等书籍案。⑤沈九成会董提交商标备案。⑥分呈府院部维持国库证券信用案。⑦援助英属海峡侨民学校注册案。⑧报告苏省联合会议决贴用印花案。⑨报告入会。(《上海总商会议事录》)

1月10日　赴静安寺路十号出席北方工赈协会理事会。到者有田祈原、方椒伯、刘柏森、李旭堂、章静轩等。豫省督军省长代表邵式之、豫北筹振会赴沪招待员张翰青到会旁听。史量才主席,吴寄尘报告"会长意见,以为治天下枢在水。北方水利不兴,水旱频仍,将济不胜济。本会宜尽力治一河或一渠,稍树工赈之模范。"次由史量才"言本会宗旨有两大端:(一)以二成办急赈以八成办工振;(二)所有赈款概不假手他人。此两事必须始终贯彻。"继邵式之发言云:"灾情以豫西为重,而赈款独少。"张翰青言"鄙人此次来沪,非为豫西、豫北之争,而欢迎贵会工赈义绅速往灾区施工者也。应如何进行之处,仍请贵会自决,豫北方面毫无成见。倘贵会能使豫北、豫西两方利益均沾,则所欢迎。"吴寄尘云:"各代表既无成见,则本会仍宜先请章静轩义绅往豫测量,将来究应办豫西或豫北工赈。惟本会有权解决,他人不能干预。豫北代表张翰青君言款归一处,终觉不均。倘能分归两处于治水方面,当亦必有济。主席言本会理事穆藕初先生,于豫省情形较其他理事熟悉,即请穆君发表意见。"先生云:"鄙人对于豫省灾情更无成见,前在郑州时据各方报告,似豫北、豫东灾情多为人所注意,而豫西灾情则全无人顾问。并曾特派人员向各方调查,觉豫西灾情异常严重,且遍地皆匪,民不堪命。至本会赈款似不宜分,分则一事无成。贵代表关心灾黎,固无成见,本会确亦无成见。今鄙人意见有两大端:(一)款不能分;(二)豫西灾情亦重,主席言各处情形大概都已明白。此时究应付表决否? 如赞成表决者请举手,大多数举手赞成。"大多数举手赞成办理豫西工赈。吴寄尘云:"本会既经决定往豫西办工赈,惟工赈种类甚多,目下应否决定一种,抑俟章君勘察后再决。"先生提议"此事应俟勘察后再决。"公议付权与章静轩调查豫西办工方法,俟报告到会解决。(《申报》1921 年 1 月 12 日)《自述》云:"调查告竣,余拟采行工赈法,将函谷关车道之狭处开凿,至少能使两车往来,得以畅行无阻。因函谷关室碍一经排除,则观潼大道节节灵通,实为秦、晋、陇、新数省货物捷运之要道。如果畅行,将来商业发达,岂仅豫西一隅永永受惠,而西北各省亦且同蒙其利。即以旱时乞籴、雨季排水论,此路工程告竣之日,即无限利益可以并收之候。掷资殊有限而收效则绝大。惜乎同床异梦,主张各别,用财多途,以致事不果行,至今有遗憾也。虽然,苟有贤者而握一省政柄,或出省财,或委商办,工竣之后课以低廉之车税而偿之,则无穷利益可以立致。此利用厚生之道,所以系望于贤人在位、政治清明之日也。"(《文集》第 29 页)

1 月 14 日 于《申报》发表《组织华商纱布交易所之释疑》[①]一文,就闻兰亭反对纱业与纱厂合组纱布交易所言论提出质问,阐明纱厂鉴于本业贸易主权不落外人之手,遂与纱业重要分子组织交易所。指出纱厂与纱业唇齿相关,应合谋本业之发展。全文如下:

> 自日人在吾沪设立取引所以后,各商界受种种之感触,遂有上海证券物品交易所之组织。当时予亦为发起人之一,而股款无多,且受有力者之牵掣,该所致招收受外款之嫌疑,予遂予身引退,与该所脱离关系。继念纱业系我国最大之实业,去年棉织品进口竟达二万万有零,国内纱业在近若干年中虽稍稍发达,而事业之拓展尚须群策群力庶能有济。我纱业买卖之实权万不能落于蓄意倾覆我国棉业之外人手中,遂有华商纱布交易所之组织。小之为本业前途计,大之为国家经济计。此项组织,实所必要。夫发展实业之原理计三大端:

---

① 1921 年 1 月 12 日,纱业公会三百余家纱号召开大会,闻兰亭为临时主席。陈松芳发言云,现在发起组织纱布交易所一事完全由厂家主持。查我业纱者不下数百家,势力之雄厚,营业之发达,完全可自行组织,独立营业。认为"与纱厂合组,为人所利用、操纵,失自主之精神"。并云:"纱厂是产纱的机关,乃属于工业的,我纱业立于销路的地位,是属于商业的。按交易所之本体明明为完全商业性质。"极力反对与纱厂合组交易所。(《申报》1921 年 1 月 13 日)

一、原料之增植及改良。二、制造之力求其精美。三、推广销路以杜厄漏。今纱厂家年掷二三万金,已从事于植棉事业,力谋产量增多与棉质之改良矣。未闻有人起而反对曰:"此农夫事,与工厂无涉,增植与改良奚为?"今纱厂家鉴于本业贸易主权之旁落外人手中为足虑,遂与纱业重要分子组织交易所,而反对者曰:"汝工厂也,买卖系吾等中间人之权利,与厂无涉,组织此交易所奚以为?"此说若确,则制造归之工厂,销售之主权归之贩买人,试问全球有此先例否? 面粉厂家已组织面粉交易所矣,则纱厂家与纱业重要分子组织纱布交易所,互相提挈,互相研究,发展全国之棉业而抵制舶来品,其谁曰不宜。苟纱厂家与纱业重要分子而不应合组纱布交易所也,则已开办之取引所等是何人所组织者? 纱厂与纱业唇齿相关,应合谋本业之发展。而反对者则曰:否。岂业中人不应谋本业之发展,而业外人反得操纵于其间耶? 明白事理者流,苟平心静气以思索之,得毋哑然失笑否乎? 阅日报悉昨日"下午三时,纱业公会特开全体大会,纱号同业者到者三百余家,振铃开会,当时公推□□□君(指闻兰亭——编者注)为临时主席,报告开会理由,并请□会长□□君莅会云云"。开此种全体大会,而会长不到,须再四差人邀请,何也? 到者三百余家,除临时主席□君□□洋洋洒洒之大演说外无一人发表意见,又何也? 此中真相明眼人当能知之。纱业无人,吾于今日始见之。虽然,纱业岂无人乎? 不过脚踏实地研究发展本业,不受人威胁利诱,亦不甘同流合污,与鸡鹜争食已耳。予读□君之演说有所感,且喜纱业中大有人在,而恐我国人未悉推广本业之原理,故作此以释群疑。

(同日《申报》;《文录》上卷,《文集》第 90 页)

1月17日 上海纱业公会会长闻兰亭就《组织华商纱布交易所之释疑》一文发表启示,还质先生。云:"敢就原文中最有关系之处还质穆君,并愿各界之明眼人一为批评之。穆君为上海证券物品交易所发起人之一,章程上大名具在。至今并未有脱离关系之正式表示。穆君谓'予遂子身引退,与该所脱离关系'云云,不知始于何日向交易所中声明也……鄙人以沪上设立取引所后,恐纱业买卖之实权落于外人之手,故与各业同人组织证券物品交易所,以抵制之。纱业之所以不愿独办,而与他业合组者,以合则力厚分则势弱,合则费省分则费多,为当时历次会议时众议所赞同。而吾请公文穆君均经署名、盖章,今忽另树一帜……诚鄙人所大惑不解者也。夫交易所之性质,完全为商业机关,全球之先例具在……穆君谓'一纱厂家与纱业重要分子合组纱布交易所',似穆君之组织交易所已得纱业重要分子之同意。但我纱业为谋本业之发展,故早已与各业合组上海证券物品交易所……虽不敢自诩为重要分子,而亦为本业中所熟知,而穆君谓'业外人反得操纵于其间'诚不知其何所指也。至于公会开会时,鄙人因事羁迟,自系实情。而发言者实不止陆君颂芳一人。惟报纸记载略而不详,穆君既未目击情形,徒事指摘,殊觉无谓。况出席与否,为鄙人之自由,何劳穆君过问耶?至所谓'同流合污'与'鸡鹜争食'等字样语近谩骂。穆君学识人品素为鄙人所钦佩,今亦出此种论调,殊堪惋惜。"(同日《申报》)

1月25日　华商纱厂联合会为介绍胡竞星实习事致函先生,云:"兹准广州兴业纺纱公司函称,以粤省创设纱厂伊始,于管理技术等事,皆须取资先进。特派天津工业专门学校毕业生胡竞星君至沪厂实习,请为介绍。复据胡君来会面称,'实习时期至多以半年为限,所有实习期内当格遵厂章,潜心研究。所有膳宿等费均当自备'各等语。查广东设立纱厂,事属创举,筹备之初,不无困难。派员实习一节,良非得已。贵厂对于纺织人才之培植素具热忱,拟恳准令胡君入厂实习,以资造就,实深感祷。兹令胡君晋谒台端,面聆教益,敬希赐教为荷。"(《华商纱厂联合会季刊》第二卷第三期)

同日　上海纱布公所青套帮同业致函华商纱布交易所筹备处(先生为筹备会副主任),质问布业仅通知振华堂加入而无土布业,要求加入交易所。云:"查土布一业即以纱布及上海青套布业统计,年有一千数百万至二千万两之交易。本埠既有交易所之设,敝同业若不参加不独于营业范围上既有狭隘之嫌,而于组织上亦有未能完备之憾。"(同日《申报》)1月28日,上海土布同业开会,"因土布一项牌号众多,且产额微少,平时交易尚觉不敷",议决"无加入之必要。"(《申报》1921年1月29日)

1月29日　出席总商会第二期、第三期会董常会。议案:①答复货税附征案。②否认所得税案。③召集全国商会联合会开临时大会案。④委员会组织案。田时霖、盛丕华、先生审查起草《委员会组织大纲》分定名、权限、推选、员额及任期四章。委员会就事务类别,设财政、陈列所、图书室、出版部、交际、公证、调查、华商道契八委员会。先生任图书室①与交际二委员会成员。⑤报告陈列所筹备木器案。⑥报告入会案。(《上海总商会议事录》)

2月1日　《申报》刊登第五届远东运动会②在上海举行消息,公布本届远东运

---

① 《商业图书馆现状及其进行计划》一文记,先生任上海总商会图书馆委员会第一届主席(1920年秋至1922秋)、第二届委员(1922年秋至1924年夏)。《商业月报》第十卷第十期,1930年10月)

② 远东运动会(Far Eastern Championship Games,亦称Far East Games)是亚洲最早的地区性综合运动会,由菲律宾、中国、日本三国发起,从1913年到1934年分别在菲律宾、中国、日本三国共举办了十届远东运动会。1934年,日本坚持把满洲国拉入远东运动会,遭到中国政府抗议并宣布退出远东运动会,远东体育协会宣告解体,远东运动会亦随之停办。

动会委员名单:会长王正廷,会计聂云台,执行委员穆藕初、唐露园、葛莱、余日章、顾亨利,委员张伯苓等。(同日《申报》)

2月12日　上午九时,出席吴淞商埠局开幕式。到者有张謇父子、王正廷及葡、日、意等国领事等数百人。由张謇、朱中道、邵树华等接待。江苏齐督军之代表水警厅长赵会鹏、江苏王省长之代表政务厅长蔡宝善、何军使、宝山交通事务局钱淦,及日领事、葡领事等致祝词。"大致均谓张督办之盘才伟绩,素所共仰。今复督办吴淞开埠事宜,前途正大可乐观,愿诸执事奋励精进,不仅淞埠之福,抑亦中国之福也。"(《申报》1921年2月13日)

2月15日　出席中华劝工银行第八届董事会。议案:①追加本行基地租费案。②议决本行基地租借合同及房屋建筑合同。(《上海中华劝工银行议事录》)

2月18日　下午,出席于青年会召开之第五届远东运动会委员会会议。到者有王正廷、聂云台、顾亨利、格林、郝伯阳等。议案:①大会会场现尚未能规定,已与江湾跑马场接洽,该处万一不可则假用虹口花园。②举定王正廷为会长,穆藕初、张伯苓为副会长,顾亨利为会计兼书记。③议定其余职员。由郝伯阳与顾亨利开拟名单,交委员会通过再定。④大会秩序定照前次所拟者实行。惟远东运动会开毕,向有一种万国运动会 Open Meet 附后举行,其秩序与本会秩序仅有四异点:无五项及十项运动。铁球用十六磅者,无十二磅者。加十六磅之链球运动。加波罗球游泳游戏。⑤开大会之五日中,每日加增举行团体表演或比赛。即无论何种团体,如学校、工场、会馆等类,可各选儿童三十人由领袖一人,(如学校之教师之类)合共三十一人为单位,或以数单位之人数,入会表演体育、技艺并可比赛。凡有志于是者,可向青年会郝伯阳干事早为接洽,以便排序实行。⑥菲律宾议会已出资五万披沙(每披沙时价合中国一元零五分)充此会之用,希望中国政府及各省区广为出资。(《申报》1921年2月19日)

同日　出席华商纱厂联合会临时董事会。聂云台主席。(《华商纱厂联合会季刊》第二卷第三期)

2月19日　出席总商会第四期会董常会。议案:①更改带征码头捐办法案。①众会董认为更改办法应在改良手续,不当加重捐率,"议决先推举穆藕初、叶惠钧两会董向新关调查从前加征原案,暨此次因何主张加征情形再议办法,并以此案现正

---

① 据清光绪二十五年(1899年)清政府与上海英法二租界当局签订的《洋泾浜租界章程》规定,江海关带征码头捐,拨充工部局市政经费,按照货价,每百两纳捐一钱,相当关税所征银款百分之二。1921年2月4日,江海关突然致函上海总商会,"征询华商意见",拟将此捐率提高至百分之三,即每百两纳捐一钱半。由于即将实行之裁厘加税以后,进口税增至值百抽十二有半,码头捐实际将增至三钱七分五厘,为此受到华商一致反对。

广征华商意见，先行函复关监督。"②天锡生汇票案。③提倡公谦案。④商会联合会在上海召集开会案。⑤呢绒同业救济案。⑥摊认赈灾公款案。⑦请协助稽征所得税案。⑧呈请免征货税带征赈捐案。⑨表决入会案。（《上海总商会议事录》）

2月21日 上海总商会致先生函，抄送码头捐更改办法。函云："常会议决码头捐更改办法一案，公推执事往新关调查情形。承嘱将关监督原函抄录一份备阅等因，兹将抄件备函附上。"（《上海总商会月报》第二卷第五号"会务记载"）

经调查，总商会于3月6日复函江海关监督公署，据理力争。工部局不顾华商反对，拟于当年年会开议此案，因出席者未足法定人数，致未通过。1922年工部局年会又将此案列入开议，总商会再次电呈北京政府外交部、农商部，要求出面交涉，撤销此案。（同上）

3月5日 出席上海总商会第五期会董常会。议案：①公廨改订保单案。②改订本会职员办事章程案。③劝募振捐案。④会员入会手续变更案。⑤货税附征案。⑥表决入会案。⑦调查股本案。⑧渔商公会入会案。（《上海总商会议事录》）

3月7日 代表厚生、豫丰纱厂出席华商纱厂联合会第四届常年大会。到会各厂代表有裕中夏玉峰、大丰曹廉逊、汉口第一蔡宏卿、申新荣宗敬、华丰王儒堂、振泰王启宇、溥益李旭堂、恒丰聂潞生、宝成宝通刘柏森、天津棉业刘柏森、久兴曹继涛、大生柳芝庭、广勤业勤华新杨翰西、申新三厂荣德生、纬通匡文华、常州江上达、德大恒大穆杼斋、大中华聂云台、振华薛润生、济泰范云夔、楚兴陈品珊、鸿裕郑培之、鼎新张松筠。聂云台主席。讨论"全国新旧各纱厂因机器定货不到，镑价大跌，损失甚巨，公决应由新旧各厂特派全权代表来沪共同讨论办法。"（《华商纱厂联合会季刊》第二卷第三期）

3月9日、10日 于《申报》发表致华商纱厂联合会函，报告上年植棉委员会经过情形及进行办法。全文如下：

本会筹画推广全国棉产及改良棉质，迄今已二年于兹矣。第一年因本会成立较迟，故于匆遽之间仅办六场，由玥暂行兼管，前曾具报，兹不再赘。惟此举关系棉业前途，至为重大，须得专员全力灌注，积极进行，方克有济，兼任其事则难期实效。故于上年（即民国九年庚申）三月七日当年大会通过是案："本会农场以简单切实为主，总场常年经费及各分场常年经费，每年各不得逾一万元，总场及第一分场地价开办费等亦不得逾一万元。"后既得此确定经费，遂由董事会核准聘请前省立第一农校校长过君探先为主任，专力办理，遇有重大计画则受成于本会，决定进止。本场及各分场详细情形，与各分场账目，已由过君另函具报在案。查去年总场各分场开办费及常年费，共计用去三万五千七百五十八元，各场收数因有数种关系，收花尚少，约得子花六百担，合花衣二百担,约值六七千元之谱,收支相抵,尚未超出预算范围之外。兹就见闻所及,将去年经过情形约述如下:(甲)去年棉场直辖者计十三场,津贴包办者三场,代办者一场,共计十七场。因纱厂地址之关系,及布置时间之匆促,场地未克严行选择。故十七场中,地质不宜植棉者间或有之,如浙江杭县五十亩、安徽郎溪六十三亩、湖南常德四十亩三处完全失败,此为收获不足之第一原因。(乙)前年美棉歉收,因多数劳工投效战地,扑灭虫害不敷调遣,兼之暑天酷热过度,妨害棉株生活。以此原因美棉良种遂少,种子不甚佳良,则发芽力不足。多有按时播种,以发芽力太不足,故不得已重行播种本花,以图补救者。且大部分美棉种子运到太迟,以致内地交通不便之地,播种愈苦失时,此为收获锐减之第二原因。(丙)去年新棉采收之初,棉价尚高,美棉售四十五两左右,通棉三十三四两。本会各场因内地交通不便,故轧花较迟,遂失善价。嗣后棉价恐难骤望起色,收支入款项不足为第三原因。

　　总场主任过君探先,系农业专门人才,富有植棉经验。各分场主任类皆农科毕业生,于发达棉产上希望正复无量。惟以农学家振兴农产之原则言之,设备愈周则收效愈大。一种植物有多种之研究,以多种研究之各专门学家分科合图,斯功效愈显著。即以植棉一项而论,除通常棉作知识外,有土质学、昆虫学、微菌学、应用化学、植物生理学、植物病理学等。此各种深邃之专门学,在欧美先进国亦无人能兼具。且本会分场散处各省,加之以交通滞阻,视察非易。且过君任职以来,不辞辛劳,亲历诸场,指导策励,无稍隔膜。虽经上述诸种困难情形,而第一年成绩已楚楚可观。所产棉花业经分布各厂,互相研究,均以是项新棉纤维细长,而韧力亦较强,倍受欢迎,大足慰告者也。虽然植棉事业前途难无限,而进行此植棉计画随时发生之种种困难亦无限。几经深思熟虑,遂觉得一变通办法约述如次。南京高等师范学校现改组东南大学,罗致专门人才甚盛,仅就农科言,已有欧美毕业之各种农学专门家凡十二人,如植棉、谷物、畜牧、果蔬、土质、农具、昆虫、微菌、应用化学、植物生理、植物病理之类人才荟萃。毕业高才生所在都有,将来振兴农产大可就近引用相当人才臂助。故拙见本场主事人员与东南大学农科联合,除棉作研究外,其余如土质、昆虫、微菌、棉株之生理病理等各项专门研究由东南大学担任义务,即以本会前次常年大会通过之每年总分场经费二万元,津贴于东南大学,棉收仍悉数交于本会,而本会之推广植棉名义则一仍其旧。如此于名义上不妨碍,经费数不增多,而实际上得各种专门学家之助力,将来在植棉事业上,以各种专门研究之新心得陆续贡献于全国,以宏收改良棉质之成效。是则吾会提倡植棉之伟大主张得早贯彻,而我纺织业前途亦以根本稳固,故宜发展而未艾焉。再者,东南大学自身经费由政府担任，用特声明，以免疑虑。至东南大学各专门学家前已将斯意略向商榷，佥以振兴农产为职志中事，无此疆彼界之可分，此项协助义务一致乐任，俟公决后再行前去接洽。

　　诸公盱衡大势，作根本上自助之计画，一致属意于推广植棉，改良棉质，热诚公谊，慨解巨款。事方着手，中外喧传，咸钦高义，并佩远识。而上年新棉成绩又甚好，可谓不负提倡者之至意也。闻之欧美各国试验场考绩期动需数十年之久，我国宜棉之地至广袤，劳力又低廉，得专门学家督率而培育之，更假之以较宽之时日，则棉产项惊人之成绩不落欧美各国之后尘，可决言焉。为特具呈庚申年植棉经过情形及进行方法如右，即请公决施行。

（《穆湘玥之植棉报告——庚午①经过情形及进行方法》，同日《申报》；《文集》第 172 页）

　　3 月 14 日　《申报》刊登《国货股在线市消息》一文，介绍厚生纱厂"双喜"牌纱线。云："年来我国纺织业逐渐发达，工作精进，纺锭激增，出数日盛。惟厂家大都纺粗纱及次粗纱纺，较细之股纱者已不能多见。若纺纱股线，以供袜厂、汗衫厂、爱国布厂等需求者，前此可谓绝无。本埠厚生纱厂乃于前年决定添置线锭万枚，经该厂总理穆君藕初全力赶办，今机器业已装就，即日可以出货供给各方面之需求。穆君为纺织界富有经验之人，且对于出品又能研究不忘。该今后所纺出之'双喜'牌三十二支、四十二支股线，及二十支各种股线等，定能使海内外用户满意也。"（同日《申报》）

　　3 月 15 日　出席华商纱厂联合会第四届第一次董事常会。到者聂云台、荣宗敬、陈莘田等，因不足法定人数改为谈话会。（《华商纱厂联合会季刊》第二卷第三期）

　　3 月 16 日　与王正廷等为第五届远东运动会经费事联名发表致江苏省军民两长函，云："第五届远东运动会，准五月三十日至六月四日在沪举行。该会为国际协作之一，每二年由联合各国轮流举行。在华开会，今为第二次，国际荣誉所关，各国当道，无不实力赞助。本年斐列滨政府已捐五万元，助其本国运动专员来华赴会。中国谊属东道，招待主持，需款至少六万左右，除电请政府拨占半数，并电请各省占二千元外，为此电请钧座拨助二千元汇沪，以襄盛举。"（同日《申报》）

　　3 月 23 日　与冯超然、谢绳祖联名于《申报》发表《敬告提倡国粹之韵学家》一文，为俞粟庐录制昆曲唱片宣传。全文如下：

---

① 原报误，应为庚申。

俞粟庐昆曲唱片《三醉》封套

自魏良辅改造曲律,遂衍昆曲一派。按之节奏,被之管弦,曼声低唱,雅韵欲流。顾非通人学至深解声韵者,又安能绘声绘色曲尽其妙哉?俗夫俗子,偷窃末技,改乱宫商,错综节拍,以讹传讹,遂致大雅鄙夷,下里厌闻。而皮黄、秦腔乘间杂奏,转得以激楚淫靡之音,倾动一时。而昆曲一道,几成《广陵散》矣!吾吴俞粟庐先生者,耆年硕望,岿然鲁殿灵光,枕□之余,雅歌成癖,潜心研索垂数十年。平日于一字之律,一音之韵,阴阳宫商,不少假借,以是江浙名流莫不奉为圭臬。深明曲律者,如吴瞿安先生亦素景之仰之。迩来国门首善,大江南北,歌曲频兴,洵称一时之盛。沪上百代公司有鉴于斯,为推广流播起见,曾一再挽友敦请,而先生未允。后又经诸同志咸相劝驾,谓斯道宜显不宜晦,宜行不宜藏。虽曰音韵末艺,然而陶情淑性,亦足以挽颓风而励末俗也。于是先生颔之。去秋偕叕君九组同来沪上,至百代公司赋唱仅十余折。叕君艺擅旦角,嗓音柔婉,深得先生三昧,亦难得之人才。前日某等偶至百代公司,得听叕君唱《闹学》、《扫花》,情文兼至,神韵天然。俞先生所唱《三醉》、《八阳》、《拆书》、《定情》诸曲,是慷慨悲歌,飘飘欲仙,舞蹈曷禁,如坐钧天,不谓曲学之妙一至于此。先生善传神,“百代”善流布。海内鉴家得此新片,如聆雅奏,知相与击节不已者,一如某等当日亲闻也。

(同日《申报》;《文集》第 174 页)

3月 饲养莱克享洋鸡二十只,“爱之甚”。穆伯华《先德追怀录》云:“一九二一年民国十年岁次辛酉,我父四十六岁。九月十六日起患痢疾,几至不起。是年初春,友人送来新从外洋运沪之全白色蛋种鸡,名‘莱克享’者二十只。分两组一雄九雌,价超二百元外。我父爱之甚,预先筑新鸡舍二所。靠外花园围墙东西对面而筑,各附长方形场地一片,以有眼铅丝网围之。鸡舍平面各有十平方米,高度与一般人家住房相同,洋瓦盖顶,水泥铺地。正南设洋门一扇,成人进出自如。三面用洋松子口板为壁,开窗二对,若中人之家卧室未必如此畅阳。晚间鸡楼有拊。我父对喜爱之物肯花钱有如此是者。我父病剧进医院之时期内,此二十只鸡于一夜间死去。若瘟鸡亦不致一夜间死尽,不留一只。有一男仆说:‘鸡替老爷之命,老爷病必痊愈。’”(手稿)

4月2日 上海总商会召开第七期会董常会。讨论请政府将公共租界会审公廨主权收回案。议决:此案关系重要,应先组织一特别委员会研究,对内对外进行具体办法。当场推定聂、秦两会长及方椒伯、赵晋卿、汤节之、盛丕华、穆藕初、钱新之、沈润挹等九人为委员。(《上海总商会议事录》)

4 月 10 日 赴上海总商会出席华商纱布交易所创立会。到会股东二百八十余人,计四万八九千权。秦润卿主席。先生报告筹备经过情形。通过章程,规定理事长由股东选举,任期二年。穆藕初、吴麟书、匡仲谋、徐静仁、谢蘅牕、徐庆云等十五人当选理事。周渭石、张则民、俞福谦三人当选监察人。(《上海华商纱布交易所股份有限公司第一届营业报告书》;《申报》1921 年 4 月 11 日)

4 月 14 日 俞粟庐为汪旭初教昆曲事致函先生,云:"望前至沪与公相聚,并应补唱诸曲。启者,客冬,任子木兄嘱为邀一念曲之人,遍访不得。前月有人言及常熟汪旭初欲出外教曲,即嘱友人函询。二月廿八日,果有信来,海即致信子木,旋得回信。伊处房屋过窄,不能住宿,而每月薪资照阿桂旧章十元,此外,再与郑耕莘等商酌,俾可久留。而前日小儿来信云,尊意欲去杨留汪,而海与汪二十年前相识,曾吹几曲,未闻其教曲与说白,且一别十八年,不知目下如何?须晤面方知。而任君昨日来苏,即欲与汪面言,一切缘钧天社因阿桂不愿教曲,现已辞歇,必欲与汪一谈,询其所有之曲,以便同期吹唱。阿桂并嘱后场诸人,不应钧天之招,此亦一面之说。未知汪能否担当此任,侯汪来苏方知其胸中究有几多。即刻又接小儿快信,谓汪至沪上,迳到尊处,不到任处云云。则海无以对子木,此事大为踌躇。况子木现在专等汪来,海已去信,再四思维,相恳吾兄于无可奈何之中想一无可奈何之法,俾弟不至为难。"(原件,俞经农藏)

4 月 15 日 出席中华劝工银行第十届董事会,王正廷任主席。讨论"修正本行章程案"。(《上海中华劝工银行议事录》)

4 月 16 日 出席上海总商会第八期会董常会。议案:①本会办事职员分科职掌规程案。②商品陈列所各种规章案。③陈列所变更方法陈列橱台案。④全国商会联合会在沪召集案。⑤入会案。……⑧变更常会日期案。顾子盘提议常会由星期六下午该为星期三下午,"庶于人情便利,而到会转为踊跃。(赵晋卿、穆藕初两君赞同此议)"(《上海总商会议事录》)

4 月 17 日 俞粟庐致函先生,谈汪旭初教唱昆曲事。函云:"昨日午后,汪旭初从常熟来,询以胸中所有,据言计生、旦、丑、净约百余出。以目下而论,尚可勇衍,海即唱一曲,笛风亦不足,指法平常。今年五十七,精神不旺,即与彼到笛渔处,欲请伊吹,《秋江》则无有,换唱《玩笺》,亦生疏而背不出,皆由弟吹。又对伊言及尊处有十余人学曲,能否当此任,又钧天社亦有五六人教拍,且有同期,其吹笛之位能否独当,伊含糊自不能决,惟言须看本而吹。尹伯荃又问其《亭会》、《拾草画》等曲,皆背不出,海始料其生疏难免,总不至如此全荒,乃知'浑饭吃'三字亦非易事。莲生、阿桂虽不见佳,然已混出头矣。余容面尽。"(原件,俞经农藏)

4月18日 下午四时半,出席总商会会董特会,讨论敦促政府收回公共租界会审公廨案。先生云:"此事惟多请法律专家,以资顾问"。决议一方查案呈请官厅与使团磋商,一方推举人员组织公益研究会,负责此事。人员除先生在内的特别委员会九人外,又推举史量才、宋汉章、穆杼斋等十七人为研究会会员。(《上海总商会议事录》)

4月20日前后 俞粟庐应先生之邀来沪,由百代唱片公司录制《辞朝》、《赐盒》、《拾画》、《亭会》、《书馆》、《哭像》、《仙圆》、《秋江》等八出唱片,"闻须至下半年始能制就。"(《申报》1921年5月20日)灌制过程不很顺利。5月12日俞粟庐致俞建侯函云:"在沪半月,种种不称意,我所要者事与心违。我不善者,偏偏缠紧,不由自主。昔人所谓'美游不如恶归',其信然也。百代公司缘友人等欲同往一听,而各人以及收音洋人各各有事,彼此相商,约定廿八后,共唱八曲,吹笛者赵四预先去信。廿六日至沪,所唱各曲,另录附上。"(原件,俞经农藏)

4月21日 赴大生公司出席纱布交易所理事会,互选正副理事长及常务理事。先生当选正理事长,徐庆云当选为副理事长。复由理事会公推孙北护、胡潆波、贾玉田、吴寄尘为常务理事。(《申报》1921年4月22日)

4月22日至4月24日 偕俞粟庐、俞振飞父子等赴杭州,在韬光与江浙曲友筹议创办昆剧传习所,①培养昆剧接班人。② 俞粟庐4月25日致五侄俞建侯函云:"廿六日与藕初诸君及振儿到杭州。昨晚十一钟回沪。""杭州住湖上,甚豁心胸。韬光山上房屋(即韬盦——编者注)落成,刻在加漆,六月中至彼销暑也。杭州曲友惟一许伯道,与振儿同岁,笛音气满,指法亦灵,胸中虽无振儿之多,然他日不相上下也。"函署"三月二十九",当为农历日期。(原件,俞经农藏)唐葆祥《俞振飞传》云:"苏州一批以俞粟庐、张紫东为首的昆曲爱好者们,早就在酝酿如何培养昆戏班接班人的问题。因此,当俞振飞离家之前,俞粟庐再三叮嘱他,如果在上海遇到既

---

① 苏州昆剧传习所创办于1921年9月,1922年1月4日《申报》刊登《苏州伶工学校演剧》一文是迄今所发现的最早关于昆剧传习所的报道,该文称昆剧保存社创办苏州伶工学校。昆剧传习所开办之初,是否曾用过苏州伶工学校之名,有待进一步考证。

② 由于迄今尚未发现昆剧传习所所原始档案,当今昆曲界对该所发起时间及创办经过,说法不同,甚至出现了穆藕初不是昆剧传习所创办人而是"接办人"的结论。王传淞《丑中美》、周传瑛《昆剧生涯六十年》二文,都提到江浙曲家在杭州韬光开会筹划昆剧传习所(王书所述时间冠于1919年,明显有误)。俞函所云"诸君"中,徐凌云当在其列。因先生一行在"杭州住湖上",住的就是徐凌云在杭州湖滨的摩烟别墅。俞函虽未提及筹备昆剧传习所事,但提到"韬光山上房屋"及与杭州曲家交往情况。结合王、周二文,可以佐证穆藕初等在韬光寺内策划过昆剧传习所开办事宜。

爱好昆曲，又有实力的实业家，一定要说服他办一所昆剧学校，把这个行将衰亡的昆剧继承下来。俞振飞不忘老父的心愿，拍曲之余，常常与穆藕初谈及此事。"（上海文艺出版社 1997 年 11 月版）周传瑛《昆剧生涯六十年》"昆曲第一个学堂"云："苏州一些有心的曲家，动议发起筹办一个昆曲学堂。听说第一次会议是在杭州西湖北高峰上韬光里开的，上海有些曲家也参与和资助。校董有徐凌云、张紫东、贝晋眉等人，由民族资本家上海浦东人穆藕初出巨资（听说他拿出 5 万银元），开办了这个昆剧传习所。"（上海文艺出版社 1988 年版）

4 月 26 日 华俄通信社驻华经理贺德罗夫一行由北京抵沪，曾谒见聂云台、王正廷、汤节之、先生及史量才等各界要人，以及各国商人、记者。该通信社代表政府设于赤塔的"远东共和国"来华洽谈贸易等事。《申报》刊登《华俄通信社驻华经理之谈话》一文，内引贺德罗夫答记者云："吾俄对华贸易多偏于满蒙、汉口方面。满洲为麦子、面粉市场，蒙古为牲畜市场，汉口为茶叶市场，每岁输入甚多，远东人民实仰给之。目下对华贸易，思想上实际上皆有大加扩充之势。除麦子、面粉、牲畜、茶叶诸品外，羊毛、生丝以及其他零星货物亦在需要之列，而棉花与棉织物尤为吾人所急于采购者。年来上海一变为工业中心，棉业发达一日千里。是故通商一旦恢复，吾人必在上海及其他各端口设立消费组合，或同等机关以为交换货物之枢纽。惟就商业范围而论。"（《申报》1921 年 5 月 1 日）

4 月 30 日 浦东同人会开会预选省议员。开箱检票共收到二百四十三函三百零二票，每票举有人格、有道德者十人。结果如下：黄炎培一百三十五票、傅佐衡七十七票、……穆藕初三十六票，列第九。（《申报》1921 年 5 月 1 日）

5 月 3 日 出席华商纱厂联合会第四次董事常会。到者聂云台、刘柏森、徐静仁、李旭堂、荣宗敬、陈品珊、刘仲开等。聂云台主席。（《华商纱厂联合会季刊》第二卷第三期）

5 月 5 日 下午五点一刻，赴青年会出席全国道路建设协会成立会。[①] 列席者约三百人。王晓籁会长报告开会宗旨，继由苏督代表徐辅洲、浙督代表向永芳、松沪护军使代表陆达权、浙省长代表林大同致词。测量股主任"陈述该股已拟定一路线，计划即由上海虹桥分达南京、杭州，并由杭州北通宜兴，俾两路互相衔接，将来实际测量时仍当斟酌尽善。"次演讲股主任述进行计划，"先由调查材料入手，然后实行演讲，俾大众同知道路之必要。"遂由主席宣布讨论会章，通过。（《申报》1921 年 5 月 6 日）

---

① 该会由王正廷邀集上海名流与部分工程专家发起成立。

同日 与黄炎培、张謇、余日章、钱新之、聂云台、陈光甫、虞洽卿等联名发表《全国道路建设协会宣言》。云："全国道路之建设，实今日体国经野最要之谋。若舍此不图，则植产兴业将无可一言，而地方自治亦永不能望。……全国若只有铁道而乏通常道路，不特不足便利交通，甚且交通为所制限。固无论工业发达，物产丰富，铁路车辆往往生供不应求之虞。即使完全无缺，然使一旦天灾、兵祸、罢工等发生，毫无救济余地。……故自欧战以后，世界交通既另辟一种新时代。汽车往来之便，既无远勿届。同人等爱本斯旨，组设本会，专以鼓吹提倡研究计划，使全国道路早日完成。"（同上）

同日 复工部局函，告以 5 月 11 日出席工部局华顾问成立会。原函如下：

Seeretary

Shanghai Munieipal Couneil, 24Kiangse Road, SHANGHAI

Dear Sir.

In response to your request, T shall be glad to be present on the oceasion of the next assembly of the Couneil to be held at No. 23a Kiangse Road on Wednesday, May 11, at 4:45 P. M. I remain Yours respctfully

H. Y. Moh

P. S. My correct name in English is H. Y. Moh, and my address, 114 San Ho Li, Kiangse Road.

（工部局华董档案）

5 月 11 日 下午二时，赴总商会出席各马路商界联合会、公共租界纳税华人会等团体欢迎工部局华顾问大会。到者四百余人。陈则民主席报告开会宗旨云："今日各市民各团体代表到会者甚众，吾人争市民权自始至今，其所得如此。故今之欢迎并非对于市民权为满意。惟五顾问之才学、道德将来必有以慰吾人之望者耳。"马相伯君演说云："前清咸丰元年时，上海二洋泾桥仅有二十四间房屋。咸丰五六年，吴某任上海道时，由麦家圈麦，牧师要求立一巡捕房管束，年贴经费五万两，后扩张至三茅阁桥，增为每年十五万两。至同治年间，外人每开董事会，必有华人加入。如唐景星、徐一之等，皆曾被邀入席。无奈华人参入者既无主张，或竟无人与会。遂渐为外人所独占，故华人之权利，半由吾人自甘放弃者耳。又六马路格致书院，纯系华人经费建成，后亦自甘放弃之。今日欲参与而不得费九牛二虎之力，只得一顾问，非吾人所最伤心之事乎？今日为挽回利权之第一步，请五顾问奋志前进，仍以忍耐自持。"宋汉章代表五顾问致答词云："今日承诸公及各团体欢送，非常惭愧。马先生所言，鄙人亦表同意。总之五顾问有一分力作一分事，来日方长，务望各界指教。"次由民国路商界联合会进欢迎词云："维中华民国十年五月十一日,为我租界全体市民公举华顾问五君莅任之期,全埠团体开会欢送同人等,亦得参与其列。幸何如之,义当谨赠佳词以悦诸君之行,而吾侪不特不如张老之善颂,反若有无穷之忧者。良以要求此市民权,几经争执,牺牲绝大之代价,始有今日之初步。我全体市民,今以公意举诸君,诸君不当以吾侪之欢送为私交,此诸君之所知也。受命于民,扶持正道,此又诸君之责也。坚以立志,忍以济困,勇以赴义,明以察物。凡此四名,皆全体市民所期望于诸君者。诸君他日必能出其所学,以慰全体市民望治之盛心。兹当莅任之时,同人等感诸君之热诚,冀前途之幸福。谨贡数言,敬祝市民权万岁,诸君万岁。"宁波同乡会进欢迎词云:"今日为我上海租界纳税华人会,公举华顾问宋、穆、余、谢、陈五君赴工部局正式就职之期。本同乡会阖属同乡侨寓上海租界,不下三十余万人。将来关于个人自治、地方自治、社会自治,莫不有赖我顾问之有所承宣也。今公举应季审先生为本同乡会之代表,躬诣总商会敬向华顾问诸君前,恭祝上海租界工部局暨我五代表万岁。"四时三十五分,宋、穆、余、谢、陈五顾问乘汽车赴工部局就任。由代理秘书招待,进入董事会议厅,由工部局总董致欢迎词云:"余今日代表与诸君共居于此之上海外人欢迎诸君,上海外人租界,系中国圈出以备外人居住之地。而外人在此租界中,须担任烦重负责之职务,维持界内中外居民之公共安宁、秩序,与良善行政,此为诸君所素悉者。依照旧章,华人不许居于租界,此层诸君或亦知之。但此章依外人之一致志愿,业已废弛多年,为各方面利益计也。吾华友只须遵守租界章程,辄受欢迎来居于此,而执行此章程乃市政会(即俗呼工部局)之职责,其名为市政会。其实则不尽然,释其寻常意义,其真正名称乃上海洋泾浜以北外人之行政会也。此名冗长,故不常用。但欧美市政会所不常有之职务,而此市政会行之者,即以此也。其设置警察管理医院,维持学校,筹备公安,并办理为其分所当为之。其他种种事件亦即以此,故责任重大,有加无已。但市政会既必维持租界内之良好秩序,吾人不能逃责也。第为助其行政起见,市政会辄钦佩高明意见之价值。吾人了解凡关于中国居民之事,常有许多问题,吾人于此愿欢迎密切之合作与襄助。而此合作与襄助可随时商诸明白之华人,如诸君者而得之也。余信在各种事件上,诸君建议必健全明达吾人得建议之助,定能使租界内中国居民始终愉快满足也。"宋汉章代表五顾问答词云:"吾人为纳税华人之代表,应君之请特于今日午后来工部局与君相晤。吾人受此尊荣,诚甚咸勉。君刚才所言,吾人甚为谅察,且完全同情于君之高尚观念与期望。设吾人了解正确,则吾人之职务,在于与公共租界内中国居民最好利益有关之各种事件上,向市政会陈述意见。吾人愿依此进行,予市政会以吾人极好之合作。不仅此也,吾人贡献于市政会之职务,与在此市区内各居民间友谊与好意之增进,与维持容可大有裨益,而因此使华人方面享有市政上更充分之权利与义务,此乃吾人之大期望也。"彼此互道寒暄,小坐片时,五顾问兴辞而出。返纳税华人会与诸理事、总联合会代表等聚谈。(《申报》1921 年 5 月 12 日)

5 月 19 日 《申报》刊登俞粟庐录制唱片消息。云:"俞粟庐前辈所查唱,虽有好事者为之收储蜡筒,而皆私家所有物,未能入手一片也。上月百代公司始将粟老所唱之《八阳》、《三醉》、《定情》、《折书》及乂九组支《学堂》、《扫花》制成三片登报发卖,从此成广陵散之昆曲多一流布世间之机会矣。……百代所出四出,《八阳》悲壮、《三醉》飘逸、《定情》潇洒、《折书》怨慕,其出音遒劲有力,而神韵自然,与英秀之《卖马》、《碰碑》、《探母》、《寄子》、《落店》、《打渔》诸片不相上下。"(同日《申报》)

5 月 28 日 出席上海总商会、华商纱厂联合会、银行公会欢迎参加远东运动会之菲律宾、日本代表。先生演说云:"鄙人一则代表纱厂会欢迎诸君,一则代表中国,故鄙人着中国长服,表示中国之精神。中国素以温仁柔和见称,而失之于迟缓。但今日之中国,殊异于十年之前,努力猛进,一日千里。此种精神,将贡献于诸君之前。……中国尤要之精神,为健全纯洁忠实,胜固以诚,败亦以诚"。(《申报》1921年 5 月 29 日)参加本届运动会有菲律宾、日本、中国及香港。(《二十世纪上海大博览》)

同日 出席上海总商会第十一期会董常会。议案:①全国商会联合会召集办法案。②会董请假案。③入会案。④添设调查商务专员案。⑤临时提议案。(《上海总商会议事录》)

5 月 30 日 出席于虹口公园运动场举行的远东运动会开幕式。第一日举行一百码赛跑、跳高、跳远、铁饼、标枪、篮球、游泳等二十三项比赛。赛程共六天,6月 4 日闭幕,中国总成绩第二。(《申报》1921 年 5 月 29 日;《二十世纪上海大博览》)

5 月 陕西督军公署顾问林季良为加入全国道路建设协会致函先生,云:"顷阅公报,欣悉先生暨同志诸公提倡路政,组织全国道路建设协会,规划闳远,实获我心。拟以贱名加入为贵会特别会员,即依照章程第三条第二款之规定,敢恳先生转请令兄杼斋先生联名为弟介绍,俾得随诸君子后,共图建设,度亦贵昆玉所乐于提携也。至陕省辟处西陲,路政不讲,弟拟邀集同人筹设分会,以资倡导,并乞惠寄董事会所订规则一份,以便组织一切,有所依据。无任驰企。应缴会费,俟得许可后,即当照寄不误。"全国道路建设协会复函云:"昨藕初先生交来惠书……除将章程等件另付邮寄外,兹附上愿书一纸,祈查收填注,并将会费邮寄本会,以便随时函商进行办法。务恳台端努力提倡,上洗四千年来帝帝王王、祖祖宗总不治道路之国耻,下为四万万同胞子孙万代,创造交通便利、振兴实业、文化普及之幸福,一旦成功,

万古利赖,惟希先生积极而力图之。是幸。"(《道路月刊》第一期,1922 年 1 月)

春 冯超然为先生画《松阴听泉图》设色山水扇面。款署:"松阴听泉图。仿马钦山笔意。藕初我兄有道鉴正,辛酉饯春日,云溪冯超然并记。"背面为俞粟庐书法。扇骨为心道人、庞仲经款:一、"竹石图,心道人。"二、"汉川修竹贱如蓬,斤斧何曾赦箨龙。料得清贫馋太守,渭滨千亩在胸中。藕初先生正之,仲经刻东坡句。"(原件,参见 1921 年 7 月)

春 某日,邀友人聚餐,有人谈留学生金钱观。穆伯华《先德追怀录》云:"早在一九二一年民国十年春一日,我父宴友人八九辈于兰路住宅,有一陈福海,浦东人,普健谈,广交友。入席之前在阳台上大家闲谈,陈某曰:'凡去外洋留学生,目睹彼国人民生活豪华,一切建筑在个人金钱基础上,回国后重视金钱,一毛不拔,只有这一个(指我父)不一样。'"(手稿)

仲春 与俞粟庐等组织昆剧保存社(**亦称昆曲保存社——编者注**)。俞振飞《穆藕初先生与昆曲》云:"民国十年间,有昆曲老伶工,演出于沪城小世界游艺场中,先生往视之,见尽鸡皮鹤发之流,深慨耄年老去,法曲沧夷,将致湮没如广陵散矣。先生乃以复兴为己任,联合江浙曲界名流组设昆曲保存社"。[①](手稿)

昆剧保存社成员有俞粟庐、穆藕初、徐凌云、徐凌云、冯超然、张紫东等江浙沪曲家近百人。该社以抢救、保护、推广昆曲为宗旨,主要有:①为创办昆剧传习所集资。②监督昆剧传习所日常教学及提供常年经费。③安排昆剧传习所学员演出。④多次组织昆剧义演。(**参见 1922 年 1 月 4 日等有关昆剧传习所各条**)

暮春 以昆剧保存社名义刊印《度曲一隅》一书,收录俞粟庐手书录制唱片曲词,先生题签:"辛酉暮春之月,度曲一隅,穆湘玥题。"书内扉页有俞粟庐照,冯超然题:"韬盦先生七十五岁玉照。辛酉仲春,冯超然书。"跋云:"昆曲一道,盛于逊清乾嘉时代。迨光绪末造大雅云止矣! 顾至今日骎骎乎由衰而盛歇,动一时之耳目者,则俞先生粟庐之力也。先生年越七旬,以书名不以曲名。然其度曲也,出字重转腔婉,结音沉而不浮,运气敛而不促。凡夫阴阳清浊,口诀唱诀,靡不妙造自然。百代主人凤耳先生名,请其引吭发声,印留机片。聆先生曲者,试细玩其停顿起伏,抗坠疾徐之处,自知叶派正宗尚在人间也。然则先生之曲将与先生之书同垂不朽也欤! 昆曲保存社全人谨识。"该书附赠唱片购买者。(原书;《文集》第 174 页)

---

① 俞振飞所提"昆曲老伶工"当为苏州职业昆班"全福班"。"全福班"建于清道光中叶,因昆剧日渐式微,"全福班"为当时唯一尚在演出的昆班。王传蕖云:"当时老昆曲全福班的艺人们年纪大了,班中较年轻的如尤彩云和徐金虎也有四十来右,年纪大的如尤顺卿都已六十岁了,在上海虽然还勉强演了两期,但已感力不从心。"(王传蕖《苏州昆剧传习所始末》,《上海文史资料选辑》第 61 辑(上),上海人民出版社 1989 年 9 月)

《度曲一隅》封面

暮春 弘一法师赠先生手书《佛说五大施经》、《佛说戒香经》、《佛说木槵子经》。先生"特付石印,用广流通。"尤惜阴题记云:"辛酉春暮,弘一大师欲赴温州,来沪待船,赠穆藕初居士以手写三经一帙:一为《佛说五大施经》,一为《佛说戒香经》,一为《佛说木槵子经》。每经系以赞扬劝修语,并附行人常识数则,简约明显,妙契时机。穆居士特付石印,用广流通,以慰大师弘扬佛法之深心,并尽朋友见闻随喜之至意。谨附片言,以表是经出世因缘。末学尤秉彝稽首敬志。"丰子恺题跋云:"先师弘一上人在家时,精通音乐、演剧、诗文字画,而于书法造诣尤深。出家后屏弃诸艺,独不忘情于书法。常写经文佛号,广结胜缘。此三经乃初出家时为穆藕初居士所书者。笔力遒劲,与后年所书轻描淡写,落墨不多者迥异其趣。在佛法上与艺术上,此皆可称为至宝。藕初居士乃当年沪上巨贾,皈依大师,热心弘法。白马湖晚晴山房之建筑及《护生画初集》之刊行,此人曾慨捐不净之财,亦难得也。苏州灵岩妙真老法师,创办文物馆,得此墨宝,属为题字,率书所知如上。时甲辰岁首,丰子恺于海上日月楼。"(引自林子青《弘一法师年谱》)此三经原件墨宝"文革"中被毁。

6月6日 下午二时,赴江苏省教育会出席东南大学第一次校董会。郭秉文主席,报告筹备经过情形,以及个人和机关对于东南大学、南京高师之赞助。其中"美国克兰公使夫人捐助学费四千元,分赠东南大学学额二名,高等师范特别生学额十名,两校合办之星期学校学额二千名,外人之提倡女子高等教育,极为可感";先生向东南大学"捐助器具院建筑费六千元,又捐助银五万两,选送东南大学毕业生留美,又捐助银五千两选送高等教员留学美洲中校,鉴于国内体育人才缺乏,已决定派高师体育教员张信孚前往研究体育";穆杼斋捐南汇造桥生试验费一千元;上海纱厂联合会补助改良植棉试验费每年二万元等。次抽定校董任期,"公推王儒堂、陈光甫抽签,照校董会简章第四章第四条,抽定一年者三人,为聂云台、穆藕初、沈信卿;二年者三人,为袁观澜、严孟繁、钱新之;三年者三人,为张季直、陈光甫、江易园;四年者三人,为蔡鹤卿、王儒堂、余日章;五年者三人,为荣宗锦、黄任之、蒋梦麟。"继讨论组织大纲,钱新之、先生询问,"大学开办后,高师是否永远存在,抑仍须归并大学。"郭秉文答:"大学开办后,高师名义仍为独立,惟实际上势须归入教育科范围,因教育科研究各项之问题,与师范中小学有直接之关系,即为教育科必须有之设备，如将原学制度变更，再行根本解决。"先生提议云："英文范围太狭，是否就高师现在情形定之。"郭秉文云："将来增设其他各国文字时，应改称为外国国文系"。后讨论预算。除高师预算另列外，大学十年度预算计经常费二零八九二四元，临时费计一五八三六五元。先生云："开办大学，只有此数，实系至少，无庸讨论。"沈信卿云："此项预算，确已撙节编制，无庸讨论。"郭秉文云："大学高师经费，实际上两方必须互助，若大学完全独立，此项预算，断乎不敷。"各校董一致赞成通过。（《申报》1921 年 6 月 7 日、6 月 10 日）

6 月 11 日 出席上海总商会第十二期会董常会。议案：①全国商会联合会第四次大会案。②招商局开会交涉案。③入会案。④英日续盟案。（《上海总商会议事录》）

6 月 16 日 赴南洋兄弟烟草股份有限公司，出席选派留美学生委员会会议。推定杨补塘为起草员，一俟办法草定，再与简照南接洽。南洋公司本年拟选派留学生十五名，留学经费由公司担任三分之二，简照南担任三分之一。考选地点分上海香港二处，上海方面额派十名。并函委托江苏省教育会代为酌定办法，云："拟定农、工、商三科。全派留美。并专为国家造就人才起见，将来服务并无限制。"江苏省教育会议决组织代办南洋烟草公司选送留美学生委员会，推余日章为主任、先生、杨补塘、许建屏、朱成章四人为委员。（《申报》1921 年 6 月 17 日）

6 月 18 日 发表《论交易所之利弊》一文，针对"交易所即大赌场"之说，指出交易所对商业有二利：一、为交易作稳健之保证；二、不受外人操纵。强调应防止"非本业者作经纪人"、"交易所雇员在本所私做交易"、"交易所重要人物私设银行"等弊端。云：

> 我国年来商业渐兴，消息亦较前灵动，交易亦逐渐增多，然商业道德反因之而薄弱。即以棉花论，民国六年七月，最高至四十五两，不出两月，贬至二十三两。交易买卖向以承票为凭，多头空头，损失不知凡几。因交易手续太简单，且双方均无充分之保证，即欲清理，无从措手，而一部分棉商之信用因之大为损失。去年秋冬间，十六支棉纱最高价涨至二百八十两，后竟跌至一百三十两，而一部分纱商之信用，亦遭损失，其对方所受影响亦不言可知矣。世界大通，物价涨落时所恒有，苟长此不思良法以改善之，则棉商、纱商以及种种正当商业将如何使其安然插足于市场乎？然则改善之道将安出？即组织交易所是也。交易所内无论购进售出，须照定例存银若干，为物价变动时保全信用之余地。物价愈涨，则售出者存银愈多，两方买卖由交易所作中间人，为稳健之保证。倘一旦市情激变，对方不致受亏，而在交易所买卖者又须具有实力，彼此交易，有实力，有保证，则正当营业正可从此进逐步发展之轨道。此设立交易

所之利于商业者一。

欧和告成，各国注全力于远东商务，而我国身当其冲，安得不急起直追以求自卫。我国最大出产品如丝茶等，受倾轧而短缩者十去八九，地方生计顿失所依，国家税源因之锐减，而年来棉业竞争较前益烈，即他业亦何独不然？自组织交易所后，以本业中人主持本业贸易要政，消息灵通，时机不致坐失，规划周密，市况得以保持。各本业自卫及力谋开拓之实权，完全在本业人手中，不致受外人操纵与挤轧。此设立交易所之利于商业者二。

是故欧美日各国，各业均有交易所。纽约棉业交易所自设海底电线，由太平洋直达英国利物浦棉业市场，彼此于棉业上重要消息互相传达，非常灵捷。而两国棉业上之关系更为密切，其营业范围拓展亦愈大，其魄力之雄厚亦概可想见，而世人并未视为诟病者，何哉？盖交易之成立，均为本业中人，间有业外之人以争时斗智故，间接投机于其中，惟不如我国之盛与漫无把握耳。虽然，我国交易所中之赌博性质岂独业外人之狂热所致哉，当局者实不能辞其咎也。

交易所中之经纪人，即俗所谓捐客者是也。以花业论，经纪人应以向操花业者为限，则该经纪人对于本业情形必甚熟悉，代人买卖不致昧于市情，而使委托者受甚大之痛苦。若交易所中而许非本业者作经纪人，以启业外人投机之渐，此为交易所中之弊害一也。

交易所中理事长以下皆为所中雇员，除各本业理事，势不能因充当理事而停止间接营业外，皆不得在本所作交易，而于理事长及常务理事为尤甚。盖彼辈均系主持全所事务之人，多头、空头之细账完全在彼辈掌握中，故彼辈而在所交易其势必如大连豆市所得之结果，今市上哗然某氏盈余数十万，某氏亏耗数十万，即以此耳。故交易所雇员在本所私做交易，等于监守自盗，此为交易所中之弊害二也。

按公司条例，公司主任，如总理、局长或理事长等，对于本公司经济不能任意侵挪，即存款过多，存在某处，主任虽有特权，然该公司存款全数或大多数而存于该主任所私立之银行，甚或擅用存款收押本交易所各项证券，因此谋利者，其违背公司条例可知矣。故交易所重要人物私设银行，而任意挪移本所经济者，此为交易所中之弊害三也。

日来信托公司如春笋之怒生，结果如何虽难预测，设使以某所之主任将某所之股票抵押于该所主任自设之信托公司内，此亦违背法律之事，虽难保其必有，然不敢保其必无，设或有之，则为交易所中之弊害四也。

我国有能力者于商业中随处有发展之余地，惟发展之状况及限度则视发展者之合宜与否为断耳。奸巧诈伪者终归倾覆，最后胜利恒归之公正诚实者，是则幸致巧取之途可无庸艳羡，其脚踏实地循正轨以谋自然之拓展者，亦无庸退却也。交易所之现状若此，社会中人赌兴之豪阔若此，且一般人于法律观念薄弱又若此，因果相寻，不知伊于胡底。仆愿各交易所之股东随时研究公司条例，监察重要所员之举动而有以取缔之，并愿各当地中坚人物亦随时注意，尽其监察之职，遇有如上述各项弊害发现，则设法抑制，以减少金融上发生之险状，则当局者私心或可稍戢，社会赌风或可敛息矣。

（同日《申报》；《上海总商会月报》创刊号，1921 年 7 月；《文录》上卷，《文集》第 91 页）

6 月 20 日　中国南洋协会发起东南大学、暨南学校合设上海商科大学，推定黄奕柱、史量才、聂云台、穆藕初等十五人为商科大学委员会委员。本日下午四时，先生出席第一次合组委员会。公推东南大学郭秉文兼商科大学主任，黄炎培、柯篑心、张子高三人为委员会会章起草员。（《申报》1921 年 6 月 21 日）7 月 13 日，郭秉文《呈教育部报合设上海商科大学鉴核备案文》云："关于筹备商科事宜，……应在上海择地建设。秉文本此规定，曾迭次到沪，相机规画，顾事无基础，措手为艰。……暨南学校所设商科，亦因社会需要及人材与环境关系，已迁往上海，尚拟添办专门。顾亦以经费未充，设施不易。……与其分之于两校，使一时同有才难之叹，似不如并之于一途，使各科咸得专家为愈。至于经费，东南大学与暨南学校虽同为国家设立，一切设施，未可过从简陋。……因由秉文代表东南大学，成懋代表暨南学校，会同上海商学两界关系素切各人，集会商榷，并公推黄奕住、史量才、聂云台、穆湘玥、钱新之、张公权、陈光甫、简照南、黄炎培、高阳四、朱进、张准、赵正平及秉文、成懋等十五人，合组上海商科大学委员会，详细讨论，决定办法，拟定名为国立东南大学、暨南学校合设上海商科大学。暂借法租界霞飞路尚贤堂房屋为校舍，于秋季招生开学，所需经费，即于两校商科预算项下移充应用，计东南大学任三之二，暨南学校任三之一。其筹画进行事宜，暂推秉文为主任，藉便总持一切。"9 月 23 日，教育部代理部长马邻冀发布第一六七零号指令："查所陈东南大学与暨南大学合设上海商科大学一节，情形既属特别，办法亦尚适宜，应即准予备案。"[1]（引自《南大百年实录》上卷，第 134 页）

同日　应上海总商会之请，先生等工部局五华顾问与米业代表十余人讨论米业停业风波解决办法。[2] 先生云："在座米董除奚君外尚有十余人，鄙人心理亦力期和平解决，其所煞费研究者为工部局让步到何种地位颇难臆测。而米业方面则坚持为人格计、为子孙计，绝对不愿领照。公递一意见书，请五顾问收受，米业签字

---

① 上海商科大学于同年 9 月 28 日开学，校长郭秉文，教务主任马寅初。即今之上海财经大学前身。

② 1921 年春夏间，上海米价骤涨，租界当局借口限制囤积居奇，规定米店必须领取"执照"，从而引起米业的抗议。5 月 26 日，工部局又公布《米店执照条例》，除正式规定经营批发或零售米店均需领照营业外，还规定巡捕、包探、卫生处三项人员可随时随地前往稽查等。由此引发新一波抗议浪潮。上海总商会由会长聂云台出面调解无效，遂请五顾问调解仍无效。

者有五百六十余家。此文件鄙人当时并未收受（以后何人收受则不知之）。但坚嘱英租界以外万不可有激烈对待。是日讨论之结果要求工部局召集会议,盖依章程,五顾问须工部局之召集始有陈述机会也。"（引自1921年7月7日在南北两商会及米业董事联席会议上发言,《上海总商会议事录》）

6月21日 中华职业教育社召开第五年度征求会。征求队共二十五队,先生为第十队队长,毕云程为副队长。（《申报》1921年6月22日）

《申报》刊登华商纱布交易所今日开幕广告

7月1日 上午十时,华商纱布交易所于爱多亚路二十一号行开幕礼。中外来宾近四千人出席。由招待员引导来宾入会场,奏乐启幕。先生主席并致词。次徐庆云等演说及来宾致颂词。招待员陪同来宾赴顺丰饭店茶点。下午,参观者仍络绎不绝,所中连日接到各界各团体所赠镜屏、颂词、笺联、绸幛不下五百余种。（《申报》1921年7月2日）先生演说指出交易所要达到保障棉业、发展棉业目的,将交易所譬之水火,"苟善用之固赖之以生,而不能一日离,交易所亦犹是耳。"全文如下:

今日本所行开幕礼,承政商学各界贲临,鄙人敬代表本所致感谢意,并略陈本所所负之责任及鄙人等所抱之期望。

夫世界日文明,交通日利便,消息日灵捷,地球面积似乎逐渐收缩,呈密致状。生齿日繁,需求日广,事业亦日渐扩张。事业日扩张,而信息灵通,倏涨倏落,瞬息千变,事业家所用之智虑应愈周,所负之责任亦愈重。故事业愈扩张,地位宜日求其稳固,夫然后人已交益,国家社会亦利赖之。世界文明各国从事商业且注全力于商竞者,正以此也。阅最近出版之民国九年《华洋贸易总册》,是年我国出口货达五四一六零余万两,进口货七六二二零万两有零,出入相抵,溢出二二零六零余万两。是年棉货进口达一六八一零余万两,棉纱进口达七八六八万余两,共计棉业项下进口达二四六七八万余两,竟占进口总额三分之一。苟设法杜绝棉货厄漏,以抵补出入相抵之亏耗,已绰乎有余,则棉业在内国占重要地位可想而知矣。邦人士凤夜思维,亦思所以补救之乎。同人等鉴此狂澜，起图挽救，除天津各纱厂自办交易所外，联络全国曾在农商部注册之纱厂，及上海纱布业大部分重要商人，组织斯所。拟与英印美日棉业市场相联络，通声气，随时将各国棉市消息贡献同业，消息既灵，局中人不致暗中摸索而受不虞之亏损。由是得以达两种之目的：一保障棉业，免受意外之亏折；一发展棉业，巩固同业均等之利益。而实益之如何确实缔造，即为同人等日夜研究而求实施者也。譬之水火菽粟然，人苟善用之固赖之以生，而不能一日离，交易所亦犹是耳。同人等深愿悉心尽力，蕲达到今日所悬之两大目的。更深望社会及与本所有关系者监视吾人，使本所事业永为合法之发展，则非惟棉业之幸，亦即国家社会之幸也。

（同上；《文录》上卷，《文集》第 93 页）

7 月 5 日　出席华商纱厂联合会第八次董事常会。到者聂云台、刘柏森、徐静仁、陈品珊等。聂云台主席。（《华商纱厂联合会季刊》第二卷第三期）

7 月 7 日　出席上海总商会、上海县商会及米业董事联席会议，调解米业领照案。聂云台报告调解经过，工部局同意修改《米店执照条例》，但仍坚持领照。先生报告五顾问与工部局总办交涉情形云："晤该局总办后，当将领照理由逐条驳辩，渠无词以解，但谓照《洋泾浜章程》有权取缔而已。当诘以何以必须取缔后，有何实益，渠亦不置答，托故退席，遂不得要领而散。嗣后，复由五人合具一公函，反复声说，亦无答复。此信曾附送商会阅览，当可考查。信去后一星期，鄙人以此事毫无确耗，乃嘱谢君永森居中接洽探询。据云此事已由聂君出任调停，汝曹可不问。盖工部局对于商会则一味敷衍，对于顾问则设辞拒绝。而一面又招致米业张、叶两君等直接谈判，此其对付我者如是。某日，鄙人以此项交涉无结果，又拟再往该局一晤，谢君永森以步伐不可乱力阻而罢。今日米业诸君仍抱定从前宗旨否？仍坚持开市否？鄙人不欲过问，惟办理此事之苦衷不能不为诸君陈述。"经激烈辩论，表决通过由两商会、嘉谷堂联名刊发通告，敦劝先行开业；领照事由总商会交涉修改条例。[1]（《上海总商会议事录》）

7 月 20 日　厚生纱厂与辛守之签订租地合同："立出/认租基地合同，据辛守之为因厚生纱厂乏地建造工房正用/厚生纱厂为因建筑正用，今将祖遗余地一方/央中租到辛姓，其地坐落上邑杨树浦河间路之南贰拾叁保拾叁图，体字圩第肆佰零柒号，计地壹亩捌分之谱。今凭/央中保出/认租与/到厚生纱厂/辛守之名下基地

---

[1] 1921 年 7 月 8 日，米业陆续营业，9 日全部复业。7 月 21 日，工部局准予撤销米业领照条例部分无理条款，增加特款一条，即领照人员如系米业公会会员，并由该公会代为如实编造存米报告，该领照人员可不受捕房或他种局员之盘查。至此，公共租界米店陆续领取执照，风潮平息。

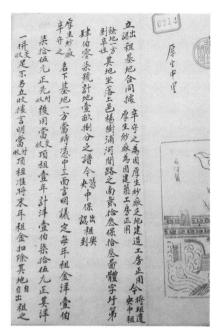

厚生纱厂租地合同影印件

一方。当时凭中三面言明，议定每年租金洋壹佰柒拾伍元正。先付/收后用。当交/收顶租壹年，计洋壹佰柒拾伍元正。其洋一并交/收足，不另立收据。付/收顶租，准将末年租金扣除。其地自/自出租之后，听凭认租人起造工筑之权，均归租户之便，与地主无干涉。议定租期拾伍年为限，期内双方不得更改。期满之后，地上房屋一切装修等均归地主，当将房屋等交点清楚，与认租人毫无干涉。此系两相允洽，各无异言。恐后乏凭，立此出/认租基地合同，壹式贰纸，各执一纸存照。中华民国拾年辛酉柒月贰拾日立认/出租地合同据。厚生纱厂（印）、辛守之（印）。中：顾茂孙、韩锦华、夏关金、辛韵兰、王锦兰、辛菊初。图：辛锦发。"（原件，上海市档案馆藏）

7月21日 上海商科大学委员会开会，议决"委员凡十五人，任期三年。每年改选五人，连举连任。但第一次委员任期一年，二年，三年者各五人，抽签决定之。"任期三年者为聂云台、张公权、黄奕柱、穆藕初、柯篑心等五人。（《申报》1921年7月24日）

6月、7月间 赴苏州谈昆剧传习所开办事，先生主张招生五十余人，五年毕业，允诺提供全部经费，并决定以昆剧保存社名义举行公演，为昆剧传习所所集资。① 俞振飞《一生爱好是昆曲》云："1921年秋，苏州和上海昆曲家张紫东、徐镜

---

① 俞振飞《一生爱好是昆曲》一文明确说到穆藕初为昆剧传习所集资义演，于1921年夏到杭州韬光学戏，说明穆藕初在昆剧传习所开办之前就已为传习所集资。当时报刊均报道穆藕初是昆剧传习所主要创办人。最早提出穆藕初不是昆剧传习所创办人而是"接办人"的贝晋眉《苏州昆剧传所和曲社》一文则称："苏州昆剧传习所产生于公元一九二一年秋季，创办人为张紫东、徐镜清、贝晋美等。……在八月间，赁定城北五亩园空屋十余间为所址，张等捐资千元，作为开办所需。邀请教职员，招生学习昆剧。其始规定招生卅人，学习三年毕业。内设所长一人，国文、英文、算术、拳术教师各一人，艺术教师四人，老生教师为吴义生，小生教师为沈月泉，……司钥司厨茶房各一人。按月开支四百元，全年五千元，统计三年一万五千元。一部分由同人等捐助，一部分预定在每年春秋两季，约同苏申两地的业余票友，在苏申两地汇演数天，在汇演时，所有一切开支，都由各票友自行支付，卖下的票价捐助。公推吴瞿安、汪鼎丞、吴梓伦、张紫东、李式安、贝晋美、徐镜清、陈贯三等为负责董事。招生开始即有朱传茗、顾传玠等十余人录取。上海票友穆藕初来苏，对该所极为赞同，主张扩大范围，增额招生为五十人，五年毕业。诸董事以无力维持，即行移归藕初接办。不久就在上海亚东匹克剧场集合苏申两地区的业余票友，汇演三天，所有一切开支，都由各票友自行担任，卖下的票价为数颇巨，全部资助该所。"（苏州市政协文史资料研究组编印《文史资料（转下页）

清、孙咏雩、贝晋眉、潘震霄、徐凌云、汪鼎丞、穆藕初、张石如、谢绳祖等,鉴于全福班老伶工年老力衰,后继无人,大家集资在苏州五亩园开办昆剧传习所,招收清贫子弟,提供膳宿,先后延请了全福班的沈月泉、沈炳泉、高步云、许彩金、吴义生、尤彩云等为教师,教唱昆剧,聘请苏州道和曲社的孙咏雩出任所长。为筹集办所资金,穆藕初发起上海与苏州曲友举行会串,义演三天。曲友们说:'既为昆剧传习所义演,其意义又非同寻常,因此务必要请穆先生粉墨登场'。穆藕初的昆曲仅学了一、二年,平时参加同期清唱尚可,而登台串演怕要出丑,经过曲友们的鼓励,穆藕初动心了,于是在 1921 年的夏天,邀请了沈月泉老师、谢绳祖和我到杭州灵隐韬光寺,闭门学戏。"(《20 世纪上海文史资料文库》第 7 册)

7 月 顾麟士为先生作《法元人小景》设色山水扇面,款署:"法元人小景,为藕初五兄雅属。辛酉午夏,西津顾麟士"。(原件)

(接上页)选辑》第 2 辑,1962 年 8 月)编者认为贝文对昆剧传习所发起时间、经过以及'藕初接办'时间等均语焉未详,留下不少历史空白点。按当时物价最低水准,添置设备,聘请教员,及传习所开办后每月的四百余元经费,仅由"张等捐资千元,作为开办所需"是不符历史事实。因此传习所在开办之前没有其他资金投入,是无法开办不起来。贝文提到一部分经费由苏申两地票友汇集资,这又说明了上海票友共同筹创传习所的不争事实。上世纪 80 年代后,苏州昆曲史专家桑毓喜《昆剧传字辈评传》一书(上海古籍出版社 2010 年 8 月版第 13 页)云:"穆氏并非昆剧传习所创始人,而是接办人、主要资助者。这样的提法,才符合历史事实。"否定穆藕初等上海、浙江曲家在昆剧传习所创办过程中所起的作用,只承认穆藕初为"接办者",而苏州几位曲家才是传习所真正的"创办人",桑著在引用贝文时对与'接办说'矛盾之处,全部被省略号'省略'了! 由此推断出的结论是缺乏科学依据的。更有甚者,桑著又说:"还必须补充说明的是:中国昆曲自 2001 年被联合国教科文组织列为世界非物质文化遗产以来受到各方重视。穆藕初的后裔中,有人对穆氏被列为昆剧传习所接办人的提法表示异议,并发表了多篇文稿予以说明,这种心情是完全可以理解的……"这种论调已严重违背学术讨论范畴。完全出于某种偏见。穆伟杰《一字之差掩盖下的历史真相》对此进行驳斥,并阐述了穆藕初是创办者的主要结论:"1. 昆剧传习所是由昆剧保存社的苏、沪曲家共同发起创办的。上海以穆藕初为主,苏州以张紫东为主。创办经费共同集资,其中苏州集资一千元,上海具体数目不详,但可以肯定集资金额远远不止一千元,俞振飞强调'特别是穆藕初先生出力最多,起了很大作用'。由于昆剧传习所开办在苏州,苏州曲家在开办过程中主要负责选址、添置设备、招生等方面工作。2. 笔者推断贝文中称一千元的开办费只不过是苏州的集资金额,一千元不可能维持半年。所谓传习所 12 位董事只不过是苏州方面为办昆剧传习所捐资的曲友。传习所'董事'之名称,并无第一手文献史料可以佐证。传习所开办之前就有了'约同苏申两地的业余票友,在苏申两地汇演数天'集资的设想。穆藕初为此在还专门于 1921 年 8 月赴杭州学戏准备义演(俞振飞《一生爱好是昆曲》中有详细记载),已说明昆剧传习所开办之前,就已经开始了第一次大会串的具体准备事宜。传习所在开办过程中,由于苏州方面的集资金额远远没有达到预期设想,穆藕初毅然承担了全部费用,所以才有贝文的'藕初接办'之说。贝文如此解读,才比较符合历史真相。3.穆藕初对昆剧传习所出力最多,贡献最大。他不仅一开始就成为传习所筹创事宜决策人之一,而且从制订教学计划、推荐学生进所,到聘请教师、筹集经费等,无不浸透了他的心血。穆藕初岂只是'捐资人'而已,乃是当之无愧的主要创办者。"(《开卷》2011 年第四期)另参见朱建明《穆藕初与昆剧传习所》(《渝州艺谭》1998 年第 4 期),及柳和城、穆伟杰《穆藕初先生创办昆剧传习所史实考》(昆剧传习所网站)、《穆藕初振兴昆曲的实践与思想渊源》等文。(上海社会科学院历史研究所编《穆藕初学术研讨会论文集》,2011 年 11 月)

顾麟士画赠穆藕初《仿元人小景》扇面

7月 俞粟庐为先生书《画跋》书法扇面,云:"学梅花庵主画,须有其品,风雨闭门,意在千古。独游天倪,以傲当世。庶几焦光、袁安之流不受时径所束耳。南田题画。山头树绿不见石,溪水无风应更碧。张籍学古澹轩。政和二年夏四月,新安农夫汲水于龙渊之津。睹一蟾。望日而拱背,生芝十五叶,道书曰:'蟾蜍万岁,背生芝草为世瑞'。藕初仁兄先生正腕,辛酉六月,俞宗海时年七十有五。"(原件)

7月 资送方显廷入美国威斯康辛大学留学,每月资助生活费八十美元。《方显廷回忆录》"我在南洋中学学习时,在第一个学期即将结束之前,我的师傅让我到他那里去向他汇报我的学习情况。我告诉他当我中学毕业时,希望能够升入南洋公学继续求学。我的师傅当时由于战时和战后棉纺工业的蓬勃发展而获得大笔盈利。""他当时通知我要继续为1921年夏天在南洋中学毕业之后赴美国深造做好准备。这对我来说真是天赐良机,当时我几乎不能相信自己的耳朵,迫不及待地想要查知其真实性。""一当我完成毕业考试并取得南洋中学毕业证书之后,便于1921年6月底回到家乡。""在母亲的葬礼之后,静英同她的母亲一道送我去上海。在我出发之前,我们同住一家旅馆分别住了一段时间。然后我乘南京号轮船途径长崎、神户、横滨、檀香山到旧金山。"(第28页)

7月 资助河南开封留美预备学校高才生韩朝宗、张纯明、王凤岗、朱相程[1]四

---

[1] 韩朝宗(1904 ?),河南孟津人。后赴美留学,入伊利诺大学,专修金属材料试验及冶金研究。后赴美留学。归国后任国防设计委员会冶金委员、军政部兵工研究委员。1939年赴美,先后在世界贸易公司、中国物资供应公司及驻台湾美军用品采购团任职。张纯明(1903—1984),河南洛宁人。后赴美留学,入伊利诺大学,主修社会、政治学。后赴美留学。回国后任天津南开大学政治系教授、系主任。抗战中任行政院秘书、河南省政府委员等职。晚年任驻联合国"公使级别副代表"、"大使级副常任代表"。王凤岗,河南西平人。生平不详。朱相程,河南西平人。生平不详。

人一万元赴菲律宾留学。《申报》刊登《穆藕初先生资助豫学生赴菲游学》一文云：该四人"均品纯学粹，体质雄健。该校文学教习西君颇为赏识，但省费支绌，势难贯彻彼等笃志求学，为国效用之初愿。爰由西君商情其挚友穆藕初君，担任四生留学费用一万元。穆君察得四生品学兼优，将来定成有用之才，故慨然应允。现该生等已乘俄皇后船至菲律宾留学矣。"（《申报》1921 年 9 月 3 日）

河南开封留美预备班赴菲律宾留学学生合影

7月中旬至8月中旬 邀俞粟庐父子、谢绳祖等赴杭州"韬盦"，以观厥成。并为次年苏州伶工学校（即昆剧传习所）筹资登台义演，请沈月泉赴"韬盦"教戏。① 俞振飞《穆藕初先生与昆曲》云："先生之又筑韬盦于杭州韬光寺侧，为避暑度曲之所。韬盦亦为先君子别署也。民国十年夏先生邀集曲友登山作雅集，为观落成，余伺先君子同往，并召老伶工沈月泉与俱，先生盖欲求深造剧艺也。韬盦地临半山，门前修竹万竿，终朝凉爽，红尘远隔，凭栏清歌，笛声与竹响和答，翛然尘外，不知世上尚有暑日之炎炎矣。年逢暑期，先生必招要登临，避暑度曲。"（手稿）韬盦旧屋，至今尚存。俞振飞《一生爱好是昆曲》又云："在那里整整一个月，穆藕初学会了《拜施分纱》、《折柳阳关》、《辞阁》，我学会了《断桥》、《游园惊梦》、《跪池》三出戏的身段动作。"（《20 世纪上海文史资料文库》第 7 册）

---

① 1921 年 7 月 9 日《上海总商会议事录》第十四期会董常会至 8 月 20 日第十七期会董常会出席者名单中，记有"穆藕初君告假赴杭"。证明俞振飞回忆先生杭州韬光学戏时间正确。"韬盦"旧屋至今犹存。杨晓政《杭州修缮民国"会所"韬盦，曾供昆曲票友雅聚》一文云："日前记者登韬光寺，进寺院山门，一眼就发现右手边那幢两层四开间的 L 形小楼，这就是韬盦。它位于观音殿东侧约 10 米，立在几重檐的佛殿建筑群里，显得风雅别致。韬盦是典型的中西合璧式建筑，朱红油漆，盖小青瓦，玻璃大窗几乎落地，窗户上方加拱形装饰，西式木栏杆配中式挂落，宽度大约只 1 米的狭窄阳台……因年久失修，2000 年左右，韬盦内部结构明显老损，屋内的柱子被白蚁蛀空。此次整个韬光寺建筑群重新规划整修，韬盦也得以修旧如旧，如今一楼作为斋堂，二楼是僧寮。此次整个韬光寺建筑群重新规划整修，灵隐寺都监继云法师捐献了省吃俭用、积蓄几十年的 10 万元。1934 年，继云法师还只 11 岁，他当时住在韬光寺。'当年，韬盦西墙一楼墙门上方刻着"韬盦"两字，大约 20 厘米见方'他说。继云法师说，在他的记忆力，当时韬盦大部分时间都空着，'夏天来的人多些，资本家们小住避暑。'继云法师见到的资本家中，有一位就是穆藕初先生——一位海归实业家，曾任国民政府工商部次长。"（《人民日报海外版》，2009 年 12 月 14 日）

8月6日　上海总商会开第十六期会董常会,投子表决通过民生纱厂代表徐采丞入会,介绍人为穆藕初、徐静仁。(《上海总商会议事录》)

8月9日　《申报》刊登《总商会募金团事务所成立》消息。云:上海总商会为筹办商品陈列所、商业图书馆,总商会募金团现已成立。即于会内组织事务所。所中分设会计科、文书科、交际科、庶务科四科,"各科职员即就会董中分别选任。"先生为交际科委员。(同日《申报》)

8月14日　豫丰纱厂驻沪办事处职员本心撰《豫丰纱厂工资的辩白》一文,指出《民国日报》通信栏所载宋仙《内地的工人可怜》与事实不符。云:"记者先生:我们看见贵报宋仙先生的通信《内地的工人可怜》,是说:河南郑州豫丰纱厂工资的事情,记者关于这信,曾有附语在后面:'资本家即使十分精刻,也不至于如此罢!';并且说:'这封信里所说的如果不确,希望主事者据实告知我们'。所以现在我根据了先生所说的,把我们厂里实在的情形告诉你,希望你拿来更正。我们厂里的工资,至少每人有二百多文一天;工作时间确实是每天十二时,因为现在内外各地多是这样啊!宋先生说'每天工作十二时,才得工资铜元八枚',这种情形与实情太不对了。不知道宋先生从什么地方调查得来的?近年天灾人事确多,但是资本家又何忍利用这种机会而减少工人的工资啊!宋先生所说既与实情不合,想宋先生对于敝厂或许别有用意!不过无论宋先生有无用意,像这种事情是极可以调查的,我们很希望热心'人的生活'的调查一下子。本心在豫丰纱厂申账房,一九二一,八,十四。"记者识语云:"每日工作十二小时,而工资只二百多文一天,真有'热心的人的生活者',怕仍不得安心罢!"(《民国日报》1921年8月16日)8月22日,宋仙作发表《再说豫丰纱厂工资问题》一文,反驳云:"本心先生:你对于我的《豫丰纱厂工资的辩白》我已见着,你怀疑我的,我不能不向你声明几句:你说'……既与实情不合,想宋仙对于敝厂或许别有用意……',你这话系有经验者说;既可以说与我自身无丝毫益处;我更何苦写彼呢?所以我底用意在:'唤醒资本家!挽救劳动者!'这纯粹是我良心作朋,并无一些私心自利的态度呵!你又说'不论宋仙有无用意,像这种事情是极可以调查的……'。诚然,我完全是本着良心调查来的。我虽不敢自负为热心者,而'人的生活'早经为我人所注目,已等不到先生来希望热心者去调查了。本心先生!你的信下面写着'在豫丰纱厂申账房',豫丰纱厂职工在郑州,你们相隔千里,怎么就能武断至少每人有二百多文一天……不能再少了呢?带兵的军官曾克粮扣饷,难道贵纱厂经理先生们便不能少发工资了吗?(纱厂盈余,除由上海董事会分配红利外,职员有红利,工人没有。工人薪资概由当地经理人主持分配的。)我调查的不确,本心君的辩白也未必真的;我总盼望郑州纱厂当局者凭良心作用来替我们解释一下子。宋仙,一九二一年,八,二二,在开封。"

（《民国日报》1921 年 8 月 28 日）

8 月 17 日 下午二时，与黄炎培、许建屏及赴洋学生等数十人，齐集南京路南洋烟草股份有限公司总发行所，由简照南总经理派职员李铁笛等引导，同往邓脱路工厂内参观。五时，简照南于新闸路住宅南园内设宴欢送并酬谢省教育会。先由简总经理起致欢送辞云："敝公司与照南慨国家之贫弱，人才之缺乏，于是有资送出洋留学生之举。本届选送事宜，幸承江苏教育会诸公代为办理，颇为完备。入选之士皆属一时贤俊，敝公司与照南与有荣光。今日敬备杯酒，藉谢教育会诸公之盛意，并为留学诸君前程远大预表贺忱。"次黄炎培、沈信卿、先生等均相继发言，"类皆策励各学生勉力求学之意，颇多恳切之谈"。此次考取学生有潘序伦、周厚枢、倪尚达等十名。（《申报》1921 年 8 月 19 日）

8 月 18 日 下午四时半，出席江苏省教育会、农业研究会欢迎各处职业学校实业学校代表，并欢送南洋兄弟烟草公司选送留美留学生茶话会。首由黄炎培致介绍词。先生、郭秉文、袁俶畲、贾季英等介绍各生，并请各生发表意见。次先生演说云："办理职业学校者，宜观察各地方之原料、人工、市场等情形之不同，而异其设施。万不宜抄袭成法，且择业宜审察学生之个性，工作之敏捷，省其无谓之动作，故甚望留学诸君须留意研究彼方之工场管理法，俾异日应用。"末由黄炎培发表意见："（一）希望留学诸君注意体育。（二）希望诸君赴美后多与国内教育及实业界通信，且云诸君如有委托询问事件，敝社等无不乐为调查答复。"（《申报》1921 年 8 月 19 日）

8 月 24 日 下午六时，出席江苏省教育会第二届年会聚餐会。此次聚餐会宗旨为"发展精神，联络感情，提倡高尚娱乐"。先生与俞振飞、受九组演唱昆曲，报道云"三位均精于音律昆曲一道，尤臻上乘。识与不识，均耳闻其名，不可不听"。次播放商务印书馆"所摄自编各种最有趣味之教育影片"，及武术表演。（《申报》1921 年 8 月 22 日）

8 月 25 日 下午五时，赴杜美路哥伦比亚乡下总会出席美国大学俱乐部欢迎新任驻华美使休门大会。到者有美国按察使、总领事、商会会长以及郭秉文、李观森、许建屏、索克思等约百人。休门与到会诸君谈话，"并举行跳舞，甚为欢畅。"（《申报》1921 年 8 月 26 日）

8 月 26 日 中午，出席上海总商会、江苏省教育会、上海县商会等九团体公宴美使休门。到者有上海美总领事克银汉、王正廷、聂云台、沈联芳、余日章等一百七十九人。聂云台读颂词，大众举杯祝福。王正廷演说云："此次休门博士来华，代表美政府为中国公使，于中美两国交谊，愈觉亲密。……虽然休门博士来华驻节，虽为中国政府，而实为人民一切。惟人民是瞻，则庶几其可矣。中国于欧洲和会之失败,亦即美国政策在和会之失败。此次美总统发起太平洋会议旨,在主张公理,裁减军备。其有成功者,其要点即在与欧洲和会性质不同也。中国将于此会议求伸公道,而于参入会议之前,自当首先整顿国内纷乱,此点虽觉难于着手,倘休门博士能于其间竭力调和国际上之和善,则太平洋会议定能得良善之结果也。"次休门演说云:"今日中国为世界上最要之中心点,予得派来华,殊属幸事。此后世界之和平视东亚为转移,而中国具有四万万智慧、勤俭而富有道德之人民,何惧中国之不能振作耶。……此次太平洋会议是中美联络感情极好机会,美国于此会议自然当以公正之待遇,维持中国开放主义。凡属有利中国者,自必竭力主张之。惟中国亦当有统一坚稳之政府为之后盾。此坚稳统一之政府,吾生即不能见之,诸君青年定能见之。"(《申报》1921 年 8 月 27 日)

8 月 29 日 发表《复陆友白函》,阐述华商纱布交易所试办买卖本所股票缘由。云:"股票本属指名证券,不入物品范围,专营物品之交易所而兼卖股票,湘玥诚不敢认为正当。尊函所述,极表同意,惟敝所今日所以未能免俗者,亦自有说,敝所自开营后,叠据经纪人公会请求,以物品交易所条例第六条,物品交易所,由中华民国人民以股份有限公司组织之,但应有当地同业行厂商号代表之人数,及股额五分之三以上。又同条第二项,物品交易所股份之转移,应以章程,按照前项规定限制之方法;其股份增加时,应有当地同业者有承受之优先权各等语。依此则本所股票若任令证券市场随意买卖,其结果势必多数股份全移易于非同业之手,其与上开法条立法以上限制之精神必至极端违背。因之请求提议,暂由本所自行移转等情,经理事会议决,金以该会请求,尚是顾全同业权利,维持立法精神,姑予照准,暂行试办。且俟大部买卖股票条例颁布后,再行照办,如有流弊,自当停止其买卖。此敝所允准暂行试办买卖本所股票经过之事实也。"(同日《申报》)

同日 黄炎培、沈信卿、胡适等在上海总商会谈太平洋会议事。黄炎培提议派先生、胡适为代表要求湘鄂停战。《胡适日记全编》云:"六时半,到上海总商会,赴太平洋会议的第二次会。他们郑重讨论沈信卿拟的一个不痛不痒的通电,说了许多可笑的话,如颜惠庆与伍廷芳的名次应该谁先谁后。有人说,打给北政府的电里颜为先,打给南政府的电里伍为先!大家拍手赞成!又议通电的前衔,一电称'北京大总统国务院'。一个称'广州孙中山先生、陈竞存先生'在报上则仅称某日分别致北京、广州一电,文曰:……! 大家也拍手赞成!我实在忍不住了。我要走了,又被黄任之苦苦拉住。我起来说了两件事:(1)上海有实力团[体]应该联合起来。要求湘鄂停战。(2)要求政府提议请美国延缓太平洋会议之期。黄任之起来说,"停战之议是极是极,我们即可以先发一个电报要求停战,一面说我们即派代表来面商,代表即请穆藕初与胡适之先生去"! 上海人真无药可救!后来他们议定明日续

开会，我就跑了。我再也不和他们胡缠了。（第 3 卷第 450、451 页）

8 月 30 日 下午七时，出席太平洋会议协会会议。到者有许秋帆、沈信卿、贾季英、严谔声、陈则民、黄炎培等十余人。沈信卿主席，议决致吴佩孚、赵炎午电，"劝告顺民意息战，一致对外。"次余日章"主张收拾国内外报章、杂志，对于太平洋问题之论述，以为研究之资料。"（《申报》1921 年 8 月 31 日）

夏 经毕云程推荐，邹韬奋入厚生纱厂担任英文秘书。后调至纱布交易所。邹韬奋《经历》云："我是在一九二一年毕业于约翰的。""在毕业前一两个月，毕云程先生对我说，穆藕初先生要请一位英文秘书，问我就不就。当时穆先生正在办厚生纱厂，不久正出了五万元资送五个北大学生出国留学，这件慨捐巨款乐育人材的事情，使我对他颇有好感。到厚生纱厂办事没几天工夫，穆先生创办上海纱布交易所，他自己任理事长，把我调到纱布交易所担任英文秘书。其实纱布交易所里面关于英文的信件很少，每天只翻译几页关于纱布的英文电讯，内容只是数目的变异，格式都是很呆板的。每月薪水倒有一百二十元，这在我这样初毕业于学校的小子，已不能算少。虽则当时交易所林立，生意兴隆，薪水比任何机关都大，我这样的薪水，在比较上仍是很平常的。"（中国工人出版社 2007 年 7 月版）

9 月 2 日 下午二时，赴香港路铁业公会出席民生纱厂创立会。先生报告该厂创办情形，并发表以后扩充营业及宣读章程。会议推举徐采丞为总经理等。公举李煜堂、张则民点验选举票，先生与聂云台、史量才、徐静仁等七人当选董事。胡笔江、陈子馨二人为监察人。该厂由史量才、先生等发起，徐采丞于去年赴德调查纺织事业，并购办机器各事。"现北苏州河之厂屋已将竣工，机器亦陆续装运到沪。约再一二月即可开始工作。"（《申报》1921 年 9 月 3 日）

9 月 3 日 出席总商会第十八期会董常会。议案：①全国商会联合会议案。决议九月二十一日开幕。②购置外货样本设立研究室案。③入会案。④借用官防案。⑤重要文电报告会董办法案。盛丕华提议，"本会所发重要文电，会董多未知悉，致外间质问往往茫无以对。究竟此项文件应否由会董同负责任，此须负责似不能不与闻。"先生云："重要文件本无一定界限，往往在有利害关系之一方视之为极重要，而在无利害一方即视为极其寻常，故欲实行参与，必设立所谓驻会办事方能贯彻。去年商会初改选时颇有人力主此说，嗣后即自行打消。盖各因自身兼数职不易实行也。"又云："鄙人系办有纱布交易所者，宜于此中情形较为熟悉。然沪上究有交易所几处，某人是否参与组织某所，亦苦无从究诘。况商会会董会员有四百余人之多，有时根据职权依法建议，决不能事前遍征同意，询其有无连带关系，此层似应彻底谅解。""议决嗣后文件、电报，无论系答复抑自动，均应一律刊入报告，于常会前分送"。（《上海总商会议事录》）

9月6日　出席华商纱厂联合会第十一次董事常会。到者聂云台、杨翰西、徐静仁、荣宗敬、郑培之、刘柏森、薛文泰等。议事六件。(《华商纱厂联合会季刊》第三卷第一期)

9月8日　赴一品香出席江苏省教育会、上海总商会等十九团体欢迎美国哥伦比亚大学师范院院长门罗(孟禄)博士。郭秉文主席。门罗演说《教育与实业之关系》云:"今日对于教育与实业之改进方面,尤不可不稍详论之。愚意可得三点:(一)加增人胜万物之能力。此与实业发展最有关系,如利用机器以代人工,则一几而数人,数十人,数千百人可省。其为用,亦伟矣! 虽然徒知重此项物质文明,而不注重道德之原理,其危险亦随之而生。欧战是其例也。(二)合群互助。人之能力范围,固有逐渐推广之倾向,然同时应加增互助之精神。于实业,然于政治等亦然。否则互竞能力而不能互助,亦欧战之所以起也。(三)发展个人之人格。以利己利群,此当特重。教育盖个人之人格,不立不发展则无益于己,无益于群,此不易之理也以。"(《申报》1921年9月9日)

9月15日　中午,与沈信卿、穆杼斋、黄炎培于大东旅馆设宴,欢迎蔡元培从欧美考察教育归国。蔡元培致答词云:"此次檀香山之太平洋教育会议,……吾人须悟此种教育会议,尚用政治手腕。至于纯粹政治之太平洋会议,即将在华盛顿举行者,人之諸我,益可想见矣。深愿国人猛省,速谋统一,毋贻人之口实。"在座者相继发言。约三时而散。(《申报》1921年9月16日)

同日　下午四时,出席太平洋会议协会常会。黄炎培报告蔡元培意见云:"全国教育会亦定于十月十日在广东开会。最好乘全国教育会未曾赴粤以前,先行齐集沪上,与全国商会共同联合讨论太平洋问题。此种职业团体联合之意见表示,比较上可谓民意之表现也。"次先生报告云:"此事原拟请四人赴美,一为聂云台、一为张公权。两即余、蒋一君也。嗣因云台以万不能离沪,而公权亦不愿赴美,故暂定请余、蒋两君前往。至赴美费用,当推员募集,决不能受任何方面政府一文之津贴。"黄炎培云:"驻美公使施肇基曾三次电致余君,请其担任太平洋会议秘书。而北政府方面亦曾电请余君为出席代表,余君均拒绝未往。盖余君雅不欲为政府之代表。然代表国民则或为余君所愿,蒋君亦曾声明决不肯受政府之任命。故两君赴美纯粹以国民代表资格。"议决由到会之团体先行签名,再函知未到者征求同意。(《申报》1921年9月16日)

9月23日　江苏赈务处开预备会,先生等被推为干事。总干事严财厅长报告:"本省设立赈务处,得两长主持,官绅协赞本系合议性质。上海为巨公富绅荟萃之区,似应分设一江苏驻沪振务处,拟请冯梦华先生总其事,并请素有名望绅商为干事,分任劝募,冀集巨款。"经讨论后公决,定名为江苏赈务处上海筹赈分会,推冯梦华为主任,聂云台、顾馨一、黄炎培、穆杼斋与先生等为干事,并推严财厅长、张实业厅长赴沪,会同许交涉员、陶江海关监督柬请在沪官、绅、商、学各界筹备积极进行。(《申报》1921年9月25日)

8月、9月 先生为南北和谈"奔走"。(汪精卫1921年12月27日致黄炎培函,《赵凤昌藏札》第219页)

9月 复新任陕西督军冯玉祥函,指出"治陕大计"在于"兴筑马路以便交通",并就农业发展各事提出建议。全函如下:

> 今日治陕大计,莫如利用工兵,率无所事事之人,兴筑马路以便交通。交通便利,则土产易于输出,而农业自进;机件易于运入,而工业自昌;匪类难于匿迹,而商业自兴;并宜奖进棉产。世界有缺棉之感,国内尤甚。陕省宜棉,出数且倍于湘鄂。渭河流域,所产之棉,尤驰名远迩。惜七八年来,农民受秕政之累,不遑宁处,风声鹤唳,流离播迁,种作不措意,而棉质乃日趋于恶劣,陕棉声价,因之堕落,不得不急图补救,移植良种。一方面奖励植棉,一方面禁种罂粟,其种罂粟之田,改种洋棉者,特奖也。(《植棉改良浅说》五版已罄,六版甫发刊,印出即寄奉也。明春需用美棉种子若干,望年内早日揭数示知,俾便早日预备,免播种愆期)。又陕省皮货,驰誉海内外,亦占出口货中重要地位。巩固原有之生涯,增进远人之信向,则畜牧业之提倡策励,实未可以稍缓。查陕西农产品,以渭汉两流域为最富。北为高原,遍植麦、豆、高粱、玉蜀黍、烟草、苎麻(按粗麻制袋,细麻制葛,境内童妇,可使生利)。渭河附近平原,则产物尤富。除上述各物外,第一特产为棉,已如前述,余则为米茶,而蚕桑之利亦溥。此外又盛产工业原料之宗桐,以及红枣、橘、柚等,多种果品。内中如桑蚕、柞蚕,及茶叶,大利所在,殊能吸收海外金源,尤宜积极策进。又漆树、柏树,产量亦丰,故陕省制漆、制烛两业,驰名全国。此外如潼关锡器,赤水竹工,均为著名作物,大宜输以新智,放厥故步。举凡原有之生利事业,力使精进,待举之有望事业,陆续振兴。如先哲管子所云:"授有德,以措国于不倾之地;务五谷,以积于不涸之仓;养桑麻、育六畜,以藏于不竭之府;顺民心,以下令于流水之源;俾人民各尽所长,以使民于不争之官;严刑罚,以使民远邪;信庆赏,以使民效忠;量民力,使事无不成;不强民以所恶,使诈伪不生;不苟取一物,使民无怨心;不欺其下,使民爱戴。此寥寥数言,施之任何疆域而有效之,施之今日之三秦,其奏效之神速,可无待蓍蔡,唯将军其图利之。玥草草劳人,承受垂问,未克有何贡献,且业缚重重,不能遽离职守,虽私衷耿耿,向往时深,而年内恐不克如愿。但一得可以分身机会,敬当趋前展拜,藉伸贺悃,并以扩我见闻,参观仁政也。

（《文录》下卷，《文集》第148页）

9月 昆剧传习所①开学。所址设苏州城外五亩园，聘孙永雩为所长，全福班演员沈月泉为大先生、沈斌泉、吴义生、高步云、许彩金、尤彩云、施桂林、陆寿卿等先后任教。开办前三年共招收清贫子弟四十余人入所授业（授以"传"字辈三十九人——编者注），苏州有顾时雨（传玠）、周根荣（传瑛）、周根生（传铮）、沈葆生（传芷）、施培根（传镇）、倪筱荣（传钺）、郑荣寿（传鉴）、赵鸿君（传珺）、姚新华（传湄）、王森如（传淞）等三十余人，上海孤儿院院长高砚耘送孤儿邵金元（传镛）、唐巧根（未出科除名）、黄锡之（未出科劝退）等六人。先生为传习所制订"文明办学"方针，即不同于"科班"，亦不同于"学校"；即保留了老戏班传授徒弟的一些传统，又较为开放、民主。开设文化课，先后聘周铸九、傅子衡为国文教师，又从河南请来拳师邢福海，教学员少林拳术，锻炼身体，增强体质。传习所还根据先生提议，每个学员必须学会吹笛及演奏其他某种乐器，万一今后不能唱戏，可在本班或其他戏班充当"场面"（今称"乐队"）。先生每月承担所有开支六百元，前后共支出五万元，至1927年止。（参见洪惟助、蔡登山主编，朱建明编著《穆藕初与昆曲——民初实业家与传统文化》，昆曲丛书第3辑，秀威资讯科技股份有限公司出版，2013年10月；桑毓喜《昆剧传字辈评传》）郑传鉴《昆剧传习所纪事》一文云："第二天俚带我去考试。主考老师问我学过什么？我说学过评弹，老师叫我唱几句，我就哼了几句，并用苏州中州音念了几句说白：老师又叫我学各种笑，我就用评弹中的各种笑声学做一遍，老师说很好，就将我收下，伲娘也蛮高兴。后来老师拿出一张关书，要伲娘画押，娘看勿懂关书中写些什么，表兄听了老师解释对伲娘说，小图在传习所里读书三年，帮唱二年，②以后才能独立；读书、帮唱期间，要按照传习所的规矩去做，违纪退回。伲娘连声说好，在关书上画押，从此我就成为昆剧传习所的学员了。""传习所作台一共有四张，头张老师是沈月泉，因为俚是大先生，头张当然由他坐；二张老师是沈斌泉；三张老师是许彩金，后是吴义生；四张老师是高步云，后是尤彩云。我被安排在第三张作台习戏，同桌的有顾传玠（后至沈月泉作台）、王传蕖、顾传澜、龚

---

① 吴新雷《情系"传"字辈——纪念苏州昆剧传习所成立80周年》一文认为昆剧传习所最初之名是昆曲传习所。1921年8月传习所正式成立时，请道和曲社社长汪鼎丞题写"昆曲传习所"班牌。1922年2月穆藕初接办后，请俞粟庐题写班牌"昆剧传习所"，以后由此定名。吴文所提到汪鼎丞题写"昆曲传习所"班牌并无实物佐证，迄今为止也未有人见过，编者认为吴的考证结果不符合历史。"昆曲传习所"并非实际名称，而是当时说法上不严谨造成。

② 郑传鉴于1921年10月入昆剧传习所学习，"读书三年，帮唱二年"与贝晋眉《苏州昆剧传所和曲社》一文所提"五年毕业"学制相符，说明昆剧传习所开学之初即按照穆藕初倡议行事。由此亦可证明穆藕初是昆剧传习所创办人。

传华、屈传钟、唐巧根（未取得传字艺名）、施传镇、倪传钺等。坐科三年。每天早晨起床有打拳课，老师是河南人邢福海，由穆藕初请来，穆认为，年青人学的武术有好处，一可以防身，一可以保持优美体型。国文老师先是周铸忆，后是傅子衡。学员分甲乙丙丁四班，我由丁班升到乙班，念到高小语文。开头学《大赐福》，唱'雨顺风调'，戏中的[醉花阴]为散板，[喜迁莺]为上板，[刮地风]为三眼板、板式比较齐，学会这出戏，能唱各种板式。《大赐福》出科后经常演。《上寿》主要为流水板，每句都有'有'字，吹打曲牌有[水龙吟]、[将军令]、[一枝花]、[傍妆台]等。学员都学吹云锣，云锣的管子是竹子做的，很长。作台由两张八仙桌（方桌）拼成，左右两面各坐四人，上首为老师座位，下首坐三人。如果十二人就加一张凳子，学员座位没有讲究。顾传玠坐右首第一位，是第二位，这个位置是我自己坐上去的，也没有人来与我争。老师教戏，开始时读曲本，要我们背，背熟后上板唱曲，老师手拿七八寸长的戒尺，按节奏敲击台子，学员唱错，老师会将戒尺重重敲击台子，嘴里喊：'唱错哉，重来！'学会了，老师吹笛，学员跟笛唱，每次起码三遍。唱过三遍，要我们一个个独唱。每个演员都要学会吹笛，轮流为其他学员唱曲吹笛。所以传字辈都会吹笛，吹得好的有顾传玠、朱传茗等，老师就经常叫他们带领演员唱曲。老师对唱曲有严格要求，唱南曲不许出 4、7 两个半音，老法称凡，乙，现在的创作改编剧目中，南曲也有用 4、7 音，但在过去绝对是不允许的。吹笛，乙字调最难吹。倪老师吴义生教戏相当认真，一丝不苟，俚没有家小（家属）住在传习所中，与演员朝夕相处。俚有三样嗜好：鸦片、水烟、老酒。俚吃鸦片与人不同，有自控能力，不多吃。买来鸦片规定吃几天，所以人弄得蛮清爽，钱也化得不多。不像有些上了瘾的鸦片烟鬼，一发作就洋相出足，人弄得邋遢，钱都化在这上面。吃水烟也有控制，每天四小时课，吃三至四张烟叶，不多吃，也不少吃，吃光下课。老酒喝白酒，过去称高粱酒，每天二至三两，每瓶酒吃三至四天。下午一点钟上课，吴老师准时到来，穿一身长衫，哔叽裤子，一双硬底布鞋，（俗称响皮鞋）走路发出咯咯的响声，手里拿根戒尺，夹着曲本，目视前方、款款走来。他没有手表，看太阳的位置确定时间。上下课校工会摇铃。吃饭一桌七至八人，每桌有一个领膳人，由年长学生担任，俚说动筷大家才能吃饭。小菜先上素菜，后上荤菜，吃第二碗饭时才允许吃荤菜。吃红烧肉、每人一块。王传松吃菜动作快，领膳的人才说吃肉，王就将肉夹起，做个怪脸，将肉放进嘴里。每天有个值日生，俚的任务发草纸，供上厕所用，还督促大家，做好宿舍里的卫生。传习所挑选演员是很严的。生理上有缺陷的人是不能进所的，如招风耳朵、塌鼻头、斗鸡眼（斜视眼）等。也有例外，方传芸有斗鸡眼，但进所后进行正视练习，加上经过化妆，上台后观众看不出他的眼睛有病。也有人生得蛮像样，一表人才，但缺少艺术天赋，这样的人也不适宜当演员，如上海孤儿院来的孤儿，有几个就是不会演戏,横教竖教教不会,后来被辞退回去。"(蒋锡武主编《艺坛》第一卷)倪传钺《往事杂忆》(唐葆祥整理)云:"昆剧传习所的性质是培养演员的伶工学校,当时为何不称'学校',而称'传习所'?据我了解,新办一所学校需经当局有关部门审批,而昆剧传习所很简陋,无论从校舍、教室、师资、规模等各方面看都是不够条件的。而'传习所'是一种通行简便的形式,例如,当时一些工艺、手工业都办了各式各样的'传习所'以传授手艺,培养接班人,这类'传习所'都不需当局审批。因此,昆剧传习所的发起人就沿用了'传习所'这个名称。昆剧传习所所址在苏州城北桃花坞五亩园内。五亩园是一所私人的园林,面积并非只有五亩,而有数十亩之大,本是贝晋眉家的产业,有一部分房屋作殡舍用,名谓'轮香局',专门停放棺材。按旧俗,人死后不能'热葬',棺材需停放三年,才能落葬。贝晋眉也是苏州昆剧传习所的发起人之一,他将五亩园的一部分房屋,约有十数间,无偿借给昆剧传习所,作为校舍之用。昆剧传习所的招生,虽然在大街上也贴了几张广告,但我们这些学生大多不是看了广告才去应试的,而都由熟人介绍进所。沈月泉是所里的'大先生',他就带来一批人,为他的儿子沈传芷、沈南生以及他的亲戚张传芳、邻居华传浩、王传淞、包传铎等等。我与顾传玠是小学同学,家也住得不远。顾传玠是通过他父亲的朋友介绍进所的,开始我不知道,过了些日子,怎么老不见他来上学,一打听,原来他去了传习所。我原打算继续读书,但父亲早前去世,家里经济困难,听说传习所不收学费,还供膳宿、理发、洗澡、学习用品等,即使将来不唱戏,学会吹笛,也可当个小堂名,有口饭吃。于是,通过顾传玠的父亲将我介绍进了昆剧传习所。学员中数沈传芷的年龄最大,十六岁,王传淞次之,我十四岁,还有十一二岁的,如张传芳、华传浩等。学员进所的时间也不一,方传芸是过了两年才进来的,吕传潢最晚,他是1926年我们在上海实习演出时才进来的。学戏分四张作台,由沈月泉、沈斌泉、吴义生、许彩金四位老师分别教授。高步云是月泉先生的学生,协助先生授课。第二年,许老师病退,由尤彩云老师接替;不久,高步云也离开传习所到其他地方去了。至于如何学、学些什么,许多师兄弟都讲过了,我就从略。我先是在斌泉先生那桌,后来分行当时,我被调至吴义生先生一桌。学员调整作台,是很平常的,如顾传玠原在吴老师那桌,后调至沈月泉那桌。我们的主课—学戏安排在每日下午,上午先是练功、学拳,然后上国文课。由于学员的文化程度不同,因此文化课分班教学。第一年国文教师是周铸九,年纪很轻,原是小学国文教师,因此他也用小学用的国文课本让我们读。第二年国文教师换了傅子衡,他的国学基础好,就不用学校用的课本,而是根据学生不同的程度选一些教材,如《幼学琼林》《古文观止》以及曲文等。傅先生还教我们书法,先写描红簿,后写印格。我喜欢写毛笔字,所以傅先生很喜欢我。傅先生布置的作业除每天写一些毛笔字外,就是让我们用毛笔字抄剧本。后来沈月泉先生见我毛笔字写得不错,就把曲友请他抄写剧本的差使交给我,换二十九个铜板,而买三个铜板的酱菜可佐十来天早餐,因此一角银毫很能派些用场,我的零花钱都靠此项收入。"(《传薪千秋——倪传钺教学研讨纪念文集》,中国戏剧出版社 2009 年 11 月)

9 月　慎昌洋行西人与先生谈奉天财政厅欲办纱厂,请先生与华商纱厂联合会洽谈。9 月 21 日,华商纱厂联合会致函奉天财政厅云:"据敝会董事穆藕初先生来会声称,本埠慎昌洋行西人述及贵厅为振兴辽东棉业起见,拟创办纱厂一所。并承不弃在远,拟与敝会沟通声气等情。窃查敝会创设之旨即在振兴国内棉业,故对于新设之纱厂靡不竭其智力,互相提携。以后贵厅倘有见教之处,极所欢迎。敝会并印有《季刊》一种,意在冀其一得之愚,以灌输纺织学术。每年四厚册,连邮一元二角。贵厅倘需用此书,希即见示,以便奉寄也。"(《华商纱厂联合会季刊》第二卷第三期)

9 月　中华劝工银行总经理楼恂如为先生推荐到行者复函先生。函云:"令友张则翁介弟蔚农君,既承介绍,自当勉为位置。惟现下此间筹备伊始,事尚简单,应请张君暂缓来行,一俟开幕有期,即当备函敦请,兹特先行奉复,藉慰拳拳推毂之意。"(底稿,上海中华劝工银行档案)

10 月 10 日　发表《时报》新屋落成贺辞。云:"民间疾苦,谁宣达之;政府措施,谁督促之;教育实业,谁鼓励之;人间正道,谁发挥之;曰惟赖国内几张有价值之报纸。今者,国力不足,民生艰困,道德堕落,是非混淆,国内纷扰,邻邦压迫,无往而非漂黑力所浃漫。所恃以为一线光明中,扶植民权,恢张国力,使风雨势摇之国家渐渐进于轨道之扶者,曰惟恃国内几张有价值之报纸。不为威慑,不为利诱,本良心之主张,作国民之喉舌,此记者诸君之天职也。我国方来之新命运,将由是百折不回之精神,以造成之。今日大报新屋落成,循例应进欢庆辞,第由前言之,更有胜于今日千万倍之欢庆者在,是则今日所表欢庆之微意,犹之沧海之一沤,未敢铺张扬厉,以掩期望于大报方来之本意焉。"(同日《时报》;《文集》第 175 页)

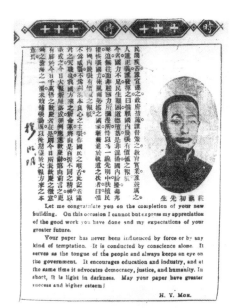

《时报》刊登穆藕初贺文影印件

10 月 12 日　下午二时四十五分,赴上海总商会议事厅出席全国商会联合会与省教育会联合会第一次联席会议。到会者有十四省与三个特别区代表,共七十余人。讨论余日章、蒋梦麟两人代表联合会赴美宣传民意案,先生云:"会期已近,经费募集为难。即余、蒋两君在十五号出发以前,最少须募得六万元至十万元之数。九团体方面本拟请四人赴美,聂会长亦其一也。嗣因种种关系未果,将来如有机会多派人去,自属更妙。"付表决多数通过。又议"关于太平洋会议提案"、"关于整理内政之提案"、"本联席会议宣言"等。(《申报》1921 年 10 月 13 日)《自述》云:"是年华府会议,国民拟派遣代表监督政府代表,期辅助所不及。唯经费浩繁,款无所出,余不自量愿告奋勇,当即邀集银行、教育、实业各界中热心同志,即席认定经费八万元。而国民代表二人,余君日章、蒋君梦麟,于阳历九月十五号(误,应为十月十五号——编者注)首途。"(《文集》第 31 页)

同日 下午六时,赴大东旅社出席九团体设宴欢送余日章、蒋梦麟代表。先生致词云:"今夕欢送余、蒋二君,实则吾人非仅一送即可了事也。浅言之,如放风筝然,愈期其高翔,愈当备其线索,否则殆矣。自今夕始,吾人当愈知仔肩应担重责,大事之不可以一二人了之,财力尤其在次,此后吾人当力引太平洋会议及种种事为己任,共同组织坚实有力之团体以进行,现在尤当每日有各种材料报告于余蒋两君,如何如何,愿共图之"。(《申报》1921 年 10 月 13 日)

10 月 14 日 与张謇、王正廷、袁希涛、聂其杰、陈辉德、余日章、严家炽、钱新之、荣宗敬、江谦、沈恩孚、黄炎培、蒋梦麟、任鸿隽等联名致函齐燮元,谢齐氏为东南大学图书馆捐款。函云:"东南大学创立伊始,经费奇窘,以是对于学生最为需要之图书馆,估计十余万元,无款未能兴工。謇等谬承教育部聘为大学校董,负有辅助之责,正拟筹募捐款,从事建筑,适接校长郭君秉文报告,敬悉。此事已蒙麾下禀承太翁孟芳先生慨允,撙节廉俸,独力陆续捐助,东南学子,咸受沾溉。闻讯之馀,曷胜钦感。用肃专函,借申谢忱,幸希垂照,并请转陈太翁。"(《蔡元培全集》第十一卷《书信》)

10 月 15 日 下午四时半,赴新关码头欢送余日章、蒋梦麟赴美。群众高呼"国民代表万岁","中华民国万岁","世界和平万岁"口号。同时有花炮鸣放。(《申报》1921 年 10 月 16 日)

10 月 17 日 患痢疾,绵延至六十日,病几不起。后经牛惠生医生治愈。① 《自

---

① 穆伯华《先德追怀录》云:"民国十年辛酉一九二一年,我父四十六岁秋某夜,我父进宅门后更夫照例出去,见汽车夫已将汽车停妥在车间内。更夫对车夫潘阿根曰:'有二个男客跟老爷进宅中,内中还欲送客,为何把车子停妥?'车夫曰:'只有老爷一人,没有客人同车来。'更夫说:'我看见二个男人跟在老爷后面一同走进宅内的,你不信我与你进去看。'二人乃行至内外花园中间之铁门处向内观望,只见卧室电灯已熄,客厅之百叶窗缝隙亦无灯光射出。车夫曰:'老爷已安睡,没有客人同来,你见鬼。'九月十六日,我父患痢甚深剧,多日来未愈,几至不起。家中仆人及行车中工役学徒等数十人交头接耳,传更夫见鬼事,独不敢告我母。待我父病愈后,更夫、车夫方以此事经过为我详述之。"

述》云：“翌日，召集昆剧界同志，开曲会以娱乐。不意当晚即患来势甚重之痢疾，绵延至六十日，病几不起。痢止后，又静养二月，方能勉力外出，料理厂务。余虽病甚，然实际上得无穷之教训，于余之见地上、精神上，宛然别辟一新领域。塞翁失马，焉知非福，观此益信。当余之初患痢也，因久未抱病，甚忽视之。初被某中医所误，谚谓‘吃不煞的痢疾’，痢疾发后仍健食，余性又饕餮，询之医生能食何物，即畅食之，而不知病之加重也。后请某西医诊视，亦无效。不得已入某医院，而所得之经历竟有不能不为我国人痛哭流涕而道者。余患痢疾，照西法应每晨洗肠。第一日侍者代余洗肠，觉水太凉，甚不适意。次日又代余洗肠，而皮带中水未注满，中间存有一部空气，余纠正之并教以水平线之理。第二日水仍太凉，嘱来日易较暖者。后日水太热，几使余不能承受，余即告侍者今日水太热，侍者傲然答曰：‘君嫌水太凉太热，真难服事矣。’余询以用水应取几何之热度，渠答不知。忽一晚，半夜时又来一侍者，开门入，为余生火炉，其人甚粗卤，声大震耳，令病人难堪。余询以深夜何故作大声？彼即答：‘为君生火炉耳。’余曰：‘余并未嘱汝来，且余并不觉冷，生火何为？使余不能安眠。’彼即厉声答曰：‘此余分内事，不干汝事。’余知难以理喻，即以被掩耳而卧焉。又患痢疾最忌油腻之食物，而医院中所备之菜花汤，以及其他调胃之佐食品，竟均有油沃出，余初不知油腻之应忌，放胆食之，病势逐渐加重，余大恐。时适组织留美同学会，拟借余所创立之某银行余屋作会所。余久不赴会会议，各同学念余甚。留美同学牛惠生医生，从百忙中抽出一部分时光特来视疾，见余所饮之汤，油腻甚重，牛君怪而询之，余告以此医院中常进此种油汤，牛君详告余患痢者之所忌，及调摄方法。余知彼医院将误我大事，即毅然出院，回家调养，即敦请牛医生诊治。牛医生妙手回春，此大病竟赖以迅速治愈。后从友人处得悉，该医院待遇病人，往往非常漠视。对于病人非但不尽心服事，且甚至于对彼苦楚在身非常柔弱之病人，有施其诟詈、呼喝之横暴行为者，其去慈善之本旨也太远矣。余对于此次生病之经历，有两重之感想。世人谋事，往往仅为糊口计，丝毫不知服务之意义。医院仆役之一切举动及服务性质，较之其他仆役为独异。医院中合格之仆役，当经过多日之训练，严格之剔选，更加以随时之督率，始能裨益病者，增高院誉。如有不合格者，不当一日容留，以垂恶范。且院内仆役，万不应由高级雇员及其他有权力者，任便汲引，以致下劣之人，有恃无恐，损坏院规，甚至互相勾结不可收拾，此医院之兴替存灭问题，主持院务者，务必特加注意。即出资赞助者，以及当地智识阶级中人，亦应为之纠正，不能充耳不闻，任凭无知无识之徒，厕身慈善事业中，流毒社会也。再吾华人与西人之气质迥乎不同，医治调养方法亦应酌量变通，以求合宜而收厚效。西人极重研究，理想与事实融通处多，扞格时少。唯西人而在吾华有所设施，切忌因粗知吾华语言文字，即认为万能，轻行武断，误听传译，每一举措，动多隔膜，盖因文字、言语、风俗、习惯乃至其他种种，均有不能径情率意一例而推之势。其昧乎此旨而自作聪明者，每致动多遗憾，亦无怪其然耳。办一小小医院尚如此，何况国家大事。观某医院主持者不得其道，致悍仆使性，使院务日趋于悲境之一事，令余起大觉悟。中国事业须由中国贤有才者整理之，若外人越俎代谋，定无良果。余深愿我国之办慈善事业者，及借外力而办国事者，及早彻底觉悟也。"（《文集》第31页）

调养时，先生结合回国后七年经历，得三感想。《自述》云："余于此七年中奋勇任事，除注力于建设外无他观念。迫病后调养时，使余于冷静中悟往日之非，而起三感想。（一）一人之精神才力至有限，支撑危局，并应付多方面，力求一一无遗憾，奚能以妙应于暂时者期之以久远？若不早为之计，储备人才，事业何能固定。人才为事业之灵魂，故物色人才与善用人才，实为事业家首务。才既属我，使各尽所长以治各事者，莫妙于施行将将法。（二）社会需求至无限，一人才力至有限。以有限应无限，何往而不穷。故用少数才力以治多事者，不如集多数才力以治一事。（三）人生不过数十寒暑耳，生老病死为一切生灵不能避免之境界。壮盛时代固宜努力建设，为群众开生活之源；不惑之年，即须离欲摄心，为世界息斗争之祸。励行自度度人之事业，则宗教之推行尚已；开究竟觉悟之路程，则佛化之宣传尤要已。"（《文集》第36页）

10月21日 全国商会联合会召开第九次大会，十一省代表三十八人出席。审查各案，提出报告研究。各股分组审查，先生为"定联合会地点审查员"。（同日《申报》）

同日 与聂云台、钱新之、陈光甫为美国旅沪公学募捐建筑事发表致本埠各业代表函，表示"协助"。函云："本星期美国旅沪公学募集建筑费，计银一十五万两，限于一星期内收足。该校系专为美国孩童而设，故募款亦不向非美国人征集。惟是弟等窃念中美交谊素称亲睦，美人于我教育慈善事业所费何止数千万金。即以日前开幕之北京协和医校论，已费一千万元。去年北省旱灾，美国捐款亦达千万以上。清华学生在美者数百人，美教会在各省所建大学多至二十余处，中小学女学更无论矣。此次募款我人事前初未注意，仓卒之间，断不能集巨款。然我人热心不妨略尽绵力，以表示协助之诚。"（《申报》1921年10月22日）

10月 发表《太平洋会议之参考资料序》，指出太平洋会议关系我国生死存亡，应"力谋英美之携手"，揭露日本侵略我国"足以危及国际间之和平"。云：

我东邻日本之用心，其周且密决非我国政府之比，对英则力求其亲善，对美则力求其谅解，对我则力试其诱惑。日英同盟之延期一年也，雅迫岛问题之解决也，山东问题之提出要求直接交涉也，皆彼之所以预为地步求胜于太平洋会议者也。而我则如何？举棋不定之政局，政府自身日在飘摇风雨之中，群逐逐于己身之权位问题，焉知他人之将宰割我也。我为此言，非欲以灰我国人对于太平洋会议之热望与同情也，正以太平洋会议为我国生死存亡之所系，不可不慎重讨论，慎重提案，以免蹈巴黎和会之覆辙也。此届会议，关于我国问题以英美日三国关系为最切，美与日为对待，而英为日之同盟国，在我万不可提出有损于英之体面或利益之问题，以伤英之感情，以坚英日之联合。不但对英，即对我东邻之日本亦万不宜以控诉态度诉其罪于太平洋会议，以求其审判。在我个人私意，我国对于太平洋会议之第一要着，在力谋英美之携手。英日今后如再续盟，其目的必在对美，英美若能携手，则日英同盟延期至明年七月自无正式继续之必要。英既有脱离同盟束缚之意，自无助日之必要，于是我可以至诚之态度，恳切之言语，陈说我国与国际间和平之关系，及某国侵略我国之行为足以危及国际间之和平，于是提出"我国政治的独立与经济的独立"之议案，以求列国公道之承认。果能如是，则我国之一线命脉尚可继续保存，以谋逐渐之发展于将来。此我个人对于太平洋会议之意见也。邦人君子，或不以为陋而有所采择，则幸甚矣。

(项衡方编《太平洋会议之参考资料》，1921年10月初版，申报馆发行；《文录》上卷，《文集》第114页)

10月 发表《中国实业进行滞缓之原因》一文，分析我国实业滞缓原因有只求近利、目光短浅、学非所用、多企业无实业，强调"增加智识"，"提倡实业教育"是培本之法。摘录如下：

一曰只求近利。古称戎狄之师，胜不相让，败不相救，我国商人情都类是，每有微利可图，则群起拾抉，奸伪贪诈，恬不为怪，人方精益求精，而我乃得过且过，甚且冒牌戳影，视同固常，徒见目前之小利，而不顾信用之丧失。茶业一落千丈，职是之由。迨事后补救，大势已去，亦已无及，言之可痛。吾国出口货荣誉之扫地，半因于此。

一曰目光太近。古人言："植果之利五年，植木则倍之，而所获则三焉。"夫汲深必须绠修，徐行方致远，故近世实业家，往往有以至微之资本经营历一二十年，遂成伟大之事业，盖积愈久而利亦愈厚。今之资本家昧于此义，甚有朝投资而夕即责偿者，责偿既勤，获利自菲，一遇缓急，易致竭蹶之象而贻瓶罄之羞，是所得且未偿所失，然其足为实业之障碍莫此为甚。至于办理实业人士，又多喜逐步效颦，乏创造开拓之能力，拘局于一隅之见，不能移其目光于全国，故其范围小而获利亦不大。深愿全国人士协力同心，通盘筹划，为有条不紊之组织，以开拓吾国固有之富源，而杜塞无穷之漏卮焉。

一曰学用不相称。今之办事者无不曰人浮于事，谋事者无不曰谋事非易，然就余数年办事之经历而言,深觉此种论调似有未当之处。尝私谓吾国今日非人浮于事之患,人多而不敷应用之患;非谋事之非易,而谋事者存侥幸苟得之心,故遂觉其非易。夫就职任事当循序渐进,学识自能与经历并增,此古人所谓大器晚成也。而今之为事者,大都但求增进其地位,而不知自审其学力,其所希望者恒逾其学力之所胜,是以每有创建辄以环顾知友中无人胜任而中辍,非果无人胜任也,能胜任者愿已不止此矣。此种躐等而妄希非分之心非特足以偾事,亦且戕贼人才,使之不能诣乎深造之域,其阻碍实业之进行也实甚。

一曰多企业而少实业。企业为辅助实业之事业,苟能运用得宜,自能收指臂相维之效。实业者产生之物品,全赖企业者为之先导,而尽其宣泄之妙。惟是所须分量,当与实业相称,否则恐慌立见,而市面且为之纷扰不宁。吾国办理实业人士,大都寡于经验,短于识见,故往往专重企业。方曩岁匹头一业,因先令之骤缩而失败,几至牵动大局。近日交易所、信托公司之风起云涌,识者以为将蹈橡皮股分之覆辙,诚非过虑之论。非企业之不可经营,特今日之经营企业者大都以身家生命为孤注之一掷,又无商业之智识以为之辅,而办理实业者亦咸以其所办事为企业之投机,舍本根而谋枝叶,长此不已,何堪设想。此则不能不望吾国实业界之谨慎将事者也。

以上四端,均为吾国实业进行滞缓之因,而其病则深中膏肓,非如军阀武人政客议员为害之仅及腠理也。夫病宜求其所由,不外乎缺乏工商业智识而不肯安乎其位之故。以今日交通便利,万国辐辏,商业情形,一瞬千变,经营实业者当放其目光于世界,然后能知彼所嗜,投彼所好。否则人步亦步,人趋亦趋,彼已占其先著,我方随其后尘,复何能立足于商战之场。故增加智识,为今日办理实业人士惟一之要图,而提倡实业教育,沟通实业与教育之界线,此则余所持以为培本之法者也。

(《文录》上卷,《文集》第95页)

11月18日　留美同学会集会,先生因病未莅会。议决:①组织留美同学会。②设立会所。③定入会费洋卅元,会费每月五元。④举定会章起草员、会员干事员、会所干事员等。先生被推为会员干事员。(《申报》1921年11月21日)

11月中旬　黄炎培出席广东召开的全国教育联合会第六届大会后返沪。受时任广东省教育局长、广东省顾问汪精卫之托,黄炎培访先生,转达汪对南北和谈看法。12月6日,史量才、黄炎培致函汪精卫云:"精卫先生左右:弟炎南归,将尊意传语藕初及弟修。适藕初卧病,弟修返里,未获进行。旬日前弟炎先上一书计邀詧及。昨张謇老来沪,会于赵竹老所纵谈时局,感于外交消息、金融状况种种危机,非依前此弟等与公在沪所谈从速进行,更无下手方法。间弟等缕述尊意,尤为感动。时在座者啬老、竹老、张仲老及刘君厚生、沈君信卿，唯藕初因病未到。会谈之结果，由修草拟进行办法五条，具如别纸，如公赞许，同人愿尽力向彼方接洽，且已有人担任专往接洽，深信彼方必能谅解及此。用特专使费送南来，请公鉴核察，鹄候复教。如公以为宜将此意先陈南中省局，悉后尊裁。敬颂道安，祗盼惠复。弟家修、炎培同启。啬老、竹老、刘、沈诸君属致意。"附进行办法："一、两方为解决国是，不涉个人问题。二、国事未解决以前各守现有疆界，不相侵犯。三、国是未谈以前两方各尽力内治，如军政、财政、民政、治安、教育等，互相监视，以立他日各省模范。四、两方各派无政权关系而亲信者二人，并合选与两方无关系而平时不涉政界者二三人，设一国是解决委员会，详细商订解决政局方法。议定后经两方通过，然后提出国是会议解决之。五、在洽议时间中如遇有临时发生之事件，应交委员会调解之，各不用挑拨离间之行为。"（《赵凤昌藏札》）

11 月 28 日 中华劝工银行开幕。"该行自建楼房于南京路中段"，"中外人士往贺者约千人，颇极一时之盛。"（《申报》1921 年 11 月 29 日）

11 月 楼恂如复函先生，婉拒推荐人选。云："承示卞春波君具此长才，极愿引为同调，惟此间额已告满，殊无盈尺之地可安容骥足，辜负盛命，自觉不情，坐失长才，尤为可惜。尚望曲为鉴宥，而于卞君处，善为找辞为祷。"（底稿，上海中华劝工银行档案）

11 月 向中华职业学校捐款一千元。（《教育与职业》第三十期）

12 月 1 日 豫丰纱厂与上海慎昌洋行签订抵押借款合同。云："今因豫丰纺织有限公司（下文简称纱厂）积欠美商慎昌洋行（下文简称洋行）银△△△△△两。曾于一九二一年十二月一日与洋行订立押款合同，所有纱厂对洋行负担之债款悉作为押款，将所有纱厂之地皮、房屋、机器悉作为押款之保证品。"（引自 1924 年 11 月 3 日，豫丰纱厂华债团与豫丰纱厂、慎昌洋行所订《权柄单》底稿，浙江兴业银行档案）毕云程《一个民族工业家的遭遇》云："原来豫丰纱厂向美商慎昌洋行订购大批机器等款项也拖欠了一个不小的数目，尚未付清。订购时外汇低，预算非常有利。当美元汇价以每百两银子兑换一百五十六美元逐步回涨时，由于缺乏现金，无法买进外汇。一拖拖了几年，外汇大涨，最后按每百两银子兑换五十四美元结价，损失甚巨。"于是缔结抵押合同。（手稿，上海工商业联合会藏）

12 月 14 日 出席劝工银行临时董事会。王正廷主席，讨论经副理薪俸、董事长公费等案。（《上海中华劝工银行议事录》）

12 月 16 日 发表《穆藕初敬谢牛惠生医生启》云："玥于旧历九月十七日起患痢疾。初用古法诊治，兼之厂务萦扰，两旬未愈。后进某医院，规模虽雄壮，而管理欠周密。所进饮食油腻殊甚，玥初不知痢疾之最忌油腻也。留院二十日，不但痢疾未止,肠内反生脓胞,不得已返家。闻牛医生名,敦请诊治。牛医生针药兼施,洗涤脏腑,藉以弥缝肠内伤口,逐日规定食料及数量,不稍假借,五日而痢止。又五日脓净,今病已霍然,惟须调养耳。牛医生学问渊博,经验宏富,心气和平,言辞透达,急人之急,责任心极重,毫不揣摩病人心理而敷衍之。如牛医生者,实现代之华佗也。牛医生于民国三年在美国哈佛大学医药院第一名毕业,入麻省总医院实地练习四年。当美军队出发欧洲时,美政府以国内普通医生疗治法较旧,故于军医出发时先派入各医院习练最新疗治法。每班二十四人,六星期蒇事。当牛医生在麻省总医院时曾亲自训练之。于民国七年回国,服务于北京协和医院。去年夏来沪上,与乃兄惠霖医生同设诊所于法租界石牌楼蒲石路四号,及四马路画锦里美泰西药行内。牛医生用药精审,兼善手术。凡男妇老少所患内外各症,及诸险症一经施治,无不应手而愈。用志数言,以伸谢悃。并为介绍欲求良医者,幸勿交臂失之。"(同日《申报》)

12月18日 发表《辛酉秋暮病后启事》云:"玥卧病两月,荷蒙诸亲友慰问,感甚。病时所积函件,募捐者、借款者、谋就者、请托者,形形色色,几及千数。病初愈,不耐劳,且处理厂务,刻无暇晷,除倩书记择紧要者、有关系者,酌量答复外,余均未遑奉复,乞恕不恭,玥留学时,受本省大部分津贴,得以卒业,回国后,即以服务社会为己任,年来事业较多,社会需求亦愈广,不知不觉间,用脑不无过分,故因小病而几于一蹶不振。医家云:积劳所致,元气久虚,故致此耳,玥以个人有限之精力,应付社会无限之需求,其不隮越者几希矣。迄今思之,追悔无及,然亡羊补牢,犹未为迟。故自今日始,屏除一切烦恼,凡募捐、借款、谋就、请托等函件,恕不答复;无谓之酬应,一并谢绝;现在所担任之总商会会董及工部局顾问等,一俟期满,即行告退。我唯有保着我精神,清醒我脑筋,启发我思想,增长我识见,致力我事业,假我数年,得有羡余,再由自动的作一二利人之事,藉以仰答诸父老昆季爱玥之厚意,诸希鉴原而曲谅之,是幸。"①(同日《申报》;《文录》下卷,《文集》第152页)

12月中旬 为南北和谈事,致函汪精卫。② 12月27日,汪精卫复函黄炎培,陈述南北和谈情况及看法,并请转先生"一阅"。云:"任之先生台鉴:奉十二月六日手书,书似是先生及又一先生所发。惟函末祗先生署名,函中往往有一'修'字,竟未知为何人,故此函祗得专复先生也。自先生离粤后数日,赣督陈秀峰即派夏君同龢

---

① 穆伯华《先德追怀录》云:"岁次辛酉,我父四十六岁时之秋季,患痢疾,险招不测。疾刚愈,有求者接踵而来。我父之公园散步或往书场听书,有求者相继寻往。欲安静片刻,调养身心而不可得。所以私人中文书记尤惜阴有诗一首,内用佛经二语以点醒我父,'病里方知身是苦,健时都为别人忙'。"

② 原信未见。

来粤，与包君兰友，偕包君即吴君子玉之代表在粤盘桓将近月余。日与总统府及省署诸君晤谈。陈省长倾襟推抱，言无不尽，其荧荧大者以为国是糜烂至此，吾辈及愈结合一政以救此垂危之国家，必当有诚意、有毅力，虚豫惟蛇，固所不愿。弥缝苟且，尤所不可。国事之败坏，推原祸始皆由民国之付托非人，故北京政府非不可。今日国民之有总统资格者不过三人，一现在北方徐世昌，一为广东之孙中山先生，一黎宋卿先生。徐世昌复辟余孽，官僚首恶，南方惟有一意铲除，无转圜之余地。吴子玉如欲推戴徐世昌，则彼此惟有以兵戎相见。黎宋卿国家有大危急，不能以身担当，六年之乱由其造成，使宋卿能自知遇复辟乱后锐身南来，共图勘定，尤可自赎。乃优游天津租界，惟知以田宅自娱，视四海鼎沸，民生痛苦如越人之视秦人之肥瘠，忍心害理，莫此为甚。当此国事未定之际，安可使斯人复出，一误再误。南方之专心政意，以大任属之，孙先生良非无故。吴子玉谅解此意，为民国百年计，当亦无踌躇，故吾人与子玉之联合当以讨伐徐世昌为第一步，以信任孙先生为第二步。今日国势凋敝至此，整理不暇，长此相持，统一无望。解决之道舍同心戮力即兵戎相见，无论谁胜谁败，统一总易做到，不愿学岑春煊、陆荣廷辈以局部条件为交换，以现时□□祸于无穷也。以上为陈省长对包代表之言，包代表亦甚欣然于陈省长之坦白质直，以为彼此根本已合，吴子玉无必推戴徐世昌之意彼敢断言，惟第二步则彼不敢论断，当与吴子玉商复云云。此外尚论及此后统一之方法，当以中央集权行之，抑地方分权行之。陈省长则主联省自治，以为集权之制则不适国情，不合现势。惟联省自治乃能实现民治。包君与夏君亦允以此意达之吴子玉矣。今者，先生及穆藕初先生热心为此事不惜奔走之劳，又得啬、竹、仲诸老斡旋其间，此实中国有心人，无论南北所馨香以祝者。近日帝制罪魁公然登台，曹汝霖、陆宗舆辈十九层地狱之游魂亦白昼出现，令人发指耻裂。对于竞存所提爽明之条件当不致议，为不切事情，望为吴子玉力陈之，不胜厚幸。余不一一，敬请台安。弟汪兆铭谨启。十二月廿七日。顷得穆藕斋（原信如此——编者注）先生来函，恕不另复。乞转呈一阅为荷。又及。"（《赵凤昌藏札》）

12 月 《植棉改良浅说》六版出版。非卖品。上海中华书局代印，德大纱厂批发所（北京路清远里一号）发行。书后附上海穆氏植棉试验场历年报告、棉花进出口表、全国纱厂表、全国纱厂及海关地址图。《穆氏植棉试验场第三次报告》于《第二次报告》基础上新增"本场第五六年之收成"一节。（原书）

本年 纳侧室许蓉镜。[①] 穆伯华《母夫人金夫人五十双庆征诗文启》云："吾父

[①] 许蓉镜（1903—1990）苏州人。生子女八人，存子家麟、女慧秋、丽君、宁欣，子家修。1943 年 5 月，穆藕初病重时，许夫人由沪至渝陪侍。

以吾母操劳甚,体气渐虚弱,纳庶母许氏佐之。时庶母年才十八,吾母爱之也挚。吾父方致力实业,为远大之企图,日不暇给,罕问家庭琐事。吾母出私蓄为庶母置衣饰,虽重价不吝。"(穆家菁《穆嫂金夫人五十寿言汇录》,1930年6月)

本年 发表《振兴实业之程序》一文,针对国内实业家"力谋内地得均平之发展,逐渐移开辟富源之主张于内地",以美国成功经验为例,强调推广铁路、改良农作,农工并兴的重要性。摘录如下:

工业能增高农产之代价,助进商业之繁昌,实为惠农益商裕民足国之枢纽。请先言工业,夫组织工厂之要点有九:曰人才、曰母金、曰原料、曰机器、曰佣工、曰管理、曰交通、曰市场、曰金融,此数端者缺一不足以使公司发达至于极点。而交通便利处,人烟稠密,人才荟萃,金融流转,运输便捷,原料劳工罗致俱易,制出货品行销畅达,苟主持得人,管理合法,公司之隆运可以立致,此交通便利处实业勃兴之主因也。今以上海一隅论,五年前工部局推广电气计划,区区一租界内电力竟达三四万基罗华脱,年来境内工业之因以振兴者不知凡几,盖电力为一切动力之母,有一大电气公司供给电力,则无论大小各工厂所用之原动力可由此而出发,成本因之轻减,管理因之简便。他埠无此便利,实业发展之情形,不觉瞠乎其后。仅原动力之便利,其收效尚如此,余可概想矣。

内地因教育不兴,民智闭塞,交通不便,金融呆滞,于发展实业诸要点所缺过多。加之各大埠资本家类多故步自封,是以虽有少数有力者起而图之,往往以种种原因旋作而旋辍。此非内地实业之不克振兴也,盖尚有先决之问题在也。

工业中所最重要者,厥惟原料。棉质不改良,纱布竞争难于制胜;麦子不改良,面粉出数何以丰富;蚕桑不改良,丝茧产量曷望增加。举一二以概其余,知改良农产实为当务之急,而农产之改良,尤为振兴内地实业惟一要图。无如执政当局类皆人自为谋,无暇顾及,内地人民罔知命脉所在,绝少研究。地利无限,天惠可惊,苟稍稍整理,日用百物应俯仰自给而有余。乃以农也不学,学也不农,故蹉跎暴弃,数千年著名之农业国,于农产上非但无尺寸进步,且日见其退化,民生日用竟减缩自给之能力,反相率仰给于外来物品,不但互市之场舶品跋扈,即朴陋偏僻之乡,若者为必需品,若者为奢侈品,亦莫不喧宾夺主焉。吁!可怜亦可慨已。

美利坚立国以后二十五年间,国内实业尚无若何之发展。厥后四十五年间,(自一八一五—一八六零年)为国内实业逐步发展之时代。时彼国执政诸贤,戮力一心,开辟新地,自东徂西,横贯全洲之第一铁道线由此告成。同时发现加利福尼岛金矿,厚生利用诸大业,因以循环开发,由是益努力谋陆地交通。当一八六零年,有铁道三万英里。至一九零零年,相距仅四十载,增加至二十万英里。至一九一五年,全美国铁道线竟有二十五万英里之多。干线之旁,广筑支路,星罗棋布,密于蛛网,总延长超出全球铁道线二分之一以上(全球铁道线不过四十九万英里)。全美境有横贯大陆自东而西之五大干线,联络太平洋、大西洋,瞬息相通,速力甚大,输运便捷,世无其匹。棉带麦带,黄金遍地,使美利坚为世界第一物产丰饶之国者固然归功于农产,然扼要言之,无非受交通之赐而已。我国面积较美国更为广袤,经营铁道事业至今已阅四十载,全国铁道线号称六千里,不及美国铁道四十分之一,农产物淤塞陈腐于腹地者不知凡几,遑论改良。暴殄天物,其谁之咎欤? 即久已通行之各铁道线,三数著名大站,规模粗具,余均鄙陋荒芜,毫无精采,此无他,但有干路,附近各区域未曾衔接一气,广辟大道,以致交通仍滞,运费殊昂,行销为阻。不但此也,即使农产物运送到站以后,铁道管理,殊欠完密,需车者手段灵敏,而路员亦狡黠殊甚,坐使货积如山,一任风雨之摧残,往往停滞兼旬,不能运出,母金因之而亏耗,时机因之而逸失,商人相率裹足,而内地之财源遂未由开发矣。设使内地货物,竭智尽能,竟送至各口岸,而又苦无自行组织之运输机关,直装欧美,商而不通,所获遂微,而有时且受人之垄断把持,失其自救之方焉。呜呼! 长此仰人鼻息,不知何时得以自拔也。

鄙人于此敢下一断语曰:欲图振兴内地实业,一方面应先推广铁道,更于铁道沿线广辟大道,以便运输,其在交通当事,急宜仿行欧美便利货物转运方法,将路政严行整顿,以惠农工。一方面改良农作,增进产量,使内地金融逐步呈活泼气象,人民生计,渐能裕余,然后酌量各地情形,次第谋划各项实业,农工并兴,而商业亦随之以发达矣。我国不乏识时俊彦,果能开诚相见,互相联络,分途并进,不出十年,吾知中国之实业必有可观者矣。虽然,吾尤渴望贤人在位,政治澄清,苟常此南征北讨,争权攘利,惟地盘之是图,舍国难于不顾,而不改弦易辙,求所以自立之道,若干年后,吾民将为奴隶之不暇,遑论实业之发达哉。

(《文录》上卷,《文集》第 97 页)

本年 发表《商品陈列所序》,云:指出商品陈列所是"一切产品改良策进之动机",有助于产品的推销、改良,唤起实业家奋斗精神。通过展览,普及农工商实业教育。全文如下:

国家之富源一系乎生产。生产之大别有二:一为生货,即农作物;一为熟货,即工艺品。农业家与工业家虽富有供给之能力,苟不得消费者赓续不已之需求,则生产者行将立濒于困境。且消费者未能一一分别求之生产者,生产者亦未能一一分别致之消费者,于是乎生产者与消费者之间不得不重有赖乎流通百货之买卖商。由商人助进国家生产力发展言之,商家实处于非常重要之地位。虽然,物竞天择,最适者存,不适者废。商家虽具有助进农工业发展之大愿,苟生产物不能乘时演进,商业且因之不振焉。商家之命脉既在商品,然则对于商品之如何因时以改善,如何推陈而出新,比较之,研究之,以促农产工艺之进步,实为商业家应尽之天职。而商品陈列所实为一切出产品改良策进之动机,此举也,在各先进国为习见之事,在我国则不恒见。以我国商界中人出全力以经营之,则尚属创举也。本所组织为时已阅五六寒暑,今方告厥成功,本所组织之手续,从此告竣,而内国一切产品之演进则从此开始焉。谨就鄙见所及者约举如下:

一、使内地一切适用之出产品得方便推销之机会。我国农工业家向恃生齿之繁多,日常需要品就地供给,无虞滞积,于推广销场罕能注意,以故虽有多量适用之物产,埋没于无声无臭之地者所在都有。一入陈列所,凡有目共赏之物自然不翼而飞,拓产地之富源,增市场之光彩,胥于是乎肇之。

二、出品家有不得不力谋改良之趋势。物质以比较而优劣见,造费以减轻而推行易。向之闭门造车,不问大势之所趋,我行我是,坐失机会而不悟,纵遇劝策而不信者,至相形失色之下,不待诱掖而自知改弦易辙。且同时以入陈列所博览故,或于朋好闲周咨故,探悉最便宜之原料产地,最便捷之制造手续,比较研究,一反掌间,开未来出品上隆运者有之。

三、因附列之参考品,唤起生产家奋斗之精神。各先进国当国政革新之始,草昧初启,百物未备,凡各国天产品人造物之足助彼国农业工艺之进步者百方罗致之,充实彼国商品陈列所,以宏激劝。今我国农事衰微,工业幼稚,逐渐罗致各国精华以资考镜,则标准具在,比之擿埴索途者更为直捷而有把握。则内国生产界因缺欠而知愧奋,因愧奋而力图振作,生产界之迟暮气行将一转而为春夏气矣。仅举此落落三大益,以为到所参观之诸君子告,知诸君子将因此而引起无穷之兴味,我中国生产界必将由此陡呈活动之气概,我中国一切事业将连续而进勃兴之轨道。不禁对于我国生产界前途欢欣鼓舞,拔笔而为之序。

(《文录》上卷,《文集》第113页)

本年 作《今日农工商业致病之症结》一文。指出"以我国今日大势观之,距振兴农工商之期实远甚",而军阀割据,相互混战是妨害农工商业之症结。摘录如下:云:

土匪日滋,流离迁徙者接踵于道;小民何辜,横遭蹂躏者死亡枕藉。谁实为之，非举国疾视之丘八者流乎？此辈岂天生而为残杀之人，盖昔也饥寒交迫，争应募而为兵，今则生活无能，被遣散而成匪。平民而经过队伍生涯，安守秩序之良习一变而为目无法纪之暴徒，兵也匪也，实一而二、二而一者也。募兵愈众，则造匪愈多，人民所受之痛苦愈深，不仅增加负担而已。滥于招兵以祸国，此症结所在之一也。

乡无宁居，转徙入城，食口众多，物价以之而昂腾。工业未昌，生计苦无所补助，当地居民，生活上骤蒙不良之影响，不待言矣。况乎繁盛市都，往往有军队驻扎，设不幸一旦因故兵变，玉石不分，地方糜烂，如直隶之高阳、湖北之宜昌、河南之许州等处，千百年蓄养之精华，一旦化而为灰烬，吾民以何冤业而遭此惨劫。且也拥兵自卫者，有时亦为其部下制死命焉。兵犹火也，不戢将自焚，此症结所在之二也。

轻于出师者无名，勇于私斗者不武，一家骨肉，中原岂逐鹿之场；五族共和，四顾无扬鹰之地。乃有图穷匕现，因私利而称兵戈；威胁令行，驱良民以填沟壑。占要道而交通为梗，夺货车则输运无从，横截上流，商船被扣，强迫劳役，商货不前。各地金融因之紧迫，万般货物难以成交。运兵愈忙碌，交通愈阻滞，货物失调剂之道，商民受交困之苦。况乎出动则军需紧急，所经则供应道穷，即使轻骑疾走，一尘不扰，而地方已饱受虚惊矣。何况设心筹募，罗掘多方，而绅商实首承其敲吸。大军所过，千里赤地，此症结所在之三也。

两方开衅，犹之豪赌，一战动耗数十百万金。阵地残骸，莫非国家赤子；善后债累，究竟取偿黎民。军事家死读兵书，纽于往事，迷信武力，隐然以古名将自期许。岂知今昔异势，植虚愿而徒遗后祸也。昔曾氏治发逆垂十载，所向无敌，而赖以奏宇内肃清之伟绩者，其大原因得饷需之策源地，而更得胡林翼氏之坐镇武昌，调遣有方也。胡氏一书生耳，以长于治术，累擢湖北巡抚。当洪杨势盛，军情紧急，饷需浩繁之日，独能持筹布算，权取一时，以解眉急而抒国难，创新税、通盐运、改漕章，剔除中饱，增益收入，各地军费，赖以接济，商务繁兴，人民乐业。益之以湖南富庶之区，联为一气，使曾氏指挥将士后顾无忧，所向有功者，虽曰天命，实由人力。当斯时也，两湖财富甲天下，并非两湖之有何无尽藏，不过百货流通，从商务非常发展之中稍征微数，而商民不觉其苦。今也何如，民不聊生，苛税叠加而不已，商罄其产，诛求无厌而难堪。鲁先哲有言曰："与其有聚敛之臣，宁有盗臣。"今者吾商民所受之痛苦千百倍于聚敛矣，此症结所在之四也。

以上四者不但为农工商致病之症结，实亦妨害人生之幸福，阻止人类之进步。吾全国人士谁不欲求幸福谋进步者，既识破症结所在，知必举国一心急思所以力除之。决不复因循坐误,痴望结毒之自消,自病还自医,亦不劳借用外力,以求性命之苟全。其道惟何,即各地方农工商有力分子,以去症结、谋幸福、求进步之决心,组织正当团体,起而自谋。扶之以正气,出之以至诚,将彼病菌扫荡而扩清之。盖正气长,则邪气自消,至诚浓则团力自厚,举国一心,共出其百折不回不成不休之精神以为之,俾当局者知人民疾苦无可再忍,众怒难犯,无法可抗,凛然生惧,就我范围。症结既破,民治始成,如是不但可免陆沉之祸,且可媲美列强矣。

(《文录》上卷;《文集》第 103 页)

本年 胡厥文集资开办新民机器厂,穆杼斋与先生积极赞成,并同意加入股份。新民机器厂于 1922 年正式建成投产。《胡厥文回忆生涯——从资本家到副委员长》云:"最初的业务是制造纺织机械设备,产品主要供给恒大、德大、厚生等纱厂。这几个纱厂的老板是上海纺织业大企业家穆杼斋,他与沈恩孚和胡厥文有很深的友谊,所以新民机器厂能与这些厂签订长期的供货合同,从而为新民厂初创伊始站稳脚跟,起了很大作用。"(陆象贤、卢鸣、陶尧明、朱敬禹著,上海人民出版社1996 年 4 月版第 22 页)

1922 年（民国十一年，壬戌） 四十七岁

1 月　华盛顿会议中日代表就胶济路问题进行会外谈判。北京政府外交部训令中国代表与日本代表谈借款赎路事。

北京全国商业联合会电上海总商会，主张联合全国各团体合组救国赎路集款会。

2 月　华盛顿会议闭幕，签订关于中国的"九国公约"及关税条约。

4 月　第一次直奉战争爆发，奉军战败。

9 月　孙中山邀请陈独秀等共产党人参加改组国民党。

10 月至 11 月　太平洋商务会议在美国檀香山举行。出席会议有十四国一百一十二位代表。

12 月　中国军队进驻青岛市区接收青岛。上海总商会发起组织裁兵、制宪、理财委员会，公推宋汉章为会长，提出国是要求。

1 月 4 日　《申报·自由谈》刊登《苏州伶工学校演剧》（署名"淡"）一文，明确指出由先生组织之昆剧保存社创办昆剧传习所，因"经费拮据"，义演集资。文云："南中曲帮，近有昆曲保存社之组织。探颐索隐，则元音不致日以晦减。精究于五音四呼之间，则出字收声咸归正则。大能如是则在稍通翰墨者，虽素未度曲，而一聆声音，即能历历分明，辨别曲文，何致拂情而左顾哉？社中诸君子已在苏州倡办伶工学校，召集贫苦子弟，延名师课授，开拍半年，成绩已自斐然可观。异日学成，既不沾染旧伶工之恶习，又可维系古艺术于不坠。惟经费拮据，设施颇费周章，社中热心者，固拟于旧历元宵，在本埠夏灵配克戏园演剧三天，藉补校款之不足。扮演者多昆苏沪名曲家，淹雅博洽，蜚声社会之巨子。为艺术而现色相，亦吾曲帮之好消息也。"（同日《申报》）该文是迄今为止所发现最早关于昆剧保存社和昆剧传习所的媒体报道。"俞振飞回忆，曲友为演出联系戏院，因昆剧已一蹶不振，缺乏号召力，又加上登台的演员均是业余曲家，故笑舞台、大舞台等大戏院均婉拒出租。后来，穆藕初先生亲去找外商雷玛斯开设的'夏令匹克'戏院，雷玛斯提出要看演员名单，穆先生说：'我就是演员'。雷玛斯一听有穆先生这样的名人上台，肯定有吸引力，就一口答应了。"（引自江上行《穆藕初先生与昆曲》，《江苏戏曲》，1983 年第 12

期）

1月5日　出席劝工银行第十九届董事会。王正廷主席，"报告第一年营业状况。"又议事三件：①津贴经副理及筹备各期间行员案。②股东会日期案。③发给股息日期案。（《上海中华劝工银行议事录》）

1月13日　与朱葆三、姚紫若、秦润卿等赴四川路，出席上海兴业合资公司开幕礼。该公司为徐庆云、吴麟书等十余人所组织，以纱花及国外汇兑为营业范围。（《申报》1922年1月14日）

1月15日　下午二时，主持上海华商纱布交易所第一届股东常会，到者二百余人，约五万权。先生致开会词，徐庆云报告营业概况。次理事顾子槃报告情形及以后发展。继由先生宣布议案："（甲）提前召集第一届股东会请追认案；（乙）第一届纯益金分配案均全体通过。复由股东张君提议扩充营业范围，股东徐君附之付表决，大多数通过。按该所本届结账收入总数为四十四万二千五百余两，纯益金二十三万三千四百二十余两，股东红利每股得洋三元。"（《申报》1922年1月16日）

1月17日　出席华商纱厂联合会第二十次董事常会。到者聂云台、陈品珊、荣宗敬等。聂云台主席，议事五件。（《华商纱厂联合会季刊》第三卷第二期）

2月2日　昆山曲家沈彝如（传声）、张志乐至沪。先生面委沈为穆公正花行书记，张为厚生纱厂庶务。沈彝如记云："余十句余到申。同张君至殷震贤君处，接洽之下同往北江西路三和里厚生批发所，面晤穆藕初先生，略叙寒暄，在彼午膳。当即面委余在公正花行内为穆君之书记，志乐厚生纱厂庶务。震贤先回。膳后命驾汽车送我二人至杨树浦兰路，厂行在也。二人分头就事。该处地方冷静，马路所有来往，路远不甚便利。行内诸友有经理季桂荪君，并龚少山君亦我道中人，余者皆不知音。"（《传声杂记》手稿）

2月4日　出席上海总商会第三期会董常会。议案：①国是会议请推代表案。副会长秦润卿宣读全国商教联合会驻沪办事处来函，议定2月28日召集国是会议，每一省议会、总商会、省区教育会、农会、律师公会、银行公会、报界联合会请各推代表一至三人。先生云："本会为商教联合会一分子，本应赞成。其规定推举代表一人至三人或指外省而言，本会在上海未悉有否三人之权利？"先生推举聂云台、秦润卿、汤节之三人。秦、汤固辞，秦推赵晋卿。赵推先生，先生亦坚辞。最后推定聂云台、汤节之、赵晋卿三人为国是会议出席代表。②议董辞职案。③美国国会提出麻醉药建议案请发电表示意见一致案。秦润卿宣读美国使馆商务参赞安诺尔来函，称美国会现经提出麻醉药建议案，中国方面对于此案有关者应表示意见一致，公共团体各备电询讯，多则益善。先生云："本会发电亦可至转商各团体一节,只须转商万国拒土会,不必再行转商。"通过。④修改税则应推代表参与案。讨论出现分歧,先生云:"推举代表,政府当可允准,但恐于事无益。因货类纷多,谁能尽知? 兹拟二种办法。一拟组织各业委员会,每业推举代表研究贸易;一拟各为考虑,发抒议论,登报鼓呼。"又谓:"宜组织税则委员会,由各业推代表,俟税则修正后解散。"公决组织修正税则委员会,函致凡有关系之重要商业团体。请推代表一至三人,先由本会拟具组织纲要,俟下届常会审查通过施行。(《上海总商会议事录》)

2月5日 职教社举办苏、浙、皖、赣四省职业学校出品展览会之第四日。下午,先生出席该社举行的娱乐讲演会。王正廷主席,张伯苓、李许频韵夫人演说。次先生清唱昆曲,及中国女子体操学校国技跳舞、旦华小学校化装表演等。(同日《申报》)

2月6日 下午七时,出席江苏省教育会等七团体于一枝春欢迎京津来沪与欧美回国教育界人士范静生、张伯苓、张君劢、汤尔和、程婉珍女士。到者有黄炎培、聂云台、郭秉文、沈信卿、穆杼斋、张默君女士等共约五十人。黄炎培主席,范静生、张君劢、汤尔和等相继演说。先生"先作趣谈",继云:"上海商教两界,本能互相亲近,欲谋前途发展,实不能依赖政府而当由人民自助。当研究者,教育界之奋进能力究已如何? 又当研究社会方面,究已协助教育界几许? 研究之后,当可更得裨益。现在教育界所感种种困难,惟期益互勉,力忍耐抗,进实业界方面所能相助者,莫不同愿实行也。尤望教育界所倡导者,仅宜居社会之前一步,切勿过远,实至幸也。"(《申报》1922 年 2 月 7 日)

2月7日 出席职业学校出品展览会。因展览最后一日,参观人数甚众。黄炎培主席,云:"此次出品甚多,又皆精美,参观者亦众。且有许多名人来会讲演,有许多技术家来会表演。余敬为'职业教育',致至深之感谢。"先生演唱昆曲,并云:"音乐关系国运隆替。吾国自宋词变为元曲,大盛于清初,而中衰于清季。今则社会复知趋重,人不可无娱乐,而昆曲确为高尚之娱乐。其文字优美,尤为特长。今日余所唱二阕,一在《西楼记》,一在《紫钗记》,可见南曲北曲刚柔之别。"继由程雪楼、汤尔和、苏少卿等演说。(《申报》1922 年 2 月 8 日)

同日 在寓所内举办昆曲"同期"。沈彝如记云:"穆宅'同期'。下午四点开罗,到者苏之俞粟庐父子、孙吟荪、永雺、殷振祥父子、丨九组、谢绳祖、项馨吾、李旭堂、王慕喆、陆介生与余二十余。是日所唱各曲列后:《闻铃》(粟庐、介生),《惊变》(月、少山),《小逼》(吟笙、咏雺),《悔嫁》(藕初、馨),《折柳·阳关》,《琴挑》(慕喆、介生),《游园惊梦》(振飞、九组、馨吾、咏雺),《拜施分纱》(藕初、少山、绳祖、九组),《盘夫》(振贤、九组),《拆书》(粟、吟笙)。"(《传声杂记》手稿)

同日 《申报》刊登江浙名人昆曲大会串消息二则。《昆曲大会串预志》云："江浙名人穆藕初君、徐凌云君雅嗜昆曲,感于昆伶人才之寥落,于上年创设昆剧传习所,①需费甚巨,特邀集曲界同志,于新正十四日起,假夏令配克戏院客串三夕,并有曲谱及说明书分配,每券售五元,月镂花预定,每间自百元至四元,券资所入悉充该所经费,故预定者纷纷,后至者已不免有向隅之叹云。"《志昆剧会串之布置》云:"穆藕初君发起于新正十四五六晚,假夏令配克戏院会串昆剧一节,兹悉该社包厢及特座券均已售罄,预计三天收入可达万六七千元。干事各员由总干事订请,备有徽章,亦须缴洋三元,戏券概不赠送,场中并不募捐。所有预定包厢者为钱新之、陶莘如、沈桐叔、虞女士、盛苹臣、吴麟书、郑松亭、泰和洋行棉花部、慎昌洋行顾子槃。"(同日《申报》)

同日 中华教育改进社举行董事会,互选范源廉为董事长。签定各董事任期:任期一年者:张伯苓、熊希龄、李建勋;二年者:袁希涛、汪精卫、蔡元培;三年者:郭秉文、黄炎培、范源廉。聘定陶行知为主任干事。通过董事会规则。决定本年度经费。组织筹画全国教育经费委员会,推定蔡元培、范源廉、梁启超、汪大燮、聂云台、张謇、严修、穆藕初、张公权、周作民等为委员。(《新教育》第四卷第三期,1922 年 3 月)

2 月 9 日 晚,于一家春出席昆剧保存社于会议。江浙曲家百十余人到会,先生主席。"编定剧目,刊有会串一览表,内详载剧名,及所出何书。并串员姓氏,且有各大公司商店之广告,印刷精美,灿烂夺目,认定登者四十余人。余则分任干事、招待等职,纷纷出赀购取徽章极为踊跃。"(《申报》1922 年 2 月 10 日)沈彝如记云:"为昆曲保存社来帖,邀至四马路一家春西菜馆叙餐,并开串戏事谈话会。在座诸人各缴徽章费三元。我昆到者除我二人外,有沈梦伯、闵采臣、王尧民、殷震贤四君。余苏申人士约百人。九点半散会。乘穆君汽车同回。"(《传声杂记》手稿)

2 月 10 日 与俞粟庐、徐凌云联名发表《昆剧保存社敦请江浙名人大会串》广告启事。云:"昆剧保存社假座静安寺路一二七号夏令配克戏园,敦请江浙名人会串三天。券资悉数充本社昆剧传习所经费。临时奉赠曲谱及说明书,不另取资。"(同日《申报》)

同日 下午七时,昆曲大会串义演第一日开幕。到者有袁观澜、沈信卿、黄炎培、徐静仁、盛泽臣、吴麟书、沈桐叔、哈同夫人等,"楼上下座均满"。"临时有西人

---

① 此为迄今为止所发现最早用"昆剧传习所"之名的媒体报道。

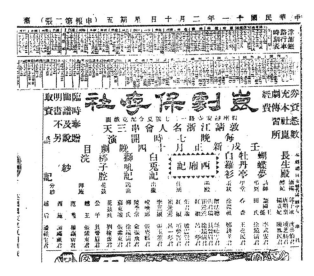

《申报》刊登昆剧保存社组织昆曲大会串义演广告

多人购券入座。殊极一时之盛。所刊曲本,及说明书名《春雪初刊》分赠来宾,以资参考。"本日共演十剧,先生(演范蠡)与张紫东、谢绳祖、潘祥生合演《浣纱记·拜施》一折。(《申报》1922 年 2 月 12 日)

吴梅应先生之邀亦到沪观摩,记云:"余别上海四年矣。穆藕初君来电,知有此盛举,飚翰南下,烂醉钧天,洋洋乎关雎之乱也。"(吴梅《观昆剧保存社会串感言》(一)、《申报》1922 年 2 月 15 日)"《拜施》、《分纱》二折,冷热调匀,极是好戏。惟全视演者何如也。紫东之越王,藕初之范蠡,绳祖之西施,祥生之越夫人,真可谓集贤萃秀矣。[黄莺儿]、[簇御林]二曲,本是快唱,重在'二郎神'数段耳。绳祖口齿清晰,固不待言,最可钦佩者,独有藕初穆君。君习曲止有二年有余,至演串,则此番破题儿也。而能不匆忙,不矜持,语清字圆,举动纯熟,虽老于此道如祥生、紫东辈,亦不难颉颃上下。信乎? 天授非人力矣。且[集贤宾]、[莺啼序]诸牌,皆耐唱耐做之曲,魏良辅《曲律》中,亦以为难。而藕初搜剔灵奥,得有此境,乃知天下事,思精则神明,意专则技熟,独戏曲云乎哉。"(吴梅《观昆剧保存社会串感言》(三)、《申报》1922 年 2 月 18 日)

2 月 11 日 下午七时,昆曲大会串义演第二日开演,"中外观者尤众"。共演十剧,先生(演李益)与项馨吾合演《折柳阳关》一折。吴梅云:"《折柳阳关》斐□,藕初君之李益,举止大方;项馨吾君之霍小玉,丰神绰约。对唱[寄生草]、[么篇]、[解三醒]各折,抑扬顿挫,尽态极妍。而'夫人城'一曲,如松风竹韵,沁人心脾;[鹧鸪天]一阕,如断绿零红,凄艳欲绝,乃知五雀六燕,铢两悉称,二君可以当之矣。"(吴梅《昆曲保存社会串感言》"续评"第二日,《申报》1922 年 2 月 18 日)苏少卿《元宵听曲记》云:"项君之歌,曾聆其《藏舟》、《佳期》等,口法风度均佳。今聆此曲,亦稳妥,惜嗓音太细。穆君扮李益,出场之[北点绛唇]南音未化,口亦太阔。如出字、不字、中原音均入作上,而穆君似仍唱入声。……又别送行之二友,忘揖拜,及觉时,匆忙答拜,甚失礼。在昆戏中,此为大误之点。"(《游戏世界》第十期)

本日,俞振飞(演许仙)与徐镜清合演《断桥》一折。俞回忆,"那次为了练好《断桥》中许仙一个滑跌身段,不知在韬光寺地板上(指 1921 年 8 月)摔了几百个跟斗。尽管屁股摔得乌青,还是不停地练着,虽然吃足苦头,收获也实在不小。俞振飞当时所下的苦功,由于穆藕初从不在场,所以茫然无知,引而后来闹了个笑话。那是在'夏令匹克'正式演出那天,俞振飞演完《断桥》后,台下一片掌声。穆藕初却迫不及待跑到后台对俞说:'你今天的戏演得很精彩,美中不足是在台上跌了一交,下次可要小心。'俞振飞刻苦学来的许仙滑跌身段,却被他当成舞台事故了,一时传为笑谈。"(引自江上行《穆藕初先生与昆曲》,《江苏戏曲》1983 年第 12 期)

2 月 12 日 招吴梅等聚午餐。午后,江浙曲家近百人在四川路青年会屋顶摄影留念。沈彝如记云:"是日穆君请吴瞿安先生,余与志乐亦彼邀。……行内人少,即在行午膳,未赴宴会。一句余钟志乐来行,同至北四川路青年会屋顶花园,为昆曲保存社摄影。到者约百人。我昆朱湘波、王受尹、尧民、梦伯、震贤、粹伦、采臣诸君亦在,约四句散会。"(《传声杂记》手稿)

同日 下午七时,昆曲大会串义演第三日。共演十剧,先生(演曾铣)与张紫东,贝企中合演《鸣凤记·辞阁》一剧。义演三日共为昆剧传习所募得经费八千余元。俞振飞《穆藕初先生与昆曲》云:"为创立昆剧传习所筹募基金之举,假座上海夏令配克戏院,彩爨三天,先生亦抱笏等场,自治行头,串演《辞阁》、《拜施分纱》两剧。售座特昂,创沪上戏价空前之记录,厅座三元,楼厢二百,虽谭英秀、梅畹华辈以往从未有此高价。观者如潮,一时称盛。剧终得八千余金。"(手稿)俞振飞《一生爱好是昆曲》云:"1922 年春季,以'昆剧保存社'的名义,在上海夏令匹克剧场会串三天。那次聚价定得很高,每座 5 元,包厢 200 元。穆藕初亲自向海上商推销票子,为昆剧传习历筹集了一笔可观的经费,也扩大了该所的影响,引起了社会各界的关注。从这个意义上说,穆公这一盛举,可以称之为昆剧传习所的开学典礼,宣告了昆剧'传'字辈的诞生,在昆剧史上起着继往开来的作用。"(《20 世纪上海文史资料文库》第 7 册)

2 月 15 日 下午五时,出席全国教育费委员第一次委员会议。到者有张仲仁、史量才、范静生、陶行知、蔡元培等。熊希麟主席,并加推二十三人及各省区教育会正副会长为委员。黄炎培、余日章、袁观澜、谭仲逵先生、沈信卿、郭秉文依次

发言后,即推黄炎培、陶知行为起草委员会。简章当晚通过,并依据简章公推职员
及分部部员。(《申报》1922 年 2 月 17 日)

  同日 刘聘三致黄炎培函,告借款由先生接洽妥当。函云:"尊处借款,业由藕
初先生来行接洽妥当,兹附奉借票底样一纸,即请查照办理。"(底稿,中华劝工银行
档案)

  2 月 18 日 出席中华劝工银行股东会。王正廷主席,报告上年营业状况。照
章选举检查人。"是日到会股东颇多,盦以去年营业不满四十日,所得盈余、各项开
支及摊提各项费用外,纯益金已有六万元,均非常满意。"(《申报》1922 年 2 月 19
日)

  同日 出席劝工银行临时董事会。王正廷主席,议"郑董事培之辞职案"。
(《上海中华劝工银行议事录》)

  2 月 19 日 嘱沈彝如抄谱。沈彝如《传声杂记》云:"穆君嘱抄曲谱样一纸。"
(手稿)

  同日 中华教育改进会附设筹划全国教育费委员会公布职员名单,先生为关
税部委员之一。(同日《申报》)

  2 月 20 日 与俞粟庐、徐凌云作东,宴请各地曲友。沈彝如记云:"今日亦有
二处往请客。一在静安寺路总会,乃穆君、俞粟庐、徐凌云三人作东道主。"(《传
声杂记》手稿)

  2 月 21 日 昆曲社粟社①成立,社名取自俞粟庐别号。公推先生为社长。沈
彝如记云:"至德大批发所内粟社赴宴。是晚开会,推穆藕初先生临时主席,报告该
会经过情形,及更组约章,积极进行。公推职员如下:正社长穆藕初君,副社长谢绳
祖君,研究部正主任耷九组,副主任俞振飞君,书记王慕喆君,庶务杨习贤。社员资
格讨论甚久,决议新拍曲者入研究部,俟有成绩得多者数社员公认为合格方称本社
之员,纳费月缴一元至四元,随力而认,社员理曲照上项每月同期一次,费规定洋三
十元,本社各员论当或二人合当,三四人亦可,均通过。略唱清曲,后乘汽车返行,
时已十钟矣。"(《传声杂记》手稿)

  粟社成立后,俞粟庐每隔数月到上海指导社员唱曲。俞振飞《穆藕初先生与昆
曲》云:"先生以推崇先君子故,复组曲社于沪,以先君子名讳中之一字为名,题曰粟

---

① 粟社:由先生倡议成立。是 20 世纪 20 年代上海最负盛名的曲社之一。聘陆巧生为曲师,参加者有徐凌
  云、殷震贤、李式安、项馨吾、张紫东、张玉笙等 40 余人。活动地点一般在中华劝工银行、华商纱布交易所,
  有时也在徐凌云私邸。俞粟庐每月来沪一次,指导唱曲。1922 年至 1924 年为该黄金时期,时常组织大
  型会串。1928 年,自先生赴南京国民政府任职后,曲社无形中解散。(《中国昆剧大辞典》)

社,罗致苏沪名流,以研习叶堂正宗唱法为宗旨,参加者倍形踊跃。每阅数月,即迓先君子来沪小住,相与研习曲艺。先君子居恒待人接物极为和易,惟于授曲,则严厉不稍宽假,先生唱念,或有一字半音未妥,辄遭先君子拍案呵责。然先生未以为憾,仍唯唯如命,至先君子颔首莞尔而后已。盖他人遇之,莫不望而却步,先生独怡如也。"(手稿)徐凌云《粟庐曲谱·序》云:"昔上海穆藕初君创粟社,以研习先生唱法为标榜,一时附列门墙者,颇沾沾于得俞派唱法为幸事"。(《粟庐曲谱》1945年10月油印本)

2月22日 欲整理出版昆曲全谱,是日与沈彝如谈抄写曲谱。沈彝如《传声杂记》云:下午四句钟,穆君邀入,谈抄写曲谱底稿事,"嘱每日可否一出,再倩一人帮抄。并谈抄曲缘由,预算付费须万元,时间三年。大意:将所有昆曲另出全记谱,或四五百出;先抄底稿寄俞粟老,阅后或有删改处,即俞老担任;阅毕再寄北京吴瞿安处,研究牌名,引子之下加注,回来重新誊出发印。约谈一刻而出。"(手稿)

2月24日 《申报》刊登国是会议筹备经费及先生捐款消息,云:"国是会议筹备经费前由穆藕初垫支五百元,此款业经用罄。第二次代表会议时曾经议决由代表分垫,惟送到者尚鲜。兹录事务所催收函云:'径启者,上届第二次代表会议议决国是会议,召集以前先筹经费二千元暂由驻沪代表九人分担筹垫,每人各交二百元以备应用等情,曾于月之九日录案通知在案。兹距开会期近,需款甚急,务恳将此款即日惠下,以济公用而利进行。'"(同日《申报》)

2月26日 粟社第一次同期。沈彝如记云:"上午风雪交加","即到劝工银行三层楼。是日为粟社第一次同期,论当者为穆君假座。此到时已开罗矣。适穆君唱《拾叫》。是日有女士五人,二为唐乃安之女,二谢绳祖妹,一夫人,唐女士未唱,谢女三人唱《游园》、《亭会》。佩珍女士之《亭会》,字面收音处处到家,男子尚不及她多矣。余二女亦皆圆温。惟白文尚欠层次。是日所唱列后:《询图》(砚耘),《南浦》(习贤),《拾叫》(藕初),《辞朝》(振飞、九组、志乐),《盘夫》(慕喆、九组),《剪卖》(玉笙、少山),《游园》(谢女士姑嫂),《亭会》(佩珍、琦仙二女士),《游殿》(玉笙、慕喆),《思凡》(馨吾),《闻铃》(志乐),《刺虎》(绳祖、彝如),《折阳》(震贤、彝如、九组、志)"(《传声杂记》手稿)

同日 劝工银行副经理刘聘三为送行屋图纸事致先生函,云:"日前嘱送本行房屋图样,兹检奉,乞誊收。该图共计四纸,关于本行图样略画于甚,惟其中缺少第三层楼图样一纸,好在该层规划与第二层完全一式。祈请查照察阅为荷。"(底稿,上海中华劝工银行档案)

3月6日 出席劝工银行第二十一届董事会。先生主席,讨论"郑监察辞职

案,决议由本会具函恳留并公推吴董事代表本会体竭诚挽留。"(《上海中华劝工银行议事录》)

3 月 7 日 下午六时,德大纱厂于宝善街复兴园开春宴,各界人士列席者约七百人。由先生与该厂职员"殷殷招待"。至十时而散。穆杼斋"因受全国商教联合会驻沪代表公推为代表,已于昨晨赴京调查。"①(《申报》1922 年 3 月 8 日)

同日 上海筹赎胶济路办事处成立。每团体各推代表三人组织委员会,上海总商会推定秦润卿与先生、钱新之三人为代表。(同日《申报》)

3 月 11 日 离沪赴河南、天津、北京。沈彝如《传声杂记》二月十一日云:"是日穆君出门,赴河南、天津、北京等处。"(手稿)

3 月 12 日 《申报》刊登《东南大学进行近讯》一文,报道先生捐建农具院近况。云:"穆藕初君捐建农具院一座落成后,即注意征集中外农具,从事试验。去冬曾向美国合众收获农具公司订购各项种棉、农具及垦荒、犁中、耕器等。最近复承该农具公司赠送世界最新式之农具,至十九种之多。价值三千元以上。计装四十九大箱,均已由美运到。校中不日可装置试验矣。"(同日《申报》)

3 月 25 日 穆父琢庵公阴寿。沈彝如《传声杂记》云:"是日穆父阴寿,送礼分洋一元。"

3 月 26 日 下午三时,在沪出席华商纱厂联合会第五届常年大会。共到本埠、外地二十六厂家代表。徐静仁主席,次书记报告"上年度经过情形及决算案"次先生报告植棉情形,并由该会委托代办植棉之东南大学农科邹秉文、过探先、孙玉书三人出席报告植棉之推广改良事业。"并陈述本年度进行计划"。经公决,"以该会每年津贴洋二万元,既尚虑不敷。今后各场所植之棉,其售得之款亦拨归该校,以资津助。"次讨论第五年度预算案。末改选正副会长及董事,荣宗敬、刘柏森、先生与穆杼斋等十二人当选。(《申报》1922 年 3 月 28 日)

3 月 27 日 与俞振飞等八九人聚餐,谈抄曲谱。沈彝如《传声杂记》云:"晚九句钟,穆君要曲谱即送进去。有俞振飞、受九组、谢绳祖、高砚耘、冯超然等八九人在,略叙一刻而出。"

3 月 28 日 中午十二时,主持华商纱厂联合会植棉委员会于十号俱乐部开本届第一次植棉委员会。到者有徐静仁、聂云台外,并邀约天津棉业公会代表李季芝、赵隽铭及东南大学农科邹秉文、过探先、孙恩麐共同列席。讨论天津棉业公会提交之议案:"(一)天津棉业公会提议,振兴植棉应先划定棉区案。公决:天津棉业

---

① 吴新雷主编《昆剧大字典》"昆史编年(大事举要)"1922 年 3 月 7 日记:"上海曲家穆藕初请俞粟庐、项馨吾等十多人到无锡,与无锡曲家吴畹卿、乐述先、沈养卿等十多人,在新世界举行昆曲会昌。"显然时间错误。

公会对于本会植棉事宜,愿通力合作,极所欢迎。但办法及事权务求统一。至东南大学所缺经费仍请棉业公会量力协助。(二)天津棉业公会提议"合呈请政府于关税增加项下所拨实业经费内酌提一成兴办棉业案",公决:由本会具呈政府商请拨助。"附棉场经费预算:(一)分场六处。余姚、上海、通州、无锡、湖北、湖南。地租三十亩。每亩三元,计九十元。监督计一百八十元。人工计一百八十元。肥料计六十元。杂费连住宅计九十元。共计六百元。(二)总场。植棉专家计＿＿＿＿＿。(原文如此——编者注)留学生薪金计一千八百元至二千四百元。助手薪金计六百元。寻常开支(总场)计五百元。周游用费计五百元。"(《植棉改良委员会议事录》,华商纱厂联合会档案)

3月29日 中午十二时,出席筹赎胶济铁路委员会会议。到者有余日章、宋汉章、劳敬修、史量才、秦润卿、盛竹书、沈信卿、黄炎培等。先由主任余日章报告上次委员会议决案,并介绍办事处中文书记长严谔声到会。次报告发起赎路贮金原因,并讨论贮金方法及存款章程,均经分别通过,即日函致银行公会请其议决实行。定事务所设于上海总商会,"不日可移往正式办公"。(《申报》1922年3月31日)4月1日,赎路办事处正式成。(《申报》1922年4月1日)

3月30日 《晶报》刊登"上海最近一百名人表",内有先生与穆杼斋。云:"本表所列诸名人破除阶级,不分男女,不论职业年龄,但以现在上海有名者为限。一、现任之官僚、现役之军人、已嫁之妓女虽显弗录。一、本表名人有以名著,有以字行,有以诨号称者,谨依其最显者著录,俾阅者一目了然。一、本表所列名人,谨以首字笔画多寡为序,庶免王前卢后之争。一、本表所列凡仅百人,海上名人似不止此数,遗珠之憾在所难免,如有自命名人,以未列本表为憾者,尽可开具事略,投函晶报,经记者审查合格,容汇刊续表,以彰盛名。晶报中人除外,以免标榜之嫌。刀疤老六、丁福保、小糊涂、小阿友、天台山农、王长发、王正廷、王乔松、王钝根、王美玉、左孝同、史量才、白牡丹、包达三、老林黛玉、朱葆三及其公子朱老五、朱榜生、吴鉴光、任矜苹、吃素人、吴玉荪、吴昌硕、余日章、沈联芳、李松泉、李平书、李季皋及其夫人、李征五、李瑞九、李登辉、汪优游、宋汉章、沈信卿、何诗孙、周瘦鹃、阿根、周金箴、珍珠花、席立功、袁老五、徐景明、徐半梅、胡适之、陈天亮、陈黑皮、陈独秀、陈夔龙、陈金宝、陈炳谦、琴虏、张啸天、唐拾义、唐二小姐、唐乃安及其女公子、特别照会、莫悟奇、张一鹏、张文艳、根海、马玉山、许黑珍、许少卿、惜春老四、康有为、麻皮金荣、盛老五、汤节之、黑姑娘、虞洽卿、杨麻子(凡吃花酒者皆识之)、程婉珍、姬觉弥、劳敬修、落蓬阿金、黄炎培、黄楚九、傅小庵、爱夫爱夫(按此系译音)、刘束轩、隔壁姐姐及其介弟、潘小九、赵君玉、卢少棠、卢小嘉、郑正秋、郑孝胥、郑曼陀、钱新之、薛大块头、穆藕初、穆杼斋、罗小宝(非唱戏之罗小宝)、简照南、戴天仇、聂云台、

麒麟童。"（同日《晶报》）

4 月 1 日　上午十时，出席留美同学会于劝工银行三楼举行的欢迎美公使许乃满博士。到者百余人。由先生主席并致欢迎词，云："立国以工商为本，我国得能以发展工商之故，转贫为富，转弱为强。循流溯源，岂非美国退还庚子赔款而有以致此乎！当退还庚子赔款时，许博士适掌康乃尔大学，退款植材原动力发于美国之教育界，而许博士为此事主张最力之一人。种因者在此结果者，在此今日聚首一堂，其欢欣鼓舞为何如也！同人等得此良好机会，学成归国为国家社会效力，秉母校良教训，不骛虚名，不营私利，勤勤恳恳注力于各本业之发展。日夕惕厉，无稍懈忽，前途希望正复无量。他国不乏深识远见之士，见美国以退还我国庚子赔款，种此良因获此胜果，奋袂而起者当不乏其人也。我国处此时代，端赖有牺牲私利之人才，起而挽救之人，贵自立耳，得失何足论。愿我同人奋力作去，报国即所以报答美国退还庚子赔款之德意也。"次美公使致答云："将来中国之实权必将握之青年之手，则今日济济一堂者，将尽为将来中国之主人翁，发扬光大端赖诸君。将来中美两大共和国共同携手，而进行于文明进化之域可断言也。""词中并有诙谐语，闻者大为鼓掌。"复由先生陪同参观劝工银行。（《申报》1922 年 4 月 2 日；《文录》上卷，《文集》第 73 页）

4 月 2 日　于江苏省教育会听章太炎演讲国学。到场记者云："听讲者各人，就记者所见，各学校教职员甚多，博文女校黄校长及教员数人莅到，各校学生自然不少，而更多记者平素熟知其为欢迎新思潮。由此可知能迎接新思潮者多为好学之士。又如穆藕初君亦到会听讲，则尤为实业界之难得矣。"（《民国日报》1922 年 4 月 3 日）

同日　下午五时，于香港路银行公会出席上海筹赎胶济铁路委员会会议，与本埠各大银行讨论赎路贮金办法。计到十九家银行代表二十一人。通过存款章程："（一）凡属中华民国国民，无论老幼男女，皆得为贮金人，不论金额多寡，只须一元以上之整数均可，随时存储。（二）此项贮金专供筹赎胶济铁路之用，将来或给债票或给股票。办法议定后，由存款银行通知贮金人，购买胶济铁路债票或股票，发给原贮金人。（三）此项贮金于存入银行之后，原贮金人即不能提出移作别用。……"（《申报》1922 年 4 月 4 日）

4 月 4 日　出席劝工银行第二十二届董事会。董事长王正廷辞职，公推先生为董事长。（《上海中华劝工银行议事录》）

同日　出席中华职业教育社议事员与经济校董联席会议。（《教育与职业》第三十六期）

4 月 5 日　中华劝工银行董事会决议，推先生为董事长。本日，刘聘三致先生函云："前奉王董事长函开：'工业振兴全赖银行辅助。前与执事等共图本行之发展,曷胜忻幸。顷者因公北上,本行董事长一职,势难兼顾,特正式辞职。至希开会另推贤者。至此后开董事会时,弟如在沪,仍照常出席,否则托由家兄子青代表,特此声明'云云。业于本届常会提出公议,金以王董事长既以因公北上,势难相强,只得勉予照行,所有董事长一职,现已公推我公代承其乏。为此肃函敦请,伏乞勉予担任,即日视事。无任切祷。"(底稿,上海中华劝工银行档案)

4月6日 下午五时,出席东南大学校董会。到者有袁观澜、黄炎培、沈信卿、钱新之、聂云台及教育部代表章伯寅。郭秉文报告经济状况云："果能照预算总额悉数具领,原可敷用。无如财厅欠放甚多,而学校紧急需要不能不办,因之异常困难。幸赖各方面尽力辅助,勉强维持。此后果能照预算总额全数领到,或可减少困苦。万一此项经费财厅或有短放,则实难乎为继。""又穆校董藕初捐派本校教员张信孚出洋留学经费,此皆深可感谢。"又云:至本校受委托代办"纱厂联合会之植棉事业。前已经理十一棉场。现该会年会议决,以其场中收入年约五千元悉数划充经费,豫丰纱厂并捐助一千五百元"次各校董逐一讨论农业场基地、下学年计划及预算、商科大学问题、美国哈佛大学麻省理工大学与本校办工科等案。末郭秉文临时动议云："校董会有保管私人捐助本校财产之职权,似应有经济校董以负全责,应否设立请公决。"议决："照办事校董办法,公推聂云台、穆藕初、钱新之三君担任讨论。"遂叙餐而散。(《申报》1922年4月8日)

4月7日 就担任劝工董事长事复楼恂如、刘聘三函,请停给夫马费。函云："昨蒙董事会公决,推弟为董事长。弟事冗,势难来行办事。惟本行基业新开,一切设施力求进展。愚者一得,苟于行务微有裨益,自应竭诚。其每月夫马费壹百贰拾元,务请停给为盼。"(原件,上海中华劝工银行档案)

4月9日 参加粟社第二次同期。沈彝如记云："是日粟社第二次同期,仍假大马路劝工银行三楼留美同学会举行。值期谢绳祖。""二点钟赴同学会,尚未开锣。严子渔、王受伊二君亦在。所唱各曲列下:《折阳》(王慕喆、项馨吾),《望乡》(高砚耘、振飞),《投渊》(杨习贤、俞粟庐),《盘夫》(王慕喆、凤鸣),《廊会》(张玉笙、项馨吾),《琴挑》(唐瑛、陈英娣女士),《探素》(藕初、少山、志乐),《赶车》(殷震贤、志乐),《草地》(沈芷仞、陈凤鸣),《亭会》(徐渭臣、殳九组),《问探》(冯超然、振飞),《弹词》(王辅卿),《赏荷》(项远村、凤鸣)。"(《传声杂记》手稿)

4月10日 午十二时,出席上海筹赎胶济铁路委员会第九次会议。沈信卿主席,报告华商银行讨论赎路贮金结果。次讨论预算,沈信卿主张规定主任薪水,议定为月支三百元。先生云："六个月应募费壹万元,其详细支用预算由主任酌定,不

必提交委员会。"全体通过。① 二时散会。"(上海赎胶济铁路委员会《第九次集会议事录》)

4月11日 约俞粟庐等晚餐,谈印曲谱及粟社拍曲事。沈彝如记云:"至江西路三和里厚生批发所,穆约晚膳。到者俞粟老父子、王慕喆、高砚耘、殳九组、沈芷纫、冯超然、袁安圃、陈凤鸣、密启民、杨习贤、中华书局某士余人。晚膳后开谈话会,议刷印曲谱并粟社拍曲事,均无切实办法而散。乘穆君汽车同回。"(《传声杂记》手稿)穆恂如《回忆录》云:"有一年夏天,我等得知父亲请二位俞先生吃晚饭。我家杨树浦的住宅楼下屋有五大间,专有一间饭厅。这次恰把酒席不设在饭厅内,而设在所谓的穿堂间,即大门进去的大客厅内,客厅有落地纱门两扇,我们即从纱门外向内张望。"(手稿)

4月15日 《申报》刊登江苏省义务教育期成会募捐团队长名单,共二十七队。名誉总队长齐督军、王省长,第二十一队队长穆杼斋,第二十二队队长穆藕初。(同日《申报》)

4月16日 宴请粟社、批发所同人。沈彝如记云:"是日穆君宴客,约者粟社同人俞粟庐老父子、殳九组、王慕喆、高砚耘、沈思栋、谢绳祖父子、沈芷纫、张志乐、龚少山、密启民、冯超然、袁安圃、程景康、王_____(原文如此——编者注)及批发所同人共二十余人。各唱清曲。十一点钟始散。"(《传声杂记》手稿)

4月29日 下午四时二十分,出席上海总商会会员大会,讨论修改会章。因出席者仅七十人,未到法定人数。田时霖云:"上次因不足法定人数以致开会未成,如果一再如此,则会务必将废弛,而修改章程将永不成事实。故鄙人主张今日开会只须厘定决案,对于其他会员征求同意之办法。"先生云:"对于田君所述办法甚表赞同。至征求同意办法,鄙人主张用书面通知限七日答复,如无复信者即作默认计算。"决定以发信与登报两种方式通知未到会会员,征求修改会章意见。推定聂云台、秦润卿等七人为新会章起草员。(《上海总商会议事录》)

4月30日 下午二时,出席家庭日新会第三届常年大会。会员到会者约百余

---

① 上海赎胶济铁路委员会档案内有上海赎胶济铁路委员会致盛竹书函,云:"竹书先生惠鉴:查本会系由上海总商会、江苏省教育会所组织。本会自四月开成会以来,迄今七阅月。对于筹款赎路事务,以各委员之协力,银行家之辅助,鼓吹提倡,不遗余力,国民心理经此宣传,皆家喻户晓,知胶济铁路与我国关系之重要。现在铁路交还期近,公司组织刻不容缓,前经主任余日章,委员史量才两先生被推赴京与各方面接洽,已有头绪。当此期间迫切之时,正为猛力进行之日,惟本会经费前收穆藕初先生交到二千元,聂云台先生交到三千元,又收回储金存折费及电报费二千零零一元,共计七千零零一元。七月支出六千七百三十二元,目前余存仅得二百六十八元(另附收支对照表)。此时组织公司方在开始,一切进行胥得商议,此项机关似尚非一时所能结束。而进行正烈之时,更不能感受经济困难致亏,九仞一篑,为特专函报告。务请贵会设法补助,以利进行,而竟前功,不胜祷盼。"

人,来宾约五六百人。沈信卿报告云:"本会宗旨,积极方面提倡正当娱乐,改良家庭恶习。消极方面提倡不吸烟、不饮酒、不赌博。顾荫亭报告家庭展览会之经过情形。次施颂良大套琵琶,先生唱《红梨记》、《琵琶记》二段,"声调铿锵,娓娓动听"。继由穆杼斋表演燕青拳。"一文一武,尤饶兴趣"。演毕,由胡宣明演讲《灭蝇之方法》。"该会成立迄今,已及三载。每周开会从未间断,最初仅六七家,今已多至七十余家。"(《申报》1922年5月2日)

5月4日 主持劝工银行第二十三届董事会。讨论中华职业学校所有附设储蓄银行请求让渡案。"案据该校请求,拟将其校内有附设储蓄银行全部让与本行,由本行接续承办,当经共同会议,佥以该行业既具有基础,本行为扩充营业计,似亦不妨接受。惟闻该行所有存放各款数逾巨万,究竟各该款内容如何,应先切实调查,如果毫无妨碍本行准其承受,即在该处就近选择相当地点,设立分部,并拟定名称为中华劝工银行沪南储蓄分部。"(《上海中华劝工银行议事录》)

5月5日 与于云峰、毛少眉、王引才、朱吟江、杨卫玉、潘仰尧、顾荫亭等联名发表《南翔义务教育协进会缘起》,云:"南翔为嘉邑首镇,因距沪甚近,每得风气之先,故地方事业亦较内地为发达。但自自治取消后,中途又屡经变故,以致地方团体日形涣散,教育事业难期发展。同人等念教育为地方根本之图,若不积极进行,何以促地方事业之进步。爰是组织斯会,先从义务教育入手。就现设之义务小学扶持,设法进行,以期达普及教育之目的。嗣后会员发达,经费充裕,拟再扩充范围,另建会所,以图永久。此则本会同人发起斯会之微意也。伏祈邦人君子,鉴斯愚忧,力加赞助,造福地方,实无涯浚。"附《章程》,范围:实施义务教育,辅助地方自治之进行;设立义务书报社提倡社会教育;招待外埠同志联络会员情谊;附设其他种种有益于身心之娱乐游戏。会费:普通会员年纳会费一元;基本会员年纳会费四元;维持会员年纳会费十元以上者;特别会员年纳会费百元以上者。(同日《申报》)

5月11日 下午七时,于一枝香出席黄炎培、赵正平欢宴槟榔屿华侨陈新政。教育、实业各界人士作陪共十余人。由赵正平介绍陈新政"为槟榔屿有数人物,不但于民党方面竭尽赞助之力,即于该埠教育、实业及其他公益事业,莫不为有统系而彻底的提倡。"又云:"今夕同座如穆君藕初、聂君云台等,为实业大爱而热心公益者。陈君之在槟,即首先实业家也。其于华校注册条例事,众主取消。陈君虑取消之不易办到,愿望退一步而主修改,无如众意所趋,无可如何。陈君赴伦敦为取消之运动英政府,甚而拘之。其热心公益于此可见一斑。"(《申报》1922年5月12日)

同日 《申报》刊登《棉纱市况之转佳》,报道郑州豫丰纱厂已开工。云:"棉纱市面昨日跌而复涨,上午取引所及物品纱布等交易所开盘时较上日小去数钱,嗣因接得豫省郑州军事直军已获大胜,赵氏完全溃退,故郑州豫丰纱厂已照常开工。"

（同日《申报》）

5 月 12 日　《申报》刊登《郑州安谧之沪闻》消息，称豫丰已有军队保护。文云："豫省兵警，本埠各方面传述已就平定。讵日昨忽有某方面一种消息，谓'赵杰阵亡，某纱厂遭毁等'语。嗣经详探，据本埠豫丰申账房云：'昨接郑州九号晚八时五十分来电云，豫丰纱厂由冯督军特派军队保护，始终安全无恙。该厂总经理穆藕初君并已代表该厂全体专电致谢。'"（同日《申报》）

5 月 13 日　出席上海总商会第十期会董常会。议案：①大太平洋商业会议请派代表案。本年十月廿五日美国于檀香山开大太平洋商业会议，发起者为美政府及美商会，美国及太平洋各处所派代表预限百五十人，由太平洋联合会具函邀请赴会。秦副会长将来函宣读一遍。方椒伯云："敝拟推穆藕初君充代表之任"，得到各会董一致同意。先生云："太平洋商业会议，美人所注意恐即为中国此次选出代表必以与国外贸易至有关系之商业为主。鄙意拟采纳各方意见，不必先由本会派定。"议决照此办理。……④酌定办理选举日期案。先生云："任期两年规定于商会法内，既以年计自应扣足三百六十五日，否则每任提前一次，无异将法定任期加以变更。如果新任不愿遽行任事，更于会务有碍。议决照上届提前二月。……⑦华队选举权应予限制案。① 秦润卿、方椒伯等认为，不必修正会章，维持旧案即可。先生云："余、钱两君，鄙人初未深悉。惟倡此议者，自必有所由来。而华队来言，亦即为抵制此议而起，自应加以彻底研究。窃谓本会入会费，每人不过五十两，七十人亦不过三千余两。如果志在活动，未必惜此区区。年来商人程度渐高，深知会董一职，纯系服务社会性质，牺牲时间，牺牲心力，并非营私利之工具，决不致利用何种团体间接运动。而华队诸君又皆优秀分子，富于德智体三育，亦决不致有受人运动之举。当时予以选举权，并不得谓逾格，且上年沪地罢市，维持秩序深赖其力。而事后忽将选举权严加限制，亦欠公允。鄙意拟将订入会章，一则可垂久远，一则他处商团亦可仿照。"多数同意先生意见，将中华队代表选举权一条列入修改会章项目，由会章修改起草员酌量考虑。在修改会章未经核准前，仍照旧案办理。（《上海总商会议事录》）

同日　下午，于上海总商会出席筹款赎路大会，到者有各界代表一千五百余人。余日章、驻英公使暨中国出席华盛顿会议代表顾维钧、《密勒士评论报》主任密勒蓰会演说，均畅言筹款赎路为救国要道。余日章宣布十五日起各银行开始收受

---

① 上海总商会成立之初，上海万国商团中华队五年以上职员认定总商会个人会员，每人均有选举权。但会章中无此条款。近年总商会对华队选举权予以限制。本月余鲁卿、钱庠元两人致函总商会，要求将中华队代表有选举权事列入总商会章程。

赎路储金。(《申报》1922年5月14日)

同日 下午八时,主持留美同学会欢迎顾维钧公使。到者有郭秉文、许建屏、李观森等约百人。先生致欢迎词云:"今日鄙人代表上海留美同学会欢迎顾公使,不觉重有感矣。夫顾公使学问之出类拔萃,同人均深知之。顾公使自我国政体改造以来,折冲外交,才力之雄伟,思想之绵密,效力于祖国者至宏大。在国际上增进我中华民国之荣誉者亦至无量。弱国无外交,则我国外交之难,可想而知。当巴黎会议、华府会议之日,其成绩不但我举国人士欢喜而赞叹,而全球人士亦莫不惊叹为稀有。顾公使以如此年华,于如此至短促时间,成就此大功,隆崇我国誉,一至于此,时势造英雄,惟英雄方能为时势所造耳。同人苟一自省,其如何爱敬顾公使,又如何互相勉策,务祈人人在各本业上尽力做去。国事虽腐败至此,人心虽堕落至此,道德虽沦亡至此,岂遂无挽救之道耶?民国以来,人心道德,虽每况愈下,教育实业,亦未见若何振兴。然舆论健全,迥非昔比,我国民之所是者,一一都屹立;我国民之所非者,一一归失败。征诸往事,有断然者,十目所视,十手所指,我同人等安可不朝夕惕厉,务求实在,以副我国民之期望也哉?顾我同人,本诸初衷,屏除私见,互相扶助,时时以顾公使为表率,竭智尽能做去,三数年后,于教育上,政治上,凡百事业上,得有如顾公使其人者,出而操持之,我国前途,其庶有豸乎?"次顾公使致答词云:"诸君子均为各界领袖,试以机器作喻,均为重要分子,心钦实甚。兹更贡愚意,愿诸君子益图合力进取,扩充范围,前途至可快慰也。"继由江苏特派交涉员许秋帆演说。末由先生唱昆曲,以及会员奏钢琴、舞火棍、跳舞等。顾公使与夫人亦参加跳舞,顾夫人并与牛惠生医士跳舞一次。(同上)

5月14日 签署并发表《中华劝工银行代收赎路储金广告》。云:"本行现受筹赎胶济铁路委员会委托,代收赎路储金,务请爱国诸君但有银圆一圆以上,不拘多寡,俱可来行储存。所有储金章程,本行印有多份,函索即寄,特此广告。"末署董事长、董事、监察、经理、副经理同启。(同日《申报》)

5月15日 联名签署并发表《东南大学孟芳图书馆募图书启》及《捐募图书办法》。《办法》规定:凡捐资或赠书数一万元以上者,特辟一室,以捐赠者别号名之;二千元以上者,将捐赠者等身照片悬挂室中;五百元以上者,将捐赠者小像悬挂室中;一百元以上者,将捐赠者姓名汇镌铜牌,嵌置壁上。募书启及募书办法,由东南大学校董蔡元培、张謇、王正廷、袁希涛、聂云台、穆藕初、陈光甫、余日章、严家炽、钱新之、荣宗敬、沈信卿、江谦、蒋梦麟、黄炎培、郭秉文及名誉校董齐燮元具名。《募捐启》云:"古代大学一图书馆业,礼在瞽宗,书在上庠,学礼则执礼者诏之,读书则典书者诏之。历代典章文物,悉萃学校,学术以是而兴,人才以是而盛,不其懿欤。欧美贤哲,谓化民成俗之道,莫捷于图书馆。公私营建,厥类孔多,都市之馆,部分树立，而大学及其他各校之差第，尤以图书贫富为衡，密笈新著，校相、高相矜焉。盖中外之一轨也。挽近兴学，事多简陋，教科之外，阙焉弗讲，浮诡之士徒，以肤傅之学，炫俗哗众，其有志覃精深造者，乃绌于学校之空疏，无具末由冀其钻研考索之思，微论外籍，即内国恒见之本，成学必资之书，求之簧社舍十不获一，此有识者所深悼也。南京为东南大都会，奕世号文物渊薮。赵氏之建业文房，朱氏之鸿渐学记，盛氏之苍润轩，焦氏之澹园。收藏甲海内，顾迭经兵燹，卷册散佚，流风余泽，仅存于考古家之簿录。最近有宫立盗山图书馆，其书贸自丁氏，城外之书，蔑之购也，地既僻左履綦鲜，及当事者严扃鐍，以杜豪夺巧偷之萌。其与欧美日本之图书馆，为吁民劝学计者，风旨固殊焉。东南学子饥渴于学，亦既有年。比甫有大学之设，筚路蓝缕，万事草创，而建馆购书，为万事中尤急之一，龟甲竹简，封泥贝叶，羊皮之书，氎墨之本，以迄近世万有之学，左行右行谐声象形之文字，凡有资于考究研阅者亦无不备。然后可以尸学府之目，发国光而旷世风。其庋藏之室，陈列之所，阅览之地，又非恢弘其基，精严其制，期适万众而垂百祀不可，因陋就简则非体，求多务广则须财，而国用之不暇事此，殆非可以计年副所期也。语云：工欲善其事，必先利其器。荐绅先生日期吾学子与剑桥、牛津、哈佛、庆应之学者相颉颃，而所以为剑桥、牛津、哈佛、庆应之学者之利器，弗先之备，吾学子宁胜此高心空腹之咎。是故上稽古制，远揽异国，近式邦人之先型，内觇本校之急务，莫切于图书馆。而创建图书馆，舍同人力求将伯捐资倡导，其道无由。往者，南洋高等工业学校（即今交通大学）募金建馆，薄海响应，学林盛事，辉映中外。本校晚进，固不能逮工校之徽躅。而大人长者，高资素封，奖掖学校，冀全国学子，广受图书馆之益者，其风义，必与年而偕进也，泽被东南，德且无艺。谨具简章，求檀施焉，大雅宏达，肋株其成，请勒鸿名以章不朽。"（原刊《北京大学日刊》，引自《南大实录》上卷，第 188 页）

5 月 16 日　与黄炎培等中华职教社成员创办农业教育研究会。是日《申报》刊登《农业教育研究会通告》，云："本社乘举行年会之便，定五月十九日星期五上午八时半起至十二时止，在上海小西门外新马路南中华职业学校开农业教育研究会。凡我研究会委员各农校教职员及研究农业教育诸君，咸请届时拨冗惠临，共同讨论，不胜欢迎。如有卓见，并请先期开示为荷。"会议拟"讨论实施全国农业教育计划大纲及筹划经费办法。我国本以农立国，新学制实行后对于全国农业教育不可无一确实计划，而经费之来源或取自退还借款，或取自增加关税，或从田赋项下提拨，均须认定办法切实进行。故本社特提出此问题，并由主任讨论人黄任之、穆藕初、袁观澜、沈信卿、钱天鹤、史量才、郭秉文、白凯、李汇、郭次璋、熊世绩、周幼山、李寅恭、徐淮、卢光浩、汪启愚、郑辟疆、王企华、陈凤文、邹秉文诸君，先期拟定办法藉便研究。"（同日《申报》）

5月18日 离沪赴北京。(《传声杂记》手稿)先生到京接洽兼任政府代表出席太平洋商务会议事,曾访外交总长顾维钧,向之请款。顾云:"自有商会担任"。先生"告以商会亦未给有旅费"。顾"则云以足下之资望,何必计较"。先生又云:"如此带去秘书之旅费,必须由部照付。而部中亦支吾其词"。(引自同年11月25日赵晋卿于上海总商会第二十四期会董常会上发言,《上海总商会议事录》)

5月23日 《申报》刊登美国商会以及太平洋地区国家发起召开"太平洋商务会议"消息。总商会曾接到美国驻上海参赞署转来的联太平洋协会于檀香山举行工商务会议议程,内称参会者须各国之经济及商界领袖。(同日《申报》)

5月25日 俞振飞接先生北京来信,遂电告沈彝如停止抄谱。沈彝如记云:"俞振飞先生来电话,云北京来信,因所抄曲谱格式不合,暂停抄写"。[1](《传声杂记》手稿)

同日 公共租界华人纳税会选举华顾问开票,宋汉章、穆藕初、陈光甫、谢永森、四人连任,余日章与许建屏票数相等,须开理事会时以抽签决定。(《申报》1922年5月27日)

5月27日 上海总商会召开第十一期会董常会,讨论檀香山太平洋商业会议推选代表案。上次常会先议公推先生前往,嗣后因关系较巨,改为由商业各团体公推,共发出通函四十件,不意届期仅一人到会,主要原因为经费问题。赵晋卿云:"川费是否由本会担任?"秦润卿云:"本会难以筹此巨款,拟由愿往者自任。"讨论结果仍推穆藕初前往。(《上海总商会议事录》)

5月 第一次直奉战争期间,豫丰纱厂遭兵燹,金融周转发生极大困难。毕云程《追念穆藕初先生》云:"一九二二年,赵倜进攻郑州,大炮即架于豫丰纱厂附近,虽幸而未毁,但上海、汉口、天津各地银钱行庄对于豫丰放款,因此大有戒心,只收不放,以致豫丰金融周转,发生极大困难。是年中国银行郑州办事处主任束云章氏,曾向豫丰厂协理吴文钦(庆)氏提议,由中国银行收购豫丰纱厂,穆先生不予同意。"(手稿)《从原料中心迁出的豫丰纱厂》一文云:"好事多磨,豫丰纱厂成立不过三年,民国十一年第一次直奉战争爆发了,郑州正是要冲,这个大工厂几乎毁在炮火之下。这以后连年的内战,使租界里的资本家无心再开发内地的呼声。穆藕初氏原来所拟吸收外资的计划也因内战而不能实现。"(《新世界》月刊,1944年6月)

春 吴佩孚书赠先生旧作书法立轴。诗云:"彝陵风雨洞庭秋,一叶扁舟驶上游;西北烽烟犹未息,东南鼙鼓几时收?庐山面目真难见,夔峡波涛惯倒流;不坐梢

---

[1] 先生原拟刊印昆曲全谱《恂园曲谱》。此"暂停"指令,可能为吴梅看了样稿而致。此后沈彝如仍继续奉命抄谱,但拟议中刊行的《恂园曲谱》迄今无人见过,似未出版。

头观逝水,江声咽尽古今愁。壬戌春月,藕初仁兄晒正,子玉吴佩孚。"(原件)

6月6日　由京回沪。(《传声杂记》手稿)

同日　出席华商纱厂联合会第五届第四次董事常会。到者聂云台、陈莘田、徐静仁、荣宗敬、陈品珊等。聂云台主席,议事三件。(《华商纱厂联合会季刊》第三卷第四期)

6月13日　出席江苏省教育会代办南洋兄弟烟草公司简照南选送留美学生委员会会议。本年为第三次选送留美学生,其中规定上海六名。推定杨圃塘为主任,并决定于七月十七日起分科考试。"至考试科目,仍如去年办法。先检查体格,次学科试验。除国文、英文、算学三科均须受试外,报农科及化学工业者兼试化学,报工科者兼试物理,报商科者兼试经济。至学校荐送应试人,亦如去年例。惟以荐送三人为限截止,收受荐送书期定六月三十日。"(《申报》1922 年 6 月 15 日)

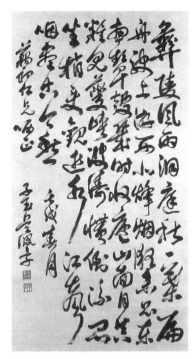

吴佩孚书赠穆藕初书法条幅

同日　参加粟社同期。沈彝如《传声杂记》云:"粟社同期,穆藕初当。假城内庄家桥关帝庙东首孙北护宅。下午四句半开罗,十二句钟停止。同穆先生汽车回。"(手稿)

6月18日　主持劝工银行第五届临时董事会。议案:职业银行让度案。议决:"于七月一号实行接受,惟名称沪南改为沪西,该分部每届决算,现在暂与总行共同办理"。(上海中华劝工银行董事会议事录)》

同日　参加粟社同期。沈彝如《传声杂记》五月二十三日云:"粟社同期,陈枚肃、穆藕初当。下午一句钟开罗,仍假在劝工银行三楼。十句钟乘穆汽车回。"(手稿)

6月19日　偕俞振飞赴北京、天津、郑州等地。(《传声杂记》手稿)

6月29日　东南大学开校董会常会,改选任满校董。本届任满校董为聂云台、先生、沈信卿三人。"聂、穆二君并为大学经济校董,沈君则系大学办事校董。当由袁观澜提议,三君对于大学俱极热心主张,推请连任。经全体赞成通过。"(《申报》1922 年 6 月 30 日)

同日　下午二时,红十字会第二届会员大会于上海总商会选举常议会议员,先生当选四十八议员之一。(《申报》1922 年 7 月 4 日)

6月 题杭州"韬盦"匾额。云：

古娄俞先生韬盦，工书能文，尤精昆曲，传叶氏正宗。年虽近耄，犹能出其绪余，饷遗后进。湘玥景仰先生，爱取先生之字，为斯屋之标帜，俾歌咏同人，知师承之有自天雨，闻正始元音，或赖兹弗替云。中华民国十有一年六月，古沪穆湘玥藕初氏识。

（韬盦牌匾，杭州西湖博物馆藏；《文集》第 175 页）

"韬盦"牌匾

7月4日 为闸北水电厂添招商股事，于郑州致江苏省督军、省长及江苏省议会二电。前电云："阅冬日《申报》载《闸北水电厂命运之预测》一则，不胜诧异。我省年费、实业费八十余万；等于告朔饩羊。仅此闸北水电厂，以专利故，尚有盈余，今因添招商股计画，竟某外人串同该厂长计图侵夺。事果实在，丧权辱国，可痛孰甚。请严令实业厅转饬，力求整理，徐图扩充。庶地方主权，赖以保全，苏省幸甚。"后电云："阅冬日《申报》载《闸北水电厂命运之预测》一节，不胜诧异。我苏年出实业巨费，所获效果，仅闸北水电厂差强人意。今因添招商股计画，该厂长竟暗结外人，计图□夺，殊堪发指。商人事业，不得已而借外债，舆论犹非之。政府机关，应如何自慎，且水电与地方主权、居民生活，在在均关重要，饮鸩之举，安能听之。况该厂岁有盈余，苟能力求整顿，不难徐图扩充。丧权辱国之谋，务请诸公为地方主权计，设法力予打销。"（《申报》1922 年 7 月 8 日）

7月8日 子家麟[①]出生。

7月10日 闸北各公团发表公启，定 7 月 12 日举行闸北地方自治会等二十六团体代表联席会议，请先生及陈家栋等对闸北水电厂商办持异议者与会，讨论闸北

[①] 穆家麟（1922—2012），排行第九。上海沪江大学毕业。上海嘉定嘉丰棉纺织厂职员。

水电厂商办事。①(同日《申报》)

7 月 15 日 闸北公团为水电厂事发通电函,澄清所谓由某洋行买办勾结厂长,"以收归商办为名,行暗渡外人之实",纯系谣传。又云,"先期登报,招寻陈家栋、张廷襄、李诚三个到会,指出实据,以便根究。讵竟杳无消息。并经邀穆君,又据其书记函称,本人尚在河南郑州。种种离奇,不可思议,显见情虚规避,例当严惩,万难含糊容忍"。要求江苏省长议会,"请将陈家栋等艳电、穆湘玥等支电,先行取消"。(《申报》1922 年 7 月 16 日)

7 月 20 日 于《申报》发表复闸北二十二公团函。云:"玥之所持取消云者,系谣传与外人勾结之合同,而公等组强团体,拟将该厂收归商办,玥于是时、实毫无闻见,而《闸北水电厂命运之预测》一节刊布后,公等于翌日报上并未声明原委,陈家栋等何人,该厂长何人,玥概未相识,支电所叙述,仅根据冬日刊布报端,未经辩辟之消息,并非臆造,原文具在,复按自见。回想玥当日发支电之热度,不亚于公等今日拟将该厂收归商办之热度也,尊电谓种种离奇,不可思议云云,玥问心无愧,对之坦然,惟所惜者,冬日报端刊布此项地方重要消息后,翌日报端竟无人起而辟其真伪,乃由仆数千里外者发电阻止,殊觉太无谓耳,迄今思之不觉哑然。公等热心为地方计,为主权计,起而收归商办,凡归国人,自当极表同情,况水电为日用所必需,境内居民稠密,新业繁兴,所需水电更为重要,力求振作,期满众望,愿公等本今日之决心收来日之厚效,而为各地方树良模范。"(同日《申报》)

7 月 21 日 《申报》刊登《中华职业教育社征求消息》,报道先生等认捐分值。文云:"特别委托系就热心该社事业者,特别商请担任征集大队,每人以一二千分为平均标准分数。闻王正廷博士最多,独认募五千分。此外该社各议事员,及附设中华职业学校经济校董,亦均担任一队。月初该社在济南开全国职业学校联合会,山东田督军极为赞许,当招所属开会,讲演并担任一对。特别征求穆君藕初本认募一千五百分,近报告尚可逾额。"(同日《申报》)

7 月 向中华职业教育社捐款二百元。(《教育与职业》第四十一期)

7 月 华商纱布交易所出版第二届营业报告书(1922 年 1 月至 6 月),"营业概要"云:"本届一月四日开市,时值阴历年关兼之社会有抵制东货之举,以是人心不定,棉花价亦疲软,故纱市极形淡。标准价月初为百五十二两九钱,仅十日竟跌至百四十两。中旬以后始见回涨。是月本所成交数计七万六千余包。二月初值香港罢工,输输阻滞,中旬后各帮始有需要,市情遂极活动,计本月中客帮办去一万余

---

① 闸北水电厂创办于清末,原系商办。建成开幕时,恰逢辛亥革命,旋于民国初改为官办。十余年来因规模小,难以为闸北一带日益繁荣的工商企业及居民服务,遂有收归商办之议。

包,纱价高低差额约十两。本所成交数较上月增至一倍以上。三月初因他交易所风潮牵动,金融市况殊少乐观。中旬后交易略见畅旺,棉值亦复增高。下旬纱价涨至一百四十九两,本所成交数与二月相埒。至四月市况始臻活动,盖纱市疲弱已久,各帮存底一空,至是颇有供不应求之势。讵后半月奉直相持,客商裹足,标准纱遂由百四十八两六钱跌至百三十一两九钱,而本所成交数以本月为特多,计二十六万余包。延至五月初,北方战衅一开,人心恐慌,市面尤多变化,幸美花行市日涨,本埠花价坚定,故市价亦尚稳定,是月本所成交数略少。六月开战事虽了,而政局混沌且值农忙,各厂存底尤丰,纱布因之不能起色。虽三品来电骤涨美花提高,而人心虚弱,标准价月初为百四十一两五钱,至交割则为百四十两五钱,本所成交计十四万余包。计六个月成交总数为一百万零四千四百五十包,棉纱之营业概况如是。棉布交易自去年十月后即绝无仅有,此则布商经营习惯不同所致。本届自一月份略有成交后,其余月份概无交易。本所股票本届价格极平稳。综观本届营业收入较之上届仅一与三之比,虽曰时局不靖有以致之,实则一年以来交易所风潮迭起人有戒心,而此种风潮以本届为尤烈。本所于外界风雨飘摇中勉力□柱,今届结账获果如斯以为幸事。所望此后政局、商场均趋正轨,则本所第三届营业之发展必有可观者焉。"后列第二届成交数量统计表。(《上海华商纱布交易所股份有限公司第二届营业报告书》)

8月3日 《申报》刊登上海总商会公布所属财政、陈列所、图书馆、出版部、交际、调查、华商道契等委员会成员名单。先生与沈联芳、王一亭、高翰卿、陆费伯鸿、汤节之、刘翰怡等被推为图书馆委员会委员。(同日《申报》)

8月9日 工部局致函先生等五华顾问,告领事团已批准五顾问名单:"宋汉章(总商会会长、中国银行行长)、穆藕初(德大、厚生两纱厂总理)、陈光甫(上海商业储蓄银行行长)、谢永森(哈华托律师公馆大律师)、许建屏(上海大陆报记者)。"(《申报》1922年8月10日)

8月16日 农商部任命先生为出席太平洋商务会议代表。(毕云程《参与太平洋商务会议日记》)

8月19日 下午七时,出席欧美同学会于劝工银行三楼举行的邀请纳税华人全体理事聚餐会。到者十余人。议案:①"外人开浚苏州河问题。方椒伯提议苏州河淤塞日增,交通不便,急谋开浚以利航行,固为切要之事。然该河不属租界范围,外人越权开浚,则主权所关非常重要。应如何交涉阻止,以保主权。"许建屏主张组织委员会办理。史量才主张"由常务理事办理,并致电南京韩省长,呈请筹拨经费,规划开浚,并请速行交涉,竭力阻止以保主权"。②"议经费问题。理事兼书记长朱赓石报告本会经费,自省政府于七月份起,每月补助费一千元,迄今未曾领到。会内开支无着,应讨论如何维持。结果由各理事筹垫,一面再行催拨。"③"追认书记长薪金问题。理事兼理书记长朱赓石自第一届理事改选之前,已准辞代理书记长义务之责。及改选后由常务理事重行挽留。朱君兼书记长月薪二百元提出追认,无人反对。"(《申报》1922年8月22日)

8月20日 下午二时,主持华商纱布交易所第二届股东常会。股东到者三百五十人,约四万四千余权。先生报告并提议讨论各案。经全体表决后,各常务理事先后报告营业及内部状况。照章选举监察人,当选者为张则民、俞福谦、朱友仁三人。本届决算得纯益金六万余两,除提取公积金百分之二十外,股东每股派红利一元。职员酬劳金六千两。(《上海华商纱布交易所股份有限公司第三届营业报告书》1922年12月;《申报》1922年8月21日)

8月24日 上海各报刊登《太平洋商务会议之记事》消息,内载先生简介及会议日程。云:"美国檀香山第一次太平洋商务会议定于十月二十五日开会。中国方面由穆藕初君代表。穆君现位德大、厚生、豫丰三纱厂经理,曾留学美国,注重棉业。一九一四年回国之后,即从事于改良植棉,翻译名著。穆君现任工部局华顾问、总商会、江苏省教育会、中华职业教育社及各纱厂董事,华商纱厂联合会植棉改良委员会委员长与留美学生会会长云。兹将商务会议之议程列下:十月二十五日开会议题为我国关于联太平洋商务之重要问题,每国代表一人,各为简短之演说。十月二十六日议题为交通与运输,一、关于现有海电及无线电之讨论及补偏救弊之建议;二、关于新闻电之减费负责及改良传递问题;三、关于商务路线及新航线之讨论;四、要求太平洋各国设置自由港问题。十月二十七日议题为天产之改良及保护,一、联太平洋渔业之保护问题;二、如何求联太平洋燃料之进步,俾发达将来之实业及运输;三、如何设法防止米粮及糖之恐慌。十月二十八日议题为经济与投资,一、解决兑换价值之困难;二、汇票及商业问题之划一;三、展长太平洋各国间之付款期限,以协助对外贸易;四、厘定商业证书,如何确保其可靠。十月三十一日议题为太平洋国际间之关系,一、调解商业上之误会;二、太平洋利益问题上之互助方法;三、各特别委员会之报告;四、讨论各项决议案。"(毕云程《参与太平洋商务会议日记》)

8月26日 上海总商会召开临时会董会议,讨论檀香山商业会议添举代表案。宋汉章云:"此事先经本年第十一期常会推举穆藕初前往。兹接穆君来函,以现在又兼任政府代表,应否再由本会添举一员,一同出席,并补具正式委托手续。此外天津、汉口、广州各处商会,似应一并与会等语,即请公决。"多数会董认为不拟再添派代表。通过。"惟另备一英文委托书,送交穆君,以资凭信。津、汉、粤各商会,由本会另行备函,请其一体派员与会。"(《上海总商会议事录》)

8月30日 出席华商纱厂临时紧急会议,到十九人,聂云台主席,讨论内地纱厂购运棉花税厘繁重,呈请农商部予以豁免。(《华商纱厂联合会季刊》第三卷第四期)

9月4日 中午,出席联华总会欢迎檀香山联太平洋会总董福特宴请。到者有前江苏交涉员杨小川、复旦大学校长李登辉、中国银行行长宋汉章、浙江与业银行盛竹书、浙江地方实业银行李馥荪、青年会费吴生(西人)、美国大学俱乐部任嗣远、联太平洋会卓健伯、《远东评论报》尔莱、美国驻沪代理领事谈惠斯、美国商务参赞安立德、美孚公司总经理赫根生、循环俱乐部贝得医士等三十人。福特演说云:"余此次来华,特为邀请参赴檀香山太平洋商业大会之华代表,故望中国各商业团体,能多派遣有力代表参与此会。因此次之集会乃欲联络太平洋沿岸各国之感情,并欲发展其商业,是以太平洋各国之参加者甚多。今闻中国政府将遣穆君赴会,鄙人甚为荣幸。惟望中国至少能派代表十五位,以便讨论一切。"次云:"美国极愿辅助中国,故望中国人民有以促进之。如前任美国总统威尔逊氏、前商务次长兰恩氏,及现任参议员洛治氏皆为有诚意辅助中国之人物,且希望中国得有机会。然而中国人民须欲自奋,否则美国亦不能施其力也。此次太平洋之商业大会召集于檀香山,乃欲使各国代表专诚讨论商业,而以前互有之恶感,藉此消弭。又叙述美国与日本间之航行与电讯情形。并谓美国人民现在从事研究商业者约有一百万人,故望中国人民亦能急起直追。"先生演说云:"福特君此次来华邀请我国代表,甚为感激。鄙人由政府任为此次赴会之代表,但鄙人除棉花业外,其他实业与银行等事皆十分隔膜,故逆料各团体必能多派代表与会。惟究有若干人同往,尚未知悉。"(《申报》1922年9月5日)

9月5日 与福特在联华总会聚餐讨论赴太平洋商务会议事。(同上)

9月6日 乘上午九点半沪宁特快车赴宁,由宁转车赴豫。(同日《申报》)此次赴内地"极力调查各种事业,以便与会(太平洋商务会议——编者注)时有所发表。"(《申报》1922年9月5日)

9月8日 《申报》刊登《工商研究会致各工厂之通告》,请各工厂推派出席太平洋商务会议代表,并公开提名先生为代表。云:"报载前日联华总会欢迎檀香山联太平洋会总董福德君,希望中国各商业团体多能派遣有力代表参与此会,系为联络太平洋沿岸各国感情并欲发展其商业起见,太平洋各国参加者甚多,中国政府至少派代表十五位,以便讨论一切云云。且郑重声明使各国代表从事讨论商业,俾以前互有之恶感藉此消弭仁人之言,其利甚薄。查我国侨居于新旧金山者甚众,国货之运往销售者往往厄于轮船吨位、银行押汇暨进口税则等等,致不能发展一切,国人盖久已痛心疾首矣。今幸吾国派有本会会董穆君藕初等前往檀香山列席大会,不妨请其于讨论之余而将以上种种作为随意闲谈,使帮人士咸晓然于我频年国货上所受之打击。与夫营连国货者所怀之抑郁而预伏一笔,为将来实行交涉之先声。国人救国须赖国货发扬,除去以上种种,其尤有足以碍及我运销外洋之国货者。本会知识有限,尚乞各贵工厂商号遣派代表于本星期日(即夏历十九日)午后二钟莅泗泾路本分会事务所,从长计议,俾便汇集办法,公恳穆君藕初携往相机办理。如能遣派代表偕穆君前往一同列席会场,既表欢迎而国际间尤增荣誉也。"9 月 21 日,工商研究会推赵桂芬为出席代表。(毕云程《参与太平洋商务会议日记》)

9 月 10 日　日前由豫抵北京。是日在蒋梦麟家聚餐。胡适记云:"夜到梦麟家吃饭。客是穆藕初,同坐有子民、亮畴、少川。"(《胡适日记全编》第 3 卷,第 792 页)

9 月 17 日　太平洋国际商业会议邀请国立东南大学及上海商科大学校长郭秉文赴会。郭因"宁沪两校将届开学,一切计划诸待兴举",无法成行,请先生兼任该校代表与会。(同日《申报》)

9 月 19 日　黎元洪总统任命先生为太平洋商务会议首席代表。(毕云程《参与太平洋商务会议日记》)

同日　出席华商纱厂联合会第六次董事常会。到者杨翰西、荣宗敬、刘柏森、穆杼斋等。聂云台主席。(《华商纱厂联合会季刊》第三卷第四期)

同日　上海华商纱厂联合会董事会公推毕云程为太平洋商务会议出席代表。(同上)

同日　上海总商会致银行公会等各团体函。函称出席太平洋商业会议我国代表只穆藕初君一人,"未免相形见绌",希望"就近商由北京全国商会联合会,加派数人,一同前往"。(《申报》1922 年 9 月 20 日)

9 月 23 日　于《密勒氏评论报》第一页刊登广告,介绍所经办之五个企业。(上海中华劝工银行、上海华商纱布交易所、德大纱厂、厚生纱厂、豫丰纱厂)。广告如下:

Industries under Management and Direction of H. Y. MOH

1. The Chinese Industrial Bnnk

Capital：$1,000,000

Offices：P. 60 Nanking Road

2. The Chinese Cotton Exchange

Capital：$3,000,000

Offices: Avenue Edward VII.

3. TEH DAH COTTON MILL

Capital: Tis 1,500,000

Mill: 78 Ward ROAD

Town office: 1 Tsing Yuen Li, peking ROAD

Products:

10s Yarn ...... "Double Happiness"

16s   ...... "Pagoda"

20s   ...... "Pagoda"

32s   ...... "Civilized Beauty"

42s   ...... "Civilized Beauty"

4. HOU SUNG COTTON MILL

Capital: Tis 2,400,000

Mill: 22 Seoul ROAD

Town office: 137A San Wo Li Kingse Road

Products:

10s Yarn...... "Double Happiness"

16s   ...... "Pagoda"

20s   ...... "Pagoda"

32s   ...... "Double Happiness "

11 – 1b. ting... "Three Tigers"

13 – 1b. ting... "Aeroplane"

12 – 1b. drills... "Three Riches"

12 – 2b. jeans... "Double Happiness"

5. YU FOONG COTTON MILL

Capital: Tis 3,500,000

Mill: Chengchow Honan

Town office: 137A San Wo Li Kingse Road

Products:

10s Yarn...... "Double Happiness"

```
          ......"Aeroplane"
12s       ......"Pagoda"
14s       ......"Pagoda"
16s       ......"Aeroplane"
20s       ......"Pagoda"
          ......"Aeroplane"
12 - 1b. drills..."Five Elders"
16 - 1b. sheeting.."HeavenilOfficial"
```

(同日《密勒氏评论报》)

9 月 26 日　于上海功德林出席赎路委员会会议。议案：①"余主任赴蜀事。一致挽留，应俟组织公司告一段落再行启程。当由委员会电告重庆、成都两青年会。"②"对于劝募股款应积极进行，由委员分别向各团体重要分子接洽。"③"将印发传单分发各地，鼓吹双十节赎路大运动。"(《申报》1922 年 9 月 27 日)

同日　上海总商会会董会公推赵晋卿为太平洋商务会议代表。(毕云程《参与太平洋商务会议》)另有洋货商业公会乐松荣、美国商务参赞安诺德、丝蚕调查所总理陶迪一同赴会。并定于十月六日启程赴美。(《申报》1922 年 9 月 28 日)后乐松荣改郑希陶。

9 月 27 日　与《申报》记者谈太平洋商务会议，云："美国与日本等，对于此会甚为注意。美国所派参与该会之代表达五十余人，日本亦约有二十余人。而吾国方面，殊觉太少注意"，"故深愿在此迫促日期中，各方面能多投袂而起派代表与该会。"并告正在起草两文件，拟于赴会时发表：①中国商业与太平洋之关系。②如何发展中国之商业与实业。(《申报》1922 年 9 月 28 日)

9 月 28 日　出席华商纱厂临时紧急会议，到十五人，聂云台主席，议事二件，报告案一件。(《华商纱厂联合会季刊》第三卷第四期)

10 月 1 日　上午十一时，德大、厚生、豫丰、恒大四纱厂于也是园公饯出席太平洋商务会议代表。穆杼斋演说，云："德、厚、豫、恒四厂厂务由愚兄弟二人主持。六七年内，同人入厂供职者迟早不同，故甘苦亦不同。自去秋迄今，比较往昔觉甚逊色，吾人对于发展本业希望虽切，而目前衰落殊未可掩。吾人自应研究纱业不振之原因何在，其在国内乎？抑在国外乎？能否设法补救？补救之道仅求自助乎？抑兼求他人互助乎？纱业不振关系不止一途，国内国外兼而有之。救济之道亦不一端，自助他助亦宜兼图。予也在棉言棉，希望此行在发展棉业各国相互关系上得有好消息。但社会对于发展商务肯负责任之人，未免太少。各业应各派代表，参与太议。今以数人担当无数斤量，负担义务，似觉太重。惟有将竭诚尽智，以报国家社会,为我弟勖耳。"次先生演说,云:"此次太平洋商务会议,我国人士皆应注意。其忽视此举不甚关心,及过于重视此举,而有所推诿者,似皆为甚合宜。此次太平洋会议原为提议太平洋沿岸各国商务上相互获益之关系,求今后得圆满之发展。实有各各得求发展己国商务之机会在内。发展己国商务,不专恃樽俎间折冲之若何,而发展之主力,实属之。各本业各分子,时时振作,在在具发展本业之决心及精神,庶乎有济。在座四团体皆甘苦共之人,请以发展本业之要点,为吾同人勖之。除去暮气,方有振作精神,能尽心力以治职务,事业便有发皇气象。恒请每怪青眼之难过,不知自己所作为,时时在青眼烛照之下,惰人不付重要之职务,庸众何来不次之升擢。予切望人人能竭诚尽职,无负委任。并望行有余力,吸收新智,扩大度量,增进坚诚毅力,而以一抵百,以一当千之人,发达各本业,微斯人其谁? 予远出后,各同人等正得有试验能力,养成任事资格之绝好时机。至于予等此行责任尽到如何程度,虽未敢预言,但尽予等心力对付各问题,回来之日再行贡献。俾诸同人之未出洋者,亦得略知世界情势,扩大眼光焉。"继赵桂芬演说云:"有感于藕公牺牲无数精神,为国家社会谋福利,敢不竭我心力,稍分仔肩。"(《申报》1922 年 10 月 3日)

10 月 3 日   下午二时,于总商会大厅出席上海中华国货维持会、中华全国工商协会、中国工商研究会举行的欢送会。马树周代表致欢饯词。先生答谢云:"此次受政府商会之委托,到美后定必尽力宣传,以尽个人职责,并拟将考察所得归报国人。"杨小川与各代表握手并演说,"即就太平二字,发挥尽致。大致以欲求太平,非全世界注重工商不可。殷殷嘱托代表本此意向各国宣传,以求真正人道主义。而对于开放门户,吸收外资以发扬内国实业,尤所赞同。但归结于列强对诸中国须开诚布公,勿复再存虞诈方可。次沈卓吾"述美国禁运肉类入口事,请代表注意。"(《申报》1922 年 10 月 4 日)

同日   下午五时,出席商科大学欢送檀会代表大会。郭秉文主席,"述两代表与该校关系之历史"。先生演说强调国民外交之重要,并借此机会考察各国商业教育,云:"欲图商业之发达,首在有交通机械。吾国对外贸易,海轮仅有三艘。铁道又未普遍,而无线电台亦尚缺如。加之政府不良,政治失轨,军阀专横,均为商业发达之障碍。欲除障碍,广交通,国人事也。所以此次赴会,不过尽一种国民外交的责任,以与各国相探讨,谓可依赖他人图我国商业之发展,万无是事。能得到各国实业界之谅解,以缓和其政治界之举措,是亦足矣。此外对于现代各国之商业教育情形,尤当特别注重,详细考察,撷其所长归国报命,用备商大之采择。"(《申报》1922 年 10 月 5 日)

10 月 5 日   下午七时,出席上海总商会公饯太平洋商务会议代表。会长宋汉

章主席,各会董作陪。(毕云程《参与太平洋商务会议日记》)

10 月 6 日 上午九时,偕赵晋卿、赵桂芬、郑希陶、毕云程乘太平洋轮船公司"威尔逊总统号"轮船启程赴夏威夷。船"启行时,送行人咸扬帽致敬,并在码头燃放鞭炮高升。"毕云程《参与太平洋商务会议日记》(以下简称《日记》)云:"十月六日上午八时,太平洋商务会议中国代表团穆藕初君、赵晋卿君、赵桂芬君、郑希陶君、毕云程君,同乘太平洋轮船公司之威尔逊总统号起行赴檀。上海交涉使许秋帆君、上海总商会会董叶惠钧君、陈文鉴君、谢蘅窗君、袁履登君、吴麟书君、徐庆云君,工商研究会会长杨小川君,中华国货维持会副会长王介安君,会董娄凤韶君,全国工商协会总书记邵君玉廷,干事计建南君,上海日报公会会长汪汉溪君,上海纱布交易所常务理事贾玉田君、孙北护君、柳芝庭君、胡紫波君,及各科长等均到船送行。十时开船。该船载重二万一千吨,长五百三十五尺,阔七十二尺,深五十尺,排水量三十尺,每小时驶十七英里半,为航行太平洋著名之佳船之一。船主为亨利纳尔逊君,总机师为约翰毛利君,皆美国人。穆藕初君、毕云程君寓一百三十号卧室,赵桂芬君寓一百二十九号卧室,赵晋卿君、郑希陶君寓一百零六号卧室。皆在 A 层甲板。……下午八时半,代表团在一百三十号室聚会,推定赵桂芬君为会计,郑希陶君为英文书记,毕云程为中文书记。"

10 月 7 日 船至日本门司,先生所见感触深刻,并嘱毕云程"笔记之"。《日记》云:"下午,船近日本之门司。风波颇大,甲板尽湿。五时半到门司。船沿岸行,风浪渐小。遥见两岸山峰叠翠,森林茂密。近岸渔舟数百,桅杆林立。穆藕初君注目观之,深觉仅此一片苍翠而整齐之树林,已足表示日本人之努力。回想中国,荒山累累,森林未造,以此相较,未免有愧。一国之兴须政府与国民各尽其力,始克有济。现中国之政府固属不良,而国民之责任亦有未尽。身去异乡,心驰祖国,遂尽举所感以告,并嘱笔记之。"

10 月 8 日 上午船抵日本神户。代表们上岸观光。晚开船。《日记》云:"上午七时船日本之神户。未靠岸,日本税关人员及医生乘渡船到船检查,欲登岸者须以护照示之,由彼盖印检讫戳记始可登岸。中国代表团于十时由渡船至美国码头登岸,经过税关时,因郑希陶携有手提照相器,经税关人员检验一过,始准携行。邮局离税关不远,寄信后至一华人所设德泰号,询明路径。乘电车往新开地,每人车费五分,通行税一分,不论路之远近,凡半途下车者可索一免费票,以后如乘同方向电车即可不必付车费。来回票则售一角,通行税一分,故日人多有买来回票者。车无头一二三等之分,为美国式,中间两旁有门,可以上车,而下车必在车之两端。售票人不懂英语,谈话颇困难。到新开地后下车至华人所设之红叶亭菜馆,馆主人叶姓不在,侍者皆日本女子,言语不通。乃至楼下华人所设之古董店,店中有二华人,皆甬籍,颇和蔼。即由其一引导复乘电车往观神户名胜布引山之瀑布。至山跌下车,则见山不甚高,而树木极繁茂。沿山道而上,筑有丈余跨阔之马路,步行甚易。沿途见有设店售风景片及杂物者。既至其处,则见瀑布甚巨,横空如匹练,下有一池,蓄水甚清。旁有吸水器,高约丈余。据闻为供近山居民自来水之用。池前茅屋数椽,架于山涧之上,板台竹椅,备游客休憩,质朴不华,别有雅趣。有日本儿童数人携便当,此日本最普通之饭具,中储冷饭碗许,萝卜数片,藉以鼓腹。其旁有书包数只,当知彼等为近邻之小学生也。赏玩久之,腹中渐饥,遂山复乘电车至新开地饭于红叶亭,菜价甚昂,一鸡须日金三元,其他类是。饭后雇汽车周游神户全市,地小人稠,商市亦不甚巨大。有数处马路,正在改筑,较为平坦。其未改筑之路,仅以宽阔整洁见长。惟青年男女皆体强力壮,勤劳俭朴,颇有新兴国之气象。三时归船,六时开。"

10月9日 船抵日本清水,先生等见日本茶在此上船,由此想到华茶出口衰退原因。《日记》云:"十月九日上午十时,船抵日本之清水。遥见富士山之高峰,隐约云间,如文明结婚之新嫁娘,头蒙云雾纱,益形其美。富士山为日本著名之火山,今已熄灭。山顶一年四季,皆有白雪。清水地极小,停船之原因因有日本茶三五千箱在此上船,为清水附近之静冈所产。每年输出甚巨。至于清水本地居民,大多以捕鱼为业,并不产茶。按日本茶之色香味远不及华茶之佳。惟日商不惜工本,研究欧美人之嗜好,加意装潢,并利用种种广告以推广其销路。例如将日本制茶情形,如何清洁,如何合于卫生,制成电影。同时又将中国制茶情形如何不洁,如何不合卫生,制成电影,至欧美各国映演。于是欧美人之嗜茶者,渐渐厌恶华茶而爱用日本茶矣。茶本为中国出口货之大宗,在昔年丝茶并称,出口甚巨。近已为日本茶所压倒。检查最近数年华茶出口数额,已由第二位退至第六、七位。敬告吾国茶业商人,急起直追,努力改良装潢费、广告费万不可省。否则决不能与日本茶争胜于国外也。船于下午五时开行,约十二小时抵横滨。"

10月10日 抵横滨,代表团上岸受到中国驻日横滨领事馆、中华总商会会长孔云生竭诚招待,并游览区市,深入了解侨民情况及日本工商业发达原因。《日记》云:"十月十日为吾中华民国之国庆日。船泊日本之横滨。上午七时,税关人员及医生来船检查。穆、赵、赵、郑、毕五代表皆早起易衣,加国旗徽章于衣纽,同于九时登岸。发函电后乘人力车赴中国领事馆。沿途见华人所设之商店挂有五色国旗申多。自邮局至中国领事馆距离甚迩,而车费须每人五角。抵馆门,则见灯彩飘扬,人马喧闹。各国领事及横滨日本官吏来馆祝贺者络绎不绝。进馆后由总领事长君、副领事孙君、主事朱君、中华总商会长孔君等招待,各饮红酒一杯,祝中华民国万岁。时适有华侨所设各学校之男女学生千人,由教职员领导来馆祝贺国庆。五色国旗,飞舞如云,国歌高唱,琴声悠扬。其一种活泼气概,实在觉得可爱。唱歌毕,全体对国旗行三鞠躬礼,观者如堵。复由领事等招待各校教职员,亦各饮红酒一杯,祝中华民国万岁。然后率领学生而出。中华总商会会长孔君云生于清光绪二年,迄今已四十余岁,原籍宁波,对于祖国甚为热心。知穆君等赴檀香山太平洋商务会议代表,竭诚招待。邀至中华会馆,畅谈一切。并约定十二时在彼处午餐而别。别后步行街中,略视察横滨街道商店情形。继而至本牧山,石级数十层,直达山颠。山上洋房花园布置甚佳,大多为西人住宅,亦有数处为华人住宅。山之彼方有马路,汽车可以上下。循山道而下。复至中华会馆,由孔君设宴款待,馆中常驻干事乐君作陪。饭后,孔君备汽车由乐君引导遍游横滨市及名胜所在。横滨公园、野茅山公园、谷户坂、三溪园、八幡神社、跑马场、本牧山各处,皆匆匆一览。然其地山水佳胜,花木清幽及汽车上下之山道,在在皆须费极大之人工。横滨多山而少平地,其有今日不能不佩日人之苦心经营也。五时半归,饭于孔君所设之万泰号内。总领事长君、主事朱君、孔君之婿鲍君及华商某某二君作陪。所谈关于日本工商业者甚多。……八时半归船。就是日耳闻目见之日本工商业,及横滨华侨情形汇记如左:日本最大之工业者,首推纺织。其近年来之进步大有一日千里之概。以欧战后商务之衰落,而日本之纺织业犹能保持七厘之年利,诚为他种工业所难能。其输出地点,以吾国为最多。自民国七年改正关税后,日本纺织业,即有一极大联合,此事以大阪为中心,共联合日本纱厂五十九家,合为一大托赖斯。专以在华设厂,利用吾国之人工天产,压迫吾国之纺织工业,垄断东亚之棉纺事业为职志。本年吾国关税为第二次之改正,棉货进口税又略有增加,故其进行益力。现在我国建设中之日本纱厂,连旧有者已达一百六十万锭之巨。彼等特为日本纺织公司之职员,在吾国建筑极好之住宅,为永居之计。其计划之周密,非将吾国之纺织工业一网打尽不止。此诚为吾国人所不容丝毫忽视者也。日本之橡皮工业,在欧战前并不发达。每年输出总额只有二百万元日金。战后一跃而达每年输出二千万元之巨额。最近以欧洲各国橡皮工业渐形恢复,输出额减至八百万元,然较欧战前增加四倍。日本之航业自欧战后进步甚速,获利甚厚。有某公司在民国七、八两年获利至一万万元日金以上。每股五十元之股票,飞涨至四百元左右。然近以水脚减少,客货减少,航业股票遂大跌而特跌,每股现售仅二十元左右云。日本之农产,近来甚有进步。果类产额甚巨。如北海道之苹果等,皆有大数量运销吾国。本年米之收获甚丰,有议将米运输至吾国者。游踪所见寸土尺地,皆经垦殖,地无弃利。以视吾国之荒土累累,未经开辟而购食洋米者,诚足为吾国人羞也。日本之化学工业在欧战时,制品之销路甚广,近因德国化学工业恢复原状,日制品遂相形见绌,欧洲销路因以断绝。然本国用之火柴原料等用品,已全用日制,无须外求矣。横滨之电话,以前每月收费六元，近改为每次收费二分，由电话局记账，按月往收。现电局收入较丰富，可想见其精于理财。以上杂记日本之各种情形，其中有数端必须注意，其一：日本工业虽形形色色，而其与吾国最有关系者，则为制棉工业。在民国七年，日本在华纱厂仅三十余万锭。最近三五年剧增一百余万锭，皆在上海、青岛二地。据调查所得，青岛方面约有日本纱锭六十万，上海方面约有日本纱锭一百万，统计一百六十万纱锭。夫以日本纺织业资本之巨大，技能之精练，管理之严密，再利用吾国之人工原料，及与华商纱厂同样纳税之利益，若购买外棉，无论美棉、印棉，彼可利用日本之银行、商轮原有机关种种设备，可以汇兑便利，运输省费，消息灵通。并可得上等棉，种种优胜，不易备举。长此以往，日本纺织业独霸中国之期，恐不在远。且日本纱厂同心协力，势力集中，而华商纱厂则情极漫散，以此而欲与日本竞争，难乎其难。夫吾国近年称为最发达之工业，无不首推纱厂，其次面粉厂。今后数年，吾国纱厂正在至危极险之时，在纱厂当局者，固应力求应付之方。而在销路方面，不能不诉之于国人之爱国心。只要有同样买纱，先尽买华商纱厂之纱之心理，便可保全吾国之纺织工业，不致落于外人之手。如此则收买华商纱厂之毒计，可以打破。而吾国之棉纱市场，今虽已有外人操纵之机，终必有还吾全权之一日也。其二：日本制铁工业因无铁矿，遂竭其全力利用吾国之铁，尤足为吾国伤心。吾国铁矿开采已有成效者，只有奉天之庙儿沟铁矿，及湖北之大冶铁矿。今其实权皆在日本之手，用以发展其制铁工业。此种情形吾国人恐尚睡在鼓里，不大明了也。庙儿沟铁矿，矿质佳而产量丰，其名属于中日合办之本溪湖煤矿公司，实权皆操之日人。且其地在奉天省，收回至不易，大冶铁矿名义上为华商汉冶萍公司所有，然以早年借有日款，订有售铁价格及每年应供给之顿数，故在日人取求甚便。最可伤心者，借款订价至廉。因订定价格之故，至欧战时铁价飞涨，该公司仍不得不忍痛履行旧约，照前限廉价售铁于日人。迨日人制成军用品出售，获利达数十倍。呜呼！借款还款常事耳。乃日人尚以此为未足，且以中日合办汉冶萍公司见于《二十一条》要求公文之内，酷矣！近闻该约将满期，而汉冶萍之内容又已三年不报告于股东，吾国人仅有此已著成效之铁矿，其前途有关于立国之根本问题，不知有何善策以保全之。其三：日本之航业。现仅就驶行吾国之商轮而言，每年已达四百余万吨，近五百万吨之谱。而在前清光绪初年，实并无一日船在我国商港中行驶。其时英美商轮航行日本建筑码头。故至今神户、横滨各地，仍有英国码头、美国码头之称，而船则大多数皆属日本船矣。日本初购美船四支，因无船员驾驶，乃雇用美国船员，订期二十年。一面训练日本人，至期满后尽解美国船员之职，而以日人代之。吾国办招商局已四十年，至今航主尚完全无一华人，岂真华人不堪造就，无乃由于当局者无远见乎！呜呼！日本之用心老谋深算，安得不一跃而为一等强国，独掌东亚之霸权乎！前在国内，屡闻华侨爱国之说。今已亲见之于横滨之华侨，诚以旅外同胞所受刺激较国内为深。益以外国人民之爱国，无异自爱其家。不啻一种活动的爱国教育，感动日久，遂因以深致其真切恳挚之爱心于祖国。至于横滨华侨如何爱其祖国，虽他无所见，但就横滨之中华国庆纪念热烈非常的庆祝而观，已与国内之敷衍情形大不相同。此国内同胞对于侨胞深深致其敬爱之诚意者也。旅居横滨之华侨，以广东、宁波两处之人为最多。其他各地之人较少。全埠华侨其有四千八百人，其职业多为商业，或为洋行服务，或自己经营商店。而以服务洋行者较多。华侨经营之商店各色皆有，惟大半为杂货商，无经营巨大之进出口贸易者，因此等贸易皆为巨资之洋行所经营，华侨不易独立经营也。横滨有所谓中国街，外国街，日本街者，其意即中国商业，外国商业，日本商业之荟萃之处也。在中国街所见，则全为与上海三五年前虹口北四川路相同之景象，五色国旗家家高悬，其繁密有胜于上海。当千余学生提灯会经过之时，每家皆大放爆竹欢呼热烈，无问老幼男女皆同，白叟黄童，青春红颜皆活跃高呼'中华民国万岁'不绝，为在国内所仅见。几疑自身不在异国，而已身履可爱之祖国矣！于此有一事必须补叙，盖今日之所谓中国街，外国街，即昔日之中国租界、外国租界也。一八九四年中日之战以前，中国对日本有治外法权。所有中国街中国人之在日本者，皆由中国政府所派之理事厅管理，日本官吏无权干预，其情形适等于现在日本之对于中国，而其地位之改变，实在是年中国战败之后。老成华侨如现今中华商会孔君云生等，皆在甲午以前来日，亲眼所看见日本以上国之礼待中国。曾几何时，因清政府不得其人，一战而败，昔为座上客，今几变为彼等所征服所隶属之人。感慨今昔，即悲且愤，遂极力提倡爱国运动。呜呼！国内同胞宜如何发奋自强，以重奠中国万岁之基础于磐石之安乎！华侨之教育。现设有学校四所，内中学一所，小学三所，约计有学生一千人。内中学学生仅五十人左右。因横滨华侨子弟在高等小学毕业后，以直接考入东京之中学者占多数也。夫以四千八百之华侨，而有就学儿童一千人，占人口总数五分之一，其教育之发达可见。且其经费每年需二万数千元，皆由该地华商担任，尤觉可贵。现全埠华侨子女已无一不就学者，教育为立国根本，国内同胞宜勉力以图之。华侨人物，如孔君云生之老成爱国，可代表侨日华人之老年一派。孔君之婿鲍君，现服务某银行，深沉机智，曾受高等教育，可代表少年一派。是日鲍君因东京中国公使馆为国庆开茶会，特约其帮忙，至晚始回横滨。聆其言论，知为华侨青年中之极有进步思想者。于此有一附带问题须略为叙述，即日本之遣回华工问题是也。前数年当欧战正急时，日本各种工业一时皆呈如荼如火之盛况，日工过感缺乏，工资遂日形昂贵。日本之资本家于此工业成金时代，利用在日华人之卖青田石者代之。战后物价暴落，工作减少，日本工人之失业者甚多。日本工人团体为生存竞争计，对于廉价之华工,一致攻击,乃有遣回华工之举。呜呼! 呼之来,叱之去,一国之人不求自国之进步,而欲以劳力寄食于异国,难矣! 国内同胞其思之,其重思之!"

同日 于《申报》发表《箴青年》一文,同时刊登先生照片与简历。该文系应申报馆双十纪念增刊而作。对青年提出应注意各点,勉励青年"悉心问学,从事修养,励行众善,断除诸恶",为国造福。摘录如下:

予年十七时,严父见背,知非自立不足以图存,始黾勉力学,植提纲挈领慎始要终之主张,于每年元旦盥漱后,即按预定本年欲治之学业,开始攻治若干时刻,余日依时攻治以为常。如是已三十年,并无所苦,但觉在在觅得无穷之乐趣。人生不过数十寒暑耳,离学校而入社会,本此精神,于各学术上,伸己愿求,可永得不断之进步。不论治何学术何事功,如是有恒,学无不成,事无不举矣。愿我举国青年注意一者也。

人治演进,事业繁兴。虽然,有事业不能无组织,而组织全赖乎团结。团力之固否,即事业成败之所由判。团结因何坚固永久乎? 曰:惟恃诚意而已。人与人交接间,无往而非性情试验之场,亦无往而非诚意感通之地。我果待人以诚,即偶有不如人意处,人恒能相谅。我果处事以诚,苟或有力所不逮处,事卒无不济。痛心国情者,动曰难觅三人以上之团体,而忘自己待遇之失宜,有为之士,当引以为大戒。勿轻责人,先求在我之所自尽。愿我举国青年注意者二也。

人心如斯,政局如斯,几乎无一不令人失望而灰心。虽然,民国成立仅十年,合今岁计之,犹之十一龄童子耳。于此短时期中,事事欲求与欧美相匹敌,共和大业,岂如是之易就哉。为今之计,惟有修养我定力,启发我智慧,增进我道德,锻炼我精神,应务不求近功,不厌不倦,力冀大成。当机不问违顺,不慑不骄,从容审处,运积极的心思才力,与循环起伏之困难战,不成功不罢休,成功亦不罢休。愿我举国青年注意者三也。

人生在世,饮食居处,无一不赖人力之相助。以小例大,国家社会之成立,莫不深赖群力之相助。有志之士,储能蓄力,勿存乞助之心以求自立。自立有余力,当扶危济困,量力助人,以不妨害他人自立之精神为限。若不劳而得食,为吾人绝端所不许,滥助而开幸获之风,陷多数无知无耻者于不自拔之途,是乌乎可。此予所竭力主张限制的援助法门也。虽然,吝情德色,咄咄逼人,举非助人者所宜出。善乎唐雎之言曰:"吾之有德于人也,不可不忘。"如是而后可以言助人。愿我举国青年注意者四也。

小草满庭,咸赖阳光以滋长,甲求遂己之生而掩乙,乙求遂己之生而掩丙,互求滋长,但知有己,不知有他。植物何知,原无足怪,人类素号灵物,宜以礼义自制，示异于无知之物情。夫人各有一小天地，安能逞性拓展自己地位，侵入他人之范围。逞舌锋以谤人者，苟喻此意，自然断除口孽，只求所以自立之道，不敢信口雌黄，与人以难堪矣。彼世俗恒情，同名利则相忌，由忌起谤，遂开冲突，徒知责人，不知返省。纷扰由此，抑知掩短表长，怨愤可息，澄清宇宙，原自澄清性海始。愿我举国青年注意者五也。

我国土广人众而日患贫弱者，无他，多废人、废时、废物而已。人才为国家之元气，时间乃事业所产生，物质胥人类之幸福，无一可废。苟多数学者明此，急将向所委弃者，一一设法利用之，如是，立可转贫而为富，转弱而为强。人日求事，而苦无业之可托，岂知事日求人，正苦无才之可用。呜呼！人特患不知勉为有用之才，尤患不知利用废时、废物，作新业之领域耳。苟知所以利用之，便觉一切时一切处中，都有贤者发挥之余地，又何必向倾轧上讨生活哉。愿我举国青年注意者六也。

民国十年，纷扰无已。我国岂无出众人才，特不知所以救之之道，故成此不易收拾之局耳。十年来扰攘原因，在乎见异思迁之无恒心也；尔诈我虞之无诚意也；因循苟且之无积极思想也；人自为战之无互助精神也；喜自炫以市誉，每倾轧而妒功，使多少人才互相消灭于积不相能之中，谤毁盛行，流毒国家之至堪惊惧也。若干年来，某也富贵，某也逃亡；某也不次升擢，某也一败涂地；戾气所在，殃祸踵至，兵凶水旱，无岁无之，苍生何辜，死亡枕藉，吁嗟乎！此皆前人徒有才智而少修养之所致也，吾青年其志之。使团某西友有言曰："中国现在无希望，所希望者惟小学生。"虽然，小学生能身而担当国事耶？西友此言，乃希望我全国青年，悉心问学，从事修养，励行众善，断除诸恶，人人植以一抵万、合万为一之大愿力，群起以造国家无限之福利。果尔，则十年、二十年后，中国之富强可立致，而《申报》诸贤哲指导策励于民国者，至此可大慰矣。

《申报》同时刊登先生照片与简历。（《申报》双十节纪念增刊，1922 年 10 月 10 日；《文录》上卷，《文集》第 65 页）

同日 应《申报特刊·最近之五十季》（《申报》五十周年纪念）之约，发表《中国棉织业发达史》一文。先生云"织物之种类虽有四，而棉织物实居最重要之地位。在欧美之衣服原料，虽多取材于毛织物，而棉织物之为衣服原料，较毛织物尤为繁用。至于衣服以外所需用之织物，更以棉织物占绝对多数。诚以棉织物有棉织之物特长，其保护体温等于毛织物，美观不亚于丝织物，而其柔软适体，价廉耐用，普遍于一般社会。其需要之繁夥，远在他种织物之上，诚为最繁用之生活必需品也。至于在吾国方面，毛织绝少，丝织物虽居重要产品之一，而以其略含有奢侈品之性质，价昂而不耐用，非一般人购买力之所能及。除一小部分经济力较为裕厚之人，丝织物与棉织物并用外,吾国人之最大多数,其一年之中除在夏季间用麻织物外,其春秋冬三季,悉以棉织物供其一般之需要。故棉织物之在吾国,需要供给之量尤胜于欧美。由此观之,吾国棉织业之发达,似宜先于欧美,而其发达之盛况,似宜在世界棉业史中首屈一指,而实际则不然。"将我国近代棉织业发展分为四个发展时期,并介绍各个时期纱厂数、纱锭数及其各自的特点。第一时期:"在一八九零年以前,吾国之棉织业犹在家庭工业时代。……欧美各国机械纺织久已盛行,工场制度已极发达,而尤以英国为最。大规模之纺织工业,厂屋如云,……我国人受此巨大激刺,遂觉创办工厂之不可缓矣。一八九零年,合肥李鸿章氏方任北洋大臣之职,鉴于棉货输入之膨涨,有设厂自制挽回利权之必要,首先创设机器织布局于上海。是为吾国纺织工场之嚆矢,纺织新局亦于同时设立。……一八九五年,中日之战告终,割地赔款,吾国之弱点益形暴露,而洋商之设纺织工场于上海,亦以是年为嚆矢。……自一八九零年至一八九九年实为吾国棉织业艰难缔造之时期。当时外商之在吾国者,既努力经营,而吾国人亦渐知棉织业之有关于国计民生而不可忽视,前后十年间,上海、武昌、无锡、宁波、杭州、苏州、南通之纺织工厂接踵而起。合华商洋商各厂而合计之,达十五厂,五十六万五千锭子之多,不可谓非一时之盛。无如凤以故步自封之吾国,棉之生产既未从事推广,职工之养成又非旦夕所能奏效,既苦原料之暴涨,又患职工之缺乏,益以其时金融机关组织尚未完备,而交通阻滞,棉花揿水之弊尤感痛苦,经营之困难,固不仅华商为然也。自是以后,至一九零四年无新厂发生。虽然,在此时期内洋商固同受困难,而华商纱厂之腐败实不可讳。其腐败之大原因,则由于官办之流毒,一厂之总办皆候备道之流亚,但工于应酬官场,而不知经营厂务。如何可使出品佳良,如何可使耗费减少,皆茫然不知也!厂中要职,悉委私人,管理工作者苟为督抚大员所荐引,佇可坐领厚薪,而不必事事……总之,当时华商纱厂之上级职员,大半皆官派,但知肥私囊而无责任心,管理不善,耗费过多,人事之不尽,固不能全归罪于天时也。"第二时期:"一九零五至一九一四年,实为吾国棉织业平稳进行时期。先后十年间,共增加十七厂,连前共有纱锭九十七万枚,其营业状况至为平稳,无巨大之红利,亦无巨大之损失,较之第一期之艰难万状,实不可同日而语。所可注意事项者,日商在华纱厂渐见增多,已足与华商、英商鼎足而三。彼利用其雄厚之资本,熟练之技能,更利用吾丰富之天产,低廉之人工,以与吾人相角逐相竞争,此实吾国棉织业莫大之隐忧也。"第三时期:"自欧洲空前之大战于一九一四年八月一日开始后,全世界棉织业之霸王之英国,已奋身于此大战之漩涡中。英之国力倾注于战事,其国之丁壮合于兵役年龄者,悉赴征调,棉织工场之员被征从戎而停止工作者,日益增多,棉织物之生产额大为减少。吾国进口棉货本以来自英国者为大宗,至是遂大起恐慌,棉货价格日益增高。

一九一六年以后,吾国之棉织业遂呈空前之活跃,是为吾国棉织业之第三期,纺织工厂之增设,大有风发云涌之概。”“在一九一八年,吾国棉织业共有一百四十一万九千锭,英商占百分之十七,日商占百分之二十一,而华商占百分之六十二。以是年修正关税之结果,向之棉纱进口仅征单一之从价税者,一变而改为复杂之从价税,以纱之粗细而定征税之多寡。于是日本之纺织业引为大忧,以欧战后吾国所需用之棉货,大半皆来自日本也,其结果决议在华设厂制造,以避免进口税之重征。于是一九一八年,日商在华纱厂仅有二十九万四千锭者,一九二一年剧增至八十六万七千枚。其突飞猛进有如是,吾国棉织业前途固未可遽抱乐观也。不但此也,第三时期之华商纱厂,在名义上虽较多,而暗中与日商有关系者犹复不少。或初办时即有日资关系,而以办理上之便利,不得不以华商出面组织;或全系华商办理,而以经济力不足之原因而抵押于日商,皆华商新厂中之规模较大纱锭较多者。然既与日商有经济上之关系,日商在该数厂实际上已有一部分之实权。此为日本企图垄断吾国棉织业之伏兵,较以日商名义在华设厂者,更为阴险而可怕,实吾国棉织业进行前途之暗礁也。”第四时期:“吾国今后之棉织业将入于第四时期,即以日商势力压迫华商,而为剧烈之竞争是也。”“近数年来,外人之觇国者,咸以吾国工业有可惊之进步,而尤以棉织业为最。斯言也,若仅仅从数字比较上观察,殊属不误。若一转眼而从吾国之需要上一观其究竟,则事之有极大发展之希望者,又莫吾国之棉织业若也。……吾国棉织业前途既有极大发展之希望,又与吾华国家经济前途有莫大之关系,以故日商遂不惜以全副精神,进行其在华建造纱厂之计划,培植其在华棉织业之势力,扩张其在华棉织业之地盘,务期压倒华商,以达其垄断在华棉织业贸易之目的。其计划既极精密周详,其进行遂能奋励无前,其蓄力既极裕厚,其来势遂益汹涌。上海、青岛于极短时间内,顿增数十巨厂,其霎时涌现之状态,有如怒潮之澎湃而不可遏。可畏哉!日本在华棉织业之猛进,诚为我国棉织业同人当前之巨敌,而不可不以全副精神为相当之应付者也。”先生指出:“欲谋今后吾国绵织业之发达,有数事必须努力为之。第一推广植棉;第二培养纺织人才;第三调和雇工与佣工之感情;第四研究管理,使出货精良,耗费减少;第五多储公积,使厂基稳固;第六团结团体,一致对外,以保护本业之共同利益,并预防本业之共同损害。”云:

> 棉为本业之惟一原料,近年以纱厂增多,大有求过于供之势,偶遇灾荒,供给更形短少,外棉乘虚而入,漏卮甚巨。即以去年而论,通州棉以水灾故,收成大减。陕西棉以兵事故,来源极枯,遂致外棉进口,非常剧增。在一九一八年,外棉进口总数为十九万担,去年则为一百六十八万二千担,比较约增九倍。其中美棉约三分之一,印棉约为三分二,价值在六千万元以上。夫以吾国凤以农

产国著称,华棉向为出口大宗,今吾国棉织业纱锭已开工者,仅约二百万枚,已须购用大宗外棉于印美。现在新纱锭未开工者,尚有一百余万,一旦开齐,原料之恐慌,将如何? 万一外棉歉收,来源断绝,吾国棉织业若不预筹推广,务必难为无米之炊。此余所以以推广植棉为第一要事也。

凡百事业之成败,全视人才之优劣。棉织为专门事业之一种,向以缺乏人才。腐败官僚,滥竽其间,职员视为利薮,工人毫无训练,遂致经始不良,进步迟滞。最近数年,以世界潮流之激荡,专门研究渐有其人,棉织事业亦渐见发皇。然今非昔比,大敌当前,以日人之精研猛进,竞争滋烈,吾人不可不以十分努力培养棉织事业专门人才,造就技能熟练之优良工人,以博最后之胜利。此培养人才之所以不可缓也。

自机械发明,大规模之工场日益增多,劳动问题亦相伴以俱来。以习于重视资本,轻视人工之吾国,若不预为之备,将来必有爆发之一日。夫经济原理本以土地、人工、资本为生产之三大要素。换言以明之,人工亦为资本之一种。雇主与佣工之关系,实具有利害共同互相协力之必要。且以工作效率言,必佣工对于雇主有良好之感情,而后成绩乃益形优美,若佣工心怀怨恨,则怠工阴损之不暇,安望其能尽心工作乎? 此调和雇佣感情所以必须有相当之设施也。

至于研究管理,使出货精良,耗费减少,甚为重要。某华商纱厂初为官僚某氏之私产,凤以腐败著称,自经日商收买,力加整理,出货渐佳,此一证也。又近今各厂,凡能延聘适当之管理人才、研究管理者,其成绩皆比较的为佳,此二证也。管理得法,在营业顺利时可多得盈利,在营业困难时可不致亏损,故不可不研究也。

欧美之办实业者,所得盈利多以之为事业扩充费,所派红利极微。其原因虽半由于政府立法之完善,对于以盈利扩充事业者不征税,若分派红利,则征税极重;半亦由于投资目光远大者,故能不斤斤于目前之小利也。不但欧美,日本亦然,内外纱厂其第一、第二厂在日本,初创时资本并不巨大,以逐年所得之盈利逐渐推广其事业。一九一一年在华设立第三厂后,今已增设至第十四厂矣! 华商棉织业资金本非裕厚,而投资者又急于近利,盈余分派既尽,一旦营业不顺,便有厂基摇动之虞,故不可不厚储公积以预为之防也。至于未获盈利之新厂,更不得移本作息,此固无待烦言者也。

固结团体当注意在固字。吾华纱厂联合会成立亦既有年,办理植棉推广及改良,并其他有关本业共同利害之事,亦既著有成绩。惟前此各厂利害容有不同,对外步伐遂未一致。以此应付以前顺利之时局,尚可因应无误,若今后大非昔日可比，日本在华之棉织业既为大规模之扩张。据最近调查，上海一埠日商纱锭，连已开工及在规划进行中者近百万枚，青岛则有二十万枚，其他名义上华商办而与日资有关系者尚不计在内。彼既着着进行，以拔山倒海之势压迫吾国棉织业，日帜易汉帜。吾同业为自卫计，势不能不与彼为肉搏之战争，其胜其负非一厂一人之利害，而为全体一致之利害。不仅为棉织一业之利害，且为国家存亡所攸关。今后吾国欲立足于国际之林，必以经济；欲以经济立国，必先求棉织物之自给。若吾国棉织业而为日本所垄断，则吾国经济必为日本所垄断，而国且不国矣！吾同人身当其冲，不得不以最善之努力，团结一致，与日人相竞争。尤愿全国之资本家、企业家，深鉴夫棉织业为吾华经济之命脉，群起为同人之后援，俾吾国之棉织业日进于发达而稳固之地位，以奠中华民国之经济的基础于无疆之休。此为余所日夕馨香祷祝者也。

（《申报特刊·最近之五十季》，1922 年 10 月 10 日；《文集》第 176 页）

10 月 11 日　船离横滨。《日记》云："上午，船离日本之横滨，而向美国之檀香山驶行。晚有风浪。"

10 月 13 日　与众代表共度风浪。《日记》云："风浪更大，阴云密布，不见天日。船之波动甚剧。首尾一上一下，相差有数十尺之多。乘客因受其震动而不得安食者皆昏然沉睡。穆藕初君、赵桂芬君、郑希陶君尚能起居饮食自如，赵晋卿君、毕云程君则卧床不能起，饮食不进。"

10 月 16 日　于船上致福特电报，同日得回电。《日记》云："穆藕初君在船上发一无线电报，致檀香山太平洋协会总董福特君，告以行期。下午一时发电，六时即有回电。询问共有代表几人，中国代表以外同船有无他处代表。当即查得除穆君等五人外，尚有菲律宾商会代表二人，又安南代表一人。于次日电复福特君。夫以船在大洋中行驶，而能与陆地上通消息，且其间相距尚有三千华里左右之遥，而复电之来非常迅速，无线电之功效诚足夸也。……因中国无线电台电力不足，未能达远。穆君曾拟发一电与上海南洋公学报告行踪，而以船上电力不足未果。今后欲使世界各国明白中国之实在情形，免除各种误会，减少各种谣传与藐视，非利用无线电报告真确之消息于各国不可。吾国人其注意之。"

同日　观船上跳舞会。《日记》云："是晚船上特举行奇装梯跳舞，纪念此对蹠日。上悬各国国旗，地下铺以砂泥。所有乘客皆特别装束。有衣中国绣花衣服者，有作中国人力夫装者，有装日本男女装束者，有作安南或印度装束者，有面涂各种颜色者，有女子改男装者，千奇百怪，异想天开。其跳舞亦皆形状猥亵，不甚雅观。船上跳舞之会者甚多，其中大可以显出各人品格之高下。乘客众多，其中自然良莠不齐。……可知跳舞一事，在欧美虽法所不禁，然其中实多流弊。吾国人当知欧美风俗非尽可采取者。"

10月17日 《日记》云:"船行甚稳。晚间船主人设宴欢送檀香山登岸之游客,并以纸帽、气球、纸铰等物赠顾客,颇为热闹。毕君云程亦起而赴宴。"

10月18日 傍晚,抵檀香山码头。联太平洋协会总董福特、驻檀中国领事谭毅卿、中华总商会代表彭棣桐等前往迎接中国代表团一行。《日记》云:"下午三时,船上已能望见檀香山。五时船抵码头。植物繁盛,屋宇整洁,又有一种气象。停船后,税关人员及医生来船检查。联太平洋协会总董福特君,驻檀中国领事谭毅卿君,中华商会代表彭棣桐君等皆来船欢迎。穆、赵、赵、郑,毕五代表同时登岸,乘谭君所备之汽车赴海滨旅馆。……旅馆定妥后,仍乘原车赴市,饭于华人所设之荔圃亭。穆君之同学何锦棠君及其夫人来访,谈笑甚欢。何君曾留学美国,现任檀岛共和银行协理。为人和蔼,而处事干练,华侨商业界之有数人物也。饭后赵桂芬君、郑希陶君偕同何君夫妇往税关取行李。因赵、郑二君非外交护照,须经过检查手续,以致穆君等行李同受检查。费时甚久,何君夫妇在税关照料,甚为周至,其热诚可感也。当赵、郑二君及何君夫妇赴税关后,谭、彭、穆、赵、毕五君先归海滨旅馆,同坐会客室中,随意谈话。谭君曾得财政部、交通部电委为出席太平洋商务会议代表。彭君则为檀岛华商会所派出席太平洋商务会议代表。"

10月19日 访谭领事,并在大会办事处签名报到。午,应福特邀请出席各国代表欢迎宴会。《日记》云:"上午十一时,往访谭领事。见客室中陈列华侨所赠之银杯银盾甚伙,并有一极巨大之红缎绣花之彩额,上绣'功资保障'四字,足见谭君能得侨民之良好感情也。十一时半,往联太平洋协会访福特君,并在大会办事处签名报到,与会中干事接洽。始知因日本代表团须于二十四日到檀,大会改于二十日六开幕。十二时,应福特君之欢迎代表会,饭于台惟氏餐室,到会各国各代表五十余人,谭香山总督法灵顿君、驻檀海军司令官均到会作陪。饭时由福特君一一介绍,各有简短之演说。何锦棠演说,专述中国代表穆君之历史,颇受听众欢迎。……三时,何锦棠君及其夫人偕同其女友某君来访,皆精于游泳者。当即约同穆藕初君、赵桂芬君、郑希陶君、毕云程君同至海滨游泳。该地为著名游泳之处,每日上午六时至下午三时,本地商民乘汽车来游泳者甚多。代表团中惟穆君在美留学时曾习之。归国后某次在无锡坐船遇险赖以得救,故深信游泳之利益。赵君等虽未素习,得何、穆诸君之热心指导,亦皆踊跃练习矣。七时半,应华美广告公司总理施德福君之约至其寓所茶叙,谈美日恶感种种甚详。畅谈至十时始回。"

10月20日 谒晤檀岛总督法灵顿。晚,出席中国领事馆欢迎会。《日记》云:"上午十时,谒檀香山总督法灵顿君。由谭领事引导,投刺后,即请见。法君年五十余,体格壮健,容貌和蔼,学问甚佳,曾为檀香山某报主笔,甚得人心,与现任美国总统哈定君为好友。故虽籍隶民主党,仍得被任为总督。法君善游泳,一星期前因乘飞机遇险,落入海中,幸识水性,始得其后另一飞机救之登陆。吾国人体孱弱,无论与何国人比较皆有逊色,实为一大缺点。强健之体格,不仅为各种事业之基础,且为强种强国之基础。此行所见之日本人、美国人、欧洲各国人,无论男女老幼皆身体强壮,精力充满,体育运动为常事,心甚愧之。闻法君之事不觉为之兴起,由是每日练习游泳不辍。总督府为前檀香山国王之故宫。园地极大,绿荫颇茂,屋仅三层,构造甚精。最下一层其半深入地下,为府属人员办事处。循石阶而上,至第二层,则为前王大殿,此次太平洋商务会议即在此举行。其第三层为总督办公室,由电梯而上达书秘处,则见右首一门,閟然辟。法君含笑迎于门首。迨入内则见室甚宽大,阔约二丈,深约三丈。法君之写字台长约一丈四,周置金漆之椅七,左侧一大书橱藏书甚富。握手后依次而坐,首由穆藕初君代表中华民国大总统问法君安好,法君答谢,并伸述仰慕之意。次穆君略述中国政府对于太平洋商务会议之注意,并希望得有良好结果。法君答称彼对于此次会议亦有同样之热望,以已所有供人所无,或以人所有供已所无,此种商务行为实足以增进人类之互相友爱。彼为某报主笔,既曾发挥此种意见,并极力鼓吹之。彼甚愿尽其所能帮助此次商务会议之进行,并深信会议结果必然良好。惟究竟可得效果几何,则有赖于代表诸君之努力。次穆君又述华侨之言,对于法君之爱护华侨,能与以极公平之待遇表示谢意。最后则述吾国商人之希望,尤注意于交通问题,略谓交通之发展不仅为开发国内富源所必要,且于对外亦大有关系。例如因吾国缺乏无线电以致对外消息,不论关于政治或商务皆易于传误,遂使友邦商人发生无谓之疑虑,对于推广在吾国之商务,不免因此而受阻碍。故吾国商人深愿致力于交通事业之建设云云。法君答言深赞在檀华侨之勤勉正直,足为檀岛之助,并极以穆君所言发展交通必要云。次赵晋卿君致词,略谓同人来檀虽仅数日,而对于檀岛市政之良好已不胜钦佩,并表示对于此次会议,深望各国代表能推诚相与,努力合力,期收良果。法君又略答数语。代表等以法君公务冗繁,今日拨冗赐见,并与以良好之教益深为感谢,因郑重致谢,握手而出已十一时矣。……五时,应谭领事之约饭于领事馆。中华商会会长古瑞轩君,华美银行协理钟宇君,及何锦棠君作陪。席终谈话得知现在檀香山之华侨,留学美国及檀岛大学毕业者四十余人,设有大学俱乐部从事商业之华侨多身家殷实,惟欲办国货,每苦无从着手。而国内商人亦不知何处可以推销其货物,或竟误托无信用之人,以致受意外之损失。两地商情之隔阂,实为推广国货之障碍。谈次,黄华恢君来,黄君曾办轮船公司,人极干练,身体健硕,今年已六十余,精神尚极佳,视之若五十许人,颇健谈,沥述彼办轮船公司之往事。因无政府保护而歇业,颇形激昂。谭领事因离国已久,阅报则多悲观之事,因询问毕云程君,国内究作状? 毕君历举近十年来国内工商教育种种进步情形,为之慨切陈述,并劝其回国一行,以验所言尚不过十分之一二耳。谭君闻言甚喜,并言明年若有机会当乞假归国。迨返旅馆已十时矣。"

10月21日 与谭领事商中国代表团宴客日期及"商务日"问题。《日记》云:"上午十时,江仁德牧师来访,江牧师为梅华铨博士之内兄。代表团启行时梅君曾作函介绍,故专诚来访。十一时至领事馆商议二事,其一,预定日程。吾国宴客在十一月二日之晚。是日午刻有朝鲜人宴客,中国与朝鲜合在一日,是否先期曾经接洽?据谭领事云:二日宴客先曾接洽,但并不知朝鲜亦在是午。其二,各大国皆有商务日,吾国何以独无。决议由穆、赵二君往商大会办事处,吾国须与各国一律办理。下午二时,穆、赵二君往访福特君,磋商办法。宴客以不及筹备为词商请改期,结果改在三日,将原在三日宴客之檀香山各团体联合宴客改在二日举行。商务日原意带有商务影片者有之,结果一律取消,以示无偏颇之意。六时半,应何锦棠君之约饭于东亚菜馆。八时至共和影戏园观电影,影片甚佳,所演乃一科学的故事。"

10月22日 应何锦棠等之邀,游历檀香山。晚,出席中华商会举行的宴会。《日记》云:"上午九时,续应何锦棠君之约作郊外游。同行者五代表外,何君夫妇,又何棠君夫妇共九人。汽车由何棠君自御,直向岛之彼端,一路经过之处不少。过市后,先经土人所居之处,至电车尽端,更向前进,经过一公园,大树丛植,风景甚佳。更前沿山脚而进,见有糖厂及糖厂工人所住之小屋甚伙。更上则为山道,一望皆山,满山皆青翠,无丝毫隙地。马路平坦,而山路起伏。车行其间有似小孩玩具。盘旋曲折,忽而高山,忽而深谷,忽而削壁当前,忽而松林夹道,奇异景致,不胜备举,真好一幅天然图画也。……五时半,应中华商会举行之宴。该会现有会员一百七十余人,会所系发起人自置,建筑费每金八千余元。楼上作会所,楼下出租。宴会由会长古瑞轩君主席,各董事作陪。席间畅谈本国工商业进步情形,并力劝华侨诸君联合团体,回国参观一切,以便推广国货销路。宴后商议开幕日赠旗典礼,须请华侨学生帮忙,并推定阮鹗秋君为办事主任,筹备布置招待各国代表及檀地各界领袖之大宴会。"

10月24日 中午,于美国商界"循环俱乐部"主持之演说会上作《现中国政治地位之背景》演说。晚,出席中华会馆欢迎会。《日记》云:"下午十二时一刻,穆藕初君在循环俱乐部演说。该俱乐部为美国各业领袖商人所组织,在檀岛颇有势力。穆君演说题为《现中国政治地位之背景》,大旨略谓中国在光复以前,全国之优秀分子皆尽其力从事政治革命,建设事业不免进行稍迟。至光复以后,最近十年中政治上虽尚有因袭关系之变动,而国中优秀分子颇能尽力于社会事业。因此商业、工业、教育、交通种种均有巨大之进步。然皆从事实行而不从事宣传,故此种进步不其彰著于世界人士之耳目。次述有三种原因将中国之进步遮掩。其一为谈政治者太多,其二为第三者对于中国政治上挑拨,其三为交通机关,如无线电等中国自己无相当设备,易为谣传所中伤。最后述中国工商业种种实际上之进步,以为证佐。听者皆闻所未闻,因是而对于中国表示其热诚之敬意。于此有一事有附述之价值,即循环俱乐部定章。开会必须依照定时,迟到五分钟须罚金一角。当日到会者一百六十余人,皆美商之领袖,无或衍时,有二人迟到,即照章罚金,不稍宽假,此种精神大可取法。五时半,应中华会馆之宴于荔圃亭。该会馆总董黄后君主席,陪席者有古瑞轩君、黄秋君、钟宇君、何宽君、冯昆君、彭林茂君、唐雄君、唐球君、刘登君、王有君、李烈君、黄福君、陈滚君、杜惠生君、何帝衍君、程祖安君、李绍昌君、程致诚君、程康礼君、叶桂芳君等,皆侨界之领袖人物也。席间黄君致欢迎词,希望中国能发展利源,超乎各国之上,词极恳挚。穆藕初君、赵晋卿君均有答词。略述檀香山华侨诸君之精神至足钦佩。而国内工商各界同胞亦正在十分努力,求相当之发展。其进取之精神颇足以与华侨诸君相切磋、相琢磨,彼此协办同心共策进步,必能措中国于磐石之安云云。颇得侨胞同情。"

同日 与赵晋卿同至大会总干事处交涉,坚决要求日本代表撤销在开幕会上演说稿中干涉中国内政内容。赵晋卿云:"当日政府代表(指日本)尚未抵檀时,此日人主教已为其本国政府代表预拟演稿。该稿用意行文皆极巧妙,其开首一语即谓上帝对于各国人民一视同仁,当调剂其盈亏而平均其生活焉。故人口繁多之国家移植于人口稀少之旷土,而物产富饶之区域更当供给物产不足之民族需用之。凡此所语开宗明义则日本政府之殖民政策而已。其中更有一节叙述太平洋商业之增进方法及各货运输销卖各问题,有谓中国十一年来,无一日不在纷乱扰攘之中。因此太平洋沿岸各国商业,皆有阻滞之影响。苟中国纷扰,各国不再设法以禁阻之,则商业之增进,永无希望云云。察其语意,实有干涉我国行政之意。幸此演稿在印刷时先为我国代表所见。鄙人与穆代表商议,同至大会大会总干事处谈话,而不先将此问题陈述。继总干事询问中国代表对于大会提案已未预备,余等答称:已预备多种,大抵关系政治方面者。总干事闻而郑重其词曰:政治问题恐非会议所宜提出讨论者。余等复曰:苟有不便,不如及早不提之为佳也。至时余等乃以日人所预备之演稿进,总干事无奈,遂即赴日主教而要求其撤消。故开会时此项演稿卒未发表,而翌日檀岛报纸则均完全宣布,可见日人处心积虑。吾人对之,将生何种感耶。"(引自毕云程《参与太平洋商务会议日记》)

10月25日 中午,于檀香山大学俱乐部欢迎会上,向与会华侨青年作《如何为祖国服务》之演说。晚,全体代表出席联太平洋协会招待宴会,先生宣读中华民国大总统贺词。《日记》云:"正午十二时,饭于新人和馆,应大学俱乐部之宴也。首由主席李君致欢迎词。次由穆君演说，题为《如何为祖国服务》。第一层说华侨与祖国隔膜之由来，第二层说华侨爱祖国必须先知祖国之实在情形，第三层说现中国工商业之进步及其需要，第四层说各宜就一己之所长，尽力为之，必能得良好之效果。听者皆曾在美国或檀香山大学毕业之华侨青年，闻言极为兴奋。次赵晋卿君演说，大致为勉励之词。末由主席致谢。毕云程君以穆君所著《中国商务与太平洋》一书分送该俱乐部会员各一册，李绍昌君特索十册为送登美国各大报之用云。下午六时半，联太平洋协会正式招待各国代表，假座青年会开欢迎大宴会。会场仿太平洋为一大长方形，偏右之中央置一大圆桌，代表檀香山，上置太平洋各国出品各一种，以表示互相联络通商之意。主席为檀香山总督、联太平洋协会会长法灵顿君，首致开会词。次由驻檀美国海军司令辛博森君，陆军司令苏默兰君，联太平洋协会总董福特君，驻檀中国领事谭毅卿君，日本总领事山崎馨三君，火奴鲁鲁市长韦尔逊君相继演说。次映演前此太平洋科学会议、教育会议、新闻会议等电影。又次加拿大代表、前任商务总长沃哈拉君演说，并宣读加拿大政府之祝词。中国代表穆藕初君演说，并宣读中华民国大总统之祝词。又次纽约工程师协会会长、国家科学院代表郑君，南太平洋铁路公司协理、旧金山商会代表麦考密克君，日本代表、东京帝国大学商科学长、商学博士佐野善作君，旧金山商会副会长兼总干事伦处君等相继演说。又次主席与各国代表各谈话二分钟。又次前檀香山共和国总统陶尔君演说。迨散会已十一时矣。"

10月26日　上午九时，太平洋商务会议开幕仪式于檀香山总督府举行。先生向联太平洋协会会长法灵顿敬赠国旗，并发表简短演说。上午十时，太平洋商务会议开幕，先生当选副会长。并代表中国发表《中国商务与太平洋》演说。《日记》云："上午九时，在檀香山总督府，举行太平洋商务会议正式开幕。先在府前举行赠旗典礼，由檀香山总督、联太平洋协会会长法灵顿君接受。首美国国旗，次日本国旗，次中国国旗，次暹罗国旗，次英属坎拿大、纽丝纶，美属菲律宾，法属安南，中南美之墨西哥、赛尔樊度、危地马拉、秘鲁、智利、巴西，英属斐济、马来，荷属东印度，英属澳大利亚，俄属西伯利亚，美属阿拉斯加、华盛顿、俄勒冈、加利福尼亚、檀香山，日属朝鲜，各旗依次前进。前后左右以各该国青年男女学生拥之而前，军乐大奏。驻檀香山美国海陆军各一队，分列两旁。当每一国旗至前时，皆举枪致敬。迨至法君之前，该国领袖代表即与法君握手为礼，并致简短之词。中国代表穆藕初君演说，略谓敝国大总统暨全体国民均深望此次太平洋商务会议之成功，敬赠敝国国旗由阁下呈于大会，以表示敝国对于此次会议之尊重与热望，并谢贵国海陆军对于敝国国旗之敬礼。此项赠旗典礼，秩序极为整肃，各国人事前均未演习，而动静咸能中节，可知平时已有良好之训练也。十时，由联太平洋协会总董福特君导领入会场,会场系前檀香山国王之宫殿,中有御座。四周饰前代国王及王后遗像。辉皇金碧,颇极壮丽。各国代表就座后,法灵顿君主席,报告接有美国总统哈定君祝电,由福特君宣读。次公举麦考密克君为正会长。法君退席,麦君主席。次公举旧金山商会代表、经济学博士、搭福大学教授弥安司君为总书记。中国代表穆藕初君被举为副会长。次推举各项委员,组织委员会计分三种:(一)秩序委员会。凡各国代表提出演稿,均须先交会审查,然后由会酌定宣读次序及时间;(二)规则委员会。各种会议规则皆属之;(三)议决案委员会。各项议决案均须先交会审查,然后由会提出报告大会通过。此三项委员中国代表均有当选。穆藕初君兼任秩序委员会委员,彭棣桐君规则委员会委员,赵晋卿君议决委员会委员,并当选委员长。委员选出后,各国代表演说。首由澳大利亚代表,次加拿大代表,又次中国代表穆藕矗初君,最后由联太平洋协会总干事、纽约大学代表朋苟博士报告下午日程,及星期六赴希鲁探火山之事。十二时散会。"

《The Honolulu Advertiser》刊登太平洋商务会议开幕式上穆藕初入会场时图片

《中国商务与太平洋》云:"今日为太平洋商务会议开幕之日。鄙人得为出席之一员,并得以一言贡献于诸君,无任荣幸。际兹世界经济不甚安定,各国群谋重造之时,吾互有关系之太平洋各国,为增进双方商务上利益起见,自不得不邀集各国商业上之重要人物,互相研究、互相努力,以图太平洋各国经济上之合作,以保全及发展太平洋各国商务上之利益,其问题至繁复,而又富有兴味。中国地大物博,当然为其重要分子之一。鄙人忝为中国政府代表,敬略述中国商务与太平洋各国之关系及其发展计划,以贡诸君之研究。"演说回顾中国自清光绪六年(1880年)以后进出口贸易发展情形,以翔实的数据告知与会者,四十年来,中国进口贸易增长十倍之多,重要货源来自美国、日本,出口贸易有十倍以上增长,销路亦主要美国、日本。而近十年,与泰国、新加坡、爪哇、朝鲜、菲律宾、加拿大、南美各国、澳大利亚、新西兰等太平洋各国发展关系,增进了贸易往来。先生指出阻碍中国商务发展原因有六:

就上所述,中国对于太平洋各国之商务,其关系之密切,已极明显,无庸赘述。唯一国对于国际间之关系,适如个人对于社会,不能遗世而独立。中国二千年来闭关自守,故其进步至为迟滞,通商之初,贸易进步,亦极有限。最近在比较上,已觉远胜于前,然距离理想之地位,尚属辽远。有若干障碍,必须除去,而后可以有充分之发展。中国现已深觉商务之需要,并愿出其全力却除下列之障碍,而谋商务之发达。

第一,中国年来政治多故,实为发展商务之第一障碍。然亦不必以此而抱悲观。中国之由帝制而民治,实为政治上一大进步。其间虽不免有长期间之纷扰,然此乃政治改革时所不能避免者。今虽尚未大定,然以中国人之确好和平,现正加以最善之努力,使今后之政局,渐入于平稳之状态,其前途必能渐臻佳境。强固之民治政府以及和平秩序之建设,已不在远。此对外商务之第一障碍,将于第二次太平洋商务会议之时,不复见之矣。

第二,关税之不合科学的经济的原则。非但不适于政治,且大有害于商务。中国关税受片面的协定之束缚,始于一八四二年之鸦片战争。自此以后,关税主权亦复让于外人。屡次修改,皆须得通商各国之同意。在名义上为值百抽五,而实际上犹不足百分之四。以视美国之保护关税,固有天壤之别;即以视一八九七年以后之日本关税,亦大有区别。在一八九七年以前之日本,固亦受片面协定之束缚,其痛苦状况不下于今日之中国。然日本在一八九七年之三月,已得列强之同意,而恢复其关税主权矣。中国人对于协定关税所最感苦痛者:第一财政上无伸缩之余地;第二出口货受同一税率之束缚,不能使土货畅消国外;第三进口货不论奢侈品、消耗品、日用品、需要品一律课以值百抽五,致使奢侈品、消耗品易于输入,而需要品反因而阻碍,此皆有害于中国之对外商务者也。中国人虽不主张保护关税,然不能不要求恢复税权,俾便自主更正,使合于科学的经济的原则,以促进商务之发达。至于内地厘金之有害于商务,已尽人皆知,一俟依据华会之关税特别会议议决裁厘加税办法,即可实行裁厘矣。

第三,货币制度不良,实有害于中国之商务。各国货币制度,大多为金本位,而中国为银本位。因金银比价之上下,货价不能确定。无论买主卖主,皆负有一种汇兑上之风险。即富有商业知识者,亦无法避免,其害一也;中国货币,银两又与银元并行,而辅币又未能一律十进,常因市价之参差,内地商务恒易有同上之困难,其害二也。中国人对此问题,已有相当之研究。以年来金融上之趋势观之,废两用元,在最近之将来,可不难达到目的。对于十进辅币,亦有相当之设备,在上海建一极大造币厂,即为统一国内货币之预备。由此更进步而改为金本位或金汇兑本位,则其便利商务非浅鲜矣。

第四,无对外银行,亦为发达对外商务之一障碍。吾国银行尚在幼稚时代,无庸讳言。然近年来之进步,亦极可观。不但银行行数增加,即银行资本,亦有集中之趋势。凡信用昭著之银行,无不增加资本,以厚其力。且有数著名银行,正在图谋设立海外分行,以谋国外商务之发展。银行人才辈出,颇多熟谙银行学及富有银行经验之士,孜孜努力。且有数著名银行,特在余利中提出巨款,以供培养银行人才之用。对于国外汇兑,有特约代理者,亦已于数年前实行,不久将见华人银行设立于海外矣。

第五,缺乏对外航路,亦为不能充分发展对外商务之一原因。对外商务之发达,不仅须有对外银行办理金融上之业务,且须有对外航路,运载货物。驶行海外商轮之多寡,必与其海外商务成一正比例。吾国造船业,现正在萌芽时代,前代美国所造之海轮四艘,实为自造轮舶之创始。航行海外之商轮,近已有二三公司实地进行。虽规模尚嫌狭小,亦足见中国人对于航路之渐知注意矣。

第六,国内交通之不便利,实为中国商务未能充分发展之一大障碍。全国铁路不足七千英里。除沿海各省外,内地之运输,非常困难。费时既久,需费甚巨,遂致丰富之天产不能以廉价售之国外市场,而内地所需要之货物,亦艰于输入。今中国人已深知良好之交通,大有裨益于国内外之商务,甚愿尽其全力,开辟交通,以便充分输出中国之天产,以增进中国人之购买力,以购买中国人所需要之货物于国外。藉以增进各友邦间双方商务上之利益,此实为吾国人最深切之希望也。

中国商务上之障碍及中国人努力却除之之进行状况,已略述其梗概矣。兹更研究美日二国对华商务进步之原因,以殿吾说。吾国银行航路及铁路,既尚在幼稚时代。而国与国间之商务,至少须有银行航路二者为之贸介,唯其如此,故美日二国对华商务之发展,实与其对华银行航路之发展,成一正比例。兹以一九一零年及一九二零年美日对华之银行及商轮,各列一表如下:(表略)

银行航路以外,铁路实为发展商务所必需。日本投资中国所建造之铁路,实与日本商务以莫大之便利。中日两国间商务所以有非常迅速之进步者,其原因固显然可见也。

第七,此外尚有一事,为余所不欲言,而又不能不言者。即国际间政治上之侵略,亦足以妨碍中国之商务是也。历史将昭示吾人,不仅敌国间之商务,难以充分发展,即附近各国之商务,亦受政治侵略之影响,而妨碍其进步。良以甲国对乙国政治上之侵略,乙国之人民,无论如何良懦,必有极深切之痛苦的感觉,并极明显之抵抗的反应。因此其影响遂及于甲国对。乙国之商务,其结果且酿成战争,欧战即其最显著之例也。因政治侵略所发生之结果,不仅当事国之商务,因而停滞,且波及于其邻近及其他有关系之各国。故国内和平,诚为增进商务所必要,而国际间之友谊,尤为增进商务上之远大利益所必需。商务之进步,必须基于国与国间之好意。而政治家之侵略,恒易造成不可磨灭之恶感。其为害于商务,虽隐而不可见,然其足以减少商务上之发展,甚为明显。虽其邻近各国,亦极易感觉。是以各国人民之责任,必须设法减少或阻止政治家之侵略行动。而商业团体,尤觉利害切肤,更不能不取相当之行为,以谋真实亲善之实现。此为吾太平洋各国所宜十分注意者也。

……

吾人所熟闻而又当以之归语国人,互相努力,以期其实现者,即今后世界之和平。必须建其基础于各国人民友谊之上,始能永久而巩固。各友邦间必须互以诚信平允之态度,联结而为深厚笃实之友谊。勿因自私而有不合理之行为。对于关税,勿使过分偏重于进口货,俾得增进友邦人民之购买力,以推广其出口货;对于投资,宜注重实业交通,俾友邦人民得以开发其富源,以供给世界之需要;对于商情,勿使隔阂,务必彼此互相明白了解,而不起丝毫之猜疑。苟能如此,则以吾太平洋各国关系之密切,今后各国间商务之发达,有未可限量者!最后敬致中国人最恳挚之诚意于吾太平洋各友邦代表诸君之前:中国人深愿与吾各友邦为最诚挚之携手,以增进彼此商务上之利益!并以增进人类之文化!孔子云:"四海之内,皆兄弟也。"深愿于此次太平洋商务会议植其始基,此则中国人所殷殷企盼者也!

(《参与太平洋商务会议日记》;《中国商务与太平洋》单行本;《文集》第 181 页)

同日 晚,于日本侨民设宴会上演说。《日记》云:"下午二时开会。各国代表依次演说,至四时散会。演说以各该国英文字母之先后为次,六时半,赴日本侨民之宴于日本俱乐部。未宴之前,见室内墙上钉有图表多种,逐一观之,知为日人所调查关于檀香山之种种统计。兹撮要录之如下。既可藉以表示檀香山之真实情形,又可见日人之用心,以视中国漠视调查统计而毫不注意者,其相去真不可以道里计也。……席终。首由主席起立致词,次麦考密克君演说,次驻檀日本总领事山琦馨三君演说檀香山之日侨问题。首述日人来檀之历史,始于一八六八年。第一次来者有一百五十三人。其中三人为女,余皆男子。嗣是以后陆续来檀者络绎不绝,本年已达十一万七千〇四十七人,次述旅檀日侨之困难,因日本法律,日本人民在国外所生之儿童仍为日本国籍,而美国法律凡在美所生之儿童即属于美国国籍,如此日本在檀侨民之儿童,便成一大困难问题。演时甚长,一方为日本人诉苦,一方对美大致不满之词,最后希望檀成为世界大同之起点云云。次福特君演说,以叶子戏作譬喻,略述美日间之情形,以希望作结。次中国代表穆藕初君演说,首述中日韩同种同文,地位接近,有共同合作之便利与必要。次述美国前任大总统罗斯福氏有先见之明,能预知欧洲战祸之不可避免,而嘱其国民预为之地,实足为吾人所宜取法。最后述强权之终不可恃,以强力压人者,终必先败。欧洲最强之国,今已一败涂地,于国于民皆有损无益。以故中国人深望在此次太平洋商务会议中,为沿太平洋各国树立一种非常强固,而亲善之友谊云云。"

同日　檀香山日纸《The Honolulu Advertiser》头版刊登先生在内出席太平洋商务会议二十国首席代表肖像照。第一版至第三版刊载前晚联太平洋协会宴请各国代表报道及来宾名单。(同日《檀香山日报》)

《The Honolulu Advertiser》刊登太平洋商务会议各国代表肖像图片

10 月 27 日　出席太平洋商务会议。《日记》云:"上午九时开会,议题为'电讯交通之现在及将来'。……下午二时开会,议题为'航路之现在与将来及在太平洋各地开辟自由港口之必要'。"

同日 与大会办事处交涉檀香山某报登载日本代表不实报道。《日记》云："是日,檀香山某报载,有日本代表演稿,内有一节,以中国内乱为各国在华商务不振之一原因,中国代表团以事前曾有接洽,日本代表并未将此节在昨日开幕大会中宣读,何以仍在今日报上刊登? 质问大会办事处,后经日本代表道歉,并登报更正云。"

10 月 28 日 出席大会。《日记》云："上午九时开会,议题为'太平洋渔业之保护'。"

同日 下午,与赵桂芬、毕云程三人参加各国代表赴歇鲁的基罗伊火山旅游活动。《日记》云："下午三时,各国代表六十余人,中国代表穆藕初君、赵桂芬君、毕云程君三人同乘玛那基亚船往歇鲁探基罗伊火山。歇鲁距火奴鲁鲁约六百华里,一夜可达。途中船小浪巨,振动甚剧,旅客多有晕船者。"

10 月 29 日 游莱恩蒲瀑布、基罗伊火山等处。夜宿火山旅馆。《日记》云:"上午七时半,船抵歇鲁。先乘汽车至歇鲁旅馆小憩。八时许乘汽车赴玛那基亚山坡,看莱恩蒲瀑布……九时一刻返歇鲁旅馆,未下车。继驰往基罗伊火山,约行一百华里之山道,直抵山颠。沿途皆为羊齿类等之热带植物,异常繁盛。上山之路,建筑极佳,平坦如砥,整洁可爱。……十一时抵基罗伊山巅之火山旅馆。……下午二时,乘汽车往探火山,先右行往观世界无双之霉树,得空气木一枝,上有枝蔓,悬之空气中,能自然生长。返原路中途右折,行二华里停车,下观一喷火口,深七百五十尺。去年三月曾爆发一次,现又熄灭。复循原路归,途见美国兵士甚多。前行经火山旅馆,前向作行,沿途树木茂密,车行林中,途经一小喷火口,深四百尺。据向导言,曾有一女子因失恋投此而死。又经一喷火口,深七百七十尺,一九一九年曾爆发一次。复前行,往探一火溶石长洞……五时归火山旅馆。"

10 月 30 日 上午乘火车至歇鲁,游览街景。下午,乘船回火奴鲁鲁。《日记》云:"上午七时半离火山旅馆,乘汽车下山。九时一刻抵火车站,顿觉天气温暖,视寒暑表七十八度。九时半乘火车往兰舶河衣河,视察沿途风景,铁道沿山靠海,有时架长桥于两山之颠,其下蔗田一碧,村民红屋数所,沿山峡而筑,马路环绕,洁白如玉。山涧之水下驰成瀑布,山跤之间海水滔滔,汹涌不绝,天然风景,胜似图画艺。中经一山洞,长一华里半,行七十秒钟,始达彼端,该路沿途皆山,工程浩大,共长一百华里有零,初耗资本美金五百万元。开车后入不敷出,复添二百五十万元,始能维持,今已出入相抵,有利可图矣。歇鲁全市居民不过六千人,连种蔗农民七千,亦不过一万三千人,而目光远大,能集巨款造铁路,不以工程之艰难而阻,卒达成功之目的可敬也。……三时离歇鲁旅馆,乘汽车二十分钟而抵船埠。四时开船。"

10 月 31 日 上午七时半抵火奴鲁鲁。晚,与赵晋卿拜访中国华洋义赈会代表、上海青年会美国干事费吴生及驻华美国商务参赞安诺尔。《日记》云："上午七时一刻抵火奴鲁鲁。是日仅有各委员开会，未开大会。中国华洋义赈会代表、上海青年会美国干事费吴生君及驻华美国商务参赞安诺尔君同于前日抵檀，下午六时半，穆藕初君、赵晋卿君同访之于其寓所。"

11 月 1 日　于大会上作《发展中国之天产与商务》《中国棉业之发展及其需要》演讲。《日记》云："九时开会。议题为天产之保存及发展。演说者美国农业部代表安那君，演说《糖业问题》。荷属东印度副总督毛赖斯科博士演说《爪哇之甘蔗》。中国代表费吴生君演说《米价之高昂》与《导淮问题》，穆藕初君演说《发展中国之天产与商务》，联太平洋协会总干事朋苟博士代读美国内务总长福尔君之演稿，题为《燃料与食物》，檀香山中华商会代表彭棣桐君演说《中国所产之燃料》。十二时散会。……又穆君在上海时，以上海棉业公会请其提议，中国各纱厂及各花业，历向各国洋行定购美棉，凡该货到埠后，当收货时，往往因货品参差，时有争执，滋生掣肘。而各国洋行因此将货样寄往英国利物浦评断，以致日久迁延，无从解决。甚至有一二年无可结束者。其间栈租，保险限息种种损失，不可胜计。而市价之涨落，为数尤巨，即此情形，买卖双方均感不便。现值太平洋商务会议开会，爱特由同业公同提议，恳请到会后提出议案，须请美政府或美棉公共团体，委派代表来华，常驻上海，以便我国政府或棉业公会，公推代表，会同办理棉商因货品轩轾发生交涉等事。届时俾将货品送往评断，并请将美棉每年出新时，函寄等级标准到华存储，为大众之考核，以免各国棉商之障碍，而图棉业之发展。穆君受此重托，爱又提出一演稿，其题为《中国棉业之发展及其需要》，大意略谓近年中国以棉纺织工业之发达，有渐趋向于细纺之趋势。然中国棉花，纤维较短，不能供给细纺之用。华商纱厂联合会虽已努力改良植棉，而美国棉花之进口，仍有逐年增加之势，因此发生货样不符等困难，不但足以阻碍中国纺织业之进步，且与美棉之出口以不良之影响。故拟请美国派一熟于棉花品质之人常驻上海，为鉴定美棉之公正人，则中美两国之商务均有利益云云演说后，由议决案委员会报告审查情形，时间尚有余。中国代表郑希陶君补读《中国之茶叶说帖》。"

《发展中国之天产与商务》一文云："吾国土地之广、物产之富、人民之众，与商务前途之富有发展希望，凡稍知吾国情形者，皆熟闻之矣。何以吾国今日，不但未能以富足称于世，且以财政上之困状，为世诟病。无他，以吾国之天产与商务，尚未充分发展故也"对比中美两国，先生指出交通落后严重阻碍中国商务之发展，"吾国各省物产至丰富，而不能便利输出，以廉价售之国外市场，供给各友邦需要者，虽不少其他原因，而要以运输之困难为最。运输不便利，不仅阻碍国内商务之进步，即对外贸易上，亦因之受巨大障碍。例如陕西棉花，在上海售价甚贵，而在陕西则售价甚廉。若陇海铁路建筑工竣，则不仅陕西棉花易于输出，即其他陕、甘一带之土货，亦皆可以源源输出。而陕甘一带所需要之外来货物，亦皆可以源源输入。此其利固不仅在吾国，而凡与吾国有商务上关系者，当然同享其利益，可无疑也。……中国与美国，土地之广大相若，物产之丰富相若，人民之众多，吾且四倍于美。而铁路之敷设，则吾国已成之铁路，实不及美国已成之铁路百分之三。若不急谋推广铁路之建设，则内地各省区之丰富天产，如煤、铁、豆、麦、棉、麻、毛、革以及各种粮食及一切工业原料，将何由便利输出，以换得工业制造品，供给内地各省区之需要乎！"以陇海、川汉、粤汉铁路为例，强调我国铁路必须急谋推广，"若能赶速建造……实为纵贯中国大陆联合南北之一干线。不但直接足以裨益沿线各地之商务，且可促进吾国政治上之联合，间接增进全国商务上之利益。川汉一线，起自中国中部湖北之汉口，西行直达中国西部四川之成都。此路因沿途多山，工程稍形困难，需费未免稍巨。然四川一省，为著名天富之区，拥有二十一万八千方英里之土地，省地之大，等于欧洲之一国，煤、铁、铜、铅、石膏、金、银、锑、硫磺、硝盐、白铜、宝石、煤油、药材等出产皆异常丰富。产地价格，又非常低廉。人口有七千三百万，消费力亦极巨大。现洋货运销四川内地，所需运费，几在原价一倍以上。且以川河水流湍激，货船每有沉没之处。运输如此艰难，而目下川帮商务，尚能在全国中占一重要地位，一旦川汉铁路告成，运输之困难悉除，则其进口商务之剧进，廉价原料之输出及工业制造品之输入，不啻开辟一新大陆。其贸易前途之旺盛，诚未可限量也。……已建之铁路，偏在东北一隅。沿海各埠，亦有数短线点缀其间。……若就未建铁路之西北全部、西南及东南之大部言之，合计此广漠无垠之大陆，……而铁路之短如彼，欲发展天产及商务，必须推广铁路之建筑，毫无疑义也。吾国铁路之必须急谋推广，固矣。然以铁路建筑费之高昂，势必不能在最短时期内，建筑二十万英里或三十万英里之铁路。而全国天产及商务之有赖于良好而便利之运输者，又刻不待缓。势必先其所急，酌择天产最丰富、商务最有希望之数大干线先行建筑。此外则必须另行建筑砂石路。统计全国之需要酌定道路之等次。其关系全国通过数省区者，则定为国道，阔约五十一—八十英尺，以国家经费建筑之；其关系一省通过数县者，则定为省道，阔约三十一—五十英尺，以省经费建筑之；其关系一县而通过数乡村、数市镇者，则定为县道，阔约二十一—三十英尺，以县经费建筑之。分途规划，克期告竣。以补铁路运输之不逮。此外更就原有之水道，如黄河、扬子江、淮阴等处，加以必需之修浚或整治，以便运输，并免水患。更可添辟口岸，建设堆栈，于发展内地贸易上，作应有尽有之设备。如是，则吾国之天产及商务必能有一日千里之概矣。"先生指出"建筑铁路，必须顾及投资者之利益……若开辟交通以后，一切运输不及预料之巨，则不仅损及投资者之利益，且以后养路所需，亦复不资，又将何以为继。此实为应有之怀疑。然试一调查吾国之矿产，而审知其丰富情形，则此种疑虑，必能涣然冰释。无论铁路、砂石路、口岸、水道建筑或修浚以后，沿途矿产，向以运输艰难，令人欲开采而踌躇者，今皆将踊跃从事。筑路及治河之结果，必能促进矿产之开发。而矿产之开发，又足使铁路上运输事业之发达。而沿线百业且相率而进于隆盛之域矣。夫现有各铁路之运输，已深觉货车之缺乏。津浦路商货堆积，致使山东某煤矿所产之煤，常不能尽量输出。就此以观，已可推知将来矿业与交通同时并进，必能互相裨益而发展尽利也。煤为吾国最重要之矿产，全国二十二省，无一省无煤矿。其含量之丰富，为全世界最。即以山西一省之煤矿言，其含量之多，已足供全世界千年之需用。若合全国计之，则其煤量之巨大，实未易指数。当此全世界各国煤矿皆已开采，煤荒呼声频高之时，乘此时机开采吾国煤矿以资供给，其为利直普及于全世界上之工商业。而太平洋各国，以地利上之关系，其所得利益，自必更为巨大也。……铁与煤近代工业主义之两大原料也。而吾国于富有煤矿之外又富有铁矿，全国二十二省除四省外，遍地皆有铁矿。其已开采者，仅有二处。其一为借日款自办之湖北大冶铁矿；又其一为中日合办之奉天庙儿沟铁矿。在一九一三年，矿铁产额四十万吨，同年生铁出口一百万担。至一九二零年生铁出口，则已增至三百万担。此外有金矿者十二省，铜矿者十一省，有银矿、铅矿者各九省，有锡矿、锑矿、锌矿者各四省。矿产如此之富，一旦交通便利，则无限宝藏，皆可陆续开发。斯时之铁路车辆，恐又将不敷应用矣。于此有可注意者，出口之煤，其最大部分皆运往太平洋各国。一九二零年，运往太平洋各国之煤，占总出口百分之八十六，铁则占总出口百分之九九点六……吾国之煤铁矿产，与太平洋各国之商务关系若何重要。以后吾国矿产更形发展，则其有利于上述各国与吾国之商务，不待言矣。在建筑铁路、砂石路、口岸或修浚水道进行之时，不但沿途矿产，可以随交通之发展而开采。同时沿途一带之农产物，亦可因交通之便利而进步。吾国除沿海各省以外，内地运输非常困难。以致广大而沃腴之农田，咸未能耕种尽利。不但西北一带人口稀少大部分之地未经垦殖，即中部各省现有丰富之农产，常因运费太巨，难于推销，而减少其种植。若一筑铁路或砂石路或修浚水道以后，则沿路一带之农物，自必藉运输之便利而增加输出。如是则农产物之运输，又将为铁路运输上重要贸易矣。"先生分析农作物、棉花各年统计数据，"即可以证明农产物输出之发展与铁路建筑之增进，成一正比例。……棉之出口未能如豆及豆制品之剧进。在一九二零年，反较十年前为少。其间有两大原因：其一则为吾国之纺织工业，自一八九零年以后纺纱锭数逐年加增，需用原棉甚巨，而尤以近十年为最；其二则以近来世界纺织工业之进步，有归重精纺之趋势，华棉纤维较短，只能供粗纺之用。然比较观之，在国内纺织工厂逐年增设之结果。而一九一零年以前，原棉之出口，犹能增加九倍以上。则在此期间,棉产额之增加,已可概见。至于一九二零年之出口,固比较十年前减少一千九百万两。然以吾国纺织工业所消费计之,尚不止增加此数。又吾国近十年来于植棉改良事业,甚为努力,其结果至为良好。则吾国棉产前途之发展,固亦有未可限量者也。"先生强调铁路建设更可增进工业发展,希望太平洋各国以"互助代竞争",共谋发展。云:

铁路等建筑之发展于农矿外,更可增进工业之发达。吾国工业之不振,亦以运输之困难为其一大障碍。建筑材料、制造机器、制造原料的物产,及制成之货物,皆有赖于运输之便利。运输便利,则运费廉而成本轻,推销便而获利易。例如纺织工厂,应设于产棉销布之地。然吾国除沿海各省运输便利地外,内地产棉销布之区,皆无纺织工厂。例如著名产棉地之陕西,至今尚无纱厂。此无他,运输过于艰难,预计设厂成本,运费超过原值故也。一旦铁路、砂石路兼程并进,运输日便,则内地纺织工厂之增设,将风发云涌。如是,则纺织机器,动力机器,建筑材料,以及各种物料之需求于国外者,自必源源输入,于国际贸易上,不知增进几何好况焉。

工业之振兴,不仅纺织工业为然也。其他农产、矿产足以供给重要工业之原料者,咸将以运输之日便而急起建设。其机器材料之需求于国外者,亦指不胜屈。以吾国工业之幼稚,消费力之巨大,一俟铁路建筑渐多,各地天产,乘时开发,则各种应运而生之工业,自有不期然而然者。其时制铁工业、炼钢工业,尤可乘时而起。在矿铁开采以后,欲以大宗生铁输出国外,自必先设制铁而后可。同时以铁路建筑之进行,新式工厂之勃兴,国内钢铁需要量之扩大,亦有先事制铁炼铁之必要。而开设钢铁厂之一切设备,如建筑及机器等等,又非求之于国外不可。是以吾国工业之发展,又必有裨于吾与太平洋各国之商务,又极显明,而必然之趋势也。

以上所述,不过为概略之概述。然已足以显出吾国经济之上地位,其前途至可乐观。至于目前政治上之困难,无多于兵士太多。然当知其原因在于人口过多,工作太少。若能实行吾上述计划,努力开辟交通,建筑铁路等等,则可以移兵为工。更以沿路矿产农工之发展,使过庶之人口,易得相当之工作,易谋相当之生活。其结果不仅可以使一般人民安居乐业,且以生产力之发达,消费力亦因以大增。向之无工可做,无生可谋,不得不以敝衣恶食陋室,勉强维持其生活者,今将以生活程度之增高,而需要大宗之洋货。其购买力之昂进,必将为几何级数之增加。吾国二十二省人口在一九二零年之统计,为四亿四千零九十三万四千人,蒙、藏、青海,尚不在内。以每人购买值价十两之洋货于国外计,则其时每年进口洋货已需值四十四万万两矣。此非吾好为过于夸大之言也。若以一八八零年至一九二零年对外商务增加八点三倍为比例,则一九六零年,吾国对外贸易总额,将达六十三万万两之巨额。由此观之,发展吾国之天产,即所以发展吾国之商务,亦即以发展吾国与太平洋各国间之商务。前途希望,正复无量。唯以开发吾国之富源,所需人才与资本至多且大。肇基之始,有不能不求助于吾亲善之友邦者。深愿吾国与太平洋各国之间,彼此以互助代竞争,实行最诚信之携手,以共谋增进彼此商务上之利益。则人类进化前途,实利赖之。又岂吾国一国之幸,亦人类全体之幸也。

（毕云程《参与太平洋商务会议日记》；《文集》第 188 页）

同日　中午,于檀香山青年旅馆出席广告公会招待会。《日记》云:"十二时一刻,饭于青年旅馆,为广告公会所招待。入席后,首由主席致欢迎辞,继拍卖渔网。为日人某君所得,即席赠于檀香山总督法灵顿君。次麦考密克君用广告法演说。……最后由法灵顿君演说数语而散。"

同日　下午二时,太平洋商务会议开会,议题为银行与财政。中国代表团赵晋卿出席。（毕云程《参与太平洋商务会议日记》）

11 月 2 日　上午,赵晋卿于太平洋商务会议大会上演说。《日记》云:"上午九时开会,议题为商事之公断。中国代表赵晋卿君演说《中国商务发展之障碍及改革之方针》。"

同日　中午,出席朝鲜侨民团所招待会并演说。《日记》云:"十二时一刻,饭于朝鲜基督教学校,为朝鲜侨民团所招待秩序如下:(一)奏乐入席。(二)祝祷。(三)主席闵君致欢迎词。(四)檀香山总督法灵顿君演说,略述朝鲜侨民与檀香山之关系,最后致其勉励之词,态度颇诚恳。(五)陶尔君演说。以教育为万事之基为勖。(六)中国代表穆藕初君演说。其要点有三,第一信仰,信仰可为行事之标准。凡深信一事,必须如此者,必能力行勿怠。苟无信仰,则懈心生矣。第二博爱,博爱可为成功之助,爱人者人恒爱之,若以强力压人,必难得人之爱。第三希望,希望为快乐之源,欲谋一事之成,中间不能无困难,无挫折,遇困难挫折而能以热诚之希望战胜之,则虽处忧患之中,亦能乐此不疲。(七)日本代表田中武雄君演说,以误会为各国人民不易合作之原因,并愿努力除去误会,以改善各国人民间之关系。(八)朝鲜代表金君学说,以光明的合作,可以驱除一切误会,并希望此次聚会,能为各国间造成一种良好之友谊。(九)麦克兰恰君演说,希望朝鲜人能成就复树朝鲜之大志,并希望以和平方法,达到此项志愿。(十)奏琴,唱歌,散会。"

同日　下午,大会休会,与赵桂芬、毕云程参观檀香山水族馆。《日记》云:"四时,穆藕初君、赵桂芬君、毕云程君同往水族馆观览。每人购入场券一纸,各美金一角半。先至右室,次至中间一室,后至左室。其屋系特别建造,以极大玻璃筑成大柜,联接如墙。中系夹层,储海水甚多,外有阳光,斜射入柜,并有空气,源源流入水中。所见之物,皆非习见者。"

同日 晚,出席檀香山各商业团体联合会招待宴会,先生作《航业与文化及商业之发展》演说。《日记》云:"七时,檀香山各商业团体联合宴客于玛阿那旅馆,其秩序如下:(一)奏乐;(二)主席致欢迎辞并宣读檀香山总督法灵顿君来函,因前总督拼克海姆君在旧金山病故停止赴宴云云;(三)市尹韦尔逊君演说,其词甚长,大致述檀香山发达之历史;(四)麦克考密君演说;(五)中国代表穆藕初君演说《航业与文化及商业之发展》;(六)日本代表演说;(七)福特君演说;(八)安诺尔君演说,述中国近事甚详,最后述其观察所得,谓中国今后必能发展云云;(九)檀香山代表演说;(十)伦处君演说。最后奏乐而散,已十时矣。"

11月3日 上午,先生出席太平洋商务会议秩序委员会会议,赵桂芬代表先生宣读《中国之商业教育》讲演稿。《日记》云:"九时开会,议题为商业教育。司搭福大学教授弥安司博士演说《商业教育如何能推广太平洋之商务》,中国代表赵桂芬君代穆藕初君宣读《中国之商业教育》演稿。穆藕为东南大学代表,因同时适值秩序委员会开会,故请赵君代读,驻华美国商务参赞安诺尔君演说活动电影之教育的功用。

《中国之商业教育》一文向与会者介绍中国商业教育发展历程及上海商科大学办学近况。云:"吾人熟闻中国商业教育幼稚之言。诚哉其为幼稚,然在有志教育事业者言之,殊未足以为忧。盖幼稚者,实即生长与发展之起点。中国素来以农立国,向以工商二业为下等阶级。其于商人训练之法,以收集学徒为唯一门径。故商业教育,遂不为士林所论列。然在欧美各国,其以商业学科,作为专门学校与大学之教材者,亦唯肇始于晚近之时代。欧美先进,尚犹如是,矧在后进之中国,又何足怪。中国之有新教育制度,始在一九零三年。其内容有三年制之商业学校,与四年制之高小程度相等;五年制之中等商业学校,与五年制之中学程度相等;而三年制之商业专门学校,则程度与三年制之专门学校相等焉。迨经一九一二年之改革,新学制始告成立。此种新制,年来虽有再事修改之必要,然仍不失为今日通用之常制。其内容分商业学校为甲乙两种。乙种商业学校之程度,与三年制之高小相等;甲种商业学校之程度与四年制之中学相等。甲乙两种商业学校之修业年限,均为三年。至言高等商业教育,则三年制之职业学校,程度与专门学校等。而大学之内,并得设商科大学,分银行、保险、国外贸易、领事关税收入与国际法等系焉。……政府方面,已有武昌商业专门学校之设立。除私人创办同等性质之学校外,全国共有公立职业专校六所。在事实方面,臻此已非容易。然在四万万急盼工商业发展之人民视之,实深憾夫不足以应其需求。且试详考其情形,则此甲乙两种商业学校之程度,仅足供初等商业之训练,未能培植高等人才,实不能应社会之需要。盖其所具之学识,不出于商业之根本原理,与商业之实践数端,不过为服务商界上应有之商业知识而已。至于欲求有管理他人及组织事业之能力,足为工商界之领袖者,则尚无此种训练之机关也。近数年来,各专门学校,渐有采用商业之教科者。以上海而论,则圣约翰大学、复旦大学、中国公学,以及其他各校,先后有举办商科学程之计划。而中法合办之通惠专校,亦有商科之设置。此皆近数年来中国商业教育发展之明证也。如上所述,商科学程之为各大学混合采用者,已不一见,而欲求一专以商科为特设之大学者,尚未之闻。迨一九二一年东南大学成立,设五大学科,而上海商科大学,即为其中之一。于是中国之唯一商业大学,始露其面目。以其特殊之地位言之,实肩负全国最高商业教育之责任。今复略述此特殊机关之历史,想亦邦人君子所乐闻欤。上海商科大学之基础,创立于一九一七年,是年秋季,南京高等师范学校始设商科。一九二零年与一九二一年,先复有两班商科学生毕业。旋以开办国立东南大学,决定以南京高师旧有之校舍,为大学之基础。爰有迁移商科至上海,并加以扩充,自成为完全大学之提议。盖因上海为中国第一通商口岸,设商科于此,不特多实习之机会,抑亦易与真正之工商界接触,实为唯一适宜之商校地点也。一九二一年夏,得教育部之批准,推举委员,组织委员会,以扶助策进此全国最高之商业教育机关。于同年九月二十八日开学,至此国人所希望之第一国立商科大学,始告厥成。是校之学科,现分六系,其名如下:一、银行理财保险系;二、会计系;三、国际贸易与领事系;四、交通运输系;五、工商管理系;六、普通商业系。此外为便利服务于实业界之人士补习高深商业知识起见,复有夜校之设立焉。所有教职员,大部均系留学英美各国商业专家,及素有办事经验之人士。第一学期,日夜校有学生二百九十四人(中有女生十人),约占东南大学全部学生十分之一。今日国中之政治家教育家,渐有觉悟,对于百孔千疮之时局,舍工商教育而外,更无他种可为救治之良药。在此商业发展蒸蒸日上之时,举凡实业界之领袖人物,亦已公认需要一强有力之教育机关。不仅以之完成商业专门知识与学艺,抑须以之造成有管理之能力与领袖之干才者。上海商科大学之设,即所以应此需要也。在其诞生之时,所受公众直接费助之力,姑不具论,而须借助于外国团体者,要亦正多。他日是校如能达到督促国内工商振兴之目的,并期能收国际合作之效益,是诚吾人所翘首企望者也。"(毕云程《参与太平洋商务会议日记》;《文集》第 193 页)

演说毕,大会讨论议决案委员会提出报告之各议案。自第一案至十三案,又自第十六案至二十三案,均经正式通过,第十四、十五两案,因措词欠当,重行修正后亦一致通过。其中直接由中国代表团提出的议案有五件,即第四件:"议决由本会议委托联太平洋协会设立影片交换部,以征集沿太平洋各国关于各该国人民实业等有教育的价值之影片,俾得在沿太平洋各国免费开映。"第八件:"议决本会议反对沿太平洋各国邮递或他法以输出或运输非医药用之吗啡、鸦片、高根或类似之毒质药物。并请求沿太平洋各国政府，颁行严厉禁止此种输出或运输之法律。"第十九件："议决本会议为赞助中国导淮计划。因其不独与中国产米有关，实亦救济世界米荒之良法。应请各国政府注意，并予以援助"。第二十件："议决本会议应将导淮议决案寄达各国政府及美国红十字会及国际银行团并有关之各团体。"第二十一件："议决本会议依中国代表团之计划，聘请美国棉业专家一人，常驻上海，充输入中国之美棉有因品质上发生纠葛之公断员。"(毕云程《参与太平洋商务会议日记》)赵晋卿云："此次会议时提议案件中国方面比较日本得益甚少，日人提有无线电及食料等案。无线电问题为美日两国竞争焦点，后卒将原案加以修改而通过。食料问题日本要求多米国家供给少米国家之需要，其意盖为中国禁止出口而发。此案经中国代表在审查委员会时争辩，始获打消。又美国提议各海洋渔业问题，其原因以日本捕鱼常有侵犯各国海洋情形，此案结果亦议有相当办法。又中国提议请太平洋沿岸各国禁运吗啡、鸦片等毒物来华，亦经通过。在商学会议时，中国亦有一提案，表面似无甚关系，实则颇有影响，即日人常以电影摄取中国装茶法之不卫生，及各国民腐败情形在外国映演，因此惹起外人对华之恶感。而吾国近年以来亦受影戏影响，社会上奸盗邪淫之事愈多，故余等提议各国运送影片时必须加以注意。此案亦经通过。此外，江苏督军兼导淮委员会名誉会长齐燮元特派代表费吾生到会提出导淮问题，要求各国赞助，此案亦在大会通过。惟提案原文中有叙述江苏及安徽人民受淮灾苦况，同人等以此事于国家体面不无关系，遂商请删去。"(同上)

同日 中午，出席檀香山大学宴请。餐后参观檀香山大学。《日记》云："下午一时，应檀香山大学午餐之约。餐后，李绍昌教授引导参观。先观制磁成绩，次化学实验室。至一室，见极小之电动机。次成衣科，次植物园。园址甚大，植物种类颇众。沿山脚有一抽水机，清水源远涌出，以资灌溉。次机械室，次至游泳池，见学生数人，游泳之术甚精。……该大学附有中学。未参观。三时致谢而归。"

同日 晚，出席中国侨民招待各国代表及檀岛各界领袖人物宴会。《日记》云："六时半至中国第二礼拜堂。是晚吾国侨民在该堂公宴各国代表及檀岛各界领袖人物。到者二百余人。……七时，奏乐入席。八时，主席黄后君起立致辞，因不善英语，请黄福君代表。遂由黄福君起述，华侨来檀远五、六十年以前，向之以劳力谋生者，已渐渐居积致富，成为体面之商人，其景况比较前大不相同，同人等深幸得此佳境，故对于现在之境遇，自觉非常愉快，惟望今后更求进步，并希望在座诸君赐教。次檀香山总督法灵顿君演说，华侨皆忠信耐劳，檀香山之开辟，华侨与有力焉。今晚深喜得有机会，表示彼对于华侨之喜悦。次加拿大代表沃哈拉君演说，引用吾国孔子所云'四海之内皆兄弟也'二语,谓今晚盛会,集各国代表于一堂,相亲相爱,实足以表示此种精神云。次麦考密克君演说。次日本代表佐野博士演说,首以不善英语表示歉意。次述此次太平洋商务会议,足以造成各国人民间之真实友谊云。次法国皮脱来女士代表安南演说,谓安南昔属中国,今属法国,诚为事实。惟华侨在安南商业上之进步,今胜于昔。一切商业,华侨皆优为之,正与檀岛华侨诸君相似云云。次穆藕初君演说。首述今晚主席二人,一老一少,实足以为中国现状代表,遂指须发皓白之中华会馆总董黄后君而言曰:'年长之主席,心中满怀快乐及诚爱,但以不善英语,不能由彼自己说出'。继指哈佛大学毕业之黄福君而继言曰:"此青年之主席,乃能以极流利之英语,一一为演说诸君介绍,老大中国与少年中国之区别在此,过去之中国及将来之中国,其区别亦在次。"述中日宴客之不同,前次日本侨民之宴客,有舞女,有歌剧,有种种娱乐,今日吾人仅以演说娱客,于此可见日人之善于交际,而华人仅能以坦白之胸怀,为无隐之直谈也。又次述最近中国思想及事实之变迁。在十九世界之中叶,华人皆自尊自大,轻视外人,所以对于外人,深闭固拒,牢不可破,迫夫十九世纪末叶,则盲目崇拜外国之坚甲利兵,而不知有所别择,遂有小站练兵等事。及二十世纪之初,清政府之腐败,日益暴露,华人思想趋向于改良政治,于是有一九一二年之革命,共和以后,审知政治之基础在社会,于是尽力从事于教育实业,最后述华人现抱两大宗旨。(一)不欲倚赖外人。惟努力发挥自己之能力,不避艰辛,务期造成一自立之少年中国。(二)愿与外人为平等之携手,实行互助,以增进全人类之利益云。次荷属东印度代表叨却阿那君,圣赛尔樊度代表三克君,美国旧金山商会代表伦处君均有演说。中间有中国音乐,中国歌,奏钢琴等娱乐,最后复唱中国国歌。散已十一时。来宾欢欣满意而去。大会主席麦克密君去而复返,特索中国牙筷一双以志纪念云。"

11 月 4 日 整理行装,准备返国。晚,出席大学俱乐部音乐会。《日记》云:"整理行装作归计。下午七时半,赴大学俱乐部之音乐会。有胡、陈、杨、梁四女士奏琴唱歌。梁女士适从波士顿来学钢琴已六年,手法之佳冠其侪辈。穆藕初君干唱昆曲一折,赵晋卿君说笑话一折。尽欢而散"。

11 月 5 日 上午,"赴江仁德牧师处答访。"十二时,"应钟宇君之约饭于东亚菜馆。同座有黄后君、叶桂芳君、江仁德君等。"(毕云程《参与太平洋商务会议日记》)

同日 下午参观博物馆。晚,应何宽等宴请。《日记》云:"下午二时,参观别孝泼博物馆。院中陈列之物以关于檀香山历史及物产者为多。……最可珍贵者为古代檀香山国王之鸟羽毛袍,特辟一室陈列之。除每月第一及第三之星期六可依公众请求,由院中人员特许参观外,此外时间一概不准启视。是日为太平洋商务会议各国代表特别破例。该鸟羽袍只用红黄二色,黄色尤贵重,系采取一种小鸟名屋鸟者身上羽毛编织而成。""五时,应何宽君、何锦棠君、乔梓之约宴于新人和华馆。"

11月6日 太平洋商务会议最后一次大会。上海生丝检查所主任陶迪演说《太平洋商业中之丝产》。赵桂芬代表中国代表团致词。《日记》云:"十一月六日九时开会。上海生丝检查所主任陶迪君演说《太平洋商业中之生丝》。次各国代表依次致闭会词,以英文字母之次序为先后。中国由赵桂芬代表,最后檀香山总督、联太平洋协会会长法灵顿演说,赞美此次商务会议之成绩,并希望各国代表回国后能各尽其力,以增进太平洋各国间之商务云。赵君演说译文如下:今日为太平洋商务会议闭会之日。同人行将回国,敬藉此最后机会一述吾人之感想及将来之希望。此次太平洋商务会议,各国代表之协作精神,实深刻影响于吾人之脑际。此次会议与其他国际会议截然不同。以代表诸君皆太平洋各国商界之领袖。而所讨论者,又为太平洋各国之商务也。其来会也,虽未尝不为各国之利益,其大致皆能出以互让之精神。以故在会议中各能以适当之敬意,真实之同情,解决并战胜一切困难问题。同人中当无一人曾在无论何种会议中,见有诚实之态度,如今日者也。吾人深信此次会议必能在国际商务,及交际史上占一重要之地位也。吾人回国以后,永不忘此次会议所得之善果,及联太平洋协会福特君、朋苟博士,及干事诸君会议前之预备,及会议中之服务。至于各议决案之实施,其责任更重大,更有赖于此数君子之努力。将来究能得几何效果,则视代表诸君之协助。若代表诸君回国以后,自以为责任已尽,殊非所宜。必须各尽其力之所能,协助各议决案之实施,庶可以早收实效。吾人不日行将起程,与此至可纪念之会议场所告别,然吾人之思想当可永永存留于吾友之心胸,留一不可磨灭之纪念。吾人深望在第二次太平洋商务会议召集以前,能将此次会议中之一切重要问题为充分之解决。此则吾人所希望于代表诸君者也。此次会议成绩优美,其所议决各案皆适于各国之需要,而有益于太平洋各国之全体。吾人希望以此为基础,而更加以努力,以增进太平洋各国间之友谊。则将来第二次商务会议时,必能为更切实之贡献,以造福于太平洋各国之商务。非仅吾人希望如是,当亦为全体代表诸君所希望也!"

同日 中午,于联太平洋青年商会招待午餐会上演说。下午,出席法灵顿在寓所举行的茶话会。《日记》云:"十二时,饭于台维氏菜馆,为联太平洋青年商会所招待。穆藕初君演说,谓中国已由老大而变为青年,太平洋各国间商务之发展,有赖于各国青年之共同努力云云。四时,法灵顿君在其寓邸特开茶话会,招待各国代表。"

11月7日 上午,福特来访。参观沃阿河糖厂及游檀岛名胜数处。晚,与赵晋卿应檀香山大学中国同学会的邀请,赴集会演说,勉励华侨青年学成回国,与国内青年为创建少年中国而共同努力。《日记》云："八时半，福特君来访。九时半，由钟君引导往观沃阿诃糖厂，十时十分到厂。路约五十华里。该厂每日须用甘蔗二千四百吨，工人约一千人，日夜分二班。各工作十二小时，工资美金一元四角半。全厂以铁造成……二时半，往游派柳，为檀岛名胜之一。离市后车行山道中，山回路转，别有一天……最后达山颠，天气骤寒，地为古战场，形势险峻，下为深谷。战时土人擒其王投谷而死，有碑记其事，现筑马路，直通山下乡村。遥望则田连阡陌，一望无碧，喜气洋溢。檀岛进步之速，足令人羡慕。四时返，经葡萄牙人居住之村落而登一山，山不甚大，而位置适中。登山眺望，全景在目。七时半，穆藕初君、赵晋卿君应檀香山大学中国学生之约演说于青年会。演说大意略述最近中国之进步情形，并以学成回国与国内青年共同努力，以造成少年中国为勉励云。"

11月8日 代表团起程回国。《日记》云："上午八时，离海滨旅馆。首至中国领事馆，次至共和银行何锦堂君处辞行。九时到码头，美国代表伦处君、爱佛孟君，加拿大代表沃哈拉君，日本总领事山崎馨一君，联太平洋协会总董福董福特君，中华会馆代表钟宇君，何宽君，中华商会代表彭棣桐君，中华基督教会代表江仁德牧师，中国驻檀领事谭毅卿君等，先后到埠送行。有依檀俗将鲜花、生果，或五色纸所组成之彩圈挂在各代表项上，以志欢送者。九时半上船，穆藕初君、赵桂芬君寓十七号卧室，赵晋卿君、郑希陶君、费吴生君寓六十五号卧室，均在B层甲板。毕云程君寓一百二十八号卧室，在A层甲板。船上卧室以A层为佳，而一百二十八号又在船之中央，震动较少，房间较十七号宽大，且多一软榻，为全船最佳卧室之一。该船本预备为穆藕初君卧室。穆君以毕君初次航海，不惯船居，特让此震动较少之卧室与之，而自居十七号，其深情可感也。"

同日 赎路委员会于上海开会，报告先生等捐款及选出驻京代表。"自开办迄今七月有余，由穆藕初拨到二千元，又由聂云台拨到三千元。"公推钱新之为本会驻京代表。（《申报》1922年11月9日）

11月11日 于回国船上参加欧战停战纪念日活动。《日记》云："是日为一九一八年欧洲停战议和之纪念日。……下午七时，船主纳尔逊君为庆祝休战纪念特别宴客大菜间中。旌采缤纷，菜肴美果，既旨且多。全船之人皆兴高采烈。惟其时德国贫民欲求一黑面包而不易得。呜呼，可慨也！"

11月13日 于船上度过"对蹠日"。《日记》云："是日为对蹠日，凡船由东而西与地球平行则船上钟点每日拨快，而于中间增一日。由西而东与地球逆行则船上钟点每日拨慢，而于中间减一日。故昨日为十一而今日为十三，中间已减去一日。"

11月14日 船上举办音乐会，先生清唱昆曲。《日记》云："下午八时半，船上有音乐会,赵桂芬君、郑希陶君合串双簧,穆藕初君乾唱昆曲,以英语说明之,听者颇赞美吾国之文学的描写。穆君寄书昆曲同志有云:'太平洋舟中开音乐会,弟躬与其盛,干唱昆曲……前无古人'云云,事实也。"

11月15日 于船上作"滚球之戏"。《日记》云:"下午一时至二时半,赫格司屈莱君、田中君、穆藕初君、毕云程君四人作。此为船上最适宜之游戏……运动不甚剧烈,而须用腕力、目力以及全身体力均各活动,适与船之震动相调和,实极有益之游戏运动。此次穆君等在船,时一为之,深得其益。"

11月16日 同船日本代表田中接日本贵族院议长、前华盛顿会议日本总代表德川公爵来电,邀中国代表团赴东京一游。《日记》云:"田中君得日本贵族院议长、前华盛顿会议日本总代表德川公爵自东京发来无线电,嘱其邀请中国代表团赴东京一游,彼愿稍尽地主之谊。先是田中君屡次邀请穆君等往游东京,穆君等以婉辞谢之。至是田中君既得德川公电,欣然语毕君曰:德川公来电对于君等极诚挚之欢迎,如君等往东京,则德川公深愿招待君等。毕君敬谢之。田中君复问穆君能往否? 毕君曰:未知。田中君曰:深望穆君能往东京也。"

11月17日 下午一时,船抵日本横滨。先生应孔云生之约赴横滨,赵晋卿赴东京。《日记》云:"穆君等于三时许登岸。横滨中华商会孔云生来船欢迎,并述横滨连日有雪,今日始晴。穆君等登岸后,赵晋卿君因不惯船居,决由横滨乘车往东京一行,应德川公之招待。然后再由东京返横滨乘火车赴神户登船。郑希陶君、费吾生君偕行。穆藕初君、赵桂芬君及毕云程君以事不往东京,殊为抱歉,发函电后,践孔君之约,晚饭于万珍楼。饭后穆君回船,赵桂芬君、毕云程君同往视察横滨商市。"

11月18日 于船上读中国报纸。《日记》云:"穆君等在船看昨在横滨所接到之本国报纸。船于十时开,孔云生君复到船送行。"

11月19日 船抵神户。赵晋卿等回船。(毕云程《参与太平洋商务会议日记》)

11月21日 船至日本南部,有人误以为中国青岛,先生深有感慨。《日记》云:"上午十一时,在船上望见陆地,有人以为中国之山东。旋查阅地图,始知该地为属于日本之南部。穆君谓:日本与吾国如此逼近,吾国若不自振作,其前途甚危险也。下午八时,在十七号聚会。商议到上海后之报告,各人一篇,以不重复为佳。"

11月22日 代表团抵沪,受到热烈欢迎。《日记》云:"上午七时,抵吴淞。因水浅停船,至十一时半后开驶。下午四时始抵上海。到船迎接者有总商会谢蘅窗君,华商纱厂联合会张则民君,工商研究会沈卓吾君,全国工商协会马树周君、计健南君,国货维持会汪兆麟君,纱布交易所理事贾玉田君、孙北护君、胡萦波君、柳芝庭君及各科长等。码头上有国旗多面,日报公会旗、国货三团体旗,随风招展,并燃放爆竹。"

11 月 24 日 赴中华劝工银行楼上出席留美同学会洗尘宴会。(《申报》1922年 11 月 26 日)

11 月 25 日 下午二时,出席上海总商会欢迎太平洋商务会议中国代表团归国,并祝贺先生当选本届商务会议副会长及秩序委员会委员。宋汉章主席,致欢迎辞云:"吾国地滨太平洋,与太平洋商务会议极有关系。自欧战以后,各国均用其全力于商战,以相竞争。此次中国选派各代表均系商业上极有研究之士,其所得效果必能使吾人满意。鄙人敬代本会暨全国商界表示慰劳及欢迎之意,先请在座诸君起立欢迎,再请各代表报告会议经过情形。"次郑希陶"报告此次太平洋商务会议之组织情形及其秩序"。先生演说阐述参与太平洋商业会议意义如下:

> 此次系商业会议,发展商业之要点莫如交换意见,联络感情,此系一种国民外交之嚆矢。其发表意见,议决事项仅种因而已,并不含有强制执行之性质。然稽考欧美历史,一切重要事务,靡不由鼓吹而进于实行,所以言论为事实之母,为彼国名谚也。此次虽为友谊的会议,然其关系于今后太平洋各国之商务固甚重要也。

> 客有希望在此会议中觅得种种之权利,来相勖勉者。但此次商务会议纯系非正式的交换意见,断非巴黎会议及华盛顿会议可比,实际上能否即行达到收回权利之目的不言可见矣。或者曰:"然则派代表赴会之目的何在耶?"应之曰:"发展国外商业虽确系政府一部分之天职,然共和国国民岂可放弃国民应尽之义务,事事受成于政府哉?"以故发展商业,无论国内国外悉系我商人之天职,实利由实力中产出,有几许智识能力资财,然后能推广至若何程度。至于联络感情,力除障隔,流通消息,无失机宜,将来影响于商业者为数必不小。试以细事譬之,人生斯世,除非销声匿迹与世无争,一切不问而后可,否则,设使社会上一旦发生重大事情,必须派人参与,合筹应付矣。不但此也,门户洞辟,强邻觊觎,我不自谋,人且代谋,其挟经济政策以迫胁我者,我人日觉其严重。切肤之痛当自救,推广国外贸易即所以调剂内国金融,蕲化险途为康庄者也。

> 设使对于国际贸易之大会议,如太平洋商务会议之类,漠然置之而无人参与,一任他人之颠倒黑白,信口雌黄,我欲安坐以求保持现在之商业地位,恐不可得,遑论其推广乎。不但此也,外人之投资及贷资于我国者数万万元,而内国通信机关,操之外人,警电频传,不免另有作用。投资者皇皇然,不知中国糜烂至若何程度,国家之信用威望,苟不力为拥护,一任其丧失殆尽,不但侨民直

接受其痛苦,国内商务势必蒙其损害,而国将不国矣。因此种种关系,我商人之遣代表,作自动的国民外交,其又乌可以已乎?

虽然,鄙人学识浅陋,经验微薄,实未能当此重任。其所以幸无陨越,今日得报告于诸君子前者,皆赵、郑、赵、毕四君子力居多也。鄙人尚有一言为诸君子告者,交通愈便,商业愈形发达,则商人之世界眼光愈为重要。鄙意将来类似此项之会议必甚多,愿各业中人随时研究发展各本业之可能性,乘机多派遣有学识之青年出外历练,参与会议,或者组织团体至国外考察商务情形,于我国商务前途,定有绝大贡献。此事于发展我国未来之商务上关系至宏远,深望我商界领袖诸公注意而策进之。

(《申报》1922 年 11 月 26 日;毕云程《参与太平洋商务会议日记》;《文录》上卷,《文集》第 101 页)

同日 上海总商会开第二十四期会董常会,讨论"穆藕初君请拨还赴檀岛会议旅费案。"宋汉章云:"本日接穆藕初来信,此次赴檀香山商业会议计用旅费一千五百元,应请与赵晋卿受同一之待遇,由会拨付等语,即请公决,并将来信宣读一遍。"议决效赵晋卿例,"先由本会函允,致送一千五百元。此款仍由会董捐助拨还。"(《上海总商会议事录》)穆伯华《先德追怀录》云:"先父此次赴会除政府拨下一千多元治装费外,自己用去五千多元。"(手稿)

11 月 26 日 粟社社友十一人于群学会欢迎先生归国。"下午一时起互唱昆曲",先生高唱《西楼记》、《红梨记》各一折。"上灯开筵,酒过三巡"后,王慕喆致词云:"穆君此次以上海商界之推举,及本国政府之特任,充世界商务会议代表,造主商场,厥功非浅。而同人所尤为钦佩者于樽俎折冲,公务倥偬之际,能以本国音乐全部分之昆曲,传布世界。同人具有斯癖,故不胜欢迎。"先生介绍"在太平洋舟次同乐会开会中大唱昆曲情形,历历如绘。"(《申报》1922 年 11 月 28 日)

11 月 27 日 中午十二时,出席中华国货维持会、工商研究会、全国工商协会欢迎赴会代表公宴,到者四十余人。马树周主席,"报告此次代表前往解释,多少误会打消人之破坏。暨使外人明白我国真相等等,洵属不虚此行。"次先生"作简单之答词"。继赵晋卿以"在总商会所演说,似无须重提。旋补述未经道过之感触各情,形闻者动容。"末沈九成提议组织国货大商场。(《申报》1922 年 11 月 28 日)毕云程《参与太平洋商务会议日记》云:"宴后纵谈推广国货方法,先是代表团动身以前工商研究会曾有一节,略内述泰丰罐头公司在檀销路请为设法,代表团到檀后曾经调查,始知销路不畅由于经理处未得其人。是日,泰丰经理卓君亦在座,遂将详细情形告知卓君,并通函为介绍一华侨巨商为之推销。"(原书)

11 月 29 日 赴上海总商会出席欢迎农商部特派部员张明纶宴会。到者有赵晋卿、毕云程、郑希陶、赵桂芬及丝绸业代表丁汝霖、沈田莘等四人。张明纶此次来沪为美国纽约第二次丝绸博览会赛会经费事。(《申报》1922 年 11 月 28 日)

同日 下午八时,上海青年开会请先生演说,由毕云程代表先生赴会并演讲太平洋商务会议情况及旅途见闻。演说"首述世界经济及中国商务重心渐有移向于太平洋方面之趋势。次述赴会情形。又次述中国今后之地位、前途至有希望。最后述在日经过,所见日本人之优点清洁、勤勉、节俭、爱用国货、注重森林等五项。又檀岛所见美国人之建设能力,君足为吾国民所取法。"(毕云程《参与太平洋商务会议日记》)

11 月 30 日 下午五时,上海商科大学于校大会堂欢迎先生、赵晋卿。先生因事未到。先由校长郭秉文致辞云:"此次檀岛会议,穆、赵两代表为国远行,成绩甚佳。对于中国将来商业前途之发展尤得极大之希望。而穆、赵两君一为本校校董,一为委员。今日本校之欢迎既以慰劳代表之跋涉,并愿报告所得者为同学研究之资料也。"次赵晋卿登台演说。(同上)

12 月 3 日 中午十二时,出席华商纱厂联合会公宴。(同上)

12 月 4 日 12 月初,全国商会联合会于汉口召开第四次大会预备会,先生被选为副会长。本日,先生致汉口全国商会联合会电谢辞云:"汉口总商会转商联会鉴:顷返申,读江日报,悉玥被举为副会长。承爱甚感,惟玥事冗体弱,不克追随,谨电辞,希鉴谅。"(《申报》1922 年 12 月 5 日)

12 月 5 日 汉口全国商会联合会复先生电,云:"支电敬悉,我公被选,众望允孚,万乞俯就,以□会务。"(《申报》1922 年 12 月 9 日)

12 月 6 日 再致汉口全国商会联合会电,谢辞副会长职,云:"顷由总商会转来微电,敬悉。下情已详微函,乞俯鉴愚忱,准予辞职。"(同上)

12 月 7 日 《申报》刊登《浦江中将建铁桥》一文,报道穆氏兄弟发起于沪南之黄浦江江面建造铁桥消息。云:"上海商务日渐发达,影响所及,附近各乡工商各业,随之兴盛,尤以浦东为最。沪商穆杼斋、穆藕初经营浦东,不遗余力,数年来增设工厂学校甚多。自通行长途汽车后,营业益见发达。鉴于中隔黄浦,终欠便利,现发起于沪南江面建一铁桥,筹集价款八十万元。闻已在进行,期于明年开工云。"拟建中的浦江大铁桥位于南市董家渡外江面,设计"桥长一里,环以十洞,中间用新式转轮,定时而专司启闭,安步当车,瞬息可达。"[①](同日《申报》)

12 月 8 日 与上海总商会赴汉代表叶惠钧"畅谈一时之久"。先生"以经手事

---

① 此事并未成功。另据 12 月 20 日《申报》所刊《创办浦东新村浦江转桥浦大股份有限公司缘起并招股简章》,所署发起人、赞成人名单中无穆藕初名字。

情过于繁多,且役脑过度,时患头昏等症,现正从事静养,藉资精神之回复。"叶惠钧"已深知其情,允专函商联会,声明穆君不能担任之理由。"(同上)

12月9日 下午二时,于暨南学校商科演说太平洋商务会议感想。下午四时,又赴东南大学商科演说。摘录如下:

第一,发展商务之前提。我国虽以农立国,然输出农产品及输入工艺品皆有赖于商,故欲发展国民经济,不得不谋发展商务。发展商务之前提为知己知彼,必须熟悉本国之物产何者有余,何者不足;亦必须熟悉与吾通商各国之物产何者有余,何者不足,然后可以举吾所余供彼所需,以彼所余供吾所需,如此则商务行为成矣。因发展商务为双方行为,而非一方所能为力,故不仅以知其物产为己足,尤须于两方买卖物产之人互有所知,俾得互相友善,互相信用,而商务始有真正发展之望。此次太平洋商务会议即为达此目的而召集者也。

第二,吾国商务之前途。吾国物产之丰富甲于全球,而人口之众多亦为世界最。故一方面可以有余之物产供各国之需要,而另一方面又有极大之购买力以购买各国所余之物产。惟吾国通商以来,因不谙外情之故,向来沿用间接贸易方法,无论进口出口皆由在华外人居间,以致吾国商人与各国商人间非常隔膜。同人深知此种情形,故到檀香山后即努力宣传吾国之真实情形,务使尽人了解,其结果颇能引起各国人士之注意与好感,其对于吾国最近工商业之进步,咸深赞美,并各愿竭力设法增进彼国与吾国之商务。故此次会议,实为吾国商务前途播一良好之种子。

第三,发展吾国商务之最大阻力。发展吾国商务之最大阻力不在国外,而在国内。其一为交通不便,内地各省有余之物产及其所需要之货物,因运输困难而需非常巨大之运费,以致进出口贸易不能充分发展。故欲充分发展吾国之商务,实以建设良好道路、浚治各种河道为第一要务。其二则不得不以内政之纷乱为发展商务最大阻力之一。最近本埠《字林西报》论中国商业,谓商业不振由于政治不良,且谓中国商人现正遭非常之困难,惟赖其异常天才,始克应付,然亦不能战胜政治不良所发生之阻力云云。此实情也,今后吾国商人欲谋商务之发展,决不能再如以前之漠视政治,当进而尽其应尽之责任。

第四,发展吾国商务之希望。吾国既拥有丰富之物产及巨大之购买力,又于此次会议中得各国人士之同情与好感,则发展商务之基本条件业已具备。此次会议,到会代表有十四国共一百十二人,其中美国代表最多,皆为商业界之领袖人物,其对于中国商务之发展皆有极大之热望。惟一憾事为现今吾国商人尚未能对于各国直接贸易,是以造就商业人才在今日之中国非常切要,人才愈多,则商业必愈发展。诸君皆研究商学而为今后发展吾国商务之重要分子，其希望颇巨大也。

第五，发展吾国商务之人才。余既以发展今后吾国之商务期望诸君，则不能不有所贡献于诸君以为互相切磋之资。第一，须刻苦。学校生活为人生最愉快之生活，商界则不能如是。故欲在商界中有所建树，非在学校中养成刻苦自励之精神不可。欲得真成功，须用苦工夫，此义诸君须切记之。第二，须精细。能刻苦矣，又须养成精细之习惯。商业内容，非常繁复，非有精细之观察及思考不足以占优胜也。第三，须敏捷。能刻苦而精细矣，尤须有敏捷之手腕。商业机会稍纵即逝，凡遇一事，经过精细之观察或思考后，或是或否，必须迅速决定，否则商市一日千变，不能获最良好之结果也。

（毕云程《参与太平洋商务会议》；《文录》上卷，《文集》第 102 页）

12 月 10 日　下午四时，出席东南大学校董会。郭秉文报告校务，指出"本年度本校经费新预算尚未实行，旧预算财厅又欠发甚巨，困难情形实为历年所未有。所幸本校同人，悉能曲谅此中实情，而校外如银行等亦各力为设法帮忙，用能勉强维持。长此以往，苟无确切之巩固经费办法，深恐难以继。""又图书馆以便利有志之士研求商业专门学术起见，拟搜集商业图书，成为国内公开的唯一商业图书馆。预算扩充经费至少需二万元，爰定募捐之法，商之委员会诸君，均蒙赞成，现正积极进行，想能达到目的。"（《申报》1922 年 12 月 11 日）

12 月 11 日　中国卫生会选举董事揭晓，先生与聂云台、李登辉、俞凤宾、高翰卿、郭秉文、牛惠生等五十人当选。（《申报》1922 年 12 月 13 日）

12 月 16 日　《申报》刊登江苏义务教育期成会分队募捐金额，共收银六千九百二十三元七角六分，又银二百两整。其中先生捐款银二百两。（同日《申报》）

12 月 17 日、18 日　于《申报》与上海《密勒氏评论报》同时发表《花贵纱贱之原因》一文，指出"棉花为纱厂唯一之原料。近数年来，因纱价之高昂，花价亦随之而增涨，宜也。惟自本年情形观之则异是，纱价频跌，而花价频涨，业纱厂者无不受亏。而普通社会犹视纱厂为利薮，不知所以保全之，一旦纱厂业不能支持，则全国金融无论直接间接咸将蒙其害。此花贵纱贱之原因，所以不得不研究而谋所以补救之也。"先生分析华棉价高原因：①"去年通花歉收存底本少，又本年新厂陆续开工，增添需要甚巨，……供求究不相抵"。②"政局不靖，……运棉出售既多困难……各口岸之棉花来源，遂形减少"。③"到市棉花途遇军队，虽已完厘税，仍须任意加征……苛税重重，成本日昂"。④"日本……向吾国方面收买巨数华棉，捆载以去，以供急需"。五、"日本在华新设纱厂甚多……华棉虽昂，尚较美棉低廉，……大购华棉"。指出纱贱原因：①"英之棉织业皆纺细纱……日本则纺粗纱，出数多而销路滞，不得不以中国为尾闾。……日本气象不佳，则中国纱市亦难起色"。②"内乱频仍,内地纱号已不敢放账,益以土匪时发,无形损失极巨,虽存底已空,亦不敢放手进货。各口岸存纱,以军队忙于运输,交通为之阻塞。以此种种因由,棉纱遂不易畅销内地"。③"即使内地稍有销路,日本纱既蜂拥而至,在华日厂又尽力开出现货或期货,买者为数少而售者为数多"。先生强调"在商言商之旧习,已不复适用于今日",呼吁"急起联合商界重要分子,用各种方法逼迫政府改良内政"。云:

> 花贵纱贱之原因,已可概见。忆民国五年,袁氏称帝时,三、四、五月间,十六支纱仅售银八十四两,而购花成本须八十六两,工缴完全无着,纱厂受亏匪浅,今其时又再见矣。吾国纱业之不振,由于外力之压迫者半,由于内政之纷乱者亦半。然吾国民当知外力压迫可求助于政府,内政纷乱决不能求助于外人。若内政常此纷乱,则不但纱业受其害,凡百商业无一不受其痛苦,是以在商言商之旧习,已不复适用于今日。吾商民对于政治必须进而尽其应尽之责任,急起联合商界重要分子,用各种方法逼迫政府改良内政,则商业庶有恢复之望。否则商业愈衰,生计愈艰,非至全国沦亡不止,纱业不振,犹其小焉者也。

(同日《申报》;同日上海《密勒氏评论报》英文版;《文录》上卷,《文集》第88页)

12月20日 中午十二时,出席总商会邀集各团体代表谈话会,讨论组织委员会进行裁兵、制宪、理财事。① 到者宋汉章、方椒伯、闻兰亭、聂云台、余日章、冯少山等二十余人。会议决三项:①"以总商会为主体,各公团协力进行。即以裁兵、制宪、理财三项为进行范围"。②"敦请严谔声为专任书记"。③"推举余日章、方椒伯、谢永森、黄任之、曹慕管为常务员。"(《申报》1922年12月21日)

12月21日 中午,与聂云台、朱葆三、吴麟书等代表华商纱厂联合会设宴为实业代表张孝若赴欧考察饯行。张孝若等"席中畅谈出洋考查之范围及方针",并详询先生"檀香山商务会议之经过"。(《申报》1922年12月23日)

12月25日 出席总商会裁兵、理财、制宪委员会常务会议。通过招待报界函云:"敝会以裁兵、制宪、整理财政三大端,为目前救国之要图,应有促进之表示。当经常会议决,联合各公团,组织委员会,商请进行方法,并曾揭举要义,告陈当局,推派代表,分赴各处,冀全国有一致之表示,共促政府与军事当局之觉悟。惟是宣扬民意,首赖报纸。素仰台端主持舆论,社会推重,倘能将以上三大端发为说论,加以提倡,收效之巨自无待言。兹订于本月二十七日(星期三)下午二时,在敝会谨备茶点,恭候大驾。届时务祈拨冗惠临,发抒高见,共策进行。"(《申报》1922年12月26

---

① 本年11月23日,全国商联会第四次大会,讨论裁兵问题,决定成立"裁兵委员会",劝政府及各省督军实行裁兵,"速成宪法"。12月9日,上海总商会董常会决定组织一委员会。会后,即成立包括先生在内20人的上海裁兵、制宪、理财委员会。

日)

12 月 30 日 赴新舞台,观看南洋大学为义务学校筹款建造校舍游艺会。会场不募捐,赠送《游艺特刊》,"有上海女子工业社新出品之'指南'牌牙粉与'指南'牌雪花膏特在场内发售,所有盈余,悉充义务学校经费。"先生、穆杼斋、荣宗敬等已预先包定花楼。(同日《申报》)

12 月 自刊本《参与太平洋商务会议日记》出版。该书由毕云程编,先生校阅。书前附图片十四幅。原书系日记体裁,1922 年 5 月 28 日上海总商会推派先生出席太平洋商务会议代表之日起,至 12 月 9 日在暨南大学演说止。(原书)

本年 厚生纱厂经营困难,股东间矛盾重重,先生受到掣肘,渐生退意。《自述》云:"当壬戌间,纱业逐渐衰落,余自辛酉冬大病后尚未复原,而余之办理厂务,但总其成而务其荦荦大者。盖三四千人之纱厂,凡营业、经济、制造种种事情之纲要,悉系于一身,而事无巨细必待一一躬自整理,又何用彼百执事为?且余当时不但经理此甲、乙、丙三厂之纺织事业而已。一事业动与社会上其他事业发生繁复之关系,而余之时间与精神因一事业与他事业繁复关系上,逐日消耗者亦不在少数。心力之分用,为立脚事业而起繁复之应付;事业之隆替,随全球大势而起浩大之变化。此中甘苦,余甚了了,然不能必投资者之相与了了于其心。事业上无形之暗礁由此伏,纺织界不幸之命运由此来矣。当纱厂之方盛也,年有盈余,股东对余之恭而且敬,实不能以言语形容;及至纱市衰落,余所身受不堪之景况,虽罄南山之竹,不足以描写其万一。余向不惯于谄媚,兢兢自矢,不取非义之财以自肥,安肯奴颜婢膝为口腹计、为营私舞弊自利计而谄事他人?以故无意中开罪于股东亦在所不免。时股东派入乙厂任事,而外间纷传所谓股东耳目者,颇有人施行其小慧私智,损害厂务。党派纷立,互相挤轧,危言微辞,耸动股东,冀邀宠而超迁,故是年之董事会中,时多争执。而余求去之心因之而起,遂于是年冬,约小股东邵君(*即吴善庆之子——编者注*)(时其父已故)来厂实习,待熟练后,俾余得卸仔肩。邵君年仅弱冠,而头脑清晰,机警过人,办事有条理,深鉴余之苦衷,允于来春到厂。"(《文集》第 34 页)穆伯华《先德追怀录》云:"民国九年庚申一九二零年,我父已喜拍昆曲。每日中饭后,在厚生批发所楼楼上引嗓高歌,声闻户外。吾国商业场中,向无中午休息之例,更无账房间充作娱乐之地。我父与几位热心昆曲之老年友人,忧心昆曲将失传,无后继之青年人。于是我父学习台步,粉墨登场,替昆曲传习所筹措经费。于是厚生批发所增多许多进出之人,此乃民国十一年壬戌一九二二年间事也。是年厚生股东风闻厂中已略有亏损,某日,该厂董事长薛宝润突然中午莅临批发所,其时批发所账房楼上,曲声响亮,笛声幽扬也。我父得悉下楼接见,略谈数语,薛某即离去。是年结账,亏损十五万元,我父照例每年年终送红账于董事长。薛某对我父说'某厂某厂等今年都有盈余'云。再者允许纱厂派人到厚生学习生产操作及管理方法等事,厚生股东亦不称意,他们脑海中只有'工厂重地,闲人莫入'之观念。没有此种无私观点也。又许多至厚生批发所求见我父者,为厂务者极少,皆是为个人之私求及为社会上公众之事,于《五十自述》之文稿中可见一斑。凡此种种,股东心中久已不满。"(手稿)

本年 投机失败,穆公正花行倒闭。穆伯华《先德追怀录》云:"一九二零年民国九年庚申,我父四十五岁。豫丰开工仅数个月之后,皖直战争起,郑州竟成为军事上争夺之冲要地点。当年及第二年铁路中断之日多,棉花来路断绝,厂中停工之日多,生产蒙受亏损。紧接奉直两次战争又起,郑州是南北东西铁路之十字路口,军家必争之要点。战斗发生在厂外十余华里地,对方士兵以厂里两支高耸大烟囱为发炮定向目标,幸未击中。然而上海、汉口、天津放款于豫丰之钱庄、银行焦急万分,成群而来逼索债款,金融顿时大起混乱。德大、厚生在上海不遭战火厄运,但是三个厂是一根藤上的三个大瓜,受到各行庄心理之影响。城门失火,殃及池鱼。我父正值四面楚歌,难于周旋之时刻,不料驻豫丰纱厂之协理吴文卿在连日信中,甚至一日发两封号信及急电,若不立刻筹措一百万元无法维持(此乃毕云程告我者,他是豫丰驻沪办事处主任)。于是我父立即赴郑州,而竟把自己委托纱布交易所经纪人之一杨习贤代做卖空棉花数千担一事,完全置于脑后。后来有一友人函中向我父提及之,并凭其个人推测,棉价续有上升之趋势。我父急电杨某了结之(此乃我友陈某告我者,并说杨某早已补进,而与尔我对做矣),计亏损银六万两,命穆公正花行账房张萼甫付清此项亏银于杨某。穆公正花行资金枯竭,无法经营。其后,厂基租于他人,设扎花厂,此乃一九二二年民国十一年壬戌,我父四十七岁事也。张萼甫者,先祖母之内亲,时年已近七十,早有意希望得一笔酬金而告老,至此成泡影,废然而回浦东。"(手稿)

本年 饲养金鱼。穆伯华《先德追怀录》云:"壬戌年我父四十七岁,又喜养金鱼,在外园空地上筑水泥磨光石子的金鱼池三大只,中间分隔九只小池。池壁高及人膝,壁厚达十五公分。池旁置放天津买来的特等瓦质金鱼缸五十余只,直径约八十公分。每只鱼缸座以木架,便于观赏。夏日池及缸之上面全部搭芦帘,避烈日之照,使鱼不受暑发生闷缸病也。每缸盛名种大金鱼四至六尾,最盛时拥有名贵品种十七八,雇二人专饲养之。不分寒暑,每日清晨必往近郊处撩红虫,俗名水蛆,用长竹杆一端装一铁圈,直径约三十公分。圈边装长约二米的粗布袋,就小湖面有红虫处布袋于水面上撩来撩去,虫入袋底不得出水面。每晨于布袋底里可获一大袋干虫,其大小与一个足球相似。估计其生命之数,当以亿计算之。掬之归来,用清水漂清,分投鱼池及鱼缸中,日日如此历十五六年的长时期。一九八零年,我的老朋友信仰佛教者闻之，以为日杀亿兆生灵非所宜也。当年我摄有养鱼场照片一张，至今尚在，留为纪念。后来我父迁居台拉斯脱，花园小，遂以全部金鱼及鱼缸捐献于南京中山陵园，我还奉父命送至南市十六铺轮船埠头托运。自己不留一缸，不蓄一鱼，又是一件一场空事也。"（手稿）黄炎培《追忆穆藕初先生》云：先生"公余，亦尝蓄金鱼，则搜集关于金鱼书籍，穷其种类，究其蓄养之方，游其庭园，鱼缸以百数，莫不叹为观止"（重庆《新华日报》1943 年 10 月 6 日）

本年 加入扶轮社。① 《自述》云："壬戌年，余入西人所设扶轮社，每会员例有一雅号，会员中有知上述一段佳话者（指先生在美留学时，人们称其"穆老爷"），亦以'穆老爷'之雅号通过之"。（《文集》第 12 页）

---

① 扶轮社（Rotary Club）由美国律师哈里斯发起的国际性社团，创于 1905 年，1922 年改称"扶轮国际"。总部设于美国，提倡"服务的理想"，"促进国际了解、善意与和平"为宗旨。1919 年，美国西雅图前扶轮社社长罗杰到上海，经过磋商，上海扶轮社成立于当年 7 月正式成立。"扶轮"二字取自成语"大雅扶轮"之意，即"品行经验俱佳之人共同努力创行公益之事业"，社员为"职业界领袖人士之组合"，要具备以下五项资格："一、其所执之业个方面均足使本社博得声誉者；二、其商号在同业中足为领袖者；三、本人在该号中确有领导权能者；四、其名誉及品行毫不受人指摘者；五、备受社会欢迎者。"还规定除个别特殊情况外，"每类职业中只有一人入选"。上海扶轮社早期中国籍社员有王正廷、邝富灼、牛惠生、顾维钧、穆湘玥、郭秉文、许建屏、韩玉麟等，其主要公益事业活动集中在儿童资助、难民救护、医疗救助三方面。（刘本森《近代上海商业精英与扶轮社》，《苏州科技学院学报》第 29 卷第 5 期，2012 年 9 月）

1923 年(民国十二年,癸亥)　四十八岁

1 月　上海华商各纱厂因花贵纱贱相继停工,至 3 月停机一半。日商乘机扩建在华纱厂。

2 月　京汉铁路大罢工。上海各业职工成立全国工团工人自救会,通电全国请为罢工职工募集救济金。

3 月　日本政府拒绝北京政府取消"二十一条"及收回旅大的照会。全国各地举行反日集会游行。

6 月　曹锟在北京发动政变,驱逐黎元洪。

7 月　上海总商会成立民治委员会。

8 月　《江浙和平公约》签订。

10 月　曹锟贿选当总统。各地声讨曹锟及贿选议员。

1 月 1 日　上午十时,主持华商纱布交易所新屋落成典礼。经纪人公会会长吴恂卿、上海总商会代表方椒伯等致颂词。"该所建筑六层洋房极为壮丽,市场规模尤为闳整,是日来宾达五千余人。"(《申报》1923 年 1 月 3 日)先生演说,指出交易所有平准物价,顾全信用、增加效率之功能,并强调交易所"以保守信用为原则"。摘录如下:

> 欲知交易所与推广棉业之关系,不得不略叙事实以为之证。民国九年一月,棉纱价格最高之时,纱厂纱号售出期纱甚多。其后纱价步跌,每包价格最大与最小相差至八十余两之巨,于是买主方面不得履行契约者甚多,卖主方面咸受非常巨大之意外损失。上年四月,棉花价格最低之时,纱厂购进期花甚多,然其后花价步涨,每担价格最大与最小相差在十四两以上,于是卖主方面又多有不能履行契约者,以至买主方面又受同样之巨大损失。如此买卖,无相当之保障,实于棉业之发展,大有妨碍。交易所不但有平准物价之功用,且又为买卖两方之保证,既可顾全商业上之信用,且又能增进贸易上之效率,此上海华商纱布交易所即以保障信用、增加效率为目的而设立者也。

> 交易所之事业以保守信用为原则,一年半以来,所以不随狂潮怒涛而俱逝者,同人不敢自以为功,经纪人全体与主顾方面之能守此原则而和洽从事,实

为事业发达之最大原因。经纪人与主顾有如一家人,互相和洽,保守信用,则双方各有利益,而社会对于交易所之信用,实为一切成功之基础也。

回忆上年七月一日开幕演说,以交易所喻水火,水火于人有大利,一日不可或缺,然万一不善用之,则水可溺,火可焚,其害固甚巨大也。交易所亦于人有大利,在商业上亦在所必需,然万一不善用之,则可以破坏信用,扰乱市面,为害亦非浅鲜。总之事在人为,万事得人者昌,世固无有百利而无一害之事物,贵在人之审于得失之几,慎于取舍,则弊去而利见矣。吾国棉业尚在幼稚时代,其盛其衰不仅关系一业,而实与全国经济命脉同其休戚。交易所为推广棉业之重要事业,愿吾国民,注意其事,严加监督,倘蒙加以责善,尤所欢迎。至于同人与全体经纪人及主顾三方面,自今以往,尤必慎益加慎,遵守交易所之原则,勉力进行,务达保障商业、增进效率之目的,以贯彻推广棉业、巩固金融之宗旨。将来进行成熟,尚须设法联络欧美日本之交易所,以发达全世界之经济事业,此为同人之所希望。荷爱惠临,无任荣幸,敬述一言,藉伸谢意。

(《申报》1923 年 1 月 3 日;《文录》上卷,《文集》第 94 页)

同日 中午,出席江苏省教育会元旦叙餐会。到者有郭秉文、沈信卿、穆抒斋等八十余人。袁观澜云:"民国过去之十一年固无可庆祝,但斯后之希望无穷。今日为民国十二年之元旦,允宜与诸君共相庆祝,希望国人群策群力,造成光华灿烂之民国。"次唐庆贻演说《两大会议中之回顾》。次表演,有三廉学社幻术,先生与俞振飞、殳九组之昆曲。(《申报》1923 年 1 月 3 日)

同日 下午一时三刻,出席城东女校二十周年纪念会。校长杨白民报告"本校十二年小史",先生演说《定力与责任》。(《申报》1923 年 1 月 3 日)

同日 于日本《朝日新闻》发表《支那経済の将来》(中国经济的将来——编者注)一文,附识介绍先生简况,称先生是中国最有前途的实业家之一。云:"穆氏は上海総商会の有力者にして支那実業界の重鎮、家業は紡織であって各地に大工場を経営している。新進有為の実業家であるので人材養成に力を尽し、氏の後援によって米国に留学しつつある俊才は其数決して少しとせないのである。支那に於ける最も未来ある実業家の一人である。"文章认为民国成立后,随着国民国民经济与国民政治的逐步完善,中国的经济事业建设必将蓬勃发展。指出中日两国同这种同文,地缘接近,针对日本高唱"真实亲善"外交,忠告日本不能仅限于口头,而应建立在公正诚实的基础之上。全文如下:

支那と日本とは同種同文の国である。その関係の密接なることは兄弟の如く、姉妹のようだ。随って両国の人達は群り起ちて互に研究切磋して偽り無き親善の実現を企図せねばならぬ。私も固より此問題を熱心に研究しつつある者の一人である。近く朝日新聞上海特派員の新年号に寄稿を望まるる機会に、其の数年来の研究で得たところのものを極めて誠懇の態度を以て我が日本の良友の前に述べることとしたい、両国人士の意見交換に多少の参考ともなれば幸いである。

サテ私は茲に支那経済の将来に就いて述べようとするのだが、支那経済の将来を知るためには先ずその過去を知る必要がある。又過去を知るためにはどうしても先ず最近四十年の支那を知る必要がある。蓋しこは実に過渡時代の支那であるからだ。支那と各国との通商往来は当然此の四十年のみには止まらないのである。併し二千年来閉関自守の生活に慣されたので其期間に於ける対外通商と云うものは殆んど我中国に大なる影響を見せずにいた。而して十九世紀の末となるに至って守旧的弱点は完全に暴露して了ったので、全国の優秀なる分子は大に覚るところあり、且つ又清政府の腐敗に鑑みて群り起って、政治革命運動に従事し、無量数の熱血を犠牲とせる結果初めて共和を造り得たのであった。けれど只其全力を傾けて破壊にのみ尽したので近代経済の新事業を発展させる余地が無かったのは無理でもない。民国成立後は一般国民が自ら国民経済と共和政治完成との関係に察到し、曾て熱血を以て共和を彩ることに惜まなかったものを一転して経済事業の建設に向けるようになったので其の勢い蓬蓬勃勃、大に有望視せらるるに至ったのだ。故に支那の経済事業は実を言うと僅に十年の短歴史があるに過ぎない。

或は政治上の不安よりして、支那の将来に悲観するものもあるが、之は大なる誤りである。抑も共和政治の完成は必ず経済事業の発展に竢たねばならぬものである。換言すれば市民階級の養成に竢たねばならぬのである。十九世紀の末頃は支那人民はまだ農業に従事する者が最大多数を占めていた。その共和政治運用に不向であったことは言う迄もない。然るに最近数年来と云うものは国民が政治に対して漸く監視的態度を以て之を観るようになって来た。之に依っても経済発展と、共和政治の完成とは密接なる関係あることを知ることが出来る。如何にも国民の経済事業が発展すればする程政治との利害交渉は密接を加えざるを得ないのである。さればこそ政治に対して自ら厳重なる監視的態度を取らざるを得なくなって来るのである。これは我中国物産の豊富、購買力の偉大及び近年輿論の発展とを以て観ても国民の政治能力は必ず経済事業の進歩に随って同時に並び進むものであることが窺われよう。我等が共和政治を完成するは決して不可能の事ではない。若し一旦政治上に軌道が出来れば、国民の経済事業は更に一層迅速、巨大の発展を遂ぐること必定である。吾国人は現に最善の努力を為しつつあるので、自ら支那の前途に対して極めて楽観して居るのである。

支那の処る地位は日本と頗る接近されている。されば支那の経済的発展は能く日本を益するに足りるのである。最近日支間の関係は己に"真実親善"に向うの趨勢に在るがまだ以前の誤解が本当に除き去られたものではない。随って今後日支間の"真実親善"が能く実現され得るものかどうかは只両国国民の努力に竢つ許りである。何とかして両国国民間の真実なる友誼を増して後に両国間の"真実親善"が実現されるわけなのであるから共に大に目覚めるところがありたいものだ。日本の人々は無論御存じの事と思うが若し"真実親善"が出来た場合には日本が得べき経済上の利益は遠く遠く政治上のそれにまさるのである。日本は原料に欠けている。支那ではそれを供給してやり得るのだ。而も支那で欲しい物品は日本のものを頂戴したいのである。茲に断っておきたいのは"真実親善"は決して口頭のみの親善では持ち来たし得ないと云うことだ。此種の親交は必ず公正誠実の友誼を基礎とし、公正誠実の行為を代償とせねば駄目だと云うことである。私が特に吾が日本の良友に希望する所は実に此点であるのである。

之を要するに支那経済の発展は最近数年間に己にその端倪を示した。将来の希望に至っては量るべからざるものがある。凡ゆる政治上の香しからざる現象も遠からずして漸次改良されて行くであろう。而して其時に及んでは支那の経済は愈々空前なる発展振を見せることだろう。日支両国は前に言えるように同種であり、同文である。且つ又其地位も最も相接近している。両国国民の親善が果して公正誠実の友誼によって基礎づけられ得るのであれば両国の国民経済が之に益せらるるところの尠少でないことを信ずる。私は我が日本の良友に此の語を告ぐることを心から愉快とする者である。

（同日日本《朝日新闻》）

1 月 6 日 下午七时，主持华商纱布交易所新屋落成宴会。中外宾客到者三百余人。饮至半酣，先生起立报告本所经过情形并致欢迎词，次《密勒士报》主笔帕尔演说，"首称纱布交易所组织完善，极表钦佩。次述中国棉业于世界之地位及现在棉种改良之希望，并此次太平洋会议关于中国商业前途之关系。并谓欲求政治改良，始自商人之奋勉。末由主席致谢。先生演说阐述交易所性质、责

任、功效如下:

交易所之性质,为代客买卖,此语谅诸君已熟闻之,然代客买卖之精义,则为从事交易所者所必须十分注意而保守勿失者。何为精义,即于代客买卖之外,交易所之自身不做丝毫买卖是也。代客买卖,买主、卖主皆有保证金,倘遇市价高下较巨,则有追证金或特别追证金。如此,则无论市价涨跌如何,在交易所自身毫无丝毫风险,此交易所之特色,其营业非常稳妥。若以不明交易所性质之人为之,不免见猎心喜,则交易所之危机四伏矣。

交易所之责任,与银行相同,在保管存款及谨慎放款。交易所之巨大资本,非如他种商业公司之藉以为营运之资,乃所以保证买卖两方之信用,除为营业用之设备费外,其余概不动用。益以保证金之收入,为数甚巨,其保管责任,自属非常重大,除存放殷实银行、钱庄外,不得移作别用,以防流弊,此为交易所之责任。若在不明交易所责任之人,任意放款或兼营代客买卖以外之事,则交易所又不免处于危险中矣。

交易所之功效,则为保障信用,增进效率,其交易非常公正,无论何人,或买或卖,皆极可靠。以其交易成立之始,即存有保证金,一遇市价低昂,则又有追证金及特别追证金。万一有一方不能履行契约,则根据营业细则,履行违约处分。至经纪人自身,则有保证金为身份上之保障,故交易所之保障信用,除当事人不守章程外真可谓万无一失。凡因对人买卖而受损失者,咸乐交易所之稳固可靠,此交易所之所以发达也。

(《申报》1923年1月7日、8日);《交易所之性质责任及其功效》《文录》上卷,《文集》第93页)

同日 上海《密勒氏评论报》公布"中国当今十二位大人物"问卷调查结果,先生得一二三票,名列第二十九位。1922年10月,《密勒氏评论报》举办"中国当今十二位大人物"问卷调查,参与者达一千九百余人,引起社会广泛关注。前十二名里,孙中山得票一千三百十五票,名列第一;胡适六百十三票,名列十二位。次十二名一组里,颜惠庆第一,五百十三票;康有为末位,一百五十五票,内有上海工商界人士聂云台二百五十二票和黄炎培一百七十八票。被选人得票中,穆氏仅次于汪精卫一百五十一票、陈独秀一百四十八票、张伯苓一百三十六票和张作霖一百三十一票,远远高出一些显赫的政界、军界人物如徐世昌二十五票、韩国钧十一票、曹锟五十五票、卢永祥四十七票、齐燮元五票、蒋介石四票),同为工商界人士的陈嘉庚六十七票、宋汉章五十八票、陈光甫三十三票、钱新之八票、朱葆三五票、王一亭四票等也相差甚大。(同日《密勒氏评论报》)《申报》、《时报》、《民国日报》、《新民国杂志》等中国报刊对此均有报道和评论。

1月10日　《申报》刊登中华职业教育社征求社员揭晓消息，涉及先生兄弟捐款数。自去年七月一日开始截至年底，共征得新社员六百人。特别捐款有穆杼斋一千四百五十元、"穆藕初君介绍厚记、丰记等共一千七百元"，"照章在该社所辑之《教育与职业》杂志披露。至征求比较，以张继高、穆杼斋、穆藕初、童季通诸君为得分最多。""该社此次征求总数仍为二万九千一百零一分之巨。此外未结束者尚有数起，观各界赞助之殷，益见职业教育之重要矣。"(同日《申报》)

1月28日　出席华商纱厂联合会特别会议，筹商棉业借款事。到者有荣宗敬、吴寄尘、崔景三、刘柏森。主席聂云台。决定组织棉业借款筹备会，并由赞成诸人签名发起。公推聂云台、先生二人为筹备员。(《植棉委员会议事录》，华商纱厂联合会档案)

1月30日　出席前美国驻华公使芮恩施博士追悼会。到者有英葡等国领事及中国政府代表等。芮恩施博士早年为威士康辛大学教授，著述甚多，一九一三年被政府任命出使中国。(《申报》1923 年 1 月 31 日)

1月　华商纱布交易所出版第三届报告书。1922 年 7 月至 12 月"营业概况"云："本届营业期间以七月一日起至十二月终止。七月初纱布极形疲软，交易极稀，中旬后客帮始有购办，纱价因之见涨，然标准价常在一百三十九两及四十一两之间。八月初更形活动，然至后半月客帮既无动办，而各处风水并灾，政局不宁，花价飞涨纱价暴跌，纱市遂陷于困境，标准纱由一百四十两跌至一百三十四两，因此本所两月成交无多，计七月份十万七千九百五十包，八月份二十八万二千九百五十包，九月份疲落依然，旋竟大跌，日本三品纱亦跌至二百元以内。棉市又见步跌，市况之恶劣为历年所罕见。客帮销路绝鲜，至交割时跌至一百二十四两。十月初最小行情已跌至一百二十二两。旧历中秋后人心向好，棉价坚硬，外棉频涨，均足以促纱价上腾，即现货交易亦旺，本所标准值骤高十两余。十一月初市面甚为坚定，不十日涨起五两许，十二月间花价狂涨，厂家减少出品，三品来电亦涨，人心因之向上，纱价被迫而加高，半月间增起十余两。统计本所九、十、十一、十二计四个月成交数至多，月几及五十六万包，至少月亦四十八万余包，此棉纱业之营业情形也。棉布并无成交，棉花自十一月十日始开拍通花，时美棉暴涨，市值坚挺，然至下旬美棉忽跌，本棉正在趋涨时略受打击。本所是月成交数为二十一万七千一百担，十二月间棉市殊挺硬，虽值阳历年关银根奇紧，而市价仍蒸蒸日上，盖纱价既涨，通花持有现货者多抱居奇，故月终交割通花本月期涨至三十八两之上，尚有续涨增高之势。本所鉴于市面风潮，是月起规定中国棉花以通州花为标准，此棉花营业之概况也。本公司股票交易虽少，价格甚坚。综观本届营业除棉布外，棉花营业日期尚少，成交无几，棉纱成交总数为二百四十四万四千六百五十包，较第一届增六十四万二千百包,较第二期增至一百四十余万包云。"后列第三届成交数量统计表。
(《上海华商纱布交易所股份有限公司第三届营业报告书》)

2月3日 下午一时,出席总商会裁兵、理财、制宪委员会常会,到者有宋汉章、方椒伯、冯少山、袁履登、沈信卿、叶惠钧、余日章、谢蘅牕等。①研究致参众两院请将宪法择要印刷,分寄全国各重要团体电稿。"经众讨论,因去电要求恐两院以非正式请愿置不答复,主张用总商会名义函致参议院秘书厅索寄一份"。②研究致海陆军部请将各省兵额军费清册分别饬缮一份,送会审查电稿。"经众讨论,亦恐海陆两部置之不复,主张用正式请愿手续向参众两院声请,由院咨行海、陆、财、交四部将各省军费分别造具清册,送交本会"。③"审查画稿。由朱赓石介绍朱应鹏君绘成关于裁兵画稿一纸,寓意精美,足使见者触目惊心。主张即将此稿印刷分送。"(《申报》1923年2月6日)

同日 主持劝工银行临时董事会。议案:①报告第二年营业状况。"楼经理报告,略谓本行在本届因工商各业之凋敝,及鉴于国内战局之扰攘,故一切营业力主慎重"。②利益分配案。"决议本届盈余项下计银四万零七百六拾四元六角,照章以十分之一提出作公积金,以月息七厘分给股息,余则滚入下届"。③股东会日期案。定于三月十日于本行三楼举行。④报告本行立案情形。文书科报告"现行条例与本行事实未能完全符合,特于上月间派员赴京就近接洽,当由穆董事、楼经理分别委托陆君建二、沈君鸿昭共同酌商。"(《上海中华劝工银行议事录》)

2月4日 下午二时,主持华商纱布交易所第三届股东常会。股东签到者二百余人,计四万余权。先生致开会,各常务理事先后报告营业概况及本届账略。并宣布纯益金分配案,经全体赞成。该所本届结账计得纯益金二十万零九千二百六十两,股东红利每股派给三元,于本月八日起在会计科核发。(《申报》1923年2月5日)

2月6日 《申报》刊登《日商务员批评中国禁棉出口》(续)一文,其"棉业渐向勃兴之路"一节云:"如中国纱业联合会及棉花改良协会寄附补助金与东南大学,以为该大学试种棉花之用。更如公立农业学校亦设棉业试验场,研究植棉事业。在个人方面,无锡有荣氏经营之农事试验场,又如杨氏所设之植棉场,又如新近南通张氏之开垦事业,及穆藕初等之植棉改良运动。现在陕西、河南方面植棉成绩颇有可观,上市佳良之棉花不少,是故中国棉业之将来可贺之好现象。惟推广棉业至中国全土,尚须许多努力与相当年数。况近来纱业膨胀发达颇为迅速,故植棉事业究与纱业有不能并驱之慨。"(同日《申报》)

2月7日 中午,出席总商会委员会讨论裁兵委员常会。到者有宋汉章、方椒伯、冯少山、聂云台、沈信卿、闻兰亭、赵晋卿、朱吟江、劳敬修、曹慕管、贾季英等。

议案：①"讨论政府发行十二年一千二百万公债案。此案系临时特别提议，经众讨论，金以政府从前所募各种借款尚无清理计划，现在又拟发行新债，愈增人民负担，万难承认。公决由总商会、银行公会、钱业公会会电国务院、财政部暨参、众两院，极端反对，并电北京银行公会拒绝承募。"②"报告征求春联赶印图画接洽情形。由朱赓石君报告，春联投稿者甚多，定明日截止。评品甲乙后即登报公布，与前次审定之图画一并赶印。定于阴历新正，由报之日托报馆随报附送。惟上项图画寓意稍深，恐一般普通人难以了解，应再绘印极浅近者，分送以期普及。"③"报告冯少山、闻兰亭、田时霖、袁履登、蒋梦麟五代表，接洽出发联络各省商会、各公团，并劝告各省军政当局结果。由主席报告蒋君在京尚未至沪，田君已因病回绍，袁、闻二君亦因职务关系未能远离，当另推举。即经推定曹慕管君前往长江各省，与冯少山君前往西南各省，均于阴历正月月半后同时出发。"（《申报》1923 年 2 月 8 日）

2 月 8 日　《申报》刊登《县立第三小学之创办》报道，先生为该校校董之一。文云："上海县劝学所为推广租界教育起见，于寒假后添设县立第三小学校于天后宫。校舍业已修理完竣，定于二月二十六日，即阴历正月十一日开学。日来报名者甚形拥挤。闻沈知事为扶助该校发达计，已聘定黄任之、袁观澜、沈信卿、聂云台、李平书、宋汉章、穆藕初、姚子让、秦砚畦、贾季英、莫子经、方椒伯君等为校董。租界上又多一公立学校，诚为可喜。"（同日《申报》）

2 月 9 日　出席总商会设宴欢迎英国公使麦克莱爵士。到者有何护军使、许交涉员、谢永森、聂云台及意、美、英、法等国领事等六十余人。席间，由宋汉章主席致词，强烈要求收回上海会审公廨。（《申报》1923 年 2 月 10 日）

2 月 10 日　中午，出席总商会裁兵、理财、制宪委员会常会，到者有宋汉章、方椒伯、冯少山、劳敬修、闻兰亭、赵晋卿、叶惠钧、许建屏、黄炎培等。议案：①政府承认中法欠款，以纸佛郎改为金佛郎案。"经众讨论，金以金纸法郎价值相去数倍。如果改换，损失甚巨。且此端一开，势必授他国以援例之机会，其为危险何可胜言。公决应根据报纸所载，由总商会分电国务院，暨外财两部，务请拒绝要求。并明白宣布，以释群疑；"②增添常务员。因会务日繁，公推沈信卿、穆藕初加入。（《申报》1923 年 2 月 11 日）

同日　下午二时半，应总商会宋汉章、方椒伯两会长之邀，与赵晋卿、袁履登出席为推派列席英商公会常会①代表预备会。宋汉章出示拟就演说稿，供讨论。先生云："本会应报告对于内乱案及铜元案从前建议及现时办理情形。其出售俄舰等

---

① 英商公会联合会第四次常会于 1923 年 2 月 21 日在沪召开，主要议题：①庚子赔款用于辅助英人学校、医院；②开浚扬子江问题；③上海造币厂当设外国造币主任及外国分析家、稽查员、会计等。

事文内可不必提及。"宋汉章云:"内乱是吾国一国之事,如有所主张而报纸宣传有窒碍否?"赵晋卿云:"如各国均在大会上而我华独否,是既失公共表示意见之机会,而各国当场所表示者,吾人亦无从知悉。"先生云:"鄙意与赵君同。至现拟演说不过吾人之主张,可嘱其勿在报纸宣传。"众人对派员列席,达成一致,但是否要在发言中提及"内乱案"及"铜元案",有分歧,因此二问题洽是英方向我"抗议"的二条内容。先生认为,内乱事客观存在,"现拟演说稿,不过吾人主张,可嘱其勿在报纸宣布。"至于各地私自铸造铜元,引起币制混乱,也是事实,"应将认为切要之主张先行提出研究。譬如原稿内有全国酌留若干造币厂一条,何妨将应行留存之厂数先行讨论","或酌定为津、鄂、粤、沪四处"。末先生提议此事关系颇巨,须有熟于外交者以为吾人之指导,建议择日约王正廷来此会谈。众赞成。(《上海总商会议事录》)

2月14日 出席华商纱厂联合会特别会议。到者有崔景三、徐朗、王启宇、顾荣寿、曹廉逊、刘柏森、吴麟书。聂云台主席。"讨论棉业棉业银公司草章案。议决:此项简章应讨论修改之处甚多,应再召集会议共同讨论,并约原起草之西人莱赐君到会解释。当经公订于本月二十七日下午五时再行会议。"(《植棉委员会议事录》,华商纱厂联合会档案)

2月22日 出席总商会裁兵、理财、制宪委员会常会,到者有方椒伯、冯少山、许建屏、黄炎培、余日章、聂云台等。议案:①"审查致何军使函稿,略加修改通过"。②"电请政府将民国成立以来所借内外债收支确数限期公布。此案由穆藕初君临时特别提议,金以民国成立已十二年,财政之紊乱日甚,人民之负担愈重,应严重致电政府限期于阳历三月内,将民国成立以来所借内外各债收支确数列表公布,实行财政公开。"并推沈信卿、黄炎培、严谔声三人为起草员。(《申报》1923年2月24日)

2月23日 与桑铁珊、赵竹君、陈青峰、顾馨一等以中国银行股东联合会名义联名致电北京大总统、国务院,请政府挽留王克敏总裁。云:"中行为全国金融总枢,维持调剂端在得人。前受政府垫款,重累行基,几濒危境,凡在股东夙所痛心。上年经股东改举,中央任命王君克敏为总裁,任事以来,苦心擘画,毅力整顿,凡所措施,中外翕然,行务初有转机,此后正多希望。今忽闻王君有呈请辞职之举,事出非常,群深骇愕。值此金融危险之时期,维持现状之不遑,何堪又生波折,非独行务功败垂成,股东血本发生危险,此外重大影响关系尤巨。为中行计,为大局计,保行即所以卫国,此时万难,任其高蹈,我政府审时度势,当必深表同情。而王君为股东所推举,付托重任,难安缄默。兹经会议,金皆认为有挽留之必要。为特合词电陈,伏乞钧座俯赐鉴察,勿予批准,切实慰留,仍令维持,以全终始而护金融。"(《申报》

1923 年 2 月 24 日）三日后，黎总统复电称已挽留。（《申报》1923 年 2 月 28 日）

同日　下午二时，与黄炎培、颜德清、张兰坪、史量才等出席胶济铁路民有公司认股大会。史量才提议股本总数为华币三千六百万元，"但该路自日本政府接管以后，对于修理方面不加注意。将来民有公司接办，欲图发展必须大加修理。一面筹议扩充，如与津浦铁路接轨等事，均属重要。"余日章主张增为四千万元，"除以三千六百万赎路外，尚余四百万即可作为修理扩充之费。"议决："胶济铁路民有公司股本确定为华币四千万元。"续议发起人列名、宣言、起草公司章程。公推陆达权、聂云台与先生为赴京代表，于阴历元宵左右赴京，与各方面接洽。（《申报》1923 年 2 月 25 日）

2 月 26 日　中午，出席总商会裁兵、理财、制宪委员会常会，到者有宋汉章、冯少山、聂云台、余日章、劳敬修、沈信卿、朱吟江等。通过致北京大总统、国务院、财政部电，吁请政府公开逐年收支款项、数目、用途等。电云："立国命脉首在财政，旷观中外未有财政紊乱而其国可以久存者。故立宪国家国民皆有监督财政之责任，而预算、决算尤为议会注意之点。民国成立十有二载，扰攘变乱，迄无宁日。国家财政非特无清理整顿之计划，且使紊乱程度与年俱进。掌财政者，几以国家之库藏，为私人之外府。望军人若帝天，视民命如草芥，吸吮膏血，以供中饱。诛求无厌，惟恐后时剥削不足。继以借债饮鸩止渴，自蹈危机，抵押之是否适当条件之，是否平允非所顾惜。论其举动，实同卖国。论其用途，何殊分赃巧取豪夺。惟力是视拥兵权者，动辄需索数百万。而额定之政费无所出，到期之借款不能偿。内酿僚属罢工之举，外腾各国共管之声。破产已兆，国亡无日。全国人民鉴于现状之危岌，要求公开财政，呼号陈诉至再至三，而政府虚与委蛇，迄未实行。或且尤而效之，变本加厉。以言国会，自法统恢复以后，开会数月日，惟竞竞于同意。阁员选举议长，而关于国家命脉之财政问题，乃不遑顾及，预算、决算置之脑后。言念及此，能毋痛心。敝会盱衡时局，默察外情，以为财政苟不整理，遑论政治，无从刷新，恐彼共管之议必将由鼓吹而进为事实。亡国之祸，即在于此。及今不图，后悔何及。用敢掬其至诚为最后之申请，凡自民国元年起至十一年止，所有逐年收支款项、数目、用途及内外债确数合同全文，应请政府于本年四月三十日以前造成表册，加以说明，公布全国，听候稽核。此后财政尤应采取公开态度，俾国民得以设法整理，共谋补救。"（《申报》1923 年 2 月 27 日）

2 月 27 日　下午五时，出席华商纱厂联合会特别会议。到者有闵星如、王启宇、吴麟书、荣宗敬、刘柏森、吴寄尘、聂云台。继续讨论棉业银公司草章案，议决："先行呈请政府担保文内附银公司简章，至公司对纱厂借款条件后再订。"（《植棉委员会议事录》，华商纱厂联合会档案）

3月2日　中午,出席总商会裁兵、理财、制宪委员会常会,到者有方椒伯、冯少山、余日章、闻兰亭等。议案:①方椒伯报告江苏省教育会来函,"以日本租借旅大本年三月十五日已届二十五年期满,应电中央向日政府交涉,据约收回,拟具电稿,请本会会衔拍发。"经众讨论,请黄炎培略加修正后拍发,并送登各报宣示全国。②汉口专电有上海总商会主张于三月六日实行全国大罢,表示要求当局裁兵之决心。经众讨论,本会既无此种主张,应"将此事郑重声明,函请各报馆登入来函栏内,俾共了解"。③史蒂芬对于整理中国财政之意见。"主张将来函译稿一面公布,一面由余日章君函复史君,表示谢忱。④何护军使来函讨论催促进行方法。"佥以院电虽有,现正筹划开全国会议,以期解决裁兵根本办法。""但未知国务院对于会议组织召集方法、开会日期、议事范围有无具体决定,应再函请护军使转电催询,切实指示,俾资研究。"(《申报》1923年3月3日)

3月5日　偕聂云台离沪赴京,请求政府以关税担保,发起组织中华棉业银公司,发行实业债券,以摆脱当前棉业困境。《自述》云:"是年棉业,盛极否来,营业状况,逐步衰落。加以日人之在华设厂竞争者,月新而岁异,大有喧宾夺主之概。日商投间抵隙,乘我之空虚,制我之死命,竞争剧烈,锐不可当。查日厂所以制胜之点凡七:(一)日人在华各厂,大都由日本老厂所分设者,资本雄厚。(二)有经济界为彼作后援,息率甚轻。(三)各部分执事,技术精良。(四)航权在握,输运便利。(五)享有三联单之权利,原料便宜。(六)各处都设有机关,推销便利。(七)各纱厂团结力甚坚固。以上七者我国纱厂完全无之,故中国纱厂难以立足。余因之有三千万两借款维持中国纱厂之计划,拟助华商纱厂之争存,期以巩固我国唯一之实业。与中外银行家略事接洽,佥谓事尚可行。遂于癸亥新正,偕聂君云台赴京,求政府之辅助,救济垂危之棉业。"(《文集》第32页)

3月6日　在北京与聂云台先后谒见总理张耀曾、农商总长李根源。(《申报》1923年3月6日)聂云台与先生向李根源递交组织中华棉业银公司呈文云:"为今之计,非募集巨资,厚聚实力,不足以资维持。查各国对于社会生产事业,往往合全国之力,以操纵控制于其间,银公司其最著名者也。此项公司,不受普通公司之限制,得于相当市场发行债券。在公司本身,无庸招集股本,其利一;放款专于一业,监察易周,基础自固,其利二;公司为存放两方之媒介,不至投入漩涡,其利三。敝会同人,内审各厂实情,外衡世界大势,迭经讨论,认为救济棉业,此为不二法门,并经与欧美及本国银团往复计议,拟由银公司发行债券三千万两,在国内及欧美市场分期发行。其还本付息,详定年期,务求精密。幸经英美金融界要人深加赞许,均具同情,惟对于债券担保,要求政府主持,在关税加成项下指定抵数。查现在拟定办法,系以债券所入,专供各纱厂借贷之用。对于借款各厂,由银公司监督其营业,并责成每年归还本息,即从此各厂归还者付给到期债券,计需十八年,均可扫数清结。"李颇表赞成,即决定由农部提出阁议。(《申报》1923 年 3 月 22 日)

3 月 8 日 农商部提出聂、穆呈文阁议。不料是日适值张绍曾内阁总辞职问题发生,"仓促之间,未及兼顾,遂只议定交外、财、农、税四署会议。(《申报》1923年 3 月 22 日)嗣后,众议院会议,议员张国浚临时动议,要求农商总长李根源到会,就上海纱厂联合会呈请政府设立棉业银公司、以救济纱厂一事接受质询。最后以"变更议事日程"付表决,获通过。李根源当日发表纱业公债说帖云:"兹经各部处连日会议结果,因我国纱厂困难情形,已达极点。津沪一带各纱厂,自本月初三日起,已将纺纱机锭实行停止半数。现状如此,倘非即日设法维持,不但纱厂全体势将破产,即金融界亦将大起恐慌。况各厂所用劳工,约有四十余万人,一旦全数失业,影响所及尤为可虑之至"。并就豁免厂用棉花厘捐及加增厂制棉纱附加税事作说明。(《申报》1923 年 3 月 23 日)《自述》云:"不意政争方剧,阁议停顿,遂分头向阁员疏通,然卒未能同时出席,其议遂寝。"(《文集》第 32 页)

在北京期间,先生与聂云台数次出席农商部会议,讨论天津纱厂赴京代表建议"改采免厘加税之办法",以关税作保证事宜。税务司提出"不如将厂用棉花厘捐免去",加征棉纱附税。"以纱厂所出之税,还以用之纱厂"。先生与聂云台说明情形。最后决定 20 日张绍曾内阁复职后第一日提交阁议。(《申报》1923 年 3 月 22 日)

在北京期间,晤前美国芝加哥商会派赴檀香山太平洋商业会议代表海格司乞。海格司乞来华前已游历日本、高丽等处。还将访问上海,及香港、马尼拉、澳洲等,绕道欧洲返美国。海格司乞为美国中西二部著名商业专家。"此次代表该处最大之制造厂、商业公司有三十余家之多。其任务专为调查各国出品,以便输入美国,而以美国商品输出于各国。其营业方针则主重于直接采购。"(《申报》1923 年 3 月25 日)

3 月 12 日 上海总商会为中华棉业银公司拟发行债券事开特别会董会。方椒伯云:"今日因华商纱厂联合会来函,谓去岁冬既受原棉缺乏之压迫。复感国事蜩螗之影响,致花贵纱贱营业减色,波及全国金融工人之生计。为匡助起见,拟组织中华棉业银公司,由该公司发行以一种债券,请政府担保,本息以期吸收资金维持棉业而免各业,间接之危害恐单独呈请未必竟邀。政府允准请本会专电院部陈述利害,并附来该公司《简章》一份。"赵晋卿云:"查该公司《简章》第九条以董事会为执行机关,设董事七人。中国人占四,外国人占三,且规定董事长以华人担任,则不致为外人操纵,想无妨碍,可以照转。"薛文泰云:"实业自应维护,电报亦当然要打。但既称棉业银公司,而仅由纱厂联合会出面,未与棉业联合会接洽,似未公开,或有人反对。"决定:"请纱厂联合会会同棉业联合会派代表莅会,详为报告。一面

定期再开特别会。"(《上海总商会议事录》)

3月14日 上海总商会特别会董会议,荣宗敬代表纱厂联合会报告组织中华棉业银公司缘由云:"此事由穆藕初先生发起。因纱厂开办时,各股东鉴于前几年棉业骤兴,获利颇厚,认股异常踊跃。后因先令关系大受损失,缴股时或有观望,以致中途因资本不足而停顿者颇伙。若不设法维护,非特纱业减色,即全国金融工人生计亦无不波及。乃与慎昌洋行克知氏接洽,以备组织中华棉业银公司发行实业债券以匡助之。此种情形外洋各国俱有先例,可以仿照。"又报告云:"昨日纱厂联合会因纱价又复大跌,曾开紧急会议。盖纱业自有交易所后,纱价涨落主权不捋于各纱厂,以致前一日间上下竟至四五两之巨,实足为纱市隐忧。故议决自下星期一起,各厂锭子暂行停工二分之一。但上海纱厂工人共约四十余万,现既停工二分之一,则闲暇之工人于生计上大有影响。"会上通过致国务院、财农二部及税务处电稿,赞成组织该公司计划,敦请政府早日批准。(同上)

3月17日 留美同学会举行年会,到者三十余人。选举本届会董,并讨论扩充会务。仍举先生为会长,陆达权为副会长、牛惠生为副会长。该会会员已达一百三十余人。(《申报》1923年3月19日)

3月19日 是日由京返沪。王燮功(慕喆)《天华盦日记》云:"傍晚闻藕初今夕抵沪,亦备柬约之。"(手稿,上海图书馆藏)

3月20日 与王慕喆等在功德林聚餐。王燮功《天华盦日记》云:"六时至功德林,定十元菜一席。习贤首至,次九组,次砚耘、洁波、思栋,次芝庭、北护、玉田,最后藕初于七时十五分至,在厚生开会议也。谈宴极欢,肴亦丰,酒只五斤。二鼓席散。藕初等谈定粟社期,准二月十五、六日假也是园。客散付账,共计十六元。"(手稿)

3月22日 与王慕喆等谈粟社同期地点。王燮功《天华盦日记》云:"午刻至厚生批发所候藕初,谈定曲会地点改于群学会。藕初留饭,二点回所。"(同上)

同日 下午五时,出席公共租界纳税华人理事会,讨论召开大会事。一、推方椒伯、劳敬修、许建屏等六人为筹办本届选举委员;二、本年会务进步颇速,应在大会前发刊年报一册,以纪成绩;三、定六月十日在总商会举行年会;四、筹办改选一部分满任理事之各项手续。(《申报》1923年3月24日)

3月25日 与聂云台以华商纱厂联合会名义发表呈农商部文,云:"全国纱厂联合会为救济全国棉业,组织银公司发行债票一案,业经呈请大部查照批准。现查发行债票以关税为担保一节,其中尚恐有为难情形。兹特另拟完善办法,为大部缕陈之。查此项银公司发行三千万两债票,各厂需用款项者,得以各本厂之机器、房屋及不动产为担保,向银公司借款并为巩固购票人信用计,更由政府指定关税为第二层之担保。惟是关税指拨业已多起,且二五加税施行尚属无期,则于目前担保仍无裨于实际。顷闻禁棉花出口案因外交团抗议,税关尚未执行。并经税务司条陈救济棉花办法,主张减免厂用棉花厘捐,俾资弥补。拟请大部根据此项条陈,一面核免厂用棉花厘捐,一面于厂制棉纱附征救济棉业基金,即用该项基金预算收入为担保,发行债票之用。现查在各厂厂用之花特免税厘,至附征棉业基金税银,拟酌定为一两,由就近各海关征收。即用此项缴纳附税收据,领取财政部特别发行之厂用运棉之三联运单,以为豁免厘税之用。在各厂得免除繁重棉厘,而缴较轻之附税,本已合算,自所乐从。且此项基金附税,目前为救济棉业之困难,将来即可用为维持棉业之发展,公私两俱有益。查全国纱厂每年成品计约二百万包,是此项附税每年约有二百万两之谱,以之为第二担保品,当无不足之虞。盖各厂向银公司借用之款,本以机器、厂屋、不动产为担保品,万一不能照付债票本息时,始发生第二层担保之责任。此款备而不用,显而易见。此种办法在纱厂方面免认附加税款,以谋担保之确实,而树债票之信用。在政府只免除繁苛之棉厘,而仍有巨款之基金存储,以为维持国内是重要工业之用,一举而数善备,合行,呈请鉴核。并请迅予会核批准,以便商人早解倒悬。"(同日《申报》)

3 月 26 日　厚生纱厂董事会开会,先生建议董事会增资八十万两。《自述》云:"时岁在癸亥,乙厂范围扩大,而资本仅一百二十万两。虽各股东经济充实,信用卓著,究属周转不易。而纱业渐衰,金融界亦不敢放手借款,余建议董事会(即全体股东)增资八十万两。除辛酉年存厂之股东红利三十万两划作资本外,再添五十万两,照股匀加。此案业经于二月初十及三月初十两次董事会议决照加。"(《文集》第 33 页)

3 月 29 日　下午七时,赴上海英商祥兴洋行,出席中英合办纺织染学校讨论会。到者有本埠中外纺厂,及经售英国纺织机器洋行经理等四十余人。马赛尔主席。先生演说指出发展中国棉织业,必须培养专门人才,云:"中国棉织业,在二十年前,尚极幼稚,无足称道。数年以来,竿头直上,各地纷纷设立纱厂,而推上海独盛。然察统计棉织品之值犹在二亿元之上,可知大有发展之余地也。迄因政象不稳,棉产减少,资本缺乏,以致营业停顿。然棉贵纱贱,系暂时之现象,此后种棉者必较前大增,今年秋收登场,危象可望减杀。政象不稳,为过渡时代不可避免之事。至于资本缺乏,若纱业将来成绩优美,则投资者踊跃,资本可裕。为将来计,今宜急固根基,而后徐图扩张。近数年来纱厂发达之状态,是属于物质的或形态的,今后宜注意经济之道,务求工作敏捷,出品精良,成本低廉。然欲达此项目的,须有专门人才。前中国棉业联合会尝有建设纺织染学校之提议,年来此业时运不佳,故无暇及此。今闻英国同业,愿与同人合办此校,顷聆祥兴洋行总理马赛尔君所述志趣,

潘麦君之计划书,及诸君演辞,皆获我心。吾国棉业界自当力加援助,共观厥成也。"(《申报》1923 年 3 月 30 日)

3月31日 粟社一周年假群学会举行串演,先生莅会并演说。江浙曲家一百二十余人参加,江苏省教育会、苏州道和社、昆山玉山社、上海润鸿社及庚春社等赠送联语祝贺。(《申报》1923 年 4 月 1 日、4 月 2 日)王燮功《天华盦日记》云:"午刻至群学会。饭后粟社请客联袂而至。一点半开唱,社员来宾八十余人,九点止。饮六席,藕初演说。会份二羊。"(手稿)

同日 江西路商界联合会开会,推举职员。聂云台、袁履登、荣宗敬与先生被推为名誉董事。(《申报》1923 年 4 月 1 日)

4月1日 粟社成立一周年串演第二日。会后选举,先生连任社长。王燮功《天华盦日记》云:"十点至群学会,粟社一年纪念第二日。十一时开罗唱《长生殿》。至天灯弄吊陈兰似丧。即行至张某良家润鸿社期也。付社份一羊。回群学会唱《惊变》毕。午饭四桌,二点归。""回会七点半,停罗。饮三席。选举职员一律连任。"(手稿)

4月2日 致南洋交通大学校长卢孔生函,对学校处理学潮方法提出质问。全函如下:

> 接奉三月三十日油印通告敬悉种种。适菁、骥二儿假期回家,当即询其贵校学潮之起点及究竟。据云凭良心之主张,确曾签名赞成驱卢运动,其所述事实,与连日报载者相同。嗣后于确实方面调查,悉贵校上中院学生六百五十余人,赞成驱卢者四百五十五人,反对者十四人,中立者五十五人,不表示者一百三十余人,不幸小儿等亦在大多数赞成之内,深抱歉忱。玥并非贵校校友,当此次学潮起时,事冗未及周知底蕴。惟贵校创立二十余年,人才辈出,令闻昭著,确为中国有数之学府,故玥对于贵校,至为敬仰。贵校有募款事,玥曾一再竭诚赞助,并遣儿辈入校求学,以求陶铸成才,为国效用。不但玥之愿望如此,想各生家属所抱愿望,类如此也。方期贵校主持得人,俾青年学子,各能遂其学之本愿,而慰父兄切望子弟之深心。不意无端激起轩然之学潮,谁实为之,而遭此不幸耶?青年坦白,本无所私,中心萦绕而不能释于怀者,惟求学耳。不安分,尽可在他处发挥,何必入校求学,故通告云"安分求学"四字,殊属欠解。通告内又有"对于学潮勿随意签名赞助,在贵家属共负管束之责,当切实保结此后校潮不再参与"云云,深为诧异。家属虽有约束子弟之责,而遣送入学,须切实保结,试问子弟所犯何罪,而必如此对待之,以丧失其人格耶?法律不能施之于未发之事,岂此种丧失青年人格之举,而能出之于学府耶?穴空斯风至,此次学潮之起因,大有研究之余地也。接通告后,检查连日关于贵校学

潮之记载,有应注意之三点,兹约述之:(一)自先生莅校后,破坏向例,收进免考生二十余人;(二)不上课而领干脩之教师若干人;(三)应添置之仪器及校长责任内应为之事,均未照办。以上三端,仅见之于报纸之揭载,是否未敢必,务请将以上三端,于接函后三日内,明白登报答复,俾全国人士知其真相,庶得早日平息此次之学潮,使莘莘学子,不致虚掷万金光阴也。

（《申报》1923 年 4 月 3 日）

4 月 4 日 卢孔生复函先生,为处置学潮事辩解。函云:"此次敝校风潮,原为少数学生所发动。迨至诱胁百余人包围校长室,逼令辞职,勒缴关防,并迭次撕毁条告,没收函件,遂大越常轨。试问此等举动为安分否耶?执事谓'安分求学'四字,殊为欠解,殆未得此中真相耳。至谓'切实保结一语,为丧失学生人格',且谓'法律不能施于未发之事'。查学生入学之始,须具殷实保证书,岂亦谓'丧失学生人格'乎?大抵未发事,则须有保证已发事,则须有保结。今学生已犯围逼,及种种证据,其为未发事耶?抑为已发事耶?函请家属保结,揆之法律似无妨碍。执事达人,当能洞察。若来书所询问三端,另行分条答复。"附《答穆藕初先生四月二日函询三端》。(《申报》1923 年 4 月 5 日)

4 月 9 日 南洋大学学生会临时会长杨立惠发表《致穆藕初君函》,批判卢孔生欺朦舆论之种种罪恶。函云:"卢君答复之函,非独欺朦先生一人,直欲欺朦同学家长,更欲藉此以掩其罪恶,而欺朦社会。卢君之狡黠,诚有令人不可思议者。谨将事实经过为先生言之,是非既明,公理自在。(一)关于卢氏人格者。三月二十一日晚,同学数百人至卢氏私宅,表示不承认彼为学校负职人。并劝其辞职,以全彼之名誉,并无围逼及勒缴关防事。而卢氏'养电'竟言'代理教务长张廷鑫率领百余少数学生围逼'字样,张先生质问时彼又声明并未发此电。发电于前,复赖之于后。卢君人格可谓一文不值矣。""(二)关于新生不考入校者。卢氏狡黠将新生不考入校之责任完全诿过他人,彼所谓华侨者十六人中仅一人耳。余则有由在校同学保荐者,有由部中秘书函送者,中学新生入学素由中学主任负一部分责任。去年卢炳田请中学主任李松涛先生,准不考二生入校。李先生以校章不可破坏对。而卢氏一意孤行,谓李先生曰:'如有问题发生,由其一人负责。'故本年开学时,中学不考入学者十有二人之多。彼所谓均经考试者,不过口试程度,以便插班耳。至于大学不考而入学之四人,曾经前代理教务长通告,照章不准入学在案。诅卢氏自京返后,不问黑白竟书'卢准'字样,命此数人持条向教员记名。使卢君稍有知觉,必不敢犯此大不韪也。""(三)关于教员者。(甲)教员陈臻祺教授本科四年级汽机学讲解……同学要求撤换。卢氏命其改教本科二年级力学,又以不明浅近算理,为学生所攻讦。卢复屡为掉换课目,现授中学物理,又为学生反对。上学期授课不满三星期,而按月支薪;(乙)中学英文教员郑学海上学期缺课约满二月,而正式请假仅一星期。本学期病假仅六小时,而陆续旷课有三十余时之多;(丙)翻砂木模厂教员钟望荣教授学生一味敷衍,优给分数人人满九十分;(丁)管理科教员谭怀以学生反对,函教务长请病假,以校长返沪迟早定假期之久暂;(四)关于设备者。前年扩充计划未闻继续进行。翻砂厂、镕铁炉筑造垂成,现亦置诸停顿。机械科长狄先生以设备不足购置无望,投函《南洋周刊》冀得外界之赞助。电机科科长谢尔顿亦以暑假后四年级生达六十人,非添置机器,则惟有裁减半数学生,否则无以应付。屡请卢氏酌办,卢以款绌搪塞,总之卢君答辩多属强词,而以上所陈均系绝对事实,有凭有证,先生明察当能鉴白也。"(《申报》1923 年 4 月 10 日)

4 月 10 日　毛泽东发表《外力,军阀与革命》,称聂云台与先生等为"新兴的商人派"。云:"把国内各派势力分析起来,不外三派:革命的民主派,非革命的民主派,反动派。革命的民主派主体当然是国民党,新兴的共产派是和国民党合作的。非革命的民主派,以前是进步党,进步党散了,目前的嫡派只有研究系。胡适、黄炎培等新兴的知识阶级派和聂云台、穆藕初等新兴的商人派也属于这派。反动派的范围最广,包括直、奉、皖三派(目前奉、皖虽和国民党合作,但这是不能久的,他们终久是最反动的东西)。三派之中,前二派在稍后的一个期内是会要合作的,因为反动势力来得太大了,研究系、知识派和商人派都会暂放弃他们非革命的主张去和革命的国民党合作,如同共产党暂放弃他们最急进的主张,和较急进的国民党合作一样。"(《新时代》第一卷第一号)

4 月 15 日　南洋大学四百八十二名学生联名致先生谢函,云:"卢氏不特毫无悔悟之心,而犹思作困兽之斗。于交部则谖谮,足以蔽明,于学生则金钱可以通意。持正之士,视若仇敌。昧良之徒,引为爪牙。欲人之拥护,则厚利,以为饵欲。人之反汗,则巧言以为辞。推其用心,盖欲尽使清白。自守之学子,变而为附,逐臭之鄙。夫其卑视人格,污辱士类,罪诚莫甚焉。乃者同学鉴于'谋之未已,害马之日,肆时多激烈'之言,公愤所积,或且酿成惨变。岂惟为子弟者无以对父兄,抑非为父兄者所以爱子弟也。先生著声海上,时论攸归,前致卢函义正辞严,已足寒人之胆。而壮多士之气,若更乘此时,邀请立惠等家长集议沪渎,共致明讨,则卢氏之去董会之立,两易期成,岂仅为立惠等解一时之纠纷,亦实为学校树百年之大计。"(《申报》1923 年 4 月 16 日)穆伯华《先德追怀录》云:"余与家骥读中学时,逢校内师生间发生误会,酿成罢课风潮。余归家,闻于先君。翌日于报端登《启事》一则,定期邀集该校学生家长会议,共谋调解罢课事。到会者极踊跃,选出代表苍校调停,风潮顿息。"(手稿)

4 月 22 日　下午三时,于劝工银行主持豫丰纱厂股东会。到会股东一万六千八百五十权,占股权十分之八以上。先生报告去年营业状况云:"去年营业尚称平稳,所有五万纱椗于七月间方始开齐。年终结账盈余三十九万六千二百八十七两三钱,除官利存厂生息外,全部红利均提作公积金及机器、房屋折旧等。"继提议议案多件,"最重要者为因巩固本厂信用,添招新股授全权于董事会,相机进行案。全场一致通过。"复举吴麟书、冯爕之、王本一三人为监察人。"该厂在郑地位甚佳,该处花贱而纱销畅旺。虽申地纱市,日见疲钝,该厂尚能获有盈余。现全厂纱椗布机均已开齐,日夜工作,仍供不应求。"(《申报》1923 年 4 月 23 日)

4 月 25 日 厚生纱厂董事会讨论增加股本议案,因薛宝润后反悔,先生竭力疏通。《自述》云:"迨三月望日以后,风闻某股东(即薛宝润——编者注)翻悔前议,余即向其竭力疏解,谓大局如斯,资本不能不加,若股东不维持,他人焉能越俎代谋。设因周转不灵而致搁浅,不但偌大实业一蹶不振,而股东责任所在仍不能袖手旁观,故实际受亏者,决在股东,他人不与也。某君唯唯。"(《文集》第 33 页)

4 月 28 日 纳税华人会致函先生等五华顾,对英按察使署判决巡捕房对乐志华逼供一案,要求华顾问向工部局严正交涉。函云:"报载英按察使署判决乐志华控被西探非刑逼供一案,英陪审员所定之判决主文是否公正,自有中外舆论。惟巡捕房中管理员对于威逼取供一层,若认为当我之手续,此则界内全体市民抱人人自危之惧。夫人民之生命财产,所恃者法律之保障耳,警察之保护耳。今乐志华身体上所受重大之损伤,既据英陪审员证明,为出之虹口捕房。此后全体市民所有生命名誉在捕房管辖之下,若不得一严重之保障,将何以定人心而保公安?贵顾问诸公既为我界内全体市民所推举,对于吾人利益又有陈述,或建议之权,应请为诬告同胞惩前毖后。对于目前捕房,以巨大之损害,加之无辜之平民,应如何主张公道?此后全市民之生命财产及名誉,应如何要求保障?此不得不根据全市民之意见,请求于贵顾问诸公前者也。敝会受全体纳税人之委托,对此重要问题发生,势难缄默。为此具函陈明,并希向工部局严重交涉,使全市民得一保障安全之策。"(《申报》1923 年 4 月 29 日)

4 月 29 日 华洋义赈会开会,讨论浙省"近日阴雨连绵,河水暴涨",引发灾情事。决定成立春赈义勇队,分四十队,每队以一万元为目的。先生为其中一队。(《申报》1923 年 4 月 30 日)

5 月 6 日 出席赓春社同期。王爕功《天华盦日记》云:"至徐凌云宅,庚春社期,藕初、绳祖、震贤、振飞请也。俞粟庐暨王欣甫师亦至。上灯唱《折柳阳关》,并为姚元爕搭《佳期》。八点入席,饮不多。席散谈笑久。三归。"(手稿)

5 月 10 日 下午四时,赴《申报》馆出席东南大学校董常会。郭秉文报告校务及经济状况云:"本校本年度经费因受江苏、国家分金库空乏之影响,艰窘情形为历年所未有。经常开支应付为难，现经常费欠发四阅月，一切预定之设施未能循序进行。""本年江苏省教育实业联合会议议决，改良江苏全省农业，责任记由本校农科担负，公家年助经费五万，已有公函到校。此后本校农科对各方面之责任愈为重大"。"本校学生经济困难者不在少数，为救济起见，由评议会议决特设免收学费学额，其数不得过正式生十分之一，以成绩优良，经济确系艰窘者为承受资格，定十二年度实行。此外又设货金会，以便穷苦学生借款济急。""图书馆募到捐款一万一千余元，书籍数亦甚多。"(《申报》1923 年 5 月 12 日)

5 月 12 日　厚生纱厂再开紧急董事会，"议定即日付款"。《自述》云："二十二日开紧急董事会议，决定即日付款。而彼此推诿，款仍不交。二十四日又开紧急会议，仍议决即日付款，而该款仍不交。二十七日又开紧急会议，又议决即日付款。"(《文集》第 33 页)

5 月 13 日　与聂云台、葛雷以远东运动会中国执行部名义发表《宣言》。云："远东运动会系远东国际之组合。现今参加者为中、日、菲三国之体育家，每三年开大会一次，轮流在三国举行。本年第六次运动大会应在日本会集。恰逢我国有对日运动，有以吾国选手应否往日参与远东运动会为疑问者。近接天津救国团体代表来件，主张勿往甚力，爱国之情溢乎言表。本执行部对于此事亦非不慎重考虑，至再至三。卒之决定前往参加者，其理由如左：(一)经济断交与学问教育有别。经济断交消极抵制也，教育比竞，积极抵制也。不能以消极运动而害积极事业，故参加为不可少；(二)学问教育之事积极，则所以示勇。假令不往，反以示弱，故参加为不可已；(三)本运动会非止中日两国，又有菲律宾之关系，盖远东国际之组合也。我国当然不能以两国国交之故，牵及于大国际之国交；(四)假令不往，足以损我国体育比竞之精神，且此等竞赛实为奖进体育运动至难得之机会，不可轻失要之。远东运动系一种淬励国民体育之国际事业，此次我国选手毅然前往，不特无背于各种对日运动，而且更能直接促进日本社会人士之觉悟，并引起各国之友好同情，保持我国之国际地位。是非得失，鄙人等虑之熟矣。综审国中各方面之舆论，除天津外并无一处反对此举者，岂皆爱国热忱，独让津埠。亦有见于远东国际运动，未可与对日经济断交并为一论也。全国决选举行在即，大好男儿扬旗东指，鼓发神州之民气，宣扬祖国之精神，非亦国耻声中之一壮举乎！"[1]（同日《申报》；《民国日报》1923 年 5 月 24 日)

同日　晚，招李平书、王慕喆等在寓所聚餐，观赏金鱼并唱昆曲。王燮功《天华

---

[1] 第六届远东运动会于本年 5 月 21 日至 5 月 26 日在日本大阪举行。中国、日本、菲律宾三国参加，比赛项目 8 个，表演项目 1 个。

盦日记》云："四点至思栋处，同至爱多亚路南洋汽车行乘福特卡。五点一刻开，历十七分钟抵杨树浦兰路穆宅。观所蓄金鱼，较去年为盛。清唱昆曲《三醉》一段。七点廿分入席，间复唱《八阳》一段，嗓殊佳。九点半乘穆宅车回南。同车者平书丈、王百雷、思栋、习贤也。"（手稿）

5月14日 赴卡尔登饭店出席中美人士欢迎美公使舒尔曼博士宴会。先生以美国大学俱乐部主任身份主持。舒尔曼致词云：其长康乃尔大学多年，曾来华游历，"计游踪所及，南自广州，北至奉天，东过上海，西及重庆，中国各铁路均已行过"，并希望第一"发扬两国人民友谊之精神"；第二"际此政府对于教育事业麻木不仁时，欲求推广教育"；第三使"受有教育之分子与有实力之商人能通过合作，必能拯救国家"。先生致谢词云："希望全国人民皆闻舒使之言，而知国人苟不能尽其政治上责任，则不能称为完全公民也。"（《申报》1923年5月15日）

同日 与吴昌硕、王胜之、李平书、王一亭、庞莱臣、翁印若、吴瞿安、毛子坚、冯超然联名发表《古娄俞粟庐先生书例》。云："先生文苑耆宿，墨林圭臬，僧弥蚤岁已。善行书羊欣，暮年尤工笔阵。平生所嗜，独在北碑。集琅琊之碎金拓延，与之残碣。建中笔札，并世珍焉。市隐吴门，历有年所。海上诸子敦延至再，勉徇同人翩然税驾。录五千道德，不妨简鹅而来迟。百济轩韬定，有望尘而拜。重订书例，告诸大雅。"（同日《申报》）

5月15日 向金融界解释厚生纱厂到期款违约实情，声明厚生纱厂所欠金融界借款"余一人敢负责"。《自述》云："该款直至三月三十日上午十时，方始陆续交下。月底到期款一百七十万两，往来款五十余万两，金融界顿起恐慌，咸来坐索，并质余三底长期为数如许之巨，总理何不早日筹划款项，直至今日到期尚无眉目，实不能辞疏忽之咎。余略事解释，即将董事会议决案宣示大众，众始恍然。众人又询余此厂已无形搁浅，有限公司股东不负经济责任，君应如何料理，庶不牵动金融。余答之曰：'此厂系四股东所独有。董事七人中，某董之股分由某某两股东借与之，其余两股东以某两大股东经理之资格，故得有股份。以无股份之人而充作股东，此不合于公司条例者一也；此厂由余经办以来，盈余达一百零七万，并未开过股东会，一切大事悉由董事会议决之，此不合于公司条例者二也。故此厂名为有限，实则无限。今不幸而拖累金融界达二百余万两，余一人敢负责。本利归还，分毫不敢累及诸君。'众始满意而退。"（《文集》第33页）

同日 晚，得悉薛宝润已聘李迪先为厚生厂协理，遂决定辞厚生纱厂总经理职。《自述》云："三月三十日深晚，余接到可靠电话，悉江君已聘任季君（即李迪先——编者注）为协理，已得到苏君（即贝润生——编者注）之同意。盖苏、江二君占全部股份四分之三，故一切计划，均由二君操纵其间。季君者，前曾由某股东介绍来厂学习纺织，逐渐升至纱部主任；虽为纱部主任，于纺织工务上一切关系，仍茫如也。嗣因不惬于某股东，各股东时来余处攻讦季君，嘱余去之。余为之委曲求全，将季君与布部主任对调，以观后效。布部主任由余所汲引，同事所谓属于总理派之人也。季君不自知其不满意于各股东，以为受布部主任之挑拨，而致降调，盖纱部范围大于布部十倍也，因起误会，纱、布两部主任遂意见相左，有如水火。余即将季某辞退，并将某主任亦辞退而调至他厂任用。某主任于公事上尚能尽心，同时罢职另调他厂者，期平季君之气而已。未得全体董事会及余之同意，私自聘请协理，而所聘之人又经余所开除者，是可忍也，孰不可忍！故余于是晚接电话后，怒不可遏，而求去之心遂决。"（《文集》第34页）

5月16日　下午，出席总商会集会，欢迎美驻京公使休门。方椒伯致欢迎辞。休门致辞云："欲商务之发达，必赖和平与秩序。贵国因政治扰乱之故，故商务不能发展。""鄙人为外人，本不宜干预贵国政治问题。惟以友谊向诸君劝告二事：一、勿拘在商言商不问政治之恶习。因商业实即包含于政治之内；二、余深信贵国商人能以实力建设一强有力之政府。不仅足以拯救中国现状，且确能增进中国自古之荣誉。"　与会者有美总领事克银汉、美按察使罗平吉、美商务参赞霍安脱、冯少山、劳敬修、闻兰亭、项如松等。（《申报》1922年5月17日）

5月17日　厚生纱厂董事会紧急会议，议定停产盘点。《自述》云："翌晨，即发束于四月初二日召集紧急会议，并不揭破聘请协理之一事，余仅谓外间传说，本年三个月中本厂已亏去三十万两，然余深信虽有亏折，决不致如是之巨。为表明实在计，故请求停厂三日，盘查全厂货物，俾显真相而释疑团。各股东深然余说，即实行停厂，盘查三日。"（《文集》第34页）

5月20日　晚，赴粟社同期。王燮功《天华盦日记》四月五日云："一点，雨。至静安寺路十号群益总会。粟社期，藕初司社也。唱曲。十点半归。"（手稿）

5月22日　赴厚生纱厂，于厂务会上正式辞总经理职。《自述》云："检点竣事，至初七日邀集会议，请董事调查账目，虽有亏损，为数甚微。至是时，余遂将聘定协理之事揭破，并缕述余所不能不去之理由，各股东愕然，相顾无言。余亦深知各董事并不决心去余，唯识见短浅，虽相处多年，尚不知余之为人，故以讹传讹，而演成此使余不得不去之形势。然追悔已无及矣。余自办事以来，公私款项之界限甚为明晰。而商业中钱财出入较巨，银钱手续清割尤关重要。故余组纱厂时即拿定主意，凡账房、栈房、物料，均请股东选派妥人主管其事，随时由余监督，去留则由余决定。故乙厂之总账房一、花纱布栈房主任三、物料主任一、批发所账房三，共计八人，皆由大股东介绍来厂任事者。余辞去总理职务时，向股东云：机器均完全无损；工人与余感情独厚，停厂时并无何种问题发生；账房、栈房及物料，皆由君等心腹人所掌管；花纱布及一切物料之检查，由各主任出立报告外，均经锁闭，现有钥匙三十二具，请妥为派人接收。花、纱、物料及银钱如有错误，应由各主任负责，余并未拖借分文。余函嘱余所汲引来厂之人，善事新总理，勿以余为念。如有不遵余之嘱咐，抛弃职务而去者，余决不再与其人为友。大丈夫磊落光明，财色生死关头，尚须打破，何况此区区小事哉！我行矣，愿各股东善自谋之，慎毋牺牲个人之私产，而间接消耗国家之富力也。余并深愿新总理体念创业之艰难，毋自利而害公，毋自卑而媚上，毋敷衍因循而牺牲此良好事业也。"（《文集》第 34 页）

5 月 23 日 为乐志华案，上海总商会、公共租界纳税华人会、各路商界总联合会、广肇公所、台州同乡会、绍兴七邑同乡会、宁波旅沪同乡会等八团体联名发表《致工部局华顾问函》，敦请华顾问们与工部局交涉，主持公道。函云："夫租界之有工部局者，为管理界内市政而设。虽其权完全操之各国旅华侨商之手，我国市民独抱向隅。就公道上之观察，待遇未免不平。然外人方面借口于条约之关系未经修改条约以前，普选似难办到。其所据理由非无讨论之价值。不过，工部局对前清所订《洋泾浜北首地皮章程》已多不能遵守，如会审公堂则延不交还。其余如越界筑路，侵占河道，违反条约之举不可枚计。总之，工部局对于有利于本身者，可置条约于不问。对于无利于本身者，则以'条约'两字为箝制我人之利器，世间不平之事孰甚于此，我不知租界当局平日以办理市政自诩。""今乐志华一案，既经英按察使署判决，但书中有'乐志华之伤得之虹口捕房'，则责任问题已有专属。我人初不料在各法制国所组织之工部局管辖下之捕房，竟有凌虐无辜平民之事发生，其间且亘数月之久，尚未得主名之所在。以工部局管理之谨严，侦查之灵敏，对于内部发生重要案件，尚颟顸若是，此则不能不令我人抱有遗恨者也。往事已矣，我人对于生命财产及名誉，为将来保障安全计，不能不有所要求顾问诸君。既为全体市民所推举，又为工部局董事部之顾问，对此重大问题，何以迄今尚未闻有所表示？敝会等选开会议，金谓市民年纳巨额之捐税，不获一日享有发言之权利。一任外人鱼肉，终非久计，华董问题一日不解决，市民一日不得甘心，捕房与监狱一日不改良，居民之生命名誉一日不能保护。开会再四，意相同，用特联合具函陈述两大意见，尚望俯念市民恐慌之状，群情责望之殷。一面向工部局建议界内纳税华人，应有正式代表加入工部局会同办理市政；一面对于捕房及监狱要求改良待遇，并得随时前往调查，庶界内市民，不致再为乐志华第二。"（同日《申报》）

同日 赴河南。（《申报》1923 年 5 月 24 日）约 6 月上旬返沪。

5 月 26 日 中华职业教育社举行选举，先生与黄炎培、穆杼斋、张謇等二十七人当选议事员。（《申报》1923 年 5 月 28 日）

5 月 访太虚法师，询佛法。《自述》云："癸亥二月中，余自北省归来，闻律宗某大师(即太虚法师——编者注)有来沪之消息。唯时节因缘动多牵绊,以故行期蹉跎。直至三月底,方始抵沪。是时之厂务胶葛万分,余心绪甚恶劣。闻世外高人至,仿佛一轮皓月临我幽室,余乃放下一切,专诚至沪北之太平寺参拜。见大师目光炯炯,气象万千,余甚敬畏之。谈次,历将怀疑各点询问之。大师一一予以圆满之答复。末谓余近阅东西文化及其哲学,颇诋毁佛教,并断然言曰:'假使佛化大兴,中国之乱更无已时。'余对于该书过甚之辞,虽不以为然,但信向佛化之心,则非常浅薄。故复云:'余仅知佛教系出世的,我国衰败至此,非全力支持恐国将不国,故余不甚赞成出世的佛教。不识我师将何以教之。'大师答曰:'居士所见者属小乘的、自利的。出家人并非属于消极一派,其实积极到万分。试观菩萨四宏誓愿便知。四宏誓愿云何? 即众生无边誓愿度;烦恼无尽誓愿断;法门无量誓愿学;佛道无上誓愿成。一切新学菩萨,息息以此自励,念念利济众生。救时要道,此为急务。推行佛化,首在感移人心,以祈慈愿咸修,杀机永息,并非希望人尽出家。出家须有因缘,而出家人亦讲孝悌忠信,亦主张尽力建设,造福苍生。至于言中西文化者,以为佛教大兴中国之乱更无已时云云,作者并未知佛教精义,徒逞私议,浪造口业而已。口唱邪说,障人道心,罪过非轻,殊堪悯恻。'并勖余勤看佛经,清净心地。凡现在地位甚高者,夙生地位亦甚高。万勿被眼前之富贵地位所惑,而致堕落。余经此一番开示后,觉佛教自可以纠正人心,安慰人心,使人提起精神服务社会。本诸恶莫作,众善奉行之主意,做许多好事于世间。故余深信佛教于人生有大益。但余喜在家自修,不愿向热闹场里造因,而取烦恼之果。"(《文集》第 35 页;参见《太虚法师讲佛学记》,《文录》上卷,《文集》第 116 页)

6 月 7 日 南京路商界联合会举行职员会议,提出先生等九人为候选理事。(《申报》1923 年 6 月 8 日)

同日 厚生纱厂停工。《民国日报》报道云:"杨树浦厚生纱厂,近因董事部与经理部发生龃龉,致总理穆藕初辞职赴汴。该厂因于日前停工,全体职员并于昨日开会,要求一律辞职,并要求发给三年薪水,三年花红,并分派历年花红。现职员均已出厂,厂务暂由董事长薛宝润维持云。"(《民国日报》1923 年 6 月 8 日)

6 月 11 日 纳税华人会选举开票,先生与王仙华、孙铁卿、盛竹书、陈光甫等五人被选为候补理事。(《申报》1923 年 6 月 12 日)

6 月 21 日 主持劝工银行第三十七届董事会。"议决财政部立案方式及变更本行章程案。"(《上海中华劝工银行议事录》)

6 月 23 日 下午,出席总商会临时会员大会。莅会会员三百六十余人,为历次开会最多者,上海团体代表一百四十余人到会旁听。讨论曹锟在北京发动政变,驱逐黎元洪。议决否认"不能代表民意"的国会,并组织"民治委员会"以为积极解决国事之机关。方椒伯主席致开会词云："今日本会为时局问题召集临时会员大会，因现在政局危险，商会在社会上既占重要位置。际此万急之秋，不能无所表示。虽屡开会董会，终以少数人不能负此重任，故有召集大会之决定。一切议案亦由大会共同讨论决定之。"议决：①"国会议员在北京暴力之下不能代表民意，所有一切行动不生效力"。②"曹锟与高凌蔚等毁法乱政，已失中华民国官吏之资格，国人否认其有总统摄政之资格"。③"通电全国军民长官，维持地方秩序，加意保护外人，听候人民解决，否则惟该地方长官是问"。④"由本会举出委员若干人，与各职业团体共同组织一委员会，为民意机关处理以下各事：（甲）在中政府中断时，由此民意机关代表外交。（乙）管理财政。（丙）解决国内一切纷纠。（丁）监督各省行政。（戊）速依法选举国会。"（《申报》1923 年 6 月 24 日）

6 月 30 日 当选民治委员会委员。（《申报》1923 年 7 月 1 日）民治委员会共七十人，总商会本届现任三十五名会董为当然的民治委员。由于民治委员会成员完全由总商会会董和会员组成，引起了工商界和各界的不满，第一次会议仅出席二十九人，未到半数。7 月 11 日民治委员会举行第二次会议，仅二十四人到会，无法议事。7 月 16 日民治委员会召开常委会议，由于得不到各界支持，决议以"理财为进行范围"，公布《中央财政报告书》和《议案意见书》。（《上海总商会议事录》）

6 月 毛泽东撰《北京政变与商人》，称赞上海商人们否认国会、组织民治委员会之行动，并再次提到穆藕初。云："这次政变发生，惊动了老不注意政治的商人忽然抬起头来注意政治，这是何等可喜的消息：上海各马路商界总联合会于六月十四日发表宣言，主张召集国民会议解决国事；上海总商会复于六月二十三日经会员大会议决，发表对全国国民的宣言"。"总商会同时议决否认'不能代表民意'的国会，并组织一个民治委员会以为积极解决国事的机关。上海各马路商联会和上海总商会这次举动，总算是商人出来干预政治的第一声，总算是商人们三年不鸣，一鸣惊人的表示！""大家知道厘金和关税是商人的两个生死关，商人之迫切要求裁厘加税，是他们利喜切肤的表示；但裁厘加税并不是容易做得到的事，因为裁厘有损于军阀的利益，加税又有损于外国帝国主义的利益。""我们再看最近上海纱商要求国家发纱业公债，为曹锐、靳云鹏破坏，要求国家禁棉出口又为外国公使团破坏，更足证明外力、军阀和商人是势不两立的。这些都是上月二十三日到了上海总商会会员大会的那些体面商人穆藕斋（原文如此——编者注）先生们亲自尝到的苦味！"（《响导周报》第三十一，三十二期合刊）

7 月初 被工部局推为童工问题调查委员会委员。7 月 4 日《申报》刊登《童工委员会之进行》消息云："本埠中外人士对于童工问题异常注意。公共工部局已组织调查委员会，派定古柏氏、柯尔氏、唐福特氏、冈田氏、华德氏、穆藕初、佛莱夫人、哈里生女士、石女医士、宋女士等十人为委员,分别调查。各委员现正分赴租界内中外各工厂,调查雇用男女童工之实数,及工作状况,暨时间工资等项,以便参酌地方情形提出意见书,呈请工部局参订施行规则。"(同日《申报》)

7月6日 出席徐家汇暨南商科学校毕业生训话会。校长赵厚生报告并给凭。黄炎培与先生、曹慕管、李登辉、赵晋卿、袁履登等"先后演讲,历四小时之久"。此届计毕业生十五人。(《申报》1923年7月7日)

7月15日 参加粟社同期,唱曲。又发起为昆剧保存社筹款。王燮功《天华盦日记》日云:"午刻到所。粟社设五楼。枚肃、习贤司设。习贤丁艰,由藕初出面唱《见娘》一折。""八点曲终。藕初发起明春演剧,为昆剧保存社筹款事。谈至二鼓散归。"(手稿)

7月 中华劝工银行刘聘三为担保款还款事致函先生,云:"尤君志迈在本行往来透支,由台端担保额定三千元。现查该户甚为呆滞,与调剂盈虚之本旨殊有未合。还请知照该户赶先措还若干,将原额酌量减少。实为至祷。"(底稿,上海中华劝工银行档案)

8月4日 出席袁仲尉五十寿辰曲会。王燮功《天华盦日记》云:"至袁宅曲会。饭后唱《折柳阳关》。是局系仲尉五十生辰。宾客杂众。夜七时半曲终,开筵已九时,藕初、超然、邢鸣盛同席,饮啤酒甚多。席散,主人留观化妆滩簧,归已将四时。"(手稿)

8月5日 主持华商纱布交易所第四届股东会。到者约五万权。首由先生致词,就棉花营业以及棉花揿水等积弊提出处置建议。云:"本所屡经股东请求扩充营业,爰根据本所章程添设棉花营业执照在案。惟棉花标准品之审定,极为重要,于是有棉花审查会之组织。就花业中之有经验有资望者,延请若干人审定货价等级表。至棉花交割手续亦极繁重,本所另置检查员先期检查货品,并参酌棉业商情,及事实两方面订定检查规则,以昭慎重要之。棉业与纱业相转而行,而棉业视纱业尤为复杂,兹将各争点预为揭出,庶交割时买卖两方悉凭标准,及检查员之评断不致有所争执焉。(一)旧习慎交割,以市价与售价互为伸缩。倘市价高出售价,则买主对于货品可曲为通融。反之则卖主须提高货品,藉免买主无谓之挑剔。惟本所交易悉凭标准,并无伸缩之余地;(二)通花优于色泽,陕花优于质量,而揿水夹核黄花等弊,均所不免。况通花有充通,陕州细织有挤合组织等陋习。若欲确实断定相差之价格,恐无其人。本所检查员惟有竭尽智,能秉公评断,深愿买卖两方于价格距离过远时,不作无谓之争执而使当局以难堪;(三)揿水积弊于今为烈,况棉花零星购自乡户,成包内所含水分至有参差,况取样烘花手续繁重,本所当用慎密方法务使经手取样烘花之人,划分职务不相接触。并各本其天良,肩兹重任,应请买卖两方鉴兹手续之繁杂,随赐热忱这谅解。以上数端,仅述其荦荦大者。其他毛举细头,足滋争议者尚多,本所深望棉业先进,及各主顾鉴兹为难情形,曲予谅解,并随时匡其不逮,共建伟业。"次吴麟书报告业营概况,监察人张则民报告账略。末由先生宣布议案:①纯益金分配案。②修改章程案均全体通过。照章改选监察人,当选者为张则民、朱友仁、胡筠庵三人。"该所本届营业较上届尤为生色股东红利每股为三元。"(《申报》1923 年 8 月 6 日)

8 月 9 日 下午二时,赴也是园出席江浙和平协会筹备会。① "因战谣日亟,急需图谋和平",苏浙人士拟发起苏浙和平协会,本日举行筹备会,到者有黄炎培、沈信卿、姚紫若、穆杼斋等。沈信卿说明《简章》大意。"大众讨论略有修改,即决定尽三四日内分头介绍会员。如何进行俟成立后再行研究。"《简章》第一条云:"本会以主持和平发抒民意,力图保全两省治安为宗旨。"(《民国日报》1923 年 8 月 10 日)

8 月 14 日 下午五时,出席留美同学会欢送清华学生赴美。到者有清华男女学生及胡兰生、朱成章、朱惠生、赵师复等八十余人。陆守经主席。先生演说对学生提出殷殷忠告,希望学生学成归来,尽国民应尽责任。全文如下:

> 此次诸君子壮游新大陆,各团体之欢送者不在少数。欢送通例,类多谀辞,同人等未敢循例敷衍,而有所贡献,倘亦笃志之士所乐闻者欤?同人等回想若干年前联袂西渡之日,亦曾受此同样之恭维,及邦人士无限之期望。回国以来,究属于教育实业,有几何发展?于社会国家,有几何裨益?扪心自问,惭赧实多。今日之诸君子,宛焉同人等昔日之西渡时也,一转瞬间,亦将如吾等为过去之留学生。究竟于教育实业如何而使之进展,于社会国家如何而令得实益,同到实际的考验地位,诸君子真正荣耀之构成,其在此后可无疑也。同人等为特掬诚忠告,幸采纳焉。清华学生毕业后,悉数遣送出洋,为他校学生所艳羡者。诸君子有此际遇,益宜勇猛精进,知行并励,养成干济长才,亦比较各校产出之人才为多。如此庶足以餍国人之期望,并得以慰美人还我赔款,为我植材之盛意。此同人等切望于诸君子者一也。诸君子由小学而中学,渐入大学,而得学位,十余年中,如入世外桃源,未与苦痛不堪之社会相接近,我国人情风俗之若何、物产交通之若何、环周实况之若何,恐诸君子中向少注意者,未免多少隔膜。他日学成归来,学位则既得矣,或者不屑屈就,以资历练。苟若是,而欲贯彻今日邦人士对于诸君子非常之期望,恐非易事。此同人等不禁为诸君子代抱杞忧者又一也。前此回国留学生中,曾习农工商矿等各种专门

---

① 本年 6 月,曹锟驱逐黎元洪,全国掀起了反直系高潮,直系军阀齐燮元增兵昆山,联合福建孙传芳,准备夹击上海和浙江。江、浙各界联合成立和平协会,以图阻止江浙军人发起战争。

学术,因百无聊赖而操政治生涯者,不知凡几。今日政局如斯,有心人所痛哭流涕长太息者也,谁实为之而致于此,岂非二十年来,自名为新学家及一辈贬节之留学生首尸其咎乎? 前车之覆,后车之鉴,此同人等切望诸君子及早慎于抉择者又一也。美人士习尚敏捷,吾国人习尚因循;美人士喜服务社会,吾国人多求快私图。惟因循,故一切机会皆坐失;惟徇私,故三人以上无团体。社会日堕落,政治日恶劣,皆种毒于此也。国家派遣诸君赴美求学,抵美以后,正宜留心考察美人士创造社会之精神,为我国人因循徇私对症发药,取彼之长,补我之短此同人等切望诸君子勿虚此行者又一也。人情于环境乍换之顷,至易关怀,去故国而登新陆,凡耳之所闻,目之所接,在在皆足引起倾注之精神。而于奇特之境界为尤甚,如某地最长之桥、某市最高之屋、某家为最大之公司、某氏为最富之财主,诸如此类。普通人所对之异常震骇而艳羡者,不知此奇特之一境界,非一蹴所能几,夷考一切伟大之事业,超越之境界,无往不从小规模而起,亦无一不从勤俭耐苦中进行不已。年来欧美学位,代价如何,邦人士早已看破矣。愿诸君子屏弃虚荣,进求实学,刻苦自励,务期归国以后,不惮烦劳,不嫌小就。不愁无良好机会,而惟愁岁月之空抛;不忧无雄厚资金,而惟忧信用之不立。人人出其能力,尽其所长,服务社会,不因目睹美国大规模事业,而阻其最初之进程。千里之行,始于跬步,百尺之台,累自寸土。功成处,无非力所到处,用力得当,从无虚掷,学不致用,乌得幸成? 此同人等为诸君子恳切劝勉者又一也。抑尚有不能已于言者,诸君子课余,更宜随时随处研究社会及国家种种之组织,以及一切事业之屹立,及发展。世界乃最大之学校,人事乃最大之文库,无文字言语处,所含精义为尤富。诚能善于寻求,而又善于运用之,则他日终业归来,庶能尽国民一分子之义务。夫然后任投何地措施,于万目睽睽之下,可告无罪乎。

(《申报》1923 年 8 月 15 日;《文录》上卷,《文集》第 45 页)

8 月 16 日　下午三时,赴西门职工教育馆出席江浙和平协会成立会。到会两省人士计有八十余人。由沈信卿报告发起经过情形,云:"江浙间因略有误会,致军事行动之谣甚烈。同人等为欲免除此种事实,以为必须组一两省共同目的之合作团体,并与两省当局切实接洽。"次具体讨论保全和平办法,决定发动东南五省各界人士,特别是皖人"共同参加,以求弭兵运动扩大而求实效"。继讨论简章,分发选举票选举干事。沈信卿、张仲仁、袁观澜、张一鹏、黄炎培、穆杼斋、穆藕初、姚紫若等二十四人当选。通信处则暂借省教育。(《申报》1923 年 8 月 17 日)

8 月 18 日　晚,出席江浙和平协会第一次干事会议,到会十四人。沈信卿主席。①干事分配职务。推定总务、文牍、会计、宣传、编辑等,先生为会计干事。②

事务所暂假苏社。③"史量才报告张仲仁赴苏浙接洽情形,大致均极圆满。故一切办法俟张君回沪后再商。"④以后开干事会由总务干事召集。8 月 19 日,江浙两省督军齐燮元、卢永祥,省长韩国钧、张载扬及淞沪护军使何丰林签署《江浙和平公约》。公约共五条,双方声明:"凡足以引起军事行动之政治问题及为保境安民之障碍者,均一律避免之"。8 月 20 日,各报公布该和平公约照片和张一麐关于串梭交涉于苏、浙间经过。同时将原件存放于浙江兴业银行保险库,以昭信守。(《申报》1823 年 8 月 20 日)

8 月 23 日 与齐燮元、张謇、蔡元培等联名发表《东南大学体育馆设备及附设游泳池募捐启》。文云:"吾国需体育亟矣,就其尤显著之事实言之,国人除农工劳动者,举目皆肩敧背曲形屡神蔽之人,古代雄风消沈殆尽。今年参与远东运动会成绩远逊日菲,以视欧西,自更瞠乎其后。民力柔靡,国力何恃?今日之青年使无良好之体育训练,则异日之国民即无健全之体格与品性,其关系岂不重乎。本校提倡体育最早,历年延聘国内外体育专家,实施教练,养成体育人才,普及体育学识,亦已粗有成效。前高师创办体育专修科,毕业者五十余人,服务各省高等中等各校,备受社会之赞许。只以设备不周,扩充匪易。现正建筑一新式之体育馆,又鉴于国人不谙游泳之术,每年溺水毙者常数千人,知游泳之提倡亦不容缓,可藉以改正体力不良之姿势,综计各项建筑及设备共需十万元。其细目如下:体育馆银五九零零零元、浴室暖器及水管银六零零零元、运动设备银一零零零零元、游泳池(即游泳池上之房屋)银一四零零零元、游泳池银五零零零元、汲水管与滤水机银六零零零元,以上共计十万元。本校体育系所有经费仅五万九千元,其余四万一千元尚属无着。海内不乏热心好义之士,尚祈慷慨解囊尽力勖助,俾上项计划早日观成,岂惟本校之幸,吾国体育前途实利赖之。"末署名誉校董、校董同启。(引自《南大百年实录——中央大学史料选》上卷,第 185 页)

8 月 27 日 中午,出席上海筹赎胶济铁路委员会紧急会议。讨论"胶济铁路本年上半年盈余百三十余万,移充大选经费并排除异己案"。通过致交通部暨胶济铁路理事会电,表示反对,一面通告全国国民,共起奋争。通告云:"查胶路民有业经明令公布,且赎路有期,需款孔多,该路盈余自不能移作别用,应请电饬该局妥为保管,无论何项用途不得腾挪。否则全国国民必将群起反对,深恐当此纷乱之政局,更生无限之波澜。窃为当局不取,敢尽忠告,望熟图之等语,望共起表示一致主张,不胜盼幸。"(《申报》1923 年 8 月 28 日)

同日 江苏省教育会召开全体职员会,讨论公民教育由学校、教育部、社会教育部组织委员会进行。会议推举临时干事,先生被推为交际部干事。(《申报》1923 年 8 月 29 日)

8月29日 《申报》刊登《纱厂中废花之利用》一文，报道豫丰纱厂利用废纱生产自用包纱纸。文云："目下各纱厂所用之灰黑色包纱纸无不购自纸厂，而对于余下之废花及油棉花等均弃之不用，或以贱价卖出，此实极不经济者。不知正可利用此等无用之物，造成极好之包纱纸，以供本厂之所须。棉花之纤维为各种纤维中之最长者，故制成之纸亦最强韧，用以包物颇为合宜。河南郑州豫丰纱厂此法早已实行，成效卓著。今将制造之法略述如下，以冀各大纱厂起而提倡焉。"（同日《申报》）

8月 被载入邝富灼、邝光林编著之《现代之胜利者》（STORIES WHO ACHIEVES SUCCESS）。原书由上海商务印书馆出版，为英文读本二册，上册列出了世界上十六位"现代胜利者"小传，内有科学家爱迪生、爱因斯坦、煤油大王洛克菲勒、钢铁大王虚瓦百、以及胡佛、哈定等社会名人。中国人为何东、欧彬、张謇和穆藕初四人。先生小传云："在短短的五中，成功地创造和经营了三大纱厂，它们的交足资本总额达五百万两银子，管理十分纱绽，一万一千台捻线机和六百台布机，这是任何人值得自豪的成就。艾隆克·马克逊先生在评介穆先生的成就时说到：'在自己本身和工业上这两方面建设性进步中，任何一个美国企业大王要能超过这个记录都是值得怀疑的。'取得如此大的成就对于一个具有一般

《现代之胜利者》所载穆藕初英文小传书影

抱负的人来说已经是足够的了，但是对于一个年轻时几乎身无分文而后却升到了这般富裕又有声望的人而言，却远远不是止境。如此显赫的功绩对于他来说不过是更伟大和更重要事业的序幕而已。……他一到上海就着手工作，接着便取得了他哥哥穆恕再先生的合作。穆恕再先生也是一个棉花专家，两人筹备了二十万两银子创立了第一个厂，1915年投产。有关此事从《密勒氏评论报》写道：'当时一般认为，中国是永远不能在棉花工业方向和日本人竞争的，任何促进这一工业发展的努力也注定是徒劳的。然而穆先生作为总经理对德大纱厂出色的管理否定了这个

不适宜的结论.'这个了不起的业绩可以用这个事实来说明:这就是仅仅短短数年中,德大的资本就增加到了一百万两银子。这是上海第一个成功制成四十二支纱线的棉纺厂。……他能够奇妙的把严格的企业意识和实际的理想主义结合起来,令人感到惊奇的是,穆先生同时又是个慈善家,又是一个昆曲爱好者,他聚集了其他昆曲爱好者组成曲社,成功地推广了昆曲。……尽管他的影响和财产如此之大,穆先生却是非常的简朴。一个有名的美国记者最近指出:'假如你在一群中国人中遇见穆湘玥,你决计不能认出这个在如此短暂时间内取得如此宏伟成就的人'。他的风度极为怡人,他陶冶成了一种谈笑风生的风格。这些得自美国的教育而又涵有中国式的庄严和礼仪。穆先生是乐观的,在这样一个动乱的时代,如此一个乐观主义者就像中流砥柱一般。再没有比引用他作为中国代表团团长 1922 年 10 月在檀香山举行的太平洋商务会议上报告中的一段话更是说明问题的了:'在对待目前局势,我们不要悲观,在攀登前进的道路上,一个国家总要经历各种艰难困苦…..前途总是光明的,我们有一切理由相信,一个强大的民主政府以及和平与秩序的创立和出现就在不远的将来'穆先生的才干和性格确实是中国的一种幸运,我们为有更多的穆先生而祈祷!"原版英文如下:

To have successfully organized and managed within the short period of five years three huge cotton mills with a total paid-in capital of five million taels operating in all over one hundred thousand spindles, eleven thousand twisters, and six hundred looms is an achievement of which any one can be justifiably proud. In commenting upon Mr. Moh's accomplishment, Mr. Isaac F. Marcosson said, "It is doubtful if any American magnate can surpass this record of constructive advancement both of self and of industry."Such attainment to one of ordinary ambition is sufficient, but not so for the man who rose from almost a penniless youth to a position of wealth and influence. What he has so far accomplished is but a prelude to greater and more important things.

The life of Mr. Moh provides indeed a vivid object lesson to our ambitious youths. China has been mainly agricultural; but object good as it is to rely upon agriculture as a basis of national existence, it is economically unsound. We produce raw products for other countries to turn into manufactured articles for us. As an example, China produces excellent hides and skins capable of being turned into good-quality leather, but because of our lack of adequate tanning facilities we have been obliged to send annually over twenty-four million taels' worth of hidden and skins to other countries only to import them again in the form of leather. What this involves is evident: the profits which the dividends of foreign capitalists, the shipment and transshipment of hides and skins and leather inevitably but unnecessarily increase the price we have to pay for leather shoes, leather bags, and similar leather articles, and then the Chinese laborers-we know how much they need employment - to the relatively well-off American of European workers. The same applies to many of our other exports, notably minerals, hair and bristles, wool, and cotton.

Capital, raw material, market, and labor we have, but the things most needed for China's industrial development are organizing power, managing ability, and honest and efficient administration.

These latter qualities are now vividly exemplified in Mr. Moh and with his lead we hope a more desirable economic dynasty will be ushered into China.

Mr. Moh was born in 1877 in Shanghai and was brought up in the home of a cotton merchant. Between the year 1891 and 1898 he worded in the cotton store owned by his father. Thus we see the mind of the youth was early directed to cotton in which industry he is destined to play a very conspicuous role. The for four years (1900 - 1905), after a short period of schooling, Mr. Moh served as a clerk in the Maritime Customs.

In 1906 Mr. Moh became supervisor as well as instructor of the Loong Men Normal School, Shanghai. He did not remain in this post long, for the next year he was requisitioned and sent by the directors of the Kiangsu Railway Company to investigate the railway systems of North and Central China.

How well he succeeded in his mission may be inferred from the fact that directly after his investigation the directors from the fact that directly after his investigation the directors made him Chief of the Police Department of the Company.

Through wise saving and strict economy he had, by 1909, when he was thirty-two, accumulated enough money to go to the United States that year.

In this Mr. Moh provides the students of to -day a lesson in persistent endeavor. Mr. Moh had the two great obstacles of poverty and age to confront at the beginning of his college days. Yet with undaunted courage and a steadfast purpose he overcame both, and by the time he returned he was armed not only with a B. S. and M. s., but also with the more substantial knowledge he so desired.

For two years, beginning 1909, Mr. Moh pursued a course in agriculture at the University of Wisconsin. He then went to study at the University of Hlionois, where he received his degree of Master of Science.

He returned to China in 1914, and since then his life has been one continuous expansion. Mr. Moh is the personification of energy and this fact cannot be better exemplified than in his organization of the The Dah Cotton Mill.

No sooner had he landed in Shanghai than he set to work to interest and secure the cooperation of his brother, Mr. Moh Su-chai, the cotton expert, to raise two hundreds thousand taels to put up his first mill, which started operation in 1915. In this connection Millard's Review remarked that "at that time the general belief was that industry and any effort to promote the industry was futile. The splendid management of the The Dah Cotton Mill with Mr. Moh as its executive head dispelled this unfavorable conclusion ." Its splendid success may be gauged from the fact that within a few years its capital was increased to one million taels . The Toh Dah is the first mill in - Shanghai to have successfully spun 42s yarn and thread.

In the same year, Mr. Moh inaugurated a cotton experiment station where American seeds were acclimated and freely distributed among the farmers, Previously in China American seeds brought no satisfactory results, but through Mr. Moh's untiring offorts these are now widely and successfully used. As a supplement to this enterprise Mr. Moh, at his own expense, established, in 1918, a cotton ginnery with American saw gins.

Recognizing his technical knowledge and managing ability, a group of wealthy Chinese, in 1916, asked Mr. Moh to organize for them another huge cotton mill, the Hou Sang Cotton Mill, It had a capital of one million two hundred thousand taels, but since it started operation in 1918 the paid-up capital has increased to two million taels. It is the first mill in China to produce shirtings and jeans and the second to use American machinery.

The intense energy of Mr. Moh resulted in his organizing, in 1919, his third mill, the Yu Foong Cotton Mill of Chengchow, Hodan, with a capital of two million taels. This mill, being in the interior, is able to render very effective service to the public. Not only is it providing employment, thereby livelihood for thousands, but under its influence the social fabric of the whole city is being reconstructed. The lectures given at the mill's Y. M. C. A., and the magazines provided in the mill's reading room are gradually raising the intellectual standard of the employees and the public, while its savings bank is encouraging economy, thereby increasing happiness.

Any attempt to catalogue in detail Mr. Moh's activities even during the very short period of eight years (1914 - 1922) would result in a comprehensive volume - only bare mention, therefore, can be made of Mr. Moh's other enterprises.

In 1920, Mr. Moh organized the Chinese Industrial Bank and the Chinese Cotton Goods Exchange, of which he is president. He is now serving by appointment of the President of China and the Ministry of Agriculture and commerce as honorary adviser on Industry. In addition he is director of the General Chamber of Commerce of Shanghai, the Vocational School of China, chairman of the Cotton Extension and improvement Committee of the Chinese Cotton Mill Owners 'Association, president of the American Returned Students' Club, adviser to the Shanghai Municipal Council and a host of others.

The marvelous thing about Mr. Moh is that he can combine hard business sense with practical idealism, for Mr. Moh is at the same time a philanthropist and a keen lover of music. His Musical Club, in which he gathers together other music lovers, is successfully popularizing the Chinese music known as Kwen Chu(昆曲)。

During the few years since 1915 Mr. Moh was also able to do some literary work. he wrote, in 1914, "Simple Remarks in Cotton Improvement," over thirty thousand copies of which have been distributed throughout China. He also translated, in 1915, Dr. F. W. Taylor's celebrated book, "The Principles of Scientific Management," and in 1916 Mrs. W. A. Graham Clark's "Cotton Goods in Japan."

Great as his influence and fortune are，Mr . Moh is exceptionally modest. An eminent American journalist recently remarked，"if you met H. Y . Moh in a crowd of Chinese you would never single him out as the individual who has achieved so much in such a brief time ." His manner is most delightful；for he tempers the breezy style，which his American Training taught him，with a dash of Chinese dignity and ceremoniousness.

Mr. Moh is optimistic and the optimism of such a man at such an unsettled period is like an anchor in a seething sea. We can do no better than to quote a passage of his speech that he delivered as chief Chinese delegate to the Pan-Pacific Conference in Honolulu，in October，1922："We need not be pessimistic in our attitude toward the present situation . A country has got to pass over trouble and difficulties of all sorts if it ever climbs an ascending road .... The future is bright indeed，and there is every reason to believe that the appearance of a strong democratic government and the establishment of peace and order are not far in the future."

A man of Mr. Moh's caliber and character is indeed a blessing to China. We pray for more H. Y. Mohs!

（原书）

8月　由先生资助赴菲留学学生韩朝宗与张纯明返沪，向先生求助留学经费，未果。穆伯华《先德追怀录》云："我父资助外姓人留学之金额皆一次付给。民国十一年壬戌(误，应为民国十年辛酉——编者注)以一万元助开封四位青年赴菲律宾求学亦是如此。二年后之暑期中，忽然男仆章根泉引一青年穿花径入会客室，要会见于我。就坐毕，章仆立于我后旁。青年说：'吾是赴斐律宾学生四人中之一人，方从菲回来。吾们学费不继，三度函请穆总经理告急，均未得复音。他们特委吾为代表回国，当面请求再发一次资助金，以完成各人之学业，'云云。在青年说上述言语尚未完毕之时，章仆突然插嘴：'老爷不在上海，大少爷住在学堂里念书，不晓得这种事情的。'青年初不经意，继续向我叙述他们在斐需款孔急。章仆又打断青年说话，作再一次插嘴，仍如上说。青年抬头直视章仆，面露奇怪之神气，颇不愉快之状。我乃说：'家父去郑州已有三个月之久，办理厂内紧要事务。一时不能回来，你去过豫丰驻沪办事处吗？'青年说：'去过。他们告诉我你的住址。'我说：'你还是直接给家父通信。信札一往一返不过三四天时间。'青年感到十分扫兴，仍由章仆引之辞去。以后我未闻有第二次付给此四人之学费。当时我心中暗想，此青年之来已失时令。盖那年上半年我父已辞去厚生总经理职。德大受债主四面逼索，如一团乌云笼罩头顶。厂幸前途见不到一丝一毫曙光。豫丰驻厂协理吴文卿开口闭口必须立筹一百万元方可免脱豫丰倒闭之厄幸。所以此四青年心目中之穆总经理已非二年前他们所见到之纺织厂业领袖,八面玲珑的穆总经理矣。"张琼芝《回忆纯明的一生》云:"1923年夏,韩朝宗与张纯明由菲返回上海后,希望能赴美国留学。经穆藕初先生介绍,时任云南东陆大学校长董泽向二人捐助国币1 000元,韩、张接款后,自己又筹措一部分资金,就动身赴美。"

10月1日　于《新闻报》发表《生利的政府》一文,呼吁"攘利之政客相率归休,生利的政府及早出现",期望政府各部门走上正轨,扫除"军阀跋扈之丑行"。全文如下:

> 《新闻报》馆总理汪君汉溪对于本年双十节继续征文,以予涉足工商界,于工商界所受时局不靖之痛苦及所抱政治改善之希望当知之较详,嘱为撰稿。予不文,第感于汪君忧时爱国之至意,不敢不贡其一得之愚。予工商界中人也,工商界年来所受之痛苦无往而非政争所波及,政权久已旁落,政府视同赘疣,不幸陷于无政府地位,忽忽已三阅月。邦人士素位而行,相与安之。虽然,群龙无首,对内对外,失其系统,国际地位,受损实巨,又安能任其长此终古耶?共和缔造,忽十二年,双十又来,纪念国庆,国既不纲,庆于何在,挥泪之不暇,又安能有所点缀哉?无已,惟有表示我工商界殷切之期望,期望无他,攘利之政客相率归休,生利的政府及早出现,俾举国人民咸得安居乐业而已。生利的政府云何?政府当局,人人公而忘私,同心勠力,发展社会经济,增殖国家富力,消弭国内殷忧,助进全球幸运而已。勉草此篇,与我邦人君子商榷之。
>
> 政争剧烈,国纪荡然,礼义廉耻,敝屣弃之,攘夺把持,党系争之,佥以为握财政交通之权者可任意侵蚀巨款,典卖国产,予取予求,不转瞬间,措大坐拥巨产矣。故财交久有红部之称,谋得肥缺者,趋之若鹜,谋者无限,而肥缺有限,于是倾轧之风炽矣。所谓红部者如是如是,而攀附争竞者不悟也。此外教育、司法、农、商诸部,名曰闲部,藉以位置第二等政客而已。噫!政体之败坏,一至于此,复何言哉。
>
> 财部大宗入款为钱漕、捐税及关余、盐余等等,虽握全国经济实权,然实际不过一高等会计而已。苟财政当局,长于理财,取之于民而民不怨,亦仅可谓把注有方。然其所恃以把注者,无非斯世斯民之膏血,于人民实无几何之利益。若夫财政当局而能统筹兼顾,作政府与人民间息息相关之循环裨益要图,一方面循规律以取之于民,他方面出若干财力用之于民,提纲挈领,奖进保育农工商各业,使种种产额步步级增,发展国家之经济,此财部构成生利的政府之原则,我工商界对于今后之财部所系以无穷之期望者也。

　　交部掌管全国铁道、邮电、航路,收支款项,位置人员,其劳力远出财部之上。壁垒坚固,而策应灵捷,交系名目,喧腾于政海间,循名责实,除邮务办理成效卓著外,次惟电政尚差强人意,余如路政、航政,非但毫无成效,且废弛实甚。交系云云,徒为军阀政客植权攘利之惟一机关。邦人士竟放弃本有之监督天职,相与充耳无闻,当局如彼,民智如此,可怜亦可耻已。虽然,交部中不乏贤俊,倘一旦君子道长,必有抒其素抱起而从容整理之者。惟鄙见交部职权于交通范围内事尚须扩展,庶几责专而效宏。例如辟干线、筑支路、省道县道以次开拓,化游民为路工,发荒山为宝藏,工业原料取用不穷,腹地产品转输便利,同时开浚河道,扩张航路,以我国之羡余,补各国之不足,取各国之特产,应我国之要需,一策划,一整理间,推行尽利之欢声遍满宇宙间矣。此交部构成生利的政府之殊勋,我工商界对于今后之交部所系以无穷之期望者也。

　　农部应时势之需要,一方面文字宣传,广播实业浅说,一方面辟场研究,起图农产改良。统计颁行,偶开调查之例;商标登录,聊尽保护之方。于百无聊赖中,稍有表见,然终以国家多故,财力不继,于工商业保育政策上迄未见有差强人意之设施。况农商当局每每牵入政争漩涡,去住靡定,等职官于传舍,虽有贤者亦往往以多种不幸关系,卒之无所建白以去。虽然,往者已矣,农工商为立国要图,愿自今以往,有振兴农工商宏愿并绰有振兴农工商才具之人居此要职,俾于一切设施上及一切保育政策上畅所欲为,而克收厚效。务使国无游民,野无旷土,地无弃利,自给有余,进给世界,夫然后寸寸土地,寸寸光阴,胥化而为寸寸黄金矣。百利具兴,则众患尽息,此农部构成生利的政府之正轨,我工商界对于今后之农部所系以无穷之期望者也。

　　教部为全国教育事业之中枢,最良学制之厘订,教育事业之匡扶悉惟教育部设施之是赖。国家千百年大计,人间无量数事功,在在需才,在在有待乎陶冶,是则械朴作人之举万不可以等闲视也。且也国民苟失教,则生产力不克与消耗力并进,嗜欲多而消费巨,生产力不足而度日维艰,巧取幸获之风因之而日盛,优秀分子流为政客,政客愈多,政争愈烈,人心愈堕落,风俗愈败坏,水深火热,人民所受之痛苦愈不堪言状。如此景况,何莫非国民之失于陶铸有以致之耶?今欲挽既倒之狂澜,非力谋良教育之普及不为功,教育莫良于适应时势之需求,尊任尚朴,重廉耻,守礼义,自立立群,避名务实,铲除自私自利之行为,不失磊落光明之态度。此等人才而为国家社会中心人物,中兴不难立见矣。夫国民教育中最要之点在乎才愈大而心愈虚,不辞任务之辛劳,而惟以不能厚植信用之是虑;不嫌地位之卑小,而惟以不能发展所业之为羞。出力务多,而享用惟俭;制心一处,而所作务精。人人勉为为国生利之前驱,而以剥蚀国力为丑事,青年学子一日不可无此决心;教育当局一日不可无此主张。此适应时势需求之教育,在教部尤有扶植奖进之天职。此教部构成生利的政府之要图,我工商界对于今后之教部所系以无穷之期望者也。

人类有智愚贤否之不齐,境界有顺逆得失之不同,处理难解之纠纷,维持社会之秩序,法律警备尚已,司法与警务皆间接扶植生利事业,而未可一日或缺者也。内务外交于生利事业上亦有多种关系。当此全球一家,中外互市,农工商业借重外交处亦不在少数也。至于海陆军虽不能一日不备,务期其百年不用,我大中华民族绝无侵掠与国之心,故海陆军备当缩至最小限度,取其于必要时足以自卫而已。诚能进一步采取寓兵于农、寓兵于工、寓兵于商之制度,自卫之力蓄之于农工商自身,而今日兵匪扰民之痛苦,军阀跋扈之丑行庶几可一扫而空于来日欤。予也主张生利的政府之产出,于悉力整顿财、交、农、教诸部,期望尤切。而于他部之应如何振作,如何改革,不在本问题范围以内,姑从略焉。时无论古今,地无论中外,一切人事皆惟心现,我工商百业界莫不切切焉渴望攘利的政客之归休,生利的政府之出现。苟我举国一致,植此有力主张,更进一步,转客观为主观,转虚想为实行,则我大中华民国生利的政府实现之期固不在远也。

（同日《新闻报》;《文录》上卷,《文集》第98页）

10月14日　许德珩拟向先生借款在法英留学。《蔡元培日记》云:"许楚僧(德珩)来,属函告穆藕初,拟借三千元,作为两年留法,一年留英学费及归国川资。"(《蔡元培全集》第16卷第246页)

10月16日　蔡元培致先生函。《蔡元培日记》云:"致穆藕初函,为许楚僧筹借款。"1924年1月8日,蔡元培得先生复函,"知许楚僧事不成。"(《蔡元培全集》第16卷第247页)

10月24日　俞振飞与程艳秋(砚秋)首次合作登台,演出《游园惊梦》。演出前,先生致函俞粟庐,陈述俞振飞参加演出对于扩大昆剧影响的种种好处。（俞振飞《一生爱好是昆曲》,《20世纪上海文史资料文库》第7册）俞粟庐致五侄俞建侯函谈到对俞振飞演出看法,云:"近日京伶程艳秋(梅兰芳之徒)到沪,举国若狂。日前见汽车直停至四马路。今日演《游园惊梦》,昨日姚文敷及袁海观长公子伯夔至批发所面恳振儿合串,我以卖戏名目不正,未允。今藕初又有快信相恳,为明年正月集串一事,须姚、袁诸人帮助售票,请允其请。刻已寄快信允许。沪上往往有此等作为,人怕出名,其信然也。"(原件,俞经农藏)

10月　发表《解决民生困状之研究》一文,主张"以厉行垦殖事业为解决今日民生困状之前提"。全文如下:

我国生齿繁多,地方广袤,素为各国所艳羡。东南各省大都山明水秀,物产丰饶;西北各省泰半土燥天寒,地多弃利,以是因缘,东南有人满之忧,西北有地旷之患。人众而不理,地广而不治,有一于此,足以病国,况兼而有之,国内种种之纷扰,未始不伏线于此两端之下也。然则我国之立国大计固莫善于重农,而莫急于举办垦殖大业,厉行移民实边之政策矣。吾人试默察之,举凡今日之一切病国害民者,何一非民,何一非谋生无路,遂相率出其幸获诈取阴谋豪夺之种种不道行为,祸国而殃民。虽然,彼等所恃以生活之途亦至危殆,彼辈亦自知其不足恃,盖的一而矢众,无往不苦其生活之途穷。设有安全之生活出现于前方,则彼辈之舍歧路而来归者必大有其人,可无惑焉。

且也世之习逸成惰者固不知植果千树之胜万户侯,鼓腹高歌之有四时乐也。减生活上剧烈之竞争,增大陆国无量之天产,食粮高价可因此制止;工业原料可无虞缺乏;裁兵计划可因此实施,种种困难问题大部分可因此解决也。不须巨资,可以依次进图,不待机械,可以赤手奋斗,到处可为家,在足以序天伦之乐,俯仰能自给,人人可以植自立之基,以过庶之民族,起辟天赋之荒原,生利之丰,奏功之捷,有断然者。愿我海内之谋国是者一致策进之。

或者曰:"子之所言固甚是,第以我国年来不靖之现状观之,与子所主张者适得其反。法令不行,武人跋扈,滥募招则匪势必编为兵,一失所则兵亦即化为匪。民不聊生,村落无安居之地,岁无宁日,农田变荒芜之区。固有之利源尚且不能保持,其他复何言哉?"

释之曰:水之横决也,有壅之使然者。因势利导,大禹行所无事,而奏万流归海之丰功矣。予以厉行垦殖事业为解决今日民生困状之前提者,其用意亦若是。盖人生之所至急者莫急于得衣食,无论投身何地,操业何途,不问其为自利者、兼利者,其同一之目的无非为资生计,无非为得衣食。孰谓开衣食之大源,去竞争之焦点而不足以解决生活上之困状哉!此于垦殖之着手方法,各省区气候地质、水脉交通有种种之不同,当相机而定之。

(《新闻报三十周年纪念册》,1923 年 10 月;《文录》上卷,《文集》第 100 页)

11 月 20 日 爱多亚路商联会复选第三届职员揭晓,会长顾馨一,副会长穆藕初、穆抒斋。(《申报》1923 年 11 月 21 日)

11 月 27 日 赴南京出席江苏省教育、实业联合会第三届常会。到会者有韩省长、严厅长、蒋厅长、张厅长、吴科长、单科长、袁希涛、黄炎培、荣宗敬、郭秉文、邹秉文、过探先、王舜成、赵师复、杨鄂联等。上午由韩省长主席。下午由蒋厅长代理主席。议决:①农业委员会提议江苏提倡全省森林计划案,议决依省长说将北自阜宁南讫海门之垦区补入林区,余照原案通过。②农业委员会提议改良推广江苏全省稻麦计划案,议决照原案通过。③农业委员会提议改良推广蚕业计划案,议决原案保留。④农业委员会提议改良推广江苏全省园艺计划案,议决原案保留。⑤农业委员会提议改良推广江苏全省牧业计划案,又推广兽医计划案议决畜牧兽,两案除关于肉类检查所事项应交农业委员会修正外,余照原案通过。⑥农业委员会提议江苏水产计划案,议决原案保留交农业委员会水产组另行计划,并应严重限制拖网渔捞方法。⑦农业委员会提议东南大学农科进行计划案,议决于该科经费之前加"补助"两字,十万元改为自三万元至五万元,函由官厅斟酌情形办理。⑧过探先、邹秉文、王舜成提议农业委员会组织办法案,议决通过。⑨农业委员会提议江苏省立第一、第二、第三三农业学校,水产学校,女子蚕桑学校五年进行计划案,议决第一、第二、第三三农校,及女子蚕桑学校各计划大体通过,所有详细办法及文字上之修正应由教育厅、省署三科,第一、第二、第三三农业学校校长、女子蚕桑学校校长会同本会农业委员会核议办理,水产学校计划保留。⑩农业委员会提议第一、二农事试验场进行计划案,议决照原案大体通过,交农业委员会修正文字。⑪农业委员会提议第一造林场进行计划案、蚕桑模范场进行计划案、育蚕试验所进行计划案、稻作试验场进行计划案、棉作试验场进行计划案,议决概照前案办理。⑫农业委员会提议江苏六十县各县农业组织进行计划案,议决照原案大致通过,文字上由农业委员会修正以期画一,俟本计划实行后各县模范场办法应即取销。⑬农业委员会提议公布改良发展江苏全省农业计划书办法案,议决所附各计划目录应逐一依照各前案注明议决办法。(《申报》1923 年 11 月 29 日)

11 月 29 日　在苏州,偕俞粟庐考察苏州昆剧传习所。俞粟庐 12 月 1 日致函俞建侯,谈到考察昆剧传习所及粟社情况,云:"此间五亩园昆曲传习所,前日与藕初同至。彼考察功课,听唱十余折,内中以沈月泉二子为最胜,又有三四人亦可造就。说白亦能起而不沉,大为可喜。即嘱藕初给银奖励,此万不可少。"粟社"项馨吾唱曲勤学殊甚。未及三年,口齿已有劲,一切唱法亦有所得,沪上粟社中将来可出数人。惟吴中道和贝氏一无进意,贝氏诸人一相情愿太甚,无可谈一句,大不如粟社精进耳。(原件,俞经农藏)倪传钺云:"穆先生非常关心我们,有事到苏州,总是抽空来看我们。当时社会习俗,艺人对有地位的人,要称老爷,穆先生思想开明,关照我们不许称他老爷,只叫先生。看来是小事一桩,但对改变旧观念,提高艺人地位,有着深远意义。"(穆家修、柳和城、穆伟杰编著《穆藕初先生年谱》序四,上海古籍出版社 2006 年 5 月版)

12 月 20 日　下午二时,于上海江苏省教育会出席江浙和平协会干事会,讨论苏、浙、闽军事现状,决定致电旅京苏、浙同乡,请就近向北京政府探询孙传芳行动是否受有命令,并设法制止。电文推沈钧儒起草,当场通过。云:"苏浙自和平公约签字,双方当局屡经表示互相遵守,人心渐定。不料近日各报宣传闽孙传芳一部分军队进窥浙边,消息异常紧急,加以阴历年关在迩,金融遽受影响。浙沪一带人情洶惧,大有星火燎原之势。究竟孙部何以有此举动? 是否系受北京政府命令,务请调查真相,设法制止,以期挽回浩劫。"(《申报》1923 年 12 月 21 日)

12 月 21 日　《申报》刊登昆剧传习所邀梅兰芳"观摩"消息。云:"迩来昆曲发达,南中诸公提创风雅,有建昆曲传习所者。一二年来成效卓著,比以畹羁沪上,极欲得其一临,藉收观摩之效。畹亦以祖述昆曲渊源,有自既来南中,正图孟晋,得此佳会,尤足导扬元音也。"(《申报》1923 年 12 月 21 日)

12 月 27 日　访梅兰芳,"倾谈,并定期约宴参观昆剧传习所之成绩。"(《申报》1923 年 12 月 28 日)

同日　俞粟庐致函俞建侯,云:"余日内至沪,应藕初之邀,并令小班至徐凌云家演剧,为新正集演事。"(原件,俞经农藏)

12 月 29 日　下午八时,赴南京路中华照相馆新屋,参加由顾维钧等所组织之"兰集"。会员与报界人士共约二百人到会,"谈笑风生,更醉以优美之音乐","李君松泉复大弄其奇妙之幻术,满座腾欢,夜阑犹依依不愿遽去。"(《申报》1923 年 12 月 30 日)

12 月　"强筹五百元",开设种德堂中药铺。穆伯华《先德追怀录》云:"初,德大、厚生两纱厂合设厚德堂中药铺,延医于铺内,施给药于贫病者。民国十二年癸亥(一九二三)残冬,府君已卸两厂之职。于是两厂失去联系,势欲收歇此药铺。是年府君事业又大受挫折,个人经济失去圆活。一日,尚未起床,忽想及如厚德堂收歇后,附近贫民疾病无处治疗。是时,耳中突觉隆隆作声,床摇摇若动。初不以为意,继又如是。遂呼我母而问之曰:'地震乎?'母曰:'未有也。'府君恍然有悟。明日强筹五百元请人商诸两厂受盘焉,易名种德堂,移于兰路住宅边沿路两开间市房内,继续施治,以遂初衷。而继先祖父之遗志。"(手稿)

本年冬　访印顺法师,咨询佛法。(《印顺法师佛学著作集》)

本年　致函弘一法师。弘一致杨白民函云:"藕初之函,前已答复矣。弟近多忙,尚须迟二月返沪,临时再奉达。"(原信不存。引自《弘一大师文集·书信卷》(一)《致杨白民》)

本年　复某请求助学者函,云:"接读二月二日手书,并骈体尺牍一卷,业已收悉,展诵之余,深佩先生才度超越,海内倾心,当代名流,多通声气,交游之广,实为希有。昔李青莲以杰出才,吐气于荆州之前,一登龙门,声价十倍,先生所遇者,奚止不荆州。而今之大人先生辈,巧于周旋,吝于汲引,读当代名流遗墨及先生遭遇,不胜起今昔异致之感也。旷观我国名流,身处要津,不知为国惜才,唯知为己植权,庸庸扰扰,等于一丘之貉,宜乎李韩作合故事,成为千秋绝响也。先生倦游归来,饱尝世味,知痛心于文字无灵,益恍然于自立之道矣。比闻先生有志壮游,弟敬慕先生之多才,愿竭绵薄,但未悉先生游学,究竟抱何主旨,研究何种科学,准备留学几时,除保寿险外,朋辈资助者,已得若干数,如尚有未尽接洽定妥者,请分别接洽后,明白示知,俾知适从。弟热心则有余,实力则不足,对于先生游学事,虽抱成美之微愿,但大部分私财,早为捷足者所先得,耿秋私衷,知必为先生所鉴谅,而不妨率直述之也。"(《文录》下卷,《文集》第 141 页)

1924 年(民国十三年,甲子)　四十九岁

1 月　国民党第一次全国代表大会在广州召开。

6 月　上海总商会改选,虞洽卿、方椒伯当选正副会长。

9 月　全国实业会议在京召开。

第一次江浙战争爆发。

第二次直奉战争爆发。

10 月　冯玉祥发动北京政变。

11 月　段祺瑞就任临时执政,组成临时政府。冯玉祥下野。

针对江浙战争,上海总商会致电临时执政段祺瑞,提出弭战保民主张。

12 月　第二次江浙战争爆发。孙中山扶病入京。

中共北方区委派工人运动领导人李震瀛、张昆弟等重返郑州,从事恢复党的组织和铁路工会的工作。

1 月 1 日　《申报》刊登《昆剧传习所将于明日表演》消息,云:"穆藕初、徐凌云、张石如、谢绳祖等所办之昆剧传习所,将于十三年元月二日、即旧历十一月二十六日(星期三)午后二点钟,假台湾路徐宅,由学生表演成绩云。"(同日《申报》)

1 月 2 日　与徐凌云、谢绳祖等约梅兰芳及庚春、平声曲社观看昆剧传习所表演。"一时海上曲家毕集,俞粟庐亦躬预盛会。"下午二时开演,日间为传习所奏曲,演出的剧目有《北饯》、《起布》等。"晚则曲家会串,畹(即梅兰芳——编者注)以晚间无暇,不及一观,颇以为憾。"(《申报》1924 年 1 月 4 日)此次为昆剧传习所首次来沪内部演出,俞粟庐评价云:"五亩园有三人上等,又有三四人中等,须再习三年。"(1924 年 1 月 22 日致俞建侯函,原件,俞经农藏)王传淞《丑中美》云:"在徐家花园唱了三天,各方面来看戏的人很多,有戏剧界的,有新闻出版界的,有电影界的,也有一些爱好昆曲的实业家和当时政府机关里的中下层人士。大家看了称赞说:'这副小昆曲班子勿错!同髦儿戏可能别别苗头。'因此有的戏院就多方打听,能不能让我们去演一个时期。"(上海文艺出版社 1987 年 11 月)

同日 下午六时，与黄炎培、余日章等赴一枝香出席东南大学、商业大学联席会议。沈信卿主席。通过工商两科合购校址案、宁校口字房火灾善后事宜及重建案，以及民国十三年预算标准案。郭秉文报告云："十一年度预算，虽经阁议通过，增加三十六万元，江苏担任一半，省政府半未认可。浙、皖、赣三省应任之一半，亦无着落。即十年度预算中，三省应任之十八万元，浙、赣俱成悬案，安徽虽认二万，实际仅领到什一。本校号称五科，经费总数不到六十万元，以较北大之只有文、理、法科而经费达八十万者，相去悬殊，奚足展布？……"议定十三年预算至少以维持现状为标准。(《申报》1924 年 1 月 4 日)

1 月 6 日 上海丝纱女工协会开第一次筹备会，"议决聘请国内名流为名誉董事，俾事务易于进行。"派员与先生、邵仲辉、李征五、张相文、褚慧僧、马相伯、李平书等接洽。(《申报》1924 年 1 月 8 日)

1 月 12 日 上海浙江兴业银行开会讨论豫丰纱厂借款四十万两事。协理徐新六报告"豫丰押款前虽谈过，现在又来商量。据其开来条件办法：(一)押品。栈内花纱及机上花纱，并全厂物件、水泥栈房四宅亦加入。惟不计价格；(二)数目。押银四十万两；(三)利率：月息一分一厘，每六个月一付；(四)期限一年。如愿继续，双方均在三个月前通知；(五)监察可酌派二人在厂管理花纱，薪由厂给；(六)出面。豫丰或慎昌洋行均可。(七)担保人。慎昌洋行。"议决："利率月息一分三厘，每月一给付。"并"仍请徐新六君交去接洽"。(浙江兴业银行档案)

1 月 20 日 下午二时，主持华商纱布交易所第五届股东常会，股东到会者四万八千余权。先生致开会辞。吴麟书报告营业概况。次监察人张则民报告本届账略，"各股东咸表示满意"，继由先生宣布议决事项：①"提前召集第五届股东会应请追认案"。②"第五届纯益金分配案。依次用起立表决，均全体通过。""该所本届营业较上届发达，六个月计算共做棉纱四百二十九万二千余件，棉花五百四十四万五千九百担，各股东官利红利每股可得五元二角五分，定于二十二日起发给。"(《申报》1924 年 1 月 21 日)

1 月 27 日 上海浙江兴业银行开会继议豫丰纱厂借款事。徐新六报告"豫丰押款事现经磋商，与草合同略有通融：(一)该厂已与中国银行订借押款十五万两，周息九厘。初拟仍以花纱作押与我行，并合经新六拒绝。乃改为提出小栈房一宅归中行作押。惟原议水泥栈房四所须改作三所；(二)机上花衣原议剔除，现据来商拟请我行将所押花衣每日交付该厂一部分均可。一日之工作以银根计算约贰万五千两之则，迨至十二小时后约将所出之纱抵数交入，否则次日不交花衣。质言之，即四十万两之押款中每日有贰万五千两为十二小时之信放也。据该厂与慎昌合作计划，另立一基金后，六个月以后可以积储十万两。届时此项办法即可取消。以上通融之两点,曾经新六告以俟商议后再复。余仍如草约,如何之处请公决。金云可以通融。惟草合同既经变动,则原订利息亦可商量酌加,以为交换。"徐新六云:"'利息一层,据其口气似难办到。现更有中行九厘之比较,尤恐不易就范。或要求汇票由我行多占若干,或结息改为每月一次如何。'议决押品照草合同提出小栈房一宅,又每月交付作押花衣约值银贰万五千之则,经十二小时后将做成之纱如数交入均可通融照办。利息一层最好商量酌加,如不能办到,要求汇票由我行多占若干,再不然要求结息改为每月一次。"徐新六又云:"该厂用款之期定为阴历正月十五、二十、廿五、卅等日四期。现与商定利息须从签订合同之日起。因合同一经签订,我行即须备款,故不能不从签订之日起息,惟提用以前可以酌给存息。"众无异议。(浙江兴业银行档案)

1 月 31 日 《申报》刊登粟社改订简章消息,云:"本埠诸音律家所组织之粟社,社友达四十人,甲子新正为成立二年纪念,当有一番盛况。该社近方发起出版部,由王慕喆,项远村、袁安圃撰述。兹录粟社最近改订《简章》如左:(一)旨趣:研究昆曲,讲求音律。(二)社员:夙擅昆曲,赞同本社旨趣者,得社员二人介绍,得多数认可,得入社为社员;工于昆曲着有声望者,经社员多数同意,得推为名誉社员。(三)职员:社长、副社长各一人、文牍二人、会计一人、庶务二人、曲务主任二人,均由社员投票选举之,一年一任。名誉社长一人,由发起人公推。(四)集会:每月集奏一次,其日期地点,由职员会定之,先期分送通告;集奏曲目、秩序由曲务主任支配之,集奏规约另定。(五)经费:社员应纳常年社费二十四元,分两期缴纳;新社员应纳入社费十元,于入社之日缴纳之,并缴本期社费;名誉社员纳费,不在此限;前项收入,充每月集奏及一切开支之用。(六)研究:本社酌设研究部,其规约及经费另订之。(七)出社:有左列情形之一者,经职员会提出,社员多数赞同后,应令出社:一久不到社,认为不合本社旨趣者;二品行不正,认为有妨本社名誉者。(八)附则:本修正《简章》,自甲子岁新正起实行,本《简章》经社员二人以上提议,多数认可,得修正之。"(同日《申报》)

1 月 为邹秉文《农业问题》一书撰《序》,全文如下:

西力东侵,于今为烈,以经济策灭人国至近顷而其祸害已暴著。虽然,穴空斯风至,在我苟无隙可乘,外力之环逼不难自我解除也。试返观内国情状,民智之窒塞如故也,交通之梗阻如故也,恶税之束缚如故也。土地虽肥沃,天产虽无量,吾人不善于发挥而不克享用之,且迩来兵匪殃民,到处皆民不聊生,多少之嘉禾且鞠为茂草焉,以农立国之恒言,按之实际几几乎等于梦想矣。海通以还,舶来品充斥各市场,识者忧之,起图工业,然而母金之不足,各工场有同病也;管理人才之缺乏,各工场有同慨也;运输事业未发达,制出熟货不克畅行无阻,各工场有同憾也。况乎南北操同室之戈,货客传止装之电,外商挟国力以包围,原料受他人之垄断,已成之局,支持之力垂穷;推广之图,进取之机实远。然则以工业立国之说亦几几乎徒托空谈也。人竞私图,三数以外无团结;群趋幸获,责任所在类轻抛。眼光如豆,心量若沙,如此民族,安得骤然与语立国之大政方针乎?然而以农立国以工立国之说,秉笔之士,方争辩于日报之上,亦徒见其辞费而已。夫农工百业之成立,有多种繁复之因缘,一境界与一切境界相关联,安得如行文者之断章取义以孤行其是者为圆满之图乎?实地之设施,微专家其谁与归?东南大学校农科主任邹子秉文,农界中之绩学士也,近集国内农业专家研究农业各问题,哀然成巨帙,详论农业问题之范围,世界各国五十年内农业之进步,我中国农业问题之重要及改进方法;次及维持地力、农作制度、农具改革、作物育种诸问题,由棉、稻、豆、麦而及茶、糖、丝等大宗产物如何发展之方法;次及园艺、畜牧、森林、垦荒等种之要举;又次及水旱等灾之救济方法,虫害及各种植物病害上一切损失之防止;而终之以农业教育、农业经村生活、农业行政诸问题,应有尽有,无言不粹,无美不收,农业主义救时主张之贯彻,厥惟以此著为嚆矢。如斯精密之研究及妥善之设施,发皇地利,增殖天产,裕民足国,根本之图,尽在于是焉。虽然,以此方法治农固宜,治国亦何独不然?整顿积弊,凡百庶政使上轨道,犹治田也;培养民力,奖进保育,不尚空文,犹施肥也;旁求贤俊,为民造福,屏斥佥壬,为国除蠹,犹培佳种绝虫耗也。其余一切立国大计,若教育之力求普遍也、经济之急谋调节也、种种患害之预筹防范也,准是道以行之,无不细大毕举焉。海内有志振兴农业者,得此良导,不难贯彻其农业救时之主张。有志救国者,得此触类旁通于国事,作圆满之研究,为扼要之设施,就各各方面尽其救国之天职,夫奚不可者。要而言之,政治清明,尤为要点。盖政治清明而后,凡百设施,庶克有济,化军械为农器,转私斗为共济,夫然后农工商百业率循专家之指导而立跻于发皇之途矣。

(原书,《藕初文录》上卷,《文集》第113页)

1月 因受内战等影响,先生经营之实业不振,开始变卖家产,维持经济困境。穆伯华《先德追怀录》云:"就一帆风顺之八年中,就个人经济融融大者言之:民国三年一九一四年,借来壹万两投资于德大,必然急于提前归还。民国七年一九一八年造住宅一所约一万(合一万四千元);民国八年一九一九年,投资豫丰十五万元;民国九年一九二零年,助学五万两(约合七万元),投资纱布交易所十万元;民国十年一九二一年,助学一万两(约合一万四千元),又投资劝工银行十万元。以上共计五十多万元,其他各种各样捐助动辄数千或数百,其次数之多,不可胜计。以借来一万两作资本，投入稳扎稳打之实业中，短短数年，何能有五十万元巨大暴利耶？虽说上海是冒险家的乐园，若时运亨通，大富立至。我父实事求是之实业家，非若成则为王败者为寇之亡命徒可比。况不会做投机买卖，曾一试之，即大失利，造成经济大患。我父并无大量钱财之来源，在民国八、九、十之三年内既作投资，又作助学等四十多万元巨额支出从何而来？完全以个人之信用，向金融业借来者。到民国十二年岁次癸亥，我父四十八岁时，豫丰受内战影响，处于风雨飘扬之逆境，我父个人经济亦被逼透不过气来，几乎难以立足于社会，尝足苦味。其后我父曾谓我曰：'癸亥年底以全部资产交给债权人，凭他们变卖，以偿还所欠。'当时交出者：豫丰纱厂股票十五万元（无人受领）；劝工股票十万元（五万元折价售出，其余五万元无人受买）；纱布交易所股票十万元（全部售去，可得三十万元）；住宅一所，向劝工银行抵押二万两（仍是一笔负债）。债权人觉察到我父历年所借之款项是投资兴办实业、企业、助学及有益于社会之公共事业，并不为一己享乐或私隐方面，咸深感动。且率直坦然其清偿债务之作风，债务人中得未曾有。况且足够清偿全部个人之欠债，未使债权人受七折八扣之损失，自然不必多费唇舌。平安无事渡过。癸亥年关，我父如此如此险渡四十八岁之大灾难。在局外人心目中，我父创设许多大事业，又以巨金助学，必然是财力充足，有大资金无疑。外强中干，谁能信乎？毕某在纪念文章中所述'穆先生是一个没有资本，而富有天才的民族工业家'云，是一句真实话。"（手稿）先生向劝工银行抵押贷款二万两直至一九三三年付讫。穆伯华《先德追怀录》云："民国十二癸亥一九二三年，我父四十八岁时，以兰路住宅向劝工银行抵押两万两之债款，用以解救当年眉急之需者，每三个月必须付去欠息六七百两。有一日，我偶在豫丰驻沪办事处见到劝工银行开来欠息通知单一纸，抵押户名是'春记'，询之会计范知先，悉癸亥年余恙未清，立即至纱布交易所理事长室，向我父说：'欠债用'春记'为户名，尚望其日日滋长乎？'宜用'冬季'易之。"我父立刻提起电话机，向劝工银行经理刘聘三曰：'伯华说'春记'欠户名应改为'冬记'二字。'其后数年中设法零星归还之。最后一次在民国二十二年癸酉一九三三年，我父五十八岁时付讫。前后历十年之久，能不算稀奇乎？我父对自己经济出入之不措意有如是者。"（同上）

1月 尤惜阴介绍谈养吾到寓所察看风水。穆伯华《先德追怀录》云："民国十二年癸亥一九二三年，我父四十八岁。年底受经济逼迫，四面楚歌，焦头烂额，一筹莫展。昔日一帆风顺得心应手之黄金时期已消失殆尽。其恶劣心境绝非笔墨所可形容者。中文书记尤惜阴介绍谈养吾来家察看阳宅阴阳。谈某者，电报局职员，年三十外，得家传风鉴术。他在宅上内外前后察看毕说：'园内行汽车之路，须移南一百多尺，内园墙铁门亦随之南移，原来铁门处，砌墙堵塞，如此異得动气，合乎本运

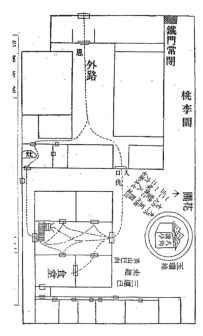

《三元大玄空地理二宅实验》中所载
穆藕初住兰路宅图

生旺方位'云云。我父立即电话通知南洋建筑公司修筑，公司经理陆承喜回话，年近岁底，工匠大都回乡过年，来春方能鸠工开筑，我父曰：'距年底尚有七八天，三四百尺路面小工程必欲年内完工。'该公司只能商诸工头雇工赶筑，小年夜遂完工。翌年岁次甲子元旦，纱布交易所五位大股东踏上此新路而入我家中，果然否极泰来，吉人天相，不动声色平安渡过难关。我父因以深信风水，对谈某有好感。欲深造之，供之同好者，每月津贴谈五十元生活费，使其专攻此术。且多方介绍于人，谈某竟辞去电报局之终生职。其时有一位留美时同学寄来一封英文信，劝我父勿信风水。我父之心已坚，不纳其劝。约二年后，谈某自觉不安，辞谢津贴。然而行此道者收益难丰，生活渐感不稳，于我面前大有悔当初之言语。"①(同上)谈养吾《复本市穆伯华函》(戊子年七月二十八日)云："溯自癸亥冬，得社员尤惜阴先生之介绍，得识令尊藕初老先生。迄今二十余年，相交如一日，莫逆中可称首屈一指"。(《玄空本义》第九卷，《复本市穆伯华函》，戊子年七月二十八日)

2月4日 豫丰纱厂与慎昌洋行签订《经理人合同》，"委托洋行为其代理人及总经理。"(引自豫丰纱厂华债团与豫丰纱厂、慎昌洋行所订《权柄单》底稿，浙江兴业银行档案)又与慎昌洋行、某中国钱庄拟订草约规定："一、公司(慎昌洋行——编者注)应照经理人合同将经营纱厂(豫丰纱厂——编者注)所得之净余金先提出半数至满四十万两为止，作为营业公债金，其余半数则用以归还纱厂所欠公司及钱庄债权人等之债务。此项归还办法应每半年归还一次，其归还之数则应平均分派之。所谓平均分派者，即以本合同所载欠额之本金(欠额之利息不在此内)为平均分配之标准是也。纱厂所欠公司及钱庄、行号、各债权人之款项，以每月每千两十两计

---

① 无相行人著、忏悔学人集《三元大玄空地理二宅实验》一书《兰路某宅承气化恩为仇格》一节云："宅主上元丙子生，七赤金命，泄气于向首之一，外路土星折入入口处仇星一边，全宅总权付于主命仇宫，食堂中受制更烈。民国十年辛酉五黄到入口及内路，九月五黄到灶位，十月二黑又到外路气口，故九月得重病，十月几殁。十二年癸亥八到外路气口，三到入口处及内路，三八木助起九紫仇星，是年大破财。入冬水旺金休，益破累不堪矣。诗曰：自来宅主命为君，仇难相寻实骇闻。酉年黄黑遭凶命，亥岁倾家险万分。"

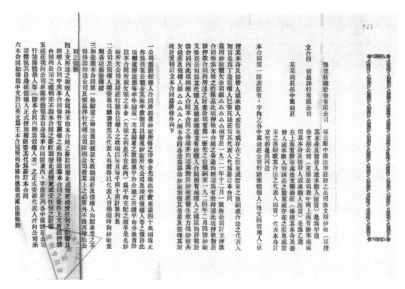

豫丰纱厂与慎昌洋行合同底稿

算利息。二、公司及债权人现委派吴麟书君为其代表人。吴君得以代表人资格随时向纱厂查阅各项账册、薄据。三、如能照本合同第一条归还之办法，逐期拨还欠款，则钱庄及债权人均愿承受之，不得涉讼控追公司及慎昌洋行代理公司。除因公司营业上之必要，外人不得再增加公司之债务。……"（合同底稿，浙江兴业银行档案）

同日　癸亥除夕夜，为菁、骥二儿督课，读《唐雎说信陵君》一文，有感触。《自述》云："自癸亥三底事情发生后，余深知办顺手事易，办逆手事难，然磨折为煅炼人才之机会。心知此义，而百折不回处之泰然者，唯有根器人能之耳。先哲有言：'多难所以兴邦。'余安敢以挫折而自馁。故继续不已，鼓励精神，慎为应付。并悟范围广，则罅漏多；范围较小，则应付灵便。爰将凤昔经手之一切额外杂务，一律结束。俾得聚精会神，整理厂务，藉以恢复商业上之范围。年来稍稍就绪，然余心尚觉歉然不自安。虽在最短时期中，所历诸境界甚感苦痛。而于商人性质，观之更透彻；社会情状，亦知之更正确。并觉得识见、毅力及妙应不穷之才干，都从磨难困苦中得来。余受此绝大挫折，虽常常以达观自慰，但此心未死，何能学太上之忘情。所以有时忿火中烧，颇有按捺不住之苦。除夕夜，闲暇无事，为菁、骥二儿督课。偶检阅古文，得《唐雎说信陵君》一篇，唐雎曰：'人之憎我也，不可不知也；我憎人也，不可得而知也。人之有德于我也，不可忘也；我有德于人也，不可不忘也。'余心大慰，与儿辈细讲，忧闷尽扫，胸襟为之一快，顿觉此心如明月之皎洁，无点尘之翳障。虽

然,癸亥、癸亥,我终不能忘情于汝也。"(《文集》第36页)穆伯华《先德追怀录》云:
"往年每逢除夕,一家团圆,饮酒欢乐。年夜饭后我父领全家人作牌嬉等。各人赌
本,我父分发给各人,只许五天为限。癸亥除夕,大不相同。其时我年二十,家骥弟
十七。怡如、恂如二妹九岁及八岁,她们饭后已回自己房中。家麟弟仅二岁,亦已
由其生母带进自己房里去。是夕无牌嬉。我母房中只有四人。我父坐于床侧前沙
发中,我母坐床沿上,我兄弟二人相对坐于窗前八角台之两侧。我父启言查询我兄
弟二人之功课。未数语,我父忽然泪下,且泣泣有声,即起身进自己卧室,随手关上
房门。我母谓我兄弟曰:'外面事情不顺利,你们读书不用心,尔父心中不欢。你们
回房去睡罢。'在《五十自述》第九十三页有句'颇有按捺不住之苦'。此乃我父当时
心中有一时想不开之苦楚在。后来我父以癸亥除夕心中苦楚说给我听,闻之惨
然。"(手稿)

2月5日 本日正月初一,华商纱布交易所副理事长吴麟书等五人来拜年。
穆伯华《先德追怀录》云:"纱布交易所诸理事,洞察我父逆境。他们素来敬佩我父
才能高强,心地诚正,永不作损人利己事。对事业极负责,亦不起借公谋私意。于
是民十三年甲子年元旦清晨,该所大股东五人来吾家拜年。往年则在纱布交易所
理事长室举行团拜而已。此时五人大袍阔服,徐步而前,我父迎入客厅。茶罢,他
们先贺新年,后说来意:纱布交易所之重任,仍仰仗穆先生大力主持,理事地位所须
之保证股二百股,已经在吾们股份中划出,代送至会计处,完成规定手续云云。略
谈片刻而去。自此起,我父做了没有纱布交易所股票之纱布交易所理事长,长达十
四年之久。与民国五年,我父四十一岁至民国十二年我父四十八岁之七年中,做没
有厚生纱厂股本之厚生纱厂经理,无独有偶。纱布理事三年改选一次。自民国九
年庚申一九二零年,我父四十五岁该行创立时起,一直到民国二十六年丁丑一九三
七年,我父六十二岁之秋季,上海成孤岛被逼停业为止,前后十八年始终连任,生活
费用之大部分仰给于此。'吉人天相','皇天不负善心人'二句古谚,我于那时已深
深印入脑海。"(同上)

2月上旬 正月初,粟社举行本年第一次同期,先生连任社长。《申报》刊登
《粟社本年第二集预志》云:"专门研究昆剧之粟社,成立以来,已越二年,正月初举行
第一期集会,公举职员,仍举穆藕初为会长,谢绳祖为副会长,徐凌云、俞振飞为曲务
主任。兹定旧历二月十一日举行本年第二集于台湾路徐宅云。"(《申报》1924年3月
12日)

2月15日 浙江兴业银行召开第八十九次行务会议,讨论豫丰纱厂借款四十
万两事,因担保事暂行"搁浅"。徐新六报告云:"豫丰借款原议由慎昌洋行担保,昨
据该洋行律师声明,不允作保。当由新六向穆藕初君告以此事,不啻根本翻议,当

报告行中再行接洽。嗣据丁榕律师研究，以为慎昌洋行担保究有若何效益，如为借款抵偿上关系，则但须维持借额以上之抵押品，便可无虞。为虑及意外变故，则水险、火险、盗险、兵险均有借款人保足，即有意外，亦有保险公司负责，均无所藉于慎昌之担保。至恐将来或须因事与北京政府交涉，则慎昌以洋商而在内地营业，政府可不予置议，即或置议，亦不过虚与委蛇，决无效果。诸如此类，即便慎昌允为担保，亦无何等效益云云。新六以为，丁榕律师研究各节，不为无理。鄙见此项借款，如认为必须慎昌担保，则就此可以复绝，否则或因此而再开出条件，与豫丰开议，新六个人意见，拟从押品上着想，除原议花纱四十万两、栈房三宅、物件十万以外，因慎昌不肯担保，再要求豫丰提加时值十万两花纱为押品，物料则或可减为五万。如豫丰事实上不能提加，花纱十万则减为五万，而物件照旧十万。如何之处，请讨论公决。"董事长叶景葵云："押放仍照做。惟慎昌担保当初由豫丰提出，我行表示承认，其原因注重在何处？应就此点研究。""金云我行对于慎昌担保表示满意，其原因不尽在于偿还借款上着想，实因豫丰与慎昌既已合作，万一中途发生事故，因由慎昌担保，我行执行债权可不受何等之牵制。"徐寄庼云："我行承认慎昌担保，原因既不在乎此，现在慎昌不肯担保，可要求改为证明。由该行另缮证明书，交我行存执，则与当初用意仍属贯彻。"议决：豫丰纱厂押款仍照做，要求慎昌证明，一面仍与商加市值十万两之花纱，至少亦须五万。如允加十万，时得减物料为五万。（《浙江兴业银行行务会议记录》）

2 月 16 日 下午二时，主持中华劝工银行第四届股东会。到会股东六十一人，到会权数一万三千三百五十六权，按照股权总额二万五千八百十五权，已通过半数。先生报告上年营业状况，云："本行在本届虽为第三营业年度，实际上不过两足年。乃现在业务发达已至如是程度，似进步之速，殊可告慰于我股东。至上年营业状况请由楼经理报告，俾能得其详尽。"次楼恂如报告云："本行上年营业状况具详本届报告册内，至册内所列贷借损益各项，曾经监察人照章详加查核，兹再请监察人出席报告，以资证明。"继顾监察报告云："本届报告册内所列各项曾于年终决算后检同簿记分别查核，并将重要抵品亦经加以勾稽，均属确实无误"云云。旋由先生云："各股东对于本届报告册内所列各项，知必已蒙明察，惟所附利益分配表前由董事会议决在案，今请照章追认，如无异议，即请起立。"股东均起立赞成。先生继云："本行正副经理以及行员，办理行务，极有精神，将来业务发展，殊有不可限量"。（《上海中华劝工银行议事录》）

2 月 19 日 豫丰纱厂与浙江兴业银行签订银十六万两抵押借款合同："借款人豫丰纱厂，借款金额拾陆万两正，利息月息一分贰厘，期限七天活期。"先生代表豫丰纱厂署名。（《抵押放款证书》，浙江兴业银行档案）

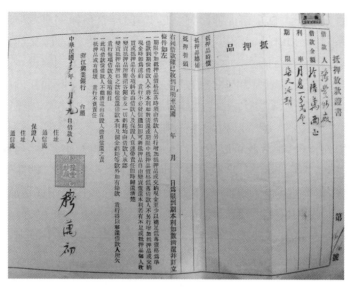

豫丰纱厂向浙江兴业银行借款的抵押放款证书

2月中旬　金夫人四十五岁寿诞，①昆剧传习所到沪演出祝寿。昆曲传习所全体学员《穆公创设昆曲传习所》云："至民国十三年，余等所学差可应付，适逢穆老太太寿诞，余等乃初次参加堂会，在城内大富贵演唱三日。"（手稿，苏州中国昆曲博物馆藏）王传淞《丑中美》云："穆藕初太太做寿，演唱堂会三天。传字辈学员全体莅临，住南市大富贵酒家。该酒家客房有三楹，相当宽畅，条件优越，又有人服侍，且演出也在酒家内进行，学员无奔波之劳，故大家有乐不思蜀的感慨。三天演出中，学员各自呈献拿手剧目，没有一次重复，其中有张传芳的《天门阵》[产子]，顾传玠、朱传茗的《牡丹亭》[游园惊梦]，朱传茗、周传瑛的《西厢记》[寄子]、[佳期]等。穆太太非常喜爱这批小演员，演出结束后给每人赠送了红包。演出前穆藕初特地向学员打招呼："在大富贵酒家唱戏，虽没有正式戏台上方便，场地又小，但是关系到我们传习所今后的出路，何况今天到的客人，都有地位和势力，他们说声好，我们就有希望了，大家一点也不能马虎！"（上海文艺出版社 1987 年 11 月）

2月23日　启程赴郑州。（见 1924 年 2 月 27 日致徐新六函）

2月24日　发表《致白宝山书》，赞其修筑公路、便利交通之作为，希望"进一步劝谕当地人士，振兴教育，培养人才"。全文如下：

窃念吾国今日之唯一重要问题，莫如生计问题，欲解决生计问题，必须振

---

① 穆家修、柳和城、穆伟杰《穆藕初先生年谱》（上海古籍出版社 2006 年 6 月版）及其他相关文章中均提此次堂会为穆藕初之母朱太夫人八十寿辰，有误。

兴农工商业,欲振兴农工商业,必须开辟交通,其义至明,人尽知之。然知而不行,与不知同。彼为民父母之民政长官,有应尽之职务,尚多视官守如传舍,不能尽力治路,而钧使以军人而能行民政长官所不行,此其足以令人仰慕崇拜为何如也。夫为盗为匪者,岂其天性乐于为盗为匪,大抵皆迫于饥寒,困于环境。地方之交通不便,则实业不兴,实业不兴,则生计困难。一般无知识之小民,饥寒交迫,无术谋生,饿死事小,岂能为此辈言之,有不铤而走险者几希矣。盖不犯法则死在旦夕,犯法则尚可偷苟延之残喘,此正苏子所谓饥而死,不如盗而死也。钧使于举世昏昏之中,独见其本,治军之暇,躬往各乡镇,劝谕团董,鸠集民夫,将经行各路,一律修垫宽平,使汽车可以通行。又复时时循行,其间亲加慰劳,乃得以至短之期间,至少之经费,成此三千余里之伟大路工,设非钧使关心民瘼,不辞劳瘁,妥为布置,善加劝导,曷克臻此。此后四县人民,因交通之便利,易于将土产输出,贸易得以发展,生计当可渐裕,不但良民受赐无穷,即迫于饥寒之人,亦从此易于自食其力,化暴为良,佛说功德无量,其钧使之谓乎。倘各地军民长官,咸能以钧使之心为心,则可于最短期间内,不需巨大经费,筑成全国道路。使各地土产,不但易于运输,而且运费低廉,易于输出,对外贸易,可以尽量发展,而国内往来,亦得通行无阻,不致再有隔阂之弊,为利之溥,宁有涯涘。此玥所以敬佩钧使于无既,而又希望各地军民长官同时并举者也,尤有进者,钧使既为所属四县开辟交通,以兴地利,尤须进一步劝谕当地人士,振兴教育,培养人才。有地利而无人才,则不能善用其地利;有生计而无教育,则人民于饱食暖衣之后,难免有逾闲荡检之行。因交通便利,则生活费高,而生计愈难,非振兴教育以增进人民之生产力,则不足以收交通便利之实效也。

（同日《申报》;《文录》下卷,《文集》第 148 页）

2 月 27 日　在郑州致函上海浙江兴业银行徐新六,商议为豫丰纱厂抵押借款事。函云:"弟于星期六日由沪动身来郑,厂中纱锭已完全开齐,现值花价低落,纱价稳定,不无转机希望。昨过进棉花一千一百五十担,已交傅君公异点收。今日风沙飞扬,花不能过。明日天稍晴朗,尚可续进四五千担,一俟总数收齐,再当电闻。将来弟与傅君电到后,拟请飞电汉口贵行将款照交敝驻汉办事处查收,以清手续。兹际花值平落之时,拟尽量购进,免失时机。务请转知贵汉行于日内将款照交勿延至企。北路汇票事,昨洪雁牓君到后,惟尊处之数既属无多,且手续繁重,无从进行。已将详情面告洪君,此事请□作罢议。物料一事兹已储存一室,大半为皮布筒管,计值银陆万两,日内拟将钥匙交与傅君掌管。倘有需用尚拟随时调换。其余肆万两以散存厂中难以点交,尚希台洽。现拟俟花纱如数点交上栈后,再将四十五万之保险单户名改正寄上。惟物料保险系并入大厂单内,原单存在慎昌。弟意似可

不必拘之也。傅君公巽及随弟来厂之老司务一名,各开薪水若干。尚请示知,俾克照支为盼。"(原件,浙江兴业银行档案)

2月29日 为豫丰纱厂抵押借款事再致函徐新六。函云:"连日采购棉花均已交与贵行傅公巽君点收,俟今明日总数汇齐后再行电闻。物料栈房钥匙已于今日交付傅君矣。一俟电报到后,尚请将所需款项数目飞电贵汉行迅速照交,以应月内需支。并请于拨汉数内支付银伍仟两就近交敝申账房,请俟敝申账房楼君耿如或浦君纫兰走洽,到取时乞照付为荷。"徐新六于原函批注:"遵办"。(同上)

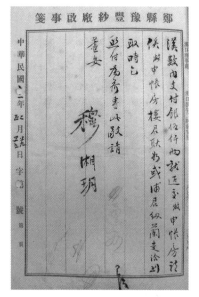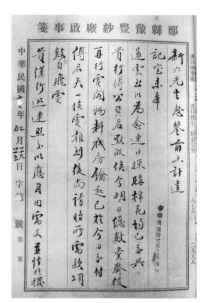

1924 年 2 月 29 日穆藕初致徐新六函

3月1日 浙江兴业银行郑州分理处主任洪成珑致总行叶景葵等函,报告豫丰纱厂借款厂方与先生反映以及中行留难等事。云:"此次我行借予豫丰纱厂四十万之款,见吴文钦君到郑之举动,及听穆藕初君之口气,其内部颇多意见。吴君拟将第一次已用十六万除过外,尚余之廿四万颇有不来押用之意。而穆君因合同已签字,未能爽约,拟于月底在汉用九万五千两。而吴君终以我行条件太严,束缚太紧,利息太贵,监视太周为辞,且以豫丰之信用只此数十万之款项,当不难调剂云云。即北路销纱用款之廿五万,以为我行额度少,手续多,亦不愿意再做。但穆君颇大方,惟因该厂办事界限问题,在郑须归吴文钦主权,未便越俎。故北路用款准作罢云云。旋由黄鼎丞兄与晚谈及,倘贵行愿意做,敝厂之津汉信用汇票亦可分做。黄君与晚缔交多年,在厂中亦有一部分势力。而穆君谓,一有手续,即请作罢,因汇票归贵行做,尚未得文钦先生之同意也。此次吴文钦之所恃者为中行。晚在中行与吴君邂逅相遇者三次,且与束云章相谈颇为秘密。而敝处向中行去做两次交易,又大敲竹杠,均不成而回。则中行又明明与我行反对,其北路垫款生意当为中行揽去无疑矣。而我行此次来郑分设,中行因鉴我行无现款,处处留难。近日汉票换现洋可平汇,而中行则索我每万贴运费念元。津票换现洋反可升每万元五六元,而中行亦索我每万贴运费三十元。束君不知市面高低,深居行中,由自己瞎说,我行将来做汇票,欲想其现款上帮忙,难矣。顺奉告。"(同上)

3月2日 为豫丰纱厂押款物料保险事致函徐新六,商请"通融办理"。函云:"正月廿六日惠函读悉,种切。敝处散存厂内之物料,系各种齿轮及机上之零件,分储各厂间,以备随时需用。因天气朝晚不同,齿轮等件须随时更换,倘果点交,不便实多。唯但更调手续白夜不遑而于工作尤增窒碍,此非讬词推诿,实缘势有不能。日前弟于允许抵押品增加五万之时,曾将此意详达,荷蒙首肯,应请查照,面商办法,通融办理。且四十五万两之保险单,俟栈存满额即更易贵行户名封存尊处。于抵押数目已超过有余,于尊处已无缺少之危害,必能察谅敝处困难,不使故生窒碍也。敝厂物料保险并入总账,为数值贰百万两,势难分划,如必欲办理手续,可否烦兄与慎昌二班接洽之。"(同上)

3月21日 致函徐新六,附庆丰义介绍信。函云:"展诵惠函藉悉。散存物料四万两荷许通融办理,实深感然。已遵照台嘱办理,请抒雅念。奉命嘱缮庆丰义介绍函,兹照缮附上,即祈察收转交为荷。"附函云:"庆丰义号其正号在保定,而天津为分号,然分号办事悉受正号之指挥。故介绍函缮给保定正号办事人请其转致该函。即请贵津行持交津庆丰义号转递可也。"(同上)

3月26日 致徐新六函,附寄物料收条。函云:"敝厂应交散存各间物料计元肆万两,荷承通融作为存厂,前已专函奉复,计达记室。兹由敝厂出具收条壹纸用特附上,即请詧存为荷。"(同上)

3月31日 汪敬熙为留学经费事由美国致函蒋梦麟,提及先生筹款资助事。函云:"熙在美艰窘异常。……穆先生在四月至七月之间已筹款维艰;先生丝毫未以见告。至十月初方只告孟、康二人。而同时罗家伦独得巨款,为赴欧之费。先生素以办事得名,此次措置,实不得当。孟、康二人三函先生,熙两电先生,均不得只字回答。此种置之不理,实非正当之办法。道德上先生不能不负责!不能不设法使熙等出于困难也!"(《胡适来往书信选》,中华书局1979年5月)5月7日蒋梦麟复函汪敬熙云:"穆先生售产所寄之费谅已收到。来函责弟过严,弟颇感不快。罗君独得巨款,不知系何所指?而罗君来函亦以无款叫苦。总之,诸兄来函,弟一一转交穆先生,款不在弟手,虽极知诸兄窘困,其如画饼不可充饥何?况穆先生又商

业失败，前函已略述及，弟所处之困难地位，亦愿兄设身处地以思之。"（同上）

4月6日 4月初赴天津。是日下午二时，出席于天津银行公会召开之全国华商纱厂联合会第七届常年大会，各埠纱厂出席代表二十余人。由华新纱厂代表杨味云主席。改选周学熙为会长，荣宗敬为副会长，杨翰西、倪幼丹、薛文泰、徐静仁、吴麟书、曹秉权、刘柏森、先生等十一人当选董事。议案：①"董事会交议第七年度预算案、无修正、通过"。②"董事会交议本会各厂用花抽费，每担改征七厘半，以轻各厂负担案。议决本届用花抽费每担改征一分"。③"董事会交议植棉经费减为九千元，但需经济充裕时始能拨付案。议决种棉经费由会每年拨助五千元、倘本年收入不敷时、由董事会临时筹补"。④"董事会提议呈请政府准华厂用三联单办法，向内地采购棉花，并严禁棉纱重征税金案"。⑤"申新纱厂提议华洋商人税捐不平，应据理力争、提请公决案"。⑥"无锡纺织厂联合会提议呈请政府改良税则案。以上三案，一并讨论。议决呈请政府豁免全国华商纱厂棉花税厘、并责成董事会与政府严重交涉，务达目的"。⑦"董事会提议呈请政府严禁棉花搀水及作弊案"。⑧"天津纱厂同业会提议天津、郑州设立验花处案。以上两案并议，议决由会呈请政府颁定专律，严禁棉花搀水作弊，并在谷埠设立验花处、加以检验、实行罚办"。⑨"无锡纺织厂联合会提议修改交易所营业法案。议决由董事会就近兴交易所，从长计议，妥筹办法"。⑩"天津纱厂同业会提议棉业筹备处商请补助棉场种植费案。议决俟将来本会经济充裕时、或天津纱厂发达时、酌量补助"。⑪"宝成三厂提议劝种美棉案。议决由会呈请政府及棉业筹备处，分令各省实业机关提倡"。⑫"实成三厂提议买卖花纱拟收保证金案。议决由会函请天津棉业公会核议"。⑬"公订下届大会地点案。议决下届在汉口开会"。（天津《大公报》1924年4月7日；《申报》1924年4月12日）会后，先生与张则民、荣宗敬代表纱厂联合会赴北京，"与政府接洽厂用棉花免税问题"。（同上）

4月7日 为豫丰纱厂押款续订合同办法事复浙江兴业银行函，云："接奉四月六日惠函，内开敝厂向贵公司押款肆拾万两续订合同一节，其付息物料及担保品三项办法，敝厂完全赞同。而对于此项合同苟非郑州金融因军事而紊乱时，其付息仍用现金，并随时尊重合同内所列之各条件。除将原函寄郑照办外，合行奉复。"（原件，浙江兴业银行档案）

同日 浙江兴业银行郑州分理处陈仁愔致叶景葵函，报告郑处开幕及豫丰纱厂押品与生产等事。关于豫丰生产与先生行踪，云："豫丰纱厂日来纱布甚为畅销，我行押品内只有壹百件十六支纱，厂中栈房则一包不存。豫丰经理穆先生已离厂多日，闻初十在上海开股东会，须会开过方回。协理吴文钦先生闻在苏州养病，曾来信辞职，厂中尚未答应，不知将来如何结果。厂中自慎昌派来管纺织工程师，到后谓所出之纱成分太好。此间向来俱用陕西花衣,掺一二分彰德粗绒,纱之扯力达九十磅以上。现在大掺粗绒,颜色较前稍白,但纱之扯力仅七十余磅。对于利息方面,固赢余较多,但厂中同事颇以为信用方面大有关系也。北地销路粗纱较可获利。惟目下花贵,反觉细纱较粗纱利厚。闻自明后日起,厂中拟减少十支、十二支锭数,改纺二十支纱。惜限于机器不能再细也。厂中栈房所保险之数,俱不及所堆花衣之价。但此种活动货色,颇难使其洽如保险之数。自后自当格外留意,与管栈主任特别商量,以货就栈,当能较为妥当也。"(同上)

4 月 13 日　上海中华劝工银行为该行董事股票存行事致先生函,云:"径启者,本届会议董事合格股,决议照章实行。查定章,'董事以有本银行股份贰百股以上为合格董事,就任时应将合格股票交由监察人保存于本银行,至解任时发还'等语。兹请台端将合格股票贰百股惠交本银行保存,由监察人掣奉收条以符定章,而维议案。"(底稿,上海中华劝工银行档案)

4 月 15 日　中华劝工银行致先生函,代索薛宅花篮份费。云:"径启者,上月十六日,薛文泰先生续姻之喜,敝行代行合送花篮成对,计每份墨银两圆,即请惠交来手为荷,附上薛府谢帖壹纸,并希答阅。"(同上)

4 月 17 日　在郑州为豫丰纱厂押款事致徐新六函,云:"本厂在津、汉两处均已设有办事处,以致津、汉汇票为数甚少。兹已嘱敝账房注意,倘有机会,自当向贵分行接洽。而往来亦须设法增加,藉以稍答殷殷维护之盛意。再第一次息金由鄙申账房支付,仍以银为本位,俾省却许多手续也。请示知确数,以便照付。"(原件,浙江兴业银行档案)

4 月 18 日　晚,由郑州返沪。(见 4 月 17 日致徐新六函)

3、4 月间　与徐凌云等筹划昆剧传习所首次来沪公演,所得券资作办学经费。《申报》刊登《昆剧传习所员将来沪表演》消息云:"昆剧传习所设于苏州五亩园,招收清贫子弟,课以昆曲,并授以初高中小学必修课目。成立以来,已逾三载,所习各剧,尽态极妍,精彩发越,尤于音律考究精当。屡经试演,不特曲界前辈,同声赞许,即未谙昆曲者,亦津津乐道,谓为创剧界之楷模,艺术之曙光,均不诬也。暮春月下浣,全所生徒,将来沪表演成绩,所售券资,藉充该所经费。沪上绅商如徐凌云、穆藕初诸君,正在筹备一切,入座券由各绅商悉数认领。其表演日期及地点,不日可确定云。"(《申报》1924 年 4 月 11 日)5 月 15 日《申报》刊登《昆曲传习所员来沪演剧》消息,云:"昆曲传习所设在苏州,开办数载,成绩破佳。嗣因该所为筹备经费事,由各发起人向旅沪江浙两省昆曲家磋商筹款办法。现定于夏历本月二十一日起至二十三日止,假广西路笑舞台串演昆剧三天,所得剧资,全数充作该校经费。闻入场券分为三等:甲种二元,乙种一元半,丙种一元,并闻昆曲家徐凌云、殷震贤

等,允于会串昆剧时,每日加演各串四出云。"(《申报》1924年5月15日)

4月 聘毕云程为豫丰纱厂协理,整顿厂务。毕云程《追念穆藕初先生》云:"美商慎昌洋行因豫丰纱厂纺织机器款项尚未清偿,坚持派洋员驻厂监督,而协理吴文钦氏又坚持不同意而辞职。同时厂中重要各科之长辞职者十二人,只剩仓库科之长金瑾如氏未辞,因金氏为穆先生内兄,不好意思辞职。穆先生在厂中连发三电邀我赴郑,面告厂中困难情形,立刻发表聘任我为协理,而穆先生即返沪养病。我就职后,即发现全厂动产、不动产已悉数抵押净尽,而月底到期空头期票三十万元,完全无着,如不能设法如期应付,即有破产之虞。总算靠了浙江兴业银行总经理徐新六先生与该行郑州办事处主任洪雁榜先生的帮忙,把这个难关渡过去了。那时候,美商慎昌洋行以债权人地位,不但派了一个驻厂财政监督(美国人,代行总经理职权),还介绍了一个总工程师(意大利人),一个电机工程师(英国人),后来还介绍物料科职员(丹麦人)。两个工程师待遇很优,而能力薄弱,常常为了不能解决困难问题,请我帮忙,我就设法解除两洋个工程师和一个洋职员的职务。另行聘任童侣青先生做总工程师,恽震先生做电机工程师,鲍国宝先生做机械工程师,巴润生先生做总务科之长,整顿厂务,增加生产,经济信用,也大大增加了。三个月后,穆先生又到郑州来,很高兴的对我说:'有人说你上当了,豫丰纱厂三个月内一定破产,现在三个月过去了,不但没有破产,而且生产比从前增加,信用也比从前好了。"(手稿)

5月20日 在郑州,处理豫丰纱厂事务。是日,为豫丰借款付息事致徐新六函,云:"接奉惠函,藉悉种切。诸承关爱,深感五中。本厂在津、汉两处均已设有办事处,以致津、汉汇票为数甚少,兹已嘱敝账房注意,倘有机会自当向贵分行接洽。而往来亦须设法增加,藉以稍客殷殷维护之感意。再第一次息金由敝申账房支付,仍以银为本位,俾省却许多手续也。请示知确数,以便照付。弟准于本星期五晚到申,容当趋谒,面聆雅教。"(原件,浙江兴业银行档案)

5月21日 《申报》刊登《昆剧表演将有〈剧场报〉》消息,云:"本埠星期五、六、日三日,苏州昆曲传习所将来沪表演成绩,迭志前报。兹悉临场复将赠送《剧场报》一份,以留纪念。其内容除表演剧目详细说明书,并客串昆剧脚本全文,可供观客参阅外,又载曲家名著数篇,如《度曲刍言》、《昆曲渊源》、《宫调渊源》、《搬演杂说》、《板式辩异》、《琵琶记与蔡伯喈》、《曲海一勺》诸文,皆属探本之论。研究剧曲者固宜人手一帙,即在注意吾国平民文学者,亦可资以为参考之助。又节录曲家诗文字作品,亦皆当行之作,闻已编辑就绪,即付排印云。"(同日《申报》)为纪念昆剧传习所首次公演,先生请王慕喆为学生起艺名,王以"传"字为排行,意为昆剧"薪火相传"。旦角取"草"字头,表示"美人香草"之意;小生取"玉"字旁,表示"玉树临风"之意;老生取"金"字旁,表示"黄钟大吕"之意;小丑取"三点水"旁,表示"口若悬河"之意。[①] 昆剧近代史上出现了"传"字辈这一代演员。(唐葆祥《俞振飞传》第 30 页)

5 月 23 日 昆剧传习所公演第一日,演日夜两场。场内赠送《剧场报》,天华盦主人(即王慕喆——编者注)撰《剧场报发刊辞》云:"我昆曲保存社同人,于是慨然有昆剧传习所之组织。民国十年曾赁屋于苏城五亩园,招收清贫子弟,授以小学校必修科目。加课昆曲,宫调既协,则教之台步声容。荏苒三年,小有成就。兹因教养费绌,来沪表演,为技术课生之实验。氍毹甫等,名流毕集,不有记载,奚留泥爪? 爰刊为日报,藉以质诸博雅君子。"(《申报》1924 年 5 月 24 日)《申报》记者报道云:"今明两晚戏票已预订一空不售门票矣。昨日为昆剧传习所表演成绩之第一日,午后大雨倾盆,记者驱车到会,已将满座,台上正演《浣纱记》之《拜施》、《分纱》。是剧为越王勾践臣以破吴重任,委托西施之故事。扮演范蠡、西施者歌词清澈,身段自然,在缠绵话别之中,寓悲凉忼爽之态。的是佳作。《进美》、《采莲》二剧,西施假意殷勤,吴王恣情声色,俱能描写入微……综观是日诸剧,客串皆是佳构。传习所诸生仅经三年之练习,而有此成绩,已堪嘉尚。""又闻今明两晚,座位均已定完,戏券亦已售罄,门票停售,爰观昆剧而尚无券者,须待下次公演时,再往顾曲云。又,昨日昆剧场中,散布《剧场日报》,除剧目外,极多讨论昆剧及声韵歌曲学说之作,如俞粟庐、项远村君等均多发表。"(同上)王传淞《丑中美》云:"我们第一次到上海,完全像个小孩子,平时不出去,但都很想看看上海这个大都会的繁华景象。我们住在离火车站不远的地方,傍晚要穿过南京路到笑舞台去。因为不认得路,由场方派人来接。可是刚到南京路,大家吓得不敢再走了。当时天已近黄昏,南京路上霓红灯渐亮,刚好写字间下班,车流像潮水一样涌来,有轨电车'叮叮当当',包车'的铃的铃',小汽车乱拨喇叭,黄包车拼命喊'让开',管交通的巡捕哗啦哗啦骂人,耳朵里已经受不了,加上头顶上五光十色的霓虹灯,跟门前各种车灯的强光,刺得眼睛张不开。面对着车水马龙,人山人海,我们都吓得不敢挪动一步。领路的只得把我们一个一个搀过马路。他嘴里在咕噜:'乡下佬到上海,吓都吓坏了,还会唱戏啊?'我们听了心里想:你要是从小在苏州长大,恐怕连我们都不如。你说我们吓得勿会唱戏,今夜阿要给你看看?"(上海文艺出版社 1987 年 11 月)

---

① 桑毓喜《昆剧传字辈评传》"艺名的由来"一节云:"据昆剧传习所创始人之一贝晋眉于 1956 年 9 月在苏州举行'昆剧观摩演出'期间向当时的《新苏州报》记者西濛所说,在昆剧传习所建立后的第一年,就讨论启用艺名作为纪念,大家商议的结果就以传习所的'传'字为排行。由此可见,早在民国 10 年(1921)年底前即确定了传习所学员今后启用艺名的宗旨与规划。而实施这一规划并为首批学员们题艺名的是穆藕初的挚友——上海赓春曲社曲友王慕喆。"编者认为此说不确。传习所创办当年尚未分行当,因此,讨论为学员起艺名当在 1924 年初。

5月24日 昆剧传习所公演第二日,演夜场。媒体报道云:"记者至时,《邯郸梦》已告终场。朱传茗正演《痴梦》,念白到时,表情合度,可造之材也。""传习所学生所演《北钱》之恢宏堂皇,《胖姑》之玲珑活泼,亦属佳作也。"(《申报》1924年5月26日)

5月25日 昆剧传习所公演第三日,演日夜两场,得到曲友好评。媒体报道云:"连日昆剧传习所表演成绩,曲友加串名剧,嘉宾满座,蜚声扬溢,后至者无容膝之地,或抱向隅之归。昨日主其事者,以四方人士,或有已购券而未克入座,与闻风戾止,票额已满,至失迎迓者,已决商请笑舞台主再假一天,添演星期日日场戏一天,已得台主允可,曲友担任串演。""传习所学生又殿以《请郎》、《花烛》、《卸甲》、《封王》四剧,凡持昨晚与今晚戏券,今日到场顾曲者,皆作有效。"(《申报》1924年5月25日)

5月28日 致徐新六函,附豫丰厂部分地契一纸。函云:"昨奉中行合同壹纸,当已达览。兹附奉郑州豫丰厂花纱栈房基地一部分之买契壹纸,卖主户名金荣生,计田四亩壹分零七毫半,请詧收并乞赐给收证为荷。"(原件,浙江兴业银行档案)

5月29日 徐新六复先生函,索要另一部分地契。函云:"奉书并附来豫丰厂花纱栈房基地一部分之买契一纸,计田四亩壹分零七毫半,户名金荣生,已收悉。并照合同内尚有四亩六分五厘二五之地契,亦希即行检交,以完手续为荷。"(底稿,浙江兴业银行档案)

春 介绍张瀚声(宝鋆)入杨树浦兰路保赤牛痘局。张瀚声《述怀一章》云:"今春,穆氏丈保赤心如一,普仁惠里,间恻隐深惕怵(甲子春,又承穆丈藕初招瀚声任杨树浦兰路保赤牛痘局事,当亦奉命而往),谬推经验富,谓操生花笔。自问廿年来,庶几减疫疾,受宠常若惊,敢诩能事毕(瀚声于牛痘一门研究垂二十年余,不厌烦劳,庶稍减当地天花疫疠及一切流行等症,问心稍可自慰)。余力攻西昆,愧未协六律,青溪一曲痴乃亦微名虽(瀚声于昆曲尤所癖好,苟得余闲,辄与知音互相研究,青溪曲痴即瀚声之别署)。"(《申报》1925年3月13日)

6月4日 为补助经费事,联名签署上海赎胶济铁路委员会致上海银行公会函。云:"本会自民国十一年三月成立以来,两载有余。对于筹款赎路一事,呼号奔走,计划贡献,心力交瘁。徒以时局不定,宏愿莫尝,迁延至今,迄无善果。四月十六日,以接准上海总商会询问进行方针,来函曾经召集会议,详细研究,金以目前虽乏善策可图,但偿还日款原期五载,除过去外,尚有三年。在此较长时间,或有机会可图,自难即时解散。本会经费除穆藕初先生代江苏省教育会捐助三千四百元,又总商会补助一千二百元外,并承聂云台先生捐助三千元,史量才先生捐助旅费二百十四元,穆杼斋先生捐助四百元。惟贵会为原发起团体之一,并推定盛竹书、宋汉章两先生为出席委员,拟请酌予补助,俾充此后办事必需经费。至收支报告除前已送呈外,兹将最近报告抄奉,并祈察核为荷。"末署先生等全体委员姓名。(原件,上海赎胶济铁路委员会档案)

6 月 5 日　致上海总商会会长函,对总商会二次任满会董有否选举会长资格提出质疑。[①] 函云:"顷读任满会董仍可当选之通告之根据参政院议决商会法,并中华全国商会联合会赣省事务所抄送覆广州总商会函,末谓右列任满会董,虽不连任,仍可当选,有选举被选举会长之权,深滋疑虑。玥既非会董,又非会员,本可不必顾问,且商界人才较少,会长颇难其选,当局苦衷,本应曲谅。唯商人素重信用,而信用之充分与否,全视办事之合法与否而定。苟悖于法,信用亦因之而破产,影响于商业者甚大。唯玥素昧于商法,贵会此项通告之合法与否,玥未敢必,故有疑问三则,请解释之,以释群疑,并以供富于商法学识者一研究之。(一)会长由会董产出,二次任满之会董,既无再进行被选会董之资格,是否仍享有选举会长之权利;(二)设使二次任满之会董,依法应享有选举被选举会长之权利,则又发生两疑点:(甲)此届二次任满之会董,是否享有三次选举被选举会长之权利;(乙)此届二次任满之会董,俟会长选出依法退出后另行推补,而此项推补之会董,设使下届不当选,则此项推补会董之选举被选举会长之权利,是否剥削尽净,抑或准其下届额外授以选举被选举会长之权利;(三)商会所依据者,是否参政院议决之商会法,或此项商会法外,另有可以依据之各省商会事务所函稿。公等为商业重要分子,商法素所研究,务请明以示人,藉增商人之智识。事关公益,乞弗吝赐教为荷。"(《申报》1924 年 6 月 6 日;《文录》下卷,《文集》第 145 页)

6 月 6 日　于徐凌云宅参加粟社端午曲会,到者四十余人。"先后共咏二十余出,如俞粟庐之《见娘》,穆藕初之《乔醋看状》,徐又铮与王慕喆之《望乡》,又与张某良之《刀会》,俞振飞之《惊变》,项远村之《埋玉男祭》,居逸鸿、项馨吾之《赏荷盘夫》、徐韶九、项馨吾之《藏舟》、汪保眉之《拾画叫画》。无不推敲精审,宫商毕协,深得曲家之三昧。俞粟庐年近八旬,声如裂帛,气无烟火。其余诸子皆经此翁琢磨,故皆称曲中铮铮。"(《申报》1924 年 6 月 8 日)

同日　上海总商会就会长资格质疑事复函先生,云:"(一)敝会此次通告所根

① 1924 年 5 月 26 日,总商会第九期常会议决筹备换届选举。原会长宋汉章因病无意连任,而傅筱庵一直有意当会长,指使亲信鼓动通过任满会董仍可当选的通告,为傅氏当选会长作铺垫。先生此信即对此提出质疑。总商会第七任会董选举发生拥护宋汉章派与拥护傅筱庵一派的严重争执,最后在政府方面干预下,宋、傅均不作正副会长候选人,改选虞洽卿、方椒伯为正副会长。

据者,为民国九年三月农商部第三百号训令,对于商会法第二十四条限制连任之解释。质言之,敝会奉行主管部解释商会法之通令,即系奉行商会法,盖法律遇有疑义时,例须请求明瞭之解释,而此项解释,在未曾取消或变更之前,当然认为法之真意,绝不能訾此项部令为系命令,非法律。至通告中所引之赣省事务所函,不过根据部令,而加以详密之规定,且由该所于民国十年,呈请大理院解释,认为确当立案。故敝会通告之根据为民国九年三月间及十年六月间农商部及大理院对于商会法第二十四条之解释,绝非商人团体间相互约定之办法。兹录部令原文如下:‘会长、副会长与会董,名称既殊,职务权限亦各不同,依商会法第二十四条之规定,其任期当然不能合算。嗣后,各商会于改选之时,所有会长副会长及会董职任,应即各归各算,从前有因合算争执,尚未另行选定者,亦应照此办理,以归一律,而免争端。’(二)敝会通告,系为办理选举,自应奉行部令,以期不背于商会法第二十四条之新解释。上届办理选举,亦循例发有此项通告,谅先生亦所记忆。兹再就尊函所指疑问,奉答如下:1.会长、会董任期照部令既系各别计算,则二次任满之会董当然有选举会长之权利。尊论谓‘会长由会董产出,既被选会董之资格,何以有选举、被选举会长之权利’,惟按照条文解释,当选与连任系属两事,则不得联任,自不能即指为不得再行当选。故会董于互选完毕后,即行退出,自与商会法第二十四条毫无抵触。尊函将任期各别计算,及当选与联任系属两事之紧要关键,忽略看过,所以种种疑团将由此而出。2.甲点所举之例,不成问题。盖二次任满之会董,被选会长,既系任期各别计算,则会长之任期应从被选为会长时另行起算,不能指为第三次被选举会长也。乙点所举之例,亦不成问题。盖会董中途推补,而下届不当选者,常有如尊函所举情事,条文只限制不得联任,并非会董不得中途补入也。3.敝会所依据者,为商会法及农商部、大理院对于商会法第二十四条所为之解释,其详情已具见于声明第一节,兹不再赘。”(同日《申报》)

6月9日 再致上海总商会函,对总商会复函继续提出质疑,强调“商会法为保护及维系商业之命脉,其解释实不容有所朦混”。函云:“……(二)六月五日贵会覆函,内谓上届选举亦循例发有此项通告,谅先生亦所记忆云云。查上届选举时,玥虽二次满任会董之一,确未见有此项同类之通告,且并未享有选举会长后退出之权利,而民国十一年选举会董名册内,关于满任之会董姓氏上,盖有‘二次连任照章停止被选’字样,并请检查上届选举票,及查选举会长后退出者何人,推补者何人,则可晓然于覆函内所引证者不甚确实也。(三)覆函承蒙抄示农商部部令:‘会长副会长与会董,名称既殊,职务权限亦各不同,依商会法第二十四条之规定,其任期当然不能合算,嗣后各商会于改选之时,所有会长、副会长与会董职任,应即各归各算,从前有因合算争执尚未另行选定者,亦应照此办理,以归一律而免争执。’鄙见以为贵会长对于此项部令，实属误解。盖会长与会董职责既殊，权限亦因之而异，其任期当然不能合算，故此项部令，注重于各归各算一语。夫各归各算一语，鄙见应作如是解释，例如第一任满会董，第二任为会长，第三任则又合法被选举为会董，第四任又合法被选为会长，如是递檀，即至一二十任仍属合法，并无违背第二十四条只能连任一次之限。若会长或会董接连两任，则当然受第二十四条之约束，不能藉口于会长与会董职权不同，而二次任满之会董仍享有选举被选举之权利也。即以选举法而论之，夫选举之有效与否，全视选举人之资格合法与否而定之，则会董于选举之前，必须正式就职，所投之票，方能有效。会董既已就职，则显然违背第二十四条之规定，即使选举后退出，而违法就职之咎，岂能避免。故鄙见以为贵会六月四日之通函，实抄袭赣事务所之成案，而并未与农商部部令及大理院之解释符合者也。国事多故，影响于凡百事业者甚多，贵会长身当其冲，苦心支持，至今日地位，良非易易。玥安忍以此项纸上空文，有渎清听，唯贵会为全国观瞻所系，而商会法为保护及维系商业之命脉，其解释实不容有所朦混，故玥之晓晓不已者，实希冀为商业上有所裨益而已，非敢有恶于公等也。务请将玥所历举之各疑点，再行悉心讨论，续行赐教，倘仍有疑义，请即抄录此项往来函件，呈请农商部及大理院解释之，以息疑团。则全国商人，皆将受公等之赐，非独玥个人已也。"(《申报》1924 年 6 月 10 日；《文录》下卷，《文集》第 145 页)

6 月 11 日 总商会复函先生，再次为其"任满再享选举、被选举权利"辩解。(同日《申报》)

同日 下午八时，邀集曲友举行昆曲演唱会，"由无线电话播送站发出，各处装有收音机者，能聆悉无遗。"先由俞粟庐清唱，次项远村、殳九组等，先生唱本剧《小桃红》一阕，复由俞粟庐唱《牡丹亭·拾画》《颜子乐·千秋岁》。"演唱时，字眼之正确，音调之悠扬，非亲聆得者，莫能道其万一。""而俞粟庐君已年近古稀，犹复精神变铄，吭声而歌，不减少年时代风韵。"(《申报》1924 年 6 月 12 日)吴淞亚《无线电话聆曲记》云："穆藕初、殳九组、项馨吾三君合唱《游园惊梦》全出，声调宛转，字眼凝练，真如相对一室中也。继穆君后者，仍为俞君之《拾画》，则见风月暗消磨，一曲潇洒清越，犹如二十许美少年之声音，岂知抗喉高歌者乃八旬老人耶！俞君唱毕，喇叭筒中忽作京腔声调。细聆之，为留音机所发，又间之以新开之报告，则皆不能如始奏昆曲之清晰动听矣。""至于昆曲，则出自人口，未经间接，又其音调优美，收韵纯细，故不独唱。音声声入耳，字字动听，即和音之笛声、弦声与绰板声，亦历历可数焉。夫使吾国最优美之音，假能媒之力传至数百英里之外，不劳舟车劳顿友朋绍介，而克亲馨欸如在一室之内者，《申报》馆之功为不朽矣！"(《申报》1924 年 6 月 18 日)

6 月 12 日 参加"致远雅集"。到者有徐凌云、张某良、项馨吾、徐静仁等。王慕喆为主人。琵琶大家汪月亭奏《十面埋伏》、《夕阳箫鼓》、《思春》、《霸王卸甲》等。各曲家依次报以一曲,至夜分始散。(《申报》1924 年 6 月 15 日)

同日 《申报》刊登《豫丰纱厂营业获利》消息云:"河南郑州豫丰纱厂为穆藕初君创办。地位颇占优胜,其棉价、工价、煤价均比校低廉。兹闻其旧历四月底结算,已获净利八万九千余两,合十二万余元。当此纱厂不振之时,该厂独能获利为诚为难得。"(同日《申报》)

6 月 16 日 再复总商会函,并拟呈大理院稿,"送奉察阅"。(《申报》1924 年 6 月 17 日;《文录》下卷,《文集》第 146 页)

6 月 22 日 浦东同人会通信选举开票,先生与李平书等十七人当选董事。(《新浦东报》第四百二十三期,1924 年 6 月 27 日)

7 月 5 日 下午四时,于南京东南大学出席中华全国体育联合会成立会。[①] 张伯苓主席,组织董事、评议两部。选举张伯苓、郭秉文、郝伯阳、先生等九人为董事。"会中经费,各董事均愿竭力设法。"下午九时,当选董事于教育改进事务所开会,讨论会名,"各董事均主张用'中华全国体育联合会'九字,至于执行总干事一席,董事部拟请圣约翰大学体育部沈嗣良先生担任。会中经费,各董事均愿竭力设法。"(《申报》1924 年 7 月 7 日)

7 月 8 日 出席中华职业教育社议事员常会。讨论第七届年会交议设立本社基金林场案,由提议人傅志章说明欲将江苏省立第一造林场承领江苏句容境内荒山一万八千六百八十亩,由本社投资造林,以裕将来经济上收入。决定以此事法律上、财政上要点甚多,公推先生与黄炎培、赵厚生等详细调查后再行决定。(《教育与职业》第五十一期)

7 月 12 日 下午,出席中华职业学校债券还本会。到者有该校经济校董、中华职业教育社议事员,及上海商业储蓄银行代表赵汉生等。先由张云溥说明事由,云:"本校于民国九年为推广工场起见,发行债券五万元,分年还本付息。至民国十二年,复因充校舍等用途,续发行债券十万元。即以部分换旧债券,其承各地同志或认购或代销。至最近期开,共售出八万九千四百七十元。此项债券分为一百元、十元两种,常年利息八厘,分十年还清。从民国十年起,用抽签法,每年归还十分之一。""如有不足,由各经济校董负责"。次由王正廷"检查一过、随即照抽。以债券末尾码得一八字者为中","并签字配录薄"。(《申报》1924 年 7 月 13 日)

7 月 16 日 公共租界纳税华人会召开新理事会,理事长方椒伯主席。因新当

---

① 该会是中国第一个真正意义上的"全国性体育组织"。成立后即被国际奥委会承认,成为中国的国家奥委会。1926 年 4 月的国际奥委会公报里,明确记载了"中华全国体育联合会"为中国奥委会。

选理事聂云台一再具函请求辞职，决定"以穆藕初补，即由会备函知照。"（《申报》1924 年 7 月 17 日）先生亦告辞，后复函云："以大病之后医嘱节用脑力，不能担任"。（《申报》1924 年 9 月 3 日）

7 月 25 日　为豫丰纱厂付息事致函徐新六，恳商缓期。函云："郑地因江浙风云，申汇飞涨，各银行皆一律停汇，所有应付贵行利息有款亦不能汇。特此奉函，情商展缓汇付。务祈鉴原为幸。"（原件，浙江兴业银行档案）

7 月 28 日　华商纱厂联合会开会，讨论北京农商部召开全国实业会议事。一致公推先生为出席代表。"穆已首肯。现正搜集资料，预备提议，甚形忙碌"。（《申报》1924 年 8 月 12 日）

7 月 30 日　徐新六复函，商请"到期本息务请如数划还"。函云："查贵厂去年欠敝行往来款元二千两，转至今年本月底到期，再加半年息元一百廿一两三钱三分。闻贵申账房言：'贵厂去年所欠本埠银行钱庄往来款，本月底拟一律自不归还'云云。惟念贵厂与敝行交情与他家情形不同，是以到期本息务请如数划还。倘因别家债权关系恐致牵动，敝行对于债权团可声明未曾收回。对于贵厂划还之款由敝行出给收条，以便将来尊处对于沪债还清后即凭此收条换回尊借据也。"（底稿，浙江兴业银行档案）

7 月 31 日　赴浙江兴业银行访协理徐新六，商做信用汇票事。同日，浙兴第一百十九次行务会议讨论此事，沈棉庭报告云："据郑处函称，'豫丰来商因须运纱至保定，无款可以周转，拟商做信用汇票十二万两，庆丰义又不肯居间作保'云云。应如何？请公决。"金以此事在我行万难通融，而在豫丰则又非通融不可。徐新六云："只得从庆丰义方面设想求一着落。"徐寄顾云；"提单保险单既无可交，则车运中总有一种书类，要求将此项书类交与我行，亦属通融之一法。"叶景葵云："不得已办法，祇可将纱径交庆丰义，取得庆丰义收条比较有着落。"徐新六报告云："适间穆藕初君来，正为商谈此事。据云照例自应缴款取货起运，惟因周转为难，故请求通融。又不愿令庆丰义方面窥悉为难情形，以致货价上多所抑勒。总额约六十万两，因深知我行为难，故所商只十二万两，余请他行通融办理云云。适才所议将纱径交庆丰义，即可视为不信任豫丰之表示，正为豫丰所不愿。鄙意拟避此一层，加入'作为代豫丰交'数字，如何？"议决：货交庆丰义取收条，声明款交我行。草拟复郑处电稿。（浙江兴业银行档案）

8 月 2 日　女慧秋①出生。

---

① 穆慧秋（1924—　），排行第十。中学英文教师。

8月3日 下午三时,主持华商纱布交易所第六届股东会。股东到者计五万零二百七十权。先生致开会词,次由吴麟书报告营业概况,监察人朱友仁报告本届账。继先生议长宣布议案,经全体表决通过。末投票选举理事及监察人。吴麟书、徐庆云、穆藕初、顾文耀、荣宗敬、匡仲谋、徐静仁等十五人当选为理事,张则氏、胡筠庵、边瑞馨三人当选为监察人。(《申报》1924年8月4日)

8月6日 华商纱布交易所新当选理事互选理事长及常务理事,"理事长穆藕初,副理事长吴麟书均连"。(《申报》1924年8月7日)

8月12日 为豫丰纱厂还款事致函徐新六,云:"顷由敝厂转来六月廿九日惠函,藉悉种切。敝厂与尊处往来正密,为数亦甚巨。二千两尾找一节,不如归赵,实亦易易。惟付款时中间有问题发生,故未如顾。此中细情,早□洞鉴,请希鉴原。"(原件,浙江兴业银行档案)

8月20日 上午九时,出席江苏省教育会第二十届常年。会员共二百七十余人到会。由会长袁观澜主席,沈信卿与潘仰尧报告一年来之会务及经济状况。议案:①电北京政府反对庚子退款筑路案,议决全体赞成照发。②建议官厅沪海道属速设省立女师案,潘仰尧、金侠闻、张蔚丹、谢守恒、先生、贾丰臻均有意见发表。"就民国十三年度预算额内追加列入筹备费,从速进行。议决通过"。③初级中学应注意职业指导案。众意"由本会委托中华职业教育社组织职业指导员研究会协同进行"。议决通过。④请省教育会会同教育厅选聘平民教育指导员兼测验员,并请省议会提议拨给指导测验员之办公费案。通过。⑤请函教育厅令各县各学区设立区教育会,并扩充原有区教育会经费案。"多数赞成评议会修正案,并将'设法筹款'改为'设法请求自治机关补助'",通过。⑥电江浙当局,并函各县团体保持和平公约案。议决将原提议人所拟电文由黄炎培、沈信卿等加以修改,即日发表。(《申报》1924年8月21日)

8月 出资影印弘一法师《四分律比丘戒相表记》。《自述》云:"有某君者(即弘一法师——编者注),二十年前创办沪学会之老友也,性聪颖而耿介,书、画、琴、歌、地理、金石靡不精通;富有辩才,尤工国语;雅度高致,轶类超群,律己谨严,待人谦和。当抵制美货时,慷慨激昂,于激发国民爱国天良,非常殷切。嗣后赴日求学,贤名籍甚,邻邦人士惊为稀有。时大隈伯主报务,闻而奇之,特地往访,觉其人骨格清奇,精神超越,谈吐俊拔,作品粹雅,迥异常人,认为留学界白眉。临去,索其近作画稿一幅,刊布大隈伯报,竭意揄扬,视为晚近人瑞。回国后任教职多年,余虽不常见,然私心甚钦崇之。越若干年,忽闻某君将出家,来申与诸故旧话别。余时方兴高采烈,从事于实业。闻君发出世想,心窃非之。而君竟毅然决然脱俗出家,作苦行僧。虔治律藏,足不履地,严持净戒,示范人天;悯念群生纵贪瞋痴,行杀盗淫,造罪自缚,万劫沉沦,辄深悲悼。为开方便,随印师后劝修净业。唯切切以末劫时代,魔道方炽,正法衰替,苟非大昌戒律,力障狂澜,何以杜世界之乱源,出生灵于水火。故年来阐发律藏精义,针对现代人心,有逗机之作数种,付刊宏布。"(《文集》第 35 页)

该书为弘一法师一生中最重要一部佛学著作。弘一《遗嘱》云:"余命终后,凡追悼会、建塔及纪念之事,皆不可做。因此种事与余无益,反失福也。倘欲做一事业与余为纪念者,乞将《四分律比丘戒相表记》印二千册。以一千册交佛学书局(闸北新民路国庆路口,即居士林旁)流通,每册经手流通费五分,此资即赠与书局。请书局于《半月刊》中刊登广告。以五百册赠与上海北四川路底内山书店存贮,以后赠与日本诸居士。此书印资,请质平居士募集,并作跋语附印书后,仍由中华书局石印(乞与印刷主任徐曜堦居士接洽,一切照前式,惟装订改良)。此书原稿,存在穆藕初居士处,乞托徐曜堦往借,此书系为余出家以后最大之著作,故宜流通以为纪念也。"(致刘质平《遗嘱》1936 年,引自《弘一大师文集·书信卷》(一))

9 月 1 日 在北京,出席农商部与教育部联合召开之实业会议开幕式。出席代表共一百零七人。严鹤龄主席,公推颜惠庆正议长,李士伟、先生为副议长。先生致答词,"语极沉痛",指出"善谋国者必自安民始",呼吁"息内争,求民稳,辟我富源,裕民生计"。云:"惟此次会议,自定期召集后,各地各业中闻此消息均极感动,以为趁此时机可以将各业之困难情形来京申诉。无如江浙事起,金融骤形紧张,交通亦有不便,以致一部分代表未能前来。湘玥揣度各代表心理,必有共同之感想,今并代表其意思,详为陈述。夫民为邦本,裕民即所以裕国。裕民之道维何,即振兴百业,使民安居乐业而已矣。故善谋国者必自安民始,调剂金融,以通其气;开辟交通,以畅其流;增减税率,以发达内国之制造;讲求科学,以增进农产之富源。凡此种种,皆有益于民生国计者也。溯自民国以来已逾十稔,金融曾调剂否? 交通曾利便否? 国内制造曾受政府保护而能与外人竞进否? 农产物品曾得科学补助而益形发达否? 窃恐不特难以副此期望,而人民之痛苦更甚于曩昔。连年扰攘,灾害频仍,金融恐慌,交通阻滞,内国急需之原料畅流国外,致使本国工艺濒于破产。各地输运之农产重叠课税,致使不得流通,屯如山积。苛税随意征收,民财尽情搜括,流连载道,居不能安,倒闭时闻,业何能乐。凡此败征,益形显著,同人等愿乘兹机会,申诉于今兹之政府,冀有以补救之而拯斯民于水火,并愿政府息内争,求民稳,辟我富源,裕民生计,植百年之伟业,成迈古之丰功。尤愿今兹之坐而言者,起而行,并行而力也。"(《申报》1924 年 9 月 2 日、9 月 7 日;《文录》上卷,《文集》第 105 页)

同日 出席全国教育联合会退还庚子赔款委员会,及国立北京八校教职员、中华教育改进社等举行的联席会。讨论美国退还庚款委员会之中国委员人选,当场选出蔡元培、范源濂、汪精卫、黄炎培、蒋梦麟、郭秉文与先生等十四人,并拟定美国委员孟禄(哥伦比亚大学教授)等七人为委员。(《申报》1924年9月7日)

9月4日 在京出席实业会议第二次会议。出席代表六十七人。李士伟主席,讨论"请仿美国农部办法特设专局逐年估计全国棉业"案。先生主张删去"特设专局"四字,付表决通过。次讨论裁厘加税案,先生报告从前在沪主张裁厘及发行裁厘公债经过。(《晨报》1924年9月5日)

9月7日 在京出席实业会议第二股会议。先生与陈承修联名要求撤销日前大会通过"请禁止棉花交易所"案(该案由无锡代表提出)。指出该提案"未经大会通过,而原案系绝对禁止,拟请暂缓提议,不列议程或复交由第二股重行讨论,再行提交大会。"该案于次日实业会议第八次会议上撤消。(《晨报》1924年9月10日、9月16日)

9月23日 乘招商局江华轮由京抵沪。(《申报》1924年9月25日)

9月30日 《申报》刊登《德大纱厂借款准变卖全部抵债》消息,报道该厂已至破产困境。文云:"德大纱厂前将所有机器、生财厂基向永丰钱庄抵借巨款,订立契约,限制清债,如逾期不理,即由债权人将抵押品变卖。此项借款早已到期,该厂未照契约履行,故债权人已向公共公廨起诉。""近来该厂又已停工,各债权人遂于上星期五(九月二十六日)邀集会议,金以借款契约内载明到期不理,则将抵押品处分。经公廨俞谳员商诸美领雅君,谕准原告先公示《申》、《新》两报,限二十天内变卖被告合同上载明一切生财,期内若有人反对,即予提前讯问"。(同日《申报》)毕云程《一个民族工业家的遭遇》一文云:"上海德大纱厂是穆藕初主办的第一家纱厂。穆藕初自己没有钱,赖他的胞兄穆杼斋筹集资金。穆杼斋担任总经理,穆藕初担任经理,生产工作完全由穆藕初负责,成绩良好。1922年,上海发生齐燮元、卢永祥之战,河南郑州发生了冯玉祥、赵倜之战,各钱庄对于传统习惯的信用放款有了戒心。它们决定对于原来放出的信用贷款,到期收回,并停止新放款。这样,穆藕初主办的三家纱厂都受到了影响,德大纱厂首先受到打击。德大纱厂生产品质优良,营业获利,本来不应该发生大问题。但由于总经理穆杼斋自己创办棉花交易所,亏空了数十万元,总会计私人做投机买卖,又亏空了数十万元。加上德大纱厂订购美国棉花,本来可以获利的,由于到货延迟太久,外汇飞涨,又亏损了数十万元。三者合计达一百多万元,超过了德大纱厂的资本总额。原来倚靠各钱庄的信用放款,维持信用,到了军阀内战,银根奇紧的时候,就无法维持而破产了。"(手稿,上海工商业联合会藏)

同日 《晶报》刊登"重修上海一百名人表",内有穆杼斋与先生。云:"民国十一年三月,本报曾有上海一百名人表之记载,忽忽已两年矣,兹查表中,有已故者、有远行者、有时代之落伍者、有韬光晦影者、有与前之凡例不符者，认为有修正之必要，爰为重修一过，纪录如下：一、表中已故之人凡五：老林黛玉、何诗孙、周金箴、席立功、简照南；一、远行者凡六：王正廷、白牡丹、余日章、胡适之、钱新之、麒麟童；一、时代之落伍者凡四：王长发、包达三、许黑珍、惜春老四；一、韬光晦影者凡三：左孝同、李松泉、唐二小姐；一、已嫁人之妓女一：珍珠花；一、已嫁人之女伶一：张文艳；一、现役军人一：卢小嘉；合共除去二十一人，除前表漏列之顾馨一补入外，新添凡二十人，表例仍遵照本报三百六十八号，今将重修上海一百名人表列后：刀疤老六、丁福保、小糊涂、小阿友、小黑姑娘、天台山农、王钝根、王汉伦、王乔松、王美玉、史量才、朱葆三及子老五、朱榜生、任矜苹、江逢治、吃素人、吴鉴光、吴玉孙、吴昌硕、但二春、汪优游、汪汉溪、沈联芳、沈信卿、李平书、李季皋及其夫人、李征五、李瑞九、李登辉、宋汉章、希米得博士、周瘦鹃、周五小姐、邵力子、阿根、徐景明、徐半梅、陈金宝、陈夒龙、陈炳谦、陈独秀、陈黑皮、洪深、张啸林、张啸天、张一鹏、张龙朋、章太炎、许建屏、许少卿、根海、唐拾义、唐乃安及女公子、特别照会、莫悟奇、琴腐、马玉山、康有为、盛老五、汤节之、虞洽卿、杨麻子、程天亮、程婉珍、姬觉弥、劳敬修、落蓬阿金、黄楚九、黄炎培、黄妹妹、黄金荣、爱夫爱夫（译音）、傅筱庵、鲍咸昌、慧海和尚、刘束轩、隔壁姐姐及其弟、潘小九、赵君玉、卢少棠、魏廷荣、冀汝桐、郑正秋、郑孝胥、郑曼陀、薛大块头、穆抒斋、穆藕初、罗小宝（非唱戏者）、戴天仇、绿牡丹、聂云台、骚姆妈、谢蘅窗、顾馨一、严独鹤。"（同日《晶报》）

10 月 2 日　《申报》刊登《德大纱厂拍卖消息——日商蓄意承买》消息云："杨树浦高廊桥德大纱厂，资本一百万两。在初设时营业发达，每年获利颇巨，嗣后受花贵纱贱及投机风潮影响，转周不灵，中途停顿，现已由债权人永丰钱庄呈准会审公廨将生产对象标价拍卖，抵偿债务，并登报公告。据闻，日侨棉纱同业颇有意承买此项产业云。"（同日《申报》）

10 月 12 日　罗家伦在柏林作《科学与玄学》一书《自序》，感谢先生"为社会而提倡学术的创举"。文云："最后诚挚的谢意，谨致于穆藕初先生为社会而提倡学术的创举，设若著者不在国外的学术环境里面，则这一点不值什么的工作，恐怕也因为缺乏研究的便利，不会发生。"该书主要是对科学与玄学的本身性质，其所研究的问题，所用方法，所具的特长，所受限制等方面进行进行探讨，想使阅者能把最近代科学与玄学的地位和关系认识清楚。（原书，商务印书馆 1924 年版）

10 月 14 日　黄以霖、沈信卿、袁希涛、黄炎培与先生、贾丰臻等联名致电江苏督军齐燮元，呼吁裁撤松沪护军使，并将兵工、制药二厂迁移出苏省。电云："自和平公约失效，苏省被兵区域人民涂炭，其浩劫为六十年来所未有。卢何既退，公为苏省收回淞沪之宣言，当及时速谋善后。此次被兵十余县，隐然为一隅所牺牲，推原祸始,一由护军使职权太重;一由兵工、制药二厂显树目标。欲免生苏、浙误会,永弭东南隐患,亟宜裁撤护军使,移设镇守使于相当地点,一面将兵工、制药二厂迁地,庶几内政外交两获便利。用陈公意,请迅电政府即颁明令,以慰舆望。"(《申报》1924年11月15日)

10月15日 于《申报》发表《谋上海永久安宁之我见》一文,阐述裁撤松沪护军使、迁移兵工厂、以及地方善后等主张。文云:"自战事发生以来,时愈一月有半。战线约百有余里,而影响之巨及于全国。商民困苦,甚于辛亥、癸丑。推原其故:(一)战事逼于环境,上海势成独立;(二)当地驻有高级军职,成为一方面之大本营;(三)横受军权之压力及苛税;(四)地方官死肆强,半为军事机关之附属品。因之表面观察,尚未直接受兵戈之劫。不过藉租界毗连关系,受外人之赐而已。然地方元气,已濒于破产,商民前途,更不堪设想。兹者干戈虽止,满目疮痍。善后设施,宜具计画,荦荦大者,约有三点。(一)松沪护军使宜裁撤也。国家养兵,用以固国防。必因其地而后驻军,因其事而后设官。上海一商埠耳,论军事非四险之区,论治安有地方官警负责。民二以还,上海驻军有加无已。军队则日益骄佚,军权则时越常经。在项城用兵之初心,不过松沪各设镇守使而已。自松沪各设一护军使后,始而藉此为继任,浙江督军之升迁,继而谋此为抵抗江苏督军之实力,助长内乱,吾民苦之。痛定思痛,其去赘瘤,倘因水陆交通,地方辽阔,□□所□,有赖军职。不如仍沿清制,设领守使于松江。(二)江南制造局宜工厂也。我国制造军用品较著之地凡四,德州、汉阳、巩县三者,皆称兵工厂,上海则称制造局,并附设造船所。顾名思义,非纯粹制造军用品之机关。上海遇有战事,该局为众矢之的,亦因其制造军用品耳。惟该局屹立浦滨,比邻租界,一隅固守,徒引纠纷。强邻易起责言,方地屡惊危险。且局中机件,大半陈腐,即有制造,亦非新式利器。言地理则上海无设局之必要,言迁徙则益巨额之虚靡。权衡利害,不若移该局大部分机器,作扩充原有造船所之需,是则局改工厂,事归实用。不仅于政局上足分南顾之忧,即战后穷黎,亦得谋生之所。国计民生,两有裨益。至现在上海对峙之浦东火药库,原料积存,炸药充实,据最近经西人详密调查,谓一旦设有疏虞,浦东沪南一带,立成焦土。中外人士,共同承认其有迁移之必要也。(三)地方善后特别注意也。上海地方本完善之商场,执全国金融之牛耳。黄金寸土,实贵可知,布置善后,刻不容缓。民政也,司法也,固当有切实之整顿。而商埠警察,尤与商民接近。行政前途,治安问题,关系均非浅鲜。如视民之知事,司法之官吏,中外观瞻所系,当非声望素著者不克承之。而警长责卫安宁,查缉奸宄,须于资望之中,更选熟悉地方情形之人,出而肩任,则连轨里,实望得以相助,剪□除莠,秩序得以维持,治人治法,互有关也。至松沪中立区域问题,上海租界推广问题,范围较广,关系甚巨,自非在沪言沪之事。精密商榷，敢请俟诸异日。本篇所陈，不过治标之建树。然症结所在，非除不瘳。前车请鉴，迁□是图，世之君子，其亦表此同情否乎?"（《文集》第 195 页）

同日 由上海总商会、县商会及各职业慈善团体组织之保安会，"因各军云集，危险万状"，推定职员，办理善后事宜。分各方接洽、经济、外界交际、采办粮食、常驻办事各科，先生被推为外界交际职员。（《申报》1924 年 10 月 17 日）

10 月 28 日 德大纱厂债务案于公共公廨开庭。《申报》刊登《德大纱厂债案之审讯》报道，云："德大纺公司前将所有机器、生财、厂基向永丰庄等抵押银一百十四万八千一百七十两零四钱，因不照借款契约履行，并且停止营业，故债权控于公共公廨请求准予变卖备抵。奉谕登报声明再核在案。昨晨被告公司延律师投廨提出两项请求：（一）将出卖抵押品之期展缓；（二）如果欲出卖则须将卖价规定为九十七万五千两。其对于第一项陈述之理由以现在时局不靖，银根奇紧，此时出卖必无善价，故应从缓，俟得善价而沽，于债权、债务双方均有利益。对于第二项则以债权方面前曾出价九十七万五千两。根据债权团之来函要求将价格规定，而原告之律师则均不予赞同。谓时局敉平渺茫无期，此时新花上市，纱厂或尚有人购买，设若再缓两月花市已过，势必待诸来年。至规定售价一层，前因被告致函债权，以该厂售价须一百二十万两，债权复函称九十七万五千两，而该厂不允。然此系双方磋商之事，不能作为根据债权之所以。欲变卖抵押品系按照借款契约条件办理，果欲展缓等情，亦须债权同意云云。经俞谳员与美领雅君磋商后，判改期一四天，由两造互商定价召买办法，公示《申》、《新》两报十四天，并登英文报再核"（《申报》1924 年 10 月 28 日）德大纱厂后被荣宗敬收购，改为申新五厂。荣德生云："德大纱厂欠款六十万，被债权人以六十万拍去，归钱庄经营，以六十五万售与我处，遂改名申五。余去看，真便宜，老厂一万八千锭，新厂一万锭，尚未开过，请唐纪云、马润生为经理。"（《荣德生文集·乐农自订行年纪事》）

10 月下旬 离沪赴郑州。动身前一日曾去浙江兴业银行拜访协理徐新六，商请豫丰纱厂透支借款五万元，徐暂允二万。先生又告豫丰厂困境及花纱抵押情形。（参见 1924 年 11 月 2 日致徐新六函）

10 月 31 日 为豫丰纱厂赎取押品事复浙江兴业银行徐新六函，云："十月廿八号大函敬悉。查敝厂前向贵郑行付款提货所付之款原系担保代用品性质，以贵郑行前经理洪君逝世，新经理林君初到，对于原合同不甚明了，故嘱照普通赎取押款办法交付汇水。敝厂以急于提货应销不得不遵照办理，一面并函知敝厂申账房与贵总行接洽，将该款收入敝账。旋据贵总行声称，按照合同押款四十万两期满方可赎取，在期内临时提货所付之款系作担保代用品，款系暂存，无须转账。未几敝厂协理毕君适以事赴沪，即与先生面洽，前存之款不应征收汇水，已荷明鉴，允函贵郑行查复,并蒙允此后提货付款及增加担保品换取存款,均不再收汇水。此汇水问题所经过之实在情形也。兹查贵郑行复贵总行函中所述'当豫丰赎押时,均未议有妥当办法'云云,不免有误会之处。因根据合同付款系作担保代用品暂存贵行,按照存款计息,其原有押款仍照总数四十万两计息,并非赎押,彰之甚明,即非赎押,自无征收汇水之必要。先生明达,谅已早见及此。惟所困难者,该项汇水,贵郑行早已收账,碍难退还。弟深悉此中为难,惟为数有四千余元之巨,敝厂亦不能任此巨大损失。"(原件,浙江兴业银行档案)

11月2日 在郑州为豫丰纱厂押款事致函徐新六,解释透支借款实为附属于抵押借款之一部分。函云:"接奉贵行襄理陶子石先生十月廿九日惠函,谓敝厂透支二万元,业经与弟接洽一节,殊有误会。当弟于动身之前一日曾与阁下面谈,力请允许敝厂照常透支五万元,而阁下历述汉行为难情形,仅见透支二万之数,并谓郑分行俟大局底定重行复业后,透支数额仍以五万为度。当时,弟亦陈述敝厂为难情形,仍请阁下竭力与汉行接洽,务达五数。同时因申处需用贰千元,与阁下反复研究取用此款之手续。故假定汉用二万元,大约因此误会,自战事起后。各处银根奇紧,敝厂亦不无受其影响。故五万之数较平时更为急需,且此项透支实以敝厂有四十五万两之花纱抵押品为贵同事所保管,故名为透支,无异于附属于四十万两之押款。大局虽未定,郑地确安宁。所困难者,金融阻滞,周转不灵耳。务祈再事通融,函知贵汉行与敝厂往来透支仍以五万元为度,深为感感。再贵郑分行经理林君前误向敝厂收取汇水一节,为数达四千余元之钜,弟已将详情奉达,仍请再事调查,示以究竟,俾敝厂不致受意外亏损也。"(同上)

11月13日 泰康庄冯爕之拟定豫丰纱厂华债团与豫丰纱厂、慎昌洋行所立《权柄单》底稿如下:

等人/庄/号/公司,名详列于本权柄单之后幅(下文简称授权人)。今因豫丰纺织有限公司(下文简称纱厂)积欠美商慎昌洋行(下文简称洋行)银△△△△△两。曾于一九二一年十二月一日与洋行订立押款合同,所有纱厂对洋行负担之债款悉作为押款,将所有纱厂之地皮、房屋、机器悉作为押款之保证品。嗣纱厂又于一九二四年二月四号与洋行签订《经理人合同》,委托洋行为其代理人及总经理。但纱厂前此除欠洋行款项外,并积欠授权人共银△△△△△两,迄未归还。兹授权人为协助纱厂恢复其营业,所有纱厂每年营业之净余金先提出半数,作为纱厂营业公积金,此项公积金提满四十万两为止。其余净余金之半数,则归洋行及授权人依照欠款(欠款之利息不在此内)平均比例分派。此项拨还办法每半年举行一次,至完全拨清为止。此为该行合同条件之一。其余条件悉载于该合同内,三方同意,毫无异词。惟三方订立合同，授权人一方行号众多，不可不公推一总代表授以全权签订该合同。为此授权人一致议决公推君为授权人总代表（下文称受权人），与洋行、纱厂两方签订该合同。所有该合同内之一切条件，授权人均以明悉，一致承认此次受权人代表签定该合同，与授权人所自签订无异。恐后无凭，特立权柄单交受权人存执为据。

民国十三年旧历十一月 日立权柄单。

（浙江兴业银行档案）

11 月 14 日 在郑州，就利息转入押款户问题复浙江兴业银行襄理陶子石函，云：“接奉十一月十三日惠函藉悉。敝厂所欠贵行之押款利息计七、八、九、十四个月，及复利计共银贰万零零叁拾贰两钱六分已转入押款户一节，已函知敝厂毕协理查照。设敝厂于四十万两押款内，并无存款当可遵照办理，否则此项息金应从存款内扣除也。增加抵押品一节亦已知照毕协理，惟郑地正当吃紧之际，金融紧迫，自不待言。设或不能立时遵命之处，务祈格外通融为感。”（原件，浙江兴业银行档案）

11 月 15 日 陶子石复函先生，要求增加抵押品。函云：“寄示祗悉。贵厂押款利息及复利转入押款户内，业将转账手续办妥，未便再有更动，甚歉。所有应行增加之抵押品务希照约增加为盼。”（底稿，浙江兴业银行档案）

11 月 30 日 赴徐凌云宅，出席粟社同期，“清歌竟日”。（同日《申报》）

11 月 邓中夏发表《穆藕初只觉悟了一半》一文，认为“穆藕初真算是资本家中之最有觉悟者”，“但可惜只觉悟一半。”文云：“工业资本家穆藕初最近在美国帝国主义机关报《大陆报》的国庆日增刊上发表一篇《现 X 中华民国国民之第一要事》的大文章，他说曾悬此问题征求答案：‘主张振兴教育者十之五，振兴实业者十之三，提倡道德者十之一，提倡革命者亦十之一’。他说：这些答案，‘皆是也，亦皆非也’。他认为第一要事，是另外一事，他说：‘此事不解决，则所谓教育所谓实业所谓道德，皆以此事而延搁而摧残而无立足之地。然其事又非革命’。这事是什么呢？他说是‘对于政治之改进运动’。所以他主张‘宜集全国人民中之有知识者有职业者，组织一中华政治改进社’。他以为只有这样，‘吾中华民国前途，其庶几乎！其庶几乎’！由这篇文章看来，穆藕初真算是资本家中之最有觉悟者，他知道政治重要，他不知道有政党。但只可惜只觉悟了一半。国际帝国主义和军阀勾结宰割的中国，可以不革命而改进政治吗？是的！我们知道殖民地的资本家因其与外国资本有关联，故不能使他取决然的革命手段，这是客观的经济条件使他不得不然。所以穆藕初只觉悟了一半，乃当然，非偶然。”（原载《中国工人》第二期，署名“重远”，引自《邓中夏文集》第 107 页）

12 月 1 日 于《申报》发表《读王清穆先生论冯焕章沁电书后》，为冯玉祥遭人诽谤鸣不平。文云："冯焕章之赞助贿选也，国人皆非之矣。然今年之促成罢单，则是非莫决。不佞不敢强与人同，仅就事实上说法求政于当世。冯焕章之宣言，罢战不行之于曹、吴讨奉之初，而行之于出师热河之后，倒戈相向。按军人以服从天职之义，是否有当此一疑问也。反旆京师以后，种种设施是否出于自动，此又一疑问也。至其通电下野，出于决心于此混乱之时代，尚不失为改过之君子。然下野之后，求学欧美，洁身高蹈，则是矣。倘冯以外之人物，攫其平日不应得之金钱，面团团作富家翁，或更另有一种不纯洁之怀抱，则人非特非矣。是故论是非必循其事实，事实则有已往及将来，邦人君子其观察之。"（同日《申报》）

同日 分别致电北京执政段祺瑞、汉口总商会二电，呼吁尽快恢复京汉铁路。前电云："京汉路线，前因备战兵车，阻碍交通，迄今三个月有余，尚未恢复，既损国家财力，复增商民困苦，况日需盐煤，势将绝粒。现正收束军事，与民休养，务恳饬令主管部局及沿路驻军官长迅定办法，与津浦同时通车，或克日先通货车，以恤民艰，而裕国用。延颈待命，伏乞鉴察。"后一电云："京汉货车中断，商民盐煤绝拉，终电段执政，吴、胡两将军，请先通货车。贵会商民领袖，素恤艰辛，务祈一致电恳京、直、豫、鄂当局迅商办法，藉苏困苦。"（《申报》1924年12月2日）

12月11日 上海浙江兴业银行为豫丰纱厂押款、押品事致函先生，云："贵厂押款利息及复利转入押款户内，业将转账手续办妥未便再有变动，甚歉。所有应行增加之抵押品务希照约增加为盼。"（原件，浙江兴业银行档案）

约12月中下旬 为豫丰押款事赴汉口。（参见同年12月条）

12月 在汉口赴浙江兴业银行汉口分行，磋商豫丰押款事。未成。1925年1月3日浙兴汉口分行史致容致函总行云："豫丰押款事敝处以时局关系目前似未便订例，故已婉复穆藕初君，并经奉告。顷闻穆君本拟由汉赴郑，嗣因对于我行押款志在必成，故复回上海向尊处商恳，业于前日晚附轮东下。届计今日或明日即可抵沪。敝处因鉴于时局纷扰，郑州方面尤为陈惶不安，该厂押款颇多危险，深恐两不。接洽尊处或允其请，故特拍电奉告。本日发上一电曰：'豫丰押款敝已婉拒，穆来商乞勿允'。"原函批示云："已婉复，业由新之函告汉行。"（原件，上海浙江兴业档案）

本年 发表《惜人才》一文，云："国之需才，尽人得而知之。然而人才为有限的，需才为无限的，才难之叹，自古已然，况今非常之世，必赖非常之才。国无人才，国将不国，才而不用，或用违其才，皆非爱惜人才之道也。于是论惜人才。中华民国十三年矣，国内之破坏建设，可谓无时或已，可谓无地无才。顾何以国事如累卵，民生日益凋敝，对古人有逊色，对先进更望尘莫及，岂真无人应此世界潮流挽此劫运乎？一言蔽之，才则才矣，惜乎我不自惜，人不我惜之可虑耳。"先生指出五种不利于人才之现象，云：

一、生计艰窘足以消磨人才也。生活程度继长增高,一以学者急于谋生半途中辍,资浅堪虞;一以百业凋敝,习尚奢华,应得之利不足以供需求,误用聪明之流或竟出范围而求非分之权利。倘前者加以深造,后者纠入正轨,敢必其均为有用之才,决非小有才或废才也。

一、学非所用足以埋没人才也。不学无术,世人所讥,学非所用,与不学等耳,与不用亦等耳。才有大知小受,事有繁简巨细,苟非因才器使,则方枘圆凿不败事也几希。甚或一方面不知其误用而以为无才,一方面自恃其才而甘于暴弃,于是弱者闲散,强者钻营,廉耻道丧,颠倒错乱,戕才之害,未有甚于此者。

一、政党倾轧足以排挤人才也。居今日而言党,不敢谓其无才,第倾轧之风亦不必讳。同党则非才亦尚,异党则有才亦弃。知有党而不知有国,知有事而不知有才,直与我善者为善人,与我恶者为恶人而已。求才于党,虽不能必其绝无,而为党求才,仅可言其或有。使有门外之人,挟其才而贡献,主正义以宣言,吾知不利于己者必群起而责之,不同臭味者必多方以非之,非至闭口无言不休也,退避三舍不止也。欲达亲爱或提携之境,不亦戛乎其难。

一、长官傲慢足以压抑人才也。时不我予,不足展才,人不我信,不足尽才。长官自视过高,自信尤坚,钻营阿谀之辈复从而推崇之,已不知万事变化之穷,更何知礼贤下士之义。刚愎骄矜,无所不至;武断驱使,无所不为。即使人才辈出,或惧威而竟裹足,或晤面而生戒心,欲为国效忠,固自视未逮。即使欲为长官效力,恐亦未必尽心力而为之。军职长官,类以此败,可以鉴矣。

一、政府失信不足登庸人才也。有才之见用与否责在政府,用之而能使之发展与否责亦在政府。吾为此说,非必政府而后可以用人,实法令典章之出自政府,朝令夕改之可虑也;各业提倡维护之出自政府,朝三暮四之可虑也;举凡对外对内一切设施之出自政府,民情隔膜之可虑也。况五日京兆,贤者耻之,攀龙附凤,智者不取。与其遵正轨而不能久安,不若趋捷径而保全禄位。世之洁身高蹈者有之,见异思迁者有之,刻意钻营者有之,试问即使有才,日孜孜于患得患失之间,更何有于实际办事之心力。甚或因是而连带为出轨之行动,尤不知所办为何事矣。凡是种种,虽左右政府之军阀不能辞其咎,监督政府之人民不能卸其责,登庸无术,政府当负全责欤。

总上数端,知人才为国之元气,惜才为培养之原,绝对而失于不自惜者如彼,相对而失于不能惜者又如此。余不才,深盼英雄造时势,时势造英雄,得济济多士为国家社会尽其职务。盼我政府暨长官等去已往之积习,为国家爱惜人才，尤盼我国内青年为国自爱自惜，养成有用之才，则国事前途，庶几有豸！

（《文录》上卷，《文集》第 104 页）

本年　为谈养吾《谈氏三元地理大玄空实验》一书撰《序》。指出该书以"吾国固有学说以救济人心"，人之祸福不在于"牛眠之地、龙耳之穴"，强调风水所宣扬善有善报，恶有恶报，"其有功于世道人心者匪浅。"全文如下：

宇宙间森罗万象，竭吾耳界、目界、思想界之所至，有二大原则焉：一曰科学，一曰心灵学。科学为形而下学，由物质方面以穷物之源，声、光、化、电属焉。心灵学为形而上学，由精神方面，以探物之微，吉、凶、祸、福系焉。际此科学昌明时代，形形色色，未可尽述，苟能善用之，则假汽机以营制造，藉电力以利交通，于人类生活固大有利益存也。若不善用之，则驾飞机以袭敌人，驶潜艇以摧敌坚，于人道主义不免大相背戾耳。处世者如只科学之可贵，而以心灵学为虚无飘渺之谈，不加深究，未可也。英儒柯能道尔有鉴于此，觉世人心灵日益泪没，因提倡灵魂之学，以翼挽回于万一。当欧战时代，受科学界之摧残已极，此说乃大盛，试推其故，不过流于巫史卜祝之类，初未有彻底之著述以饷世人。今谈君养吾，好学深思，叹人心不古，异说横流，更进一步，而研究术数家言，若阴阳、若五行，俱有心得。而于形法一门，尤能独辟蹊径，近成《大玄空实验》一书，用功勤、用心苦，盖欲发明吾国固有学说以救济人心耳。余尝考古者葬不择地时，及晋郭璞乃有葬地之说，其所著《青囊经》中具述阴阳顺逆、九星化曜、辨山水之贵贱吉凶，始成为一家。至唐杨筠松有《天玉经内传》三卷，专言理气，以天星卦例生克吉凶为主，迄今于言理气者均宗之。虽然，葬者藏也，人禀天气以生，死必归于地，先人遗骸，忍令委弃，但求避蚁水而已，若必欲得牛眠之地、龙耳之穴以为子孙荣华计，谬矣。盖人之经营窀穸者不必过泥右虎左龙、藏风聚水之成见，只求心地光明，则自有福田以应之。若心地龌龊，则虽得福田亦非所有。不观夫孙钟孤孝而致三仙，龙图酷虐而梦二使乎？可知祸福之来，由于人之为善为恶所致，因果关系未可勉强。余也投身社会事业已久，阅人多矣，深慨心术之坏，至此而极，苟不得一潜势力以矫正之、惊醒之，正不知伊于胡底。而谈君之书适成于此时，其有功于世道人心者匪浅，余喜其宗旨相符，故略申意见于此，以弁其首。"

（原书，1924 年版，聪听堂谈氏藏版；《文录》上卷，《文集》第 115 页）

本年　发表《增进商人智识以期发展商业》一文，云："万国通商，优胜劣败，商业竞争之烈未有如今日之甚者。凡我商人，不可不应社会之需要而为种种之进取。社会进化极速，需要极繁，不有智识将不足以言商，是以智囊智珠，自古称之。商战时代,斗智不斗力,增进商人智识,似不能缓。""指出我国商人缺少制胜人才、固步自封、缺少专长、缺少学识经验、奸诈流行等弊病,呼吁通过宣讲、教授、联络各渠道来达到增进商人的目的。云:讲求智识,其道维何,一语破的,学而已矣。顾旧式商人有经验而无学问,新式商人有学问而无经验,比比皆是,毋庸讳言。今欲熔经验、学问于一炉,惟有已成商人之辈加以学问的指导,似有事半功倍之效。启迪之法,约有三端:一曰宣讲。目今国内不乏商业通才,似应广为罗致,由政府聘用,担任宣讲之职。首自都会,渐及通商各埠,使服务于公私商业机关者,莫不知商人之道德之责任之义务。行之期年,虽不敢必其大成,然日进有功,未始非增长智识之一道。二曰教授。商人身为职羁,教授适用于夜校,顾何以夜校林立而商业智识迄无进步,是非夜校之不良,实校内之学科与商业上之应用者每南辕而北辙耳。是宜将普通学科减少,切于实用之学科增加,人材辈出,敢为预卜。三曰联络。各业既有夜校,或因时制宜,或因事迁善,徒言学科,恐犹未达融合贯通之境,则有商会为之媒介。商业之因何而盛衰,如何而发展商会与学校互相提携,研究因果,编为教科,当时已得彻底之办法,后来且足引为借镜矣。湘玥托足商场,时虞陨越,在沪言沪,尤有隐忧,增进商人智识,认为当务之急。但兹事体大,匪有群策群力,莫资挽救,倘承政府提倡,不特于商业前途足以发挥光大,即于世道人心似亦稍有涓埃之补。"(《文录》上卷,《文集》第 106 页)

本年 美国人勃德(A. R. Burt)、波维尔(J. B. Powell)、克劳(Cral. Crow)编著《中华今代名人传》(BIOGRAPHIES OF PROMINENT CHINESE 上海传记出版公司出版)出版。收录当时政界、商界、教育界、工业界、金融界等二百位名人,每人配有人物照片及中英文小传。内有先生中文小传称,先生"才高德备,诚可谓中国第一人物矣。"中文原文如下:

穆藕初,江苏上海人。年四十九。父业棉,家小康。幼读于私塾。年十四,入父店为伙。年二十二始学英文。越三年考入海关,供职六年,暇必考求英文,孳孳不倦。年三十一遂入学界,任龙门师范学监兼执教鞭。明年受苏路公司之聘调查警政事毕,任该公司警务处长。卒

H. Y. MOH

《中华今代名人传》所载穆藕初英文小传书影

以平日节俭积有余资,年三十四遂自费留美,虽清贫年长,求学之志不为所阻。初入威士康新大学农科读二年,转入伊里诺大学受学士位,继在塔克塞司农工专校又读棉业年余,受科学硕士位。成专才,年三十九回国从事棉业不遗余力,得乃兄杼斋之助,筹银二十万创德大纱厂,用英机锭一万,能纺四十二支纱,在上海为创举,至今资产值百五十万。又为改良棉种,俾纺细布与日人抗。先立试验场专种美棉,广散种籽,农人多从之。继任华商纱厂联合会棉种改良委员长。即在沪、通、宁、郑、保定、唐山各设试验场,于是美棉在华大盛。又办轧花厂,装美国锯式轧机。民国五年,富商多人慕名集资邀其创办厚生纱厂,资本初定二百万,今已加倍。用美机锭五万,机四百,可织细布为中国倡。三年后又在郑州创豫丰纱厂,资本二百万,渐亦加倍。锭五万,机二百。君在郑厂特组青年会,设阅书室以增加工人智识。九年创办中华劝工银行,资本百万。又为平准市价,办华商纱布交易所,资本三百万,已付其半。未久而他交易所十九失败,惟君所办巍然独在。君历任上海总商会、中华职业校及他纱厂董事,徐大总统实业顾问、农商部顾问、工部局华顾问与留美学生会美大学俱乐部会长。平生虽自奉甚俭,不修边幅,而派遣学生游学欧美达十余人,无吝色。此外慈善公益捐助甚多。以外貌言,无有知其为中国之棉业大王者。君为人和蔼,交友以信,举止正大,见识宏远,中西人士无不乐于相处。噫! 如君之才高德备,诚可谓中国第一人物矣。

本年 周希丁①为先生刻自用印(对章):①"穆湘玥",边款"希丁仿钵";②"藕初",边款"甲子康元"。(原件)

---

① 周希丁(1891—1961),名康元,号墨庵,江西临川人。长居北京,擅篆刻,印风古雅,精传拓,曾出版《石言馆印存》,收自刻印章千余方。

1925 年(民国十四年,乙丑) 五十岁

1月 中国共产党第四次全国大会在上海举行。大会明确提出无产阶级在民主革命中的领导权问题和工农联盟问题。

在上海总商会和各公团纷纷要求下,北京执政府下令裁撤上海护军使署,上海附近永不驻军,江南制造局改成工厂。

2月至4月 在中国共产党领导下,上海、青岛数万工人先后举行大规模罢工,遭到日本帝国主义和北洋政府镇压。

3月 孙中山在北京逝世。

5月 上海发生五卅惨案。

6月 上海总工会成立,宣布大罢工。上海实行"三罢",抗议帝国主义暴行。

上海工商学联合会成立。李立三任委员长。

王若飞出席郑州各界和市民3万人集会,声援上海"五卅"反帝运动。10日,郑州成立各界"沪案后援会"。

省港工人大罢工。

7月 国民政府在广州成立。

天津海员罢工,声援省港大罢工。

8月 河南郑州发生豫丰纱厂罢工风潮。

10月 第三次江浙战争爆发。孙传芳占领上海。

1月11日 下午四时,赴申报馆,出席东南大学校董会、上海商科大学委员会联席会议。到者袁观澜、沈信卿、黄炎培、史量才、赵晋卿等,及东大、商大教职员代表、学生全体代表数十人,讨论教育部违章更易校长问题。[①] 沈信卿主席。黄炎培、袁观澜及教职员代表、学生代表相继发言。次先生云:"东大校长推选之权,载在本会简章,倘校长不称其职,本会近在咫尺,必有所知。本会不知而部知之,是本

---

① 1925年1月7日各报载6日阁议,免去东南大学校长郭秉文职务,由胡敦复接替,由此引起东大"易长风潮"。郭见报后即电教部"恳迅聘接替,以便交代"。东大及商大全体教职员、江苏省大学校长等则纷纷致电责问北京政府,要求说明免职原因,竭力挽留郭秉文。被当局任命新校长的胡敦复复电也表示不愿任职。

会失察。今无其事而部竟无端免校长职,亦未询及本会,是教部藐视本会。本会苟不抗争,不特本会对不起校长,抑亦对不起自己。现教职员、学生均已见及于此,本人主张:亟应由会向部严重抗议,声明否认。在此事未有满意之交涉以前,请郭校长仍照常进行。学生方面,尤盼暂时慎重发言。如本会承受此项乱命,则湘玥誓先退职,不愿任此虚名。"郭秉文云:"现在之教育当局,不念大众为校之苦心,徇少数之主张,有此行为,秉文尤不愿再任校长。"先生云:"国立学校非教育当局私人所有,郭校长何必因此而作消极思想。"会议"议决对于此次教育部违反校董会章程,任免校长,电执政府、教育部,严重抗议,否认乱命,一面由校董委员组织临时委员会,协同两校行政委员办理校务进行。"公推沈信卿、史量才、袁观澜、盛竹君、黄炎培、方椒伯、穆藕初为临时委员会委员,沈、史为临时委员会正副主任。(《申报》1925 年 1 月 12 日;国立上海商科学院档案,引自上海财经大学校史研究室编《郭秉文与上海商科大学》第 165 页,上海财经大学出版社 2010 年 5 月版)

1 月 18 日 下午二时,主持华商纱布交易所第七届股东常会,股东到者五万一千四百余权。先生报告开会宗旨,吴麟书报告营业概况,张则民报告账略。先生宣布议案:①提前开股东会请予追认案。②纯益金支配案。计本届每股得派官红利六元二角五分七二,合元四两五钱。(《申报》1925 年 1 月 19 日)

1 月 31 日 浙江兴业银行郑州分理处为豫丰纱厂续保兵险事致函总行,报告郑地平安。云:"顷威廉君来商,云接申豫丰委员会来电云:'循尊处之请,嘱该厂续保兵险一事,威廉君因近日郑地平静,俟危急时再行续保。'前小禹州虽土匪接触,均为胡军击退,郑地治安如常。而沪上报纸乃谣言蜂起,甚至有谓郑州业已开火者。诚恐传闻失实,除该厂电复委员会外,特嘱敝处发奉一电文为'郑安。如危急,当急电尊处,续保兵险',谅荷台洽矣。"(原件,浙江兴业银行档案)

2 月 1 日 出席东南大学校董会、上海商科大学委员会为更易校长问题第二次联席会议。议决:"否认教育部违章命令,仍请郭秉文照旧任职。现时请郭赴外考察教育,校务由联席会议合组临时委员会,协助南京、东大及上海商科两校行政委员会维持。公推沈信卿、史量才、袁观澜、盛竹君、黄炎培、方椒伯、穆藕初为临时委员会委员,沈、史为临时委员会正副主任。①(《申报》1925 年 2 月 11 日)

---

① 东南大学校董会致函郭秉文云:"上月十三日本月一日,本会与商大委员会两次联席会议议决,电政府否认教育部违章易长之命令,应请校长照旧任职。现时请校长赴外考察教育,所有教务由联席会议合组临时委员会,协助两校行政委员会维持。公推沈君信卿、史君量才、袁君观澜、盛君竹君、黄君任之、方君椒伯、穆君藕初为临时委员会委员。并推沈君信卿、史君量才为临时委员会正副主任等语在案,相应函请,查照办理为荷。"(《申报》1925 年 2 月 11 日)同日,东南大学校董会致教育部代理部长马叙伦函云:"本月一日,本会与分设之上海商科大学委员会联席会议时由东南大学转来大部训令第一号内开,'前派（转下页）

同日 段祺瑞召开以解决时局纠纷、筹备建设方案为主旨的善后会议。先生被聘为善后会议经济专门委员会委员,穆杼斋被聘为军政专门委员会委员。(《申报》1925 年 2 月 16 日)

2 月 8 日 《申报》刊登《豫省军兴后之损失》一文,报道河南军兴后之损失,以及包括豫丰纱厂在内各厂商捐款数等情形。云:"豫议会已着手调查河南为吴佩孚根据地此次军兴以后,直接捐输及间接损失当然较他省为尤重。""自九十月间榆关战起,迄吴、张、李出亡止",列举郑州、开封、漯河、许昌、洛阳等商会及各地各界捐款数目,"再言工厂,则郑州豫丰纱厂、彰德广益纱厂出三十万元。……凡此皆直接取诸商民者。而河南省银行因军饷万急,滥发纸币,以济眉急,临时添印五百万,闻其所发纸币前后不下千万。此项纸币尽散民间,是间接取诸民者,只此一项又千万矣。陇海、京汉、道清三路自榆关战起即停售货票,自吴张出走,客票亦全停,且车辆多为各军所夺。除兵车外,不见空车,遑论售票。"(同日《申报》)

2 月 11 日 汉口浙江兴业银行郑州分理处傅公乘致上海总行函,报告催讨豫丰纱厂利息事。云:"顷晤毕协理,催讨尊处去年十一、十二月押息。毕君云,近日售出纱布七八车,因路局无车,致不能装出。尊处利息俟此项纱布装出后,方有款项归付。查此项纱布确已售出,且俟装车后再向催收。"(原件,浙江兴业银行档案)

2 月 16 日 致电段祺瑞及教育部长、农商部长,要求挽留苏省教育、实业两厅长。电云:"段执政、教育部长、农商部长钧鉴:苏省教育、实业,年来已渐进行,蒋、张两厅长治理有年,尚能尽职。值此地方丧乱之余,正须培养发展,用人本中央特权,但急遽纷更,易启疑虑。务恳俯顺舆情,收回成命,地方幸甚。穆湘玥叩。"(《申报》1925 年 2 月 17 日)

2 月 17 日 赴北京,出席善后会议。② (《申报》1925 年 2 月 16 日)

(接上页)东南大学校长郭秉文应即解职,另候任用。现经改聘胡敦复为国立东南大学校长,除函聘外,仰即遵照,此令'等因。查此事前于一月七日上海各报披露六日阁议消息,校中教职员学生及毕业同学因郭校长办学十年,幸苦经营,深著劳绩,校务蒸蒸日上,前途正未可量也。以国家多故,影响所及未能照所计划进行,而公家积欠经费三十万余,学校万分困难。教职员仰体时艰,并感于郭校长之维持苦心,本道义结合之精神,相与勉力维持,不致弦歌中辍。学生尤一致信仰,是郭校长劳苦功高实不应无端更易。……查去年六月二十五日经大部修正核准之《东南大学校董会简章》第三条第三款,推选校长于教育当局为校董会之职权。今郭校长固无应行免职之理由,大部并未践行部令核准章程之规定,遽予任免夫,岂所宜?本会因于一月十二日与分设之上海商科大学委员会联席会议时议决,根据上例种种理由,对于此次东南大学校长免职绝对否认。"(《申报》1925 年 2 月 11 日)

② 1924 年 10 月,冯玉祥等人发动北京政变,推翻了直系曹锟、吴佩孚之后,皖系段祺瑞被推为临时政府执政。段祺瑞于 1924 年 12 月 24 日通电,取消《中华民国临时约法》,召开善后会议。宗旨为"解决时局纠纷、议筹建设方案"以对抗孙中山主张召开的国民会议。规定参加人员:有大勋于国家者,讨伐贿选制止内乱各军最高首领,各省区及蒙藏青海军民长官以及有特殊之资望学术经验者。国民党中央于 12 月 26 日发表通电表示反对善后会议。1925 年 2 月 13 日,善后会议在北京召开,经过两个多月争吵,通过《军事善后委员会条例》、《国民代表会议条例》、《财政善后委员会条例》,同年 4 月善后会议结束。

2月19日 再次致电北京执政府,"请留财实两厅勿动。"(同日《申报》)

2月21日 汉口浙江兴业银行郑州分理处陈仁憺致上海总行函,报告催收豫丰纱厂押款欠息情况。云:"豫丰所欠去年十一、十二两月份利息业于二月十三日转入,……昨今两日又迭往催索,适值厂中新纺成专销汉口之十六支特别飞艇,已积有百件左右,足敷所欠利息,应缴押品数目。……豫丰押款拟续转一年,我行要求将来押息须付现款,不能转入押款,花纱布价格须按照郑市、沪市折中计算,物料至少须减少一半,改用花纱布作押品各节,毕君今晨亦接到穆藕初君来函,故敝处已向其磋商一切。毕君谓:(一)本厂流动资本太少,押息往往不能照付,其实皆因受时局影响所致,以后如时局平静,自当按期照付现款。若时局仍不平静亦当勉力筹划,如万不得已仍须请我行原谅;(二)花纱布价格因市面关系,厂中作价虽较申市为大,但其实并不十分过高,以后拟改为下列价格……(三)物料已由尊处向穆藕初君商减以五万两为度,但穆君致毕君函并未含有允许我行减去五万之意义,豫丰辟处郑州,物料由他处运来,极为迟慢,往往不能不先事预备,……今如将物料改为花纱布,则将来货物方面更难活动,毕君之意,拟要求仍照旧例嘱转陈尊处格外通融云云……"同日,陈另一函又云:"前尊处代垫豫丰兵险保费,计元四千两","嘱向收取。敝处曾迭向催索,今晨毕云程君始允以该厂预赎押品暂存户内拨付。请合洋向汉行豫丰赎押品暂存户收取。"(原件,浙江兴业银行档案)

2月24日 黄炎培等商定,将赴太平洋会议余款存先生处。"午,日章、信卿商定,将募集资送日章、梦麟赴太平洋会议之余款美金二千元,由上海银行移存藕初处。仍约定随时需要随时取用。"(《黄炎培日记》)

2月26日 上午十时,在北京出席善后会议经济委员会会议,并投票互选委员长及理事。共七十一位委员出席,选举王治昌为委员长,汪文贞等四人为理事。(《申报》1925年3月2日;《善后会议公报》)

3月2日 在北京以善后会议经济专门委员会委员名义,发表致执政段祺瑞书,告苏省近遭兵祸情形,呼吁速将驻锡军队调回,恢复生产。全文如下:

窃维江苏富饶,甲于全国,年来各县改良蚕桑,发展实业,为国家开辟富源者,莫若无锡。水陆交通,户口虽仅达百二十万,而工厂密布,商业辐辏。论工则纱厂、丝厂、面粉厂、碾米厂、肥皂厂等,有八十二家,工人十五万人。间接待工厂以生活者倍之。论商则全国对外贸易之丝,大都出产于是,全省人民日用这米,大都荟萃于是,每年贡输于国家之税额,达一百十余万两,丁漕尚不在内。如此财赋之区,政府宜保护之、保养之,不但以裕税源,藉舒正供,并可于商业上对外竞争,增进国家地位。乃齐氏称兵东南,无锡搜刮一空,受灾独重。迨齐氏二次构衅,兵无斗志,而无锡数十年经营渗淡之商场悉成瓦砾,血汗所得之资财尽付东流。盖自车站至城垣,及城垣周围三十里之内莫不被劫,且有连劫七八次之多者,其焚掠奸杀,视洪场为尤甚。齐氏去而奉军来,驻守之兵,纪律虽较佳,而言语不通,军士日用所需,不能不稍稍取给于此,少数下级兵丁,又难免不无轨外举动,故全邑人民,除老弱男子外,仍流连在外,莫敢还乡。溯自一月十八日齐氏祸锡,迄今一月有余,全邑工厂商场完全停顿,而人民之颠沛流离于境外者,欲归不得,欲留不得,困顿情形,笔难宣达。当春令育蚕期近,苟失其时,则三千万之富源,全邑人民于一岁中日用所需之仰给于是者,又将完全损失。果尔,则不特人民皆成饿莩,而国家百余万之税额丁漕,亦将无着。为特迫切陈词,备恳执政本慈祥之念,拯救苏民,迅饬奉军长官,速将驻锡军队,悉数调回,或有军事上万不得已,亦请酌量开妥为布置。如此于军事民情,两无不便,则人民安而工厂恢复,国税裕而正供无亏。湘玥甫自南来,目击情形,不也安缄默,用特缕述详情,呈请钧鉴,伏乞挥令批示只遵。

(《申报》1925 年 3 月 2 日);《文录》下卷,《文集》第 151 页)

3 月 9 日 在北京,出席善后会议经济专门委员会茶话会并摄影纪念。(《善后会议公报》)同日,胡适以"战争状态之下,无从善后"为由,辞善后会议专门委员职。(《申报》1925 年 3 月 10 日)先生约于是日会后离京,孙中山逝世日(3 月 12 日)已抵沪。

3 月 16 日 陈仁恺致函上海浙江兴业银行总行,报告豫丰纱厂运纱及押款利息催还事。云:"豫丰日来受军事影响,无车运货,存纱日多,但北路需纱甚殷,已定去三千余件。闻日前已在第三军孙军长处疏通就绪,拟要车一列约十余辆,转运纱往保定一带,倘能办到,实系大好消息。至一、二月份押款利息,毕君已允设法筹还现款,但仍无一定时期。"(原件,浙江兴业银行档案)

3 月 17 日 为东南大学易长事①致函吴稚晖,请其斡旋。原函如下:

稚晖先生惠鉴:

弟于离京时,由建三兄递来大片,相见缘悭,深为怅怅。兹有陈者,东大郭校长历年办事成绩,及其向日言行,平心论之,不但无訾议,且可为学界规范,因弟与郭君相知有素,而弟亦忝在东大校董之列也。教次碍于情面,误听谣言,不加考察,且又违背教部所颁之条例,遽行免职,措施不无过当,吾苏学界

---

① 同年 2 月 23 日,郭秉文赴欧美考察。3 月 9 日,本声称不就职的胡敦复突然到东大,正在上课的学生闻讯赶来,愤怒之下,有的学生对胡拳脚相加。3 月 1 日,教育部训令取消东大校董会。3 月 19 日,东大教授致电执政府,退回教部训令。易长风潮前后持续近一年,最终郭秉文未回东大,胡敦复亦未能进入东大。此后东大校长频频更迭,著名教授陆志韦、任鸿隽、竺可桢等教授亦相继离开,东大实力遭到严重削弱。

一只袒郭，公道也，非阿私所好也。吾公硕德耆望，对于莘莘学子，提携不遗余力，敢乞借重鼎言，向各方疏解，适可而止，此其时矣，则吾公造福于青年者，岂有涯哉。日内来京，再当走谒。临颖无任盼祷。附奉萧某亲笔函件之印刷品，察阅后一笑置之可也。此颂日祉。

弟穆湘玥手启，三月十七日。

（《民国日报》1925年4月2日）

同日 陈仁惸致函上海浙江兴业银行总行，报告豫丰纱厂赎纱事。云："豫丰因向第三军借车运纱，接洽已有眉目，预计明后日即可照装。因于昨晚六时向敝处商量，拟用阴历月底期银行津汉汇票，赎取押品数额约在七万左右。敝处因豫丰取赎押品，本可在津汉交款作为代用品。目下因金融问题及军事影响，实有不能先在津汉交款，再提取押品之势。好在系用银行汇票，似乎不致发生意外危险。但事关重大，敝处不敢擅专，故于昨晚六时五十分发奉一电文曰：'豫丰用阴历底期津汉银行汇票额七万赎取存纱准否急电复'，想荷台洽。"（原件，浙江兴业银行档案）

3月18日 致函蒋梦麟、胡适，请其为东大易长事斡旋。云："东大易长事，黑幕重重，令人齿冷。学界尚如此，中国前途何堪设想。昨函马次（长）及稚晖先生，请其向各方疏解，就此罢手，免得再起纠纷。国中能有几个好人，何必自相残杀，同归于尽耶？兄等片言九鼎，敢乞不吝齿芬，设法斡全，是为至幸。附奉肖某亲笔函件之印刷品，阅后一笑置之可也。"（《胡适来往书信选》上册）

3月29日 吴稚晖复函，对留郭有不同意见。函云："蒙赐书，奖借万端，悚感莫名。东大前校长郭先生，弟虽不甚深知，示知彼能为学界规范，然别有相当之佩服，与先生同也。故弟等不善其所为，乃在政见，无所褒贬于其个性。先生乃谓吾苏学界一致袒郭，弟正惧吾苏学界之阿私所好，所谓江苏省教育会系把持江苏教育，学界尽植其私党，得先生之言而粗信。否则《时事新报》者，时人亦所谓袒郭之报，然该报记者张圣心先生（又号东苏）评东大是非曰：'总之，郭秉文办学不善，大家公认；其人格不足为师表，也是公认的。'这是如何意味？张先生且并不如先生与弟之相当佩服也。但办学善不善，足为师表与不足为师表，此无与弟等党人之事，已别有该校教员学生，如萧、胡、柳诸君子者，起而纠正。弟等党人止知郭先生追随者，教育部诸公所谓东大实际少数校董也者，年来依附吴佩孚齐燮元之徒，别有其苏社派之政见，尽量党化东大，尽量与今政府在野日所谓反直系为难。吾党与反直系，敌视吴齐，曾一致也。故托君子爱人以德之意，劝郭先生等既愿显身政？失败乃是常用事，不可寡廉鲜耻，取消其政见，惟势力之是趋。党德败坏，国事必愈不可为。长乐老者即不倒翁之别名，所以汪精卫先生会以极诚挚之友谊，劝郭先生失败也。异日吴齐得志，郭先生东山再起，将如何之光明？乃必嗾其私人，如牛皮糖之纠缠,求老寿星之不倒,将使东大数千青年,受此等无耻教职员之支配,同蒙污点,岂不可惜?弟愿先生协同劝诱,勿为此把持,乃真所谓造福于青年,无有涯涘矣。盖予人以廉耻,与予人以利益,所予孰多,贤者自知。先生久居商界,不知学界之龌龊,故弟亦早知先生为东大挂名校董之一,真同蔡子民,蒋梦麟,江易园诸先生皆为少数实际校董以情面假借而已。此次反对直系之罪恶,该少数实际校董,远出于郭先生之上。东大校董会之本不合法,早有例证。国立大学,齐燮元韩国钧以一省长之资格,可下命令,解散工科,乃职责所在之教育部,任免其所属大学之校长,反生问题,真天外奇谈。以少数把持之校董会,此少数者,自身负咎,且远过于所罢之人,尚有何面目及资格,能过问管校之长官?所以如黄任之先生等者,皆素所谓贤者也。此次因彼等盘据之流泯公馆,(所谓省教育会,居其间者,即报纸会谥彼等为阳性十姊妹也。)无公家直接之职责,遂姑置而不问。乃彼等自以为可以保障郭公,一再将校董会之名词,腾臭于报章,弟曾以为再作?三日者,即东大校董会是也。史良材先生曾声明别无关系矣。弟愿先生亦勿后人。并劝我们向所崇拜之黄先生者等,迷复不远,予人以不可疑。今东大者永远超然于政党之外,得胡敦复先生之专心讲学,庶不负郭先生等一番创造之心。我等党人,皆离开教育界而活动。黄郭诸先生一贯其社苏之政见,弟辈仍守吾党硁硁之愚,孰得孰失,让国民自责。此则弟等攻讦郭先生等离开东大之微诚也。至于郭先生于校费之混合,于学科之粉饰,报纸皆已登载。别有萧叔纲先生等已经诘问,将来并让该管人起而彻查。虽经诸方面以此等问题,就告不平,弟等当务纷繁,深愧援助不力。故先生附示他人亲笔函件,该题之曰,萧锦钝致胡刚复柳翼谋之亲笔函,勿引汪精卫、吴稚晖、马叙伦破坏东南最高之学府口供。真正为真铜板倒霉,白纸倒霉,为人傅钞私函,广布于朋友。因萧先生等之函件,本可用明片露布供同志传抄也。凡人所居晦明不同,居暗室者,以此为破坏之口供,向明之人,方以此为改良之福音也。先生嘱弟察阅后一笑置之,弟在半月前早在报上看见,已如此泡制,且想实真铜板,遭人如此滥用,铜板亦必哭不得而笑。倘彼等手段高明,更能纵执政府?得马叙伦提案之稿,用珂罗板印布,题曰'马叙伦勾引段期瑞破坏东南学府之口供',当愈可以和开胃健脾之印件矣。又一笑。一切面承大海。"(《民国日报》1925 年 4 月 2 日;《吴稚晖近著》)

4 月 2 日 下午二时,出席于上海商科大学召开的东南大学校董紧急临时会。沈信卿主席,校长代表陈逸凡报告东南大学最近状况。议案:①"因校长任免问题发生纠纷之处理方法",一致推选张一麟继任东南大学校长,即呈请教育部聘任。②"提议仍请省长派员查账",议决"仍请省长派员查账"。会后,东南大学校董会致函教育部云:"本会冬日开会,经出席校董详加讨论,佥以校长问题纠纷已久,亟宜从速解决。本会前经力主挽留郭校长,惟教育部对于郭校长如果另有任用,本会可另推选。当由主席按照校董会第三条第三款,推选校长于教育当局之规定提出人选问题。当经一致推选张君一麐继任东南大学校长,即呈请教育部聘任等情,一致议决除另呈外,谨电请鉴核施行。"(《申报》1925年4月5日)

同日 为豫丰纱厂押款展期用途事致浙江兴业银行函,云:"敝厂向贵行商借之款肆拾万两,系供敝厂与慎昌所订经理合同应缴活动资本肆拾万两之用,相应具函声明。即祈查照为荷。"(原件,浙江兴业银行档案)

4月3日 豫丰纱厂与浙江兴业银行签订银四十万两借款展期合同。"本合同订于一九二五年四月三日,甲造为豫丰纱厂(以后简称公司),乙造为浙江兴业银行(以后简称银行)。兹以公司虽将押款利息结至今日止付清,尚该银行银元四十万两。公司与银行磋商,将该款银元四十万两展期至一九二六年二月廿三日,已得银行同意。订定左列各条:双方允洽,凡本押款内之旧有抵品、各房地产、花纱,及厂用生财等,仍为该款银元四十万两本利之抵押品。利息按月息一分二厘,照前合同规定方法交付款。押品于本利未清以前,不得取赎。公司承允于一九二六年二月廿三日以前,除前三个月用书函通知,并将到期利息及外加利息三个月外,不使银行收回该款。银行承允倘公司各期利息,并遵守合同各条时,不于一九二六年二月廿三日前,向公司索还该款或该款一部分。"(合同底稿,浙江兴业银行档案)

同日 陈仁慆致浙江兴业银行总行函,报告豫丰纱厂棉纱与煤运输情况,云:"前昨两日豫丰在军界索得车十七辆运纱。以十辆装棉煤,七辆运纱。棉煤约日内可到,纱亦陆续装出,大约下星期即可开工,并闻厂仍拟设法索车。如再有车辆即用本厂汇票及银行汇票,向我行取赎存纱。"(原件,浙江兴业银行档案)

4月7日 为豫丰纱厂押款付息等事致浙江兴业银行函,云:"接奉四月六日惠函,内开敝厂向贵公司押款肆拾万两续订合同一节,其付息、物料及担保三项办法,敝厂完全赞同。而对于此项合同,苟非郑州金融因军事而紊乱时,其付息向用现金,并随时尊重合同内所列之各条件。除将原函寄郑照办外,合行奉复。"(原件,浙江兴业银行档案)

4月14日 赴一枝香出席中华职业教育社议事员常会。沈信卿主席,议案:①"议决第九年度社经费预算案"。②"议决第八届年会办法,定五月中在南京开会,同时举行分组会议及中华职业学校联合会年会,先期组织参观团偕同参与年会人员赴沪宁路线上,及其邻近之优良职业教育机关考查"。③"议决第九年度征求社员办法"(《申报》1925年4月15日)

4月16日 出席上海留美同学会周年大会。牛惠生主席,"报告该会前因过事扩充,入不敷出,以致负债累累。嗣由各职员及会员慷慨捐助,将一切债务悉数偿清。从此努力臻进,前途无可限量。"次选举韩玉麟为会长,许建屏、颜连卿为副

会长。先生为咨议及财政股主任。(《申报》1925 年 4 月 18 日)

4 月 17 日 豫丰纱厂顾问员集会,规定先生以及慎昌派员各项职责。慎昌洋行豫丰总管理处致先生、威廉及白罗乃通告书云:"一九二五年四月十七号豫丰纱厂顾问员开会于慎昌洋行。开会结果将下列案件向豫丰总管理处、慎昌洋行建议。派穆湘瑶(误,当为穆湘玥——编者注)为豫丰纱厂经理,予以全权管理及进行厂务。慎昌派西人代表,只居顾问地位,直辖于慎昌。请将是项办法暂试三个月。慎昌洋行为尊重上项建议,并欲厂内有合作之精神,特将对于穆经理,威廉办事处经理,白厂经理各手续条文规定如后:(一)慎昌洋行授权穆君以总经理应有之各权,完全管辖厂务及进行。对豫丰之成败负完全责任。威廉及白罗乃当尊穆君之命令,尽其职务。(二)威廉君仍驻厂中,为办事处经理,受辖于穆君。同时又为慎昌洋行之财政代理人,受辖于慎昌。威君对于厂中之财政得接按每周每月直接呈报慎昌,穆君应助威君成此报告,并将各种财政消息任威君取用。兹因便利威君消息起见,使其于厂中营业时时洞悉,特规定下列各条:(a)付出款项时,非由威君与一负责之华人会同签字作证外(如威君告假白君代之)不得支付,并无论何款不得于签字前预付。(b)纱布、花、下脚花及他物,非俟交货单经一负责之华人及威君(威君告假白君代之)签字后,不得售卖或让与。(c)每日收付,不论何种,须依威君指定之事项每日报告,俾其可便利记录。(d)慎昌洋行与中国银行,及其他到期未付之债权人所订之各合同无抵触,并须得有慎昌总行之允许。又,威君之特别责任须注意慎昌对于中国银行之担保,务使其时时稳固,并慎昌对于其现在或将来因豫丰之担保亦在此例。(三)白君仍驻厂为厂经理,受辖于穆君,为慎昌所派之机器师,并随时对于厂内制造机器之修理,花衣之购买,合宜之混合,及发材料管材料等,白君应按每周将其所辖部内之事报告慎昌。穆君曾声明不愿将每日寻常厂务报告慎昌,慎昌仍请威、白两君按期报告。其各辖部事,并如另有应报告之事亦宜报告。"(底稿,浙江兴业银行档案)

4 月 25 日 《申报》刊登《昆剧传习所演剧筹款》消息,云:"苏州桃花坞昆剧传习所系旅沪江浙两省昆曲家徐凌云、穆藕初等集资创办。上年战事发生,该所即行停办,虽欲恢复原状,无如经费缺乏。业由各发起人议决闰四月二十三、四、五等日,假广西路笑舞台邀集江浙两省昆曲大家会串昆剧三天,惟星期日加演日戏观券每张售二元,所得券资悉充该所经费。并定预邀俞振飞、殷震贤、谢绳祖、项馨吾等登台。"

5 月 5 日 太平洋国民会议中国筹备会开会,讨论美国中央筹备函请中国推派大会代表。①"请唐文治起草孔教演稿"。②"派员晋京催拨款项"。③"函聘潘少棠、陈世光、穆藕初、李恒林为劳工股委员"。④"集各股提案以资编印"。⑤"请欧阳心农担任大会演讲《中国天产与国际之发展》"。(《申报》1925 年 5 月 6 日)

5月6日　分别致电段祺瑞执政，以及北京内务部、司法部、卢宣抚使、韩省长，敦请严禁烟土。电云："北京段执、内务部、司法部钧鉴：沪南售烟，甚嚣尘上，各团体电请查禁，揭载无遗。禁烟固警长专职乎？沪绅及南北商会恳予真除，则警长之仁德及人也明矣。前说而确，则电请真除，是谓庇恶，庇恶岂吾民所愿；前说而不确，则藉端反对仁德及人之长官，是谓犯上，犯上亦岂吾民所应为。上海为中外观瞻所系，售烟于国家颜面攸关，岂容是非混乱若此。为特电请迅派廉正大员，秉公查办，崇团体而肃纲纪，别善恶而明是非，莫要于此，无任盼祷。穆湘玥叩。鱼。"致卢宣抚使、韩省长电同。（《申报》1925年5月7日；《文录》下卷，《文集》第151页）

5月9日　由沪抵郑州，整顿豫丰纱厂厂务。5月下旬返沪。（见5月12日陈仁怡致上海浙江兴业银行总行函）

5月12日　在郑州，为豫丰纱厂保兵险事致函徐新六，云："昨接毕协理来电，谓敝厂与贵行新借款三十万两，月息分一，以三个月为期。花纱九折兼保兵险，业已订定，深为欣感。惟弟意兵险一节虽防患于万一，而盱衡大势现时似可不必。去年经此大乱，郑地除勒捐外，毫无损失。现第三军陆续西拔，郑地防务均由第二军补充，苟无重大变化，当不致再起兵戈危及商人。故拙见于新借款期内可以安全度过，日后郑地苟有兵端请兄全权加保兵险，俾免投金于虚牝之忧。至于慎昌要求向该行加保兵险一节，弟前此未闻是说，恐另有用意也。除托伯琴兄专函恳商外，务祈仁者体念实业艰难，曲予维护是感盼。"（原件，浙江兴业银行档案）徐新六接函后批示云："时局变化不测，郑地属冲要，自以保兵险为安，厂行两均可放心。毕谈此事时，即以兵险一层为条件。实业担负非易，故利息只定一。吴襄乞徐。"5月16日，浙江兴业银行总行复陈仁怡云："临时投保，费殊甚昂"，"预先三月与临时保一月，价可相仿，自以预保为宜。再穆君今日函致鄙总经理，亦系商恳缓保兵险。业经婉拒，请洽。"（底稿，浙江兴业银行档案）

　同日　陈仁怡致上海浙江兴业银行总行函，报告先生抵郑后豫丰纱厂整顿情况。云："穆君于九日到郑，对于厂务积极进行。厂中同事及工人，均其旧部，颇易办理。故三日已来，同事精神方面，出数及废花方面均大有起色。以前每一锭子只出纱0.97磅，目下已增至1.2磅。以前每花衣一担，废花有三十六斤左右，目下已减至二十九斤。倘能纱销畅旺，必能另有一番新气象也。"（原件，浙江兴业银行档案）

5月13日　与陈仁怡谈豫丰纱厂押款纱价。同日陈仁怡致浙江兴业银行总行函云："（一）昨晚八时奉尊电文曰：'今市本月标准纱跌至百六拾四两半'，已谨译洽，今晨即与穆藕初君酌商。穆君谓郑市未动，十六支飞艇仍售二百四十二元。敝处再三要求，谓沪市大跌，相差似太巨，可否再为酌减，结果穆君允照新订价格，纱每件均再减三两，布减一两，故于今午发奉一电文曰：'郑市拾六支价二百四十二元，现与穆商定照新订价纱再减三两，布减一两。'想荷译洽矣；（二）豫丰新合同早已改订，惟因物料迄未筹齐，故至今尚未照新订价格改正。敝处屡次向催，均无结果。今日又向穆君催询，据谓物料零碎异常，一时颇难凑集，大约二星期内必可办妥云云。""全厂工作及营业方面全权统由穆君以总经理名义节制，先行试办三个月。威廉君改为 Office Manager（办公室主任）并慎昌驻厂经济代表，一切对外单据及收付款项，仍由威廉签字，一如前例。"（同上）

5月14日　同意浙江兴业银行押款投保兵险。同日陈仁憘致浙江兴业银行总行函云："顷奉电文曰：'电悉。此项放款以兵险为必要条件。毕君、慎昌均洽，仍照保'。已译洽，并转告穆君。穆君亦已赞同矣。""前次之兵险，二十七号即届期满，目下郑局非常平安，豫丰方面决不愿一时续保，则对于此次所保之三十万两兵险，又如何支配，兹谨将豫丰新近函致慎昌，所保之火险开列于下……以上共计我行名义保有火险六十万两，豫丰名义三十万两。目下我行既已订有新放款，俟押品完全交足后，当再向穆君要求过户，因目下保险单尚未寄来也。"（同上）

5月18日　于《申报》发表复常采园警察厅长函，就严禁烟土涉及警察厅一事，说明缘由。函云：

> 采园警察厅长惠鉴：玥在郑州读五月九日上海各报揭载公函，情意皇急，误会舆论，曷胜叹惜。玥于五月六日为沪地售烟事上电执政，亦本诸良心为桑梓谋福利而已，何尝以含沙射影之谈，作攻讦之举耶？沪上人士爱公者多，特团体复杂未能一致。众意纷歧，当非地方之福。玥之所以请别善恶而明是非者，此也。公于烟禁力图廓清，为地方所信。仰固不必有明确之指示再请查缉，不谓公竟以此而见异矣。与公函同日报载李钟钰致公之书内开，土号、九家牌号地址均详载。业经多日，谅已按户封闭。公之能餍民望而效忠于国者，益可彰显，何必藉楮墨以明心迹耶？祈公爱人毋偏听言，毋私地方，幸甚。爰复数言，尚希亮察。穆湘玥启。

> （同日《申报》）

5月21日　下午二时，赴郑州青年会支部，出席郑州商务运输协进会成立会。到者有郑州转运、棉业、纱业、银行、盐业、杂粮业、蛋席业等各界要人，讨论疏通商运维持民食问题。公推中国银行行长束云章为临时主席，宣布开会宗旨。次由先生"详述交通阻滞情形，并发表组织团体共同进行。一致欢踊赞成，定名为郑州商务运输协进会，订立章程八条。"公推先生为正会长，金颂訚、吴德丞为副会长，束云章、陈己生为会计，巴润生为文牍。"公决在此筹备时间，事务繁多，暂由诸执事人员每日到会办事，速谋进行。拟定办法如下：调查各商号囤积之货及郑地所缺日需之品,商请交部局设法筹备充分车辆,并请各当局维持路务以利商运等事;(会费)由各商号随意捐助;(开会)每星期开会一次,遇有必要时,得由会长或会员五人以上之请求,临时召集之;(地址)暂设于福寿街青年会支部。"(《申报》1925年6月1日)

5月24日 于《申报》发表致河南督军岳维峻书,吁请迅疏通陕豫两省交通,以纾民困。原函如下:

> 西峰督办钧鉴:豫省地当中枢,交通广达,民风朴厚,农产丰盈,苟得善治,富庶之区也。奈连年受时事影响,叠遇兵灾,益以匪患,遂致农者辍耕,商贾枯守,工业罢作,行旅畏途,老弱离散死亡者不知几何,富庶之区,竟一变而为贫瘠之地矣!言念既往,能勿心伤。今者战事告终,民困方纾,幸得吾公督师是邦,镇抚中原,将出以生聚教养,裕国通商之策,利我民而慰其喁喁之望也。尝闻定国莫重于吏治,安民端赖乎资生,盖吏治整饬,资生多方,而国不治民不富者鲜矣。试论资生,其术无他,利金融,兴实业,通运输而已。然欲谋豫省之利,当以扫除西邻交通之障碍为始,否则富源阏而失其交互之益,讵能独收其利乎?考陕省地近西陲,民依农业为生,农产中主要出品,厥唯棉花,每年产额约在百万担之谱,每担以三十五元计之,当值三千五百万元。去秋战端一开,豫西路塞,今春又不幸而有刘憨之祸,陕省棉花之输出,犹不及什一。运输阻而棉销滞,棉销滞而价格廉,且棉商裹足,贸易停顿,农民采去秋之棉,家藏户足,十阅月而未能贬价易钱,其穷困之状,概可想见。现又在植棉之期,肥料培壅,在在需费,如不施肥,影响又及于新棉,本年产额,必至短折,种种损失,何可胜计。棉产如此,余可类推。此以运输不通,将制陕人之死命者也。至豫省之利,首推商业,陇海横贯,京汉交叉,货物往来,商业繁盛,人民依此为生计,税收亦以此为抵注。设使西路不通,货源顿绝,则豫省之民势不聊生,当不待智者而知。故开陕省之利,实纾陕民之困,而并裕豫民之生也。总之农工商业均以金融为本,交通为辅,交通既阻,百业废而金融绌矣。年来交通纷乱,至于极点,治本非一时所能奏效,顾不能无治标之策,以救眉急。窃思郑州陕州之距离,仅三百里,火车运货,早发夕至,若能足备车辆,整顿货运,则陕西之棉可运出,豫省商业可复活。藉此三百里铁路,即可解两省人民于倒悬。公陕人也,而督师于豫,两省人民之疾苦,早蒙轸念,敢陈管见,敬乞垂察施行,以为资生之计,则万民幸甚。肃此敬请勋安。穆湘玥谨启。

(原报;《文录》下卷,《文集》第149页)

5月28日 发表《致全国商会联合会函》,云:"京汉货车窒滞已久,社会困苦不堪言状。京汉第一段车应装盐煤而久未南下,故彰德以南一带及扬子江流域,素所仰给之地均缺盐煤。第二三段间有北上货车卸货以后不令南下，以致运货车辆逐渐缺乏，各大站货积如山，诸商民诉苦无地。湘玥等现为维持民食、疏通商运计，组织郑州商务运输协进会，并切望各地实业界群起呼吁，以解倒悬，俾全国商运迅复原状。可否就近派员与交部及京汉局长接洽，并询问以何因缘北上货车不放南下，致妨商运。借重鼎言，用慰霓望。"全国商会联合会副会长王文典等拟次日在大会提出紧急动议，筹商援助办法。（同日《申报》）

5 月 30 日 上午，上海各校学生二千余人在公共租界抗议日本纱厂资本家镇压工人罢工，打死工人顾正红，并号召收回租界，被英国巡捕逮捕一百余人。下午，上万群众在南京路巡捕房门前集会，要求释放被捕学生。英国巡捕当场向群众开枪射击，打死十余人，打伤几十人，制造了震惊中外的"五卅惨案"。5 月 31 日，中共中央成立上海总工会，委员长李立三，副委员长刘华为，总务部主任刘少奇，号召全市自 6 月 1 日起实行三罢。自 6 月 5 日，罢工工人达二十余万，罢课学生五万余人，绝大部分商人亦罢市。

"五卅惨案"后，先生被上海总商会选为五卅事件委员会委员之一，参与处理对外交涉等事项，主要有：①发表《解决五卅案之我见》一文，提出对外交涉意见。②多次出席上海总商会五卅事件委员会会议，参与制订对外十三项交涉条件。③数次出席工商学联、商总联会、上海各校教职员联合会等各团体联席会议，协调各界意见一致对外。④协同救安会救济罢工工人维持费。（参见本书以下相关条目）

6 月 1 日 上海密勒氏评论报社出版英文版《WHO'S WHO IN CHINA》（中文名《中国名人录》），内收先生小传一篇。该书"内载中国政、财、商、学各界名人相片事略。"先生小传如下：

Mr. H. Y. Moh was born at Shanghai. in 1877. Between 1891 he worked in the cotton store owned by his father. Mr. moh attended school from 1898 to 1900. From 1900 to 1905 he served as a clerk in the Shanghai Maritime Customs. In 1906 he became supervisor as well as English instructor at the Loong Meng Normal School Shanghai. Eariy in 1907, he was sent by the directors of the Kiangsu Railway Company to investigate the railway police svstem in Northern and Central China. In the same year, he was made Chief the Police Department of the company. This position he held till the end of 1908. In 1909, Mr. Moh sailed for the United States and entered University of Wisconsin, where he stayed till 1911. Then he transferred his studies to the University of Illinois, where he completed his course in agriculture and took the degree of H. S. in 1911. During the summer of 1911 he took a special course on soap making in Armour Institute, Chicago; thence he went to the Agricultural and Mechanical College of Texas, College Station, Texas, where he studied cotton planting and manufacturing. The degree of M. S. was awarded him by the college in 1914. Immediately following his return to China 1914. Mr. Moh conducted a campaign for the establishment of a cotton mill. Assisted his brother, Mr. Moh su-chai, a well-known cotton expert, Mr. Moh succeeded in raising @200,000 and put his mill into operation in June 1915. In 1914, Mr. Moh inaugurated a cotton experiment station named after him, where American seeds were acclimated and freely distributed among the farmers. Mr. Moh's station was the first one that introduced American varieties with satisfactory results. To encourage the farmers to plant American seed, he established at his own axpense in 1918 on Lay Road, Shanghai, a cotton ginnery with American saw gins. Recognizing his technical knowledge and managing ability, a group of wealthy Chinese in 1916 asked Mr. Moh to organize for them another huge cotton mill, the Huo Song Cotton Mill. It had a capitalization of one millon two hundred thousand taels, but since it started operation in June 1918 the paid-up capital has increased to two million taels. This mill being in the interior is able to render very effective service to the public. Mr. Moh wrote 1914 a book entitled Simple Remarks on Cotton Improvement over 300,000 copies of which have been distributed throughout China. He also translated Dr. F. W. Taylor's. The Principles of Scientific Management in 1915, and Mrs. W. A. Graham Clark's, Cotton Goods in Japan, in 1916. In the autumn of 1919 Mr. Moh represented China in the Pacific Commercial Conference held at Honolulu. In October 1923 he was Chief Chinese Delegate to the Pan-Pacific Conference held at the same place. In 1920 Mr. Moh organized the Chinese Industrial Bank and the Chinese Cotton goods Exchange, of which he is president. He has served as President of China and the Ministry of Agriculture and Commerce, honorary Advisor on Industry. Director of the General Chamber of Commerce of Shanghai, the Vocational School of China, chairman of the Cotton Extension and Improvement Committee of the Chinese Cotton Mill Owners' Association, President of the American Returned Students' Club, and Advisor to the Shanghai Municipal Council

（原书）

同日　上海总商会召开会董会议。讨论解决"五卅事件"办法,会后宣布上海商界于第二天实行罢市。(《上海总商会议事录》)

6月6日　中午,与宋汉章、许建屏、谢永森、陈光甫五华顾问集议,以顾问不能尽职,决议全体辞职。辞职书送达纳税华人会,另函达工部局。云:"自惨杀案发生后,工部局迄无惩凶及公平处置之意思,顾问等于虚设,业于今日向纳税华人会辞职。特此奉闻。"(《民国日报》1925 年 6 月 7 日)

同日　上海工商学联合会成立,①推定李立三、林钧、严谔声为审查员,作为"三罢"运动领导机关,起草"五卅"事件交涉条件。6 月 7 日,上海工商学联合会发表宣言,宣布十七条交涉条件。云:"'五卅'惨变以来,我工商学各界,不惜罢工、罢市、罢课,而甘掷此巨大之牺牲,绝非盲目之排外,盖深知其与上海市民之生存及中华民族之独立,均有重大之关系。……一、先决条件:工部局应立即履行以下四事,以表示希望解决此案之诚意。(一)宣布取消戒严令;(二)撤退海军陆战队,并解除商团及巡捕之武装;(三)所有逮捕华人一律送回;(四)恢复公共租界被封及占据之各学校原状。二、正式条件:(一)惩凶。从速交出主使开枪,及开枪击死工人、学生、市民之凶手论抵,并由中国政府派员监视执行。(二)赔偿。因此次惨案所受直接间接之损失,如(甲)死伤者;(乙)罢工;(丙)罢市;(丁)学校之被损害者等项,须详细查明酌定赔偿,应由租界当局按数赔偿。(三)道歉。除上述二项外,应由英日两国公使代表该国政府向中国政府声明道歉,并担保嗣后不再有此等事情发生。(四)撤换工部局总书记鲁和。(五)华人在租界有言论、集会、出版之自由。(六)优待工人。外人所设各厂,对于工作之华人,须由工部局会同纳税华人会订定工人保护法,不得虐待,并承认工人有组织工会及罢工之自由,并不得因此次罢工,开除工人。(七)分配高级巡捕。捕房应添设华捕头,自捕头以下各级巡捕,应分配华人充任,并须占全额之半。(八)撤销印刷附律,加征码头捐,交易所领照案。该三案历经中国政府声明否认,嗣后不得再提出纳税人特别会。(九)制止越界筑路。工部局不得越租界范围外,建筑马路,其已成者,由中国政府无条件收回管理。(十)

① 五卅惨案爆发后,为加强全市三罢斗争的领导,6 月 1 日,中共中央召开会议,根据蔡和森建议,决定成立上海工商学联合会,设办事处于黄家阙路立达中学内,作为上海反帝运动的统一领导机构。6 月 4 日,总工会代表李立三主持召集四团体二十一名代表,举行上海工商学联合会的筹备会议。6 月 6 日发表宣言,宣布正式成立。成立当天,即根据中共中央 6 月 5 日发表《为反抗帝国主义野蛮残暴的大屠杀告全国民众》的宣言中所指出的"这次事变是起于日本帝国主义向中国民族运动的生力军—工人阶级一进攻,而成于英日帝国主义对大屠杀而引起的全上海和全中国反抗运动之目标,决不止于惩凶、赔偿、道歉等了事的虚文",而"应认定废除一切不平等条约,推翻帝国主义在中国一切特权为其主要目的"的精神,制定了对外谈判的 17 条交涉条件。(李立三《纪念蔡和森同志》,《红旗飘飘》第 5 期,解放军文艺出版社,1957 年 12 月版,引自上海档案馆编《五卅运动》第一辑第 30 页,上海人民出版社 1991 年 10 月版)

收回会审公廨。(甲)民事案:(子)华人互控案,华法官得独自裁判,领事无陪审或观审权。(丑)外人控告华人案,领事有观审权,但不得干涉审判。(乙)刑事案:(子)外人控告华人者,其有关系之领事,得到堂观审,但不得干涉审判。(丑)华人互控案,华法官得独自裁判,领事无陪审或观审权。(寅)华人犯中华民国刑法,或工部局章程,视'丑'项论,且原告名义,须用中华民国不得用工部局。(丙)检察处一切职权,须完全移交华人治理。(丁)会审公廨法官,均须由中国政府委任之。(戊)会审公廨之一切诉讼章程,完全由中国法官自定之。(已)对于会审公廨一切事权,除与'甲至戊'五项,无所抵触外,均可根据条约执行之。(十一)工部局投票权案。租界应遵守条约,满期收回。在未收回以前,租界上之市政权,应有下列两项之规定:(甲)工部局董事会,及纳税人代表会,由华人共同组织,其华董及纳税人代表额数,以纳税多寡比例为定额,其纳税人年会出席投票权,与各关系国外人一律平等。(乙)公共租界外人之纳税资格,须查明其产业为己有的或代理的二层,已有的方有投票权,代理的,则系华人产业,不得有投票权,其投票权应归产业所有人。(十二)要求取消领事裁判权。(十三)永远撤退驻沪之英日海陆军。"(引自上海档案馆编《五卅运动》第一辑第30页,上海人民出版社1991年10月)上海工商学联合会由上海总工会出面组织,原拟中华全国学生会、上海学生联合会、上海总工会和商界四团体参加,每一团体代表名额六人。(商界名额由总商会派三人,上海商界各马路总联合会派三人)拟定《章程》规定:"加入本会之会员会之团体,均须受本会之指挥及服从本委员会之决议。"(《时事新报》1925年6月9日)

上海商界各马路总联合会推定邬志豪、王汉良、严谔声为代表。上海总商会会长虞洽卿表示总商会不拟参加上海工商学联合会:①该会已有商界的商总联合会的代表参加,且邬、严两人均是总商会会董,可随时互通声息。②"此次英人屠杀,凡属同胞谁不发指?"但总商会加入之后,在同英日等国谈判时,一旦"各走极端,势必弄成僵局,本会今日不参加即为将来调和之余地"。(严谔声1960年4月30日"回忆纪录",上海市商业联合会档案室史料,引自丁日初《五卅运动中的虞洽卿》,《档案与史学》1995年第6期)

6月7日 出席上海总商会临时会董会议,讨论解决五卅事件对策。虞洽卿云:"近来与各处接洽,①主将缩小范围,免再扩大风潮。"又提出"盖此案与法、美等国无关,即对于英、日国亦有分别。日领事已主张将纱厂罢工风潮由中、日两国自行解决,以免牵入其内。以英国言,此事与英商无关。完全由领事与工部局负责。"

---

① 五卅事件爆发后,法国与日本力图否认己方同枪杀事件有关。日本驻沪总领事矢田七太郎主张早日由中日双方解决纱厂罢工事件。英国总领事巴敦态度最为强硬,认为当时巡捕房开枪是必须的。

此主张得到全体到会会董赞同。(《上海总商会议事录》)

同日　法、意、美、英、德、日、比六国公使组成调查沪案委员会，赴沪对五卅事件进行调查。(任建树《五卅运动简史》)

6 月 8 日　分别致函北京政府特派员蔡廷干、曾宗鉴，及上海总商会会董倪远甫、孙景西，陈述解决"五卅惨案"意见。致蔡、曾函如下：

> 耀堂督办、蓉圃次长钧鉴：五卅惨案凡属国民同深愤慨。惟处事有缓急先后，若徒恃一勇之气，以罢市相要挟，英人岂肯受城下之盟，不待智者而知罢市愈久我民损失亦愈甚。而商会于此竟无斡旋之策，殊为扼腕。今不自揣，草陈鄙见，藉供采择。化干戈为玉帛是有赖于公等者也。专此祗请公安。

（抄件，台北"中研院"近代史研究所藏）

致倪、孙函如下：

> 沪案久未解决，商会长依违两可，甘被驱使，无所主张，深堪叹息。端节转瞬即届，流动金融更关紧要，弟筹于此层，不忍坐视，故斗胆发言，冀图挽救，倘蒙公等赞成，乞速表示，共荣进行为幸。

（原件，上海市档案馆藏）

随函附《解决五卅案之我见》一文。指出"罢市非制人死命，实制自己之死"，提出治标交涉条件七条。认为治本应由我国外交当局根据民意赶速进行，以图圆满解决。全文如下：

> 自五月十五日日商内外第七厂击毙工人顾正红后，酝酿半月未有解决，遂有五卅南京路之惨剧，且续有伤毙者。此案伤亡之众，当局之残忍行为，亘中外古今所罕见。群情愤激，莫可言宣，于是遂有六月一日英租界全市罢市之举。迄今已一星期，中外人士之愿任调停者颇不乏人，而双方各走极端，不但无解决之希望，并此接近之方法亦无所闻，良可慨也。虽然，欧战血战五年，卒归解决，况此种惨杀案乎？是在双方之揆情度理，推诚相与，并愿鲁连其人者弗辞劳瘁，继续进行，则

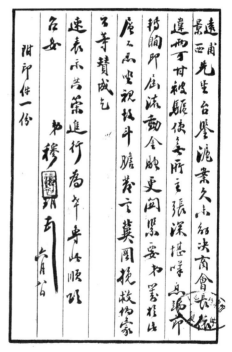

1925 年 6 月 8 日穆藕初致倪远甫、孙景西函

燎原之火势或可少熄,而中外之感情庶几不致过损乎。玥不敏,谨援各言尔志之义,就法理事实,以研究此问题及进行之步骤。本其一得之愚,贡献于邦人君子,幸垂览焉。

（一）负击毙工人、学生、市民之责者应依法惩治;

（二）发令枪击之总巡捕头应暂行停止职务;

（三）被押各人应即释放;

（四）嗣后工部局应负责声明不再有随意枪杀之举动,并不准西人越界拘人,及藉口戒严而随意搜检行人;

（五）撤消戒严令;

（六）撤退海军陆战队及商团等;

（七）倘工部局允许实行二、三、四、五、六条时,各商行号应一律开市,静候法律解决。

盖此项惨案关系至巨,亟应详搜证据,调查事实,手续甚繁,决非三数日所能竣事,故应取治标、治本两法。而上列第七条,即治标之法,至其他惩凶、抚恤、收回公堂、要求市民选举权及集会、言论、出版自由等项,此种要求,性质既各殊,而各国主张势难一致,自应由吾国外交当轴,根据民意赶速进行,以图圆满解决,此治本之法也。况罢市非制人之死命,实制自己之死命,虽能持久,牺牲太大。且沪地为全国金融枢纽,影响于全国商业实业者至巨,稍有常识者不难推想而知,况目今所罢者尚有其他之工与学乎。或者谓一旦开市而民气即散,将来无良好结果。玥敢谓一鼓之气,不足为气,浩然之气,斯为真气,恐开市而气散,得毋太轻视我商人乎? 玥并望吾国人处事有区别力、推想力、组织力、坚忍力,则事无不成,而成无不满意矣。并望吾关系密切之重要商人团体及各业勿依违两可而无所适从,勿噤若寒蝉而甘自暴弃,切肤之痛既身受,补牢之计安可忽。不识吾商界同人,其亦计及此乎?

（《申报》1925 年 6 月 9 日;《文录》上卷,《文集》第 107 页）

同日 上海工商学联合会代表李立三、严谔声等送交政府特派调查员蔡廷干、曾宗鉴十七条交涉条件,要求据此对外严正交涉。但蔡等看后"为之吐舌摇头,认为内容'过激'"。为此同虞洽卿商榷,请总商会加以损益。（任建树《五卅运动简史》;陶菊隐《北洋军阀统治时期史话》第七册）

同日 出席上海总商会临时会员大会,共到会员二百六十七人。虞洽卿主席,报告沪案经过。先生云:"今日之会颇有关系,请主席将本会会员总数及今日出席人数,明白宣布。"霍守华云:"今日因救国而开会,时危势急,对于法定数可不拘。"虞洽卿"报告已足法数。"大会通过会董霍守华提案,于总商会下特设一"五卅事件委员会",代表总商会专门办理有关"五卅事件"事。先生建议云:"时迫势促,如欲由会董会选会员,又欲稽延一日,主由会长指派,较为简捷",众皆赞成。该委员会委员除总商会正副会长为当然委员主持会务外,由虞洽卿指定包括先生在内的二十三人,①组成"五卅事件委员会"。继由虞洽卿报告七日会董会上通过的五卅事件对策,再次强调对各国分清主次的主张,取得全体与会者的同意。(《上海总商会议事录》)

　　同日　出席上海总商会五卅事件委员会第一次会议,讨论交涉条件。先生提议应缩小交涉条件,尽速解决。②　虞洽卿主席,云:"现美商会允任调停。蔡、曾、许三君对于前日四团体提出条件,有过火之处,不便照提,故拟将前提之条件,略加损益,由本会提交交涉员,请其速提,以免稽延。"闻兰亭问:"本会另提工学方面有异议否?"虞洽卿答:"四团体所提者,迄今延搁,不若另提,期早结束。"先生"述四团体将提条件时,曾于接洽情形,主现在缩小范围,以期速了,免再迁延。霍守华云:"提出条件时,不可太唱高调,吾人所持之利器,刻下仅罢市罢工耳。"先生云:"今晚各委员回家后,将四团体前日所提之条件,详加研究。明日上午十时开第二次委员会审查后,午正即邀四团体代表来会,开联席会议,定后即提出。"众皆赞成。傅筱庵云:"主将今日大会后特组委员会专办五卅案等情,通电各省法团,并报告执政府暨外交部。"(《上海总商会议事录》)

　　6 月 9 日　瞿秋白发表《五卅交涉的危机——注意亡国的外交政策》一文。在其"三、谨防减杀中国人实力的汉奸阴谋"一节中,批判先生等"一派人","专放谣言,或是劝英、日以外的工厂上工,或是劝先行开市,再办交涉"。③　云:"北京政府特派员一到上海,便有劝先开市,上工的风声。中国现在的力量,已经只剩了这消极抵制的武器。而中国政府代表不知道此为后盾,从速进行严重的交涉,却以'劝息风潮'为第一天职,专事挫折民气。甚至有一种人,如穆藕初等,专放谣言,或是劝英、日以外的工厂上工,或是劝先行开市,再办交涉。这种谎言,与交涉特派员的态度,有无关系,虽然还不知道,然而事实上助长软化的空气是显然的。外国报纸上说:'昨天(八日)沪军营方面有中国人开会,主张开工、开市,足见中国人只有五分钟的热度,不久便可了事!'上海市民的罢工、罢市,原不止经济上的绝交,使英、

---

①　五卅事件委员会 23 名委员名单是:虞洽卿、方椒伯、宋汉章、王晓籁、叶惠钧、袁履登、秦润卿、傅筱庵、闻兰亭、冯少山、石芝坤、穆藕初、倪远甫、谢蘅牕、赵晋卿、谭海秋、许建屏、祝兰舫、霍守华、姚紫若、顾子盘、韩玉麟、王一亭。
②　胡愈之《五卅事件纪实》一文记,当时全市罢工人数已达十万人,靠各界救济,每日由总商会、工商学联、学联等团体代收本埠捐款数万元,尚不敷分配。
③　关于先生是否"专放谣言",有待进一步研究。

日两国人感受痛苦。这种运动的意义还在于中国民众自身团结力的表示及实现。尤其是工人，平时除外人的民族压迫以外，还感觉到种种社会压迫。现在全社会一致对外，共同进行爱国运动，所以就是中国工厂里的工人也不能不为热烈的潮流所冲动，觉悟自己所处的奴隶地位，要求起来组织工会。假使中国厂主平时便承认工会，一切与工人的交涉都经过工会，而不动辄请西捕、印捕镇压工人，那末，工人也可以相信他们的厂主是能够同他们一样爱国的，或者再进一步说，中国工厂里的生活，的确能比外国厂里优待，也可以使工人觉得，爱国的益处在什么地方。所以如果中国厂主能与工人以担保，嗣后一概承认工会，并且不会再有西捕外人以及种种的凌辱，那就华商工厂的开工，也还可以商量。可是现在交涉特派员及一些不明事理的人的主张，确实绝无担保的开市、上工，或者尽先教华商工厂开工。这便是利用群众心理的弱点：要开市的是简直替外国人想法，自己希图妥协卖国，而不受民众的监督；要华商工厂开工的，也是想挫折工人的锐气，摇动群众的心理，引起恐慌。这是汉奸破坏国人团结的阴谋！（原载《热血日报》第七期，引自《瞿秋白文集》"政治理论篇"第三卷第200页，人民出版社1989年5月版）

6月11日 上午，出席上海总商会五卅事件委员会第二次会议。虞洽卿任主席。讨论会员大会议决对外宣传案内通电各国商会及本国商会之电稿案。方椒伯宣读后，先生云："主审查对于致各国商会之电稿，似太冗长，过激等字可不必说出。"傅筱庵云："外人报纸宣传此次有过激主义，故对外电报，务须辩明，太简难详，如能用华文电请我国公使转更好。"霍守华云："赞成辨明无过激主义。""众皆赞成用英文稿，须详。"推谢永森、许建屏起草。次讨论交涉条件，方椒伯云："拟就各条是否分先决后决二层办理。"先生云："应分两段，第一段办到后，即开市，再办第二段。"霍守华云："不主分办，以罢市牺牲究较外交失败小，分办则表示弱点。"傅筱庵云："穆、霍二君之主张皆有理由。谢永森云："主俟办至如何程度，再行召集讨论。"秦润卿亦主提出后，察看情形办理。"方椒伯云："今晚七时四团体代表来会，开联席会议时再行讨论。"通过拟订十三项交涉条件。"（一）撤销非常戒备。（二）所有因此案被捕华人一律释放，并恢复公共租界被封及占据之各学校原状。（三）惩凶，先行停职，听候严办。（四）赔偿，赔偿伤亡及损害之损失。（五）道歉。（六）收回会审公廨，完全恢复条约上之原状。华人犯中华民国刑法或工部局章程，须用中华民国名义为原告，不得用工部局名义。（七）洋务职工及海员因悲愤罢业者，将来仍还原职，并不扣罢业期内薪资。（八）优待工人。（九）工部局之投票权案（甲）工部局董事会及纳税人代表会由华人共同组织之。纳税人代表额以纳税多寡比例为定额，其纳税人会出席投票权与各关系国西人一律平等。（乙）关于投票权须查明其产业为己有的或代理的，己有的方有投票权，代理的其投票权应归产业所有人享有之。(十)制止越界筑路,工部局不得越租界范围外建筑马路,其已筑成者,由中国政府无条件收回管理。(十一)撤销印刷附律、加征码头捐、交易所领照案。(十二)华人在租界由言论、集会、出版之自由。(十三)撤换工部局总书记鲁和。"(《上海总商会议事录》)

总商会十三项与上海工商学联合会提出的十七条内容相比较,大致相同者为:撤销非常戒备,释放被捕华人,惩凶,赔偿,道歉,工人有做工与否的自由,撤换工部局总书记鲁和;关于主权方面,提出了华人在租界的言论、集会、出版的自由,华人参与租界市政建设权,收回公审诸项。二者不同为十三项删去了"撤退驻沪之英国陆海军"、"取消领事裁判权"、"承认工人有组织工会及罢工之自由"等条文。[1] (参见丁日初《五卅运动中的虞洽卿》,《档案与史学》1995 年第 6 期)

同日 下午七时,出席工商学联、商总联会、上海各校教职员联合会、纳税华人会等团体联席会议,讨论十三项交涉条件。会谈至深夜十二点,未取得一致意见。邬志豪介绍工商学联合会代表,先生介绍各校教职员联合会代表,袁履登介绍纳税华人会代表。由先生说明"本会所拟之条件,与前日四团体所提出者大同小异及修改之原委。"谢永森云:"本会因依据法律上、条约上、外交上各种意思及与蔡、曾、许三君接洽之结果,故将四团体所提出者删去数条。删去之条件,因沪上无权办理,以备改由外交部提出。"商总联会邬志豪云:"商总联会与总商会同是商界,对于总商会之主张自当赞同。学、工两界如何意见,不得而知。"方椒伯云:"本会所拟之条件,恐有遗漏,故末后又声明外交部将来对于此案续提之条件请保留。"王汉良云:"主提出之条件应严厉,则有退步。交涉结果,对方断无全允之理。"工商学联代表林钧云:"到会后始知开会宗旨。未经本会许可,无权代表。个人意见,此案是全国问题,主同一步骤。总商会前允精神上协助四团体,且四团体提出之条件,曾请谢永森君审查修改,总商会如有意见,何不于此时加入? 现已提出,而又欲重提,似国民方面,已不能一致矣。"表示反对十三条。谢永森云:"林君所说修改一层有误会,在安乐宫时,有三张[条]条件,鄙人请其将类似者归并,并未代为修改。"工商学联李立三云:"事前未悉今日开会意旨,不能代表本会。惟私人意见,市民对外应一致主张,此刻另提交涉条件似不妥,望商会暂照前提条件之主张,俟接到答复后,再行

---

[1] 丁日初《五卅运动中的虞洽卿》一文云:"总商会认为:撤退驻军、收回法权,并不止上海一地,其范围也并非仅限于英日两国,而且旧约中丧失国权之处甚多,并非仅此两项。……由此可见,总商会并不是反对这些条款,而是认为在这次上海交涉中提出,既不合时宜,也不可能得到满意的解决。进一步说,要彻底消除五卅惨案的原因,即改变屠弱的中国为强大的国家,非废除一切不平等条约不可,从这个意义上说,即使 17 条全部实现,也还是不可能完全达到这个目的。因此胡愈之当时就指出:13 条同 17 条,'原则上并没有多大的差别'。"(参见《申报》1925 年 7 月 9 日;胡愈之《五卅事件纪实》)

损益,则仍一致。"上海教联代表曹慕管云:"教职员联合会盼望各界一致而不分裂,应请各方谅解,牺牲最大者系商界,讨论时应推诚布公,乃有效果。现有二点说明:(一)总商会自开会员大会特组委员会后,主张与以前不同,不能再牵入以前办法如何如何;(二)不问四团体与总商会所提条件之优劣,何者有交涉可能,即赞成何者。"意即支持十三条。王显华云:"请各方抱合作主义,不可坚持己见。官厅与外人对总商会皆重视,如能一致行动,收效较易。"总商会代表霍守华说明交涉员所以延搁十七条的理由,并强调"故特修改,拟由本会另提,以期速了"。李立三又云:"有两办法:(一)明日工商学联合会开会后,再来讨论;(二)今日以私人资格讨论,明日报告本会后,正式答复。"林钧云:"请总商会推六代表赴工商学联合会共同讨论。对于曹慕管君之意见,有商榷处,未敢赞同。"总商会代表闻兰亭云:"不赞成本会派代表往议。"林钧云:"明日工商学联合会二十四代表同至总商会,与全体委员会议亦可。"结果:明日委员开会后,再定办法。(《上海总商会议事录》)

6月12日 上午,出席总商会五卅事件委员会第三次会议。方椒伯主席,继续讨论交涉条件。霍守华云:"主此项条件,既经委员会详加讨论,且用本会名义提出,无另求他人同意之必要。"谢永森"述交涉员对于四团体所提之条件,拟酌提,四团体闻之颇愤激之经过情形。昨日散会后,尚未与许交涉员会晤,大约本会提出条件,总可照提。"秦润卿"述金融界罢市后影响全国商业,不能持久之理由,主将拟就之条件,用本会名义提出,以期从速交涉。"方椒伯云:"本会所拟之件,与四团体所提者,大纲无甚出入。今日公宴时,再与接洽一次,如仍不赞同,则亦提出。"议决:"无论如何,明日须将本会所拟之十三条,提交许交涉员,请即照提。"(《上海总商会议事录》)

下午,继续开会,虞洽卿主席,云:"工商学联合会代表与袁、叶二君接洽结果,主第四条内改为赔偿伤亡及工商学因此案所受损害之损失;第七条内加工厂工人等五字于海员之下;第八条加工人工作与否,随其自愿,不得因此处罚句,与本会意旨无甚出入,如何办理,请公决。"议决:"照此次修改后,今日下午即行提出。"先生云:"主将来结果如何,本会自有自主权,不受他界约束,并主此案须在沪办理,不可移京,以免迁延,请电北京留蔡、曾在沪办理。"[1]众皆赞成。议决修改后即行提交许交涉员。(同上)

6月13日 上海总商会将十三条交涉条件提交北京政府特派员蔡廷干、曾宗鉴审查,并将交涉事宜及条件通电全国各界,要求"静候解决"。曾宗鉴将十三条正

---

[1] 此时,北京公使团派出的"调查沪案"英美日法比意六国委员会已启程南下,先生认为此案如在沪办理则速了,如回京办,必延缓。

式向上海领事团提出。上海总工会对总商会"擅改交涉条件"特出严重抗议。6 月
15 日，上海各界妇女联合会致函总商会，就另提交涉条件提出质询。6 月 16 日，
《热血日报》撰文云："总商会此举诚大便于外交当局，亦且有利于外人。总商会和
平革命之动机究竟是什么？也应远嫌明疑才对。"6 月 17 日，上海总工会、闸北学
生五卅后援会等六十余团体，召开十万人的闸北市民大会，反对总商会"擅改"交涉
条件，并发表宣言："总商会修改之条件是牺牲民众利益，破坏国民团结与帝国主义
妥协，本大会万难承认。"同日，上海银行公会、钱业公会、纱业公会等三十余团体致
函总商会，表示支持十三条。6 月 18 日，银行公会、钱业公会、华商纱厂联合会及
其他公会、公所、会馆等四十九团体联名发表启示，认为总商会提出的十三条是"目
前切要之图，极端赞同"，表示"沪上公司一致主张，愿为商会后盾"。（《申报》1925
年 7 月 9 日；参见《新闻报》1925 年 6 月 18 日）总商会就反对意见，发表《说明提出
十三条理由》通电，其中关于"少订"组织工会一条称"制定工会法系政府之特权，非
外人所的置喙，是以主张不宜与沪案善后并为一谈。"（《上海总商会月报》第五卷第
七期，1925 年 7 月）

6 月 14 日　出席上海总商会五卅事件委员会第四次会议。方椒伯主席。虞
洽卿"详述北京使团派来六委员之意旨与昨与法领事接洽情形。"方椒伯云："中国
国民党上海执行部推周佩箴、李征五邀请本会推举代表，出席今日下午四时渠等发
起之会议。"次周佩箴云："因五卅案，外交已开始，非联络民众团体合力监督，势必
失败，故邀请各团体讨论进行办法。"与会会董认为，"对于五卅案本会已提条件，不
必再加入监督团体之内"。继讨论通过五卅委员会办事章程，成立经济、交际、调
查、文书四股，先生被推为调查股委员，每日下午三时至六时为办事时间。（《上海
总商会议事录》）

6 月 15 日　出席上海总商会五卅事件委员会第五次会议。方椒伯主席。王
晓籁报告"助款各函电报籔目"，并云："工商学联合会来函两件：（一）为中南银行以
三十万元接济某外国银行，由安裕、顺康两庄张罗现款，请即制止；（二）为三北、招
商两公司将运货接济外人，请劝其顾全大局，切弗装运。"秦润卿云："此事安裕、顺
康两庄已登报声明，为郑重起见，可派人调查。"先生云："既经登报声明，不必再
查。"议决：请倪远甫查明后再复。次讨论嘉谷堂米业公所进货，时遭抢劫，请指示
安全方法一案，决定"约该公所董事明日来会面谈"。继方椒伯云："各处汇来款项，
有指用途者，有未指出者，已派人列表详注，以备参考。收款机关，上海甚多，应谋
统一办法。又闻总工会代发之款，不入其会者，均不到手，似亦不妥。"霍守华主张
"失业工人应俱发"。先生云："工商学联合会对于收款问题曾登发广告，请询其用
意。"议决：调查股全体委员与董杏生、陈翊庭、陆凤竹三人，明日上午十时来会讨论

调查办法,并推闻兰亭以后督同付款。(《上海总商会议事录》)

6月16日 出席总商会五卅委员会调查股与济安会、工商学联合会、华大等银行联席会议。闻兰亭任主席,讨论向罢工工人发放救济款项办法。先生云:"工商学联合会登有广告,对于各界捐款汇交总商会,指定华大等银行代收,事前未通知本会,外界睹此欲启疑窦。今日开会宗旨有二点:一询此项广告何人主登;二讨论付款方法。"工商学联林钧云:"登此广告有二义:一外界来函,询问捐款究归何团体收受;二有人来函,谓款交总商会,而总商会未通知本会,故特另指银行以期简捷。"李立三云:"主交济安会①支配款项。"先生云:"收款不生问题,付款最为重要,主由本会与济安会、工商学联合会三团体出面登一广告,指定银行代收,将来支取时,规定何人签字。"林钧云:"对于三团体出面登一广告赞成。动用时本会早已议决,除本会四人签字外,并请总商会亦派一人签字。"众皆赞成动用时签字办法。叶惠钧说明"发放款项详情"。先生云:"叶君所述发放款项情形甚详,但某工人在某厂与某厂内有多少工人,如何调查。"李立三云:"凭厂内账折与木牌号数为标准。最困难者码头工人,向无凭证,纷乱不堪,现拟分别办理。"议决:"三团体出面,指定上海、华大、金城、中国四行为收款机关,登一广告,支款时由总商会秦润卿及工商学联合会邬志豪、李立三、林钧、刘钟鸣诸君签字,委托济安会发放。"(《上海总商会议事录》)

同日 出席总商会五卅事件委员会第六次会议。虞洽卿主席。闻兰亭报告今日调查股与工商学联合会会议结果。冯少山报告"工商学联合会欲登广告,声明对于本会提出之十三条未同意。"曹慕管云:"四团体所组工商学联合会时,议定须四团体皆无异议,乃能通过,不若请邬志豪君表示对于此项广告不赞成。"姚紫若报告"总工会来函,反对本会所提条件,如何办理?"霍守华主张"驳复",冯少山主张"将本会所提之十三提条,译成英文向外国宣传,因英人报纸有诬我所提十三条为无理要求故也。"众皆赞成。(《上海总商会议事录》)

同日 英美法日意比六国五卅事件调查委员团抵沪,与北京政府特派员蔡廷干、曾宗鉴举行第一次会议。因"双方所奉的指示存在差异",六国委员团表示仅磋商前五条,而拒绝讨论后八条。双方谈判迅速陷入僵局。(六国调查团团长特里皮埃致意大利总领事函,引自上海档案馆编《五卅运动》第一辑第486页,上海人民出版社1991年10月)

6月17日 出席总商会五卅事件委员会第七次会议。方椒伯任主席。王晓籁

---

① 济安会即上海临时济安会。由上海总商会和各慈善团体组成,王一亭、徐干麟先后担任主任,组织发放救济款。五卅事件后,总商会向济安会交救济款约二百五十万元。

"报告中国银行来函,因小报诬其接济外款,请派员调查,以明真相。"先生云:"为郑重起见,主派员调查,以免外间无谓之误会。"众无异议。后由王晓籁"报告政府来电与三北公司复函,暨各方助款数目。"先生云:"自收款日起至今止,应将详细数目,遍登广告,并声明本会已推定经济委员,专任此项支付全责。"①众皆赞成。(《上海总商会议事录》)

同日 因对外交涉面临破裂,本日晚十时,出席总商会五卅委员会紧急会议,讨论对策。虞洽卿主席,"报告今日交涉谈判结果,只谈四条及彼方容纳之程度。"霍守华云:"有意延宕,是无诚意,不能常此罢市,徒受损失,应另想对付办法。"谢永森云:"名为议四条,实仅允半条,若不坚决表示,必致迁延时日。"先生云:"最重要者系第六条,主明日谈判时,将前几条未容纳完全者,详为驳诘,议至第六条时,无结果,然后决裂。"霍守华又云:"外人之所以延宕者,冀吾国内部分决裂耳,应设法力争。"先生云:"大约谈判必决裂,以条文次序而论,应在第六条上决裂。"祝兰舫云:"对于开市问题应研究。"秦润卿云:"明日谈判无结果,则夜间邀各团体来会讨论开市问题及对付方法。"先生云:"主明日上午再开会,研究办法。"曹慕管云:"明日如决裂,则请工商学联合会与蔡、曾同时来会讨论,以免隔阂。"先生云:"赞成明晚开会。"议决:"推虞、方二会长及谢永森、霍守华二君,明日上午往见蔡、曾,声明对于十三条不能让步,仍请根据前意,严重交涉。至应付方法,明日午后九时再开会讨论。"(《上海总商会议事录》)

6 月 18 日 六国调查团因双方意见冲突,拒绝继续谈判。② 次日,六国调查团离沪返京,上海外交交涉无果而终。谈判移至北京进行。调查团团长特里皮埃致意大利总领事函云:"中国代表已表示,要在解决五卅事件的同时,一并解决与之毫无直接关系的其他问题。在此情况下,继续谈判已经毫无意义。"(引自上海市档案馆编《五卅运动》第一辑第 486 页,上海人民出版社 1991 年 10 月)

---

① 6 月 21 日,总商会在媒体上刊登《经办五卅事件捐款启事》,继而发出《劝商界资助工人通函》;并由五卅事件委员会经济股与工商学联合会达成协议,指定上海、华大、金城、中国 4 银行为代收捐款点。7 月 9 日,总商会在致会董、会员信中,具体要求总商会会董每人捐助洋一千元、会员每人捐助洋五百元;还电请北京政府财政部拨款救济;电告各埠商会及海外华侨商界大力捐输。
② 沪案上海交涉破裂主要有两方面原因:①帝国主义,特别是英帝国主义慑于中国人民迅速掀起反帝怒潮和国际舆论的谴责,空言愿意谈判。13 条交涉条件有损帝国主义在华霸权基础,当然会被拒绝。1925 年 6 月 21 日《申报》刊文称:"沪案停顿,系列强预定步骤,非突然破裂。"②交涉期间正是上海总工会、学生会强烈抗议、反对总商会 13 条的时期,"反妥协"的斗争达到高潮。1925 年 6 月 18 日《字林西报》社论《打开天窗说亮话》云:"很难想象,上海达成的协议会不马上遭到排外人的非议。帝国主义列强既看到罢工不会停止,继续谈判对他们来说也就没有必要了。(参见丁日初《五卅运动中的虞洽卿》,《档案与史学》1995 年第 6 期)

6月19日　下午,出席上海总商会会举行之各帮各业代表会议,①七十六团体、一百一十余人到会商讨对策。虞洽卿报告谈判交涉经过,讨论两项应付办法:①组织"上海提倡国货会,负责提倡国货,抵制英日货","英货以十三条圆满解决为止";日货以顾正红案解决为止。②继续筹款维持罢工工人生活。有代表提出,交涉既已失败,罢市对帝国主义无大损失,而对上海商界损失每天估计达三十万,无异自杀,应别辟途径对付。此建议得到大多数与会者赞同。至于如何开市,意见分歧,但"主张自由开市一派有战胜之势"。(《上海总商会议事录》;《热血日报》1925年6月20日)同日,上海总工会发表宣言,坚持罢工。云:"无论外人如何,政府如何妥协,总商会如何让步,我二十万罢工工人,誓当固结团体,坚持罢工,以为上海租界市民争此一线生机。"(同日《民国日报》)

6月21日　《热血日报》刊登《总商会是帝国主义的一支奇兵》一文,指责总商会向帝国主义列强妥协。云:"上海总商会的大部分的反动分子,我们要严重地责其痛改前非,若警告过若干日后,还枯恶不俊,由三界联合会刊刊行汉奸录,详述其过去及最近罪状与国人共弃之。"同日,虞洽卿发表启示云:"或以十三条深致不满,不知十三条非洽卿一人所擅主,乃经总商会会董与委员之审慎考虑,容纳众意……目前忽有《热血日报》刊登不负责任之来函,竟谓洽卿得贿六十万云云。"(同日《申报》)

6月22日　《申报》报道《总商会推员帮助济安会》消息,先生等委员、干事每日到会办事。云:"上海临时济安会接总商会来函,以该会每日发给罢工工人维持费,头绪纷繁,故推董杏生、石芝坤、穆藕初三委员,及陆凤竹、陈翊庭二干事,每日上午八时赴会帮同办理,以资接洽,而便清查"。(同日《申报》)

6月23日　上海总商会与工商学联合会举行联席会议,磋商善后及开市问题。工商学联代表李立三、林钧等鉴于形势变化,"坚持罢市无益,亦同意忍痛开市",②但该由总商会登报承诺开市后继续抵制英日货,并继续筹款,援助罢工工人作为条件。总商会代表虞洽卿等表示同意。(《热血日报》1925年6月24日)

6月24日　出席上海总商会五卅委员会议。③虞洽卿主席,"发拟就之开市宣言,请大家研究。"曹慕管报告"昨日与工商学联合会接洽情形。"次讨论工人维持

---

① 上海总商会议事录无此次与会者名单,但此次会议重要,先生应该与会,特列备考。

② 由于罢市未取得实际效果,反而造成上海物价飞腾,广大劳动人民首先成为受害者,商界亦损失严重。罢市使自己付出沉重代价,而对帝国主义列强打击有限。马寅初于《总商会月刊》(1925年6月号)发表《总罢市总罢工足以自杀》一文云:"罢市半天以志哀悼自不在讨论范围之内,而长期罢市罢工关系甚大,生产停顿、市面呆滞、物价腾贵、金融纷乱,适足以自杀。"

③ 上海总商会议事录无此次与会者名单,但此次会议重要,先生应该与会,特列备考。

费,议决:"筹款救济工人,本会当接力协助,即日分电各省,报告各帮各业和组上海提倡国货会。(《上海总商会议事录》;《热血日报》1925 年 6 月 20 日)

6 月 25 日　出席上海总商会五卅委员会议。[①] 虞洽卿主席,云:"明日开市,应通电各省,并报告段执政。提倡国货应从速筹备。各商店所有现存之英日货物,须先注册,以便清查。……总之,以后对于抵制英日货,应各发天良,竭力去做,乃能促其觉悟。"众推曹慕管、冯少山、董杏生三人负责筹办提倡国货会。次讨论工商学联合会派人接洽救济工人事,王一亭"报告发款时,工人纷扰情形。"虞洽卿云:"请济安会想一完善办法,如欲人帮助,可以设法。"议决:先筹五十万,并请曹慕管、霍守华与工商学联合会代表接洽。(《上海总商会议事录》)

6 月 26 日　上午八时四十分,由许交涉员汽车前导,上插有国旗及上书"政府负责交涉,商店请先开市"旗帜各一面,随后是沪地方官员及各团体一百余人组成的开业劝导队,从总商会出发,经河南路、南京路等地,待劝导队经过后,臂缠黑纱的店员始开门复业。罢市经二十五天后,商界陆续开市。(《热血日报》1925 年 6 月 27 日)同日,上海总工会发出通告,号召工人继续罢工,"要下定决心,不得总工会命令,不得圆满的目的,则头可断,工不上。"(同日《民国日报》)

6 月 29 日　出席上海总商会五卅委员会议,[②]讨论筹款接济工人事。虞洽卿主席。霍守华云:"救济停业工人不可间断,否则罢工不能持久,交涉必致失败。"虞洽卿云:"工会方面请求政府速颁工会法,鄙人已允帮忙,盖工会法颁布后,日本事即可解决。工商学联合会要求赞成修改不平等条约,此事政府已办,鄙人亦表同意。目前沪上苟无款接济,势甚危险。"霍守华云:"主募集后,概交济安会拨用。"议决:电段执政,请迅颁工会法,并赞同修改不平等条约。发捐册与总商会会董、会员。会董每人至少筹一千元,会员每人至少筹五百元。自捐与另募听其自便。"(《上海总商会议事录》)

7 月 5 日　《上海工商学联合会日报》第十三期"本埠新闻"栏刊登《穆藕初破坏工人》一文,指责先生不允"工会有代表工人权"写入复工条件,咒骂先生"没有心肝"、"借刀杀人"。[③] 文云:"最近因罢工工人过多,为避免经济困难起见,日纱厂工人已与厂主商权条件,允许上工,惟工会有代表工人权一条,厂主持意未定。而华人某厂主穆藕初,恐危及将来本人利益,从中挑拨,坚持不允,闻工人已集议用严厉手段

---

① 上海总商会议事录无先生发言,但此次会议重要,先生应该与会,特列备考。

② 上海总商会议事录无先生发言,但此次会议重要,先生应该与会,特列备考。

③ 关于先生是否破坏工人运动、"借刀杀人"、"卖国贼"及下文所出现的"内奸"、"媚外辱国"等说法,有待进一步研究,请读者明辨。

对付云。"同期"社论"栏署名泽鸿(即余泽鸿,共产党员,革命烈士——编者注)《卖国贼之罪恶布露》,更指责穆藕初为"卖国贼"。文云:"近来上海罢工的工人,一天多似一天,因为无法接济,所以才主张缩短战线,减少罢工工人。这次对日本厂特提前解决,以期减轻负担,便于设法,也就是这个道理。这本来已经是忍痛抽刀,莫奈何中走的穷途末路。在工人方面,亦迫于生活问题,带泪上工;所幸者,唯条件上稍占些便宜,就算工人的福星降临了。赤条条的工友们,还敢在资本家大厂主面前争长论短,计较得失吗?双方的争执只是在'工会有代表工人权'一点,在工人方面非厂主承认此条不上工。就理而论,工会当然代表工人之权,绝没有理由否认;唯日资本家强词夺理,无端否认。工人坚持力争,日厂主已有顺风转舵的可能;不料卖国贼穆藕初,因为他也是个厂主,恐怕这条成立,对于他不利,故不惜大肆手腕,从中破坏,暗地唆使日人,硬不要承认此条,以致功败垂成,动摇全局,数百万嗷嗷待哺的工人,工作因此搁置,又成一群泪眼长流的活鬼。国籍还是中华的穆藕初,不知道他为何没有心肝至此?纵不惜卖身卖国,宁不怜有血汗还不能换碗饭吃的数百万工人吗?在此生死关头,出此毒计,不替以刀刃杀掉这数百万工人的老命。同胞们!工友们!外国人用机关枪明目张胆的杀死我们,责任还要他负,还可据理力争;这种暗刀杀人的行为,出自中国内奸之手,残忍惨酷,则倍之。隐痛吞泪,还不好向人伸冤诉苦;我们还有什么客气。粉身碎骨,屏诸化外,以警效犹,斯为正务!"(同日《上海工商学联合会日报》)

同日 《申报》刊登郑州沪案后援会组织罢工及豫丰纱厂同人会消息。云:"郑州各界沪案后援会自议决五卅罢市、罢工,以表力争国权追悼沪汉殉难烈士后,即向工商各界具函通知本日(三十)全城内外大小各商店,均未开门。京汉、陇海铁路,纱厂及稍大之工场均未开工,因工人对于此次惨剧早具一致同情之愤激,虽厂主不愿罢工,而工人亦将自罢矣。上午七时,铁路工人千余名已列队向马路游行,各执旗帜高呼口号。九时许,豫丰纱厂工人五千余亦已加入。旋有学界、商界、军界、警界等数万余人一律参与,马路两旁只见愁云凄惨之半旗志哀随风飘舞,与种种悲壮热烈之传单布贴满街,游行之口号高呼声互相应召。下午复有中华协进会之化装演讲,路上行人多为感动。尤奇者,人力车夫亦一律加入罢工,小菜场更无菜蔬出售,全埠人民既感步行之艰,又受淡食之苦,均谓空前未有之事也。京汉、陇海两铁路除开行客车一班外,其余各车均未升火。豫丰纱厂同人会并开沪汉殉难烈士追悼会,特请程鹏演说,题为《全民武装》,程系法国陆军大学毕业,历任国民第三君前敌总指挥,后由豫丰职员百余人议组武装保卫团,拟向岳督领得枪械后,即聘程君为教练。"(原报)

7月6日 北京各国公使团就五卅事件决议:①惩戒上海工部局董事。②公共租界总巡鲁和应负此次事件责任。③处分 5 月 30 日下令开枪的捕头爱活生。并训令上海各国领事，通知工部局执行。此决议遭英国驻华代办否定，工部局拒绝执行。（参见丁日初《五卅运动中的虞洽卿》，《档案与史学》1995 年第 6 期）

7 月 7 日 下午四时，主持华商纱布交易所理事会。因工部局停止向工厂供电后棉纱飞涨，且无现货，讨论是否停拍。"结果咸以为且坚持四五日再定方针。"（《申报》1925 年 7 月 8 日）7 月 11 日，因棉纱继续飞涨，理事会决定停拍。（《申报》1925 年 7 月 12 日）

7 月 7 日至 9 日 连续三日于上海《申报》、《民国日报》发表《穆藕初对于工商学联合会日报之辩正》一文，严正驳斥"卖国贼"等诬蔑，指出该会不惜破坏团结，为敌利用。全文如下：

> 七月五日报载《卖国贼之罪恶布露》及《穆藕初破坏工人》两则，架空肆诬，挑拨恶感。藕初不知何事开罪于该会，乃凭空赐以'卖国贼'之头衔。自问生平，惟知实践提倡国货之旨，年来辛苦奔走，创设工厂，抵制外货，不无成绩可言。其为日本人所忌，尤属彰明，岂有自贬人格，暗中唆使，破坏团结之理！藕初虽忝居资本家之列，然胜败无常，安知无退为工人之一日？即本人不计及此，吾子孙亦安知永无以工为生之一日？此理甚明，何至自欺欺人。至以目前暂时不可知之利益，甘为日厂作伥。该报污蔑之由来，实百思不得其故。个人毁誉何作惜，惟此时正吾国人通力合作，外御其侮之秋，若因芥纤意见之争，不惜破裂团结之萌芽，为敌造所利用斯，则真可为痛哭流涕者。特为辩正以告阅者。

（同日《申报》、《民国日报》）

《民国日报》刊登《穆藕初对于〈工商学联合会报〉之辨证》一文影印件

同日 《上海工商学联合会日报》第十五期"社论"栏刊登《答穆藕初为被诬声辩文》一文，继续为其诬称辩解。云："本报十三期社论，披露一文，题为《卖国贼之罪恶布露》，新闻栏揭载一段《穆藕初破坏工人》的事实，不料居然惹动穆君的皇皇大论，（详文载本报本期本埠新闻栏，希阅者加意咀嚼！）不特是本报的光荣，亦希阅者—尤其是上海工人—的幸福，未入本题之先，特此诚挚的谢谢穆君。还有一点，须向穆君声明，请穆君听着！本会和本报，素来极表敬意于任何资本家，穆君既系资本家之一，（穆君文中有'藕初虽忝居资本家之列……'等语。）同人本公正无私之旨,亦属敬仰莫铭;况穆君之为人,久为国人所深悉,同人亦何独不然?以私人情感而言,穆君之长短粗细,肥瘦黑白,尚在苦思揣测之中,岂有风采未瞻,谈吐不亲,遽故意和穆君'挑拨恶感',无端'开罪'(注意括弧中语,均系穆君文中旧句)。穆君放心吧!同人纵万不得已,有损穆君之大名,亦绝不牵及私人感情,无非就事论事;况穆君之为人,尚非存心卖国(穆君文中谓:'何至自欺欺人。至以目前暂时不可知之利益,甘为日厂作伥……'阅者注意,此穆君之良心话?),过去将来之穆君,岂绝无一二功绩,为吾人所拜祷者?同人非木石,绝不致一笔抹杀,使穆君无自新之念,而表同情于吾辈赤条条之工人。穆君用不着多滋疑窦,致伤吾们个人感情或将从此于救国事业中,得识一有力之资本家,携手同进,共扶国难,亦吾人不幸中之幸也,又何乐而不为?穆君幸勿先致谦辞!转入本题来谈谈吧!穆君全文中,我看来看去,始终找不出一字是穆君声辩的事证,或者是穆君意在不言中吧?抑或是穆君的公务纷繁,不暇提及?不然,便是穆君留作余步,先发空言,挑拨笔战?若不幸而中前一种推测,则穆君用心既苦,而阅者又不谙事实,是穆君弄巧成拙矣。聪明的穆君,必不致出此。若不幸而中第二种推测,那便要请穆君先声明:'鄙人以公队猬集,事实不暇列举,请阅者原谅!'否则,不能不令阅者读后,骂君强词夺理。聪明的穆君,为顾惜芳名,必不致出此。若不幸而中末项推测,则穆君又何必自求多事,在酷暑炎热中,作不必要的战争。结果,或不幸将气得你六神无主,七窍生烟,彼此都难为情呢;深爱我的穆君,必能早鉴及此,为我解忧。然则,穆君为何仅空提:'自问生平,惟知实践提倡国货之旨,(为提倡国货者一哭!)年来辛苦奔走,创设工厂,抵制外货,(原为此美意而出此。)不无成绩可言,(谢谢穆君的功绩!)其为日本人所忌,尤属彰明,(啊!原来还是我们同受忌于日本之佳侣。可庆!)岂有自贬人格,暗中唆使,破坏团结之理!(理固如此,事实是否符合呢?)'好些漂亮话,可惜情长楮短,言不罄意。但是,何以不提一二件昭然在耳目的事实来作例,使阅者一目了然,尽释疑团呢?或者穆君尚有苦衷在,恐'为敌造所利用'(穆君语)吧?穆君既知'然胜败无常,安知无退为工人之一日?即本人不计及此,吾子孙亦安知永无以工为生之一日?此理甚明,何至自欺欺人。'深思远虑的聪明人,大致不会暗于事理,遗恨万年吧?穆君究属何意?敢请穆君在事实上证明,不要给我们一些不可捉摸的空谷足音吧!我们指责穆君,事实已详本报十三期,兹为本报篇幅计,恕未多赘!末尾还要向穆君声明,'此时正吾国人通力合作,外御其侮之秋,若因芥纤意见之争',同人亦不'愿因纤芥之争',以致'破裂团结之萌芽'!但须请穆君注意,破坏工人,绝非纤芥意见之争!幸勿小题大做,减轻罪名!否则'真可为痛哭流涕者'!穆君果不甘负卖国之名,从今自新,未为晚也。穆君!来呀!速表明态度,接济罢工工人,首先承认自己工厂中的工会有全权代表工人;这条唯一捷径,不辩自明;爱国男

儿，走上前去！我愿为穆君昭雪前此不得已揭穿之罪恶。敬祝。"（同日《上海工商学联合会日报》）

7月8日　《上海工商学联合会日报》第十六期"社论"栏刊登《辩明内奸之必要》一文，再次自我辩解，又诬蔑先生为"内奸"。文云："日前，穆藕初卖国的罪恶，在本报十三期上揭载后，穆君即遍登启事辩明，（本报十五期，鄙人已答复。）本来我们也是正馨香祷祝，值此外御其侮之秋，内奸们隐身遁迹，不致中途破坏，祸患横生。所以在私人的希望中，很不愿意在预闻此类令人握拳带泪的奇事；不料事与

《工商学联合会报》刊登《答穆藕初被诬声辩文》一文影印件

愿违，内奸们居然纷纷起，出其奸猾之手腕，一再破坏，甘自卖国卖身，尤不惜陷害惨痛难堪之工人，以遂其残酷的兽欲。沪案因此有全盘失败之胚胎，工人因此有转眼便成饿殍之危厄，某商会因此有破裂之征兆，（虽然此时还未破裂。）工会因此有不能成立之险状，种种危机，包藏在此；所以现在有辩明内奸之必要。穆藕初其人，已经领教多矣，自然是令我们瞠目垂舌的欢；若穆君果能实行本报十五期上最末两项要求——（一）速承认自己工厂中之工会有全权代表工人。（二）捐巨款接济罢工工人。责穆君之前愆，吾人当全盘谅解。但在穆君未有事证以前，吾人仍认定穆君惮改过失，卖国贼之美名，敢请穆君不必徒托空言而推卸！（事实昭然，不诚心忏悔，改过自新，岂能昭雪？）穆君受些轻微打击，正在张皇失措，感孤寂之愁怅，失伴侣之同情；好呀！到底是'天无绝人之人'，穆君的祖宗有德，硬拉拢一位'前生修到'的妖伴闻兰亭；闻、穆两君，简直是志同道合，唱和相随。且看这位闻君，神通又是怎样？（一）主张另提妥协之十三条，而抹杀国人多数之意见。（二）主张无结果就开市。（穆藕初亦在内。）（三）反对工人组织工会。（四）主张自由出货。（五）反对总商会组织委员会。（意图少数人包办）（六）骂工人是'叫花子'。（即乞丐）。工友们！还可忍吗？（七）上海物品交易所某经纪人，向该所理事闻兰亭建议，每号经纪人捐二百两救济工人，（理所当然之事实。）闻兰亭怒而语之曰：'老弟，时机未到，何必着急呢？（记者按：罢工工人，已饥渴迫切，时机未到，是否指其备棺材，送葬饿殍呢？除此，则令人百思莫解。）我（闻自称）比你经验足些啊！（记者按：好个狼心狗胆的恶习！）'阅者诸君！内奸门自己抓开了面具，和我们在黑暗中相见了。现在辩明了内奸——一个是穆藕初，一个是闻兰亭。亲爱的读者啊！劝诸君息怒，爱惜

穆、闻两君的老命！（以下原件破损，缺十余字——编者注）两君有改过自新之一日吧！诚恳的希望穆、闻两君，值此危急之秋，切勿再图破坏，多滋事端；须知一旦群情愤激，恐尔君之老命难保。（我们绝不希望至此。）'众怒难犯'一句秘诀，两君千万牢记着！我为爱惜两君起见，生怕两君'一失足便成千古恨'，特此聊进忠告，敬祈采纳！"（同上）

7月上旬 致华商纱厂联合会函，"报告奸商乘机购进日纱，嘱将中日英棉纱牌号对照表分发各界，方可有效。"7月12日，纱厂联合会复中华国货维持会函，采纳先生建议，通告正在新印纱厂一览表。函云："查敝会历年刊印纱厂一览表，详列国内中外纱厂状况。此外更印有棉纱商标一书，对于国内市场中外棉纱均经列入，原为国人鉴别中外制品之需，刻下正从事于本年调查刊印新本，大约月内可望出版，出版后当即分赠各界也。"（《申报》1925年7月13日）

7月14日 《上海工商学联合会日报》第二十二期"本埠新闻"栏刊登《穆藕初又媚外辱国》一文，继续攻击、诬蔑先生向日人告密。云："近日穆藕初复尽量造谣，陷害工人，意欲摧残此次民族运动。日前诳报六十万之价值为八十万，从中获得二十万之多，以肥私囊。且闻对日人云：'李征五很接近工会，帮助工人，他是个共产党人云。他的话切不可听。'复次又对日人云：'工会的要求，不要理他，你们（日本厂主）只要回答他待中国政府工会条例颁布，然后再提。中国厂家之工会组织就绪，再组织外国工会足矣。'近日上海一般稍事理者，对穆将有相当表示云。"同期"社论"刊登"宅红"《怎样对付卖国贼穆藕初》，称穆藕初为"大买办"、"穆阎王"。文云："数万日纱厂的工人，饿起肚皮，眼泪盈盈的忍痛和日厂主榷商条约，将告成功的生死关头，从天掉下一个大买办穆藕初，怂使日人，中途变卦，转眼入手的上工可能希望，突遭他横打一棒，全盘便成画饼，以致上工悬悬无期。可怜荷包里缺少大洋钱，背后没有站着东洋大人的苦工们，低下头来，乖乖巧巧的牵起破衣襟，揩干眼泪，还不敢伺着大买办们的哀啼，恐受叱斥。可怜工友们，不会巴结东洋人和大英资本家，到而今只落得大买办们戏弄个十足，饥渴交迫，懒洋洋投到破船造就的鬼窝里去，札紧裤带，吞吞唾液。若是跟着大买办们后讨生活，谨防他和姨太太老不高兴，饱以拳足，还须送捕查办。这是资本主义的社会造成的罪恶，较诸拍米尔高原比海洋平面还差得远的社会阶级。站在拍米尔高原上的穆藕初，自然有他'阎王算命'的特权，不幸遇着他'二五得六'的妙算，折短四年寿命的人，还有甚么话可说。穆阎王又在替上海工人算命了！看他的算盘如何拨法？（一）多报机器价值二十万。（六十万诳报八十万）。（二）诬李征五为共产党，意欲破坏工会。（三）指示日厂主和缓工人罢工的方法。（四）阻止日厂主答复工会的要求。任凭他拨来拨去，大洋钱总是尽量拨到他的荷包里。工会和工人的寿命，终归要被他断送。我对他的行动,不愿再置一词,恐再惹起穆君得皇皇大论,而且造成我介绍新申、卖国报广告费的罪恶。但求国人想一想——怎样对付卖国贼穆藕初?"(同日《上海工商学联合会日报》)

7月15日　晚,由沪抵郑州。当晚即与陈伯琴谈豫丰纱厂以纱号汇票取赎押品事。7月18日,浙江兴业银行汉口分行致总行函,报告豫丰赎押计划,云:"穆君谓:'各号均属殷实可靠,其本厂票额要求仍拟增加为十万两',业已函陈尊处请示。至银号信用如何一节谓,郑豫丰本年与郑地银号往来甚少,现总行免允收受纱号票则银号似可缓商。是日豫丰又交入许昌、永昌纱号之天津汇票取赎存纱,计许昌昌记钱庄上天津承唐庄豫丰抬头七月三十日期汇票三纸,每纸计洋五千元,共一万五千元已迳寄津行。又日前电解津款五万元及同日期应收票款五万元,经切实调查并无取巧情事各等语,特此奉告。"(原件,浙江兴业银行档案)

7月16日　在郑州,与浙兴郑州分理处陈仁憻谈豫丰纱厂花纱销售。同日,陈仁憻致浙江兴业银行总行函云:"穆君谓:'厂中往来纱号俱系往来多年、素称殷实之客家,其汇票实际上均甚可靠。厂中前因积纱太多,抛出时抱定纱价不妨减削。一方面即运用该款随时购进贱价花衣之宗旨,因如是担负可以减轻,实际上亦不至吃亏。故抛出之纱价格颇为低廉,各纱号既以低价购进棉纱,适值纱价飞涨、供过于求之时,一转手间可获利不少,则其所出汇票决不至有以外危险。加以此间用汇票赎纱后,该纱是否装车,是否装往购纱之纱号,事实具在,不能有丝毫可以隐瞒,似更可放心。'敝处以为穆君之言,确系实情,而日来厂中十六支飞艇售价已达二百五十五元,购纱者仍纷至沓来,为敝处到郑后所未有,亦颇代抱乐观也。"(原件,同上)

7月17日　浙江兴业银行汉口分行致总行函,报告调查豫丰纱厂汇票等事。云:"(一)示关于豫丰以纱号汇票取赎押品事,据慎昌答复后似于郑函所叙不甚明了,穆藕初君语亦略。同业经电告郑处与穆接洽等语谨洽。(二)示银号行汇票赎押须先调查银号信用如何,俟酌夺后再行接洽,亦洽,要求兹予通融等语。前项汇票款敝处已先行转账,一俟届日津行报单到后即当填单报告,统希台洽再查。尊处前电郑处对于纱号汇票以一次为限,而此次去电则有均收用字样,如何情形,想已有示在途也。(三)豫丰欠尊处五六月份押息元一万零六百廿二两四钱七分,据郑函云,已于十五日电汇上海慎昌转付,再以奉闻。"(同上)

7月18日　整顿豫丰纱厂生产秩序,开除总工头、工头等九人。陈仁憻7月20日致浙江兴业银行总行函,报告豫丰情形,云:"厂中日来存纱仅一千八百件而已,定出者尚有二千余件未曾提去。上星期起已开足锭子五万矣。工人方面亦渐就范。穆君前晚发表开除总工头、工头及机匠等九人,工会势力已觉薄弱,工作方

面当可日有进步也。"（同上）

8月5日 豫丰纱厂工会召开全体工人大会，宣布十二项条件，限厂方四十八小时内答复。[①] 报载《郑州豫丰纱厂罢工风潮》新闻云："郑县自今春京汉铁路工会恢复后，豫丰纱厂工会即相继成立。最近陇海铁路郑州分工会，亦已复活。总计工会人数在一万以上。近因沪案发生，商、学各团体，又复与三工会感情联络，奔走运动，故工会之势力日益扩大，而发生之事故，亦日益繁增。今豫丰纱厂工人，又发生罢工风潮。缕述其原因如左。罢工之远因。沪案发生，沪工部局停止送电，上海各纱厂多半停业，内地纱厂销路骤增，豫丰纱厂工人即有因时趋势，要求厂主增加工资之酝酿，特主张分歧，故一时未即爆发。罢工之近因。天津宝成第三纱厂工会，日前曾有来函，谓该厂工人曾要求厂主增加工资，全体罢工，未几即得圆满之结果，于是郑地各工会即推纱厂工人，作最先之试验，而罢工因以是而勃发。罢工之起点。纱厂因增开纱锭，至彰德府新招工人数百名，每名言定每天工资三角，而旧工人之工资，尚有未满三角者。工会会长陈富森当即召集各部工人，开会讨论。佥谓厂中对待工人，不应有新旧轩轾之分，乃于八月五日下午六时，派出武装纠察团（即敢死队改编）邀集全体工人，至青年会本部开会，议决条件十二项：（一）工厂须承认工会是完全代表工人的机关；（二）工厂增加工人及开革工人，须经工会许可；（三）全厂男女童工，一律加工资八分，原为钱码改为洋码，外加大洋八分。全厂摇纱工人每车钱码改成洋码一分八厘。布机间每匹布须由钱码改为洋码二毛二分；（四）生火、加油、抬煤、马达、电气、锅炉间，除第三条所要求和原有每月另加赏工外，每月例假两天，工资照发；（五）女工在生产前后五十天，停止工作，工资照发；（六）童工的工作时间，应由十二小时改为八小时，每天由两班改为三班，不能减少工资。布机间工作时间，应由十二小时改为十小时；（七）工厂须辅助工会，设立学徒、女工、童工补习学校；（八）工人因病请假者，工资照发；（九）凡由外地招来工人，自愿退工者，应给川资，被开革者，除川资外，应给工资三月；（十）全厂工人午餐时间，规定一小时；（十一）工人因工作受重伤不能工作者，应由工厂给予终身抚恤金，照原工资三分之二；（十二）在工房范围以内，应装设路灯。以上条件，即派代表陈富森、徐福生、王亚梅、杨树兰、乔金生、乐海棠等六人赴厂，与协理毕某接洽，并限四十八小时内完全

---

① 《郑州工人运动史》记，豫丰纱厂工会于1922年成立，"二七"惨案后，停止了活动。1925年5月工会组织重新恢复，在党支部领导下开展工作。为进一步推动"五卅"运动的开展，王若飞和黄平万主持召开党组织和各工会负责会议，分析研究了形势和工人状况。"五卅"惨案后，上海纱厂工人罢工停产，市场棉纱短缺，穆令豫丰纱厂工人增加工时，由于纱厂工人已生活难以维持，至此工人怒气日盛，一触即发，党组织认为罢工条件已经成熟，决定在影响较大的豫丰纱厂举行罢工，并决定派京汉铁路总工会委员长刘文松、秘书长李震瀛等具体协助纱厂领导罢工。纱厂成立了以共产党员为首的罢工委员会。

答复,否则当有重大之表示云云。"(《申报》1925 年 8 月 11 日;《民国日报》1925 年 8 月 11 日)

8日7日 因厂方无法满足工人所提条件,是日下午豫丰纱厂工人罢工。同日,国民通信社郑州通讯云:"七日上午,六代表又复赴厂,谓十二条是否有圆满答复。协理毕云程一一接见,磋商至十二时许,六代表无结果而出,当即在纱厂左右散发罢工宣言,略谓'现在我们要求的期限已经满了,所以从七号下午五时起,宣布罢工,除厂中完全承认以上十二条要求外,还要将罢工期内的工资如数照发,及保证以后不得开除热心办工会的工友,才能开工,若不如此,暂不上工。尚望各界同胞体恤我五千余无告工人,而予以同情的援助,不胜迫切待命之至。'此时厂内工人,因未通外消息,尚在工作。协理恐发生暴动,乃一面电请警备司令部杨瑞轩,派兵至厂内维持,一面出和平通告,布贴各部。其布告谓:'全体工友公鉴:优待工人办法,已经函达总理请示,务各安本分,照常工作,静候总理回信,切勿受人愚弄,无事自扰。特此通告。'工人见武装兵士蜂拥而至,立即停止工作出厂,此罢工时之情形也。各工人全体罢工后,即在大通路、德化街、西阎、钱唐里、福寿街、乔家门一带游行,散发传单,高喊口号,并派代表数人,至警备司令部、京汉铁路工会、陇海铁路分工会、中国国民党郑州市党部,恳求援助。当晚复召集各代表,密开重要会议,闻议定办法,如三日之内,仍无解决,京汉、陇海两铁路工人,亦将加入罢工,以表行动一致,然后令马路各商店一律罢市,以为援助。此罢工时之情形也。当各代表正在开会时,工会门首三枪声,砰然迸发,即有一人狂呼倒毙。事后调查,死者为汪某,曾在长定充营长,近已辞职,来郑探望其弟,忽被仇人所枪杀,众知该事与罢工问题完全无关,方始安心。"(引自郑州总工会刊物《工人之路》,1925 年 8 月 25 日)《郑州豫丰纱厂罢工风潮》报道云:"罢工时情形。(七日)上午十二时,工会六代表因四十八小时期限转瞬将届,乃要求协理,表示最后之答复。协理谓众工友要求条件,业已电达总理,一俟总理到厂,当有确实答复。至本人不过总理聘请,维持厂中原有事务,如此重大事项,实难负责。代表闻言,即兴辞而出。协理恐工人方面发生暴动,遂电告郑县警备司令杨瑞轩。下午二时,即派侦缉队十二名,荷枪实弹。到厂弹压。二时二十分,厂中工人皆停止工作,喧哗而出。本厂警察,乃一律武装加岗防范。惟工人之秩序,尚为文明,厂中机器亦未损坏。至三时四十分,回声忽呜呜而鸣,厂中工人已全体出厂,向马路游行,散发传单。罢工后形势。自工人全体罢工后,厂中尚无一定之办法。警备司令部已派侦缉队、保安队、警察对维持厂方秩序,并派便衣侦探数十人,访查众工人有无暴动行为。县长罗丹书亦派代表赴厂,抄录六代表详细姓名,作解决或查究之预备。工人方面,连夜开会,增发传单。风潮似已扩大,但不知该厂总理到厂后,能否善为调停耳。"(《申报》1925 年 8 月 11

日;《民国日报》1925 年 8 月 11 日)《郑州豫丰纱厂罢工》报道云:"今日(八月七日)下午四时半,豫丰纱厂四千工人在青年会开全体大会,议决从本日下午五时起,全体工人一致罢工。散会后,男女工人及童工整队游行,秩序井然。工人手执小旗,上书'只要求最低的生活条件','我们不能饿着肚皮做工','二十几个铜子实在不够我们的生活费用','工厂不承认我们最低限度的要求,是工厂逼我们罢工'等语。"(《晨报》1925 年 8 月 11 日)

8 月 8 日　豫丰纱厂罢工委员会陈福森、乔金生、范小妹等致函警备司令杨瑞轩、县长罗丹书、警察局长赵兴宋、二军二师副官刘焕然、二军四师参谋长安古琴、郑县商会会长张波岑、京汉车务总段长金敬山,报告罢工原因。云:"本会全体工人四千二百余人,现为生活等问题,向厂主提出要求,限两日答复,以副群情之望。奈期限已届,厂家总以金钱收买军警压迫为能事,事实俱在,良心难抹,是促我工人不得不离职也。兹将本会罢工宣言,附与一纸,请细查之,免有误会。若蒙认此事为郑州生活问题中紧急事件,更进而有所援助,不胜幸甚。""各机关接到此信后,均不表示何等态度,暂视厂家之应付手段及工人之动作如何,为将来对付基础。"(《民国日报》1925 年 8 月 14 日)《郑州豫丰纱厂坚持罢工到底》报道云:"工人方面,连日于青年会开全体会议,且有一俄国青年在场策划。闻该青年为俄国总工党派来调查中国工会情形者,此次由汉来郑,与京汉铁路总工会李某接洽一切。未几,发生此次工潮。该青年将于郑州稍作勾留云。惟七日开会,工人齐集会场,甚形拥挤,八日开会则已不到半数,态度尚抱消极。"(《京报》1925 年 8 月 14 日)

8 月 9 日　下午二时,在沪主持华商纱布交易所第八届股东会,股东到者四万三千余权。先生致开会词。吴麟书报告营业概况,监察人张则民报告本届账略,常务理事张雪春报告内部情形。议决第八届纯益金分配案,均大多数赞成通过。选举胡筠庵、张则民、潘澄渡三人为监察人。本届每股计发官利一元一角五分,红利四元五角,定于八月十二日发给。(《申报》1925 年 8 月 10 日)

同日　豫丰纱厂罢工委员会向工人发放援助金,执行委员陈福森等登台演说,号召工人继续罢工。《郑州豫丰纱厂坚持罢工到底》报道云:"九日上午,执行委员会遂派青年纠察队通知男女工人,一律赴会领取援助金,故到会又众多。执行委员陈福森等登台演说,'略谓罢工后上海、广东、汉口、北京均已去电报告,请求援助,不久当能汇款来郑,以资接济。但我们此次罢工,早已有充分之预备,即各地无款接济,照五千人每人一星期一元计,亦能维持六月,不致败于资本家之手。惟所提十二条件须坚持到底,若厂中有提议修改或承认数条等情,大众当一致拒绝,不允上工。'旋有数工人问及六月之款自何而来。答谓:'京汉铁路工会、陇海铁路工会,已允援助,众可放心。'俄国青年亦登台宽慰。遂议定本星期六,发给每人补助费一元，并警告豫丰纱厂土木科工人，不准再行进厂；如果不听，即派青年团武装劝阻。下午一时，焦作煤矿总工会已派宣传队来郑，与京汉路总工会、全国铁路总工会、劳动团体接洽一切，援助豫丰纱厂工会。"（《京报》1925 年 8 月 14 日；《申报》1925 年 8 月 14 日）

8 月 10 日　毕云程与河南各界代表面洽解决办法，无果。《豫丰工潮风起云涌》报道云："先是商界代表张波岑、陈小松，学界代表陈效孔，工界代表刘文松、李震瀛、①张之甫，绅界代表李梦坡，警界代表虎乾一，国民二军二师代表武承霖，警备司令代表宋承祁，县长代表李蔚廷等，函邀毕云程至商会调解一切。毕谓敝厂自有总理，鄙人只能以个人资格与诸君谈话，至于一切事宜，实属不能负责。众代表见其毫无诚意，乃一一退出调人地位，不欢而散。工界代表当日奔告河南全省工会，并派宣传队数十人，四处宣传，恳请各方援助。陇海铁路总工会，当即提出要求十二条，限当局一星期答复，否则全路罢工。开封兵工局、铜元局亦特罢工。嗣因警备司令李纪才扬言，如有藉要求而罢工者，即以武力对付。"（《民国日报》1925 年 8 月 20 日）《郑州工潮未解决》云："郑州豫丰纱厂罢工后，众工人集会，宣传呼吁，无日或已。军警各界，因其无轨外行动，自未便多事干涉。京汉铁路总工会秘书李震瀛，日前已组织河南全省总工会，为罢工工人之后盾。陇海铁路总工会，更乘时利势，于十日下午，向忭洛局长林实提出要求条件十四项，限一星期答复，否则一律罢工。据知其内幕者云，此次纱厂与陇海工潮，表面上虽为截然两起，内中早有接洽。即两工潮立时解决，而京汉铁路、开封铜元厂、面粉厂、电灯厂、郑州电灯厂、机器厂等劳动团体，亦将接踵而起。因豫省工潮，酝酿日久，工人方面早已有恃无恐。"（《民国日报》1925 年 8 月 18 日）

8 月 11 日　下午，自沪抵郑州，处理豫丰纱厂工人罢工事件。先生谒郑州警备司令部杨瑞轩，商讨解决办法。杨云："贵厂为郑地极大工厂，此次工潮，实系少数工人煽惑所致，惟罢工日久，多数良好工人，生计上不无影响，即贵厂营业上，亦受损失。简言之，负地方治安之责者，亦有重大关系，还望早日解决，以免夜长梦多，另生枝节。"先生回厂后，"即将工人陈福森等十六人，牌示开除。一面张贴布告，谓十四日照常开工，罢工期内，津贴三天工资，工价低廉者，当分别程度高下，再行定夺。讵已除名之十六人，分头演说，并率青年团武装团员数十人，通知男女各工人，在工会未曾允许工人上工之前，不得擅自进厂。"（《民国日报》1925 年 8 月 18

---

① 李震瀛：天津人。1921 年加入中国共产党，任中国劳动组合书记部干事兼《劳动周刊》编辑。1923 年初参与领导筹备成立京汉铁路总工会。1925 年被调到上海从事工人运动，参与五卅运动中工人斗争的组织活动。1931 年被捕入狱。同年 7 月被中共中央开除党籍。出狱后，声明不再参加革命活动。

日;《申报》1925 年 8 月 18 日）浙兴陈仁愔 8 月 12 日致上海总行云："穆藕初君于昨晚到郑，当即开职员会议，一致主张用强硬手段对付。故于今晨揭晓布告二通：（一）开除工人中之不良机匠及工人等十六名；（二）劝告良善工人静候上工。厂中大约预备后日（十五号）实行开工，但不知工人方面能否从此屈服耳。"（原件，浙江兴业银行档案）

8 月 12 日　豫丰纱厂张贴布告，开除肇事工人陈富森等十六名。布告云："因害群之马不去，实无善后办法。特此布告将肇事工人陈富森等十六名，解除职务，嘱其另谋生计，并允发给归程车票"。（抄件，浙江兴业银行档案）先生就开除肇事工人一事发表谈话，云："鄙人于九日下午由沪来郑，满拟到郑之后，即能解决。讵有少数工人，假工会名义，组织纠察团、青年团胁迫。大多数善良工人要求照常开工，以维生计，卒为不良工人用武力阻拦，并强迫赴青年广场开会，不从者辄加鞭扑，以致妇孺啼哭之声，时闻吾耳。窃思厂中之损失有限，众工人之境遇甚怜。然少数之害群之马不去，实无善后办法，特此将鼓动风潮之陈福森等十六人，解除职务，嘱其另谋生计，并允发给归程川资。无如该工人等置若罔闻，仍占本厂工房，且于日前持长棍率领童工多人，欲撞进本厂大门滋扰。幸有警备司令张副官、侦缉队杨队长、保安队顾队长，率队制止，始不得逞。"（《穆藕初关于豫丰纱厂罢工一席谈》，《时事新报》1925 年 8 月 22 日；《申报》1925 年 8 月 23 日）

同日　豫丰纱厂致上海浙江兴业银行函，述本厂罢工经过情形。云："敝厂于八月五日晚收到由敝厂工人陈福森、杨树兰、乔金生、徐福生、乐海棠、王亚梅等六人交来用敝厂工会名义致敝厂总理函一件，内附要求条件十二条。适因敝厂总理有事赴沪，即将该函快邮转递。一面由协理于翌晨招集陈福森等五人，（乔金生未到）当面说明厂中对于工人生活素极注意，上月工人并未要求，厂中已经酌加工资一次。刻下又在调查研究各部工作情形，为再酌加工资之准备。至以工会名义要求条件限期二日答复，因总理赴沪，已将函件快邮转递，嘱其转劝其余工人，静候回音。并告以厂中年来营业因时局影响，非常困难。去年亏折四十余万元，本年上半年又亏折二十余万元，惟为顾全工人生计起见，勉力支持工作云。该工人等表示谅解，惟谓在未谈条件以前请勿加工资，一面当将谈话情形转告其余工人。是日下午，该工人等来言其余工人不愿静候回信，仍限两日答复。协理再三开导，郑沪路途遥远，快信往返，决非两日可能解决等到，此为事实问题。好在工人与厂均属一家，应有商量余地，何必立逼答复，仍嘱该工人等回去开导。该工人等答谓：'如开导无效，其余工人或有自由行动，不能负责。'协理即告以厂中并无虐待工人之事，亦未拒绝要求，且上月曾经酌加工资一次，若在未得总理回信以前而有自由行动，实无丝毫理由，该工人必须完全负责。直至七日晨，该工人等未来答复，协理又招集谈话，询以究竟，该工人等承认协理之言为有理，惟谓其余工人缺乏知识，不可理喻。协理又再三开导，嘱其转劝其余工人，该工人等未有确实表示而去。协理一面发布通告，表示优待工人办法已经函达总理请示，力劝安分工作，静候回信。下午三时，遂有人先以工会名义令工人出厂，然后再由该工人等前来声明不能负责。当时工人多不愿出厂，惟恐主持罢工者加之以身体上之危险，不得已而出厂，此为罢工以前及当时经过之实在情形也。深恐道途讹传，有渎听闻，相应函陈，即希垂察。"（抄件，浙江兴业银行档案）

同日　郑州警备司令部派员至豫丰纱厂发布布告，云："奉岳督办电令，严行制止喧扰，务使早日复工。"（《穆藕初关于豫丰纱厂罢工一席谈》，《时事新报》1925 年 8 月 22 日；《申报》1925 年 8 月 23 日）

8 月 13 日　下午，主持召集豫丰纱厂全厂工头开会。先生云："十三日午后，余乃招集全厂工头，到厂开导，并允优待工人。然后发出通告，定十四日上午六时，照常开工。对罢工期内补给工资三日，以示体恤。一面招呼电匠，准备生火开车，讵该火夫等，竟被人迫离工房，不知去向，开工一事遂之无从进行。"（《穆藕初关于豫丰纱厂罢工一席谈》，《时事新报》1925 年 8 月 22 日；《申报》1925 年 8 月 23 日）

豫丰纱厂发电间

8 月 14 日　上午，由郑州至开封，谒岳维峻督办，告罢工详情，"请求岳氏电令郑州警备司令保护开工，并将不良分子，加以处置。"（《民国日报》1925 年 8 月 18 日）

同日　豫丰纱厂原订本日开工，未果。《郑州豫丰纱厂工人冲突》报道云："郑州豫丰纱厂全体罢工后，京汉铁路工会会长刘长松，秘书李震瀛，组织河南全省工会，以为援助。故豫丰工人谓非得厂家完全承认十二条,决不上工。特一般客籍女工,幼年童工,日藉工作以糊口者,至此已生活维艰,痛苦万状,甚且蹀躞街衢,向人行乞者。纱厂经理穆藕初,本定于14日照常开工,贴补工人损失。嗣为工会青年团、纠察团手持铁棍,把住工房弄口,虽有愿意作工者,不得其门而入。"(《申报》1925年8月23日)浙江兴业银行陈仁愔8月15日致上海总行函云:"豫丰本定昨日开工。嗣因已开除之不良分子十六人仍在暗中用恐吓手段阻止工人上工,故未果实行。昨晨穆君赴开封请求岳督实力帮助,已蒙允诺。而工人方面因经济问题已现分忧情状,预料不日即可恢复原状矣。"(原件,浙江兴业银行档案)

同日 浙江兴业银行汉口分行致总行函,报告豫丰厂收款及次日开工消息,云:"(一)昨日傍晚接郑电,嘱向中国银行收洋二万七千元入豫丰暂存户已于今日收归,除另填报单外特此奉洽。(二)穆藕初君已回郑处置罢工办法及该厂印发通函,并拟于十五日实行开工。"(同上)

8月15日 豫丰纱厂原定发工资日,因罢工工人把守厂门而未能正常发放。厂方遂定次日召集各工头开会。(《豫丰纱厂布告》抄件)

8月16日 上午,原定工头会议未果。"各工头惧有生命上之危险,不敢进厂,迁延至十一时,本厂协理因事外出,陈富森等胆敢出面加恐吓,阻止出厂。当即报告巡警,请其维持治安"。(《豫丰纱厂布告》)先生云:"旋而陈福森等,又要求发给工人之存工为名,守住厂门,任意喧扰,并阻止协理出厂,而加恐吓。是以今明两日(指八月十七日、十八日——编者注)两日,定将工人所存工资全数发清,以表此心不愧。"(《穆藕初关于豫丰纱厂罢工一席谈》,《时事新报》1925年8月22日;《申报》1925年8月23日)下午,与警备司令部杨副官等开联席会议。"准由各部工头负责到厂照料,于十七日发日头工资,十八日发月头工资,将所有工资一律发清。"(《豫丰纱厂布告》抄件)

8月17日 上午,发丰字班工资,下午发豫字班工资。"多数工人均问本厂为何不开工,彼等日日渴望上工"。(《豫丰纱厂布告》抄件)下午,警备司令部张参谋长到厂,面告先生等要求厂方"自动宣告解散",云:"此次罢工风潮,豫丰纱厂不幸适逢其会。警备司令何尝不肯以实力援助,无如牵累太多,岳督办虽来电话,饬查究此事,乃以未见正式公文,仍难切实办理。兹警备司令再三斟酌,最好用消极办法,由厂自动宣告解散,静候解决。"先生等答:"此为最后办法,既已到此地步,惟有遵命办理。明日适为旧历六月底,当将论月薪工一律发请","宣布自旧历七月初一起,停止职工薪水,以节开支,此后何日开工,未能决定,请转报警备司令妥为保护"。(同上)

同日 与国闻通讯社记者谈豫丰罢工经过,末云:"惟鄙人自出洋返国以来,对于国中事业,靡不竭忠尽智,希冀增进国家社会之幸福。若照此次工潮之现象,诚令人抚心长叹而已。""记者辞出,复至工人方面探问,闻众工人方面亦不以久持罢工为然,若再无解决,众工人即将另组织团体,反对工会代表,自行上工。"(《穆藕初关于豫丰纱厂罢工一席谈》,《时事新报》1925 年 8 月 22 日;《申报》1925 年 8 月 23 日)

同日 河南省实业厅派科员徐昭洁赴郑州调查豫丰纱厂罢工。十九日调查完毕,回开封报告。(《晨报》1925 年 8 月 29 日)

8 月 18 日 上午九时,主持召开豫丰厂内职员、机工全体大会。先生云:"本厂连年亏折,所以勉强维持此危局者,半为尊重国家之实业,半为顾念工人之生计。今有多数工人,已有愿意上工之表示,而卒为少数工人所把持,竟不能开厂,然余亦不加相强,惟自明日起,职员机工之薪水,一概停止,一俟工人觉悟恢复原状后,再行发给",言毕退席。"而职员、机工相互讨论,有主张组织维持会,劝导工人入会,以维持生计,促早日开工者,众皆赞成。遂当场签字,约定下午二时招呼工人于青年会本部开会。嗣为工会得悉,青年团、纠察团持棍到场,将已在工人完全驱散,且有王亚梅、单荣桂率众百余人,围住青年会,向协理毕云程要求履行十二条,当面侮辱。"(《民国日报》1925 年 8 月 23 日;《申报》1925 年 8 月 23 日)《豫丰纱厂布告》云:"十八日上午九时,本厂总理召集全厂职员、机匠二百余人,开会宣布经过情形及不得已停止薪工之理由,并声明不日回申,报告董事会,自请处分,并分报军政长官备案。言毕退席。旋由到会各人发表意见。大致略谓同人不远千里而来,不过为谋生二字。屡遭时变,饱受忧患,今又无辜受累。在厂中之停结薪工,固出于不得已,而同人生计垂绝,实由于少数肇事之人威迫罢工而致。昨日多数良善工人,已表示愿意上工,何勿自动设法以个人资格,立第三者地位,起而组织团体,出为排难解纷,遵照岳督办命令早日复工。实于工人、职员、股东三方,均有利益。于是决议组织维持会。"(抄件)陈仁愔 8 月 18 日致上海浙江兴业银行总行云:"厂中对于外界殊少联络,军界又不肯实力帮忙,工会方面非厂中收回开除之十六人,及承认所要求之条件,决无解决余地。而厂中又不愿屈服,致将来无法管理工人。双方坚持,实无办法。昨晚厂中曾托人向各方面疏通,亦无具体结果。今穆君召集全体职员、机匠开会讨论。穆君宣言谓,开工无期,本厂亦无负责能力,只有从明日起至开工日止,各职员、机匠薪工一律停发,以节经费。毕君谓,同事、机匠拟组织一维持会,设法调处,当场请赞成者签名。同事方面当即全体签字,机匠方面则签字者甚少……此种设施无非用一种手段激起同事、机匠,使尽力设法;一面使工会方面知当局有停办之趋势,或易调停。但开会宣布停止发薪时,同事方面已明知系一种手段,毫无惊惶神情,而机匠不无工会中人,态度尤为镇静,更不易藉此就范也。穆君对于厂中工人,威信素孚。此次到郑之次日，即一面开除工人，一面酌加工资，并积极筹备开工。敝处以为必已有充分之把握及实力，认为处置妥善，不料两日以来，情势陡变，事与愿违。此次停止发薪，虽明知系一种手段，但觉前途黑暗，深惧弄假成真，酿成停办情事。"（原件）

8月19日 晨，豫丰纱厂维持会三千多工人要求开工，先生闻讯首肯。但遭到工会方面反对，双方发生冲突，互有受伤者。《郑州豫丰纱厂工人大冲突》报道云："上午五时许，纱厂附近人声喧杂。六时十分，即有工人三千余齐聚厂门，手持和平维持大会之黄旗，飞舞满空，每人臂上缚有黄巾一方，标维持大会之记号，高呼'要求厂家即日开工'。穆氏闻讯，即速令开放厂门，众工人如潮进，声言我等皆良善工人，因受工会代表之强迫，罢工已久，无法支持，惟乞厂主即日开工。穆闻言首肯。旋查各部工人均有，惟电炉间工人未到，工人中有知其详者，谓工会代表知我等要求开工，故已将电炉间工人，押往京汉铁路工会，拘匿不放。众工人闻言愤极，遂派数人出外寻获到厂。其时京汉工会刘文松、李震瀛闻讯，即时招集铁路工人数百名，出令暂停工作，一律武装，以助豫丰工会代表用武力对付维持会。维持会工人得信后，一面报告穆总理，一面编制临时保安队，以防不测。穆氏恐双方会合，发生冲突，立派代表与铁路段长金综文、警备司令杨瑞轩分头接洽，并请饬令京汉工人，不可有越轨行动，扰乱纱厂秩序。延至下午四时，京汉工会之敢死队、豫丰工会之青年团，纠察团，总计一千余人，有持铁棍者，有持小刀者，前列大旗两面，声势汹汹，会集厂门。刘文松、陈富森（豫丰纱厂工会会长）相继演说数分钟，即令大众高骂厂中作工之人为工贼，誓予以武力之教训。未几，一石飞入厂门，适中厂警头部，血流如注，厂警因痛还骂，大众乃追打警察，猛拥而入。维持会之保安队，出为拦阻，于是双方会合，打作一团。铁路上石子，向厂内飞落如雨，直至五时二十分，警备司令、铁路段长，均闻警相至，众见有兵到来，恐被缉获，匆忙间纷纷逃避，南北奔窜，有自相践踏以致受伤甚重者。事后调查，有京汉工会大旗一面，遗落厂中。厂中受伤者，警察二名，警备司令部驻厂侦缉队一名，栈工三名。工会方面受伤者，乐海棠、王亚梅二人。五时四十分，秩序稍平，厂外女工童工，又多数进厂，要求工作，今夕厂中，业已恢复原状。穆氏已将扰乱经过情形，电呈段执政岳督办查核。"（《申报》1925年8月23日）《郑州工潮酿成惨剧》一文云："二十二日郑州快信云：郑州豫丰纱厂工人四千余人大罢工，迄今双方相持十有余日，前闻已有解决之望，不意豫丰纱厂忽变态度，雇用当地流氓二百余人，并以重酬收买厂丁一百余人，密备长刀铁棍，全副武装，于十九日早结队寻觅工人，勒令上工。遇有工人在街上行走者，即行拉去，一有违抗，拳足交加。罢工工人，大为恐慌。遂有京汉路工人得此消息，出面调解，于下午二时开会讨论，议决选派代表五十余人，出任调停之责。三时许，群众(内有京汉、豫丰二处工人)行经纱厂门口,厂中流氓及厂丁,误为工人来厂滋闹,亦即由厂中冲出,痛击群众。时纱厂门首有奉命维持秩序之军警,因出而阻止之。流氓等见军警人少,竟与军警冲突,殴伤军士三名,复分一部分,由东边侧门撞出,将罢工工人及京汉铁路工人包围,肆行殴击,刀棍齐舞,喊声大震,工人受此蹂躏,伤七十余人。京汉工人受重伤者九人,当晚死二人。流氓等乘机将工人所组织之纱厂工会,一捣毁,窃去各地捐助之款一千七百余元,或云二千元。流氓厂丁等复行四出,将附近许多任务房捣毁,强迫工人上工,有不从者,即施以棍棒皮鞭之刑。当时被迫上工者居然有数百人之多,然甫行入厂,即又冲出。最可怜者工房中之妇女小儿,被打受伤者,亦不可胜纪。后经军警将流氓等驱散,其事乃已。经此一闹,工人愈形愤激,京汉、陇海等路工,亦极为愤慨,恐非短时间所解决矣。"(引自《工人之路》,1925 年 9 月 5 日)

同日 晚,豫丰纱厂开发电机。放气后,工人到有三千余人。(《豫丰纱厂布告》抄件)

8 月 20 日 豫丰纱厂罢工敢死队成员韩玉山、王少保二人因冲突致伤,是日于京汉路医院身亡。刘长松等率死者家属向警备司令部"呼冤告发"。《豫丰纱厂强迫工人上工惨剧》报道云:"罢工敢死队队员受伤者有王长保、吴福生、乐海棠、韩玉山、杨阿根、刘文松、王海青、李震瀛、单小妹、陈福森、张灵度、王同玉、李连元、余得意、王同文等,及未知姓名者数十人,均入京汉路医院救治。二十日上午二时,韩玉山、王长保连声乎呼痛,恳请医生用麻醉药。医生初不允,嗣为纠扰不已,乃允用麻药注射。讵注射后逾时不醒,急用冷热表测之,而热度自沸点疾降,已气绝,不可救药。京汉工会会长刘长松闻信,负伤开会,报告韩玉山、王长保受伤毙命之经过。并报县相验,率同尸亲向警备警备司令部呼冤告发。司令杨瑞轩面谕:'纱厂工人迫于生计而上工,乃为正常之举动,尔等竟欲阻止其上工,京汉工人复用武力援助,以致演此惨剧,实属尔等不是,如此暴力行动本司令本欲严加查办,姑念死者可怜,暂免深究。'言毕,出洋二百元,以充死者棺殓之需。尸亲无言以退。"(《申报》1925 年 8 月 25 日)

同日 下午,由警备司令部代表、县府代表、警察局长、商会副会长、京汉铁路总段长等,出为调解,约同京汉工会、豫丰纱厂毕云程等会商。"双方接受调停"并当晚开工。工会方面开出和解条件,由调停人交豫丰纱厂。"同晚六时起,即开三万锭"。(《豫丰纱厂布告》抄件)

同日 自郑州致《申报》电,说明豫丰开工经过,请转告各报。电云:"豫丰纱厂大多数工人'皓'晨要求复工,少数不良分子勾结京汉工人于下午四时持械捣厂。伤警备队守门兵士一人,厂丁二人,栈司五人,工人二人,留下京汉分会旗帜。警备司令即派大队到厂保护,幸免大祸。即晚开工,请转各报。"(《申报》1925 年 8 月 21 日)

8月21日　郑州京汉铁路工会、豫丰纱厂工会等二千余人为韩玉山、王少保二人送葬。媒体报道云："自钱塘里出发,沿大同路、福寿街等处,而至湖北人义葬地。送葬者皆臂缠黑纱,沿途高喊口号有七:(一)惩办穆藕初;(二)保护工会;(三)援助被压迫的纱厂工人得到胜利;(四)革命政府当表示态度;(五)不要忘记我们的死者;(六)我们要誓死奋斗到底;(七)工人阶级解放万岁。工人沿途并发散传单。"(《民国日报》1925年8月24日)游行者散发《豫丰纱厂工人泣告书》,声称对穆藕初"必用严厉手段对付之"。文云:"中日合股之豫丰纱厂(豫丰从未与日人合股——编者注),外借经营本国实业之名,阴施压迫工人同胞之实,工人不堪压迫,乃群起罢工。瞬息之间,十有余日,其详情已迭志各报及等等宣言矣。惨无人性之穆藕初,更收买当地之流氓二百余人及该厂丁百余人,长刀铁棍,全副武装,于十九日晨强迫工人入厂,有不从者,将用武力对之。京汉工人闻信,于昨日下午二时选派代表五十人,前往调解。二时许不意当群众经过厂门时,厂中所收买之流氓地痞及厂丁即欲由厂中冲出,来殴击群众,被厂门维持秩序之兵士阻止,该流氓等即与兵士冲突,殴伤兵士三名,复上前并分一部分由东边侧门撞出,将群众包围痛击,手无寸铁之群众,自然必大遭蹂躏。计京汉铁路工人受重伤者九人,其中韩玉山、王长保二人因伤势过重,已于昨日夜半身死。受轻伤者四十余人。纱厂工人受重伤者十余人,受轻伤者不计其数。纱厂工会亦全被捣毁,并窃去工会存款及各地捐款二千余元。随后一股流氓厂丁复四出,许多任务房捣毁,强迫工人上工,有不从者即加鞭挞,小孩(女)人因此受伤者,亦不计其数。现闻京汉工人对于穆藕初此种野蛮行为,必用严厉手段对付之,而纱厂工人誓死与之奋斗,希望全国各界予以实力援助。"①(引自《工人之路》1925年9月5日)

同日　豫丰纱厂维持会发出公告,指责罢工"几位发起人"阻止开工的劣行。文云:"咱们老百姓只知靠自己的力量,尽本分作工度日。不料近来有几位朋友,借着工人团体的名义,在外招摇,逼着咱们不要上工,允许发给咱们每人每天生活费两角。一连罢了十几天工,他们几个发起人,想发横财,曾发言某方面有二十万银子快要捐来。所许每天大洋两角的生活费,今天推到明天,明天推到后天,并不曾领到一文。他们几个发起人,不知哪里弄到了钱,倒天天在一起儿,大咀大嚼,任意浪费。咱们几千工人,都已断了粮食,捱不过去了,只有挺着了饿肚子,举起和平维持会的义旗来,到厂请求开工。幸得厂中允许,设法开工,况且抵制英、日纱、布的时候,更不忍抵制纱织工业。"(《晨报》1925年8月24日)

---

① 穆藕初是否"收买当地之流氓二百余人",有待史料进一步考证,请读者明辩。

同日 郑县商会会长张波岑、警察局长赵兴宋,京汉铁路工会会长刘长松、秘书李震瀛与豫丰纱厂代表毕云程面商工潮解决办法。"席间毕云程辈互相抱怨,工人精神上亦得胜利矣。……自此日为始,杨警备司令见风转蓬,通告两方在调停期内,不准武力行动。如敢故违,为维持地方计,势必出而干涉。"(《民国日报》1925 年 8 月 30 日)

8 月 22 日 在郑州与浙兴陈仁愔商谈豫丰纱厂加保兵险事。同日陈仁愔致上海总行函云:"顷日来豫丰虽已开工,情形仍极紧。今日往晤穆、毕两君,咸谓决不要紧,并可无须加保兵险云云。但敝处闻外间谣传,铁路方面仍有报复之说,又恐为时一久,引起土匪觊觎,倘有万一,何堪设想。故于今午发奉一电,文曰:'豫丰虽已开工,工会方面仍有纠众捣毁之谋。情势极紧,倘有万一,不知是否属于兵险范围? 我栈用否加保? 请酌办。'想荷译洽,就近与慎昌接洽矣。"(原件,浙江兴业银行档案)8 月 24 日,浙江兴业银行汉口分行致总行函,报告豫丰厂情形。函云:"顷接陈伯琴廿二日函,云豫丰虽已开工,然情形极紧。据穆、毕二君云决不要紧,而郑处要求加保兵险支吾未允。外间谣传铁路方面工人仍有报复之说,又恐日久惹起土匪觊觎之心,兹特致电尊处请示办法等语。查豫丰工潮系由穆君设计而息,与自然消灭者情有不同。外间谣言虽不足信,而军界既不肯相助,深恐势成孤立,迁延不能解决,颇为可虑。不识尊处之意为如何?"徐新六批示云:"此间亦随时注意。"(同上)

同日 岳维峻代表牟文卿,实业厅代表李心梅、徐昭洁赴郑,调查豫丰工潮。(《民国日报》1925 年 8 月 30 日;《申报》1925 年 8 月 30 日))

8 月 23 日 与徐昭洁等调停代表磋商工潮解决办法。媒体报道云:"徐到郑后,双方奔走,竭力劝解。对于纱厂,极言资本家必须知工界之潮流。此间罢工甫十余日,而外方援助工人之电报,日有数起,设不早日解决,势必愈演愈大,速望从宽承认,以速了结。总理穆藕初深然其说,态度始行缓和。徐又在郑州站京汉铁路十号房,对工会十六代表,讲演中国大工厂,为数无几,以言供求,实相差万万。中国每日由各海关流出之金钱,日必万亿,原因实由于此。凡我同人,均系中华民国,即当负有提倡奖掖实业之责任,何忍同室操戈,以自杀也。言时甚为沉痛,各代表均为之泪下,始不走极端。"[①](《晨报》1925 年 8 月 29 日)

同日 豫丰纱厂复工工人决定又不上工。《豫丰纱厂风潮解决经过》报道称先

---

① 《晨报》1925 年 8 月 31 日《豫丰纱厂风潮解决经过》报道云:"(各调停代表)先劝穆藕初让步,继在车站办公室召集工人开会,极言中国工业之不发达,工人供过于求,不可自相残杀。一旦此项纱厂破产,失业者骤增数千,实际上且不止少数工人蒙其害。工人极为感动。"

生收买流氓、打死工人。文云："自二十日以后,该工厂实已有一部分人复工。轧轧机声,达于户外。至二十三日,复工工人因穆不肯履行改良待遇条件,遂又开全体会议,决定不再上工,一哄出厂,声明一定坚持到底,决不受资本家之诱惑。现该工厂工会及京汉工人,会同组织求援代表团,向各处求援。并发出前日被流氓惨杀之报告,历数穆与日本资本家勾结(此说误,穆藕初从未与日资本家勾结——编者注),反对工人解放,并使用大洋五千元,收买三四百流氓,冒充工人,散发谣言,声言如不上工,即活活打死等罪状。"(《晨报》1925 年 8 月 31 日)

同日　京汉铁路总工会发表宣言,"向纱厂要求完全承认工人条件及惩凶恤死赔损失,如不承认即不为运输煤、棉、纱布等,以示永久抵抗。"(《晨报》1925 年 8 月 28 日)同日,国民党开封市党部发表《宣言》,严厉谴责穆藕初"残杀"工人,提出此事处理六项"最低条件"。文云："宁可亡国,不愿工人获得一点本身利益的帝国主义走狗、买办阶级的穆藕初,在上海教唆了日本资本家,破坏上海纱厂工人底工会之后,现在又在郑州直接残杀工人了!郑州豫丰纱厂是他开的,工人不堪他的剥削,向他要求增加工资,改良待遇,因而罢工。他死不肯增加一文,一定要维持他现有的工钱率。厂中童工每天工作十四小时以上,只有工资一百八十文。相持了十二天,他看见各界援助工人,捐来救济工人的款子,也很够再支持十天以上,于是他就用了二千元,雇请了三、四百流氓,冒充工人,喊出无条件上工的口号。表面上将流氓胁迫童工、女工去上工的行动,诿之于工人内部不和,说这并不是资本家和工人斗争,乃是一部分要上工的工人与一部分捣乱的工人相斗争。他的计划是这样的毒。郑州警备司令杨某,侦知内情,怕他们当真因胁迫工人,发生冲突,致碍治安,乃面邀京汉铁路总工会负责人商量,请求京汉工会派数十人组织之纠察队出面调停。不料京汉路的五十名空手纠察队甫至厂门。穆藕初所雇三、四百名流氓,就突分两路而出,实行他的□□□(原文如此——编者注)屠戮京汉路的二七政策。刀枪棍棒,一齐动手,以多数包围少数,当场打死京汉工人韩玉山、王长保二名,重伤九名,轻伤数十人,纱厂工人受伤的亦数十名。继又蜂拥纱厂工人工会,将该会捣毁一空。现在京汉路工人,已决定停运豫丰纱厂一切进出货件。本党为代表工人,要求改良工人生活之革命政党,本市党部全体同志,对于此等惨无人道之厂主,异常愤慨,除已全体动员一切竭力援助被难工人,并派专员前往慰问外,誓以本市党部之全力,讨伐穆贼。望我同志及海内主张人道之同胞,一致声讨。谨此宣言。并附此案最低条件于后:(一)恢复豫丰纱厂工人工会;(二)按法惩治凶手;(三)赔偿死伤工人生命医药各费及工会损失;(四)完全容纳罢工工人新提出之条件;(五)穆藕初向纱厂工人工会及京汉铁路总工会道歉,并为王、韩两君服丧四星期;(六)开放豫丰纱厂,让郑州工学界开会追悼王、韩两君,并由该厂认追悼费用。"(《京报》

1925 年 8 月 29 日)

8 月 24 日 下午, 豫丰纱厂代表毕云程, 岳督军代表牟文卿, 实业厅代表李心梅、徐照洁, 警备司令部杨瑞轩, 铁路金段长, 警察局赵局长, 商会张会长, 京汉工会刘文松、李震瀛会集于警备司令部开会谈判。豫丰纱厂工会陈富森等列席会议。"当谈判之际, 工会方面提出原来要求之十六条件, 慷慨陈辞, 尽情披露厂方之残忍行为。于是博得第三者之同情, 各调解人员均谓此事如再不解决, 则无论毕君个人及厂中何等危险, 调解人概不负责。毕云程闻言, 手足无措, 于是将十六条件略加修改, 遂完全承认, 并由双方当事人、调解人一一签字, 以资信守。"承认之十六条件: "(一)依据工会条例, 工厂须承认总工会是代表工人之机关; (二)工厂不得无故开除工人; (三)全厂男女童工, 于罢工后一月内, 一律加洋五分, 原有钱码改为洋码, 外加大洋五分。全厂摇纱工人、布机间工人, 按照最近所增加者外, 于一月后再酌量增加; (四)有夫之女工, 分娩前二十日, 分娩后三十日, 给工资七成; (五)布机间工作时间应由十二小时改为十小时, 至童工作工时间及改班问题, 暂行保留, 希望厂家俟机实行; (六)工厂须辅助工会, 设立学徒、童工补习学校, 除补助开办费二百元外, 每月由工厂拨给工会月费洋五十元, 教育经费二百五十元, 合三百元, 于上月底由工会派负责人前往领取; (七)工人病假, 以本厂医生或由本厂指定之医院诊断书为凭, 由第四日起照给半薪, 不名誉之疾病不发; (八)凡由外地招来工人, 服务半年以上, 而自愿退职或被开除者, 照发川资; (九)全厂工人午餐时间, 规定三十分钟, 轮班用餐, 不得停车; (十)工人因工作受重伤不能工作者, 应由工厂和工会酌量由工厂给予抚恤金; (十一)在工房范围以内, 应装设路灯; (十二)罢工期中, 工资完全一律照发七天; (十三)工厂不得因罢工而借故开除工人; (十四)八月十九日受伤工人, 须酌量受伤情形, 给予医药费; (十五)规定若干工房为学校地址; (十六)八月十九日工会及工房损失, 须由各界调人根据调查结果, 令厂家补助损失。此条件经双方承认后, 由厂家、工会双方代表及中证人负责签字, 保证即日切实履行, 并停止一切敌对行为。签字者: 豫丰纱厂总理穆湘玥, 警备司令部司令杨瑞轩, 岳督办代表牟文卿, 实业厅代表李心梅、徐昭洁, 警察总局长赵兴宋、罗传铭, 商会长张波岑, 京汉车务段长金敬山, 京汉铁路总工会刘长松、李震瀛, 豫丰纱厂工会会长陈福森及乔金生、王亚梅、乐海棠。"(《民国日报》1925 年 8 月 30 日;《申报》1925 年 8 月 30 日)签字后, 豫丰纱厂工会发出宣言云: "工友们, 我们用团结的力量, 奋斗的精神, 再加上铁路工人的援助, 终竟达到我们的要求。我们是已经胜利, 我们可以上工了。我们定于八月二十五日下午七时, 一齐上工。其未知的, 限于一礼拜内(至八月三十一日止)到厂工作, 逾期不到, 工会不负责任。"(《晨报》1925 年 8 月 31 日)

同日 全国铁路总工会王荷波, 京汉铁路工会刘文松、王玉春, 以及豫丰纱厂工会某四代表谒警备司令杨瑞轩,讨论豫丰厂罢工解决问题。杨云:"对于此事,无论如何必须和平解决。"并云:"外间谣传说我与岳督均受了穆藕初许多贿赂,真是不知从何说起。"各代表云:"这种谣传的作用,完全是欲破坏国民军与工人的感情,即是破坏国民军的名誉与工人阶级的组织,全是反对党的一种阴谋,不可不注意。"次"历述工人如何不得已而罢工,所要求之条件,是最低廉的限度,而豫丰纱厂经理一味压迫、破坏,丝毫不容纳工人之要求,复雇佣一班工贼,打伤多人,捣毁工会,毁坏工人住宅,以致多数工人流离失所。种种残暴行为,实外中所未闻。"杨云:"我对此事件亦非常愤激,已屡与岳督办电商解决办法。今日再同各位致岳督办一密电。"杨"即将电文拟妥,交各代表看后,即行拍发。"(《新闻报》1925 年 8 月 29 日)

8 月 25 日　下午六时,豫丰纱厂工会于青年会开得胜大会。杨瑞轩到会演说,云:"国民军是以平民主义为宗旨,对于劳工之痛苦,当然是很注意的。况且兵士与工人是处在同一阶级,工人是吃苦的人,兵士也是吃苦的人,所以兵士与工人,是大哥与二哥,以后做事,要互相帮助。现在正当齐心对外之时,更应大家要彼此和和气气,凡是总可以磋商的才好。所以我诚恳地预祝诸位团成一气,成一个好家庭。"金敬山、李震瀛等到会演说,"大致不外鼓动工人,庆祝胜利,于是于愁风凄雨之后,博得满场欢笑焉。"至深晚始三呼"胜利万岁"而散。(《晨报》1925 年 8 月 30 日;《申报》1925 年 8 月 30 日)

8 月 27 日　江苏省教育会开全体职员会,推举穆杼斋、史量才、穆藕初等五人为经济部干事。(《申报》1925 年 8 月 28 日)

8 月 28 日　浙江兴业银行汉口分行致总行函,报告豫丰纱厂工潮平息后情况。云:"敝处前拟对于豫丰汇票及本厂票赎押两项暂行停止一节,现工潮既已平息,自应照常章订做,业已函告陈君接洽。惟顷接郑一君者函称,慎昌所派之蒲君现已回沪,厂事完全托纺织工程童侣青君代理,毕协理经此次风潮后极为灰心,且辛劳太甚,气体尤有不适。曾向穆藕初君提出辞职,穆君竭力挽留,只云给假休息,已于廿四乘车北上云云。蒲君既回沪,对于担保汇票签字,童君似无他着。蒲君之权究应何人签字方为有效,乞询明慎昌后并请尊处函告陈伯琴君接洽遵办。至毕协理请假他往,汇票上是否由代理人签字或由穆君签字,敝处已函询陈伯琴君,以资接洽。"(原件,浙江兴业银行档案)

8 月 30 日　豫丰纱厂完全恢复生产。陈仁惝致上海浙江兴业银行总行函云:"豫丰工潮解决后,今日起开足五万锭子,完全恢复未罢工前状况矣。此次工人方面加给工资,每年约须七万余元。"(原件,同上)

夏　昆剧传习所假苏州北局青年会公演。胡山源《仙霓社之前后》一文云:"是日所演,首为《投渊》《天打》,主演者沈传芷。次为沈传锟之《北饯》,华传浩之《盗甲》，末为顾传玠、朱传茗、张传芳、姚传湄等之《学堂》、《花廊》、《游园》、《惊梦》，各出严守准绳。旧范未远，且又精神饱满，无懈可击。"此为昆剧传习所首次在苏州演出，时间约十五天，券资四角。

夏　杭州城站第一台（即现二七剧场前身）主事者派员赴沪与先生接洽，慕名邀请组织昆剧传习所学员赴杭州公演，随订契约演期一周，包银若干，先生并函请孙咏雩筹备一切。昆剧传习所学员在杭州公演，因卖座不佳，仅演四、五场即收场。而前次赴沪联系接洽者，忽卷逃不知去向，以致原订契约包银分文无着，孙咏雩即快函至沪，先生获悉后，即汇款至杭，传习所学员得此脱身返苏。（桑毓喜《昆剧传字辈》第 36 页，江苏文史资料第 130 辑）

9 月 1 日　豫丰纱厂罢工后，厂职员一百四十余人"毫无团结，即对于各种研究亦因意见分歧，互不一致。"文牍科科长尤惜阴发起组织职员会，"得到全国各地机关赞许，即照学生会或商会制度，组织全国总联会，以成大规模之团体结合。"该会得到先生支持，本日下午开职员会成立大会，选举各部职员。该会发布《缘起》云："物竞天择，最适者存。求存之道，莫善于群，莫不善于独。独则自顾不暇，何能益群，又何能御侮。处此物竞剧烈之时代，环境挤迫之肇端，坚强团力，以得有秩序之应付，有无限力量之互助，实为可不容缓之图。"简章分为定名、入会、会费（不收）、会务五项。（《民国日报》1925 年 9 月 8 日）

9 月 8 日　瞿秋白作《五卅运动中之国民革命与阶级斗争》一文，批判"大资产阶级的妥协政策"，指责所谓先生在河南"雇佣流氓捣毁工会，杀害工人"。文云："除去军阀摧残民族解放运动及工人阶级的事实以外，在五卅运动发展的前途上，还有种种障碍；这些障碍在这三个月的经过中，表现得非常明显，现时对于反抗奉系军阀，反对这帝国主义走狗的争斗，固然无论什么人也不能否认他是民族解放运动中所必需的。可是等到工人阶级及革命的学生群众，再进而反抗大资产阶级的妥协阴谋，那我们就可以听见许多'对外一致，对内不可争斗'的闲话。其实，这些大资产阶级的妥协政策，同样是帝国主义的工具。第一、最早上海工商学联合会提出十七条要求的时候，上海总商会擅自修改条件，抛弃撤退外国海陆军、取消领事裁判权及承认工会等要求。在工人阶级以全力来力争民族利益的时候，大资产阶级却先自妥协，并且竭力摧残工人阶级的利益。第二、在上海开市的时候，总商会便亟亟宣言，说对日问题限于上海纱厂，上海纱厂罢工解决，就可不必抵制日货。他们为日货商的利益起见，不惜抛弃全民族的利益！十余年来日本压迫中国种种政策及事实，所谓二十一条，五七国耻……完全忘了。并且资产阶级的学者，甚至于号称沪案后援会（如北京）也都到处高唱'单独对英'的论调。甚至于国民党的领袖戴季陶先生，不但表示同样的主张，并且认这种政策是'中山先生的策略'，'希望日本作"回东方来"的运动'！这样的四方八面压迫,使上海日厂工人竟不能不签字于极让步的条件上而悲痛上工。第三、上海工部局电气处停止供给华厂电气的时候,中国资本家一致压迫工人,不给津贴费;同时各方面逼迫,利用军阀官僚势力,要使电气工人无条件的去上工。他们也和帝国主义者一致的不肯承认工会,也都要'等工会条例颁布'。甚至于与帝国主义一样雇佣流氓打手捣毁工会,杀害工人(如穆藕初在河南),利用帝国主义捕捉工人(如上海中华书局以及其他华厂)。第四、一般的抵制英、日货运动里,许多奸商私自偷运偷买;甚至于以罢市要挟,雇打手捣乱(如太原等处)。……上海邮差罢工,商务印书馆,中华书局罢工,石印工人罢工,河南豫丰纱厂罢工以及上海总工会最近发表要求总的增加工资,承认工会等现象,便是五卅后工人运动中的新时期的表现。五卅运动三个月的经过,已经很明显的表示:中国工人阶级的力量已经不能不要求自己的政治权利和经济利益,已经不容忍以前的牛马一般的劳动条件和困苦的经济状况。况且,政治上的情形,也已经明白表现:卖国军阀和大资产买办阶级,都是帝国主义所利用的走狗,一般所谓中国小产业家,也大半宁可屈服于帝国主义之前,而不肯对工人让步;中国民众的利益都被他们所牺牲。这种情势之下,中国工人阶级,尤其要对他们斗争。现时工人中罢工运动,组织工会运动的进行,便是集聚更多的力量,要求工人阶级地位之一般的增高,以发展反帝国主义的国民革命。这种过程是中国国民革命中很重要的阶段。现时工人阶级阶级斗争的发展,是准备民众力量以求民族解放的唯一道路,是以后国民革命的进展与胜利的唯一保证。"(原载《向导》第 129 期,1925 年 9 月 11 日,引自《瞿秋白文集》"政治理论篇"第三卷第 357 页,358 页,360 页,361 页)

9 月上旬　在郑州与陈伯琴等磋商豫丰"流动物料改为固定事"。9 月 7 日,浙江兴业银行汉口分行致总行函云:"顷接郑函一四二号函,豫丰流动物料改为固定事,慎昌新派史君曾经知照。而穆藕初君谓双方均感不便,拟另筹变通办法,陈伯琴君曾函陈尊处请示。而应如何办理,想已荷达后遵办矣。""昨接郑处(豫丰交入廿二号本厂津票伍万元掉[调]我行票,请解汉办事处七号期。伍万元票已寄津)所有应解汉处之之伍万元合已讫,除由报单填告外,特此奉达。"(原件,浙江兴业银行档案)

9 月 11 日　浙江兴业银行汉口分行为豫丰物料押款另加担保品事致总行函,云:"承示豫丰物料押品,穆藕初君与陈伯琴君商谈拟由办法五条准照。第四条办法流动物料仍旧由厂方另加花纱二万两作为该项物料之担保,俟明年续订合同时再行从长计议等语,谨洽。"(原件,同上)

9 月 22 日　9 月中旬,郑州赴北京。本日,自北京与黄炎培同车返沪,"晨九时上车。志莘、娣霞、藕初同行。九月二十三日返沪。"(《黄炎培日记》)

10 月 10 日　母朱氏八十一岁寿辰。南市保卫团董事姚子让、莫子经、毛子坚等董事率全体团员戎装至黄家阙路恕再里穆杼斋宅庆贺。（《申报》1925 年 10 月 11 日）并请昆剧传习所全体学员到沪于穆宅唱堂会庆祝。[①]（《申报》1925 年 11 月 23 日）为解决昆剧传习所经费，先生假传习所来沪"唱堂会之便"，决定 10 月中旬于徐园公演筹款。《昆剧传习所之筹款》报道云："昆剧传习所系旅沪江浙两省昆曲家穆藕初、徐凌云等投资发起，设在苏州五亩园地方。成立数载，教师即由从前苏州全福班中艺员充任之，所收学生均系贫寒子弟。兹因经费支绌，该所教师学生等定于夏历本月二十八、二十九两天假沪西康脑脱路徐园演剧两天，入场券每位一元，经由各昆曲家担任销售，所得券资闻悉充该所经费。"（《申报》1925 年 10 月 14 日）

10 月 13 日　中午，于一枝香出席职教社议事员常会与经济校董联席会议，到者有顾敬初、贾季英、黄炎培、沈信卿、杨卫玉等。沈信卿主席。议案：①报告社务近况。②报告中华职业学校近况。③报告中华职业学校十二年度债券第二次抽还本息情形。④报告中华职业学校经济校董认募经费情形。⑤提出重编中华职业学校十四年九月至十五年一月经费预算案，议决照原案通过。⑥议决公推沈九成为中华职业学校经济校董，筹集特别基金委员会。（《申报》1925 年 10 月 15 日）

10 月 16 日至 18 日　昆剧传习所于徐园演出三日。凉月《记徐园之昆曲》一文云："九月初一日，为徐园表演昆剧成绩之末一日……昆曲一剧，由来已久，迨乎民国，日渐衰落，今昆剧传习所，能力挽狂澜，作中流砥柱，此难能而可贵也。所有演员，皆十余龄之儿童，声调高朗，词句清脆，其中尤以饰时迁之儿童为最佳。"（《申报》1925 年 10 月 21 日）传习所学员得到曲家演出，由学员独立公演，无曲家客串，"来宾同深赞美"。因"抱向隅者甚多"。先生等应"各界要求"，遂"商借笑舞台"，定 11 月再来沪演出。（《申报》1925 年 11 月 23 日）

10 月 19 日　母朱氏去世。先生云："吾母生我，育我，饮食我，教诲我，迄今已阅五十寒暑。追念此数十年中，诱掖督责，靡所弗至，俾余得馨所知，稍稍贡献社会，服务实业，微母氏劬劳，曷克致斯。方期天锡遐龄，获亲睹余所未竟之志，不图于乙丑秋季，余正检理旧稿作自述之预备，而吾母竟弃我而长逝。呜呼痛哉！罔极之恩，抚躬未报，终天之憾，触景弥增。自今以往，唯有一瓣心香，虔奉我慈亲，永矢弗谖而已。"（《申报》1925 年 12 月 7 日；《自述》扉页《思萱永感》）又为父琢庵公、母朱夫人合影画像题款云："先考琢庵公暨继妣朱太夫人合影。男湘玥拜题。"（原件）穆伯

[①] 迄今所见有关昆剧传习所专著、文章中均未提到此次昆剧传习所穆宅堂会。

华《先德追怀录》云："一九二五年五十岁时,先祖母弃养,先君悲痛倍于常人,服厥期每晨诵经半小时,盖先祖母平时口不离佛号,手不离念珠,乃一充满慈悲之老太太也。"(手稿)

11月4日 《申报》刊登远村《评〈集成曲谱〉》一文,提到先生所辑《恕园曲谱》"将付梓"。文云:"往昔《集成曲谱》样本初出,余取而读之,其时《恕园曲谱》将付梓矣。余语穆藕初先生曰:'公之所辑,不审视《集成》何如? 愚于体裁,有所贡献,原公所纳。北曲六宫十一调,南曲九宫十三调,所以统辖词牌,为治曲根本,宜仿《纳书楹》例,冠置曲首,一也;集曲所以补词牌不足,南曲多用之,为词家才思之表现,宜分注某牌第几句,以明来历,二也;衬字之多,无过北曲,南曲差少,初学亦复难辨,宜加稽考,缮写小字,以示异于正字,三也;句读押韵,宜仿《大成九宫谱》例,小字旁注,四也。四端者,集成所阙,公若采用,融曲谱、宫谱于一炉(曲谱指庄亲王《大成九宫谱》、沈宁庵《南九宫谱》、李玄玉《广正北曲谱》、王奕清《曲谱》诸作。宫谱指《遏云阁》、《六也》、《道和》诸谱),不独便讴歌,亦且为填词制曲家之楷模矣。'先生唯唯。"(同日《申报》)《恕园曲谱》迄今无人见过,似未出版。

11月16日至12月21日 苏州昆剧传习所来沪于笑舞台演出。《申报》刊登广告云:"昆剧传习所假笑舞台演日戏,阴历十月十一日,每礼拜一、二、四、五全体登台,门票四角。"首日演出剧目:全体合演《天官赐福》,沈传芷、倪传铖、张传芳《满床笏》[纳妾]、[跪门],刘传蘅、沈传锟、张传芳、马传菁、周传瑛《西厢记》[惠明]、[传书]、[佳期],朱传茗、顾传玠、倪传铖、施传镇、王传淞、赵传钧《狮吼记》[梳妆]、[跪池]、[梦怕]、[三怕],姚传湄、邵传镛、施传镇《党人碑》[请师]、[拜师]。12月4日演出剧目:倪传铖、邵传镛《牡丹亭》[劝农],郑传鉴、沈传锟《千金记》[追信]、[拜将]、[十面]、[埋伏],邵传镛、王传淞《单刀会》[训子],张传芳、徐传溱、刘传蘅《一文钱》[罗梦],顾传玠、朱传茗、华传华、华传浩《玉簪记》[茶叙]、[琴挑]。12月11日,传习所演出《连环计》,《昆剧传习所排演〈连环计〉》云:"昆剧传习所由曲界特烦,定于本星期五(十一日)排演著名拿手好戏整本《连环计》。""该剧文武俱全,情节紧凑,益以该所演员,念唱清晰,表演细腻,届时必能得观众誉也。"(《申报》1925年12月11)此为传习所学员首次在沪帮唱公开(实习)演出,无曲家客串,共计二十六日,实际演出十六场。(《申报》1925年12月1日)

11月 与张效良、徐静仁、刘厚生等向中华职教社附设中华职业学校校慨助巨资,"该社依捐资与学褒奖条例呈请政府分别奖励,即蒙照给各项褒章。"又因"捐资均在二千元以上,由教育部汇案呈请大总统各给牌匾一方。(《申报》1925年11月19日)

11月 赴杭州,谒见浙、闽、苏、皖、赣五省联军总司令孙传芳,谈时局。(《申

报》1925 年 12 月 17 日;《文录》下卷,《文集》第 150 页)

秋　"检理旧稿",开始撰写《藕初五十自述》。(《自述》扉页《思萱永感》)

12 月 1 日　应曲友要求,经先生与徐凌云等商定,本日起昆剧传习所每周六、日下午于徐园加演日戏。《昆剧传习所将演剧徐园》云:"昆剧传习所,前于本月十六日起,假座笑舞台开演优美昆剧。惟因星期一、二、四、五等日,一般观客偶因职务关系,或未克如期降临,引以为憾。纷纷函达该所,要求星期六、星期日加演日戏。兹闻该所为酬答各界盛意,暨经济观客时间起见,已商确康脑脱路徐园主人,自本星期起,每星期六、日下午一时,准期假座该园开演。价目与笑舞台同,至以前售出各票,一律通用云。"(《申报》1925 年 12 月 1 日)

12 月 6 日　母朱氏五七开吊之日。上午,本邑绅商均前往吊唁。下午,举殡执绋者颇众。"其仪仗前导为县警察马队、警察队。保卫团全体团员俱全体戎装,枪铳倒垂,列队恭送至南市浦滩下船,扶回杨思乡珂里。"并定 12 月 7 日登穴安葬。(《申报》1925 年 12 月 7 日)

12 月 12 日　江苏省教育会举行成立二十周年纪念会,有讲演、娱乐、聚餐等活动。娱乐分新剧、电影、昆剧三项,由先生代聘昆曲名家莅会演唱。(《申报》1925 年 11 月 19 日)

12 月 14 日　晚,沪上曲界于徐园设宴欢迎徐树铮。"并召昆剧传习所全班表演杰作以娱佳宾而助雅兴。徐使擅音律,长词章。前曾数观该所表演,极邀赞赏,捐输巨资以资提倡。"表演曲目为《赐福》、《刀会》等十四出。(《申报》1925 年 12 月 15 日)

12 月 15 日　致孙传芳函,以欧美日本为例,希望其"积极图治"、"整理建设","采取严厉方针,取缔一切破坏举动,予民以发展事业之机。"全函如下:

　　馨帅勋鉴:前月因事来杭,蒙赐接见,畅谈时局,深佩荩筹。我公以联军总司令名义,来抚吾苏,委任省长,允孚人望,行见凡百政务,均循正轨,群众欢忭,共庆来苏,下风逖听,无任雀跃。今者行旌过申,本拟趋辕晋谒,谨聆政见,唯以俗冗牵缠,不克如愿,且公之门墙,伺候者众,虽蒙延见,恐不能罄吐衷曲,爰贡刍词,聊当面述。窃维欧美日本之臻于富强,其术万千,一言以归纳之,即保民而已。农也、工也、商也、矿也,以及公私事业,皆赖人民之资本、知识、精神、能力,通盘筹划,尽量发展始能有今日之盛况。而地方长官,亦能曲意维护,不惮烦劳。虑甲方之操纵,而损害乙方也,则筹良法以阻遏之;虑莠民之骚扰,而侵犯良民也,则设峻法以惩戒之,于是人民得以安居乐业,而国日以治,民日以富矣。若吾国一般无智识之军阀,有大不然者。方地盘之未得也,不惜蝇营狗苟以求之;及既得之,则视土地若征服,待人民如犬马,勒捐摊派,巧立名目,不厌其多,民间之脂膏既吸尽,而诛求之方法仍百出,若是者何也。盖若辈无非存五日京兆之心,不顾政治紊乱,不计人民疾苦,在职之日,可以任所欲为,即一旦失败,而囊橐间已盈千累万,可退而为富家翁矣。噫!以此求治,距治益远,以此求事业之发皇,适足以摧残事业,可胜叹哉!至于吾苏屡遭兵燹,全省几无一片乾净土,百端待理,胥赖贤才。窃以为用人之道,不必求全,但期遇事公正,而有坚强意志,操行廉洁,而能忍耐劳苦者足矣。斯人而果贤也,虽远勿疏;不贤也,虽亲勿用。且当此满目疮痍,元气凋丧之秋,尤贵有积极图治之精神,整理建设之能力,与民更始,并宜采取严厉方针,取缔一切破坏举动,予民以发展事业之机,更宜随时探询各方真相,勤求民隐,以免隔阂而受蒙蔽。苟如此,不出数年,而无成效者,无是理也。吾公磊落光明,胸罗万象,高瞻远瞩,胞与为怀,读公佳日在浙教育会演说词,语简言赅,固能为人民保障,切合人民心理者也。湘玥谨代表吾苏人,馨香祷祝我公之坐言起行,故不揣冒昧,敢献刍荛,幸垂察焉。穆湘玥谨上。十二月十五日。

（《申报》1925 年 12 月 17 日;《文录》下卷,《文集》第 150 页）

12 月 25 日至 12 月 27 日　昆剧传习所于徐园公演,为期三日。12 月 27 日《申报》刊登广告云:"徐园昆曲最后一天,并由绅商曲界特烦初次排演著名拿手杰作正本《浣纱记》。"此次公演再次得到各界赞誉,决定于明年 1 月 1 日、1 月 2 日继续于徐园演出二日。《申报》刊登广告云:"昆剧:本所来沪演剧一月,承各界赞许,同声称美。本定即日回苏,略事休息,刻应绅商、曲界之请,情不可却,特于阳历新年即十一月十七、十八两天假座徐园开演拿手好戏,以副雅谊。"(《申报》1925 年 12 月 31 日)

12 月　与徐凌云等筹备昆剧传习所旧历丙寅元旦来沪公演。《昆曲界大会川预志》云:"昆剧传习所此次在沪开演,一献其优美之艺术,颇引起各界注意。现闻本埠曲界同志业已接洽,将于阴历正月九号、十号(二十五、二十六)之夜,借同该所所员,举行大会串,地点仍在笑舞台。"(同上)

本年　发表《职业界名人箴言》,阐明才能与品德之关系。云:"一个人在社会上立身,有才还不够,还要具有良好品性,取得人的信用才行。我是学堂出身的人,对于学校毕业生本想竭力提拔,不愿效人对于新人才往往存着深闭固拒的态度;无如新人才确有使人灰心之处。我尝提拔一个新人物,我很爱他的才具,予以重要位置,竟发生舞弊之事,不得不辞退,辞退之后,与我共同主持这部分事的人,特在旧钱庄里面寻一个旧人物替代,方始放心。我虽注重提拔新人才,竟亦爱莫能助。以一二个人的不良品性,使用人者灰心,其影响于新人物全体甚大,这层关系,青年当格外留意。"(《生活》第一卷汇刊,1925 年)

本年 为谈养吾《地理辩正谈氏新解序》一文撰序，云："天有知乎？曰：无知也。地有灵乎？曰：无灵也。……吾人寄居天地间，无非得此一气而已。得此一气，生者可以善其生，死者可以善其死。后世人士创地理之说，不过推测孝子顺孙之心理，苟非卜地以葬其亲，既无以妥慰先灵，又无以尽慎终之道，未尝缘此以求富贵、祈福佑，为后人计耳。"指出堪舆风水规则，世人不必过于拘泥，强调种德的重要性：

> 余愿世之为子弟者勿拘泥成法，一若择地严、趋避慎、定方位、辨生克、安排龙穴、配合砂水即可有富贵荣华之望，亦不可过于忽视，以为是术数家言，无关宏旨。然恒有稍不经意，灾祸立至亦有谨慎将事，发达可期。以是浅见者流，几疑为神秘不可思议，往往忍令暴骨移骸而有不图急葬之害，实皆非也。语云："祸福无门，惟人自召。"但求广种福田，善根深植，则冲和之气感应天心，不必寻龙认脉，而灵气自然发露。所谓吉人自有天相者，非欤？若平日间不思种德，惟向堪舆家求全责备，虽郭璞再世亦无法以处此。然则天果无知乎，地果无灵乎？当还叩诸人人之心田。

（原书，1925 年上海三元研究社出版；《文录》上卷；《文集》第 116 页）

本年 中华民国拒毒会发起公份，酬谢美国约翰霍金大学教授威尔贝博士对我国对外运动之赞助，先生与顾维钧、王云五、章太炎、刘鸿生等陆续加入。（《申报》1925 年 12 月 16 日）

本年 与林康侯等发起"丙子同庚会"。包天笑云："因为我们都是在清光绪二年丙子（公元一八七六年）那时代出生的。那时我们都在上海，我们的年龄，都是五十岁了，兴致却还很高。发起这个丙子会的最高兴的人是谁呢？一位是林康侯，一位是穆藕初，……一经号召以后，纷纷列名来加入的共有七十多人……"另于同庚中"约定了二十位意气相投志同道合的庚兄"，成立一聚餐会，名曰"千龄会"。每年聚餐十次。（包天笑《钏影楼回忆录续编》）"千龄会"至 1935 年发展至二十五人（以生辰月份次序）：姚幼安、包天笑、李杏生、郁燕生、穆藕初、何升如、乔念椿、楼怀珍、杨在田、孙德璋、陆蕴根、郁志甘、曹永生、陈艺箴、王彬彦、孙东吴、周采臣、汤紫莼、翁雪樵、林康侯、谢辅卿、郭楚琴、朱霭生、沈景甫、马桂芳。（微妙《丙子同庚集团祝寿》，《晶报》1935 年 4 月 17 日）

1926年(民国十五年,丙寅) 五十一岁

3月　吴佩孚军占领郑州,国民二军撤退。

4月　段祺瑞执政府下台。

5月　北伐战争开始。上海成立淞沪商督办公署,孙传芳任督办公署,丁文江任总办。

7月　上海总商会届期改选,傅筱庵当选会长,袁履登当选副会长。冯少山等指控选举舞弊,遂退出总商会,另组织沪商正谊社,与总商会对抗。

9月　招商局江永轮为孙传芳部队运送弹药,途中发生爆炸,88位船员罹难。傅筱庵勾结军阀镇压招商局罢工职员。

10月　上海工人举行第一次武装起义。

12月　吴佩孚联合奉系,以抗国民革命军北伐。

是年　日商日华纺织株式会社收买华丰纱厂为第八厂。至1928年,日华在沪共拥有纺锭144 832枚,纺机500台,位居上海日商第二。

1月5日　《申报》刊登《创办工业材料试验所消息》,先生为基金监之一。文云:"中国工程学会创办工业材料试验一事已经年余,暂假南洋大学试验室之机器成绩已有数十件。现亟谋扩充,拟募款五万元自建试验所,已有五洲大药房项松享及宁波元和钱庄李思浚,各捐洋一百元。该会请名誉会员方椒伯及工业巨子穆藕初二君为基金监,将款存放于上海中国银行。"(同日《申报》)

同日　浙江兴业银行汉口分行致上海总行函,请总行与先生交涉增加豫丰纱厂津贴数。函云:"豫丰津贴原定每月二百五十元,而近来加做押款及调换汇票等事,手续极为繁重,较之从前几加一倍,驻厂开支亦继长。增加薪水及津贴实际需洋一百八十余元,他零星用途尚不在内。敬请拟尊处商诸穆藕初君该厂津贴我行之数请酌量增加,以资挹注。可否之处尚祈酌核施行。"(原件,浙江兴业银行档案)

1月10日　中华职业教育社召开第五次筹集百年基金委员会会议。黄伯雨主席,"报告穆恕再、藕初两君交到其太夫人丧礼赙仪银二千五百元,捐充本社百年基金。议决除登报鸣谢外,再正式函谢。"保管委除办事部主任基金管理员沈信卿为

当然委员外，另再投票选举保管委员。穆杼斋、王志莘各得十二票当选。(《申报》1926 年 1 月 12 日)

1 月 11 日　《申报》刊登先生所设种德堂出让消息。文云："用过六个月单开间门面，药材生财全套愿削价出让，如有意者请驾临本埠华德路高廊桥南首兰路种德堂接洽。"(同日《申报》)

1 月 26 日　于徐园出席昆剧保存社会议，讨论昆剧传习所来沪演出事。《申报》《苏州昆剧传习所将来沪表演》一文云："苏州昆剧传习所，兼涵艺术职业教育三重性质。前届来沪表演，极传好誉。兹经沪上十绅商准该所创办人，再行率领来沪演奏，以观成绩，候知音者品评。昨日昆剧保存会执行委员，假徐园主人宅开会，议决自丙寅新正元旦，准在徐园连演数日，已餍沪上人士响望。先行赶制全新行头，搭盖天棚，添置座位，并排定戏目，饬令全班生徒努力熟练，以冀毋负观众期望云。"(《申报》1926 年 1 月 27 日)

1 月 30 日　《申报》刊登《中华职教社募集基金之进行》消息，报道穆氏兄弟捐献先太夫人礼金为本社纪念金。文云："中华职业教育社募集百年基金早经进行。该社议事员穆君恕再、藕初昆仲前丁内艰，体太夫人节俭之遗训，表赞助职业教育之热诚，经商诸亲友决请以吊唁礼物改为纪念金，先经穆君昆仲送到该社共银二千五百二十元已志本报。最近穆君又接得沈君叔逵、黄君伯雨致送其太夫人赙仪各银十元，亦交该社基金保管委员妥为存储。"(同日《申报》)

1 月 31 日　主持华商纱布交易所第九届股东大会。每股派得官利一元二角五分，红利三元五角。(《申报》1926 年 2 月 1 日)

1 月　与上海浙江兴业银行磋商豫丰四十万两借款展期合同及增加津贴事。1 月 5 日，浙江兴业银行汉口分行致总行函，云："(一)承示豫丰续订合同时应行修改之条件，尊处业已拟就，嘱参考旧合同。俟尊处与慎昌及该厂协商后再行函示，并嘱转告陈伯琴君接洽等语，尊处所改条件，敝处曾经研究。对于第七条、第八条两节曾详敝五三号去函。敝处所拟意见与陈伯琴君所拟办法相同，请参观陈伯琴君 209 号及 216 号函，似可照办，尚乞酌夺。又第一条押品值银五十万打一八折，则押款实际数目为四十万，刻止计欠四十三万余两。其所交押品计棉花纱四十八万八千两，物料十万元零一千三百两，票款五万元合银三万五千两。(以上据十二月廿八日报告之数)若果按四十万转期，应先归还逾额三万余两，并须补价一万二千两之花纱，其余押品如数发还，务祈示复，以便致函陈伯琴君，以资接洽。(二)豫丰津贴原定每月二百五十元，而近来加价押款及调换汇票等事手续极为繁重，较之从前几加一倍。驻郑开支亦继长增高，每月薪水及津贴实际须洋一百八十，算他零星用途尚不在内，兹拟请尊处商诸穆藕初君，该厂津贴我行之数请酌量增加，以资

挹注,可否之处,尚祈酌核施行。"总行批示云:"容与慎昌接洽后再复。"(原件,浙江兴业银行档案)

1月 向中华职业学校捐款四百元。(《申报》1926年2月1日)

2月1日 在南京。上午九时,与张仲仁、黄伯雨、袁观澜、沈信卿、黄炎培、方还及东南大学蒋校长、邹主任等四十余人参观农事试验场。从下关乘督署小轮赴大胜关总场。"由各专家招待参观陈列各室,分农艺、蚕桑、病虫害、生物、农具、园艺以及该科代办之昆虫局等。均由各专家详细说明,解释各项之改良及推广事业,历二句钟之久。"又参观小麦栽培以及肥料等各种试验场,计占面积八百余亩。"用餐后开会,由蒋校长致欢迎词,次邹主任报告科务及最近概况,棉作技师王尧臣报告改良推广苏省棉稻麦事实,蚕桑技师葛敬中报告改良推广苏省蚕桑计划,昆虫技师张海珊报告历年治蝗及研究棉虫等事业。"继由张仲仁、沈信卿、黄炎培、李耆卿、先生、叶基桢演说,"对于该科成绩及历年提倡推广之事业均极赞许,而尤以小麦试验改良,平均能使农人每亩增加二斗以上之产量功效尤著,参观之余,异常满意。该科对此亦经营不遗余力,刻并继续收集全国以及世界各小麦品种,凡九百余种从详试验。更求改良,并先注意推广于全省。将来事业日益发展希望无涯焉。"(《申报》1926年2月4日)

2月7日 邓中夏发表《五卅后中国职工运动之新现象》,再次谈到豫丰纱厂罢工,穆藕初"公然用武力打杀工人",认为"资本家比军阀聪明得多,利害得多"。文云:"中国职工运动历史是很短的,然而他却有惊人的进步,特别是此次五卅运动中可以显明的表现出来,现在把五卅屠杀后的几种新现象指出,就可以知道了。""第三种新现象,资产阶级更深刻觉悟而向无产阶级进攻。本来资产阶级在争政权或反对国内外压迫势力于他们自己有利益的时候,会与工人阶级携手的,如法国革命、俄国二月革命,资产阶级曾利用无产阶级,可是一达到自己阶级的利益或工人行动与自己利益冲突时,则压迫无产阶级之事便发生了。再则无产阶级与资产阶级共同携手反抗外力的时候,如果无产阶级同时要求自己经济的利益和法律上的权利,他们就立刻压迫工人,宁可抛弃民族利益而与敌人妥协,如印度资产阶级就是一个好例子。中国资产阶级与世界各国资产阶级是一样的。这次五卅运动,资产阶级赞成反对帝国主义,因为抵制日货、英货,抵制外国轮船,都是于他们有利益的,所以开始时赞成罢工。后来发现工人阶级势力膨胀了,又且工人有为改善经济地位向中国资本家罢工的倾向,所以他们越发害怕起来了。论理,无产阶级为一般民族利益而奋起争斗,当然同时便不能不力争改善自己的经济和法律的地位,即就国民革命的观点说,亦是应该的,且是必要的。此一层道理,资本家因为于他自己荷包有损失,固然不懂得,就是大学教授也不懂得(如北京《现代评论》),国民党右派也不懂得（如戴季陶之反对阶级斗争论）。他们这些'对外好了何必对内'、'为了阶级斗争，打破国民革命'幼稚得可怜荒谬得可惊的议论，确做了中国资产阶级的护身符，而压迫工人则愈演愈凶了。河南豫丰纱厂罢工，穆藕初公然用武力打杀工人了，上海商务印书馆，中华书局罢工，也出其酷辣手段摧残工人了，资本家'仁爱的性能'哪里去了？不但如此，资产阶级还有更深一层要求政治势力的觉悟，譬如上海华界政治势力在军阀手里，及奉张败退浙孙入沪之时，上海大商买办阶级因利乘便，不仅拥有保卫团武力，而且居然取得警察厅长，又握有警察的武力，一朝权利在手，于是对于工人之集会，结社及一切爱国运动，压迫得比奉系军阀在沪时尤为利害，尤为残酷。一方面扣着各处为罢工寄来的大批捐款不发给工人，以经济困之；一方面又利用权力公然暗中枪毙工人领袖刘华，不宣布其是何罪犯，以政治势力压之；再一方面又招集一班流氓组织暗杀团，专门伺机工人领袖及捣乱工人集会，以法西斯团摧残之。资本家比军阀聪明得多，利害得多呵！"（《人民周刊》第一、三期，署名"中夏"，引自《邓中夏选集》第 213 页）

2 月 8 日 为中国工程学会建筑材料试验所经费拨款事，发表致中华教育文化基金董事顾少川、黄炎培、范静生函。云："国内教育文化事业凋敝极矣！闻美国退还庚款不日将由中华教育文化基金委员会议决，分配全国，行见气象照苏，规模大展，福国利民，俾益无穷甚盛。玥从事工业有年，于此中利害知之尤详，居恒深慨国人采用西法历有年所，而对于西人精神所寄之实学效用，迄未能仿效。其原因虽不一，而提倡之不得术实为要端。西国公私机关专以学术试验为事者，所在多有聚多数绩学之士，专心致志以谋工业之改良，因能新理迭出，利用日宏。吾国学生造诣未必后人，徒以返国后无适当之工具供其利用，以致所学难以表见，至工商事业无由发展。青年学子群苦谋生乏卫，而富源遍地，亦迄少利用之方，良为可惜。曩闻中国工程学会有联合南洋大学考验工程材料之举，未始不嘉其志，而惜其规模之未能大展。前月到沪晤该会会长徐君，知另有试验所之计划，已呈请中华教育文化基金会拨款补助，益闻而大慰，以为今日救时之策。欲求其始简，毕巨费力少而收效宏者，任举何事无以易此。委员会诸公谋利用庚宽至善之策，当亦以提倡实学为不可缓。乞鼎力主持，拨给巨款，俾中国工程学会诸君获服务社会之始愿，异时发明日众，功用大著，致全国工业咸感恩施，而玥因今日一言之介，更与有荣焉。"（《申报》1926 年 2 月 8 日）

2 月 13 日 本日农历正月初一，昆剧传习所于徐园演出。① 是日演出剧目：

---

① 此次演出至何日结束不详。据《申报》1926 年 3 月 5 日刊登吉诚《聆曲偶记》一文推测，演出当在 2 月底结束。

《赐福》、《长生殿》、《刀会》、《错梦》、《牡丹亭》及《百顺记》等出。"(《申报》1926年2月6日)2月18日演出《铁冠图》。《申报》报道云:"昆剧传习所于元旦起借座徐园开演以来,不因天气关系而减少观众,足见昆剧高雅,已为一般人所注意。兹闻该所于初六日,准排明末故事全部《铁冠图》,其中节目有《探山》、《捉闯》、《借饷》、《对刀》、《步战》、《拜恳》、《别母》、《乱箭》、《撞钟》、《分宫》、《守门》、《杀监》、《刺虎》等十四出,有文有武,情节紧凑。并殿以朱传茗、张传芳双双演《思凡》,如是好戏,盛况可卜。"(《申报》1926年2月17日)此次演出,顾传玠、张传芳、朱传茗、顾习生等得到曲家赞誉。吉诚《聆曲偶记》一文云:"戏剧传习所设立数载,成绩颇佳,去载来沪献艺,博得荣誉不少。近又开演于徐园,余往聆者屡屡,咸甚满意,而其中人材之杰出者,以余所见,当推顾生传玠、张生传芳、朱生传茗、顾生习生,能戏颇多。"(《申报》1926年3月5日)

2月14日　与黄炎培谈杨卫玉加入商务印书馆问题,持否定意见。"为商务事访问纠思、志莘、信卿、杼斋、藕初、观澜、量才、日章意见。""(一)纠思:亦可亦否,可否无偏,未定。(二)志莘:绝对不可,否。(三)信卿:亦可亦否,偏于否。(四)杼斋:赞成(如此因实业应扶助),可。(五)藕初:否(一入实业界,便不能在社会为流动的服务)。(六)观澜:否(奋斗须站定,有把握乃可)。(七)量才:绝对赞成(于职教、于甲社、于商务、于个人均利),可。(八)日章:参与规划则可,现所请任之事则不可,偏于否。(九)隽卿:扶助如此重大文化机类,此问题有研究价值,现所请任之事无研究之价值,否。(十)卫玉:经济固可活动,然太冒险,偏于否。"(《黄炎培日记》)

2月21日　黄炎培阅先生自传《藕初五十自述》稿。(《黄炎培日记》)

3月3日　豫丰纱厂与浙江兴业银行签订四十万两借款展期合同。云:"本合同订于一九二六年三月三日。甲造为豫丰纱厂,乙造为浙江兴业银行。本合同为增补一九二四年二月廿三号双方所订之正合同。银行允将正合同内所订到期之借款本金四十万两展期至明年二月廿三号。至应将作抵押之物料放归,纱厂允将郑州豆腐寨堆栈一所,及其附属之物品及权利让与银行,但纱厂仍保留其取赎权。又纱厂允将存于该堆栈及在正合同内所述堆栈内之花纱,计值银五十万两让与银行,但纱厂仍保留其取赎权。至花纱清单俟本合同签字两星期内由纱厂交银行。所有正合同内所订立之花纱抵押品仍旧有效,继续作押。利息自二月廿三号后须改增至月息一分二厘二五,按照正合同订立日期两月一付。正合同所订之花纱布押品价值应作五十万两,非四十万两零五千,其押品之余数之价值作八折后不得低过欠银行之数。所有正合同内订立之堆栈修理、花纱布保险等,纱厂应履行之义务亦须于本合同内所述之,堆栈行之悉照正合同办理。纱厂不得将本借款本金四十万两或其一部分于明年二月廿三日以前付清，除非于二个月前先通告银行或另付三个月利息。一、取赎：豫丰以纱号、本厂期票交入，由慎昌点收照旧签字后分寄津汉两行，一面将相当押品交付豫丰，但本厂期票仍以五万元为限。（不收利息或手续费）纱号期票连贴现以二十万元（照算利息，惟手续费在五万元以内免计）二、用款：豫丰交入押品由慎昌照收后电告汉行，一面由豫丰电告驻汉办事处，与津行接洽用款。三、贴现：豫丰以纱号、本厂期票向我行贴现时，可将票据仍旧交由慎昌签字担保后迳寄驻汉办事处，直接与汉行商办，但本厂期票仍以五万元为限。纱号期票连赎纱以二十万元为限。（利息与手续费照旧计算）四、津贴：豫丰以每月应付洋二百元由慎昌代收，汇交津行。五、利息：由汉行结算，迳函豫丰接洽办理。六、市价：豫丰将每旬售出纱布扯价开单交由慎昌签字后寄申汉两行。"（合同底稿，浙江兴业银行档案）

3 月 6 日 黄炎培为《藕初五十自述》撰《序》，称此书"可以识五十年来社会现况，可以识青年立身处世之方、企业成功之术"。文云："余之识穆君恕再，实先于识藕初。当清光绪辛丑、壬寅之际，恕再共余读书南洋公学，日常称道弟藕初不去口。某日，一白皙少年入恕再室，就而询之，恕再扬其手以答曰：'此即余弟也。'余之识藕初自此始。夫手足之爱，本乎天然，而世乃有因人事而漓其天性者，十之九则财产为之也。恕再、藕初，各以无产而跻于有产，且皆厚自殖，皆善自散，一以其经验，一以其学理。虽二君各负其卓然自立之才，而以互助故，俾其成功也捷，其植基也大，此友于之报也。天下有为人兄若弟者，宜鉴此矣。厥后余被革命嫌，亡走日本。既而潜归，就沪南赁斗室以居。时恕再已以办学往中州，独藕初朝夕过从。相与话食贫况味。一日，藕初喟然曰：'以余辈之不学，苟国家昌明，人才辈出，行且受淘汰耳！'余性顽甚，笑而言曰：'果余辈受淘汰，吾国其兴矣夫！复奚憾？'讵知忽忽廿余年，以君之欿然不自足，终获学成以归，兄弟崭然各以实业为社会效用。而如余者，亦且腼然随诸同志后，未获窃一日之闲。回首前尘，感不绝于余心矣。藕初长余二龄，乃者以五十初度，为书自述，而先以稿示余。余虽无似，亦个中之一人也。急受读既竟，敢为继余读者告曰：此书也，可以识五十年来社会现况，可以识青年立身处世之方、企业成功之术。若仅藉此以知作者之为人，抑狭矣！"（原书）

3 月 11 日 《申报》刊登人言《记昆剧传习所学生》一文，介绍昆剧传习所诸生。文云："徐园昆剧传习所学生三十有六人，最长者二十一岁，幼者仅十三龄，以生旦净丑别之，小生六，老生、外、末九，净及白净三，丑、副六、老旦二，其题名之传字排行，小生用玉旁，老生、外、末、净等用金字旁，丑、副用水旁，旦及老旦用草字头。此三十六人之中，艺已斐然可观者十数人，余亦多可造材云。"

穆藕初赠吴梅《度曲须知》手迹

3月20日 《申报》刊登先生珍藏《度曲须知》一书影印发行消息。《商务书馆发售昆曲要籍》一文云:"昆曲为我国高尚之游艺,近来士林提倡甚力。商务印书馆关于昆曲书籍亦有多种出版,如《度曲须知》,为穆藕初先生家藏珍本,已由该馆影印行世,可为审音顾曲者之南针。"(同日《申报》)先生购藏大量昆曲珍本,黄炎培云:"中年忽爱好昆曲,师事昆曲名家,收藏曲谱多种,朝夕习奏,既卓然成家。(重庆《新华日报》1943年10月6日)现知先生昆曲藏书有:《六十种曲》(汲古阁本)、《石巢传奇》、《玉茗堂四梦》、《盛明杂剧》、《玉燕堂四种曲》、《容居堂三种曲》、《惺斋六种》、《红雪楼九种曲》、《倚睛楼七种曲》、《坦园六种曲》、《桃溪雪》、《笠翁十种曲》、《西厢记》、《琵琶记》、《浣纱记》、《念八翻》、《风流棒》、《桃花扇》、《桃花影》、《吟风阁》、《长生殿》、《钧天乐》、《紫玉记》、《旗亭记》、《紫荆记》、《介山记》、《表忠计》、《理灵记》、《奈何天》、《石榴记》、《扬州梦》、《劝善金科》、《伏虎韬》、《南词定律》、《九宫大成谱》、《纳书楹曲谱》、《纳书楹玉茗堂四梦全谱》、《红楼梦散套曲谱》、《六也曲谱初集》、《增辑六也曲谱》、《钦定曲谱》、《九种曲》、《南椅梦》、《遏云阁曲谱》、《昆曲萃存》、《春雪阁曲谱》(民国昆山国乐保存会编订)、《道和曲谱》(民国道和俱乐部编)、《中原音韵》、《审音鉴古录》、《传奇汇考标目》、《艺概》等。[1] (捐赠清单;参见柳和城、穆伟杰《穆藕初先生与昆曲藏书》,《档案与史学》2003年第6期)

穆藕初藏《石巢传奇》书影

---

[1] 1954年,穆伯华将先生昆曲藏书捐赠于华东戏曲研究院,共计595册。除《六十种曲》标明"汲古阁本"外,其他均未注明版本。该捐赠书籍于1966年文革中散失。近年来,编者发现三种散失书籍现身于古籍善本拍卖行:《石巢传奇》(武进董氏诵芬堂精刊本,1919年版)、《扬州梦》(同治壬申刻本)、《旗亭记》(清乾隆刻本)。另据赵景琛《明清曲谈》一书"昭代箫韶"云:"偶然一个机会,能以看到穆藕初先生所藏的曲学书籍。其中有两本是昭代箫韶第七本。据国立北平图书馆戏曲音乐展览会目录,这部书有嘉庆昇平署钞本,计十本二百四十出,也就是每本二十出。我所看到的第七本却是朱墨套印本。"(古典文学出版社1957年版第163页)

3月25日 尤惜阴为《藕初五十自述》撰《序》，强调《五十自述》"俾作立身、处世、去惑、崇德之借镜"。文云："过去造现在，现在造未来。人人有千百年以后之吾身，时时有延长千百年以后生命之机会。审乎此，则人人当忏悔已往，珍重现在。一日不振作，即一日自杀；一刻不振作，即一刻自杀；一念不向上，即一念堕落；卒岁不向上，即卒岁堕落。如是偷生，虽活百年无异夭折。在滔滔皆是之群众中，以不虚生主义为绳尺，岂非大难。古有忠孝义烈，高节奇操，片时至行，传诵万祀者。夫片时粹诣，乃毕生苦行之见端，殆所谓十年如一日，数十年如一日者。名垂不朽，有谁幸致。由是言之，有至行者不待表彰，斯民三代直道犹存，付之悠悠众口可矣。虽然，时至晚近，失学者多，浅识者流，真眼未开，是非混淆，造成乱世。褒贬之权，又将何以界之？人唯恨无宗旨、无操行、无作为而不堪回首。或者自幼失学，不能运笔达意作有系统之记述，为后起者策发耳。故人穆君藕初，一日晓起语予曰：'昔者蘧伯玉行年五十，而知四十九年之非。予入世以来，忽届五旬，饱尝世味。当知非悔过之余，作后车涉险之警，而有《五十自述》之作。'君弱冠失怙，备经磨炼。笃志力学，博闻强识，加之以见机敏捷，赴事果毅，襟怀旷达，意志坚卓，密于思考，富于辩才，经挫折而不屈不挠，对烦恼而善排善遣。贤贤恶恶，亲疏等视。君一生事业之大成功，今始发轫。《五十自述》中所记述者，乃以往之陈迹。为子弟学生及诸青年现身说法，俾作立身、处世、去惑、崇德之借镜。前乎五十者，快慰之下，暗伏悔憾之机；后乎五十者，觉察之余，觅出无碍之道。延长生命，造成千百年以后之身者，实属之现在未来。此编所述者，乃君一生大成功之出发点耳。愿阅者诸贤，放开眼光，再观君今后之措施，慎勿泥乎陈迹，等于群盲之摸象。并愿阅者诸贤，站稳脚跟，施展臂力，猛著祖鞭，先后驰驱于成功道上。所谓千百年以后之身，人人有之，无庸多让也。出刊在即，谨附一言，为阅者进。"（原书）

3月28日 毕云程为豫丰纱厂二十万两短期押款展期事致浙江兴业银行徐新六函，云："郑地虽有大兵经过地方，托庇平安，商民安堵未受损害。近来纱花市面日见起色，敝厂亦已于廿五日开工，堪以告慰。自弟到厂后购进大宗棉花，为数甚巨。适值棉价上昂，敝厂幸开购较早，进价尚属合算。惟纱销因时局影响，旬日来虽已售出一千数百件，而预计纱款所得仅足以付花款。原拟归还贵行四月十二日到期之短期押款因有上述情形不能不请量为展期，拟将该押款二十万两展期三个月。素仰先生维持实业久著热诚，对于敝厂更多援助，当蒙鼎力玉成，慨予同意。至应付该押款利息，一俟清单到厂即当照付不误。"徐新六批示云："照转"。（原件，浙江兴业银行档案）

同日 昆剧传习所于徐园演出《贩马记》。人言《昆剧排演〈贩马记〉》一文云："昆剧传习所著名小生顾传玠，因病辍演已久，兹已痊愈。十五日将在徐园表演新

1926 年昆剧传习所部分学员于徐园合影

戏《贩马记》，著名正旦朱传茗等亦充要角云。"（《申报》1926 年 3 月 27 日）

3 月 29 日 本日起，昆剧传习所于笑舞台、徐园穿插演出。人言《昆剧排演〈贩马记〉》一文云："每逢星期一、二、三、四、五，假座笑舞台演日戏，俾观众得就近参观，其星期六、日两天，则仍在徐园开演云。"（同上）

4 月 10 日 毕云程为豫丰纱厂另一笔二十万两短期押款展期事致徐新六函，云："四月二日大函敬悉，承允将四月十二日到期之押款二十万两转期三月，甚感。所有手续已与伯琴兄接洽，并已函嘱敝厂汉办事处准期付息于贵汉行，以清手续，至祈释念。兹有续恳者，敝厂尚有短期押款一种亦二十万两，将于四月二十五日到期。敝厂刻下销纱情形而论，应有相当纱款收入还付，该款而有余无知。陕西棉花，据最近可靠之报告，因兵匪阻塞，不易运郑。而申汉二帮至郑办花者，接踵而来。应在彼等未知西路实情之前，再先从事多购，俾免将来棉花不继之虞。故敝厂存花虽多，仍拟乘机续进。惟应付花款不能不事先预备。特此函恳先生准将该押款转期一个半月，该息仍当准期照付。务祈台允，无任感盼。"徐新六批示云："照办。"（原件，同上）

4 月 13 日 上海中华劝工银行致函先生、吴麟书等全体董事，云：本届会议董事合格股决议照章实行。查定章'董事以有本银行股份贰百股以上者为合格董事，就任时应将合格股票交由监察人保存于本银行，至解任时发还'等语。兹请台端将合格股票贰百股惠交本银行保存，由监察人制奉收条以符定章，而维议案，实为至祷。"（底稿，上海中华劝工银行档案）

4 月 14 日 《申报》刊登《昆剧传习所大会串三天》消息。云："自假座笑舞台于日前演唱后，卖座甚佳。刻闻将于阴历下月十一、十二、十三，由沪上昆剧名家举行大会串三天，届时必有一番盛况，以飨嗜曲家云。"（同日《申报》）

4 月 与徐凌云等商议 5 月 22 日起举办昆剧名家大会串事。《申报》刊登云青《昆剧传习所大会串三天》一文云："昆剧演习所，自假座笑舞台于日间演唱后，卖座甚佳。刻闻将于阴历下月十一、十二、十三，由沪上昆剧名家举行大会串，届时必有一番盛况，以飨嗜曲家云。"（《申报》1926 年 4 月 14 日）

5 月 26 日 中华职业教育社第九届年会决议，改议事员为董事部，增设评议部。董事名额九人，任期四年，每两年改选半数。先生与穆杼斋等原当选的第四届议事员改为董事，计二十五人。董事部职权为：①管理本社资产并筹划本社经费。②审核本社每年经费预算、决算、核定本社大政方针。③聘任本社办事部正副主任。(《上海中华职业教育社志》编撰委员会《上海中华职业教育社志》，上海古籍出版社 2007 年 4 月版，第 111 页)

6 月 20 日　下午一时，与徐凌云、殷震贤、俞振飞、李子刚等假城内天赐医院开粟社同期，并"召集全体曲友讨论一切，藉资提倡。"(同日《申报》)

7 月 21 日　楼恂如为友人赴郑"俯予招待"事致先生函，云："敝友黄仰庭兄近因征收欠账，须往陕州一行。惟以初次长征，深虞生疏，将来路过尊处，或须趋前求教，暂时揳息，务望推情指示，俯予招待，慰其跋涉，感同身受矣。"(底稿，上海中华劝工银行档案)

7 月 27 日　下午八时，应邀出席美国商务参赞安诺德宴请美国会议员奥立诺。到者有在沪美国官场、绅商外，有淞沪商埠总办丁文江、上海总商会会长傅筱庵等数十人。筵席用美国式，奥立佛演说云："在此万国通商之上海，各国人民互相贸易，所以发展上海商埠，亦即发展世界之商务，惟深望在华之美国人能发展各个人之特长，在上海树立一种永久不变之事业也。"继丁文江演说后，"用电光全体摄影，至九时余宾主尽欢而散。"(《申报》1926 年 7 月 28 日)

7 月 31 日　与褚慧僧、王一亭、邬挺生、余伯陶、朱葆三、袁履登等联名发表《花柳病指迷》启示，为林渭川父子医术宣传。文云："花柳病科老前辈林君渭川，即四明名医翼臣先生之哲嗣，家学湛深，学通中西，精于毒门兼擅内科。自前清光绪二十四年在申设立永济堂(于民国十二年改为永济医院)于兹，足有二十九载。曾经其治愈者迄今不下数十万人之多。诊务之繁，见识之广，当推上海花柳专科中之首屈一指。故其疗病，用药、奏刀、施针，莫不在在高人一等。至于法国九一四、德国新六零六，无痛保险。静脉注射以及各种最新血清洗射、电疗淋浊等，尤为林君斫轮老手。故无论白浊、横痃、鱼口、便毒、下疳、肿烂、梅疯、杨梅疮，一切危险花柳全科，一经林君诊视，均可用实验中独得之秘，于最短时期医治断根，并可出立包单，永保不发。尤仰林君医乃仁术，性属慈善，贫病求诊，医药不计。同人等相交有素，知其资格之老，经验之深。其长子小川尤能善读父书，以承累世之堂。三世医家，林氏可当之无愧矣。恐患花柳病者误入迷途，故不惜辞费，为诸君指迷焉。检身验毒，备作夏令梅毒萌发之时，解决有毒无毒疑似问题，所有检验药费及手术费一概不取分文，俾得有毒者随时医治断根，无毒者亦可放心安枕。"(同日《申报》)

8 月 1 日　下午二时，主持华商纱布交易所第十届股东会，股东到者四万四千余股。先生致开会词，胡筠庵报告营业概况，张则民报告本届账略，张雯春报告内部情形。议决第十届纯益金分配案，通过。本届每股官利洋一元二角五分，红利洋

四元,定于八月四日起发给。(《申报》1926 年 8 月 2 日)

8 月 4 日 中午,赴一品香餐馆出席中华职业学校经济校董会。王一亭主席,继潘仰尧报告职业学校最近状况,次黄炎培报告中华文化教育基金董事会委托该校办理中等机械工业教育情形。即由潘仰尧报告五年制机械专科一年来之经过,并提出该校十五年度预算案,议决照原案通过。(《申报》1926 年 8 月 5 日)

8 月 12 日 《申报》刊登《穆、沈婚礼预志》消息,云:"穆藕初君长公子伯华君,自南洋大学毕业后即任职于工商银行。兹择定阴历七月初八日,与沈女士行结婚礼。礼堂假座爱而近路纱业公所,初七、初八两日即在该处设筵款客,届时必有一番盛况。"(同日《申报》)

8 月 15 日 下午四时,于爱而近路纱业公所出席长子伯华结婚仪式。长媳湖州沈国菁。介绍人周锡钺、周锡钊;证婚人李平书;主婚人穆湘瑚、[①]沈潮。(穆伯华、沈国菁结婚证书原件)

穆家骥

8 月 18 日 下午五时,于安立德花园出席环球中国学生会、江苏省教育会、美国大学同学会留美同学会,欢送清华赴美及其他官私费出洋学生。到者有美国国会议员奥立佛、铁路专家约翰生氏、美国公使馆商务参赞安立德等。丁文江、安立德与先生等均有演说。(《申报》1926 年 8 月 18 日)

8 月 22 日 次子家骥自费赴美留学。《申报》刊登《穆家骥赴美》消息云:"穆家骥,号健叔,为本邑实业巨子穆藕初君之次子,年二十岁。今夏毕业于南洋大学之中学部,沉默勤学,尤精算术,能运动,在本校充本校棒球队长。自费赴美留学,于明晨偕清华学生前往。入伊历诺大学商科肄业,注意银行学,乃尊藕初君于一九一三年亦在是校毕业。"(《申报》1926 年 8 月 21 日)穆伯华《先德追怀录》云:"我父因几年内事业上所受刺激太甚,对我兄弟二人说:'不希望你们从事工业界'云。所以家骥弟入美国哈佛大学读经济学。四年后转英国剑桥大学。"(手稿)

8 月 24 日 浙江兴业银行为"陈师剿樊"、摊派军费借款事,致豫丰纱厂函,催索押款"到期结清"。函云:"顷接敝行驻厂员陈伯琴君函,报此次郑县公署为陈师剿樊勒派敝行信款二万元各节,其中经过情形谅荷台洽。查敝行派员到郑专为贵

---

① 穆湘瑚,先生之堂兄。

厂押款而来,约计以前所收利息不过十六万余两,而前后垫去军事信款数达四万七千余元,合银三万四千余两,已占所得利息五分之一。此等借款既全由贵厂押款发生,敝行实难担负,应请转归贵厂之账。否则敝行亏耗太巨,不能持久,惟有到期清结。为难情形,尚希鉴谅。"函附列年借款清单:"河南省军事借款:洋二万五千元;郑商会代直鲁豫兵站借款:洋一千五百元;郑商会代十四师借款:洋三百元;郑县公署代绅界房租垫款:洋五百十元。"该函拟定后"取消未发"。(底稿,浙江兴业银行档案)同日,浙兴汉行致总行急电,报告郑州军阀勒索事。云:"昨晚接伯琴电,陈师剿樊,向五银行借款十万,以京汉货捐担保,期一月,分三期还。勒派我行弍万,限令今午缴款。敝复电以郑无分行,商减一万,逼不得已再酌加。请洽。"(原件,同上)

8月 《藕初五十自述》由商务印书馆出版发行。《自述》附《藕初文录》上下卷,共收先生文章、演辞、信函九十七篇。书前有先生玉照、简史及《思萱永感》。尤惜阴、黄炎培、聂云台撰序,先生自叙。聂序云:"孔子学易之岁,伯玉知非之年,惟能知非改过,庶几希圣希贤。藕初先生自叙之作,盖深知此意者矣。"《自叙》云:

　　一生事业,几等浮云;半世精神,悉成幻影。余之学识才能甚平常,第觉事事不如人,又何事实之足记耶?虽然,余自成童至今,垂三十余年。此三十余年中,思想变迁,政体改革。向之商业交际以信用作保证者,今则由信用而逐渐变迁,侧重在契约矣。盖交际广、范围大,非契约不足以保障之。曩时无所谓实业,供给人生日用所需,仅小范围之店铺而已。西风东扇,机械日新,工厂用人动以千计,制造品之精美投时自不待言;而其成就之迅速,

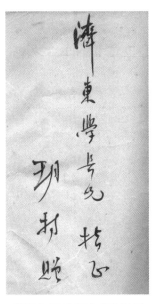

穆藕初赠凌济东《藕初五十自述》手迹

出数之繁多,运输之求灵捷,推销之求畅利,无一不需新知识以主持之。时会之逼人如此,政治之紊乱如彼,良以政尚专制越数千年,一朝变为共和,新道德基础未立,旧道德藩篱早破。一般枭獍之众,如脱牢之囚犯,如出柙之虎兕,无羁勒,无约束,狂奔怒突,一任个性之发泄,莫可响迩。强暴者,狡黠者,脱颖而出;善良者,柔懦者,痛哭呼号而莫之知,惨遭杀害而莫之救。于是人与人之冲突起,政治因之而日非,人心因之而日坏,不但实业无望振兴,即吾人之入世处事,其困难亦倍蓰什伯于曩昔。退而就近者、小者言之,如自处之方、用人之术,皆不胜遍地荆棘之慨。回想五十年个人经历,万一可为后人考镜之资。爰不揣谫陋,笔之于

书,公之于世。所愿读者知所鉴戒,而不复蹈余覆辙,此即余自述之微意也。

《自述》叙述家世、青少年时期、留学时期及回国后创业等各个时期经历及感受,涉及政治、经济、文化、社会、教育等内容。兹将本书中未引用部分摘录如下:

对民国成立以来军阀争斗,民不聊生现状,先生指出国家主权应交给有知识、有事业、有生产能力的国民手中,强调要发展生产,发展教育。云:

> 民国成立以来,忽忽已阅十四寒暑。问国家主权究属谁手? 恐无人能置答之。在军阀乎? 则自相残杀,所存者仅硕果耳;在政客乎? 则前仆后继,坐视人才之消乏而已;在事业界之知识阶级手中乎? 则教育堕落,事业凋敝,求生不得,诉苦无门,坐视百业之萧条,国力之耗损而已。故余尝谓民国成立以来,所宣布之主义也,方针也,乃至策略也,斗争也,纷纷扰扰,无非自相残杀而已,无所谓主权也。夫国之有主权,无异航行之有舵。把舵者偶一疏忽,其舟便有颠覆之忧。国家主权而无所属,其危险不千万倍于颠覆之舟乎? 然则国家之主权果谁属,无论古今中外,如同一辙,其权应属于事业界中之有知识者。苟不欲立国于地球上之上则已,如欲立国于地球之上,非如此,则不可得也。此非余之私言也,实政治学中之精义耳。试举一浅例以证之,家有多子,贤否各别,苟以家务而付之克家令子之手,家道未有不昌盛者;反是,鲜有不失败者。聚家而成国,国事亦犹是耳。国中之有知识而有事业者,或从事于教育,或从事于农工商矿等凡百实业,则国家之富力赖以增进,人民之供求赖以调剂,官吏之俸给赖以支应,人类之幸福赖以保全。故事业界中人,简言之即生产者,国民而有生产能力,实立国之命脉,争存之要素也。国家主权而不在此种有生产能力之国民手中,而国能富强者,吾未之前闻也。余深愿读是编者之三致意也。

对国民性中负面因素,先生指出肮脏、逢迎、内斗三个通病。关于奉迎云:"吾人入世,地位稍高或资产稍丰,面谀者、乞怜者,随时曲尽其能以献其殷勤,习非成是。受者竟居之不疑,互相摹效,遂养成一种恶趋势。年来军阀正坐此弊,入伍以后自伍长、什长乃至连、营、团、旅长,各各受其部下之逢迎阿谀,遂以养成一种傲睨自大,恣我所欲,任我所为,纵横自便,不可一世之概。再进一步而至督办,握综理全省军民事务之大权,生杀予夺,威权无限,遇见之人,无不望颜色而定从违。夫一省之政治、法律、警务、教育、交通、水利、农、工、商业等等,种别既多,事情极繁,虽以专门学者当此,亦不能博洽融通而因应付裕如。一军人耳,知识能有几何,而乃刚愎自用,处理万几,其结果不至自害害人、流毒国家不止。然此尚为自好者言之,其不肖者,竟视各本省为征服地,贩土也、特税也、滥发纸币吸收民膏也,豫征钱漕重叠至数年也,强行苛派置商困于不计也,把持货车借商运以图自肥也,霸占民产为所欲为而莫之奈何也。其种种暴戾举动,均受人蒙蔽、怂恿、诱惑之所致也。就其致病之点言,无非奉承上发生之恶果耳。"关于内斗云:"及回国后,余随时注意此点,觉隐善而扬恶,几成国人之通性。世界有一丑谚,谓吾华三人以上无团体,甚至于仅二三人之小团结,亦每每有凶终隙末、割席相拒之一日。所以国谚有'人无千日好,花无百日红'之说。噫! 借问何缘而至此,岂非误用其隐善扬恶之刻薄意思,而缺乏隐恶扬善之奖善作用,有以致此欤! 余尝有一比方,谓国家社会间,隐善扬恶之风盛,其气阴险,无殊暴风骤雨之摧毁一切,使天地万物顿呈惨象;隐恶扬善之风盛,其气发扬,宛如化日光天,生成一切,天地万物都含喜气。人孰能无过,唯在过之大小,及有意无意而已。而我国人之谈论人家短长者,不论是非曲直,亲昵者是之,疏远者非之,权利上接触者攻击之、挤轧之、破坏之。随时、随处、随事,无往不发现此恶境界,以致百业难以发皇,群情因之涣散,政治不克清明。国人相与自杀之一点在此,外力乘机侵入之一点亦在此。呜呼! 此韩愈《原毁》篇之所由作也。不识吾教育当局,其将何以挽救之。"对无限公司与有限公司之比较及我国商人之素质,云:

　　无限公司以少数各个人之资力而创设之,范围未免狭小,交易因之而微细,资本百万以上者实不多见。唯无限公司虽得良经理,而为股东身家计,时时须请命于股东。盈则固好,设有亏折,总理个人若不营私舞弊,亦可稍轻其责任。而无限公司之性质,除经理及员司外,另由关系密切之股东为之监督及指导,虽间有不然者,不过少数而已。钱庄其最著者,资本仅数万两,亏负竟达一二百万两,股东因此而破产者,亦数见不鲜。有限公司则不然,除规定资本额数缴付外,公司如有额外之损失,公司即宣告破产,而不能累及股东。其利益即总、协理能全权发展营业,由股东会考核之,董事会监督而指导之。然其弊之属于股东方面者,股东不明权限,而挟经济势力,任意安插私人,以为耳目。总、协理为敷衍起见,不得不稍稍迁就,同事中不免党派纷歧,以致内部分裂。间有总、协理甚尽职,事业甚发达,而股东有因私见而多方挑剔者,盖股东人数众多,而总、协理又不能尽如人意,则往往因细故而起不断之争端,事业因之而暗损。关于董事方面者。董事之支配,大都仅在于经济,而不在于学识。故一公司之董事若干人,竟完全不识此种事业如何组织,营业如何发展。总、协理而果贤,尚能支持有方。否则,一任总、协理之为所欲为而莫奈之何,董事无才识以监督之,指导更不必言矣。关于总、协理者,股东资本较大,往往被推为总、协理,或有专门学识,组织能力,建设事业而被推为总、协理。经济上既有特殊之势力,总、协理之应付各股东,不免有所偏枯,而公司中未来之困难,由此发生者,亦复不少。总、协理而爱惜名誉者,自能克尽厥职以主持之,逐渐出困而入亨。否则,只为个人私利计,不为公司利害计,往往汲引私人,培养己力；买卖交易任意侵蚀；股东之易与者蒙蔽之，自利者贿赂之；闪烁其辞，上下其手；唯私图之自便，置全局于不问，堕落人格，摧残实业，妨害民生，消耗国力。余自有识以来，仅三十余年，环顾国内之事业，因此而倒闭者，不知凡几。呜呼！不知世局何日澄清，法律何时有效，而扫除此实业界之障碍也。虽然，为我国有钱者办事，无他希望，其唯一之目的在乎赚钱而已。营业而苟有盈余，有限好，无限亦好；总、协理尽职固好，营私舞弊亦好。盖得有盈余，即使被总、协理所蒙蔽、欺瞒、侵蚀，譬如少赚，尚有进款也。然而，天时人事变化靡定，大气鼓铸，谁与抗争？是以商业有盈必有亏，虽有万能之总、协理，丁此时艰，点金无术，营业而亏本，有限不好，无限也不好；总、协理之才识充裕而克尽厥职也不好；唯总、协理之狡黠者，虽蒙蔽之、欺瞒之、侵蚀之，股东不敢说不好。噫！中国之有钱者大率如此。事业之发皇到若何程度，亦可想而知矣。

对日本棉业发达原因，先生云：

我国最大之实业为棉业，棉业唯一之劲敌为日本。日本一东洋岛国耳，地瘠而人众，产粮尚嫌地窄，更无余地种棉。国不产棉，而竟以纺织业著名于世，实因日本政府之尽力提倡，日本商民之善于团结，精于治事，明于烛机，勇于进取，遂收伟效。查日本自有纺织工业至今，不过六十年耳。除欧战终结以后，日本棉业又起特殊变化外，前此经过境界可划分为五时期：（一）一九〇〇年至一九〇四年底。中国拳匪乱后之四年间，日本棉业在经济上未见佳况，可称之为衰落时期。（二）一九〇五年至一九〇七年。日俄战争后，销路大畅，可称之为日本纱业初步发展时期。（三）一九〇八年至一九一一年之四年内。各厂因营业不利而缩短工作之时，可称之为日本棉业由盛转衰时期。（四）一九一二年至一九一四年。可称之为日本棉业转机时期。（五）欧战期内。可称为日本棉业雄飞时期。就日本纺织业历史观之，三十年来甚形发达。欧战期内获利甚丰，故竞争之实力愈雄厚。各厂大部分制造品，莫不以我国各市场为尾闾。唯彼国生活程度日高，工价日昂贵。又加之以日政府所颁之夜工条例不久将实行；我国增加进口税亦将施行；我国纺织业又逐渐发展。因此种种，日本政治家、纺织家均抱有野心，拟用实力扑灭我国尚在幼稚时代之纺织业，而后得以畅所欲为，操纵市场。此种政策，各国向所对待其属国者，日本将一一加之我国。故日本纺织界集成若干大组合，来华设厂。借我土地作战垒，役我工人为战员，减少制造费，避去入口税，制吾华纱布之死命。欧战前日人在我国经营之纱厂仅数家，纺纱锭数约十万左右。迄今十年间，锭数激增至一百五十万枚，竟及我国纱锭之半数。出品讲究，出数繁多，已有压倒华厂之气概。关西财团来华设厂,成绩如是之可惊,而最近关东之财团另有大组合,俟我国内乱稍为平靖,拟尽力搜刮我国淹港垂毙之纱厂,并组织新公司。再过十年后,我国纺织业不知受若何之影响,我国大多数人日用所需之棉织物,不知被人垄断至若何程度。凡我国人,不能不深抱杞忧也。

书末,先生对近年来经营实业困难情形感触深刻,并借韵语抒怀。云:

虽然,癸亥、癸亥,我终不能忘情于汝也。甲子、乙丑,政局日非,余之事业,不免又受,意外之损失。然而国人之同余受损失者,亦不知凡几。大势所趋,莫之奈何。造成此大势者,原因至复杂,而吃重之点,在乎多数人尚未彻底觉悟。既了知病因所在,当别求挽救之道,不当以无谓之愤慨随声附和也。至于对此危局,如何着手挽救;对彼民众,如何使之觉悟,觉悟至何种程度方算彻底,此皆不属本篇范围,只得从略。即余在此连续不断之时间中,自今以往经过种种烦恼,种种痛苦,乃至如何而作种种排遣,如何而得种种安慰。其在乙丑以后者,不属本篇范围,亦止得从略。余既辍笔,更有不能已于一言者。谨借韵语,总挈是编主旨所在,以罄鄙怀:世界原无事,吾人自扰之。痛心由失者,追悔已嫌迟。一切凭谁造,贪嗔更带痴。咸疑生恐怖,性海浪翻时。好事成残局,艰难只手支。机缘来莫喜,世味耐寻思。寄语当途客,咸宜慎设施。前车应借鉴,补益有毫丝。

(原书)

9月6日 中午,于一枝香出席中华职业教育社第二次董事会。黄以霖主席,报告最近社务状况。次讨论议案:①议决黄炎培为办事部主任,杨卫玉为副主任。②提出本社第九年度职员储金,暨酬金。③提议修改本社职员储金酬金规则。议决照原提出草案略加修正,通过。(《申报》1926年9月7日)

9月16日 河南财政厅致函浙江兴业银行,勒索"借款"洋四万元,以供军饷。云:"迳启者:窃照军用紧迫,维持金融,由开、郑两商会及各商行息借款四十万元,公同改定条约,缮呈三份,已蒙督省两长批准盖章。一存开封总商会,一存郑州商会,一存财政厅备案存查。兹将原订借款条约照录一份,特用印函奉布,即希贵行查照。迅将认借前项款洋四万元克日措缴,至纫公谊。除分呈督省两长外。此致浙江兴业银行。计送条约一件。河南财政厅启。中华民国十五年九月十六日。"

(原函,浙江兴业银行档案)

9月18日 郑县知事致先生函,向豫丰勒索借洋四万元供军饷。云:"迳启者:顷奉财政厅长温元电内开,各行商借款一致议定,开、郑两商会各借洋八万元,中、交、盐业、金城、兴业五家各借洋四万元,豫丰纱厂借洋四万元。此时军需万急,决无商榷余地,望即转饬豫丰及兴业两家刻速照办,限三日内送款到厅。如有推诿,破坏通案,唯该印委是问等因。奉此,查此项借款迭邀各行商经理会商,而兴业银行独无人到,现厅电减为四万元,军需万急,决无商榷余地,自未便听其规避,破坏通案。查兴业银业有款存放贵厂,人所共知,无庸讳言,应请贵总理在其存款项下提出洋四万元,依限于三日内送厅,切勿推诿,代人受过,是为至盼。此致郑县豫丰纱厂总理穆藕初。郑县行政公署知事韦耿棣,拾五年九月拾八日。"(抄件,同上)

同日 豫丰纱厂为军阀勒索借款事致浙江兴业银行函,商请派员前往"监督"。函云:"查此次借款虽假维持铜元票为名,实因军事万急,仍济饷用。昨晚,温厅长来郑召集开会,急催缴款,限于中秋节前缴清。对于贵行借款,力促代催。并谓'借款之事,通知多日,当时兴业在郑确有营业关系,本厅已洞查清切,如不遵缴,当即查抄抵押物品,万勿推诿'等语。昨日吴大帅已来郑,军饷急需,乃系实情。现在地方秩序如常,并望继续维持。故中国、金城、盐业等行闻已各将四万元全数缴清,商会亦缴出半数。敝厂四万元,其势须于节前缴楚。此间各商行现正在商议借款后实行监督。盐局办法照条约所订,各商行公推五人共同监督。敝厂名下定有一人。如贵行在银行团体中不能推派代表,拟请贵行遴选精干人员,顶敝厂名义,前往实行监督。则数月之间,当有收回借款之希望。特函奉达,敬祈迅夺电复,至为盼祷。"(原件,同上)

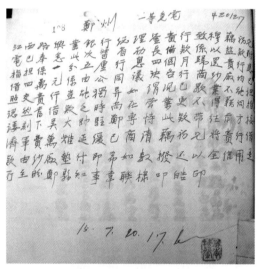

郑县知事韦连棣致浙江兴业银行电

9月20日 郑县知事韦联棣为军饷事致浙江兴业银行电,称已商请先生将浙兴借款"由纱厂垫付"。电云:"贵行致穆藕初兄电已奉悉。此次督省厅长借款,系以盐款附指担保,一分五厘行息,四个月归还。贵行应借款四万元,系由公同议决。各行商纱厂均已照交,贵行岂能独异。如谓现已歇业不能担任,然当借款之时尚在营业,更不能藉词推委。刻下吴大帅驻郑,专恃此款带往前方,接济军费,万难迟缓。已商请藕初兄将贵行借款由纱厂垫付。即希如数拨还,以全信用。是所至盼。"(原件,同上)

9月23日 与上海证券物品交易所理事长虞洽卿、华商证券交易所理事长孙铁卿、杂粮交易所理事长顾馨一、面粉交易所理事长王一亭、金业交易所理事长徐凤辉等，分别致电北京国务院、农商部及北京平政院，反对农商部新定交易所监理官条例。致北京国务院、农商部电云："本年九月九日教令公布交易所监理官条例，法律事实均有窒碍。伏查民国三年法律第二十四号证券交易所系国会通过，该法二十九条规定仅有视察员之职务，自不能以命令变更法律。又十年教令第二十四号物品交易所条例第三十六条与证券法为同一之规定，法律渊源亦未便贸然改易。况明定必要及临时字样，立法之意深恐苛细病商，不许常年设置。今易为监理官，违法实甚。商人开设行号，安分守法，官厅不应加以严厉之干涉，警察检查印花，各省誓不奉命，今已改为每年检查二次。交易所贸易尤繁，每所派驻委员一人，逐日稽查，于市场秩序妨碍滋多，此尤事实上万不能行。敢乞钧院部俯念商艰，收回成命，并先行电饬谢视察员从缓就职，以免别生枝节。"致北京平政院电云："农商部新定交易所监理官条例违背法律，侵扰商场，各所买卖账目历届呈部，应纳税项亦无蒂欠。农商部不患无稽核之方，况视察员常川驻沪，就近者查尤为便捷。今必派驻委员，形同防盗，尤可异者。实业厅近在省垣，仰承本省长官之意，保护商民，众目共见。今乃废弃实业厅之职务，易以非法之监理官，行政系统破坏无余。上海为五省管辖范围，各长官勤求内治，伏祈体年商艰，力加保障，迅饬电部撤销，以遵法律而免苛扰。"（《申报》1926 年 9 月 25 日）

10 月 5 日　与李平书、陆松侯、莫子经、王一亭、沈信卿、袁观澜、穆杼斋、朱吟江、李英石等联名发表《姚子让寿资移充教育费之发起》。云："姚子让先生朴学粹行，雅量高致，服务乡里垂四十年，……今岁值先生七十初度，九月九日实为揽揆之辰，同人方谋对菊开樽，为先生寿，而先生以为不可。……先生安于儒素，而对清贫苦学之青年雅所怜念，以故热忱提倡职业教育。方民国六年中华职业教育社始立，第一题名加入者实惟先生。社所设中华职业学校，能为青年辟生路而就学须费，青年争欲趋之而引以为苦，同人乃请于先生合力酿资就中华职业学校设若干免费学额为青年福，即以为先生寿，先生寿无尽而青年福亦无其见许乎？先生捻髯笑曰：'诺'。爰拟办法藉陈公，一、凡送寿礼者请勿用联幛及一切仪物概用现金送上海尚文门凝河路也园，上海县地方款产管理处代收；二、俟集成款数送中华职业学校规定若干免费学额后，登报公告其列名。"（同日《申报》）

10 月 6 日　上午，偕穆安素律师赴公共公廨，控告德大纱厂总账房范桐生"侵占款项五十七万余两，并藏匿账簿，希图湮灭罪证。"先生向关澉员及英马副领事云："该厂因被范桐生吞款匿账，屡与交涉均置不理，以致事经两载无从清理，不得不请求公堂究追"。"并呈出范桐生犯罪证据"。中西官磋商之下准予签票拘提，到案讯办。（《申报》1926 年 10 月 7 日）

10月11日　毕云程为豫丰纱厂借款二十万两转期事复上海浙江兴业银行函,云:"顷接十月七日大函,承询敝厂押款乙户十月十二日到期元二十万两是否取赎,抑系转期等语。查敝厂受时局影响,存纱甚多。上项押款拟请转期三个月,所有应付利息及押款另户欠息三千七百七十七两二钱,拟即于数日内加进相当押品,即在前付贵行暂存申户之规元二万一千两内支用一部分,付清上项利息,届时当用电告不误。其转期用押款证书便祈寄下,以便填奉。"10月14日,浙江兴业银行致豫丰函,同意转期。函云:"尊押款乙户十月十二日到期元贰拾万两遵嘱转期三个月。兹附奉证书一纸,即希詧收盖印,连同附属条件函一并寄下为荷。"(原件,浙江兴业银行档案)

10月25日　与李平书、姚文敷、徐凌云、冯超然、胡筠秋、谢绳祖等发起假徐园庆祝俞粟庐八十寿辰。"邀集江浙名流清唱昆曲,到者五十余人。入晚由昆剧传习所学生演奏昆曲八出,极高雅之至。"(《申报》1926年11月3日)

10月29日　以华商纱布交易所理事长名义,与上海证券物品交易所理事长虞洽卿、华商证券交易所理事长孙铁卿、杂粮交易所理事长顾馨一、面粉交易所理事长王一亭、金业交易所理事长徐凤辉等聘请张一鹏律师,于北京平政院提起行政诉讼,反对北京农商部委派上海交易所监理官。行政诉状全文如下:

> 原告上海证券物品交易所理事长虞和德,年六十岁,浙江镇海县人,住上海海宁路升顺里;上海华商纱布交易所理事长穆湘玥,年五十一岁,江苏上海县人,住上海兰路;上海华商证券交易所理事长孙铁卿,年四十六岁,浙江余姚县人,住上海汉口路四十九号;上海杂粮油饼交易所理事长顾履桂,年五十七岁,江苏上海县人,住上海爱多亚路十五号;上海面粉交易所理事长王震,年六十岁,浙江吴兴县人,住上海小南门乔家浜;上海金业交易所理事长徐凤辉,年四十六岁,江苏吴县人,住上海梅白格路颐康里二弄。诉讼代理人张一鹏律师,住上海白克路修德里。被告农商部。告诉之事实:原告上海证券物品交易所于民国十年六月注册,上海华商纱布交易所于民国十年七月注册,上海华商证券交易所于民国十年七月注册,上海杂粮油饼交易所于民国十年六月注册,上海面粉交易所于民国十年七月注册,上海金业交易所于民国十一年注册,先后遵照证券交易所法及物品交易所条例,由各该同业发起设立交易所,呈奉农商部立案给照,经五六年之久,恪遵法令,纳税营业。讵忽奉本年九月十七日农商部训令,转奉九月九日大总统教令,本部兹依据该条例第一条规定特派谢铭勋为上海交易所监理官,除伤令该员销去前派上海交易所视察员原差,并分行外合行令仰知照此令等因。当因此项监理官条例与证券交易所法、物品交易所条例显有抵触,合词电请农商部收回成命。同月二十九日奉一零四三号

批令,悉查上海交易所监理官条例业奉大总统教令公布在案,自应遵照办理,所请应毋庸议,此批等因。原告人无不认为违法,处分损害人民权利,特依据行政诉讼法第一条第一项提起行政诉讼,俾资救济。告诉之理由:被告衙门以大总统公布在案为毋庸议之唯一理由,而于条例内容是否违法不予审查,实为第一谬解。查现未失效之中华民国临时约法第四十三条国务总理及部总长均称为国务员,第四十四条国务员辅佐临时大总统负其责任,及又修正政府组织令第五条国务员依其职权或特别委任得发政府令各等语,大总统教令系政府令之一种,而其责任为国务总理及国务员,彰彰明甚。即此次教令公布之交易所监理官条例,由国务总理、农商总长署名,与辅佐负责之通例相符。乃被告衙门以发布教令,诿之不负责任之大总统,而将积极负责之主管衙门视为奉令之执行机关,是蔑视约法及政府组织令,此违法者一也。命令不能变更法律为立宪国家之大原则,证券交易所法系三年十二月二十九日公布之法律案,(当时解散国会其职权移于参政院,故参政院所议决与国会有同一之效力)物品交易所条例虽系十年三月五日公布之教令,而所载条文悉采取证券交易所法则,其渊源确无变更法律之处。该条例第三十六条尤与该法第二十九条一字不易,今交易监理官条例虽寥寥五条,实将证券交易所法第二十九条物品交易所条例第三十六条全部变更,如谓两者并存,则纠纷抵触,法统荡然。如谓后者有效,则置前布之法律条例于何地。故交易所监理官条例不能不谓为命令变更法律之创例,此其违法者二也。约法第三十三条临时大总统得定官制官规,但须提交参院议决等语,是大总统制定官制本有限制,现在国会虽经中断,官制亦非所以任意设置者。况证券交易所法及物品交易所条例明定视察员一职为合法之官制,今被告衙门遽将合法之视察员改为非法之监理官,乌能取信于人民。查监理官名称仅见于中国银行体则例第二十七条,该则例系二年四月十五日公布之法律,是监理官在政府极为重视必经法律手续而后设置,此其前例交易所监理官条例既将合法之视察员滥行易置,又非如中国银行有法律之保障,此其违法者三也。实业厅暂行条例第一条各省实业厅直隶于农商部,置厅长一人,秉承省长执行全省实业行政事务等语,是各省实业行政以实业厅为总揽机关,故证券交易所课税条例第三条称证券交易所税由实业厅征解,农商部物品交易所第五十五条称物品交易所税由实业厅征解农商部各等语,今被告衙门将此两项职务概由监理官执行,各省实业厅等于虚设,暂行条例所规定执行全省实业行政事宜因此破坏,此其违法者四也。依上理由,被告衙门第一零四三号之批令实属违法。原告等分属商人,于国家设置官吏本属未敢容喙,特按照该条例所规定,如征收税款派员驻所稽查账目各节,烦苛侵扰必致,扰乱商场牵动市面于原告等权利,直接间接损害滋多,何能甘心承认,用敢依法状请钧院撤销农商部之批令,实为德便。再查行政诉讼法第十四条,但平政院依原告之请求得停止其执行,应请迅予咨行被告衙门停止执行,听候裁决,尤深感德。并陈谨呈平政院所有应缴讼费,俟决定数日通知后遵即缴纳。

(同日《申报》)

10月31日　俭德储蓄会募劝联合会举行闭幕会。此次募劝联会捐助建筑基金,先生捐款二百元。(《申报》1926年11月3日)

10月　豫丰纱厂因受交通阻滞,棉花原料断绝,出纱又无法运出,宣告停工。(《纺织时报》,1926年10月22日)

11月11日　以华商纱布交易所理事长名义,与上海证券物品交易所理事长虞洽卿、华商证券交易所理事长孙铁卿、杂粮交易所理事长顾馨一、面粉交易所理事长王一亭、金业交易所理事长徐凤辉及律师张一鹏拟定呈北京平政院控告北京农商部滥用职权第二诉讼状。云:"窃查我国现有之交易所共只八处,除哈尔滨交易所一处系属特殊性质,不受农商部监督并不纳税者外,其余北京一处,上海六处,向系遵照证券交易所法暨物品交易所条例各规定办理。每年按照现行条例于纯利中,证券提取百分之三,物品提取百分之五作为交易所税。连年以来,因受战事影响,营业异常萧索,仅此税额已感觉负担过重之痛苦,若再加重,则惟有坐待破产而已。乃不料本年九月十三、十五两日,接奉同月十日、十二日政府公报,内载批准变更税率之指令,查其内容系改每年每月改纯利为总收入,并改百分之三三五为一律征收百分之七,似此任意加税,商人已不能堪。而被告尤以为未足也,复捏称各国皆课重税之先例,谬举我国交易所经过之事实、朦请以教令公布交易所交易税以增加原告等之负担,且同时更公布交易所监理官条例,以侦查原告等营业之内容,叠床架屋,骚扰万商,颇似深恐华商交易所一时不能完全扑灭也者。该部果何所为,而行此毒辣之手段哉?原告等先就监理官条例之违法,呈请撤销。奉第一零四三号批,应毋庸议。业经另状提起行政诉讼在案。兹复奉该部一一二五号批,原具呈人上海证券物品交易所理事长虞和德等呈一件,为新税苛酷,检查侵扰,恳予撤销由,据呈已悉。查交易所为近世新创之特种营业,与社会经济关系甚巨,办理一有不善,则投机倒把者暗中操纵,每易酿成经济界之恐慌,故各国对于交易所均有特别法令,严重取缔。或有因共他关系而禁止设立者。我国交易所成立未及数年,而屡次发生风潮,社会上当呈脆脆不安之象,政府惩前毖后,将欲维持商业之安全,势不得不行切实之监督,盖派员监理,以杜买空卖空之行为,俾交易所营业不至为投机家所扰乱,维护之意,至为深远。该所等不明此旨,一再托词抗拒,殊属不合。至于营业交易两税,乃各国通行税法。此次所定税率,比较均极轻减,该所等试一调查各国及哈尔滨现行税则标准，便知政府深寓体恤之心。况此种税制，乃近世公认之最良税制，与直接增加人民负担者性质迥然不同，两无可以反对之理。又监理官与视察员本不相涉，此次对于证券交易所法并未加以若何之修正，遇必要时，本部自应另行派员视察，以期周至。来呈所称，以教令变更法律之处亦属误会。合行批仰该交易所等一体遵照，毋再固执，致违法令，此批等因，益为不服。自应依法起诉，以资救济。伏思原告等于民国九年间，对于日本取引所垄断上海市场，一时颇有席卷全埠重要商业之势，因为爱国心所驱使，故集合各同业者，在后各自组织华商交易所，以资抵制。数年以来成绩卓著者，日本取引所因竞争之结果现已完全陷于失败之地位，此诚国家挽回权力之快举也。农商部果为本国实业前途计，自应设法辅助华商，严防日商之复兴，方为正当之合法行为。乃该部计不出此，及乘杜总理正在辞职，顾总理尚未就任，及杨总长请假出京之机会，上下其手，滥用职权，以违法课税设官各案，或不待财政部连署，突然强请阁议通过。或意图规避该部应负之责任，突然朦请大总统以教令公布，甚且朦蔽国务院，倒填指令日期，并强请国务院收受人已为期之正式呈文，凡此种种非法之举动，证以即时令派曾充日本取引所买办谢铭勋为华商交易所监理官之事实，其中有无黑幕，商人等不敢妄言。惟就法律而论，课税设官事属立法范围，本案所称各项条例及修正各条文、既未经过正式立法之程序，故无论如何，总应认为系属违法之处分。及原告等呈请收回成命，又被批驳，其所持理由无非以各国重税为言，无论中国国情非可强引他邦认相比附，即英美政策，纯取放任，已与德奥之干涉主义绝不相同。日本采取大陆制度，虽亦课税较重，然日本交易所一遇市场剧变，政府即不惜出巨额资金急谋救济，其保护之周密有非我国所能望其项背者。该部何薄于情已而厚于责人耶？处分既非适法，而此种违法事项全因被告衙门之呈请而发生，故应仍由被告衙门负责呈请一律撤销，以免损害人民之权利、除详细理由书暨证据另文呈送外，理合具状，恳请钧院依法受理，秉公裁决，撤销农商部第一一二五号之批示，并于未经裁决以前准予照行政诉讼法第十四条规定，咨行被告衙门先行停止执行，实为德便。"（《申报》1926年 11 月 18 日）

11 月 14 日 出席于大富贵酒楼举行之龚飓生次子铁忱与赵瑞珠结婚礼。证婚人穆恕再，介绍人张兰坪、韩锦华。"觥筹交错、颇极一时之盛"。（《申报》1926年 11 月 18 日）

11 月 18 日 晚，豫丰纱厂大号发电机因气缸爆裂，炸毁一架，造成二人死亡，一人受伤，损失十万元左右。（《申报》1926 年 11 月 20 日）

12 月上旬 上海县知事派员赴上海华商纱布交易所，调查纱布交易所营业投机，暗藉外力妨害买卖传闻。先生据理反驳，"面称，查纱花交易所系由花厂、纱厂各商凭各人之营业知识而定买卖之方针，本所不过主持其间，于货价涨跌时追取证金维持营业之信用而已，并无投机之可言，更无暗藉外力之必要。而花纱厂商买卖之方针，大都以美国棉产之丰富与否，及纱销之畅旺与否而定之。查美国棉产占全球三分之以上，其势力之足以左右市场，即非商人亦不烦言。而自喻本年美棉产额几达一千八百万包，至为亘古所未见。棉价每磅跌至一角三分以内，美政府及其银行界具如许经济之大力量，当无法使其棉价增高，而免农民之损失。美棉丰收搂之供求之理，华棉无过高涨之可能性。加以连年战事弥漫，全国交通阻滞，金融紧迫，又益之苛税，棉纱畅销更无望矣。纱销既不畅，美棉又大跌，则纱价低落不待商人而始知之也。内地花纱商人只局促于一隅，未克研求全球花纱市况，以为苏省产棉

《太平导报》刊登《为中日商约事敬告全国商人》一文影印件

减色，花价当看涨，纱价亦当随之而涨。于是在本所尽量购进花纱，遂致亏折。殊不知县省棉产之丰啬，与全球比较不过百分之一二，而熟谙商情洞览大势之某内地纱厂商，同时在本交易所内将半年内之棉纱悉数售出，而棉花并未补进，获利至四五十万之巨，观于此而知商人之于世界太平时不能不悉心研究。而本所之职务乃辅助实业，而于多空两方实无轩轾于其间。"上海县知事复核无异后，将调查情形呈复江苏实业厅。（《申报》1926年12月14日）

12月10日、11日 发表《为中日商约事敬告全国商人》一文，针对《中日通商航海条约》修约，云："此项商务条约，一再默认，不知改订，殊失国民天职。乃忽忽间距重修期限，又为日无多。环顾国中之有力者，日以横征苛税扩充地盘为能事，而人民之富力能供其搜刮与否，不问也。人民之生产力增进与否，不问也。至于人民之权利及幸福，不使摧残，已属万幸，遑云保障。故望有力者之援助重修此约，期臻妥善，藉以保留立国之要素，恐难如愿。即今之柄国政者，对于此次修约，或已早有预备，无如政局变幻无常，恒视实力派之转移而定其进退。故政府虽欲为吾民稍尽责任，恐为时势所限，难期尽力。然则将一任此约之满期，而不加修改乎？抑否乎？夫国以民为本，若当局既漠视此约，不加注意，将使国无以立，民无以存，吾民于此亦可默尔而息乎？愚意兹事体大，非全国人民起而督促之、援助之，窃料终归于失败。然商人亦同是国民，且于商约上之利害，受直接之影响者，较他人更为亲切，则研究而助其改善之，亦分内事也。"先生指出我国深受不平等

条约压迫，修订中日商约关乎两国间贸易平衡，云："考国际间订约之主旨，即使关于军事、政治等条约，亦往往含有经济侵掠之性质，若商约更无论矣。盖一国有发展，即与他国有冲突。欲免去冲突而求相互之利益，条约尚矣。故订立条约，往往强而智者取其精，弱而愚者得其粕。揆诸天演之公例，无往而不如是，惟对于吾国则尤甚。盖吾国于同、光间，尚庞然自大，而订约专员，又皆陈腐官僚，茫然于世界大势之所趋。与各国订约，但图表面，而于实权之损失，毫不顾惜，亦以当时彼辈之智识，尚见不及此也。溯自通商以来，经济损失之巨，实环球历史所未见，若不急起直追、速图改善，恐吾民之经济力尽，而国无以立。吾民之经济力尽，则购买力亦随之而尽。各国尚有何对华贸易之可言？审如是，商约之改善，而使吾国受国际间平等之待遇，在吾国诚有利，然在各国亦未尝无利。互利而两全之道，无有善于此者。当此中日商约修订之际，玥深愿日政府及其具有远识之人民，明了此义，而图两国永久之亲善。日本受欧战之赐，百业振兴，夫人而知之矣。而其国际贸易额之激增，果在吾国乎？美国乎？抑欧洲各国为最巨乎？玥虽不敢必其贸易激增之数量，于吾国为最巨。第就吾方面观之，其激增之量，实足使人惊骇……观此而知，年来日本对华贸易，实驾英国而上之。则中日两国之亲善如何能保存，而使永享此最大数量之贸易，此两国政府及其人民所急应解决之问题。"对于此次重修中日商约步骤，先生指出：一、凡我商人应备有国际条约大全，及海关新出之中英文条约等书，悉心研究此约之性质。二、各商会及各私人团体应邀请具有外交或法学知识者，共同研究其如何改善之方法。三、定期汇集全国意见，公决最后之方针，供诸政府。四、请求政府遴选公正商人参与修约会议，务达改善此约之目的。诸君乎！勿谓商人无权，而自外生成；勿藉词智识未充，而放弃责任；勿皇皇然鉴于兵祸之临头，而不暇注意及此。顺知兵祸之来，不过一时。设一旦军阀觉悟，国是安静，而吾商人即有安居乐业之机会。若智识与权，要由吾商人自为之也。故今日而坐失此修约之机会，则吾国生存之命脉，势将剥削殆尽。况每年数万万之漏卮，何莫非吾国人之膏血！究其极，惟吾商人先受其害耳。诸君乎，事急矣！情迫矣！盖兴乎来！"

（同日《申报》；《上海总商会月报》第六卷第十二号；《文集》第196页）

12月12日　下午二时，赴职工教育馆出席中华教育改进社乡村教育讨论会。到者有黄炎培、袁观澜、陶知行、邹秉文、贾季英等三十余人。赵叔愚报告云："乡村教育至关重要，欲提倡推广，最扼要者在训练人才，故本社前年有拟办试验乡村师范学校之计划。以时局不定迄未见诸事实。"次陶行知讲述《中国乡村教育之根本改造》云："以前之中国乡村教育走入歧路，现在急须另觅生路。既建设适合乡村实际生活之教育。""乡村教师须有农夫之身手，科学之头脑，改造社会之精神，俱此种活教育非教育界任何团体能单独办成，须有大规模之联合方有成功之希望。最应联合者为教育与农业之携手"继由顾荫亭讲述《丹麦及俄罗斯之农业情形》。后由到社社员讨论乡村教育计划。(《申报》1926 年 12 月 13 日)

12 月 13 日　以华商纱布交易所理事长名义,与上海证券物品交易所理事长虞和德、上海华商证券交易所理事长孙铁卿、上海面粉交易所理事长王一亭、上海杂粮交易所理事长顾馨一、上海金业交易所理事长徐凤辉等联名上书孙传芳与江苏省长,指出"农商部违法公布交易税条例、监理官条例,及任意增加营业税,剥削商民骨髓,侵扰营业自由。""溯敝所等鉴于外人取引所之烈焰日张,国人权利损失不赀,始先后依法组设,以图挽回。数年以来,惨淡经营,差能自立。该部果为国家实业前途及金融影响计,自宜设法辅助,俾使日渐扩展裕国利民乃计不及此。反于此迭经兵灾,百业凋敝之秋,违法颁布此项条例以为竭泽而渔之计,事之痛心孰逾于此。再此次部咨对于监理官条例不置一词,当系承认从绥实施。惟交易所条例之产生及增加营业税同属违法,敝所等为生存计,为全埠商业金融之影响计,实无承认之余地。伏惟钧座莅任以来,勤求治理,谋兴商业不遗余力,对此违法产生增加人民负担之苛税条例当亦万难容忍。"(《申报》1926 年12 月 16 日)

12 月　吴湖帆赠先生《开元修孔子庙碑》拓本。跋云:"汉人创隶法,辟战国古人之繁。两晋六朝崇尚娇肆,规矱荡然。唐人去之未远,力正其弊,冠冕之度尚存,而雄健之气不逮矣。后世相传楷模隶书,往往惟汉是宝,唐代丰碑之隶书,遗屣不闻。故近日拓本若两汉之文都为椎蜡所伤,模糊不能卒读。唐刻间遇之形神毕具,惟传世甚鲜耳。此本墨色黝焕若神明,审是明初拓本,惜旧裱粘脱卅余字,未免兴璧瑕之遗。然旧拓罕见,亦不易多得之品也。丙寅冬日得之吴市估家,适藕初道丈酷爱隶碑,即以奉贻,聊志数语于后。醜簃。"(《梅景书屋书跋》,《吴湖帆文稿》第296 页)

本年　《图画时报》刊登《苏州昆剧传习所之表演》剧照,云:"苏州昆剧传习所为徐凌云、穆藕初诸君所创,收留贫寒子弟,延名师教之,成绩斐然可观,所中经费不足,曾来沪演出。图左《佳期》,图右《游园》,其艺可见一斑也。"(原刊)